"十一五"国家重点图书出版规划
教育部哲学社会科学研究重大课题攻关项目

中国传统法律文化研究

······ 总主编　曾宪义 ······

借鉴与移植：
外国法律文化对中国的影响

● 主　　编　叶秋华　王云霞　夏新华

撰　稿　人（以撰写章节先后为序）

王云霞　叶秋华　张彩凤

张志京　夏新华　黄树卿

汪鸿兴　赖早兴　刘友华

谭桂珍　何志辉　肖伟志

杨利华　李　温　刘海鸥

陆　静

中国人民大学出版社
·北京·

《中国传统法律文化研究》
秘书处

负责人：庞朝骥　冯　勇　蒋家棣

成　员：（按姓氏笔画排列）

马慧玥　王祎茗　吴　江　张玲玉

袁　辉　郭　萍　黄东海

中国人民大学法律文化研究中心　　　组织编写
曾宪义法学教育与法律文化基金会

引　言

一、写作缘起

　　世界各国的法律文化虽然是在其特定的政治、经济、文化土壤中孕育和发展起来，却不是在截然封闭的环境中成长的，通常会由于某些主动或被动的原因而受到外来法律文化的影响。这种受外来法律文化影响的现象在古代社会可能只发生在局部地区，尚属孤立现象。而自近代以来，伴随着西方国家的殖民扩张，这种现象愈演愈烈，逐渐成为一种世界性的现象。许多东方国家被迫放弃了沿袭几千年的法律传统，转而接受西方法律文化，或者依据西方法律文化的主要原则和精神对传统法律文化进行大规模的改革，使其适应现代社会的发展。

　　中国作为东方主要国家也未能幸免。鸦片战争以来，西方法律文化在坚船利炮的护卫下向古老的中华帝国倾泻而来，中国社会自此发生了剧烈的变化。晚清政府从顽强抵制到被迫宣布变法修律，匆忙中进行了宪制和司法改革，并颁布了仿效西方大陆法系的《钦定宪法大纲》、《大清新刑律》、《钦定大清商律》、《大理院审判编制法》等法律法规，编成《大清民律草案》、《刑事诉讼律草案》和《民事诉讼律草案》等西式法典草案，使延续了几千年的中华法系逐渐走向解体。民国开始后，虽然一度军阀混战，政治局势风云变幻，但孙中山先生所倡导的民主共和思想已经成为中国政制发展的主流，专制、独裁已然不再能够深入民心，只有继续推进清末已经开始的法制近代化进程，才能保障民主共和政体，才能适应晚清时即已开始发展的近代商品经济的需求。因此，民国时期成为中国历史上较为集中的吸纳外国法律文化的一个时期，并形成了形式上较为完备的"六法"体系。

　　新中国建立后，我们摧毁了国民党的"六法全书"及其法统，但模仿乃至移植外国法的倾向却并未有所减轻，只不过把模仿的对象从西方资本主义国家转向兄弟社会主义国家苏联。模仿苏联法的做法早在革命根据地时期即已开始，甚至对国民政府的政治体制和执政思想也有一定影响，新中国成立后则在全国范围内全面移植苏联法制及其文化，不仅新中国成立初期颁布的宪法带有明显的苏联印记，刑法、土地法、婚姻法、经济法等领域的苏联影响也比比皆是，甚至我们的立法结构、行政管理体制、司法体制和法学教育体制也是模仿苏联的产物。改革开放以后，基于恢复社会主义民主法制，以及建立社会主义市场经济和社会主义法治国家的需要，借鉴、吸收和接受外国先进的法律文化成为我国法制发展的一个新的动力。经过30年的努力，我们从西方发达国家以及周边新兴工业化国家和地区的法治建设中吸取了许多经验，逐步建立了比较完善的有中国特色的社会主义法律体系。

可以说，从近代以来，中国法制的发展一直离不开对外国先进法律文化的借鉴、吸收和模仿，外国法律文化对中国法制的发展产生了不容忽视的影响。当然，这种影响有时是被动接纳的反映，有时是主动学习的结果，有时却是被动与主动的结合，甚至是反被动为主动的抉择。这种影响对中国法制的发展到底起到了怎样的作用？是促进了中国传统法制的更新，使中国法制实现了现代化，还是改变了中国法制发展的原有轨迹，使我们迷失了前进的目标？抑或在不同历史时期其作用并不相同？要全面评价这个问题，就必须对近代以来外国法律文化影响中国的背景、渠道、进程和表现等加以全面疏理和阐述，将外国法律文化影响中国法制的效果置于具体历史环境中去分析和审视。历史是现实和未来的基础，只有对外国法律文化影响中国的全部历史进行客观的总结和评价，才能对今天的社会主义法治建设中如何处理本土法与外来法、传统法与现代法的关系有所裨益。

二、本书的结构和思路

本书共分三编、十一章：

第一编是外国法律文化影响中国总论，从宏观上描述和分析外国法律文化影响中国的基础和历史进程。该编包括两章：第一章分别阐述对中国产生过较大影响的大陆法、英美法、苏联法和其他外国法律文化的形成背景和基本特性，旨在提供其影响中国法制的外在原因和基础；第二章以历史发展脉络为主线，将外国法律文化影响中国的进程划分为清末以前、清末时期、民国时期、新中国成立前后以及改革开放以来五个阶段，对不同阶段外国法律文化影响中国的原因、渠道、表现和特点进行总体分析和评价。

第二编是外国法律文化影响中国分论，以部门法为脉络，从微观上描述外国法律文化影响中国的具体内容、形式和特点。该编包括五章：第三章的主题是宪政文化，从近代以来中国人对外国宪政文化的认识入手，以日本、德国、英国、美国、法国和苏联六国的典型宪政原则和制度在中国的传播和实践为样本，剖析了外国宪政文化对近代以来中国宪政的影响；第四章的主题为刑法文化，分别阐述了大陆法系、英美法系和苏联刑法的基本原则、重要理论和主要制度对近代以来中国刑法发展的影响；第五章的主题是民商法文化，分别对大陆法系、英美法系和苏联民商法的重要观念、原则和制度在近代以来中国各阶段民商事立法与实践中的具体影响进行了分析和论证；第六章的主题是诉讼法文化，从近代中国对外国诉讼法文化的抉择入手，具体分析了英美法系、大陆法系和苏联的司法理念与制度、刑事诉讼与民事诉讼文化对中国诉讼法发展的影响；第七章的主题为国际法文化，以近代以来中国国际法文化发展的历史为脉络，对各历史时期国际法的主流观念、理论与实践对中国的影响进行了阐述和分析。

第三编是外国法律文化影响中国个论，旨在通过对近代中国受外国法律文化影响最深的几个地区法制状况的描述，从个案的角度来具体分析和审视外国法律文化对中国产生影响的途径、表现和效果，以期实现以一斑窥全豹的功能。该编包括四章：第八章选取近代租界为观察视角，介绍了租界的设立和租界法制的具体内容，分析了外国法律文化在租界的实施状况，并通过几个典型案例探讨了中西法律文化的冲突，最终对租界法律文化对中国社会和法制现代化的影响进行了总体评价；第九章以我国香港地区法制为样本，介绍了英国法律文化影响我国香港地区的背景以及英国法律文化在我国香港地区的全面移植过程，分析我国香港地区宪政制度、法律渊源、法律体系和司法制度受英国法律文化影响的具体表现，并对我国香港地区法制受英国法律文化影响的特点和效果进行了总体评价；第十章以我国澳门地区法制为样本，描述了葡萄牙法律文化影响我国澳门地区的背景和历史进程，分析了殖民时期葡萄牙法制在我国澳门地区的全面实施，以及我国澳门地区法制的本地化状况，并对葡萄牙法律文化在我国澳门地区的影响进行了总体评价；第十一章以日据时期的我国台湾地区法制为观察视角，描述了我国台湾地区受日本法影响的背景和过程，介绍了日据时期我国台湾地区法制的发展状况及日本法律文化的具体影响，对日本法在我国台湾地区的具体实施和运作进行了分析，并对日本法的持续影响及其效果进行了总体评价。

本卷的创新之处在于，重点突出"借鉴、移植与影响"三个方面的内容，在结构上分别从观念、原则、制度以及立法技术等方面重点展开论述。介绍西方法律的理论与制度的目的在于突出借鉴的价值，对外国法律文化在我国的移植过程的必要叙述将有利于对其本土化的结果评估及原因分析，进而突出其影响，以期为中国在全球化背景下法律的移植及其影响提供历史借鉴和理论分析框架。

三、本书的论述范围及近似术语辨析

关于本书的主题和范围，有几个问题需要预先交代：

一是关于"外国"。本书主题为"外国法律文化对中国的影响"，但不可能涉及中国以外所有国家的法律文化。从中国法制发展的实际情况出发，我们的论述范围实际上主要涉及近代以来对中国传统法律文化的转型或者说中国法制的现代化产生过深入影响的西方主要国家的法律文化，尤其是英、美、法、德、日等国的法律文化，当然，也包括曾在新中国成立前后深刻影响中国的苏联法律文化。鉴于外国法律文化影响中国的方式并不一定以国别的形式出现，而且外国的法律制度、原则之间也互有影响，我们在阐述具体问题时有时很难严格区别哪些制度、原则来源于哪个国家，只能大致按照英美法系或大陆法系来加以描述。对于近代以前曾经影响过中国的外国宗教法律文化，限于资料的占有情况以及我们的研究水平，本书只涉及佛教、基督教和伊斯兰教，其中，佛教法律文化传入中国后在很大程度上本土化了，我们所列举的某些其对中国产生影响的表现也许与其最原始的特征已经有很大距离了。此外，虽然国际法作为调整国与国关系的准则并非属于哪个"外国"的法律体系，但国际法的理论与规则确实来自外国，在近代作为外国法律文化的一部分最先受到清政府的重视而加以采纳，并对近代中国法制的发展产生了重大影响，而且国际法学作为近代法学的有机组成部分也是很难撇开的，因此本书将国际法文化也作为一个主题纳入考察的范围。

二是关于"法律文化"。"法律文化"是一个内涵十分复杂的概念，我国法学界对其并未形成统一认识。比较通常的看法是：法律文化是人类法律实践活动及其成果的总和，应该包括法律思想、法律规范、法律设施和法律艺术四大基本要素。本书从外国法律文化对中国产生的实际影响出发，并不涉及外国法律文化的所有要素，仅涉及法律思想（包括观念、理论）、法律规范（包括具体制度和原则）和某些法律设施（如司法机构、法学教育机构等）。至于法律艺术，本书仅涉及立法技术，如法典化问题，以及判例法的某些具体问题。

　　三是关于"影响"。本书研究的主题是"外国法律文化对中国的影响"，但在写作过程中，经常涉及外国法律文化的"移植"、"借鉴"、"吸收"、"接受"、"引进"、"模仿"等问题，并且有时这些术语间互换。当然，它们之间的区别也是明显的："移植"指的是有意识地将一个国家或地区、民族的某种法律在另一个国家或地区、民族推行，并使其接受，从而成为后者法律体系有机组成部分的活动。"借鉴"一般是指将本国法律与某种更先进的外国法律进行对比、鉴别，并从这种法律中获得启发，从而改进本国法律，并不一定非要原封不动地采用这种外国法律。"吸收"他国法律则强调了对他国法律的主动、有机的采用，并使之成为自己法律的一部分。"接受"或者说"采纳"他国法律都是指一国客观地采用、实施他国法律，既包括主动采用、实施他国法律，也包括被动甚至是被迫实施。"引进"和"输入"他国法律的意思非常接近，但它们都只强调了法律输入国单方的行为。"传播"只是强调某种法律思想在某地的广泛流传，它往往是某种特定法律在该地实施的重要先导。"模仿"他国法律的做法表明对他国法律的采用、实施往往是机械的，缺乏全面的考虑。①从近代以来中国法制发展的实际情况看，以上这些现象都或多或少存在，有时是主动的借鉴、吸收，有时则是被动的接受、输入，有时是机械的模仿。但不管是哪种现象，都表明其受到了外国法律文化的影响。"影响"强调的是一国法律受他国法律的影响而有所改变，这种改变是一种客观的结果，有可能是自觉的产物（比如借鉴、吸收），也有可能是不自觉的产物。因此，"影响"一词具有很大的包容性，比较客观地反映了近代以来中国传统法律文化转型和中国法制现代化的实际状况。

---

　　① 参见王云霞：《法律移植二论》，载《中国人民公安大学学报》，2002（1）。

目 录

第三编　外国法律文化影响中国个论

第一编
外国法律文化影响中国总论

第一章

外国法律文化概述

在人类漫长的法制文明发展的历史长河中，不同社会形态下法律文化间的传承、交流与融合，构成了人类法制文明不断发展的主旋律，也构成了诸多体现时代特征的世界法律文化传统与体系。

就古代外国法律文化而言，写在"石柱"上的两河流域的楔形文字法、充满宗教与种姓色彩的古印度法以及诞生在尼罗河流域的古埃及法，最早开启了人类法制文明的大门，步入拥有国家与法律的社会，并与犹太民族创造的希伯来法一起，构成异彩纷呈的古代东方法模式，展现了人类法制最原始的状态。而分别以"雅典宪法"和《国法大全》闻名于世的古希腊法和古罗马法，则充分体现出了人类社会早期商品经济条件下古代西方法的魅力与风采，并从公法与私法的角度对西方法律传统的形成和推动世界法制文明的发展作出了卓越的贡献。

就中世纪外国法律文化而言，最具典型性的除了公元7世纪产生于阿拉伯半岛的伊斯兰宗教法律文化以外，还有西欧中世纪的法制发展。在这里，由氏族习惯演变而来的日耳曼法与天主教教会法和罗马法携手而行，历史性地组合在一起，共同构成西欧中世纪法律文化发展的主流，并对近代西方两大法系的形成产生重要影响。当然，西欧中世纪的城市法、商法与海商法也功不可没，其也成为孕育资本主义民商法的摇篮。

就近代外国法律文化而言，近代西方法制的建立，开创了人类法制史上一个崭新的时代，标志着人类法制文明与文化发展的重大进步。在这一时期，法律学说、法律原则、法律部门、法律体系等都发生了根本性的变化，均具有开创性的意义。值得指出，西方各国在近代法制的建立上，均具有继承、借鉴前资本主义时期法律文化成果的特点，只是由于各国革命的特点不同，取代封建制度的进程与方式各异，所处的历史条件、文化背景、法律传统又不尽一致，因而这种继承、借鉴的方式和内容亦迥然不同，在法制建设上也就走上了不同的发展道路。以英国普通法为主干形成发展起来的英美法系，以其独特的判例法风格自成一体，保留了悠久的法律文化传统；而以法国法为代表形成发展起来的大陆法系，则继承、借鉴了古代罗马法诸多法律文化成果，以注重法理研究、坚持立法法典化为鲜明特征。两大法律文化传统，在近代经过西方殖民主义者在世界范围内强制性的大力推行，获得前所未有的世界性影响。

就现代外国法律文化而言，大陆法系与英美法系仍是世界法坛的主宰。但现代以来，特别是第二次世界大战以后，世界性的政治、经济、文化的交往日益密切和频繁，法律文化的交流也伴随这种交往的加强和一些区域性组织的建立不断拓展。此外，对联合国宪章和其他国际组织章程的共同承认，对国际条约和惯例的共同遵循，也为西方各国法制的相互接近与渗透架起了一座桥梁。基于此，风格各异的西方两大法律文化传统在现代法制文明建设中开始了相互接近的历史。

本章主要介绍大陆法系传统、英美法系传统和其他具有代表性的法律文化体系。

第一节
大陆法系传统

一、关于法系的划分与大陆法系的概念

（一）关于法系的划分

研究外国法律文化传统，首先需要面对的一个问题，就是用什么样的方法和标准将世界上为数众多的不同国家和地区、充满不同民族风情色彩、不同社会形态下的法律制度或法律体系去加以归纳和分类，从而使源远流长的人类法制文明和法律文化成果的研究与显现在比较中能够更加清晰、生动而有序地展开。为此，西方学者提出了法系理论。

法系理论的目的，就是将世界上形形色色的法律"归类成系，简化为少数类型，可以便于对当代世界各国法的介绍与理解"[1]。应当说，"法系"一词的含义并不是很确定，它通常是指"若干国家和特定地区的、具有某种共性或者共同传统的法律的总称"[2]。这些国家和地区的法律之所以被归为某一类，是因为它们具有某种共性或者共同的传统，而这些共性或者传统可以是社会的、政治的、文化的，一般表现在对法律观念的理解、法律的作用以及法律技术等方面。因此，"准确地说，法系是指关于法的性质，法在社会和政治中的地位，法律制度的实施及其相应的机构，法律的制定、适用、研究、修改和教育的方法等等一整套根深蒂固的并为历史条件所限制的理论"[3]。

还要指出，"法系"一词在西方学者的著作中有多种表述方法。在英语著作中，通常表述为 legal system、law system、legal family、legal group、legal genealogy 等，其中最常见

① ［法］勒内·达维德著，漆竹生译：《当代主要法律体系》，24页，上海，上海译文出版社，1984。
② 沈宗灵：《比较法研究》，60页，北京，北京大学出版社，1998。
③ ［美］约翰·亨利·梅利曼著，顾培东、禄正平译：《大陆法系》，2页，上海，上海知识出版社，1984。

的是 legal system。许多著名的比较法著作，例如美国学者威格莫尔（J. H. Wigmore）1928 年出版的 *A Panorama of the World's Legal Systems*、法国学者勒内·达维德（Rene David）1964 年出版的 *The Major Legal Systems in the World Today* 等，都使用了 legal system 一词。但这一英文词汇本身的含义却是多重的，它既可以用来表示法系，也可以用来表示法律制度或者一个国家的法律体系。为了避免词义上的混乱，有的学者主张用 legal tradition 一词来替代 legal system，认为法律传统的实际含义虽然可能与法系不同，但两者之间毕竟存在着无法割裂的联系，被归于同一法系的法律往往是具有共同的传统的。

法系理论当中，最令人困惑难解，也是引发诸多学者争论不休的问题，就是界定法系的划分标准。在此方面，研究者出于不同观念和采用不同标准对世界法律制度或者法律体系的划分，其结果往往大相径庭。例如，日本法学家穗积陈重从其法律进化论的观点出发，在 1884 年提出"五大法系说"，将世界上的法律体系划分为印度法、中国法、伊斯兰法、英国法和罗马法，其划分标准包括了人种、民族、地理、法律技术等多种因素。1913 年，瑞士学者绍塞尔-霍尔（Sauser-Hall）从人种学角度来观察法律演变，将世界主要法律体系划分为印欧法系、闪米特（犹太）法系、蒙古法系以及其他未开化民族法系，并将印欧法系进一步细分为印度、伊朗、凯尔特、希腊—罗马、日耳曼、盎格鲁—撒克逊和立陶宛—斯拉夫等"子系"①。1928 年，美国学者威格摩尔又将自古以来发生的世界各主要法律体系划分为 16 个法系，即埃及、美索不达米亚、希伯来、中国、印度、希腊、罗马、海事、凯尔特、日耳曼、教会、日本、穆罕默德、斯拉夫、罗马化和英国法系②，并且根据某一法系是否仍在发展，进一步将其中的埃及、美索不达米亚、希伯来、希腊、罗马、凯尔特、日耳曼和教会法系认定为"死法系"，其他法系则因通过各种方式得以存续被视为"活法系"。其划分角度和标准显然是多重复合的，既包括民族、宗教、文化、地理和历史等社会和自然因素，也包括法源、法律制度和法律技术等法律因素。如此纵横交错、复杂多变的划分标准自然很难令人信服。1950 年，阿尔曼戎、诺尔德和沃尔夫在他们出版的《比较法论》一书中提出了自己的主张，认为对当代法律体系进行分类，与外部的地理因素、人种因素或其他因素并没有关系，应以法律体系的内部因素为标准，考虑其独特性、派生性和类似的关系，因此他们将世界法律体系划分为七大法系，即法国法系、日耳曼法系、斯堪的那维亚法系、英吉利法系、俄罗斯法系、伊斯兰法系和印度法系。③ 勒内·达维德也对以往学说的缺乏有说服力的分类标准进行了批评，他认为只有两项标准能够经得住批评，那就是意识形态标准和法律技术标准。前者是宗教、哲学、政治、经济和社会结构的产物，它关系到法的哲学基础和正义观；后者涉及法律概念、术语、结构和方法等问题。两个标准必须同时考虑，但相比之下，意识形态标准是最关键的。④ 因此，他将世界各国的法律划分为

① ［德］K. 茨威格特、H. 克茨著，潘汉典等译：《比较法总论》，122 页，贵阳，贵州人民出版社，1992。

② 参见［美］约翰·H·威格摩尔著，何勤华等译：《世界法系概览》，下册，954 页，上海，上海人民出版社，2004。

③ 参见［德］K. 茨威格特、H. 克茨著，潘汉典等译：《比较法总论》，123 页，贵阳，贵州人民出版社，1992。

④ See Rene David & John E. C. Brierley, *Major Legal Systems in the World Today*, 2nd edition, London, Stevens & Sons, 1978, p. 20.

罗马—日耳曼法系、普通法系和社会主义法系三个主要法系，其他非主流的法律体系如伊斯兰法、犹太法、印度法、远东法、非洲和马达加斯加法等，则被松散地归拢在"其他法系"这个大概念下，它们或多或少都依附于三大主要法系。

达维德的法系分类理论一经提出，就受到比较法学界的广泛关注。许多学者赞同并接受了它，但也有许多学者对该理论提出质疑①，认为达维德过分强调意识形态因素，而淡化了法律技术因素。德国学者茨威格特和克茨则将阿尔曼戎和达维德的分类理论进行了糅合并加以发挥，在他们合著的《比较法总论》一书中提出了划分法系的五项标准：一是法律秩序的历史来源和发展，二是占统治地位的法学思想方法，三是具有特征性的法律制度，四是法源的种类及解释，五是思想意识因素。他们认为，这五项标准对于划分特定的法系都具有相对重要性。比如：思想意识因素对于划分宗教法和社会主义法律秩序是至关重要的区别力量，而对于西方各法系而言，最主要的区分因素是历史、思想方法和特定的制度；法源的性质和种类使伊斯兰法和印度教法各具特色，对区分普通法和欧洲大陆各法系也有重要意义，但对于区分日耳曼法系、北欧法系和罗马法系则并无意义。综合上述五项标准，他们将世界主要法律体系划分为罗马法系、德意志法系、北欧法系、普通法系、社会主义法系、远东法系、伊斯兰法系和印度教法系。② 如果我们仔细比较一下达维德和茨威格特、克茨的划分方法，就会发现，其中的差别实际上是非常细微的，后者只是将达维德所说的罗马—日耳曼法系作了进一步的细分，并且将远东法系、伊斯兰法系和印度法系从"其他法系"中分离出来，看上去是提高了它们的地位，但他们对于这些东方法系所花费的笔墨却一点也不比达维德多③，其研究视角主要还是集中在西方各大法系。

当然，无论上述哪种划分方法都只是对世界法律体系的大致归类。由于世界法律体系是多姿多彩的，许多法律秩序还是混合型的，在其发展演化的过程中继受过不止一种外来法律，因此，无论从哪个角度、以什么标准去划分，都有可能存在重叠或者遗漏。正如达维德所言，"法系"这一概念本来也不存在与之对应的生物学上的实在性，是研究者为了便于解释各种法律之间的相似或者区别之处而创造出来的，因此，所有的划分方法都各有优点，一切都取决于研究者所处的背景及观察视角。④ 正是基于这一考虑，许多学者不再纠缠于各种分类标准的缺陷，而致力于从不同角度去研究各个法系或者法律传统。尽管达维德的三大法系划分理论也存在明显的缺陷，在很长一段时间里，许多学者还是愿意借用它来进行研究。当然，随着苏联的解体和东欧社会主义阵营的瓦解，很少有人再将"社会主义法系"与西方两大法系并称了。

---

① 中国学者沈宗灵认为，达维德将法系的含义扩大到不同社会制度的法律之间是对传统法系概念的新解释，但其关于"社会主义法系"范围的论述是有问题的，尤其将当代中国的法律排除在"社会主义法系"之外而简单地将其归入"远东人的法律观"更是错误的。参见沈宗灵：《比较法研究》，65～67页。

② 参见［德］K. 茨威格特、H. 克茨著，潘汉典等译：《比较法总论》，131～141页，贵阳，贵州人民出版社，1992。

③ 茨威格特和克茨的《比较法总论》中译本对于远东、伊斯兰和印度三个东方法系的论述只用了50页，而达维德的《当代主要法律体系》对于上述内容的论述却有90页。

④ See Rene David & John E. C. Brierley, *Major Legal Systems in the World Today*, p. 20.

（二）大陆法系的概念

用什么名称来概括当今世界最重要的两大法系也同样是有争议的。国内学术界最常用的是"大陆法系"（Continental Legal System）和"英美法系"（Anglo-American Legal System），它们分别代表着两大法系的主要流行区域。也有的学者喜欢用"民法法系"（Civil Law System）和"普通法系"（Common Law System）这对名词来称呼两大法系，因为大陆法系早已经越过了欧洲的范围，英美法系也同样不仅仅局限在英美国家，而民法和普通法分别是这两大法系的基础，用它们来代表两大法系比较合适。此外，大陆法系还有其他一些称呼，如罗马法系等。但是，诚如达维德所言，当今大陆法系各国的法律制度是在罗马法复兴的基础上形成的，与罗马法的规定已经有了巨大的差异，拉丁民族和日耳曼民族的法学家对这一法系的形成作出了共同的努力，因此，简单地称大陆法系为罗马法系是片面的。此外，他认为"民法法系"这一说法也不合适，因为"民法"这个词汇虽然来源于罗马的"市民法"和《国法大全》，但现在它已经具有特定的含义，那就是与刑法、商法等部门法对称的一个法律部门，"民法法系"这个说法容易让人产生误解，因此他建议用"罗马—日耳曼法系"这一名称来代替。[①] 其实，各种称呼都有依据，在一定意义上都是正确的，它们之间的差别仅仅在于侧重点的不同。为了叙述的方便，本书采纳了国内学界通说。

二、大陆法系传统的形成与发展

（一）大陆法系传统形成的历史渊源——罗马法

考察大陆法系形成的历史渊源，虽然不难发现其中也包含不少如地方习惯法等影响的因素，但仍能强烈地感受到罗马法对这支法系发生的巨大而深刻的影响。特别是对于大陆法系两部最重要的法典《法国民法典》和《德国民法典》而言，地方习惯法等的影响仅是辅助性的，而罗马法却赋予了其生命般的意义和本质的灵魂。

罗马法（Roman Law）是古代罗马国家法律的总称，包括自公元前6世纪罗马国家产生至公元476年西罗马帝国灭亡这个时期的法律，也包括优士丁尼（Justinianus，公元527～565年在位）时期东罗马帝国的法律。

由《优士丁尼法学阶梯》、《优士丁尼学说汇纂》等四部分构成的《国法大全》，是罗马法历史发展中最壮丽的一座丰碑，它不仅系统地总结了罗马法自产生至优帝时期的全部法律与法学，取其精华，集其要旨，成为罗马法最高成就的概括，而且通过中世纪轰轰烈烈的罗马法复兴运动，通过法学家们对其研究的不断深化和升华，成为古代法与现代法之间的一座历史桥梁，并使古代法律文化中最辉煌的成果得以在后世传承，成为推动法治社会不断前进的历史动力。

罗马法的基本特征大体可概括为以下几个方面。

1. 私法发达，公法相对滞后

由罗马法学家首创的公法（jus publicum）与私法（jus privacum）的划分及其理论，一直被视为罗马法学对后世法制文明发展的一个重要贡献，影响了人类从古至今的历史。虽

---

① See Rene David & John E. C. Brierley, *Major Legal Systems in the World Today*, pp. 21 - 22.

然受时代的局限,存在于古代罗马法中的这种分类还彰显着不少的稚嫩与不合理的因素,但这种划分毕竟首次将调整国家机关活动的规范与调整个人之间权利、义务的规范区分开来,奠定了法律与法学分类的重要基础,也成为近代大陆法系法律与法学划分的参照样板。当然,伴随法律与社会的进步,近代学者对公法与私法的解释已和古代罗马法学家有所不同。一般来说,近代学者称公法是调整国家与人民之间权利义务关系的法律,私法则是调整人民相互之间权利义务关系的法律,这与罗马法学家将凡是保护国家利益的规范列为公法,将凡是保护私人利益的规范列为私法的解释已有所区别。此外,近代学者都将诉讼法纳入公法之内,而罗马法则将诉讼法放在私法范围之中。再有,近代学者还将刑法列为公法,而罗马法则没有明确认定刑法是公法的一部分,而是将危害国家的犯罪行为列为公法,将危害个人的犯罪行为列为私法。

在罗马法中,有关公法与私法划分的理论虽然比较完善,但两者的地位与发展程度却存在着很大的不同。罗马私法的发达与公法的相对滞后一直被视为其法制发展的一个鲜明特征。考察罗马法的历史,分析其不同时期立法的诸多成果,可以明显看出罗马私法的发展始终受到统治阶级的重视。例如,罗马国家于公元前450年制定的第一部成文法《十二表法》,就是一部以私法为主要内容的法典。这说明,私法自罗马国家开始制定成文法以来就占据了罗马法体系的主要部分,而公法的建设却并未受到立法者的同样重视。此外,体现罗马法发展最高成就的法律巨著优士丁尼《国法大全》,其内容也主要是私法。如优士丁尼《法学阶梯》中对于刑事法律的规定只有寥寥数语;在内容浩瀚的50卷本的优士丁尼《学说汇纂》中,仅仅只有第1卷和最后1卷规定有关于国家官员职责等公法方面的内容;而《优士丁尼法典》中有关公法部分的规定也仅出现在全部12卷的最后3卷里,且后世法学家对于这3卷内容还惯于采取忽视的态度。罗马国家的这一立法趋向同时影响了法学家的视角,大多数罗马法学家认为,罗马法就是指罗马私法。正因如此,罗马私法伴随统治阶级的重视与社会发展,日益发达、完善,对简单商品经济的重要关系均作了详尽而明确的规定,不仅内容丰富,而且体系完备、概念准确、法理精深,成为影响至今的法律瑰宝。而罗马公法在其法制建设中却始终未能像私法那样得到充分发展,因之对后世的影响显得格外逊色。

罗马公法与私法发展的不平衡,不仅与许多古代国家不同,也与近代国家有所区别。古代很多国家首先发展起来的是以惩治犯罪为核心内容的刑事法律制度,且整体法制建设大都有"重刑轻民"的特点。而近代法制虽也十分重视私法发展,但同时也兼重宪法、行政法和刑事法律制度等公法建设,两者并重同行。而唯独古罗马国家如此热衷于发展它的私法,究其缘由,主要是罗马国家独具的历史条件使其没有形成发展公法的客观环境。

首先,应当说,在罗马法形成和发展的初期,罗马法所关注的焦点曾经是公法上的问题。例如,如何规定"王"的权力和地位;库里亚民众会议和元老院进行决议的程序;百人团制度;保民官的出身限制和权力增减问题等等。但是建国后不久的罗马,凭借自己优越的地理位置和发展经济的种种有利条件,很快强盛起来,之后通过不断的征服战争,成为横跨欧、亚、非三大洲的古代最大的世界性帝国。东西南北的经济贸易往来和由此而发生的各种复杂的私法关系,在客观上使罗马国家对经济关系的调整与规范,格外突出地成为国家政治稳定的首要前提,也成为立法者和法学家亟待解决的法律课题。与此同时,罗马人也逐渐形成了独立的市民社会，商品经济取代农业经济获得飞速发展并开始发挥基础性作用，以物权、债权和继承关系为主要内容的私法建设，客观上成为了罗马法必须关注的焦点，有了巨大的发展空间和发展需求。而伴随社会的变迁，罗马公法的发展却放缓了脚步，停滞不前，甚至开始倒退。这是导致罗马私法繁荣兴盛而公法遭到忽视的根本原因，也是古罗马社会所独具的历史条件。

其次，罗马公法以及公法学始终不甚发达，还因为国家主义和皇帝专权思想对其发展的窒息。或许可以说，将公法作为政治权力的领地而将私法作为私人权利及其利益的保护地，正是罗马人精明之处。罗马国家从共和体制到帝制，国家元首的权力不断扩张，专制倾向日益明显，这种条件下的公法在很大程度上已成为一种统治者的命令，而公法的废立、解释与适用也会伴随政体的变化不断发生相应的改变，存在很大的任意性，其本身也并无体系性和整体性的要求。而且在专制倾向日益明显的情况下，罗马公民及其法学家如果对公法的废立、解释与适用发表意见特别是批判意见，还很可能会招致杀身之祸。正如勒内·达维德所言，在罗马时代，"强制私人尊重法比较容易，国家在此可起举足轻重的仲裁人作用，而强制国家尊重法比较不易，因为国家掌握着实力。尽管在认为法是先于并高于国家的自然秩序这种观念的影响下，大家在很长一段时期内公认公法和私法同等重要，但实际上法学家们的全部注意力都集中在私法上，从事公法显得既危险又徒劳无功"①。

最后，也不能忽视罗马法别具特色的公法与私法的划分理论造成的影响。根据这一理论，凡涉及国家利益的为公法，凡涉及个人利益的为私法，这就使刑法中的私犯与诉讼法中的私诉也纳入了私法体系，这样的一种包罗丰富的私法体制完全能够适应社会发展的需要，从而也使罗马公法的存在与发展显得无关紧要。

2. 立法形式灵活简捷，适应性强

罗马法的成就与罗马国家在立法方面的特点分不开。罗马国家的立法不完全依照特定的立法机关按照严格的立法程序来进行，虽设有专门的立法机关和严格的立法程序，但大多是通过最高裁判官的司法实践与法学家的活动来进行。如最高裁判官在审理案件中，根据法的一般原则与"公平"、"正义"标准，结合社会实际颁布的"告示"（Edicta）及一些被国家授予特权的法学家撰写的法律著作和对法律疑难问题作出的解答，均是罗马法的重要形式，其内容构成罗马法的重要组成部分。这种立法形式能及时迅速地对社会生活中出现的各种新的法律关系进行调整，从而极大地增强了法律的适应能力和活动空间，同时也促进了罗马国家经济的飞速发展，并使罗马法的内容和体系得以不断更新与完善。

罗马国家的立法技术已达到相当高的水平，是任何古代国家无可比拟的。其确立的法律概念和术语以及原则和制度，不仅以精湛的理论为依据，而且用语准确、结构严谨、逻辑性强。

3. 法制建设与法学研究紧密结合，相辅相成

罗马帝国时期，法学教育与法学研究呈现出一片繁荣景象，法学著作琳琅满目，法学学说异彩纷呈，法学家作为一个职业阶层作用显著，对罗马法的发展起了积极的推动作用。罗马法取得的辉煌成就与罗马法学家的研究成果密不可分，他们继承和发展了古希腊法学

---

① ［法］勒内·达维德著，漆竹生译：《当代主要法律体系》，74 页，上海，上海译文出版社，1984。

思想成果，进一步将法的正义学说、法治理论与自然法思想的研究引向深入，使法学学科得以建立，特别是他们还将法学研究与国家的法制建设紧密结合在一起，使罗马法的发展与完善具有成熟的理论基础。他们不仅积极从事法学研究，开展学术争鸣，普及法律教育，写出大量不同类型的法律著作，包括教材、学术论争、法律解答、法律汇编、法学专著等，而且更重要的是积极参与国家的立法与司法实践活动，或担任立法和司法机关的要职或充当立法者与裁判官的顾问，一些被国家授予特权的法学家的著述与解答还成为罗马法的重要渊源，具有法律效力。罗马法学家独特的地位与作用，客观上使罗马法在理论性、系统性、完整性、准确性等方面不断升华，成为古代社会最为发达完备的法律制度，也使后世国家难以对它进行任何实质性的修改。

4. 提出诸多深湛的原则与制度、科学的概念和术语

罗马法对后世法律与法学的贡献，还表现在它十分注重对法理学的研究和对概念的精确表述，提出了许多深湛的原则与制度，创立了诸多科学的概念和术语。例如：对法的渊源进行探索，提出了较为完整的法律分类和法律解释；对法的体系进行研究，提出了影响深远的公法与私法等法律体系理论（如公法与私法，自然法、市民法与万民法，人法、物法与诉讼法）等；针对法律学所涉及的问题，提出了诸多有价值的原则、制度、概念和术语，如所有权无限制原则，违约的法律责任与侵权行为的归责原则，法律人格的理论，所有权的定义与占有、使用、收益、处分的各种权能以及取得所有权的各种方式的界定，物的分类、契约与准契约、遗嘱继承与遗赠的学说，他物权中的用益物权与担保物权、时效、私犯等制度，以及关于衡平、先占、添附、过失、特留份等一系列法律概念和术语，都为后世民法科学的发展，奠定了理论和实践的基础。

5. 进行了规模宏大、卷帙浩瀚的法律编纂

在罗马帝政后期，适应经济发展和政治统治需要，罗马皇帝和法学家都很注重对罗马法各项渊源的编纂，进行了大规模的法律编纂活动，出现过许多皇帝敕令汇编、历代法令汇编、历代裁判官告示汇编和历代法学家著作节录等。而规模最为宏大也是最著名的法典编纂，则是公元 6 世纪东罗马帝国皇帝优士丁尼主持编纂的《优士丁尼法典》（历代皇帝敕令汇编）、《优士丁尼法学阶梯》（钦定法学教科书）、《优士丁尼学说汇纂》（历代法学家著作汇编）以及优帝去世后法学家编纂的《优士丁尼新律》（优帝敕令），它们后来被合称为《国法大全》。集罗马法之大成，内容浩瀚的《国法大全》，成为人类法律编纂史上一座壮丽的丰碑。

（二）近代西方法制的建立对大陆法系形成的影响

近代西方法制的建立与 17 世纪～18 世纪发生于欧美的资产阶级革命紧密相连。它不仅开创了人类法制史上一个崭新的时代，标志着人类法制文明的重大进步，同时也促成了大陆与英美两大法系的形成，并使其伴随着西方殖民主义者的征服和在世界各地强制性的大力推行，获得了前所未有的世界性影响。

近代西方法制建立对大陆法系（包括英美法系）形成的影响，可主要归纳以下几方面。

1. 奠定法律学说的基础

任何一种法制的形成，都有一定的思想理论作基础。近代西方法制便是以 17 世纪～18

世纪形成的古典自然法学理论为根基创建起来的。这一理论积极地影响了新兴的资产阶级，促成其领导人民群众取得了反封建斗争的胜利，建立了资产阶级国家和法制。荷兰的格劳秀斯、英国的霍布斯和洛克、法国的孟德斯鸠和卢梭、德国的普芬道夫、意大利的贝卡利亚等人，都是这一学派的代表人物。这些思想家们的观点和主张尽管有所差异，但在总体上，他们的学说都是建立在"天赋人权论"和"社会契约论"的思想基础上，并且均反映了新兴资产阶级反对封建专制与宗教神学的要求。与前资本主义时期的自然法学说相比，古典自然法学虽也将自然法与抽象的正义观并列，并认为自然法永恒不变，普遍适用，但其也有根本的区别。在内容上，古典自然法学说强调人的理性和人的权利（包括私有财产权），积极主张自由、平等、人权和法治，大大提高了法律在社会生活中的地位与作用，促成西方个人本位法在近代的确立和发展；而前资本主义时期自然法学说则主要强调的是自然和宇宙的理性，特别是强调神的理性或意志，强调人的义务，这在中世纪尤为突出。在历史作用上，古典自然法学说是为反对封建压迫、反对教会特权和民族压迫服务的，它最终促成了一场根本性的革命，而且它为法学摆脱神学的束缚，最终获得独立学科的地位创造了有利的条件。此外，它还积极倡导依靠人类的理性制定完善的法律、法典，主张法制的统一，客观上为扼制西欧大陆国家分散杂乱的地方习惯法的发展，开创近代西欧大陆法制趋向统一化的新局面奠定了理论基础。而前资本主义时期自然法学说则一般是为奴隶制和封建制辩护的，其作用无法与之相比。

2. 确立指导性法律原则

应当说，在资产阶级革命中，资产阶级有效地利用和贯彻了古典自然法学理论中的自由、平等、"主权在民"、"三权分立"等思想原则，并将其规定在革命的纲领性文件之中，如著名的美国《独立宣言》（1776 年）和法国《人权宣言》（1789 年），就是这方面典型的法律文献。这些原则也便成为反对封建专制，推进资产阶级民主制度的主要法律原则，并在此基础上衍生出"法律面前人人平等"、"私有财产神圣不可侵犯"、"契约自由"、"过失责任"、"罪刑法定"、"无罪推定"、"司法独立"等一系列具体原则。这些原则在近代法制建设包括大陆法系的创建中又得到广泛确立，并在长期的实践中不断发展完善，对近代以来各国的法制发展起到了难以估量的作用。

3. 开创法律部门的划分

从古代至中世纪，在几千年的历史中，人类法制的发展始终处在诸法合体，民刑不分的状态中，尚无法律部门的明确而科学化的区分。资产阶级革命后，为建立和维护资产阶级民主与法制秩序，从 18 世纪末 19 世纪初期起，西方国家相继进行大量的立法活动，并基于政治、经济统治的需要，在古典自然法学理论指导下开始分门别类地进行法律的创建工作。这样，在短期内，一系列具有自己特定调整对象的法律部门被创制出来，至此，人类法制前进的步伐又向前迈出了具有重要意义的一步，诸法合体、民刑不分的时代宣告结束。值得指出的是，资产阶级首先确立的是宪法这一法律部门。资产阶级民主政治确立后，需要用根本大法对其予以肯定和巩固，有了"宪法"这一新型法律部门，也可使启蒙思想家所极力主张的思想和原则得到法律的确认，这不仅为近代西方国家法治化奠定了基础，同时也为大陆法系的创建工作提供了法律准则。英国 1689 年的《权利法案》和 1701 年的《王位继承法》，美国 1787 年宪法、法国的《人权宣言》和 1791 年宪法等，都是资产阶级宪法中具有代表性的法律文献，对近代西方法制建设产生了深刻的影响。从此以后，以宪法为根据，一系列法律部门的创制工作相继展开。大陆法系国家形成了民法、商法、刑法、民事诉讼法、刑事诉讼法等法律部门，英美法系国家也形成了财产法、契约法、商法、侵权行为法、刑法等单行法，从而标志着近代资产阶级新型法律体系的建立。

4. 形成与之风格相异的法律体系

如前所述，西方各国在近代法的建立上，均具有继承借鉴前资本主义时期法律文化成果的特点。只是由于各国革命的特点不同，取代封建制度的进程与方式各异，所处的历史条件、文化背景、法律传统又不尽一致，因而这种继承、借鉴的方式和内容也就迥然不同，在法制建设上也就必然呈现出不同的特点，并走上了不同的发展道路。

以英国普通法为主干形成发展起来的英美法系，以其独特的判例法风格自成一体，保留了悠久的法律文化传统，在西方近代法制史上树起了一面旗帜。

以法国法为代表形成发展起来的大陆法系，继承借鉴了古代罗马法诸多法律文化成果，以注重法理研究、坚持立法法典化为鲜明特征，而有别于英美法系，在西方近代法制史上成为另一面法律旗帜。

两大法系的主要区别在于：（1）历史渊源不同。大陆法系主要是在继承罗马法的基础上发展起来的，英美法系则没有全面继承罗马法，而只是在日耳曼习惯法的基础上吸收了罗马法的若干原则和制度。（2）体系结构不同。大陆法系将全部法律划分为公法和私法两大类，并且采用法典化形式，一般不承认判例法；英美法系则延续了中世纪英国的法律制度，体系庞杂，缺乏具体分类，承认判例有约束力。（3）思维方式不同。大陆法系重视理论对法律适用的指导和推动作用，在制作司法判决时注重概念明确、言简意赅、富于逻辑性，采用演绎推理方法，强调以法律条文为准绳；英美法系则讲求实际，恪守先例，采用归纳推理方法，强调从大量的判例中归纳出普遍适用的原则，然后得出处理案件的结论。（4）诉讼制度不同。大陆法系认定程序法从属于实体法，是适用实体法的工具，实行纠问式诉讼；英美法系则奉行"程序中心主义"，强调程序法的重要性，实行抗辩式诉讼。

5. 体现诸多新时代法制特征

西方近代社会是从专制化、宗教化的封建关系重压下崛起的，资产阶级革命也是在启蒙思想家宣扬的"天赋人权"、"主权在民"等法治思想的推动下实现的。加之资本主义的发展客观上需要自由竞争的环境，西方各国普遍接受了英国古典经济学家亚当·斯密（Adam Smith，1723—1790）和大卫·李嘉图（David Ricardo，1772—1823）以保护公民个人权利与自由、反对国家干预经济为主旨的劳动价值学说，从而决定了西方近代法制的基本精神是强调"个人本位"。

在此情况下，西方近代法制的发展体现出诸多新的时代特征，这些特征也成为大陆法系形成的宏观的共性特征基础。例如：

（1）产生了具有普遍意义并作为国家根本大法的宪法。就宪法形式而言，西方各国有成文宪法与不成文宪法之分；就宪法内容而分析，西方各国在宪法的立法精神和一般原则上，大都公开宣布"私有财产神圣不可侵犯"、"人民主权"和"三权分立"原则，并普遍宣扬尊重基本人权和个人自由、实行法治，主张法律面前人人平等、司法独立等；就宪法的制定和修改程序而言，西方宪法又有"刚性宪法"和"柔性宪法"之分。

（2）形成以个人主义和自由主义为理论基础的民法体系。民法是资本主义法律体系中极为重要的组成部分。近代西方资本主义国家日益发达的商品经济，为民法的迅速发展与完善提供了基础。西方国家的私法，存在两种不同的表现形式：受其法律文化传统的影响，英美法系国家不采用"民法"这一概念，也没有按照大陆法系普遍采用的公法和私法的分类建立独立的民法部门，有关民事法律规范分别存在于普通法、衡平法和制定法之中；大陆法系国家构建了独立的民法部门，并以法典化形式将民事法律规范统一加以规定。其中《法国民法典》和《德国民法典》最具代表性和影响力。

（3）刑事立法发生了根本性的变革，罪刑法定主义与罪刑相适应等原则得以贯彻和体现。古典自然法学派的理论，在西方近代刑事立法中也得到了比较成功的贯彻。孟德斯鸠所主张的法官裁判应以法律为依据、罪与罚相称以及提倡轻刑的观点，卢梭的限制适用死刑的主张，都被资产阶级接受并在立法中加以贯彻。特别是以意大利学者贝卡利亚（1738—1794）为代表的刑事古典学派提出的罪刑法定主义、罪刑相适应以及刑罚人道主义原则，更为资产阶级所推崇和广泛采用。

（4）以分权思想为指导，实行司法独立。近代西方司法制度也发生了根本性的变化，中世纪行政与司法不分、专横擅断的诉讼制度已彻底被抛弃。西方各国的近代司法制度建设，虽法律传统不同、法院体系不一、诉讼程序有异，但在指导思想与适用原则上却是基本一致的。各国都以分权思想为指导，肯定并贯彻司法独立原则，使法院获得独立审判权。

（三）法国拿破仑法典编纂运动与大陆法系传统的形成

法国是近代大陆法系的开创者，对人类法制文明的发展作出了巨大的贡献。在经历了1789年与封建关系彻底决裂的大革命之后，以拿破仑为代表的法国资产阶级认真贯彻启蒙思想家的法治学说，在短短二十几年的时间里，迅速完成了宪法典、民法典、商法典、民事诉讼法典、刑事诉讼法典、刑法典的创制工作，在资本主义世界成功地构建起前所未有、系统完善的法典化法律体系，使大陆法系的传统得以形成，与海峡彼岸判例法风格的英国法形成了鲜明的对照。此外，近代法国法确立的公、私法分类，民、商法分立的传统，发达而独特的行政法制度，将"罪刑法定主义"率先写入刑法典，确立无罪推定原则等，不仅对大陆体系的形成与发展具有重要影响，也对人类法制的进步是积极的推动。

就法系形成的途径而言，如果说，英国资产阶级是以一种平和、渐进、改良的方式，在法律传统的连续发展中建成了英国法系，那么，法国资产阶级则是以激烈的革命手段，在打碎旧传统的特定历史时期内，向全世界展示了一个全新的法律体系。应当说，法国资产阶级在近代法制建设上的革命性与开创性远远胜于英国的资产阶级。

《法国民法典》是大陆法系传统形成的最具代表性法典。这部法典是在法国第一执政拿破仑的亲自主持下，不畏大革命后来自各方的压力，与封建法律文化传统决裂，以罗马法为基础制定而成。它的诞生深刻说明传承罗马法是大陆法系传统形成的重要因素。

大陆法系传统对罗马法的继承与借鉴主要表现在以下方面。

1. 法典化传统的继承

值得指出，罗马法对西方同时代确立的两大法系——大陆法系和英美法系都产生了影响，只是影响的程度与形式不同。如果说，大陆法系体现了对罗马法从内容到形式比较全面的继受，英美法则是"无形而继受其思想，非有形而输入其制度"。因此两大法系的主要区别，不在内容而在形式，在于立法的传统风格、技术与体制不一：一个追求成文法与体系化的法典式，一个追求判例法与无章可循的分散立法。所以，法典化是以《法国民法典》为代表的大陆法系的最显著的特征之一，也是两大法系分道扬镳的重要标志。而大陆法系的法典化传统来源于罗马法，来源于公元6世纪东罗马帝国皇帝优士丁尼进行的大规模法典编纂的时代。当然，优帝的法典编纂并不能说是严格意义上的真正的法典化，但他开创了将法律体系化、统一化的先河，他的法典编纂体例与技术一直成为近代大陆法系国家制定民法典的最重要的参照样板。《法国民法典》正是继承和发扬这一传统的先驱者与杰出代表。

2. 法典体例的借鉴与发展

在此方面，《法国民法典》最具代表性，其对罗马法的借鉴与发展，主要体现在对优帝时代制定的著名法典《法学阶梯》的沿用与改造上。就法典体系而言，《法国民法典》几乎是《法学阶梯》的翻版，除了增加了一个简短的总则外，只是在编章的名称、排列和内容的取舍上略有不同而已。

《法学阶梯》以人法、物法、诉讼法的三分法界定了罗马私法的体系。人法实际上是关于民事权利主体的规定，由两部分构成，即人的权利能力、行为能力和人的资格，婚姻权和家庭权。物法实际上是关于民事权利客体的规定，由三部分构成，即物权法，包括物的概念、分类及物权的取得；继承法；债法。其中债法包括了契约法和私犯。诉讼法是关于救济方法的规定。《法国民法典》在借鉴《法学阶梯》这一结构体系的基础上，根据社会发展的要求作了一些调整：其一，在3编之前，增加了总则，简要论述了法律的公布、效力及其适用；其二，将罗马私法体系中的诉讼法作为独立部分从民法典中分离出去，改变了罗马私法体系中程序法与实体法不分的状况；其三，将罗马私法体系中物法包括的物权法与继承法、债权法相分离，单独列为"财产及对所有权的各种限制"（物权法）和"取得财产的各种方法"（继承法、债法）两编。经过调整后的《法国民法典》，呈现出来的人、财产与财产权、取得财产的各种方法的排列体系，虽然和罗马私法体系不尽相同，有所发展，更为合理，但基本上也是按人法、物权法、继承法与债权法三分法排列的。《法国民法典》和罗马私法在结构体系上的一脉相承毋庸置疑。

3. 法律原则的继受

《法国民法典》所确立的公民享有平等民事权利、财产所有权无限制以及契约自由等近代民法的重要原则，也是来自对古罗马国家法律与法学的继承和发展。

平等原则在理论上源自被罗马法学家接受并加以传播的古希腊斯多葛学派的自然法思想，在实践上则比较集中地体现在罗马国家共和国后期万民法的产生上。应当说，这一由罗马最高裁判官根据"公平"、"正义"原则，在司法实践中创制出来的"各民族共同利用的"万民法，立法的目的和发展的方向，就是为了摆脱原有市民法的不平等，通过公民权的逐步扩展，实现罗马公民与非公民之间在民事法律地位上的平等。《法国民法典》规定的"所有法国人都享有民事权利"的法律原则，即公民民事权利平等原则，正是上述罗马自然法思想与万民法追求的平等观念在新的历史条件下的继承与发展。

财产所有权无限制原则，是《法国民法典》、也是近代民法最重要的原则之一，其主要含义包括两个方面，即所有权是对物享有绝对的使用、收益与处置权；土地所有权的范围上至天空，下至地心。这一原则实际上也是对罗马法的沿用和发展。所有权是罗马物权法的核心，是权利人可直接行使于物上的最完全的权利，包括占有、使用、收益和处分的权利及禁止他人对其所有物为任何行为的一切权利。罗马法学家盖尤斯曾总结出所有权具有绝对性、排他性和永续性。优士丁尼《法学阶梯》规定：如果用他人的材料在自己的土地上建筑，建筑物视为属于他所有，因为一切建筑物从属于土地；反之，如果用自己的材料在他人土地上建筑房屋，建筑物归属土地所有人，在这种情况下，材料所有人失去他的所有权；正因为如此，如果甲的土地迫近邻居乙的树木，以致树木在甲的土地上生根，则树木归甲所有，因为理性不容许树木不属于其所生根的那块土地的所有人所有。① 此规定很清楚地表明，罗马法中的土地所有权的内涵已经包括地上权和地下权。《法国民法典》财产所有权无限制原则与罗马法的历史渊源关系在此一目了然。

契约自由一直被学术界看作是《法国民法典》的又一重要原则，法典1134条规定的"依法成立的契约，在缔结契约的当事人间有相当于法律的效力"，被视为确立此原则的证据。在此姑且不评论是这一条文真的体现出了契约自由的意思，还是19世纪以后的法学家对其解释的结果，仅此条文的用语含义，也可以从优士丁尼《法学阶梯》有关契约之债的规定中找到痕迹，"实际上，契约条款本身就已经规定了应该遵守的法律"②。

（四）法典立法思想与立法特点上的传承

如果我们从宏观上考察《法国民法典》，还会发现这部法典与罗马《法学阶梯》有着许多共同的特征。例如：两部法典均贯穿了个人主义和自然法精神，法律的核心均在于保护个人权利，体现了个人本位法的特征。两部法典都是建立在纯理性基础上，都是世俗性法、抽象的法，既不是渊源于宗教传统，也不是渊源于传统的习惯。两部法典均灵活性、适应性很强，具有极强的历史穿透力，《法学阶梯》影响了人类从古至今的法律史，而《法国民法典》自1804年诞生以来至今仍在适用，而且两部法典均在极大范围内得到推广，均是享有世界性影响的著名法典。

总之，古代罗马法与中世纪罗马法的复兴，是成功孕育大陆法系传统的历史摇篮，而法国人对其充满理性和激情的追求、法国大革命强烈的政治冲击与拿破仑的权威和决断力，则是大陆法系传统能够得以成功传承罗马法的重要社会条件。

（五）德国法对大陆法系传统的发展

19世纪初叶，法国成功地将资产阶级启蒙思想家的法治理想变成了现实，创建了西方近代法制史上具有深远影响的大陆法系传统。约百年之后，德国人又循着法国先驱者的脚步，凭借自己对法制的理解与追求，以独具匠心的精心设计，适应时代发展，取得了以《德国民法典》为核心的法制成就，使大陆法系传统进一步完善、升华。德国法是自近代以

---

① 参见［古罗马］优士丁尼：《法学阶梯》，第2卷，29～31页，北京，商务印书馆，1989。
② ［意］桑德罗·斯奇巴尼选编，丁玫译：《民法大全选译·债·契约之债》，165～166页，北京，中国政法大学出版社，1998。

来世界上最为发达的法律体系之一，其讲究体系完整，用语精确，并坚持立法的法典化方向，制定了门类齐全、规范详尽的一系列法典，成为大陆法系发展的第二个里程碑。

大体来说，以《德国民法典》为代表的德国法对大陆法系传统的发展，主要体现在以下方面。

1. 法典制定的理论与思想基础更为成熟

与《法国民法典》不同，《德国民法典》的制定经历了相当长时期的酝酿，期间充满了争论和理性的思考。早在德国统一以前，各邦都有自己的法律，民法尤为纷繁杂乱。直至19世纪初期，各地区在民法适用上仍存在很大差异，有的采用《法国民法典》，有的采用《普鲁士民法典》，有的则采用罗马法和教会法等。这种局面严重阻碍了德国经济的发展。

1815年德意志联邦成立后，随着德国民族统一运动的兴起和资本主义经济的发展，制定全德统一民法典的问题日益引起重视。但围绕这一问题，统治阶级内部和法学界存在着激烈的斗争和长期的争论。一些小邦的统治者担心制定统一民法典会削弱本邦的自治权力和封建特权，反对编纂统一的民法典。法学界则分别形成了以蒂伯特（A. F. J. Thibaut, 1772—1840）和萨维尼（F. K. Savigny, 1779—1861）为代表的两派斗争。蒂伯特是海德堡大学法学教授、德国法学家中自然法学派的主要代表，他在1814年出版的《论统一德国民法典的必要性》一书中，积极主张制定全德统一的民法典，认为法律的统一是实现民族统一和国家复兴的基础，民法的统一会促进德国的统一。他认为，编纂德国统一民法典的条件已经成熟。他还认为立法是人们理性的产物，凭借理性就可制定法典。支持蒂伯特主张的法学家形成了"法典编纂派"。与此相对立的是萨维尼等为代表的历史法学派。萨维尼在《论当代立法和法理学的使命》一书中认为：法律是世代相传的"民族精神"的体现而不是理性的产物。当前制定统一德国民法典的条件远未具备。德国法学家的任务是对德国历史上的各种法律渊源追根究底，进行深入研究，而各种法律渊源中主要的并不是古日耳曼法，而是古代罗马法的"原典"。研究的任务就是要恢复罗马法学的本来面目。为此，萨维尼派极力反对急于制定统一的民法典，尤其反对以自然法理论为指导的《法国民法典》的模式。

两派在制定民法典的问题上的长期争论，不仅是当时德国矛盾的反映，实质上也是一场究竟以什么样的法学或法律学说为指导思想建立德国民法体系的论战。在两派长期的相互争鸣中，历史法学派曾一度处于优势地位，从而延缓了法典的编纂过程。但随着民族统一运动的发展，要求制定统一民法典的势力逐渐占了上风。以后，围绕民法典的制定，历史法学派中还出现了日耳曼法学派［其主要代表人物为祁克（O. F. Von. Gienke, 1841—1921）］与罗马法学派即"潘德克顿"法学派的斗争。"潘德克顿"法学派主要以温德海得（B. Windscheid, 1817—1892）为代表，是在研究罗马法《学说汇纂》的基础上形成的。他们抛弃了旧的注释法学派研究罗马私法的方法，将历史主义与实证主义以及对罗马私法原则的研究与现实社会的研究结合起来，通过逻辑抽象和理论概括，推导出法律概念和原则，例如该学派的创始人胡果（G. Hugo, 1764—1844）在历史上首次提出了"法人"和"法律行为"这两个现代民法学上重要的概念，从而形成了高度概括和系统化的法学理论体系。这个学派在坚持维护私有制和个人私有财产原则的同时，还强调个人利益与社会利益相结合，强调人的社会责任和社会义务，从而反映了在民法领域法律从以个人为本位向以社会为本位原则的转变。"潘德克顿"法学为《德国民法典》的制定奠定了理论和体系的基础。

1871年德国统一后，帝国宪法把制定民法典列入帝国权限，这就为制定统一的民法典提供了法律依据。

2. 法典的体例结构与立法技术更为科学和发达

在体例结构上，《德国民法典》与《法国民法典》相比有着很大的不同。其一，它是以罗马法《学说汇编》的体系为蓝本加以编纂的，共分5编、35章，2 385条，是西方国家制定的规模最大的一部民法典。第一编为总则，规定了民法的基本要素，包括民事权利主体——自然人和法人、权利能力的享有与丧失及行为能力、民事权利客体（物）、法律行为、期限、时效等内容；第二编为债务关系法；第三编为物权法；第四编为亲属法；第五编为继承法。其二，它在法典第一位置设立了"总则"编，这是《德国民法典》与《法国民法典》在体例结构上最突出的不同特点，也是《德国民法典》对大陆法系发展的一个重要贡献。总则编以抽象的方法详细规定了民法所共有的基本概念、制度和原则，为法典之后几编民法具体制度的规定奠定了法理的基础，使大陆法系民法的发展更加合理、科学化和现代化。

在立法技术上，近代德国十分重视法律科学的发展，在立法技术上已取得较大的成就，这些成就在德国近代法制建设中得到运用与体现，并形成独特的风格，如讲究法律语言技术构成，注重体系严谨、概念科学，善于抽象概括和用语精确等，比《法国民法典》更加成熟而发达，被西方法学界誉为19世纪"德国法律科学的集成"、"异常精确的法律的金线精制品"。但同时也由于过分注重这一点，这部法典语言比较晦涩难懂，特别是过多地使用"参照条款"，前后反复地参照，使法典远不如《法国民法典》那样简明扼要、通俗易懂。此外，法典在表述上还使用了一些抽象和富有弹性的概念即"一般性条款"，如规定"契约违反善良风俗的无效"（第138条），"当事人应依诚实信用及交易习惯履约"（第242条）等，从而使司法机关在复杂的经济活动中，握有自由裁量权，可以对案件作出灵活的裁判，以适应和维护新时期垄断资本主义发展的需要。

3. 法典的内容与原则进一步适应时代的发展变化

德国近代法制建设比法国晚了近一个世纪，而此时西方资本主义的发展已开始了从自由阶段向垄断阶段的过渡。时代的变迁与要求，使德国法制从内容和适用原则上已发生一些变化，表现出既保留有自由资本主义时期传统法律文化的特征，又具有垄断资本主义阶段的时代色彩。在此方面，《德国民法典》最为典型。

《德国民法典》基本上贯彻了自由资本主义时期《法国民法典》等所奉行的民法三大原则，即私人财产不可侵犯、契约自由、过失责任原则，但同时又适应时代要求对这些原则作了不同程度的修改，这些修改体现了西方法制从近代个人本位法开始向现代社会本位法的转变，也体现了德国对大陆法系发展的贡献。

首先，法典肯定了公民私有财产权不受限制的原则。其第903条指出："物之所有人，在不违反法律或第三人权利之范围内，得自由处分其物，并得排除他人对物之一切干涉。"但同时，由于《德国民法典》制定于资本主义由自由竞争向垄断过渡的阶段，资本主义经济已由资本家个人经营方式开始转变为资本家集体经营的垄断方式，为适应大企业、大公司、垄断组织兴办铁路、运输、航空、采矿及冶炼等工业的需要，维护垄断资产阶级的利益，民法典不仅摒弃了《法国民法典》在所有权上使用的"神圣"不可侵犯和"绝对"无限等字眼，而且对所有权的行使增加了某些限制性规定。如第 226 条规定："权利的行使不得只以损害他人为目的"。第 228 条和第 904 条规定："因正当防卫或消除紧急损害而破坏或损坏他人所有物，在必要限度内者，不为违法行为，物的所有人不得拒绝他人干涉其物的权利。"第 905 条和第 906 条还规定土地所有人对于他人在其土地上空或地下的干涉如果不会给所有者带来任何损害，或不妨害土地的使用，或妨害甚微，土地所有者均不得禁止这种干涉。这些规定说明《德国民法典》的所有权观念和《法国民法典》相比已有所变化，也反映了资产阶级民法思想从近代个人本位逐渐向现代社会本位的转变。

其次，法典肯定了"契约自由"原则，契约经"合意"即告成立，合法成立的契约必须履行，非经当事人同意，不得修改或废除。但与《法国民法典》注重保护当事人的内心本意不同，《德国民法典》只承认当事人意思表示的外部效力，在当事人本来意思与表示出来的意思不一致时，以表示出来的意思为准（第 116 条）。这一规定适应了发达资本主义经济条件下，生产与交换日趋频繁，要求准确、迅速完成商品流转及设立或变更法律关系的要求。

再次，法典在民事责任方面，也确认了"过失责任"原则。法典规定，因故意或过失不法侵害他人的生命、身体、健康、自由、所有权或其他权利者，负赔偿责任；并规定行为人虽无过错但有违反法律的可能时，亦按过失情形负赔偿的义务（第 823 条）。这与传统的严格过失责任原则相比，是一个进步，扩大了企业主和政府部门的责任，使大工业化生产带来的众多的工伤事故和其他意外事故的受害者，因此而获得赔偿。

此外，《德国民法典》首次明确规定了法人制度。德国虽是一个后起的资本主义国家，但在 1871 年统一后，资本主义经济得到迅速发展。到 19 世纪末，随着生产和资本的高度集中与垄断，大公司、大企业和垄断组织已经在国家政治、经济生活中起重要作用。这些大大小小的资本家联合组织，必然要求得到法律上的确认和保护，而且法人理论经德国法学家的论证已趋成熟。于是《德国民法典》在人法编中单独规定了法人制度，承认法人为民事权利主体，依法独立享有民事权利和承担民事义务。法典规定："以经营经济事业为目的的社团，如帝国法律无特别规定时，因邦的许可而取得权利能力。"（第 22 条）并规定不以营利为目的的社团，因登记于主管部门而取得权利能力（第 21 条）。法典还对法人的成立和消灭、法人的组织机构等作了较为详尽的规定，有关法人的条款达六十余条。这是资产阶级民法史上第一部规定法人制度的民法典，也是德国对大陆法系发展的贡献。

三、大陆法系传统的基本特征

相对于英美法系而言，大陆法系传统的基本特征可概括为以下几个方面：

第一，如前所述，它是以罗马法为基础建立和发展起来的法律体系。一方面，它大量吸收和继承罗马法的概念、术语、原则和基本制度，尤其是那些与商品经济的发展密切相关的私法原则和制度，如权利主体的权利能力和行为能力，所有权的概念、性质、转移和保护，他物权的概念、分类和保护，债的概念、发生依据和保护，遗嘱继承和法定继承的原则与制度，代理、时效和诉权等制度。另一方面，大陆法系也全面继承了罗马法学家用以分析法律、发展法律的思想方法和技术，如公法与私法的划分，人法、物法和诉讼法的私法结构，以成文法乃至法典法为主、辅之以法官判决和法学家解答的法源理论，从一般到具体的演绎推理方法等。

值得注意的是，大陆法系对罗马法上述两方面的继承内容尤以后一方面更为重要，因为罗马法毕竟是简单商品生产社会的法律，其中许多内容并不一定完全符合近现代商品经济社会的需要。大陆法系各国对罗马法原则和制度的继承也是有选择地继承并加以扬弃的，如家长制、将奴隶视为权利客体、将所有权视为有体物以及将占有视为事实而非权利等，并没有被大陆法系各国普遍继承。而罗马法的思想方法和技术对于大陆法系的构成则是至关重要的，正是这些思想方法和技术决定了大陆法系的发展道路，构成了大陆法系与英美法系的根本区别。其实，英美法系同样也继承了罗马法的许多原则和制度，包括衡平法的概念和原则，信托、契约和遗嘱制度等，但由于英美法系只是片断地而不是系统地继承罗马法的原则和制度，更没有接受罗马法的思想方法和技术，所以英美法系走上了与大陆法系完全不同的发展道路。

第二，大陆法系以成文法或者法典法为主要法律渊源，这是全面继承罗马法的直接后果。如前所述，罗马帝政后期，非常重视法律的编纂工作，并最终完成了体现罗马法最高成就的《国法大全》。在中世纪后期的罗马法复兴运动中，《国法大全》成为欧洲各国用以研究和复兴罗马法的主要依据。在欧洲革命前后，《国法大全》又成为各国编纂法典的基础和样板。1804年《法国民法典》以《法学阶梯》为蓝本制定，1900年《德国民法典》则是以《学说汇纂》为基础。当然，罗马法时代的法典还基本上是诸法合体的，而法国大革命后编纂的法典则完全是诸法分立的，拿破仑所领导的法典起草者已经清楚地认识到各种法律关系的不同性质，并将它们分门别类，归入不同法典。宪法、民法、刑法、商法、民事诉讼法和刑事诉讼法共同构成了法国的"六法"体系，同时也奠定了整个大陆法系"六法"的基础。[①] 从法国开始，大陆法系各国在"六法"领域基本上都各有一部核心法典，此外尚有一系列单行法律、法规作为对各法典的补充。

与此形成对比的是，英美法系各国法律渊源中的制定法数量一点也不比大陆国家少，地位也不可谓不重要，甚至其中很大一部分是法典化的，但是，英美法系却不能称为成文法系，因为制定法在其法律渊源中只是很小一部分，大量的还是判例法，而且其制定法的作用和风格都深受判例法影响。比如它的法典与大陆法系的法典就有很大的差异。一方面，在大陆法系，法典是一个领域中最具权威的法律渊源，涵盖了该领域中最基本的法律关系；而在英美法系，某一领域即使存在法典，它也只涉及该领域中某一部分法律关系，同时还可能存在大量的判例法规则，法典和判例必须结合起来运用。另一方面，两大法系法典的技术风格完全不同，大陆法系的法典往往结构严谨、概念严密，条文的表述也很明确，逻辑性很强，而且高度抽象、概括；英美法系的法典则往往从实用主义角度出发，不讲究结构的完整性和概念的严密性，常以列举、例解的方式来表述条文。

第三，大陆法系将公法与私法的划分作为最重要的法律基础性分类。这一分类方法也是源自对罗马法的继承和发展，其也成为大陆法系与英美法系相区别的一个重要特征。如前所述，在罗马法学家看来，法律首先应该划分为公法和私法，因为这两类法律关系的性

---

① "六法"的构成在大陆法系各国并不完全一致，在民商合一的国家，没有单独的商法，除其他"五法"外，还包括法院组织法或者行政法等。

质不同，调整方法不同，引起的法律后果也不同。大陆法系国家完全继承了罗马法学家关于公法与私法划分的理论，但在划分标准上，则根据时代的变化而有所发展。罗马法主要是以法律关系所涉及的利益来划分公法与私法的，而近代以来大陆法系国家划分公法与私法的标准则是多种多样的。如以法律关系主体的身份为准，如果其中至少有一方代表着公共权力，这种法律就是公法，反之则是私法。有的以主体之间的关系为准，如果双方处于平等地位，那就是私法；如果双方是一种上下级关系，或者说是一方服从于另一方，那就是公法。也有的以法律关系的性质为标准，公法是强行法，由国家机关强制执行；而私法是任意法，可以由双方当事人通过协议加以改变，法律的执行也要通过当事人合意。当然，任何一种公、私法划分标准都不是绝对的，都有可能存在一定的缺陷或者例外情况，因此，也有人主张将上述各项标准综合起来考虑。总之，在 19 世纪，大陆法系国家一般都将宪法、行政法、刑法、诉讼法等法律部门划分为公法，而民法和商法则被视为典型的私法。20 世纪以来，又出现了劳动法和经济法等兼有公法和私法性质的混合法，这对传统的公、私法划分理论是一个重大的挑战。随着国家干预经济生活的逐渐加强，私法日益受到国家权力的限制，私法越来越公法化；而国家直接参与经济活动，又使公法的私法化倾向日趋严重。这些都使公、私法的划分基础日益动摇。但从整体上看，大陆法系各国的法律体系基本上还是可以清楚地划分为公法和私法两大类别的。

与此相反，英美法系并不以公法和私法的划分为基础。英美法系的法律基本分类是普通法和衡平法，其部门法的划分基础则是中世纪形成的诉讼形式。因此，英美国家的法律部门与大陆国家有很大的不同。比如，它没有独立的民法部门，而是以财产法、信托法、侵权行为法、契约法和家庭法等部门出现，自然也不存在民商分立或者民商合一的问题；它的行政法发展得很晚，因为它没有独立的行政法院，更由于它没有公、私法截然划分的理论基础，行政侵权行为和普通的民事侵权行为在英美国家并不是截然相对的，都由普通法院统一受理。当然，为了学术研究的方便，有的英美法著作也可能将法律划分为公法和私法来分别论述。

第四，法官的职责是严格执行法律，不允许法官造法。西方国家一般都确立三权分立原则，立法权、行政权和司法权分别由国会、政府和法院行使，法官是司法的主体，本身并不享有立法权。但在法官的职责上，两大法系的理解有很大的差异。在英美国家，法官的职责不仅是严格按照现成的法律规范来审理案件，更重要的是必须去发现隐藏在法律规范后面的法律规则，如果现成的法律规范不能为解决某一具体案件提供满意的答案，法官就可以根据法律的一般原则和精神去挖掘、创制出新的法律规则来。因此，像普通法和衡平法这样由法官创造的判例法才能够成为英美法系最基本的法律渊源。与此相反，大陆法系法官的职责只在于严格按照现行法律规范来审理案件，不允许对法律条文有丝毫的更改和发展，也不允许法官在缺乏现成法律规范的情况下自行创制法律规则。在法律条文不明确的情况下，法官可以进行法律解释，但其解释的功能仅仅在于阐明法律的真谛，探求立法者的真实意图，弄清立法者赋予法律条文的真实含义，不能曲解法律条文，从而侵犯立法权。因此，在大陆法系国家，法官仅仅是"制定法的奴仆"，无权创制法律规则。有一个现象很能说明问题：英美法国家的判决书可以写得洋洋洒洒，有的甚至长达数万言，因为法官必须在判决书中充分阐明判决理由，表明自己对法律原理的见解。如遇法官对判决的意见不同，则每个法官都要在判决书中阐明自己的意见。而大陆法国家的判决书往往言简意赅，因为法官只需在判决书中注明法律依据和判决结果，至于个人对于法律原理的认识是无足轻重的，少数意见就更没必要反映在判决书中了。

第五，运用法律的推理方法主要是演绎法。大陆法系法官只需根据现行的法律规范来审理案件，而且他们用以审理案件的法律依据主要是高度抽象、概括的法典，因此，他们首先做的就是去寻找隐藏在法律条文中的法律原理，再将这些法律原理直接运用到具体案件中即可。从逻辑学的角度来看，法律条文是大前提，案件事实是小前提，判决结果则是结论。这是一个典型的演绎推理过程。而英美国家的法官首先要做的是从无数类似的先例中归纳出法律原理，然后与当前审理的案件事实进行对比，最后得出判决结果。每一个判决都需要重新对以往的先例进行归纳和分析，因此它的推理过程主要是一个归纳的过程。两种运用法律的推理方法深深地影响了两大法系法学院的基本教学方法。大陆法系国家的法学院侧重于培养学生的法学思维能力，在课堂上注重对蕴涵在法律条文中的法学原理问题进行解剖和分析，因此，讲座式教学就成为他们的主要教学方法；而英美法系国家的法学院则注重培养学生"像律师那样"思考问题的习惯，在课堂上经常性地分析、评论大量的判例，帮助学生从具体的判例中寻找、归纳法律原理，因此，"判例教学法"或者说"案例教学法"是英美国家法学院最基本的教学方法。当然，随着两大法系的交融日益明显，它们彼此都发现了自己传统教学方法的缺陷和对方的长处，大陆法系国家法学院越来越多地引进案例教学法，而英美法学院也越来越多地使用讲座教学法。

四、大陆法系的主要分布和影响

大陆法系可以说是世界上"历史最长、分布最广、影响最大"① 的法系。在18世纪以前，它基本上只是欧洲的一个法律体系，其影响主要集中在欧洲大陆。但随着欧洲国家不断对外殖民扩展，大陆法系的法律制度和其中所蕴涵的法律文化日益被推广到亚洲、非洲和拉丁美洲殖民地、半殖民地国家，并且随着亚非拉许多国家独立后法律现代化进程的深入，大陆法系的法律制度及其传统不断地被移植和接受，终于形成了一个世界性的法律体系。从大陆法系核心国家法律的对外传播及对各国法律的影响途径和程度上看，可以将大陆法系的分布作这样的归纳：

大陆法系的核心成员是法国和德国，它们的法律制度往往被视为大陆法系的"母法"。虽然这两个国家的法律体系都是在继承罗马法的基础上建立起来的，但两者之间存在许多明显的差异。比如，法国的法典编纂具有实用主义色彩，概念明确，更贴近百姓的生活，在结构和条文的逻辑性方面不太讲究；德国的法典编纂则以概念法学为基础，更讲究结构的严密性和条文的逻辑性，概念、术语的含义比较深奥，普通百姓很难理解。法国的法律体系是19世纪初建立的，而且法国大革命是一次非常彻底的资产阶级革命，因此，法国法更多地带有自由资本主义时代的特征，体现了个人主义、自由主义的基本倾向；而德国法律体系是在19世纪末20世纪初建立的，加上德国革命本身是一次自上而下的不彻底的资产阶级革命，因此，德国法明显地带有自由资本主义过渡到垄断资本主义的时代特征，更

---

① ［美］约翰·亨利·梅利曼著，顾培东、禄正平译：《大陆法系》，1页，北京，知识出版社，1984。

多地体现了国家对社会生活进行干预、对个人权利进行限制的倾向，并且带有对旧的贵族势力妥协的色彩。从欧洲大陆的法制状况看，19 世纪建立法律体系的国家基本上是以法国为样板的，包括比利时、卢森堡、西班牙、葡萄牙、意大利等国，它们与法国一起组成了大陆法系中的"法国支系"，或者称"拉丁支系"。20 世纪建立或者重建法律体系的国家则基本上以德国为样板，包括奥地利、瑞士、荷兰等国，它们与德国一起组成了大陆法系中的"德国支系"，或者称"日耳曼支系"。北欧斯堪的纳维亚国家的法律制度则带有强烈的混合特征，一方面保留了其本民族的法律传统①，另一方面则受到罗马法和法国、德国等大陆国家法律的强烈影响。因此在大陆法国家中，北欧国家的法律制度较为特别，既不属于法国支系，也不属于德国支系。

在欧洲大陆之外，大陆法的传播往往与欧洲国家的殖民侵略、扩张紧密联系在一起。早在 16、17 世纪，随着新航道的开辟，西班牙、葡萄牙、荷兰等国就已经开始了对外殖民扩张，在亚洲、非洲和拉丁美洲建立了一些殖民地。随后，法国、德国、俄国、意大利、比利时等国也纷纷加入殖民扩张的行列，对亚非拉广大地区进行瓜分和掠夺。殖民主义者在进行军事侵略、经济掠夺的同时，还在殖民地推广它们的法律制度及文化教育模式，并且竭力将它们在大革命后建立的资产阶级法律体系移植到殖民地。第一次世界大战和第二次世界大战结束后，大批殖民地、附属国和保护国经过长期的争取民族独立和解放的斗争，终于摆脱了西方列强的殖民统治，建立了独立的国家。但是，由于历史原因，这些国家和它们的前宗主国之间仍保持着密切的联系，当它们重构法律秩序时，前宗主国的法律体系仍是它们的主要蓝本。比如，阿尔及利亚在 1830 年被法国占领，成为法国的殖民地，除传统的伊斯兰法外，法国的各项主要法律制度也都在阿尔及利亚实施。虽然原则上土著阿拉伯人适用伊斯兰法，而法国殖民社会则适用法国法，但由于伊斯兰法本身的缺陷，在刑法、劳工法、侵权责任、建筑规程等领域，基本上适用法国法；而且如果土著阿拉伯人愿意，他们也可以要求在涉及他们的案件中适用法国法，因为法国法"被看作是阿尔及利亚的普通法"②。1962 年独立之初，阿尔及利亚颁布了一项法律，继续实施殖民地时期的法律，除非某些条款违反国家主权或者带有殖民主义色彩。虽然独立后的阿尔及利亚进行了法律改革，制定了刑法典、刑事诉讼法典和民事诉讼法典，但其中的法国影响仍然清晰可见，而民法、商法、劳工法等领域则仍然继续适用殖民地时期就采用的法国法律，只是在宪政制度和伊斯兰属人法领域进行了重大改革。再比如，埃及曾经受法国和英国的交替统治，但受法国法的影响更加明显。早在 19 世纪 70 年代和 80 年代，埃及就以法国法为样板制定了《刑法典》、《商法典》、《海商法典》、《民事诉讼法典》以及两部分别适用于混合法院③和国民法院的民法典等法国式的法典。1947 年，鉴于治外法权已经废除，埃及取消了混合法院④，将其审判权移交给国民法院，因此，在 1949 年，一部新的民法典取代了原先分别适

---

① 中世纪的斯堪的纳维亚法属于日耳曼法的组成部分。

② 上海社会科学院法学研究所编译室：《各国宪政制度和民商法要揽》（非洲分册），9～10 页，北京，法律出版社，1986。

③ 混合法院是专门审理外国人之间和外国人与埃及人之间纠纷的法院，由欧洲法官和埃及法官共同组成，以欧洲法官占主导地位。混合法院虽然是治外法权的产物，但对于埃及近代法律改革发挥了重要作用。

④ 参见郭应德：《阿拉伯史纲》，595 页，北京，中国社会科学出版社，1991。

用于混合法院和国民法院的两部民法典，民事诉讼法典也重新制定了。这些新法典都在法国法的基调上适当吸收了意大利、德国等更多欧洲大陆国家的法律制度，并且试图与伊斯兰法律传统相融合，增加了一些独创性规定，但根子上还是法国式的，与法国法"有着无可置辩的亲属关系"①。

从整体上看，在美洲，除北美的美国和加拿大外，绝大部分国家都曾经是西班牙、葡萄牙、法国及荷兰等国的殖民地，成为大陆法影响比较集中的区域，像阿根廷、巴西、智利、厄瓜多尔、哥伦比亚、委内瑞拉、乌拉圭、海地、玻利维亚、多米尼加和墨西哥等，都是大陆法系的成员，甚至像美国的路易斯安那和加拿大的魁北克这样的地区，由于是法国的前殖民地，也一直保留着法国法的传统。在非洲，北非的阿尔及利亚、摩洛哥和突尼斯曾经长期沦为法国的殖民地，自然成为法国支系的代表；撒哈拉以南的广袤地区由于长期受法国、德国、比利时等国的殖民统治，也成为大陆法影响比较集中的地区，像塞内加尔、毛里塔尼亚、马里、尼日尔、圭亚那、上沃尔特、科特迪瓦、加蓬、刚果、乍得、中非、多哥、喀麦隆、卢旺达和布隆迪等国家都是大陆法系的成员。在亚洲，欧洲大陆国家的殖民地比较分散，一般说来，老挝、柬埔寨、印度尼西亚等东南亚国家和黎巴嫩、叙利亚等中东国家曾经是法国、荷兰等国的殖民地，其法律制度也属于大陆法系。

欧洲大陆的法律制度除了通过殖民统治推行于世界各地之外，还有一条传播途径，那就是通过贸易活动、军事压力和法律文化输出，使亚洲、非洲一些并非殖民地国家被迫或者在某种程度上主动接受欧洲大陆国家的法律制度。这些国家往往具有悠久的传统法律文化，从近代开始都或多或少地受到西方列强的军事威胁，被迫与西方列强签订了一系列的不平等条约，被迫承认了列强的经济、贸易和治外法权等特权，大都已陷入半封建半殖民地状态，并且存在着沦为殖民地的可能。在贸易、战场和谈判桌上一次次地碰撞失败后，这些国家都认识到引入西方先进法律对传统法律文化进行改造的必要性。而在确定西方法律样板时，法国、德国等欧洲大陆法国家的法律则是它们共同的选择。在这里，引进的可行性和难易程度成了选择的关键因素。英美法系的判例法是历史长期积累形成的，其法律规则和原理蕴藏在大量的法院判决中，如果要引进并实施这种法律制度，必须以建立英美式的法院组织系统和具备高素质的法律职业队伍为前提，并经过长期地引用英美法院判例，才能使法律职业者逐渐掌握判例法的运作方式，了解判例法中蕴涵的规则和原理。单纯建立一个英美式的法院组织倒不是太大的障碍，关键是在一个司法权隶属于行政权的传统东方社会里根本不可能具备真正意义上的法律职业者。更何况对于一个主权国家或者名义上还保留着主权的国家来说，要靠引用外国的判例来建立自己的法律体系，是极其荒唐的。而且对英美判例法的引进需要一个漫长的过程，这也与当时东方国家急于改造传统法律的愿望相悖。因此，英美法在亚洲、非洲、北美洲和大洋洲的移植实际上都是伴随着英美国家对这些地区的军事征服和殖民统治展开的，如果不是英美国家的强制推广，英美法是很难被其他国家全面接受的。与此相反，欧洲大陆国家的法律体系以成文法典为主要渊源，法律原理、精神和基本制度都体现在法典中，其长处一目了然，东方国家只要以这些法典为蓝本，适当根据自身的需要加以糅合、改造，就能制定出一批欧洲大陆式的法典，从而

---

①　[德] K.茨威格特、H.克茨著，潘汉典等译：《比较法总论》，203页，贵阳，贵州人民出版社，1992。

改变传统的法律秩序。

比如，日本明治维新后，为了废除与西方列强签订的一系列不平等条约，为了"脱亚入欧"，实行了"泰西主义"改革。明治政府首先选择的模仿对象就是法国，聘请了法国法学家帮助日本起草法典。至1890年，已完成一大批仿照法国法的法典，如《刑法典》、《治罪法》、《民法典》、《商法典》等。这批法典由于过于法国化，不适合日本国情，除《刑法典》和《治罪法》曾实施过极短时间外，大都未能如期实施。与此同时，明治政府决定效法与日本国情更为接近的德国，重新起草和修订各部法典。在德国法学家的帮助下，一大批以德国法为蓝本的新法典出笼了，包括《民法典》（1898年）、《商法典》（1899年）、《刑事诉讼法典》（1890年）、《民事诉讼法典》（1891年）、《刑法典》（1907年）、《裁判所构成法》（1890年）以及《行政裁判法》（1890年）等。这批法典的实施，标志着日本近代法律体系的建成，也标志着日本完全加入了大陆法系的行列。再比如土耳其，早在奥斯曼帝国时期进行的"坦志麦特"运动中，就仿照法国法制定了《刑法典》、《商法典》、《刑事诉讼法典》、《民事诉讼法典》、《债务法典》、《商业程序法》、《海事商业条例》等法律、法规，并仿照《法国民法典》的形式对传统的哈乃斐派规则进行了编纂，制定了《奥斯曼民法典》。① 1923年土耳其共和国成立后，又对奥斯曼帝国时期的法律、法规进行了修订、废除或者重新编纂，此次法典编纂比较注重从欧洲大陆各国法典中寻找更适合土耳其国情的样板，不再局限于法国，在很大程度上可以说是对大陆法系各国法的一种融合。其新制定的《刑法典》和《刑事诉讼法典》源自意大利，《民法典》、《商法典》和《民事诉讼法典》则源自瑞士，《宪法》（1961年）则体现了法国风格。除日本和土耳其外，以类似方式加入大陆法系的还有泰国、清末至南京国民政府时期的中国、伊朗、埃塞俄比亚等国家。

值得注意的是，欧洲以外的许多大陆法系国家的法律制度并不一定是纯粹意义上的大陆法，经常是大陆法与其他法系的混合物。有些地区曾经受过欧洲大陆国家和英美国家的交替统治或者共同统治，它们的法律制度在很大程度上带有混合色彩，兼有大陆法系和英美法系的特征，比如南非及其毗邻的津巴布韦、博茨瓦纳、莱索托、斯威夫兰等国由于曾经是荷兰和英国殖民地，亚洲的菲律宾曾先后是西班牙和美国殖民地，它们的法律制度就是两大法系的混合物。有些地区传统上是大陆法系的成员或者由于受过欧洲大陆国家的殖民统治而实行了大陆法，但由于它们只是英美法系国家中的一个特别法域，处在英美法系的大环境中，越来越多地受到英美法的影响，如英国的苏格兰地区、加拿大的魁北克省和美国的路易斯安那州等地，其法律制度应该说是两大法系相互渗透的产物，但从根本上说，还是更接近于大陆法系。有些国家在加入大陆法系的行列之前曾经有过古老的法律文化，甚至是某些东方法律文明的发祥地，在接受大陆法以后，仍然保留着传统法律文化的某些特色，它们的法律制度也可以说是大陆法与东方传统法律的混合物。如中东和北非许多国家的法律都是大陆法与伊斯兰法的混合物，旧中国的法律是大陆法与中国传统法律的混合物，南非的法律则在一定程度上体现了大陆法、英美法与印度法的混合。②

---

① 即著名的《麦吉拉》，这是世界范围内首次以国家名义对伊斯兰教法进行的编纂。
② 参见洪永红、夏新华等：《非洲法导论》，256页，长沙，湖南人民出版社，2000。

第二节
英美法系传统

　　走进英国法那迷宫似的法律殿堂，追寻其历史发展的足迹，每每会生出这样的困惑：英、法两国仅相隔一个宽度不超过 30 公里的英吉利海峡，且两国在很长的历史时期内经济、政治、文化交往密切，又同属欧洲白种人的文化传统，为何却在法制建设上分道扬镳——一个成为英美法系的发源地，一个成为大陆法系的肇始国——特别是与西欧大陆国家相比，位于不列颠岛上的英国人在法制建设上还可以说是单枪匹马，独树一帜，并终将这种法制传统发展成一支具有世界影响的法系。这的确是西方法制史上一个很有意义的学术问题，值得探究与分析。

　　带着这样的困惑，考察英国法的历史，得到的最深刻的印象有二：其一是英国法独特的判例法传统以及由这种传统引申出的"遵循先例"与"程序优先于权利"的两大特征；其二是这种判例法传统的根深蒂固性，它自封建时代形成一直延续至今，再没有发生根本性的改变，始终是在一条平和、渐进、改良的道路上发展、完善，保持了最典型的历史的连续性。

一、英国法制传统的形成与英国法体系的确立

（一）英国法制传统的形成

　　一种法制传统的形成，取决于多种因素，不仅有经济的因素，也有政治、历史、宗教以及文化等方面的因素。如果将形成时期的英国法与法国法作一番历史的分析和比较，我们就会发现，英国和法国作为西方社会两大法律传统的发源国，它们之所以各自走上不同的发展道路，并不完全取决于经济，也还取决于其他的条件和因素。

　　位于不列颠岛上的英国，土著居民是凯尔特人。公元前 1 世纪，罗马帝国曾征服此地，统治达 4 世纪之久，但因其主要为军事占领，仅有少数沿海城市受罗马行政控制，其他地区的凯尔特人仍保留适用自己的氏族制度，所以罗马对不列颠的几百年占领，并没有留下太多的痕迹。

　　5 世纪初叶，因罗马帝国危机，罗马军队撤离这一地区，土著居民曾恢复了短暂的统治，但不久，450 年，日耳曼族的盎格鲁-撒克逊人和朱特人自北欧侵入不列颠岛，相继建立起十几个独立王国，至 7 世纪初合并为 7 个王国。此后，为反抗丹麦人的入侵，该 7 国曾于 827 年形成政治联合，称英吉利王国。1017 年丹麦人征服整个英格兰，丹麦国王卡纽特（1017—1035）将英格兰与丹麦、瑞典、挪威合并为一个松散的帝国。在他死后，长期流亡于诺曼底的爱德华（1042—1066）在盎格鲁-撒克逊贵族的支持下恢复了英国的独立。

　　英吉利王国也和其他日耳曼部落在西欧大陆所建立的各"蛮族"国家一样，属于早期封建制国家，适用盎格鲁-撒克逊习惯法，并将这些习惯法陆续编成法典，例如，600 年左右肯特王国制定的《埃塞尔伯特法典》，694 年威撒克斯王国制定的《伊尼法典》等。这些

法典的内容、原则及法律风格，与西欧大陆各国的"蛮族法典"大同小异，都是在日耳曼部落习惯的基础上形成的带有部落性和地方性的习惯法，适用法律遵循"属人主义"原则，形式主义与氏族残余相当浓厚，且非常分散和不统一。这些说明，英国法在这一时期与西欧大陆法的发展并没有明显的不同。

导致英国法走上判例法这一独特发展道路的，是 1066 年诺曼人对英国的征服。换言之，英国法制传统正是从诺曼人入侵英国后逐渐形成的。"诺曼入侵"决定了英国法发展的前途与命运。

1. 诺曼人建立的中央集权政体为英国法制传统的形成奠定了政治基础

1066 年，英国爱德华死后，法国北部的诺曼底公爵在哈斯丁斯战役中战胜英军，登上英国王位，称威廉一世（1066—1087）。由于是异族征服，民族矛盾十分尖锐，客观上使诺曼人只有建立强有力的中央集权制政体才能统治英国。为此，明智的征服者威廉在把自己宣扬为爱德华合法继承人，并采取允许盎格鲁-撒克逊人继续适用原有习惯法等让步政策的同时，通过一系列政治、经济改革，加速完成了英国在盎格鲁-撒克逊时代已开始的封建化过程，并建立起当时欧洲独一无二的以强大王权为中心的中央集权制国家政体，为英国封建法制的统一，形成以普通法、衡平法、制定法为基本形式的英国法制传统奠定了政治基础。威廉一世的改革主要包括三个方面：

（1）没收盎格鲁-撒克逊贵族的土地，宣布自己是全国土地的最高所有者，将土地封赠给亲信、侍从，并建立直接化的封建附庸关系。这一措施在当时权利与土地密切相连的欧洲封建割据时代，深远意义不可低估，对后来英国土地所有权制度也发生了深远的影响。同当时西欧大陆国家的代表法国相比，法国建立的是间接化的封建附庸关系，即国王不得不承认"我的附庸的附庸不是我的附庸"，也就是说，只有直接从国王手中受封土地的大封建主是国王的附庸、陪臣，而从大封建主手中受封土地的中小封建主则可以不向国王宣誓效忠，仅向授予自己领地的上一级领主宣誓效忠。而威廉建立的直接化封建附庸关系，不仅要求直属的附庸宣誓效忠国王，也要求臣下的附庸必须同时效忠国王，从而使地方封建主难以在所辖领地内称雄一方，与国王抗衡。

（2）在全国进行土地、牲畜及其他财产调查，制定调查清册，强化封建义务的履行。1086 年，为详细了解臣属的财产状况，以便征收财产税，威廉下令在全国范围内进行广泛的财产调查，并编成调查清册，使各大小封建主的财产分布与收入状况一览无余，无法逃避赋税。在这一过程中，许多原来是自由或半自由的农民被列入调查清册中的农奴一栏。人们面对调查如同面临末日审判，因此，调查清册又被称为"末日审判书"。这一措施为中央集权制的巩固与发展打下了坚实的经济基础。

（3）建立御前会议取代原盎格鲁-撒克逊各王国的"贤人会"。御前会议由主教、贵族、领主及高级官吏组成，既是国王咨议机关，也是处理国家行政事务的中央政府和国家最高司法机关，在国家政治生活中作用显著。

综上所述，我们已经看到，在 11 世纪初叶，当西欧大陆尚处于分离割据状态之时，海峡彼岸的英国，已在征服者威廉推行的改革下成功地避免了封建割据局面，形成了以强大王权为中心的集权制国家政权，而这恰恰是英国之所以形成独特法制传统的政治基础。

2. 亨利二世的司法改革与英国判例法传统的基本形成

诺曼征服前，英国并无统一的国家司法机构，各类诉讼是由古老的郡法院与百户法院以及后来出现的领主法院与教会法院管辖审理。除教会法院外，这些法院审判案件的依据主要是各地分散的习惯法。诺曼征服后，威廉在实行政治、经济政策的过程中，已充分认识到法制的不统一与司法权的分散对建立和巩固中央集权政体造成的干扰及危害。出于统治策略的考虑，他一方面允许保留原有司法机构和法律，以安抚人心；另一方面推行令状制度，要求各地司法机关必须根据国王的令状并以国王的名义进行审判，从而在一定程度上扼制了地方法院的权力。此外，威廉成立的御前会议也享有司法职能，有权受理危害国家安宁的重大案件，但不受理一般诉讼。后来随着王权的巩固和国家统治的需要，亨利一世在位时（1100—1135）便将理财法院从御前会议中分离出来，使之专门化，同时设巡回法庭，代表理财法院调查和受理地方上涉及国家财政收入的财务案件，以提高和扩大国王法庭的地位及影响。

对英国判例法传统的形成具有决定性意义的是亨利二世（1154—1189）的司法改革。这次具有重大历史意义的改革，不仅完善和发展了亨利一世创立的法律制度，更为重要的是，使英国法形成了自己判例法的独特风格，迈上了与西欧大陆法制发展的不同之路。

亨利二世的司法改革，体现在他先后颁发的诏令之中，其中最重要的是1164年和1166年的《克拉灵顿诏令》以及1176年的《诺桑普顿诏令》。改革内容主要包括：

（1）在御前会议内分设棋盘法院、民事诉讼高等法院和王座法院，分别审理财政、民事和刑事案件。

棋盘法院（the Court of Exchequer）或称财务法院，由亨利一世开始设立，亨利二世扩大了它的管辖权，分为两个分支机构：一个是行政的，履行征税职责；另一个司法的，审理税收以及与税收有间接关系的臣民之间的债务、契约等诉讼。因为这里的计算方法使用筹码，而筹码在方格图案上移动犹如棋子在棋盘上移动，因而得名为"棋盘法院"。

民事诉讼高等法院（the Court of Common pleas）审理与国王利益无关的私人争讼，受理一切财产权诉讼和个人债务、契约以及非法扣留动产的诉讼。

王座法院（the Court of King's Bench）之所以具有这个名称，是因为它与国王有着直接的更紧密的联系。在王座法院里，国王经常亲自和法官一起审判，这就使它不仅有广泛的刑事案件管辖权，而且还拥有经民事诉讼高等法院同意的民事案件管辖权。同时它还拥有监督所有低级法院活动的权力，有权发布执行令、禁止令和复审令等，以制止僭越司法管辖权；也有权发布人身保护令状，命令下级法院执行。

亨利二世还在与罗马教皇争夺权力的斗争中取得胜利，他颁发诏令，规定世俗人的一切案件以及神职人员刑事案件的最终审判权均归上述法院管辖。这一措施确立了由国王直接支持的皇家司法权的地位与权威。应当说，这是后来英国判例具有强制性约束力，形成以判例法为渊源的普通法的首要条件。而当时的西欧大陆国家，无论是王室法院还是其他法院，均没有具备这样的社会条件。

（2）建立巡回审判制度。

英国判例法传统的形成，还有一个极为重要的因素，即巡回审判制度的建立。亨利一世时，为加强王室法院的地位，经常委派兼管财政和行政事务的巡回法官到各地实行审判。

亨利二世则将其正式形成巡回审判制度。

全国被分为 6 个巡回区。从 1179 年开始，国王每年向各巡回区派遣巡回法官，代表国王行使"正义"。被委派到各地巡回审判的法官，在办案时除了依据国王的诏书、敕令外，还依据日耳曼人的习惯法。巡回法官们集中在威斯敏斯特讨论和辩论一些案例和法律观点时，综合了彼此依据的习惯和法律，然后又回到巡回审判中加以运用。王室法院在制定判决时也引用这些经过讨论并得到承认的习惯法。王室法院的判决具有最高效力。巡回法官的判决，其效力高于地方法院适用的习惯。

正是在强大的中央政权的支持下，通过长期的巡回审判形式，不仅逐步将司法权从封建主手中收归中央，形成了国家统一的司法权，而且更为重要的是，它使英国各地分散的习惯法渐渐得以统一，并在此基础上以判例法形式形成了全国普遍适用的普通法。英国法难以改变的风格和传统即判例法传统，正是在这种巡回审判实践中孕育而生，并由此起步，开始了它的发展历程。

综上可见，亨利二世的司法改革对英国判例法传统的形成起了至关重要的作用，正是这次改革构建起英国判例法模式的基本框架，决定了英国法将与西欧大陆法分道扬镳的命运。为此，当 13 世纪西欧大陆各国进入接受罗马法的火热时代，当复兴的罗马法在西欧大陆逐步取代和改造地方习惯法的时候，不列颠岛上的英国虽然也受到这一运动的冲击与影响，但由于它已在习惯法基础上形成了全国通行的判例法，且这种形式的法律已为英国社会和英国的司法界普遍接受，成为难以改变的发展方向，所以罗马法的传播注定在这里不会结出西欧大陆式的果实。正如有的西方学者所言，英国的这个阵地已为普通法所占领，罗马法来得太晚了。

（二）英国法体系的确立

对于英国法来说，中世纪是一个具有特殊重要意义的时代，也是一个极具创造力的时代。在这个时代里，英国人显示了自己非凡的勇气和法律智慧，不仅创立了自己独特的法制传统，也筑建起由普通法、衡平法和制定法三支法律渊源构成的独特的法律体系。这支法律体系又在以后的历史中得以不断发展和完善。

1. 普通法（Common Law）

作为英国法的主要法律渊源，普通法指的是 12 世纪前后由普通法院创制并发展起来的、通行于全国的普遍适用的法律。

普通法的形成与英国判例法传统的形成同步而行，可以说，它是英国判例法传统形成的直接结果或产物。前已述及，诺曼人征服后建立的中央集权制政体和统一的司法机构以及巡回审判制，是英国普通法形成的重要历史条件。

在这里需要对普通法的概念问题作出解释。这主要是因为"普通法"一词在西方法学中有多种含义①，并非是英国法独有的概念。此外，即使在英国法中，也可以在多种含义上使用它。

从一般意义上说，"普通法"概念最初来自中世纪教会法学家所称的 jus Commune，表

①　参见沈宗灵：《比较法学论》，159～160 页，北京，北京大学出版社，1987。

示教会的一般法律，以区别于各种地方习惯法。在法、德等欧洲大陆国家，"普通法"指那些区别于地方习惯、适用于整个国家的法律（droit Commun, gemeinrecht）。"普通法"也可泛指与根本法或特别法相对称的一种法律，但这种意义上的普通法在英语中通常又称 Ordinary Law 或 General Law。

就其狭义意义而言，普通法是指以判例形式构成适用于全国的英国法律。但这个意义上的普通法概念在英国法中也有多重含义。在表现形式上，作为判例法，普通法中不仅包含由普通法法院创立并发展起来的一套法律制度，也包含衡平法依照特有的救济方法和诉讼程序创立并发展起来的一套判例法制度，为此，普通法也有判例法之称。在救济方法与诉讼程序方面，普通法与衡平法相比又有显著区别，普通法仅指以令状制为基础由普通法法院创立并发展起来的一套法律制度。还应指出，当英国法后来发展为世界法系之一时，它又被冠以"普通法法系"之称，但在"普通法法系"中不仅有普通法，还有衡平法和制定法，普通法作为英国法最早形成的主干法律，是三者的总称。

英国普通法作为独具风格的一种法律制度，其所具有的特征是多方面的，如，历史的连贯性与持续不断的发展、以判例法为主要法源、"法官造法"、体系庞杂无系统分类、比较僵化保守等，但最能体现普通法风格与内在实质的是它的"遵循先例"与"程序优先于权利"的特征，这也是普通法的根本原则。有关这方面的介绍与分析，将在本节"英美法系传统的特征"中进行，在此不详述。

2. 衡平法（Equity）

衡平法是英国法的又一重要渊源，也是英国法的主要法律形式之一。衡平这一名词并非英国人首创。早在古希腊、罗马时代，柏拉图、亚里士多德等思想家就对此有过许多论述，认为它不是一般意义上的公正，而是源于绝对的自然法则、高于人类法的"自然正义"，要凭人类的理性去发现。不过，古希腊人并未将它运用于法律实践。古罗马人是"衡平法"的最早实践者，最高裁判官法就是典型的罗马衡平法。英国人借用了这一现成概念，将它发展为一套完整的法律制度。[①] 现代意义上的衡平法仅指英美法渊源中相对于普通法的另一种形式的判例法，它是通过大法官法院，即衡平法法院的审理活动，根据衡平法官的"良心"和"正义"原则，对普通法不予承认的案件加以审理，并在这一审判实践中逐渐发展起来的一整套法律规则，因此衡平法也被称为"大法官法"。

值得指出，衡平法不是一个完全独立的法律体系，它的出现并不是否定普通法，而只是以一种新的方式和方法为普通法填空补缺、纠偏补弊，以使英国法更好地适应社会发展的需要。

（1）衡平法的兴起及发展

普通法在发展的过程中日益显露出许多缺陷，这不仅是因为它难以适应社会经济的快速发展，还因为程序烦琐，僵化保守，不能有效保护当事人的权利，越来越招致人们的不满。然而，恰是这些弊端，为衡平法的兴起创造了机遇与条件。

13世纪以后，英国的封建经济不仅发展到较高水平，而且手工业与商业也有了很大发展。随着商品经济的发展和财产关系的复杂化，新产生的而在普通法范围内找不到适当诉

---

① 参见林榕年等主编：《外国法制史》，181页，北京，中国人民大学出版社，2003。

讼形式的案件日益增多，公民在实体法上的许多权利难以实现，普通法在适用上的狭隘性与救助上的有限性已暴露无遗。在这种情况下，当事人为维护自己的利益便按照自古以来的习惯，直接请求作为"正义的源泉"（Fountain of Justice）的国王给予保护和裁决。最初，国王亲自受理这些争讼，后因不堪重负，便交由大法官审理。大法官是国王的首席大臣，又是"国王良心的守护者"，在相当长时期内由教士担任，1529 年才改由世俗人担任。

大法官在审理案件时，享有很大的自由裁量权，既不受普通法诉讼程式的约束，不要求令状，不实行陪审，也可以不遵循普通法的先例，而主要是以"正义"或"自然法公平"作为判案的根据，实际就是以大法官个人"良心"所认为的"公平"、"正义"原则独自处理。这样，在普通法体系之外，又产生了衡平法。

开始，大法官是以国王名义受理案件，"1474 年，出现了大法官以自己的名义而不是以国王的名义颁布命令的第一个有文字记载的事例"①，从而产生了大法官直接接受申诉的惯例。到 16 世纪，大法官官署终于发展成为独立于国王和御前会议的常设机构，即衡平法法院。从此，开始了普通法法院与衡平法法院双重司法体系并存的局面。

最初，普通法法院和衡平法法院之间的关系还较和谐。不久，二者之间的关系趋于紧张。1615 年，民事诉讼高等法院的首席法官爱德华·科克，因处理"考特利诉格兰威尔"一案与衡平法法院大法官爱尔斯密（1540—1617）发生了分歧。案情是：被告在清偿债务时，领取了收据，因收据丢失，普通法法院作出被告败诉的判决。后来被告找到了收据，改向衡平法法院请求救济，衡平法法院又判决原先的被告胜诉，实际上等于宣布普通法法院的判决无效。科克对衡平法法院判决提出抗议，指出：普通法法院裁决的讼案，衡平法法院无权在当事人间进行干预，任何就普通法法院的判决向衡平法法院提起上诉的当事人，均须处以监禁。同年，在"牛律伯爵案"的审理中，爱尔斯密则辩解说：衡平法法院弃置普通法判决的权力，"不是因为判决中的错误或缺陷，而是出于衡平法法官的强烈的道德心"。这导致了争端的白热化，争端诉诸詹姆士一世（1603—1625）裁决。1616 年，詹姆士一世迫于当时舆论的压力，不得不作出支持衡平法法院的裁决。从此，开创了衡平法法院与普通法法院的判决冲突时依衡平法法院判决的先例。

衡平法的灵活性与适应性在初期深受欢迎，但因其主要是由大法官的"良心"和个人素质决定，很不稳定，标准也不统一，发展到 17 世纪便受到批评。正如约翰·塞尔登法官（1584—1654）所讥讽的："衡平法随大法官脚步的大小而变化。"② 为此，从有"近代衡平法之父"之称的诺丁汉大法官（1673—1682）开始，进行了将衡平法不确定规则改变为定型制度的尝试。于是，衡平法也渐渐像普通法一样采取了先例主义原则，衡平法原理逐渐实现了规范化和条理化。1873 年英国颁布《最高法院组织法》，将普通法法院与衡平法法院合并到新设立的最高法院，但这种合并只是司法行政上的合并，而并非是实体规则上的融合，衡平法上的救助仍属自由裁量权。普通法和衡平法同时为最高法院适用，如果对同一诉讼发生普通法和衡平法原则上冲突时，仍是衡平法效力优先。

---

① ［英］R. J. I. 沃克著，夏勇等译：《英国法渊源》，第 3 集，53 页，重庆，西南政法学院法制史教研室、科研处编译室编译，1984。

② 同上书，57 页。

（2）衡平法的基本准则

在长期的司法运作中，以"公平"、"正义"观念为指导，衡平法逐渐形成了一些独特的基本准则，用以指导审判活动。这些基本准则表现在许多著名的"衡平法格言"之中，并在衡平法判例中得以充分体现，使之有别于普通法。其中较为重要的准则有：

1）衡平即平等（Equity is equality）。意即对相同的人给予相同的待遇。

2）衡平法追随法律（Equity follows the Law）。意即衡平法不是对普通法的否定，只是对普通法的补充。

3）衡平法将应履行的行为视为已履行的行为（Equity looks on as done that which ought to be done）。意为根据合法有效的契约，当事人应当做而尚未做的行为，衡平法推定其已经完成。这一准则的目的在于强调依法成立的契约必须履行。

4）衡平法不允许有违法行为而无救济方法（Equity will not suffer a wrong to be without a remedy）。意即衡平法不受普通法的约束，只要公民权利受到侵害并在普通法上得不到救济，或虽有救济但当事人感到不公正时，衡平法可以给予救济。

5）衡平法可对人为一定行为（Equity acts in personam）。意为衡平法可执行对人的诉讼程序，通过强制手段迫使当事人为一定行为。

6）请求衡平的人必须为衡平之事（He who seeks equity must do equity）。意为申请衡平权利的人，在请求法院保护该权利时，也应按照衡平法的"公平"原则，使自己的言行合乎"公平"、"正义"的要求。

7）衡平法重意图轻形式（Equity looks to the intention rather than the form）。该准则强调衡平法以注重案件的实质内容为特点，不看重程序。

8）衡平法不做徒劳无益之事（Equity does nothing in vain）。意即衡平法的管辖权以其完整性为基础，不会发出一项无用或无法履行的命令。

（3）衡平法上的权利与救助方式

普通法固守僵化的令状及其诉讼形式，使新的社会关系下人们的诸多实体权利无法得到保护，衡平法弥补其不足，在审判实践中创制了许多新的权利和救助方式，其中比较重要的有：1）信托（Trust）。这是英国财产法中最具特色的制度，也是衡平法对英国法的主要贡献。其含义是，一方依照契约享有转让给他的财产所有权，并允许另一个人享有对该项财产的收益。前者称为受托管理人，后者称为受益人或信托受益人。2）衡平法上的赎回权（Equity of redemption），指抵押人有权从抵押权人手中收回其财产。在普通法上，债务如不能按期支付，抵押人就会丧失其抵押财产（如土地或土地上的利益），从而给抵押人带来极大损失。15世纪衡平法肯定了在法律上超过支付日期的抵押物赎回权，对抵押人的权利给予保护。3）特别履行（Specific performance），指强制履行契约或信托义务的命令，是补充普通法上损害赔偿有失公平的一种援助手段。普通法上的补偿方法是"损害赔偿"，但有时受害方并不要求金钱补偿而要求继续履行契约，或在涉及土地以及稀有财产等的契约中，有时损害赔偿显然是不够的。4）禁令（Injunction）。此为衡平法最重要的救助方式之一，指强迫或禁止当事人实施某种行为的命令，直接由法院下达给被告人。衡平法禁令范围比普通法补救的范围广泛，普通法仅在非法行为实施之后颁发，而衡平法禁令能够用以制止担心可能发生的非法行为。

此外，衡平法上的救助方式还有：纠正（rectification）契约文书，撤销（revocation）含有欺诈或善意错误陈述的契约，返还（restitution）违法行为所获利益等。

（4）衡平法的诉讼程序

与僵化、烦琐的普通法程序相比，衡平法的诉讼程序简便、灵活、快速而实际，不必以令状为起点，只要有原告的起诉书，大法官就能够依照公平、正义设定权利给予救助。起诉书不拘形式，请求范围也不受限制。在某些情况下，甚至只要有原告的口头申诉即可提起诉讼。大法官受理起诉后发布传唤令状，直接传被告到庭。如被告拒不到庭，可以蔑视法庭罪惩处，避免了普通法法院因缺乏有效手段强制被告到庭使审判长期拖延的困境。案件审理中，不要求使用特定法律语言，不采用陪审制，也无须证人证言和法庭辩论，主要由大法官根据衡平法规则进行审理，然后，就事实作出判决。在最初几个世纪，大法官主要根据"公平"、"正义"原则作出判决，享有较大的自由裁量权，先例原则在衡平法法院确立后，判决也像普通法院一样必须遵循先例。

3. 制定法（Statute Law）

与判例形式的普通法与衡平法相对应，英国自中世纪起，也产生和发展起另一种法律渊源，即由国家立法机关制定成条文的成文法，也即制定法。制定法包括国王、国会和其他拥有立法权的机关颁布的法律。

（1）制定法的历史发展

最早的制定法，来自中世纪国王的立法权，其内容主要有涉及国家基本制度的"宪章"，指导官吏政务的诏令，晓谕全国共同遵守的规则以及通过国会制定的条例等。其中1215年的《大宪章》被视为英国早期最重要的制定法文献，它是在英王约翰在位（1199—1216）期间，因其专横暴虐、强征税款，且在与法国的战争中失去大部分领土，引起全国上下反对，迫于封建贵族、骑士和城市居民联合发动战争的压力签署的。其主要内容是限制王权，确认了封建贵族和僧侣的特权，规定国王不得擅自征税，任何自由民非经合法程序不得被逮捕、监禁、放逐、没收财产。《大宪章》虽然是封建性质的法律，但在英国法制史上具有重要意义，资产阶级取得政权后，它被奉为英国"宪法的基石"。此外，在国王立法史上，爱德华一世（1272—1307）被誉为"英国的优士丁尼"，著名的三个《威斯敏斯特条例》都是由他颁布的。其中：1275年的条例规定了对教会财产的保护、禁止滥收土地税金，刑事案件必须实行陪审制等；1285年的条例扩大了令状的范围，规定大法官可以对那些与原有诉讼相似的案件颁发令状，并建立了限嗣继承制度；1295年条例规定自由民有权出卖自己的土地，而不必征得领主同意，但买主须承担卖主原承担的所有土地义务。这些条例对英国制定法的发展具有重要意义，对封建土地立法的影响意义深远。

英国制定法作为立法机关的产物具有最高权威地位，是伴随国会的崛起和地位的加强而逐渐形成的。1265年以西蒙·德·孟福尔（Simon de Montford，约1208—1265）为首的贵族战胜国王，在伦敦召开了不仅包括贵族、僧侣，而且首次有骑士和市民代表参加的会议，是为英国国会的开端。1295年英王爱德华一世召集国会，出席国会的社会阶层和1265年召开的会议一样，从此成为惯例。由于每次国会，贵族与僧侣、骑士与市民代表经常分别集会，久而久之成为定制，从1343年起国会正式划分为上、下两院，上议院由贵族、僧侣组成，称贵族院（House of Lords），下议院由骑士与市民代表组成，称平民院（House of

Commons）。从 1414 年开始，法案必须由下院向国王提出，征得上院同意后方可成为法律，国王对法案拥有否决权。

伴随国会立法权的加强，制定法数量日趋增多，地位也逐渐上升。但从总体上看，在资产阶级革命前，国会并未取得至高无上的立法权，在很大程度上仍被国王权力制约；资产阶级革命后，它才真正成为拥有唯一立法权的国家最高立法机关。制定法也才成为英国最重要的法律渊源。

（2）制定法的基本特点

1）在英国法体系中，制定法居于次要地位，只起补充、解释、指导或修改判例法的作用。英国法体系以判例法为主要特征，判例法构成法律体系的主体。虽然在英国法的发展中，制定法的比重在不断增加，地位和作用也逐渐提高，但就英国法的整体而言，如果没有判例法就不能成其为体系，而没有制定法，其体系依然可以独立存在。因为英国的民、刑、诉讼等基本法律均是在判例法的基础上形成的，即使是宪法中的许多原则，也都是以判例和惯例形式加以规定的。

2）制定法的地位与效力高于判例法。英国在中世纪即已形成制定法的地位与效力高于判例法的原则，当两者在适用上发生冲突时，以制定法为依据。同时，判例法的发展也不能否定制定法的效力，相反，制定法却可以修改包括普通法和衡平法在内的判例法。

3）判例法传统对制定法的适用具有一定影响。在英国司法实践中，由于判例法传统长久的影响，法官已习惯于以先例作为审理案件和作出判决的依据，这就使得英国制定法在适用上往往又出现这样的情况：某一项制定法颁布后，先由某些法官据此判案制成判例，使制定法成为判例法后，才会为法官接受并普遍适用，成为司法实践中"真正的法"。

二、美国法对英国法传统的移植与发展

提起美国法，人们会很自然地联想到它与英国法熔为一炉，共称为英美法系。的确，以标榜法治著称于世的美国人，自身并没有古老而独立的法律文明史，美国法是在移植了英国法传统的基础上发展起来的。但是，这种移植是有选择的，并体现了法律移植中的改革精神。

当然，毋庸置疑，美国法对英国法传统的移植与发展是极为成功的。这种成功不仅使古老的英国法传统的家族中又形成一支更具魅力与生机的法律支系，而且后来者居上的美国的世界霸主地位，也使英美法传统的地位与影响继续得以不断地升华和扩大，对推动人类法制文明的发展作出重要贡献。

注重实际的美国人，在以英国法为基础构建自己的法律大厦时，并没有机械地照搬前宗主国的法律，而是以符合美国国情为原则，有选择地植入，并遵循自己对法律的理解与追求，凭借自己的法律智慧与果敢精神，对英国法进行了诸多美国化的变革。其中，美国对西方宪政制度的贡献最为显著，其不仅与英国"不成文宪法"的传统决裂，在资本主义世界中开创了"成文宪法"的先河，从而带动了世界上绝大多数国家随其而行，将人类宪法史推进到成文化、法典化的时代，而且创制出了联邦制、总统制、立法与司法双轨制体制、违宪审查权制以及严格贯彻分权与制衡等宪政制度和原则，对许多国家产生了重要影响。

（一）美国法对英国法传统的移植

美国之所以移植了英国法，主要是由于英美之间在历史上存在着久远的法律渊源关系，而这种关系的发生，却是殖民的结果。

从历史上看，美洲大陆的主人原是印第安人。1492 年哥伦布航行到了美洲，此后，大批的西班牙人、荷兰人、法国人、英国人相继蜂拥而来，对美洲殖民地展开了激烈的争夺。18 世纪 40 年代，英国逐渐战胜了它在北美的竞争者，建立了大西洋沿岸的 13 个殖民地，这就是后来的美国的前身。

就英国而言，在新领土上采取什么样的法律，普通法有明确的规定：凡因殖民扩张而获得的新领土，都应适用本国法，即英国法；凡因征服或割让而获得的新领土，则应沿用原来已实行的法，即征服或割让地区原有的法律。而美国的前身是英属殖民地，显然，根据这一原则，在殖民地时期，美国就已经实行了英国法。但事实上，英国法在北美殖民地并没有一举取得支配地位，而是经历了几个时期才得以完成。

1. 移植受阻时期。从 17 世纪英国人开始在北美建立殖民地至 18 世纪中期，这是英国法传统在北美殖民地移植受阻的时期。当时英国政府虽然要求北美殖民地必须适用英国法，但 13 个殖民地中只有 3 个承认英国法具有法律效力，其他的殖民地都是或公开或暗地里对英国法持否定态度。这一时期，北美各殖民地主要适用自己制定的"法典"。这些"法典"素朴而简明，适应本地区的情况，而英国法充其量不过是作为补充其法律欠缺部分的次要法源，并没有取得很大的影响。特别是在英国移民中，有很大一部分人是清教徒，在清教徒移住的殖民地内，一般并不把英国法当作法源看待，在本地区法律没有明文规定时，常以《圣经》作为断案的依据。

英国法传统之所以在这样长的时间里没有取得支配地位，分析起来主要有以下原因：

第一，英国法在客观上不适应北美殖民地当时的情况。北美殖民地的历史，是从 17 世纪资本主义各种因素已在宗主国发展成熟的条件下开始的，它自身并没有经历过一个封建关系占支配地位的时期。就北美殖民地的经济关系来讲，封建制、奴隶制的因素与资本主义关系同时并存，且各殖民地间的经济发展也极不平衡。如北部的 4 个殖民地——马萨诸塞、罗得岛、新罕布什尔、康涅狄格，以经营工商业为主，造船、制铁、纺织业较为发达，贸易事业也很兴盛。中部的 4 个殖民地——宾夕法尼亚、纽约、新泽西、特拉华，虽有少量的手工业，但以经营农业为主，这里土地肥沃，有"面包殖民地"之称。而南部的 5 个殖民地——弗吉尼亚、马里兰、北卡罗来纳、南卡罗来纳、佐治亚却几乎完全没有工业，奴隶制种植园经济占统治地位，主要生产烟草和蓝靛。因此，具有明显封建保守性、资本主义关系并不纯粹的英国法律，客观上很难适应殖民地这种复杂经济结构的需要。

第二，殖民地居民主观心理上对英国法怀有反感。英国移民中，有很多是曾经主张改革的清教徒，他们一直对英国普通法复杂的适用程序和保守性表示反对，并且对掌握这种法律的法学家抱有成见，认为是普通法的法学家压迫了要求改革的清教徒。普通法的法学家们在斯图亚特王朝时期曾全力支持王权，并阻挠过克伦威尔的法律改革，这给清教徒们留下了极不愉快的印象。另外，他们对法学家保守的性格、"垄断"法律的专横，以及高额的报酬、富裕的生活，也怀有强烈的不满。这种情绪自然也在一定程度上使英国法的移植受到影响。

第三，北美殖民地初期，有关英国法的法律资料和书籍十分缺乏，加之英国普通法又具有高度的技术性，掌握它的法律专家为数又很少，连法庭也几乎全由不懂法律的人组成，这种情况自然也影响了英国法的传播，造成继承上的困难。

2. 开始接受时期。从 18 世纪 50 年代至美国独立战争爆发（1775 年）期间，北美殖民地出现了接受英国法传统的趋势，学习英国法律曾风靡一时，英国普通法逐渐在殖民地占据优势。导致这种趋势发生的原因很多，主要有以下几个方面：

首先，北美殖民地经济，特别是商品经济有了很大发展。虽然英国政府极为害怕殖民地日益增长的经济独立趋势，不断用禁止殖民地建立工业企业、禁止对殖民地输入机器和技术、不准殖民地同其他国家进行直接贸易等手段，力图绞杀殖民地的工商业，但是殖民地的商品经济仍是迅速发展起来了。在这种情况下，客观经济的发展要求有相应的法律来适应，虽然这时的英国法在契约、准契约、票据、保险等与商务有关的法律方面还不够发达，远不如当时的法国法，然而英国法毕竟也在适应商品经济的发展中不断克服自身的弱点，逐渐走向完善。对美国来说，继承英国法虽然还谈不上十分理想，但和过去相比则已经很容易接受了。

其次，英国政府加强了对北美殖民地立法的干预，要求殖民地立法必须服从英国法律，并以殖民地立法违反英国法律为由，先后由枢密院将四百多项法律宣布无效。这种做法曾一度引起人们对英国政府和英国法律的强烈反感，而促使人们努力去亲近法国法，甚至在不满情绪的影响下，有的殖民地还专门制定了在法庭上禁止适用英国判例的法律以示反抗。但是，英国移民在同英国政府的斗争中，是以英国法为武器来进行论战的，他们援用的法律根据全都是"英国人在普通法上的权利"，并且还以科克对《自由大宪章》所作的注释书即《第二条例》，作为要求权利的最权威典据。如，1774 年北美大陆会议作出的权利宣言就是如此。这样就出现了一种奇特现象，即殖民地人民同英国政府的斗争反而促进了英国法的传播，扩大了英国法在殖民地的影响和作用。

再次，这一时期殖民地的英国法学家人数不断增加，至独立战争前，仅毕业于英国学院的法学家已有一百多人。这些人在司法界担任职务，享有地位，很多人还参与和指导了殖民地的斗争，如参加 1774 年大陆会议通过权利宣言的 55 名成员中，有 31 名是法学家；参加 1776 年大陆会议、签署独立宣言的 55 名署名者中，也有 25 名是法学家。这不仅很自然地提高了法学家的威信，纠正了以往人们对法学家的偏见，同时也由于他们的影响和作用，使英国法的地位不断上升。另外，这一时期，随着法学家的大量出现，有关英国法律方面的资料、书籍也日益增多，其中科克的《英国法总论》和布莱克斯顿的《英国法注释》，在美国影响最大，不仅成为畅销书，而且被当成律师考试的必读之作。这些准确而系统地阐明英国法律的著作，对美国有着长期而深刻的影响，成为继承英国法的重要因素。

最后，我们也不能忽视美国是使用英语的国家这一事实。美国人能够使用的毕竟主要还是英语编写的资料、书籍，因而英国法也会很自然地在无意中渗入美国。的确，美国曾有过亲法国的思潮，对法国法律和法学家怀有特别的好感和尊敬，为此也曾有人认为，当时假若把法国的法律书籍大量译成英文的话，或许美国有可能会继承了法国法，或者也有可能许多州会像路易斯安那州一样成为法国法系的地区。但这只是一种假设，而实际上从英国舶来的移民，在踏上北美大陆时，就已经不仅把英语，而且还把全部的英国文化包括英国传统法律文化在内携带过来了。这就注定了美国在继承法律的问题上，选择英国法有其必然性。

3. 主动移植时期。独立战争以后，美国继承英国法已成为定局。虽然在独立战争胜利之初，美国举国上下因敌视英国曾一度激烈地反对普通法，很多州不仅禁止适用英国判例，而且还纷纷制定成文宪法，表示与英国法传统决裂。但是，割断英美之间在历史上久已存在的法律渊源关系，在客观上已不可能。随着时间的推移，英国法学已经渗入美国的经济和政治生活，成为美国社会关系的主要调整器。如果抛弃英国法，改变这种继承的事实，势必造成美国经济生活和政治生活的极大混乱。因此，胜利了的美国资产阶级，为了维护和巩固有利于自己统治的社会制度和社会秩序，正视美国法制的现实，仍坚持以英国法为基础创制法律。在这期间，法学家们的著述活动起了积极的影响。如，纽约州法官肯特在1826—1830年写的《美国法律注释》，结合美国国情对英国法作了系统的归纳和解释。美国最高法院法官斯托里在1832—1845年间所著的有关财物委托、衡平法学、合伙契约等一系列法律教材，也巧妙地利用比较的方法，阐述了英国法原理所具有的普遍意义。除此之外，格林利夫的《证据论》、惠顿的《刑法论》、塞奇威克的《损害赔偿》和《法令条款与宪法条款的解释》、拉瓦的《地产契约》、毕晓普的《论结婚与离婚》，以及帕森斯的《契约法论》、沃什伯恩的《不动产论》等法学著作，也大多以英国法为基础，一方面，把英国法同美国国情加以分析对照，表现了明显的继承性；另一方面，又把经过改造的法理加以引申发展，表现了明显的创造性。这些著作被多次再版，在美国社会中广泛流传，不仅使法官们从中找到了最宝贵的美国法的解释，也在客观上使各州法律分离和地方化的倾向受到抑制，从而为美国最后完成对英国法的全面继承奠定了基础。在这些法学著作的影响下，美国各州重新表示了继承英国法的态度，并正式宣布以英国法为依据。至此，美国资产阶级法律制度便以英国法为基础创立起来。

（二）美国法对英国法传统的改革与发展

美国不仅继承了英国的普通法，而且也继承了它的衡平法和制定法。但美国对英国法的继承不是机械地照搬，而是以符合国情为原则。美国统治阶级根据本国的政治、经济、文化方面的特点，对英国法作了较多的改变。为此，也可以认为，在英美法系中，美国法与英国法之间的歧异也是最大的。一般说来，美国法对英国法传统的改革与发展主要有以下几个方面：

1. 与英国"不成文宪法"传统相对，开创性地制定了资本主义世界第一部"成文宪法"，并带动了世界上绝大多数国家随其而行，将人类宪法史推进到成文化、法典化时代。不仅如此，美国人还让宪法在国家法律体系中享有了最高权威的地位，由专门机关按特殊程序进行，使其成为"刚性宪法"，而英国宪法的地位与效力则与一般法律相同，是"柔性宪法"。

2. 与英国崇尚"议会主权"原则相对，进一步强化并严格按照三权分立与制衡原则规定国家政治制度，使立法、行政、司法三权分庭抗礼，相互制约，以保持权力平衡。此外，美国还使司法权处于一种优越地位，创建了联邦最高法院享有违宪审查权的制度，可受理违宪的控告，从而使国会的立法、总统颁布的行政法规以及各州立法等可因违宪而失效。而英国在政权组织形式上三权分立原则并未严格贯彻，如英国上议院一直享有司法职能。英国作为长期奉行"议会主权"原则国家，也不存在司法机关审查议会立法是否违宪的问题。

3. 与英国建立的单一制和责任内阁制的国家结构与管理形式相对，美国从本土国情出发，不仅创立了联邦制与总统制的国家结构与管理形式，而且在立法与司法上采用双轨制体制。按照美国宪法的规定，美国的民事与刑事立法权分属于联邦和各州，联邦和各州自成法律体系，各有不同的制定法和判例法。此外，美国联邦和各州法院也自成系统。一般来说，联邦除在国防、外交、财经政策、国际贸易和州际商业等方面享有立法权外，其他民事与刑事立法权基本上属于各州。尽管官方和非官方机构提出过不少供各州立法参考的模范法典草案，但各州采纳的程度不一，因而各州的法律也表现出很多差异并且经常出现矛盾。而英国是单一制国家，英国法在国内基本上是统一的，在立法与司法上不存在这样的问题。

4. 与英国法长期保留封建因素相对，美国没有继承英国法中带有封建色彩的保守性法律。英国由于资产阶级革命不彻底，封建时期的一些法律至今生效，英国的立法和司法文件也总是以英王或女王陛下的名义加以颁布，英国的法官至今仍保留着中世纪的装饰。而这些对美国来讲，则是格格不入的，这不仅与其没有经历过封建制社会有关，也与美国人更加注重实际、追求自由独立的品格有关。

5. 与英国长期固守"遵循先例"的原则相对，美国在适用"遵循先例"原则上具有较大的灵活性，且对判例法与制定法并重。如美国联邦最高法院从来也不认为应当受到它自己先例的约束，只要认为其已不符合社会发展实际，就可以改变它，因此美国联邦最高法院改变自己的判例是常有的事情。而英国遵循先例的观念根深蒂固，改变先例是一件很困难的事情，只有在特殊情况下才被允许。另外，美国法虽然也以判例法为基础，但很早就表现出了重视制定法的趋向，不仅最早制定了成文宪法，而且进行了大量的法典编纂和法律汇编工作，有些州甚至出现了法典化的趋势。如在19世纪初期美国兴起的制定成文法和法律法典化的立法改革运动中，路易斯安那州首先参照《法国民法典》制定了民法典，之后，纽约州也制定了民法、刑法等5部法典，大部分被其他各州采用。到20世纪初期，各州所制定的民事和刑事实体法以及程序法已多达数十部。在1890年，美国还成立了全国统一州法委员会，起草了一百多个"统一"和"标准"法，要求各州采纳或据此制定。而英国虽然从19世纪初叶以来，法学界要求编纂法典的呼声很高，但仅限于对以往颁布的各种法律、法令加以整理和汇编，或由私人进行综合性的编纂，分别将民、刑法按体系撰写成条文，如詹克斯1905年编成的《英国民法汇编》、1918年编成的《英国刑法汇编》等。这些法律汇编并不具有法律效力。从英国官方来看，迄今从未制定和颁行过任何法典。

三、英美法系传统的基本特征

相对于大陆法系传统而言，英美法系传统的基本特征可概括为如下几点：

（一）以日耳曼法为历史渊源，以英国法为核心，法制发展具有明显的保守性、持续性和渐进性特点

英美法系传统的开创国家是英国，而英国法是在较为纯粹的日耳曼法——盎格鲁-撒克逊习惯法的基础上发展起来的，日耳曼法的一些原则和制度对英国法制传统的形成具有重要影响，构成其历史的渊源。这与大陆法系以罗马法为历史渊源形成了鲜明的对照。虽然英国法也曾受到过罗马法的影响，但这种影响仅是枝节和片断的，并不像大陆法系国家那样从原则制度到结构体例以及概念术语等全面、系统地继承罗马法。

英美法系传统的确立也是以英国法为核心完成的。英美法系的许多重要原则和制度都来源于英国开创的法律传统。英国法无论在发展方式上，还是在结构体例、表现形式、分类方法、概念术语、具体制度乃至思想观念上，都与大陆法系国家存在巨大差异。正是这些差异使得英国法独树一帜，并对许多国家和地区的法律制度产生了深刻影响，且构成英美系与大陆法系完全不同的传统模式和风格特点。所以英国法始终是英美法系的核心，对英美法系传统的形成具有最直接、最重要的影响。虽然美国法对英国法传统作了不少的变革和发展，但总体而言，其历史作用是远不能同英国法相比的。而英美法系在其形成和发展的过程中，也始终是以英国为中心向外传播的。可以说，普通法是传播的基础和核心，英语是传播的媒介和工具，英国的殖民统治是传播的动力和保障，而英联邦则是维护传播的纽带和桥梁。

作为英美法系传统的发源地和创建国，英国法律的发展还具有明显的保守性、持续性和渐进性的特点。例如英国在 17 世纪资产阶级革命取得成功以后，不仅用君主立宪政体的形式依然将封建国王和贵族院保留下来，而且封建时代创建的法律制度和法院体系也都原封未动。英国资产阶级是以一种渐进的改良方式，在继承、借鉴其封建法律文化成果的基础上，通过不断的变革，逐步建立起近代法律体系的。它采取的方式主要有：通过法官和法学家，根据资产阶级的利益和社会发展需求来解释普通法的古老原则，使之适应新社会形态下统治的需要；在司法实践中，以判例形式创制适应资本主义发展的新制度；通过国会，以制定法的方式颁行新法律，修改或补充旧法律。正因如此，人们形容近代英国法如同"旧瓶装新酒"。英国统治阶级正是以封建法的形式来表达资产阶级法的内容与实质的，并以此方式在不断的改革中实现了法制的现代化。可以说，英国法制传统保持了最典型的历史发展中的连续性与渐进性。

（二）以判例法为主要法源，奉行"遵循先例"原则

受英国法的影响，英美法系国家的法律渊源一般都分为普通法、衡平法和制定法。有些国家如印度等并没有单独的衡平法法院，但衡平法的规范依然存在。普通法和衡平法都是判例法，是通过法官的判决逐渐形成的，以遵循先例为基本原则。英美法系国家也有制定法，其中也有不少名为"法典"的制定法，且制定法的数量日增，地位也越来越高。但英美法系国家的制定法大都是对判例法的补充或整理，缺乏系统性，其编纂的"法典"也与大陆法系高度概括、严密而富逻辑性的法典远远不能相比，一般比较具体、细致，而且其内容往往比较狭窄，不能涵盖整个法律部门。

"遵循先例"是普通法的重要特征和根本原则，也是英国判例法与其他国家判例法性质不同的关键所在。从宽泛意义上说，判例法作为法官通过司法判例创立和发展起来的法律，并不是英国所独有。人类文化学和行为学研究成果表明，世界各民族几乎普遍存在尊重本民族传统和崇拜权威的倾向，为此某一特定社会中的集团或个人在处理问题时，往往喜欢参照前人的解决办法，下属也往往在处理相似问题时，注意仿效具有某种权威的上司的做法。这种倾向反映在法律上，就表现为司法者在处理案件时常常参照先前的司法判决，而下级法院在审理相似案件时，也往往会遵循上级法院所作的判决。如果将这种做法称为"判例法"，无疑，世界各国的法制中都程度不同地存在着判例法。但是，英国的判例法又不同于其他法系的判例法，关键在于，英国法官在审理案件时对司法先例不仅仅是参照和可以遵循，而是必须遵循，且先例不只是示范的模式，也是对后来案件具有法律约束力的判例。这就是英国普通法适用的遵循先例的根本原则。

英国遵循先例原则的含义比较复杂，可主要归纳为以下几点：

1. 判例具有约束力，所有法院均要受有关判例的约束

根据英国学者克莱克尼尔的解释，遵循先例原则就是"以相似的方法处理相似的案件，并遵循既定的法律规则与实践"①。这就是说，一个法院先前的判决对以后法院处理案件具有法律约束力，必须遵照执行。

2. 判例的约束力与法院的等级结构相联系

（1）从上级法院的判例约束力来看。在英国，各个法院均要受较高等级法院判例的绝对约束，较高等级法院的判例只有在被更高等级的法院变更或被制定法变更时，才会丧失其约束力。这是总的原则。具体说：其一，英国上议院的判决对任何等级的英国法院有约束力；其二，上诉法院的判决对高等法院和它以下的法院具有约束力；其三，高等法院的判决对郡法院具有约束力。在英国普通法的司法运作中，上级法院的判例约束力一般是无条件的、绝对的，除极特殊的情况外，不允许以该判例的实质上的不当为理由而拒绝接受它的约束。

（2）从同一法院或同一级法院的判例约束力来看。首先以英国上议院而言。在相当长时期，英国上议院不能变更本院过去确立的判例，即不论该判例实质上多么不当，只要已经确定，就无权将其变更，变更只能依据国会的制定法来进行。直至1966年上议院才通过决议，指出："……过于机械地恪守先例可能导致在特定案件中的不公正，并且过分地阻碍法律的适当发展。因此……在普遍遵循自己先前判决的同时，如果认为有必要，可以违背先前的判决"②，从而宣布在特定条件下上议院可以不必遵循自己先前的判决。其次从英国最高法院的上诉法院和高等法院来看。上诉法院也受本院以及同一级的固有的法院判例的约束，一般也不允许擅自将其变更。高等法院原则上也受本院或同一级固有法院判例的约束，在遇到先前判例明显违背现实法律精神或继续适用会导致明显不公正时，可有权拒绝遵循这种先例，但高等法院行使这种权力极少，为保证法律的稳定性，轻易不会作出这样的抉择。

① ［英］D. G. 克莱克尼尔：《英国法律制度教科书》，83页。转引自林榕年主编：《外国法制史》，143页，北京，中国人民大学出版社，1999。
② ［英］D. G. 克莱克尼尔：《英国法律制度教科书》，95页。转引自上书，143页。

（3）从下级法院的判例约束力来看。在英国，较高等级的法院不受比其等级低的法院判例约束。相反，如果认为下级法院的判例违反法律或不公正，上级法院有权予以变更，作出与它不同的判决。

3. 遵循先例主要指遵守判决理由

遵循先例原则在司法实践中的适用，并不是一件简单易行的事情，需要采用"区别的技术"，即从与具体事实交织在一起的判例中去寻找法律规则。而发现和确定法律规则的一个重要问题，就是要区分构成判例组成部分的"判决理由"（ratio decidendi）和"附带意见"（obiter dicta）。判决理由是判决的依据和核心，其主要包括两个内容：判决中关系重大的事实；根据重大事实提出的法律上的判断。判决理由是使判例具有法律约束力的重要部分。判决附论或附带意见是指对该判决不一定必需的法律理由和声明，一般指对某一种可能性作出的法律上的推论，它没有约束力，仅有供参考的作用。

区别判决理由和附带意见是十分重要的，因为判例之所以有约束力，后任法官之所以必须遵循，正是由判决理由决定的，而法律规则也存在于判决理由之中。但就每一具体判例来说，其本身并没有明确算出哪一部分为判决理由、哪一部分为附带意见，这就需要法官和律师自己去区分、认定。这是一项具有技术性、复杂性与灵活性的工作，有时在下级法院认为是判决理由的，很可能在上级法院被认为是附带意见，并可被推翻。此外，法院与双方当事人也很有可能在案件审理适用的先例上出现意见分歧，认为法院引用的先例不适合本案。正因如此，英美国家律师的作用才显得那么重要，因为必须熟悉有关案件的众多判例，方能作出有效的辩护，也才有取胜的把握。

遵循先例是否会阻碍法律的发展，是西方学术界多年争论的问题。一些大陆法系学者认为，遵循先例僵化守旧，难以重视和发现新的规则，有碍法律的发展，且各个法官均从自己理解的角度适用先例，难以有统一的看法，也不利于法律的统一。而一些英美学者却执著认为，数百年积累起来的判例是取之不尽、用之不竭的法律经验与法律智慧宝库，是法律发展的良方妙法。从实践中看，适用遵循先例原则的英美判例法至今也仍具有很强的生命力，并未出现衰落趋势。应当说，英美国家有一套发展法律的办法，且判例法本身也有许多灵活的机制。例如：第一，在无先例可循时，法官可以及时适应社会发展需求，针对新的社会关系确定新的规则，创立先例；第二，判例中的法律规则并不是一目了然和十分确定的，且从绝对意义上讲，也不可能存在两个事实情节完全相同的案件，因此法官在援引先例时，不仅有很大的斟酌权，也必然会对先例作出扩大或限制性解释，这些解释无疑要受到当时社会条件的影响，实际上便是根据新的社会关系，发展或修改旧的先例规则，使之适应时代需要的过程；第三，在特定情况下，先例还可以被推翻，不必遵循；第四，通过国会颁布制定法可以改变先例，确立新的法律原则。

（三）法官在法律发展中地位重要，奉行"程序优先于权利"原则

英美法系以判例法为主要法源，而判例法是法官在长期的审判实践中逐渐创造起来的。一项判决既已作出，不仅对当时的案件具有拘束力，对以后相应的案件也同样有法律效力，因此，英美法官的判决具有立法的意义。此外，英美法系的制定法往往只是对判例法的重申和整理，对制定法的理解和适用自然就离不开法官的解释，以至于一项制定法的颁布本身已失去实际意义，只有在法官依据它作出相应判决以后，人们才能理解并运用它，因此，英美法系素有"法官造法"之说。

此外，英美法是以程序法为中心建立起来的法律体系，程序法在其法制发展中具有特殊重要的地位。在英国人长期的观念中，权利是自然而然地存在的，但权利的行使和救济必须依照法律程序来进行。因此，权利体现于法律程序之中，权利由程序来设定，权利因程序的存在而存在，程序甚至比权利本身更重要。直到 19 世纪，英国的法官和法学家仍然把注意力主要集中在程序法上，从有无救济方法出发来看待实体法规定的权利，奉行"程序优先于权利"的原则。正如英国法律史学家梅因生动描述的那样，英国法是"在程序的缝隙中渗透出来的"[1]；也如法国比较法学家达维德所指出的，"普通法不是以实现公平为目的的体系，更确切地说，它是在越来越多的案件中能保证各种纠纷解决的各种程序的堆积"[2]。

程序问题之所以在英美法中受到高度重视，同以下几种因素密切相关。

1. 与英国普通法是通过程序形成发展起来的，而诉讼形式则以令状制度为基础有关

"程序优先于权利"，是指一项权利能否得到保护和实现，首先要看当事人所选择的程序是否正确，如果程序出现错误必然导致权利的丧失。英国普通法正是借助于诉讼救济手段发展起来的，而这种诉讼救济手段以"令状制度"为基础。"令状"的原意是指国王发布的成文命令或批准令，早在盎格鲁-撒克逊时期即已存在。诺曼征服后将其用于司法制度，国王为将地方领主的司法管辖权收归中央，实现司法统一化和集权化，要求臣民必须申请并获得国王签发的令状方能起诉。至亨利二世时已基本形成"无令状则无权利"（Where there is no writ there is no right）的原则。令状有许多种类，根据原告申诉内容的不同而区分。不同的令状分别规定了不同的诉讼形式和诉讼程序，即每一令状都规定着相应的法院管辖、传唤、审理、判决和执行的方式等。如果当事人申请不到相应的令状或错误地选择了令状，其诉讼请求就得不到法院的受理，其权利也就得不到救济。同时，不同的令状载有不同的实体法规则，而这些规则是在"程序的缝隙中渗透出来的"，并没有独立的地位。这一点在英国早期的判例汇编及法学著作中可以明显看出。除正确地选择令状外，诉讼形式也是十分严格的，例如，在某种程序中应当用哪些词语称呼原告与被告都是有规定的，如果将这些词语在另一种程序中应用就可能导致败诉。另外，原告在诉讼中还必须提出构成要件的足够重要事实，如果缺少其中一项，诉讼也不得成立。如果被告全部或部分地否定原告提出的主要事实，在否定的限度内形成事实上的争论，则要由陪审团在事实审理的基础上作出评断。此外，如果在原告提出的事实中有一个不能得到证明或被告对其中一项反证成功，原告就要败诉。

综上可见，英国普通法必须通过各种程序方可作出判决，而如何作出判决往往是难以预料的，这要看程序进行得是否符合法律要求。多少世纪以来英国法官与律师之所以将注意力集中在诉讼程序上，正是因为实体权利的实现必须以正确的程序为先导。1875 年以后，

① 转引自［法］勒内·达维德著，漆竹生译：《当代主要法律体系》，300 页，上海，上海译文出版社，1984。

② 同上书，300 页。

英国虽然进行了诉讼制度的改革，废除了令状制度，简化了诉讼程序，程序法的地位有所下降，实体法的地位有所提高，但古老的程序的传统观念依然根深蒂固，"正当程序"（Due Process）原则仍得到充分强调，法院判决也往往会由于程序上的疏漏而被推翻。

2. 与英国独特的法律分类和法律概念有关

研究英国法，就会发现，在英国法中找不到我们所熟悉的大陆法系关于法的分类与概念，例如公法与私法、民法、商法、经济法等等，但却存在财产法、契约法、侵权行为法等独特的分类和概念，而这种分类和概念的形成也是与诉讼法密切相连的。英国法的分类是历史自然形成的产物，并且基本上是以司法实践为基础，根据诉讼程序的要求划分的，与西欧大陆各国在特定的时期建立在纯学理基础上的分类完全不同。英国财产法分为动产与不动产，这种划分源于英国诉讼形式中的对物诉讼（actio in rem）和对人诉讼（actio in personam）：前者要求收回实物、特定物；后者要求特定人归还原物或赔偿损失。在 19 世纪中叶诉讼制度改革前，不动产涉及的权利一直由对物诉讼加以保护，而动产涉及的权利则由对人诉讼予以保护，两种诉讼形式由不同的令状加以区别。英国契约法最早源自违约损害赔偿令状，而侵权行为法也是从非法侵害令状发展而来的。这些说明，英国法的分类都是历史发展中普通法诉讼形式的派生物，它们的基本原理均可以在诉讼形式中找到说明。英国法中的一些具体概念也深受诉讼形式的影响，如普通法上的所有权概念也是从对物诉讼和损害赔偿之诉衍生而来的。

3. 与英美法学教育模式培育出的法律观念有关

法国比较法学家达维德认为："英国法既不是大学传授的法律，也不是钻研原理的法律，而是熟悉诉讼程序者和开业律师的法律。"[①] 这种说法是符合英国法的状况的。在英国一些享有盛誉的法学家大都是出身于律师行业的法官而不是大学教授，而研究和熟谙法的各种原理在法学家看来并无多大意义，他们的任务主要是寻找可以向法院起诉的诉讼程式，并必须将注意力全部集中在极为形式主义的诉讼程序中可能会遇到的各种情况和障碍，以求达到诉讼的终点，完成整个诉讼程序。这种法律观念的形成，主要是由于以判例法为主要法律渊源，法官和律师在适用法律时，必须对存在于大量判例中的法律原则进行抽象、概括、归纳、比较，然后才能将最适当的法律原则运用到具体案件中去。这一特点深刻影响了英美法系的法学教育方式。英美国家法学院培养学生要"像律师那样思考问题"，因此主要运用案例教学法授课，课程主要以讲授和分析典型案例为主，教学也往往以诉讼程序与证据问题为中心。学生通过阅读大量的判例和资料，讨论分析案情，掌握包含于判决中的法律原则。而教育的目的就是培养具有独立分析问题和解决问题能力的未来司法实务家。这种教育目的和观点自然也影响到英美的法学研究，使其应用法学和法律实用主义的研究最为繁荣和发达。这与大陆法注重法理教育，热衷于理论法学研究的观点截然相反。

英美的这种法学教育模式很自然地就培育出"程序优先于权利"的法律观念，并且根深蒂固地影响着英美法系国家人们的思维方式，使人们将司法视为理智、民主、公正的体现，将程序视为法律的核心。没有程序，法律就不会存在。

---

① ［法］勒内·达维德著，漆竹生译：《当代主要法律体系》，334 页，上海，上海译文出版社，1984。

（四）重法律实践与经验，轻法理研究与法律的系统化；在法律体系上不严格划分公法和私法；创设的一些法律制度体现了较多的民主法治因素

英美法以实践为基础，十分重视经验和实际应用，强调从司法实践出发对各个具体案件的分析处理，从中得出法律规则，而不像大陆法系国家那样重视学理研究，讲究法律的体系化和系统化。

在法律体系上，英美法也没有严格划分公法和私法。英美法系受罗马法的影响较小，并不按照法律规范所保护的是公共利益还是私人利益，将各法律部门截然划分为公法或私法。但现代有些法学家为了阐述问题的方便，也引用公法和私法的概念。由于不严格区分公法与私法，英国的行政法曾长期得不到应有的重视，也不存在单独的行政法院。相应地，英美法系很多国家都没有统一的民法部门，而是按照历史传统，将相关的法律划分为财产法、契约法、侵权行为法等部门。

在西方发达国家中，英美法创设的一些法律制度体现了较多的民主法治因素。如诞生于 1215 年的《大宪章》对英国王权的限制和对公民基本权利的保护；现代意义上的议会制、陪审制、辩护制等均由英国建立和发展；英国的议会主权、人身保护令，美国在宪政中严格贯彻的三权分立与制衡原则、违宪审查权制度、沉默权制度等，均表达了法律在社会中享有的很高权威和司法呈现出的相对独立性品格，并逐步积淀为体现英美法制文化的一种传统。

四、英美法系的主要分布和影响

英美法作为一支世界性法律体系，是伴随着英国的对外殖民扩张而逐渐形成的，体现了英国法对世界法制文明的深远影响。现在世界上有近三分之一的人生活在其法律制度受到过普通法影响的地区。[①]

英国大约从 17 世纪开始推行殖民扩张政策，相继在世界各地建立了许多殖民地，并在当地推行英国法。虽然英国在一定程度上允许殖民地适时制定一些法律，并相应建立了殖民地司法机构以行使审判权，但是，殖民地立法不得与英国法律相抵触，并且英国保有殖民地案件的最终审判权。经过几个世纪的殖民统治，英国法已深深融入当地社会，成为殖民地占统治地位的法律规范。到 19 世纪英国成为名副其实的"日不落帝国"时，英美法系也最终形成了。第一次和第二次世界大战以后，许多殖民地获得独立，但大都加入了英联邦，依然保留着殖民地时期的法律传统。英美法系非但没有解体，反而通过英联邦这条纽带得到进一步加强，英国法的许多新发展都可能对英联邦成员国产生重大影响，成员国彼此之间在法律上的变化也可能相互影响。

在英美法系的形成过程中，各殖民地由于社会、文化背景不同，接受英国法的途径和后果也不尽一致。大体说来，有如下三种类型：

第一，殖民地社会尚未开化，在英国殖民者到来之前还没有国家和法律。美国、澳大利亚、新西兰等前英国殖民地属于这种情况。由于殖民地领土广阔，土著居民稀少，社会

---

① 参见［德］K. 茨威格特、H. 克茨著，潘汉典等译：《比较法总论》，396 页，贵阳，贵州人民出版社，1992。

发展水平低下，而英国移民却相对众多，所以这些地区对英国法的接受相对来说较为顺利，也比较全面，只在某种程度上根据自身发展的需要作了适当修改。

第二，殖民地原有社会发展水平相对落后，但已经存在粗浅的法律制度。亚洲、非洲的许多前英国殖民地属于这种情况。英国殖民者对这些地区一般采取间接管理的方法，既强行推行英国法，又在一定程度上允许原有习惯法和宗教法的适用。

第三，殖民地原有社会发展水平较高，已经存在较为发达的法律制度。如印度是文明古国，在沦为英国殖民地之前已经具备悠久而发达的法律传统；再如加拿大、南非等国原来分别是法国、荷兰的殖民地，在割让给英国之前已经建立了以大陆法为基础的法律制度。在这种类型的国家中，英国殖民者没有从一开始就强行推行英国法，而是表示尊重原有法律传统，通过逐渐引入英国法律原则和制度、对原有法律传统进行改造等方式，建立一种既与英国法相兼容又保留原有法律传统的新秩序。从总体上看，这些国家的法律制度往往都带有混合的色彩，或者是英美法与传统法的结合，如印度法；或者是英美法与大陆法的结合，如加拿大的魁北克以及南非。

第三节
苏联法律传统

苏联法律传统是指俄国十月社会主义革命胜利后，由新生的苏维埃社会主义国家[①] 创制和实施、持续近一个世纪的社会主义法制模式。作为人类历史上第一个社会主义类型的法制形态，苏联法律传统是 20 世纪人类法制史上最重要的法律文化现象，也是一极具影响力的法律体系。它以其独特而较为发达的法律观念与制度体系，不仅促进了 20 世纪苏联社会的发展与进步，而且改变了世界法律传统的格局，尤其是对社会主义国家发生了深刻影响。它丰富了人类法律文明且在世界法律史上占有独特的地位。研究苏联法律传统，对于总结社会主义理论在法制实践中的经验和教训具有重要意义。

一、苏联法律传统的形成

（一）苏联法律传统形成的历史基础

苏联法律传统虽说为 20 世纪苏联进行社会主义实践的产物，但其形成的历史源头可追溯到封建的俄罗斯法。

第一，苏联法律传统植根于基辅罗斯时期由东斯拉夫人确立的封建制的、受拜占庭罗马法较深影响的古罗斯法。古罗斯法出现于公元 9 世纪末，它的产生与其社会的封建化和国家的产生相伴而行。882 年，以基辅为中心的古罗斯国家产生，因首都设在基辅，史称

---

① 建于 1922 年、终结于 1991 年的苏联，由俄罗斯苏维埃社会主义共和国、乌克兰、白俄罗斯及其他苏维埃社会主义共和国联合而成，其国土横跨欧亚大陆。

"基辅罗斯"。与此同时，其封建性质的法律制度得以产生。9 世纪～14 世纪是俄罗斯封建制法形成时期，其主要标志是成文法出现，法律渊源仍是以习惯法为主的。11 世纪上半叶，国家开始陆续发布法令和法规，对习惯法进行成文编纂，如《雅罗斯拉夫法典》（又称《雅罗斯拉夫真理》）。该法典确认了封建农奴制，对王公、贵族和教会等大土地所有者的财产利益加以保护，规定对破坏田界、盗窃牲畜、纵火焚毁庄园者都处以重刑。[①] 其中最为著名的是产生于 11 世纪下半叶的《罗斯真理》。《罗斯真理》（又译《罗斯法典》）是一部集习惯、王公法令和司法判例的汇编，其内容和形式都受到拜占庭法的影响，对债权作了较详细的规定。明显的特征是：编纂体例上的诸法合体；简单的内容反映了封建制早期低下的生产力和落后的社会制度；具体的规定体现了不平等的阶级地位和封建特权及对早期封建社会关系和封建主利益的维护[②]；法律所适用的范围是地域性的。这部法典是古罗斯时期最为重要的法律渊源，它不仅反映且促进了氏族制的最终解体和封建主义形成的历史进程，特别是标志着俄罗斯国家封建关系、封建国家制度和封建法制已初步形成，进而为其后俄罗斯法的发展奠定了重要的法律基础。[③] 同时，公社法院已消失，司法权由行政长官和教会法院行使，涉及诉讼程序和法院组织的审判法规也得以产生。

第二，封建的俄罗斯法确认和保护封建主利益和农奴制度，以国家制定法为主要渊源，以成文法典为主要表现形式，以军事强国为其强制效力的保证。15 世纪～17 世纪，俄罗斯封建制法迎来了更广阔的发展契机。1480 年俄罗斯从蒙古帝国的百年统治下获得解放，其重要的政治后果是，一个统一、多民族的中央集权制国家即莫斯科公国取代了基辅罗斯，为法的发展提供新的社会机遇。伴随着国家的强大，大规模的律书和会典在这一时期的法律体系中占有重要地位，确保了俄国农奴制度的形成和发展。同时，这些立法还规定了国家法院体系与世袭领地法院体系[④]二元并存的司法体制。上述立法文献和司法组织的推出，标志着俄罗斯封建法制的完全确立。1547 年，莫斯科和全俄罗斯大公伊凡四世（1533—1584 年在位）加冕称"沙皇"。沙皇权力至高无上，教皇也得听命于沙皇，军国主义的沙皇时代由此开始。其沙皇国体决定其封建农奴法制如《一六四九年会典》，以类似罗马法的形式规定了国家法、诉讼法、物权法、刑法等综合内容。事实上，俄罗斯从其建国伊始就长期推行对外军事征讨和对内封建专制的国策。18 世纪初，彼得大帝（1682—1725）的改革使俄国封建制度空前加强。伴随着俄国资本主义萌芽与农奴制的解体，其社会政治经济大发展、大变动的时代到来。彼得一世建立起强大的君主专制的俄罗斯军国主义，继而进入帝国时期，这也是俄罗斯作为一个大国崛起的时代。这一时期也是俄罗斯封建法制走向成熟的黄金时代。在法律的渊源上，继续以国家大规模立法即制定法为主，如《俄罗斯帝国

---

① 参见周一良、吴于廑：《世界通史》（中古部分），66 页，北京，人民出版社，1962。
② 如规定地主杀死农民与农民杀死地主的赔偿金额是不同的；农民死后无嗣，其财产归其主人所有；封建主享有对其领地上的农民的司法裁判权。参见林榕年、叶秋华主编：《外国法制史》，401 页，北京，中国人民大学出版社，2003。
③ 参见《苏联国家与法权历史》，第 1 卷，103 页，北京，中国人民大学，1954。
④ 此类法院主要是用来审理宫廷世袭领地、修道院等案件的。

法令全集》（1830 年）①、《俄罗斯帝国法律全书》（1833 年）、《刑罚和感化法典》（1845 年，后又于 1885 年重新发布）等。② 就当时而言，《俄罗斯帝国法律全书》宏大的规模可谓世界之最，其特点主要是：在继承罗马法原则的基础上，按部门法加以排列；条文附有注释和原法令的年月日及编号；规模宏大，兼收并蓄；只是较高技术含量的法规汇编而非立法；其私法原则及精神更接近于普鲁士的普通法③；公法内容居多。上述两部立法文献，虽然在立法技术上已有显著的提高，内容上尤其是债法和契约法方面体现了资本主义法的因素，但总体上其性质仍是封建农奴制的法。军事强国主义和政治专制主义是沙皇俄国的历史传统，其强大不是靠先进的经济技术和进步的社会制度，而是靠国家不断地穷兵黩武、对外扩张，以国家对周边他国进行的军事战争而称雄，甚至曾组织"神圣同盟"，一时成为欧洲的主宰。而这一切都以法律予以合法化。恩格斯曾精辟分析："……沙皇俄国是欧洲反动势力的主要堡垒、后备阵地和后备军……"其始终的目的就是"俄国的世界霸权"④。由于是一个"军事封建帝国主义"性质的专制国家（列宁语），这就决定其公法传统和国家主义法制的特点，与西欧民主自由的法制判然有别，这种法意识深刻地影响了斯大林治下的苏联法律传统。

第三，十月革命前具有资本主义性质但带有深厚专制主义烙印的法律，对苏联社会主义法律传统的形成具有一定影响。19 世纪的俄罗斯在各个领域都达到世界级水平。为了促进始于 19 世纪中叶的俄罗斯资本主义化进程，国家对封建法制进行了改革，主要的法制改革成果有：1861 年改革法令和废除农奴制度宣言。这一法制改革，虽然很不彻底，保留了封建时代的一些专制残余，但其中吸收了大量的大陆法系的原则和形式，为俄罗斯资本主义化的法制发展提供了条件。彼得一世时将司法组织体制化、司法与行政分离并设立军事法院和宗教法院等专门法院。叶卡捷琳娜二世时设立最高刑事法庭和感化法院等。而 1864 年的《司法条例》则继续推进封建司法制度的改革及建构近代国家的司法体制，如确立陪审法院、改革检察机关、设立律师团体，实行明确的各级法院的司法管辖权及审级，实行司法审查制、审判公开制和辩论制以及审检独立原则等。1870 年成立了由全体纳税人选举的"市杜马"。同时，组织起草民法、刑法和诉讼法等基本法典，如刑法典（1903 年）。虽然这些改革主要是以欧洲资本主义国家为模式进行，但其是"在农奴制普遍统治的范围内

---

① 《俄罗斯帝国法令全集》，完成于 1830 年，共由 4 部分构成，分别为：40 卷"法律文件"、2 卷"法律索引"、3 卷"人事编制和税率沿革"及 1 卷"图谱"。该法令全集将历代法律、法令约三万五千种和重要的判例，按年代顺序统于一体。严格地说，这种工作只能称为规范性法律文件和判例的系统化，是包括 1649 年会典在内的历代法律、法令和重要判例的整理汇编而非立法性质的法典编纂，它只是便利执法，是未来立法的一种必要的准备。

② 《俄罗斯帝国法律全书》，是在上述法令全集的基础上经过重新清理、删除和补充编纂而成的，是俄罗斯帝国现行的绝大部分有效法律的系统汇编，于 1833 年完成，1835 年生效。据 1881 年版本，《全书》共分 8 部分、15 卷、4.2 万条，其体系结构为：3 卷"根本法"、5 卷"国家制度"、1 卷"身份法"、1 卷"民法"、4 卷"国家治安法"、1 卷"刑法"。该法曾再版过两次，一直实施到 1917 年俄国十月革命的爆发。在实施过程中，这部法律全书及其续篇曾不断加以修订和增补，如将《1864 年审判条例》（16 卷）编入，发展至法条 10 万多，其中 2/3 是关于公法方面的规定。

③ 参见［法］勒内·达维德著，漆竹生译：《当代主要法律体系》，155 页，上海，上海译文出版社，1984。

④ ［德］恩格斯：《俄国沙皇政府的对外政策》，载《马克思恩格斯全集》，第 22 卷，15、24 页，北京，人民出版社，1957。

得到发展，而且很大程度上直接在农奴制度的基础上发展起来"①。改革后的俄国虽然经济基础发生某种演变，资本主义工业得到了一定程度的发展，加速了其对外扩张和对内专制集权的实现，但是，从其社会生产方式的结构特征分析，它仍然是一个由至高无上的沙皇主宰的高度集权的"军事封建帝国主义国家"（列宁语）。正因如此，在20世纪初，借助国际、国内形势，俄国相继出现了两次资产阶级民主革命，为十月革命创造了条件和基础。

此外，由于俄国高等教育发展较晚，直到18世纪中叶才创办大学（1755年创办的莫斯科大学即为俄国第一所大学），相对而言，俄罗斯社会的法制观念与法治意识较弱。可以说，俄罗斯带有专制主义特色的法律文化以及对大陆法系原则和形式的移植，对苏联法律传统的形成起到了重要的历史基础作用。

（二）苏联法律传统的确立及发展

20世纪的苏联法律传统是在社会主义革命及其理论与实践中形成和确立的。1917年苏联十月社会主义革命的胜利，不仅开创了人类历史上第一个崭新的社会主义社会形态，即苏维埃社会主义国家的出现，而且使一种新型的法律类型，即社会主义性质的苏维埃法律诞生了。苏联法律传统的确立和发展大致分为以下三个阶段：

1. 军事共产主义时期，即苏维埃社会主义法的初创时期（1917—1921年）

在苏维埃社会主义法的初创时期，其立法机关及司法机关的建立是在所谓"彻底摧毁旧法统"、国内战争频繁及新生政权处于极为不稳定、国家实行战时共产主义政策的条件下进行的，是在革命前布尔什维克党颁布的一系列规范性法律文件和列宁的政法理论的基础上创建的。这一社会主义法制初创时期的法律活动的重要性不仅在于维护了新生政权，打击了敌人及恢复了社会和平秩序，还在于它以革命性内容和形式确认了社会主义革命的成果，为一个全新的社会主义法律体系的建设奠定了基础，它创立了人类历史上第一个社会主义性质的法律体系及司法组织机构，为确立一个前所未有的苏联式的社会主义法律传统奠定了基本制度框架。

（1）颁布宪法性文件：《告工人、士兵和农民书》、《和平法令》、《土地法令》、《俄国各族人民权利宣言》及《被剥削劳动人民权利宣言》。这些法律文献的主要内容为：宣布资产阶级临时政府已被推翻，建立苏维埃社会主义共和国；宣告新国家的体制、政策及任务的基本原则；宣告国家全部政权一律转归工农代表苏维埃行使，并对苏维埃政权的性质和任务作了法律上的规定；阐明苏维埃国家各民族一律平等和自主的民族政策、对外政策的基本原则及不同社会制度可以和平共处的思想，主张实现正义、民主和和平；宣布立即无偿没收地主、沙皇和教会的土地及教会与国家的分离，废除土地私有制，全部土地归国家所有，并无偿交给农民使用。俄国为工农兵代表苏维埃共和国，全部政权归苏维埃，确认土地国有化、银行国有化及逐步将其他生产资料收归国有的国有化经济措施；明确苏维埃政权的主要使命是消灭阶级、消灭剥削、建立社会主义社会。与1789年法国的《人权宣言》相比，《被剥削劳动人民权利宣言》"提出的是宣布消灭人剥削人

① ［苏］尼·阿·察哥洛夫著，厉以宁、赵辉杰译：《俄国农奴制解体时期经济思想概论》，59页，北京，北京大学出版社，1987。

的制度的宣言"①。这一批法令对于确认十月社会主义革命的成果，巩固新政权具有深远的意义。它向全世界宣告这是一个在本质上不同于以往社会类型的、新型的、彻底的民主革命的社会主义国家。

（2）初步创立社会主义国家政权组织。1917 年 11 月 9 日第二次全俄苏维埃代表大会正式通过了成立人民委员会的法令，确立人民委员会是国家最高管理机关，行使政府职能，同时拥有立法权。1918 年人民委员会颁布《工农红军法令》，决定由俄国劳动阶级中最有觉悟、最富组织性的人员组成一支新型的社会主义革命军队以保卫革命成果。1917 年 12 月，人民委员会通过成立"全俄肃反委员会"决议，专门惩办阴谋推翻苏维埃政权的敌人，巩固新生的无产阶级政权。1917 年年底至 1918 年年初，发布了关于法院的第一、二、三号法令，废除旧法制、旧司法制度和旧的司法体系，建立新型的苏维埃司法制度。如建立较统一的人民法院体系，实行三级三审制，普通法院有苏俄最高法院并设置要案侦查员、郡法院并设置高级侦查员、人民侦查员和辩护人协会、人民法院，还有各专门法院如军事法庭、军事运输法庭、土地委员会、中央和地方调解委员会及人民法院劳动案件特别庭。特别是此时期建立了新型的苏维埃司法机关人民法庭（由以直接民主选举产生的审判员和陪审员组成的合议庭），规定了侦查制度、检察制度和律师制度。同时，革命法令扩大了地方法院的司法管辖权，规定除了关于谋杀、强奸、抢劫、土匪、伪币、贿赂和投机倒把以外，一切刑事案件均由地方人民法院审理，有权判处 5 年以下剥夺自由的刑罚，有权审理诉讼金额在 1 万卢布以下的民事案件。案件的审理要本着社会主义的正义和工农政府的利益，以社会主义法律意识和苏维埃政府法令进行。

（3）颁布第一部苏维埃宪法——《1918 年俄罗斯苏维埃联邦社会主义共和国宪法》。这是世界上第一部社会主义类型的根本法，是由全俄苏维埃第五次代表大会于 1918 年 7 月 10 日通过的。② 宪法以根本法的形式规定俄罗斯共和国是各苏维埃民主共和国联邦，是各自由民族自由志愿的联盟；第一次确认这是一个无产阶级专政的政权，以工人阶级为首的劳动人民组成的苏维埃在劳动人民的监督之下具有立法、执法和管理国家无限的权力，无产阶级专政的最高原则是工农联盟，其主要的任务是消灭一切人剥削人的现象；规定了政治制度、过渡时期的基本任务、中央与地方的权限及关系、劳动人民的权利和自由；规定了基本生产资料实行公有制；宣告所有公民一律享有平等的权利。

其鲜明的特点在于，它是第一个宣布国家政权属于劳动人民的宪法，为劳动人民政权和公有制的确立提供了必要的、牢固的法律保障，并以其全部内容保卫和促进劳动人民政权和公有制的巩固和发展，为社会主义法制的进一步创立和发展，同时为即将出现的现代社会第三大法系即社会主义法系奠定了根本法基础。

---

① ［苏］斯维尔德洛夫主编：《论文和演说集》，俄文版，37 页，1939。转引自倪正茂：《比较法学探析》，164 页，北京，中国法制出版社，2006。

② 本宪法共 6 篇，依次为：《被剥削劳动人民权利宣言》、苏俄宪法总纲、苏维埃政权结构、选举权与被选举权、预算法、国徽与国旗。宪法的起草是在列宁的亲自领导下进行的，由斯维尔德洛夫负责制宪委员会的具体工作。

2. 大规模的法典化运动时期，即苏联社会主义法的确立和发展时期（1922—1950 年）

由于国内战争的胜利、苏联①的成立、新经济政策的实施，国家由战时共产主义进入和平时期的国民经济恢复阶段。但是，在列宁逝世后，苏联在斯大林的领导下，先后大规模地开展农业全盘集体化、社会主义工业化及政治"大清洗"三大运动，与此相适应，一个服务于激进的高度集权的苏联模式即所谓"斯大林模式"的极度政治化的法律体系得以形成。

十月革命后因形势所迫而实行新经济政策，因为只是救急，行政命令体制在整个新经济政策实施过程中起着很大的作用。列宁强调以行政手段处理经济问题。列宁去世不久，斯大林以行政命令方式完全取代了经济管理方法，这便为苏联式的国家供给制度和行政命令经济的模式提供了理论前提。1925 年宣告苏联国民经济恢复时期结束，提出国家工业化运动的问题。其后，以"落后要挨打"为理由，开始了所谓社会主义特色的、高速度的、优先发展重工业的进程，以实现国家现代化。斯大林强调加速发展国家工业"是在集体制基础上改造农业的钥匙"②。为了配合超高速度的国家工业化，在较短时间内以行政命令手段推行大规模的农业全盘集体化运动，以消灭"富农阶级"和抑制消费、严格限制商品流转为代价，强制性地将农民组织到集体农庄，以配合国家工业化运动。这一政治措施实施的结果是确立了为工业化服务的国家所有制和集体所有制以及过度集中的计划经济管理体制。如此强制推行的自上而行的国家行为导致社会关系和党群关系极度紧张，社会不满情绪极为普遍。针对这一严重的社会情形，20 世纪 30 年代末开始，斯大林发动了"大清洗"运动予以镇压。如苏联最高法院接连审判了"工业党"、"劳动农民党"等反革命组织，但是，大多数情况下不经过司法程序而依靠国家安全机关以阶级斗争为名进行党内迫害，以警察审判践踏宪法和法律。与此相适应，为了确保苏联式社会主义政治和经济社会的顺利发展，这一时期，国家进行了大规模、全方位的立法活动和建构司法组织的法制建设，使得苏联社会主义法律传统在此时期得以全面确立。

（1）司法组织的建构。苏联成立后，依据《1922 年苏维埃俄国法院组织法》和《1924 年苏联宪法》，制定了《1924 年苏联和各加盟共和国法院组织基本原则》。这一苏联第一个关于法院体制的指导性法律文件，确立了国家普通法院系统——人民法院、省法院和苏维埃俄国最高法院统一的法院体系，还有一些特别法庭如铁路法庭、劳动法庭等，并对法院的构成、职能、人民陪审员以及审判原则作出了详细规定。其后据 1929 年 7 月 24 日颁布的《苏联最高法院和苏联最高法院检察署条例》设置了苏联最高法院和苏联最高法院检察署，并撤销了一些特别法庭。此时期苏联法院系统为在苏联司法人民委员部统一领导下的三级三审制：苏联最高法院、省（边疆）法院（自治共和国为中央法院）、人民法院。专门法院有：水上运输法院、水上运输案件特别庭。此外，还依法在工厂、机关、公共团体和企业中设置了一些公众业余法院。

1917 年十月革命之后，检察院和警察机构共同负责刑事侦查工作。苏联的警察由内

---

① 在 1922 年 12 月 30 日召开的第一次苏联苏维埃代表大会上决定成立苏联，全称是：苏维埃社会主义共和国联盟，成立时由俄罗斯、乌克兰、白俄罗斯和南高加索 4 个加盟共和国组成。

② 《斯大林全集》，第 12 卷，54 页，北京，人民出版社，1955。

务部领导，负责犯罪案件的侦查、维护社会治安和预防犯罪。在 1922 年之前，由司法人民委员会、工农检察院和"契卡"承担着国家检察职能。1922 年依据《1922 年检察长监督条例》正式成立了苏维埃国家检察机关，当时的主要任务是对执法实行监督和发挥正确地与犯罪作斗争的组织作用。至 1926 年，依法赋予检察机关提起刑事追诉、提起纪律或行政追诉权及监督预审权。1929 年 7 月 24 日颁布了《苏联最高法院和苏联最高法院检察署条例》，据此，设置了苏联最高法院检察署。1933 年 6 月 20 日成立了苏联检察院以取代苏联最高游击队检察署，并以同年 12 月 17 日的《苏联检察院条例》正式确认了苏联检察机关是一个独立于法院的国家机构，由此而结束了长期以来苏联审、检一体的体制。不过，其检察权的最终集中统一化是依据 1936 年的《关于成立苏联司法人民委员部》而完成的。

（2）1924 年的《苏联宪法》和 1936 年的《苏联宪法》。内战结束后，为了动员所有的政治经济和文化资源，带领全民集中全力恢复和发展国民经济，以形成一个紧密的社会主义阵营来抗衡比自己强大的多得整个资本主义世界。1922 年一个统一的联邦制国家即苏维埃社会主义共和国联盟崛起。1924 年《苏维埃社会主义共和国联盟宪法》以根本法的形式确认了苏联建成社会主义基础的事实，确认了社会主义国家制度和社会制度的基本原则。它规定，苏联是工农社会主义国家，其政治基础是由于推翻地主、资本家政权并建立无产阶级专政而成长、巩固起来的劳动者代表苏维埃。苏联的一切权力属于以劳动者代表——苏维埃为代表的城乡劳动者。苏联的经济基础，是由于消灭资本主义经济体系、废除生产工具与生产资料私有制和消灭人剥削人现象而确立的社会主义经济体系和生产工具与生产资料社会主义所有制。苏联的社会主义所有制有两种形式：国家所有制和集体农庄合作社所有制。在社会主义经济体系占统治地位的前提下，允许不剥削他人、以个人劳动为基础的个体农民和手工业者小私有经济的存在。苏联的经济生活受国家所定国民经济计划之决定及指导。按不劳动者不得食的原则，苏联实行各尽所能，按劳分配。

在列宁、斯大林的领导下，苏联人民经过艰苦卓绝的斗争，取得了社会主义建设的伟大成就。到 20 世纪 30 年代中期，由于国内政治基础、经济基础和社会阶级结构的新变化，1936 年《苏维埃社会主义共和国联盟宪法》即"斯大林宪法"得以产生。这是一部意在彰显社会主义民主和社会主义制度优越性的社会主义宪法，它标志着苏联社会已经做到了在基本上实现社会主义、建立社会主义制度，表明苏联已进入新的历史阶段。"这样，在宪法上就明文规定了一件有世界历史意义的事实，即苏联已进入新的发展时期，已在完成社会主义社会建设和逐渐过渡到共产主义社会。"① 它实施了 40 年，极大地推动和保障了苏联式的社会主义事业的建设和发展，深刻地影响了二战后兴起的各社会主义国家的基本法及宪政制度，在社会主义宪法史上具有划时代的意义。

（3）全苏和苏俄法典编纂：这一时期在苏联历史上可谓"法典化"时代，该阶段颁布的法律主要有：1922 年的《苏俄民法典》、《苏俄刑法典》、《苏俄土地法典》和《苏俄劳动法典》，1923 年的《苏俄民事诉讼法典》、《苏俄刑事诉讼法典》和《苏俄森林法典》，1926 年的《苏俄婚姻、家庭和监护法典》以及其后的《苏俄劳动改造法典》、《苏联海商

---

① 《联共〈布〉党史简明教材》，423 页，莫斯科，外国文书籍出版社，1949。

法典》和《苏联海关法典》等。在各加盟共和国法典中，1922年《苏俄民法典》是第一部社会主义类型的民法典。首先，法典在体例上独具特色，其创新性表现于民事法律关系如民事财产关系和人身关系规定的不完全，没有一体化。法典由总则、物权、债和继承4篇组成，将大陆法系民法典中的应有内容如土地制度、婚姻家庭制度和监护制度以另典处理。其次，法典开创了社会主义民法的新原则。[1] 再次，法典凸显的一个重要原则是，民事权利的行使只有与社会经济发展的目的相一致时，才受到保护。又次，法典的编纂借鉴和吸收了古今中外有关的立法经验，特别是大陆法系民事立法的经验，同时，因其社会主义公有制的性质而具有革命性的创新，是一部典型的早期社会主义民法典，如扩大和加强了国家对私法关系的干预，绝对保护社会主义公有制、国家所有权和国家利益。最后，它是苏联各加盟共和国民事立法中最具有代表性而被广泛适用的一部民法典，该法典广泛适用于部分加盟共和国和自治共和国，并为其他社会主义国家的民事立法树立了典范。

1922年《苏俄刑法典》的基本特点为：一是刑法典的目的是贯彻无产阶级专政，保护劳动人民的利益；二是法典界定了犯罪的定义，进而揭示了犯罪的阶级实质，规定凡威胁苏维埃制度基础及工农政权在向共产主义过渡时期内所建立的革命秩序的一切有社会危险性的作为或不作为，均为犯罪行为；三是明确规定了刑罚的任务是将一般预防与特殊预防相结合、惩罚与感化相结合，反映了依靠社会主义的主人公去预防犯罪和改造被判刑人的思想；四是刑罚种类多样化，其刑罚旨在预防犯罪分子和其他社会不稳定分子的新的违法行为，适用刑罚的一个要件是必须有罪过，并规定了11种刑罚类别；五是规定了类推原则。该部刑法典是苏维埃国家，也是人类法制史上第一部社会主义刑法典，同时也是极富创新性和最具代表性的一部刑法典，它不仅为全苏联和各加盟共和国的刑事立法奠定了基础，而且在恢复国民经济和社会主义法制建设方面发挥了其应有的作用。1924年《苏联和各加盟共和国刑事立法纲要》颁布后，对上述法典作了进一步修改和补充。

1924年《苏联及各加盟共和国刑事立法基本原则》与1926年《苏俄刑法典》相比较而言，前者全面且具体地规定全联盟统一的刑事立法基本原则和划分苏联与各加盟共和国有关方面的立法权限，依次规定了刑事立法的效力范围、一般规定、社会保卫方法及其适用，以及经假释的被判刑人不再执行法院所判处的社会保卫方法。其主要的立法变化有：一是以"社会保卫"体系取代了"刑罚"体系。[2] 直到20世纪30年代，"刑罚"这一术语才又重新出现于苏联的刑事立法中。二是取消了犯罪的预备、未遂和中止，用"已经开始的犯罪"和"未完成犯罪"这种结构代替。三是扩大了正当防卫的范围。1926年《苏俄刑法典》虽说是1922年《苏俄刑法典》的再版，是创造性地运用上述富有弹性的基本原则的结果，但也有一些新的变化，即：一是以"附则"的形式发展了犯罪的实质概念，对划分罪与非罪的司法实践具有重要意义；二是具体、明确了对"未完成犯罪"的处罚，有利于实践中

---

[1]　如规定公民不分性别、种族、民族、信仰，都享有平等的民事权利的原则；对财产所有权特别是对社会主义公有财产严格保护的原则；契约自由限制的原则；财产继承限制的原则等。

[2]　参见［俄］H. 库兹涅佐娃等主编：《俄罗斯刑法总论》，38～40页，莫斯科，莫斯科大学出版社，1993；曹子丹等译：《苏联刑法科学史》，189～191页，北京，法律出版社，1984。

划清犯罪的预备、未遂和中止；三是对某些犯罪类别以不同的章节作了科学的区分，如将反革命罪与妨害管理秩序罪以不同的章节加以规定。该法典曾多次修改（主要是通过颁布全苏性的刑事单行条例加以修改和补充），共实施了 34 年。

大量立法注重的主要是法制的限制和约束机制，特别是为配合斯大林"大清洗"运动，在斯大林的建议下，于 1934 年 12 月 1 日，在未经政治局讨论的情况下，就通过了《关于修改各加盟共和国现行刑事诉讼法典的决议》，修改的规定如"对有关恐怖的案件的侦察不能超过 10 天，原、被告都不得参加审判；不接受判决上诉书和赦免请求书；极刑判决被宣布后立即执行"①。上述罕见的立法成就不仅使苏联在短期内迅速走上了所谓社会主义法制化的轨道，保证完成了内战后国民经济的顺利恢复和国家开展的社会主义工业化与农业集体化运动，而且为二战抗击法西斯的卫国战争的胜利及一个发达的社会主义国家的建成创造了基本条件。同时，其独特的较完善的法制模式和立法经验在二战后向境外扩散，对其他新产生的社会主义国家的法制建设产生了深刻的影响，以至于形成了一个以苏联法为核心的社会主义法系。

3. 加强和推进社会主义法制和民主时期，即苏联社会主义法的改革时期（1950—1980 年）

苏联在 20 世纪 30 年代～50 年代建设起来的社会主义政治、经济和法律模式，曾经对推动苏联经济和政治的发展发挥过积极作用。但从 20 世纪 50 年代始，为了更好地适应社会的变迁，总结经验教训，提出加强社会主义法制和民主、国家进入法律改革的新时期。这一时期，在法学理论界展开了全面探讨社会主义法制的理论研究，如，何为法制，何为社会主义法制。如在罗马什金等人编写的教科书《国家和法的理论》认为："苏维埃社会主义法制意味着，一切苏维埃国家机关、一切公共机关和社会团体、公职人员和苏维埃公民严格地和认真地遵守和执行苏维埃法律……意味着，国家和社会的机关及团体的一切活动以及公民的行为同法律相符合。"②又如巴甫洛夫认为，社会主义法制的定义必须是 4 个基本的、相互之间有不可分割联系的因素的总和：系统化的立法；立法的内容是最广泛和彻底民主的；极严格地、坚定不移地遵守立法；党和国家最积极地保证立法的实施。③此时，理论界普遍认为：社会主义法制是苏维埃民主的根本要素，没有法制就不可能有民主，而民主又是法制发展的必要条件。社会主义法制是实现无产阶级专政的一个主要方法，它的实质就在于保证国家机关、社会团体、公职人员和公民不偏不倚地确切地遵守法律和根据法律发布的社会主义国家的其他文件所制定的法律规范，同时社会主义国家竭尽一切可能地保护公民及其团体的权利和自由。④不过，法制改革因受制于政体而收效有限。在立法层面，又制定了一些全苏联的立法纲要，修订了各加盟共和国的法典。1961 年《苏联和各加盟共和国民事立法纲要》的主要特点为：第一，体例结构较为严整，由序言和 8 编、129 条组成；第二，规定的民事关系内容较一般，主要是有关民事立法基本的、原则性的规定；第三，明确了民事立法的任务，即调整财产关系以及与财产关系有关的人身非财产关系，

① ［苏］罗·亚·麦德维杰夫著，赵洵等译：《让历史来审判：斯大林主义的起源及其后果》（上），259 页，北京，人民出版社，1981。
② ［苏］彼·斯·罗马什金等：《国家和法的理论》，357 页，北京，法律出版社，1963。
③ 参见［苏］依·巴甫洛夫：《论社会主义全民法制的理论问题》，载《法学研究资料》，第 3 辑，1963。
④ 参见［苏］玛·巴·卡列娃等：《国家和法的理论》，下册，327 页，北京，中国人民大学出版社，1956。

以促进共产主义物质技术基础的建立，并日益充分地满足公民的物质和精神需要。同时，规定苏维埃民法调整的关系是横向的、独立的、平等的私法关系，即国家组织、合作社组织、社会团体相互之间的平等关系，公民与国家组织、合作社组织、社会团体之间的非隶属关系，公民相互之间的关系。1964 年《苏俄民法典》较 1922 年民法典，其主要变化在于：在体例结构上有所突破，它将著作权、发现权和发明权单独列编，显然是因社会之需求而加强了对这些权利的调整与保护。法典细化并发展了纲要中的一般性规定，扩大了原民法所调整的关系范围，如无论为纲要所规定还是未规定的财产关系以及人身非财产关系，它都加以调整。1953 年斯大林逝世后，在赫鲁晓夫的领导下进行改革和推行新政，经过国家大规模的批判个人崇拜和史无前例的拨乱反正，推出 1958 年《苏联和各加盟共和国刑事立法纲要》，其重大的改变主要有：第一，只是对刑事法律一般原则的规定，是对未来各加盟共和国和自治共和国的刑法典提供了发展完善的方向和一般准则。第二，规定了不同于以前的刑事立法任务：维护苏维埃社会制度和国家制度，保护社会主义所有权，保护公民的人身和权利，维护社会主义法律秩序，以防犯罪行为的侵害。这种规定体现了刑法一般任务及其表述上的科学性。第三，加强法制原则，以罪刑法定原则否定了类推适用的规定，同时，较科学地规定了犯罪构成要素。第四，对犯罪概念作了科学的重新界定。① 第五，规定的刑罚制度体现了民主原则和更为缓和的人道主义原则。依据 1958 年纲要新的精神，苏联实施了 1960 年《苏俄刑法典》，且以此取代了 1922 年《苏俄刑法典》。这部法典主要的变化有：一是总则方面，将某些制度和规定更加具体化和明确化。如对医疗性和教育性的强制措施的种类及适用程序的规定，对免职刑事责任而交付同志审判会和担保等制度的规定。还确立了 1958 年纲要没有规定的撤职、责令赔偿等刑种。二是分则方面，对一些罪和罪名作了重新调整。如将"财产上的犯罪"一章分为两章即"侵犯社会主义所有制罪"和"侵犯公民个人财产罪"，增设"侵害公民政治权利和劳动权利罪"章和"违反公正审判罪"章，将原由"反革命罪"和"妨害管理秩序罪"组成的"国事罪"分为"特别危险的国事罪"和"其他国事罪"，进而使得罪与罪名的立法规定更具有普遍意义。三是（也是特别重要的），该法典对斯大林时期一味追求强制和镇压的刑事立法加以否定，显得更加进步和民主。但摆脱不掉的是，它仍旧是集权主义和行政命令的产物，有着过分的意识形态化和政治色彩。

进入可谓改革裹足不前的 20 世纪 70 年代，苏联社会主义刑事立法调整也发生了与此情形相适应的状况，主要表现于：一方面，对某些刑事制度作出更加缓和的调整，如扩大罚金的适用范围，扩大延缓执行判决的范围，增补新的缓刑制度和假释制度，免除刑事责任代之以行政责任等。另一方面，扩大死刑的适用范围，扩大特别危险的累犯的范围，增补"严重犯罪"的概念等。至 1996 年被废止时，1960 年《苏俄刑法典》一共被修订和增补了七百多条。

---

① 规定凡是刑事法律规定的侵害苏维埃社会制度或国家制度，侵害社会主义经济体系和社会主义所有制，侵害公民的人身、政治权利、劳动权利、财产权利和其他权利的危害社会行为，以及刑事法律规定的侵害社会主义法律秩序的其他危害社会的行为，都是犯罪（第 7 条）。参见《苏联和各加盟共和国立法纲要汇编》，237 页。

法律改革最重大的事件是于 1977 年颁布《苏维埃社会主义共和国联盟宪法》。① 1977 年苏联宪法意义重大：它是苏联宪政史上新的里程碑式的发展，反映了发达的社会主义苏联的社会生产力及其生产关系的发展程度，确认了成熟社会主义社会的建成，规定国家一切权力由属于"城乡劳动者"发展为属于"人民"，人民通过苏维埃充分行使全部国家权力，规定了进一步完善社会主义制度的方针，苏维埃国家一切机关（包括国家管理机关）要根据社会主义法制进行工作。

（三）苏联法律传统的终结

为了适应社会的发展和动荡的政局，苏共二十七大以后，苏联最高苏维埃制定了 1986 年—1990 年立法规划，主要着眼于：进一步发扬社会主义民主，增加社会自治、公民权利与自由及社会福利等问题的立法；完善经济体制和国民经济管理问题的立法；加速科技进步的立法、国家基本建设的立法、保护与利用自然的立法、社会发展和文化的立法以及国家安全的立法等。在立法改革过程中，将过去由行政命令和政策调整的关系法律化，扩大了法律调整的范围，在国家政治经济和法律文化领域产生了一系列深刻的变化，如掀起了经济法热、行政法热和民法热。苏联为了适应社会转型和市场经济发展的需要，确认经济体制改革的成果，制定了一系列民事立法，其民事立法发生了重大的变化。1990 年 3 月 6 日，苏联最高苏维埃通过《苏联财产所有权法》，这是苏联立法中第一个规定所有权制度的单行法。较以前的民事立法，该法的"新"主要体现于：一是对所有权概念的界定作了新的表述，规定所有权是在法律规定的范围内，所有人按自己的意愿实现属于所有人的占有、使用和处分财产的三项权能。所有权人在实现自己法定权能时，应当对属于自己的财产实施不与法律相违背的任何行为，可实施法律不禁止的任何经济活动或其他活动。同时规定所有人在行使所有权时不应给周围环境带来损害，不应破坏受法律保护的他人权益。这样的规定显然体现了现代社会不仅确保个人权益而且要确保社会利益的理念。二是对所有权的形式作了新的规定，第一次将公民所有权排在集体所有权和国家所有权之前。这是个人本位价值观的体现。三是规定公民可以拥有生活资料和生产资料，可以雇佣他人劳动。首次认可雇佣劳动的合法性。

1988 年，苏联最高苏维埃根据苏共中央第十九次代表大会《关于苏联社会民主化和政

---

① 这一全苏第三部，也是最后一部宪法的结构由序言和 9 部分、21 章组成，共 174 条。较 1936 年宪法，有一些引人注目的变化：首先，宪法制定程序上，突出了共产党的领导作用和民主性。其次，新宪法继承和发展了列宁主义关于社会主义国家建设原则，继承和发展了前几部宪法的思想和原则。同时，在总结和吸收以往社会主义国家立宪经验的基础上，发展出人民代表苏维埃即宣布苏维埃国家在已完成无产阶级专政的任务后进入全民国家，以"人民"的概念扩大了苏联的政治基础，发展了有关苏维埃的建立程序及其职能等列宁主义原理，发展了经济制度的条款以适应生产力与生产关系的现有发展水平，扩大了各加盟共和国的权限。再次，规定和确认了苏联已建成发达的社会主义社会。最后，也是新宪法最为重要的特点，发展和发扬民主、发展和发扬人民权力。宪法明确主张人民拥有全部权力，这是苏联国家权力的主要原则，宪法赋予公民广泛的权利和自由以及实现这些权利和自由的物质及制度保障，苏联个人自由的最高表现是摆脱剥削、压迫和暴力，摆脱民族隔阂和仇视，广泛参与国家事务与社会事务的管理。

治体制改革的决议》，通过《关于修改和补充苏联宪法的法令》和《苏联人民代表选举法》。[①] 1991 年 12 月 26 日苏联解体。随着苏联的解体，其法律制度也不可避免地发生了深刻的危机，苏联社会主义性质的法律传统就此终结。

二、苏联法律传统的基本特征

（一）苏联法律传统具有独特的形成、发展模式

苏联法律传统的出现及存在是伟大的十月社会主义革命建立人类历史上第一个社会主义新型国家的结果。社会主义法最先在苏联建立和发展，具有独特性，其产生、形成和发展的一般规律可谓"苏联模式"。其主要表现是：

第一，强调无产阶级夺取政权是社会主义法产生的前提。其一，苏联社会主义法律制度的创立，是俄国社会基本矛盾发展的一种必然结果，是各种社会因素相互作用、相互影响的产物，以以列宁为首的布尔什维克领导的十月社会主义革命的胜利和世界上第一个无产阶级专政的苏维埃政权的创立为其前提条件。列宁及其布尔什维克党"根据法律管理"[②]国家，如从全俄中央执行委员会成立之日起至 1918 年《苏俄宪法》制定前，就通过了 109 项规范性法律文件。同期，人民委员会通过了约六百件规范性法律文件。在短期内的这些立法活动为社会主义法制建设和完善奠定了坚实的基础。可以说，苏联社会主义法制的迅速创建，主要是通过新生的社会主义苏维埃国家立法革命进行的，其发展也是以国家立法改革及大量移植的方式推动的。其二，这一法律传统的形成和发展得力于共产党领导一切的方针。列宁一再强调一个新型的无产阶级革命政党对俄国革命和建设的重要性与必要性，认为"……革命无产阶级的独立的、毫不妥协的马克思主义政党，是社会主义胜利的唯一保证，是一条通向胜利的康庄大道"[③]。的确，从十月法令到 1977 年宪法及其 1988 年的修改法令，都确认了苏联共产党是苏维埃社会的领导力量和指导力量，其在全苏一切工作中具有领导地位，是整个政治体制的核心。其三，这一法律传统的演变轨迹受到多种社会因素的影响，尤其是政治和意识形态的强烈影响，可谓政治法或政法模式。苏联法律传统的形成和发展模式基本上为二战后出现的各社会主义国家法制所模仿。

第二，苏联法律传统模式是在革命前俄国法制模式的基础上形成和发展的。

尽管俄国十月社会主义革命是一场彻底摧毁旧制度的社会运动，但是，一个具有悠久历史的社会的传统包括法律文化传统必然会以一定的形式延续下来，而不是少数立法者可

---

① 1977 年宪法在经过十多年的实施之后，于 1988 年至 1991 年修改补充了 5 次。1988 年，苏联最高苏维埃根据苏共中央第十九次代表大会《关于苏联社会民主化和政治体制改革的决议》，通过《关于修改和补充苏联宪法的法令》和《苏联人民代表选举法》，对 1977 年宪法进行了修改。此次修改的内容主要集中于苏联国家政权组织形式即改革和完善人民代表苏维埃制度以及进一步实现选举制度的民主化。1990 年 2 月 27 日，苏联最高苏维埃根据同年苏共 2 月全会精神，通过了实行总统制的法律草案。3 月 12 日，苏联第三次非常人民代表大会通过了《设立苏联总统职位和修改宪法》的决议，主要内容为：取消苏共一党统治地位，确认多党制；确认多种所有制形式及发展保护原则；实行议会民主原则和竞选制；设立总统制，确立三权分立原则；增设苏联宪法监督委员会。1991 年 3 月 15 日，由全国公民直接选举产生的、苏共中央总书记戈尔巴乔夫为第一任苏联总统。
② 《列宁全集》，2 版，第 13 卷，67 页，北京，人民出版社，1987。
③ 《列宁全集》，2 版，第 9 卷，257 页，北京，人民出版社，1987。

以随意取消或彻底否定的。客观地说，废除旧法和对旧法的批判继承是社会主义法产生的一般规律。十月革命后，苏维埃在宣布废除旧法的同时还宣布允许适用革命以前同革命利益和劳动人民的法律意识不相抵触的法律规定。苏联法律传统虽然属于社会主义法系，但是，不可否认的是，革命前已形成的极具专制主义、国家主义和制定法主义的法律传统成为苏联法制传统确立和发展的重要历史基础。如十月革命后至 1922 年颁布《苏俄民法典》这一阶段一直沿用的是旧俄民法典。1922 年《苏俄民法典》也是以旧俄民法典为蓝本编纂的，罗马法的传统极为明显。列宁还针对这一法典的制定予以指示："西欧各国文献中和经验中所有保护劳动人民利益的东西一定要吸收进来。"① 而且，十月革命后初期的法典在整体上可谓继承大于创新。正如列宁所说："……在共产主义社会的第一阶段（通常称为社会主义），'资产阶级权利'没有完全取消，而只是部分地取消，只是在已经实现的经济变革的限度内取消，即只是在同生产资料的关系上取消。'资产阶级权利'承认生产资料是个人的私有财产。而社会主义则把生产资料变为公有财产。在这个范围内，也只是在这个范围内，'资产阶级权利'才不存在了。"② 无疑，这一新型国家的新的民主法制必定是在一定程度上对旧法制继承的基础上发展起来的。苏联法律传统主要是在吸收本国革命前法律的合理因素和借鉴他国法律的基础上形成和发展的，毕竟"……这个国家的现代资本帝国主义可以说是被前资本主义关系的密网紧紧缠绕着"③。

第三，苏联法律传统在法律形式和技术上吸收了大陆法系风格。苏联法在法律体系结构上，犹如大陆法系，存在宪法、民法、刑法等清晰的部门法体系。苏联法律传统的历史渊源就是具有罗马法传统特征的帝俄时代法律，苏联在其立法活动中也主动模仿大陆法系的风格，采用制定法主义和法典法形式。其法典明显借用大量的大陆法系的法律术语、概念、结构、分类及体系等。在司法审判活动中，其诉讼模式是职权主义的，在法律活动和司法实践中采用的是演绎推理法，法律技术操作上及法官独立地位等方面极为明显地体现出大陆法系的样式。它突出的是国家意志而非对个人自由的保障，如对于法院权威，各司法机关之间的制约关系，有关人权、公正等现代司法理念较为淡薄，几乎没有确立程序公正和诉讼效率的价值理念，没有确立无罪推定原则、非法证据排除规则及论辩式审判方式，是较典型的职权主义诉讼构造的样式。同时，法律解释也不拘泥于字面意义。可见，苏联法与大陆法系有着较深的渊源关系。

第四，苏联法律传统的确立是一项伟大的创举。法律的发展不仅靠继承，还得靠创新。对于列宁和布尔什维克党来说，社会主义革命和建设这一艰巨而复杂的事业是前无古人的，是无史可鉴的。苏联人适应社会的发展变化，在批判继承旧法合理因素的同时推陈出新，创造了新的法律元素。苏联人将马克思主义理论与俄国具体实践相结合，在社会主义实践中进行制度创新，其中，法律就是其社会主义制度创新的重要组成部分。其一，社会主义制度是构成苏联法律传统的基本制度基础，是这一法律传统最具特色、最具制度创新之处。苏维埃宪法宣告和实现了废除资本主义和地主私有制，确认了社会主义公有制，是具有社会主义性质的宪法。其二，这种社会主义法制在理论上被认为体现了阶级性、人民性和科学性，是最民主、最高形态的法。苏维埃代表大会制度体现了苏联一切权力属于人民的本质要求，是其他各项制度赖以建立的基础。其三，这一法制传统规定公民享有广泛的权利与自由及制度性的物质保证。宪法扩大了苏联公民的权利与自由，除规定了一般的政治、人身、信仰等方面的自由权外，还规定了平等权、劳动权、休息权、物质保障个人财产权和个人财产继承权、受教育权等。宪法还保证公民享有信仰、言论、出版、集会、结社、游行及示威的自由权并由国家提供物质保证。1977年宪法首次规定公民还享有家庭权、住房权、保健权、私生活秘密权及文化成果权和技术创造、艺术创作自由等。当然，由于在政治体制上缺乏宪政和法治化安排，没有解决权力和监督与制约机制问题，人民的民主和自由权益没有相应的机制得以落实，成为镜中之花。其四，这一法制传统还体现在苏联国家联邦复合制的结构形式上。

（二）苏联法律传统在法律结构上是多元的

第一，在立法层面上具有较为特殊的"联邦式"法律结构，即由联盟中央法与各加盟共和国法两个层级组成。苏联是由若干个平等的加盟共和国自愿联合成立的联盟国家，加盟共和国的主权仅受苏联宪法明文所定的范围限制，在此范围以外，各加盟共和国均得独立实施其国家权力，它们有权制定宪法，有自由退出苏联的权力。就宪法而言，其宪法文本由三类组成：苏联宪法、加盟共和国宪法和自治共和国宪法。[①] 具体而言，联盟法体现的是苏联法的统一性，其内容包括两部分：一是直接适用于全联盟的法，是联邦专属法律权限，有航空法、海关法、海商法、公证法、仲裁法、律师法、兵役法等直接适用于全联盟的法典和法规。二是指导立法的联盟法，以"苏联和各加盟共和国立法纲要"的形式出现，对各加盟共和国的有关立法进行强制性指导和规范，包括一般民事、刑事、婚姻家庭、经济及诉讼审判方面的法律纲要，各加盟共和国必须依据联盟立法纲要具体行使立法权和司法权，其立法和司法不得与"纲要"精神相冲突，否则即告无效。故苏联只有各加盟共和国的刑法典、民法典等而没有全联盟的有关法典。依据苏联宪法，保证充分尊重各加盟共和国的自主性、自愿性和平等性，在联盟与各共和国的相互关系中实行民主集中制原则。

第二，苏联的司法体制较为复杂。苏联司法体制包括苏联联邦司法系统和各加盟共和国的司法系统。联邦法院系统包括苏联最高法院和军事法院。加盟共和国方面却不尽一致，有加盟最高法院，边疆区、州、市、自治州、自治专区法院、区及区级市人民法院等。依据1958年《苏联和各加盟共和国法院组织立法纲要》和1980年《苏联和各加盟共和国法院组织立法纲要》，这一时期直到苏联解体之前的司法组织系统如下：联盟法院系统由苏联最高法院和军事法院构成，苏联最高法院是苏联最高审级机关，具有司法审判、司法监督和司法行政管理的职能。其职责是：在法定范围内对全联盟和各加盟的审判活动行使审判

---

① 苏联宪法在全苏境内具有最高法律效力地位，而各加盟共和国宪法和自治共和国宪法则是依据苏联宪法制定的，在各加盟共和国和自治共和国境内生效，属地方性宪法。所有加入苏联的共和国在一切生活领域内享有平等的权利，而不取决于人口数量、领土大小、经济发展水平和任何其他因素。一切共和国在平等基础上参加苏维埃社会主义共和国联盟机关的组织和活动。平等原则还表现于，苏联对每个加盟共和国所拥有的权能是平等的，各加盟共和国主权的法律保证也是平等的。

监督权；在自己法定的权限内行使初审权、上诉审权和按照监督程序的再审权；依法定权限解决苏联参加的国际条约中的争端。

第三，在法律分类上，不承认有公法与私法之分。在资本主义社会，私有财产是经济的基础。而在苏联，由于教条主义地理解社会主义，从其法理上讲，是"……不承认任何'私人'性质的东西，在我们看来，经济领域中的一切都属于公法范畴，而不是什么私人性质的东西"①。列宁说："我们过去承认和今后也要承认的只是国家资本主义，而国家就是我们，就是我们有觉悟的工人，就是我们共产党员。"② 因此，必须"对'私法'关系更广泛地运用国家干预；扩大国家废除'私人'契约的权力；不是把罗马法典，而是把我们的革命的法律意识运用到'民事法律关系'上去……"③ 相对不发达的苏联民法及各加盟共和国的民事法律主要是用来确保社会主义公有制的，是用来维护普遍的与个人利益相一致的社会利益的，因为这一新型的所有制是人民根本利益之所在。如此，赋予民法以公法的属性而使授权性的法律在很大程度上具有强制性色彩。如对所有制的规定极具创新，它将所有权分为三种类型：国家所有制、合作社所有制和个人所有制。国家所有制和合作社所有制即某些生产资料和生活资料等社会共有的资源依法由国家所有和集体所有，进而由国营工业企业和集体农庄掌握（占有）、经营（生产和流通）、处分（分配）和收益。从 20 世纪 20 年代始，苏联就加快了对资本主义成分和个体经济的社会主义改造，到 20 世纪 30 年代中期在国民经济各个部门都建立起社会主义生产资料公有制。事实上，在苏联的历史上，"军事共产主义"经济思维模式一直或隐或现，它强调劳动报酬的平均主义和无偿提供服务，强调经济管理的集中化和依靠行政手段管理、处理经济问题，本质上是政治视野的，突出国家在经济上的直接的重要作用，通过计划经济垄断社会资源和财富、集中管理经营，以满足全社会的生产与消费。如对契约的规定和运用，也是独树一帜的：它分有计划契约和非计划契约，契约的作用主要是执行国家计划，具有从属性而失却其自主性。与此同时，苏联将婚姻家庭法作为一个独立于民法的部门，认为它首先调整的是人身关系而非财产关系，如结婚、离婚、夫妻关系、父母与子女的关系、收养、监护和户籍关系等。在人类立法史上，这是最早将婚姻和家庭法从民事立法中分立出去，成为单独的法律部门。苏联的土地法和集体农庄法也都是独立的部门法，因为全部土地是公有的，归国家所有及合理支配。

第四，以制定法为主要法律渊源。其一，俄罗斯成文法产生较早，在其形成、发展中，制定法一直是其主要的法律渊源。其二，其成文法具体形式有法律、法令、决议、宣言、条例、章程及纲要等。其三，苏联的法制建设主要是通过社会主义苏维埃国家立法进行的，其法律体系和法律制度的创建与发展，主要通过不同历史时期的国家立法进行，大规模的法典编纂活动持续不断，颁布的法典数量及立法速度前所未有。其四，这种制定法渊源在一定程度上彰显了俄罗斯联邦所谓"社会国家"的性质和较强硬的国家主义色彩。这一制定法主义特征再次揭示了苏联法律与其传统法律文化和大陆法系的某种因缘关系。

---

① 《列宁全集》，2 版，第 42 卷，427 页，北京，人民出版社，1987。
② 同上书，425 页。
③ 同上书，427 页。

（三）苏联法律传统的本质是社会主义

第一，苏联法律传统的社会主义本质由其国家性质决定。以马克思列宁主义为其行动指南，苏联法制的社会主义性质及其价值理念受制于社会主义本质特征。这一特征由三个方面的因素所决定：一是在政治上实行以工人阶级为领导、工农联盟为基础的无产阶级专政，是其国家政权的阶级本质。列宁在《国家与革命》中精彩地分析了专政和民主是一个事物的两个方面，认为，无产阶级专政就是将对付资产阶级即少数居民的暴力同充分发扬民主结合起来，而民主就是全体居民群众平等地、真正普遍地参与一切国家事务。"没有民主，就不可能有社会主义……"[①] 而其后的斯大林则只强调专政而无视民主，导致苏联社会主义体制在 20 世纪末解体，这是有其内在逻辑的。二是在经济上实行所有制的生产资料公有制、计划经济的国民经济的管理和实现原则及"各尽所能，按劳分配"的分配原则的经济制度，即国家政权的经济基础是生产资料的社会主义所有制、计划经济和"按劳分配"原则。三是为"促进苏维埃人全面、和谐的发展"，在国家的精神文明建设方面实行统一的国民教育制度，推动科学艺术的发展，繁荣和加强社会主义文化建设和思想道德建设。

也许，最为重要的，对社会主义的苏联法律传统的最好理解是"阶级"、"政党"和"国家"这些基本概念。社会主义法制是这些基本概念存在的理由及生存发展的根本手段，国家是这一模式最根本的特点。列宁在《苏维埃政权的当前任务》中说："……认为不要强制，不要专政，便可以从资本主义向社会主义过渡，那就是极端的愚蠢和最荒唐的空想主义。"[②] 事实上，就苏联领导人而言，在主观上是想通过阶级斗争和无产阶级专政这样一些所谓的"民主方式"，扩大民主，但却事与愿违，结果是在很大程度上取消了民主。苏联法律传统的上述三个要素可以以国家主义加以概括，这一法律模式主要表现于：政治结构上的非民主体制；经济上为摆脱落后采取强制增长模式，且以极端形式进行收入再分配，如通过具有法律效力地位的行政命令手段推行"军事共产主义"，即按共产主义原则组织全国的生产和分配，对经济实行过度集中管理，在思想文化上进行高压控制，实行无偿服务，等等。在其后更进一步得到强化的是，它以法律形式最大限度地强化国家政权和权威，突出以国有化和公有制为基础，以工业化为中心，依靠国家力量进行法律活动，在所有层面包括法律层面都以国家指令性计划进行，以实现国家最高利益；同时，将这样的制度看成是符合共产主义原则的根本路线。如为了体现共产主义性质，在 1918 年通过的《劳动法典》规定了对从 16~50 岁有劳动能力者实行劳动义务制。

第二，苏联法的社会主义性质集中体现于法制原则。苏联社会主义法体现了社会主义本质要求，强调社会本位和集体本位，国家利益、集体利益和社会利益是高于个人利益的。社会主义法以民主原则、法制原则、国际主义原则和社会主义原则为根本。其中，充分体现社会主义本质要求的苏联社会主义法制原则主要有：民主集中制原则、党的领导原则、民族平等原则、社会主义民主原则及立法与行政统一化原则。民主集中制原则这一科学概念最早由列宁提出，是于 1905 年 12 月俄国社会民主工党的第一次代表会议通过的决议中提出的，强调党必须按照民主集中制的原则组织起来，以集体领导进行，实行少数服

① 《列宁全集》，2 版，第 28 卷，168 页，北京，人民出版社，1990。
② 《列宁全集》，2 版，第 34 卷，175 页，北京，人民出版社，1985。

从多数、部分服从整体、下级服从上级、地方服从中央的原则。关于党的领导原则，列宁曾强调，只有共产党人居于支配地位，胜利才有保证。① 由无产阶级先进分子组成的共产主义政党即作为先锋队的共产党对国家一切工作进行自上而下的绝对集中管理，所有法律活动、司法实践、司法行政工作都必须在苏联共产党的领导之下进行。从十月法令到 1977 年宪法及其 1988 年的修改法令，都确认了苏联共产党是苏维埃社会的领导力量和指导力量。因此，国家政权是在权力不可分割的理念之下，依据民主集中制的原则，在共产党的统一领导下组织并开展其活动、实现其职能的。

第三，法律制度的指导思想及其理论基础是马克思列宁主义。苏联的社会主义是依照马克思主义理论打造的，苏联社会主义法赖以存在和发展的思想基础是马克思列宁主义。首先，关于社会主义国家，马克思和恩格斯认为，作为资本主义对立物的社会主义，其基本内涵当为：一是消灭生产资料私有制，建立生产资料公有制；二是有计划地组织社会生产，消灭资本主义的竞争和无政府状态；三是取消商品生产和交换，按社会发展的需要和个人劳动贡献进行产品分配即"按劳分配"，最终过渡到"按需分配"；四是随着剥削和阶级的消亡，国家也将消亡，代替国家行使社会管理职能的是自由人的"联合体"，在这个联合体内，每个成员都获得全面而自由的发展。② 其次，马克思列宁主义法学强调法与国家的密切联系，认为法与国家的产生及发展是生产力与生产关系这一社会基本矛盾不断运动、冲突、激化和解决的结果，是私有制、阶级、社会分工的产物，是社会历史发展到一定阶段的产物。法体现的是统治阶级的意志，是在阶级社会中国家用以实现其政治、经济统治并维护其统治利益的强制性工具，其最终的决定因素和动力是统治阶级所生存的社会物质生活条件。再次，在法律上确立了为共产主义奋斗的目标。共产主义社会一直是苏维埃国家和社会所追求的目标。为了实现共产主义，共产主义思想、马克思主义始终是苏联社会主义建设的思想基础和行动指南。

坚持马克思列宁主义的指导，苏联创建和发展了第一个社会主义法律体系。苏联所有的宪法、法律、法规都是基于马克思列宁主义的理论制定的，都体现了科学社会主义的思想。社会主义法律制度是人类历史上一种新型的法律样式，其产生和发展的基础与以往社会的法律制度不同。1917 年列宁领导下的俄国社会主义革命取得胜利，建立了世界上第一个无产阶级专政的苏维埃国家，并大力开展社会主义立法活动，很快就初步形成了世界上第一个比较系统的社会主义法律体系，开创了社会主义国家法律样式。二战之后，东欧和亚洲一些国家陆续建立了社会主义国家政权，苏联法律样式便在世界范围内扩展。

（四）法律职业地位相对较低，司法权威不够

苏联法制在司法理念上很大程度上是政治性的，如在司法体制及其相关机制的设置上不注重体现现代人权和法治精神，在司法活动中也不突出保障自由、人权和平等等现代司法理念，不强调司法独立、提高法院权威、强化各司法机关之间的制约关系以确保司法公正，而是一切司法活动都围绕着国家的政治进行。这主要表现在：

第一，在公、检、法三机关的关系上，强化警察的权威和检察院的司法职能，而法院

---

① 参见《列宁全集》，2 版，第 35 卷，501 页，北京，人民出版社，1985。
② 参见《马克思恩格斯选集》，2 版，第 1 卷，294 页，北京，人民出版社，1995。

的司法权力却不断弱化。如立案权属于警察而非检察院，检察院对警察的侦查权实行司法监督，批捕等强制措施权力属于检察院而非法院，检察院拥有对法院的法律监督权和民事抗辩权，检察机关是一个监督和控制公民权利的部门而非"法的守护"和保护公民权利的部门。在苏联，不存在法国式和德国式的行政法院，而在法理上实行的是同一套法律、同一套法院，不过，其行政诉讼主要由"法院外"的管理机关审理。

第二，在诉讼制度方面，刑事诉讼的任务是迅速和完全揭露犯罪行为，使犯罪的人定罪，保证正确地适用法律，从而使每一个犯罪的人都受到公正的惩罚，任何无辜的人都不致被追究刑事责任和定罪；民事诉讼的任务是正确而迅速地审理和裁判民事案件，以维护苏联的社会和国家制度、社会主义经济制度和社会主义财产，保护公民的政治、劳动、住房和其他人身与财产权利和合法利益，保护国家机关、企业、集体农庄和其他合作社与社会团体的权利和合法利益。刑事和民事诉讼审判的主要原则是：社会主义法制原则、诉讼公开原则、审判和检察独立原则、案件的审理实行合议制和人民陪审员制原则、公民在法律和法院面前一律平等原则、保障刑事被告的辩护权原则等。至20世纪90年代初，全俄罗斯约有八十个律师公会，约一万六千名律师。[1] 不过，律师的实际作用是很有限的。可以说，在司法上，几乎没有确立人权保障、程序公正、诉讼效率等司法公正的现代法价值理念及制度。对宪法的监督及司法审查是采立法机关监督模式而非司法监督模式。

第三，在诉讼审判中，法官处于积极主动的地位。在案件进入庭审前，法官对此案件已有了解甚至研究。因有了充分的准备，他往往主动发问，自由判断对证据的采用与否。同时，坚持审判连续性的原则，法庭审理案件不得中断。缺乏全面、完整的庭审记录。在审判前，辩护律师无权单独调查事实，无权与各类证人和被害人有任何接触。作为公诉人的检察官权力较大。总之，法官司法进行的演绎推理在诉讼技术操作上极为明显地体现了职权主义的纠问式的特征，是大陆法系的模式。这一特征再次揭示了苏联法律与其传统法律文化和大陆法系的某种因缘关系，民族的、文化的传统所提供的某些制度背景和智力支持再次证实了历史文化传统的不可抗拒性。

综上所述，苏联法律传统在世界法律史上占有重要地位，其发展模式对人类法律发展进程的影响是难以估量的。苏维埃制度是产生最早的社会主义法律制度，同时，也是人类历史上一种前所未有的法制新模式，开创了当时独一无二的法律世界新秩序。因此，被认为从此在人类历史上开创了又一个法系即社会主义法系，它从本质上说是完全不同于资本主义法系，从根本上区别于当代西方两大法系的一个独立法系。[2]

苏联模式（包括法律模式）对所有社会主义国家（包括中国）的国家体制、意识形态以及社会行为规范都产生了重要影响。首先，苏联法制一度推动和促进过苏联社会生产力的发展和社会的进步。在短短几十年的时间内，苏联法迅速走上社会主义法制化的轨道，不仅保证了国民经济的顺利恢复和社会主义工业化、农业集体化运动的顺利开展，而且为二战中抗击法西斯的卫国战争的胜利及一个发达的社会主义国家的建成创造了基本制度基

---

① 参见［俄］谢尔盖·沙赫赖、阿利克·哈比布林：《变动社会中的法与宪法》，206页，上海，上海三联书店，2006。
② 参见［美］格伦顿、戈登、奥萨魁著，米健、贺卫方、高鸿君译：《比较法律传统》，178～179页，北京，中国政法大学出版社，1993。

础。其次，特别应该强调的是，苏联独特而发达的所谓社会主义法对社会主义国家法制现代化及有关制度构成重大影响，在世界范围内形成独树一帜的社会主义法系。这种影响产生的原因一部分在于被影响国的主动选择，另一部分也在于苏联采取各种手段积极对外强制推行自己的社会主义模式。如苏联利用其共产党组织与各国共产党组织的密切联系而推广自己的经验："在国际共产主义运动的早期，莫斯科就通过'火与剑'将自己的意志强加给其他国家的共产党。当这些国家的共产党取得政权之后……就自然而然将苏联的做法移植到了本国。"① 又如苏联在军事占领期间，动用军队进行直接干预，向所有东欧国家施加压力。再次，苏联法制模式、立法经验、法的实施、法学教育及法学理论研究，对其他社会主义国家的法制建设和法学产生了深刻影响，以至于开创了一个人类法律发展的新时代，成为社会主义法系的一面旗帜。最后，尤其值得关注的是，因受制于且服务于社会主义公有制和过度集权的国家统制经济体制与以党为核心的三权合一的国家政治体制，以及高度垄断的思想文化体制，在苏联法模式中，立法权对行政权无法实行有效监督，隶属于苏维埃的司法权难以独立。长期的以党代政，在某种程度上与现代法治和宪政相背离。在长达半个多世纪内，这种高度集权的政治化的管理模式在一定时期被各社会主义国家普遍适用而确立其被全面移植的地位，其经验和教训在世界法制史上是极为宝贵的。

若将苏联法律传统置于人类世界总的历史发展及趋势中思量，我们说，社会主义作为一种社会思潮必定有其合理之处，社会主义、共产主义是马克思和恩格斯为全世界劳苦大众指出的一种能够摆脱剥削和压迫的理想社会形态。可以说，社会主义法作为一种制度性事实直到目前仍旧在一些国家存在，其中包括中国。中国与苏联曾休戚与共，信仰马克思列宁主义、实行社会主义制度将它们紧密联系在一起。作为政治共同体的苏联在现实中已不存在了，但它是一个历史的存在，并且还会继续影响人类历史的发展进程。正确认识苏联法律传统的历史地位及意义，对于总结人类社会的法律制度及法律实践的经验和教训是至关重要的。

第四节
其他主要法律文化

在人类法制文明的发展进程中，宗教法作为与世俗法相对应的一支独特的法律文化体系，也发挥了重要的作用与影响，其命运与宗教本身的起承发展紧密相关，同时也因不同的教派教义体现出了异彩纷呈的宗教法律文化色彩。其中，基督教、伊斯兰教和佛教，因其影响的深刻性与广泛性被视为世界最著名的三大宗教，而作为宗教法律文化体系的教会法、伊斯兰法和印度法也伴随其中发生了世界性的影响，并引发了众多学者对它们研究的兴趣和肯定。美国法学家约翰·H·威格摩尔（John H. Wigmore，1863—1943）在其代表

---

① ［匈］雅诺什·科尔奈著，张安译：《社会主义体制》，335 页，北京，中央编译出版社，2007。

作《世界法系概览》一书中，将世界主要国家的法律制度划分成 16 个法系，教会法、伊斯兰法和印度法均被列入其中。[①] 而法国比较法学家勒内·达维德在其《当代主要法律体系》一书中将伊斯兰法和印度法纳入了世界主要法系之列。[②] 本节对教会法、伊斯兰法和佛教法这三支颇有影响的宗教法律文化体系作一简要概述。

一、教会法

(一) 教会法的形成与发展演变

教会法也称宗规法或寺院法，广义上是罗马天主教、东正教以及基督教其他教派教会法规的总称，但通常是指中世纪罗马天主教会的法律。内容不仅包括教会本身的组织、制度和教徒生活准则的法律，也涉及教会与世俗政权的关系以及土地、婚姻家庭与继承、刑法和诉讼法等的规定。

教会法的形成与发展，始终与基督教相连，它是在基督教产生以后神职人员掌握国家司法权的过程中走上发展之路的，开始仅是教徒的信条，并没有法律规范意义。

基督教源于犹太教，产生于 1 世纪罗马帝国统治下的巴勒斯坦地区。一般认为，耶稣及其信徒是犹太教的革新派。传说耶稣死后，基督徒中广为流传其于 3 天后复活升天，并多次显灵。使徒们和信众聚集在一起，宣扬耶稣是神之子，因圣灵感孕、道成肉身，以其死救赎人类，然后复活升天。于是，在此基础上产生了信仰耶稣基督的新宗教——基督教。

早期基督教作为奴隶和被压迫人民的宗教，在教义上宣扬上帝面前人人平等，蔑视富人，并充满仇视统治者的反抗精神，因此被罗马帝国的统治者视为异端而遭到残酷镇压。3世纪至 4 世纪，罗马奴隶制度发生危机，一些精神空虚的没落贵族和城乡平民，为寻求寄托，逐渐信奉基督教，并通过向教会捐赠财物渐渐控制了基督教。由此，基督教的性质开始发生变化，并导致罗马统治者对基督教的政策发生重大改变。313 年君士坦丁皇帝颁布"米兰敕令"，承认了基督教的合法地位。380 年，基督教又被罗马皇帝狄奥多西通过敕令定为罗马国教。从此基督教转而为奴隶主阶级的统治服务，重点宣扬忍受、驯服和君权神授。教会对教徒的信仰和道德享有管辖权，并逐渐形成教徒之间的纠纷交由主教裁判的惯例。这一惯例于 333 年得到国家的确认。自此，教会信条逐渐获得国家的认可而赋有约束力，教会法由此形成并不断发展，也获得广泛传播。

4 世纪末，伴随罗马帝国正式分裂为东罗马帝国和西罗马帝国两部分，基督教也在实际上分为了两派：以希腊语地区（东南欧一带）为中心形成东派，以拉丁语地区（西欧广大地区）为中心形成西派（1054 年罗马教皇与君士坦丁堡大主教相互革除教籍，两派正式分裂）。西部教会以罗马教皇为首改名为天主教，东部教会以君士坦丁堡为中心改称为"正教"或"东正教"。

5 世纪西罗马帝国灭亡后，基督教经历了一段萧条时期，但很快在新建立的日耳曼国家找到了存在的基础。法兰克国王克洛维于 496 年带领 3 000 名亲兵在兰斯教堂受洗入教，成为基督教被日耳曼人接受的标志。756 年，法兰克国王丕平为酬谢教皇为其举行加冕典

---

① 参见［美］约翰·H·威格摩尔著，何勤华等译：《世界法系概览》，上海，上海人民出版社，2004。
② 参见［法］勒内·达维德著，漆竹生译：《当代主要法律体系》，上海，上海译文出版社，1984。

礼支持他篡权成功，将意大利中部地区大片土地赠给教皇。至此教会开始拥有土地，并成为大土地所有者，形成教皇国。此后，西欧各国君主纷纷加以仿效，借以宣扬王权神授，教会的经济与政治势力不断扩展，教会法的适用范围也不断扩伸至世俗居民，教皇的地位急剧升高。

9世纪，西欧全面进入封建割据的时期，国家的割据分立导致世俗政权力量的过度分散，而教会基于信仰而形成的统一体的势力则明显强于各个世俗政权。在这种情况下，教会已不再需要世俗政权的庇护而分离出来，成为独立的体系；相反，世俗政权往往要讨好教会才可能获得继续存在的可能。僧俗关系的大逆转导致教会法进入蓬勃发展时期。

10世纪～15世纪是教会法发展的重要时期。此间，教会建立了自己严格的宗教等级制度——教阶制。教皇为教会的最高首脑，下设枢机大主教（亦称红衣主教）、主教、修道院长、神甫、修士等。主教都有各自的领地，根据职权范围和领地的大小分教省、主教辖区、教区等。教区内设修道院，就连最小的村镇也设有教堂和神甫。教会的权力达到鼎盛，经济实力得到不断拓展，"教会的免税土地占着中世纪欧洲全部地产的三分之一到二分之一"①。与此相应，教会法也日益发展完善，这一时期教皇的敕令以及各级主教的教谕、宗教会议的决议、教会法院的判决、有关教会法研究的大量著作大大丰富了教会法的效力渊源，也使教会法迅速系统化、理论化，并成为唯一可以适用于西欧全部地区的法律体系。

从遗留下来的格里哥利《通信登录簿》和罗马城居民户籍簿可以看到，教会把领地分成小块出租给农民，收取现金或实物地租。主教在其辖区内享有"特恩权"，世俗官吏无权过问教会领地的事务。教会向居民征收各种苛捐杂税，居民从事农牧业生产，所有生禽、家畜、蛋类、奶类、谷物、蔬菜每年都要向教会缴纳十分之一，是谓"什一税"；婴儿受洗，成年人受礼以及举行婚礼等，也都须向教会进行特别捐献，甚至死人也要将遗产的1/10划归教会。教会对居民拥有司法权，设有法庭和监狱，有权审理与居民相关的各种民、刑案件。教会还曾经把居民组织成武装组织，由主教或修道院院长统辖。"十字军"东征时期，教会还组成了"圣殿骑士团"、"护卫骑士团"等跨国籍的军事组织。而每一个教会领地，每年都须向教皇汇报领地经营情况，向教皇献纳大宗金银珠宝和谷物。由此可见，以教皇为首脑的天主教会已成为中世纪西欧的"国中之国"，教会法不仅适用于教徒，而且适用于全体居民。

在意识形态领域，教会僧侣几乎是当时唯一读书识字的等级。教会垄断了文化和教育，并使一切科学都被纳入神学轨道，由其内容是否符合教会的教义来决定取舍，符合者，成了神学的分支，反之，一切革命学说都被宣布为"亵渎上帝"，成了神学的异端。在当时，"……一切按照神学中通行的原则来处理。教会教条同时就是政治信条，圣经词句在各法庭中都有法律的效力"②。正因如此，在司法实践中，教会法成为欧洲封建国家通用的法典，教会法庭甚至凌驾于国家法庭之上，教皇经常以国际最高仲裁者的身份干涉各国的内政。

教会法涉及的范围极其广泛，它不仅调整教会内部关系，惩罚神职人员的渎职行为，而且对世俗人具有"罪孽"因素的一切行为都横加干涉。在刑事法律方面，教会法从维护

---

① ［美］汤普逊著，耿淡如译：《中世纪经济社会史》（下册），294～295页，北京，商务印书馆，1984。
② 《马克思恩格斯全集》，第7卷，400页，北京，人民出版社，1959。

教会利益出发，将违反教义或宗教信仰行为如叛教、崇奉异教、别立教派、行妖术/巫术以及亵渎圣物等定为特别重大犯罪；将违反教规如杀人、偷盗、"贪恋他人财物"以及一切破坏封建财产关系的行为定为"违反天意"、"破坏上帝安宁"罪；将破坏婚姻家庭关系的行为定为亲属相奸罪、通奸罪、重婚罪、违背贞操罪、叛逆尊亲罪等。此外，教会法还根据"不可作假证"的教会戒条演绎出伪造货币罪、伪造文书罪、出示伪证罪、损害他人名誉罪等。对上述犯罪，轻者革除教职，没收财产或裸体游行；重者处以死刑（火刑或"点天灯"）。为了镇压"异端"，巩固教会的统治地位，13 世纪教皇格里哥利九世还联合世俗政权，在法兰西、意大利、西班牙等国设立专门从事侦察和审判有关"异端嫌疑"的宗教裁判所，以纠问主义的方式进行审判，使很多进步思想家、科学家遭到极其野蛮的刑讯和屠杀。

在民事法律关系方面，有关出生登记、婚姻关系、家庭关系、涉及违背约言或重利盘剥的契约关系等，也都由教会法调整。教会法认定"婚姻是上帝的恩赐与批准"，应在神职人员主持下举行仪式，恪守"夫妇一体"的原则，夫为一家之主，严禁离婚。

15 世纪之后，教会法开始走向衰落。此间，西欧国家的世俗政权开始日益走向集权，王权在与封建割据势力的斗争中得到不断强化。文艺复兴提倡复兴古典精神和罗马法，宗教改革使西欧各国的世俗君主摆脱了罗马教皇的控制，新兴资产阶级也否认教皇和教会法的权威性，并出现了许多脱离天主教的新教派，如英国的圣公会派、法国的加尔文派和德国的路德派等，罗马教廷的权利大为削弱、地位显著下降，教会法的适用范围也日益缩小。资产阶级革命以后，西欧各国奉行政教分离政策，国家法律实现了世俗化。1917 年的《天主教会法典》颁布后，教会法成为仅为教会本身创造秩序的规则，其管辖范围缩小到教徒信仰、道德等领域。不过，教会法对西欧各国的立法却产生了广泛和深远的影响，特别在有关婚姻、家庭和继承等方面，教会法的某些原则和规定长期成为各国民事立法的重要渊源之一。

（二）教会法的主要特点与历史影响

教会法是贯穿西欧中世纪的主要法律体系之一，法律渊源表现为多种形式。它吸收了古代希伯来法、罗马法以及日耳曼法的某些内容，但是最为重要的法律渊源还是基督教各派信仰的基础教义——《圣经》。除此之外，教皇的敕令、通谕和教谕的汇编以及各级宗教会议的决定也是教会法的主要渊源。

《圣经》是基督教的经典，也是教会法最重要的法律渊源，本身具有最高法律效力，包括《旧约全书》和《新约全书》。《旧约全书》源于希伯来人所信奉的犹太教的经典，由《律法书》（又称《摩西五经》）、《先知书》和《圣录》三部分组成，为基督教全盘继承。《新约全书》是基督教本身的经典，主要包括《四福音书》以及《启示录》、《使徒行传》等。

需要指出的是，同罗马法一样，教会法也是通过注释和汇纂的方法发展起来的法律体系，中世纪的经院学术在这方面发挥了积极的作用。大批的僧侣埋头于法令的整理和编纂工作，并根据自己对基督教义的理解，对这些法令所包含的意义进行了深入的注解和释义，使教会法成为和罗马法相并列的庞大而复杂的法律体系，也给后世西方的法制文明留下一笔可观的遗产。

最早的一部教会法汇编是 1139 年—1142 年意大利北部波仑那大学的修道士格拉体安编写的《历代教令提要》，也称《格拉体安教令集》。该书论述了法律的来源和神职人员的特性，并列举和分析了各种触犯教会法的案例等，既是一部法律汇编，也是一部法理诠释的著作，一经问世，便成为各天主教王国适用教会法的主要依据，后来被教皇收入官方教令集，在天主教会中沿用了数百年之久。此外，1234 年教皇格里哥利九世编纂的《官刊教令集》即《格里哥利九世教令集》，也对教会法学的发展起了重要作用。该书分为 5 编：第一编为教会法院及其管辖权；第二编为诉讼程序；第三编为教士的义务和特权；第四编为婚姻；第五编为对犯罪的惩罚。在这以后，罗马教廷又编纂过《卜尼法八世教令集》（1298年）、《克雷门特五世教令集》（1317 年），使教会法的内容和体系更加完善。16 世纪末，教皇格里哥利十三世将《格拉体安教令集》及其以后的官方教令集汇编在一起，定名为《教会法大全》，与罗马法《国法大全》相对，成为中世纪后期教会法的重要法律渊源，一直沿用至 1917 年为新编的《天主教会法典》所取代。

西欧中世纪的教会法有着自己鲜明的特点，其中最突出的是它所反映的神权法、封建法以及完备的体系化特征等等。但就这些特征本身而论，应当说，它们都不是教会法所独创，而是和教会法之前存在的各种法律形态有着密切的关系。教会法的神权特色直接来源于古代犹太人的犹太教法，也即希伯来法；其体现宗教等级的教阶制，是受到日耳曼法在封建化过程中封建等级制的影响；而它的体系化特征则明显秉承了罗马法研究方法的遗风。下面对其主要特征进行分析。

其一，教会法是以基督教为依托的神权法。早在基督教诞生之前的数个世纪，其经典教义《圣经》中的《旧约》篇章，已在巴勒斯坦地区成为犹太人所崇信的犹太教的教义。犹太人以《旧约》为核心发展出独具特色的希伯来法，其基本特点是通过教导和强制人们奉行所谓"人和上帝之间的约定"来达成人类社会的和谐状态。由于基督教本身就是在犹太教基础上发展起来的，作为其制度层面的教会法便完全继承了希伯来法的神权法特色。教会法的根本出发点并不完全是解决人们之间的利益冲突，规范社会生活秩序，而主要是维护上帝在人们心中的尊严，贯彻上帝的旨意。为达到这一目的，人们必须遵从上帝代言人——教会的各项命令、指示。这是教会法与世俗法律体系之间存在的最大差异。

其二，教会法是封建性质的宗教法。教会法的封建属性最明显地体现在其等级森严的教阶制度上。在中世纪各封建国家割据一方的背景之下，教会成为西欧唯一的统一性政治组织，它们无处不在，排斥世俗政权的干涉和地方习惯法，奉行来自于同一中心的基本准则。而在这一整套行政运行机制中，以教皇为专制核心的教阶制度构成权力划分的最基本格局。教阶制度从本质上来说，是拥有至高权力的教皇通过划分教区、设立主教的方式实现宗教领域的内部分封，以达到教会国家有效统治的一种手段。这与当时西欧世俗政权进行爵位和土地并行分封的封建制度并没有本质区别。除此之外，教会法中的制度建设也反映出相当的封建性质。从土地制度上看，教会法确立了基于各级税收对农奴和农民进行层层盘剥的制度，与当时流行在西欧各地的封建土地习惯法并无二致。在刑事制度方面，教会法更是不遗余力地和世俗封建法相互配合，对崇尚民主科学的思想、反对封建等级制的行为进行野蛮的镇压。因此，教会法是带有强烈封建性质的宗教法。

其三，教会法具有相对完善的体系，且具有一定的开放性。作为一种超越国界、具有重大影响的法律，教会法具有相当完备的法律体系，主要由教阶制度、犯罪与刑罚制度、司法程序制度等构成。应当说，和罗马法一样，法学家在教会法体系化的过程中所起到的作用是不可估量的。从 11 世纪开始，教会法法学家通过对法律资源进行修补和重构，使教会法的内容逐渐丰满、结构逐渐完善。但是和罗马法法学家不同的是，教会法法学家首先是虔诚的宗教信徒，他们诠释法律是以神学为出发点，因此发展出的制度和体系缺乏理性概念的支持。这导致教会法不能将自己发展成为类似罗马法的科学法律体系，而过多地羁绊于神学的冥想和对仪式的迷信之中，最终只能变成一个由众多具体规定堆积而成的庞大制度整合体。此外，教会法还是一个具有一定开放性的宗教法体系，不仅借鉴罗马成文法典的编纂方法对卷帙浩繁的教会法渊源进行整理编纂，形成众多教会法汇编文献，而且在其法律没有规定的情况下，将罗马法等世俗法律作为法源加以适用。

其四，教会法是通行西欧各国的统一法。中世纪西欧各封建王国虽然是独立的政治实体，但是在相当长时期内，是受控于罗马教廷的统治的。教皇是凌驾于西欧各国之上的太上皇，教皇国则是西欧封建制度的国际政治中心，享有极大的权力。在此时期，基督徒遍布西欧各地，教会法成为当时通行西欧各国的统一法。

教会法是西方法律文化传统的重要组成部分，是西欧中世纪法律发展的基本构成因素，其作为当时通行于西欧各国的统一法，对西欧中世纪各国的法制发展发生重大影响，也对后世国家的法律文化影响深远。其中，教会法关于婚姻家庭关系方面的法律原则与制度，长期制约着西方国家婚姻家庭法的发展。其关于一夫一妻制的原则、主张婚姻自由、反对重婚和童婚、婚姻须举行宗教仪式、反对离婚，以及在财产继承上男女平等，反对把妇女排除在继承权之外等，均为近代以来西方国家所接受。在诉讼法方面，其纠问式诉讼对大陆法系各国的刑事诉讼具有明显影响。此外，教会法以书面证据和证人证言取代了落后的诉讼证据制度，对诉讼法的发展也有重要影响。在国际法方面，教会法在解决国家之间关系和战争问题上所确立的关于民族关系平等、主张和平、争端通过协商解决以及一些国际关系准则等，大都为后世国际法所吸纳。

二、伊斯兰法

(一) 伊斯兰法的形成与发展演变

1. 伊斯兰法的形成

伊斯兰法是伊斯兰教法的简称，音译"沙里阿"（Shari'a），原意为"通向水源之路"，在宗教教义里被引申为"真主指示之路"。作为一支宗教法律体系，伊斯兰法是适用于全体穆斯林（即伊斯兰教徒）的"有关伊斯兰宗教、政治、社会、家庭和个人生活准则的总称"[①]，而不是一部由国家立法机关颁布的适用于全体居民的法典。伊斯兰法曾盛行于中世纪政教合一的阿拉伯帝国，在阿拉伯帝国解体以后，又凭借其宗教力量在伊斯兰世界继续发展，形成世界闻名的伊斯兰法系。

伊斯兰法产生于 7 世纪初的阿拉伯半岛，它是伴随着伊斯兰教的创立和阿拉伯统一国

---

① 林榕年主编：《外国法制史新编》，239 页，北京，群众出版社，1994。

家的形成而产生和发展起来的。

6 世纪至 7 世纪,阿拉伯半岛尚处于原始氏族制度解体时期。由于阿拉伯人的部落十分分散,难以集中力量抵御外族的入侵,导致土地荒芜,农业衰落,民不聊生。麦加贵族又趁机加紧高利贷盘剥,使大批贫民沦为债奴。为抵御外侮、改善生存环境,消除分散性和实现民族统一成为当时社会发展的客观要求。伊斯兰教和统一的阿拉伯国家的形成正是顺应了这一历史潮流。

伊斯兰教的创始人穆罕默德(570—632)出身于麦加古来西部落一个没落贵族家庭,青年时代生活清贫,做过牧人和商队保镖。他深受犹太教和基督教思想的影响,反对多神教,提倡一神教。610 年,穆罕默德开始在麦加传播伊斯兰教。他把古来西部落的主神安拉奉为宇宙间唯一的真主,要求人们放弃对各自部落保护神的崇拜,独信真主安拉。在传教及与麦加贵族的武装斗争中,穆罕默德建立了政教合一的穆斯林公社。630 年,穆罕默德终于打败了麦加贵族,迫使他们皈依伊斯兰教,承认穆罕默德为安拉的"使者"和"先知"。不久,整个阿拉伯半岛基本皈依伊斯兰教,并在穆斯林公社的基础上建立了统一的阿拉伯国家。在穆罕默德创立伊斯兰教和阿拉伯国家的过程中,伊斯兰法诞生了。穆罕默德既是伊斯兰教的创始人,又是统一的阿拉伯国家的第一位政治领袖。

伊斯兰教不仅要求穆斯林从思想上坚信安拉是世界唯一的主宰,而且要求其在行动上遵守安拉通过其使者规定的行为规则。这样,在政教合一的阿拉伯国家里,作为政教首脑的穆罕默德代表安拉所宣扬的教义及其教规,就同时具有法律规范的性质。

2. 伊斯兰法的发展

一般来说,近现代法律改革之前的古典伊斯兰法的发展可以分为三个时期。

(1)形成时期(7 世纪初～8 世纪中叶)

从 7 世纪初穆斯林公社建立,到 8 世纪中叶倭马亚王朝(661—750 年)被推翻,是阿拉伯国家的初步发展时期,也是伊斯兰法的形成时期。632 年,穆罕默德去世,整个阿拉伯半岛基本统一。穆罕默德的继任者称为"哈里发",意为"使者的继承人"。最初四大哈里发都由统治集团从穆罕默德的近亲密友中选出,他们集宗教、军事、行政和司法大权于一身,是政教合一的国家首脑。倭马亚王朝建立后,哈里发职位改为世袭。历任哈里发不断对外扩张,至 8 世纪中叶终于形成地跨亚、非、欧的阿拉伯帝国,统治帝国的各项制度也逐渐完备,伊斯兰法的体系最终形成。

这一时期,作为伊斯兰法最高渊源的《古兰经》即穆罕默德在传教过程中以安拉"启示"的名义陆续颁布的经文已经定型,共 30 卷,涉及伊斯兰教的基本信仰、穆斯林的基本义务、伦理规范、社会习惯、传说和谚语等,内容非常庞杂;专门记录穆罕默德言行的"圣训",即穆罕默德的非启示性言论、行为和生活习惯,已经开始传述,其虽然并非安拉的启示,但因出自安拉的代言人,故具有极强的权威性,地位仅次于《古兰经》。而通过研究《古兰经》和"圣训",发现体现于其中的教法原则和精神,并以此推导出新的法律规则的教法学也已经出现,并形成了一些早期教法学派;此间哈里发政府的行政命令也日益增多,且取得重要地位,并建立了早期的司法制度。

(2)全盛时期(8 世纪中叶～10 世纪中叶)

继倭马亚王朝之后统治阿拉伯帝国的是阿巴斯王朝(750—1258 年)。阿巴斯王朝统治的最初一百年是帝国最繁荣强盛的时期，不仅使帝国的疆域东临印度河、西接大西洋，而且使伊斯兰文化空前繁荣，作为伊斯兰文化有机组成部分的伊斯兰法也得到迅速发展。

这一时期，"圣训"在法律事务中的地位日益重要，并开始被汇编和整理。在伊斯兰法的发展过程中，"圣训"发挥了重要作用。根据伊斯兰教义，法律是真主安拉对伊斯兰世界的命令，它通过使者穆罕默德降示人间，任何世俗统治者皆无立法权。随着穆罕默德的去世，降示古兰的立法活动停止了。然而，《古兰经》的许多内容较为笼统，需要加以具体化才能执行。例如，《古兰经》命令穆斯林做礼拜，却没有规定礼拜的时间和仪式；《古兰经》命令穆斯林缴纳天课，却没有规定课赋的种类和数量。穆罕默德通过自己的言行，对礼拜和天课的具体问题进行了解释和补充。这些非启示性言行就作为对《古兰经》的补充要求穆斯林同样必须执行。穆罕默德去世后，遇到《古兰经》中找不到答案的问题，哈里发和法学家们就须按他的先例办。随着阿拉伯帝国版图的不断扩大，新问题层出不穷，传述"圣训"的活动日益频繁，实际上已成为创制教法规范的重要手段。统治者常将各地流行的习惯和符合当时社会需要的法律规范附会为"圣训"，使它们获得宗教权威。"圣训"最初由穆罕默德的弟子口耳相传。由于辗转传述，其数量越来越多，出现了许多伪"圣训"。8世纪中叶以后开始对"圣训"进行搜集、整理和汇编。由于教法学派之间意见不一，各派皆有自己的"圣训集"。在逊尼派的各种"圣训集"中，最有权威的是《布哈里圣训实录》和《穆斯林圣训实录》等六大"圣训集"。

这一时期，早期教法学派经过一段时间的发展，也最终形成了以哈乃斐（699—767）、马立克（715—795）、沙斐仪（767—820）、罕百里（780—855）为代表的四大教法学派。教法学在伊斯兰法的发展中占有重要地位。由于《古兰经》和"圣训"都不能更改，通过法学家的研究、解释来创制法律就尤其必要。经常被教法学家用来创制法律的方法主要是"公议"和"类比"。前者意为权威法学家对新产生的法律问题取得一致意见。但由于地域所限，加上法学派别的存在，要在全帝国内真正取得一致意见几乎是不可能的，所谓的一致意见往往带有地域或教派色彩。后者意为对所遇到的新问题比照《古兰经》和"圣训"中最相类似的规则加以处理。"公议"和"类比"也成为伊斯兰法的重要渊源。正是"公议"和"类比"等创制法律手段的广泛运用，伊斯兰法的规则得以不断丰富，体系不断完善，从而能够符合阿拉伯社会发展的需求。

此外，这一时期，政府的行政命令成为对伊斯兰法的重要补充，司法机构也不断得到完善。

（3）盲从时期（10世纪中叶以后）

这一时期又称"塔格利德"时期。塔格利德（Taqlid）原意为"遵循"、"仿效"，即因袭传统。10世纪中叶以后，随着四大教法学派权威的最终确立，逊尼派（即伊斯兰教正统派）认为伊斯兰法已经完美无缺，所有重大疑难问题已经解决，后世法学家只需遵循前人的结论，无须进一步创制法律，关闭了"伊智提哈德"（Ijtihad，原意为"创制"）之门。此后，法学家不得再对《古兰经》和"圣训"作出新的解释，无权根据经训的精神创制法律。随着"创制"之门的关闭，教法学的发展停滞了。这种做法与阿巴斯王朝的统治根基日渐动摇有直接关系。10世纪中叶以后，阿巴斯王朝由极盛走向衰落，边远省份纷纷独立割据，其中心地区的实权已落入什叶派（非正统派）军事将领手中，哈里发形同虚设。1258年蒙古军队攻陷了巴格达，阿巴斯王朝最终灭亡，使逊尼派法学家完全失去了政治庇护。政权的旁落，一方面限制了法学家全面创制法律，另一方面也激起法学家捍卫正统信仰和教法的强烈愿望，使其沉溺于追寻前人的理论而不能自拔。于是，伊斯兰法的发展停滞了，这种状况一直持续到近现代法律改革。

3. 伊斯兰法在近现代的改革

17 世纪~18 世纪，西方国家侵入土耳其奥斯曼帝国。当时的奥斯曼帝国虽为伊斯兰世界的霸主，但其统治已腐败不堪，社会经济日趋衰退，各地农民起义不断。西方列强争相在帝国境内开设殖民机构，攫取治外法权，使奥斯曼帝国成为欧洲的商品市场和原料产地。而传统的以婚姻家庭法为核心的伊斯兰法既无法应付伴随着殖民扩张而来的商品经济的发展需求，又无法改善国家管理模式去抗击西方列强的殖民扩张。在这种背景下，伊斯兰世界进行了意义深远的法律改革。

伊斯兰世界的法律改革开始于 1839—1876 年一场自上而下的"坦志麦特"（Tanzimat，改组）运动。这场运动按照西方模式，对帝国的法律、行政机构、财政、教育及军事等各个方面进行全面改革。在法律改革中，一方面，大规模引入西方法律，先后模仿法国法律制定了刑法典、商法典、土地法、刑事诉讼法典、民事诉讼法典、债务法、商业程序法和海事商业条例等；另一方面，按照《法国民法典》的形式对传统的沙里阿进行整理和汇编，制定了《奥斯曼民法典》（即《麦吉拉》），这是历史上首次对沙里阿所作的编纂。为了实施上述法律，奥斯曼帝国还在沙里阿法院之外建立了欧洲式的世俗法院。

一战以后，奥斯曼帝国最终解体。1923 年土耳其共和国建立后，先后废除了哈里发制度和沙里阿法院，颁布了共和国宪法，在伊斯兰国家中率先实行政教分离；同时还对"坦志麦特"时期的法律进行修改或废除，更多地引入了意大利和瑞士的有关法律。1922 年，埃及名义上获得独立，次年即在英国授意下颁布了以比利时宪法为蓝本的宪法，实行责任内阁制；同时，对奥斯曼帝国时期颁布的一系列法典进行整理，或进行修改，或以新的法典取代；此外，对伊斯兰法的核心部分——私人身份法也进行深入改革，限制童婚和一夫多妻制，编纂了《继承法》、《遗嘱处分法》和《瓦克夫法》，使这些传统制度与现代生活相协调。就连素以保守、正统著称的沙特阿拉伯，也由于石油工业和贸易发展的需要，在强调伊斯兰法至高无上的前提下，颁布了《商务条例》、《矿业法》等按照西方法律原则制定的法规，并对传统司法制度进行了相应调整。

二战以后，大批伊斯兰国家获得独立。突尼斯、摩洛哥、尼日利亚等许多新独立的国家纷纷效仿邻国法律改革的模式，建立自己的法律体系。约旦、叙利亚、伊拉克、南也门等许多以往改革较为保守的国家也开始了大刀阔斧的改革：一方面，对过去未予触动的婚姻家庭法进行大胆改革，颁布了《家庭权利法》或《个人身份法》，以各种理由限制了一夫多妻制，提高了妇女的地位；另一方面，在不同程度上限制了宗教对国家权力的干涉，废除或改组了沙里阿法院，削弱伊斯兰法的影响。20 世纪 70 年代末，宗教激进主义思潮的兴起影响了一些国家的法律改革。[①] 宗教激进主义提倡全面伊斯兰化，主张"以伊斯兰教义为

---

① 参见程维：《伊斯兰法的发展与变革》，载《阿拉伯世界》，2002 (3)。

社会、群体、个人行为的最高准则"①。在这种思潮影响下，许多早已被废除或突破的教法规范在伊朗、巴基斯坦等国得到恢复，法律改革出现一定程度的反复。但历史不是简单的回复，这种思潮不可能从根本上改变伊斯兰法的改革趋势。

经过改革，绝大多数国家的法制状况可以分为两个截然不同的领域：在刑法、诉讼法以及与经济发展密切相连的民商法领域，大量采纳引自西方资本主义国家的法律制度和原则，已基本世俗化；而与经济发展关系不大、受宗教道德规范严格控制的社会关系，如婚姻、家庭、继承、宗教基金和宗教义务等领域，虽也经过一定程度的改革，引入一些西方法律观念，但从整体上看，仍由传统教法调整，保留了较多的传统法律形式和内容。在极少数国家，如沙特阿拉伯、阿拉伯联合酋长国、安曼等国，虽也引入零星的西式经济法律制度，但传统伊斯兰法仍是国家的基本法律渊源。

（二）伊斯兰法的主要特点和历史地位

1. 伊斯兰法的主要特点

（1）与伊斯兰教密切相连，且宗教对法律的控制更为严密

伊斯兰法与伊斯兰教是同步形成发展起来的。伊斯兰教是伊斯兰法的基础和灵魂，伊斯兰法则是作为伊斯兰教的重要组成部分而存在的，两者紧密结合。

其一，伊斯兰法没有独立的表现形式。伊斯兰法被视为真主安拉对伊斯兰世界所下的命令，是一种神赐的制度，是安拉对穆斯林的宗教和世俗生活的完美安排，而并非任何世俗政权的创造物。《古兰经》以及各种"圣训集"既是伊斯兰教的权威宗教经典，也是伊斯兰法的权威法律渊源。此外，法律规范与宗教规范、伦理规范浑然一体，没有明确界限。早期穆罕默德所作的大部分规定与其说是法律规范，不如说是对教义的补充；后来伊斯兰法中的大部分内容也都是对伊斯兰教教义的制度化。

其二，宗教对法律的控制更为严密。应当说，将法律宗教化，即借助于宗教权威表达和推行法律，并不是伊斯兰法独具的特点，教会法也是如此。但相比之下，伊斯兰教对伊斯兰法的控制更为严密。例如，教会法允许某些罗马法和地方习惯法的规则作为直接适用的法律渊源，而伊斯兰法却不承认任何世俗性的法律，其体系中也不允许世俗性法律有立足之地。如果需要将某一世俗性的法律规则纳入其体系的话，就必须首先将其改头换面，予以伊斯兰化。在此方面，不仅各地习惯及外来法律是如此，就是哈里发政府的行政命令也必须经过伊斯兰化后，方能成为伊斯兰法的渊源。

其三，法律制裁手段与宗教相连，违反宗教义务要受到法律的惩罚，叛教本身就是最严重的犯罪；与此同时，对许多犯罪行为的惩罚却以诅咒、谴责的宗教方式出现。②

其四，伊斯兰法学也是建立在宗教学基础上的学问，法学家们首先是各教派的教义学家，他们用以创制法律的依据必须是《古兰经》和"圣训"，而其结论绝不能偏离经训的基本精神。德国著名学者约瑟夫·夏赫（Joseph Schacht）曾精辟地描述过伊斯兰法与伊斯兰教的这种密切关系："伊斯兰法是伊斯兰学说的缩影，是伊斯兰生活方式的最典型体现，是

---

① 吴云贵：《伊斯兰教法概略》，290页，北京，中国社会科学出版社，1993。

② 例如，侵吞孤儿财产者将被处于烈火之中，吃重利而不思悔改者将永居火狱等。分别参见《古兰经》4：10 和 2：275。

伊斯兰教本身的精髓和核心。"①

值得指出,印度法与印度教(或婆罗门教)的关系也十分密切,同样被当作神启的法律,但由于印度教本身是一种"出世"的宗教,对世俗事务漠不关心,不但印度法的内容较少涉及教徒的世俗生活,也很少对政府的活动有所规范。而伊斯兰教却是一种相当"入世"的宗教,政教合一从来是国家的根本准则,宗教事务与世俗事务始终交织在一起。从这个角度看,伊斯兰教与法律的关系更为密切。

(2)法学家对伊斯兰法的发展作出了突出贡献

伊斯兰教教义确定了一条不可改变的规则,即法律是真主安拉对伊斯兰世界的命令,其通过使者穆罕默德降示人间,任何世俗统治者皆无立法权。这在实际上也意味着只有穆罕默德才能立法,后来的哈里发等世俗政权只限于执行真主通过穆罕默德下降的法律。这就使伊斯兰法的发展不可能通过国家立法机关制定新法律和修改旧法律等方式来进行,也使得《古兰经》和"圣训"都不能被更改。在此情形下,法学家们便肩负起发展法律与创制法律的重任。

早期法学家们广泛运用意见、推理、"类比"和"公议"等方法,结合当地习惯对《古兰经》中的法律原理进行阐释,并充分发掘、广泛收集穆罕默德生前的言行,使"圣训"成为重要的法律渊源。四大法学派形成以后,法学家们更多地参与司法实践,根据社会需要对经训的精神加以阐释和发展。尤其是沙斐仪派,对伊斯兰法的系统化作出了巨大贡献,该派集以往各家学说之大成,最终确立了伊斯兰法的四项基本渊源:《古兰经》、"圣训"、"公议"和"类比"。正是经过法学家们的不懈努力,伊斯兰法才得以从一种简单的法律发展成为一个庞大的宗教法律体系。这也是伊斯兰法发展的独特之处。

由于法学家对伊斯兰法的发展具有举足轻重的作用,也有不少学者将伊斯兰法称作"法学家法"。伊斯兰法学家的这种重要地位在其他东方法律体系中是看不到的,同是宗教法的印度法虽也有教法学家和流派,但他们更主要的是宗教学家,注释法典在很大程度上只是宗教活动,法学并未发展成创制法律的方法。

(3)受到外来法律文化的深刻影响

阿拉伯半岛发展较晚,而其周围地区则多为发达的文明古国,因此阿拉伯半岛在发展过程中便不可避免地受到这些文明文化的深刻影响。穆罕默德在创立伊斯兰教的过程中就接受了基督教和犹太教的许多合理因素,这两种宗教的教规也深刻影响了伊斯兰教法。阿拉伯帝国建立后,开始急速向外扩张,所到之处都是文化较为发达的地区,其在行政管理、土地关系及商品经济等方面都已有相当的发展。穆斯林在占领这些地区的同时,也参考和借鉴了这些地区的封建法律,并尽力使之伊斯兰化。在帝国版图相对稳定后,这些异邦的法律仍以习惯法的形式加以适用,而那些先进的法律观念则已经和阿拉伯固有的传统观念结合起来,对穆斯林的生活方式发生重大影响。正如一位埃及学者所说:"波斯人与罗马人的习俗同阿拉伯的习俗糅合;波斯法与罗马法同《古兰经》所阐明的伊斯兰教法糅合;波斯、罗马哲学同阿拉伯哲学糅合;波斯、罗马的政体,同阿拉伯政体糅合。总而言之:凡

---

① Joseph Schacht, *An Introduction to Islamic Law*, p. 1, Oxford University Press, 1964.

举一切生活的方式，政治、社会的制度、思想的实质……无一样不受混合的巨大影响。"①

（4）具有分散性和多样性

在伊斯兰法的各项渊源中，只有《古兰经》有统一的版本，其他渊源都是因地、因学派而异的。即便是《古兰经》，由于阿拉伯各地的经济发展水平不一，社会习俗和文化传统有很大差异，各派学者所处的社会条件不尽相同，对《古兰经》的理解和解释也千差万别。早期法学派都是以地域方式进行活动的，四大法学派也都有自己的流行范围。各派都从自己的利益出发，按本地习俗传述和编纂"圣训"、创制法律，所主张的立法原则和法律制度之间存在许多分歧，因而使伊斯兰法在形式和内容上具有明显的分散性和多样性。当然，分散性和多样性并非伊斯兰法独有的特点，事实上许多东方法律都是如此，比如印度法也同样具有分散性和多样性，但造成印度法分散性和多样性的原因主要是地理环境的隔绝和村社制的封闭性。

2. 伊斯兰法的历史地位

（1）伊斯兰法是伊斯兰法系的灵魂

早在四大哈里发时期，阿拉伯国家的领土就已大大超出阿拉伯半岛，倭马亚王朝又继续进行大规模侵略扩张。到 8 世纪中期，阿拉伯已成为地跨亚、非、欧三洲的大帝国。随着帝国版图的扩大，伊斯兰教也迅速传播到半岛周围地区，伊斯兰法自然地成为这些地区占统治地位的法律。后来这块地方分裂为几个国家，但伊斯兰教仍是这些国家占统治地位的宗教，伊斯兰法在这些国家的地位自然不会改变。此外，伊斯兰法还伴随着穆斯林的侵略扩张和伊斯兰教的传播，影响到南亚和东南亚许多国家。上述国家的法律都是以《古兰经》和"圣训"为基础发展起来的，具有共同的特征和明显的因袭性，这就形成一个伊斯兰法律家族，即伊斯兰法系。这是世界五大著名法系之一，也是东方三大法系中唯一的活法系。

（2）伊斯兰法始终是伊斯兰国家政治生活的基本准绳

伊斯兰法产生以后，即成为当时阿拉伯封建国家的重要法律支柱，无论是国家机构的活动（如政教首脑哈里发的选举、卡迪的审判等），还是居民的宗教生活和世俗事务，一律以伊斯兰法为基本准绳。阿拉伯帝国时期，伊斯兰法这种至高无上的地位有增无减，不仅帝国本土严格奉行伊斯兰法，被征服领土同样将伊斯兰法奉为最高法律渊源，就连帝国的行政法令和外来法律亦必须经过伊斯兰化，以便与伊斯兰法的精神和原则相协调。帝国崩溃以后，由于宗教的延续性，伊斯兰法的地位并未受到丝毫动摇。即便是近现代法律改革以后，许多伊斯兰国家仍将伊斯兰法视为法律的基本渊源，甚至有的国家（如沙特阿拉伯）还将《古兰经》奉为宪法，仍按伊斯兰法律传统生活。

三、佛教法

（一）佛教法在印度的产生与发展演变

佛教法诞生于世界四大文明古国之一的印度。古印度国家拥有悠久的法律文化，这种

---

① ［埃及］艾哈迈德·爱敏著，纳忠译：《阿拉伯—伊斯兰文化史》，第 1 册，101 页，北京，商务印书馆，1982。

法律文化以其浓厚的宗教哲学基础和鲜明的民族特性闻名于世，其显著特点是不仅与多种形式的宗教教义融为一体，而且以等级森严的种姓制度为核心。就宗教影响而言，古印度法律文化在其发展过程中，先后经历了与婆罗门教、佛教、印度教的结合，它们的依次交替，引起古代印度法律的多次变迁，也构成了古代印度法的发展史。其中，发源于印度的佛教后来发展为世界三大宗教之一，佛教法作为一支宗教法体系也成为古代东方法律文化中一个组成部分。

1. 佛教法在印度产生的法律文化背景

佛教法是在古印度国家已拥有占统治地位的婆罗门教法的情况下，基于社会矛盾而出现的一种法律文化现象，也是佛教与婆罗门教宗教斗争的产物。

婆罗门教与古印度法的产生相伴而成，是政教合一的古印度国家最早的法律渊源，并对印度社会产生了长久而深刻的影响。

婆罗门教的产生与雅利安人的入侵有密切的联系。在公元前 1500 年前后，属于印欧语系的白种游牧部落雅利安人从中亚侵入印度河流域，土著居民达罗毗荼人沦为奴隶。雅利安人侵入后，印度有了最早的传世文献"吠陀"（Veda，梵文原意为"知识"）。吠陀以诗歌体裁写成，反映了早期印度社会的政治、经济状况，充满着神话和幻想，其中许多内容涉及人们的行为规范和社会习惯。约在公元前 1000 年～公元前 600 年，印度氏族制度解体，逐渐形成了奴隶制国家。

与国家形成的同时，法律也随之产生，而法律的产生又与宗教的产生密不可分。早在雅利安人入侵以前，达罗毗荼人就把各种自然现象，如日、月、风、雷等作为多神来崇拜，形成了以崇拜自然为特征的原始宗教。雅利安人入侵后，便利用达罗毗荼人对自然力的崇拜通过神权来论证其统治的合理性。他们提出了万物的生存都受宇宙创造者即造物主婆罗贺摩（Brahma，亦称"梵天"）支配的观点，婆罗门教也由此而得名。婆罗门教还利用雅利安人和达罗毗荼人肤色和形态上的差异，编造了"梵天"用自己的口、臂、腿、脚创造了 4 个不同种姓的神话，并在此基础上于约公元前 7 世纪将吠陀教演变为婆罗门教。婆罗门教产生以后，很快流行于印度各地，并成为印度的国教，印度社会的政治、经济以及人们的生活方式全面受到它的影响。就法律而言，由于印度建立的是政教合一的国家，所以婆罗门教的教义自然成为印度最早的法律。

婆罗门教的基本教义为"梵我一如"和"业力轮回"。前者意为整个宇宙间唯一真实的是"梵"（Brahman，本义为清净、离欲），个人或自我的灵魂本来源于梵，而客观世界不过是个幻觉，人应该超脱尘世的污染，走向真实、永恒的梵的世界。亲证"梵我一如"是每个婆罗门教徒毕生追求的最高境界。后者指的是善恶有因果，人生有轮回。人的情欲支配着人的言论和行动，从而必然产生一定后果即所谓"业"。"业"有轮回，人若前生造了善业，来世就会转生为高贵的人；反之，若造了恶业，来世就会转生为低贱的人，甚至牲畜或野兽。要想造善业，就必须遵循"达摩"。印度人把法律称为"达摩"，实际上，"达摩"是法律、宗教与道德规范的混合体。

这种教义充分反映了印度法律与宗教的相融，而这一时期的"达摩"就是法律与宗教合而为一的婆罗门教法。婆罗门教的基本教义成为法律的重要内容，婆罗门教祭司成为法律的制定者和执行者，婆罗门教主张的种姓制度成为印度社会的基本制度，而婆罗门教的经典《吠陀经》、《法经》和《法典》则成为婆罗门教法的主要渊源，其中约形成于公元前 2 世纪至公元 2 世纪的《摩奴法典》是印度法制史上最具权威性和影响最大的一部法典。

值得指出，婆罗门教极力推崇和全面维护的种姓制度，是一种独特而森严的社会等级制度，而婆罗门教法正是以不平等的种姓制为基础构建的，法律的任务与目的就是确立各种姓的法律地位，规定各种姓的权利、义务，保护高等种姓的特权不受侵犯。著名的《摩奴法典》第 1 卷第 102 条明确宣布："为将婆罗门的义务与其他种姓的义务以适当顺序加以区分，生于自在神的摩奴特编纂了本法典。"

"种姓"一词是梵语"瓦尔那"（Varna）的汉译，原意为"颜色"、"品质"，产生于雅利安人入侵印度初期的《黎俱吠陀》就已将印度社会分为婆罗门、刹帝利、吠舍、首陀罗四个社会地位不同的种姓，《摩奴法典》又将他们的法律地位和权利、义务作了严格的区分。婆罗门为第一种姓，掌握神权，垄断文化；刹帝利为第二种姓，掌握军政大权；吠舍为第三种姓，从事农牧业和商业；首陀罗为第四种姓，从事低贱职业，多数为奴隶。前三个种姓被认为是"再生人"，除自然生命外，还可因入教而获得宗教上的再生；首陀罗是"非再生人"，只有一次生命。种姓制度的特点是：各种姓间等级森严，不得同桌而食、同井而饮、同席而坐乃至同街而居；低等种姓对高等种姓必须俯首帖耳，绝对服从；各种姓从事的职业世代相承，永久不变；实行种姓内婚，种姓之间不得混杂。

这种依靠宗教和法律的力量，将人与人之间的不平等关系如此神圣化、固定化和永久化的制度，伴随印度社会的发展逐渐引发了尖锐的社会矛盾。公元前 6 世纪前后，印度北部的 16 国之间经常为了争夺土地和财富而爆发战争。此时正值印度奴隶制的发展时期，阶级矛盾相当尖锐。各种姓对婆罗门至高的特权地位和腐化堕落的生活强烈不满，在战争中日益强大的刹帝利和在经济活动中逐渐占主导地位的吠舍都要求改变原有的地位，扩大自己的政治权利。正是在这样一种社会背景下，佛教应运兴起。

2. 佛教法的产生与发展演变

佛教形成于公元前 6 世纪前后的印度社会，创始人是出身于刹帝利种姓的乔达摩·悉达多（约公元前 563—前 483），因他的出生地是释迦部落的兰毗尼（今尼泊尔境内），所以被称为"释迦牟尼"（意为释迦部落的隐修者）。传说他为了寻求如何解脱人的生老病死之苦而离家修行，但因长期不得解脱之法而苦恼，后在一棵菩提树下静坐冥想 49 日，忽然大彻大悟，烦恼尽除，悟道成佛。

佛教虽然继承了婆罗门教"因果轮回"的说教，但它不承认《吠陀》为经典，反对婆罗门的特权地位，主张众生在灵魂上平等，任何人都可以通过修行而达到不生不灭的"涅槃"境界，而无须婆罗门祭司的引导。据说释迦牟尼最初创立佛教的目的，主要是想帮助人们摆脱现实生活中的苦难，以说苦为出发点，以脱离苦为目的，为此创立"四谛"为基本教义：一是"苦谛"，指人生经历的生、老、病、死皆苦；二是"集谛"，指苦的原因在于人本身有欲望，有了欲望，造了业，便不免受轮回之苦；三是"灭谛"，指必须消灭欲望、清静无为，才能消灭苦因、断绝苦果；四是"道谛"，指达到最高理想的"涅槃"境界必须修道。由于佛教教义通俗易懂、仪式简便、收纳信徒没有严格的等级限制，所以比婆罗门教更易被劳动群众接受，很快获得迅速发展。

公元前 324 年，16 国中的摩揭陀王国统一了北印度，建立了印度历史上第一个幅员辽阔的孔雀王朝帝国（公元前 324—前 187），并使佛教在此间的发展达到兴盛阶段。孔雀王朝的第三代君主阿育王（Asoka，约公元前 273—前 232 年在位）是一位有为的君主，也是一位极其虔诚的佛教徒。其在位期间，印度的政治、经济、法律和文化都得到相当大的发展，疆域也扩展到印度半岛的南端。他还将佛教定为印度国教，组织高僧编纂了佛教经典《三藏》，并在国内广泛宣扬佛法，使臣民熟悉并信奉它。阿育王把他所笃信的佛法也称作"达摩"，并通过诏令方式在境内各地开岩凿壁，树立石碑，在上面镌刻佛法，要求全体臣民共同遵守，还设立"正法官"监督法律的实施。这些刻在岩碑上的诏令被后世称为"岩石法"或"石柱法"，其不仅使佛教获得广泛传播，也使佛教法发展兴盛。实际上阿育王所说的"达摩"，既是佛教戒律，也是佛教法律规范。阿育王还在国内外建立了众多的佛教寺院和佛塔，并向印度境外派遣了大量传教士，使佛教法的传播遍及东亚与东南亚广大地区。由于佛教的深刻影响，这位君主至晚年时，抛弃王位，出家做了一名僧人。佛教后来发展为世界三大宗教之一，拥有数亿信徒，产生世界性影响，应当说与阿育王这位历史人物作出的贡献有密切关系。

值得指出，印度的佛教从一开始就为刹帝利种姓所控制，这一由掌握国家军政要职的官员构成的阶层，也是统治和奴役印度人民的特权贵族，所以婆罗门教与佛教间的矛盾与斗争，主要是统治阶级内部的矛盾与斗争。正因如此，即使在佛教最为兴盛的孔雀王朝与贵霜王朝（1 世纪~4 世纪）时期，印度统治者也对各种宗教采取兼容并蓄和分别保护的政策，这一政策客观上促进了佛教法与婆罗门教法的融合，并导致又一新的宗教——印度教或称新婆罗门教的产生。

4 世纪至 7 世纪，印度社会逐渐由奴隶制向封建制过渡。与此相应，古代印度奴隶制法也开始逐渐过渡为封建性质的法律。在这种过渡转型中，印度宗教的发展和与宗教有密切联系的法律的发展都体现出了极强的延续性。6 世纪以后，佛教在其发源地印度逐渐衰落，应运而生的是经过改革的婆罗门教，即印度教或新婆罗门教。佛教的衰落与印度教的形成，主要是由于伴随印度社会的发展与封建因素的出现，阶级矛盾日趋尖锐化，加之婆罗门教根深蒂固的影响，使继续采用佛教法进行统治已变得十分困难。印度教没有独立的教义和经典，其只是吸收了佛教和其他民间信仰的精华对婆罗门教进行的改造，所以婆罗门教法和佛教法在很大程度上得以延续，但其性质已经发生了根本变化，其中的许多内容已具有封建制色彩。

（二）佛教法的主要特点和历史地位

印度佛教法的主要特点和历史地位，大体可归纳为以下几个方面。

1. 佛教法的产生使古代印度法的渊源发生巨大变化，进一步复杂化

佛教被定为国教后，佛教的经典便成为古代印度法的重要渊源之一。佛教经典总称"三藏"（Tripitaka），基本定型于阿育王在华氏城主持的第三次结集（约公元前 253 年）。其由三部分组成：（1）经藏，即佛教创始人释迦牟尼及其门徒宣扬的佛教教义；（2）论藏，即佛教各教派学者对教义的论说；（3）律藏，即佛教寺院规条。其中尤以律藏的法律意义最为明显。佛教法的中心内容是"五戒"，即不杀生、不偷盗、不淫邪、不妄语、

不饮酒，这是每个佛教徒终生必须信守的戒条。古代印度社会政教合一，宗教众多，佛教的产生使古代印度法的渊源发生巨大变化，"三藏"以其完全不同于婆罗门教法的形式和内容规定了教徒的行为准则，并紧紧围绕"五戒"等佛门戒律来展开。而此后形成的印度教在更新婆罗门教法同时，也融入了佛教法的某些精华，使古代印度法律渊源进一步复杂化。此外，古印度社会不仅各宗教之间存在差异，同一宗教的不同教派之间在法律的形式与内容上也可能有相当多的出入。对法经的不同解释就出现了各种不同的法经，佛教的各种戒律也是因教派而异的。因此，要理清包括佛教法在内的古代印度法的渊源是一件很困难的事情。

2. 法律性质并不十分鲜明，主要是法律、宗教、伦理道德等规范的混合体，且缺乏独立系统的规范体系

古代印度是一个宗教社会，包括佛教法在内的法律在很大程度上只是宗教的附属物，不仅缺乏独立、系统的规范体系，没有独立的作用范围，而且没有独立的立法者和执法者。古代印度法的主要渊源并非国家机关依照立法程序制定的法律，而主要是宗教僧侣们根据社会习俗和自古流传的圣人言行，从其自身利益和主张出发编纂的，因此不可避免地将现在人们看来不是法律规范的那些内容包括进去。例如，古印度婆罗门教法从四吠陀、法经到诸法典，没有一部是纯粹意义上的法典，在法律规范中夹杂着大量宗教戒律、道德说教等论述，被公认法律性质最明显的《摩奴法典》中，纯粹法律性质的条文也仅占四分之一强。而佛教法的典籍系由宗教僧侣编纂，其内容也主要为佛家经学和道德规范的集合，即使是法律性质最为突出的"律藏"也只是对佛教信徒日常行为规则、礼仪制度和组织纪律等的规定。阿育王的岩石法虽为国王敕令，但其内容也与现代意义上的法律规范相去甚远。从字面上看，它很少带有强制性，而是劝导人们如何安排道德生活、如何行善，完全是佛教教义和戒规的混合体。阿育王在一段敕令中这样概括他的佛法："少行不义，多作善事，慈悲，布施，真诚，清净。"①

3. 在发展过程中受到婆罗门教的影响

印度佛教的兴起主要是基于人们对最高种姓婆罗门特权地位与腐化堕落生活的不满。但印度的佛教从一开始就为掌握国家军政要职的刹帝利种姓所控制，所以婆罗门教与佛教之间的矛盾与斗争，主要是统治阶级内部的较量。正因如此，佛教法与婆罗门教法并不完全对立，它虽然反对婆罗门的特权地位，主张众生在灵魂上平等，通过自我修行可达到不生不灭的"涅槃"境界，且收纳信徒没有严格的等级限制，也没有规定种姓制度等，但它却接受和继承了婆罗门教"业力轮回"的基本教义和思想，也主张善恶有因果，人生有轮回，善有善报，恶有恶报，为造善业赢得好的来世而避免转生的恶报，需要修行和遵循"达摩"，即法律。此外，由于古代印度统治者对各种宗教采取兼容并蓄和分别保护政策，所以即使在佛教法最为兴盛时期，婆罗门教法也没有退出印度法制舞台，依然在社会生活中发生着影响，只是影响的程度有所不同罢了。

---

① ［英］查尔斯・埃利奥特著，李荣熙译：《印度教与佛教史纲》，第 1 卷，14 页，北京，商务印书馆，1982。

4. 具有世界性影响

进入封建时期以后，佛教虽然在它的发源国印度失去重要影响，但却在东南亚和东亚众多国家与广大地区继续发生深远影响。这种影响的发生与持续，与阿育王时代向印度境外派遣大量传教士，大肆弘扬佛法的作用有关。佛教最终发展为世界三大宗教之一，拥有数亿信徒，产生世界性影响。与此相应，佛教法在宗教法律文化的研究中也占据重要地位。

第二章

不同历史时期外国法律文化对中国的影响

第一节
清末以前宗教法律文化对中国的影响

一、佛教对中国传统法律文化的影响

中国传统文化与异域文化最大的一次成功交流，当属佛教的传入。佛教于东汉传入中国，历经三国两晋南北朝的发展，隋唐时期达到鼎盛，明清时走向衰落。佛教的传入、发展对中国社会的政治法律、经济文化乃至社会生活都产生了深远影响。

(一) 佛教在古代中国的传播概略

1. 南北朝时期

佛教于东汉时期传入中国，历经三国，到西晋之初，已经有 265 部、411 卷佛经被译成了汉文[①]，其中包括对世俗社会影响巨大的《般舟三昧经》、《问地狱事经》、《太子瑞应本起经》等经典，来自异域的佛陀及其弟子关于宇宙与人生的思考智慧从此登陆中国。佛教至南北朝时盛行，上至帝王、下至平民大都崇信佛教，一时间寺院林立，僧尼众多。据《魏书·释老志》记载：北魏正光以后，"所在编民，相与入道……略而计之，僧侣大众两百万矣，其寺三万有余"。而此时整个国家人口不足两千万。北齐寺院超过 3 万，北周"有盈万数"[②]。南朝佛教也是盛况空前，梁朝仅武帝时期就有僧尼十余万，佛寺五百余所。诗人杜牧有诗云："南朝四百八十寺，多少楼台烟雨中。"武帝更是以身侍教，在同泰寺讲经

---

① 参见王文颜：《佛典汉译之研究》，95 页，台北，天华出版事业公司，1984。
② 《广弘明集》卷二四，释昙积《谏周太祖沙汰僧表》。

时，与会僧尼、居士、官员等一次竟多达 319 642 人。①南北朝时期统治者也曾两次禁断佛教：一次是太武帝于太平真君五年（443 年）发布废佛诏令，禁止信仰佛教及建造佛像，焚毁现有佛像，坑杀僧人。另一次是周武帝建德三年（574 年）将佛、道二教同时废除，毁坏寺塔、佛像，焚烧经典，令道士、僧尼逾三百万人还俗为民。两次灭佛都以继任统治者下令解诏、复兴佛教而告终。

南北朝时许多译者从事佛教经典的翻译。见于记录的有译经者 58 人，所译经典 668 部、1 439 卷。②实际译经者不限于此。如我国现存第一部最早的佛经目录，南齐佚名撰《众经别录》共收入佛典 1 089 部、2 593 卷。③南北朝时期不仅翻译了数千卷佛经，而且产生了许多佛学研究著述，出现佛学研究文集。如宋明帝敕陆澄撰《法论》，等等。中国学者的著作比重日益增多，广泛介绍、传播了佛教思想。

2. 隋唐时期

传言隋文帝杨坚诞生及少时曾得比丘尼智仙的养育、护持，故笃信佛法，及至即位便大力提倡佛教，开皇之年普诏天下，任听出家，仍令计口出钱，营造经像。文帝在位期间，常谓群臣曰：我兴由佛法。围绕佛教问题多次下诏，如规定每年正月、五月、九月为断屠月，禁毁佛、道等像。同时，文帝身体力行，大兴佛事。除广为建寺，在数百个州内立舍利塔，寺庙数量数十百倍于前代外，还邀请中外名僧法师，往来于长安，译经论法，相互辩驳。一时间，长安城内名刹众多，大师云集，佛教盛况空前。

隋炀帝即位后，虽然于大业年间诏汰僧道、令沙门致敬王者，但仍然尊敬佛教，度人为僧、建寺造像、组织译经不止。

总之，隋朝佛法中兴，在其存续的短短几十年间"寺有三千九百八十五所，度僧尼二十三万六千二百人，译经八十二部"④。

唐高祖李渊早年信奉佛法，起义之初曾在华阴祀佛求福，即帝位后立寺造像，设斋行道。由于傅奕的反佛谏言以及部分教徒行为不端，高祖下诏大规模沙汰僧尼并及道士，后因退位未能实行。唐太宗李世民并不信佛，为了统治的需要，仍然立寺译经，下诏度僧尼。但是太宗认为佛法无益于治国平天下，梁武帝父子就是前车之鉴，因此在位期间始终将佛教限制在一定的范围之内，不仅整肃僧尼，严禁私度，而且晚年去世之前多次告诫玄奘法师："朕共师相逢晚，不得广兴佛事。"⑤

高宗、中宗、睿宗均信佛法。高宗于显庆五年（660 年）下诏迎请法门寺佛指舍利到洛阳皇宫内供养，允许各州设置寺观各一所。武则天时期，僧人沙门、怀义编造《大云经疏》上书朝廷，声称武则天是弥勒转世，讨得武后欢心。其后朝廷极为推崇佛法，诏令僧尼居道士、女冠之前，天下断屠钓者 8 年，敛天下僧钱作佛像，广泛翻译佛经典籍。玄宗及以后诸帝依然信奉佛法。

宪宗时迎请佛骨极尽奢华之能事，韩愈作《论佛骨表》进谏朝廷，旗帜鲜明反对佛教，

---

① 参见《广弘明集》卷一九，萧子显《御讲摩般若经序》。
② 转引自李放：《南北朝时期佛教对法律文化的影响》，中国人民大学硕士论文。
③ 参见姚明达：《中国目录学史》，248、218 页，上海，上海书店，1984。
④ 《法苑珠林》卷一百。
⑤ 《续高僧传》卷五，《玄奘传》。

后被贬潮州。唐朝反对佛法者代有其人，韩愈堪称代表。直至武宗时佛教终于遭遇"会昌法难"。天下所拆寺四千六百余所，还俗僧尼二十六万余人，收充两税户，拆招提兰若四万余所，收膏腴上田数千万顷，收奴婢为两税户15万人。① 武宗灭佛一年后去世，宣宗即位后逐渐恢复佛事，但佛教势力已不如前。

佛教在唐朝达到鼎盛时期，太宗一朝有寺 3 716 所，僧近七万人；高宗一朝有寺 4 000 所，僧六万余人。玄宗一朝有寺 5 358 所，僧尼十二万五千余人；武宗一朝有大寺 4 600 所，兰若 40 000 所，僧尼 260 500 人。② 名僧辈出（玄奘、道宣、义净、弘忍、神秀、慧能、怀素等等），名刹林立（五台山清凉寺、岐州法门寺、泰山灵岩寺），佛教重要经典相继问世。其中玄奘西行取得经论等 657 部，本人亲自翻译 73 部，内容经典，质量上乘，并创立诸多翻译范式，在佛教翻译方面堪称居功至伟。此外，从隋代到唐元和年间，佛教著述众多，约两千卷。③

3. 五代宋元明清时期

五代之中的梁、唐、晋、汉、周各代君主都采取护法政策，甚至南唐后主李煜沉溺于听经之中，荒废国事，致国亡而不知悔悟。周世宗即位后，禁止民亲无侍养者为僧尼，禁止私度僧尼，废佛寺 3 336 所，并下诏焚毁佛像以铸钱。至此佛教大为衰落。

佛教在宋朝得到一定程度的复兴。宋太祖本人听经礼佛，保护佛法。太祖即位后诏令普度天下童子 17 万人，重修佛寺，重铸佛像；组织译场翻译佛经，并出现刻版印行的《佛本行集经》，计 5 480 卷。④ 但佛经的质量、数量均难以与盛唐相比。据现有记载，僧尼人数最多的真宗一朝，有僧 397 615 人、尼 61 240 人。⑤

元朝建立后以喇嘛教（藏传佛教）为国教，尊西藏名僧大喇嘛八思巴为"国师"，并命令国师的法旨"与（皇帝的）诏敕并行于西土（今西藏青海一带）"。"凡历代天子即位之时俱受其戒，而后妃公主亦无不膜拜顶礼。"⑥ 据《元史》记载，至元二十八年（1291 年），有寺宇 42 318 区、僧尼 213 148 人。八思巴之后，喇嘛相继为国师，喇嘛教的势力越发强大。喇嘛僧成为受朝廷尊宠、供养的特权群体，仁宗年间定"面四十三万七千五百斤，油七万九千斤，酥二万一千八百七十斤，蜜二万七千三百斤以为其岁供"⑦，导致国库窘迫，赋税沉重，百姓苦不堪言。

明朝太祖推崇佛教，在注重监督僧侣的同时大力保护佛教，并"选高僧使侍诸王"。宪宗时曾度僧 50 万人，还有相当数量的喇嘛，是明朝佛教势力相对兴盛的时期。武宗亦爱好佛教，世宗则崇道教而排斥佛教，命毁京师寺院，除宫中佛殿，佛教逐渐衰落。虽然明朝名僧不乏其人，如山、紫柏、云楼、藕益等大师救苦弘法，著述立说，紫柏、云楼大师还曾与基督教激辩，但由于理论上无所创新，缺乏"直指人心"的震撼力，所以未

---

① 参见《唐会要》卷四七。

② 参见汤用彤：《隋唐佛教史稿》，52 页，北京，中华书局，1982。

③ 参见上书，79 页。

④ 参见上书，295 页。

⑤ 参见《佛祖统纪》。

⑥ 汤用彤：《隋唐佛教史稿》，304 页，北京，中华书局，1982。

⑦ 《元史·本纪》。

能力挽佛教的颓势;加之明中后期,政府放松了僧道管理,违法乱纪、衣食无着之人竞相避入佛门,佛教寺院遂成藏污纳垢之所,沙门内违法犯戒之事屡见不鲜。来自社会下层,既无佛学功底又犯规破戒的佛教僧侣,很受一般士人的鄙弃,佛教的社会地位日益低落。

清朝建立后,据《大清会典》记载,康熙初年寺约八万、僧尼不到十二万。乾隆初度僧尼约三十四万。康熙、乾隆二帝侧重于保护喇嘛教,对佛教采取限制态度,乾隆时不准建立新寺院,禁止民间独生子以及 60 岁以下男子、40 岁以下女子出家。佛教各宗派实力大不如前,社会影响日见淡薄,佛教愈发衰落。

总之,明代以来,佛教愈来愈渗入到民间生活和社会底层之中,民间化和世俗化成为其发展的总趋势,隋唐时期佛教的恢弘气势已然丧失。

(二)佛教与传统法律文化的交流互动

佛教传入中国,是世界上两大文化体系的接触与碰撞,在这过程中,两种文化既相互侵蚀又相互妥协,在交融中达到一种新的升华。

1. 佛教对传统法律思想的适应与调和

(1)佛教对纲常教义的适应

印度佛教的基本教义主张无君无父,一不敬王者,二不敬父母,即"出世"的僧人不受世俗礼仪规范的制约,可以不跪拜帝王和父母,所谓"沙门不礼白衣"。因为在佛教看来,"宇宙与人生的本原是'空',人的现世生存是没有价值的,而社会的现实秩序也是没有意义的,如果承认人的生存是一种苦难的、连续的因果过程,则父母的养育之恩、君主的治理之德都不具有天经地义的合理性,那么,何必尊重世俗社会的秩序与礼仪?"[①] 这一看法与纲常教义发生尖锐矛盾。王权至高无上,君主作为国家权力的象征与天地一样,具有绝对的权威,其权威和尊严是社会秩序的保证。这在中国古代是不证自明的。沙门不敬王者,就会导致这一群体摆脱国家控制,容易形成与世俗政权对抗的势力,因而遭到执政者以及儒家知识分子的猛烈抨击。南朝宋世祖孝武帝还以酷刑推行"沙门接见,皆当尽虔礼敬之容"的诏令。佛教教徒在对攻击作出回应的过程中认识到,为了佛教的生存,在世俗的专制权力面前必须回避,并承认世俗权力的至尊和无上。名僧道安便说"不依国主,则法事难立"[②]。名僧法果经常宣称魏太祖"明睿好道,即是当今如来,沙门宜应尽礼","能弘道者,人主也,我非拜天子,乃是礼佛耳"[③]。佛教信仰者何充一再解释,佛教的"五禁之戒,实助王化",和尚们"每见烧香祝愿,必先国家"[④]。

印度佛教是以"精神"和"超越"为价值基础建立起来的信仰体系,佛教徒舍家苦行以求得悟,把个人精神的超越放置在社会责任与血缘亲情之上。然而,僧尼出家,不仅剃光头发、无跪拜之礼,而且远离父母、无子无后或者弃妻别子,违背了"子之事亲,生则

---

① 葛兆光:《七世纪前中国的知识、思想与信仰世界》,570 页,上海,复旦大学出版社,1998。

② 《高僧传》卷五,《道安传》,汤用彤校注本,178 页,北京,中华书局,1992。

③ 《魏书·释老志》。

④ 《弘明集》卷十二。

致其养，没则奉其祀"①，"不孝有三，无后为大"②，"身体发肤受之父母，不敢毁伤"③ 的孝子之道，因而遭到各界的质疑和攻击。古代中国伦理的根本基点是"孝"，对待父母的态度是一个人善恶的最重要标准，而且"孝子必是忠臣，忠臣必是孝子"，建立在以"孝"为核心的血缘亲情基础上的人性，是维持家庭、社会正常秩序的基础。在这种强大的被人们认为是天经地义的伦理原则面前，佛教教徒采取了迂回、调和的方式，承认两者都具有合理性：一方面，极力解释僧尼出家是追求孝的更高境界；另一方面，在佛经的翻译和解释中吸纳孝的内容。孙绰的《喻道论》承认孝道，"父隆则子贵，子贵则父尊。故孝之为贵，贵能立身行道，永光其亲"，并指出出家修行是更高的孝行，即佛陀出家是用更大的荣光和更大的成就，来回报父王和国家，"以此荣幸，何孝如之"。所以，一人出家可以拯救数代祖先。《提谓波利经》中明确："人不持五戒者为无五行，煞（杀）者为无仁，饮酒为无礼，淫者为无义，盗者为无知（智），两舌（妄语）者为无信，罪属三千，先能行忠孝乃能持无戒，不能行忠孝者不能持戒，不忠不孝不义不智，非佛弟子。"④ 南北朝后期的造像碑记中记载，造像者都要为父母祈祷，还有部分是为皇帝祈祷，说明佛教已经渗透了儒家忠孝的教义。⑤

在夫妻关系的伦理原则方面，佛教教徒也作了相应调整。如佛典原本《对辛加拉的教导》列举了作为妻子的 5 项美德：善于处理工作；好好对待亲属；不可走入歧途；保护搜集的财产；对应做的事情要巧妙勤奋。汉译则作了修改："一者夫从外来，当起迎之；二者夫出不在，当炊蒸扫除待之；三者不得有淫心于外夫，骂言不得还骂作色；四者当用夫教戒，所有什物不得藏匿；五者夫休息盖藏乃得卧。"⑥

（2）因果报应与神鬼观念的调和

在受佛教影响之前，古代中国人认为人体由形、魂（精神）构成，魂是指人体内与物质性形体相对的精神性存在，可进出人体，跨越生死的存在。人死则"魂气归于天，形魄归于地"⑦，"归于天"可理解为，如果死者有继嗣，又能享祀以时的话，魂会附着于祖庙或墓寝之神主上；若强死或无血食，魂则化为厉鬼或野鬼，四处游荡害人。⑧ 人之生命只有一次，一死便不可复生，短暂的生命存在对于人来说也意味着幸福。冥冥之中的鬼神负责监视生者的思想与行为，以其善恶加减生者的寿数。

印度佛教则认为"世间无常"、"四大苦空"，没有什么是真实、永恒的存在，人生就是在生死轮转之中。人死虽然形体毁坏，但神魂将进入下一轮的生死循环，"灵亡神在，随行转生"，如《观佛三昧海经》卷三所说："三界众生轮回六趣，如旋火轮"，即众生死后可以再生，形成前生、托生和来生。神魂的轮回转化具有因果关系，生时善恶决定死者归宿，

---

① 《弘明集》卷三。
② 《孟子·离娄上》。
③ 《孝经·开宗明义章》。
④ 任继愈：《中国佛教史》，卷三，上海，上海书店，1994。
⑤ 参见刘爱文：《论魏晋南北朝时期的宗教消费》，载《邵阳师范高等专科学校学报》，1999（3）。
⑥ 《大正藏》卷一，251 页。
⑦ 《礼记·郊特牲》。
⑧ 参见杨宽：《中国古代陵寝制度史研究》，33～36 页，上海，上海古籍出版社，1985。

凡有善恶必有报应，"行恶则有地狱长苦，修善则有天宫永乐"①。意即，一个人今世的富贵贫贱是由前世的善恶决定的。前世行善，今世则富贵；前世行恶，今世则贫贱；今世的行为又种下来世的"因"，善者死后升入极乐世界，恶者死后打进地狱。由于世间无常，生死皆苦，所以最高境界是在超越生死之外寻找一个不再进入轮回的"不退转"。

印度佛教关于人生、人体、报应的认识与中国本土相关观念的融合，衍生出中国特色的神鬼报应观念。印度佛教讲业报轮回，但并没有主体，传入中国后接受灵魂不灭的观念，把不灭的灵魂作为轮回的主体以承受果报，同时还以道家的神鬼作为执行者。中国本土善恶的标准已由儒家确立，所谓"恶"常常指的是不忠不孝、犯上作乱、鱼肉乡里、荒淫贪婪等等；所谓"善"，常常指孝顺忠诚、重视亲情、谨守本分、勤俭自律等等。②而佛教则承担了使儒家这一善恶标准得以实行的监督责任，监督最有力者就是"善有善报，恶有恶报"的"因果报应"思想，"善恶报应"的具体操作则由道家观念中的冥界神鬼来完成。所以佛教劝诫人们"诸恶莫作，诸善奉行"，人们应自觉约束自己的世俗行为，以获得社会及法律的认同和神鬼的护佑。

总之，佛教对纲常教义的适应，使得佛教依附于君权，认同父权和夫权，为其在中国占有一席之地创设了前提，寻找到了广泛的生存基础。调和因果报应思想与鬼神观念，强化了纲常教义的力度和对人心的束缚，对以"三纲"为指导的传统法律的贯彻实施提供了精神层面的保障。《无量寿经》所说恰是上述内容最好的注解："世间帝王，人中独尊，皆由宿世积德所致……或有众生作不善业，五逆十恶，具诸不善，如此愚人以恶业故，应堕恶道。"

2. 传统法律制度对佛教的反映与表现

（1）立法技术层面

《唐律疏议》是中华法系的代表之作，而其中的注释——《律疏》，则是传统法律解释的经典。唐朝《永徽律》颁布之后，高宗认为"律学未有定疏，每年所举明法，遂无凭准，宜广召解律人条义疏奏闻"③。于是长孙无忌等率律学之士撰《律疏》30卷，颁行天下。所谓《律疏》是以儒家经义为据，逐条律文、注文进行解释并阐发律之经义，所以也称为"疏义"或"疏议"。

古代中国法律解释的历史源远流长，其称谓也是名目繁多，有云梦秦简中的"法律答问"，汉朝名儒大家的"章句"，西晋张斐、杜预的"张杜解律"、"张杜律注"。历代为圣人之经所作的解释则称为"注"或者"传"。但是唐以前无论是对经书还是对法律的解释，其名称从未出现"疏"的叫法。"疏"字究竟源于何处，《唐律疏议》解释为："昔者，圣人制作谓之为经，传师之所说则谓之为传，此则丘明、子夏于《春秋》、《礼经》作传是也。近代以来，兼经注而明之则谓之为义疏。"④可见，唐代把对律文、注文的解释称为"义疏"，它来自于南北朝以来对权威文献进行解释的文体习惯，而这一习惯又来源于佛教。⑤

---

① 《高僧传》卷一。

② 参见葛兆光：《七世纪前中国的知识、思想与信仰世界》，523页，上海，复旦大学出版社，1998。

③ 《旧唐书·刑法志》。

④ 刘俊文点校：《唐律疏议》，2页，上海，中华书局，1983。

⑤ 参见钱大群：《"唐律疏议"结构及书名辨析》，载《历史研究》，2000（4）。

据学者考证，南北朝时，经与疏本不在一本，经文与注为母本，义疏则为经注所生之子本。为儒家经典注释则仿效于此，所以说，儒家的义疏源于释氏。[1]佛教影响了南北朝儒生的著述形式，表现为义疏之体的流行，继而为唐朝所传承，使其立法技术有所变化。

（2）制度规范层面

第一，僧官制度。东晋16国之前，朝廷没有专设僧官，而由接待宾客朝觐的大鸿胪寺代管佛教事务。寺院内的僧职也只是僧众推举出来协调寺院事务的办事人员，没有凌驾于寺众之上的政治权力。南北朝以来，寺主等僧职逐渐演变为代表官府统辖寺院的官员。至后秦，设立了有史以来第一个管理全国僧尼的官机构，正职称作僧正，副职称作悦众。北魏时中央设"监福曹"，以"道人统"为正职，"都维那"为副职，统管全国僧务。地方机构称为"僧曹"，僧官称为"州沙门统"。后因僧务繁忙，"监福曹"改为"昭玄寺"。隋朝沿袭，又改"昭玄寺"为"崇玄署"，隶属于鸿胪寺。唐朝武后以后改由礼部的祠部统管僧务。宋承唐制，元朝设立宣政院，明初置善世院，后改为僧录司，隶属于礼部。清朝沿袭不改。尽管名称不一，其职责大体为：编制寺院建制僧尼户籍，规定僧尼定额并发放度牒，任命各级僧官及寺院住持，主持重要的佛事活动，并进行僧尼管理。

南北朝建立的僧官制度直至近代资产阶级革命爆发才告结束，在中国历史上存续了1 600年。在此过程中其组织逐渐严密，权责逐渐扩大，元朝达到顶峰。反映出统治者力图将佛教事务纳入行政管理轨道，以世俗的行政权力控制宗教势力；同时也证明了佛教在中国成为一股不容小视的社会力量，足以影响到国家行政组织的构成。

第二，僧尼管理规范。其一，制定清规。印度佛教徒中出家僧人一般采取乞食自修的生活方式，不从事生产劳动。佛教刚传入中国时，职业僧人也靠施舍度日。南北朝时曾以律令形式规定佛教的一些清规戒律，包括禁止肉食等等。盛唐时期，禅宗大师马祖道一和弟子怀海首创了佛教禅门丛林制度，即将出家的僧尼集中起来，过集体生产和学佛修炼的团体生活。[2]僧尼团体生活中的日常行为规范，称为"清规"。最早的清规是佛教徒自己制定的，如唐代名僧怀海就制定了著名的《百丈清规》。后元代江西百丈住持德辉禅师重辑定本为《敕修百丈清规》，成为众僧必须遵守的习惯法。[3]

其二，不准私度僧尼。南北朝以来许多朝代都用法律限制僧尼的任意发展。未经官方许可，不得出家为僧尼。自唐朝开始实行试经度僧、颁发度牒的方法（度牒是官方发给合法出家者的凭证），明确了出家为僧尼的条件，简而言之就是诵经合格，方准给牒。宋朝沿袭。元朝以佛教为国教，出家漫无限制。明朝恢复，并规定民20岁以上者不许为僧。清朝废除度牒，禁止民间独生子以及60岁以下男子、40岁以下女子出家。个别朝代，国家还明确规定出家人数。如宋代，至道元年（995年）"诏诸州僧三百人，岁度一人，尼百人，度一人"[4]。私自出家、私度僧尼，则以犯罪论处。北魏灵太后规定不得私度僧尼，否则以违旨论罪。唐贞观初年曾下敕有私度者处以极刑。《唐律·户婚》"私入道"条规定："诸私入道及度之者，杖一百；若由家长，家长当罪。已除贯者，徒一年。本贯主司及贯司三纲知

①　参见牟润孙：《注史斋丛稿》，241～248页，北京，中华书局，1987。
②　参见王拓：《佛教与中国文化》，载《广东省社会主义学院学报》，2002（3）。
③　参见何柏生：《佛教与中国传统法律文化》，载《法商研究》，1999（4）。
④　汤用彤：《隋唐佛教史稿》，311页，北京，中华书局，1982。

情者，与同罪。若犯法合出观寺，经断不还俗者，从私度法。即监临之官，私辄度人者，一人杖一百，二人加一等。"

其三，沙汰僧尼。鉴于平民逃避课租而滥充僧尼，僧尼行为不检、违规犯戒，更有违法犯罪者藏身于寺院的种种情况，不少朝代的统治者都曾下诏遣僧还俗，整肃沙门风纪。北朝太武帝、周武帝发布废佛诏令，命道士、僧尼还俗为民。唐贞观初年下敕简僧，会昌年间更是大规模拆寺毁庙，还俗僧尼多达二十六万余人。

其四，禁止擅造塔寺、私创庵院。禁止擅自建寺造塔，是历代王朝的规定。北魏孝文帝下诏禁兴造塔寺，世宗宣武帝时建寺须经官府批准。东魏孝敬帝毁废新寺，对地方擅自建寺者以枉法罪论处。唐朝建寺也有定数，由朝廷统一规制，无敕寺院要予以拆毁。元、明律还规定，未经官方准许，不得私创庵院。

第三，专涉佛法的相关罪名。僧尼犯罪一律依国法处罚，而专与佛法有关的常见罪名则如下所述：

一曰禁盗毁佛像。隋文帝杨坚下诏，规定盗毁、偷盗佛及天尊像岳镇海渎神形者，以不道论。①《唐律·贼盗》"盗毁天尊佛像"规定：诸盗毁天尊、佛像者，徒三年。即道士、女官盗天尊像，僧尼盗毁佛像者加役流。真人、菩萨，各减一等。盗而供养者，杖一百。

二曰五逆罪。佛教所谓五逆是指"杀父、杀母、杀阿罗汉、出佛身之血、破和合之僧"②的五种行为。这五种行为将导致无法解脱的恶报。五逆最初只出现在佛教典籍中，到唐代始用法律严惩。南北朝世宗灭佛时，五逆罪名被删除。③

三曰禁僧人娶妻、禁僧人习武、禁僧人挟妓饮酒。各朝法律对僧尼严重违反佛教清规戒律的行为予以惩处。元律明确规定禁止僧人娶妻，明律继承之。宋律规定僧人习武，徒二年。明清法律规定僧人挟妓饮酒的，杖一百，并发回原籍为民。明朝中后期，沙门风纪日益败乱，上述规定多成具文："有的和尚过着放荡的生活，有很多子女；还有许多和尚拦路抢劫，使得行旅不安。"甚至一些高僧或有诸多侍妾，或侵吞公款。④

四曰禁托庇佛法作奸谋乱。随着佛教的盛行，寺院时常成为作奸谋乱之地。北魏时，太武帝在长安寺中搜得兵器。"计在四十余年中，沙门谋乱者 8 次。"⑤ 唐朝宪宗时，嵩山僧人圆静聚众谋反；德宗时僧人李广弘与尼智因图谋为帝后。所以，唐朝规定，禁止寺观妄托事故，非时聚会。⑥ 及至明清，法律明确规定："凡妄称弥勒佛等会，一应左道乱正之扰，煽惑人民，为首者凌迟，为从者各杖一百，流三千里。"

（3）司法实践层面

第一，官吏断案。"善恶报应"的观念对官吏断案具有实际影响，成为法官把握审判尺度的重要心理因素。宗法中国，人们强调宗族血脉的传递、宗族香火的延续，为人做事必

---

① 参见《隋书·高祖纪》。
② ［马来］陈义孝编：《佛学常见词汇》，台北，文津出版社，1990。
③ 参见何柏生：《佛教与中国传统法律文化》，载《法商研究》，1999（4）。
④ 参见何高济等译：《利玛窦中国札记》，237、441 页，北京，中华书局，1983。
⑤ 汤用彤：《汉魏两晋南北朝佛教史》（下册），374 页，北京，中华书局，1983。
⑥ 参见《册府元龟》卷五二。

须考虑家族利益，多行善事自然能使家族兴旺发达，正如《周易·坤·文言》所说："积善之家，必有余庆；积不善之家，必有余殃。"而善的基本要素之一就是"养"，重视生命、呵护生命，所谓养生、护生。法官错判案件造成冤狱，本人要受到法律惩处，而且来世不得超生，此外其子孙还要遭到报应。反之，法官判案公正从无冤滥，无论本人还是子孙，必会得到福佑。

因此，作为审判者力争谨慎执法、仁恕求生，是"善恶报应"观念的积极方面。清代著名师爷汪辉祖确信仁恕获福，对人命案件尤其慎重，作幕 26 年，仅认定 6 个死罪案件。① "善恶报应"观念的消极后果是，为求得个人福佑而对罪犯一味从轻发落、减免刑罚，置国家法律的公正于不顾。朱熹在《朱子大全·政训》中作有如下评价："今之法家惑于罪福报应之说，多喜出入罪以求福报，失使无罪者不得直，而有罪者得幸免，是乃所以为恶尔，何福报之有？"

第二，行刑制度。其一，孕妇产后百日执行死刑。传统法律恤刑之一，孕妇产后百日执行死刑，渊源于北魏的法令。该法令规定："妇人当刑而孕，产后百日乃决。"北魏首创的这一制度，是由大臣崔光谏言被世宗采纳而形成的，是中国刑法史上的一大进步。永平元年（452 年），孕妇李妾犯"大逆不道"之重罪而应立决，崔光建议，李妾虽依律当死，但因身怀有孕，宜待分娩百日后执行死刑。崔光本人"宽和慈善"，"崇信佛法，礼拜读诵，老而愈甚，终日怡怡"②。崔光之所以倡言这一建议，和他信仰佛教有直接的关联。

其二，断屠月、十斋日禁止行刑。中国自汉代开始实行秋冬行刑制度，从立春到秋分，即除犯恶逆以上及部曲、奴婢杀主外，死罪一律秋冬之季执行，违反者处以徒刑或杖刑。受佛教影响，隋唐开始，断屠月、十斋日也禁止行刑。佛教认为，天帝释以大宝镜照四大神洲，每月一移，察人善恶，正月、五月、九月照南瞻部洲。居士在正月、五月、九月的初一到十五日严守五戒，素食，不杀生，称为"断屠月"。除断屠月外，其他月份的一、八、十四、十五、十八、二十三、二十四、二十八、二十九、三十日不得杀生，称为"十斋日"。受佛教影响，隋文帝下诏，规定每年正月、五月、九月为断屠月。唐朝继承，《唐律·断狱》"立春后不决死刑"条则明确规定："其所犯虽不待时，若于断屠月及禁杀日而决者，各杖六十，待时而违者，加二等。"宋、元、明、清各朝沿用不改。

其三，大赦。恩宥之制是皇帝的特权，皇帝大赦天下、赦宥罪犯的原因有多种，包括天降灾异或呈祥瑞、改元、建储，等等。佛教传入中国后，做佛事、求福报也成为大赦的原因。如元朝，每修佛事便由帝师奏释重囚，前后被赦免、释放的有六百人之多。③

第三，罪犯改造。北魏文成帝时期，经道人统昙耀奏请，成立了"佛图户"。所谓佛图户，就是寺院所收容的重罪犯人或官奴、寺奴。佛图户主要从事寺院的洒扫、耕作。寺院对佛图户而言，虽多有役使，但不失为国家所提供的感化教育场所。④ 唐代御史台下设精舍，以因果报应的佛教教义来影响、教化罪犯，"御史台精舍碑"碑文对此有详细记载。⑤

---

① 参见郭建：《师爷当家》，131 页，北京，中国言实出版社，2004。
② 《魏书》卷六七，《崔光传》。
③ 参见《元史·刑法志》。
④ 参见李放：《南北朝时期佛教对法律文化的影响》，中国人民大学硕士论文。
⑤ 参见何柏生：《佛教与中国传统法律文化》，载《法商研究》，1999 (4)。

(三) 中国传统法律文化与佛教相融合的启示

1. 谦虚的文化态度使两者互有所补

中国传统文化具有极强的包容性和增展力,所谓"泰山不让土壤,故能成其大,河海不择细流,故能就其深"(李斯语)。中国古代对于"远人"采取"顺其教而不易其俗"① 的原则,而佛教东来,基于中国人对佛教的兴趣,天竺僧人常常是应邀来华传教,如生于中亚细亚的天才佛经专家、翻译家鸠摩罗什,402 年就在长安被尊为"国师"。天竺僧人们愿意"入乡随俗",可以接受用儒家的"五常"来格义佛教的"五义",使佛教具有亦此亦彼的品质。中国僧人也九死一生,历经无数艰难险阻,西行求法,有名有姓者凡 105 人②,更有一代佛学大师玄奘。中国僧人主动向异族文化学习,以"他者"为中心,成就非凡。两种文化的交流处于良性循环状态。"佛教的教义有关于宇宙生成解释的一面,也有探索人生苦难的一面。它将生死轮回之说、僧人出家修行的生活方式带进了一向尊敬祖先、重视后代的中国社会。而中国文化的务实精神对世界和现世生活的肯定,对家庭、长寿和后嗣的注重也深深影响了在华的佛教。"③ 因此,佛教与传统法律文化的交流互动中,有退让、妥协,有交融、升华,更有并行不悖。

与佛教不同,元、明、清时代的基督教传教士却是不请自来,他们传教不是为了满足中国人的好奇心而是为适应自己信仰的要求,所谓"为基督征服中国"。基督教文化具有极大的排他性,以自我为中心,"非此即彼",对异教采取对立的态度。基督教徒绝不容忍用儒家的"五常"格义"摩西十诫",宗教的不宽容与文化的优越感,使得传教士在中国传教之初积极附会和联合儒学,不久便否定儒学,要以基督教取而代之。他们认为"儒教之差谬,儒书中不胜枚举","孔子,人也;耶稣,上帝之子也……当今之时,孔子若再生于中国,必愿为耶稣之徒也"④。正因为如此,基督教没有像佛教那样从理论上与儒学乃至整个中国文化融合,始终徘徊在中国传统文化之外,未能根本影响"以儒家为主导、佛道为辅翼的超稳定的文化结构"。

简言之,佛教主张人佛平等,"人人觉悟人人皆佛",儒家也主张"人皆可以为尧舜",它们都注重人类自身的心性修养,注重自我的内在超越,这是二者能够融合的内在因素。而基督教则认为神性高于人性,只有上帝才能使人类得到解脱。归根结底,佛教与基督教作为外来文化在中国境遇的不同,还在于东、西方宗教文化的差异。

2. 佛教使传统法律在一定程度上成为人们的信仰

人们遵守法律的动机多种多样,有的是基于习惯,有的是基于害怕惩罚,有的基于经济利益,有的是基于道德原因。佛教传入中国后,不仅对佛教徒群体,而且对整个中国人的精神生活产生深刻影响,成为下层民众的精神归宿,善恶报应尤其成为社会的普遍信仰。因此,善恶报应成为人们遵守法律或者说不触犯法律的重要原因,法律的实施也借助并受制于鬼神力量和报应观念。古代中国便形成如下认识:违法犯罪要受到世俗法律的惩罚,

---

① 梁启超:《中国佛法兴衰沿革说略》,载《佛学研究十八篇》,2 页,天津,古籍出版社,2005。
② 参见上书,113 页。
③ 秦家懿:《中国宗教与基督教》,179～180 页,北京,三联书店,1990。
④ 转引自李玉芳:《浅析基督教在近代中国传播受阻的原因》,载《宗教学研究》,2004(2)。

即使逃脱了世俗法律的惩罚，也逃脱不了鬼神的阴谴。《明会典》记载的府州县官祭文有所反映："凡我一府境内人民倘有忤逆不孝，不敬六亲者，有奸盗诈伪不畏公法者……似此顽恶奸邪不良之徒，神必报于城隍，发露其事，使遭官府，轻则笞杖决断，不得号为良民，重则徒流绞斩，不得生还乡里。如事未发露，必遭阴谴，使举家并染瘟疫，六畜田蚕不利。"同时，为着福报，帝王或修刑或大赦，司法官吏则仁恕求生，曲意开脱。法律通过善恶报应在人们的前世、今世、来世发生作用，并被认为是天经地义。

儒家纲常教义是传统法律的灵魂，体现在法律条文的字里行间。佛教认同儒家的纲常教义，也就认同了传统法律。在为封建集权制度服务的功能上，佛教与儒家思想、与传统法律取得一致。隋文帝赞誉灵藏说："弟子是俗人天子，律师为道人天子……律师度人为善，弟子禁人为恶，言虽有异，意则不殊。"① 佛教因此成为传统法律在精神层面对人们的控制，正如契崇所说："儒者，圣人之大有为者也；佛者，圣人之大无为者也。有为者以治世，无为者以治心……"② 佛教结合中国主流思想儒学，吸收道家观念，达成儒治世、道治身、佛治心的默契，由此可见一斑。这也是佛教被统治者接受并提倡的重要原因，所谓"若彼愚夫愚妇，理喻之不可，法禁之不可，不有鬼神轮回之说，驱而诱之，其不入井者几希"③。

3. 以儒家价值立场为取向接受佛教，体现出文化选择中的自主地位

儒家思想作为中国封建社会的正统思想，其人本主义和道德理论成为中国传统思想中最具特色的内容，也是抵制、同化任何外来思想的核心力量。

佛教在中国的传播得益于儒士的接受与宣传。佛教学者大多先接受儒家学说洗礼，经道家思想熏陶，然后接受佛教理论。很多士大夫亦儒亦佛，兼儒佛为一身，他们对佛教的认知、理解与评价成为宣传、介绍佛教的重要中介，因而，佛教中不为儒家所接受的内容被淘汰，形成中国佛教的特质。印度佛教所谓"万法皆空"、"舍礼弃义"等内容逐渐消失，而代之以诸多与儒家如出一辙的观念：五逆与十恶相并列、五戒与五常相等同，"儒所谓仁、义、礼、智、信者，与吾佛曰慈悲、曰布施、曰恭敬、曰无我、曰智慧、曰不妄言绮语，其目虽不同，而其所以立诚修行善世救人，岂异乎哉？"④

佛教与中国传统文化融合过程中，中华民族呈现出鲜明的主体意识，通过主流文化的代表——儒学知识分子，自主选择佛教中与儒家思想相契合的部分，使佛教逐步中国化。但是，在这一过程中还未完全达到文化的自觉。

所谓文化自觉，是指生活在一定文化中的人对其文化有"自知之明"，即明白它形成的过程、它的特色和发展趋向，以加强文化转型的自主能力，从而取得文化选择中的自主地位。"文化自觉"不仅仅只是了解自己，就世界范围而言，"文化自觉"还包括理解全世界多种多样的文化，而后经过自主的适应，与其他文化一道建立一个共同认可的基本秩序，形成联手发展的共处守则。⑤

---

①　《续高僧传·灵藏传》。
②　《镡津文集·寂子解》。
③　沈榜：《苑署杂记》卷十九。
④　《镡津文集·寂子解》。
⑤　参见姜飞：《从文化自卑到文化自觉到文化协商》，载《南方周末》，2006－09－14。

在综合国力日益增强的今天，中华文化应更具反省的能力，更具理解的能力，有充分的勇气和自信在全球化的文化大潮中，努力实现文化的自觉，以期与其他文化"相互激荡，相互发明"（王国维语），共创和谐世界。

二、基督教对中国传统法律文化的影响

（一）基督教在中国传播概略

1. 唐朝时期

最早在中国传播基督教的是叙利亚-波斯基督教，称为聂斯托里派（又译"神人一性派"，中国传统文献称为"景教"）。这一教派反对亚历山大派强调耶稣为神之道的倾向，提倡基督"二性二位"说，并否认圣母玛丽亚的"诞神女"地位，最终脱离罗马教廷，是很早就进入亚洲的基督教教会。唐太宗贞观九年（635年），聂斯托里派主教、叙利亚人阿罗本从波斯抵达长安，受到太宗皇帝礼遇，使阿罗本入宫问道，其著作被译成汉语，其中就有敦煌石室发现的论弥塞亚和宣传一神论的讲道。太宗还下诏容纳景教，为它们在京城义宁坊建景寺，此后又在其他地方包括东都洛阳建景寺。景教传教士得到皇室支持，与上层保持了良好的关系，到唐高宗时，景教兴盛繁华，竟然"法流十道，国富元休，寺满百城，家殷景福"[①]。745年，唐玄宗应景教教徒的要求，下令将"波斯寺"改名为"大秦寺"。781年唐德宗时，树立了"大秦景教流行中国碑"，景教的名称第一次在这块碑上出现。

"大秦景教流行中国碑"于1625年（明熹宗天启五年）在西安市郊出土。大秦，是中国古代对波斯的一种称呼。这块黑色的石碑保存基本完好，是早期基督教传入中国的物证。然而，短短90年后，武宗会昌五年（845年），唐代景教就走到了尽头。武宗崇奉道教，于会昌五年下制书禁佛，史载"其天下所拆寺四千六百余所，还俗僧尼二十六万余人，收充两税户。拆兰若招提四万余所，收膏腴上田数千万顷，收奴婢为两税户十五万人。隶僧尼属主客，显明外国之教。勒大秦穆护祆三千余人还俗"。此即著名的"唐武宗灭佛"，又称"会昌法难"。经此一劫，佛教受到沉重打击，而连带受累的景教更是一蹶不振。自此，景教在中原地区渐于灭绝，只在西北边陲少数民族中流传。

2. 元朝时期

基督教第二次来华传播是在元朝。元朝时蒙古人将基督教及其信徒统称为"也里可温"。"也里可温"，一般被理解为蒙古语"有福缘之人"的音译，也有人认为意指"上帝教"、"信奉上帝之人"或"奉福音教人"。"也里可温"作为基督教在中国的第二次传播，既包括景教在元朝的复兴，也包括罗马天主教首次来中国传教。

值得注意的是，景教在中原衰亡之后，却曾在中国北方少数民族中间流行。13世纪，随着蒙古族统治者入主中原，景教遂在元朝又重新出现并流行。其势力不断扩展，传教机构遍及南北，形成秦尼（主教驻地在大同）、喀什葛尔（主教驻地在喀什）、汗八里（主教驻地在大都）、唐古忒（主教驻地在甘州）四大主教区。此外，南方的镇江、扬州、泉州也是景教徒聚居的地区。扬州和泉州在近代出土了大量的景教遗物，如十字架碑石及用汉文

---

① 《大秦景教流行中国碑》。

和叙利亚文写成的景教墓碑。西南地区的昆明（当时称作押赤）也有相当数量的居民信奉景教。① 元朝个别官员也是景教徒，如忽必烈所委派的镇江府路总管府副达鲁花赤马薛里吉思就"有志于推广教法"，曾在其所辖之地大力推广景教，后又"休官务建寺"，修成江南一带著名的景教"七寺"。

为抵御蒙古军队西征，从教皇英诺森四世开始，便派出以方济各会修士为主的特使前往东方，宣讲天主教教义并为皇家祈天祝福。1269 年元世祖忽必烈通过马可·波罗兄弟带信给教皇，正式恳请教皇差派传教士来中国。1289 年教皇尼古拉四世派遣方济各会修士、意大利人约翰·蒙特克未诺任教廷使节前来中国。1294 年蒙特克未诺来到大都（北京），开设天主教堂，正式开始传教。这是天主教第一次进入中国。蒙特克未诺任主教期间，将《诗篇》和《新约》译成蒙文，修建了 3 座教堂，并为几千名信徒受洗。在元朝政府支持下，天主教的传教活动还扩展到了杭州等地。

由于传教活动依赖于蒙古统治者的保护，所以，1368 年明朝推翻元朝之后，非汉人的蒙古基督教也就销声匿迹了，前后仅仅延续了大约六十年。

3. 明末清初

明末清初是基督教第三次在华传播时期。1583 年，利玛窦以耶稣会传教士的身份来到中国，正式开始了他的在华传教活动。这位基督教在中国传教事业中的杰出人物于 1601 年来到北京，但"不是以'基督教传教士'的身份登上舞台的，他掌握了中文的书面语和口语，说他是哲学家、道德家、数学家和天文学家更恰如其分。他带有学术书籍和新式仪器"②，通过介绍西方的科学技艺来达到传教的目的。大量的科学、工艺、艺术及哲学等代表西方世俗文化成就的著作被翻译过来，其数量乃至质量都超过了对神学著作的译介。这种"学术传教"的策略，使基督教赢得了皇帝的好感和士大夫阶层的赞赏。

利玛窦等人传教的另一个特征，是努力把基督教的传播与中国固有的传统"儒家思想"结合起来。起初他们结识佛教僧侣并身着僧服，后改穿儒服，采取"合儒斥佛"的策略。以中国的词汇、儒家的观念宣讲"天主"的教义。如利玛窦 1595 年在南昌刊刻的《天学实义》一书，便是利用儒家思想论证基督教教义。上述努力，使基督教在华初步站稳了脚跟。1670 年，中国已有 273 780 名天主教徒。1692 年康熙下诏开放整个中国，允许传播福音。③但是，"合儒"并没有调和两种截然不同的文化，传教士在初步打开局面后也从"合儒"转向"批儒"。借儒家思想传播基督教文化以及批判儒学的危机，在清初通过"礼仪之争"而爆发。所谓"礼仪之争"，是清朝康熙初年教皇与康熙之间关于华人基督徒祭祀方式的争论。教皇要求康熙皇帝下令禁止基督徒祭祖尊孔，禁用中国礼仪，只能使用"天主"称谓，否则将受到逐出教会的惩罚。康熙断然拒绝，并于 1717 年御笔朱批，驱逐传教士，禁信基督教，拆毁教堂，迫令出教。基督教在中国的传播又一次遭到阻遏。

4. 晚清时期

1810 年马礼逊神父和他的助手第一次把《圣经》全文译成中文，使基督教的这部经典

---

① 参见周玉茹：《基督教在元朝的传播》，载《中国民族报》，2004 - 03 - 23。
② 秦家懿、[德]孔汉思著，吴华译：《中国宗教与基督教》，212～213 页，北京，三联书店，1990。
③ 参见上书，217 页。

开始对中国文化进行再次的渗透。1840年鸦片战争之后，伴随着不平等条约的签订，基督教在中国的第四次传播拉开了序幕。

1842年的《南京五口通商章程》中，中国不但割让香港，还被迫开放5个口岸允许传播基督教，后来的不平等条约中更是将允许传播基督教的城市扩展到全国各地。传教士们纷至沓来，他们在中国译书著述，指导兴办实业，开设报馆、医院和学校，此外还抚孤慈幼、赈济灾民……基督教得到了迅速而广泛的传播。据不完全统计，"本世纪（20世纪）30年代，大约35%的中国精英分子受的是'教会教育'，而90%的护士是基督徒，70%的医院是教会办的"①。1900年到1920年，新教徒有36万多人，天主教徒达一百九十多万人②，基督教进入到在中国发展的全盛时期。传教活动，同时也是列强在华扩张的组成部分。传教士利用教堂、学校和医院赢得西方文明对中国的文化统治，宗教的传播转化为政治、经济甚至治外法权的要求，因而也不断受到中国各界的抵制和反对。

（二）基督教对唐、元、明各朝法律文化的影响

唐朝的景教和元朝复出的景教以及初次来中国的天主教，其传播活动使人们看到：其一，景教没有建立自己独特的语汇表述体系。景教借用了大量佛教和道教的术语来表达基督教的教义。在敦煌出土的景教最早的经文《序听迷诗诃经》中，天主被译为"佛"或"天尊"，经文大量使用了"果报"、"恶道"和"愿"等佛家语汇。后期经文也是如此，因而无法充分展示景教作为一种宗教的独立性。其二，信徒范围非常狭窄。唐朝景教是依附于皇室的高层宗教，尽管受到唐代皇室的扶持和优遇，却没有资料显示其得到大众的信仰；元朝景教除依附皇室外，主要依附于特定民族，如阿兰人、蒙古人，当时的基督教徒组成了一个几乎封闭的信仰圈子。其三，天主教传教所用的经书都是用拉丁文、波斯文和蒙文书写，没有汉文译本，它的教义始终不为汉人所认同，与汉文化没有沟通。其四，景教、天主教入华时间较为短暂。

明末清初基督教在华的第三次传播采取"合儒"策略，以"学术传教"为特征。虽然利玛窦等人的主观意图是在传播宗教，但其用以推动宗教传播的科学技艺带来了当时西方世界的知识体系，丰富了中国人的文化视野，使中国在天文历法、舆图、水利和火器等方面的科学水准较之以前有了长足的进步。

总体而言，基督教与唐朝、元朝、明朝的政治法律之间几乎未见发生直接的内在联系，对当时的法律文化亦没有产生多少影响。从已知的历史文献上看，都较为单纯地集中在"宗教目的"上，只是"元朝政府对基督教徒优礼有加。政府发给传教士俸金和生活费用，基督教徒则被免除了兵役、徭役和租税。此外，政府设立了专门管理基督教事务的崇福寺，长官称崇福使，秩从二品"③。

（三）基督教对晚清法律文化的影响

1. 基督信徒中树立起"一夫一妻"制观念

基督教奉行"一夫一妻"的婚姻制度，对此《圣经》中有多处论及。《圣经·旧约》

---

① 秦家懿、[德]孔汉思著，吴华译：《中国宗教与基督教》，220页，北京，三联书店，1990。
② 参见张文举：《基督教近代入华作用及性质的再认识》，载《河南师范大学学报》，2002（5）。
③ 周玉茹：《基督教在元朝的传播》，载《中国民族报》，2004-03-23。

说，上帝耶和华用泥土造出了男人亚当，放在伊甸园里，只因觉得亚当太孤单，才取出他身上的一根肋骨，造了女人夏娃，作为与亚当相配的帮手。《利未记》称："你妻还在的时候，不可另娶她的姊妹，作她的情敌。"据此，传教士对明清法律许可的纳妾制进行抨击，并抵制纳妾者入教。

传教士们通过出版发行《圣经》，以完整的教义来宣扬一夫一妻的婚姻关系；同时，把其中第七戒是"不许奸淫"的"摩西十戒"，印发给教徒和进入教堂的中国人，灌输与妻子以外的性关系即为奸淫的观念；并在教会的礼文上祝福一男一女的结合，申明婚姻的神圣。

传教士为维护基督教的神圣、纯洁而着力宣传的"一夫一妻"制，在中国得到了一定程度的响应，基督教徒身体力行，"并且以此作为衡量男性公民最起码的道德标准"[①]。这在纳妾盛行的晚清社会，实为破旧立新的一缕清风。

2. 太平天国形成以拜上帝教为依托的法律制度

拜上帝教是中国近代规模最大的农民政权太平天国的基本宗教和理论。太平天国的领导人洪秀全，于1843—1848年间创立和完善了拜上帝教。他接受了《劝世良言》（基督教新教的首位华人牧师梁发撰写）中拜上帝、敬耶稣、不拜偶像的内容，宣称上帝是独一真神，世间一切财富皆其创造，人皆为其子女，人人都应敬拜上帝而不应敬拜祖先、孔子、释迦牟尼和其他邪神；人间不应存"此疆彼界之私"，起"尔吞我并之念"；洪秀全本人为上帝第二子，上帝是他的天父，耶稣则是他的天兄，他受命下凡诛妖救世，等等。这是拜上帝教最初的基督教成分，其后又按照基督教的教条或原则，制定拜上帝教的礼仪规范，天国中后期拜上帝教体现了强烈的政治化、神学化倾向，与基督教渐行渐远。

拜上帝教作为太平天国的国教，渗透到太平天国社会生活的各个方面，据此也建立起了太平天国的法制。在洪秀全等人的心目中，其统治不是人对人的统治而是神对人的统治，太平天国是地上"天国"，太平天国的法律则是地上"天法"。被称为"天法"的太平天国法律具体包括《十款天条》、《太平条规》、《天朝田亩制度》、《太平刑律》、《资政新篇》等，其主要内容涉及以下方面：太平天国的法律视教众为上帝子女，不拜上帝、妄改天父天兄名字者处死刑；将清朝皇帝、官吏、豪绅等统治阶级视为"妖"，规定遇妖即诛，严厉镇压阎罗妖与"溺信邪神"的"妖徒鬼卒"。审判公开，当众行刑，并借助"天父上帝"名义进行神明裁判。创立天朝田亩制度，收土地为国有，按人口平均授田，厉行土地改革。实行圣库制度，凡参加起义的人，必须把个人财产交给圣库，在战争中缴获的财物也必须交公，每个人的生活资料则由圣库供给。主张男女平等，"凡天下婚姻不论财"，禁止妇女缠足，禁止男子娶妾，禁止人口买卖，禁止娼妓，禁止吸食鸦片，废止阴历、改用阳历，等等。力求在中国建立一个基督教的社会，实现"有田同耕，有饭同食，有衣同穿，有钱同使，门不闭户，道不拾遗，男女别途，无处不均匀，无处不饱暖"的大同世界。

太平天国的很多法律制度，都可以从基督教的教条或原则中找到渊源。《十款天条》即是以"摩西十戒"为蓝本，平时是教众的首要纪律规范和生活准则，战时则成为严格的军

---

① 康志杰：《论明清之际来华耶稣会士对中国纳妾婚俗的批评》，载《世界宗教研究》，1998（2）。

事纪律。圣库制度,《圣经》中也有记载:1 世纪初期,基督徒曾实行共同生活的方式,他们变卖田产家业,凡物公用,"照各人所需""分给各人"①;《约书亚记》第六、七章记载:以色列人规定作战所得金银铜铁器皿都要归耶和华圣库,有人私藏金银、衣服,结果被处死。《天朝田亩制度》"分田照人口,不论男女"的办法,在《旧约》中有关以色列分田章节中也有记载。②

尽管拜上帝教与基督教有诸多实质的差异,但是拜上帝教缘起于基督教,从其产生之日起就带有基督教的烙印,是毋庸置疑的事实,太平天国法律的内容特色以及与基督教经典《圣经》的渊源,即是明证。从这一角度而言,太平天国运动是中国近代基督教的一次间接的传播。

3. 变法维新的思想源头

戊戌变法是中国近代以救亡图存为目的的资产阶级改良运动,康有为、梁启超、谭嗣同等是这一运动的代表人物。他们吸收了西方资产阶级革命时期"天赋人权"、"三权分立"、民主自由等思想,要求设议院、开国会、定宪法,实行"君主立宪",提出了一整套资产阶级改良主义政治纲领以及变法的方案。这一运动虽然失败,但在中国传播了资产阶级法律思想,是民主宪政的先声,奠定了中国近代法律的理论基础。

戊戌变法运动由变法维新思潮演变而成,变法维新思潮的源头可以追溯到传教士对基督教文明的传播。费正清曾对此有过评价:"基督教传教士在最初唤醒中国人使之感到需要变法这一方面,曾起过重要作用(据说康有为在 1898 年对一个记者说过,他转而主张变法,主要归功于李提摩太和林乐知的著作);此外,他们还帮助形成了改革派自己的方法、思想甚至世界观。"③ 李提摩太在给他妻子的信中也这样写道:"我惊奇地发现,几乎我以前所作的种种建议,全都概括和凝聚在他(康有为)那份具体而微的计划中了。"④

确实如此,为在中国推广基督教文明,张扬新的文化思想以征服旧的中国,传教士认为必须"以西国之新学广中国之旧学",这是所谓维新运动道德基础的关键。为此,英国长老会教士韦廉臣等人在上海成立了以"广西国之学于中国"为宗旨的广学会。作为基督教在华最大的出版机构,该会集中了林乐知、李提摩太、丁韪良等一批知名的传教士,翻译了大批西学著作,历年所出宣传神学及政法、史地、实业、理化等书达两千多种。在维新运动期间,广学会还出版了《治国要务》、《大英国志》、《万国公法》、《富国策》、《中西关系略论》、《救世教益》、《时事新论》等书籍。这些西学著作开启民智、启蒙思想,并为维新运动提供了理论武器。如谭嗣同所说:"如《万国公法》,为西人仁至义尽之书,亦即《公羊春秋》之律……中国不自变法,以求列于公法,使外人代为变之,则养生送死之权利一操之外人。"⑤ 广学会还创办多种报刊,其机关报《万国公报》最具影响。《万国公报》是

---

① 《新约·使徒行传》,第二章,第四十四~四十五节。

② 参见《旧遗诏圣书·户口册记》,第二十六、三十三章。

③ 〔美〕费正清编:《剑桥中国晚清史》(1800~1911),上卷,632~633 页,北京,中国社会科学出版社,1985。

④ 〔美〕于建胜:《广学会与戊戌变法——兼论近代传教士》,载 http://www.sf.qdu.edu.cn/library/04dianzi/xbdata/xb99/9901/990106.htm。

⑤ 蔡尚思编:《谭嗣同全集》(上),225 页,北京,中华书局,1981。

以时事报道为主的综合性报纸，其扉页上印明："本刊是为推广与泰西各国有关的地理、历史、文明、政治、宗教、科学、艺术、工业及一般进步知识的期刊。"它先后出版近四十年，累计近一千期，是外国传教士所办的中文报刊中历史最长、发行最广、影响最大的一家。作为当时中国境内发行量最大的报刊，其着意鼓吹改良主义，介绍西洋文化，刊载时局论文和中外重大政治法令，并在中日甲午战争期间尖锐地指陈中国致败的深层原因，疾呼清政府幡然改过、革故鼎新，被康梁维新派视为启蒙的教科书。维新高潮时的 1898 年《万国公报》曾发行了 38 400 份，影响遍及全国①，对变法运动起到了推波助澜的重大作用。

4. 奠定中国近代法学学科

在西方强势文化改造中国的过程中，西方法学伴随着基督教的传播而传播，为中国近代法学的形成奠定了重要的基础。当然，其目的非常明确，如普鲁士传教士郭守腊在《东西洋考每月统计传》创办说明中所言："当文明几乎在地球各处取得迅速进步并超越无知与谬误之时……惟独中国人却一如既往，依然故我……他们仍自称为天下诸民族之首尊，并视其他民族为'蛮夷'……（本月刊）出版是为了使中国人获知我们的技艺、科学与准则……使中国人相信他们仍有许多东西要学。"②

中国近代的法律教育最早是由西方传教士承担的。清政府总理各国事务衙门于 1862 年创办了京师同文馆，1865 年以后同文馆聘请美国传教士丁韪良担任国际法教习，开设"万国公法"课程。丁韪良在 1898 年还被聘为京师大学堂的总教习，他将法律教育的内容置于总体教育之中，并聘请基督教会的人士任教师。③ 在诸多传教士的努力下，法律教育在教会大学各学科中所占比例日益上升。

在华传教士创办多种刊物，大力引入西学，广泛宣传西方政治法律制度，向中国传播了宪政法学、刑法学、版权法学、婚姻法学、诉讼法学和国际法学等方面的知识，普鲁士传教士郭守腊创办的中国近代内地第一份中文期刊《东西洋考每月统计传》、广学会的《万国公报》、美国传教士丁韪良和艾约瑟创办的《中西闻见录》等是其中的佼佼者。与此同时，传教士引进翻译了中国最早的一批西方法学著作，如美国传教士伯驾等人翻译的瑞士著名国际法学家瓦特尔的《各国律例》，是中国历史上引入的第一本法学著作。其后，还有丁韪良翻译的《万国公法》，英国传教士傅兰雅翻译的《法律医学》等多部法学著作。更有传教士亲自操刀，著书立说，介绍西方的法律制度和法学理论。如德国传教士花之安在《万国公报》上连载长文《自西徂东》，内容涉及西方的民主制度、议会制度、总统制度、立法程序、刑罚制度、监狱制度以及新闻出版自由等方面。④

上述系列活动富有成效：传教士从事的法律教育，为中国培养了第一批通晓国际法律规制的人才；传教士创办刊物、著述译书，传入了较为系统的国际法知识，带来了议会制、陪审制、三权分立、法律面前人人平等、法治等西方法学中的精华。对于中国近代知识分

---

① 参见顾长声：《传教士与近代中国》，161 页，上海，上海人民出版社，1981。

② 爱汉者编：《东西洋考每月统计传》，导言，北京，中华书局，1997。

③ 参见顾长声：《从马礼逊到司徒雷登——来华新教传教士评传》，214 页，上海，上海人民出版社，1985。

④ 参见何勤华：《传教士与中国近代法学》，载《法制与社会发展》，2004（5）。

子视野的开阔、思维的更新、法律修养的提升，都起到了积极的促进作用，使得法律知识和法律人才得以储备，法学在中国近代作为一个学科有了形成的基本条件。①

5. 司法制度半殖民地化的促进因素

传教士传播上帝福音的同时，通过踊跃参与列强军事侵略的征服活动，介入中国的涉外法律事务中，成为促使中国司法制度半殖民地化的一个因素。传教士们积极帮助所在国草拟不平等条约，向清政府勒索最惠国待遇和领事裁判权。如鸦片战争期间，英国传教士马礼逊之子马儒翰担任英军的参谋和翻译，参加《南京条约》及附约的草拟和谈判。美国传教士丁韪良参加美国使团并担任翻译，协助处理在华公务；丁韪良等还通过欺骗手段，在《中美天津条约》的签订过程中使清政府接受有利于传教士的"传教宽容条款"；丁韪良也曾向美国政府提出将海南岛割让给美国的建议。② 法国传教士参与《北京条约》的签订，不仅将归还旧址写到条约中，而且擅自在条约中文文本中添加"并任法国传教士在各省租买土地，建造自便"的条文。

三、伊斯兰教对中国传统法律文化的影响

（一）伊斯兰教在中国传播概略

1. 唐朝时期

伊斯兰教的兴起，时逢中国隋末唐初。据传，穆罕默德有一条著名的"圣训"："学问虽远在中国，亦当求之。"从 7 世纪开始，随着伊斯兰教的广泛传播和大食帝国的建立，阿拉伯穆斯林就沿着海陆交通线到达中国，在华经商并留居，传播伊斯兰教。

据《旧唐书·西域传》记载，永徽二年（651 年）八月，大食国第三任哈里发奥斯曼遣使到中国，在长安朝见了唐高宗，使者介绍了大食国的情况和伊斯兰教的基本教义，这被看作是伊斯兰教传入中国之始。从唐永徽二年（651 年）到贞元十四年（798 年）的 147 年间，大食遣使来唐 36 次。至德二年（757 年）正月，应肃宗李亨的邀请，大食派兵开入中国边境，协助唐朝平定了"安史之乱"③。

外商留华不归者称作"住唐"，到唐朝末年，在广州一地"住唐"的大食和波斯的穆斯林人数据称上万计。④ 助唐平定"安史之乱"的大食兵也留居长安，据说唐朝专门为他们修建了清真寺。唐朝这些信仰伊斯兰教的大食人和波斯等中亚人，多留居于中国沿海城市和京师一带，最初是侨居性质的"住唐"，后唐朝采取措施，使其中大部分人落籍"为唐臣"，成为中国人。"会昌法难"中未发现有关伊斯兰教的记载。

2. 宋元时期

宋朝重视并鼓励与"大食诸国"的商贸往来，北宋和南宋特别是南宋与大食主要是通过"南洋"的海路进行商业交往。南洋一些国家已经开始了伊斯兰化的历程，这些国家的

---

① 参见张志京：《试论基督教在中国的四次传播中对法律文化的影响》，载《社会科学论坛》（学术研究卷），2009。

② 参见顾长声：《传教士与近代中国》，216 页，上海，上海人民出版社，1981。

③ 王志远主编：《伊斯兰教历史百问》，107 页，北京，今日中国出版社，1992。

④ 参见秦惠彬主编：《中国伊斯兰教基础知识》，5 页，北京，宗教文化出版社，1999。

伊斯兰化促进了伊斯兰教在中国的发展。大食和波斯商人积极来华贸易，在华定居的穆斯林与年俱增，他们带来妻子儿女或者娶汉人女子为妻，在华所生子女称作"土生蕃客"。到北宋徽宗时期，已出现许多在华居住 5 世以上的"土生蕃客"，宋朝上下已经把他们视为中国人而不是侨居性质的"归化人"了。宋朝穆斯林为世居中国的"土生蕃客"，其人数多于唐朝，在一定地区如广州、泉州形成了一种势力，他们捐钱造船，防御海疆，建礼拜寺、修义冢，开始对社会生活发生影响。

北宋时期中亚地区伊斯兰教的萨曼尼王朝，把伊斯兰教传入新疆喀什地区的哈拉汗国，后又分南北两路向内地传播。南路沿大戈壁入叶尔羌（今新疆莎车）并东伸到于阗，取代当地佛教的地位。北路由喀什传播到阿克苏和库车。到 16 世纪，伊斯兰教已遍及全疆。

13 世纪初，成吉思汗西征，阿拉伯和中亚一带大量的穆斯林随蒙古军队东归。随蒙古军队东来中国的穆斯林不仅有商人，还有士兵（后就地"屯垦"，成为农民）、工匠、宗教职业者、学术之士和归附蒙古贵族的穆斯林达官贵人。从南方到北方，从内地到边疆，从农村到城镇，到处都有穆斯林定居，甚至元世祖忽必烈的孙子阿难答也率所部 15 万士卒皈依伊斯兰教，形成"元时回回遍天下"的局面，为后来回族的产生奠定了基础。穆斯林信仰的伊斯兰教也随之传播到中国各地。

作为色目人的主要成分，穆斯林属于统治阶层，其政治地位仅次于蒙古人。有元一代，在中央政府任过宰相之职的穆斯林共有 17 人，在地方政府任过要职的穆斯林共有 32 人。[①] 在司法、荫叙、科举等方面，穆斯林所享受的权利也要高于汉人和南人。在经济上，海内外的贸易也多为穆斯林所垄断。这时的清真寺遍及各地，许多著名的清真寺都是此时创建、扩建和重修的，如杭州真教寺。随着穆斯林移民大量入华，其高层在一定程度上能够操纵中央和地方权柄，其影响举足轻重。元代中国伊斯兰教为之一变，进入到了它的全盛时期。

3. 明清时期

明朝伊斯兰教有了固定的称呼——回回教，伊斯兰教的社会性载体——回回民族形成。明朝回回人受到朝廷重用，具有一定社会地位。开国功臣如朱元璋起义军中著名将领常遇春、胡大海等就是回族，回族在朝做官者亦为数不少。著名的航海家郑和是云南的回族，和他一起 7 次"下西洋"的马欢、哈三等人也都是回族。明朝对回回教的态度是褒贬兼有，明太祖曾敕修礼拜寺于西安、南京等地，成祖也有保护伊斯兰教之敕令，代宗敕题北京东四礼拜寺为"清真寺"。但明朝对回回人也予以限制，对其推行汉化措施，如禁蒙古人及色目人自相嫁娶，只准与汉人互通婚姻；变回回人之姓为汉姓，等等。

伊斯兰教在清朝对社会的影响程度有所加深，而清朝统治者对回教始终是防范多于信任，先后采取"回汉兼抑"、高压管束的政策，拉拢回族上层，"以回制回"。对以伊斯兰教为旗帜的反清起义则无情镇压。总体而言，明清两代的中国伊斯兰教，其影响和作用都远不及元朝。

---

① 参见秦惠彬主编：《中国伊斯兰教基础知识》，19 页，北京，宗教文化出版社，1999。

（二）伊斯兰教对中国传统法律文化的影响

1. 伊斯兰教对唐朝法律文化的影响

伊斯兰教对唐朝法律文化的影响微乎其微，但并非任何痕迹都没有。如，涉及在华穆斯林的法律适用问题，唐律"化外人有犯"条有所反映，即：属一国侨民之间的犯罪，根据属人法依其本国法律处断；不同国籍侨民之间相犯或唐朝人与化外人之间相犯，则根据属地法依唐律处断。唐时来广州的阿拉伯商人（Soleyman）的旅行日记记载，在广州发生的伊斯兰教徒的诉讼是由教徒担任法官，组成特别裁判所，适用教徒的本国法进行审判。此外，还有落籍唐土的大食穆斯林参加科举进士及第的历史记载。

2. 伊斯兰教对宋元法律文化的影响

（1）出现特色机构

宋朝不少穆斯林商人长期在中国沿海港口久居不归，世代在华居住的被称为"蕃客"，聚居区称为"蕃坊"。"蕃坊"是一个行政单位，在"蕃坊"内设蕃长司，由蕃长和司属组成。蕃长一般由德高望重的穆斯林担任，经地方官府审批任命，受地方官府管辖和领导。其职责有二：商务方面，为中国官府招邀外商来华贸易；政务方面，管理蕃坊事务，依据《古兰经》处理穆斯林之间的民事纠纷。在地方有司授权的情况下，处理轻微刑事案件。同时，负责领导宗教活动，建筑清真寺，经营穆斯林的公共墓地。

元朝两度设立"回回掌教哈的所"，"哈的"，阿拉伯语，意为法官，掌管伊斯兰教法的人。"回回掌教哈的所"，应该是管理伊斯兰教事务的中央衙署，负责中国境内所有伊斯兰教民的管理，也曾负责处理穆斯林之间的词讼纠纷。后为限制哈的的权力，"回回掌教哈的所"被裁撤，哈的职责只限于宗教事务，不得干涉穆斯林的经济、法律事宜。

"回回国子学"是元朝国家最高学府，后设置"回回国子监"，统领"回回国子学"。蒙古、色目、汉人官员子弟皆可入学，学习《四书》、《五经》、诗赋、外语等内容，定期考试，所习经书课业及格者，可以依次升斋（升级），由此形成穆斯林的教育制度。同时，伊斯兰教学者享有免除赋役的特权。

（2）制定相关法律

北宋徽宗时期，出现许多在华居住5世以上的"土生蕃客"，为解决蕃商在华的遗产分配问题，颁布了《蕃商五世遗产法》。

3. 伊斯兰教对明清法律文化的影响

明朝出现限制回回族发展繁衍、促其汉化的诸多规定，丰富了传统法律的内容，使法律的调整对象带有多元化的色彩。如太祖朱元璋对蒲寿庚等穆斯林导元倾宋不满，因而明令禁止其家族后代入仕为官；拒绝撒马尔罕等处外族徙内地；禁蒙古人及色目人自相嫁娶，只准与汉人互通婚姻，违者杖八十，男女入官为奴；限令伊斯兰教教长只有传道布教权，不得行法官之责掌理民间诉讼；诏令废止伊斯兰教各掌教之专名，统称掌教者为"老师傅"；诏禁蒙古及色目人等胡衣胡姓，变回回人姓为汉姓。[1]

---

① 参见王志远主编：《伊斯兰教历史百问》，127页，北京，今日中国出版社，1992。

第二节
清末时期西方法律文化对中国的影响

中国传统法律文化的发展轨迹在清末经历了重大变化，其诸法合体的传统法律体系被抛弃，礼法合一的内容被修改，维护皇权、父权与夫权的基本精神遭到质疑。取而代之的，是对于中国人来说完全陌生的"六法"体系、独立的法律规范以及追求民主、正义、自由、平等的法律价值观。而这一切都与外国法律文化在中国的传播并产生深远的影响有关。

一、清末西方法律文化在中国的传播途径

西方法律文化在中国的传播最早开始于何时很难说清楚。虽然有的学者认为，早在南北朝至隋唐时期，罗马法就通过丝绸之路辗转传入中国，其契约概念和相关的担保制度对中国传统的契约制度产生了重大影响[1]，但学界通常认为基督教的传播是西方法律文化在中国传播并产生影响的开端。关于基督教对中国传统法律文化的影响前文已有所涉及，本节不再赘述。当然，借基督教而来的西方法律文化对中国的影响还是很有限的，毕竟那时朝廷所关注的主要是西方的天文历算，是科学技术，而法律文化与政治体制的联系太紧密，传教士们也不敢轻易涉及。更何况在中国统治者眼中，自己的典章制度是最优秀的，对西方的制度文化根本不屑一顾。因此，西方法律文化真正开始在中国大量传播还是鸦片战争以后的事情。

随着英、法等国先后完成资产阶级革命，西方资本主义得到迅速发展。以英国为例，由于机器工业逐渐取代了传统的手工业，工业生产量突飞猛进，从 1770 年到 1841 年间，纺织业用棉量增加了 100 倍，1820 年工业生产量占世界工业生产总额的 50％，贸易额则占世界贸易总额的 18％，到 1840 年其贸易额更是占到世界总额的 25％[2]，成为当时世界上最强大的国家。资本主义的迅速发展，迫使西方国家开拓海外市场，寻求更多的原料产地，于是，包括中国在内的广大亚、非、拉国家自然成为西方列强的侵略目标。在一次又一次的武装挑衅、强迫通商、鸦片倾销之后，英国终于于 1840 年发起了第一次鸦片战争。战争的结果是清政府被迫签订了《中英南京条约》、《中英虎门条约》等一系列不平等条约，根据这些条约，中国不仅割地赔款，还被迫开放广州、福州、厦门、宁波、上海 5 个通商口岸，降低其关税，给予其片面最惠国待遇，承认了其领事裁判权。之后，美国、法国等国也强迫中国签订了《中美望厦条约》、《中法黄埔条约》等不平等条约，不仅获取了中国给予英国的一切自由通商、协定关税等特权，还进一步扩大了领事裁判权的范围，使中国官

---

① 参见胡留元、冯卓慧：《罗马法与中国古代契约制度》，载《罗马法·中国法与民法法典化》，315～340 页，北京，中国政法大学出版社，1995。

② 参见李侃等编：《中国近代史》，5 页，北京，中华书局，1994。

员完全失去了对在华美国、法国公民诉讼的管辖权。这一系列不平等条约的签订不仅强迫中国打开了封闭的大门，将中国彻底拉入世界资本主义市场，还严重侵犯了中国的主权，使中国沦入半封建半殖民地社会。

伴随而来的不仅是大量在西方已经过剩的棉纺织品和其他日用品，还有生产这些产品的工厂，采买茶叶、生丝等农产品的洋商和买办，以及管理这些人员和相关事务的领事裁判机构和他们的根据地——租界，当然，还有其赖以生存和发展的西方法律文化。可以说，鸦片战争以后，西方法律文化已经像潮水一样涌入中国，对古老的中国传统法律文化形成了巨大的冲击。从整体上看，西方法律文化的传播是通过如下方式实现的：

（一）翻译西方法律书籍

这是传播西方法律文化的基础，也是最重要的途径。早在鸦片战争前夕，在禁烟和抗击英国武装挑衅的过程中，中国一批有觉悟、有抱负的官员已经意识到要取得胜利，就必须了解西方的社会基本状况，所谓"知己知彼，百战不殆"。钦差大臣林则徐就是其中的重要代表，他被范文澜誉为"清代眼看世界之第一人"[1]。据载，他在广州查禁鸦片期间，"日日使人刺探西事，翻译西书，又购其新闻纸"[2]。《世界地理大全》1836 年在伦敦出版后不久，林则徐便组织人员翻译，将其编为《四洲志》；又命人翻译广州、澳门、新加坡和印度的外文报纸[3]，以及时了解和掌握外国动态。但林则徐了解西方的目的是抵御西方的侵略，因此他最想了解的还是西方的地理位置以及它们的武器技术，对其政治法律制度则不感兴趣。

当然，在甲午战争之前，参与翻译、介绍西方法律文化的中国知识界人士还很有限，主体主要是在华传教士和洋务派，而且介绍的重点主要是国际公法方面的知识，因为当时的首要任务是在谈判桌上争取主动，最终收回治外法权。西方传教士在中国不仅传播宗教，也传播西方科学技术，已如前所述。鸦片战争后，随着海禁大开，大量传教士涌入中国，他们在近代中国所扮演的角色也日益重要。他们除了传教，也热心关注中国社会改革，积极传播西方政治法律文化，甚至直接受雇于朝廷或者高官，成为中国政治舞台上一支独特的社会力量。号称中国第一部西方法律译著的《万国公法》就出自美国传教士丁韪良（Williams. A. P. Martin，1827—1916）之手。丁韪良 1850 年来华，开始在宁波传教；1858 年任美国首任驻华公使列卫廉的翻译。多年的传教和外交生涯使他明白，什么才是中国政府最需要的。1863 年，他将译完的惠顿权威著作《万国公法》书稿呈送给恭亲王奕䜣，后者对此大为赞赏，旋即安排核对校刊，1864 年即由京师同文馆出版。军机大臣文祥也认为此书为大清外交所急需："我们向欧洲派遣使者时，将以此为准则。"[4] 丁氏因翻译此书深得恭亲王等人的欣赏而被聘为同文馆总教习，兼授国际公法。据载，丁氏的公法著译作除

① 钟叔河：《走向世界》，46 页，北京，中华书局，1985。

② 李侃：《中国近代史散论》，16 页，北京，人民出版社，1982。

③ 参见〔美〕费正清编：《剑桥中国晚清史》（1800～1911），下卷，171 页，北京，中国社会科学出版社，1985。

④ 〔美〕丁韪良著，沈弘等译：《花甲忆记——一位美国传教士眼中的晚清帝国》，253 页，桂林，广西师范大学出版社，2004。

《万国公法》外，还包括《公法会通》、《公法便览》、《公法千章》和《中国古世公法》等。①
英国传教士傅兰雅（John Fryer，1839—1928）也是这方面的佼佼者。傅氏 1861 年来华，
初任香港圣保罗书院院长，旋即北上任京师同文馆英文教习，1865 年转任上海江南制造局
编译处编译，并长期在上海主办传播西学的《格致汇编》和格致书室。傅氏翻译的重要公
法著作包括：《公法总论》（罗柏村著）、《各国交涉便法论》（费利摩罗巴德著）、《各国交涉
公法》、《比国考察罪犯纪略》和《西法洗冤录》等。② 丁韪良和傅兰雅等翻译的国际公法书
籍在很大程度上满足了清政府与西方谈判、交涉的需要，为西方法律文化在中国的全面传
播打下了基础。这两位传教士一南一北，交相辉映，成为近代中国西方法律文化传播史上
的两个重要代表。

　　除了传教士，有些在华外国商人和学者也曾经翻译过一些重要的西方法律文化资料。
比如京师同文馆化学兼天文教习、法国人毕利干（Anatole Adrien Billequin，1837—1894）
于 1880 年翻译了著名的《法国律例》，这是中国历史上首次出现的西方法律汇编，其内容
包括《刑律》、《刑名定范》、《贸易定律》、《园林则律》、《民律》和《民律指掌》六部分，
实际上就是当时法国的刑法、刑事诉讼法、商法、森林法、民法和民事诉讼法，大致包揽
了宪法以外的法国"六法"。虽然这部汇编由于翻译质量不尽如人意，没有立刻引起很大反
响，但毕竟将法国法律的精华全面地展现在国人面前，令习惯了诸法合体的中国人开阔了
视野，对西方的政治法律体制有了直观的认识。

　　洋务派也是中国早期翻译和介绍西方法律文化的一支重要力量。虽然从整体上看，洋
务派对西方最感兴趣的不是政治法律文化，而是其军事工业技术，是富国强兵的手段和方
法，但洋务派的核心人物都是掌握国防外交的实权人物，在办理洋务过程中必然会涉及西
方政治法律体制及其文化的问题，因此他们对于介绍和传播西方法律文化也比较热心。当
然，他们很少直接从事翻译工作，而是通过其主办的各种传播西学的出版机构、报刊和学
会，组织人员翻译西方政治法律书籍，出版和发表西方法律文化书籍、文章和各种法律
法规。

　　甲午战争后，资产阶级改良派和革命派成了翻译、介绍西方法律文化的主流，介绍的
内容也扩展至宪法、民法、刑法、行政法、诉讼法等各个法律部门，目的已不仅在于求得
谈判桌上的点滴胜利，而欲全面引入西方法律文化，彻底改革落后的封建法制，走日本维
新强国的道路。正如梁启超所言："夫政法者，定国之本也……故今日之计，莫急于改宪
法。必尽取其国律、民律、商律、刑律等书而译之。"③ 甚至呼吁"以译书为变法第一要
义"④。在这种思想指导下，改良派创办了许多译书机构和报纸杂志，翻译出版了许多西方
政治法律书籍和文章。在此不能不提到严复及严译名著。严复被梁启超誉为"清末输入欧
化之第一人"。在梁启超看来，清末西洋新思想的输入在开始时是囫囵吞枣、乱无章法的，
而严复是第一位能避免上述缺陷的译介者。⑤ 虽然他翻译的西学著作数量并不算多，但却部
部是西学经典，其中最著名的 8 部被称为"严译名著"，涉及政治学、法学、社会学、经济

---

①②　参见云岭：《清末西方法律、法学的输入及影响》，载《法律史论丛》，第 3 辑，北京，法律出版社，1983。

③④　梁启超：《变法通议书》，载《饮冰室文集》之一。

⑤　参见国学网：http://economy.guoxue.com/article.php/2814。

学、伦理学和逻辑学等诸多重要领域：《天演论》（Evolution and Ethics），赫胥黎著，该书阐述了达尔文的生物进化论，并以此解释国家民族的演变规律，1898 年出版；《原富》（An Inquiry into the Nature and Cause of the Wealth of Nation），亚当·斯密著，为资本主义经济学经典著作，1901—1902 年出版；《群学肄言》（Study of Sociology），又译为《社会学研究法》，斯宾塞著，1903 年由上海文明编译书局刊印，为社会学进入中国的拓荒之作；《群己权界论》（On Liberty），又译《自由论》，穆勒所著政治学名著，1903 年后由商务印书馆出版；《法意》（Spirit of Law），即《论法的精神》，孟德斯鸠著，1904 年后由商务印书馆陆续出版；《社会通诠》（History of Politics），甄克思著，由商务印书馆出版；《穆勒名学》（System of Logic），穆勒逻辑学著作，1905 年在南京木刻印刷；《名学浅说》（Elementary Lessons in Logic），耶方斯（Jevons）通俗形式逻辑学著作，1908 年译成。从这些精心选择的名著，可以看出严复的目的在于开民智、救危难，它们的出版不仅推动了西学（包括西方法律文化）在中国的传播，而且客观上推动了中国社会的变革，为戊戌变法甚至辛亥革命提供了一定的理论基础。

　　资产阶级革命派也通过其在日本等地创办的报刊大量刊登介绍西方法律文化的文章和译作。创办于 1901 年的《国民报》曾刊登美国《独立宣言》的第一个中译本《美国独立檄文》（1911 年），而早期革命组织"励志会"于东京创办的《译书汇编》在 1900—1903 年间，共刊登或发行单行本西方法学著作 27 种，其中包括卢梭的《民约论》、孟德斯鸠的《论法的精神》（译名为《万法精理》，早于严复译本）、有贺长雄的《近时外交史》、伯盖司的《政治学》、伯伦知理的《国法泛论》、斯宾塞的《政治哲学》等。① 这些书籍和资料虽然在国外刊印，但对于革命派思想的形成无疑是一种推动，并在客观上传播了西方法律文化。

（二）创办翻译出版机构、报刊等传播媒介

　　中国的出版机构和报刊正是在西学东渐的过程中涌现和发展起来的，这些媒介是传播西方法律文化的重要工具和舞台。在创办翻译出版机构的事业中，洋务派和改良派占据了主导地位，尤其是洋务派创办的京师同文馆和江南制造局翻译馆，翻译出版了大批具有深远影响的西方法律书籍，为西方法律文化的传播立下了汗马功劳。

　　京师同文馆设于 1862 年，虽然最初目的只是培养外语翻译人才，但洋务派急需了解西方科学技术以及各国交涉规则，便在同文馆设立印书处、编译处，翻译出版西方科技和政治法律方面的书籍，其中最重要的政治法律书籍包括：《万国公法》（总教习丁韪良译）、《法国律例》（化学教习毕利干译）、《公法便览》（副教习汪凤藻等译）、《富国策》（副教习汪凤藻译）、《各国史略》（学生长秀、杨枢等译）、《公法会通》（总教习丁韪良译）、《新加坡刑律》（副教习汪凤藻译）等。② 江南制造局翻译馆创办于 1868 年，为清政府官办的翻译出版机构。根据 1909 年翻译馆所编《江南制造局译书提要》的统计，该馆先后共译书 160 种，是中国近代译书最多、影响最大的翻译机构。其译书的具体内容有兵学、工艺、兵制、

---

　　① 参见云岭：《清末西方法律、法学的输入及影响》；张晋藩：《中国法律的传统与近代转型》，377～378 页，北京，法律出版社，1997。
　　② 参见吴洪成、李兵：《洋务运动时期西学科学与科技知识的引入及相关教科书的编译》，载《亚太科学教育论坛》，第 4 期第 2 册。

医学、矿学、农学、化学、交涉、算学、图学、史志、船政、工程、电学、政治、商学、格致、地学、天学、学务、声学、光学等方面。其中涉及西方政治法律方面的书籍包括：《佐治刍言》（傅兰雅、应祖锡合译）、《美国宪法纂释》、《各国交涉公法论》、《列国岁计政要》和《西国近事汇编》等。《西国近事汇编》由金楷理、林乐知等人根据英国《泰晤士报》等报刊编译，汇集了从 1873 年至 1899 年的西方各国大事，每年编成一卷，是当时中国人了解世界各国情况的重要信息来源。[①]

在华传教士也是创办出版机构的重要力量，由英国传教士韦廉臣（Alexander Willamson，1829—1890）等于 1887 年创办于上海的广学会（the Christian Literature Society for China）无疑是其中最具影响力的一个，自创办后共出版有关西方宗教、哲理、法制、政治、教育、实业、天文、地理、博物、理化等十几个方面的两千多种书刊和图片。[②] 广学会先后出版过韦廉臣的《格物探原》，花之安的《自西徂东》，李提摩太的《七国新学备要》、《天下五洲各大国志要》、《列国变通兴盛记》、《百年一觉》（美国毕拉宓著）、《泰西新史揽要》（英国马恳西著），林乐知的《文学兴国策》（日本森有礼辑）、《中东战纪本末》等书籍，其中尤以《泰西新史揽要》和《中东战纪本末》两书最为著名。《泰西新史揽要》由李提摩太和蔡尔康合译，1895 年出版。内容是 19 世纪欧美各国的发展史，详述了各国变法图强的过程，出版后风行一时，印行 3 万部。《中东战纪本末》由林乐知和蔡尔康合编，1896 年出版。该书内容为中日甲午战争的资料、评论汇编，还包括林乐知等人对中国时局的评论，引起强烈的社会反响，尤其是戊戌变法时期对康有为、梁启超、谭嗣同等人产生了很大的影响。[③]

清廷为预备立宪而设置的修订法律馆虽然成立晚，存续时间短，但由于主持者沈家本深具革新意识，谙熟中西法律文化的特性，坚持"参酌各国法律，首重翻译"的指导思想，加上清廷的支持，广招欧美和日本留学生，翻译了大批外国法律文献。据统计，修订法律馆共组织翻译了 23 部外国法典、单行法规和法学著作，其中包括《法兰西刑法》、《法兰西印刷律》、《德意志刑法》、《普鲁士司法制度》、《德国民事诉讼法》、《意大利刑法》、《俄罗斯刑法》、《荷兰刑法》、《日本刑法》、《日本改正刑法》、《日本海军刑法》、《日本陆军刑法》、《日本刑法论》、《日本刑事诉讼法》、《日本裁判所构成法》、《日本监狱法》等，尚未译完的 10 部，包括《德意志民法》、《德意志旧民事诉讼法》、《比利时刑法论》、《瑞士刑法》、《芬兰刑法》、《美国刑法》和《美国刑事诉讼法》等。[④] 这些外国法律、法规的翻译为修律做了扎实的准备工作。

一些早期的民间出版机构，如上海商务印书馆等，也在其间扮演了重要的角色。据有关资料记载，商务印书馆曾经翻译出版了大量日本法学著作和法律汇编，如《法学通论》（织田万著，刘崇佑译）、《国法学》（笕古参著，陈时夏译）、《比较国法学》（末刚精一著）、《日本宪义义解》（伊藤博文著）、《日本议会记事全编》、《民法原论》（富井政章著，陈海瀛等译）、《民法要论》（梅谦次郎著）、《商法论》（松坡仁一郎著，秦瑞玠译）、《刑法通论》

①②③　参见上海出版网：http://www.book.sh.cn/shpub/hisdoc/hisdoc.asp。
④　参见张礼桓：《从西方到东方——伍廷芳与中国近代社会的演进》，223～224 页，北京，商务印书馆，2002。

（冈田朝太郎著）、《刑法通义》（牧野英一著，陈承泽译）、《民事诉讼法论纲》（高木丰三著）、《刑事诉讼法论》（松室致著，陈时夏译）、《日本法制要旨》、《日本明治法制史》（清浦奎吾著）、《日本维新史》（松村贞臣著）、《日本预备立宪过去事实》（村志钧译）、《汉译日本法律经济辞典》、《日本法规大全》、《日本六法大全》等。①

　　早期的报刊可以说是传播西方法律文化的重要媒介之一。1872 年由英国商人美查（Frederick Major）和三位友人集资创办的上海《申报》，就将"西方的社会政治时事列为观察评论的第一主题"②，其创刊号告白称："凡国家之政治，风俗之变迁，中外交涉之要务，商贾贸易之利弊，与夫一切可惊可愕可喜之事，足以新人听闻者，靡不毕载，务求其真实无妄，使观者明白易晓，不为浮夸之样，不述荒唐之误，庶几留心时务者于此可以得其概，而出谋生理者于此亦不至受其欺。"③ 该报对日本明治维新尤其感兴趣，对日本仿效西方进行法律改革的各种措施作了详细报道，同时也发表了如《中西刑律异同说》、《中西政情之别》、《论中西民情不同》等中西政治法律比较研究方面的文章。④ 由于《申报》发行量大，是沪上名流绅士每日必读的报纸，这些传播西学西法的文章对于中国的维新变法运动具有强烈的推动作用。

　　在传教士所办的各种报刊中，传播西学内容最多、发行量最大、影响最深的当推《万国公报》，其前身为《中国教会新报》（简称《教会新报》），于 1868 年 9 月在上海创刊，发行人为美国传教士林乐知。《万国公报》从 1868 年创刊到 1907 年 12 月停刊，从周刊到月刊，总共发行 977 期，不仅数量惊人，其传播的信息量也非常惊人，并且对中国的维新运动产生了直接的推动作用。"《万国公报》在政治趋向上显然支持中国的维新运动，与维新人士相通款曲处甚多。从 1889 年到 1898 年戊戌政变时止，英美传教士在《万国公报》上发表鼓吹变法的文章多达数百篇，使之成为'影响中国领导人物思想的最成功的媒介'。此外，《万国公报》上的文章也介绍过西方有影响的经济学派和空想社会主义等学说，对孙中山等革命派的思想产生过直接影响。"⑤ 在《万国公报》上发表的文章及连载的译著中比较有影响的包括：《华盛顿肇立美国》（宣道子）、《富国要策》（金琥、朱凤萍）、《国政要论》（花之安）、《论民主国与各国章程及公议堂解》（林乐知）、《论泰西要政》（海滨逸民）、《三十一国志要》（李提摩太）、《泰西新史揽要》（李提摩太）等。

　　此外，改良派和革命派在国内外创办的各类报刊也是传播西方法律文化的重要阵地。这些中国早期的报刊，或辟有法政专栏，或定期刊载介绍、论述西方法制的文章，是当时国人了解西法的主要窗口。如改良派创办的《时务报》、《湘学信报》、《国闻报》、《清议报》、《新民丛报》等，都大量刊登介绍和翻译西方法律的著作和文章。而在其出版的《质学丛书》、《西政丛书》、《西学富强丛书》、《续西学大成》和《新学大丛书》等书刊中，也都专设法政或法律一类，专门收编西方法律和法学译著。⑥

---

①　参见张晋藩：《中国法律的传统与近代转型》，369～371 页，北京，法律出版社，1997。
②　同上书，367 页。
③　http://www.chzzz.com/shiliangcai-shengbao.htm。
④　参见张晋藩：《中国法律的传统与近代转型》，368 页，北京，法律出版社，1997。
⑤　马敏：《〈万国公报〉与晚清中西文化交流》，载《书屋》，2002（11）。
⑥　参见张晋藩：《中国法律的传统与近代转型》，369 页，北京，法律出版社，1997。

（三）出洋留学考察西方法律文化

海禁大开以后，清廷不仅派遣留学生去日本或西洋学习法律，还派员出国考察法政，允许官员自费出访考察。随着中西交流的增多，国人对西方法律文化的兴趣日浓，自费出洋学习法律或流亡海外的青年学生专攻法律逐渐成为一种风气。

在早期中国留洋学生中，最出色的莫过于容闳。被誉为"中国留学生之父"的容闳于1847—1854 年在美国耶鲁大学学习，1876 年被授予耶鲁大学法学博士学位[①]，是第一位在美国一流大学获得学位的中国留学生。他认为中国之所以落后、腐败，主要原因在于教育制度的落后，因此希望"以西方之学术灌输于中国，使中国趋于文明富强之境"[②]。1868年，早已学成归国的容闳向江苏巡抚丁日昌提出了派遣学生出国留学的计划。1870 年，经曾国藩向清廷奏准，制定了《挑选幼童前赴泰西肄业章程》12 条，于1872—1875 年连续 4年向美国共派遣 120 名留学生。1877 年，清廷又议定了《选派船政生徒出洋肄业章程》10条，于1877—1886 年分 3 次向英、法、德等欧洲国家派遣了 77 名留学生，主要学习海军、造船、建筑、法律等科目。[③] 这些学生回国后，大都成为北洋水师的主要力量，有的还成为维新运动的领导者。严复便是其中的佼佼者，在英国皇家海军学院除学习海军专业外，还潜心研读西方哲学、政治学、法学著作，并到英国法庭考察审判过程[④]，作中西法制比较，后来成为中国近代最出色的翻译家和启蒙思想家。

中国人留学日本虽然起步晚，但影响却不可低估。1896 年，清廷开始向日本派遣官费留学生，到 1900 年尚不足百人，而到 1906 年已达 8 000 人，而且这些学生中有一半以上选择学习法律、政治、军警等专业[⑤]，足以说明当时国人对日本效法泰西进行变法以致国富民强的经历是何等地瞩目和向往。日本东京法政大学曾特设法政速成科，专教游学日本的中国官绅学习法律。6 个月为一学期，学满 3 个学期即可毕业。所学科目分 4 科：法律、政治、理财和外交。所聘各科教习皆为日本最著名的教授。授课时由教习用日语讲授，再由毕业于法政大学的中国优秀留学生作中文口译。除授课学习外，速成科还经常组织学生去日本各司法行政部门及公私企业进行参观考察。[⑥] 这些学习内容和留日经历都对清政府效法日本进行变法产生了重要影响。

除官派留学生外，自费留学西洋学习政治法律的中国青年更是对西方法律文化充满热情和向往。在这些人中，后来的修订法律大臣伍廷芳无疑是其中最负盛名的。伍氏于1874年赴英国留学，号称是"中国近代自费留学的第一人"[⑦]。在伦敦林肯法律学院学习期间，他系统学习了英国法，所修课程包括契约法、侵权行为法、信托与衡平法、刑法、诉讼法、

---

① 参见中新网：http://www.chinanews.com.cn/news/2004year/2004-05-18/26/437739.shtml。

② 容闳：《西学东渐记》。转引自钟叔河：《走向世界——近代知识分子考察西方的历史》，129 页，北京，中华书局，1985。

③ 参见李侃等：《中国近代史》，161～162 页，北京，中华书局，1994。

④ 参见http://www.beiyang.org/mrt/yanfu.htm。

⑤ 参见张晋藩：《中国法律的传统与近代转型》，376～367 页，北京，法律出版社，1997。

⑥ 参见（清）朱寿朋编、张静庐等点校：《光绪朝东华录》，光绪三十一年正月杨枢奏，北京，中华书局，1958。

⑦ 张礼桓：《从西方到东方——伍廷芳与中国近代社会的演进》，54 页，北京，商务印书馆，2002。

国际法等，于 1877 年获得法学博士学位，并取得英国出庭律师资格，成为第一个取得西方律师资格的中国人。他谙熟西方法律，正是洋务派所急需的人才，便很快得到李鸿章的重用。李鸿章称："泰西各国欺我不谙西律，遇事狡赖，无理取闹，折之以中国律例，则彼诿为不知，悍然不顾……此等熟谙西律之人，南北洋须酌用一二人，遇有疑难案件，俾与洋人辩论。凡折以中国律例而不服者，即以西律折之，所谓以彼之矛刺其之盾也。"①

海禁大开以后，清政府为了与列强交涉，更直接地了解西方社会政治法制状况，陆续向西方国家派遣外交使节以及其他官员。1866 年，清政府派斌椿率领的同文馆学生一行 5 人前往欧洲游历考察②，这是清政府首次派员赴泰西接触和了解西方文化。虽然此次考察由于斌椿等人见识有限，收获并不大，只有薄薄一册《乘槎笔记》，但毕竟这是近代中国知识分子最早亲历欧洲的记录。1868 年，清政府向西方国家派出第一个外交使团——蒲安臣使团。该使团是洋务运动兴起后，为应付日益增多的交涉事宜主动向西方国家派遣的。主办洋务的恭亲王奕䜣在 1867 年 11 月 27 日的奏折中表述了了解西方国情的意义："惟近来中国之虚实，外国无不洞悉；外国之情伪，中国一概茫然。其中隔阂之由，总因彼有使来，我无使往。以致遇有该使倔彊任性、不合情理之事，仅能正言折服，而不能向其本国一加诘责，默为转移。"③ 该使团在卸任美国驻华公使蒲安臣的率领下先后出使了美国、英国、法国、普鲁士、西班牙、俄罗斯等国，其重要成员之一志刚归国后撰写了《初使泰西记》一书，详细记述了使团在 1868—1870 年间历访美欧各国的经历和见闻，对西方的政治体制、法律传统、风土人情、价值观念等多有感慨。这段经历不仅开阔了满清官员的眼界，而且对志刚后来接任使事与俄罗斯外交部谈判时据理力争有直接影响。

清政府的驻外使节也是传播西方法律文化的重要力量之一。1877 年 1 月，作为钦差大臣出使英国的郭嵩焘抵达伦敦，成为中国第一位驻外使节。出使前，郭氏对西方国家的崛起已有一定程度的认识和了解，认为西洋的强大关键在其"政教"，而不是"商贾"和"造船制器"。在英国两年的实地考察，更让他坚信，西洋的富强就在于制度民主、法治完善。他认为，"法者，人已兼治者也"，"故法以绳之诸国，其责望常迫"④；主张部分地效仿西方国家的政教制度，尤其是君民共主的君主立宪制度。他的见识和主张远在当时绝大多数中国封建官僚之上，虽然未能在他有生之年得到统治者的采纳和国人的支持，但这些主张实为变法的先声。黄遵宪也是中国早期著名的驻外使节，他先后在日本、美国、英国、新加坡等地任参赞和领事等职，任职期间广泛收集日本及欧美政体和法制资料。他编著的《日本国志》详细介绍了日本的历史、政治制度和风土人情，期望清政府能够效仿日本明治维新进行变法。该书是维新派的一部很有影响的启蒙读物，被誉为"开启道路"之书。⑤

---

① 张礼桓：《从西方到东方——伍廷芳与中国近代社会的演进》，74～75 页，北京，商务印书馆，2002。
② 据载，斌椿一行自 1866 年正月 21 日离开北京，3 月 18 日到达马赛，在接下来的不到四个月时间里，先后考察了法国、英国、荷兰、汉堡、丹麦、瑞典、芬兰、俄国、普鲁士、汉挪威、比利时十一国。参见钟叔河：《走向世界——近代知识分子考察西方的历史》，66 页，北京。中华书局，1985。
③ 钟叔河：《走向世界——近代知识分子考察西方的历史》，80 页，北京，中华书局，1985。
④ 郭嵩焘：《伦敦与巴黎日记》。转引自张晋藩：《中国法律的传统与近代转型》，380 页，北京，法律出版社，1997。
⑤ 参见张晋藩：《中国法律的传统与近代转型》，381 页，北京，法律出版社，1997。

1905—1906 年，清廷为预备立宪而派遣载泽等五大臣出使欧美，考察各国宪政。这是有清一代级别最高、影响最大的一次出洋考察。五大臣兵分两路：载泽、尚其亨、李盛铎率员前往日本、英国、法国、比利时，戴鸿慈、端方率员前往美国、德国、奥匈、意大利等国。两队人马分别考察了日本和欧美各国的宪政制度及机构设置和运作情况，请相关人员进行讲解，收集了大量有关的政治和法律资料。五大臣归国后对西方各国宪政状况进行了详细分析和比较，其"立宪三大利"的结论直接影响了预备立宪和变法修律的进程。

（四）创办法学教育机构、聘请外国法律专家来华讲学

近代中国最初的法学教育是在西方传教士参与创办的西式学堂中进行的。1867 年，美国传教士、总教习丁韪良在京师同文馆讲授由他主持翻译的《万国公法》，使中国学生首次接触到西方各国普遍接受的、解决国际争端的国际公法。1881 年由美国传教士林乐知在上海创办的中西书院也在其第七年课程中开设万国公法。至 20 世纪初，包括上海震旦大学、圣约翰大学、沪江大学、广州岭南大学、南京金陵大学和北京燕京大学等教会大学都已陆续开设了西方法律课程。① 与此同时，清政府创办的公立学校也开始设置法律课程。被誉为中国近代第一所大学的北洋大学堂（1895 年兴办），聘请美国传教士丁家立（Charles Daniel Tenney，1857—1930）担任总教习。他仿效美国哈佛大学和耶鲁大学的课程模式设置了新的学制和课程体系，并在头等学堂设有法律、采矿冶金、土木工程、机械 4 科。② 1898 年在维新运动高潮中建立的京师大学堂则聘请丁韪良为总教习，也将法律教育的内容置于总体教育之中。③

修订法律馆成立后，为培养研究和执行新律人才，又先后建立了京师法律学堂和直隶法政学堂，并参照直隶法政学堂的模式逐渐在各省设立了法政学堂。各学堂的课程设置基本上以西方部门法为依据，大都采用英美教材以英语授课。④ 由于缺乏必要的师资，这些学堂大量聘请欧美和日本法律专家讲习法律，"这些人中有传教士，也有外国驻华领使馆人员，还有一部分是来华任教的外国专家学者"⑤。他们的讲解使学生不仅了解中西现行法律，也了解中西法律的沿革和精髓。⑥

上述活动使西方法律文化逐渐在中国传播，为清末及后来的法制变革打下了重要的思想文化基础。

二、西方法律文化对清末法制变革的影响

（一）推动了对传统法律的修改与更新

清廷于道光二十年（1840 年）、道光二十五年（1845 年）、咸丰二年（1852 年）和同治

---

① 详情参见何勤华：《传教士与近代中国法学》，载《法制与社会发展》，2004（5）。
② 参见袁天亮：《清末法学教育概况》，载《法制与社会发展》，2004（5）。
③ 参见何勤华：《传教士与近代中国法学》，载《法制与社会发展》，2004（5）。
④ 参见袁天亮：《清末法学教育概况》，载《法制与社会发展》，2004（5）。
⑤ 袁天亮：《清末法学教育概况》，载《法制与社会发展》，2004（5）。
⑥ 据《大清光绪新法令·修订法律大臣订定法律学堂章程》载，京师法律学堂 3 年所学科目中，第一年就包括大清律例及唐明律、罗马法、法学通论、历代法制沿革等。

九年（1870年）先后4次对《大清律例》进行了修订活动。这4次修订虽然只是按照依乾隆年间即已确定的"五年一小修、十年一大修"的原则进行的常规修订，手法也是惯常的续纂、修改、移并、移改和删除①，但在海禁大开、社会状况急剧变化的条件下仍保持经常化、规范化的修订尤其具有重要意义，因为它可以在保持律典基本内容和精神的前提下，"根据社会状况的变化随时对法律、政策进行调整，及时地将统治者的意志法律化"②。当然，随着内忧外患的加剧，自同治九年以后，清廷就顾不上这项工作了。直到1904年修订法律馆正式开馆办公，作为法律改革的第一步，或者说过渡步骤，才着手对《大清律例》进行全面修订，并在此基础上于1908年编成了《大清现行刑律》，1910年颁布施行。这部法典虽然在篇目和内容上仍未脱旧律的窠臼，民法、诉讼法等内容仍掺杂其中，但作为近代社会的产物，它已具有中西融合的特征，如名称已改为"刑律"，表明它试图实现部门法的分离。更重要的是，它对传统的犯罪与刑罚制度进行了较大的改革，在西方国家轻刑主义和人道主义思潮的影响下，废除了凌迟、枭首、戮尸、刺字等传统酷刑，以罚金、徒、流、遣、死五种近代刑罚取代了传统的笞、杖、徒、流、死五刑体系；对罪名的设置也注意到当时社会的现实，删除了"良贱相殴"、"良贱相奸"等体现封建等级的传统罪名，并参考西方国家刑法的有关规定，增加了"妨碍国交罪"、"妨碍选举罪"等新罪名。虽然它的实施时间很短暂，但仍不失为改良封建法律的典范。

（二）促成了宪制改革

宪制改革是清末变法修律的重要举措，也是修律的基础。1906年，清廷迫于西方列强和国内资产阶级立宪运动的压力而宣布"预备立宪"，次年改考察政治馆为宪政编查馆，负责编订宪法草案。虽然"预备立宪"早已被历史学界和法史学界定性为"政治骗局"，但它对于中国宪政史的影响却是深远的，并且直接影响了当时变法修律的进程和方向。在预备立宪过程中，根据五大臣对欧美各国宪政的考察分析及统治集团的利弊考量，最终选择日本明治宪制作为仿效对象，而未选择资产阶级立宪派所推崇的英国宪制。这不仅是因为日本这个面积小国战胜强大俄国的奇迹刺激了清政府，而且因为日本的二元君主制更符合清政府祈求"皇位永固"的宗旨。在统治集团看来，日本"立国之方，公议共之臣民，政柄操之君上，民无不通之隐，君有独尊之权"③，而英国"设官分职，颇有复杂拘执之处，自非中国政体所宜，弃短用长，尚须抉择"④。因此，1908年8月27日颁布的《钦定宪法大纲》（以下简称《宪法大纲》）以1889年《明治宪法》⑤为蓝本，实行二元君主制。《宪法大纲》的许多条文都直接采自《明治宪法》，如第1条"大清皇帝统治大清帝国，万世一系，永永尊戴"即脱胎于《明治宪法》第1条"大日本帝国由万世一系之天皇统治之"。但与《明治宪法》相比，其所规定的君主权力更加广泛、强大而无限制。

---

① 参见苏亦工：《明清律典与条例》，第八章第二节，北京，中国政法大学出版社，2000。
② 同上书。
③ 《清末预备立宪档案史料》，上册，6页，北京，中华书局，1979。
④ 同上书，11页。
⑤ 《明治宪法》作为日本的第一部宪法亦非日本独创，而是以1850年《普鲁士宪法》为蓝本制定的，其76条条文中直接抄袭《普鲁士宪法》的多达46条，只有3条（第1、31、71条）为其独创。参见由嵘主编：《外国法制史》，248页，北京，北京大学出版社，1992。

为了摆脱辛亥革命带来的统治危机，1911 年 11 月 3 日，清廷颁布了仅用 3 天草成的《宪法重大信条十九条》（以下简称《十九信条》）。与《宪法大纲》相比，《十九信条》更多地接受了英国宪法的影响，采用了英国式的虚位君主立宪制，形式上限制了皇权，扩大了国会的权力；实行责任内阁制，总理大臣由国会公选，而其他国务大臣由总理大臣举荐。然而，《十九信条》对英国宪制仍然有很大的保留或者说抵触，既未规定皇帝命令须出内阁副署，也未规定内阁对国会的不信任投票权。这些漏洞恐怕很难用"当时的起草者还没有透彻地了解英国宪法精神"[1] 来解释。

（三）促成了西式法典的编纂

1901 年，清政府在内外夹击下被迫发布修律谕旨，次年设立修订法律馆，任命沈家本、伍廷芳为修订法律大臣，负责审订现行律例，在"参酌各国法律"的基础上，起草各部门法律草案。清政府继 1906 年宣布"预备立宪"后，次年改考察政治馆为宪政编查馆，命其负责编订宪法草案，并考核修订法律馆所订法律草案及各部院、各省所订各项单行法及行政法规，提请资政院（1910 年成立）审议，奏准皇帝谕令颁行。[2] 除前述《钦定宪法大纲》和《宪法重大信条十九条》外，至 1911 年，清政府已颁布《大清新刑律》（1910 年）、《钦定大清商律》（1904 年，由《商人通例》和《公司律》组成）、《破产律》（1906 年）、《大理院审判编制法》（1906 年）、《法院编制法》（1910 年）等法典法规，另有《大清民律草案》（1911 年）、《刑事诉讼律草案》和《民事诉讼律草案》（1910 年）及若干种《大清商律草案》由于清王朝的迅速崩溃或遭各种势力的阻挠而未及颁行。

《大清新刑律》是中国第一部现代刑法典，也是清末变法修律最重要的成果之一。它无论在结构、内容还是价值取向上，都明显地受到大陆法系国家刑法制度的影响。在结构上，它抛弃了封建法典的基本体例，而采用由 1791 年《法国刑法典》开创的近代刑法体例，由总则与分则两部分组成，但在总则与分则内容的编排上，更接近于 1871 年《德国刑法典》和 1907 年《日本刑法典》。[3] 在刑法原则方面，则在中国历史上首次明确规定了为近代各国刑法所普遍确认的"罪刑法定主义"，删除了传统的比附原则。《大清新刑律》第 10 条规定："凡律例无正条者，不论何种行为，不得为罪。"该规定从根本上否定了专制制度下的罪刑擅断和诏敕制罪。为进一步贯彻罪刑法定原则，该法第 1 条规定："本律于犯罪在颁行以后者，适用之。其颁行以前未经确定审判者亦同；但颁行以前之法律不以为犯罪者，不在此限。"这不仅体现了刑法不溯及既往的精神，而且还在一定程度上包含了从新兼从轻的含义。在刑罚目的方面，采纳了大陆法系刑法近代学派的预防主义和人道主义理念，其规定的正当防卫、紧急避险、缓刑、假释、宥恕、未遂以及对青少年犯实行感化教育等制度，都在一定程度上体现了特殊预防理论及人道主义考量。在刑罚体系上，在《大清现行刑律》的基础上又有了重大改革，完全采纳大陆法系以自由刑为中心的近代刑罚体系，规定主刑

---

① 何勤华、李秀清：《外国法与中国法——20 世纪中国移植外国法反思》，61 页，北京，中国政法大学出版社，2003。

② 参见曾宪义：《清末修律初探》，载《法律史论丛》，第 3 辑，北京，法律出版社，1983。

③ 参见何勤华、李秀清：《外国法与中国法——20 世纪中国移植外国法反思》，370～372 页，北京，中国政法大学出版社，2003。

由死刑、无期徒刑、有期徒刑、拘役和罚金组成，从刑则为褫夺公权和没收财产。虽然由于礼教派的强烈反对而在正文后附《暂行章程》5条，规定了一些传统的罪名和刑法适用特例，但从总体上看，它是受大陆法系国家，尤其是德、日刑法影响的产物。

1911年完成的《大清民律草案》虽然未及颁行，但对于民国时期的民法典的编纂有直接影响。这是中国历史上第一部民法典草案，史称"第一次民律草案"，或"民律一草"。当时的修订法律大臣俞廉三等人在《民律前三编草案告成奏折》中对该草案的立法宗旨进行了归纳："大清民律草案，注重世界最普遍之法则，原本后出最精确之法理，求最适合于中国民情之法，期于改进上最有利益之法。"① 可见该草案在起草过程中广泛研究和参考了世界各国的民法，而所谓"后出最精确之法理"，也无非是使德国民法得以恢宏的潘德克顿学说。具体来说，该草案中的外国法影响主要表现在以下几个方面：首先，其制定是在日本法学家的直接参与下进行的，尤其是前三编，完全是日本法学家松冈义正执笔起草的，后两编的起草工作虽由礼学馆主持，但也是在松冈义正的协助下进行，可见日本法的影响之深。其次，结构上采用了德、日等国民法典一致采用的五编制，各编依次为总则、债权、物权、亲属和继承，顺序与《德国民法典》一致，而未像《日本民法典》那样将物权置于债权之前。再次，在基本原则方面，充分吸收了各国普遍确立的民事权利平等、所有权不受侵犯、契约自治、过失责任等原则。此外，在具体制度上也大量移植了外国法。如法人制度、法律行为、意思表示、时效、代理、债权与物权的划分、物权的分类、不动产质权等，都明显来自德、日民法的有关规定。当然，在移植外国法过程中，也存在某些囫囵吞枣、盲目照搬的问题，其中最为后世学者诟病的恐怕就是对传统典权制度的断然抛弃了。有些学者认为这是出于对日本学者认为典权就是不动产质权的观点的误信，因此才仿效日本民法只设不动产质权。② 同时，该草案也并非完全是西方民法的简单翻版，在亲属与继承法领域保留了大量立足传统的法律制度，如家族制度、同姓不婚、宗祧继承、继承权不得抛弃等。

在商法领域，清末制定的法律或草案也都是受外国法影响的产物。如1903年《商人通例》仿照大陆法系国家尤其是《日本商法典》总则的内容，规定了商人、商业能力、商号、商业账簿等制度；《公司律》完全继受了大陆法系国家通行的分类方法，将公司分为合资公司、合资有限公司、股份公司、股份有限公司4种。这些规定在很大程度上规范了中国商业企业的发展，对传统的"重农抑商"观念是重大的突破。1908年开始起草的《大清商律草案》由日本法学家志田钾太郎执笔，故被称为"志田案"。该案以日、德商法为蓝本，分总则、商行为、公司律、票据法、海船律5编。该草案由于过多地移植外国商法，不符合中国的商业习惯，遭到农工商部的抵制。

诉讼法领域受外国法的影响也非常深。1906年拟成的《大清刑事民事诉讼法草案》是中国历史上第一部诉讼法草案，它一改诸法合体的传统，将程序法从实体法中独立出来。但它没有完全按照大陆法系的"六法"体系对刑事诉讼与民事诉讼分别立法，而是考虑到中国刑事诉讼与民事诉讼完全由同一机构审理的习惯，将其合在一起加以规定。"由于负责

---

① 转引自张晋藩：《中国法律的传统与近代转型》，450页，北京，法律出版社，1997。
② 参见何勤华、李秀清：《外国法与中国法——20世纪中国移植外国法反思》，226页，北京，中国政法大学出版社，2003。

起草的伍廷芳曾留学英国，对英美法较有研究，因而该草案的内容多采自英美法，与大陆法国家的程序法有所不同。"① 例如在采用职权主义庭审方式的同时，更多地参考了英美的当事人主义，注重言辞辩论，关注当事人诉讼权利的保障，引入英美的律师制度和陪审制，等等。在1911年编成的《刑事诉讼律草案》和《民事诉讼律草案》中，考虑到《大清新刑律》等实体法已经采纳了大陆法模式，放弃了原来试图引入的英美诉讼法，较多地参照了德国、日本、奥地利等大陆法系国家的相应法律。这两部草案分别由日本法学家冈田朝太郎和松冈义正协助起草，大陆法的影响可见一斑了。在刑事诉讼中职权主义倾向更加明显，还引入大陆法系的检察制度、预审制度和审级制度等。

清王朝的迅速崩溃，使许多法案不得颁行，即使颁行亦得不到切实的贯彻执行。从这个角度说，法律改革是彻底失败了。不过，清末的改革仍是可贵的，毕竟它使中国的法律摆脱了诸法合体的封建形式，赋予中国法律以大陆法式的"六法"体系，在现代化的道路上迈出了艰难的第一步。更重要的是，它奠定了中华民国法制的基础。

(四)　推动了司法制度的改革

中国历来无司法、行政之分。地方法官由行政长官兼任，审判断案的衙门与其说是法院，不如说是官府。中央虽有专职的司法机构，但从未获得独立于行政的司法权，皇帝始终是司法权的最高执掌者。鸦片战争以后，随着领事裁判制度和会审公廨制度的确立，西方的司法审判制度深深地影响了清末司法机构的活动。同时，随着西方法律文化的传播，司法独立、文明司法等观念深入人心，为司法制度的改革提供了思想基础。1906年9月，清廷宣布"仿行预备立宪"，实行司法与行政分立，开始进行司法改革。同年11月，改刑部为法部，执掌全国司法行政；改大理寺为大理院，作为最高审判机关；取消都察院，在法部设总检察厅，作为最高检察机关。至此，正式废除了中国传统的三法司制度。但由于清廷在官制改革方案中对法部与大理院权限划分含混不清，造成法部与大理院在权限认识上的严重分歧，引起所谓"部院之争"。这场争论表面看是法部与大理院对"司法"与"审判"的认识差异，实则是坚持行政对司法进行监督的传统还是维护司法独立的法治精神之间的冲突。最终清廷以大理院正卿沈家本和法部右侍郎张仁黼对调任职的政治手段平息了争论，表明最高统治者在当时最关注的并非司法权本身的性质问题，而是自身的权威问题。

1906年12月，清廷颁布了以京师为适用对象的《大理院审判编制法》。该法仿照日本法院组织法，规定设立京师高级审判厅、京城内外地方审判厅和京城分区城谳局三级审判机关，实行四级三审制。各级审判厅均分民事、刑事二类，分理民刑案件；大理院和各级审判厅均实行合议制，城谳局可独任审判；各级审判厅内设检察官，实行审检合署。最值得注意的是，该法首次以法规的形式肯定了"司法独立"原则，其第6条明确指出："自大理院以下及本院直辖各审判厅、局，关于司法裁判，全不受行政衙门干涉，以重国家司法独立大权，而保人民身体财产。"虽然该法只是过渡性的法规，但这些规定为司法权摆脱行政权的干预、实现司法独立奠定了重要基础。

由于《大理院审判编制法》仅适用于京师地区，修订法律馆于1907年9月拟成了《法

---

① 曾宪义主编：《新编中国法制史》，391页，济南，山东人民出版社，1987。

院编制法》，经宪政编查馆审核后于 1910 年 2 月颁布施行。该法以日本《裁判所构成法》为蓝本，规定审判机关为初级审判厅、地方审判厅、高级审判厅和大理院，实行四级三审制，并对各级审判厅的组织和权限、检察厅的职责权限、法庭秩序和审判用语等作了详细规定，而且更加明确地规定了"司法独立"原则。

三、清末移植西方法律文化的基本原因

1. 传统法律无法适应社会经济发展的需求

19 世纪中叶，中国的封建统治已江河日下、岌岌可危。天灾人祸不断，经济日益衰退，人民起义频繁。恰在此时，西方列强的坚船利炮轰开了中国的大门，强迫清政府签订了一系列丧权辱国的不平等条约。一向闭关锁国的清政府被迫取消海禁，给予西方列强以关税、贸易、领事裁判等一系列特权。西方列强则凭借这些特权向中国疯狂倾销商品，输出资本。外国资本的侵入，破坏了中国数千年来牢不可摧的自然经济基础，刺激了早已萌芽的商品经济的发展。然而，在列强的种种贸易、政治、司法特权之下，这种商品经济的发展是畸形的，它加速了中国变成西方资本主义国家原料产地和销售市场的过程。经历了两次鸦片战争后，中国已经完全被卷入世界资本主义市场。到甲午战争前夕，西方列强在中国设立了十几家银行，经营着十几家轮船公司，建立了上百家各种类型的工厂，这些机构和企业是列强进行商品输出和掠夺原料的重要工具。商品经济结构的改变必然带来社会关系的急剧变化，需要法律作出适时的调整。然而，儒家传统法律是在自然经济基础上形成的伦理法体系，其家族本位、否定个人权益的价值取向，其重农抑商、轻视私法调整作用的倾向，其维护贵族官僚特权、法律面前公开不平等的原则等，都显示了儒家传统法律与近代商品经济发展的极度不协调，更无力应付复杂的半封建半殖民地社会经济发展需求。

2. 西方列强的威逼利诱

在与中国签订了一系列不平等条约后，西方列强为了更好地保护本国的长远利益，希望中国参照西方法制进行彻底改革，以便与西方法制相协调。于是，列强一方面继续以武力相威胁，强迫清政府维护其特权，接受其旨意；另一方面，又以放弃领事裁判权相利诱，迫使清政府按照西方法律模式改造传统法律，实行所谓的"泰西主义"。

从清政府的立场来看，不平等条约的条款中最无法接受的就是治外法权。它不仅让这个礼仪之邦丢尽了脸面，而且给国人声讨政府留下口舌。所以，清政府曾努力收回治外法权。1901 年签订的《中英续议通商行船条约》首次体现了清政府企图收回治外法权的决心，其中的第 12 款规定："中国深欲整顿本国律例，以期与各西国律例改同一律，英国允愿尽力协助以成此举。一俟查悉中国律例情形及其审断办法，及一切相关事宜皆臻妥善，英国即允弃其治外法权。"[①] 之后，又与美、日、葡等国订立了类似条约。对于西方列强的虚伪允诺，中国的革新派人士深信不疑，还为列强的举动辩解，认为列强之所以攫取领事裁判权，是因为西方的法律较轻而中国的传统法律偏重，甚至积极配合列强促成此事。修订法律大臣伍廷芳、沈家本曾表示："综而论之，中重而西轻者为多……故中国之重法，西人每訾为不仁。其旅居中国者，皆藉口于此，不受中国之约束。夫西国者重法权，随一国疆域

---

① （清）朱寿朋编，张静庐等点校：《光绪朝东华录》，第 5 册，"光绪二十八年八月"，北京，中华书局，1958。

为界限，甲国之人侨寓乙国，即受乙国之裁判，乃独于中国不受裁判，转予我以不仁之名。此亟当幡然变计者也。方今改订商约，英、美、日、葡四国，均允中国修订法律，首先收回治外法权，实变法自强之枢纽，臣等奉命考订法律，恭绎谕旨，原以墨守旧章，授外人以口实，不如酌加甄采，可默收长驾远驭之效。"① 可以说，列强的威逼利诱，正是促成中国移植西方法律进行变法的催化剂。

3. 巩固皇位的需要

就清政府而言，变法虽然是不得已而为之，但从统治者方面看，亦有使"皇位永固"的打算。鸦片战争以后，内乱外患不止。有识之士一再呼吁变法，以实现富国强兵。但以慈禧为首的顽固不化的清政府却奉行"宁肯亡国，不可变法"和"宁赠友邦，勿予家奴"的卖国政策。在清政府看来，"太平军和捻军是心腹之害，蚕食中国领土的俄国是肘腋之忧，而以暴力要求贸易的英国只不过是肢体之患"②。因此，将全部力量都用在对付各地人民起义上，并竭力阻挠改良派的变法。及至甲午战争遭到惨败，戊戌变法和义和团运动被残酷镇压，革命派推翻清王朝的威胁日益逼近时，慈禧才宣布"变通政治"，实行新政。但清政府对变法内容并不关心，连起码的改革方案都没有，更不用说具体措施步骤。直到1905年日俄战争结束，实行君主立宪的日本大获全胜，清政府眼见专制统治下的俄国遭到惨败的下场，才不得不接受立宪派的主张，取法日本，实行预备立宪。但是，清政府并不打算全面实行立宪，全面改革旧制，而是幻想通过预备立宪的形式，平息国内人民的怒火，迎合西方列强改良法制以保护其切身利益的愿望，最终达到维护大清王朝永久统治的目的。这个根本动机在载泽等五大臣考察各国宪政后得出的"立宪三大利"结论中可见一斑："皇位永固"、"外患渐轻"、"内乱可弭"。变法之所以有这样的政治需要，与中国几千年的传统专制体制有关。自秦始皇统一六国以来，中国便建立起高度集中的一元化专制政体，皇帝的意志就是国家的意志，皇帝的利益高于一切。在这个政体之下，一切异己的力量都将被铲除，一切怀疑皇权的思想都将被清算。而西方法律文化所体现出来的民主、自由、平等精神无疑是对皇权的极大挑战，清政府自然无法全面接受这种法律文化。只有在确定变法并不会从根本上危及皇权，而且在当时社会环境下还有利于巩固皇权的情况下，清政府才允许变法。

第三节
民国时期西方法律文化对中国的影响

民国的建立，扫去了帝制时代的思想禁忌，解除了清末以来法制变革的枷锁，西方法律文化在中国的传播渐成澎湃之势，并对中国法学的培植乃至制度的建构产生了较之晚清

---

① （清）朱寿朋编，张静庐等点校：《光绪朝东华录》，第 5 册，"光绪二十八年八月"，北京，中华书局，1958。

② ［美］费正清主编：《剑桥中国晚清史》（1800～1911），上卷，274，北京，中国社会科学出版社，1985。

更为深远的影响。

一、西方法律文化传播的途径及对民国法学的影响

（一）西方法律文化传播的途径

与清末时期相比，西方法律文化的传播途径并未发生实质性变化，但其中许多媒介发挥的作用更深入、更广泛了。

1. 法政杂志的兴盛

进入民国，报刊仍然是传播西方法律文化的主要途径之一。仅就学术性的刊物而言，据粗略统计，从清末到 1949 年，陆续创办的法政杂志大约有一百五十种，其中，清末创办的仅二十余种，民国初年至 1926 年创办的增至三十余种，而 1927 年至 1949 年创办的则有九十余种。[①] 民国初年至 1926 年，主要的法政杂志有：《言治》（北洋法政学会，1913 年）、《宪法新闻》（北京宪法新闻社，李庆芳，1913 年）、《法政学报》（北京法政同志研究会，1913 年）、《宪法公言》（北京，秦广礼，1916 年）、《政法学会杂志》（北京，政法学会，1917 年）、《法学季刊》（东吴大学法学院，1922 年）、《法律评论》（朝阳大学法律评论社，1923 年）等。1927 年至 1949 年，主要有：《上海法科大学月刊》（1928 年）、《中央大学法学院季刊》（1930 年）、《现代法学》（上海现代法学社，郭卫，1931 年）、《法学专刊》（北平大学法商学院，1933 年）、《震旦法律经济杂志》（上海震旦大学法学院，1944 年）、《新法学》（月刊，上海新法学社，1948 年）等。

在这些刊物中，对传播近代西方法学贡献最大的，是《法律评论》和《法学季刊》。《法律评论》于 1923 年 7 月 1 日由朝阳大学创办，自发刊起，就成为北方宣传西方法律知识和法学观的主要阵地。利用这个阵地，法国法律专家爱斯嘉拉，日本法律专家今井嘉幸、三宅正太郎、柏田忠一，以及一大批中国著名法学家如江庸、罗鼎、吴昆吾、谢光第、王凤瀛、胡长清、陈俊三、王去非、杨鹏、徐恭典等，都纷纷撰写文章，阐述西方法律知识，传播西方法学观念。许多文章，如《新宪法论》（吴昆吾）、《法律思想之发达》（陈俊三）、《各国法学思潮之变迁》（王凤瀛）、《近代刑事学说及学派之变迁》（王去非）、《诚实信义与契约自由》（杨鹏）、《日本宜率先撤废对华领事裁判权》（柏田忠一）等，都成了国人了解西方法律知识和法学观念的经典作品。《法学季刊》由东吴大学法律学院创办，该刊发表的众多有质量的论文中，比较系统地传播西方法学观的占有相当之比例，如吴经熊的《斯丹木拉之法律哲学及其批评者》（1923 年）、丘汉平的《现代法律哲学之三大派别》（1923 年）、庞德的《英美普通法之精神》（盛森璇译，1932 年）、凌其翰编译的《狄骥的著作及其学说》（1932 年）、刘季涵等编译的《奥斯丁法律与主权学说》（1933 年）等。[②]

2. 法学著述的繁荣

西方法学的传播始于晚清，但直至民国，方才结出丰硕的果实——近代法学作为一种学术传统的确立，其主要标志之一就是有质量的法学著述的产出和日渐繁荣。

---

① 参见程燎原：《中国近代法政杂志的兴盛与宏旨》，载《政法论坛》，2006（4）。

② 参见何勤华：《中国法学史》，第 3 卷，22～23 页，北京，法律出版社，2006。

据不完全统计，1911—1949 年出版的法学著作、译作有四千三百余种之多，其中 1927 年以前出版的不足三分之一。① 从其范围看，法学研究已不再满足于翻译、介绍外国法制，而开始对各部门法进行系统研究和探讨。各部门法学的分野虽然在清末变法时便已见端倪，然而其发展和成熟则是在民国时期，尤其是宪法学、行政法学、民法学、商法学、刑法学、诉讼法学、国际法学、比较法学、法哲学、法律史学等学科都得到了长足的发展，研究成果也是种类繁多。例如，仅是宪法方面的著、译作就有近三百种②，这还不包括各种宪法汇编或释义、草案之类。所涉及的内容更是五花八门，既有宪法学原理，又有宪法史、比较宪法学，还有对宪法基本问题的专题论述，甚至还有的按照自己对宪法的理解和设想私拟出许多宪法草案。再如比较法学，清末民初时只是比较粗略地介绍各国法学理论，而此时已经转向对比较法基础理论问题的研究以及对各国的部门法进行比较研究，而且比较法还作为一门学科在一些法律院系开设。

在这些著作之中，译著仍然占有相当的分量，其中富有影响的主要是：〔日〕穗积陈重著《法律进化论》（黄尊三等译，商务印书馆 1934 年版）、〔日〕宫本英雄著《英吉利法研究》（骆通译，上海商务印书馆 1934 年版）、〔英〕戴雪著《英宪精义》（雷宾南译，上海商务印书馆 1935 年版）、〔日〕美浓部达吉著《公法与私法》（黄冯明译，商务印书馆 1937 年版）、〔美〕孟罗·斯密著《欧陆法律发达史》（姚梅镇译，商务印书馆 1943 年版）等。

同时，国内学者自行撰写的介绍和研究西方法学的作品也日益增多，其中比较重要的有：黄右昌著《罗马法与现代》（京华印书局 1915 年版）、周鲠生著《国际法大纲》（商务印书馆 1929 年版）、吴经熊著《法律哲学研究》（上海法学编译社 1933 年版）、丘汉平著《法学通论》（上海商务印书馆 1933 年版）、张知本著《宪法论》（上海法学编译社 1933 年版）、王世杰、钱端生著《比较宪法》（上海商务印书馆 1936 年版）等。

3. 法律教育的发展

民国初期曾经出现一波法律教育的热潮，各地法政学堂蜂起，此后历经北洋政府和南京国民政府的整顿，法律教育逐渐走上比较规范的发展道路。但从始至终，民国时期的法律教育一直带有浓厚的移植色彩，从当时教育机构的教育模式、教师的来源、课程的设置以及教材的选择等方面来看，西方法律文化的影响无处不在。而西式法学教育的勃勃发展又为西方法律文化的传播提供了更为广阔的空间和更加直接的渠道。

中国开办讲授近代法律的第一个教育机构是天津的北洋大学。早在 1895 年，学校的课程设置中即列有法律科目，并于 1905 年学校重整时由法律系开设。但是直到 1915 年或 1916 年左右，法律系才逐渐达到近代法学院的规格，当时有几位著名的外国律师受聘任教。入学条件为 3 年法律预科，并要熟练地掌握英语、法语或德语。课堂内容最初设定为 3 年，而后提高到 4 年，大抵以美国的法学院为蓝本。到 1918 年法律系停办，但拥有外文法律图书的颇具规模的图书馆依然保留在天津。

像北洋大学一样，清末民初各大学的法科和各法政学堂，其法律教育活动也受到欧美、日本各国的强烈影响。例如，在直属于法国天主教会的上海震旦大学（Aurora University），法国法（典）构成了震旦大学的教学基础，另外，在沪执业的法国律师亦襄助教学。学校

①② 参见北京图书馆等编：《民国时期总书目》，法律卷，北京，书目文献出版社，1990。

不只讲授法语和英语，而且大部分的法律教学用法语进行。再以北京法政专门学校为例，学校所用教材的 70％是从日文翻译过来的，有 60％的教员是留日学生。①

进入 20 世纪 20 年代～30 年代，东吴大学和朝阳大学的法律教育声名鹊起。东吴法学院为美国法律家所创办。起初，其学制和课程设置以美国的法学院为模式，采用 2 年大学加上 3 年法学的学制，授课内容也以英美法为主，采用判例教学法，教学活动大都由在沪执业的美国律师以及从美国法学院毕业学成的中国人承担。学院拥有一个组织完善的模拟法庭，还出版一份中英文合璧的法学杂志（季刊）。到了 20 世纪 30 年代末期，法学院最终迫于政府的命令而改设标准的 4 年制学程，这意味着东吴法学院逐步脱离美国的法学院模式而转向大陆制，但东吴法学院注重英美法和比较法训练的传统，仍在相当程度上保持着。与东吴大学不同，在朝阳大学的创办人和讲授专业的教师当中，留学日本的法科毕业生占有明显的优势，在大学创办的初期，还有几位日本的法学家在校任教。朝阳大学崇尚大陆法系的传统，教学注重实际，强调法律注释，实体法的课程体系都依据成文法典的条文为序。这种大陆法的教学风格在 20 世纪 40 年代后有某些改进，英美法系注重法律实务训练的教学方法，逐渐受到朝阳大学的重视。②

其他大学也体现出相同的风尚，都普遍开设了讲授外国法的课程。比如，在各大学的法律系里，差不多都有一门所谓英美法的课程，课程的目的不外乎两个：增进法律系学生读英文法律书的能力；使他们对于那与罗马（大陆）法系"分庭抗礼"的英国（英美）法系之基础观念和根本原则能有所了解。课程所用教本多为第一流的英文著作，如 Terry 的 *First Book of Law*、Pollok 的 *First Book of Jurisprudence*、Amos 的 *Science of Law*、Salmond 的 *Jurisprudence*、Robinson 的 *Elementary Law* 等等。③ 另如，罗马法、大陆法也是当时各大学法律教育中主要的法律课程。

其实，一方面，法学教育的发展本是受西方法律文化影响的结果之一，但另一方面，不断发展的法学教育也是进一步传播西方法律文化的重要途径和条件。全面开花的西式法学教育不仅使西方法律文化通过教学活动得到直接传播，也为中国培养了大批了解和掌握西方法律文化的人才。他们不仅成为日后传播西方法律文化的主力军，也成为日后实施西式法律的重要力量。

4. 外国人的直接参与

外国法律文化传播途径的进一步拓宽，还体现在外国法学家的直接参与上。进入民国以后，日本法学家有贺长雄（1860—1921），美国法学家古德诺（F. J. Goodnow，1859—1939）和威罗贝（W. F. Willoughby，1867—1960）、威罗璧（W. W. Willoughby，1867—1945）兄弟，法国法学家宝道（Georges Padoux，1867—？）、爱师嘉拉（Jean Escarra，1884—1955）、庞德（Roscoe Pound，1870—1964）等，先后受聘为北洋政府或南京国民政府的法律顾问，从事近代法律体系创建的事业。民国初期，承袭清末的传统，充任顾问的

---

① 参见刘伯穆：《中国的法律教育——现状、问题与方向》，载王健编：《西法东渐——外国人与中国法的近代变革》，490～492 页，北京，中国政法大学出版社，2001。

② 参见王健：《中国近代的法律教育》，236～258 页，北京，中国政法大学出版社，2001。

③ 参见梅汝璈：《梅汝璈法学文集》，322 页，北京，中国政法大学出版社，2007。

多为日本学者。20世纪20年代之后，美、法等国的法学家的影响上升，相继被聘为政府的法律顾问，他们当中有的（如爱师嘉拉）甚至工作了很长时间。但至南京国民政府时期，随着接受过西方法律训练的一代留学生陆续回国，以及朝阳、东吴等大学源源不断地培养出许多杰出的法律人才，中国自己的一批出色的法学家已经居于主导地位。但外国学者，如庞德等，仍就立法中的很多具体问题发表意见，提出草案或建议，对当时的立法工作继续发挥着重要的影响。

除受聘于政府，直接参与民国的法制建设以外，外国法学家在法律教育领域参与的程度更深，曾任各法科教育机构教师的外国人的身份也是多样的，有法官、律师和学者，其人数之多，在东西方文化交流史上也是十分罕见的。

在法学研究方面，除了译著之外，外国的法律专家还直接就中国法的发展发表意见，内容涵盖了立法、法律教育和法学研究等所有法律领域。例如，罗炳吉在《中国应当建立统一的法律体系吗》一文中认为，中国在20世纪前30年里一直致力于法律制度的重建和现代化，美国政府应当对于20世纪中国在改进法律方面的真诚努力以及其"改革其司法制度并使之与西方国家接轨的强烈愿望"给予具体的、实质性的承认，并沿着废止治外法权的道路迈出实际的一步。① 作为一个美国法官，不但肯定了中国法制建设的成就，而且建议美国给予实际回应，这在当时无疑还是有着非常积极的意义的。再如，庞德发表了《以中国法为基础的比较法和历史》一文，提醒中国的法学家和法官，"中国法典的解释和适用不一定非要借鉴其他国家对现代法典的解释和适用，甚或受其重大的影响。应当谨记的是，它们是中国的法典，是适用于中国人民的，规范中国人民的生活。进而言之，现代法律制度不止是由权威的法律规定和权威的技术组成的，也是由为人民所接受的权威理念所组成的"。"中国历史上发展出来的中国法律史和法律哲学，不仅能使通过比较法在冲突的解释和适用中作出明智的选择成为可能，而且也可以揭示更适合中国的方式。"② 庞德通过引入比较法的视角，批评了单纯模仿和固守传统两种教条主义，给当时的法律实践和法学研究指出了一条可行的道路。即使今天看来，这番话仍然不失启示意义。

（二）西方法律文化的传播对民国法学的影响

前述法政杂志的兴盛、法学著作的繁荣、法学教育的发展及外国人的直接参与，在某种程度上说不仅是西方法律文化传播途径的拓展，也是受西方法律文化影响的表现。除此之外，西方法律文化的广泛传播对于民国法学的发展产生的巨大影响还表现在如下几个方面：

第一，决定了中国近代法学的发展路径。中国近代的法学，主要是移植的产物。从法律用语来看，近代法学所使用的法言法语大抵是出于西方而译自日本；法律原则方面，主权在民原则、契约自由原则、罪刑法定原则、无罪推定原则，等等，显系出自西方；法律制度方面，总统制、内阁制、物权制度、辩护制度，等等，是中国以前从未有过的；至于部门法分立的法律体系，也是传统法制所陌生的。从法律教育和法学研究来看，从清末到

① 参见罗炳吉：《中国应当建立统一的法律体系吗》，载王健编：《西法东渐——外国人与中国法的近代变革》，53~60页，北京，中国政法大学出版社，2001。

② 同上书，85~86页。

民国初期，它们一直是在西方法学主导之下进行的，教员多为外国专家或留学生，讲授和研究的内容多是外国法律，教材也主要由翻译而来。虽然 20 世纪二三十年代之后，随着近代法律体系的逐渐确立，法律教育和法学研究更多地开始关注本国法，但其理论来源和分析方法仍主要是承袭自西方。正如蔡枢衡先生所言："中国近代法学已有数十年历史。就其内容与实质言，纵谓中国尚无法学文化，似亦无过当之论。盖中国法学文化大半为翻译文化、移植文化。"移植的原因，则如陈寅恪先生所说："自道光之季，迄乎今日，社会经济之制度，以外族之侵迫，致剧疾之变迁；纲纪之说，无所凭依，不待外来学说之掊击，而已销沉沦丧于不知觉之间；虽有人焉，强聒而力持，亦终归于不可救疗之局。"① 传统法制原出于纲纪，在此巨劫之下，既已无可依恃，要救疗危局，也唯有移植一途了。

第二，培育出了新的法律职业阶层，即法官、律师以及法学家阶层。这对中国近代法的发展起到了关键的作用。中国很早就有专门从事法学研究的人。两汉出现不少专习法律、授徒讲学、子孙相传的法律世家。习法律的人地位相当高，做大官者不乏其人。但后代法学渐衰，唐、宋试士虽有明法一科，但不为人所重。明、清以八股取士，更无人读律，习法律的人只能从事以下职业：书吏，这些人社会地位很低，谈不上研究法律，只是粗知律例条文；刑名幕友，他们必须熟读律例，但其目的只在于佐东翁办案，谈不上系统地研究法学；讼师，他们熟习条文，善于舞文弄墨，从中取利，是一种不正当的职业。② 另外，中国古代司法从属于行政，也无独立的专职法官。而"在西方法律传统中，法律的施行被委托给一群特别的人们，他们或多或少在专职的职业基础上从事法律活动"；法律家或法学家，"都在一种具有高级学问的独立的机构中接受专门的培训，这种学问被认为是法律学问"；培训法律专家的法律学术机构与法律制度有着复杂和辩证的关系，"因为一方面这种学术描述该种制度，另一方面法律制度通过学术专著、文章和教室里的阐述，变得概念化和系统化并由此得到改造，如果不这样，法律制度将彼此分立，不能被组织起来"③。由此看来，谓中国近代的法官、律师及法学家阶层出于西方的法律传统也未为不可，它们经由长期的文化移植才出现在民国。法官、律师的出现，无疑有着关键的意义，因为"徒法不足以自行"，如果没有他们的运用与参与，新的法律制度将无法付诸实施。法学家们的作用也不亚于前者：一方面，西方法学的输入端赖于他们的辛劳；另一方面，他们还扮演着法律制度的塑造者以及法律实践的评判者的角色。更重要的是，正是经由他们的努力，一种新的法律文化才逐渐形成，才能传至并惠及我们的时代。

第三，促进了中国近代法学自觉的发展。近代法制和法学直接取自西方，但是这并不意味着中国应该无视自己的法律传统。事实上，"萨维尼（Savigny）以来的法学家已经指出一国的法律全部依赖他国是荒谬的。当两国的法律代表了完全不同的文明类型之时，这种荒谬就达到了极致。托克利（Turkey）最近指出，在本世纪（20 世纪——引者注）中国已经输入他国不少的法典。但是，仅仅输入法典并不能解决问题。在法制方面，中国需要改造和更新自己历史悠久的法律制度，祛除在漫长的世纪中的积淀而保有其实体中好的和有

---

① 《陈寅恪先生全集》，下册，1441 页，台北，里仁书局，1979。
② 参见《瞿同祖法学论著集》，411～414 页，北京，中国政法大学出版社，1998。
③ ［美］哈罗德·J·伯尔曼著，贺卫方等译：《法律与革命》，9～10 页，北京，中国大百科全书出版社，1993。

用的部分"①。庞德也指出，研究中国法律史对于法律的适用具有重要的作用。虽然外国专家的呼吁对中国法学家产生的影响不容易确定，但是无疑的，中国的一些法学家自己也具有这样的自觉意识，即在取法西方的同时，还应该研究本国的法律传统。例如，在谈到南京国民政府时期的民法时，居正曾指出："因我国民法大部分根据德瑞民法订正之故，学者以我国风俗人情与德瑞大异，每有削足适履之议，然此各国草创法典同具之现象，非我国所独有也。惟今后欲改善我国民法，则不得不多根据我国民族精神以从事焉。然欲根据我国民族精神改善我国民法，则整理中华法系之工作不可少矣。盖中华法系之精神，不啻我民族精神表现也。"②

二、西方法律文化对民国立法的影响

（一）南京临时政府时期

南京临时政府的法制建设应该说是革命性的，它没有按照清末既定的方向进行，即以"不戾乎礼教民情"为前提效法西方法制，而是试图以资产阶级法律体系彻底取代封建法律体系。它在短短 3 个月内颁布了《中华民国临时政府组织大纲》（1911 年 12 月）和《中华民国临时约法》（1912 年 3 月）等重要法规，以及一些发展资本主义、禁止刑讯体罚、保障人权、革除陋习的令人耳目一新的法令，其中很多法律制度都是深受外国法影响的结果。

例如，《临时政府组织大纲》关于未来中央政府的体制设置就仿照美国宪法而采用了总统制共和政体。与《临时政府组织大纲》相比，《临时约法》受西方宪法文化的影响更深，其规定更加系统：第一，《临时约法》受法、美等国宪法中的权利宣言的影响，设置了"总纲"，规定了主权在民等原则，并在"人民"一章专门规定人民的权利和义务；第二，《临时约法》仿照法国宪法采用了责任内阁制。除此而外，受欧美各国宪法影响，《临时约法》比较彻底地采用了三权分立原则，它规定：中华民国以参议院、临时大总统、国务员、法院，行使其统治权。立法权由参议院行使，国务员辅佐临时大总统行使行政权；法院行使司法权。这些规定在中国确实是史无前例的，对封建专制体制是彻底的颠覆。

此外，南京临时政府还制定了《中华民国参议院法》、各部局的组织法规、《暂行印花税法》等财政金融法规以及许多经济管理法规等，这些法规几乎都是参照和斟酌各国法律而拟定的。

（二）北洋政府时期

从 1912 年至 1927 年，为了奠定自己统治的合法性根基，北洋军阀各派势力进行了频繁的制宪活动。在此期间出台的宪法性文件，主要有 1913 年的《天坛宪草》、1914 年的《中华民国约法》、1919 年的《中华民国宪法草案》、1923 年的《中华民国宪法》、1925 年的《中华民国宪法草案》等。在制定宪法的过程中，各政治派别纷纷提出了自己的主张，并援引欧美各国的宪法理论和制度来为自己辩护。虽然这并未能促成宪政，但是这期间的争辩

---

① 罗炳吉：《中国法律导论》，载王健编：《西法东渐——外国人与中国法的近代变革》，51 页，北京，中国政法大学出版社，2001。

② 陈朝璧：《罗马法原理》，"居序"，北京，法律出版社，2006。

对于引进西方的宪法理念和制度还是有一定意义的。

在民法方面，晚清曾于宣统三年（1911年）完成一部《大清民律草案》，即所谓"民律一草"，但由于清王朝的灭亡而搁置。北洋政府成立后，继续从事法典编纂事业，并于1925—1926年完成了民律总则、债、物权、亲属、继承各编草案，但也未能成为正式民法典，因此学者称之为"民律二草"。"民律一草"主要模仿日本、法国，偏重个人利益，而"民律二草"则参照各国最新立法例，尤其是德国、瑞士民法，偏重社会本位。

在刑法方面，由于民国成立后，立法事业非仓猝可就，于是将《大清新刑律》稍作删改，定名为《中华民国暂行新刑律》，于1912年4月30日公布施行。《大清新刑律》采用了日本、德国刑法典的体例，分为总则与分则两编，有关罪名、刑罚等具体制度方面，也主要是取自西方。北洋政府又于1915年和1919年，先后两次提出刑法修正案。第一次修订迎合袁世凯之意旨，内容多有守旧、倒退之处。第二次修订，则因时势变迁，一改第一次修订时的守旧态度，更多地吸收了近代西方国家的刑法制度。例如，《暂行新刑律》在时间效力方面，实行从新原则，而第二次修正案吸收西方法律原则，改为从新、从轻原则，更多地体现罪刑法定原则的要求。

在诉讼法方面，1921年，北京政府完成了《民事诉讼法草案》，后改为《民事诉讼条例》，于1922年7月1日起全国施行。《民事诉讼条例》较多参采了晚出的奥地利、匈牙利两国民事诉讼法，并兼采英美法，矫正了过多参照德国法的缺点。刑事诉讼方面则以仿照德、日刑事诉讼法为主。

（三）南京国民政府时期

虽然南京国民政府时期在政治上是中国近代史上比较混乱的时期，但也应该承认，南京国民政府在内外各种压力下，在法制建设方面还是做了许多工作，使清末即已进行的法制变革得以继续和深入。在其法制建设过程中大量参考和移植了外国法律文化，建立起比较整齐的资产阶级法律体系。

南京国民政府时期的宪法，是根据国民党的政治纲领来设计的，这与北洋政府时期以参照外国模式为主有很大不同，但是，外国宪法文化的影响仍然是不容忽视的。例如，在政体问题上，当时的国民党人士"以为政府之权力，宜如英制，但不要对议会负责。总统之地位，宜如美制，以防止政府动摇"[1]。而一些民主人士认为，中国仿行英制的条件不足，美制总统权力又太大，所以主张在这两者之间达到平衡。最终，这种主张基本上被采纳，1947年公布的《中华民国宪法》因而确立了介于总统制与内阁制之间的折中制。

南京国民政府制定的民法典，在内容上受外国法律文化影响之深早由吴经熊一语道出："我们试就《新民法》从第一条到第一二二五条仔细研究一遍，再和《德意志民法》及《瑞士民法》和《债编》逐条对校一下，倒有百分之九十五是有来历的，不是照帐誊录，便是改头换面！"[2]

刑事立法方面，南京国民政府成立不久，即将北洋时期的《刑法第二次修正案》略加

---

① 陈茹玄：《中国宪法史》，259页，台北，文海出版社，1984。

② 吴经熊：《新民法和民族主义》。转引自杨鸿烈：《中国法律思想史》，314页，北京，中国政法大学出版社，2004。

删修，于 1928 年公布施行。可以说，这部《刑法典》实际上是北洋时期移植外国法而产生的晚熟的果实。1931 年，南京国民政府组织刑法起草委员会，开始起草新刑法。在旧刑法的基础上，新刑法又广泛吸收了外国最新的立法经验，如广泛采纳了大陆法系的刑事社会学派的学说，更多地贯彻了主观主义和刑罚个别化理论，而"保安处分"一章的设置，尤为立法者追随最新国际刑事立法精神的显著表现。当然，保安处分后来在实践中被滥用，成了国民党政府用来对付共产党和革命人士的工具。

从整体上看，1932 年公布实施的《民事诉讼法》主要仿自日本，主要采用了纠问式的诉讼方式。在此基础上，南京国民政府参照各国最新的立法例，吸收了英美法系抗辩式诉讼方式的长处，于 1935 年公布实施了新的《民事诉讼法》。1935 年的《刑事诉讼法》也大量移植了日本法的规定，比如，有关法院管辖、法院职员的回避等规定基本上都照搬了日本法的相关规定。

三、西方法律文化对民国司法制度的影响

（一）法院组织、检察制度与律师制度

依三权分立的原则，《临时约法》确立了法院在国家机关中的独立地位，规定法院依法行使审判权，并确立了法官独立的原则和法官的身份保障制度，这就为司法独立原则提供了明确的宪法性依据。《临时约法》的这种制度设计在北洋政府时期得以延续下来，其结果是发挥了一种立法者未曾预料到的作用——为以司法权维系国家某种形式上的统一提供了制度上的依据。

因南京临时政府无暇制定法院组织法，这项任务便落在北洋政府头上。北洋政府初期，司法部将清末的《各级审判厅试办章程》略加删修，于 1913 年呈准政府通饬施行，确立了四级三审的审级制度。1915 年，北洋政府将清末的《法院编制法》修正刊行，并于 1916 年再次予以修正。清末《法院编制法》主要是参照日本《裁判所构成法》制定而成，审判衙门等级采德、日制，分为初级审判厅、地方审判厅、高等审判厅、大理院，采取四级三审制。修正时虽删去了初级审判厅的规定，但于地方审判厅内设立简易庭，同时又设立了兼理司法法院或县司法公署，所以四级三审制的实质仍然存在。

南京国民政府初期，继续沿用北洋时期的四级三审制。但不久，根据 1930 年中央政治会议第 231 次会议决定的《法院组织法立法原则》，1932 年公布的《法院组织法》改行三级三审制。此后数年，因诉讼案件大量增加，法院难以应付，于是有人主张废除三审制，他们认为：三审制足以增加讼累，害多而利少；西洋重要国家如英法等皆采二审制，我国不应立异；三审制乃联邦制国家如德美等所采行，而我国系单一体制，宜予以废除。但也有人提出反对意见，如杨兆龙先生即指出：下级法院还不是很完善，为保障人民权利，三审制仍有存在的必要；英国的诉讼程序并不以二审为限，至于法国，则二审制更属有名无实；德、美两国的三审制与联邦体制也没有不可分的关系。因此，根据我国现实及各国的经验，三审制也不宜废除，只是为消除讼累，可以适当地借鉴三级两审的精神。[①] 因反对者的理由

[①] 参见《杨兆龙法学文选》，226～234 页，北京，中国政法大学出版社，2000。

更为充分，所以废除论者的主张并未对三审制的适用有所撼动。

受大陆法系国家的影响，在普通法院之外，民国时期尚有行政法院之设。在南京临时政府时期，就成立了平政院。《临时约法》第 10 条规定："人民对于官吏违法损害权利之行为，有陈诉于平政院之权。"第 49 条规定："法院依法律审判民事诉讼及刑事诉讼；但关于行政诉讼及其他特别诉讼，别以法律定之。"根据《临时约法》的规定，北洋政府于 1914 年颁布了《平政院编制令》，从而使平政院的法律地位得以明确。从内部组织、人员任职资格、人员职位保障等方面来看，平政院制度主要是仿自日本的行政裁判法，另外，还借鉴了法国、奥地利等国的相关法律规定。① 南京国民政府成立之后，于 1932 年公布了《行政诉讼法》，定于 1933 年施行。这部法律采用日本、奥地利的制度，以行政法院为受理行政诉讼的机关。关于行政诉讼之范围，日本、普鲁士、巴威伦采列举主义，即对于列举事项之行政处分，得提起行政诉讼。法国、奥地利等国则用概括主义，凡属行政处分，不问其关于何种事项，均得提起行政诉讼。该法采用了法、奥式的概括主义，方便民众提起行政诉讼，以保护其权利。关于行政诉讼审级，法国、普鲁士为两审终审制，日本及奥地利则用一审制，根据国情，该法采用日制，设一行政法院以为初审即终审之机关，对于该院之裁判，不得上诉或抗告。关于行政诉讼程序，该法采用德、奥、日等国的做法，规定准用《民事诉讼法》。②

清末修律时，仿效德国、日本，于各级审判庭内设置检察厅，检察厅内置检察官，其职权为：实行搜查处分，提起公诉，实行公诉，并监察判断之执行；为诉讼当事人或公益代表人实行特定事宜。北洋政府继续沿用此种模式，只是在修正《法院编制法》时，删除了初级检察厅的规定。此后因检察制度在试行中引发了很多流弊，有人批评大陆法系之检察制度瑕疵甚多，远不如英美之实行私人追诉主义更能保障人民的权利和自由，并进而主张，考虑到宪法的宗旨及近代刑事政策的潮流，检察制度应废除。③ 受这种意见的影响，南京国民政府在制定《法院组织法》时，虽仍保留了检察制度，却也因此注意到以往的弊端并提出了一些改革措施，主要是：扩大人民自诉的范围；一改其初期仅于法院内设置检察官的模式，规定凡法院均配置检察署，并明确了检察官的独立地位；对检察官的资格设置严格的标准，等等。

律师在近代中国的出现，始于外籍律师来华执业。"根据会审公廨档案资料记录，外籍律师 1866 年就有在洋泾浜北首理事衙门出庭的记载。"④ 清末修律时，沈家本等人力图引进律师制度，未果。民国肇建，一扫顽固守旧之思潮，为律师业的发展提供了难得的发展机遇，各地渐有律师公会之组织，于是有施行律师制度、制定律师法的建议，对此，孙中山在《大总统令法制局审核呈复律师法草案文》中批复："查律师制度与司法独立相辅为用，夙为文明各国所通行。现各处既纷纷设立律师公会，尤应亟定法律，俾资依据，合将原呈

---

① 参见何勤华、李秀清：《外国法与中国法》，120～127 页，北京，中国政法大学出版社，2003。
② 参见谢振民编著：《中华民国立法史》，下册，1052～1055 页，北京，中国政法大学出版社，2000。
③ 参见朱鸿达：《检察制度论》，载《民国法学论文精萃》，第 5 卷，499～511 页，北京，法律出版社，2004。
④ 转引自费成康：《中国租界史》，146 页，上海，上海社会科学出版社，1991。

及草案发交该局，仰即审核呈复，以便咨送参议院议决。"① 但因此后政权更迭，律师法草案未能进入立法程序便已夭折。北洋政府赓续其事，于 1912 年 9 月 16 日颁布了《律师暂行章程》，这是我国施行律师制度之始。《律师暂行章程》参照日本及欧洲各国律师制度，确定了律师的自由执业者身份，从而为一个法曹阶层的形成创造了前提。此后，北洋政府又陆续颁布了《律师登录暂行章程》、《律师考试令》等相关法规，初步建立起比较系统的律师制度。在此基础上，南京国民政府于 1927 年公布了《律师章程》，1941 年正式施行《律师法》，此外，围绕这两部法律还制定了一些相关法规。至此，中国近代的律师制度趋向完善。在律师制度的建构过程中，吸纳外国的经验被视为理所当然，但是这种吸收也是一个主动选择的过程。如从律师职务的角度而言，英、法采取分立主义，有出庭律师与事务律师之分，而美、德、日诸国则采统一主义，凡诉讼及其他法律事务统一由一种律师代理，民国律师制度即采美、德、日模式。再从律师的选任而言，有强制主义与任意主义之别。强制主义，即为诉讼行为时必须有律师参加。如德国地方法院以上之民事法院，非有律师出庭，不能进行诉讼。任意主义，即诉讼事件是否选任律师，完全由当事人自由决定。民国时期仿效日本，对于民事诉讼采取放任主义，同时对于一部分严重的刑事案件，采取强制主义。② 虽然民国时期的律师制度存在很多缺陷，但是，正如黄宗智所言："从被清代国家贬为'讼师'、'讼棍'的法律'顾问'到在社会和国家看来都是值得尊敬的律师实乃巨大变化，有着深远的意义。"③

（二）赋予司法解释例和判决例以法律效力

在北洋政府时期，由于成文法制状况混乱不堪，加上清末立法与北洋政府时期的社会状况有很大距离，当时的最高司法机关大理院便大量创制司法解释例和判决例，以供各地法院援引。国民党统治时期，不仅承认大理院的司法解释例和判决例，而且赋予司法院以解释法律权，继续创制司法解释例和判决例。据统计，北洋政府时期大理院创制的解释例共 2 012 件；国民党统治时期，1928 年司法院建立前由最高法院创制的解释例共 245 件，1928—1949 年司法院创制的解释例为 4 097 件。④ 各个时期创制的判决例数量更多，仅北洋政府时期就创制了三千九百余件，国民党政府时期的判决例更是无以计数。这些司法解释例和判决例既填补了成文法律的空白，成为成文法律的补充，又对法律的内涵进行详细解释，并对相互矛盾的规定加以协调，赋予不合时代潮流的规定以新的内涵，从而既方便各级法院适用法律，又使百姓进一步理解法律。

关于司法解释例和判决例的性质，有些学者认为它们属于判例法，是成文法之外的又一法律渊源，并因此认定民国时期的法律形式是英美法和大陆法的有机结合。⑤ 笔者以为，它们也许受到了英美判例法的影响，确实采用了判例的表现形式，但判例和判例法是两个

① 《孙中山全集》，第 2 卷，274 页，北京，中华书局，1982。
② 参见张知本：《法治国律师之地位》，载《民国法学论文精萃》，第 5 卷，337 页，北京，法律出版社，2004。
③ 黄宗智：《法典、习俗与司法实践：清代与民国的比较》，42 页，上海，上海书店出版社，2003。
④ 参见展恒举：《中国近代法制史》，218 页，台北，商务印书馆，1973。
⑤ 参见武树臣等：《中国传统法律文化》，第九章，北京，北京大学出版社，1994。

互有联系的不同概念。判例指的是审判机关制作的有拘束力的判决，判例法指的是以判例为表现形式的一套法律规则。事实上，任何国家，不论属于何种法系，都可能有判例存在。但是，判例法只存在于英美法国家，因为判例法本身包含以下前提：第一，司法独立，不受任何势力的干涉；第二，法官享有无须确认的立法权，其审理活动不仅是执法过程，也是立法过程，其判决不仅对既决案件有拘束力，而且具有普遍的法律意义；第三，遵循先例原则被广泛运用，在一定法院级别内，上级法院的判决对下级法院有拘束力，同一法院先前的判决对以后类似案件有拘束力。不仅如此，判例法在操作上，有一套与成文法完全不同的程序和规则。而在大陆法国家，法官从不拥有立法权，法官依法律判决是天经地义的。尽管大陆法国家也有大量判例存在，但其效力并非与生俱来，而是取决于立法机构的授权及下级法院的自觉维护。至于民国时期的司法解释例，只是最高司法机关根据成文法的授权，在审理具体案件时对有关法律条文进行解释，并以判例的形式表现出来。判决例也并非最高司法机关创制的所有有效判决，而仅仅是那些经过严格筛选的具有典型意义的判决。记载于判例汇编的言简意赅的判例要旨对于下级法院而言，无异于成文法，下级法院必须逐条遵守。因此，与其说民国时期的司法解释例和判决例是判例法，不如说它是成文法的特殊形式。

四、民国时期受西方法律文化影响的主要原因

从以上叙述可知，虽然民国时期政府更迭频繁、社会动荡不安，然而对西方法律文化的传播和移植却未曾中断，法制建设取得了一定的进展，之所以会如此，主要是由于：

第一，移植西方宪政体制是民国政府所肩负的历史任务，也是确立和维护民主共和制度必然要采取的措施。"当中国训练和装备的海军，在 1894 年至 1895 年的中日甲午战争中全军覆没时，许多政治上的有识之士已经认识到，仅是技术和军事的'自强'还不足以救中国。这些有识之士还被这样的机遇所打动，以为世界上所有最强大的国家，包括日本，大都在近代通过了宪法。此外，国外新的政治科学的专家断言，起草一部适合得当的宪法，无论在何处，都是有效稳定政府的关键。事情已很清楚，只有宪法才能使中国强盛。"① 在这种形势下，清廷不得不宣布仿行宪政。后来清廷的统治虽被推翻，然而仿行宪政仍被人们视为救国的良方，于是这种希望就自然地寄托在民国政府身上。也就是说，仿行宪政、革新政制乃是民国政府所应肩负的历史任务。从政制本身来说，中华民国的创建与中国历史上的朝代更替在性质上是根本不同的，其理论依据来源于西方思想家所提出的天赋人权、自由平等的学说，其目标是要在中国建立一个资产阶级共和国。这种新的国家制度的塑造在中国历史上找不到相关的经验，只能以欧美诸国为效法对象，而这些国家的经验均是以宪法来设定其政治制度，因此，若要在中国实行民主共和制度，仿行西方的宪政体制就是必然的了。虽然民国时期的政府曾几经更迭，但是共和国体仍在形式上延续下来，由《临时约法》确立的法统也还保持着一定的影响，这样，即使是北洋军阀也不得不以宪法来确立其统治的合法性。不过也应看到，在北洋政府和南京国民政府时期，制宪活动在很大程度上只是当政者压制异己、粉饰门面的政治表演，制宪并未推动进一步的社会变革。

---

① ［美］费正清编，杨品泉等译：《剑桥中华民国史》，上卷，249 页，北京，中国社会科学出版社，1994。

　　第二，移植西方法制是中国法律近代化的趋势使然。"19 世纪以来，中华文明与西方文明的接触和碰撞，使国人逐渐了解到如要挽救中华民族亡国的厄运，就必须让中华文明脱胎换骨地重生。中华文明要向西方学习，不只是因为西方的船坚炮利，也是因为与西方的政治、经济和法律体制相比较，中国传统的体制相形见绌。在法制的范畴，中国法制现代化注定被西化，大幅度'移植'西方的法律概念、原则和规范，不只是因国人渴望丧权辱国的领事裁判权得以早日废除，更是因为西方现代法制的相对优越性和进步性。"① 与近代西方法制相比，中国传统法制的缺陷在于：在法律的内容上，"刑法几乎是正史中唯一有地位的法律，而且其关注点亦只限于刑罚之轻重、法网之疏密，至于刑法本身的理论基础、结构、自洽性等等则是罕有提及的"②。至于契约、财产、买卖、借贷……这些在近代西方民商法领域中已有详尽论述的题材，在中国传统律典中很少受到关注。在法律精神上，中国传统法制以身份为依归，"法律承认父权，确定父亲有支配和惩罚子女的权力。儿子无独立的自主权，不能有私财，不能与父母分居，也不能自由选择配偶。法律上也承认夫权，承认尊长的优越地位。家族成员之间的纠纷，和侵犯、伤害等罪都是根据当事人在家族中的身份而裁决的……法律承认贵族、官吏、平民和贱民的不同身份。法律不仅明文规定生活方式因社会和法律身份不同而有差异，更重要的是不同身份的人在法律上的待遇不同"③。可以说，中国传统法律重视的是伦理上的和谐，而非对个人利益的保护。而在近代西方，"个人"已代替"家族"，成为民事法律所考量的基本单位，法制也由此摆脱了身份的束缚而进展到契约的时代，法律认为每个人的意志都是自由的，将每个人都视为抽象的理性人，他应该自行其是、自负其责，法律对同样的行为都适用同样的规则。近代西方法制的这种特点"可以让法律机制像一种技术合理性的机器那样来运作，并且以此保证各个法利害关系者在行动自由上，尤其是对本身的目的行动的法律效果与机会加以理性计算这方面，拥有相对最大限度的活动空间"④。显然，只有近代西方法制才能适应资本主义时代社会分工与商品自由流转的需要，因此当资本主义在世界范围内扩张并且在中国已有一定发展的情况下，中国传统法制为近代西式的法制所取代也就是必然的了。清末变法修律之时很少有人能够看透这一点，因而礼教派的主张常常压倒法理派而占据上风。但到了民国，礼教纲常受到了彻底的批判，自由、平等的观念大为高涨，移植西方法制以取代传统法制，实现中国法律的近代化，在很大程度上也就成为当时人们的共识。

　　第三，对西方法制的移植也是为了适应民国时期经济与社会变迁的要求。在民国时期，虽然"看不到经济总增长量趋于持续'起飞'的形势，也没有可能因经济的增长而带来个人福祉利益的提高"⑤，但资本主义经济还是有所发展，社会也逐渐在向近代转型。19 世纪末开始创办的小规模的近代工业，逐渐变成了真正的近代工业部门，一批民族资本家开设

　　① 陈弘毅：《中国法制现代化的历史哲学反思》，载张晋藩主编：《20 世纪中国法制的回顾与前瞻》，16 页，北京，中国政法大学出版社，2002。

　　② 陈方正：《法律的革命与革命的法律（代序）》，载［美］泰格、利维著，纪琨译：《法律与资本主义的兴起》，7 页，上海，学林出版社，1996。

　　③ 瞿同祖：《瞿同祖法学论著集》，359 页，北京，中国政法大学出版社，1998。

　　④ ［德］韦伯著，康乐、简惠美译：《法律社会学》，220～221 页，桂林，广西师范大学出版社，2005。

　　⑤ ［美］费正清编，杨品泉等译：《剑桥中华民国史》，上卷，31 页，北京，中国社会科学出版社，1994。

的公司、工厂随之出现了。在 20 世纪前 50 年，这些近代工业企业的增长率，估计大约为每年 7％或 8％。① 铁路、公路、银行等社会公用事业也得到了一定发展，如在 1911 年至 1927 年，铁路路线增加了 35％。铁路的兴建促进了农业的商业化，它不仅把新的货物带进内地，而且还为海运收集农产品，这使农业生产和对外贸易有了初步的连接。这一时期的城市也有所发展，在 1900—1938 年间，住在超过 10 万人的城市里的城镇人口年增长率约 2％，而中、小城市增长率更快一些。在 20 世纪 30 年代至 40 年代，除了作为省会的一些城市以外，在 1895 年至 20 世纪第二个十年末期，中心城市在其开始扩张阶段，增长速度超过了任何别的时期。② 资本主义工商业的发展和社会的变迁，需要相应的法律规范来加以调整，正如黄仁宇所说的："资本主义能推行，法治的维持为首要工作，若无法治，则商业资本即无法预为筹谋，无从计算，亦即不能发生一个现代经济的体系。"③ 这样，为适应资本主义工商业的需要，就应制定相应的民商法、公司法、工厂法等法律，为管理社会公用事业，也需要制定银行法、交通法、城市卫生管理等方面的法律，而西方列强在促进经济发展、管理社会事务方面已经有了比较完善的制度，因而移植西方法制的经验在当时就被视为理所当然。

五、民国时期受西方法律文化影响的特点

第一，民国时期对西方法律文化采取了兼收并蓄的方针。清廷在决定变法修律之时，虽然宣称要"参考古今，博辑中外"，但因中国与日本政教风俗原本相通，所以很重视日本明治维新的经验，在修律之时主要是以日本为效法对象的。如在仿行宪政时，清廷为求"皇位永固"，在制宪时是以尊崇皇权的《大日本帝国宪法》为模仿蓝本的，两者的主要内容和相关条文都非常相似。而《大清新刑律》、《大清民律草案》、《大清商律草案》、《大清民事诉讼律草案》等主要的部门法典，大多是由日本专家帮助起草的，法典的编制和内容也主要是参照了日本、德国的相关法典。但到民国时期，随着资产阶级自由民主思想的传播、法学教育和研究水平的提升、法学家阶层的兴起、立法者本身素质的提高，立法机构在立法时表现出了兼收并蓄、择善而从的姿态。如在宪法方面，北洋政府时期曾对美、法、英等国的宪政制度进行了详细的探讨，总统制与内阁制、解散国会权问题、单一制与联邦制等重要主题均有涉及，这就为南京国民政府制定宪法提供了经验。再如南京国民政府时期的民法典，立法者吸收了德国、日本、法国、瑞士、苏俄、泰国等诸多国家民法典的经验，将其冶于一炉，从而使其成为当时世界上比较先进的民法典。这种兼收并蓄的方针表明，民国时期的立法者对西方法律文化的认识远在晚清当局之上，对西方法律文化的吸收也不再有所隔膜，故而其立法成就也超越了晚清。

第二，注意吸收外国法律文化的最新成果。19 世纪晚期以来，西方法学有许多新的发展，如民事领域社会本位思想的提出、刑事领域刑事政策学派的兴起等等，这对 20 世纪的西方法制产生了很大的影响。民国时期的立法者注意到了这些新的思潮，在立法时也十分

---

① 参见［美］费正清、费维恺编，刘敬坤等译：《剑桥中华民国史》，下卷，28 页，北京，中国社会科学出版社，1994。

② 参见上书，252 页。

③ 黄仁宇：《资本主义与二十一世纪》，8～9 页，北京，三联书店，1997。

注意采行各国的最新法制和学说。例如,《大清民律草案》仿照日本民法的条文,规定妻子为限制行为能力人;北洋时期的"民律二草"则采男女平等主义,删除了妻子为限制行为能力人的规定。至南京国民政府时期,求新之风更盛。例如在制定民法典时,胡汉民详细陈述了应从各国立法趋势制定民商合一的民法典的主要理由:"意大利为商业发达最早之国,而其国之学者,主张民商合一为最力。英美商业今实称雄于世界,而两国均无特别商法法典,瑞士亦无之。俄国 1893 年民法第一草案,1896 年民法第二草案,1906 年民法第三草案,1907 年民法第四次草案均包括商法在内。似此潮流,再加以学者之鼓吹提倡,则民商合一,已成为世界立法之新趋势,我国何可独与相反。"① 审查意见通过后,立法院即依此理由编订民法典。再如在制定刑法时,起草委员会认为:"年来刑事学理,阐发益精,国际刑法会议,复年年举行,因之各国刑事立法政策,自不能不受其影响。变动较大者,为由客观主义而侧重于主观主义,由报应主义而侧重于防卫社会主义……故本会一方参酌最近外国立法例,如 1932 年之波兰《刑法》,1931 年之日本《刑法修正案》,1930 年之意大利《刑法》,1928 年之西班牙《刑法》,1927 年之德国《刑法草案》,1926 年之《苏俄刑法》等,以资借镜。一方复依据考察所得,依照我国现在法官程度、监狱设备、人民教育及社会环境等实在情形,就现行法原有条文,斟酌损益,以期尽善。"② 新刑法出台后,即广泛采纳了大陆法系的刑事政策学派的学说,更多地贯彻了主观主义和刑罚个别化理论,而"保安处分"一章的设置,尤为立法者追随最新国际刑事立法精神的显著表现。当然,过于注重求新有时也会产生一些问题,例如,南京国民政府时期的"民法采用社会本位的立法思想,实际上不完全符合中国社会的发展阶段,有超越性……从整体上看,南京国民政府的民法,比较适合于高度发达的垄断资本主义阶段。而当时中国社会尚处于资本主义发展的较低阶段。个人主义、个人权利的成长尚不完全,个人自由有待于培育,采用社会本位思想,反而有掩盖个人成长的法律空间的危险性"③。这说明,法律应在生活现实中求其生命,一味标新立异也是要不得的。

第三,移植西方法律文化的阻力渐缓。清末修订新刑律之时,其内容基本取自西方,与中国传统旧律相去甚远,结果遭到礼教派的激烈反对。为此,清廷降下谕旨称:"惟是刑法之源,本乎礼教,中外各国礼教不同,故刑法亦因之而异,中国素重纲常,故于干名犯义之条,立法特为严重。良以三纲五常,阐自唐虞,圣帝明王,兢兢保守,实为数千年相传之国粹,立国之大本。今寰海大通,国际每多交涉,固不宜墨守故常,致失通变宜民之意,但只可采彼之长,益我之短,凡我旧律义关伦常诸条,不可率行变革,庶以维天理民彝之不弊。"④ 显然,这显示出了中国传统法制与近代西方法制在价值观上的巨大矛盾,而在朝野多数人仍囿于传统观念之时,西方法制的精神不可避免地要受到抵制。而自新文化运动以来,封建礼教遭到了彻底的批判,忠孝观念已不再能够维系人心,西方民主和自由思想则日渐深入人心。在这种情况下,传统法制日渐式微,西方式的近代法制大行其道,

---

① 谢振民编著:《中华民国立法史》,下册,759～760 页,北京,中国政法大学出版社,2000。
② 同上书,921～922 页。
③ 曹全来:《国际化与本土化——中国近代法律体系的形成》,169 页,北京,北京大学出版社,2005。
④ 《修改新刑律不可变革义关伦常各条之谕》,载故宫博物院明清档案部编:《清末筹备立宪档案史料》,下册,858 页,北京,中华书局,1979。

而在新法制的体系中，仅有少数传统的制度得到了保留，完整意义上的"中华法系"也就彻底瓦解了。

第四节
新中国建立前后苏联法律文化对中国的影响

苏联法对中国产生的特殊影响恐怕是任何一种外国法都很难与之相提并论的。它不仅深刻地影响了中国共产党的执政思想和纲领，深入影响了中国的整个法律体系，也影响着中国的经济、军事、教育、文化甚至是生活方式。对苏联法影响中国的进程、表现和后果进行总结和探讨，分析其原因，反思其立场，总结其经验教训，有利于当代中国法治建设较为客观地面对人类生存秩序的根本问题，较为全面地检讨自己、科学地发展自己。

一、苏联法律文化对中国法制影响的历史进程

（一）民国时期的"以俄为师"、"以党治国"

苏联法对中国法制的影响可上溯至 20 世纪初孙中山领导下的国民党立法。孙中山先生在历经"二次革命"、"护法运动"及"护国运动"等多次革命的失败后，因对一战及巴黎和会的反思，对走资本主义道路产生了质疑，遂将其目光投向了十月革命胜利后建立的北邻苏维埃国这样一种崭新的政权模式。孙中山先生所领导的革命政权组织体制在很大程度上是仿照当时苏联制度创建的，其原则是"以俄为师"、"以党治国"。此时学习苏俄经验极为重要的一个步骤就是在苏俄共产党和列宁的帮助下，于 1924 年 1 月 20 日召开第一次国民党全国代表大会，改组国民党，大会宣言依据共产国际的解释将孙中山的"三民主义"转化为"新三民主义"，确立了"联俄、联共、扶助农工"的政策。这一思想深深影响了日后国民政府的政治体制。1928 年 8 月，南京国民政府宣布进入训政时期。①同年 10 月 3 日，国民党中常委通过《中国国民党训政纲领》②和《国民政府组织法》。这些法律文件确认国民党为最高训政者，确立党权高于一切，将国家大权交由国民党中央，为国民党一党专政、党主席实施独裁提供了法理依据。1931 年 6 月 1 日颁布《中华民国训政时期约法》，确立国民党一党专政的国家制度，以根本大法形式确认了由孙中山开其端的国民政府以党代政、以党治国的体制和方针政策。仿效苏联政制所采用的一种新的

---

① 1924 年，孙中山在《国民政府建国大纲》中以"权能分治"学说为基础，提出了"建国三时期"的设想：军政时期、训政时期、宪政时期。军政时期为促进国家统一的时期，训政时期为实现地方自治时期。国家发展的原则之一是：以党统一，以党训政，培植宪政深厚之基；党之重心，必求完固，党应担发动宪政之全权，政府应担实施宪政之全责。依此原则制定了《训政大纲提案说明书》，提出"训政保姆论"："于建国治国过程中，本党始终以政权之保姆自任。"

② 是国民政府在"训政"时期的纲领性文件，全文 6 条，主要规定由国民党全国代表大会领导全体国民行使政权，国民党中央执行委员会在大会闭会期间行使政权。

政权领导制度，即按照"以党治国"的原则，"国民政府受中国国民党指导和监督，掌握全国政务"。上述"以党治国"和不"三"不"五"的政权分立体制，显然是对苏联政权体制的仿制。①

在孙中山确定的"以俄为师"、"以党治国"思想方针之下，1924年到1927年，广州、武汉国民政府所进行的法制改革受到苏联法很大的影响。首先，为改善工农的地位进行劳动和土地立法。1924年11月，孙中山领导的大元帅府颁布了我国首个革命劳工立法——《工会条例》，共21条。该条例承认了工会的合法地位，并赋予工会一定的自主权利。事实上，在国民党第一次全国代表大会宣言《国民党之政纲》和《对内政策》这些规定显然是受到相关内容的影响。最后，在司法制度方面，确立审检合一制度、司法行政委员会制度、参审制及陪审制。国民政府借鉴苏联经验，废除了法院内部的长官制，废止了检察厅，在法院内设置检察官，将民主集中制原则贯彻到司法活动中。武汉国民政府制定了专门的《参审陪审制度》，以便在审判工作中体现主权在民的思想，确保司法公正。

（二）新民主主义革命时期对苏联法的模仿

在新民主主义革命的各个历史时期，新生的人民民主政权为确保革命的基础和胜利成果确立了"走俄国人的路……"②，积极开展了苏联式的法制建设且极富成效。这一对苏联法制模式直接的模仿是近现代中国历史上一种全新的法制运动，为推翻国民党统治、打败日本侵略者、解放全中国提供了重要的法制基础，并为新中国法制的形成奠定了坚实的基础，对现代中国法律基本框架、性质、目标、手段、模式及其实效产生了深远的影响。

1922年7月，中共第二次全国代表大会制定了党的最高纲领："要组织无产阶级，用阶级斗争的手段，建立工农专政的政治，铲除私有财产制度，渐次达到一个共产主义社会。"③共产党在初期确立的目的和手段显然是马克思列宁主义式的。20世纪30年代初的革命根据地立法是新中国法制建设的开端。1931年11月，在江西瑞金召开了中国工农兵苏维埃第一次全国代表大会，成立了中华苏维埃共和国，标志着由苏联掌控的共产国际指导下的中国工农民主政权的建立，新民主主义的法律制度就此诞生。

中国社会新生的政权先后制定了《井冈山土地法》、《中华苏维埃共和国宪法大纲》、《中华苏维埃共和国中央苏维埃组织法》、《中华苏维埃共和国地方苏维埃组织法》、《中华苏维埃共和国土地法》、《中华苏维埃共和国劳动法》、《中华苏维埃共和国婚姻法》、《中华苏维埃共和国惩治反革命条例》等。这一全新的法制模式显然受到了苏联法的影响，且是在中国语境下进行的法律革命实践，是一次制度创新。抗日战争时期，以陕甘宁边区政府为中心，各根据地抗日民主政权开展了适宜的法制建设，如《陕甘宁边区抗战时期施政纲领》、《陕甘宁边区政府保障人权财权条例》、《陕甘宁边区土地条例》，最具代表性的制度是"马锡武审判方式"和较完善的调解制度。在解放战争时期，由于受到战争环境的限制，除制定了适用于全国解放区的《中国土地法大纲》，各解放区制定的地方性的施政纲领如《陕

---

① 可参见本书第一章第三节"苏联法律传统"。

② 《毛泽东选集》，2版，第4卷，1471页，北京，人民出版社，1991。

③ 中共中央书记处编：《六大以前》，10页，北京，人民出版社，1980；中央档案馆：《中共中央文件选集》，第1册，77页，北京，中共中央党校出版社，1982。

甘宁边区宪法原则》、《华北人民政府施政纲领》等及一些单行法规外，各解放区在法律制度上没有更大的变化，基本上沿用抗日战争时期的各项制度。为了保证土地改革的顺利进行，"土改"人民法庭在各解放区大量建立。

1. 苏联式的立宪与政法组织体制的初创

其一，仿制苏联以根本法的形式确立中华苏维埃共和国的性质及合法地位。1931 年 11 月制定和通过的《中华苏维埃共和国宪法大纲》是一部完全仿制 1918 年和 1924 年苏联宪法的划时代的根本大法。这部宪法大纲明确规定了政制的性质是一个"工农民主专政的国家"，最高政权机关为全国工农兵苏维埃代表大会。这是"毛泽东在不同的语境下借用了列宁在 1905 年使用过的表述方式"①。

其二，创建了苏联式的、适合根据地及抗日战争需要的苏区中央政权组织体制和地方政权组织体制（如创建全国苏维埃代表大会为中央最高政权机关，全国苏维埃代表大会闭幕期间的最高政权机关是中央执行委员会及其主席团，中央执行委员会下设行使行政权的人民委员会、行使审计和财政监督的审计委员会；地方政权组织体制仿制中央体制，共有省县区乡各级组织）及司法体制。

其三，确立了人民代表大会制、议行合一及"政审合一"等政权组织制度和原则。仿制 1917 年苏俄建立的最高权力机关——全俄苏维埃代表大会制，在司法体制上实行"政审合一"原则。依据所制定的《裁判条例》和《司法程序训令》创建了中央临时最高法院、地方各级裁判部及裁判委员会专司审判；同时，设立检察机关附属各级法院，专职预审和起诉事宜；创建了劳动感化院，为新中国的狱政制度奠定了基础。各级司法机构及其司法活动统一受共产党和同级政府的领导，在中央采审判权与行政权分立制，在地方是合一制。实行四级两审终审制和审检合署制、人民陪审制、公开审判制、巡回审判制、死刑复核制、合议制、辩护制及回避制等人民审判制度，还创建了劳动感化院。②

2. 苏联式的专项刑事立法

据反革命罪立法，只要故意对红色政权和工农群众的根本利益实施侵害就构成此罪，就可定罪量刑。其二，建立镇压反革命的司法机关——肃反委员会。在中国革命和战争时期，为了加强革命法制、巩固红色政权，肃清和镇压反革命的专门机关在审判活动中占有重要地位。主要的审判机关有：肃反委员会、国家政治保卫局、裁判部和革命法。"肃反"斗争曾因左倾路线的影响而一度扩大化，严重削弱了革命力量。

革命根据地工农民主政权下的法制建设受到苏联法较深的影响，是新中国法制的直接渊源，为新民主主义法制确立了基本精神，奠定了主要制度基础。这种影响集中体现于以下几个方面：其一，在新民主主义时期，中国革命法制的创建适应革命不同阶段的需要、受到苏联法的影响是不同的。各阶段的法制建设中，总的来说，对苏联法制的模仿是初步的、摇摆不定的。工农民主政权是以完全模仿苏联法来创建革命法制，受到苏联法深度的影响，是摧毁旧法创建新法。抗日根据地的法制建设，继承并发扬了老苏区的法制建设成

---

① ［美］费正清著，张沛译：《中国：传统与变迁》，584 页，北京，世界知识出版社，2002。

② 参见韩延龙、常兆儒编：《中国新民主主义革命时期根据地法律文献选编》，第 2 卷，85～89 页，北京，中国社会科学出版社，1987。

就，纠正了土地革命时期的"左"倾错误，结合时局对苏联法兼有吸收和改造，把苏联法制建设经验，创造性地同中国革命实践相结合，并在实践中探索、创造出一系列独特的审判原则和审判方式，其中以依靠群众、方便群众、就地审判、不拘形式为特色的"马锡武审判方式"最具代表性。解放战争时期，随着人民民主制度日趋完善，法制建设也更加成熟。其二，对苏联法制的模仿是局部的、有选择的。犹如苏联十月革命刚刚取得胜利后的立法，根据地法制建设不是全面的，主要集中于战时临时政权的建设、土地法、刑事法及婚姻法方面。由于旧中国土地高度集中，不仅造成了严重的贫富不均，而且极大地束缚了农业生产力，对社会的稳定和发展极为不利，所以，开展土地革命、建立新的土地法律制度便为各革命根据地的一项重要任务。《中华苏维埃共和国婚姻条例》（1931 年）和《中华苏维埃共和国婚姻法》（1934 年）废除旧的婚姻制度，确立了婚姻自由和离婚自由的原则及一夫一妻和男女平等原则，维护了妇女和儿童权益，同时，带有保护军人权益的色彩。其三，对苏联法制的模仿是由共产党领导、依据实事求是和群众路线进行的。人民民主政权是中国共产党人领导的、为实现共产主义而奋斗的革命政权，其法制建设必然受共产党的领导。同时，这种在人民革命过程中的新兴法律活动，本着实事求是的原则，集中了人民群众的经验和智慧。

（三）新中国成立初期对苏联法的大规模移植

1949 年新中国宣布建立，以毛泽东为首的中国第一代领导人以气吞山河的政治抱负和理想主义的浪漫情怀，立即着手规划和实施国家政治、经济的统一秩序大业。站在"一穷二白"的政治大舞台上，面对虎视眈眈、极不友好的资本主义世界，受到国际政治环境气候极度挤压的中国人义无反顾、一如既往地选择了当时蒸蒸日上的苏联，"苏联共产党就是我们的最好的先生，我们必须向他们学习"[1]。坚信"苏联的今天就是人们的明天"，走社会主义的道路，高举马克思列宁主义的伟大旗帜继续其未竟的共产主义事业。因此，新中国在社会主义法制建设的初期便实行"一边倒"[2] 的基本国策，对苏联法展开了全面的大规模移植。可以说，新中国面临的政治任务就是以进一步社会整合的形式在更大规模上"取法苏联"。新中国成立初期对苏联法制的全面移植是中国共产党在新的历史条件下的继续，也可以说是对旧民主主义和新民主主义革命法制的历史局限性的又一次重大突破。

在新中国成立初期，中苏关系可谓进入蜜月期。此时，斯大林领导的苏联仍旧是共产主义世界的中心，苏联的政治、经济及文化意识形态的集中统一模式的建设经验在全中国有其得以普遍推广实践的社会政治基础。这就为全面引进苏联法制提供了天时、地利和人和的条件。可以说，新中国无论从立法、执法和司法层面还是从法学教育、法学研究乃至法意识形态，对苏联法的移植可谓是大规模、全方位的，只是在斯大林去世后作了有限的调整。但同时，客观地说，对苏联提供的一切，新中国只是创造性地移植和有选择地吸收，并非完全照抄照搬。

1. **"彻底废除伪法统"**

中华人民共和国建立初期，沿着苏联法制建设的路径，以极左的革命冲动，宣布"彻

---

① 《毛泽东选集》，2 版，第 4 卷，1481 页，北京，人民出版社，1991。
② 同上书，1472 页。

底废除伪法统"。《中国人民政治协商会议共同纲领》第 17 条规定："废除国民党反动政府一切压迫人民的法律、法令和司法制度，制定保护人民的法律、法令，建立人民司法制度。"1949 年 1 月 14 日毛泽东在《关于时局的声明》中提出废除伪宪法和伪法统，提出"和谈八条件"。2 月 22 日，在毛泽东主持制定的《中共中央关于废除国民党六法全书与确定解放区司法原则的指示》中，明确宣布：废除国民党的"六法全书"。这一文件指出："国民党的'六法全书'和一般资产阶级法律一样，以掩盖阶级本质的形式出现……以所谓'个人在法律方面一律平等'的面貌出现，但实际上在统治阶级和被统治阶级之间，剥削阶级和被剥削阶级之间，有产者和无产者之间，债权人和债务人之间没有真正共同的利益，因而也不可能有真正平等的法权。"① 与此同时，中共中央发出《关于废除国民党的六法全书与确定解放区的司法原则的指示》。据此，华北人民政府很快颁发了《废除国民党的六法全书反动的法律的训令》，规定"废除国民党的六法全书及一切反动法律"，以及以蔑视与批判态度对待国民党"六法"全书及欧美、日本等资本主义国家一切反人民的法律，用革命精神来学习马列主义、毛泽东思想的国家观、法律观，学习新民主主义的政策、纲领、法律、命令、条例、决议，搜集与研究人民自己的统治经验，制作出新的较完备的法律来。

打碎旧国家机器，废除伪宪法、伪法统，与旧法统彻底决裂，创建革命法制。这样，始自清末八十余年来的移植西方法的进程被中止，中国脱离了以西方发达国家为主体的法律体系，开始了全面学习苏联法的进程（这里仅指中国大陆）。毛泽东在 1949 年 6 月 30 日所发表的《论人民民主专政》中，明确指出，必须"……联合苏联，联合各人民民主国家，联合其他各国的无产阶级和广大人民，结成国际的统一战线"②。这个社会主义阵营是以苏联为坚强后盾，并在重大的国际事务中与苏联保持一致。其结果，就是从新中国成立后至 20 世纪 50 年代中叶，中国法的理论和实践进入了全方位向苏联学习的阶段。

2. 建立人民民主专政政体的社会主义国家

"迄今为止，现代宪法都是对危急形势的历史回应。"③ 可以说，中华人民共和国第一部临时宪法即 1949 年《中国人民政治协商会议共同纲领》和 1954 年宪法便是这种政治逻辑的产物。新中国通过宪法安排，将移植过来的苏联式的政治法律制度作为其国家制度框架和背景，组织国家权力，形成政治决策机制，提供制度建设基础。《中国人民政治协商会议共同纲领》和 1954 年宪法以马克思列宁主义的社会主义理论和毛泽东的新民主主义理论为指导，参照苏共和斯大林的立宪模式，确立了人民民主专政的国家制度和高度计划的经济制度。这一人民民主专政政体是工人阶级领导的以工农和城市小资产阶级的联盟为基础的

---

① 中共中央文献研究室、中央档案馆"党的文献"编辑部编：《共和国走过的路》（1949—1952），45～46 页，北京，中央文献出版社，1991。

② 王绳祖主编：《国际关系史》，第 8 卷，5 页，北京，世界知识出版社，1995；《毛泽东选集》，2 版，第 4 卷，1472～1473 页，北京，人民出版社，1991。

③ ［德］哈贝马斯：《欧洲是否需要一部宪法》，载曹卫东编：《欧洲为何需要一部宪法》，43 页，北京，中国人民大学出版社，2004。

国家，是对人民内部的民主方面和对反动派的专政方面相结合的政权。[①] 由于过度渲染阶级斗争，缺乏民主之理念和自由之精神，人民民主专政政体下的中国完全挤压了私人自主和民主参与价值实现的社会政治空间以及丰富多彩的生活方式。

3. 以苏联法为典范，构建社会主义新中国法制体系

新中国法律体系和法制是在完全引进苏联法律制度和法学理论的基础上建立起来的，可以说，苏联法制模式影响了中国法制建设的理论及实践的方方面面。被动地进入现代化进程的中国，曾向西方学习技术、制度和观念，但都未能获得成功，反倒给中华民族带来了长达半个多世纪的深重灾难。如前所述，以苏联为典范，始于孙中山领导的旧民主主义革命和共产党领导的新民主主义革命。在新中国成立初期，便一如既往地在立法实践上效法苏联，更大规模地掀起社会主义新中国法律体系的创立。

从 1950 年开始，以苏联法制为样板，中国进行了一系列立法活动，主要的立法有：《中华人民共和国婚姻法》（1950 年）、《中华人民共和国土地改革法》（1950 年）、《私人企业暂行条例》（1950 年）、《机关、国营企业、合作社签订合同暂行办法》（1950 年）、《对外贸易管理暂行条例》（1950 年）、《保护发明权与专利权暂行条例》（1950 年）、《中华人民共和国惩治反革命条例》（1951 年）、《中华人民共和国惩治贪污条例》（1951 年）、《民族区域自治实施纲要》（1952 年）、《基本建设工作暂行条例》（1952 年）、《中华人民共和国宪法》（1954 年）、《公私合营工业企业条例》（1954 年）、《农业生产合作示范章程草案》（1955 年）及有关司法机关的组织法等。通过上述有限的国家立法，初步构建起一个以宪法为基础的苏联模式中国化的法律体系。当然，因受传统和现实的规定，新中国法律体系的创立更多依赖的是建构性的努力，这就愈发使得这一移植苏联法的立法过程具有特殊的地位和意义。

（四）苏联法律文化的持续性影响

毛泽东去世后直到 20 世纪 80 年代末，虽然因推行改革开放和以经济建设为主而使一个与之前大不相同的法制世界呈现在中国人面前，但因社会生活轨迹的连续性和历史文化的稳定性，中国在某些领域、某些方面依然故我，一时无法彻底清除中苏两国在政治体制、经济体制、社会结构、意识形态以及价值观念上的相似性。在法律领域，苏联法的影响仍不同程度地持续影响着中国特色的法制建设热潮。党的十一届三中全会以后，中国掀起了新一轮的法制建设，这个时期的立法工作也不同程度地受到了苏联法的影响。比如，在国家政治秩序恢复正常以后起草 1982 年宪法时，1954 年宪法作为主要的渊源被继承和发展。因此，在现行宪法制度中，仍然能找到 1954 年宪法效法苏联宪法而规定的体制和原则的痕迹。从这种意义上说，20 世纪 50 年代立宪实践移植苏联宪法的结果在当代中国的宪政制度中还延续发挥着它的影响。[②]

造成苏联对中国法这种持续性的影响的原因是不难理解的。一是就中国法的精神和制度特征及长达 70 年养成的法律思考方式而言，直到今天，仍旧没有走出苏联法影响的阴影；二是新中国以苏联法为样本的法律实践及经验积累，必然成为 20 世纪 70 年代后期到

---

① 参见《中国人民政治协商会议共同纲领》，总纲，载《新华月报》创刊号，1949；《毛泽东选集》，2 版，第 4 卷，1475 页，北京，人民出版社，1991。

② 参见萧心力主编：《毛泽东与共和国重大历史事件》，125～126 页，北京，人民出版社，2001。

80 年代初国家改革开放立法的基础；三是因长期法学研究对象的单一，缺乏对两大法系主要国家法律制度的了解，尽管经过长期的实践检验，现行法律制度中的某些弊端也已经比较充分地显现且难以适应新时代，需要改革，但因现实和智识原因，苏联法仍然会成为实际参考对象。

二、苏联法律传统对中国法制模式的影响及其特征

在中国的唯一出路是社会主义①一贯方针下，新中国法制作为社会主义法系的一种模式，一种社会主义法律制度的实践形式，虽是在特定的中国语境下发生的，具有中国的特色，但其内在地包含社会主义法制模式的一般性，这种一般性在很大程度上是以苏联法制为典型的。因为自从苏联诞生之后，无论在法律制度层面、法学理论还是法律实践，苏联法在社会主义法系各国中都独占鳌头，以其丰富的社会主义法制建设经验影响着其他社会主义国家，特别是中国。可以说，这种影响至广至深的例证，莫过于其成为新中国的法意识形态，为近百年的中国法学和法律实践的苏联化奠定了理论基调和价值取向。同时，这又是苏联法律文化对中国法制影响的集中体现。也许，我们可以从另一个角度思考，作为一种外来物，苏联法律文化能在 20 世纪的中国生根发芽且最终取得统治地位，必然是一个不断中国化的过程，是一种同中国的特殊社会实际相结合的艰难历程。细细思量，这种意识形态及制度性事实存在的合理性何在？它到底是一种理性的、自觉的选择，还是偶然的、历史的巧合？是一种历史进步，还是某种程度的倒退？对于苏联法对中国的影响程度如何才能公允地予以评价？

在历史的大视野中，苏联影响和中国变革也可以说是传统中国社会在其现代化进程中出现的持续性的转型危机，是社会模式变化不稳定的一种参照系。无疑，新中国对苏联法移植这一客观事实的出发点是意识形态的，是由中国社会主义革命的特定历史所规定的，但同时也别忽略了新中国所看到的苏维埃社会主义给苏联带来的巨大的政治、经济、军事成就和普遍的文化进步，以及 20 世纪上半叶汹涌澎湃的世界性的社会主义思潮。这里有一个互为因果的关系。因此，在逻辑上和实践中，最初中国共产党人对马克思主义和苏联这一"社会主义老大哥"深信不疑。不过，其后，由于苏联模式的严重局限性及斯大林主义的强加于人以及苏联对马克思主义的曲解，中国共产党人对坚持独立自主、紧密结合本国国情、实事求是路线的重要性有了一些自觉和深切的认识，走上了中国特色的社会主义道路。仅仅认识到这一点当然是不够的。在此，我们所应持守的只能是一种历史的、语境化的批判态度，既不能视而不见其存在的客观性和合理性，也不能以政治性概念一概随意而论。苏联法律传统对新中国法制模式的影响是多方面的，在此，宏观地择其要者分析如下：

（一）苏联法律传统对中国的影响全面而持久

从新中国法的产生和形成过程来看，苏联法律传统的影响是直接的、全面的、持久性的，其途径可谓主动选择和移植式的。

第一，新中国法制的创建与发展基本符合苏联所开创的社会主义法产生和发展的一般

---

① 参见《毛泽东选集》，2 版，第 4 卷，1473 页，北京，人民出版社，1991。

规律，如其产生的基本前提是创立了无产阶级自己的政权即人民民主政权。根据马克思列宁主义关于法的历史类型的法的起源和发展理论，任何一种新的历史类型的法都是社会基本矛盾激化的产物，是社会革命胜利的产物。一个阶级只有在夺取且掌握国家政权之后，才可能将反映及实现自己利益的意志上升为国家意志形成法律："从某一阶级的共同利益中产生的要求，只有通过下述办法才能实现，即由这一阶级夺取政权，并用法律的形式赋予这些要求以普遍的效力。"① 犹如苏联法一样，新中国法的形成也是通过社会革命，在创立了人民民主政权后开其端的。又如社会主义法产生的必然要求是摧毁旧法体系即国民党"六法全书"。马克思主义法学认为，由于旧法律是从旧的社会关系中产生的，它们必然同旧社会关系一同消亡。新中国法步苏联法后尘，也是在迅速废除旧法的基础上创立的。基于上述理由，并且新中国在全国性政权建立前各根据地政权已经制定了大量的法律、法规，积累了丰富的法制建设经验，这也为革命取得胜利且迅速废除旧法创造了条件。② 不过，这样一种不讲究法的历史延续性和经验性的非科学做法所造成的不良影响是很大的。同时，因中国的社会历史、文化传统及独特的国情，新中国法又具有自己的独特性。如新中国法的产生经历了从新民主主义向社会主义法的过渡，是革命根据地法的继续和发展。再如从1949 年新中国成立至 1956 年生产资料私有制的社会主义改造基本完成，是国家的过渡时期，这一时期的法就是新中国过渡时期的法。新中国过渡时期的法主要反映工人阶级领导下的广大人民的意志，不是完全的社会主义法，而只是社会主义法的一种类型。过渡时期的法在恢复国民经济、开展各项社会改革运动及生产资料私有制的社会主义改造过程中，发挥了重要作用。随着新中国由新民主主义社会向社会主义社会的过渡，新中国法也完成了由新民主主义法向社会主义法的过渡，完全的社会主义法才正式诞生。

第二，这种影响的直接性和持久性主要是就其方式和时间而言的，而全面性则是就其范围内容而言的。苏联法对中国的影响几乎是全方位的、全面而深刻的，且持续了 20 世纪大半个世纪，特别是在新中国成立后的十多年达到了统治地位。这种一统天下的影响一直持续到 20 世纪 80 年代末。这种影响大到国家政治经济体制、治国方略、法律体系、法学体系、法意识形态、法律思维以及法律实践，小到法律概念、原则、术语以及相关称谓。改革开放后的中国，对经济体制彻底的改革与原有政治系统的维持，使得中国在经济高速发展的同时仍坚持从苏联移植过来的政治体制，如以议行合一为组织原则建制的、作为国家政体的人民代表大会制和事实上实行的一党领导并没有大的变化。宪法关于国家统治构造及其基本构架的规定，从 1982 年以来，并没有进行实质性改革。可以说，作为根本法的宪法是苏联法对中国法影响最大的法律事实上至今未变。③ "为了继承 1954 年宪法的好的传

① 《马克思恩格斯全集》，第 21 卷，567～568 页，北京，人民出版社，1965。

② 1949 年 1 月 1 日，中共中央在《关于接管平津司法机关之建议》中就明确指出"国民党政府一切法律无效，禁止在任何刑事民事案件中，援引任何国民党的法律"。1949 年 1 月 14 日，毛泽东在《关于时局的声明》中又明确提出，必须废除国民党的伪宪法和伪法统。1949 年 2 月，中共中央发布了《关于废除国民党的六法全书与确立解放区的司法原则的指示》，规定："在无产阶级领导的工农联盟为主体的人民民主专政政权下，国民党的六法全书应该废除，人民的司法工作不能再以国民党的六法全书为依据，而应该以人民的新的法律为依据。"

③ 蔡定剑：《关于前苏联法对中国法制建设的影响》，载《法学》，1999（3）；肖明辉：《苏联宪法与我国宪法》，载《四川师范大学学报》（社会科学版），第 27 卷第 4 期，2000。

统，1982 年新宪法基本上采取了 1954 年宪法的结构形式。"① 即使在 20 世纪 90 年代之后，苏联法的影响仍然继续存在。进入 20 世纪 90 年代以后，中国加快了市场经济的进程，西方法对中国法影响的进程加快及程度加深，但这并不意味着苏联法的影响同时变得薄弱甚至消失。如检察机关对民事诉讼和行政诉讼行使监督权的制度。这种类似于苏联式的中国检察模式，在中国法治与宪政的进程中必然会成为改革的重点对象。又如 20 世纪 90 年代的各种立法，有民事诉讼法、刑事诉讼法、刑法等现行法，主要是对 20 世纪 70 年代末到 80 年代制定的法典进行的全面改正。其中，仍然可以看到很浓厚的来自于苏联法的影响。这些法律必然面对的是全面改革。再如，被维持的阶级斗争法论。从苏联移植过来的所谓的以统治阶级的意志为法律本质的阶级斗争法理论，虽然现在渐渐地失去其统治地位而转变为配角，但是仍然频频出现于法学教材之中。

第三，这种影响很大程度上是主动移植的结果。在 20 世纪大半个世纪中，中国人"取法苏联"是一个历史性的学习和实践过程，是中国现代法制建设的一个重要阶段。中华人民共和国建立后，共产党领袖清醒地意识到，如果说"枪杆子里面出政权"，那么，"守天下"在很大程度上便得依靠法制。而在特定中国国情下，这种法制一定不完全是法理性的、规范性的，还是经验性的和政治性的，是与新生政权生死攸关的。出于这种经验的、社会的和政治性的考虑，继续选择马克思列宁主义、选择苏联，且以政治方式进行主动的大规模的移植可以说是合情合理的。在废除国民党从欧陆法所继受形成的资本主义法体系的同时，中国全面移植苏联法。其主要原因有：一是社会主义和共产主义的远大动力目标的一致性以及苏联丰富的社会主义法制建设经验为法律移植提供了可行性；二是新中国革命的性质和革命历程取得的经验及革命领导人意识形态，迫使其对苏联法进行移植；三是苏联法律文化是一种同政治相关的文化，是以政治方式形成的法律文化，暗合了传统中国的政法文化；四是当时所处的国际、国内环境等方面的因素也使中国人不得不继续将苏联作为学习的榜样。

确实，对新中国而言，苏联的法制经验远比西方发达国家的法制经验更具有针对性。苏联不仅是社会主义法制这个术语的发源地，也是社会主义法制最早的实验室。尽管当时的苏联遭到西方资本主义世界的围攻，但苏联在政治、经济、军事及文化等方面取得的成就是令世界瞩目的，这就大大增强了面临着法制建设这一紧迫任务的中国人选择苏联的可能性。苏联的政法制度、经济制度、文化教育几乎得到新中国的普遍接受，这绝不仅仅是一个权宜方计。此外，中俄传统政治、经济文化的同质性也是其理由之一。新中国选择苏联的政治考虑恰恰暗合了中国传统文化强调国家利益重于泰山的国家主义和集体主义的价值取向。与其说移植苏联法律还不如说是移植其政治文明。这种移植过来的政治文明在新中国民族爱国主义情感的佑护下酿就了一种以"公共的大善"为本位的社会共识，为新中国的政治认同提供了必要的社会基础，以相当的整合力将这一新生政治共同体凝聚在了一起。中国传统法与苏联法之间存在着一些实质上的共同性（古代东方亚细亚的生产方式、东方专制主义等），也许这正是中国能够成功移植苏联法的原因之一，同时，也是引起对于传统法的返祖现象的原因之一。也就是说，苏联法被全盘接受的问题也"应从本国的文化

---

① 肖蔚云：《论新宪法的新发展》，42 页，太原，山西人民出版社，1983。

土壤和政治环境中去寻找原因"。

(二) 苏联和新中国法是社会主义法系的重要代表

第一，社会主义法系由苏联开创，苏联和中国是重要代表。在 19 世纪中叶被迫开放门户的中国曾面向西方进行前所未有的法律维新变革，其法制模式一度为大陆法系型。二战使社会主义越出了苏联一国范围，新产生的各社会主义国家不管是自愿还是被强迫，因选择社会主义制度和建设社会主义的需要，都将苏联模式尊为唯一典范而盲目照搬、大加模仿。同时，社会主义阵营是以苏联为首的，苏联这一"老大哥"作为人类社会第一个社会主义国家有着四十多年社会主义建设的丰富经验，还发射了世界上第一颗人造卫星，在当时可以说是最强大的社会主义国家。因此，苏联式的社会主义法在二战后确立的各社会主义国家普遍实行，进而在短期内形成了现代世界三大法系之一的所谓"社会主义法系"。

第二，社会主义法系是现代世界三大法系之一。尽管社会主义阵营的国家过去大都属于罗马—日耳曼法系，在法的术语、法的分类及成文法典等形式结构方面仍然保存着罗马法的传统，但是，不同于源于西方文明的其他两大法系，社会主义法系的形成和发展完全是由"立法者指导和设计的"，虽然它"在很大程度上受到民法传统的影响"[1]："纯粹由于意识形态的原因，马克思主义的社会主义评注者们不无仁慈地忽略了以下事实，社会主义法的缔造者不仅借鉴了外来的非马克思主义的法律制度，而且也吸收了本国革命前的法律。他们认为，社会主义法纯粹是社会主义法律头脑天才的和创造性的不朽作品。如果根据马克思主义关于社会主义的著述，这种法律在一开始就被建立在一种纯洁无瑕的基石上，创建者握有马克思列宁主义的学说，怀着斩断不平等的过去与新生社会主义制度联系的激情……他们试图使人相信，在人类历史上，社会主义法是一种只有未来而无过去的制度。"[2]

第三，社会主义法具有与西方法不同的特性。在理论上，它的唯一渊源是受共产党领导的所谓统治阶级人民的意志；它的实施主要依靠国家强制力；因生产资料的国家化和集体化，私人之间法律关系范围大大缩小，私法让位于公法。[3] 社会主义法"与世界上其他法系相比较，有着本质的不同。其不同之处主要表现在：社会主义的法律是建立在社会主义公有制的基础上，反映无产阶级领导下广大人民群众的意志，是保障人民民主，对敌人实行专政的锐利武器；从它产生的第一天起，就担负着维护国家政权的新秩序和促进社会主义经济建设的职能；社会主义法律最基本的原则有两条：一是人民民主原则，二是社会主义原则"[4]。

(三) 苏联法律文化影响下的中国法是一种无产阶级专政的革命法制

第一，苏联法的本质特征是革命的法、阶级专政的法及党统治的法。苏联法强调党的领导，强调法的阶级性质，它所实行的民主集中制、议行合一的原则及土地国有制、严惩反革命罪、重视保障工农的利益等，都与这种革命的、专政的和党的法制有关。在

---

① ［美］格伦顿·戈登·奥萨魁著，米健等译：《比较法律传统》，5 页，北京，中国政法大学出版社，1993。
② 同上书，173 页。
③ 参见［法］勒内·达维德著，漆竹生译：《当代主要法律体系》，7 页，上海，上海译文出版社，1984。
④ 储有德：《比较法学基础》，96 页，上海，上海社会科学院出版社，1988。

它们看来，只有这样的法制才能确保工农的利益，并且能集中一切力量去完成社会主义革命、建设及实现共产主义的目标任务。在中国，国、共两党为完成革命的任务也就必然地选择了这种革命的法制。这是广州、武汉革命政府及红色根据地政权采用苏联法的内在原因，也是共产党创建的新中国选择之的主要理由。晚清以后，传统中国社会在现代化进程中出现了转型危机，中国的法制文明遇到了前所未有的挑战。由于我国有着长久的中央集权体制的历史传统，再加上从战火中诞生的新中国实行的是一种领袖权威和魅力型政治统治而非法理型统治，一种革命型的、无产阶级专政型的苏联式法制是极易接受的。

第二，新中国的法是一种政治法，是苏联的工具价值法律观深刻影响的结果。当然，新政权对苏联法的主动选择主要是出于一种稳定和秩序的政治考虑，是一种意识形态的行为。因而，此时期的中国法制犹如苏联法在很大程度上是政治法，是实现党和国家政策的工具。相对经济而言，新中国法制承载着相当大的政治重压。其一，这是一种革命法制。其革命性首先表现于它彻底摧毁旧法传统，否定了曾使传承数千年的中国传统法律文化成为可能的那些原则和有限的道德资源及清末以来的法律变革，以一种中国社会前所未有的、新型的法律形态登上了 20 世纪的历史舞台。由这种法制形成的历史条件所决定而不得不习惯性地动用暴力确保其政治统治，这种选择有其合理性。其二，这是一种无产阶级专政的法制。这种法制即新中国社会主义法，被说成是建立在人民民主专政之基础上，体现无产阶级意志，以保障广大人民群众当家作主的民主权利的法制。由苏联创造的无产阶级专政被作为通往社会主义的唯一道路。这种革命法制必定是指向被统治阶级的，"是同一国家内一个阶级强加于另一个阶级的强制性秩序"①，是一种无产阶级专政的法制。当时的中共中央认为，无产阶级专政是十月革命后产生的、完全不同于过去一切阶级专政的、新的多数人对少数人的专政，其最终目标是建立一个没有阶级、没有剥削的共产主义社会。② 新中国的法被作为"阶级专政工具"，显然，这是苏联的工具价值法律观的深刻影响。列宁曾指出："宪制的实质在于：国家的一切基本法律和关于选举代表机关的选举权以及代表机关的权限等等的法律，都体现了阶级斗争中各种力量的实际对比关系。"③ 受此思想的影响，中国人将宪法视为阶级斗争发展到一定阶段的产物，是阶级斗争的重要成果和表现，是统治阶级意志的反映，是统治阶级对被统治阶级实行专政的工具。当然，这也是与中国传统法工具价值观一拍即合的一种必然。这种与计划经济相适应的无产阶级专政的法制虽改变了中国传统法制模式，却容留了那种传统中国政制强调中央集权和过度强制性而缺失民主法治精髓的核心部分，即一直秉承"百代都兴秦政制"、法道互补的专制传统，以致出现了其后"无法无天"的"文化大革命"。其三，这是一种由共产党绝对领导的法制。在苏联模式影响下，中国传统的"法家式"法制转换成苏联式的由共产党统一领导的以党治国模式，即党中央说了算而非法律说了算。无产阶级政党作为俄国苏维埃政权的缔造者，对苏维埃政权的所有工作负有绝对的领导责任。1919 年俄共（布）第八次代表大会就曾提出应"把

---

① ［奥］凯尔森著，王名扬译：《共产主义的法律理论》，230 页，北京，中国法制出版社，2004。

② 参见《关于无产阶级的历史经验》，载《人民日报》，1956－04－05。

③ 《列宁全集》，2 版，第 17 卷，320 页，北京，人民出版社，1988。

最坚强、最忠实的共产党员提拔到苏维埃中去工作，以此在苏维埃中夺取绝对的政治统治，确立对苏维埃活动的真正监督"①。中共明确提出："党随时随地都应作苏维埃思想上的领导者，而不应限制自己的影响。"② 这与孙中山"以党治国"的主张同出一源，不相上下。可以说，在中央集权的传统未变的条件下，这样一种受到苏联法式强烈影响的法制模式其实是一种革命法制、一种人民民主专政的法制、一种以党治国的法制。

第三，这种由共产党绝对领导的、革命的、无产阶级专政的法制与当时已取得较大成就的苏联的高度集中的政治、经济体制能够确保新政权的稳定和秩序有关。特别是，苏联法制强调集中性，强调阶级意志而不重视个人权利，强调用行政法制手段管理经济生活而不重视民法的作用等等诸多特性，恰恰符合了中国当时的国情需要。

（四）新中国法律体系在移植苏联法的同时也有所创新

新中国建立后，完全废除了以"六法全书"为代表的"伪法统"，承接新民主主义的法制经验，直接以苏联法律为模式进行移植性创新，在较短时间内创建了自己的法律体系。

第一，新中国法是一种将苏联模式与中国特定国情相结合的新型法制，也可以说是一种制度创新。中国共产党人坚持学习苏联经验，同时，一直反对教条主义，主张十月革命的基本经验之一就是各国共产党人将马克思列宁主义的基本原理与本国革命和建设的具体实际相结合，制定本国的路线、方针和政策。邓小平曾说：马克思主义理论从来不是教条，而是行动的指南。它要求人们根据它的基本原则和基本方法，不断结合变化着的实际，探索解决新问题的答案，从而也发展马克思主义理论本身。俄国的十月革命和我们中国的革命，不就是这样成功的吗？他认为，马克思列宁主义的普遍真理只有通过一定的民族特点，才能在现实生活中具体地表现出来和发生作用。他强调，人类社会的发展有着共同的基本规律，如都要经历阶级斗争，都要走向共产主义，但是在不同的国家和民族中间，因不同的社会文化传统和历史条件，在具体形式上又千差万别，各有不同的道路。而且，中国共产党人在社会主义建设过程中进一步认识到如何客观地对待苏联的经验和教训。毛泽东认为，在毫无社会主义革命和建设的经验时，我们不得不模仿苏联，在有了自己的初步实践的情况下，就要善于总结经验教训，发挥自己的积极性和创造性，要独立自主，要更加强调从中国的国情出发，强调将马克思列宁主义的基本原理同中国的具体实际相结合，在中国这块大地上开辟出建设社会主义的具体道路。③

第二，在立法方面的影响及创新。通过对立法体制大体的考察和梳理，可了解苏联法模式影响的程度及其意义。

首先，新中国立法体制是一种苏联模式。苏联模式是一种在其特定社会历史中发展壮大起来的一种前所未有的新型的立法模式，这一模式有着浓厚的强制性色彩，几乎在所有法的领域突出强调的是国家主义、集体主义和义务本位。新中国立法受这一模式的影响主要表现在如下方面。其一，犹如苏联立法，新中国的立法具有强烈的政治强制、计划经济

---

① ［苏］A. A. 别祖格洛夫主编：《苏维埃建设学》，刘家辉、马国泉等译，246 页，北京，中国人民大学出版社，1983。

② 中国人民解放军政治学院党史教研室编：《中共党史参考资料》，第 5 册，316 页，北京，人民出版社，1979。

③ 参见吴冷西：《十年论战》（上册），24 页，北京，中央文献出版社，2006。

及权力色彩，其立法强调的是管理、服从及义务等理念，而非权利、自由及对权力的控制等现代法治理念。也就是说，其立法是服从于无产阶级专政和计划经济体制的，缺乏现代自由宪政和民主法治理念。在这种立法理念下，中国受苏联法影响最大的是立法的内容和立法侧重点，如宪法、所有权制度、债法、财产责任规则、人和公民的权利与自由、刑法、程序法、司法制度及其他法律调整领域。而且，具有强烈的重实体、轻程序的倾向，具有较浓厚的教条主义和形式主义色彩。其二，在法源上，是制定法主义的，但实践中，不具有正式法律渊源地位的党章、规章及政策具有最高法律效力，而宪法则被束之高阁。中国和苏联的法律样式都是成文法类型的，制定法是最主要的法律渊源，具体形式有：法律、法令、决议、宣言、条例、章程及纲要等。理论上两国的宪法具有最高效力，法律其次，但在法律实践中，党的文件和政府规章或红头文件的效力要高于法律甚至宪法。其三，不存在公法与私法的区分，民商法不被重视，法律只是国家管理法。在消灭一切"私"的年代，国家主要依靠强大的行政手段实施资源配置和管理生产交换过程，致使新中国民法起草工作几起几落，直到1987年《民法通则》实施之前，中国民事基本法律一直处于空白，其根本原因是国家高度集中、高度垄断的苏联式的经济体制。在这一经济体制之下，公民和经济组织基本上不具有民事主体的一面，而只是行政体系中的一环。可以说，民法所倡导的主体的多元化、利益权利化、地位平等化以及意思自治、诚实信用等原则与制度因无经济基础的支撑而不能存在。毕竟，"民法的前提是现实中的人，民法的原则和制度只不过是对从事实际活动的现实生活关系的人的反映"①。

其次，新中国立法是原则性与灵活性相结合，具有自我创新的特点。在苏联立法模式的影响下新中国立法演进及其特点与其所处的社会、历史环境息息相关，具有较强的中国特色。主要体现于立法内容上，如1954年宪法与斯大林宪法相比较，在内容上的不同主要有：一方面，1954年宪法因中国历史传统及国情的制约，没有移植苏联的联邦制国家结构。另一方面，也顾及自己的法制经验，体现了当时制宪者的实事求是态度及创新意识。

第三，对司法体制的影响及创新。其一，在司法制度方面，关于法院的设置和上下级法院的关系、人民陪审员制度、审判的组织、刑事审判原则、审判程序也都仿照苏联程序法。而设立独立的检察机关并赋予法律监督职权，则完全是移植苏联的检察制度体制。其二，采用的演绎推理法、诉讼技术操作上极为明显地体现了职权主义的纠问式特征，均是大陆法系的模式。这一特征再次揭示了苏联法律与其传统法律文化和大陆法系的某种渊源关系。其三，司法权与行政权和立法权分工合作，不具有西方意义上的独立性。在中国，宪法虽然也规定了司法机关独立行使职权，不受行政机关、社会团体和个人的干涉，但同时还规定了司法机关要接受中国共产党的领导和国家权力机关的监督。因此，中国司法机关的独立是相对的。中国共产党对司法机关的领导主要体现为四个方面：一是通过立法程序将党的意志上升为国家意志，将党的路线、方针和政策变为具体的法律条文；二是制定司法工作的方针、政策以保证司法机关工作的正确方向；三是考察、推荐司法干部人选，由国家权力机关讨论决定；四是对司法机关中的党员干部进行监督，防范和处理违法违纪

① 杨振山：《一部历史性的基本法律——纪念〈民法通则〉实施十周年》，载《中国法学》，1997 (1)。

行为。同时，强调中国共产党对司法机关的领导并不意味着党对司法机关的工作可以随意干涉。其四，对法律监督体制的影响及创新。中国实行的是议行合一的国家体制。根据宪法和有关法律的规定，国家权力机关对司法机关的监督和制约主要表现为：人民法院院长、人民检察院检察长由本级人民代表大会任免，人民法院的副院长、庭长、副庭长、审判委员会委员、审判员和人民检察院的副检察长、检察委员会委员、检察员均由本级人大常委会任免；人民代表大会有权听取和审查本级人民法院和人民检察院的工作报告；人大常委会有权监督本级人民法院和人民检察院的工作，受理人民群众对司法机关及其工作人员的申诉和意见；人民代表大会及其常务委员会有权对本级人民法院和人民检察院进行个案监督，建议其对确有错误的案件依法定程序重新处理。

（五）受苏联法律文化影响，唯意志论盛行

第一，在苏联法律文化影响下的中国法学是一种马克思列宁主义法学。马克思列宁主义对于社会主义时期的中国人而言，其重要性不亚于传统中国的儒家思想。马克思主义对中国现代思想的影响是全面而深刻的，因此，马克思主义法学的中国化是一个极具理论价值和现实意义的研究课题。1917年俄国十月革命后，中国人通过苏俄接受了马克思主义。中国对马克思主义的接受主要不是通过学理上的研究和传播，而是通过特定历史时期中的革命战争实现的。因此，其限制性要素及时间历程较接受西方法学要少而短。它强调法的物质性、法的意志性、法的阶级性、法的历史性、法的社会性、法的政治性及法的实践性，强调法的这些特性也许是这种法学在中国得以生存且极富生机的重要原因。

社会主义法是在马克思主义法学理论的指导下创立的，它引导着各国共产党人摧毁旧世界，建立一个崭新的新世界。基于社会主义理论学说的马克思主义法学所追求的社会政治秩序的目标，从根本上说是"人的全面解放"，是一种理想的、大同的社会即共产主义社会，是一个没有阶级、没有国家、没有法律的"以人为本"的"按需分配"的社会，但在自由的旗帜下获得普遍认同的社会主义阶段的制度设计则南辕北辙，在手段和方法上是集体主义的，是与个人自由不可调和的，是一种"国家计划下的自由"。事实上，无论是制度性事实还是支配性观念，一切都源自某些终极价值。观念的力量、人类意志的力量对社会主义法律世界的形成不可低估，这种精神力量不仅改变了国家和社会，也改变了秩序和规则。

苏联式的马克思主义法学有一套较完整的法及其本质、结构、效力、法的起源及发展理论，其主要特征包括：法是由国家强制力保证的统治阶级意志和利益的体现，是私有制、阶级和国家发展的必然产物，是无产阶级专政的工具。社会主义法的产生和发展有其一般规律，其产生是社会物质生活条件发展的必然要求，具有客观的历史必然性，这种必然性集中体现于社会主义法是由无产阶级通过无产阶级革命、运用国家政权自觉创立的。如无产阶级夺取政权是社会主义法产生的基本前提；摧毁旧法统是社会主义法产生的必然要求；批判地继承旧法是社会主义法产生的必要条件。马克思主义法学认为，社会主义法的目的和作用是"阶级统治的工具"、"实现共产主义"，因此，把社会主义法说成"革命法制"和"社会主义法制"，仅仅是为无产阶级政治服务的，法的理论主要担负的是"政治任务"。因为法是统治阶级意志的表现，是统治阶级实现阶级专政的重要工具。

第二，在苏联法律文化影响下的中国法是一种国家主义、集体主义的法。新中国法体现的是国家主义和集体主义，这种法的价值本位是与苏联法一脉相承的。新中国因强调且确保共产党领导的国家的最高权威性而以国家主义和集体主义作为现代法的价值取向是有其合理性的，在一定程度上维持了新生政权的生存和发展，但也使社会主义法制受到较深的破坏。高度集中的政治权力体制，使得对权力的监督往往形同虚设，势必会导致官僚主义和腐败盛行，导致对法制的践踏。

第三，在苏联法律文化影响下的中国法是只强调现实意志和无限理性而漠视经验因素和历史因素的法律。长久以来，在我国，所谓社会主义法律观主要表现为法律的意志性完全排斥了社会规范内在的共识和凝聚力，过于强调国家以法律创造社会秩序，却无意识地破坏了社会自身的活力和和谐。"法律是由国家的强制力所保障的统治阶级的意志"，这是近半个世纪以来中国法学理论层面上对法的认知或"看法"，这种观念自然不是来自近代自然科学研究范式的影响，而是直接源自苏联维辛斯基有关法的定义的表述。可以说，这些苏联学者的理论观点深受近代英国分析实证主义法学理论的影响，而后两者的观念，则无疑清楚显示了近代自然科学研究范式的影响。其一，这样的一种法律观若从精神层面剖析，意志主义思想传统起作用且得到有意识的强化，其最为明显的特点是强制性的和工具性的。一种强制性的法律秩序往往是由国家推行和保证的，也是符合人们对秩序的渴求的，因此，法的国家统一意志属性的强调是符合特定语境下的生存逻辑的。其二，在物质层面上，这种法律观是一种与无产阶级专政和计划经济相吻合的强制性的、计划性法律。它忽视自发的社会力量和社会秩序的自我演变能量，过分强化对暴力机器的动用及其强制力量，法律秩序完全是由国家推动的，社会只是被动地接受命令性规则和计划性制度。它强调每一个政治的、经济的、法律的行为都是有计划的、合理的行为，都是有其专政意图的。这样的一种法律观很难说是科学和理性的。其三，从学术历史谱系上看，这种对法律的看法深受近代自然科学研究范式的影响。从18世纪末19世纪初开始，近代自然科学的强劲发展刺激了法理学研究观念的实证转向。人们感觉，法理学研究可以，而且应该像近代自然科学那样，客观、中立地研究社会中的法律现象，可以，而且应该建构一个超越具体社会语境的"法律科学"。在法律体系结构上，民商私法不发达，如破产法、证券法、市场法、保险法等法律领域几乎是空白。因为民商法发达的基本条件是竞争、货币、市场、信息和私有财产，而这些制度几乎不存在，而社会主义计划经济和公有制本身几乎不会产生民商事和经济合同、劳务、企业、房产等方面进行交易及其纠纷的解决的立法要求，也即民商法及其运行所依赖的经济生活基础几乎不存在，其适当的法律框架这种制度前提也就没有任何必要。

第四，这种苏联式的唯意志法学对法学教育体制的影响是极其深刻的。20世纪50年代，在新中国法制建设的热潮中，中国总结了社会主义革命和建设的基本规律和道路，全面肯定了苏联革命和建设的基本经验，国家明确提出全面学习苏联法律和法学的方针，在法学教育领域，几乎是全盘接受了苏联的法学。可以说，新中国法学教育是在引进、接受和消化苏联法学教育的基础上发展起来的，受到后者极大的影响。其一，关于法学课程的设置，1953年教育部推出统一法学课程，规定法学院（系）开设的主要课程是：苏联国家与法权历史、苏联国家法、苏联刑法、中国与苏联民事诉讼法、土地与集体法、中国与苏联法院组织法、人民民主国家法、中国与苏联劳动法、中国与苏联行政法、中国与苏联财政法。当时苏联的法学专家分派到各个大学进行法律教学工作。① 其二，关于法学教材。新中国法学教材的来源，一是翻译苏联专家的教材，二是以苏联专家教材为蓝本编写自己的教材。中国人民大学翻译出版的苏联教材《马克思主义关于国家与法权理论教程》的体例是：国家与法权理论的研究对象、研究方法、起源、本质、历史类型、社会主义国家与法等。这对我国法理学教材影响极为深远。可以说，20 世纪 70 年代至 80 年代我国法理学及其他法学教材仍旧普遍延续了 20 世纪 50 年代苏联法学教科书中的体例和观点。其三，关于法学理论体系。新中国法学理论的许多重要观点是源于苏联且在其基础上发展起来的，比如，关于法的起源、法的概念、法的本质、法的职能、法与经济、法与政治、法的历史类型、社会主义法的本质、法律关系、法律规范的结构等方面的基本观点。中国法学家将以维辛斯基为代表的苏联法学家关于法律是统治阶级的意志、由国家强制力保证其实施的观点，奉为经典的马克思主义法学理论。在所有法学教材中充斥着、课堂上宣讲着的便是如下法的一般定义："法是经过立法程序制定的体现统治阶级意志的行为规则以及国家政权认可的生活习惯和规则的总称，这些规则的运用以国家的强制力量为保证，其目的在于保护、巩固和发展有利于和适合于统治阶级的社会关系和秩序。""苏维埃法是劳动人民政权经过立法程序制定的行为规则的总和，反映着劳动人民的意志，这些规则的运用是以社会主义国家所有的强制力量为保证的，其目的在于保卫、巩固和发展有利于和适合于统治阶级的社会关系和秩序。"② 在我们的法学研究中，大量的苏联论著是重要的或主要的参考资料，如维辛斯基的著作《国家和法的理论问题》、杰尼索夫的著作《国家与法的理论的对象和方法。国家与法的起源。对资产阶级理论的批判》、亚尼山大洛夫的著作《苏维埃社会中的法制和法律关系》等。这种法的理论是将法律作为国家的一种工具、一种阶级专政工具，以历史唯物主义的角度去诠释。新中国成立后直到 20 世纪 90 年代，上述苏联法的一般理论统治着中国的法学教育和法学研究等领域。③

虽说中国仿效苏联法近七十年的这一历史发展阶段因我们知识上的局限而不能轻言是在由劣转优，但是，总的来说，若以法治和宪政考量，苏联模式的影响给整个 20 世纪中后期的中国法制变革带来许多弊端。可以说，在政治成为衡量一切的杠杆的时代，在苏联法影响下的中国法完全是以政治的维度和意识形态的维度取代与人性和民情相一致的法律规律和法律科学维度，以法的强制性抹杀法的其他属性，以背负现实政治使命的法律的工具理性完全取代法的价值理性，以国家生活关系代替民众生活关系，将法律真实与生活真实等量齐观。更令人难以置信的是，在具体实践中，将一套僵化的思维方式适用于任何语境，如以革命战争时期的思维方式来思考和平建设时期的法律问题，不管现实状况的特殊性和复杂性，这难免背离真实世界而使一个新社会长期陷于法制和法学的贫困。由其生发的弊端集中体现为现代社会转型、经济转轨、法治建设进程中尚存的难以克服的涉及社会正义的严重问题。所有这些都使我们眼下所面临的宪政和法治问题更加严峻。

①　参见汤能松等：《探索的轨迹——中国法律教育发展史略》，485 页，北京，高等教育出版社，2002。
②　[苏] 维辛斯基：《苏维埃社会主义法科学的基本任务》，37 页，莫斯科，1938。
③　参见蔡定剑主编：《中国宪法精释》，13 页，北京，中国民主法制出版社，1996。

第五节
改革开放以来外国法律文化对我国法制的影响

20世纪的中国社会生活，发生了翻天覆地的变化。在这一历史进程中，法律领域的变化更是日新月异。尤其改革开放以来，伴随着社会的深刻变革，当代中国法律发展呈现出革命性的变化趋势，有的学者称之为第三次法律革命。① 1978年，在党的十一届三中全会上，邓小平作了题为"解放思想，实事求是，团结一致向前看"的讲话，改变了中国历史的进程，1978年也成为现代中国法制变革元年。国民经济从崩溃的边缘，迈到国家经济总量世界第四的前列。与经济的迅猛发展相对应，我国的法制建设硕果累累：从1979年起算，"截至2008年2月，中华人民共和国共有宪法及宪法相关法、民法商法、行政法、经济法、社会法、刑法和诉讼与非诉讼程序法等7个方面的现行有效法律229件"②。"……加上现行有效的行政法规七千多件，构成有中国特色社会主义法律体系的各个法律部门已经齐全，各个法律部门中基本的、主要的法律及其配套规定已经制定出来，中国特色社会主义法律体系已经基本形成，国家经济、政治、文化、社会生活的各个方面基本实现了有法可依。"③ 在此过程中，外国法律文化对我国法制建设和发展有着深刻的影响。

一、改革开放初期外国法律文化的影响（1978—1992年）

（一）外国法律文化影响我国法制的背景

1. 历史背景

"文化大革命"给原本薄弱的民主法制留下了一片废墟。1978年3月，第五届全国人民代表大会第一次会议通过了新中国成立以来的第三部宪法。真理标准大讨论冲破了"两个凡是"的政治禁令，打碎了个人崇拜的精神枷锁，恢复了实事求是的思想路线。随着思想的解放，人们开始关注民主和法制建设问题。党的十一届三中全会召开，在拨乱反正的同

---

① 有的学者认为，中国在20世纪法律发展的历程中，伴随着三次历史性的巨变，产生了三次法律革命，即1911年辛亥革命所引发的第一次法律革命，1949年中国革命胜利所形成的第二次法律革命以及与1978年改革开放相伴而生的第三次法律革命。其中，第三次法律革命是20世纪中国社会与法律发展进程中的最深刻、最深远、最伟大的法律变革运动。参见公丕祥：《法制现代化的挑战》，314页，武汉，武汉大学出版社，2006。
② 全国人大常委会将我国颁布的229件法律划分为这7个法律部门。其中，宪法及宪法相关共39件，民法商法共32件，行政法共79件，经济法共54件，社会法共17件，刑法1件，诉讼与非诉讼程序法7件。参见《十一届全国人大一次会议文件（十六）附件》之"中华人民共和国现行有效法律"，14～18页，2008。由于学界关于部门法的划分在某些方面还有争议，下文所比较分析的部门法的分类按照全国人大的划分方法进行分类，以下不再赘述。
③ 全国人大常委会法制工作委员会：《十届全国人大及其常委会五年立法工作简述》，载《中国人大》，2008(5)，28页。

时，邓小平在主题报告中强调了社会主义法制问题："为了保障人民民主，必须加强法制。必须使民主制度化、法律化，使这种制度和法律不因领导人的改变而改变，不因领导人的看法和注意力的改变而改变。现在的问题是法律很不完备，很多法律还没有制定出来。往往把领导说的话当做'法'，不赞成领导人说的话就叫做'违法'，领导人的话改变了，'法'也就跟着改变。所以，应该集中力量制定刑法、民法、诉讼法和其他各种必要的法律，例如工厂法、人民公社法、森林法、草原法、环境保护法、劳动法、外国人投资法等等，经过一定的民主程序讨论通过，并且加强检察机关和司法机关，做到有法可依，有法必依，执法必严，违法必究。"① 从此，新中国的民主法制建设步入快车道，为吸收和借鉴外国法律文化拉开了崭新的序幕。

1987年，党的十三大正式提出了社会主义初级阶段理论，并且根据这个理论制定了党在社会主义初级阶段的基本路线。从基本命题到基本路线，虽然5年的时间是短暂的，但是改革开放的伟大实践和理论探索的丰富成果，却使我们对中国特色社会主义的认识和理解达到了一个新的高度。②

改革开放给加强、健全法制建设以及借鉴、移植外国法律带来契机，尤其邓小平同志关于"无论是革命还是建设，都要注意学习和借鉴外国经验"的讲话，为借鉴外国法律敞开了大门。彭真同志也曾经于改革开放初期，在中国法学会成立大会上精辟地指出："研究法学必须吸收中外有益的经验"，"法学会要研究古今中外的法律，不管进步的、中间的、反动的，不管是奴隶主的、封建的，还是资本主义的，都要研究。取其有用精华，去其糟粕和毒素"③。

2. 理论基础

1978年真理标准大讨论和党的十一届三中全会打破了思想僵化、教条主义的沉重枷锁，确立了解放思想、实事求是的思想路线。法学理论工作者也不断突破理论禁区，积极参与法学研究工作，讨论法学热点、焦点问题，为健全社会主义法制做出了突出贡献。法学界先后讨论了法律面前人人平等、法律与政策的关系、法律的阶级性与社会性、民主与法制、法治与人治的关系，以及法制与法治、权利与义务等重大理论问题。法制理论产生于法制实践，同时又对法制实践发挥着积极的指导作用。

学者积极参加国家的立法和司法改革活动，使法学理论研究和法制实践紧密结合。例如，许多学者参加了刑法、刑事诉讼法的制定和修改，参加了1982年宪法的起草和后来的历次修订，参加了民法通则和民事诉讼法等法律的制定。学者们还积极回应现实的需要，例如，1978年提出不把"诬告反坐"写入刑法的建议，1983年提出把反革命罪改为危害国家安全罪的建议，1992年提出尽快签署和加入国际人权公约的建议等。学者们还应司法机关的邀请，为解决疑难案件和具体法律解释提供专家意见，这些意见大都受到司法机关的重视，并成为司法机关适用法律的法理依据。在此期间，学者们还翻译了大量外国法学著

---

① 《邓小平文选》，2版，第2卷，146页，北京，人民出版社，1994。

② 参见陈笛落：《新时期中共党史的发展脉络》，载http://column.bokee.com/147806.html，2009-12-31。

③ 彭真：《发展社会主义民主，健全社会主义法制——彭真在中国法学会成立大会上的讲话（1982年7月22日）》，载http://www.people.com.cn/GB/shizheng/252/9114/9119/20020929/834147.html，2009-12-31。

作，包括法学理论和其他部门法学，开拓了本学科的研究视野，加深了法学研究人员对于中国法制问题的认识，为借鉴和移植外国法律提供了理论基础。

（二）外国法律文化对我国法制影响的实例

20世纪70年代末以来，随着对外开放的逐步推进和经济体制改革的展开，中国也开始了法制改革运动①，在立法活动中，开始关注外国法律文化中的优秀成果，如全国人大及其常委会和国务院在制定相关法律法规时，都会要求起草法律、法规的部门在提出立法项目的动议时，除了将我国现行立法的情况以及存在的问题进行汇报外，还要将国外相关法律一并向立法的工作部门②上报，这实际上已经成为我国立法程序中没有明文规定，同时又是立法工作中的一个很重要的环节。一些重要的立法，都事先通过征求意见的方式听取有关专家、学者关于外国同类立法的意见。在各地方，许多关系人民群众切身利益的地方性法规，为了慎重起见，也要参考其他国家和地区的相关立法。③

1. 宪法方面

我国1954年宪法以及后来的几部宪法中关于公民基本权利的规定不够全面，也过于原则。为此，在1982年宪法中，充分借鉴苏联法以及其他国家法律关于公民基本权利方面的规定，充实了该部分内容。时任宪法修改委员会副主任委员的彭真同志在第五届全国人民代表大会第五次会议上作《关于中华人民共和国宪法修改草案的报告》，其中明确指出："……草案关于公民的各项基本权利的规定，不仅恢复了1954年宪法的内容，而且规定得更加切实和明确，还增加了新的内容。例如，关于公民的人格尊严不受侵犯的条文，是新增加的；关于公民的人身自由、宗教信仰自由、公民住宅不受侵犯，通信自由和通信秘密受法律保护，以及公民对于任何国家机关和国家工作人员有提出批评和建议的权利，等等，都比过去规定得更加具体……"④我国1982年宪法第33～35条具体规定了公民的各项基本权利，包括平等权，政治权利和自由，宗教信仰自由，人身自由，建议、申诉、控告、检举和取得赔偿权，社会经济权利，包括劳动权、休息权、退休人员生活保障权、物质帮助权，文化教育权以及进行科研、文艺创作和其他文化活动的自由，等等。这些基本权利既包含了1936年苏联宪法⑤有关公民权利条款的各个方面，又借鉴了西方宪法中关于社会救济方面的权利，增加了退休人员生活保障权、物质帮助权等方面的内容，体现了时代进步的精神。

宪法的结构安排也受到外国法律文化的影响。在之前颁布的几部宪法中⑥，公民的基本

---

① 参见季卫东：《宪政新论——全球化时代的法与社会变迁》，57页，北京，北京大学出版社，2005。

② 即全国人大法工委和国务院法制办。

③ 参见朱景文主编：《全球化条件下的法治国家》，908页，北京，中国人民大学出版社，2006。

④ 彭真：《关于中华人民共和国宪法修改草案的报告》，载《彭真文选》（1941～1990年），443页，北京，人民出版社，1991。

⑤ 1936年苏联宪法仅规定了劳动并获得报酬权（第118条），休息权（第119条），受教育权（第121条），宗教信仰自由（第124条），言论自由、出版自由、集会自由、游行及示威自由（第125条），公民住宅不可侵犯及通信秘密（第128条）共6项基本权利。参见韩大元、胡锦光：《宪法教学参考书》，314～315页，北京，中国人民大学出版社，2004。

⑥ 在此之前，新中国共颁布3部宪法，即1954年宪法、1975年宪法、1978年宪法。

权利与义务都放到国家机构之后，而在 1982 年宪法中，参照多数国家的宪法结构，将这部分内容放到国家机构之前，凸显对公民基本权利的尊重。

彭真同志提出，1982 年宪法"充分注意总结我国社会主义发展的丰富经验，也注意吸收外国的经验"①，是原则性和灵活性相结合的一部宪法。

2. 刑法方面

我国 1979 年制定的《中华人民共和国刑法》（以下简称 1979 年刑法）受到外国法律的影响，在刑法空间效力范围问题上参考和借鉴了一些外国立法经验。每条刑事法律都在一定的地域对一定的人适用，我国采用的是以属地原则为基础，有限制地兼采属人原则、保护原则和普遍原则的结合型刑事管辖权体制。

普遍管辖权是指以保护国际社会共同利益为标准，主张凡是侵害了为国际公约、条约所维护的各国共同利益的，无论犯罪人是本国人还是外国人，也不论犯罪发生在本国领域内还是本国领城外，均适用本国刑法，从而惩治国际罪行的一种刑事管辖制度。由于此前长期闭关自守，我国法律在改革开放前很长一段时间内都对此原则持否定态度，认为它是霸权主义的产物，因而在 1979 年刑法中没有规定。② 后来随着改革开放的深入发展，中国在国际社会中的作用日益重要，并先后加入了惩治劫机、劫持人质、侵害应受国际保护人员、贩毒等罪行的国际公约，根据这些公约的规定，缔约国应当采取必要的措施，对国际罪行行使必要的刑事管辖权，而不论犯罪人是否在本国、犯罪行为是否发生于本国区域内。为使这一国际义务同国内刑法相衔接，第六届全国人大常委会于 1987 年作出《关于对中华人民共和国缔结或者参加的国际条约所规定的罪行行使刑事管辖权的决定》："对于中华人民共和国缔结或者参加的国际条约所规定的罪行，中华人民共和国在所承担的条约义务范围内行使刑事管辖权。"从而以单行立法的形式确立了中国刑法的普遍管辖原则。③

当今世界各国刑法大都经历了或者正在经历由传统刑法向现代刑法的变革，以便适应现代化社会发展的需要，这是世界法律制度和刑法制度发展的大趋势。1979 年刑法既总结了我国长期以来与犯罪斗争的实践经验，同时也参考和借鉴了外国经验。"彭真同志曾亲自主持讨论刑法草稿，在讨论到某一个问题时，总是要了解外国的有关规定，一方面问苏联、东欧国家是怎么规定的，一方面问资本主义国家是怎么规定的，根据我国的实际，吸收对我国有用的东西。"④ 全国人大常委会法工委主任顾昂然在八届全国人大五次会议上，在"关于《刑法》修改说明的报告"中，对 1979 年刑法的特点进行了评价："这部刑法总结了实践经验，从我国实际出发，研究、借鉴了外国的经验教训，吸收了对我国有益的东西。""刑法实施以来，对于惩治犯罪，保护人民，维护社会秩序，维护国家安全，保卫人民民主

---

① 彭真：《关于中华人民共和国宪法修改草案的报告》，载《彭真文选》（1941～1990 年），439 页，北京，人民出版社，1991。

② 参见杨再明：《刑法变革中的域外法影响》，载刘兆兴主编：《比较法在中国》（2006 年卷），268 页，北京，社会科学文献出版社，2006。

③ 全国人大常委会该决定是就某一问题的单行立法，其效力等同于《刑法》。在 1997 年修订后的新刑法典第 9 条规定了普遍管辖权，该项原则才正式进入刑法典。由于修改不在该时期，后文还有提及。

④ 顾昂然：《〈中华人民共和国刑法〉·〈中华人民共和国刑事诉讼法〉讲话》，2 页，北京，法律出版社，1997。

专政和社会主义制度，保障改革开放和社会主义现代化建设事业的顺利进行，发挥了重要作用。实践证明，刑法规定的任务、遵循的原则，是正确的，是一部好的、现代化的刑法。"①

3. 民法方面

1986 年《民法通则》的制定，采纳了发达国家民法的一些通行做法。如平等、自愿、公平、诚信、公序良俗等内容是体现商品经济要求的民法基本原则。平等原则即在民事活动中，一切当事人的法律地位平等，任何一方不得把自己的意志强加给对方。在许多西方国家的民事立法中，如《法国民法典》、《德国民法典》和《瑞士民法典》中虽未加以明文规定平等原则，但是这些法典的内容都体现了平等精神。因此，平等原则被认为是无须加以明文规定的公理性原则。自愿原则主要体现为合同自由原则。合同自由作为一项基本原则是由近代民法所确立的，最早见于《法国民法典》第 1134 条："依法成立的契约，在缔结契约的当事人之间有相当于法律的效力"，契约"仅得依当事人相互的同意或法律规定的原因取消之"。我国 1986 年制定《民法通则》时正处于计划经济占主导地位的时期，在经济生活领域还有大量的社会关系不是平等主体之间的关系，由经济法或行政法调整。受到世界各国民法普遍规定的"平等、自愿、公平、诚信"原则的影响，《民法通则》第 2 条规定："中华人民共和国民法调整平等主体的公民之间、法人之间、公民和法人之间的财产关系和人身关系。"在此基础上，第一章以专章明确规定了我国民法的基本原则。《民法通则》第 3 条规定："当事人在民事活动中地位平等。"第 4 条规定："民事活动应当遵循自愿、公平、等价有偿、诚实信用的原则。"公序良俗原则也为世界各国民法所普遍采用，是世界各国民法发展的主要潮流。如《德国民法典》第 138 条规定："违反善良风俗的行为，无效。"《日本民法典》第 90 条规定："以违反公共秩序或善良的事项为标的的法律行为无效。"我国也相应在《民法通则》第 7 条规定："民事活动应当尊重社会公德，不得损害社会公共利益，破坏国家计划经济，扰乱社会经济秩序。"

在民法的许多具体制度上，我国也借鉴了经济发达国家和地区的法律制度，比如法人制度。法人制度最早起源于罗马法。1896 年，德国公布了统一民法典，在第一编中专章规定了法人制度。1922 年由列宁领导制定的苏联民法典，第一次确认社会主义国家的法人制度。该法典第 13 条规定："一切享有取得财产权利和能够承担义务，并且能够在法院起诉和应诉的机关、社会团体和其他组织，都是法人。"尽管当时关于法人的规定只有 8 条，但却为社会主义国家建立法人制度奠定了基础。随后，蒙古、捷克斯洛伐克、匈牙利等国的民法中关于法人的规定大体都是采用这一体系。我国《民法通则》也受到这一体系影响，在第三章设专章对法人问题进行详细规定，包括法人的一般规则，企业法人的设立、变更和终止以及承担责任的范围；确定机关、事业单位和社会团体的法人资格，还专门对联营企业的形式作出规定。

关于民事责任，《民法通则》也受到外国法律文化的影响。在归责原则的发展史上，自近代以来，各国均坚持过错责任原则，"无过错即无责任"。随着社会的发展，19 世纪中叶

---

① 顾昂然：《〈中华人民共和国刑法〉·〈中华人民共和国刑事诉讼法〉讲话》，3 页，北京，法律出版社，1997。

以来，工业事故、公害事故大量出现，由受害人举证证明加害人的过错困难重重，各国基于公平、正义的法律精神和照顾弱者、稳定社会的政策考虑，相继规定了无过错责任原则，也称严格责任原则。我国在制定《民法通则》时，充分考虑和借鉴了国外的相关规定，明确规定了无过错责任原则，在《民法通则》第 123 条规定："从事高空、高压、易燃、易爆、剧毒、放射性、高速运输工具等对周围环境有高度危险的作业造成他人损害的，应当承担民事责任；如果能证明损害是由受害人故意造成的，不承担民事责任。"

此外，20 世纪 80 年代初期，《中外合资经营企业法》和涉外税法中关于税目和税率等内容的规定，《民事诉讼法（试行）》中对涉外案件的规定，《海洋环境保护法》等法律的相关规定，也不同程度受到了外国法和国际法的影响。这些法律如不参照外国法，不研究国际公法、国际私法，关起门来立法，肯定会行不通。[①]

二、市场经济体制形成阶段外国法律文化的影响（1992—2001 年）

（一）外国法律文化影响我国法制的背景

1. 历史背景

20 世纪 80 年代末 90 年代初，国内发生了一系列政治变化，国际社会风云变幻，中国的改革开放和社会主义现代化建设事业面临着严峻的考验。在这样的重大历史关头，邓小平同志发表南方谈话，坚持党的十一届三中全会以来的理论和路线，理清了长期束缚人们思想的许多重大认识问题，深刻阐发了社会主义的本质；同时明确指出，计划多一点还是市场多一点不是社会主义与资本主义的本质区别。1992 年，党的十四大确定了我国经济体制改革的目标是建立社会主义市场经济体制。1997 年，党的十五大高度肯定了邓小平理论的历史地位和指导意义，进一步阐明了社会主义初级阶段的基本路线和纲领，对中国的改革开放和现代化建设事业作出跨世纪的战略部署。

在法制建设方面，1993 年八届全国人大一次会议通过的《政府工作报告》正式确定了依法行政的原则。[②] 1996 年，八届全国人大四次会议通过《关于国家经济和社会发展"九五"计划和 2010 年远景目标纲要及关于〈纲要〉报告的决议》，确立了依法行政、依法治国，建立法治国家的治国方略。[③] 至此，依法行政原则在我国最终正式确立。1997 年，党的十五大首次明确将"依法治国，建设社会主义法治国家"作为党领导人民治理国家的基本方略和政治体制改革的根本目标，同时，十五大报告指出，"我国文化的发展，不能离开人类文明的共同成果。要坚持以我为主、为我所用的原则，开展多种形式的对外文化交流，博采各国文化之长"。这也为学习外国法律文化，吸收和借鉴外国法制的优秀成果奠定了基础。

2. 理论基础

1996 年 3 月八届全国人大四次会议提出"依法治国、建设社会主义法治国家"。为了回

---

① 参见顾昂然、杨景宇：《努力建设有中国特色的社会主义法律体系》，载《红旗》，1984（3）。

② 参见李鹏：《政府工作报告》，载《中华人民共和国全国人民代表大会常务委员会公报》，1993 年第 2 号，20 页。

③ 参见《中华人民共和国全国人民代表大会常务委员会公报》，1996 年第 2 号，8 页。

应建设社会主义市场经济体制、建设法治国家的时代要求，法学界应用市民社会理论、法律的功能理论等对法律本质进行了多视角、多层面的探讨，并逐渐意识到要实现对社会秩序的公正安排，就必须运用法律的本质理论，使法律成为政治生活、经济生活、文化生活及其他社会生活的行为模式。法学家们紧紧围绕建立和发展社会主义市场经济体制这一时代主题，从法学理论界自身的变革和创新出发，作了细致而深入的研究和论证，为国家的立法和司法工作提供了许多理论支持和制度上的建议。

（二）外国法律文化对我国法制影响的实例

随着市场经济体制的逐步建立，依法治国方略的实施，这一时期我国法制建设呈现出快速发展的特点，立法理念逐渐成熟，立法时借鉴外国法律文化更加积极、主动，范围也更加广泛，主要表现在为完善市场交易规则制定《合同法》，为加入 WTO 修改知识产权法，为进一步保障人权、保护当事人的合法权益修改《刑法》和《刑事诉讼法》，为规范政府依法行政、建设法治政府制定《国家赔偿法》、《行政处罚法》和《行政复议法》等，在这些法律的制定中都主动并广泛地吸收了国外的立法经验和现代法治国家的通行做法。

1. 合同法方面

1999 年，《合同法》正式通过。这部法律采用了典型的德国民法的概念体系，许多原则、制度和条文，诸如附随义务（第 60 条 2 款）、后契约义务（第 92 条）、同时履行抗辩权（第 66 条）、债权人代位权（第 73 条）、债权人撤销权（第 74 条）、承包人优先受偿权（第 286 条），等等，都直接借鉴了德国民法、日本民法、中国台湾地区"民法"的相关制度。但《合同法》将违约责任原则从过错责任改为严格责任（第 107 条），强制实际履行（第 110 条）、可预见规则（第 113 条末句）、间接代理（第 402、403 条）等制度，则是主动继受《联合国国际货物销售合同公约》（CISG）、《国际商事合同通则》（PICC）、《欧洲合同法原则》（PECL）和英美契约法的结果。[①]《合同法》在制定的过程中，充分借鉴、吸收了西方发达国家和地区法律文化，有的学者甚至认为：我国的《合同法》是"以大陆法系有关合同法的规定为底本、为结构框架，兼采英美法系的有关规定，熔为一炉"[②]。而大陆法系又有法、德两个分支，我国《合同法》"虽以德国法系为主，却又采择了法国法系中某些与前者完全对立的观念"[③]。

合同自由原则、公平原则、诚实信用原则和公序良俗原则是合同法最基本的原则，也是世界各国法律普遍确认的原则，受此影响，我国《合同法》第 4、5、6、53、54 条等对这些原则加以确认。希腊最早规定缔约过失责任原则，我国台湾地区的"民法"第 113 条、第 247 条也在缔约过失方面作了特殊的规定。借鉴其立法理念，我国《合同法》第 42 条首次规定缔约过失责任问题，还引入了大陆法上的"不安抗辩权"及其基本的制度框架，吸收和借鉴了英美法系预期违约制度和《联合国国际货物销售合同公约》默示预期违约规则

---

① 参见梁慧星：《2007 年 5 月 15 日在院学术报告厅为庆祝中国社会科学院成立 30 周年的学术讲演稿》，7 月 27 日改定。

② 陈传法：《1999 年中国合同法兼容异文化法制的尝试》，载江平主编：《比较法在中国》（2003 年卷），472 页，北京，法律出版社，2003。

③ 同上书。

的合理性，并结合我国国情，构筑了一个相对先进的不安抗辩权制度体系，从而形成了有中国特色的不安抗辩权制度。

2. 知识产权法方面

为适应国际立法趋势，尤其是顺应加入 WTO 的总体要求，我国于 2001 年 10 月对 1990 年通过的《著作权法》进行了修改，明确界定了著作权中的复制权、发行权、展览权、表演权、播放权、摄制权、改编权、翻译权的概念，并增加了出租权、广播权、信息网络传播权和汇编权。我国还借鉴在西方已有二百余年发展历史的著作权集体管理制度①，解决了诸如背景音乐的使用收费等问题。用著作权法保护软件已经成为国际通用的做法，WTO 《与贸易有关的知识产权协议》（TRIPs）也明确规定把计算机软件作为文学作品予以保护。② 我国顺应这一国际潮流，于 2001 年修改了《计算机软件保护条例》，明确规定计算机软件按文字作品给予保护；并按 TRIPs 的要求延长了保护期；把软件著作人的软件强制登记改为自愿登记。

为了与国际标准相衔接，我国于 1993 年 2 月和 2001 年 10 月两次对 1982 年通过的《商标法》进行修订，增加了关于集体商标、证明商标、地理标志和驰名商标保护的规定；同时参考世界知识产权组织（WIPO）关于保护驰名商标的建议，结合国家工商行政管理总局《关于驰名商标认定和保护规定》的标准，在第 14 条规定了认定驰名商标时需考虑的因素。按照 TRIPs 第 62 条的规定，有关获得和维持知识产权的程序中作出的终局行政决定，均应接受司法或者准司法当局的审查。据此，新《商标法》删去了原《商标法》第 21 条、第 22 条、第 29 条、第 35 条关于商标评审委员会的决定、裁定为"终局"的规定，在新《商标法》的相应条款中增加当事人可以向人民法院提起诉讼的规定。同时还增加了若干临时措施的规定，通过诉前财产保全和证据保全制度，维护商标注册人或者利害关系人的合法权益。

为适应我国加入 WTO 的新形势，与国际条约相衔接，我国加强了专利权的保护，对专利法的很多内容进行了修改。借鉴自外国法或国际公约的主要有：增加了专利权人的许诺销售权，对专利的确权实行司法终审，强化了专利管理机关的执法力度并授予专利管理机关一定的执法权，明确规定了侵犯专利权的赔偿额。③

3. 刑法方面

罪刑法定、适用刑法人人平等以及罪刑相适应原则是现代刑法的基本原则，是法治社会的基本标志，对保障人权具有十分重要的意义。当代各国刑法都普遍确立了上述原则。我国 1979 年刑法没有规定基本原则，曾经影响了中国刑法立法和刑事司法的质量。为弥补此种不足，1997 年刑法借鉴了国际通行做法，贯彻刑事法治原则，加强刑法保障功能。其在总则第一章显著位置上规定了罪刑法定原则、适用刑法人人平等原则和罪责刑相适应原则，并废止了 1979 年刑法中有悖罪刑法定原则的类推制度。这是我国 1997 年刑法修订中

---

① 即众多的作者授权给一个统一的机构来行使他们的权利。

② 参见黄涛：《计算机软件法律保护模式之比较》，载《当代法学》，2003（5）。

③ 参见王连峰：《WTO 中的知识产权协议与中国专利法的修改》，载《郑州大学学报》（哲学社会科学版），2001（6）。

最引人注目的一个闪光点，也是表明我国刑法具有民主性、科学性、进步性和时代性的一个显著标志。此外，顺应国际潮流，对死刑的适用范围有所限制，强化了对未成年人犯罪的从宽处遇和对公民正当防卫权利的保护，取消或分解了法条内容宽泛、模糊的投机倒把罪、流氓罪和玩忽职守罪三大"口袋罪"，设置了较为齐全的有关侵犯公民基本权利（包括人身权利、民主权利、劳动权利、财产权利、婚姻家庭权利等）犯罪的刑法规范。这些都是加强刑法保护社会和保障人权功能的表现。① 1997 年刑法还增设了普遍管辖规则并扩大了中国刑法的域外管辖权，增设了一些跨国犯罪和新型犯罪，将带有明显意识形态印记的、不合时代潮流的反革命罪更改为危害国家安全罪，从而显著地促进了中国刑法的国际化。

4. 刑事诉讼法方面

1996 年我国颁布了修改的刑事诉讼法，充分借鉴和吸收了国外刑事诉讼立法的有益做法。比如借鉴了世界各国的通行规定，确立了无罪推定原则，废除了 1979 年刑事诉讼法中有关人民检察院确认被告人有罪的免予起诉的制度，规定未经人民法院依法审判，不得确认任何人有罪。在刑事辩护制度方面，取消了 1979 年刑事诉讼法中关于被告人的辩护律师只能在审判阶段介入诉讼的规定，大大加强了律师在诉讼中的作用，规定在侦查终结、检察院审查起诉之时，律师即可以辩护人的身份介入诉讼，了解案情，收集与案件有关的材料，提出辩护意见；在审判阶段，辩护律师获得了可以与公诉人平等对抗的权利。这样，1996 年刑事诉讼法在确保犯罪嫌疑人获得律师法律帮助方面，达到了联合国"关于律师作用的基本原则"所规定的一些基本要求。② 同时，1996 年刑事诉讼法首次提出建立法律援助制度，并在实质上扩大了指定辩护的范围；取消了作为行政强制措施在刑事诉讼中广泛使用、羁押期限较长又不经其他机关审查和监督的收容审查，将其中与犯罪作斗争有关的内容纳入刑事拘留中，由人民检察院审查决定是否批准逮捕。对拘传、取保候审、监视居住、拘留和逮捕等各类强制措施都规定了明确的期限、条件和执行方式。此外，1996 年刑事诉讼法对庭审方式进行了诸多改革，吸收了两大法系庭审方式的长处，在大陆法系的职权主义和英美法系的当事人中心主义基础上，实行混合辩论式诉讼，这也比较符合当前世界各主要国家刑事诉讼发展的基本潮流。1996 年刑事诉讼法的修订，使得我国的刑事诉讼制度大体上接近或符合各国刑事诉讼制度改革的趋势，表明我国刑事司法制度步入了一个崭新的历史时期。

5. 行政法方面

我国立法机关在制定国家赔偿法、行政处罚法等法律的过程中，广泛研究、考察了意大利、瑞士、德国、法国、美国、澳大利亚、日本等许多国家的相关制度③，有所选择地加以借鉴。例如，在行政救济制度方面，现在世界各国对行政救济法进行统一立法已经成为一种基本潮流，美国、英国、德国、日本、奥地利、瑞士、韩国等国家都先后制定了统一

---

① 参见高铭暄：《20 年来我国刑事立法的回顾与展望》，载《中国法学》，1998（6）。

② 参见熊秋红：《从刑事司法国际标准的角度看我国刑事辩护制度》，载《法学评论》，1998（2）。

③ 行政立法组多次组团赴美国、日本、德国、澳大利亚、荷兰、法国等国考察，具体成果参见：《行政立法研究组考察团赴意大利、瑞士考察报告》，载《行政法学研究》，1993（4）；《关于德国行政处罚制度的考察报告》，载《行政法学研究》，1994（2）。

的行政诉讼、行政复议或国家赔偿法。我国在改革开放后长期缺乏这方面的法律制度，经过十余年的努力，直至 1999 年，先后制定了行政诉讼法、国家赔偿法和行政复议法，它们共同构成了我国的行政救济制度。

在行政处罚法方面，我国 1996 年制定的行政处罚法体现了世界各国通行的法治原则和合理性原则，贯彻了民主、公正、参与等基本精神。① 法治原则体现在：没有法定依据或者不遵守法定程序的，行政处罚无效（第 3 条）；法律可以设定各种行政处罚，限制人身自由的行政处罚，只能由法律规定（第 9 条）；行政法规可以设定除限制人身自由以外的行政处罚（第 10 条）；地方性法规可以设定除限制人身自由、吊销企业营业执照以外的行政处罚（第 11 条）。合理性原则主要体现在：行政处罚遵循公正、公开的原则，对违法行为给予行政处罚的规定必须公布；未经公布的，不得作为行政处罚的依据（第 4 条）；公民、法人或者其他社会组织对行政机关给予的行政处罚，享有陈述权、申辩权；对行政处罚不服的，有权依法申请行政复议或者提起行政诉讼；他们因行政机关违法给予行政处罚受到损害的，有权依法提出赔偿要求（第 6 条）。②

听证制度最初指司法听证，后来这一制度传入美国，被移植到立法和行政活动中，并被发展成提升立法与行政民主化程度以及广泛获取相关信息的有益方法。③ 二战后，听证制度为越来越多的国家或地区所接纳和采用。"从群众中来，到群众中去"的群众路线是我国在制定法律和政策时一向倡导并加以贯彻的，但由于没有加以规范化和制度化，具有较大的随意性。随着依法行政观念的加强，我国将听证制度引入行政执法和行政决策中，1996 年全国人大通过的行政处罚法和 1997 年通过的价格法分别规定了行政处罚听证和价格听证制度。1996 年制定的行政处罚法第一次引入国外的行政听证制度。2000 年，全国人大通过立法法，在我国首次把立法听证会作为立法民主化的一种重要形式规定到法律中，在第 34 条中规定，全国人大常委会和国务院在制定法律和行政法规时，"应当听取各方面的意见。听取意见可以采取座谈会、论证会、听证会等多种形式"。

三、市场经济发展阶段外国法律文化的影响（2001—2008 年）

（一）外国法律文化影响我国法制的背景

1. 历史背景

进入 21 世纪，我国的法律制度发展进入比较稳定和成熟的阶段，外国法律文化对我国法制建设的影响更加广泛而深入，中国的法律制度无论是在国际法律规则的运用方面，还是在对国外法律制度的借鉴方面，都达到了新的高峰。

首先是中国加入世界贸易组织（WTO）给我国社会带来一次全方位的变革，尤其在法制建设方面，加入 WTO 促进了我国法律制度的快速发展，对我国司法体制改革也起到一定的促进作用。作为世界性的贸易组织，WTO 要求各成员方的法律、法规必须与其规则和义务相适应。为此，我国在"入世"之后，对一些与 WTO 规则和义务相抵触的国内法也

---

① 参见应松年：《〈行政处罚法〉与依法治国、依法行政》，载《行政法学研究》，1996（3）。
② 参见张正钊：《行政法与行政诉讼法》，155～165 页，北京，中国人民大学出版社，1999。
③ 参见许安标：《立法听证会制度概述》，载《中国人大》，2005（19）。

都作出了相应的修改。WTO 的一系列规则促使我国进一步实施依法治国的战略方针,完善社会主义法制。

其次,市场经济的不断发展也对我国法制建设提出了更高的要求,全方位的对外开放不仅使经济国际化,而且其他的社会事务,诸如资源开发、环境保护、人权保护、惩治犯罪、维和行动、婚姻关系、财产继承等,越来越带有跨国性质,从而使我国法律体系越来越具有涉外性和外向性。处理涉外问题和跨国问题必然要求我国法律与国际社会通行的法律和惯例接轨,在建构和完善自己的市场经济法律体系的过程中也需要借鉴和吸纳市场经济发达国家的立法经验。

2. 理论基础

我国发展社会主义市场经济体制,巩固社会主义民主政治是一场深刻的社会变革,市场经济体制的进一步发展和完善对法制建设提出了新的挑战和要求。WTO 庞大的法律规则体系和法制统一、透明度、司法审查等原则以及 WTO 争端解决机制,成为我国法学研究的重点,反过来,法学研究的成果应用于法制建设和司法实践,为该阶段我国学习和借鉴外国法律文化优秀成果奠定了法制基础。虽然在 20 世纪末,我国学术界对于建立在经济全球化基础之上的"法律全球化"理论一直有很大争论[①],但加入 WTO 以后,学术界越来越倾向于接受这一理论。由于全球化的核心是资本在全球扩张而导致的全球范围的经济、政治、文化联系,是一个不以人们的意志为转移的社会发展的历史过程,"法律全球化"作为全球化进程中政治、文化联系的重要一环,应当说也是客观存在的。"法律全球化"强调法律的技术性,主张法律的普遍性、趋同性和统一性。法律全球化的观念在很大程度上促进了我国对外国相关法律,尤其是技术化法律的借鉴与吸收。

(二)外国法律文化对我国法制影响的实例

加入 WTO 以来,我国为适应市场竞争和日益增加的国际投资竞争的需要,保证资本的跨国流动,以使本国立法、司法与国际接轨,对以市场为导向的一些法律进行了重大改革,如修改了中外合资经营企业法、商标法、著作权法、公司法、票据法、证券法、对外贸易法、个人所得税法、律师法等,制定了信托法、电子签名法、企业破产法、物权法、政府采购法、行政许可法、企业所得税法、反洗钱法和反垄断法等。这些法律的制定和修

---

① 关于"法律全球化"的观点,法学界没有达成共识,对该观点表示质疑者以北京大学的沈宗灵教授为代表,认为"虽然'法律全球化'是一种不切实际的幻想,但我们也应认真考虑经济全球化对法律的巨大影响"(沈宗灵:《评"法律全球化"理论》,载《人民日报》1999-12-11,6 版)。中国人民大学的朱景文教授等对该观点持赞成态度:"在国内学界有的学者只同意体经济全球化,而不同意提政治全球化和法律全球化。对此我有不同看法。我认为,全球化是一个过程,它表现在社会生活的各个领域,包括政治、经济、文化和法律领域。如果认为只在经济领域存在全球化,而在法律领域不存在的话,那么,自然会提出一个问题:经济全球化难道没有法律表现吗?试想,世界贸易组织的章程如果没有缔约方的遵守、没有世界贸易组织解决纠纷的机制,它如何运作?经济全球化如果没有法律保证是不可想象的。同样,如果承认经济全球化的现象,如果承认马克思主义的一句名言'政治是经济的集中表现',那么,也就必须承认全球化同样有它的政治方面。当然,全球化在各个领域中表现的程度也是有差别的,而且,全球化也不是唯一的趋势,除了全球化趋势以外,还有也同时存在与它相反的、对抗的趋势,如政治多极化、文化多样化、法律本土化等。这些趋势之间的关系不是固定不变的,将随整个世界形势的变化而变化。"(朱景文:《比较法社会学的框架和方法——法制化、本土化和全球化》,566 页,北京,中国人民大学出版社,2001。)

改，不仅进一步适应了经济全球化和我国加入 WTO 的需要①，而且意味着中国特色社会主义法律体系已初具规模。

1. 宪法方面

WTO 规则的运行在客观上对我国宪法内容的完善和充实提出了更高的要求。我国于 2004 年对宪法进行了重要修改，制定了 14 条修正案，这些修正案在很大程度上也借鉴了外国法律文化，参照了国际上宪法发展的趋势和一些具体做法。如将"国家尊重和保障人权"写入宪法修正案，首次将"人权"由一个政治概念提升为法律概念，将尊重和保障人权的主体由党和政府提升为"国家"，从而使尊重和保障人权由党和政府的意志上升为人民和国家的意志，由党和政府执政的政治理念和价值上升为国家建设和发展的政治理念和价值，由党和政府的一项政策上升为国家根本大法的一项原则，标志着我国人权状况发生了历史性变化。此外，私有财产权和社会保障制度的入宪表明，在新的时代，我国已同时作出对自由和公正的郑重承诺。

国际条约在一国的实施，无论是并入适用还是转化适用，其所体现的法律原则和精神不应改变。我国签署了很多国际条约和协议，为使国内法与这些条约、协议的规则相一致，我国对原有的法律、法规、规章进行了有序的清理和修改，对地方性法规、地方政府规章和地方制定的其他政策措施也进行了清理。

顺应多数国家宪法都规定了维护私有财产及财产征用制度的潮流，2004 年的宪法修正案将宪法第 13 条修改为："公民的合法的私有财产不受侵犯。""国家依照法律规定保护公民的私有财产权和继承权。""国家为了公共利益的需要，可以依照法律规定对公民的私有财产实行征收或征用并给予补偿。"宪法修正案将宪法第 10 条第 3 款修改为："国家为了公共利益的需要，可以依照法律规定对土地实行征收或者征用并给予补偿。"这些修改完善了私有财产征收或征用以及土地征用制度，并规定给予补偿，理顺了市场经济条件下因征收、征用而发生的不同的财产关系。

2. 行政法方面

行政许可制度是市场准入的非关税措施之一，允许实行数量限制的做法长期以来为许多国家所采用。但是，因为行政许可中许可证的发放无法完全透明，难以监督，常常会形成一种非关税壁垒，使这种手续本身就构成一种限制。为了规范许可证发放，WTO 进口许可证协议对此作了专门规定。该协议主要强调了许可证发放的透明、公平（非歧视）及上诉、复审等程序，并且要求程序简便。为了适应该要求，也是为了规范行政权力的行使，促进行政管理的效能，《中华人民共和国行政许可法》于 2004 年起开始施行。行政许可法规定了 6 大原则，即合法原则，公开、公平、公正原则，便民原则，救济原则，信赖保护原则和监督原则；强调行政许可的迅速和简化是目前国际贸易的一个基本特色，其目的是使国内外的贸易主体能够迅速地获得进入本国市场的条件，以便在平等的基础上展开有效的竞争。借鉴国外经验，我国行政许可法要求规范行政许可行为，减少行政许可项目。该法颁布施行后，各地方、各部门均对本地方、本部门的行政许可项目、依据、实施主体进

---

① 参见赵华栋：《加入 WTO 对我国经济法发展的影响》，载 http://www.fwsou.com/falvlunwen/6/20070321/50074.html，2009 - 12 - 31。

行了全面清理。

借鉴美国、德国的相关经验，在行政立法的监督方面，我国加强了对地方性法规、地方政府规章和国务院部门规章的备案审查，对违反国家法律、行政法规规定的，或依法予以撤销，或责成制定机关及时修改。各地方也加强了对有关政策措施的备案审查，对违法的政策措施及时依法作出处理。对于国务院制定的行政法规，由全国人大及其常委会进行违宪审查，层层进行有关行政立法的审查活动，最大限度地避免因行政法规、地方性法规、地方政府规章和地方制定的其他政策措施因违反 WTO 规则和我国"入世"承诺而引发的国际争端。①

3. 民商法方面

"物权"一词起源于罗马法，1900 年《德国民法典》第一次在法律上以单编的形式规定了"物权法"。此后，许多国家的民法典都规定了物权制度，物权法遂成为民法的重要组成部分。② 加入 WTO 以后，我国法律制度受到国外法律规则的挑战和压力越来越大，物权法的制定也受到了深刻的影响。经过 6 次审议，数易其稿，《中华人民共和国物权法》终于获得通过并于 2007 年 10 月 1 日起施行。物权法体现了一个国家的经济制度、历史传统和人民的生活习惯。即便面临全球化的挑战，物权法中的某些固有法内容，比如所有权的类型、用益物权的类型以及与本国的习惯和现实经济生活密切联系的物权规范等等也是很难改变的，而其他一些原则和制度，如关于取得和行使物权的原则、交易规则及公示方法、担保规则等方面的规定等等，则都借鉴了外国法律的经验。

现代社会不承认有不受限制的权利，而且随着社会化的发展，物权因公共利益的需要受到越来越多的限制。1947 年日本修改民法典时，第 1 条即规定："私权必须遵守公共福祉。"大陆法系国家民法典一般均有对物权限制的原则性规定和权利行使原则的规定，如德国规定物权的行使必须"在不违反法律和第三人利益的范围内"，意大利规定"在法律规定的范围内并且遵守法律规定的义务的前提下"，瑞士规定"在法律法规的限制范围内"③。我国物权法第 7 条基本体现了上述原则性规定："物权的取得和行使，应当遵守法律，尊重社会公德，不得损害公共利益和他人合法权益。"

我国经济正逐步融入一体化的全球经济当中，由此决定了现行的调整交易活动的民商事法律制度应当尽可能地与国际通行规则接轨。在物权法的一些交易规则上，我们充分借鉴了国际上通行的做法，如物权法第 106 条、108 条规定了财产权转让的善意取得规则，第 23~27 条规定了交付移转动产所有权的规则。

有债权必然要有担保，担保制度不仅使交易更为安全，而且使金融更为发达、经济更为活跃。我国物权法在借鉴两大法系经验的基础上，建立了较为完善、合理的担保制度。很多国家通过立法或判例确立的新型担保形式已经完全为我国立法所借鉴，如物权法第 181 条规定了浮动担保："经当事人书面协议，企业、个体工商户、农业生产经营者可以将现有

① 参见肖艳辉：《加入 WTO 对我国行政法制建设的影响》，载《比较法在中国》（2003 年卷），203 页，北京，法律出版社，2003。

② 参见王利明：《民法》，142 页，北京，中国人民大学出版社，2000。

③ 王胜明主编：《中华人民共和国物权法解读》，16~18 页，北京，中国法制出版社，2007。

的以及将有的生产设备、原材料、半成品、产品抵押⋯⋯"这实际上就是对英国法经验的借鉴。[①] 在担保制度方面各国也出现了一些新的发展趋势，如动产质权在不断衰落，意思自治的范围在担保物权中的适用范围逐渐扩大，权利质押日益发达，等等。这些发展趋势都表明，担保制度既注重保障债权的实现，又注意资源的有效利用。有鉴于此，我国物权法既在第 188 条规定了动产抵押，又在第 208 条规定了动产质押，赋予动产所有人以更多的选择权利。

随着我国社会主义市场经济体制的不断发展和完善，面对"入世"后国内法律与国际规则对接的客观要求，1993 年通过的《中华人民共和国公司法》已经不能适应形势的需要，我国立法机关先后于 1999 年、2003 年和 2005 年对其进行了 3 次修改。参照其他国家和地区的法律，修改后的《公司法》在公司法人治理结构方面有了重大突破：赋予了股东相应的诉讼权利，使得《公司法》的私权救济功能得到了最大限度的维护；以"累积投票制"取代原来的"直接投票制"，实现对中小股东及债权人的利益保护；引入"公司法人人格否认"制度，等等。

4. 经济法方面

对国内企业和国外企业给予平等待遇是国际税制的发展趋势，也是国际经济贸易规则的要求，超国民待遇原则会阻碍各种经济组织的公平竞争，不利于营造公平竞争的氛围。鉴于此，2008 年 1 月 1 日起，我国开始实行新的《企业所得税法》，不再对内、外资企业分别执行不同的所得税制，外资企业也不再享受"超国民待遇"，这实际上体现了公平待遇。

目前，世界上已经颁布反垄断法的国家有 84 个，我国反垄断法的制定就充分借鉴和参考了其他国家和国际上的通行做法。反垄断法包括了各国反垄断法一般所具备的主要内容，确定了反垄断法律制度三大支柱，即禁止垄断协议、禁止滥用市场支配地位和控制经营者集中。此外，根据我国经济发展的现状，反垄断法对滥用行政权力排除、限制竞争行为即行政性垄断行为也作了禁止性规定。相应地，在借鉴国际经验和充分考虑我国实际情况的基础上，反垄断法确立了垄断协议豁免制度、市场支配地位推定制度、经营者集中申报制度、经营者承诺制度等，明确了我国反垄断法基本法律框架，为今后更好地执行法律奠定了基础。

《中华人民共和国政府采购法》于 2003 年实施，该法在全面开放政府采购市场之前，为实施扶持国内企业发展等政策提供了法律保护。参照其他国家的经验，我国政府采购法对政府采购监督制度以专章进行了规定，包括对政府采购法律、法规和政策的执行情况，采购范围、采购方式和采购程序的执行情况，政府采购人员的职业素质和专业技能等内容的监督。

在金融监管体制的建立上，我国借鉴了英国和日本、韩国等国家的经验。2003 年年底，我国先后修改通过了《中华人民共和国中国人民银行法》、《中华人民共和国商业银行法》以及《中华人民共和国银行业监督办法》，以法律形式确立了银行业与保险业、证券业、信

[①] 浮动抵押源于英国的衡平法，该制度在印度、巴基斯坦、澳大利亚、新西兰、马来西亚、新加坡等国得到承认，大陆法系国家如芬兰、挪威、瑞典、日本和俄罗斯也借鉴英国的浮动抵押制度，在民法或者商法中作出了相应的规定。参见王胜明主编：《中华人民共和国物权法解读》，387 页，北京，中国法制出版社，2007。

托业分业经营、分业管理的模式。与此相适应，我国的金融管理体制发生了重大变化，由最初中国人民银行一家机构统一金融监管，到中国人民银行监管职能的三次重大调整，实现了中央银行的货币政策职能与监管职能的分离。分离后的金融监管权，按照金融中介机构行业的不同和业务性质的不同，分别由中国证监会、中国保监会、中国银监会行使。至此，我国初步建立了现行的机构监管体制，实现了金融监管的专业化、规则化、责任化以及国际化。①

为了体现 WTO 规则中的市场准入、国民待遇、最惠国待遇、透明度和逐步自由化原则，我国在金融开放方面发布了一些行政法规和部门实施细则。2001 年 12 月，国务院颁布了《中华人民共和国外资金融机构管理条例》和《中华人民共和国外资保险公司管理条例》。在外资金融机构管理条例中规定：外资金融机构在满足审慎性准入条件的前提下，可以在中国境内任何一个城市申请设立营业性机构。在外资保险公司管理条例中规定：根据我国"入世"承诺的有关内容，外资保险公司可以在中国设立中外合资保险公司、外资独资保险公司和外国保险公司中国分公司。2004 年银监会发布新的《中华人民共和国外资金融机构管理条例实施细则》，新修订的实施细则共 120 条，在保持原实施细则整体框架和主体内容基本不变的前提下，共对 62 条进行了修改，增加了 11 条，删除了 4 条。2004 年，保监会发布了新的《中华人民共和国外资保险公司管理条例实施细则》，它规定：外国保险公司与中国的公司、企业合资在中国境内设立经营人身保险业务的合资保险公司，其中，外资比例不得超过公司总股本的 50%。此外，2007 年，证监会颁布了《外资参股证券公司设立规则》，放宽了对外资参股券商的要求。这些都说明，我国金融业的发展和法律制度的规定逐步和世界接轨。

5. 国际经济法方面

2004 年修改的《中华人民共和国对外贸易法》既紧密结合我国外贸自身发展的实际，又自觉适应 WTO 规则的要求，同时还注重借鉴各国外贸立法的先进经验。与 1994 年对外贸易法相比，此次修订比较全面、系统。如依原对外贸易法第 8 条的规定，中国的自然人不能从事对外贸易经营活动。根据中国加入 WTO 的承诺，应当进一步放宽外贸经营权的范围，同时考虑到在技术贸易和国际服务贸易、边贸活动中，自然人从事外贸经营活动已大量存在，对外贸易法作为外贸领域的基本法，应当允许自然人从事外贸经营活动。因此，新修订的对外贸易法将外贸经营者的范围扩大到依法从事外贸经营活动的个人。原对外贸易法第 9 条第 1 款规定，从事货物进出口与技术进出口须经国务院对外贸易主管部门的许可。根据《中华人民共和国加入议定书》和《中国加入工作组报告书》的承诺，在加入WTO 后 3 年内要取消外贸权的审批，放开货物贸易和技术贸易的外贸经营权。因此，新修订的对外贸易法取消了对货物和技术进出口经营权的审批，只要求外贸经营者进行备案登记。此外，新修订的对外贸易法还增加了维护进出口经营秩序、扶持和促进中小企业开展对外贸易、建立公共信息服务体系、外贸调查、外贸救济等内容。②

---

① 参见曾筱清：《金融全球化与金融监管立法研究》，137～148 页，北京，北京大学出版社，2005。

② 参见《商务部解读新外贸法：适应加入 WTO 需要，促外贸发展》，载人民网：http://www.people.com.cn/GB/jingji/2440277.html，2009-12-31。

随着经济全球化的发展，世界经济市场逐步统一，国际贸易规则的强制性日益强化。在各国的经济贸易往来中，需要建立专业化的国际投资争端解决机制。良好的争端解决机制有助于争端解决的稳定、透明、高效，降低风险和成本，促进了投资的扩大与经济的发展。WTO规则确定了一系列的争端解决机制，《关于成立世界贸易组织的协定》第2条第2款规定："附件1、2、3所含协议及相关法律文件是本协定的组成部分，对所有成员方均具约束力。"第16条第4款规定："每个成员方应保证其法律、规章与行政程序符合附件各协议规定的义务。"第5款规定："对本协定的任何规定不得作保留。"这些条款的设定增强了WTO规则的强制约束力。

WTO《关于争端解决规则和程序的谅解》将专家组断案引为该谅解的灵魂，不仅使之成为完备的司法制度，并且突破传统国际法对国际性法院审判制度中"不得强迫当事国接受审判"的禁锢，赋予专家组以强制性管辖或审判权，并设立上诉机关作出终审判决。为了更加强化这套司法制度，该谅解还引用了传统国际法的"报复"手段作后盾。《关贸总协定》第23条中原本就暗示"在情势已严重到足以有理由采取行动时"可采取报复[①]，WTO谅解则强化了这种报复手段，允许"交叉报复"，即"中止履行减让"或其他义务的报复行动，不限于引起争端的协议或部门，还可以用"中止"服务贸易领域的"义务"来报复货物贸易领域的争端。

为了履行加入世界贸易组织以及加强保护知识产权的承诺，最高人民法院、最高人民检察院公布了《关于办理侵犯知识产权刑事案件具体应用法律若干问题的解释》，当中也涉及了争端的解决机制问题。这些法律、法规和司法解释的颁布实施，为对外贸易持续、健康、协调发展提供了基本的法律制度，并明确了政府在外贸管理中的职责和角色定位，体现了政府适度管理的职能，使得政府管理更加公开、透明。

四、改革开放以来外国法律文化对我国法制影响的特点

（一）对待外国法律文化的态度由消极审慎到积极开放

改革开放初期，由于长期受到"左"的思潮的影响，人们往往看重法律在维护阶级统治中的作用，而看不到它在执行社会公共事务方面的作用，而政治体制改革又相对滞后，决定了对待外国法律文化的态度比较审慎。

进入市场经济阶段以后，这种态度发生了根本转变。市场经济是法制经济，要求所有市场主体都必须遵循共同的规则与秩序，要求政府必须依法行政。因此这一时期对于建立、完善各方面的法律、法规的需求就显得尤为急迫。如果说改革开放至20世纪90年代之前，我国对国外法律制度的吸收和借鉴主要集中在部分涉外法律和民商法律方面，那么随着改革开放的深入，20世纪90年代后，我国对国外先进法律经验的借鉴就更加主动和全面：不仅进一步完善了民商法的各种制度，从合同法到侵权法、从婚姻法到继承法，都积极借鉴国外法律的先进经验，而且在制定其他法律方面也主动参考国外的各种做法。

加入WTO以后，与经济全球化相联系，法律的国际性日益增强，世界贸易组织所确

---

① 即准许一个或几个"不执行专家组裁决的"缔约方中止履行减让或本协定其他义务。

立的基本法律原则正在逐步形成全球化贸易的法律基础，与此同时，以市场为导向的法律改革也在全球范围内进行。经济全球化进程逐步将世界各国纳入一个统一的贸易规则体系，WTO确立了有关各国贸易立法的若干基本原则，如非歧视原则、公平贸易原则等，要求参与国的法律必须与这些原则相一致。加入WTO以来，这种"法律全球化"的进程促使我国再次加快法律改革的步伐，更多地研究、引入、学习、参考和借鉴国外和国际社会的立法原理、原则、规范和制度，以服务于我国的法制建设，这也反映出我国对待外国法律文化的积极开放态度。

（二）外国法律文化影响我国法制的领域由单一浅陋到广泛深入

改革开放初期，社会主义法律体系还处于初创阶段，社会主义法制建设刚刚起步，学习和借鉴国外法律文化也处于探索阶段，外国法律文化对我国法制影响的领域相对较窄，而且主要集中在一些涉外的领域。比如，20世纪80年代初期，在制定中外合资经营企业法、海洋环境保护法等法律的过程中，对涉外事务的规定，全国人大就充分参考和借鉴了国际惯例和外国法律。由于这些法律调整对象的特殊性，"如不参照外国法，不研究国际公法、国际私法，关起门来立法，肯定会行不通"①。可见，当时吸收和借鉴国际惯例和外国法律的初衷，还是建立在对外经济、贸易交往以及国际合作中"不吃亏"，能够在对外交往中处于主动的逻辑之上。无疑，这样的研究和吸收、借鉴外国法侧重于实用性需要的考虑更多，而不是立足于法律自身的完备与健全，着眼于法制发展的长远需要，科学地认识和对待外国法律文化。但是，随着改革开放的逐步展开和经济体制改革的深化，其影响的范围也逐渐扩大并不断深入，尤其党的十四大提出"依法治国"方略以来，社会主义法制建设全面展开，在民法、刑法、行政法领域以及三大诉讼法领域的立法过程中都充分研究、借鉴和参考了外国的相关法律。加入WTO以后，为履行"入世"承诺和WTO协议规定的义务，我国更是大量借鉴外国法律文化，进行了大规模的法制改革：一是在"入世"前已修改近十部有关法律的基础上，又修改了一些直接涉及对外贸易的法律，如对外贸易法、进出口商品检验法等；二是根据"入世"后新形势的需要和国际通行的监管规则，制定了证券投资基金法、银行业监督管理法，修改了中国人民银行法和商业银行法，健全金融法律制度；三是加快民商、经济法律的制定和修改，制定了电子签名法、物权法等法律、法规，修改了公司法、证券法等法律、法规；四是规范行政许可，制定了行政许可法，并修改了票据法等9部法律中有关行政许可的规定，此外还制定了政府采购法等法律。这些法律的制定和修改，不仅进一步适应了经济全球化和我国加入WTO的需要②，也反映出外国法律文化对我国法制的影响更加广泛而深入。

（三）借鉴的对象由单一的苏联法发展为世界各国先进法律

从这一时期的借鉴对象来看，是从"单一继受"转变为"多元继受"，即由特别注重学习、借鉴苏联法律到全面借鉴世界各国先进法律。苏联作为第一个社会主义国家、马克思

---

① 顾昂然、杨景宇：《努力建设有中国特色的社会主义法律体系》，载《红旗》，1984（3）。

② 参见赵华栋：《加入WTO对我国经济法发展的影响》，载http://www.fwsou.com/falvlunwen/6/20070321/50074.html，2009-12-31。

主义理论的第一个实践者，它的成功对中国共产党和中国革命产生极大的影响力。在新中国成立后直至改革开放之初，我国在法制建设的理论和实践方面几乎是全面照搬苏联的经验。苏联法对中国法制建设的影响是全面和深刻的：我们不仅照搬了苏联的宪法和国家制度模式，而且在土地法、婚姻法、经济法、刑事法律等方面也大量引入苏联的相关法律概念、原则和制度；在司法制度方面，关于法院的设置、人民陪审员制度、刑事审判原则、审判程序也都深受苏联的影响。设立独立的检察机关并赋予法律监督职权，也是照搬苏联检察制度的结果。随着改革开放的逐步深入，我国在立法过程中往往同时参考多个国家的立法经验，结合本国实际，主动选择和融合，为我所用。以刑事诉讼法和刑法的修改为例，在犯罪嫌疑人的权利保护、正当程序等诸多方面都借鉴了两大法系的相关制度和规则。在刑事诉讼中由原来的职权主义改为兼采当事人主义，这是借鉴英美法制度的结果。"入世"以后，随着与各种国际经济组织成员方之间法律交往的不断增加和各方面联系的日益密切与加强，我国充分研究世界诸多国家和地区法律的形成和发展，研究两大法系不同时期、不同方面法律制度的融合，在立法上充分吸收、借鉴这些国家和地区进行现代民主政治、市场经济建设的成功经验，对那些充分反映人类文明发展的必然要求和一般规律的"良法"，直接进行吸收和借鉴，做到"洋为中用"。如物权法的制定借鉴了世界各国关于物权的规定，具有很强的开放性，为今后法律的完善提供了方便。

（四）注重发挥专家、学者在借鉴外国法中的作用

改革开放以来，专家、学者们积极参加国家的立法活动，对学习和借鉴外国法律文化发挥了积极的作用。许多学者直接参加了 1982 年宪法的起草和后来的历次修订，参加了刑法、刑事诉讼法的制定和修改，参加了民法通则和民事诉讼法等法律的制定。同时，专家、学者们还翻译了大量外国法学著作，使立法部门和社会各界加深了对于中国法制问题的认识，为借鉴和移植外国法律提供了理论基础。市场经济体制目标确立以来，随着依法治国方略的提出，随着法学研究的进一步拓宽和深入，吸收专家、学者参与立法已经成为我国立法过程中的一种不可或缺的做法。立法活动是一项专业性、技术性很强的活动，专家、学者通过翻译、研究外国法律著作，通过赴国外实地考察相关立法，运用其专业知识，结合我国国情，将国外立法中的成功经验提取出来[1]，为我国立法提出建议。而建议经论证并被有关部门采纳后，经过相关立法的程序，就成为我们国家法律的组成部分。这种方式，既促进了对国外立法经验的全面借鉴，也加快了我国法制建设的进程。如在行政法方面，1986 年就成立了行政立法研究组，主要由行政法专家、学者组成。该研究组成立的宗旨是研究中国行政法治发展的方向、目标以及发展途径，包括对外国行政法的研究和考察，草拟各种重要的行政法试拟稿，提交立法机关正式起草和立法。[2] 二十多年来，该研究组的学者参与了大量立法工作，除了直接草拟行政诉讼法、国家赔偿法、行政处罚法，以及立法法等法律试拟稿外，还广泛参与了行政复议条例、国家公务员暂行条例、教育法、农业法、体育法、统计法、高等教育、行政监察法、土地管理法、渔业法、治安管理处罚法及大量的法律、法规、规章和地方立法的起草工作。专家学者们大量翻译国外法律著作，深入

---

[1]　通常通过座谈发言、提交书面报告以及提供国外相关领域立法等方式，为我国的立法建言献策。

[2]　参见姜明安主编：《行政法与行政诉讼法》，23 页，北京，北京大学出版社、高等教育出版社，1999。

研究国外法律，广泛参加国家的立法活动，为学习和借鉴外国法律文化奠定了坚实的基础。

（五）世界各国普遍认可的法治理念逐步得到确立

1. 注重对人权的保障

经济发展必然带来政治的文明。对相对弱势一方权利的保护是社会文明进步的标志，也是法治国家的重要特征。1999 年第三次修宪，将依法治国作为基本方略写入宪法，相应地在制定和修改相关法律时都将法治和人权原则贯彻其中，最为明显的是刑事诉讼法、刑法以及行政法、行政诉讼法、行政处罚法中从基本原则到具体制度都吸收了当今世界各国普遍认同的基本原则和价值取向，体现了对基本人权的保护。我国刑事法律在过去无论是立法还是司法实践，都偏重于追究犯罪、惩罚犯罪，对保障人权不够重视。随着国家政治民主和社会文明程度的逐步提高，人权保障受到高度重视。特别是 1996 年修订的刑事诉讼法，在保障人权方面取得了明显的进展，如为了保障犯罪嫌疑人的合法权利，1996 年刑事诉讼法对各类强制措施，拘传、取保候审、监视居住、拘留和逮捕都规定了明确的期限、条件和执行方式，同时规定犯罪嫌疑人、被告人及其法定代理人、近亲属或者委托的律师或其他辩护人，对于司法机关采取强制措施超过法定期限的，有权要求解除或变更强制措施。对强制措施的限制实际体现了对犯罪嫌疑人的人权的保护，是无罪推定原则和疑罪从无原则的引申，也是法治和人权原则的体现。此外，还有诸如增加规定司法机关依法独立行使职权，未经人民法院依法判决对任何人不得定罪，律师在侦查阶段可以参加诉讼，扩大被害人诉讼权利等。

2. 突出程序正义的作用

程序正义是现代法律制度的重要标志之一。程序正义不仅是实现实体正义的重要保障，其本身就具有独立的价值内涵。相对于我国法律"重实体、轻程序"的传统，这一时期制定的法律更加注重程序正义。程序正当不仅在修订刑事法律方面对于保障人权具有重要意义，而且在行政法律方面对于规范政府行为、促进政府依法行政也至关重要。实现依法治国方略首先要建立法治政府，要求政府必须依法行政、依程序执法，违反法定程序的执法都是无效的。建立公正的、科学的行政程序制度是行政现代化的重要内容，要实现行政现代化，就必须通过立法逐步建立起一整套公正、科学的行政程序制度，诸如听证制度、信息公开制度、听取陈述和申辩的制度、职能分离制度、不单方接触制度、回避制度、记录和决定制度、时效制度和救济制度。① 这些被现代法治国家普遍认同的法律制度，都被积极吸收和借鉴到这一时期制定的行政诉讼法、国家赔偿法、行政处罚法、行政复议法、立法法、行政许可法等法律中。

3. 借鉴国际化法律规则

改革开放初期，对待外国法律文化的初衷主要是从起草涉外法律着眼的，随着市场经济的确立，以市场为导向的法律改革也正在各个法律领域内逐步进行。自加入 WTO 以来，经济全球化进程逐步将世界各国纳入一个统一的贸易规则体系中，WTO 确立了有关各国贸易立法的若干基本原则，如非歧视原则、公平贸易原则等，要求参与国的法律必须与这些

---

① 参见姜明安：《行政的现代化与行政程序制度》，载《法制与社会发展》，1998（2）。

原则相一致。这种"法律全球化"的进程促使我国再次加快法律改革的步伐。如何使法律改革在服务本土社会发展的前提下顺应世界潮流，成为建设有中国特色社会主义法制体系的重要方向。因此在立法过程中，更多地研究、引入、学习、参考和借鉴了国外和国际社会的立法原理、原则、规范和制度，以服务于我国的法制建设，主要做法是：第一，在国内立法中直接借鉴或者继受某些国际立法或者外国立法的经验；第二，根据我国立法的实际和需要，改造某些国际立法或者外国立法的经验，为我所用；第三，赋予某些国际条约和公约在国内法上直接适用的效力，或者将某些国际条约和公约转化适用于国内法领域；第四，积极参加国际或者区域性的立法活动，将中国以及中国所代表的那些国家、民族的利益反应并体现在国际或者区域立法中。①

　　4. 注重政府依法行政

　　WTO 的一系列基本原则和例外规定，促使中国政府在"入世"后学会运用并驾驭这些原理和规定，促使政府效率得以提高，也促进政府角色转变和职能强化。加入 WTO 以来，我国大幅清理、修改加入前已经生效的法律文件。国务院共清理各类法律、法规和部门规章两千三百多件；各地共清理十九万多件地方性法规、地方政府规章和其他政策措施，并根据要求分别进行修改和废止处理。② 国务院先后分 3 批取消和调整行政审批项目 1 806 项，各地政府取消了数十万件行政审批项目，取消了大量内部文件。凡执行的必须是公开的，"阳光政务"的推行极大地提高了法律、法规和政策的透明度。此外，推进行政管理体制改革是贯彻落实科学发展观、完善社会主义市场经济体制、建设社会主义法治国家的必然要求。我国目前的行政管理体制同市场经济发展不断推进的新形势还存在着不适应的方面，应该通过加强和完善行政法制建设，来推进行政管理体制改革，加快转变政府职能，改进行政管理方式；通过借鉴国外行政管理的有益经验，拓宽视野，转变观念，创新思路，使这一改革更加富有成效。

---

　　① 参见王宗礼主编：《中国发展之魂——法制篇》，84 页，兰州，甘肃文化出版社，2004。
　　② 参见朱景文主编：《全球化条件下的法治国家》，5 页，北京，中国人民大学出版社，2006。

第二编
外国法律文化影响中国分论

第三章

外国宪政文化的影响

近世中国，西法东渐。随着外国宪政文化的输入，中国传统政治文化发生了巨变。一方面，新兴的资产阶级出于对君主专制政体的痛恨，视西方的政治体制为"良法美意"，把学习、移植西方政体作为努力目标；另一方面，西方列强出于各自目的，也极力推动中国政治体制形式上的西化。于是，在宪政文化及其制度上，借鉴与移植外国宪政文化成为了一股潮流。正如当世之人评述："吾国维新动机以感受外力压迫为主因，故国内政治思潮恒与世界有关，且有几分摹仿性质。前清之宪政运动，开口必曰日本如何如何。辛亥以后之共和运动，开口必曰法国如何，美国如何。欧战后之改造运动，不曰俄式革命如何，即曰德式革命如何。"① 故本章将循此思路，重点考察两大法系主要国家以及苏联的宪政文化对近代以来中国宪政建设的影响。

第一节
英美法系宪政文化的影响

一、议会思想的传入与影响

英国议会思想于 1840 年前后进入中国。综合学界的论述，议会思想进入中国的历程大致可分为四个时期：第一时期，从 1840 年至 1870 年，此为议会知识性介绍时期；第二时期，从 1870 年至 1895 年，此为"君民共主"的议院观形成时期；第三时期，从 1895 年至 1905 年，此为"民权"观盛行和议会初试时期；第四时期，自 1905 年后，中国进入实行议

---

① 转引自《省宪辑览》之甲编"省宪概论"。亦参见夏新华：《近代中国宪政历程：史料荟萃》，644 页，北京，中国政法大学出版社，2004。

会制度新时期。① 介绍和传播议会思想的人物大致可分为三类：清政府涉外官员、西方传教士、开明士绅。近代中国先进的知识分子基于经世致用的传统，在西学东渐过程中也提出了自己的议会观。

（一）议会思想传入中国

1. 1840—1870 年，议会制作为一种新知识被介绍到中国。

这个时期介绍的主体有两类：一类是以林则徐、魏源、徐继畬等为代表的清政府官吏，另一类是麦都思、裨治文、慕维廉、韦烈亚力、艾约瑟、韦廉臣等西方传教士。他们著书立说，将西方议会思想作为一个新鲜事物介绍到中国，中国人从此对英国的宪政文化有了新的认识。

林则徐是最早注意到西方议会的中国官员，《四洲志》一书讨论了英、美、法议会的组织、权力关系、选举制度等，关于英、美、法三国上、下议院的内容占了相当篇幅。该书谓英国上院议员多王公贵胄，全院约 426 人；下院议员来自地方，由各部落议举殷实老成者充之，共 658 人。关于议院的权力，书中指出："国王虽有权裁夺，但必由'巴里满'（Parliament）议允"；国王行事有失，承办官员要交"巴里满"议处。② 当时，英国上院被音译为"律好司"（House of Lords），下院被音译为"甘文好司"（House of Commons）。

魏源在《海国图志》中也盛赞英国的议院制度，指出：英国"设有大事会议（议院），各抒己见。其国中尊者曰五爵，如中国之公侯伯子男，为会议之主，且城邑居民各选忠义之士一二，赴京会议。国主若欲征税纳饷，则必绅士（议员）允从，倘绅士不允，即不得令国民纳钱粮……如有按时变通之事，则庶民择其要者，敬禀五爵乡绅之会，大众可则可之，大众否则否之"③。显然，在魏源眼中，英国的议院制是一种理想的、先进的制度。

徐继畬是与魏源同时代的政府官员，他在《瀛寰志略》中对英国的议会有详尽的描述："都城有公会所，内分两所：一曰爵房，一曰乡绅房。爵房者，有爵位贵人及西教师处之；乡绅房者，由庶民推择有才识学术者处之。国有大事，王谕相，相告爵房，聚众公议，参与条例，决其可否；复专告乡绅房，必乡绅大众允诺而后行，否则寝其事勿论。其民间有利痛欲兴除者，先陈说于乡绅房，乡绅酌核，上之爵房，爵房酌议，可行则上之相而闻于王，否则报罢。民间有控诉者，亦赴乡绅房具状，乡绅斟酌拟批，上之爵房核定。乡绅有罪，令众绅议治之，不与庶民同囚禁。大约刑赏、征伐、条例诸事，有爵者主议；增减课税、筹办帑饷，则全由乡绅主议。此制欧罗巴诸国皆从同，不独英吉利也。"④

徐继畬称英国的上院为"爵房"，称下院为"乡绅房"，由于不像徐、魏著作的音译那样晦涩难懂，令人耳目一新。

林则徐、魏源、徐继畬对英国议会制度的介绍可谓开风气之先。然而，随着鸦片战争的失败，此种新思潮不仅未产生广泛的影响，反而受到冷遇。《瀛寰志略》甚至被曾国藩批

---

① 参见张朋园：《议会思想之进入中国》，载《华东师范大学学报》（哲学社会科学版），2004（6）。

② 参见王锡祺：《小方壶斋舆地丛钞再补编》，卷 12，12、30 页，台北，文海出版社影印，1964。

③ 魏源著，李巨澜评注：《海国图志》，"英吉利广述之"，郑州，中州古籍出版社，1999。

④ 徐继畬著，田一平点校：《瀛寰志略》，235 页，上海，上海书店，2001。

评为"颇张大英夷，甚属不当"①。1851年徐继畬因此被从福建巡抚任上赶下台，此后中国士人鲜见谈论西方议会者。②

在这个时期，西方传教士的活动比较活跃。林、魏、徐有关英国议会知识的介绍显然得益于传教士的述论。英国传教士麦都思（Walter H. Medhurst，1796—1857）于1835年来到上海。麦氏在其著作《地理便童传略》一书中提及英国的上院，谓："国内有两大会，一是世代公侯之会，一是百姓间凡乡绅世家大族者之会。"③徐继畬或许就是根据麦氏的这一句话而称上下院为"爵房"和"乡绅房"。《地理便童传略》可能也是中国读者最早得悉的西方议会著作。④

2.1870—1895年，"君民共主"议院观形成并得以传播。

这个时期着力宣扬"君民共主"的人物主要是早期维新人士，如王韬、冯桂芬、郑观应等人，此外，清政府驻外使节如郭嵩焘、黎庶昌、张荫桓、崔国因、薛福成等人，传教士如傅兰雅、林乐知等人，亦有类似主张和言论。

早期维新派在探讨富国强兵之策时，已经从认识西方船坚炮利的"长技"深入到认识西方的政治法律制度，集中表现为对西方议院制的认识。早期维新派的代表人物及其著作主要有：冯桂芬，《校邠庐抗议》（1861年）；王韬，《弢园文录外编》（1882年）；汤震，《危言》（1890年）；陈炽，《庸书》（1892年）；陈虬，《治平通议》（1893年）；郑观应，《盛世危言》（1893年）。早期维新派通过对英国议院制的了解和介绍，提出了各具特色的议院观，并设计了形式各样的中国式的议院方案。

早期维新人士对西方议院制度赞誉有加，如陈炽所言："泰西议院之法……英美各邦所以强兵富国，纵横四海之根源也。"⑤但他们对西方议院制度的了解和认识程度还比较肤浅，有关记述也比较简单。陈虬在书中只有寥寥数语："泰西各有议院，以通上下之情……其制繁重"⑥。汤震则除了指出"泰西设议院，集国人之议以为议，即王制众共众弃之意"之外，还列举了英德上、下院人数和美、英、奥议员"岁俸"数额。⑦而陈炽和王韬的记述稍多一些。陈炽的记述涉及议员的成分、议院的活动方式和议事内容等，"惟君民共主之国，有上议院，国家爵命之官也，有下议院，绅民公举之员也。院之或开或散有定期，事之或行或止有定论，人之或贤或否有定评……此所以举无过言，行无废事，如身使臂，如臂使指，一心一德，合众志以成城也"⑧。王韬在《纪英国政治》一文中记述："国家有大事则集议于上下议院，必众论金同，然后举行。如有军旅之政，则必遍询于国中，众欲战则战，众欲止则止，故兵非妄动，而众心成城也。"

相对而言，郑观应对议院制的记述最为详细。郑观应在《盛世危言》中说西方议院是

① 徐继畬著，田一平点校：《瀛寰志略》，"点校说明"，上海，上海书店，2001。
② 参见张朋园：《议会思想之进入中国》，载《华东师范大学学报》，2004（6）。
③ 熊月之：《西学东渐与晚清社会》，96页，上海，上海人民出版社，1994。
④ 参见张朋园：《议会思想之进入中国》，载《华东师范大学学报》，2004（6）。
⑤ 陈炽：《庸书·议院》。
⑥ 陈虬：《治平通议·开议院》。
⑦ 参见汤震：《危言·议院》。
⑧ 陈炽：《庸书·议院》。

这样一种政治制度：在组织结构上，分为上下两院，上院"以国之宗室勋戚及各部大臣任之，取其近于君也"，下院由"绅耆士商才优望重者充之，取其近于民也"；在议员的数额、产生办法和任期等规定方面，上议院"入无定额多寡之数，因时损益，盖官不必备，惟其贤也，其员皆以王公侯伯子男及大教师与苏兰格世爵为之，每七年逐渐更易，世爵则任之终身"，下议院"议员则皆由民间公举，举员之数，视地之大小，民之多寡。举而不公，亦可废其例，停其举，以示薄罚"；其职守和权限，一是总揽政务，"议院揽庶政之纲领"，"用人行政，皆恃上下议员经理"，而"下议院为政令之所出，其事最繁"，二是黜陟官吏，"百僚升降，权归议院，期会之令，出自君主，选举之政，操自民间"，三是筹划财政，"凡军国大政，君秉其权，转饷度支，民肩其任，无论筹费若干，议院定之"；关于议事程序，"遇有国事，先令下院议定，达之上院，上院议定，奏闻国君，以决从违，如意见参差，则两院重议，务臻妥协，而后从之"①。

薛福成曾出使英、法等国，期间所写日记中对议院制的记述尤为真实可信，较之郑观应《盛世危言》，其介绍大致相同但稍详。

综上而论，早期维新人士由于对西方议院制的了解程度不一，其议院观也比较复杂。有的"只是把议院视为沟通上下之情的工具和汇集众议的场所"，有的则"明确地将民与君看作地位同等，互相制约的两方，指出在国家'大政'的处理上，君民必须共同商量和决定，并强调服从民意"，有的"进一步指明了议院在'用人行政'和财政诸方面所独立履行的职责，初步把权力与议院联系起来"，还有的甚至认识到"议院政治是民权和政党的天下，而君权几近于仅守虚位。对于'君民共主'制，这可说是一种相当真实的了解"②。但总的说来，"通下情"才是早期维新派主张设立议院的总的指导思想，在早期维新派的整个议院观中处于核心位置。③ 也有学者也认为，早期维新派"对于西方议院的了解并不是片面的。在人们经常提到的几位早期维新派思想家中，几乎没人把议院仅仅理解为通下情的咨询机构"，其功能在行宪。④ 其实，依笔者看来，无论是通下情，还是行宪政，早期维新派的议院观均有共通点，即强调"君民共主"，限制君权。正如郑观应所言："故欲行公法，莫要于张国势，欲张国势，莫要于得民心，欲得民心，莫要于通下情，欲通下情，莫要于设议院。中国而终自安卑弱，不欲富国强兵，为天下之望国也，则亦已耳。苟欲安内攘外，君国子民，持公法以保太平之局，其必自设议院始矣。"⑤ 亦如王韬所说："唯君民共治，上下相通，民隐得以上达，君惠亦得以下逮。"⑥

在中国近代思想史上，"君民共主"是一个十分引人注目的口号。它自19世纪70年代维新思潮兴起之际提出，流行达二十余年之久。早期维新派人士用它来概括自己最高之政治理想。

王韬是"君民共主"论的创说者。其《弢园文录外编》一书即以西方议会为中心论旨。

① 郑观应：《盛世危言·议院》。
② 宋德华：《论"君民共主"》，载《华南师范大学学报》，1987（1）。
③ 参见宋德华：《早期维新派议院观若干问题辨析》，载《暨南学报》，1991（2）。
④ 参见宋德华：《戊戌维新政治纲领的再探讨》，载《历史研究》，1985（5）。
⑤ 郑观应：《盛世危言·议院》。
⑥ 王韬：《弢园文录外编·重民下》。

他认为："泰西之国有三：一曰君主之国，一曰民主之国，一曰君民共主之国。"[1] 英国的政治特色为"君民共主"。他说英国"所恃者，在上下情通，君民之分亲；本固邦宁，虽久不变"[2]。"朝廷有兵、刑、礼、乐、赏、罚诸大政，必集议于上下议院，君可而民否，不可行；民可而君否，亦不可行，必君民意见相同而后可颁之于远近。此君民共主也。"[3] 王韬的"君民共主"论影响甚大，乃至戊戌维新思想也受此影响。

无论早期维新人士对"君民共主"议院制了解和认识的程度如何，在他们心目中，这一外来制度是优于中国的君主专制制度的。不仅如此，他们还运用中国传统的开明政治思想来阐明设立议院的理论依据，设计了种种"君民共主"的中国式议院方案。试举例说明之：

郑观应主张在中国设立"君民共主"的议院，中国若要"富国强兵"、"安内攘外"，就"必自设立议院始矣"[4]。由于他对西方议院有较多的了解，也看到了在中国立即实行这种新制度的困难，因而主张先从整顿吏治和官制等方面着手。[5]

陈炽的方案是把议院制与乡官制结合在一起。按陈炽的设计，所谓"下议院"，仅有县一级，由百姓公举、朝廷认可的乡官所组成。乡官对地方的"大政疑狱"提供咨询，协助地方官吏"兴利除弊"。对乡官，"大吏可警以刑诛，小民可加以责备"。乡官的政绩由县官"核其功过"上达，良者由朝廷"授以亲民之官"，劣者"官得随时撤之"[6]。

陈虬的方案是把议院制与幕僚制混杂在一起。如陈虬所言：京师另置都察院衙门，设议员三十六人，六部每部六人，由任官"公举练达公正者"担任。在大臣主持下，"阃有大事，议定始行，试办有效，视大小加思赏赉"。州县则"就所有书院或寺观归并改设，大榜其座，国家地方遇有兴革事宜，任官依事出题，限五日议缴，但陈利害，不取文理"[7]。

汤震干脆把议院制和旧官僚机构融为一体。其办法是：由四品以上的高级官僚组成上议院，属军机处管理；由四品以下的中下级官吏组成下议院，属都察院管理。对于国家的大政方针，先请君主"明谕"，然后对允许参议的问题，由"议员"讨论其利害得失，"由宰相核其同异之多寡，上之天子，请如所议行"[8]。

但是，"君民共主"并不能等同于"君主立宪"。早期维新人士用这一口号来称谓英式议院制度，说明他们对议院制有所了解但不深刻，还没有上升到限制君权、伸张民权的"君主立宪"高度。这反映了他们的历史局限。

这个时期值得一提的传教士是英国传教士傅兰雅（1839—1928）。傅氏于1861年来华，长期在江南制造局担任编译工作，其著《佐治刍言》谈到了国会，且言如果中国仿效，当以英国的君主立宪为模型。[9] 傅兰雅还在江南制造局内设立"格致书院"（1876—1914），邀

---

① 王韬：《弢园文录外编》，卷1，19页，上海，1947。

② 王韬：《弢园文录外编》，卷4，15～16页，上海，1947。

③ 王韬：《弢园文录外编》，卷1，19页，上海，1947。

④ 郑观应：《盛世危言·议院》。

⑤ 参见郑观应：《盛世危言·吏治上》。

⑥ 陈炽：《庸书·乡官》。

⑦ 陈虬：《治平通议》，"变法一"、"开议院"。

⑧ 汤震：《危言·议院》。

⑨ 参见傅兰雅：《佐治刍言》，卷11，第九十八节。

请王韬、郑观应等参与教学。王韬于 1885—1897 年间出任山长。傅、王合作推行了一种被称为"四季课考"的论文竞赛活动，邀请名家命题，欢迎年轻士子参加应考。郑观应曾应邀以议会论为题，力言议会之功能。虽然参考情形不详，但此一活动明显有助于议院思想的传播。

（二）议会思想在政治领域的影响

这个时期的代表人物有何启、胡礼垣、康有为、梁启超以及外国传教士李提摩太、李佳白等人。他们的议会思想更为积极，甚至企图有所行动。[①] 议论的重点由议院的作用深入到中国能否开议院。

何启（1859—1914）与胡礼垣（1847—1916）认为西方因重视民权而强，中国因忽视民权而弱，故民权为强国之本，开国会是倡民权的最佳途径，所谓"设议院，立议员，复民权"是也。[②] 至于如何设立议院？何、胡主张一院制，设下议院而不设上院。一院制议会分中央议会和地方议会。地方议会分为省、府、县三级，县议员在秀才中选出，府议员仍在举人中选出，省议员在进士中选出。省议员每年一次集中于京都，"开院议事"[③]。何、胡倡扬民权的议院论，虽然招致了张之洞等礼治派的反对，但他们以权利与议院相结合，具有划时代的意义，是议院论的一次重大突破。此后之谈议院者，无不强调权利；谈权利者，必要求开议院，中国之走向议会政治，就显得更有声势了。

英国传教士李提摩太（1845—1919）于 1870 年来中国，其著述甚丰，《泰西新史揽要》（1895 年）一书享誉最广。该书不仅谈君主专制政治之退却，亦畅论民智之大进。李氏对西方各国之议会叙述甚为详尽，尤其对英国议会改革、人民参政议政、扩大选举权等情事讨论得很深入。推及中国，李氏建议清廷采行"教、养、安、新"四大改革政策，受到光绪帝师傅翁同龢、孙家鼐的赞赏，康有为并将之荐给光绪皇帝阅读，影响甚广。[④]

1884—1898 年间，康有为先后 7 次上书清廷大谈改革之道，劝促光绪皇帝召开国会。其中关于召开议院者，有 4 次之多。康有为力陈开国会于皇家有利，谓国会有"以通下情"之便。

然而，戊戌变法运动前后的康有为在开议院的态度上仍然摇摆不定。在考虑民智的程度后，康有为认为中国尚不具备开议院的条件，所谓："民智不开，遽用民权，则举国聋瞽，守旧愈甚，取乱之道也。"[⑤] 事实上，康有为自第五次上书起，即不再提国会之当否召开，只大谈开制度局，制度局下设法律、税计、学校、农商、工务、矿政、铁路、邮政、造币、游历、社会、武备等十二局，只不过是一个执行机构而已。转变的原因在于，在康有为看来，开国会缓不济急，建制度局则可立竿见影。[⑥]

梁启超于 1896 年著《古议院考》，对议会政治推崇备至，戊戌维新期间因受康有为的

①　参见张朋园：《议会思想之进入中国》，载《华东师范大学学报》，2004（6）。
②　参见［英］何启、胡礼垣：《新政真诠》，五编。
③　［英］何启、胡礼垣：《新政真诠》，二编。
④　参见［英］李提摩太：《泰西新史揽要译本后序》，载《万国公报》，第 76 期，1895 年 5 月。
⑤　康有为：《日本变政考》，1898。
⑥　参见张朋园：《议会思想之进入中国》，载《华东师范大学学报》，2004（6）。

影响，也鼓吹过："凡国必风气已开，文学已成，民智已成，乃可设议院。今日而开议院，取乱之道也。"① 变法失败后梁启超流亡海外，对西方宪政文化较以前有更为全面的认识和把握，其议会观也发生了转变。他极为推崇英国的议院，谓"如英国之巴力门，有黜陟政府大臣之权，盖行政立法二权，全归国会之手。故英国之谚有曰：国会之权，无事不可为，除非使男变女，女化男，乃做不到耳。观此可知其权力之大矣"②；"议院为今世最良之制度"③。

2.1905 年以后，随着五大臣出洋考察宪政和清廷"预备立宪"的推行，议会政治在中国进入实施时期。

1905 年和 1907 年清政府先后两次派大臣出洋考察政治和宪政。至英国考察宪政的大臣主要有戴鸿慈、载泽、汪大燮等人。

戴鸿慈在其所著的《出使九国日记》中极力推崇英国的宪政文化。他认为英国的议会政治有两大好处：一是下院权力大于上院，则"凡立一法，在下院议案已成者，贵族院（上院）对之虽有修正之权，而无反抗之力"；二是议院中有政府党与非政府党，则"政府党与政府同意，非政府党则每事指驳，务使折衷至当，而彼此不得争执"④。载泽初到英国，震撼于泰晤士河畔雄伟的英国议会建筑，他聘请英国学者埃喜来为其讲解大英宪政。埃喜来为其讲授了英国君主不干预宪政，立法大权在下议院，上议院鲜持反对意见等处，载泽均一一记于日记中。⑤ 通过考察，载泽对英国的议会政治有了进一步认识。

汪大燮在英国考察后，编纂了《宪政要目答问》、《英国宪政要义》、《英宪因革史》、《政枢纲要》、《枢密纪略》、《曹部通考》、《国会通典》、《国会立法议事详规》、《选举法志要》、《英理财沿革制度史》、《法庭沿革史》、《司法考略》、《民政辑要》、《治属政略》14 种著作，对英国宪政历史和制度进行客观全面的介绍。汪大燮上奏的考察情形折并未明确表达其宪政主张，其宪政主张主要体现在其编撰的著作中。如在《宪政要目答问》中关于君主大权的论述，汪大燮提出了"君主之于国也，尊严若神"的观点，并对君主神圣性的原因进行论述，"其见识阅历，自宜首出庶物"，"无党无偏，人故莫测高深耳"，行政上不负责任，"故君主常戒其臣曰：凡此行政之责，尔诸臣实任之，尔审其以为可，则行之，予惟有助成尔志耳"，"大臣禀其告诫，行事慎之又慎，此中有至神之效焉"。汪大燮引用英国学者阿德巴泽宪政论的观点归纳了君主大权，"君主之权有三。大臣仰而代商，一也；勉励大臣，二也；敬戒大臣，三也"⑥。

考察宪政大臣，归国后上奏折，条陈立宪的利害关系，要求清政府实行君主立宪政体，直接推动了预备立宪上谕的颁发。清末的议会政治开始进入实施阶段。

1906 年 9 月 1 日，慈禧公布《仿行立宪上谕》。清廷明诏宣示预备立宪之后，朝野上下颇受鼓舞，更急不可耐地吁请速开国会以救时艰，维国势而固人心。在朝野舆情的推动之

① 梁启超：《故议院考》，1896。
② 梁启超：《各国宪法异同论》，载《饮冰室文集》，卷 4，73 页。
③ 梁启超：《中国国会制度私议》，载《饮冰室文集》，卷 24，9 页。
④ 戴鸿慈著，钟叔河辑注：《出使九国日记》，378～379 页，长沙，湖南人民出版社，1982。
⑤ 参见载泽著，钟叔河辑注：《考察政治日记》，596～601 页，长沙，岳麓书社，1986。
⑥ 韦庆远、高放、刘文源：《清末宪政史》，234 页，北京，中国人民大学出版社，2004。

下，清廷为使"与庶政公诸舆论之实相符"，于光绪三十三年（1907年）八九月间，相继下谕设立资政院、咨议局和议事会，并次第公布了资政院和咨议局章程及议员选举章程。

《钦定宪法大纲》所附的议院法要领规定议院"有建议之权"、"指实弹劾"之权，"国家之岁入岁出，每年预算，应由议院之协赞"等，这就赋予了议院一定的立法权和监督权，所谓"立宪政体取决公论，上下议院实为行政之本"①。而《宪法重大信条十九条》则引进了近代西方的议会主权理论，它以英国君主立宪主义为基调，对议会的权力给予充分的肯定，对皇权作了较大限制。其关于以国会权力制约皇帝权力的规定，从形式上讲，就是一种君主立宪模式的建构，以至于后人评价"《十九信条》深得英宪之精神，以代议机关为全国政治之中枢，苟期施行，民治之功可期，独惜其出之太晚耳。倘期早十年宣布实行，清祚或因以不斩，未可知也"②。

资政院章程更是明确规定它具有议决国会预算、决算、税法、公债以及新定法典与嗣后法典修改等方面的权力。③ 尽管君主有否决它所通过的议案之权，但种种国家大事首先要经过它"批准"，而且它还有"自行草具议案"的权力。这充分说明它是一个有一定决策权的国家机关。尽管资政院还只是个过渡性的立法机构，设立的目的只是在于培养、锻炼议员的能力，为未来成立的两院制国会奠定基础。但正如英国《泰晤士报》记者莫里循所评论："临时议会已在某种意义上掌握了过去从未指望过的权力。"④ 至于各省咨议局的成立，则标志着当时清廷推行的地方宪制进入了一个实质阶段。各省咨议局是未来地方议会的雏形，以"为各省采取舆论之地，以指陈通省利病，筹计地方治安"为宗旨，但就《各省咨议局章程》规定的咨议局职任权限而言，基本精神与西方地方议会无二。美国著名汉学家史景迁先生对清末咨议局的运转的一段评论很深刻："1909年召开了第一次会议的咨议局是令人惊异的新机构，对国家的政治生活产生了巨大影响。虽然这些咨议局仍是精英团体，仅对男性开放，并有严格的年龄、财富和教育程度等标准，但是它将不仅关心自己家庭和地方利益，也关心国家命运的男子们集聚起来，共商事务。很多人参与了这一次全新机构的选举。"⑤ 中国学者耿云志先生也认为，咨议局"是拥有相对独立性的政治权力机构"，"即拥有一定的立法权和监督行政、监督财政权"⑥。资政院和咨议局是预备立宪的直接产物，实质上也是掺在清廷旧机体中的两个异质因素，陈旭麓先生称其为"是封建政体的异军，是中国近代政治体制新陈代谢的一个重要环节"⑦。它在破坏专制制度，促使中国向宪政民主的新陈代谢过程中起到了一种"中介性"作用。而革命党人出于政治需要，贬斥咨议局为"咨议草庵"、资政院为"资政禅院"，仅此评价，实有失公允。

---

① 故宫博物院明清档案部编：《清末筹备立宪档案史料》（下册）606页，北京，中华书局，1979。

② 尚秉和：《辛壬春秋大政记》。转引自陈茹玄：《中国宪法史》，15页，台北，文海出版社，1985。

③ 参见陈茹玄：《中国宪法史》，54～67页，台北，文海出版社，1985。

④ ［澳］骆惠敏编，刘桂梁等译：《清末民初政情内幕》，上册，675页，上海，知识出版社，1986。

⑤ ［美］史景迁著，黄纯艳译：《追寻现代中国》，300页，上海，远东出版社，2005。

⑥ 耿云志：《清末资产阶级立宪派与咨议局》，载《纪念辛亥革命70周年学术讨论会论文集》，中册，1217页，北京，中华书局，1983。

⑦ 陈旭麓：《近代中国社会的新陈代谢》，241页，上海，上海人民出版社，1992。

二、君主立宪制的影响

英国是近代君主立宪制最为典型的国家。在君主立宪政体下，君主虽为国家元首，但其权力由宪法规定，受议会的制约。此种政体对近代中国的宪政思潮和宪政实践均产生了重大影响。

郑观应是中国近代明确主张实行君主立宪的第一人。[①] 他在《易言·论议政》中，在介绍了西方议会制度后提出："所冀中国，上效三代之遗风，下仿泰西之良法，体察民情，博采众议，务使上下无扞格之虞，臣民泯异同之见，则长治久安之道，有可预期者矣。"主张中国学习西方的民主政治制度。郑观应在《盛世危言·议院》中，更是借介绍议院之机，明确提出了君主立宪的主张："议院者，公议政事之院也，集众思，广众益，用人行政，一秉至公，法诚良意诚美矣"；有了议院，则"君相君民之气通，上下堂帘之隔去，举国之心志如一，百端皆有条不紊，为其君者，恭己南面而已"。因此，"有议院而昏暴之君无所施其虐，跋扈之臣无所擅其权，大小官司无所卸其责，草野小民无所积其怨，故断不至数代而亡，一朝而灭也"。可以说，郑观应及其《盛世危言》正是中国早期改良派的代表人物和代表著作，它们在中国的启蒙史中占有极其重要的一席之地，起到使国人由改良到维新再到变革的中介作用。

在1898年戊戌变法运动中，以康有为、梁启超为代表的一批资产阶级知识分子，通过报刊大声疾呼变法。他们认为，西方国家之所以富强，是因为国家组织完善。因此，变法改制是使国家强盛的关键。康有为认为："东西各国之强，皆以立宪法开国会之故。国会者，君与国民共议一国之政法也。盖自三权鼎立之说出，以国会立法，以法官司法，以政府行政，而人主总之，立定宪法，同受治焉。"正是"行此政体"，使东、西各国走上了强盛的道路。他建议，"立行宪法，大开国会，以庶政与国民共之，行主权鼎立之制"，并断言，如此"则中国之治强，可计日待也"[②]。这就把君主立宪主张第一次提到了最高统治者的面前，使之成为朝廷议论的"国是"问题。变法图强、进行社会改革的呼声越来越强烈，逐渐发展成为波澜壮阔的社会思潮，君主立宪成为资产阶级维新派的变法纲领。对封建专制主义的批判虽早已出现，但以立宪的方式从根本上取缔君主专制制度这一方案却是在接触了西方文明之后才提出来的。

立宪思潮方兴未艾之际，资产阶级革命派和立宪改良派围绕中国之前途展开了激烈论争，两派的立论依赖于当时先进的外国宪政理论与实践。以康有为、梁启超为首的立宪改良派主张实行君主立宪，推崇的是英、日等国的政治体制。以孙中山、章太炎为代表的革

---

① 参见熊月之：《中国近代民主思想史》，141页，上海，上海人民出版社，1986。与郑观应同时代的早期维新派人士也不同程度地提出了君主立宪制的主张。关于谁在中国最早提出君主立宪的问题，学界有不同的观点：有一种观点认为，王韬是第一个提出君主立宪的中国人，早在19世纪70年代，就在《重民篇》中清楚地表明了他的君主立宪主张〔参见孙必有：《中国近代史上第一个提出君主立宪政治主张的是谁？》，载《文史丛刊》，1980（2），或忻平：《中国最早提出君主立宪制的是王韬》，载《华东师范大学学报》，1988（6）〕；而采郑观应之说的人则认为，王韬虽在《重民篇》中大谈君主立宪的优越性，但未明确说在中国实行它（如夏东元：《郑观应传》，上海，华东师范大学出版社，1981）；还有一种观点认为，容闳早于王韬和郑观应，在1860年就提出过在中国实行君主立宪的主张（参见袁鸿林：《谁在中国最早提出君主立宪？》，载《文汇报》，1982-06-28）。

② 康有为：《请定立宪开国会折》，载《戊戌变法》（二），236页，上海，上海神州国光社，1953。

命派则主张推翻清朝政府、实行民主共和，推崇的是法国式的革命。两派各自创办报刊，撰文宣传各自的宪政观点。改良派创办的报刊有《时务报》（1896 年）、《清议报》（1898 年）、《新民丛报》（1902 年）、《东方杂志》（1904 年）等，革命派创办的有《译书汇编》（1900 年）、《国民报》（1901 年）、《浙江潮》（1903 年）、《江苏》（1903 年）、《民报》（1905 年）等。由于两派在关于立宪的次序、立宪的社会条件、宪政模式的选择等方面存在分歧，从 1905 年起，立宪派与革命派分别以《新民丛报》和《民报》等刊物为阵地展开论战。清政府的去留是论战的前提。两派首先就"要不要革命"展开论战：革命派认为清王朝是中国富强的大碍，力举排清革命而实现共和，并提出"光复汉族，翦灭满族，遇满人皆杀，只要杀尽满人，自然汉人强盛，再图立宪未迟"①的极端言论。孙中山指斥立宪可以图强的人"卑劣无耻，甘为奴隶"，抨击教育实业救国论："于光复之前而言此，则所救为非我之国，所图者乃他族之强也。"②针对革命派的"亡国论"，立宪派认为满族同为中华民族中的一员，"宋亡明兴，明亡清替"是正常的事情，认为中国当前最大的危险并不是清朝政府，而是帝国主义，目前需要的是国内各民族的团结，革命排满不但不会给中国带来共和乃至富强，而是混乱和解体。两派争论的第二个焦点问题是君主立宪与民主共和哪一种模式更符合世界潮流和中国传统。革命派认为民主共和制是世界上最好的政体："余以人群自治为政治之权利，故于政治之精神，执共和主义"，"我们为志士的总要择地球上最文明的政治法律来救我们的中国"③。立宪派认为一个国家选择何种政体不仅要从理想出发，更应从世界大势、本国传统和现实出发。另外双方还就"国民资格"等问题进行了激烈论战。④

两派论战之影响十分深远，不仅开创了近代中国宪政理论之先河，而且深刻地影响了清末和民国两个时期的宪政实践。如杨幼炯所言，清末之立宪运动，大都以改良派所倡导的"君主立宪论"为依归，而中华民国成立以后之十数年中，又莫不受革命派宪政理论之影响。⑤

立宪派借助咨议局议政平台发起的国会请愿运动，对清末颁布《重大信条十九条》、选择英国的立宪模式有着重要的推动作用。但影响清政府宪政模式选择的因素中，清政府统治集团内部的官僚阶层，特别是考察大臣的宪政模式主张起着主要的推动作用。⑥

1906 年 7 月，五大臣出洋考察宪政归来，通过亲眼所见、亲耳所闻，认识到专制、封闭乃是中国落后之根源，东、西洋各国之所以日趋强盛，"实以采用立宪政体之故"；中国之所以落后挨打，"实以仍用专制政体之故"。当此霸国主义时代，中国若想生存，富国强兵，"除采用立宪政体之外，盖无他术矣"⑦。

在比较各国宪政模式之后，考察大臣对英国虚位君主立宪制持观望态度。载泽对英国的三权分立制度进行了分析和赞誉，认为英国"一事之兴，必经众人之讨论，无虑耳目之

①　中国史学会编：《辛亥革命》（三），80 页，上海，上海人民出版社，1957。
②　《孙中山全集》，第 1 卷，232、442 页，北京，中华书局，1981。
③　同上书，172 页。
④　参见王人博：《中国近代的宪政思潮》，155 页，北京，法律出版社，2003。
⑤　参见杨幼炯：《近代中国立法史》（增订本），22 页，台北，"商务印书馆"，1966。
⑥　参见夏新华等：《近代中国宪法与宪政研究》，106 页，北京，中国法制出版社，2007。
⑦　端方：《请定国是以安大计折》，载《端忠敏公奏稿》，卷 6。

不周，一事之行，必由君主之决成，无虑事权之不一。事以分而易举，权以合而易行，所由百官承流于下，而有集思广益之休，君主垂拱于上，而有暇豫优游之乐"。而且，载泽主张向英国学习"布地方自治之制"，因为英国的地方自治制度"厚民生而培民俗"，适合中国的传统和国情。但是，英国的君主立宪政体，体现出议会至上的特色，君主只是名义上的国家元首，是国家的象征，没有实权，职权主要是礼仪性的活动。载泽对英国政体采取了谨慎、观望的态度，从其设官分职"复杂拘执"，"自非中国政体所宜"，得出"弃短用长，尚须抉择"的基本结论。① 在他们看来，英国虚位君主立宪的制度安排，实行议会政治，君主的权力受到极大的削弱，肯定不是清廷所期待的。

在清末的"预备立宪"中，清政府先后颁布了两个"宪法性文件"，即《钦定宪法大纲》、《重大信条十九条》。《钦定宪法大纲》的核心在于维护君权，用君权来限制、剥夺议院权力。这与英国宪政中的君主立宪制的内核相背离，体现的是日本式权威君主立宪模式在中国的采纳。

而《重大信条十九条》则较多地体现了对英国宪法体制和精神的借鉴。② 它是清政府面对国内形式发生重大变化情况下作出的无奈选择。清末新政 10 年来，特别是 6 年的"预备立宪"活动，使各阶层的利益受到全面触动，引起各阶层的不满，社会矛盾日趋激化，清政府的统治基础被动摇。如废除科举制度，打碎了知识分子阶层读书入仕的梦想，随之而来的留学高潮带来的是对西方宪政思想的接纳与对清政府君主专制政体的强烈不满与反抗。官制改革和平满汉畛域政策的推行，引起统治集团官僚特别是地方督抚的不满，而满人既得利益的丧失，使得失去了满族人坚决支持的清政府执政的基础消失。越来越多的体制外的士绅和知识分子被动员到体制内的政治舞台上来，清政府的统治权威在政治参与的爆炸式扩大中消失殆尽。1911 年 10 月 10 日武昌起义爆发，立宪派人士转而支持革命，地方督抚背弃朝廷，纷纷宣布独立，清政府陷入空前孤立。1911 年 11 月 26 日，清政府在兵谏的压力下，颁发《重大信条十九条》。

虽然《重大信条十九条》的颁布是政治力量对比发生重大变化后，清政府为形势所迫所作出的选择，但清政府最终选择英国虚位君主立宪制的宪政模式同样与两次出洋考察有着密切联系。正如前述所言，载泽一行考察英国后虽然得出"弃短用长，尚须抉择"的结论，但考察大臣对英国宪政制度"深合周礼之遗制，实为内政之本原"③ 的赞美，仍然给清政府留下了较好的印象。清政府第二次派员出洋考察宪政，英国仍然是重点考察的国家之一，考察大臣汪大燮对英国的宪政制度进行了深入研究，编纂了《宪政要目答问》、《英国宪政要义》等 14 种著作，对英国宪政历史和制度进行客观、全面的介绍。可以这样说，英国虚位君主立宪制是清政府实行宪政制度的底线，而该思想的形成和清政府出台《重大信条十九条》，最后选择英国虚位君主立宪制模式，与出洋考察宪政之间的关系是密不可分的，考察大臣对英国的考察结论为清政府的宪政模式提供了第二套选择方案。④

---

　　① 参见故宫博物院明清档案部编：《清末筹备立宪档案史料》（上册），11 页，北京，中华书局，1979。
　　② 参见何勤华、李秀清：《外国法与中国法——20 世纪中国移植外国法反思》，59 页，北京，中国政法大学出版社，2003。
　　③ 故宫博物院明清档案部编：《清末筹备立宪档案史料》（上册），11 页，北京，中华书局，1979。
　　④ 参见夏新华等：《近代中国宪法与宪政研究》，112 页，北京，中国法制出版社，2007。

三、责任内阁制的影响与命运

源于英国的责任内阁制，到 19 世纪末 20 世纪初已被资本主义国家普遍采用。与美国总统制不同，责任内阁制从一开始移植到中国就未占据上风，扎根未稳就发生了蜕变，最后难逃破灭的命运。

（一）责任内阁制对清末立宪的影响

应该说，宪政考察大臣戴鸿慈等人对英国责任内阁制的认识和了解还是比较深刻的。1906 年 8 月，戴鸿慈在《请改定全国官制以为立宪预备折》奏陈："责任内阁者，合首相及各部之国务大臣组织一合议制之政府，代君主而负责任者也。盖中央政府实一国行政之总枢，一切政策从兹出焉。各部漠不相谋，则政策万难统一。故各国每由君主自擢首相，由首相荐举阁臣，一切施政之方，由阁臣全体议定，然后施行，而得失功罪，则阁臣全体同负其责。"因此，对中国而言，"宜略仿责任内阁之制，以求中央行政之统一"。

戴鸿慈等人奏请清廷，"置总理大臣一人兼充大学士，为其首长，以平章内外政事，任国政责成。置左右副大臣各一人，兼充协办大学士，为其辅佐，以协同平章政事，共任国政责成……而令各部尚书皆列于阁臣。此三大臣者，常与各部尚书入阁会议，以图政事之统一，会议既决，奏请圣裁。及其施行，仍由总理大臣、左右大臣及该部尚书副署，使职权既专而无所掣肘，责任复重而无所诿卸"。这种做法，既有利于加强中央集权，使权责专一，又不会损害君主的权威，"所以必以阁臣负其责者，一则使之忠于职位，无敢诿卸以误国，一则虽有缺失，有阁臣任之，则天下不敢怨君主，所谓神圣不敢干犯者此也"[①]。

此建议为清廷所采纳。1906 年 11 月 7 日，清政府公布《内阁官制及办事章程》，正式设立责任内阁，作为中央行政最高权力机构，由总理大臣、协理大臣和各部大臣组成，统称国务大臣，其职责为"辅弼皇帝，担负责任"。

但是，清廷由于担心大权旁落，影响朝纲独揽，责任内阁制度迟迟未能实行，乃至1908 年颁行《钦定宪法大纲》，对责任内阁之事也只字不提。这引起了一些地方官僚与立宪派的不满。立宪派组织了 3 次国会请愿活动，要求尽快召开国会，建立责任内阁。立宪派的主张和行动得到了各省督抚的支持。在这种情形下，清廷被迫于 1910 年 11 月 4 日发布"上谕"，同意先设立内阁，并于次年 5 月 8 日颁布了《内阁官制》和《内阁办事暂行章程》，成立了中国近代史上第一个责任内阁。

然而，原本应该成为中国宪政史上的重大事件的"第一个责任内阁"在组成上却是一个"皇族内阁"，被斥为一个骗局：13 名国务大臣中，汉族官员只有 4 名，蒙古族 1 名，满族有 8 名，其中皇族占了 5 名，重要部门也都为满洲贵族所控制。立宪派所要求的限制皇权的责任内阁，反而变成了强化清朝统治集团权力、加强中央集权的工具。这种"责任内阁"，实质上同原来的军机处没有任何两样，连立宪派也感到大失所望。各省咨议局议长、议员联名上书，认为"皇族组织内阁不合君主立宪公例，失臣民立宪之希望"，是"与立宪

---

① 故宫博物院明清档案部编：《清末筹备立宪档案史料》（上册），368～369 页，北京，中华书局，1979。

国之原则相违反，国外报纸屡肆讥评"，是"于东西各立宪国外开一未有之创例"①。

如此种种，体现了清廷企图借实行"立宪"，组织"责任内阁"之际，加强中央集权，强化满洲贵族集团权力的良苦用心；也决定了它不可能完全采用西方君主立宪国家的责任内阁制的精神和原则，只不过是借用了西方立宪国的"责任内阁"的躯壳而已，与真正宪政意义上的责任内阁不可同日而语。②

《重大信条十九条》被认为深得英宪之精神。从其内容来看，一者采用了英国式的虚位君主立宪制原则，皇帝的权力受到了极大的限制，皇帝在很大程度上成为了政治的象征；二者实行责任内阁制，内阁的权力得到扩大，并采用了议会至上的原则，内阁向议会负责。清政府想以此获取地方督抚和立宪派人士的支持，以挽救即将崩溃的政权，但历史再也没有给清政府机会了：清廷在解散皇族内阁后，任命袁世凯为内阁总理，全权组织新内阁。清廷在对待革命和对待袁世凯的问题上，来了个两害相权取其轻，企图借袁世凯之力扑灭革命，坐收渔人之利，却未曾想到袁世凯借革命的力量演了一出"逼宫戏"，清廷以"立宪"和"责任内阁"为救命稻草，没想到却成了它的催命符！③

（二）责任内阁制理想在民国初年破灭

《临时约法》被认为是责任内阁制的宪法性文件，学界观点种种，例如："《临时约法》是在辛亥革命后南北议和过程中制定的。1912年1月下旬，各省都督府代表会议召开第一次起草会议。1月28日，临时参议院成立，召开了第二次起草会议。这两次起草会议所定草案中关于中央政体均采用总统制。至2月上旬，南北议和即将告成，孙中山依前议要辞去临时大总统职位，而由袁世凯接任，为以法律为手段防止袁世凯擅权，临时参议院在2月9日审议约法草案时，决定将原来的总统制改为责任内阁制。"④《临时约法》与《中华民国临时政府组织大纲》（以下简称《组织大纲》）的重大区别在于在政权组织形式上前者采取责任内阁制，放弃了后者采取的总统制。"⑤"《临时约法》有一个突出的特点，即有一些限制临时大总统权力的条文，如：改总统制为责任内阁制，限制袁世凯独裁；扩大参议院的权力，与袁世凯抗衡；规定严格的修改程序，防止袁世凯擅自篡改。"⑥"革命党希望通过制定《临时约法》，改《组织大纲》的总统制为责任内阁制，使袁世凯有位无权，制止其破坏共和的图谋，因而有一定的'对人立法'因素。"⑦

"《组织大纲》采总统制，而《临时约法》则采责任内阁制。这是一个较为重要的异点。这个异点的发生，乃由于约法制定时的政象。"⑧

但细究历史，《临时约法》所规定的政府体制其实是一种兼采内阁制某些特征，带有混合色彩的总统制。换言之，《临时约法》虽点缀了一些内阁制的表象，却未体现内阁制的实

① 故宫博物院明清档案部编：《清末筹备立宪档案史料》（上册），577～578页，北京，中华书局，1979。
② 参见殷啸虎：《近代中国宪政史》，87、89页，上海，上海人民出版社，1997。
③ 参见上书，101页。
④ 郑秦主编：《中国法制史教程》，292页，北京，法律出版社，1998。
⑤ 薛梅卿主编：《新编中国法制史教程》，327页，北京，中国政法大学出版社，1995。
⑥ 曾宪义主编：《中国法制史》，283页，北京，北京大学出版社、高等教育出版社，2000。
⑦ 张千帆：《宪法学导论》，101页，北京，法律出版社，2004。
⑧ 王世杰、钱端升：《比较宪法》，358页，北京，中国政法大学出版社，1997。

质。首先，《临时约法》似乎散见一些责任内阁制的特征，例如：第一，《临时约法》所规定的不是单纯的首长负责制，国务员（内阁）可通过副署权产生一定制约；议员与阁员之间是否一定隔离，《临时约法》没有规定，似乎也可以理解为议员可以兼任阁员。第二，《临时约法》规定临时大总统由参议院选举产生，而非由国民直选或其他选举机构选举产生。第三，《临时约法》规定国务员受参议院弹劾后，大总统应免其职，但得交参议院复议一次。似乎参议院拥有对内阁任免的最终决定权。其次，如果要在责任内阁制中体现上述制衡思想，还必须在宪法中规定行政和立法方面的两项权力，一为不信任案通过权，一为解散国会权。可以说，这两种权力是拱卫责任内阁制的两根柱石。然而，《临时约法》并未树立责任内阁制的这两根柱石。正如我国台湾地区学者陈玄如指出："从国务员和参议院之关系而观《临时约法》，虽具有责任内阁之精神，而实未备责任内阁之体用。"[1] 正因如此，才会导致袁世凯"以一身当政治之冲。所谓阁员，不过为其御用之机械"。时人也说："袁世凯时代之内阁，可谓之美国式之内阁无疑也"[2]。

从制度本身来看，《临时约法》所设计的内阁制，也存在较大缺陷[3]：首先，国会职权过大，造成权责不均衡。《临时约法》规定内阁所有组成人员均由元首提名并须国会批准，内阁总理实际上不能享有独立组阁权。这极易造成内阁难产和频繁更迭。这实际上从制度上堵塞了内阁制的优点的发挥，而且也为元首操纵政治、军人干涉政局提供了机会。其次，元首与内阁的职权划分不清，导致大总统与阁揆明争暗斗。这种情况的出现，固然是军阀争权夺利造成的结果，但制度设计实际上为此提供了"合法"机会。

正是《临时约法》设计上的缺陷，才使内阁制的优点无从发挥，为北洋军阀操纵政局提供了机会，进而造成了日后责任内阁制"进退失据"[4]、"江河日下"的局面。

袁世凯就任临时大总统后，在政权组织方面的第一件事，便是按照《临时约法》的规定，组织责任内阁。袁世凯想组织一个听命于己的内阁，而革命党人却想组织一个限制袁世凯权力的内阁。于是，责任内阁问题成了袁世凯与革命党人权力之争的第一次较量。

唐绍仪内阁就是这种权力斗争的产物。该内阁成员由几股政治势力组成：袁派赵秉钧长内务，段祺瑞长陆军，刘冠雄长海军；"超然派"陆征祥长外交，施肇基长交通；立宪派熊希龄长财政；同盟会蔡元培长教育，王宠惠长司法，宋教仁长农林，陈其美长工商。从阁员分配情况看，这届内阁实为北洋势力、革命党人和立宪派三种势力的暂时联合。唐绍仪内阁从组织形式、阁僚关系、职权划分等方面虽然体现了内阁制的一般特点[5]，但事实上重要的军政大权全部由袁世凯的亲信和部属所控制。

袁世凯任命唐绍仪为国务总理，主观上还是把唐看成是自己人。可唐绍仪担任总理后，却认真行使责任内阁的权力，"每有要议，必就商于蔡（元培）、宋（教仁）二君"[6]，对袁

---

① 转引自音正权：《〈中华民国临时约法〉的主要缺陷》，载《政法论坛》，2000（6）。

② 张玉法：《民国初年的政党》，458 页，长沙，岳麓书社，2004。

③ 参见郭宝平：《移植西方政府体制的一段试验——论北洋时期的内阁制》，载《史学集刊》，1992（1）。

④ 刘笃才：《〈临时约法〉"因人立法"说辩正》，载《法学研究》，2002（5）。

⑤ 参见郭宝平：《移植西方政府体制的一段试验——论北洋时期的内阁制》，载《史学集刊》，1992（1）。

⑥ 黄远庸：《远生遗著》，卷 2，6 页，北京，商务印书馆，1984。转引自殷啸虎：《近代中国宪政史》，140 页，上海，上海人民出版社，1997。

世凯则每每据理力争，引起了袁世凯极大的不满，总统与总理矛盾不断激化，最后唐绍仪愤然辞职，接着 4 位同盟会阁员也集体辞职，以抗议袁世凯破坏责任内阁制的行为。中华民国的第一届责任内阁从 4 月 20 日正式成立，至 6 月 27 日唐绍仪解职，只存在了短短两个月时间便夭折了。

自唐绍仪内阁被解散以后，内阁制的实质已发生根本变化，为各派军阀联合对人民实行专政提供了"合法"形式。袁世凯以武力相威逼，迫使参议院通过了赵秉钧内阁，但这个内阁事实上已成了总统的辅政机构，内阁制开始变种。此时，同盟会并没有从内阁制的变种中发现问题的严重性，而是认为问题的症结在于没有实行政党内阁。宋教仁积极主张革命党走政党政治的道路，企图通过争取议会的多数席位，组织政党内阁，架空袁世凯，进而使袁世凯在大选中落选，由黎元洪任总统，以实行真正的责任内阁。宋教仁企图通过组织政党内阁来削夺袁世凯的权力，当然是袁世凯所不能容忍的。1913 年 3 月 20 日，宋教仁被杀，资产阶级革命党人在中国建立责任内阁制的美梦至此破灭。

1913 年 7 月，袁世凯任命熊希龄为国务总理，组成所谓"名流内阁"。因为在这个内阁中，除熊希龄外，其他如梁启超、汪大燮、张謇等人，都是当时的社会名流。熊希龄责任内阁，主要替袁世凯干了两件大事：一是在袁世凯解散国民党和国会的命令上副署，二是在袁世凯颁布的《政治会议组织命令》上副署。正是这个"政治会议"，产生了后来的"约法会议"，并通过它"合法"地撕毁了《临时约法》，炮制了《中华民国约法》，彻底葬送了辛亥革命最后一项革命成果。《临时约法》所确立的责任内阁制，至此寿终正寝了。[①] 被资产阶级革命党人用来保障"民主政治"的责任内阁制，最终却成了葬送资产阶级民主政治的帮凶，这不能不说是一个莫大的讽刺。责任内阁制由民主体制变形，蜕变以至于此，实在是创制者所始料不及的。[②]

袁世凯死后，北洋军阀各派攫取政权，相继出现了皖系的段祺瑞内阁以及段祺瑞扶持的钱能训内阁，周旋于直奉两系间的靳云鹏内阁、梁士诒内阁、张绍曾内阁、孙宝琦内阁等。唯军阀马首是瞻，看实力派军阀眼色行事，已是内阁存在的基本条件了。至 1924 年 11 月，冯玉祥发动"北京政变"，贿选总统曹锟成了阶下囚，内阁瓦解，"猪仔国会"消散。至此，内阁制在形式上也不复存在了。

四、总统制对近代中国政体选择的影响

美国是世界上第一个建立总统制政权组织形式的国家，这在当时的世界是一个伟大的创举。美国的总统制也成为资产阶级共和宪政的表率，产生了示范效应。

美国总统制对近代中国立宪的影响首先表现在辛亥革命后《中华民国临时政府组织大纲》的内容当中。关于这一点，中国学界早已有定论，此举二三例说明之：

"《组织大纲》是辛亥革命胜利后各省都督府代表会议通过的关于筹建中华民国临时政府的纲领性文件，于 1911 年 12 月 3 日通过，1912 年 1 月 2 日修订，共 4 章 21 条。它第一次以法律形式宣告废除封建帝制，以美国的国家制度为蓝本，确立了总统制共和政体，规

---

① 参见殷啸虎：《近代中国宪政史》，141 页，上海，上海人民出版社，1997。
② 参见郭宝平：《移植西方政府体制的一段试验——论北洋时期的内阁制》，载《史学集刊》，1992（1）。

定实行三权分立原则。这个大纲成为以后制定《临时约法》的基础。"① "《组织大纲》乃是实行带有联邦色彩总统制和共和政体的政府组织法。"② "《组织大纲》的特点是：(1) 受美国宪法的影响，基本上采用了总统制的共和政体。(2) 国家中央机关之内的权力分配实行资产阶级三权分立原则。(3) 采取一院制的议会制度，参议院是类似西方国家国会的立法机关。"③

由此可以说，《中华民国临时政府组织大纲》规定"临时大总统"制的深远影响在于：一者向世人昭示了总统制共和政体的采用，二者开中国总统制之先河，三者为民国近四十余年总统制之肇始。因为，从 1912 年的《临时约法》至 1936 年的"五五宪草"，总统制在激烈的争论中始终存在，直到国民党政权在中国大陆消亡。④

民国初选择美国式的总统制政体，不仅反映了以孙中山为代表的同盟会多数成员的意志，而且也符合社会其他阶级及政治派别中多数人的愿望。⑤ 对于选择总统制的问题，孙中山在回国前发表讲话说，中国革命的目的，在于建立共和政府，除效法美国外，任何政体都不适用于中国。回国之后，他进一步表示，建立责任内阁制的目的在于使元首不至于在政治斗争中首当其冲，因此总理对内阁负责的政体对处于非常时期的中国来说是不适宜的。在立宪派等其他人士看来，采用总统制也不失为权宜之策，诚如当时的各省都督代表会议中的直隶代表谷钟秀所言："盖各省联合之始，实有类于美利坚十三州之联合……故采美之总统制。"⑥

然而，美国总统制在近代中国的移植并非一帆风顺，这从《临时约法》的出台就已见端倪了。学界一般认为，孙中山是总统制的极力提倡者，但在袁世凯就任临时大总统之后又转而支持内阁制，希望形成制约，体现了"因人设法"。故 1911 年的《中华民国临时政府组织大纲》采用总统制共和政体，而 1912 年的《临时约法》却隐约体现责任内阁制之精神。而笔者认为，正如前述所言，《临时约法》所规定的政府体制其实是一种兼采内阁制某些特征，带有混合色彩的总统制，或者说，《临时约法》虽然出现了内阁制的倾向，但本身还是一部总统制的宪法性文件。⑦ 表现在：首先，《临时约法》所规定的临时大总统仍然享有巨大权力，重要的包括"总揽政务"权，公布法律权，发布命令权，军队统率权，官制官规制定权，文武官员任命权，宣战媾和权，戒严权，大赦特赦权等。临时大总统既是国家元首，又是政府首脑，其拥有的权力符合总统制国家元首的特征，而与内阁制国家元首的特征不符。《临时约法》规定临时大总统拥有的权力甚至于比美国宪法规定的总统权力还要大(美国总统不享有宣战权，另外征召民兵、军队管理的很多权力也不享有，而由美国国会行使)。《临时约法》赋予临时大总统如此广泛、重大的权力，使其在政治实践中能够

① 郑秦主编：《中国法制史教程》，291 页，北京，法律出版社，1998。

② 薛梅卿主编：《新编中国法制史教程》，325 页，北京，中国政法大学出版社，1995。

③ 曾宪义主编：《中国法制史》，279 页，北京，北京大学出版社、高等教育出版社，2000。

④ 参见陈秋云：《美国宪政思想对近代中国宪政的影响述评》，载《法商研究》，2005 (2)。

⑤ 参见聂资鲁：《一部宪法与一个时代——〈美国宪法〉在清末民初的传入及对民初中国立宪的影响》，载《政法论坛》，2005 (5)。

⑥ 谷钟秀：《中华民国开国史》，83~84 页，上海，上海泰东图书局，1917。

⑦ 参见夏新华等：《近代中国宪法与宪政研究》，207 页，北京，中国法制出版社，2007。

"依法"轻易跃居权力中枢的地位。其次,《临时约法》赋予参议院的权力虽较之《中华民国临时政府组织大纲》时期大为增加,使其自身地位大大提高(《临时约法》由南京临时参议院制定),但某些重要的权力却没有规定或规定模糊,仅有的权力不足以对临时大总统产生根本制约。例如:临时大总统虽由参议院选举产生,却不对参议院负责。参议院无权对临时大总统免职或进行不信任投票,临时大总统也无权解散参议院。《临时约法》规定临时大总统任命国务员及外交大使、公使,须得参议院之同意,但任命"文武职员"——军队高级将领或各省首长(都督、督军)、调遣军队等却无须征得参议院同意,甚至"须得参议院之同意"的事情,如果临时大总统未得参议院之同意就做了,事后也未得到参议院的追认,应承担什么不利后果,《临时约法》并未规定。这样一来,参议院的权力已大打折扣。民国初年几届内阁的辞职,均是因为不满临时大总统的专权独裁,而非慑于参议院(1913年4月后为选举产生的参、众两院组成的正式国会)的权威。事实上,《临时约法》的总统制色彩在当时的实际政治运作中也得以充分的体现:袁世凯"以一身当政治之冲。所谓阁员,不过为其御用之机械。凡一切军政财务,皆以己意为之,对公开的讨论,皆不之顾……故当时曾为众议院议员的王恒有云:'袁世凯时代之内阁,可谓之美国式之内阁无疑也。'"[①]

袁世凯之后的总统制仍是中国宪政的宠儿。20世纪20年代初,上海国是会议草拟了两个宪法草案,即"中华民国宪法草案甲种"(张君劢草案)与"中华民国宪法草案乙种"(章太炎草案),甲种草案规定了大总统及国务院制,乙种草案则规定了行政委员会制,可见在总统权限划分上的摇摆不定。[②] 然而,有利于总统权力扩张的总统制总是取得现实的胜利,甲种草案就成了起草"曹锟宪法"的蓝本。1922年陈启修谈当时宪法二读案云:"二读案……不当之程度则更过之,盖约法上大总统之权能,不及二读案上之大,而内阁负责之范围,二读案反较约法为小。"[③] 这道出了总统权力扩张之实情。

至1931年,蒋介石国民政府的第一部宪法性文件《中华民国训政时期约法》出台,总统权力再一次扩大,国民党一党专政与个人独裁的政治制度被确认。正如陈茹玄所指出的:"该案系完全采取行政集权制……总统为行政首领,行政院院长及政务委员各部部长均由总统任免,对总统负责。而行政会议,亦以总统为主席。故事实上行政院院长无异总统之幕僚长,其地位及实权至多不过如美国之国务卿。最高之行政权全归总统行使,欲不谓其为总统制而不可得。其与议会制度,或内阁制度完全不同之点亦在此……国民大会系人民代身,总统对国民大会负责,即系对人民负责,此即为总统制之明征。盖所谓总统制者,政治责任不在内阁,而在元首,如美之总统,即对人民负责者也。至若行政院得向立法院提出议案,亦为总统制国家常有之事,如美之行政各部,事实上随时可以准备提案送国会议员代为提出……不能证明其为非总统制,且足加强其为总统制之证佐者也。"[④]

① 张玉法:《民国初年的政党》,458页,长沙,岳麓书社,2004。
② 参见夏新华、胡旭晟整理:《近代中国宪政历程:史料荟萃》,749~769页,北京,中国政法大学出版社,2004。
③ 陈启修:《我理想中之中国国宪及省宪》,载《东方杂志》,1922(19)。
④ 陈茹玄:《增订中国宪法史》,217~220页,上海,世界书局,1947。

"五五宪草"同样建构了一个以总统为权力中心的五院制中央政府。① "五五宪草"确定的中央政治体制实际上是总统独裁制。总统任期 6 年且得连任一次，为国家元首，统率全国陆海空军，有宣战、媾和、缔结条约之权，有宣布戒严、大赦、特赦、减刑复权、任免文武官员之权。特别是第 44 条规定："国家遇有紧急事变或国家经济上有重大变故，须为急速处分时，总统得经行政会议之议决，发布紧急命令，为必要之处置，但应于发布命令后三个月内，提交立法院追认。"这便是容许总统有变更与发布代替法律的命令之权。这对于人民自由权利的威胁之大是不言而喻的。虽然紧急命令权的行使附有条件，但在实质上并不能改变总统独裁的实质，可以说，总统在中央政治体制中处于最高操纵者的地位，是"万能政府"中之"万能者"。总统制最终在近代中国的政体选择上占据了上风。②

五、联邦制在中国的发展与没落

美国也是世界上第一个建立联邦制的国家。美国联邦宪法规定美国的国家结构形式是联邦制，实际上体现的是分权体制下联邦和州的纵向分权结构。美国联邦宪法作为世界上第一部近代意义上的成文宪法，所确立的联邦主义原则和政治制度不仅对美国的政治和经济的发展起了促进作用，而且对其他国家有借鉴意义。

以孙中山为首的革命党人在辛亥革命前曾倾心于美国的联邦制，认为单一制下的大一统格局是与数千年皇权专制紧密相连的产物，造成了中国在近代的愚昧落后，因此是革命必须要铲除的对象。而美国的强大实与联邦体制下地方有较大自由度和自主权息息相关，中国与美国国土面积相当，各地民族风俗、经济发展与美国一样差异较大，正是实行联邦制的极好条件。早在 1894 年创立兴中会时，孙中山就提出了"创立合众政府"的政治要求。1897 年，孙中山进一步认为要避免起义成功后历代惯常的那种群雄争霸天下的局面出现，就需以"联邦共和之名"，"建中央政府以驾驭之"③。1905 年在日本东京共组中国同盟会，并选孙中山为总理时，该会亦采用了美式的三权分立制和联邦制。④

在洋务派、立宪派、地方实力派中，美国政制也有相当大的影响。八国联军进攻北京时，慈禧太后命南方督抚向列强开战，并来京救驾，南方督抚并未听从，而是阳奉阴违，搞起所谓"东南互保"，行羁縻之术，保住了半壁江山。在帝、后两宫西狩之时，消息杳

---

① 参见夏新华等：《近代中国宪法与宪政研究》，302 页，北京，中国法制出版社，2007。

② 总统制何以最后在近代中国占了上风？有学者以为：首先，政治局势的不安定，使议会内阁制所凭借的力量难以聚合为继。其次，社会上下层面脱节，使军阀割据不能被全盘剿灭，而整合各路军阀于一面旗帜之下有赖于个人的魅力。最后，从人情社会的背景来看，动乱时代的沉浮不定与易于背叛、民众与军人素质的低下，使得不得不依靠人身政治来保持凝聚力。民国的总统制在实践中之所以极易导向个人的专权乃至专制，与中国数千年的专制统治所导致的国民政治素质和权利意识的滞后密切相关。参见陈秋云：《美国宪政思想对近代中国宪政的影响述评》，载《法商研究》，2005 (2)。

③ 孙中山在 1905 年《军政府宣言》中就阐述了"地方自治"的思想，但他是以"县"为单位进行自治，而不是以"省"为单位。后期孙中山的思想倾向于集权，强调"以党治国"，则多少反映了他对联邦主义的工具主义、实用主义态度。

④ 同盟会的正式英文译名为 China Federal Association，而含有"联邦"之义的"Federal"确有各省区之间联合的用意。同盟会入会名册亦以省为单位进行编排，每一省的同志又分别集会，推定了本省的"主盟人"。参见黎东方：《细说民国》，"同盟会"一节，上海，上海人民出版社，1997。

无，东南无主，当地督抚便曾有意自组美国式的共和政府，选李鸿章为伯理玺天德（President），李亦有意担任，后因两宫又在西安出现乃作罢。

　　武昌起义后，全国响应，如火之燎原，一个月左右，全国 22 省竟有 17 省宣布独立。一些已宣布独立的省的军政府制定了约法，如《中华民国鄂州约法》、《中华民国浙江省约法》、《中华民国江苏约法》等，这些约法在事实上具有省宪的性质。1911 年 11 月 9 日，鄂军都督黎元洪通电各省，请派代表来武昌，商讨组建临时政府，以便统一指挥。两日后，江苏都督程德全与浙江都督汤寿潜，亦联名致电上海都督陈其美，作相同建议。因上海地居要冲，交通便利，11 月 13 日，上海都督陈其美通电各省，请派代表来上海开会，希望能建立一个永久性的民国政府来代替清帝国政府。这个将来的民国政府，他们希望以美国制度为蓝本。通电上说："自武昌起义，各省响应，共和政治，已为全国所公认，然事必有所取，则功乃易于观成。美利坚合众国之制，当为我国他日之模范。美之建国，其初各部颇起争端，外揭合众国之帜，内伏涣散之机，其所以苦战八年，收最后之成功者，赖十三州会议总机关，有统一进行维持秩序之力也……"① 这种与美国独立战争相似的政治形势使革命元勋们仿佛看到美国革命的中国版本即将上演。那时革命队伍里即有这样的比附：孙中山即是中国的华盛顿，黄兴可比之亚当斯，宋教仁可比之杰斐逊，马君武可比之汉密尔顿，年近七旬的伍廷芳可比之富兰克林……②

　　独立各省纷纷响应通电，由都督和咨议局选派代表组建联合会，初至上海，后分一部转至武昌、南京，最后全部汇合于南京。各省都督府代表联合会制定《中华民国临时政府组织大纲》，选举临时大总统，成为革命初期最高权力机构。这种独立各省以平等、和平协商、民主表决的方式组织全国性政府的事件在中国历史上是破天荒的，代表了一种新的选择方向。中华民国之原创动力是各省独立。先有各省独立，后有民国。各省独立而后联合，才有中华民国之创立。脱离清廷乃表面之风暴，摧毁专制主义中央集权体制，才是其应有之关键。"革命的主要目标一直是推翻中央集权，它的方式本身就是反中央集权的。"③ 辛亥革命合乎逻辑的归宿，正是建立联邦类型的政体（除非听任中国在形式上四分五裂），也就是要把各省对抗专制主义中央集权的革命形式转化为制度形式，亦即革命政权的常规化。虽然以各省都督府代表联合会为基础的政府尚不是完全意义上的联邦，但其制定的《中华民国临时政府组织大纲》中参议院的重要地位和实际上保留的在军、政、财诸关键方面的省权，却构成了进一步完善联邦制的主要支柱。

　　孙中山从美国经欧洲回国前发表了不少主张以美国为榜样、用联邦制组织新政府、反对实行中央集权的言论④，但这并没有引起国内革命党的注意，反倒是独立各省的部分立宪派、地方实力派积极主张实行联邦制。而如宋教仁、章太炎、黄兴等人，却都是统一制即单一制、集权制的积极主张者。

　　然而，联邦制在中国的命运注定多劫难。孙中山就任临时大总统后，却一反其一贯主

---

　　① 转引自唐德刚：《袁氏当国》，5 页，桂林，广西师范大学出版社，2004。
　　② 参见章开沅主编：《马君武集》，238 页，武汉，华中师范大学出版社，1991。
　　③ 费正清主编：《剑桥中华民国史》，1 部，227 页，上海，上海人民出版社，1991。
　　④ 孙中山说："今革命之势力在各省，而专制之毒在中央，此进则彼退，其势力消长，即专制与共和之倚伏。倘史自为削弱，噬脐无及。"

张，要实行"中央集权"，这与独立各省的愿望相去甚远。袁世凯更是"中央集权"的倡言者和身体力行者。各省都督府代表联合会的代表们和南京临时政府参议员们多来自地方都督和咨议局的委派，他们不能无视各省独立的现实和渴望保住省权的心理，但他们又不能完全抹灭"大一统"的历史、文化积淀，公然对抗两任临时大总统"中央集权"的壮志雄心。这种矛盾情结导致他们在《临时约法》中无法对中央与地方的关系落笔。而袁世凯显然无须此"虚文"，一俟权位稳固，他便忙着"削藩收权"了，在轻松平定"二次革命"之后，他顺利地将各省诸侯一举招抚，湖南的谭延闿、浙江的朱瑞、云南的蔡锷、广西的岑春煊等都被以不同的借口解除了兵权，坐镇武汉核心的黎元洪也被请到北京"软禁"起来，而威镇东南、虎踞金陵的张勋，折塞山西的阎锡山，自称"绿林大学"毕业的奉天张作霖和被调回云南的唐继尧等人，在大总统的恩威兼施下，战战兢兢，就再也不敢心怀异志了。[1] "二次革命"的失败标志着第一次美国模式中国化的失败。

摆平了各省诸侯之后，袁世凯转身收拾国会和各省议会。国民党籍的国会议员遭到驱逐、逮捕甚至枪杀，剩余的议员们也受到严重的打压，直至国会被解散。没有革命各省提供的武力后盾（即使实力不大），这些共和机构就像纸房子一样倒塌了。但表面上的统一并不代表各省心悦诚服，平静的水面下涌动着激流潜涛。袁世凯加速恢复专制主义中央集权，皇袍加身的愿望越来越强烈。这促使反对势力以联邦主义起而对抗。孙中山出于政治需要，重新宣传联邦制；西南各省实力派对联邦制尤为热心。最终蔡锷在云南发动起义，反对帝制，一人振臂，举国响应，几千人的队伍竟然让北洋数十万大军分崩离析。护法运动、省宪运动由于中央权威的式微也如火如荼地开展起来。

联邦制的理论到1920年以后发展成为联省自治运动。一般认为，"联省自治"一词最先由张继于1920年提出。[2] 其内涵有两方面：一方面，由各省自己制定省宪，依照省宪自行组织省政府，各省实行自治；另一方面，由各省选派代表，组织联省会议，制定一种联省宪法，借联邦制来实行国家的统一。当时许多人将其视为既能防止中央集权又能避免地方割据混战的救世良方。省宪运动的倡导者抱有两种理想：其一，关于统一的方法，他们主张先由各省自行制定宪法（或称省自治法），待各省（或若干省）省宪成立，实行自治后，再由各省遣送代表组织联省会议，制定国宪，因以完成统一事业；其二，关于未来的政制，他们主张采取联邦制度，于国宪中划定中央与各省的权限。[3] 这在《临时约法》和参议院（国会）所提出的地方制度各案中是没有过的。自联省自治运动发生后，联邦思想一时为多数舆论所赞同。

由于各省实力派的大力支持和中央政府的无暇顾及，省宪运动取得了不小成绩。陈炯明、陆荣廷、唐继尧、赵恒锡等都是联邦制的热情支持者。各省自治，湖南是先行者。1920年7月，谭延闿以湘军总司令名义通电宣布湖南自治。旅居外地的湖南人士也赞成湖南自治，而熊希龄还请梁启超代拟一湖南自治法大纲寄至湖南。同年11月，湖南正式宣告自治。此后，先后设立省自治根本法筹备处和省宪起草委员会，进行制宪活动。1921年11

---

① 参见唐德刚：《袁氏当国》，105页，桂林，广西师范大学出版社，2004。

② 参见徐矛：《中华民国政治制度史》，438页，上海，上海人民出版社，1992。

③ 参见王世杰、钱端升：《比较宪法》，382页，北京，中国政法大学出版社，1997。

月，在经过了起草委员会的起草、审查会的审查后，对省宪草案进行了全省总投票。该草案以获得一千八百余万票而得到通过，并于 1922 年 1 月 1 日正式公布。湖南省宪成为省宪运动的样板。此后，浙江、四川、广东、河南等省也正式起草省宪。

作为省宪运动的高潮，联邦制为 1923 年的《中华民国宪法》所采纳。可以说，该宪法是近现代中国首次主动选择联邦制在宪法制度上的试验，国权与地方制度两章在宪法中最具联邦特色。正如陈茹玄所言："国权一章列举中央与各省所有权限各若干条，其未经列举事项，性质之关系国家者，属于国家。关系各省者，属之各省……此章无异承认中国已改单一为联邦。但其条文中则避免联邦或联省名词耳。"① 中国特色的联邦制度第一次，也是唯一一次正式出现在国家宪法中。但由于曹锟政府的很快倒台，该宪法并未真正施行。

护法运动由孙中山领导，以恢复和遵守《临时约法》为宗旨，兴起于南方，前后经历数年。但由于自身的集权化倾向和对联邦制的工具主义态度，遭到各省实力派的抵制和敷衍。特别是在革命的紧要关头，孙中山倚重的陈炯明背叛了他，这使年过半百的孙中山深感救国艰难，痛心疾首，感叹"顾吾国之大患，莫大于武人争雄，南与北如一丘之貉"②。

然而，有学者却以为陈炯明背叛孙中山并不是个人品质问题，而是理想追求上的分歧，可以说，孙中山和陈炯明是中央集权单一制与各省分权联邦制两种理想的代表人物。③ 陈炯明早年追随孙中山，加入同盟会，是联邦主义的坚定支持者。他受过新式教育，主张联省自治，通过自下而上的革新，渐次实现国家统一，美国独立战争后由邦联向联邦的转变事实是他向往的理想模式，他不赞同孙中山急于实现统一的方针，认为那将有碍于民主、共和、自由等价值的实现。当孙中山放弃联邦主义理想时，陈炯明依然对之矢志不渝，并做专文论述。尽管陈与孙政见不合，但陈非常尊重孙。"实际上，正是陈炯明为孙中山提供了根据地，使他 20 世纪 20 年代初在广东进行的国民运动得以扩展开来。然而，在陈炯明对孙中山的忠诚背后，也有着与之不相和谐的另一面。陈炯明是坚决拥护地方自治的人。当他拒绝从地方财政中补贴孙中山为统一全国而发动的最后一次军事举动时，这两个人最终走向了对立。"④

孙、陈决裂实际上正是国民党内中央集权主义与联邦主义、武力统一与和平统一两种基本选择之间的最后摊牌。此后，孙中山开始公开地、直截了当地谴责联邦主义："……我既反对那些热衷于把省作为地方自治基本单位的人，也反对那些提倡将联邦制的原则应用于各省的政府的人。我极力主张地方自治，但也极力认为，在现在条件下的中国，联邦制将起离心力的作用，它最终只能导致我国分裂为许多小的国家。""袁世凯称帝、张勋复辟、督军团造反同割据的联省自治，把一个国家弄到四分五裂，所以中华民国便不统一。"⑤ 孙中山咬定搞联邦就是搞分裂，他还把各省的首脑一概以"军阀"相斥，以其不是"人民自治"来否定其自治特性。

①　陈茹玄：《中国宪法史》，136 页，上海，世界书局，1935。
②　转引自李侃等：《中国近代史》，451 页，北京，中华书局，2004。
③　参见夏新华等：《近代中国宪法与宪政研究》，227 页，北京，中国法制出版社，2007。
④　［澳］费约翰著，李恭忠译：《唤醒中国——国民革命中的政治、文化与阶级》，222 页，北京，三联书店，2004。
⑤　《孙中山全集》，第 7 卷，120 页，北京，中华书局，1985。

苏俄革命的成功，对孙中山而言是极大的精神慰藉，他从中悟出了以革命实现统一的方法。孙中山要效法列宁的布尔什维克，以党治军，以军建党，军党相济，崛起于群雄之世，成就一统之功。孙中山不幸辞世后，随着北伐的成功，其学说逐步掌握了话语权——原先国人向往追求的，本是反封建、反帝制的"地方分权自治（联省自治）"、"联邦制"这时却变成了"分裂国家"、"封建割据"、"复辟倒退"的同义词，遭到革命志士的唾弃。经过改造的国民党成为革命的主流，联邦制在建国学说上被彻底抛弃。

1928 年颁布的《中华民国国民政府组织法》第一章第 1 条规定，国民政府统揽"中华民国"之治权。1930 年"太原约法"承认省宪，强调地方分权。该法第 141 条规定："凡省到达宪政开始时期，该省国民代表会得自定省宪，自举省长。"这事实上是汪精卫企图以此为号召实现反蒋目标，但未获成功。1931 年"训政约法"第 59 条规定："中央与地方之权限，仍采均权制度"。但该法第 78 条又规定："省置省政府，受中央之指挥，综理全省政务，其组织以法律定之。"单一制日益显现。1936 年"五五宪草"第 98 条规定，省设省政府，执行中央法令及监督地方自治；第 99 条进一步明确规定，省政府设省长一人，任期 3 年，由中央政府任免之。相比强大的中央权力，地方权力已经受到了极大的削弱。时任国民政府立法院院长孙科于 1940 年在国民参政会第五届大会上对"五五宪草"的制定经过及内容所作的关于地方制度章的说明可谓一语中的："省设省政府，执行中央法令及监督地方自治，省长由中央任免，省设省参议会……自治单位为县，而不在省，所以省的性质，实为中央行政区，执行中央法令，监督地方自治，其性质及作用，均系代表中央政府，系中央在地方行政区内之行政机关，省实非完全地方自治之区域，省长系中央任命，非民选，省参议会系咨议机关，非立法机关。这对建国大纲的规定，似乎不无出入……其次，十年来实际政治经验，省自为政，或军人在地方上掌握政权、军权，形成一种半独立状态，乃至妨害国家统一。所以在抗战之前，中央最费力者，在先求国家的统一，消灭一切足以使地方成为半独立状态，形成割据局面的条件。经十余年的教训，中央同人认为国家应绝对统一，既要绝对统一，则不能让地方权力过分发展，重蹈覆辙。"[1] 至此，联邦制在中国几近没落。[2]

六、分权与制衡原则的影响：从分权分立到"五权宪法"

一般认为 1787 年美国联邦宪法最终确立了分权制衡原则主要基于这样几个原因：其一，殖民时期各殖民地人民的宪政实践；其二，接受了殖民地时期行政专制的经验教训；其三，深受欧洲启蒙思想，特别是孟德斯鸠分权学说的影响；其四，邦联时期立法专制的

---

①　夏新华、胡旭晟整理：《近代中国宪政历程：史料荟萃》，998 页，北京，中国政法大学出版社，2004。

②　中国共产党在革命过程中，联邦制也成为一种选项：20 世纪 30 年代中华苏维埃宪政建设中有联邦制的实践，40 年代政治协商会议中有对联邦制的诉求。当今我国台湾地区部分"政客"也提出了联邦制的要求，这当然不可同日而语了。如果对联邦制在中国的历史命运作一番评判，可以总结为三点：第一，联邦制是近代中国人寻求救国道路的一种探索；第二，联邦制是作为政治斗争手段的利器；第三，联邦制有时也成为地方势力与中央争权的一种手段。

教训。① 1787年联邦宪法确立的分权制衡原则极大地促进了美国的法治建设。

1911年武昌首义爆发后，湖北军政府制定的第一个最重要的宪法性文件——《鄂州约法》，就首次明文规定了三权分立的资产阶级共和国政府结构，在中国政治实践中第一次引入了一种全新的权力分配和运作方式，表现出对美国宪法分权制衡精神的创造性移植。该约法在第一章"总纲"中规定："鄂州政府以都督及其任命之政务委员会与议会、法司构成之；但议会得于本约法施行后三个月内开设。"该法第三章、第四章、第五章和第六章分别规定了都督、政务委员、议会和法司的权力及其相互关系。可见，《鄂州约法》基本上是以美国的民主共和宪法为模式，使立法、行政、司法三权分属不同机关，既独立行使又相互制衡。

《中国民国临时政府组织大纲》确立了三权分立的政治原则。《组织大纲》共4章21条，第一至四章分别是临时大总统、参议院、行政各部、附则。依据分权原则，临时大总统、参议院和临时中央审判所分掌行政、立法和司法大权。

《中华民国临时约法》分为总纲、人民、参议院、临时大总统、副总统、国务员、法院、附则，共56条。《临时约法》第三、四、五、六章关于政治体制的设计，其目的是根据分权与制衡原则建立新生的资产阶级的共和国。按《临时约法》的相关规定，参议院行使立法权，依法制约行政权，其职权包括议决法律、预算与决算，议决税法、币制和度量衡之准则，同意对国务员及外交使节的任命，选举临时大总统、副总统，弹劾临时大总统、副总统及国务员，同意宣战、媾和、缔约、大赦等等。临时大总统及国务员行使国家行政权。临时大总统代表临时政府总揽政务，统率全国海陆军队；国务总理及各部总长均为国务员，其职责是辅佐临时大总统，负其责任。《临时约法》还规定大总统公布法律、发布命令时应由国务员副署。临时大总统受参议院弹劾后，由最高法院组织特别法庭审判之。司法权由法院行使，依法审判民事诉讼及刑事诉讼。法官独立审判，不受上级官厅干涉。

由上可知，从《鄂州约法》到《临时约法》，中国宪政实践中的确贯彻了美国宪法权力分立与制衡的精神。但是，以孙中山为首的资产阶级革命党人却并不是简单地照搬分权制衡的原则，而是在分权制衡的基础上，结合中国传统政治文化，进行了创造性的发挥，阐发了"五权宪法"的思想和主张。

"五权宪法"虽然被孙中山认为"是兄弟所创造，古今中外各国从来没有的"，但它无疑是由三权分立制度演化而来的。经过详细的考察研究，孙中山认为"三权宪法"虽好，但不完备的地方还是很多，而且流弊也不少，集中体现在：第一，考试制度不发达，缺乏严密而公开的选拔人才的制度。孙中山认为，"美国官吏有由选举得来的，有由委任得来的。从前本无考试的制度，所以无论是选举、是委任，皆有很大的流弊。"国会之中愚蠢无知之人掺杂其间，政党分肥，政治腐败、散漫。后来英国首先仿行考选制度，美国也渐取其法，大凡下级官吏，必要考试合格，方得委任。自此，美国政治上方有起色。但是它只

---

① 参见夏新华：《法治：实践与超越——借鉴外域法律文化研究》，82页，北京，中国政法大学出版社，2004。

能用于下级官吏，并且考选之权仍然在行政部之下，虽稍有补救，也是不完全的。① 第二，纠察权不独立，议会兼有纠察权。孙中山认为："现在立宪各国，没有不是立法机关兼有监督的权限，那权限虽然有强有弱，总是不能独立，因此生出无数弊病。比方美国纠察权归议院掌握，往往擅用此权，挟制行政机关，使他不得不频首总命，因此常常成为议院专制。""照正理上说，裁判人民的机关已经独立，裁判官吏的机关却仍在别的机关之下，这也是论理上说不去的，故此这机关也要独立。"②

而中国传统政治文化首重人治，历来以考试制度和监督制度来进贤者退不肖，于是孙中山主张："要集合中外的精华，防止一切的流弊，便要采用外国的行政权、立法权、司法权，加入中国的考试权和监察权，连成一个很好的完璧，造成一个五权分立的政府。象这样的政府，才是世界上最完全、最良善的政府。国家有了这样的纯良政府，才可以做到民有、民治、民享的国家。"③"要政府有很完全的机关，去做很好的工夫，便要用五权宪法。用五权宪法所组织的政府，才是完全政府，才是完全的政府机关。"④"完全政府"就应有五个权，即行政权、立法权、司法权、考试权、监督权。

孙中山在革命活动中，不仅在理论上积极探索和发展"五权分立"思想，而且于政治实践中尽可能地运用。

1906 年 12 月，在日本东京举行的《民报》创刊周年纪念大会上，孙中山首次提出："将来中华民国的宪法，是要创一种新主义，叫做'五权分立'。"⑤ 后来中国同盟会也以"五权宪法"作为革命的党纲之一。

辛亥革命后，孙中山在担任南京临时政府的临时大总统期间，本想要参议院设立一个"五权宪法"，谁知各位参议员都不清楚什么叫"五权宪法"，后来制定的《临时约法》没有反映"五权宪法"的精神，事后孙中山曾表示："在南京所订民国约法，内中只有'中华民国主权属于国民全体'一条是兄弟所主张的，其余都不是兄弟的意思，兄弟不负这个责任。"⑥

1914 年，由孙中山主持制定的《中华革命党总章》规定，除总理外，成立由立法院、司法院、监察院、考试院组成的协赞会。1920 年 11 月，孙中山在广州重组军政府以后，在《内政方针》中设置了文官考试局，负责普通文官和高等文官考试。1922 年夏间，叶夏声奉孙中山之命，拟就了一份《五权宪法草案》。叶夏声先生在序言中写道："无何不佞以事赴韶，偶谒先生于行幕。先生复以姑试起草为言……归而冥想终宵。翌日乘端午之暇，穷一日之力而成斯草，即日进呈，奉谕留阅，无何遂遭陈氏之叛……原草没于兵火。不佞幸存初稿，抱以出亡……"后记这样写道："不佞在燕，收辑囊所著五权宪法残稿，付之铅椠，以奉先生，先生覆书聊致慰勉……窃幸前作犹未至叛离先生之本意。用乘讲述之暇，重理旧稿，参以新知……冀于训政时期之。间聊以备立法院之资料……"原书共分 3 篇，第一

---

① 参见《孙中山全集》，第 1 卷，330 页，北京，中华书局，1981。
② 同上书，331 页。
③ 《孙中山全集》，第 9 卷，353～354 页，北京，中华书局，1986。
④ 《孙中山选集》，797 页，北京，人民出版社，1957。
⑤ 同上书，574 页。
⑥ 《孙中山全集》，第 5 卷，497 页，北京，中华书局，1985。

篇为草案原文，第二篇为研究资料，第三篇为附录。^① 叶夏声在草案的序言中阐明了制定"五权宪法"的宗旨："以三民之精神，铸五权之宪典，俾民有、民治、民享之幸福，克垂万世于无穷。"这完全体现了孙中山的有关思想。《五权宪法草案》可以说是孙中山"五权宪法"思想的首次，也是唯一的一次"文本"体现，对全面研究孙中山的"五权宪法"是极其有益的。^②

1924 年 1 月，中国国民党第一次全国代表大会在广州召开，大会发表的宣言明确规定："民权运动之方式规定于宪法，以孙中山所创立之五权分立为之原则，即立法、司法、行政、考试、监察五权分立是已。"1924 年 8 月 26 日，孙中山以广州革命政府大元帅的身份公布了《考试院组织条例》及《实行细则》，详细规定了考试院的组织体系和考试内容、方式等。这是孙中山生前对"五权宪法"的最后一次局部试验，为后来的国民政府实行五院制提供了宝贵的经验。但是，蒋介石领导的南京国民政府虽然在形式上采取了五院制，实质上却是一个集权政府，与孙中山所追求的"五权分立"政府形似而神非了。^③

第二节
大陆法系宪政文化的影响

一、近采日本：宪政考察与模式选择

（一）"西学从东方涌来"

在近代以前的漫长历史中，中国和日本同属于汉字文化圈的成员，日本文化受到中国文化的广泛影响。明治维新以前的江户时代（1660—1867），二百多年中，日本翻译中文书籍 109 种，中国翻译日文书籍 4 种。中国在中日文化交流中，处于居高临下的出超地位。^④

而明治维新以后，日本在学习西方的道路上大步前进，令中国有识之士刮目相看，日本宪政文化开始涌入近代中国人的视野，而引发的契机却是令中国人倍感屈辱的甲午战争。1905 年甲午战败，朝野震惊，日本形象，陡高百倍。前天的徒弟，昨天的敌人，今天的榜样。中国朝野的日本观发生了急剧变化。戊戌维新以后，特别是 1900 年庚子事变以后，要学西方，先学日本，几成为国人共识。于是，留学日本之风盛行，日文西书翻译热浪不减，日文学校在中国也纷纷开设，真可谓"西学从东方涌来"。

---

① 参见夏新华、胡旭晟整理：《近代中国宪政历程：史料荟萃》，590～596 页，北京，中国政法大学出版社，2004。

② 参见臧运祜：《孙中山五权宪法思想的文本体现：——叶夏声〈五权宪法草案〉研析》，载《民国档案》，2005（6）。

③ 参见冀满红、白文刚：《孙中山五权宪法思想及其实践》，载《史学月刊》，2002（5）。

④ 参见熊月之：《西学东渐与晚清社会》，638 页，上海，上海人民出版社，1994。

以康有为、梁启超为代表的资产阶级维新派，鉴于甲午战争后日益严重的民族危机，大声疾呼：以日本为师，变法自强。康有为在"上清帝第六书"——《应诏统筹全局折》中将"开制度局而定宪法"列为日本明治维新成功的重要原因。在《日本变政考》中，康有为指出："日本改定国宪，变法之全体也，总摄百千万亿臣政事之条理，范围百千万亿民之心志，建斗运枢，提纲挈领，使天下戢戢从风，故为政不劳而后举。"可见，以康有为为代表的维新志士对日本宪政文化已经高度关注了。

日俄战争成为触发立宪问题的催化剂，于是，立宪之议纷起，《时报》著论称："欲图存必先定国是，立国是在立宪法。"① 江苏名士张謇在《致袁世凯书》中主张立宪，指出："不变政体，枝枝节节之补救无益也。不有此日俄全局未定之先，求变政体而为揖让救焚之迂图无及也……日俄之胜负，立宪专制之胜负也。今全球完全专制之国谁乎？一专制当众立宪尚可幸乎？"张謇这一被有关近代宪政的论著广为引用的观点表达了当时大部分有识之士的心声，真可谓"立宪之声，洋洋遍全国矣"②。

国内舆论铺天盖地，清廷作出了反应。1905 年，清政府派五大臣出国考察宪政，第一站便是日本。五大臣考察日本宪政，通过直接接触日本的宪政实践，形成了对日本宪政文化的直观印象和感性认识，这种感性认识又通过旅日维新人士的加工，上升到相当理论高度：中国欲变法自强，必以立宪为先；欲立宪，宜参用日本政体，行君主立宪制。受此认识观影响，清末立宪实际上照搬了日本立宪的经验，无论是对宪法含义的理解、立宪程序，还是立宪内容的设定，基本上以日本宪政经验为参照系。③

（二）仿日出洋考察宪政

日本明治政府在立宪过程中，先后两次遣使出使欧美，考察宪政，最后是以德国为师，成功实现了宪政模式转换的成功经验，对清政府选择外国宪政模式产生了深远影响。

清末"预备立宪"宣布前后，清廷也仿效日本，两次派员出洋考察政治。第一次出洋考察推动清廷作出了"预备立宪"的决策，第二次考察则进一步促使清廷确立了"预备立宪"的模式，即日本明治宪政。因此，清末第二次出洋考察与"预备立宪"对日本明治宪政的模仿的关系尤为密切，对清廷"预备立宪"的进程和结果影响重大。④

第一次出洋考察虽然是考求一切政治，但显然，面对立宪呼声的压力，考察的重点放在了西方宪政制度上。载泽、尚其亨、李盛铎一行抵达日本后，"连日率同参随各员赴其上下议院、公私大小学校，及兵营，械厂，警察裁判递信诸局署，详为观览，以考行政之机关，与其管理监督之法。又与彼政府各大臣，伊藤博文、大隈重信诸元老，及专门政治学问之博士，从容讨论，以求立法之原理，与其沿革损益之宜"⑤。日本法学博士穗积八束奉内阁命令，向载泽等人详细讲解了日本宪法。日相伊藤博文耐心解答了载泽的疑问，并力荐清廷采行日本宪法："各国立宪有两种，有君主立宪国，有民主立宪国。贵国数千年来为君主之国，主权在君而不在民，实与日本相同，似宜参用日本政体。"受此影响，载泽明确

---

① 《东方杂志》，第七号。
②③ 《东方杂志》，第十一号。
④ 参见罗华庆：《清末第二次出洋考政与"预备立宪"对日本的模仿》，载《江汉论坛》，1992（1）。
⑤ 故宫博物院明清档案部编：《清末筹备立宪档案史料》（上册），6 页，北京，中华书局，1979。

表达了向日本学习的主张。他认为日本"虽其兴革诸政，未必全无流弊，然以三岛之地，经营二三十年，遂至抗衡列强，实亦未可轻量"[1]，其赞美与羡慕之情溢于言表。

第二次出洋考察大臣关于宪政模式选择的主张是对第一次考察观点的继承与深化，与前次出洋考察大臣的观点是一致的。考察大臣的观点仍遵循了"远法德国、近采日本"的基本思路。[2] 达寿、李家驹自考察日本回国后，陆续提出许多仿日改制的建议，对清末"预备立宪"的影响是明显的。这种影响与伊藤博文访欧后对推进日本宪政的作用，即使从形式上讲亦可谓如出一辙。达寿在《考察日本宪政情形折》中，进一步阐明了君主立宪的必要性、重要性和紧迫性，并提出由君主控制宪法制定的主动权，明确提出采用宪法钦定的方式，建立日本式的权威君主立宪制政体。

（三）清廷宪政模式选择的出发点

巩固君主统治是出洋考察的终极目标，关于这一点，慈禧太后在考察大臣临行前的面谕中说得很清楚："立宪一事，可使我满洲朝基础永远确固，而在外革命党亦可因此消灭。俟调查结局后，若果无妨碍，则必决意实行。"[3] 慈禧太后对宪政的期待决定了考察政治大臣对各国宪政模式取舍的出发点，"择各国政体与中国政体相宜者"成为考察大臣衡量各国政体的基本标准。

考察大臣在得出立宪是大势所趋，是救亡之道，并且有利于巩固君主统治的观点基础上，对如何立宪、采用何种宪政模式给予了足够重视。从考察大臣的奏折和日记中可以看出其宪政模式选择的基本观点四：其一，对日、德权威君主立宪制的推崇；其二，对英国虚位君主立宪制的观望；其三，对美、法民主共和制的抗拒；其四，兼取各国的优良宪政制度。

美国与法国实行民主共和政体，国家元首通过选举产生，是对皇权的彻底剥夺，毫无疑问是清政府坚决防范的；英国虚位君主立宪的制度安排，实行议会政治，君主的权力受到极大的削弱，肯定不是清廷所期待的；而日本和德国实行权威君主立宪制，君主拥有广泛的统治权，通过宪法的明确规定，将君主的权力和地位载入宪法，寻求君主统治的合法性，起到巩固君权的作用，且德国和日本富强的现实，同样是清政府所期待的。中国历来为君主国，有着两千余年的君主专制历史，君主统治的历史传统是考察大臣钟情于权威君主制的另一个重要原因。考察大臣从各国政体的考察与比较中得出"各国政体，以德意志、日本为近似吾国"[4] 的基本观点，这是主张向德、日学习，实行君主立宪，反对民主立宪的一个基本前提，因此得出立宪"当远法德国、近采日本"的总体结论则是情理之中。

（四）对清末宪政模式选择的影响

载泽等人认为日本"不耻效人，不轻舍己，故能合欧化汉学镕铸而成日本之特色"[5]。日本融合本国传统与西方文化方面的成功范例，无疑为视礼仪纲常为国粹，而在处理"中

---

① 故宫博物院明清档案部编：《清末筹备立宪档案史料》（上册），6 页，北京，中华书局，1979。
② 参见朱勇主编：《中国法制通史》，第 9 卷，73～74 页，北京，法律出版社，1999。
③④ 同上书，56 页。
⑤ 故宫博物院明清档案部编：《清末筹备立宪档案史料》（上册），6 页，北京，中华书局，1979。

学"和"西学"的关系问题上始终抱定"中体西用"的中国士大夫和朝廷，找到了成功的证明和可资借鉴的现实样本。"大抵日本立国之方，公议共之臣民，政柄操之君上，民无不通之隐，君有独尊之权。"①日本在处理君权与民权关系这一个关键问题上所采取的原则，同样为中国的政体改革提供了学习和借鉴的方案，为担心立宪后君权旁落的清政府找到了一颗"定心丸"。"其富强之效，虽得力于改良法律，精练海陆军，奖励农工各商各业，而其根本则尤在教育普及"②，日本的富强之道，也给为"起衰弱而救颠危"而出洋考察的中国大臣和清政府以启迪和向往。考察大臣对日、德权威君主立宪制模式的推崇，对清政府最高决策层在宪政模式的选择上产生的影响是相当明显的。③在"预备立宪"上谕中虽未言明取法日本，但清政府立宪的基本原则——"大权统于朝廷，庶政公诸舆论"与载泽在奏折中介绍的日本式的"公议共之臣民，政柄操之君上"的宪政原则在实质是完全相同的；清政府后来实施的"预备立宪"活动，几乎事事取资于日本，其宪政模式选择的倾向已不言自明了。从第二次派员出洋考察宪政的国家来看，美国和法国，均已不在第二次考察国家之列，很明显，清政府对美、法两国的民主共和制模式是抗拒的。英、日、德三个国家虽均实施君主立宪制，但宪政制度又各不相同，清政府将如何取舍的任务交给了第二次出洋考察大臣，体现了对考察大臣"兼取列强"观点的接纳。

出洋考察宪政大臣达寿通过对日本君主立宪制的考察，认为"君权未尝减少，而此间接政治，既可以安皇室，又可以安国家，元首为其总揽机关，皇室超然于国家之上，法之完全，无过于此者"④。印证了第一次出洋考察大臣关于实行君主立宪有利于巩固皇权的观点。达寿从皇上大权、臣民权利、内阁与君主关系、国会的权限、君主与军队的关系五个方面进行论述，认为宪法"钦定则国体存而主权固"，强调了"宪法之亟当钦定也"的主张，另外还提出"皇室之事"应作为国家的根本法与宪法同时制定的主张。⑤这些主张在清政府后来的宪政活动中得到了充分体现。国会请愿运动从一定程度上来说就是立宪派的协定立宪主张与清政府的钦定立宪主张之争。可以说第一次出洋考察为清末宪政活动奠定了基本的制度选择框架，为清政府出台《钦定宪法大纲》，选择日本君主立宪制宪政模式提供了思想基础。第二次出洋考察为清政府提供了具体的制宪方案，直接推动了《钦定宪法大纲》的颁布，日本式权威君主立宪制的宪政模式在我国开始进入制度化建设阶段。

（五）畸形结果：《明治宪法》对《钦定宪法大纲》的影响

1907 年 8 月 27 日清政府颁布的《钦定宪法大纲》是中国历史上第一部宪法性文件，也是中国历史上最早在法律文书上使用"宪法"一词的宪法性文件。⑥而这一词汇正是来源于日本。宪政编查馆在编制《钦定宪法大纲》时虽曰："兼采列邦之良规"，对美、英、法、德、日、俄等东西各国立宪政体进行了系统而谨慎的比较研究，但最终确认的却是："我国

---

① ② 故宫博物院明清档案部编：《清末筹备立宪档案史料》（上册），6 页，北京，中华书局，1979。

③ 参见上书，6 页。

④ 中国史学会编：《辛亥革命》，第 4 册，29 页，上海，上海人民出版社，1957。

⑤ 参见夏新华、胡旭晟等整理：《近代中国宪政历程：史料荟萃》，55～66 页，北京，中国政法大学出版社，2004。

⑥ 参见故宫博物院明清档案部编：《清末筹备立宪档案史料》（上册），6 页，北京，中华书局，1979。

创立宪法，民主、共主皆不可行，惟仿日本君主立宪最为合式。"显然，这也是"近采日本"的立宪策略的具体化。《钦定宪法大纲》从其根本精神看，乃为日本《明治宪法》之化身，在内容上亦是借鉴日本宪政制度的结果。

通过条文比较，就会发现两者有以下共同之处[①]：

第一，以根本法形式确认君主立宪制。两部宪法对此均开宗明义地作了宣示。

相关条文（第一部分，关于君上大权，共 14 条）：

《钦定宪法大纲》（以下简称"大纲"）：大清皇帝统治大清帝国万世一系，永永尊戴。

《明治宪法》（以下简称"日宪"）：大日本帝国由万世一系之天皇统治之（第 1 条）。

大纲：君上神圣尊严，不可侵犯。

日宪：天皇神圣，不可侵犯（第 3 条）。

第二，封建性极为浓厚，赋予君上极大权威，并把"巩固君权"、"君主总揽统治权"，视为"宪法最精之大义"。

第三，议院的地位和作用微不足道。表现在，议院的立法权和监督权非常有限，即使在形式上，议院也还不是最高立法机关，且内政外交、军备财政，亦多由君上独专。宪法明确规定"议院不得干预"，或"不付议院议决"。

相关条文：

大纲：钦定颁行法律及发交议案之权。凡法律虽经议院议决而未奉诏令批准颁布者，不能见诸施行。

日宪：天皇裁可法律，命公布及执行（第 6 条）。两议院得议决政府提出之法律案，并得提出法律案（第 38 条）。

大纲：召集、开闭、停展及解散议院之权……

日宪：天皇召集帝国议会，命开会、闭会、停会及众议院之解散（第 7 条）。

大纲：设官制禄及黜陟百司之权。用人之权操之君上，而大臣辅弼之，议员不得干涉。

日宪：天皇定行政各部之官制及文武官之俸给，并任免文武官，但本宪法及他法律载有特例者，各依该条项（第 10 条）。

大纲：统率陆海军及编定军制之权。君上将遣全国军队，制定常备兵额，得之全权执行，凡一切军事皆非议员所得干预。

日宪：天皇统帅海陆军（第 11 条）。天皇定海陆军之编制及常备军（第 12 条）。

大纲：宣战、媾和、订立条约及派遣使臣，与认受使臣之权。国交之事由君上亲裁，不付议院议决。

日宪：天皇主宣战、议和及缔结各种条约（第 13 条）。

大纲：宣告戒严之权，当紧急时，得以诏令限制臣民之自由。

日宪：天皇宣告戒严，戒严之要件及效力，以法律规定（第 14 条）。

大纲：爵赏及恩赦之权。恩出自上，非臣下所得擅专。

日宪：天皇授予爵位、勋章及其他荣典（第 15 条）。天皇命令大赦、特赦、减刑及复

---

① 参见何勤华、李秀清：《外国法与中国法——20 世纪中国移植外国法反思》，49～51 页，北京，中国政法大学出版社，2003；朱勇主编：《中国法制通史》，第 9 卷，96～97 页，北京，法律出版社，1999。

权（第 16 条）。

大纲：总揽司法权，委任审判衙门，遵钦定法律行之，不以诏令随时更改。司法之权操诸君上，审判官由君上委任，代行司法，不以诏令随时更改者，案件关系至重，故必以已经钦定法律为准，免涉分歧。

日宪：司法权，由法院以天皇之名，依法律行之。法院之构成，以法律定之（第 57 条）。

大纲：发命令及使发命令之权，惟已定之法律，非交议院协赞，奏经钦定时，不以命令更改废止。法律为君上实行司法权之用，命令为君上实行行政权之用，两权分立，故不以命令改废法律。

日宪：天皇为执行法律或为保持公共之安宁秩序及增进臣民之幸福，亲发或使发必要之命令，但不得以命令变更法律（第 9 条）。

大纲：在议院闭会时，遇有紧急之事，得发代法律之诏令，并得以诏令筹措必需之财用，惟至次年会期，须交议会协议。

日宪：天皇为保公共之安全，免公共之灾厄，有紧急之必要时，于帝国议会闭会中发可代法律之敕令，此敕令至次会期当提出于帝国议会，若议会不承诺，则政府当公布自此以后此敕令失其效力（第 8 条）。为保持公共之安全，需紧急费用之时，依内外情形，如政府不能召集帝国议会，得依敕令行财政上必要之处分。前项事情当于下会期提出于帝国议会求其承诺（第 70 条）。

大纲：皇室经费应由君上制定常额，自国库提支，议院不得置议。

日宪：皇室经费依现在定额每年由国库支出，除将来需增额之时外，无需帝国议会之协赞（第 66 条）。

大纲：皇室大典，应由君上督率皇族及特派大臣议定，议院不得干涉。

日宪：皇室典范之改正，无须经帝国议会之议，不得以皇室典范，变更本宪法之条规（第 74 条）。

第四，"臣民"的权利和自由等均受到严格限制。这在相关条文中昭然若现。

相关条文（第二部分，关于臣民权利义务，共 9 条）：

大纲：臣民中有合于法律命令所定资格者，得为文武官吏及议员。

日宪：日本臣民合法律命令所定之资格，均得任文武官及就其他公务（第 19 条）。

大纲：臣民于法律范围以内，所有言论、著作、出版及集会结社等事，均准其自由。

日宪：日本臣民在法律范围内有著作、印行、言论及集会结社之自由（第 29 条）。

大纲：臣民非按照法律所定，不加以逮捕、监禁、处罚。

日宪：日本臣民非依法律不受逮捕、监禁、审问、处罚（第 23 条）。

大纲：臣民可以请法官审判其呈诉之案件。

日宪：日本臣民受法律所定之裁判官裁判之权不能被剥夺（第 24 条）。

大纲：臣民应专受法律所定审判衙门之审判。

日宪：（第 24 条）

大纲：臣民之财产及居住无故不加侵扰。

日宪：日本臣民其所有权不能被侵害，为公益事必要之处分依法律之所定（第 27 条）。日本臣民除法律所定者外，未经许诺，其住所不能被侵入及搜索（第 25 条）。

大纲：臣民按照法律所定，有纳税当兵之义务。

日宪：日本臣民从法律所定有纳税之义务（第 21 条）。日本臣民从法律所定有服兵役之义务（第 20 条）。

大纲：臣民现完之赋税，非经新定法律更改，悉仍照旧输纳。

日宪：（无相应条款）

大纲：臣民有遵守国家法律之义务。

日宪：（无相应条款）

由此可见，《钦定宪法大纲》大量抄袭了日本宪法条款，其宪政精神与英、美、法等国宪法相比较，去之甚远，诸如"议会主权"、"主权在民"、"天赋人权"、"三权分立"及自由、平等等宪法的基本原则，在《钦定宪法大纲》中虽若隐若现地能看到其轮廓，但并未真正确立。可以说，《钦定宪法大纲》是中国宪政史上的畸形儿。[1]

二、远法德国：认识途径与间接影响

（一）近代中国人对德国宪政文化的认识途径

德国宪政文化被介绍到中国来可能要归功于外国传教士。鸦片战争后，清帝国封闭的大门被打开，来自德国背景的法学著作始入中国。同文馆于 1871 年开设了德文馆，德国外交官马尔顿的《星轺指掌》（Guide Diplomatique，由法文本译出）和法学家步伦（J. K. Bluntschli）的《公法会通》相继被汉译出版。与此同时或稍后，来华德籍传教士花之安（Ernst Faber，1839—1899）用中文编写了《自西徂东》、《德国学校论略》等风行一时的著作，较早向中国介绍了欧洲的学术文化教育以及政治法律社会制度。[2]

由于中、德两国之间的直接交往有限，故近代中国人对德国宪政文化的认识和了解零零散散，只言片语毕竟难以使人窥其全貌，这给深入研究带来了难度。概言之，近代中国人认识和了解德国宪政文化的主要途径有四：一是清政府的早期驻外使节的感性认识，二是宪政考察大臣的直接接触和感悟，三是留德学生的宣传，四是通过德国在中国设立的司法机构和专门学堂的间接了解。

1. 早期驻外使节的感性认识

早期驻外使节是指 1876 年至 1895 年间清政府派出的常驻使节。[3] 1877 年 1 月，清廷第一个驻外使馆在英国伦敦创设，郭嵩焘成为中国第一位驻外公使。按照清政府总理衙门的要求，"出使各国大臣应随时咨送日记等件"，"凡有关涉事件，及各国风土人情，该使臣皆当详细记载，随时咨报"[4]。特别当国内准备和进行变法时，这些驻外使节尤为注意各国的法律制度，并进行比较，从中发现优劣，以为变法之用。[5]

---

① 参见朱勇主编：《中国法制通史》，第 9 卷，102 页，北京，法律出版社，1999。
② 参见王健：《德国法在中国传播的一段逸史——从青岛特别高等专门学堂说到赫善心和晚清修律》，载《比较法研究》，2003（1）。
③ 参见祖金玉、颜杰峰：《早期驻外使节对西方近代文明的传播及其特点》，载《社会科学辑刊》，2004（6）。
④ 《薛福成选集》，406 页，上海，上海人民出版社，1987。
⑤ 参见王立民：《法律思想与法律制度》，225 页，北京，中国政法大学出版社，2002。

驻外使节们时常被邀请或主动去参加议院旁听，与一些议员也时有往来，因此对于各国议院议事情形、章程有了一定的了解。

郭嵩焘对英国的议会政体赞誉有加，相反，对德国的政治状况则有不满。他曾在日记中追溯英国从"君权"到"民权"的政治制度发展史，并得出一段意味深长的结论："推原其立国本末，所以持久而国势益张者，则在巴力门（即 parliament）议政院有维持国是之义，设立买阿尔（mayor，市长）治民，有顺从民愿之情。二者相持，是以君与民交相维系，迭盛迭衰，而立国千年终以不敝，人才学问相承以起，而皆有以自效，此其立国之本也。"① 郭嵩焘得悉德国宰相俾斯麦欲限制该国议院权力，曾逮捕议员数人后，批评俾斯麦之举动为"不学无术"②。

1889 年，湖南按察使薛福成，继任驻英法意比使节。薛福成竭力推崇"西法"，他说："然则今之立国，不能不讲西法者，亦宇宙之大势使然也。"而在"西法"中，他认为德国法属于"尽善"者。他在考察了西方的议会制度并进行比较后得出了这样的结论："西洋各部立国规模，以议院为最良。然如美国则民权过重，法国则叫嚣之气过重；其斟酌适中者，惟英、德两国之制颇称尽善。"③

早期驻外使节的感性认识不仅比较客观，更由于驻外使节熟悉中国政情，在介绍西方政体的过程中，自觉地进行中西对比，比起传教士的宣传更真切可信，更富有针对性，因此具有更直接的启蒙意义。④ 这对当时的知识界和清政府上层官员产生了很大影响。早期维新派王韬、郑观应等人对德国君主立宪政体的称道很可能与此有关。在书中，他们批评美国、法国式的民主制议院"民权过重"，"叫嚣之气过重"，而唯有英、德式的议院制才"斟酌适中"，"颇称尽善"，是最理想和最完善的政治制度。⑤ 这种英德式的议院制，他们就称为"君民共主"制，以此与君主制和民主制区别开来。

早期驻外使节的出国记载亦得到士大夫阶层的普遍重视，影响深远。郭嵩焘的《使西纪程》、薛福成的《庸庵海外文编》及《出使英法义比四国日记》、刘锡鸿的《英轺私记》、李凤苞的《使德日记》等，均被梁启超作为了解西方的佳作选入《西学书目表》。

2. 宪政考察大臣的直接接触

清政府先后两次遣使出洋考察宪政。第一次出使德国的宪政考察大臣中有端方、戴鸿慈。端方、戴鸿慈一行于 1905 年 12 月 19 日从上海出发，经日本，先后考察和游历了美国、德国、丹麦、瑞典、挪威、奥地利、俄国、荷兰、瑞士、比利时、意大利、匈牙利共 12 个国家，次年 2 月抵达德国考察，停留时间最久，共计 67 天。

戴鸿慈一行到德国后，"所有应看官署、学堂、工厂，均由该员排日导观，仍一面督饬参随购买书籍，择要分译，一如在美办法"。他们实地考察了德国的议会、裁判所、监狱等场所，并有详细之记载。戴鸿慈在德国考察数月后，察觉"其人民习俗，亦觉有勤俭质朴之风，与中国最为相近"。这让戴鸿慈大有一见如故之感慨："揆其立国之意，专注重于练

① 《郭嵩焘日记》，第 3 卷，373 页，长沙，湖南人民出版社，1982。
② 同上书，738～739 页。
③ 钟叔河：《走向世界》，352～353 页，北京，中华书局，1985。
④ 参见祖金玉：《论早期驻外使节对西方民主政体的认识与传播》，载《南开学报》，2000（6）。
⑤ 参见王韬：《弢园文录外编·重民下》；郑观应：《盛世危言·议院》。

兵，故国民皆有尚武之精神，即无不以服从为主义。"① 与德国皇帝的言谈，听起来也是似曾相识："今日之要，莫如练兵。当请贵国皇帝崇尚武备，以一身当提督军旅之责，国势自强。""变法不必全学外国，总须择本国之所宜，如不合宜，不如仍旧。"② 戴鸿慈似有感悟："是以日本维新以来，事事取资于德，行之三十载，遂致勃兴。中国近多歆羡日本之强，而不知溯始穷原，正当以德为借镜。"③ 在他看来，"以威定霸"的德国，对于清王朝而言，更是富国强兵的典范，因此，中国"则固当急于师仿不容刻缓者也"④。

1907 年 7 月 28 日，袁世凯上奏要求清政府再次派大臣赴德国和日本两国专门考察宪法。清政府采纳了袁世凯等大臣的建议，1907 年 9 月 10 日发布上谕，派邮传部右侍郎于式枚为出使德国考察宪政大臣，出使德国考察宪政。第二次出洋考察宪政的规模不及前次，但考察目标明确，被考察国均为君主立宪国家，而且是专门就宪政进行的考察，很明显清政府是在为实行君主立宪、制定宪法做准备。清政府为此次考察宪政活动专门制定了考察要目："按照宪政编查馆开送考察要目，综为六类：第一类宪法史，第二类宪法，第三类立法，第四类行政，第五类司法，第六类财政。"⑤ 考察宪政大臣在考察期间和考察结束后，多次上奏朝廷，表达各自的宪政主张，并翻译、编撰了大量的宪政书籍和著作。于式枚在德国考察期间先后翻译了普鲁士宪法全文、国会两院新旧选举法及官制、位号、等级等方面的法律文本，上奏朝廷。于式枚的宪政主张集中地体现在其上奏朝廷的《立宪不可躁进不必预定年限折》和《立宪必先正名不须求之外国折》中。

3. 留德学生的宣传

早在 1896 年，康有为就上奏提出："若派学生于诸欧，以德国为宜，以德之国体同我，而文学最精也。"（《请广译日本书派游学折》）尽管赴德游学重洋舟车，糜费殊多，但借各种途径赴欧洲并与德国法律学术发生联系者仍络绎不绝。清末民初国人留德研习法科者，约有十数人。其中，1903 年被派赴德国入柏林大学攻读法科的马德润、周泽春，以及胡钧、薛锡成等大概是最早的一批。马德润（字海饶）是湖北枣阳人，取得博士学位后回国，曾先后担任京师地方审判厅厅长、北京政府司法部参事、平政院庭长、评事和修订法律馆的总裁，后在天津执律师业。周泽春来自湖北随县，早先就读于湖北经心书院，亦在德获法学博士学位，曾任宪政编查员、留德同学会会长，1910 年回国后供职外交部，旋赴德任考察宪政大臣随员，民国后曾任京师高等检察厅厅长、京师地方审判厅厅长、北京大学及北京法政大学教授。胡钧，亦湖北人，清末留德攻读法科，毕业后回国曾担任过山西大学堂的监督。直隶良乡人薛锡成，亦柏林大学法科博士，在 1906 年清廷举行的授官考试中他被授予法政科举人。

为了将"欧美各国法政次第输入海内，以扩充我国人法政观念"，早期赴德的留学生们还于 1908 年夏在柏林创办了《欧美法政介闻》月刊，由马德润和周泽春担任编辑。从保留至今的第一期杂志看，其篇目包括德意志国法学、德普现行宪政、国际公法、行政各论、

---

① 故宫博物院明清档案部编：《清末筹备立宪档案史料》（上册），9～10 页，北京，中华书局，1979。
② 戴鸿慈：《出使九国日记》，卷 6，387 页，长沙，岳麓出版社，1986。
③④ 故宫博物院明清档案部编：《清末筹备立宪档案史料》（上册），10 页，北京，中华书局，1979。
⑤ 夏新华、胡旭晟等整理：《近代中国宪政历程：史料荟萃》，55 页，北京，中国政法大学出版社，2004。

德意志帝国民法全书、商政、铁路政策论、卢索忏状。两位编辑承担了提供稿件的主力，作者还有施恩、胡钧和湖北左德明。这些作品直接译自德文，是今天我们所能看到的当时对接德文和中文政制法律文化的一部珍贵的资料。①

4. 德国在华司法机构和专门学堂的影响

鸦片战争以后，德国和其他列强一样，在中国取得了领事裁判权，并在中国建立了自己的司法机构，实行自己的法律。"中国通商以来，即许各国领事自行审判，始不过以彼法治其民，继渐以彼法治华民，而吾之法权日削。近且德设高等审判司于胶州……"② 高等审判司是以德国模式建立的司法机构，施行的是德国法律，体现了行政与司法的分立，相对于当时的中国法而言，无疑是一种先进的法律制度。这一点已被当时的高层中国官员所认识。1906 年 12 月，御史吴钫在《厘定外省官制请将行政司法严定区别折》内明确提出："若使司法分立，则行政官得专意爱民之实政，而审判官惟以法律为范围，两事既分，百弊杜绝。"③ 这里的"百弊杜绝"显然有所夸大，但此奏折里的这番话至少能说明，中国的官员已受到德国法的影响，感觉到德国法的某些长处。④

1907 年，清政府与德国政府在青岛合作创办过一所大学，这就是青岛自建置和开埠百多年来兴办的第一所大学——青岛特别高等专门学堂。它和著名的上海同济大学一样，同是"发端于德人"（蔡元培语）的近代大学。该学堂由德国人任校长，中国官员任学监。

法政科是学堂颇称特色的一个专门学科。依据学堂章程，法政科 3 年毕业（医科需 4 年），课程设有"国际公法、各国政治学、行政法、度支律、路政律、国民经济学、理财学"等。法政科学长（即今天的法律系主任）是胶澳帝国高等法院的前任法官 Kurt Rornber，他倡导拟订了若干计划，致力于将德国的法学与法律制度在中国进行传播、普及，其中最为人称道的是于 1911 年分别用中德两种文字出版发行的《德华法报》。接着，他又主持编纂了《中国法学百科概览》和中德双语对照本的《德华法律汇编》，后者可说是当时中德法律比较研究的最新成果。法政科的教授们坚信，基于道德基础的德国国家生活和德国宪法要比共和体制所体现的代表——英美的标榜更适合于中国的现状。这种致力于将中德文化精神拉近的研究，是那个时代德国学者相当流行的见解。⑤

1912 年学堂已有 26 位德国教授和 6 位中国教师在校授课，学生由最初的 54 人增加到 1914 年的四十多人。然而 1914 年日德战争爆发后因德国的战败，学堂被迫关闭了刚刚开启不久的大门，德国法在中国传播的极有利的条件也因此而被打断。

值得称道的是，作为文化传播的载体，青岛特别高等专门学堂设立的法科无疑是向中国输入德国法最为便捷的一条途径，作为德国法传播中国的见证者和承载者，在中德法律文化交流史上留下了一段弥足珍贵的记忆。⑥

---

① 参见王健：《德国法在中国传播的一段逸史——从青岛特别高等专门学堂说到赫善心和晚清修律》，载《比较法研究》，2003（1）。

②③ 故宫博物院明清档案部编：《清末筹备立宪档案史料》（下册），823 页，北京，中华书局，1979。

④ 参见王立民：《法律思想与法律制度》，226 页，北京，中国政法大学出版社，2002。

⑤⑥ 参见王健：《德国法在中国传播的一段逸史——从青岛特别高等专门学堂说到赫善心和晚清修律》，载《比较法研究》，2003（1）。

（二）普鲁士宪政的间接影响

"远法德国"的主张最先是由维新派提出来的。日本明治维新，以德为师，学习德国军事法制，军力日强，以致能在甲午战争和日俄战争中取胜，"军事无论事之巨细，无不奉德国为师，甲午之役，既经战胜，去岁复挫强俄"①。甲午战败，本为清廷之痛，然痛定思痛，透过日本，清政府初步认识了德国，称羡不已。德国，这个遥远的欧陆新兴国家，迅即成了清政府变法图强的榜样。1895 年，张之洞在《创设陆军学堂及铁路学堂折》里称赞德国的陆军是"甲于泰西者"，铁路有"十万里之用"。因而，他大声疾呼要"仿照德制"②。1898 年，康有为在《请开学校折》里赞扬德国在教育方面的显著成绩，说："今各国之学，莫精于德，国民之义，亦倡于德。"因此，他主张"请远法德国"③。

清末之中国，与 19 世纪末叶的德国、日本，有着许多共同之处，而最根本的一点则是王权强大，在政治上和经济上保留了大量封建残余，具有浓厚的封建性，资产阶级力量相对软弱和不成熟。中、德国情和政体的相近是中国引入德国法的有利条件。袁世凯就曾言道："各国政体，以德意志、日本为近似吾国"。因此，他认为有必要派员出使到德国、日本两国，考察宪法实施情况："拟请特简明达治体之大臣，分赴德、日两国，会同出使大臣专就宪法一门，详细调查，博访通人，详征故事。"④ 五大臣考察了各国政治并对其成败得失进行了比较，发现"纯任民权"的美国、法国的共和政体与中国政体"本属不能强同"，英国政体虽为君主立宪，但对君权又拘执过甚，显然有"妨碍"之虞。而 1871 年的德意志帝国宪法和 1889 年的大日本帝国宪法，是确认主权在君的钦定宪法的典型。"各国政体，以德意志、日本为近似吾国。"这是五大臣在考察欧美各国政治的过程中，能够认同并进而主张师法德、日的一个基本前提。⑤ 端方、戴鸿慈一行对德国"以威定霸"的政策十分服膺，认为日本明治维新后正是通过学习德国而走向富强的，因此主张中国也应以德国为楷模，发出"则故当急于师仿不容刻缓者也"的呼吁。⑥

因此，中国之立宪，当"远法德国，近采日本"。这是宪政考察大臣们得出的结论，虽然这不过是维新派主张的重复，其变革思路是一致的。⑦

既然德国可以为师，则对德国法制的效仿便顺理成章。但是，德国法制对中国法制的影响，虽为学界之人每每称道，"然德国法究竟如何在中国展开影响？其途径与方式究竟有哪些？细细考察，可知这方面的研究并不多"⑧。虽然也有学者认为："德国法对中国清末时期的影响最大，与其他国家的法律相比，可称第一。"⑨ 但德国法对中国近代法制建设影响

---

① 故宫博物院明清档案部编：《清末筹备立宪档案史料》（上册），141 页，北京，中华书局，1979。
② 《中国近代教育史资料》，上册，137 页，北京，中华书局，1979。
③ 《戊戌变法》，第 2 册，219 页，北京，神州国光社，1953
④ 故宫博物院明清档案部编：《清末筹备立宪档案史料》（上册），202 页，北京，中华书局，1979。
⑤ 参见朱勇主编：《中国法制通史》，第 9 卷，73 页，北京，法律出版社，1999。
⑥ 故宫博物院明清档案部编：《清末筹备立宪档案史料》（上册），9～10 页，北京，中华书局，1979。
⑦ 参见朱勇主编：《中国法制通史》，第 9 卷，74 页，北京，法律出版社，1999。
⑧ 王健：《德国法在中国传播的一段逸史——从青岛特别高等专门学堂说到赫善心和晚清修律》，载《比较法研究》，2003（1）。
⑨ 王立民：《法律思想与法律制度》，220 页，北京，中国政法大学出版社，2002。

最大的领域乃是私法领域，更准确地说，是德国民法对中国民事立法的影响。而在宪政领域的影响，则不那么明显，不那么直接。更准确地说，德国的宪政文化和制度主要是通过日本对普鲁士宪政的模仿而移植到中国来的。

日本在明治维新以后，特别是在 19 世纪 80 年代至 19 世纪末期间，确实有过一段全面移植德国法的时期。日本在大量抄袭德国法的基础上，制定了自己的法律，其中包括宪法、刑法、民法、商法、刑事诉讼法和民事诉讼法等。因此，这一时期的日本法律实是德国法的翻版，德国法是其中的主要成分。沈家本就曾把日本法说成是"模范德意志者也"①。因此可以说，中国引进日本法也就意味着引入了德国法。② 事实上，中国也并非就学日本法而学日本法，相反是把学日本法作为学习和引进"欧法"，特别是德国法的一个中介途径。日本《明治宪法》大量抄袭普鲁士宪法条款，《钦定宪法大纲》又大量抄袭了日本宪法条款。《钦定宪法大纲》、日本宪法及普鲁士宪法，在基本原则和精神上是一脉相承的，使得中、日、普三个具有不同历史传统的国家，所制定的宪法具有一系列共同的特征。③ 正如一位德国学者所说的那样："日本宁愿编制德国式的法典以保留欧洲大陆法模式。""日本吸收西方法律起了双重作用，日本不像其他国家那样只把外国法作为比较对象，而且在中日两国接受外国法的过程中还起着联结作用。"④

日本成功移植德国法的先例，鼓舞了清政府。出洋考察的大臣们在遍访欧洲后，对此深有体会："详考各国制度，以德国为主，以各国为辅。"故中国有必要学习德国的各种制度，"妥筹办法"⑤。考察大臣们提出的效法德国、日本，实行君主立宪政体的主张，为望治无方的晚清政府提供了明确的治国方略；而对宪政美好前景的描绘，为举棋不定的清政府提供了立宪的内在动力。清廷经过反复权衡，终于下定决心，于 1906 年 9 月 1 日发布《宣布预备立宪先行厘定官制谕》，着手开展宪政活动，揭开了近代中国宪政运动的序幕。从上谕的内容来看体现了对考察大臣立宪主张的全面采纳。至于考察大臣提出的立宪应当向日本和德国学习，实行君主立宪的主张，在上谕中虽没有明确体现，但在清政府后来的一系列宪政活动中却得到了贯彻。

三、以"法"制为善：从抗拒到效仿

（一）清末对法国宪政文化的抗拒

晚清中国人对法国宪政文化的认识和介绍，重点是其议会、总统、民权等问题，这些也是晚清时期睁眼看世界的官员们和先进的知识分子所共同关注的话题。

林则徐是最早注意到西方议会的中国官员，其著作《四洲志》就提到了西洋的议会，特别是英、美、法三国的上、下议院，篇幅较多。该书在叙述法国议会时说，法国设"占

① 故宫博物院明清档案部编：《清末筹备立宪档案史料》（下册），845 页，北京，中华书局，1979。
② 参见王立民：《法律思想与法律制度》，229 页，北京，中国政法大学出版社，2002。
③ 参见朱勇主编：《中国法制通史》，第 9 卷，97 页，北京，法律出版社，1999。
④ ［德］诺尔著，李立强等译：《法律移植与 1930 年前中国对德国法的接受》，载《比较法研究》，1984（2）。
⑤ 故宫博物院明清档案部编：《清末筹备立宪档案史料》（上册），141 页，北京，中华书局，1979。

马阿富"（Les Chambres），其制度与英国相近。①《四洲志》还讨论英、美、法议会的组织、权力关系、选举等。林则徐介绍这些观念时，用的是音译。徐继畲是与魏源同时代的政府官员，他在其著作《瀛寰志略》中对法国议会也有所讨论。②

早期维新派对法国宪政文化的认识尽管比较肤浅，却并不认同。西方议院分为民主制和君主立宪制两种类型，早期维新派可认的是后一种类型。英、德式的议院制被认为"斟酌适中"，"颇称尽善"，是最理想和最完善的政治制度。而法国式的民主制议院则被批评为"民权过重"，"叫嚣，他了解到英之气过重"③。

近代中国人对法国宪政文化有直接接触，缘于早期驻外使节和清末宪政考察官员。

1879—1886 年曾纪泽任驻英法俄公使，他对西方议会制度也表示由衷的欣赏。他对法国议会的观感是："自法国改为民主之邦，国之事权皆归于上下议院"，总统"位虽尊崇，权反不如两院"④。

在清末出洋考察宪政过程中，载泽一行在法国考察时间最长，共计 52 天。据载，载泽等到达法国巴黎后，"连日率同参随等员至其行政各局署详加参考，复延请彼国政治名家悉心讨论，又因法政府之请，远赴该国南北各境，里昂、都隆、哈富等处察看商务制造，阅视船坞、战舰，而复知其立国之体，虽有民主之称，统治权实与帝国相似"⑤。载泽在法国，请一位叫金雅士的裁判官讲解法国宪政，他在日记中是这样记述的："英之下议院权重，法则两院相埒。"载泽虽然没有记述法国由君主转变为民主的历史，但他对"法国未立宪时，君主专制，贵族擅权，政治腐败，人民愁苦"的情状似有所自我警惕。⑥ 载泽在《考察政治日记》中还详细叙述了法国 1791 年宪法至 1875 年法兰西第三共和国宪法等 13 部宪法的产生及演进过程，得出结论："查法兰西为欧洲民主之国，其建国规模非徒与东亚各国宜有异同，即比之英、德诸邦，亦不无差异。"这种差异，在载泽看来，"比之英吉利，一则人民先有自治之力，而后政府总其纲，一则政府实有总制之规，而后人民贡其议，施之广土众民之国，自以大权集一为宜"。法国的民主共和制虽然不符合载泽的"择善"标准，但他仍能充分认识到，法国之所以能"蒸蒸日进，与英、德本并驾齐驱"，"实根于政治之原理，良非幸致"⑦。故载泽在向朝廷呈贡的奏折中主张学习法国的法律制度，谓："条规既整齐完密，精神尤固结流通，遗其粗而撷其精，可以甄采之处，良亦非鲜。"⑧

但是，宪政考察大臣们对法国宪政体制在总体上是持抗拒态度的。其缘由，一是惧怕法国式的革命，二是认为法国的共和政体不适合于清廷追求君权的现实要求。这正如宪政考察大臣于式枚在其上奏朝廷的《立宪不可躁进不必预定年限折》和《立宪必先正名不须求之外国折》中所言，中国立宪应先行预备，循序渐进，"行之而善，则为日本之维新，行

① 参见王锡祺：《小方壶斋舆地丛钞再补编》，卷 12，32 页，台北，文海出版社影印，1964。
② 参见徐继畲著，田一平点校：《瀛寰志略》，235 页，上海，上海书店，2001。
③ 王韬：《弢园文录外编·重民下》；郑观应：《盛世危言·议院》。
④ 《曾纪泽遗集》，361 页，长沙，岳麓书社，1983。
⑤ 故宫博物院明清档案部编：《清末筹备立宪档案史料》（上册），14 页，北京，中华书局，1979。
⑥ 参见载泽著，钟叔河辑注：《考察政治日记》，634～636 页，长沙，岳麓书社，1986。
⑦⑧ 故宫博物院明清档案部编：《清末筹备立宪档案史料》（上册），15 页，北京，中华书局，1979。

之不善，则为法国之革命"①。法国式的革命是万万不可在清廷重演的。

巩固君主统治是出洋考察的终极目标，这一点慈禧太后在考察大臣临行前的面谕中说得很清楚："立宪一事，可使我满洲朝基础永远确固，而在外革命党亦可因此消灭。俟调查结局后，若果无妨碍，则必决意实行。"②慈禧太后对宪政的期待决定了考察政治大臣对各国宪政模式取舍的出发点，"择各国政体与中国政体相宜者"成为考察大臣衡量各国政体的基本标准。法国实行民主共和政体，国家元首通过选举产生，是对皇权的彻底剥夺，这毫无疑问是清政府坚决防范的。从第二次派员出洋考察宪政的国家来看，美国和法国，均已不在第二次考察国家之列，很明显清政府对美、法两国的民主共和制模式是抗拒的。

虽然清政府对法国的民主共和制模式极力抗拒，但在宪政思想的继受上，"民权最大之法国"③因其跨越国界的示范性效应，仍然是近代中国思想界和知识界无法抗拒的。

（二）民国新政权对法国宪政的致力效仿

辛亥革命以后，中国又掀起了学习、移植外国宪政文化的热潮。民国刚建立，为了在新政权中争得有利地位，北洋集团、同盟会（后改组为国民党）、地方士绅阶层这三大主导民国初年政局发展的政治势力相继扶持及发展代表自身利益之政党，这些政党在国会选举、内阁人选等诸方面展开了激烈的竞争和角逐，特别是宪法的制定，更是成为各政党研究、讨论之焦点。到1913年2月至4月间，基于"免党见之纷争"及"得完善之宪法"的考虑，围绕着《大总统选举法》和《国务员组织法》等的制定，由国会中取得议席最多的四大党——国民党、共和党、民主党、统一党，联合组织了多达7次以宪法的制定及内容为主题的讨论会。④四党之主张虽各有歧异，但在如何借鉴外国宪政文化，以"得完善之宪法"这一点上则是一致的。在此背景下，体现了人权、民主、自由、法治等鲜明个性的法国宪政文化，因其示范性效应，非常迎合了辛亥革命后扬眉吐气的中国资产阶级的迫切需求。法国宪政文化在中国的命运可谓"苦尽甘来"——由清政府极力抗拒到民国新政权的致力效仿，即所谓"辛亥以后之共和运动，开口必曰法国如何，美国如何"是矣！

笔者经过对民国初宪政史料的认真梳理，发现，民国初对法国宪政文化的仿效主要集中在对法国责任内阁制和总统选举制度的借鉴、最高权力机关的设计以及对"参事院"的取舍等方面。以下分述之：

1. 内阁责任制以"法制为善"

总统制和内阁责任制，都是西方宪政国家实践过的制度，对于资产阶级专政而言，形式不同，实质一样，可以说是殊途同归。实行共和制的法国，按照其1875年宪法，确立了内阁制，总统作为国家元首，享有广泛的权力，总统甚至还有权在征得参议院同意后解散众议院，但总统的每项命令须有各部部长一人的副署，并规定各部部长就政府的一般政策

---

① 故宫博物院明清档案部编：《清末筹备立宪档案史料》（上册），337页，北京，中华书局，1979。

② 朱勇主编：《中国法制通史》，56页，北京，法律出版社，1999。

③ 《考察宪政大臣达寿奏考察日本宪政情形折》，载《东方杂志》，第五年第八期。

④ 参见夏新华、刘鄂：《民国初年四党宪法讨论会及其意义》，载《湘潭大学学报》，2004（6）。当时之报刊，如《震旦》、《宪法新闻》等对此均予详细之报道。另可参见夏新华：《近代中国宪政历程：史料荟萃》，197～227页，北京，中国政法大学出版社，2004。

对两院负连带责任，但全体文武官员由总统任命。在以后的政治制度演变中，法国总统的权力逐渐减少，形成了名副其实的内阁制。

在民国政府采取何种体制的问题上，宋教仁和孙中山是有分歧的。宋教仁虽然曾主张"美利坚合众之制度，当为吾国他日之模范"①，但为了防范袁世凯，宋氏坚决主张采用内阁制，认为趁本党领袖担任临时大总统时修改《中华民国临时政府组织大纲》，不会显现出专门对付袁世凯的迹象。

然而，当时南北议和扑朔迷离，非袁莫属的声浪不仅喧嚣在立宪派中，就是在同盟会中也有市场。宋教仁行责任内阁制的想法并未一呼百应，这一思想直到1912年2月上旬和议将成，孙、袁进退已定时，才逐渐为多数人所领悟和接受。一位湖南籍参议员对袁世凯的野心洞若观火："自小站练兵、戊戌政变，以至于今日南下作战与进行议和的过程，所有的行动，都是骑着两头马的行动。一旦大权在手，其野心可想而知。"他呼吁："要防总统的独裁，必须赶紧将约法完成，并且照法国宪章，规定责任内阁制。"②

1912年《临时约法》虽然未能体现内阁制的实质，但仍然体现出了一些责任内阁制的特征。例如：（1）《临时约法》所规定的不是单纯的首长负责制，国务员（内阁）可通过副署权产生一定制约；议员与阁员之间是否一定隔离，《临时约法》没有规定，似乎也可以理解为议员可以兼任阁员。（2）《临时约法》规定临时大总统由参议院选举产生，而非由国民直选或其他选举机构选举产生，这与法兰西第三共和国类似，而不同于总统制的美国。③

在1913年的政党宪法讨论会上，各政党对于政府之形式，多数主张采用责任内阁制，而以"法制为善"，"法制较为适用"。

共和党所主张政府之形式采用责任内阁制。其理由如是："政府之形式，有法国制与美国制之分。美以总统当政治之冲，对于国民负责任，故称为总统制。此乃系绝对的三权分立之结果，意在使立法、行政、司法三部彼此不受牵制，各独立行其职权。而其弊遂致立法、行政不相联络，政治之进行，反多阻滞。且总统于任期内除有叛逆行为外，无更置之法。若政府与立法部意见龃龉，相持不下，则最终之解决，恐有内乱之纷扰。法国制则以内阁负政治上责任，总统居元首之地位，匪独政争不集矢于总统，且足以调和立法部与政府之意见，使政治易于进行。两者相衡，法制为善。"④

民主党的主张和理由是："政府之形式采用责任内阁制。其理由，政府之形式，法国制与美国制不同。美制以总统当政治之冲，对于国民负责任，故称为总统制。法制以内阁负政治上责任，使总统超然于责任之外，而不当政治之冲，故称内阁制。就中国国情而言，两者两衡，法制较为适用。"⑤

2. 大总统选举"采用法制为便"

总统选举是民国政坛及法律界的热点问题，而总统选举问题实际就是谁选、如何选、

---

① 刘景泉、张静、汪向阳：《宋教仁与民国初年的议会政治》，193页，石家庄，河北人民出版社，1998。

② 蔡寄欧：《鄂州血史》，186页，上海，龙门联合书局，1958。

③ 参见夏新华：《近代中国宪法与宪政研究》，205页，北京，中国法制出版社，2007。

④ 《各政党对于宪法最近之主张》之"共和党对于内阁制及领土规定之主张"，载《宪法新闻》，第三期、第五期。

⑤ 《各政党对于宪法最近之主张》之"民主党对于宪法最近之主张"，载《宪法新闻》，第三期、第五期。

何时选的问题。

就谁选而言，四党的认识基本是一致的——非袁莫属。而总统如何选，则是宪法讨论会争执最多的一个问题。争执的问题主要是：

第一，关于总统选举的投票比例要求。

共和党、民主党、统一党三党对于总统候选人的得票比例要求更高。共和党认为对于总统选举，候选人"票数过总额三分之二，到会人数或五分之四，或另定"；而统一党则坚持"总额三分之二到会，到会后得三分二之投票者为当选"；民主党的主张与共和党、统一党的稍异，其虽主张三分之二制为妥，但他们主张的 2/3 是总人数的 2/3，而不另行规定出席人数的比例。

国民党则认为三分之二制"规定过严"，其理由是："查法美先例，法取最多数制，美取过半数制。故法之选举安加海为大总统也，第一次以得票仅四百十九故未当选，第二次选时始定之。从可知票数过严，亦有不利。"因而国民党主张："得票数过二分之一，不问到会人数若何。"

第二，关于大总统的选举方式。

各政党比较一致的主张是参照法国，采取间接选举。

民主党详细考察了各国的成例，其具体主张是由参、众两院议员组织选举会选举之。理由是："大总统之选举方法，有直接选举、间接选举二种。考各国之制度，用直接选举者，如巴西、哥伦比亚、玻利非亚皆是；用间接选举者，如法如美皆是。而间接选举之方法，又各不同：（一）国会复选法。由国民选举上下两院议员，再由上下两院组织选举会，依其过半数之表决选举大统领，如法兰西、葡萄牙皆是；（二）指定选举人复选法。各国各据其法律之规定，指定选举人，其人数与其选出于国会之代议员及元老院议员之总数相同。由此指定选举人再行投票选举大统领，如美利坚、墨西哥、智利、阿根廷皆是。就各国成例观之，选举方法之不同如此。然以中国之情势而论，则直接选举必不可行。幅员辽阔一也；人民程度不齐二也；选举弊伪尤难防范三也；各大共和国如法如美，皆未常行直接选举，吾国亦毋庸创此先例四也。以此之故，吾国选举总统，自应采用间接方法。但间接之中，宜用何者？似又不如以国会复选法为优。盖指定选举人复选法，固较完密。然于选举国会议员外，又须选定复选人，多费一重之手续，而效力乃仅相等。或谓吾国组织总统选举会之分子，于国会议员外，宜加入各省省议员。然参议院议员由各省议会退出者，居其多数。若于总统选举会，更加以省会议员，不独手续之重复与指定选举人同，而于理论殊不圆满。故不如采用法制之为便也。"①

国民党的主张是由国会之参众两院议员组织选举会选举大总统："大总统之选举法，世界各国制各不同，美国系由选举人组织选举会选举之，法国系由上下两院开合同之国民议会选举之。本党研究结果，窃以为应仿法制，由国会之参众两院议员组织选举会，用投票选举大总统，此外无他方法。"②

这是 1913 年 3 月 11 日召开的各政党宪法讨论会第三次会议上，由国民党党员易宗夔

①　《各政党对于宪法最近之主张》之"民主党对于宪法最近之主张"，载《宪法新闻》，第三期、第五期。

②　夏新华、胡旭晟等整理：《近代中国宪政历程：史料荟萃》，203 页，北京，中国政法大学出版社，2004。

代表国民党报告时表达的观点。是日到会者，国民党为张君耀曾、易君宗夔、李君肇甫、蒋君举清 4 人，共和党为汪君荣宝、项君骧 2 人，民主党为汤君化龙、刘君崇佑、王君国琛、孙君洪伊 4 人，统一党为赵君管侯、许君植材、陈君铭鉴、康君士铎、耿君春宴、王君泽敉、张君玮、王君印川 8 人。

至于总统何时选的问题，实际也是政治问题宪法化的一个结果。当时北洋势力企图通过选举当时呼声最高的袁世凯为总统，取得对国民党的政治主动权；而国民党则希望先定宪法后，再以宪法规范总统选举和约束总统权力。然而在宪法讨论会中，此议题并无太大争议，共和党所提出的先制定总统选举法的理由基本得到了与会人员的认可。它们的理由有三：首先，不先定总统选举法，总统无以早日选出，而总统不选出，政府无从定，而"正式政府一日不能成立，民国即无由加入国际之列也，明矣。对外如此。若言对内，则谣言四起，人心日慌，行政不统一，国势难镇定"。其次，作为宪法一部分的国会组织法也已作为单行法予以公布，提供了国内立法的先例。再次，在外国的相关立法中，"法国宪法系分三次编定者，首大总统，次元老院，次其他。奥国宪法系分四次编定者"。故于国情于法理，共和党的理由都是有一定道理的。而国民党因在《临时约法》的过程中已受时人"因人立法"之抨击，也不便对共和党予以明确反驳。[①]

3. 国民特会的制度设计"纯仿法国"

1912 年 10 月，梁启超结束了长达 15 年的海外流亡生活，从日本回到了国内，很快就投入了当时中国正风云涌的政治热潮之中，于 1913 年年初正式加入了共和党，以争取组织内阁的权利。此次努力的失败虽曾使梁启超一度萌生与政治绝缘的念头，但 1913 年 5 月，他还是再一次组织策划了把共和、民主、统一三党合并为进步党的举措。进步党总部设在北京，其党纲有 3 条：取国家主义，建设强善政府；尊人民公意，拥护法赋自由；应世界大势，增进平和实利。其实质是以共和为前提，通过联合袁世凯，建立强固的中央政权，在此基础上，实行政治改造，确立民主共和制度。梁启超虽然只是担任进步党的理事，但实际上是该党的灵魂人物。处于制宪热潮之中并致力于实现自己政治抱负的梁启超很快起草了《进步党拟中华民国宪法草案》（又名"梁启超宪草"）。

在该宪草中，梁启超仿效法国国民议会，在中华民国最高权力机关的制度设计上创造性地提出了"国民特会"的设想，而且，他还为此进行了详尽的诠释："本草案分十一章，与时贤所拟章次无大差别。内惟第三章之国民特会，第七章之国家顾问院，第八章之法律，其理由颇须诠释，各于每章下附以说明。"[②]

"梁启超宪草"的第三章"国民特会"共有 4 个条文（第 19～22 条），依次规定了国民特会的职权、组成、议事规则、议长和副议长的选举。

在该章标题下的"说明一"中，梁启超解释了主张设置国民特会作为国家最高权力机关的理由。梁启超认为："凡国家必有最高机关。最高机关者，超乎立法、行政、司法三机关之上，而总揽主权者也。其在君宪国，此机关宜由君主掌之。其在共和国，此机关宜由

① 参见夏新华：《近代中国宪法与宪政研究》，138 页，北京，中国法制出版社，2007。
② 《民国经世文编·法律》；《宪法新闻》，第十八期；夏新华、胡旭晟等整理：《近代中国宪政历程：史料荟萃》，251～264 页，北京，中国政法大学出版社，2004。本节相关引文恕不一一注明。

国民全体掌之。国民全体意思之表示，其方法有二：一曰国民全体直接投票，美瑞等国是也；二曰特设一代表机关，法国是也。今采用第二法，置此机关，名曰国民特会。此机关或拟称为国民议会，嫌其名义与国会相混。或称为临时国民议会，嫌其名不雅驯，且义不周洽，故定为今名。"

关于国民特会的组成，该草案第 20 条规定：国民特会，以国会两院议员组织之。之所以这样规定，梁启超说是"纯仿法国"。他从法理上进行了详细的阐述："或疑似此不过国会变相，何必多立名目。此说不然。就法理上论之，国民特会与国会，画然为两机关。一总揽主权之全部，一行使主权之一部。性质各异，不容混淆。若疑于两种异性之机关，不宜以同一人员组织之，则类此之例，各国多有。德国联邦参议院，一方面为立法机关，一方面为联邦行政首长。英国贵族院，一方面为立法机关，一方面为最高法院。虽人员同一，不为病也。就事实上论之，国民特会与国会，分子虽同。然国会分为两院，各自表决，国民特会合于一堂，共同表决。表决之结果，决非漫无差别。此如化学公例，以两种同质同量之物，分置两器与合置一器，其化分之结果必不从同也。法国立法之意，盖根于是，今采之。"

当然，梁启超对法国国民议会的借鉴，也并不是简单地照搬，而是结合中国的具体国情，创造性地进行了制度设计。在法国宪法中，法国国民议会之职权，仅限于"选举总统"与"修正宪法"两项，而"梁启超宪草"则在此基础上增加了"变更领土"和"弹劾执政"两项（第 19 条之规定）。梁启超的理由是："变更领土，为国家之大事。其郑重应与前两事等，宜经最高主权机关决定之，此为第一理由。或谓变更领土，当用法律之形式行之。惟法律例须经三读会，且一院议决，乃移咨他院，为事极迟缓。积极的变更领土，时或缘会时机，稍纵即逝；消极的变更领土，大抵当国家危急存亡，千钧一发之时。两者皆贵神速。故不如以其权归诸国民特会，一次表决也。所谓弹劾执政者，执政兼指大总统与国务员言之。或拟弹劾大总统与弹劾国务员各别规定。然弹劾实为立宪国中非常大事，弹劾之结果，审判即随其后。（参观第四章第三十四、三十五条，第九章第八十三条正文之规定及三十六条之说明）总统与国务员得受弹劾之条件，虽宜不同。至其弹劾之机关，及其程序，则可以从同。或又拟以弹劾执政权专属诸众议院，其意盖以责任内阁制，政府仅能对一院负责任也。不知弹劾与不信任投票有别。不信任投票，属于政治问题，专由一院行之宜也。弹劾则属于法律问题，非遇总统有大逆行为时，遇国务员有违宪违法行为时，决不滥用。故无专属一院之必要，而其事尤当出以慎重。故委权于国民特会，最为得当也。"

关于国民特会的议长、副议长的产生方式，梁启超主张"临时选举之"（第 22 条）。该条所作的说明是："法国国民议会，以上院议长为议长，下院议长为副长。但本宪法所规定之国民特会，认为与国会性质全别之机关。故临时别选议长，较为合理。"

4. 对法国"参事院"的取舍

"梁启超宪草"的第七章"国家顾问院"共有 5 个条文（第 68～72 条），依次规定了国家顾问院的组成、职权、解释宪法和裁决宪法争端、限制顾问员兼职、任期等方面的内容。在该章的总说明中，梁启超明确表示了设置国家顾问院也是效法法国的结果："法国旧有参事院，日本有枢密顾问院，皆为宪法上之机关。德国各邦、美国各州，亦多设置类此之机关。其作用盖以限制行政权之一部分，且使国会闭会中，其职权之一部分，可以赓续行之。

意至美也。智利宪法，于此机关之组织，最为周备，今略仿其制。"

《王登义拟中华民国宪法草案》中"参政院"的设计，更是借鉴法国宪政文化的结果："略仿法国命名，称参政院。"该宪草的第六章"参政院"共有 7 个条文（第 61～67 条），依次规定了参政院的组成、职权、任期、议事方式等方面的内容。[1] 宪草拟定人王登义在该章的注解中指出："进步党所拟宪法草案，及国民党宪法全案，皆主张有顾问院。法国前有参事院，智利有国家顾问院，皆所以制限行政权之一部分，并以补国会权限之不足，法至周备。本案既采用一院制，于此机关尤为重要，今采之。以行政上有一定实权，略仿法国命名，称参政院。"

第三节
苏联宪政文化的影响

一、苏联宪法理论在中国的传播

有中国学者指出：新中国宪政建设从其发端之初就走上了移植外来法的道路，从宪政实践到宪政理论，均受到了苏联宪政模式的广泛影响。与近代时期中国在宪政模式选择上的反复无常相比，此次宪政移植特色鲜明：不仅仿效对象（苏联）非常专一，而且学习态度非常积极、自愿，移植范围也非常广泛，对中国的宪政乃至整个法制的影响十分深远。[2] 而苏联宪政文化对中国的影响是从苏联宪法理论在中国的传播开始的。

新中国成立以后，伴随着以维辛斯基为代表的苏联法学家的"法律是统治阶级的意志，它由国家强制力保证实施"这一法学基本理论在中国的传播和被推崇，以列宁和斯大林关于宪法的若干论述为基础的苏联社会主义宪法学理论也借助于种种途径被介绍、传播至中国，这些途径主要有苏联专家来华开设宪法学讲座、苏联宪法学论著在中国的出版、新中国的学术团体对苏联宪法理论的研究，以及苏联式宪法学教育体制在中国的推行，等等。[3]

1. 苏联专家来华开设宪法学讲座

如前所述，苏达里可夫和贝可宁为中央政法系统各部门的干部开设的系列讲座"苏维埃国家和法律的基础"中，涉及宪法的有"胜利的社会主义的宪法"（第 1 讲）、"苏维埃的国家管理"（第 10 讲）、"苏联国家权力和国家管理的最高机关"（第 11 讲）及"苏联国家

---

① 参见《宪法新闻》，第十九期；夏新华、胡旭晟等整理：《近代中国宪政历程：史料荟萃》，354～362 页，北京，中国政法大学出版社，2004。

② 关于"20 世纪 50 年代中国移植苏联宪法的实践与理论"，李秀清教授进行了专题研究，资料翔实，内容丰富，参见何勤华、李秀清：《外国法与中国法——20 世纪中国移植外国法反思》，173～201 页，北京，中国政法大学出版社，2003。

③ 参见上书，186～200 页。

权力的地方机关"(第 12 讲)等。苏达里可夫在第一讲"胜利的社会主义的宪法"中,非常详尽地说明了 1936 年斯大林宪法的伟大所在。他认为,首先,斯大林宪法的伟大的动员力量和组织力量在于,它在立法的形式中表现出全新的空前未有的社会制度——社会主义制度的经济和政治基础。从经济方面看,斯大林宪法规定了社会主义所有制的两种形式,即国家所有制与合作社集体农场所有制。苏联的经济基础不仅是社会主义的所有制,而且也是社会主义的经济制度,宪法的规定巩固和发展了苏联的新的生产关系。宪法规定了社会主义的生产关系,即合作和互助的生产关系,并规定了"不劳动者不得食"和"各尽所能,按劳分配"的分配原则。从政治方面看,社会主义胜利的明显表现是,工人阶级和农民在各方面所发生的变化,以及诚实地服务于人民的苏维埃知识分子的成长和巩固。从文化方面看,斯大林宪法大大提高了人的受教育的权利和满足其一切精神需要的权利。同时他还指出,斯大林宪法不仅在经济的、政治的、文化的生活各方面用立法的方法巩固了社会主义的基础,同时还把苏维埃国家制度的真正的全民的民主主义提高到不可攀达的顶峰。这种面对面的直接传授所产生的影响是强烈的、深远的。

2. 苏联宪法学论著在中国的出版

为了学习苏联宪法,20 世纪 50 年代,新中国开始大规模地翻译、出版苏联宪法方面的法规和论著。据不完全统计,这一时期翻译出版的苏联宪法方面的图书达八十多种,在同时期出版的苏联法方面的书籍中占有相当的比例。苏联一些著名的宪法学家的著作被翻译、介绍到了中国。如苏联文化代表团团长杰尼索夫的著作《苏维埃国家与法权基础》、《苏维埃宪法及其发展史》、《资产阶级民主的剖视》、《国家与法律的理论》、《国家》、《宪法》等的中译本就被人民出版社等出版发行。这一时期由中国人民大学国家法教研室翻译、出版了许多有关苏联宪法的法规、教材及教学参考资料,如《一九一八年苏俄宪法》(1951 年出版)、《一九二四年苏联宪法》(1951 年出版)、《人民民主国家法提纲》(1954 年出版)、《国家法基础讲义》(1951 年出版)、《苏维埃国家与法权史》(1951 年出版)、《苏维埃国家与法权史参考资料》(1951 年出版)、《苏维埃国家法》(1951 年出版)、《苏维埃国家法》(1953 年出版)、《苏维埃国家法讲授提纲》(1951 年编印)、《苏维埃国家法参考资料》(1951 年出版)、《宪法的概念与本质》(1953 年出版)等。创刊于 1956 年的《政法译丛》,作为当时专门登载外国法论文的杂志,所刊登的大多是苏联法的译文或者与苏联法有关的文章,其中,不乏宪法方面的译作和论文。翻译、出版苏联宪法学论著,直接影响了当时中国法学界宪法学观念和理论的形成。

3. 学术团体对苏联宪法理论的研究

作为全国性法学研究机构,中国政治法律学会的主要任务之一即是"介绍苏联法学理论及政治法律工作的先进经验"。《政法研究》创刊号所附载的《政法研究征稿简约》列举了受欢迎的 7 类投稿,其中第 1 项、第 4 项及第 5 项就分别是"马克思列宁主义关于国家与法律的理论与历史研究"、"对于旧国家、旧国家学说、旧法制、旧法学的批判"、"关于苏联政法实际工作和理论研究的介绍"。正值 1954 年宪法的起草和即将颁布实施的时期,因此早期的《政法研究》所载的宪法方面的文章较多。这些文章从内容上看基本分为两类:大部分的文章是赞扬苏联宪法,赞扬斯大林的宪法理论,介绍苏联宪法的基本概念,即使是论述我国宪法的特点和进步性,也大多是以苏联宪法理论为依据。另一部分文章是对资产阶级宪法的内容和实质进行揭露和批判。例如，《斯大林关于社会主义国家学说的发展》一文就非常详尽地阐述了斯大林的社会主义国家学说，对苏联的宪法体制和宪法原则作了分析和介绍。在文章的最后，作者提出：中国人民，在中国共产党与毛主席的领导下，正遵循着斯大林的教导，不断地加强自己的国家政权，利用它来完成从新民主主义社会逐渐过渡到社会主义社会的事业。《资产阶级宪法的虚构性与危机》一文则对资产阶级宪法进行揭露和批判，该文的主要论据就是列宁、斯大林、维辛斯基等人的宪政观点。

4. 苏联式宪法学教育体制在中国的推行

彻底摧毁旧法统使新中国的法律教育发生了根本性的变化。1951 年教育部制定的《法学院法律系课程草案的课程表修正初稿》规定："讲授课程有法令者根据法令，无法令者根据政策……如无具体材料可资根据参照，则以马列主义、毛泽东思想为指导原则，并以苏联法学教材及著述为讲授的主要参考资料。"[①] 因此，按照苏联模式创建法律院系，邀请苏联法学专家来校上课，翻译、出版苏联法学教材，就成了新中国成立初期法学教育的主要活动。

中国人民大学是新中国建立的第一所大学，它于 1950 年成立，其法律系下设有国家与法权理论、国家与法权历史、国家法、民法、刑法共 5 个教研室，按照"教学与实际联系，苏联先进经验与中国具体情况相结合"的教育方针和培养目标，开设有马克思列宁主义基础、中国革命史、中国与苏联国家与法律历史、苏联国家法、中华人民共和国国家法、民法、刑法、俄文等 29 门课程。从第四学年起还设有国家与法权理论、国家法、民法、刑法 4 个专业。董必武说："人民大学法律系的教学，主要是依靠苏联法学专家的帮助，学校的教研室事实上就是苏联法学专家在向教员们进行教育，学习成绩好的已开始进行讲课了。"[②] 从中国人民大学法律系设立的课程内容看，系统地学习苏联社会主义的政法科学是其中重要的组成部分，因为"苏联的国家与法律科学是人类历史上最先进的社会主义的国家与法权科学。它是社会主义社会经济基础的上层建筑，并为创建、发展、巩固社会经济基础而服务的；它是苏联人民三十多年在建成社会主义社会并向共产主义社会过渡的实践中所总结起来的；它有着自己的完整的体系，有着丰富的内容。因此学习苏联先进政法科学不仅有理论上的意义，而且有巨大的现实意义"[③]。

中国人民大学法律系既是新中国法律教育的发源地，在当时又担任着为全国高校法律系培养师资和从事法学研究专家的重要职能。当时国家对中国人民大学非常重视，在 1954 年召开的"全国政法工作会议"上，高等教育部明文作出规定："中国人民大学应将所编译的苏联法学教材进行校阅，推荐各校使用。"[④] 20 世纪 50 年代初成立的其他政法院校，如东北人民大学法律系、华东政法学院等，其教学方针之一大都是学习苏联先进的法学理论和经验，在课程设置和使用的教材方面都一定程度地受到中国人民大学法律系模式的影响，实际上，是通过学习中国人民大学而深受苏联的影响。到 20 世纪 50 年代中期之后，由于各方面的原因，新中国成立初期曾经有过的全面移植苏联法律的设想没有继续实施，已经

---

① 《中国教育年鉴·1949—1981》，266 页，北京，中国大百科全书出版社，1984。

② 《董必武政治法律文集》，431～432 页，北京，法律出版社，1986。

③ 关于中国人民大学法律系成立初期的概况，参见《政法院校介绍——中国人民大学法律系》，载《政法研究》，1954 (2)。

④ 《中国教育年鉴·1949—1981》，267 页，北京，中国大百科全书出版社，1984。

移植而来的法律在实施过程中也因种种原因而被忽视乃至被抛弃，但法学教育从新中国成立初期就照搬苏联模式而形成的形式和内容却仍然发挥着它的惯性作用，没有发生大的变化。①

二、斯大林的制宪建议

1950 年 2 月毛泽东访苏回国，在中央书记处会议上，他转达了斯大林的三点意见，其中第二点就是斯大林"建议我们召开全国人民代表大会和制定宪法"②。但中共中央对制宪问题另有考虑，准备以共同纲领继续代替宪法。1952 年 10 月，刘少奇率中共代表团抵莫斯科参加苏共第 19 次代表大会，向斯大林转交了毛泽东的一封信，信中写道："因为全国政协在全国有很好的影响，各民主党派也愿意召开人民政协，而不积极要求召开全国人民代表大会，全国制宪的准备工作也还有些不够。因此，我们考虑在明年春夏之间召开人民政协的第二次全体会议，而把全国人民代表大会推到三年以后去召开。"③ 信中还谈道："中共党内有人提到了制定宪法问题，要制定宪法，就应该召开全国人民代表大会。但在中国是否需要急于制定宪法也可以考虑，因为中国已有一个共同纲领，而且在群众和各阶层中有很好的威信，在目前过渡时期以共同纲领为国家的根本大法，是可以过得去的。因此，我们考虑在目前过渡时期是否可以暂时不制定宪法，而以共同纲领代替宪法，共同纲领可以在历次政协全体会议或全国人民代表大会加以修改补充，待中国目前的阶级关系有了基本的改变以后，即在中国基本上进入社会主义以后，再来制定宪法。到那时我们在基本上就可以制定一个社会主义的宪法。"④ 从信中可以看出当时中共中央对制定新宪法的基本考虑。

但斯大林则提出了不同意见。他向中共建议：你们目前可以使用共同纲领，但是应准备制定宪法。其理由是：你们不制定宪法，不进行选举，敌人可用两种说法向工农兵进行宣传，反对你们：一是你们没有进行选举，政府不是选举产生的；二是国家没有宪法。政协不是选举的，人家可以说你们是用武力控制了位子，是自封的；共同纲领不是全民代表通过的，而是由一党提出、其他党派予以同意的东西。你们应从敌人手中拿掉这个武器。⑤

斯大林的制宪建议实际上提出了政权的合法性与合宪性的重大问题，促使中共中央开始思考以正式宪法确认政权合法性的必要性。应该说，斯大林对中国宪法制定问题的谈话与建议是经过深思熟虑的。⑥ 刘少奇及时将斯大林提出的有关制定宪法问题的建议向毛泽东和党中央作了汇报。中共中央认真考虑了斯大林提出的制宪建议，于 1952 年年底作出决定：尽快召开全国人民代表大会和制定宪法，并按规定向全国政协提议，由全国政协向中央人民政府委员会提出定期召开全国人民代表大会的建议。因此，新中国在宪政制度建设

---

① 参见何勤华、李秀清：《外国法与中国法——20 世纪中国移植外国法反思》，197～198 页，北京，中国政法大学出版社，2003。

② 薄一波：《若干重大决策与事件的回顾》，上卷，40 页，北京，中共中央党校出版社，1991。

③④ 林蕴晖：《共和国年轮·1953》，277 页，石家庄，河北人民出版社，2001。

⑤ 参见张志明：《从民主新路到依法治国》，152 页，南昌，江西高校出版社，2000。

⑥ 参见韩大元：《论 1954 年宪法对新中国宪政的影响》，载《润物无声——北京大学法学院百年院庆文存之中国宪政之路》，38 页，北京，法律出版社，2004。

上的重要举措，特别是人民代表大会制度的建立，第一部选举法和第一部正式宪法的制定和颁布，均与斯大林的强力建议密不可分。

三、人民代表大会制度的影响

刘少奇在《关于中华人民共和国宪法草案的报告》中谈到我国的政治制度时说："人民代表大会制度所以能够成为我国适宜的政治制度，就是因为它能够便利人民行使自己的权力，能够便利人民群众经常经过这样的政治组织参加国家的管理，从而得以充分发挥人民群众的积极性和创造性。"刘少奇指出，之所以确定人民代表大会制度，是"根据我国人民革命根据地政治建设的长期经验，并参照苏联和各人民民主国家的经验"[①]。

就前者而言，早在革命根据地的政权建设中，就已明确提出并贯彻了"议行合一"的原则。董必武在中国人民政治协商会议第一届全体会议上的报告中指出："我们的制度是议行合一的。"[②] 这就明确了根据民主集中制的原则构建政权组织形式的方向和任务。

实际上，毛泽东早在新中国成立前为新中国设计的政权组织形式就是人民民主专政的人民代表大会制度。[③] 1940 年，毛泽东同志在他的《新民主主义论》一文中对人民代表大会制度作过精辟的论述，认为："没有合适的政权机关，就不能代表国家。中国现在可以采取全国人民代表大会、省人民代表大会、县人民代表大会、区人民代表大会直到乡人民代表大会的系统，并由各级人民代表大会选举政府……这种制度即是民主集中制。"实际上，第二次国内革命战争时期在革命根据地建立的苏维埃政权，就是人民代表大会制度的政权，只是由于当时革命经验的不足，才连苏联人民代表大会的俄文称谓也一起搬了过来。所以，人民代表大会制度对新中国既是新生事物，又不是新生事物。[④]

随着中国革命的节节胜利，中国共产党领导的新政权即将建立。1948 年 9 月，毛泽东主席在中央政治局会议上就明确地指出，要采用民主集中制召开人民代表大会，不搞资产阶级的国会制和三权鼎立等。1949 年 1 月底 2 月初苏共中央政治局委员米高扬来华时，毛主席曾告诉他中国建立人民代表大会的原因：这是由中国的经济条件、政治条件、革命条件，以及采取这种形式最利于与民主人士合作，诸因素共同决定的。1949 年 6 月，毛泽东主席在《论人民民主专政》一文中又系统阐述了国家的性质和政权形式。他认为，资产阶级共和国，在国外有过，中国不能有，唯一的出路是经过工人阶级领导的人民共和国，就是工人阶级领导的以工农联盟为基础的人民民主专政。

就后者而言，斯大林关于苏维埃国家制度的思想对新中国制定 1954 年宪法产生了积极影响，这也是 1954 年宪法设计人民代表大会制度的重要理论因素。1918 年苏俄宪法就规定

---

① 《刘少奇选集》，下卷，156 页，北京，人民出版社，1985。1949 年 10 月，当时的内务部长、新中国政法界的领导人谢觉哉在阐述中国为什么要建立民主集中制的人民代表大会制时指出，建立这种制度的原因，一是有利于人民管理国家，人民能够团结一致，实行广泛的民主并能集中；二是它根据马克思主义、列宁的理论建立，借鉴了苏联的经验；三是我们不能采用西方国家的三权分立制，因为这两种国家的阶级本质不同。参见王定国等编：《谢觉哉论民主与法制》，174～181 页，北京，法律出版社，1996。

② 《董必武政治法律文集》，246～247 页，北京，法律出版社，1986。

③ 参见蔡定剑：《历史与变革——新中国法制建设的历程》，43 页，北京，中国政法大学出版社，1999。

④ 参见蔡定剑：《关于苏联法对中国法制建设的影响——建国以来法学界重大事件研究》，载《法学》，1999 (3)。

了"中央和地方全部政权均归苏维埃掌握"，各级苏维埃代表大会是国家的权力机关；1924年苏联宪法也确认了苏维埃代表大会制。这一制度在1936年斯大林宪法中同样得到体现。1954年1月15日，毛泽东在给刘少奇和中央其他同志的信中，不仅要求各政治局委员及在京各中央委员阅看1936年斯大林宪法，还要求大家学习斯大林1936年11月25日在全苏苏维埃第八次非常代表大会上所作的《关于苏联宪法草案》的报告，斯大林在该报告中坚持维护最高苏维埃的最高权力地位，他说："立法权在苏联只应当由最高苏维埃一个机关来行使。"[①]

通过学习苏联宪法，新中国的缔造者们以法律的形式将新政权的组织形式规定了下来，确立了人民代表大会制度作为我国的根本政治制度的地位，使之成为我国人民当家作主的基本制度和法律依据。几十年来，尽管我国政治发生了巨大的变化，但是，人民代表大会制度不仅没有削弱，而且通过自身不断完善，起到了积极支持人民当家作主，切实保障人民管理国家事务和社会事务，管理经济和文化事业的权利的作用。

四、选举制度的影响

《共同纲领》第12条规定："人民行使国家政权的机关为各级人民代表大会和各级人民政府。各级人民代表大会用普选方法产生之。各级人民代表大会选举各级人民政府。"中央人民政府委员会于1953年1月13日通过了《关于召开全国人民代表大会及地方各级人民代表大会的决议》，决定在1953年召开由人民用普选方法产生的乡、县、省（市）各级人民代表大会，并在此基础上接着召开全国人民代表大会，同时决议成立选举法起草委员会，着手起草选举法。1953年3月1日中央人民政府公布了《中华人民共和国全国人民代表大会及地方各级人民代表大会选举法》[②]，1953年4月3日中央选举委员会对基层选举工作又作了指示。

1953年选举法是我国民主革命时期革命根据地民主选举工作的历史经验的总结，也是新中国成立以来地方各级各界代表会议的新鲜经验的总结。[③] 同时，作为新中国的第一部选举法，该法的颁布也与斯大林的建议同样存在着密切关系。

正如前述所言，为体现新政权的合法性和合宪性，斯大林向刘少奇建议："我想你们可以在1954年搞选举和宪法。"[④] 斯大林进一步提出："你们现在的政府是联合政府，因此政府就不能只对一党负责，而应当向多党派负责，你们很难保密。如果人民选举的结果当选者共产党占大多数，你们就可以组织一党政府。各党派在选举中如果落选了，你们不应当使统一战线破裂，你们应继续在经济上和他们合作。"虽然斯大林的建议显示出了他对新中国的政治制度和法律模式并不十分了解，但在当时的历史条件下，他的举行选举和制定宪法的建议对中国领导人应该还是有一定影响的，或者说是有一定压力的。[⑤]

① 《斯大林文选》，上卷，107～108页，北京，人民出版社，1958。
② 参见《中央人民政府法令汇编》（1953）。
③ 参见蓝全普：《七十年法律要览》，223页，北京，法律出版社，1997。
④ 张志明：《从民主新路到依法治国》，152页，南昌，江西高校出版社，2000。
⑤ 参见何勤华、李秀清：《外国法与中国法——20世纪中国移植外国法反思》，174页，北京，中国政法大学出版社，2003。

这从邓小平所作的关于该选举法草案的说明中得以印证。邓小平非常明确地指出，草案是"根据人民政协共同纲领有关实行普选问题的规定，研究 3 年多来我国人民民主专政的实际情况，吸收了苏联选举法的经验，并征求了各方面意见，经过了多次的讨论和修改"后拟定的；"我们的选举制度比起苏联现行的选举制度来说，是不够完备的。大家知道，苏联各个时期的选举制度向来是世界上最民主的选举制度，特别是在 1936 年斯大林宪法颁布以后，苏联完善地实行了普遍的、平等的、直接的与不记名的选举制度。这是世界上最好的选举制度。随着我国政治、经济、文化的发展，我们将来也一定要采用像苏联那样的更为完备的选举制度"①。

1953 年选举法虽然没有采用苏联那样的把最高权力机关与地方权力机关的代表选举制度分别制定条例的体例②，但从内容上看，1953 年选举法有许多条文借鉴了苏联选举条例的规定。例如，关于享有选举权的资格条件的规定：苏联 1950 年的选举条例第 2 条规定：根据苏联宪法第 135 条，代表的选举采普遍制：凡年满 18 岁的苏联公民，不分种族及民族、性别、宗教信仰、教育程度、居住期限、社会出身、财产状况及过去活动，均有权参加苏联最高苏维埃代表的选举，但神经病患者及经法院判决剥夺选举权者除外。第 5 条规定了妇女享有与男子同等的选举权与被选举权。我国 1953 年选举法第 4 条规定：凡年满 18 周岁之中华人民共和国公民，不分民族和种族、性别、职业、社会出身、宗教信仰、教育程度、财产状况和居住期限，均有选举权和被选举权。妇女有与男子同等的选举权和被选举权。第 5 条规定：有下列情形之一者，无选举权和被选举权：（1）依法尚未改变成分的地主阶级分子；（2）依法被剥夺政治权利的反革命分子；（3）其他依法被剥夺政治权利者；（4）精神病患者。

从上述条文的对照可以看出，1953 年选举法关于选举权资格的规定既效仿了苏联的相关规定，同时又作了较多的限制，并没有全盘照搬，体现了新中国成立初期立法时坚持实事求是的可贵精神。③

五、斯大林宪法对 1954 年宪法的影响

1936 年斯大林宪法反映了社会主义在苏联的初步胜利，剥削阶级和生产资料私有制被消灭，新的社会主义国家的建成，以及新的社会关系的出现的既有事实，极大地推动和保障了苏联社会主义事业的建设和发展。苏联学者加列瓦在论述苏联 1936 年宪法的特点时指出："斯大林宪法则巩固对我国国内资本主义一切支柱及原则的消灭，巩固社会主义社会秩序的胜利。""斯大林宪法则巩固对我国国内的剥削阶级的铲除，巩固友好阶级——工人和农民的存在，并巩固工人阶级的专政。"④ 显然，这是一部彰显社会主义民主和社会主义制度优越性的标准的社会主义宪法，深刻地影响了第二次世界大战后兴起的各社会主义国家

---

① 《中华人民共和国国家法参考资料》第 3 辑，501～505 页，1954。

② 参见当时苏联实施的选举条例主要是根据斯大林宪法颁布的《俄罗斯苏维埃联邦社会主义共和国边区、省、州、区、市、村和镇劳动者代表苏维埃选举条例》（1947 年）和《苏联最高苏维埃选举条例》（1950 年）。

③ 参见何勤华、李秀清：《外国法与中国法——20 世纪中国移植外国法反思》，175～176 页，北京，中国政法大学出版社，2003。

④ ［苏］M. P. 加列瓦著，梁达、石光等译：《苏联宪法教程》，62 页，北京，五十年代出版社，1953。

的基本法及其宪法制度，在社会主义宪法史上具有划时代的意义。①

中国共产党人在新中国成立前后十分注重对苏联 1936 年宪法的学习和研究。至迟在 1949 年 11 月，已经有经中共中央法律委员会校译的权威的 1936 年苏联宪法的中译本公开出版发行，供学习和参考。其依据之一是：1953 年由五十年代出版社出版发行的苏联 M. P. 加列瓦著，梁达、石光等译的《苏联宪法教程》一书所附的 1936 年苏联宪法（根本法）中，就明确写明"据中共中央法律委员会校译本，新华书店 1949 年 11 月版"②。

刘少奇在一届全国人大一次会议上，代表宪法起草委员会所作的《关于中华人民共和国宪法草案的报告》中对宪草的内容来源也作了非常明确的说明，指出该宪法草案是"结合了中国的经验和国际的经验"的产物。从国际经验看，"宪法起草委员会在从事起草工作的时候，参考了苏联的先后几个宪法和各人民民主国家的宪法。显然，以苏联为首的社会主义先进国家的经验，对我们有很大的帮助"③。

两者比较，1936 年的斯大林宪法无论是在形式上，还是在内容上，均对我国的 1954 年宪法产生了重要影响。具体影响主要表现在宪法结构、国家性质、政权组织形式、国家机构的设计和公民基本权利与义务的规定共五个方面：

1. 对宪法结构的影响

我国宪法学者吴家麟教授对此指出："1954 年宪法的结构，就接近于苏联 1936 年宪法的结构，关于总纲、国家机构和公民的基本权利和义务三章的某些条文，也参考了苏联和各人民民主国家的有关规定。"④ 具体表现在：（1）1954 年宪法采用斯大林宪法的篇章结构，在章下分条，条下不分节。斯大林宪法由 13 章、146 条组成，我国 1954 年宪法则为 4 章、106 条。（2）相关内容排列次序相近。斯大林宪法将最基本的国家制度、社会制度及相关原则列为第一章，称为"社会结构"；我国 1954 年宪法则将相关内容放在第一章，称为"总纲"。（3）斯大林宪法将有关国家机构的内容放在公民的基本权利与义务之前，这既反映了某种国家主义倾向，也反映历经艰难困苦建立和巩固的苏维埃国家和人民珍视自己的国家；我国的 1954 年宪法也照此次序。⑤（4）斯大林宪法将国旗、国徽、首都写入宪法，作为最后一章；我国 1954 年宪法在第四章写入了完全一致的内容，只是将国旗放在国徽的前面，成为"国旗、国徽、首都"⑥。

2. 对国家性质规定的影响

斯大林宪法第 1 条规定："苏维埃社会主义共和国联盟是工农社会主义国家。"我国

---

① 参见林榕年、叶秋华主编：《外国法制史》，405～406 页，北京，中国人民大学出版社，2003。

② 程乃胜：《论 1954 年宪法的国际化和本土化——对 1954 年宪法与苏联三六宪法的比较研究》，载《当代法学》，2005（2）。

③ 刘少奇：《关于中华人民共和国宪法草案的报告》，载《中华人民共和国国家法参考资料》，第 1 辑，28～68 页，华东政法学院国家法教研室 1954 年 12 月编印。

④ 吴家麟主编：《宪法学》，97 页，北京，群众出版社，1987。

⑤ 参见程乃胜：《论五四宪法的国际化和本土化——对五四宪法与苏联三六宪法的比较研究》，载《当代法学》，2005（2）。

⑥ 这一状况一直持续到 2004 年。2004 年十届全国人大二次会议以宪法修正案的形式将"国歌"写入宪法，使得我国宪法所规定的国家标志完整、合理。

1954年宪法第1条规定："中华人民共和国是工人阶级领导的、以工农联盟为基础的人民民主国家。"学者程乃胜认为：这虽然不是照抄照搬，也未明确将"社会主义"字样写入宪法，但由于毛泽东同志早就明确"人民共和国"的前景只能是"社会主义"；且"人民共和国"是"以工人阶级领导的、以工农联盟为基础的人民民主国家"，其领导阶级、联盟阶级与社会主义的斯大林宪法表述的"工农"几乎完全一致，故借鉴成分明显。[①]

3. 对政权组织形式的影响

斯大林宪法第3条规定：苏联全部权力属于城乡劳动者，由劳动者代表苏维埃行使之。1954年宪法第2条规定：中华人民共和国的一切权力属于人民。人民行使权力的机关是全国人民代表大会和地方各级人民代表大会。全国人民代表大会、地方各级人民代表大会和其他国家机关，一律实行民主集中制。这两个条文的表述虽然有所不同，但其内涵基本上是一致的，都体现了议行合一的人民代表制。[②]

4. 对国家机构设计的影响

主要体现在：（1）我国1954年宪法对最高权力机关——全国人民代表大会的设计与苏联最高苏维埃的制度是相近的。1954年宪法规定，全国人民代表大会是最高国家权力机关，它是国家立法权的唯一机关，每届任期4年。作为全国人民代表大会的常设机关，全国人大常委会的组成、职权及它对全国人大报告工作等方面的规定，均与苏联最高苏维埃主席团制度相同。此外，关于全国人大代表的人身特别保障、组织调查委员会等也与斯大林宪法的规定相似。（2）我国1954年宪法对最高行政机关——国务院的设计与苏联部长会议制度是相同的。1954年宪法规定，国务院由最高权力机关产生，国务院对全国人民代表大会负责并报告工作；在全国人大闭会期间，对全国人大常委会负责并报告工作。国务院拥有广泛的职权，其内部设立众多的部，各部部长负责管理本部门的工作并可以发布命令和指示，这些均与苏联部长会议制度相同。同时，我国地方政府的体制也与斯大林宪法的有关规定相似。（3）我国1954年宪法在司法机关的设计上也受苏联的影响。1954年宪法与斯大林宪法一样，把"法院与检察机关"单独列出加以规定，并且两者在内容上也相似。如1954年宪法规定：按照行政区划设置法院，人民法院审判案件实行人民陪审员制度，审理案件一般公开进行，实施辩护制度，最高人民法院监督下级人民法院的工作，法院审理案件只服从法律，地方各级检察机关独立行使职权，不受地方国家机关的干涉，最高人民法院院长和最高人民检察院检察长由最高权力机关产生并有一定任期，设立专门法院与专门检察院，等等。这显然受到了斯大林宪法的影响。

5. 对公民基本权利与义务的规定的影响

斯大林曾在《论苏联宪法草案》阐述公民基本权利和义务的特点时指出："新宪法草案的特点，就在于它不限于规定公民的形式权利，而把重点放在保障这些权利的问题上，放

---

① 参见程乃胜：《论五四宪法的国际化和本土化——对五四宪法与苏联三六宪法的比较研究》，载《当代法学》，2005（2）。

② 参见何勤华、李秀清：《外国法与中国法——20世纪中国移植外国法反思》，179页，北京，中国政法大学出版社，2003。

在实现这些权利的设施的问题上。"① 因此，斯大林宪法在规定自由权利时，几乎在所列的每一项自由权利中都规定保障措施。受此影响，1954 年宪法所规定的自由种类较共同纲领的规定增加，同时更重视对自由权利的保障措施。刘少奇在《关于中华人民共和国宪法草案的报告》中指出："在我们国家，人民的权利和义务是完全一致的。任何人不会只尽义务，不享受权利；任何人也不能只享受权利，不尽义务。"② 虽然 1954 年宪法规定的公民有言论、出版、集会、结社、游行、示威等方面的自由权，但是，1954 年宪法第 87 条在列举这些自由的同时，还规定了"国家供给必需的物质上的便利，以保证公民享受这些自由"。1954 年宪法还首次规定了劳动权、休息权、物质帮助权、受教育权等，同时也规定了保障这些权利的具体措施。可见，1954 年宪法所规定的公民基本义务有遵守宪法和法律、遵守劳动纪律、遵守公共秩序、尊重社会公德、爱护公共财产、服兵役和保卫祖国等，这些义务在宪法条文中的表述与斯大林宪法的规定如出一辙。③

当然，如同 1953 年选举法一样，1954 年宪法也并没有照搬斯大林宪法的内容，表现在④：1954 年宪法没有取鉴苏联的联邦制国家结构，而是从统一的多民族国家的实际情况出发，创造性地在少数民族聚居的地方实行民族区域自治制度；没有规定苏联最高权力机关的两院制，而是规定全国人民代表大会是最高国家权力机关，它是行使国家立法权的唯一机关；也没有照搬斯大林宪法的所有制形式及分配原则，等等。这体现了当时制宪者难能可贵的实事求是的科学态度。

---

① 《斯大林文选》，上卷，93 页，北京，人民出版社，1958。
② 《刘少奇选集》，下卷，162 页，北京，人民出版社，1985。
③ 参见何勤华、李秀清：《外国法与中国法——20 世纪中国移植外国法反思》，181 页，北京，中国政法大学出版社，2003。
④ 参见上书，181～185 页。

第四章

外国刑法文化的影响

> 刑法是其他部门法的补充法和保障法。其补充法的地位表现在：刑法是对不服从第一次规范（如民法、行政法、经济法等）所保护的利益进行强有力保护的第二次规范。[①] 只有当其他部门法不能充分保护某种社会关系时，才由刑法进行保护，因为"刑罚是国家为达其保护法益与维护法秩序的任务时的最后手段"[②]。其保障法的地位体现在：刑法是运用强有力的刑罚措施保障其他法律得以实现的。正如卢梭所说："刑法在根本上与其说是一种特别法，还不如说是其他一切法的制裁力量。"[③] 正是因为刑法补充法、保障法的重要地位，各国都十分重视刑法对社会关系的调节作用。刑法作为一种社会关系的重要手段具有突出的社会性，也正是因为社会性使各国间刑法可以相互借鉴、相互影响。我国近代以来，刑法领域受到了大陆法系、英美法系和原苏联刑法的影响。

第一节
大陆法系刑法文化的影响

一、刑法基本原则的影响

（一）罪刑法定原则

1. 罪刑法定思想的提出与发展

罪刑法定原则是指："法无明文规定不为罪"，"法无明文规定不处罚"。在古罗马法中

---

① 参见［日］宫本英脩：《刑法大纲（总论）》，3 页，东京，弘文堂，1934。
② 林山田：《刑罚学》，127 页，台湾，"商务印书馆"，1985。
③ ［法］卢梭：《社会契约论》，73 页，北京，商务印书馆，1994。

就有类似的原则，称为"适用刑罚必须根据法律实体"。保障人权意义上的罪刑法定通说认为源于1215年英王约翰签署的特许状第39条的规定。17、18世纪启蒙学者面对封建司法的罪刑擅断，纷纷从自己的理论角度拿起同一件武器——罪刑法定。卢梭从社会契约论的角度论述了罪刑法定。卢梭认为国家是由人们订立的契约组成，国家规定的法律必须经人民同意，绝不存在以人民所不知的法律处罚人民的事情，否则即违背原始契约。孟德斯鸠从"三权分立"角度作了阐述，认为立法、司法、行政权必须分别行使，互相制约，因此司法机关只能根据立法者制定的法律进行裁判，法律没有规定为犯罪的，法官无权处罚，从而推导出罪刑法定原则。"三权分立"理论被认为是罪刑法定原则最早期的思想基础之一。

古典学派对该原则的发展起了巨大作用。费尔巴哈的心理强制说为罪刑法定提供了又一理论基础，费氏的另一贡献是用拉丁语完整地表述罪刑法定原则，使其最终定型，方便了向世界传播。古典学派学说在1810年《法国刑法典》中开花结果，其第4条规定："不论违警罪、轻罪或重罪均不得以实施犯罪前未规定之刑罚处罚之。"并且该法典对重罪的罪状都采用了叙明罪状，对重罪的法定刑都采用绝对确定刑，例如第二章第二节规定："公开并用暴力构成任一偷盗罪判处苦役十年。"至此，罪刑法定原则第一次在立法中得到了体现。1889年《意大利刑法典》第1条、1882年《日本刑法典》第2条，均受其影响，对罪刑法定作了规定。新派坚持"行为人中心论"，提倡教育刑，因此主张保安处分、类推适用、不确定刑、弹性罪状。后来新派理论被法西斯利用，如德国纳粹时期刑法典第2条规定："任何人如其行为依法律应处罚者，或依刑事法律可以直接适用者，应依基本原则最适合该行为的法律处罚之。"这实际上抛弃了罪刑法定原则。经过血的教训，为了保障人权和民主，罪刑法定原则重新受到了重视。经过一番修整和补充后，现代学者一般认为该原则包括：（1）排斥习惯法；（2）刑法无溯及力；（3）禁止类推；（4）否定不确定刑。20世纪60年代日本伊藤正已、三井诚等提出刑罚法规明确性原则。田滕重光、平野龙一等学者还提出实体正当性原则。

2. 大陆法系罪刑法定原则对我国的影响

（1）对清末刑法近代化的影响

《大清新刑律》第10条明确规定了罪刑法定原则："凡律例无正条者，不论何种行为不得为罪。"罪刑法定原则在《大清新刑律》和《大清违警律》中具体体现为：

第一，删除比附。"律无正条，比附援引"是封建刑法适用中的一大原则。沈家本认为：比附援引致使"重轻任意，冤滥难申"，而"欧美及日本各国无不以比附援引为禁例者"，主张删除比附，实行罪刑法定原则。

第二，规定确定法定刑，排斥不确定法定刑。刑律草案中参照了当时各国的刑罚规定，总结道："故各国刑法死刑之次，自由刑及罚金居其多数，自由刑之多称，大致为惩役、禁锢、拘留三项。"并建议："兹拟改刑名为死刑、徒刑、拘留、罚金四种。其中徒刑为无期、有期。"[1] 并"酌定上下之限，凭审判官临时审定，并别设酌量减轻，宥恕减轻各例，以补

---

① 蒲坚主编：《中国法制史参考资料》，168页，北京，中央广播电视大学出版社，1989。

其缺"①。最后规定了相对确定法定刑。

不过，《大清新刑律》分则第 89 条 "危害乘舆车驾罪"、第 110 条 "叛通外国罪"、第 306 条 "杀害尊亲属罪"，都规定了绝对科以死刑的绝对确定法定刑。

（2）对民国刑法的影响

第一，1928 年《中华民国刑法》中的体现。

该法第 1 条规定："行为时之法律无明文科以刑罚者，其行为不为罪。"表明该刑法中继续贯彻了罪刑法定原则，并且该刑法还在溯及力方面采用从新兼从轻原则，较之《大清新刑律》更符合罪刑法定主义保障人权要旨。该刑法第 2 条规定："犯罪时之法律与裁判时之法律遇有变更者，依裁判时之法律处断，但犯罪时法律较轻者，适用较轻之刑"。该条是直接援用《第二次刑法修正案》的结果，在起草第二次修正案时就比较了当时各国对于这一问题的规定，最后选择了奥地利和瑞士某些州的 "从新兼从轻" 模式。该刑法作出这一规定的理由有二："一概从新原则是不利于民众生命之安全的，因为当新法重于旧法时仍实施新法就等于给犯人科以事后重罪，有违罪刑法定之内涵。""盖新法既颁，就应收新法之利，但旧法较轻者，从轻，以符合公平之说，才有所折中的考虑。"②

第二，1935 年《中华民国刑法》中的体现及单行刑事法规的破坏。

该法虽然沿袭了 1928 年刑法的规定（"行为之处罚，以行为之法律有明文规定者为限"），但深受法西斯思想的影响，借鉴了德意志刑事立法例，专章规定了保安处分一章。这为破坏罪刑法定原则打开了方便之门。为镇压异党人士，国民党规定了一系列专门条例和刑事单行法规，例如《反省院条例》规定：犯《危害民国紧急治罪法》或《暂行反革命治罪法》之罪，刑罚执行完毕后仍有再犯可能的，可再投入反省院。更为露骨的是 1939 年《防止异党兵运方案》规定："对于稍有知识之异党分子，应予长期监禁，直至反悟之日为止，对于潜入本党部队中的活动之异党分子应予 '秘密就地解决'。"③ 这些规定使得罪刑法定原则在司法中如同一纸空文，无数次地被违反。

（3）对新中国刑法的影响

新中国成立后在全面否定国民党 "六法全书" 的基础上，移植了苏联刑法，取消了罪刑法定原则，规定了类推制度。在当时的政治环境下，批评和排斥罪刑法定原则、肯定类推成为学术界的主流。罪刑法定与类推制度甚至被提到政治层面：罪刑法定原则被当作资本主义形式民主的口号，而类推则是所谓的维护最大多数劳动人民利益的制度。曾主张罪刑法定主义可作为我国刑法基本原则的学者更是被打成右派。在这种政治氛围下，大陆法系的罪刑法定主义完全是作为反面典型而存在。至于影响，大概也只是作为某些个别学者不能见诸报端的思想罢了。直到 1979 年刑法仍规定类推制度，但在刑法草案快定稿时，关于类推制度有过一场小小的争论。有同志主张，我国刑法应当采取罪刑法定主义，明确宣布：法律无明文规定的不为罪，不处罚。有人认为类推制度 "后患无穷" 且很可能不教而诛，因此法律上不是限制类推的问题，而应当是 "禁止类推的问题"。大多数人认为我国刑

① 蒲坚主编：《中国法制史参考资料》，171 页，北京，中央广播电视大学出版社，1989。

② 何勤华、李秀清：《外国法与中国法——20 世纪中国移植外国法反思》，411 页，北京，中国政法大学出版社，2003。

③ 张晋藩主编：《中国法制史》，613 页，北京，群众出版社，1991。

法应该在罪刑法定的基础上允许类推作为其补充。① 有人还指出,虽然我国宪法和刑法对于罪刑法定原则都没有明文规定,但根据立法精神,我国刑法是倾向于罪刑法定主义的。② 上述言论是很有意义的,它传递了这样一个信号:作为"资产阶级革命的产物"的罪刑法定对我国是有借鉴价值的。1979 刑法颁布后学术界形成三种观点:第一种观点认为,罪刑法定主义是为资产阶级统治服务的,具有很大的虚伪性,是违背马克思主义的认识论和方法论的,并且不符合我国国情。③ 第二种观点认为:"罪之法定与刑之法定是罪刑法定原则的基本要求,我国刑法实现了这一要求,但不可否认,由于我国刑法规定了类推制度,上述的罪刑法定是具有相对意义的,不能将它绝对化。"④ 第三种观点主张,罪刑法定是当今世界各国公认的刑法原则,类推制度与罪刑法定是绝对排斥的,因此应废除类推,明确罪刑法定的地位。⑤ 第三种观点在 20 世纪 90 年代占了主流。1997 年刑法顺应国际潮流采纳主流意见,废除了类推,在第 3 条中明确规定了这一原则:"法律明文规定为犯罪行为的,依照法律定罪处刑;法律没有明文规定为犯罪行为的,不得定罪处刑。"并且 1997 年刑法还将 1979 年刑法中的投机倒把罪、流氓罪、玩忽职守罪等弹性较大的"口袋罪"进行了分解,增设了新刑种,尽量采用叙名罪状和多档次的法定刑。这表明罪刑法定作为一项原则性规定,在我国 1997 年刑法中起到了指导性作用。

(二) 罪刑均衡原则

1. 罪刑均衡原则的概念与历史发展

罪刑均衡原则(有的称为罪刑相适应原则)是指对犯罪人所判的刑罚与他所犯的罪行的轻重相适应,即要求重罪重罚、轻罪轻罚,罚当其罪、罪当其刑。罪刑均衡的思想起源可追溯到蒙昧时代"以眼还眼,以牙还牙"的同态复仇。在西方从理论上最早论述的是亚里士多德,他在《伦理学》一书中指出:"倘若是一个人打另一个人,一个人被打,一个人杀人,一个人被杀,这样承受和行为之间就形成了不均等,于是就以惩罚使其均等,或者剥夺其利得。"⑥

到了 17、18 世纪,在古典学派看来,罪刑均衡是指刑罚与已然形成的社会危害性相适应。康德的"等量报复"主张刑罚与犯罪的侵害方式和结果的量对等,黑格尔主张犯罪与刑罚两者价值上等同,贝卡里亚、边沁、费尔巴哈三人都是主张刑罚应与犯罪的社会危害性相适应。贝卡里亚认为:"只要刑罚的恶果大于犯罪所带来的好处,刑罚就可以收到它的效果。"⑦ 边沁认为刑罚的痛苦必须足以抵消犯罪的快乐,对犯罪的惩罚的严厉程度应当与犯罪的诱发力成正比关系。费尔巴哈认为为了防止犯罪,必须抑制行为人的感性冲动,即科处作为恶害的刑罚,使人们由此知道因犯罪而受到刑罚的痛苦大于因犯罪所能得到的快

---

① 参见高铭暄编著:《中华人民共和国刑法的孕育和诞生》,126 页,北京,法律出版社,1981。
② 参见陶希晋:《学习刑法中的几个问题》,载《法学研究》,1979 (5)。
③ 参见李学同:《罪刑法定主义不宜做为我国刑法的基本原则》,载《殷都学刊》,1991 (3)。
④ 高铭暄编著:《中华人民共和国刑法的孕育和诞生》,181 页,北京,法律出版社,1981。
⑤ 参见高铭暄主编:《刑法修改建议文集》,168 页,北京,中国人民大学出版社,1997。
⑥ [古希腊]亚里士多德著,苗力田译:《尼各马科伦理学》,95~96 页,北京,中国社会科学出版社,1990。
⑦ [意]贝卡里亚著,黄风译:《论犯罪与刑罚》,42 页,北京,中国大百科全书出版社,1993。

乐。但近代学派认为"罪刑均衡"是指刑罚要与犯罪人的人身危害性相适应。如菲利所言："对任何一个犯罪，刑罚问题都不应仅仅配给罪犯与其道德责任相应剂量的药，而应当被限定为根据事实情况和罪犯个人的情况，视其是否可以被认为可以回归社会，确定是否有必要将罪犯永远、长期或短期地隔离，或者是否强制他严格赔偿他所造成的损失就够了。"[①] 这里刑罚的量定全部决定于抽象的人身危害性，就不可避免地发生侵害人权的现象，二战中被法西斯利用就是明证。

二战后，责任主义兴起，调和了报应论和目的论，认为刑罚目的在于责任，即非难可能性和应受谴责的可能性。责任虽然是以个别的行为为对象，但同时要把行为和行为人联系起来，对实施行为的行为人本身进行非难。责任主义将责任本身作为刑罚的上限，在此范围内使刑罚和犯罪相适应。这里犯罪由两个因素决定：一是违法性大小，即犯罪的情节；二是责任性大小，包括了故意、过失等主观动机和年龄、性格经历等因素。这样在量刑问题上就调和了古典学派所主张的刑罚与社会危害性相适应和近代学派所主张的刑罚与个人危害性相适应的观点，罪刑均衡原则恢复了生机。

2. 罪刑均衡原则对我国的影响

（1）对清末刑法的影响

对清末刑法的影响主要体现在《大清新刑律》中，表现在以下几个方面：

第一，罪刑均衡之前提：罪之分等与刑之分等。

罪刑均衡原则要求根据犯罪的社会危害性大小进行分类、排列，处以可分的相应大小的刑罚。《大清新刑律》中实现了罪之分等和刑之分等。沈家本在《修订法律大臣沈家本等奏进呈刑律草案折》中奏道："查刑律总则，为全编之纲领，分则为各项之事例……是编修订大旨，折中各国大同之良规，兼采近世最新之学说，而仍不庋乎我国历世相沿用之礼教、民情，集类为章，略分次序。"[②] "惟其次序，仍以直接有害国家存立之条件者，居于首项（第1~8章）；其害社会而间接以害国家次之（第9~25章）；其害个人而间接害及国家社会者又次之（第26~36章），是盖按各罪配列之次序，而斟酌以定之。"[③] 这样，就按犯罪的危害性程度划分出罪名，实现了罪之分等。在刑律草案中，沈家本比较、分析了大陆法系各国刑罚种类的规定："迄今交通日便，流刑渐失其效，仅俄、法两国行之；至笞、杖亦惟英、丹留为惩戒儿童之具。故各国刑法死刑之次，自由刑及罚金居其多数。自由刑之名称，大致为惩役、禁锢、拘留三种。"[④] 此外关于自由刑的规定也参考了外国规定，比如关于有期徒刑，"其最长者30年，如巴西、尼加拉瓜刑法是，其最短者如加拿大之7年、洪都拉斯之10年是。除此等长短两端之中，定为15年，各国之例，实以此为多数，故本案

---

① ［意］菲利著，郭建安译：《犯罪社会学》，142 页，北京，中国人民公安大学出版社，1990。

② 蒲坚主编：《中国法制史参考资料》，172 页，北京，中央广播电视大学出版社，1989。

③ 《大清刑律分则草案》。转引自何勤华、李秀清：《外国法与中国法——20 世纪中国移植外国法反思》，369 页，北京，中国政法大学出版社，2003。

④ 《大清光绪新法令》，第 19 册，26~28 页；蒲坚主编：《中国法制史参考资料》，167 页，北京，中央广播电视大学出版社，1989。

定为 15 年者此也。"① 另外，结合当时国内刑名立法和实际执行情况，呈请彻底更定刑名：由重到轻排列为：（1）死刑；（2）无期徒刑；（3）有期徒刑；（4）罚金；（5）拘留。刑罚的分等性特别是有期徒刑的可分性为实现罪刑均衡提供了前提条件，但有期徒刑各等级之间相差太大，给予了法官太多裁量权，也为后来的变更埋下了伏笔。

第二，新旧两派罪刑均衡思想对《大清新刑律》的影响。

《大清新刑律》修订之时正是大陆法系近代刑事学派盛行之时，而新刑律"折中各国大同之良轨，兼采近世学最新之学说"，故修订中受到了近代学派的影响。在近代学派看来，罪刑均衡是指刑罚要与罪犯的人身危险性相当，人身危险性大的加重处罚，人身危险性小的减轻处罚。这在《大清新刑律》中有所体现，如在总则中规定了"不为罪"（第二章）、"未遂罪"（第三章）、"累犯罪"（第四章）、"共犯罪"（第六章）等体现人身危险性有无及大小的修正性犯罪构成，相应地规定了"宥减"（第八章）、"自首"（第九章）、"酌减"（第十章）、"加减例"（第十一章）、"缓刑"（第十二章）、"假释"（第十三章）、"恩赦"（第十四章）等与人身危险性消长相应的刑罚裁量和执行制度。例如第三章中规定了"中止犯"及其处罚："指犯罪已着手，而因已意中止者，准未遂犯论，得免除或减轻本刑。"这显然是从人身危险性角度考虑处刑的。另外，新刑律还规定了体现人身危险性的"预备犯"和"阴谋犯"等条款，在刑罚裁量和执行当中也体现了按人身危险性大小加减刑罚或判"缓刑"、"假释"内容，如第四章规定了"累犯"的加重刑罚，即对"已受徒刑之执行，更犯徒刑以上之罪"的"再犯"要加本刑一等，"'三犯以上者'加本刑二等"。在分则中关于同一罪名的法定刑，或是同时规定了不同种类的法定刑，或是规定了同种类、不同限度的法定刑，赋予了法官极大的自由裁量权。前者如第十一章规定的藏匿罪人及湮灭证据罪，其法定刑为"四等以下徒刑、拘役、罚金"。这里规定了三种法定刑。后者如内乱罪一章中第103 条规定的法定刑——"预备或阴谋犯等犯第 101 条之罪者，处一等至三等有期徒刑"，中间间隔长达 12 年的有期徒刑，赋予了法官极大的裁量权。从应然角度说，裁量权越大，应当越能在司法领域实现罪刑均衡原则，但从实然角度说，造成司法中罪刑不均的可能性也就越大。这也是新派所主张的不定期刑的弊病之所在。

但《大清新刑律》仍是在古典学派的观点上建筑起来的，前述罪之分类按侵害法益之大小科以不同的刑罚，总体上体现了古典学派的刑罚与行为的社会危害性相适应的观点。另外虽然在未遂、共犯中体现了按人身危险性的大小加减刑的规定，但仍是在"实行"行为的基础上构建起来的。可以说《大清新刑律》是在以古典学派为主，辅以近代学派学说的基础上构建"罪刑均衡"原则的。

（2）对中华民国时期刑法的影响

《大清新刑律》中将有期徒刑分为 5 等，虽有选择适用于不同案情的余地，但从其等级设置来看确有裁量范围过宽之弊。如 2 等至 4 等有期徒刑中间就隔了 10 年的幅度。1912 年的《暂行新刑律》继续沿用了有期徒刑分等制，这在当时法官素质普遍低下、吏治腐败的情况下极易造成量刑畸轻畸重的问题，"甚至同一事实，甲厅与乙厅科拟不同，甚至甲庭和

---

① 何勤华、李秀清：《外国法与中国法——20 世纪中国移植外国法反思》，381 页，北京，中国政法大学出版社，2003。

乙庭科拟不同，又甚至法官本人，甲案和乙案科拟不同"①。针对此《刑法第二次修正案》废除了有期徒刑分等制，采用在分则中明定判处徒刑若干年月，而加减则以若干分之几为准。这"被认为是既无定刑失当之虞，并免加减相悬之失"②。但该修正案由于南北对峙的局面并未颁布，作为量刑问题的"补救"之策，当时的司法部长董康参酌德国、瑞士等国的刑法，制定了《科刑标准条例》，该条例深受大陆法系刑法近代学派影响，体现出量刑要在法定刑幅度内根据犯罪人的人身危险性裁量刑罚的意思。例如，第 1 款规定了科刑时应注意的 9 个事项：1）犯罪原因；2）犯罪目的；3）犯罪时所受的刺激；4）犯人的心术；5）犯罪人和被害人平日的关系；6）犯人的品行；7）犯人的知识程度；8）犯罪的结果；9）犯罪后的态度。可不久"挟党见者不以为然，旋被废止"③，但上述 9 点事项略经改动后还是被 1928 年刑法第 57 条全部吸纳。

（3）对新中国成立后刑法的影响

第一，对 1979 年刑法的影响。

对 1979 年刑法更多的是一种间接影响，1979 年刑法在制定过程中，是将罪刑均衡原则作为刑法的指导思想的内容论述的。高铭暄教授在《中华人民共和国刑法的孕育和诞生》一书中谈道："说刑法以马克思列宁主义毛泽东思想为指针，都体现在哪些方面呢？"④ 接着在下文具体论述了五点：其中第三，马克思说："刑罚不外是社会对付违反它的生存条件（不管这是什么样的条件）的行为的一种自卫手段"⑤，而"为了使刑罚起到很好的效果，就必须让刑罚与罪行相适应，做到重罪重判，轻罪轻判，罚当其罪，反对畸重畸轻，罚不当罪"⑥。可见 1979 年刑法中的罪刑均衡原则是作为体现"马克思列宁主义毛泽东思想"的某一方面来规定的。一些权威教科书在论述罪刑均衡原则时也是用马克思、恩格斯的观点作为自己的立论根据的。但这并不能割裂大陆法系的刑法罪刑均衡理论与 1979 年刑法的联系。因为现代意义的罪刑相当原则正是在大陆法系刑法理论中孕育、成长起来的。马克思、恩格斯只是将资产阶级用来攻击封建势力的罪刑均衡矛头倒转，用来攻击资产阶级，而并没有改变"罪刑均衡"原则本身。并且 1979 年刑法深受苏联刑法影响，而苏联刑法在很大程度上是受 20 世纪初期德国刑法理论的影响。从这种传承关系看，1979 年刑法中的罪刑均衡也是深受大陆法系刑法理论的影响。而且当时还是近代学派占统治地位的时期，这使得1979 年刑法中的罪刑均衡原则倾向于以人身危险性为中心的罪刑均衡。具体说来在总则中：其一，规定了轻重不同、有序排列的刑罚种类，使能够根据犯罪的各种情况灵活运用，为实现罪刑均衡奠定了基础。其二，规定了轻重有别的处罚原则，如对于预备犯可以比照既遂犯从轻、减轻处罚或者免除处罚；对于未遂犯可以比照既遂犯从轻或者减轻处罚；对于中止犯没有造成危害的，应当免除处罚，造成损害的，应当减轻处罚等等。其三，规定了一系列体现刑罚个别化的制度，如累犯、自首、缓刑、减刑、假释制度等等。其四，分

① 董康：《新旧刑律比较概论》，载《法学季刊》，第 3 卷第 5 期，1928。
② 《刑法草案与暂行新刑律之异同》，载《法学季刊》，第 2 卷第 2 期，1925。
③ 董康：《新旧刑律比较概论》，载《法学季刊》，第 3 卷第 5 期，1928。
④ 高铭暄编著：《中华人民共和国刑法的孕育和诞生》，11 页，北京，法律出版社，1981。
⑤ 同上书，15 页。
⑥ 同上书，16 页。

则中为个罪规定了相对确定的法定刑,并按情节轻重,多数规定了两个以上量刑幅度,使司法机关可以根据犯罪的性质、罪行的轻重、犯罪人的主观恶性的大小,依法判处适当的刑罚。

第二,对 1997 年刑法的影响。

20 世纪后半期,世界范围内的刑法理论发生变化,在一体论思想的框架内,报应刑优于目的刑,以报应限制功利成为趋势。我国 1997 年刑法也受其影响,客观主义的刑法立场在立法与司法中占了上风,但并未完全忽视功利,表现出一种调和的"责任主义"立场。如 1997 年刑法第 5 条规定:"刑罚的轻重,应当与犯罪分子所犯罪行和承担的刑事责任相适应。"学界一般称之为"罪责刑相适应"原则,有学者认为:"《刑法》第 5 条中的立法思想包含着责任主义精神,其中的刑事责任包含着责任主义下责任的意蕴。"① 将客观的基于社会危害性的罪行与有人身危害性色彩的责任相并列,至少表明 1997 年刑法重视报应刑观念。1997 年刑法保留了减刑、假释等制度,但又作了限制,如第 81 条第 2 款规定:"对累犯以及因杀人、爆炸、抢劫、强奸、绑架等暴力性犯罪被判十年以上有期徒刑、无期徒刑的犯罪分子不得假释。"显然是以报应限制功利的体现。

(三) 罪责自负原则

1. 罪责自负原则的含义与进化简述

罪责自负是针对株连所提出的,它有两方面的含义:第一,谁犯罪谁承担刑事责任,坚持个人责任。第二,只处罚有罪的人,不连累那些与犯罪分子仅有某种关系却没有犯罪的人,即反对株连。罪责自负原则可以说是随着刑罚的进化而产生和发展的。

(1) 报复刑时的代客观色彩的刑及无辜

处于蒙昧报复刑时代的人们智识低下,对事物的观察只及于行为与结果的客观外在性表征而认识不到深层次的主观恶性,这必然导致"同害复仇"。这里的"同"的对象并不限于实施行为者,有某种关系的对象也被视为"同",借以泄愤。这样就出现了刑及无辜的现象,例如《汉谟拉比法典》第 210 条规定:"倘自由民打自由民之女,以致此女堕胎,又致此妇女死亡,则应杀其女受刑罚。"② 这里行为人之女与被打者之女被视为"同",因此不处罚行为者而是处罚行为者之女,造成刑及无辜。报复刑时代的刑及无辜具有客观性:1)无辜的对象由行为的对象决定。2)无辜者所受刑罚由危害结果来决定。

(2) 威慑刑时代的主观色彩的刑及无辜

随着人类认识能力的进步,人们开始认识到主观恶性的概念。统治者意识到刑罚不仅有泄愤功能,还可借刑罚给人们心理造成恐惧,以预防犯罪。这样刑罚进化到了威慑时代。在威慑时代,只要是统治者认为可以用来遏制犯罪的刑罚都可以适用。我国古代的"夷三族"、"诛九族"即基于此。威慑刑时代的刑及无辜具有主观性:"无辜"的对象及对无辜者所处的刑罚由统治者主观认定,而认定的标准是能否震慑他人犯罪。罪责自负原则在威慑刑时代是找不到影子的。

---

① 刘守芬等:《罪刑均衡论》,25 页,北京,北京大学出版社,2004。

② 《外国法制史资料选编》(上册),41 页,北京,北京大学出版社,1982。

（3）等价刑时代罪责自负原则的确定

在启蒙主义土壤中孕育出来的等价刑初步确定了罪责自负原则。首先，在理念上接受了启蒙主义的人道思想，不允许株连这类残暴现象的存在。其次，等价刑时代各国立法中普遍接受了罪刑法定原则和主客观相统一原则。这样一来，只有行为人基于主观恶性所实施的为法律所确定为犯罪的行为，才能被处罚。这就意味着从反面排除了株连无辜的可能，确定了罪责自负。再次，明确规定了各种犯罪所必须具备的构成要件。这样就从根本上排除了无辜者受牵连的可能性。从此罪责自负原则作为一种基本人权理念逐渐深入人心。

2. 罪责自负原则对我国的影响

（1）对清末变更刑律的影响

删除缘坐。"缘坐"亦称"从座"、"随坐"、"相坐"。中国旧制，一人犯罪而株连其亲属、家属，是威吓刑的产物，与罪责自负原则明显冲突。沈家本指出："一案株连，动辄数十人。夫以一人之故而波及全家，以无罪之人而科以重罪。"[1] 是"亟应先议删除者"之一。应该说，删除缘坐与西方各国的影响不无关系：1) 删除缘坐正是为了妥协列强，收回治外法权。沈家本在奏折中论述道："方今改订商约，英、美、日、葡四国，均允中国修订法律，首先收回治外法权，实变法自强之枢纽。"[2]

2) 受西方各国刑罚人道主义以强国思想影响。沈家本指出："盖西国从前刑法，较中国尤为惨酷，近百数十年来，经律学家几经讨论，逐渐改而从轻，政治日臻完善。"因此，沈家本认为删除缘坐之类最重之法是"今日仁政之要务"。

3) 西方各国的"刑罚止及一身"的主张符合"罪人不孥"的古训，没有"出中律之范围"是能够借鉴的。因此"拟请将律例缘坐各条，除知情者治罪外，其不知情者悉予宽免，余条有科及家属者准此"[3]。沈家本的建议得到了许可，修律中删除了缘坐。随后的《大清新刑律》中又规定了罪刑法定原则。这样在立法上杜绝了罪及无辜现象的存在，标志着罪责自负原则在我国初步确立。

（2）对中华民国时期刑法的影响

20 世纪 30 年代，国际形势发生变化，法西斯势力横行，在刑法领域表现为公开抛弃罪刑法定原则，实行保安处分，用"意思刑法"代替"结果刑法"，迎合法西斯独裁的需要。这对当时国民党的刑事立法影响巨大。蒋介石公开宣称只有"法西斯蒂之政治理论可能保证最有效能的统治权"[4]，他认为以"天赋人权"为理论基础的"个人本位"立法精神已过时，应代之以"社会本位"的立法思想。[5] 这实际上就是立法为法西斯独裁服务。因此虽然民国时期两部刑法都规定了罪刑法定主义，形式上排除了株连无辜的现象，但并不妨碍在一些单行条例中制定法西斯化的保甲株连，严重地破坏了罪责自负原则。最明显的有以下两例：

第一，《保甲条例》。

---

① 蒲坚主编：《中国法制史参考资料》，156 页，北京，中央广播电视大学出版社，1989。
② 同上书，154 页。
③ 同上书，157 页。
④ 杨堪、张梦梅：《中国刑法通史》，第 8 分册，250 页，沈阳，辽宁大学出版社，1987。
⑤ 参见上书，250 页。

蒋介石在《中国之命运》一书中说:"我国农村家族制度本极发达,今欲牢守欲谋地方安定只有沿用家族制度"①,而保甲制度就是其践行。1932 年 8 月 1 日在河南、湖北、安徽三省颁布的《各县编查保甲户口条例》规定:"保甲之编组,以户为单位,户设户长,十户为甲,甲设甲长,十甲为保,保设保长。"② 1937 年公布修正《保甲条例》后推行全国,保甲制实质即联保连坐:联保指各户之间联合作保,共具保结,互相担保不做"通共"之事;连坐就是一家"有罪",9 家举发,若不举发,10 家连带生罪。各户如发现另户为"匪"、通"匪"、窝"匪"等情况,应立即报告,如隐匿不报,便以"庇护罪"或"纵匪罪"论处。抗战后国民党在《整理川黔两省各县保甲方法案》中甚至规定各户不必签名具保,只需于各户门牌内加以说明即可。可见保甲制度是封建威吓主义刑罚理论的延续,是用联保连坐来威吓民众,妄图切断共产党与群众之间的联系,孤立革命,打击革命。这与封建时期统治者用族诛制度来对付威胁自己政权的"犯罪"没有任何实质差别。

第二,1940 年《非常时期维持治安紧急办法》。

该法中规定:"对扰乱治安、妨害公共秩序的人可以搜查人身、住宅或者其他处所,还可以检查扣押其邮件、印刷品及其他文书,并可逮捕同居的家属,雇佣人或受雇人有共犯的嫌疑者。"这个条例使得对没有"犯罪行为",仅与"犯罪嫌疑人有同居、受雇或仅有共犯关系嫌疑的人"也可任意逮捕、处刑。这实际上是公开实行株连制度,使得人们无时不处于恐惧之中,毫无安全感,因为他们不知道什么时候就因为自己家人、上司、同事、邻居甚至根本不认识的人的行为而受逮捕甚至受刑罚处罚。这是刑法领域中的团体责任和集体责任的最好例证。团体责任、实体责任是指一个人实行犯罪行为之后,不仅该犯罪人要承担刑事责任,与该犯罪人有某些关系的其他人也要承担刑事责任。团体责任、集体责任是与罪责自负坚持个人责任原则的悖反物,是报复刑和威吓刑时代的产物。这里被国民党用来威吓民众,是中国刑罚制度演化史上的退步。

(3) 对新中国成立后刑法的影响

新中国成立后,各刑法规范中均没有明确规定罪责自负原则,但反对株连无辜的精神一直贯穿于我国刑事立法之中。因为我国刑法明确了犯罪概念和犯罪构成要件,为无辜者提供了法律保障;刑法明确了共同犯罪要件和主犯、从犯、胁从犯、教唆犯刑事责任承担原则,防止共同犯罪人逃避刑事责任并保障共同犯罪人只承担自己应当承担的责任;刑法明确了刑罚适用对象,从根本上排除了株连无辜的可能性;刑法分则明确规定了各种具体犯罪主体范围,以防止株连无辜。③

(四) 人道主义原则

1. 刑法人道主义原则

人道主义是启蒙主义思想家与刑事古典学派针对封建刑罚残酷性提出来的一项基本原则。贝卡利亚曾充满激情地写道:"综观历史目睹由那些自命不凡,冷酷无情的智者所设计和实施的野蛮而无益的酷刑,谁能不触目惊心呢?⋯⋯目睹某些具有同样感官,因而也具

---

① 杨堪、张梦梅:《中国刑法通史》,第 8 分册,252 页,沈阳,辽宁大学出版社,1987。

② 《法学词典》(增订版),709 页,上海,上海辞书出版社,1984。

③ 参见赵秉志、吴振兴主编:《刑法学通论》,42 页,北京,高等教育出版社,1993。

有同样欲望的人在戏弄狂热的群众，他们采用刻意设置的手续和漫长残酷的刑讯，指控不幸的人们犯有不可能的或可怕的愚昧所罗织的犯罪，或者仅仅因为人们忠实于自己的原则，就把他们指为罪犯，谁能不浑身发抖呢？"① 这两个质问揭示了人道主义的四层内涵：（1）抨击野蛮酷刑；（2）反对无益刑罚；（3）尊重罪犯人权；（4）无辜者不受追究。

从总体上看，近代学派在反对刑罚残酷性这一点上是应当肯定的，但其主张的"保安处分"使其在"人道"的背后隐藏着巨大的"不人道"。例如：刑事人类学派代表人物龙布罗梭一方面抨击威慑刑，另一方面又主张对具有犯罪生理特征者予以生理矫治，措施甚至包括切除前额、剥夺生殖器等能够消除犯罪动因的手段，即为了防卫社会的需要可以对尚未犯罪的人实行人身自由甚至生命的处分，实际上比封建酷刑有过之而无不及。刑事社会学派代表人物菲利抨击古典学派的自由意志，坚决否定刑罚具有威慑力，从而反对重刑威慑主义，并主张刑罚个别化，反对确定刑。他假设了一段对话："于是人道的观察者要问：'如果罪犯到刑期结束时尚未改造好，还继续把他留在监狱里吗？'法官回答道：'那我不管，按判决只能将罪犯监禁一年七个月十三天。'"② 由此菲利看来既使行刑期超过判决所既定的刑罚，只要罪犯仍未改造好，换言之，只要罪犯仍有人身危险性，那就应继续监禁，直至彻底改造好，反之，则应提前释放。从理想角度看确实是提出了确定刑之弊端，但同时也暴露出自己的缺点：刑期取决于抽象的人身危险性概念，实际上隐藏着极大的侵犯人权的危险。

综上，近代学派学说中的人道主义是没有保障的。

2. 大陆法系刑法人道主义原则对我国的影响

（1）对《大清新刑律》及其草案的影响

第一，改革刑名。自《隋律》至清末，刑名一直是笞、杖、徒、流、死的封建五刑体例。沈家本在考察了西方刑名设置后，认为："近世各国刑法，除罚金外，自由刑居其强半。所谓自由刑者，如惩役、禁锢之类，拘置监狱，缚束自由，俾不得与世交际。"③ 他主张抛弃摧残肉体的笞、杖刑，将身体排斥于刑罚对象范围外，引进西方以自由刑为主的刑罚体系。

第二，减少死罪数量。《奏进呈刑律草案折》中沈家本建议酌减死罪，他指出："欧美刑法备极单简，除意大利、荷兰、瑞士等国废止死刑外，其余若法、德、英、比等国死刑仅限于大逆、内乱、外患、谋杀、放火、溢水等项，日本用中国刑法最久，亦止二十余条，中国死刑条目较繁……兹拟准唐律及国初并各国通例酌减死罪……"减少死罪数量的方法之一是将旧律中的虚拟死罪改为流刑或徒刑。在大清旧律中虚拟死罪主要是戏杀、误杀和擅杀三项。沈家本指出："此数项罪犯，在各国仅处惩役禁锢之刑"，"中国现行律例不分戏、误、擅杀，皆照斗杀拟绞监候，秋审缓决殊，不过虚拟死罪之名，费秋审一番文牍而已，现当综核名实，并省繁重之际，与其空拟以后，徒事虚文，何如径改为流，俾归简易……拟请嗣后戏杀改为徒罪……误杀、擅杀……现律应拟绞候者，一律改为流罪……总

---

① ［意］贝卡里亚著，黄风译：《论犯罪与刑罚》，42 页，北京，中国大百科全书出版社，1993。
② 陈兴良：《刑法的启蒙》，201 页，北京，法律出版社，2003。
③ 沈家本：《秦实行改良监狱宜注意四事》，载《清末筹备立宪档案史料》，下册，北京，中华书局，1979。

期由重就轻与各国无大悬绝。"①

第三，在死刑执行方式上，建议废除旧律中的凌迟、枭首、戮尸项三项极为野蛮和残忍的行刑方式，代之以斩决、绞决。他在《删除律例内重法折》认为："第刑至于斩，身首分离，已为至惨。若命在顷忽，菹醢必令备尝，气久消亡，刀锯犹难幸免，揆诸仁人之心，当必惨然不乐。谓将以惩本犯，而被刑者魂魄何知? 谓将以警戒众人，而习见习闻，转感召其残之性。"后来，在制定《大清新刑律》草案时，沈家本更是主张死刑唯一。沈家本认为旧律中死刑分为斩、绞二等，实则均为绝人生命的极。在考察了西方各国刑法规范后，沈家本认为除少数国家如德、法、瑞典用斩外，英、美、俄、奥地利、匈牙利、西班牙等多数国家都是用绞刑，但它们死刑执行方式上都只有一种。基于此，他主张死刑仅用绞刑一种。

第四，注重刑罚的教育感化作用。沈家本虽然强调刑罚在治国中的作用，但他反对纯任刑罚，而主张刑罚惩罚与教育感化作用并施。他认为纯任刑罚难以起到减少和防止犯罪的作用，因为"犯罪之人歉于教化者为多，严刑厉法可惩肃于既往，难望渐被于将来。"②且近世各国所谓"刑者乃出于不得已，而为最后之制裁也。幼者可教而不可罚，以教育涵养其德性，而化其恶习，使之为善良之民。此明刑弼教之义也"③。由于清旧律规定，刑事丁年为16岁，沈家本认为"丁年以内乃教育之主体，非刑罚之主体"。故沈家本主张："凡幼年犯罪，改用惩治处分，拘置场中"，进行教育感化，以尽"明刑弼教"之意。④

以上建议被《大清新刑律》全部接受，如《大清新刑律》第3条规定："刑分为主刑及从刑：主刑之种类之次序如左：第一，死刑；第二，无期徒刑；第三，有期徒刑：一、一等有期徒刑十五年以下十年以上，二、二等有期徒刑十年未满五年以上，三、三等有期徒刑五年未满三年以上，五、五等有期徒刑一年未满二月以上；第四，拘留二月未满一日以上；第五，罚金一圆以上。从刑之种类如左：第一，剥夺公权；第二，没收。"可见，历史性地实现了以自由刑为中心的刑罚体系。第38条的规定——"死刑用绞，于狱内执行之。"——则吸收了沈家本"死刑唯一"的思想。1907年完成的草案第11条规定"凡未满十六岁之行为，不为罪，但因其情节，得命以感化教育"。遗憾的是最终颁布的《大清新刑律》吸取奕劻等人的意见把"十六岁"改为"十二岁"。

(2) 对中华民国时期刑法的影响

民国时期两次刑法修正案及1928年刑法在废除肉刑、建立以自由刑为中心的刑罚体系和死刑执行唯一方面大体上沿革了《大清新刑律》的规定，可以说民国时期的刑法人道主义思想是《大清新刑律》所确定的人道主义的延续，因此，大陆法系刑法文化对清末刑法人道主义的影响也同样是对民国刑法的影响，但民国时也有反复，主要有：

第一，《禁止体罚令》：虽然《大清新刑律》废除了肉刑，但几千年封建时期留下的重肉刑的陋弊一时难以消除。南京临时政府时期司法机关"犹用戒责，且施之妇女"。为彻底废除肉刑这样的不人道刑罚，南京临时政府发布了《禁止体罚令》："图宣告之轻便，执行

---

① 《寄簃文存》卷一，《虚拟死罪改为流徒折》。
② 转引自杨堪、张梦梅：《中国刑法通史》，第8分册，35页，沈阳，辽宁大学出版社，1987。
③ 转引自华友根：《沈家本法律思想论略》，载西北政法学院科研处编：《法史研究文集》，261~262页。
④ 参见《修订法律大臣沈家本等奏进呈刑律草案折》，载《大清法规大全·法律部》卷十一。

之迅速，逾越法律，擅用职权，漫施笞杖之刑，致多枉纵之狱者，甚为有司不取也"，特"申明法禁，迅予革除"，"其罪当笞、杖、枷号者，悉改科罚金、拘留。详细规定俟之他日法典"①。这个单行刑事法规为在司法中贯彻刑罚人道主义起到一定的积极作用。

第二，《易笞条例》：这个条例是袁世凯政府时期在司法总长梁启超的建议下制定的。1914 年 10 月司法部发布《易笞条例》，规定：16 岁以上 60 岁以下的男子，凡犯奸非、和诱、窃盗、赃物、贩吸鸦片、诈欺等罪，处 3 月以下有期徒刑、拘役或科百元以下罚金而折易监禁的，得以笞刑。"刑期一日折笞二"，一次不能终了的，可分两次执行。但曾充任或现任官员，或有其他相当身份的人，不适用这个条例。② 该条例使得清末在立法上确立的刑名体系和南京临时政府在司法中肃清肉刑体罚的努力付之东流，是在《大清新刑律》中始确定的刑罚人道主义思想在起跑线上的倒退，不能不说是一种遗憾。

（3）对当代中国的影响

二战后，人权主义高涨，刑法领域出现了社会防卫运动和死刑废除运动。社会防卫运动要求完全废除"刑法"、"犯罪"、"责任"、"刑罚"等刑法概念，由此刑罚的人道性就无从谈起。与之同时死刑废除运动不断扩大，不断有学者呼吁废除死刑。许多国际组织致力于废除死刑运动，大陆法系国家基本上对死刑持否定态度，不少国家在立法上或实际执行中已废止了死刑。受此潮流影响，近年来我国对死刑的存废问题进行了大规模的讨论，并对立法产生了一定影响。

二、犯罪构成理论的影响

（一）大陆法系犯罪构成理论

自 19 世纪初德国著名古典学派学者费尔巴哈将犯罪构成作为刑法上的概念使用以来，以德国和日本为代表的大陆法系国家（地区）关于犯罪构成的探讨就从来没有停止过③，可以说刑法学中没有任何其他问题像犯罪构成理论一样吸引了刑法学者如此的研究热情。近两个世纪的争论导致了大陆法系国家（地区）犯罪构成理论学说林立。这种争议首先体现在犯罪成立要件的数量上，例如德、日学者对犯罪成立需要哪些要件有以下几种学说：以贝林格为代表的三要件说，认为犯罪成立要有构成要件的符合性、违法性和有责性；以麦兹格为代表的三要件说，认为犯罪成立要有行为、违法性和责任；四要件说，认为犯罪成立要有行为、构成要件、违法与责任，该学说的代表人物为泷川幸辰、佐伯千仞与中山研一等人。这些学说中，构成要件符合性、违法性和有责任性是德国、日本和我国台湾地区多数学者所采纳的观点。

1. 构成要件该当性。这属于事实上的评价，是指行为符合刑法分则所规定的某个具体犯罪的构成要件。该层次又包括客观层面和主观层面。前者包括：（1）作为符合性前提的行为。（2）因果关系：指行为与结果的关系。后者包括：（1）构成要件之故意，指认识符

---

① 杨堪、张梦梅：《中国刑法通史》，第 8 分册，133 页，沈阳，辽宁大学出版社，1987。

② 参见上书，189 页。

③ 意大利、法国等大陆法系国家（地区）的犯罪构成理论有别于德国和日本，为论述方便，本文仅讨论德国、日本以及我国台湾地区（因其犯罪构成与德国、日本一脉相承）的犯罪构成理论。

合构成要件的外在客观事实并企图实现的意思。（2）构成要件的过失：指不认识，也不容忍构成要件的结果，由于违反注意义务而引起结果之发生的主观心态。

2. 违法性。在大陆法系中，违法性是任何犯罪成立不可缺少的要素。符合构成要件的行为只是在观念上符合刑法的规定，它并不一定属于刑法中所禁止的行为。根据罪刑法定原则的要求，行为既然不具有刑事违法性，当然就不能被作为犯罪行为来处理。对于行为违法性的本质，大陆法系学者有不同的认识。一是形式违法性和实质违法性。形式违法性是从行为违法的外在表现来判断违法性，认为行为违反法秩序和法规范就具有违法性；实质违法性是从实质层面判断违法性，认为违法行为是侵害社会的举动，是对法益的侵害或危害，违反了公共秩序及善良风俗等。二是客观违法性和主观违法性。客观违法性论认为无论行为者有无责任能力，只要其行为与法规范不一致即为违法；主观违法性论则认为只有能够理解法规范中的命令内容，能够根据它作出意思决定的人的行为与法规范不一致才是违法。对于客观违法性与主观违法性，大部分学者主张既有客观违法性又有主观违法性，例如李斯特、麦兹格就是客观违法性与主观违法性的支持者。

3. 有责性。根据"没有责任就没有刑罚"的基本原理，行为符合构成要件并且违法并不一定构成犯罪，行为构成犯罪还有责任的要求。有责性是指行为人对危害行为负有责任。所谓责任是指能够就犯罪行为对其行为人进行非难。[1] 基于何种理由对行为人进行非难？理论上存在几组对立的责任论：行为责任论、性格责任论、人格责任论，道义责任论、社会责任论，心理责任论和规范责任论。评价的基准是不同的。从要素上看，有责性要求具备责任能力者基于故意或过失，在可以实施适法行为的情况下实施了不法行为。

（二）犯罪构成理论对中国犯罪构成理论的影响

我国有学者认为："20世纪50年代我国全盘接受了苏联的法学理论，而苏联犯罪构成理论是德国犯罪构成理论基础上发展起来的，它属于大陆法系犯罪构成理论的一个分支。因此可以说，我国现今的犯罪构成理论也是源于德国，也属于大陆法系的犯罪构成理论。"[2] 该观点也未免过于绝对，因为除了犯罪构成这一名词，无论思维方式、结构推理，还是具体内容体现的价值取向，苏联的犯罪构成都与大陆法系的犯罪构成理论不同。近年来，我国许多学者开始思考大陆法系犯罪构成理论，想用大陆法系的犯罪构成理论改造我国平面的犯罪构成理论。主要体现在：

1. 整体逻辑框架上借鉴：有学者在分析了大陆法系和我国的犯罪构成理论后，得出结论："我国犯罪构成理论体系上由三个呈递进关系的要件构成，即构成要件该当性、违法性、有责性，其中构成要件该当性包括四个耦合式要素，即客体、客观方面、主体、主观方面"。之所以作这样的整合，理由有三：一是"这样可以弥补我国传统犯罪构成理论体系难以解释违法性阻却事由的不足"，二是"发挥刑法的人权保障功能"，三是"可操作性强，以我国犯罪构成理论的可操作性的特点弥补大陆法系犯罪构成可操作性不足的缺点"[3]。该观点只是简单套用了大陆法系构成理论递进式的外在结构形式，实质上还是我国平面的构成理论。

---

① 参见［日］大塚仁著，冯军译：《刑法概说》（总论），372页，北京，中国人民大学出版社，2003。

② 侯国云：《犯罪构成理论的产生与发展》，载《南都学坛》（人文社会科学学报），2004（4）。

③ 林燕焱：《我国犯罪构成理论体系新论》，载《山西警官高等专科学校学报》，2005（1）。

2. 主体要件不要说：有些学者提出："犯罪构成理论所要研究的是行为，所要解决的问题是某行为是否具有社会危害性并达到应受刑罚处罚的程度，从犯罪构成理论的任务即犯罪构成解决的问题看，犯罪主体不应是犯罪构成的一个要件。"① "包括主体的构成便成为'行为人的构成'或'犯罪人构成'，不包括主体的构成则为'行为构成'。"② 论者的错误在于把大陆法系构成要件等同于我国的犯罪构成，而忽视大陆法系犯罪构成中的违法性和有责性要素，事实上，我国的犯罪主体要件正好是大陆法系犯罪构成理论有责性要素中的一个评价方面，该观点被认为是"照搬大陆法系刑法理论的结果，实为借鉴之错位"③。

3. 客体要件不要说：持该观点的学者认为："行为符合上述三个要件（犯罪客观要件、主体要件、主观要件），就必然出现犯罪客体，不可能出现符合上述三个要件却没有客体的现象。"因此，客体要件纯属多余，应以法益代替。其理由之一是"外国刑法将法益视为十分重要的概念，但没有任何人认为刑法保护的法益是构成要件"④。但是，大陆法系有行为客体与保护客体之分，前者包含在构成要件要素中，后者作为实质的违法性一面放在违法性要素中，前者相当于我国的犯罪客观方面，后者大致对应于我国的犯罪客体，只是在判断时只要认定不具有排除犯罪性行为就可确认有实质违法性，只是排除违法性行为在我国不被纳入犯罪构成理论，而相当于我国排除犯罪性行为，但大陆法系也同样存在不纳入构成要件理论的超法规的排除违法性内容。

4. 期待可能性理论的引入：期待可能性是大陆法系犯罪构成中的特有理论，是指根据行为时的具体情况，能够期待行为人实施合法行为的可能性。如没有期待可能性，则被认为阻却有责性，不构成犯罪。该理论被认为是刑法为人性的弱点流下的"温情"的眼泪。近年来，我国刑法学界出现大量介绍和讨论该理论的论文和著作，出现不同的观点，但是一般都认为对现实生活中涉及的一些疑难案件，借鉴该理论进行分析是有重要意义的。

5. 合理精神借鉴：面对上述大胆革新的观点，即使是大胆革新的学者也承认：两种几乎不同的犯罪构成模式对同一种行为的认定会得出惊人的相似结果。⑤ 一些学者进行了理性的评价，认为："如果说借鉴大陆法系犯罪构成要件理论体系的合理精神，在我们犯罪理论体系下，力求注重实体的同时加强程序的正当，牢固树立罪刑法定和诉讼中的无罪推定、疑罪从无意识则是必要的。"⑥

三、法人犯罪理论与立法的影响

（一）大陆法系法人犯罪理论前提

大陆法系的刑法，曾经恪守自罗马法以来的"法人无犯罪能力"的原则，认为法人不能构成犯罪。但随着商品经济的发展，法人实施严重危害行为的问题日益突出，对该问题

① 杨兴培：《犯罪主体的重新评价》，载《法学研究》，1997（4）。
② 李守芹：《论犯罪构成的要件》，载《河北学刊》，1983（3）。
③ 肖中华：《犯罪构成及其关系论》，161页，北京，中国人民大学出版社，2000。
④ 张明楷：《刑法学》，134页，北京，法律出版社，2003。
⑤ 参见杨兴培：《犯罪构成原论》，133页，北京，中国检察出版社，2004。
⑥ 赵秉志、肖中华：《我国与大陆法系犯罪构成理论的宏观比较》，载《浙江社会科学》，1999（2）。

的探讨也不是一成不变的，主要形成了否定说和肯定说两种学说。

持否定说者主张法人无犯罪能力，从而不能成为犯罪主体。理由如下：（1）法人缺乏承担刑事责任所必需的人格要素。"刑事责任要求一系列法人不可能具备的生理、心理条件"①，即法人不能实施刑法中的犯罪行为，其刑事责任也就无从谈起。（2）法人没有受刑能力。"在现行以自由刑为核心的刑罚体系下，法人不能适用自由刑，而只能适用财产刑，使刑法的机能难以得到充分发挥。"②（3）在处罚法人本身时，与犯罪没有关系的法人的其他成员会受到处罚，违背罪责自负原则。（4）从刑法的谦抑性上讲，用行政的法律手段即行政罚款、没收等足以对抗法人违法行为，而对法人中实际实施犯罪的人可以另追究刑事责任。因此没有用刑罚制裁法人的必要。

持肯定说者主张法人有犯罪能力，从而可以成为犯罪主体。理由是：（1）"从法人实在说出发，认为法人可以通过其意思决定机关进行意思决定，并通过其机关根据其意思决定而实行。"③ 这是与法人成员个人意志不同的集体意志，因此法人有行为能力。（2）"责任是规范性谴责，法人机关在对其行为会侵害或危害法益有认识的基础上仍然决定并实行该行为的场合，也应当受到刑法规范的非难，并追究刑法上的责任。"④（3）刑罚的目的除了矫正，还有预防、威慑犯罪，对法人适用财产刑，甚至判处法人解散，同样可以达到刑罚目的，有效地遏制法人犯罪。（4）"如果说处罚法人本身会处罚与犯罪无关系的其他成员，与该种情况相反，法人的成员为了回避法人受处罚，会对法人的机关施加压力，使之以合法的行为出现，所以否定法人刑事责任的理由不能成立。"⑤（5）"法人的活动面与过去比较越发增大，同时鉴于其反社会的行动正在激增的情况，从公共政策的见地看，承认法人的刑事责任是迫切需要的。"⑥

大陆法系关于法人刑事责任理论的争论仍在继续，但不少国家的刑法逐渐开始考虑采纳肯定说的观点，并且部分国家已在立法中规定了法人犯罪。

（二）大陆法系国家法人犯罪之规定

最早在立法中规定法人犯罪的国家是日本。早在1876年（明治9年）的《国立银行条例》中就有对犯罪的银行科处罚金的规定。1900年颁布的《法人违反有关租税法规法》第1条更是首次规定了当法定刑是非罚金刑时，对法人犯罪可以易科罚金。二战时期，日本在附属刑法中规定法人犯罪的条文迅猛增多，涉及租税、银行、商标、著作权、环境污染等许多方面。继日本之后规定法人犯罪的是德国。1919年颁布的《帝国税法》第一次规定对法人犯罪的刑事处罚。后来，1923年的《卡特尔法》、1938年的《外汇法》中也有对法人犯罪的刑事处罚。德国法律第一次明确规定法人犯罪及其刑事责任是在1949年颁布的《简化经济刑法法》中。法国也于1938年开始在刑法上规定法人的刑事责任。《与偷税作斗

① ［意］杜·帕多瓦尼著，陈忠林译：《意大利刑法学原理》，88页，北京，法律出版社，1998。
② 黎宏、单民：《德国的法人刑事责任论述评》，载《国家检察官学院学报》，2000（2）。
③ ［日］野村稔著，全理其、何力译：《刑法总论》，94～95页，北京，法律出版社，2001。
④ 卢建平、杨昕宇：《法人犯罪的刑事责任理论——英美法系与大陆法系的比较》，载《浙江学刊》，2004（3）。
⑤ 马克昌：《比较刑法原理》，154～155页，武汉，武汉大学出版社，2002。
⑥ 同上书，155页。

争的法令》(1938 年)、《关于惩处"与敌合作"的新闻企业的法令》(1945 年)、《关于改革某些司法职业和法律职业的法令》(1971 年)等法令中，都明确规定了法人犯罪及其刑事责任问题。法国在 1994 年生效的《法国刑法典》中明确规定了法人犯罪。《法国刑法典》在"总则"的"刑事责任篇"中，专门就法人犯罪及刑罚体系等方面作了较详细的规定，涉及以下方面：法人承担刑事责任的范围（如第 121 条规定，"除国家以外的一切私法人、公法人包括政党、政治团体、行业工会、职工代表机构等都可以成为承担刑事责任的法人主体……"），对法人犯罪实行两罚制的处罚原则，法人承担的刑罚种类和科刑原则等。

（三）我国学者对法人犯罪之探讨

我国学者最早对法人犯罪问题进行探讨是在 20 世纪 80 年代，当时有学者提出法人可以成为犯罪主体，如当时的《应当重视对法人违法犯罪的处理》、《刑事案件中法人的责任问题》、《法人不会犯罪吗》等文就主张应当承认法人犯罪。不过，主张法人可以成为犯罪主体的只有少数人，多数人仍然强调法人无法成为犯罪主体。强调法人无法成为犯罪主体的学者认为追究法人刑事责任，违背了我国法人的社会主义性质和特征："法人是依法成立的组织，它本身没有什么意识和意志，也不具有刑事责任能力，同时也没有实施刑法所规定的危害社会行为的能力。"[1]"法人不是有生命的实体，谈不上主观恶性。"[2] 且把法人作为犯罪主体并给予刑罚处罚，是违背罪责自负原则。

随着市场经济的发展，法人犯罪对社会经济秩序的严重破坏性，以及西方国家特别是大陆法系国家从几乎不承认法人犯罪到许多国家规定法人犯罪并处以刑罚的发展，这些都对我国的传统理论观点产生了巨大冲击，传统理论观点因脱离实际而逐渐站不住脚，越来越多的学者主张法人可以成为犯罪主体。

（四）我国立法中关于法人犯罪的规定

1979 年刑法颁布以前，我国的刑事法律中一直都不承认法人犯罪。改革开放以后，我国的经济形势发生了巨大变化，各种经济组织为谋取经济利益，而屡屡触犯法律，给社会造成严重损害。因此我国逐步开始了规定法人刑事责任的立法（在立法中称为"单位犯罪"）。1987 年颁布的《海关法》第 47 条第 4 款对单位犯罪的规定，是我国法律首次确认单位可以成为犯罪主体。我国第一次直接在刑事法律中规定单位犯罪及其刑事责任的是 1988 年 1 月 21 日公布施行的《关于惩治贪污罪贿赂罪的补充规定》和《关于惩治走私罪的补充规定》。这两个补充规定中分别规定了对犯受贿罪、行贿罪、走私罪、投机倒把罪、逃汇套汇罪的有关企事业单位、机关、团体追究刑事责任。随后通过的一系列的专门刑事法律中规定了单位犯罪及其刑事责任，如 1990 年 12 月 28 日公布施行的《关于禁毒的决定》和《关于惩治走私、制作、贩卖、传播淫秽物品的犯罪分子的决定》、1992 年通过的《关于惩治偷税、抗税犯罪的补充规定》等。后来，在一些民事、行政、经济等非刑事法律的刑法规范中逐渐增加了关于单位犯罪及其刑事责任的规定。在刑法典中对法人犯罪作出原则性规定则是到 1997 年刑法。1997 年修订后的刑法，深受大陆法系法人

---

① 周柏森、华占营：《论法人犯罪的理论与刑事立法问题》，载《法律科学》，1989 (5)。
② 高铭暄主编：《刑法总则讲义》，114 页，天津，天津人民出版社，1986。

犯罪立法的影响，采用的是法国式的立法模式，采取总则和分则结合规定：总则明确单位主体的范围、处罚原则、犯罪单位承担刑事责任的刑罚种类，分则具体规定哪些罪可以单位构成及相应的法定刑。

四、刑罚的体系和种类的影响

1. 大陆法系国家以自由刑为中心的刑罚体系的确立

中世纪及以前，大陆法系国家的刑罚是以死刑与肉刑为中心的野蛮和残忍的刑罚体系。由中世纪步入近代后，"资产阶级启蒙思想家对封建的司法制度进行了强烈的批判，其中特别反对残酷的刑罚制度，主张自由、平等、博爱，提倡刑罚人道主义，这就使生命刑和身体刑不可能继续成为刑罚体系的中心"①。资产阶级革命后，大陆法系国家开始废除肢体刑和肉刑，削减死刑。"被视为近代刑法之缘起的 1791 年法国刑法典草案，率先彻底废除肢体刑与肉刑，至 1810 年制定的拿破仑刑法典，更将此类酷刑拒之刑罚体系之外。由于拿破仑刑法典奠基于当时特定的社会背景而直接适用于比利时、荷兰等，西班牙、葡萄牙等国也视之为制定刑法的蓝本，因此，有关诸国也相继废除了肢体刑与肉刑。"②

近代资本主义的发展为自由刑的广泛接受提供了经济和社会基础。自由刑可以避免生命刑和身体刑对劳动力的残害，自由刑的适用可以为资本主义发展提供廉价的劳动力。1810 年《法国刑法典》以 4 种剥夺自由的刑罚组成轻重相济的自由刑序列，正式确立了以自由刑为中心的刑罚体系。随后各个大陆法系国家开始更新刑罚体系，它们有些直接适用《法国刑法典》，有些仿效《法国刑法典》，逐步确立了自由刑在刑罚体系中的中心地位。

2. 大陆法系国家对近代中国刑罚体系与种类的影响

在封建社会时期，中国一直实行以死刑、肉刑为中心内容的五刑制。清末修律时，受大陆法系国家刑罚体系和种类的影响，立法者从根本上变更了传统的刑罚体系。《大清新刑律》将刑罚分为主刑及从刑。主刑共有 5 种：死刑、无期徒刑、有期徒刑、拘役和罚金。从刑共两种：褫夺公权和没收。③ 清末的刑罚中废除了斩刑，删去了流刑、遣刑。此后，南京临时政府、北洋军阀政府、广州、武汉国民政府的刑律以及南京国民政府的 1928 年、1935 年刑法都沿用了以自由刑为中心的刑罚体系。

3. 大陆法系国家对现代中国刑罚体系和种类的影响

20 世纪以后，大陆法系国家刑罚种类的发展呈现出如下特点：

一是废除或限制死刑。意大利学者贝卡里亚在 18 世纪中期便提出了废除死刑的主张。这引起世界范围内关于死刑存废的长期辩论。从立法实践看，大陆法系国家已经纷纷在法律上或事实上废除死刑。现在欧盟国家已经全部废除了死刑，欧盟还将废除死刑作为加入欧盟的条件之一。不过，同属大陆法系的日本在刑法典中保留了死刑，但对死刑的适用作出了严格限制。

二是自由刑的单一化。自由刑形式多样化，曾被认为行之有效，符合刑罚的目的，并被

---

① 张明楷：《外国刑法纲要》，375 页，北京，中国人民大学出版社，1999。
② 邱兴隆：《刑罚的哲理与法理》，56 页，北京，法律出版社，2003。
③ 参见杨堪、张梦梅：《中国刑法通史》，第 8 分册，53～54 页，沈阳，辽宁大学出版社，1987。

各国广为采纳，在目前西方发达国家的刑法修改中，却成了一个争论很多的问题。学者们主张取消自由刑内部的差别，实现自由刑的单一化。① "1878 年国际刑法及刑事会议的决议在承认若干例外的基础上认为：'各种自由刑应尽可能在法律上单一化起来，不承认在刑期及释放后的附带效果以外有什么区别是对的。'"② 虽然大陆法系国家在此问题上存在不同主张，但大多数大陆法系国家如德国、法国、意大利等国已通过刑罚改革实现了自由刑的单一化。

三是财产刑的扩张。在经济发达的今天，财产刑越来越受立法者和司法者的重视，学者们也主张扩大财产刑的运用。大陆法系国家的财产刑主要是指罚金刑，大部分国家将罚金作为主刑来规定，主要适用于轻罪，偶尔适用于重罪的情况较为普遍，且有向对较重的犯罪也适用罚金刑的方向发展。

大陆法系国家刑罚的这些变化趋势也对我国刑罚产生了一定的影响，主要表现在：

首先，死刑理论与实践的变化。受大陆法系国家死刑废除的现实和理论依据的影响，我国理论界对死刑问题进行了深刻的反思，在全国范围内对死刑存与废问题进行了激烈的争论。从观点上看，有死刑废除论与限制论两派，死刑废除论中又有激进论与渐进论之别。不过，主流意见认为，从现实条件来看，我国暂时还不能废除死刑。但是受大陆法系国家限制、废除死刑的影响，理论界多数学者主张对死刑进行立法和司法上的限制。立法实践也体现了限制论的观点，我国刑法在死刑适用条件、适用对象、适用程序和执行制度等方面对死刑的适用进行了限制。

其次，关于自由刑单一化的问题，我国学者开展了讨论。大部分学者认为自由刑单一化有其进步性，它消除了不同种类自由刑种之间人为的歧视性差别。例如有学者认为，"在一定意义上，这样的单一化标志着自由刑实质内容的变革，刑罚观念的变革以及行刑目标的变革，体现刑罚，尤其自由刑的进步、合理、人道"③。但也有学者对自由刑单一化观点的科学性表示怀疑。从立法上看，我国刑法并未效仿德国、法国等大陆法系国家的做法，而是采取了日本的做法，保留了自由刑的多元化。

再次，我国罚金刑较以前更受重视。针对我国的罚金刑没有得到应有的重视这一事实，在 1997 年刑法修改时为了提高罚金刑的地位，对罚金刑规定为主刑还是附加刑展开了热烈讨论。尽管 1997 年刑法仍将罚金刑规定为附加刑，但仍是从扩大其适用范围、更好地发挥其作用这一目的出发的。针对我国的罚金刑适用范围较小这个事实，在 1997 年刑法修改时，扩大罚金刑适用范围、提高罚金刑的地位、转变人们对罚金刑的认识、更好地发挥罚金刑在市场经济条件下的作用，成为大家的共识。④

五、刑罚裁量制度——法人累犯制度的影响

（一）大陆法系法人累犯制度

《法国刑法典》对法人累犯制度作了较为详尽的规定：第 132—12 条规定："法人因法

---

① 参见陈兴良主编：《刑种通论》，239～240 页，北京，人民法院出版社，1993。

② 赵秉志主编：《外国刑法原理（大陆法系）》，286 页，北京，中国人民大学出版社，2001。

③ 李贵方：《自由刑比较研究》，85～86 页，长春，吉林人民出版社，1992。

④ 参见公培华：《论我国罚金刑的发展》，载《山东师大学报》（社会科学版），1998（6）。

律规定当处自然人 70 万法郎罚金之重罪或轻罪已经最终确定判决，又因重罪应负刑事责任者，适用之罚金最高额为惩治该重罪的法律所定最高罚金额的 10 倍。在此场合，法人还应受第 131—39 条所指之刑罚，但该条最后一款之规定除外。"第 132—13 条规定："法人因法律规定当处自然人 70 万法郎罚金之重罪或轻罪已经最终确定判决，自前刑期满或完成时效起计算，10 年期限内，又因犯当处相同刑罚之轻罪应负刑事责任者，适用之罚金最高额为惩治该轻罪的法律所定最高罚金额的 10 倍。法人因法律规定当处自然人 70 万法郎罚金之重罪或轻罪已经最终确定判决，自前刑期满或者完成时效起计算，5 年期限内，又因法律规定当处自然人 10 万法郎以上罚金之轻罪应负刑事责任者，适用之罚金最高额为惩治该轻罪的法律所定最高罚金额的 10 倍。"第 132—14 条规定："法人因轻罪已经最终确定判决，自前刑期满或完成时效起计算，5 年期限内，又因相同之轻罪，或依累犯之规则，因相类似之轻罪应负刑事责任者，罚金最高额为惩治该轻罪之法律规定当处自然人之最高罚金额的 10 倍。"第 132—15 条规定："条例有规定之场合，法人因犯第五级违警罪已经最终确定判决，自前刑期满或完成时效起计算，5 年期限内，又因同一级违警罪应负刑事责任者，适用之罚金最高额为惩治该违警罪之条例定当处自然人之最高罚金额的 10 倍。"

（二）大陆法系法人累犯制度对中国的影响

我国现行刑法没有关于法人累犯制度的规定。从刑法的规定看，我国累犯的构成必须是行为人"前后罪均被判处有期徒刑"，这说明立法上只承认自然人构成累犯，排除了法人构成累犯的可能性，因为从单位承担刑事责任的方式来看，我国犯罪单位只能被判处罚金刑。

不过，有学者持肯定的观点，认为只有设立单位累犯制度，给单位累犯处以较重的刑罚，加大其犯罪成本，才能有效地遏制单位犯罪。其立法经验上就主张借鉴法国刑法的相关规定。[①] 有学者对此持不同意见，依据是刑法并未规定单位累犯；并从累犯制度设立及从严处罚的理论根据以及单位累犯的立法建构、司法实践及国外立法例四个方面，论述了刑法不应规定单位累犯。论者强调："除法国外，世界上绝大多数承认单位犯罪的国家并未在刑法典中规定单位累犯。这一现象值得我们深思。"[②]

六、行刑制度——假释的影响

（一）大陆法系国家假释制度对清末的影响

大陆法系行刑制度最早于清末传入中国。沈家本先是接受了近代学派教育刑的影响，其《论诬指》为接受缓刑和假释制度打下了思想基础。他认为："犯罪之人欺于教化者为多，严刑厉法可惩肃于既往，难望于将来。"例如在《大清新刑律》采假释制度的立法理由中沈家本论述道："假出狱者乃既往入狱之人，其在执行之中尚有悛改之状，姑与以暂行出狱之法，以奖其改悔也。复入人于狱古时原欲以痛苦惩戒其人，近年惟以使人迁善为宗旨，故执行刑法之时倘有人有改过迁善之实，即不妨暂令出狱，此其制之所由生也。"从中可以看出，沈家本的假释观是建立在教育刑的基础上的一种"恩赐"观，沈家本认为，假释的

---

① 参见巢红叶：《论单位累犯制度的构设》，载《兰州学刊》，2008（8）。

② 于改之、吴玉萍：《单位累犯否定新论》，载《法学评论》，2007（2）。

实质是一种"奖励"，换言之，罪犯本人是没有权利要求按法律直接给予其假释的，即使其完全符合假释条件。

从制度角度看，我国现代意义的假释是自清末开始的。《大清新刑律》第十三章中规定了假释制度，第 66 条规定了假释的条件："受徒刑之执行而有悛悔实据者，无期徒刑逾十年后有期徒刑逾行期二分之一后，由监狱官申达法部得许假释出狱，但有期徒刑之执行未满三年者不在此限。第 67 条规定了假释的撤销条款："凡假释出狱而有左列情形之一者撤销假释，其出狱日数不算入刑期之内：一、假释期限内更犯罪受拘留以上之宣告者。二、因假释前所犯罪受宣告拘留以上者。三、因假释前所犯罪而受拘役以上之宣告者。四、犯假释管束规则应撤销假释之条项者。未经撤销假释者其出狱日数算入刑期之内。"① 《大清新刑律》中的假释是将当时日本刑法中的假释规定稍加删改后移植过来的。与日本立法例相比，《大清新刑律》中的假释适用条件较严，规定被判有期徒刑者必须经缓刑期的 1/2 以后才许假释，但撤销假释的条件则较之日本更为宽松。《大清新刑律》甚至连日本刑法中假释制度的缺陷也一起照搬了过来：日本刑法中未明确规定何为"假出狱取缔规则"，而《大清新刑律》也同样未规定什么是"假释管束规则"。这大概是《大清新刑律》草案直接出于日本学者冈田朝太郎之手的缘故。

（二）大陆法系国家假释制度对民国的影响

民国时期学者们对假释问题兴趣颇浓，发表过一些以假释为主题的作品，如周叔昭的《假释的研究》、胡长清的《假释制度比较研究》、王建祖译的《假出狱》等。学者们对假释问题展开了争论。例如关于假释的适用范围问题：关于有期徒刑犯人和无期徒刑犯人是否能适用假释的问题，当时各国有不同规定。对被判无期徒刑的罪犯是否能假释当时有三种立法例：（1）日本、奥地利等国的假释适用于无期徒刑罪犯。（2）英美原则上对无期徒刑罪犯不适用假释，但作为例外也有假释之判例。（3）德国、瑞士、丹麦、荷兰、意大利等国对无期徒刑罪犯不适用假释。民国有学者在分析、比较各国立法后，赞同日奥模式，他论述道："假释者，鉴于囚人之即往，奖励其悛改于将来之对人的政策也，虽在无期徒刑之囚人而举悛改之实据者，亦事所恒有，故对于无期徒刑之囚人除斥或限制假释之适用者，皆为不当。"② 对于被判短期徒刑的罪犯是否适用假释，当时各国有两种立法例：（1）假释不适用于短期自由刑。如荷兰假释限定被判处 3 年以上 15 年以下自由刑的罪犯。法国被判处不满 6 个月监禁的罪犯，必须实际执行 3 个月以上才能适用假释；判处 6 个月以上的罪犯，必须实际执行刑期的 1/2 方可假释。这样就排除了对 3 个月以下短期自由刑罪犯适用假释的可能。（2）假释适用于短期自由刑犯人。如日本，有期徒刑最短期为 1 个月，而日本刑法规定假释可适用于执行刑期 1/3 以上的罪犯，言下之意，只要实际执行 10 日以上有期徒刑的罪犯都可假释，并且关于拘留，日本刑法却无受刑期限制不可假释的规定。这样实际上日本的假释可适用于任何期限的短期监禁。有学者赞成荷法模式，论述道："假释者，以囚人之悛改为基础，鼓励其将来谨慎之对人的政策也。如仅视察数月之情状，即断言其悛改与否，毋乃过于轻率，纵令犯罪后即时或判决前已真心悔悟，决无再犯之虞，亦

---

① 　徐岱：《中国刑法近代化论纲》，256 页，北京，人民法院出版社，2003。
② 　胡长清：《假释制度比较论》，载《法律评论》，1925（115）。

只能以起诉犹豫及行刑犹豫救济之，实无利用假释之必要。且就事实上言之，日本等国亦多对于一二年以上之囚人，始许假释，从可知适用本制度上毫无限制之不当矣。"① 该学者的观点应该说具有一定的代表性，即使在现代，也有学者持相似观点。

（三）大陆法系国家假释制度对现代学者的影响

现代学者比较了中国刑法与大陆法系国家刑法之后，主张进一步改革刑法规定，完善假释制度。例如关于假释决定权的归属问题，假释决定权到底是归属于行政机关还是司法机关，国内学者一直存在对立观点。对立的双方都把大陆法系各国的规定作为自己的立论依据之一。主张假释权归属于司法机关的学者认为：在大陆法系国家，多数主张假释为司法措施，因此假释决定权属于法院，因为涉及犯罪人刑期的变更。② 而主张假释决定权属于行政机关的学者认为："普通法系国家和包括日本、泰国、智利、西班牙、缅甸等国在内的多数大陆法系国家都采用这一做法。"因此他们认为假释决定权归属于行政机关成为一种主流的国际趋势，应该修改我国有关假释的决定权规定，在省级建立一个由监狱管理局领导、监狱长、资深狱政管理人员、监察人员和有关的专家、社会代表组成的减刑假释委员会，代替法院行使减刑假释决定权。③

第二节
英美法系刑法文化的影响

一、犯罪构成模式的影响

（一）双层结构的犯罪构成模式④

1. 犯罪表面成立要件：犯罪行为与心态

英美刑法学者在讨论犯罪成立与否时一般使用"犯罪要素"（crime elements 或 offence elements）这一术语，并认为犯罪包括两方面的要素：危害行为和犯意。正如有学者所言："一般说来，犯罪包括两方面的要素：危害行为（actus reus），即犯罪的物理或外部部分；犯意（mens rea），即犯罪的心理或内在特征。"⑤ 有学者认为："通常将犯罪分为两个要素：危害行为和犯意，任何犯罪均可分解为这些因素。例如谋杀是故意杀害他人的犯罪，谋杀罪的行为是杀人，犯意是故意。"⑥ 从这些学者的观点看，犯罪成立必须犯罪外部要素（危

① 胡长清：《假释制度比较论》，载《法律评论》，1925（115）。
② 参见李贵方：《自由刑比较研究》，31页，长春，吉林人民出版社，1992。
③ 参见马进保：《减刑假释权归属问题研究》，载《中国刑事法杂志》，2005（1）。
④ 参见赖早兴：《英美法系国家犯罪构成要件之辨正及其启示》，载《法商研究》，2007（4）。
⑤ Joshau Dressler, *Understanding Criminal Law*, New York Matthew Bender & Company, Inc., 2001, p. 81.
⑥ Nicola Padfield, *Criminal Law*, Beccles and London, Reed Elsevier（UK）Ltd., 2002, p. 21.

害行为）和内部要素（犯意）同时存在。①

危害行为即犯罪的外部要素是指除被告人主观因素以外的一切犯罪构成要件，并不是仅仅指狭义上的危害行为。从具体内容上看，犯罪的外部要素通常包括行为人的行为、行为实施的环境、行为导致的后果、行为与结果之间的因果关系等。由于犯罪的形态各异，犯罪的外部要素因不同的犯罪或同一犯罪的不同形态而呈现出不同的样态，但任何犯罪或任何阶段的犯罪均至少要有组成犯罪人行为的客观要素。

作为心理要素的犯意又称为责任要素，没有作为心理因素的犯意，即使有行为人的危害行为，也不会要求其承担法律责任。犯罪心理要素一般包括行为人关于行为、行为结果、行为环境的认识和对此类因素的态度。在美国《模范刑法典》中，犯意包括蓄意（purposely）、明知（knowingly）、轻率（recklessly）和疏忽（negligently）四种。英美刑法中有一类比较特殊的犯罪，即严格责任犯罪（Strict liability offences）。"Strict liability" 有时被解释为 "无须过错的情况下承担责任"（liability without fault）。但英美刑法学者普遍认为这是一种误解，这种解释会使人们误认为这种犯罪不要求任何心理或过错因素。严格责任犯罪应当是这样一类犯罪，即某一个犯罪外部要素（可能是关键性要素）不要求犯罪的心理因素，而不是该罪的任何外部要素均不要求心理因素。所以，任何犯罪都有犯意的要求，只是不同的犯罪中犯意存在一定的差异。

在英美刑事诉讼中，控诉方需要将犯罪的外部因素和内部因素证明到排除合理怀疑的程度。例如在美国刑事审判制度中，控诉方被要求将所指控的被告人的犯罪证明到排除合理怀疑的程度。控诉方必须证明特定的被告人实施了特定的犯罪行为及成文法规定的行为情节、损害是嫌疑行为所致。② 如果控诉方将某罪的外部因素与内部因素均证明到了排除合理怀疑的程度，那么被告人刑事责任就表面上（prima facie）成立了。

2. 犯罪成立的实质要件：无罪辩护事由不存在

控诉方将某罪的外部因素与内部因素均证明到了排除合理怀疑的程度，只能说明该罪表面成立。为了避免承担刑事责任，被告人将尽力为自己的行为辩护。如果其无罪辩护事由成立，那么其行为并不构成犯罪。所以犯罪要实质上成立就必须排除辩护事由的存在。正如有学者在论及犯罪成立与精神病辩护时所言："即使被告人的行为符合犯罪表面成立（prima facie）的通常要求——行为、心理状态、因果关系、结果，如果行为的发生是无意识或意志不受被告人控制的结果，那么被告人无罪，也不应当受到惩罚。"③

在刑法学中，学者们可能在不同层面上使用辩护这一概念。从广义上看，辩护事由是

---

① 参见危害行为（actus reus）和犯意（mens rea）这一拉丁词语是来自科克的著作《制度论》（Coke's Institutes）中的一个句子。（See Jonathan Herring, Marise Cremona, *Criminal Law*, London, Macmillan Press Ltd., 1989, p. 28.）不过，很多学者认为，此拉丁语模棱两可，在使用时可能导致混淆。[See Nicola Padfield, *Criminal Law*, Beccles and London, Reed Elsevier（UK）Ltd., 2002, p. 21.] 有学者认为，它们本身就可能导致误解，这一用语已经受到了来自学者和法官们的批评。在 Miller 案中，Diplock 公爵使用的是 "被告人的行为和行为时他的心理状态"（Jonathan Herring, Marise Cremona, *Criminal Law*, London: Macmillan Press Ltd., 1989. p. 28）。即使如此，危害行为与犯意这两个术语在英美刑法中仍被广泛地运用。

② See Suetitus Reid, *Criminal Law*, 5th edition, Ohio, McGraw-Hill Company Inc., 2001, p. 87.

③ Stephen J. Morse, "Excusing the Crazy: the Insanity Defense Reconsidered", *Southern California Law Review*, March, 777, 728, 1985.

指能够否定或减轻控诉方指控的观点和理由。有学者认为，在刑法中，一个成功的辩护可能导致指控的减轻、减少或无罪。① 这说明，辩护包括无罪辩护、罪轻辩护两种，辩护的作用也就表现为导致无罪的判决或轻罪的判决。不过，也有刑法学者是从狭义上使用"辩护"一词的。例如有人认为："辩护（defense）一词至少从表层意思上看，通常意味着可能阻止定罪的一系列可知的情况。"② 这一观点实际上是认为辩护即为无罪辩护，而没有将罪轻辩护包括在内。另外，还有学者从更狭义的角度使用"辩护"一词。例如有学者认为："在刑事法中，'辩护'一词可能在更严格的意义上使用。从这一意义上看，'辩护'仅在被告人承认被指控的事实确实由其实施的情况下使用。不在犯罪现场（defense of alibi）、对犯意的否认和对因果关系的否认均不是此种严格意义上的辩护，因为提出此类主张只是简单地否认了犯罪事实由其实施。但'前经宣告无罪，不应再受审判'（autrefois acquit）、正当防卫、受胁迫、豁免则属于这种严格意义上的辩护。"③ 这一观点实际上将部分积极辩护事由排除于辩护之外。本文中所谈的辩护事由仅仅是指由辩护方提出的导致行为无罪的事由。

"一个面临犯罪指控而又希望主张无罪的被告人有许多的途径。"④ 这种途径就是辩护事由。现代英美刑法学者普遍将无罪辩护事由分为三大类：正当化事由、可宽恕事由以及以不同词汇命名的第三类辩护事由。第三类辩护事由或被称为法律执行政策，或被称为"无须开脱罪行的辩护"（nonexculpatory defenses），或其他别的什么用语。例如美国学者罗宾逊（Paul H. Robinson）将第三类称为"无须开脱罪行的辩护"⑤；美国学者卡迪斯（Sanford H. Kadish）将辩护事由分为基于法律执行政策的辩护事由和可罚性辩护事由，然后再将后者分为正当化事由和可宽恕事由两个子类⑥；美国学者摩尔（Michael S. Moore）将辩护事由首先分为外部政策辩护事由（extrinsic policy defences）和可罚性辩护事由，然后再将后者细分为正当化事由与可宽恕事由。⑦

学者们对于正当化事由与可宽恕事由的区分争议较大。在早期法律史上，英国刑法中正当化事由与可宽恕事由的区别有着深刻的实践意义⑧，但两者间的理论区分并不明确。英国学者约翰·奥斯汀（John Austin）在 1957 年出版的《请求辩护》（A Plea for Excuses）一书中认为："简要地说，在前一种辩护（即正当化事由——引者注）中，人们承认行为为

---

① See Suetitus Reid, *Criminal Law* , 5th edition, Ohio, McGraw-Hill Company Inc. , 2001, p. 87.

② Paul H. Robinson, "Criminal Law Defenses: a Systematic Analyisi", 82 Colum. L. Rev. 199, 203, 1982.

③ John Gardner, "Fletcher on Offenses and Defences", 39 Tulsa L. Rev. 817, 817, 2004.

④ Jonathan Herring, Marise Cremona, *Criminal Law* , London: Macmillan Press Ltd. , 1989, p. 243.

⑤ Paul H. Robinson, "Criminal Law Defenses: a Systematic Analysis", 82 Colum. L. Rev. 199, 229 – 232, 1982. 在该文中，罗宾逊将辩护事由分为5类：否定犯罪成立要素的事由（failure of proof defenses）、修改犯罪定义的事由（offense modifications defenses）、正当化事由（justifications）、可宽恕事由（excuses）、不惩罚的公共政策事由（nonexculpatory public policy defenses）。

⑥ See Sanford H. Kadish, *Blame and Punishment: Essays in the Criminal Law* , London, Collier Macmillan, 1987, p. 82.

⑦ See Michael S. Moore, *Placing Blame* , Oxford, Oxford University Press, 1997 , p. 482.

⑧ See Joshua Dressler, *Understanding Criminal Law* , NewYork: Matthew Bender & Company, Inc. , 1994, p. 205. 因为在重罪案中，实施正当化行为的被告人将被无罪释放，但实施可宽恕行为的被告人将被判以与犯罪者同样的刑罚（死刑和没收财产），尽管他可能因为英王的赦免而被免于死刑的执行。后来，实施可宽恕行为的人也允许以获得归还令状（a writ of restitution）而重新获得被剥夺的财产，直到 1838 年英国法律上取消没收财产刑。

其所实施，但否认其行为的错误性；在后一种辩护（即可宽恕事由——引者注）里，人们承认其有过错，但不承担全部责任，甚至认为完全不负责任。"① 这一区分在相当长的时间内广为人们所接受。例如在英美法学界极具影响力的学者弗莱彻（George P. Fletcher）认为，正当化事由承认犯罪定义得到了满足，但认为行为是正确的而不是错误的；可宽恕事由并不否认行为的错误性，但认为行为人不应当承担责任。② 现在学者们从更直观的角度对两者加以区分。例如哲斯勒（Joshua Dressler）认为可宽恕事由与正当化事由有根本的区别：正当化事由关注的是行为，试图表明行为不是错误的；而可宽恕事由关注的是行为人，试图说明行为人对他错误的行为不应负责任。③

至于无罪辩护事由的归类，学者们的争议就更大了。综合各刑法与刑事证据法论著，一般认为：正当防卫、紧急避险、意外事实、警察圈套、执行职务、体育竞技、医疗行为、机械故障、被害人同意等属于正当化事由；未成年、精神病、醉态、认识错误、受胁迫、受挑衅等属于可宽恕事由；双重危险禁止、外交豁免、证据豁免、辩诉交易豁免、司法（立法、行政）豁免则属于"无须开脱罪行的辩护事由"。

（二）我国刑法学理论界对双层结构犯罪构成模式的褒扬

虽然英美刑法的双层犯罪结构理论对我国的影响较少，但我国也有不少学者对其进行了深入的研究，对英美法系双层犯罪构成模式大加褒扬。如有学者在论述美国犯罪成立要件时认为："犯罪构成双层模式，即犯罪构成方式由两个层次相结合的过程来完成。第一层次侧重体现国家意志，表现为公诉机关的权力，确立行为规范，发挥刑法维护秩序和保卫社会的功能。第二层次侧重体现公民权利，发挥刑法的保障人权功能，制约国家权力。两个层次相辅相成，构建美国刑法运行的内在制约机制，体现刑法公正性的价值取向。"④ 又如有学者指出："犯罪构成理论必须反映定罪过程……例如美国刑法犯罪构成的第一个层次确立行为规范，体现国家意志，表现公诉机关的权力；第二个层次涉及价值评价，它以合法辩护的形式来充实刑事责任条件，完成独特的犯罪构成模式，反映犯罪构成是动态的定罪过程，而不仅仅是'犯罪规格'。两个层次相结合，充分展示了控辩对抗的激烈性和法官极力保持控辩平衡的倾向。"⑤ 还有学者认为："英美刑法的犯罪构成理论的形式特色在于，将一般与个别一分为二、二元对立、此消彼长，行为是否构成犯罪取决于合法辩护能够成立与否。采用这种排除法表明司法活动更具有主动性，例外情况随时可以作为合法辩护理由被认可。从形式意义比较，英美法系的犯罪构成理论似乎更强调个别、例外，其结构形态为例外情况作为非罪认定提供了更大的可能性。"⑥ 更有学者从刑罚功能出发，认为："相对于大陆法系的犯罪构成要件而言，英美刑法更能够在罪刑法定的合法性（英美刑法所谓

① Douglas N. Husak, *Philosophy of Criminal Law*, New Jersey, Rowman & Littlefield Publishers, 1987, p. 187.
② See George p Fletcher, *Rethinking Criminal Law*, Boston, Little, Brown and Company, 1978, p. 759.
③ See Joshua Dressler, *Understanding Criminal Law*, 3th edition, New York, Matthew Bender & Company, Inc., 2001, pp. 202–203.
④ 储槐植：《美国刑法》，3 版，36 页，北京，北京大学出版社，2005。
⑤ 周光权：《犯罪构成理论与价值评价的关系》，载《环球法律评论》，2003（3）。
⑥ 宗建文：《刑法机制研究》，30～31 页，北京，中国方正出版社，2000。

的 legality 原则）下，有效地推进对犯罪的治理，也就是说，它可以更接近于刑事人类学派和刑事社会学派的主张。把刑法作为社会控制的一种基本手段，它可以更为关注被告人的行为和人身危险性，从而针对个体实施具体而微的治理，一切都是通过刑事程序实现的。这或许就是英美犯罪构成程序性要件的精髓。"①

二、因果关系理论的影响

（一）英美法系因果关系理论

英美法系以判例作为其重要法律渊源，刑法研究都是以判例为重点展开，从判例中寻找解决具体案件的原则，因此，对刑法的系统理论研究不深。这一特点同样也反映在因果关系的研究上："因果关系历来被认为属于事实问题，需由陪审团认定，与法律问题关系不大，因而以前对此研究不够。只在论述一些具体犯罪时有所涉及。20 世纪中后期以来，因果关系一般原理的研究开始逐渐受到英美刑法学者的重视。"②

英美法系将刑法中的因果关系分成两个层次：第一层次是事实上的因果关系，第二层次是法律上的因果关系。

事实上的因果关系也称为事实原因（cause in fact），即凡能够引起结果发生的行为都可以归为事实原因的范畴。事实上的因果关系是一种客观存在的因果关系，是一种物质层面上的因果关系。这种因果关系既与人的主观认识无关，更与法律规定无关。关于"事实原因"的认定主要存在以下两个标准：一种是"but for"标准，在理论上又称为条件说；一种是实质作用标准。

事实上的因果关系存在着这样或那样的缺陷，为了弥补这些缺陷，法律上的因果关系理论便应运而生。法律上的因果关系也称法律原因（cause in law），即"在法律上有价值的原因，也就是'事实原因'中，能够被法律认为应让行为人对产生的危害结果承担责任的原因"③。在关于法律原因的选定标准上，主要存在以下几种学说：近因说、预见说、普通因果观念说、政策说、刑罚功能说等学说。

在"双层次原因"中，事实上的因果关系属于第一层次，而法律上的因果关系属于第二层次。在这两个层次中，"第一层次是第二层次的物质基础，第二层次不能超越第一层次，第二层次是刑法因果关系理论的核心因素"④。

（二）我国学者对英美法系因果关系理论的评价

关于英美法系国家的"双层次原因"，我国学者纷纷发表各自的看法。如有学者指出："英美刑法的双层次原因理论把'事实原因'和'法律原因'作为一个有机联系的整体加以考察。'事实原因'与因果历程的本体问题、'法律原因'与结果责任的归属问题，一一对应，完整地揭示了刑法因果关系的全部内容，动态地分析了刑法因果关系所要最终解决的

---

① 徐雨衡：《两大法系犯罪构成的核心概念：*Tatbestand* 与 *actus reus*、*mens rea* ——兼评两大法系的犯罪构成理论》，载《刑事法评论》，第 13 卷，北京，中国政法大学出版社，2003。

②③ 张绍谦：《英美刑法理论中的因果关系探析》，载《黄河科技大学学报》，1999（3）。

④ 储槐植：《美国刑法》，3 版，46 页，北京，北京大学出版社，2005。

问题——'结果责任'的归属。"① 有学者在解读英美因果关系理论时认为，"英美学者忽略了对理论的自身完善及与犯罪成立所需要的各个要素关系的协调，但是他们注意解决实际问题，体现了英美法学理论研究的实用主义特点"②。还有学者认为，"在这种双层次原因中，事实原因与法律原因的分立，为刑法因果关系的正确解决提供了基础"③。但有学者认为这种"双层次原因"存在一定的问题，"双层次原因"主要存在三种困境，即"双层次原因"构造的道德困境、事实原因的选择困境、近因标准的实践困境。在论述"双层次原因"构造的道德困境时，该学者认为："双层次因果关系论为了解决原因问题，提出法律的原因概念，是其特色。从逻辑上看，这是务实的；但是，由于事实原因、法律原因判断中存在的固有问题，最终将法律原因的判断标准委诸道德概念。这显然不能被广泛接受，因为道德概念的视角不清晰、道德标准基础不明确，它将不可避免地扩大责任的范围。而为了克服这个问题，在审判中将视角集中于'行为对结果是重要的'这一点，还是无助于解决问题。"④

三、行为理论——持有的影响

（一）英美刑法中的"持有"

持有（possession）即指"对财物的实际控制"⑤。在美国刑法中，虽然立法没有对持有进行明确的定义，但作为美国刑法模本的《模范刑法典》却对持有进行了界定，即"如果持有人有意识地获得或接受了该持有物，或者在能够终止其持有的充分时间内知道自己控制着该物的，则此种持有即为一种行为。"⑥ 在英国刑法中，持有往往被称为事态犯罪（status offence）。如史密斯和霍根所合著的《英国刑法》这样论述道："普通法规定，'持有'不是组成犯罪行为的充足要素，但是根据成文法，在许多情况下，只要持有即可以构成犯罪。因此，持有危险毒品、易爆物品、枪炮、伪造的钞票都是犯罪行为。'持有'不是'肌肉运动'意义上的行为，因为，只要故意将物品放在家中，即可为持有……持有仅仅是一种事态，在某种情况下与刑事责任有关。"⑦

关于持有的性质问题，英美刑法学者也进行了深入的研究和探讨，但总的说来，在英美刑法中，持有往往被认为是与作为和不作为并列的第三种行为方式，如《英国刑法导论》的第一句话即"犯罪是一种非法的作为、不作为或事件"⑧，即将犯罪的行为方式分为三类——作为、不作为和事件（持有）。而美国刑法界同样也认为持有与作为和不作为处于并列地位，这可以从《模范刑法典》将作为、不作为与持有并列进行规定看出来。之所以英美刑法界对持有的性质问题有如此一致的看法，归因于英美刑法理论非常注重实务性，"英

---

① 储槐植、汪永乐：《刑法因果关系研究》，载《中国法学》，2001 (2)。
② 张绍谦：《刑法因果关系研究》，2 版，8 页，北京，中国检察出版社，2004。
③ 陈兴良：《刑法因果关系研究》，载《现代法学》，1999 (5)。
④ 童德华：《规范刑法原理》，134 页，北京，中国人民公安大学出版社，2005。
⑤⑥ 储槐植：《美国刑法》，第 3 版，38 页，北京，北京大学出版社，2005。
⑦ ［英］J. C. 史密斯、B. 霍根著，马清开等译：《英国刑法》，53 页，北京，法律出版社，2000。
⑧ ［英］鲁帕特·克罗斯、菲力普·A·琼斯著，赵秉志等译：《英国刑法导论》，1 页，北京，中国人民大学出版社，1991。

美法理论思维的逻辑起点是经验（经验往往包含理论一时难以说明的真理成分），价值目标是实用（这样的目标容易达成共识，但可能缺乏深入探讨的推动力）"①。

（二）我国刑法学界关于"持有"的探讨

受英美法系国家刑法理论和刑事立法的影响，我国学界也热衷于对"持有"性质的探讨，并且刑事立法中规定了多个持有型犯罪罪名。

从刑法理论探讨来看，我国刑法学界关于"持有"是状态还是行为的争论，主要存在以下三种观点：状态说②，行为说③，状态行为说。④ 关于"持有"是作为、不作为或第三行为的争论，在我国主要存在以下四种观点：作为说⑤，不作为说⑥，择一说⑦，独立说⑧。

从刑事立法上看，我国将持有型犯罪纳入刑事立法的过程，是一个从无到有，逐步发展的过程。一般认为，我国在 1979 年刑法中并没有关于持有型犯罪的规定。1988 年全国人大常委会颁布的《关于惩治贪污罪和贿赂罪的补充规定》第 11 条确立了非法持有不明财产罪；1990 年颁布的《关于禁毒的决定》第 3 条规定了非法持有毒品罪，并规定了独立的法定刑；此后，1995 年的《关于惩治破坏金融秩序犯罪的决定》第 4 条规定了非法持有伪造货币罪。1997 年刑法在总结上述单行刑事法律的基础上，以分散的方式规定了持有型犯罪。目前普遍认为，1997 年刑法规定了以下 8 个持有型犯罪：（1）第 128 条第 1 款规定的非法持有枪支、弹药罪；（2）第 130 条规定的非法携带枪支、弹药、管制刀具、危险物品危及公共安全罪；（3）第 172 条规定的持有、使用假币罪；（4）第 282 条第 2 款规定的非法持有国家绝密、机密文件、资料、物品罪；（5）第 297 条规定的非法携带武器、管制刀具、爆炸物参加集会、游行、示威罪；（6）第 348 条规定的非法持有毒品罪；（7）第 352 条规定的非法买卖、运输、携带、持有毒品原植物种子、幼苗罪；（8）第 395 条第 1 款规定的巨额财产来源不明罪。⑨

四、严格责任理论的影响

（一）英美法系国家刑事法中的严格责任

"在某些特殊的犯罪中，即使被告的行为不具有对被控犯罪必要后果的故意、放任或过失，即使被告对必要的犯罪条件没有犯罪意识或行为过失，即使被告的行为是基于合理的错误认识即认为自己具有犯罪定义所规定的某个特殊的辩护理由，他也能被定罪。在这种

---

① 储槐植：《美国刑法》，3 版，3～4 页，北京，北京大学出版社，2005。

② 参见杨敦先、苏惠渔、刘生荣、胡云腾主编：《新刑法施行疑难问题研究与适用》，143 页，北京，中国检察出版社，1999。

③ 参见赵炳涛、向朝阳主编：《刑事法问题研究》，84 页，北京，法律出版社，2005。

④ 参见杨春洗、杨书文：《试论持有行为的性质及持有型犯罪构成的立法论意义》，载《人民检察》，2001（6）。

⑤ 参见熊选国：《刑法中行为论》，125 页，北京，人民法院出版社，1992。

⑥ 参见陈兴良：《刑法学》，14 页，北京，中国政法大学出版社，2000。

⑦ 参见秦博勇：《也谈持有型犯罪——非法持有应是作为犯罪》，载《中外法学》，1994（2）。

⑧ 参见储槐植：《美国刑法》，3 版，38 页，北京，北京大学出版社，2005。

⑨ 参见王中德：《试论我国刑法中的持有型犯罪》，载《中国刑事法杂志》，1998（2）。

情况下，被告本人虽然没有任何过错，但确要承担刑事责任，这种责任称为严格责任。"①

自 17 世纪以来，英美国家都把犯罪人的主观心态作为犯罪的构成要求之一。然而，随着工商业经济活动迅猛增加，在公共福利、交通运输、公共卫生和工业安全保障等领域发生的各种危害社会的违法犯罪活动大量增加。这些犯罪不仅数量多、危害大，且举证困难。为了预防和打击这类犯罪，英美刑事立法中出现了一些无犯罪心态要件的犯罪，即严格责任犯罪。正如有学者指出："随着工商业的发达，工商业活动的大量增加，危害公共健康及社会安全与福利的违法犯罪行为也急剧增多，这类违法犯罪行为不仅数量巨大，而且要证明行为人的主观罪过也非常困难，如果让起诉方按照刑法一般原则对每一种这类危害行为都必须证明罪过，就很难起诉和定罪，容易使罪犯逃脱法网，也不利于保护公众利益。在这种情况下，英美刑法便采取灵活的态度，规定了触犯管理法规的严格责任，从而免除起诉方必须证明罪过的责任，同时让起诉方有广泛的起诉自由裁量权，去有选择地起诉那些有危害行为的人。"②

从立法上看，英美等国均有关于严格责任的规定。例如在美国具有立法示范作用的《模范刑法典》就规定了严格责任。在美国许多州的刑法典总则里都有对严格责任的规定。例如伊利诺伊州刑法典（1981 年版）总则在"犯罪心理态度"这一条的末尾一款就是："绝对责任：如果这个犯罪是不受监禁或者不超过五百美元罚金的轻罪，或者规定此种犯罪的法律明显地表示立法机关对该行为施加绝对责任目的者，在缺乏本法关于犯罪心态规定的任何一种犯罪心理状态时，行为人可以被判定为犯罪。"③ 在英国，严格责任一般都来自制定法。如英国《1956 年性犯罪法》第 5 条所规定的犯罪是严格责任的一种："男性与未满 13 岁的幼女发生非法性交情况下，被告不能以对受害人年龄的认识错误作为辩护理由以逃避法律责任。"《1988 年道路交通法》第 4 条规定："一个在道路上或其他公共场所掌管机动车的人是不适宜在服用药物或饮酒的情况下驾驶该机动车的，如果他在该情况下仍然驾车，那么他就构成了犯罪。"④

从实践来看，关于严格责任的较早的著名案例是英国 1875 年的普林斯案。该案被告人普林斯被指控的罪名是未经合法授权带走一位不满 16 岁的姑娘，触犯了《1861 年侵犯人身罪法》第 55 条的规定。该案中的姑娘名叫安妮·菲利浦斯，自称 18 岁，看上去也像在 16 岁以上，但姑娘之父证明其未满 16 岁。被告人普林斯被陪审团以 15：1 的绝对多数票裁决为有罪。在该案中，存在着下列一些关键的事实要素：第一，姑娘未满 16 岁；第二，姑娘处在父母监护下；第三，被告人未获得姑娘父母的同意；第四，被告人带走姑娘，使之脱离了其父母的监管等。在上述要素中，只有姑娘的年龄问题属于严格责任，即使被告人合理地相信受害人的自述，仍需承担责任。但这并不意味着对所有事实要素都不要求过错。在此案中，陪审团认为被告人存在引诱姑娘脱离其父母监护的意图，在这一点上，被告人

① ［英］鲁帕特·克罗斯、菲力普·A·琼斯著，赵秉志等译：《英国刑法导论》，67 页，北京，中国人民大学出版社，1991。
② 马登明、邬明安：《试论刑法中的严格责任》，载杨敦先、曹子丹主编：《改革开放与刑法发展》，北京，中国检察出版社，1993。
③ 储槐植：《美国刑法》，3 版，62 页，北京，北京大学出版社，2005。
④ Rager Geary：*Essential Criminal Law*，10 页，武汉，武汉大学出版社，2004。

是存在过错的，也是法庭需要加以证明的，而该案中对这一点的证明是无可争辩的。因此，对被告人普林斯定罪的理由是：即使被告人确实认为该姑娘已满 18 岁，其行为仍然是不道德的，其行为侵害了该姑娘父亲的权利，被告人应该想到姑娘有可能未达到法定年龄，倘若把明知姑娘的年龄作为定罪的一个必要条件，就会使该罪失去意义。①

（二）我国学者对严格责任之探讨

我国学者在了解英美法系国家严格责任犯罪的基础上，对于我国刑法是否规定了严格责任和我国要不要在刑法中规定严格责任进行了广泛而热烈的探讨。

对于我国刑法中是否规定了严格责任，学术界主要存在两种观点。一是肯定说。例如有学者认为："在一般刑事犯罪对法律的认识错误中，在法律上规定某种行为是犯罪，而行为人不认为是犯罪的，也涉及严格责任的问题。"② 二是否定说。例如有学者认为："推定严格责任是指某些特定犯罪中由被告人承担证明自己主观无罪过的责任，或者在这些犯罪中允许被告人以自己主观无罪过的证明作为辩护理由，在被告人不能证明自己无罪过时其行为将被认定为犯罪，并要承担相应的刑事责任……而我国刑法中的巨额财产来源不明罪中的举证责任，则是由行为人自己承担说明巨额财产来源的责任，而非证明自己拥有巨额财产的心理过错……因此，我国刑法中的巨额财产来源不明罪同样不属于无罪过的严格责任犯罪。"③

对于我国刑法有没有必要规定严格责任，学术界存在三种观点。

一是否定说。例如有学者认为："其（严格责任）不仅在理论上与刑法应有的精神相悖，而且在法治技术的层面上也是难以立论的。严格责任原则在实际生活中的适用非但不能达到程序法上的'堵漏'的目的（由于它本身的不合理，久而久之漏洞只会越来越大），且最恶劣的是在实体法上误导司法者及公众的观念——犯罪没有了故意和过失的区别，甚至意外事件也等同于犯罪。从长远看给社会可能带来的负面影响是不可低估的……故此，在刑法领域内应当彻底摒弃严格责任原则，类似的做法只能严格限定在民法及行政法的领域内实行。"④ 二是肯定说。例如有学者认为："严格责任尽管背离了主客观相统一等通行理论，却丝毫不影响其实用价值，在主观要素非常难证明且犯罪控制的要求极其强烈的情况下，严格责任不失为备选方案。"⑤ 三是折中说。该说认为我国可以引进严格责任原则，但应严格限制。如有学者认为："它（严格责任）不适合我国刑法全面引进，因为从技术上说，两种法律体系差距甚大，即使引进，也只能是局部的、小范围的，适用于某些犯罪的特殊要件，诸如奸淫幼女罪的年龄，毒品、假药类犯罪的错误认识等。不过，在行政法与经济法两个法律领域，它对我们具有重要价值……建议在这些方面很好地借鉴英美国家有关严格刑事责任的规则，使之变成严格工商业责任。"⑥

---

① 参见孙光骏：《论英美刑法中的严格责任》，载《法商研究》，1998（1）。
② 张文等：《刑事责任要义》，93 页，北京，北京大学出版社，1997。
③ 武小凤：《对我国刑法中严格责任立法现状及未来的比较分析》，载《法学家》，2005（3）。
④ 冯亚东：《理性主义与刑法模式》，107～109 页，北京，中国政法大学出版社，1998。
⑤ 邓斌：《巨额财产来源不明罪新探》，载《南昌大学学报》，2002（4）。
⑥ 李贵方：《英美刑法严格责任犯罪的研究与思考》，载《吉林大学社会科学学报》，1996（6）。

第三节
苏联刑法文化的影响

一、刑法理论对我国的影响

新中国成立后，废除了前政权的刑事立法和当时的刑法理论，在借鉴苏联的刑法立法成果和刑法理论的基础上，建立了具有中国特色的社会主义刑法制度，也发展了中国特色的刑事法理论。苏联刑法文化对我国的影响主要表现在以下方面：

（一）刑法的目的

社会主义国家强调法的政治性与阶级性，正如列宁所说："法律是一种政治措施，是一种政治。"① 苏联刑法学者也强调刑法和犯罪的阶级本质。在阶级论的基础上，苏联刑法学者主张刑法的目的在于保卫国家和防止、惩罚犯罪行为，以维护、发展和巩固有利于统治阶级、符合统治阶级愿望的社会关系和社会秩序。

新中国成立初期，我国刑法学者们也多是从法的阶级性和政治性出发探讨刑法的目的，强调一个国家刑法的任务受该国家自身性质制约，因为刑法属于国家法律上层建筑的一部分，是掌握国家政权的阶级根据自身的意志和利益制定并为其统治服务的。②

（二）刑法的任务

刑法的任务，即指刑法所承担的打击谁、保护谁的历史和现实使命。③ 由于苏联刑法学者特别重视法的阶级性和工具性，在理解刑法的任务时，也是从这一立场出发，突出强调刑法的任务在于维护社会主义政权、保护公共财产权益等方面的内容。例如 1922 年《苏俄刑法典》第 5 条规定：苏俄刑法典的任务，是在法律上保卫劳动者国家，防止各种犯罪行为和危害社会的分子，并对违反革命法律秩序的人适用刑罚或其他的社会保卫方法，以实现这种任务。1960 年《苏俄刑法典》第 1 条规定：苏俄刑法典的任务是保护苏维埃的社会制度和国家制度，保护社会主义所有制，保护公民的人身和权利以及整个社会主义法律秩序不受犯罪行为的侵害。④

苏联法的阶级性理论被新中国成立初期的学者们广泛接受。1957 年公开出版的我国第一本刑法教材《中华人民共和国刑法总则讲义》即认为："刑法是保护一定统治阶级利益的工具，是统治阶级进行斗争的武器"，"中华人民共和国刑法是……巩固人民民主专政，保护人民民主权利和保障我国胜利地建成社会主义社会的有力工具"。新中国刑事立法中，一

---

① 《列宁全集》，2 版，140 页，第 28 卷，北京，人民出版社，1990。
②③ 参见高铭暄主编：《刑法学原理》，第 1 卷，97 页，北京，中国人民大学出版社，1993。
④ 参见赵微：《俄罗斯联邦刑法》，5 页，北京，法律出版社，2003。

直规定刑法的首要任务是保国家政权，保护社会主义制度。例如 1954 年《刑法指导原则草案（初稿）》规定，刑法的任务是加强同一切卖国贼、反革命分子和其他犯罪分子作斗争，以进一步保卫人民民主制度，保护公民的人身和权利，保障国家的社会主义建设和社会主义改造事业的顺利进行。我国颁布的第一部刑法典中规定刑法的任务是："用刑罚同一切犯罪行为作斗争，以保卫国家安全，保卫人民民主专政的政权和社会主义制度，保护国有财产和劳动群众集体所有的财产，保护公民私人所有的财产，保护公民的人身权利、民主权利和其他权利，维护社会秩序、经济秩序，保障社会主义建设事业的顺利进行。"我国刑法在打击敌人、惩罚犯罪的同时，保护着国家和人民的利益，保护着社会主义的社会关系。①

（三）犯罪的概念

犯罪的概念有形式的概念、实质的概念和混合概念之分。大陆法系国家的学者中虽然也有人从实质上给犯罪下定义，但在立法中立法者往往是从形式上给犯罪下定义（即仅注重犯罪的法律特征）。苏联刑法学家把大陆法系刑法典中的犯罪形式概念斥为形式主义法学。如有的学者认为："资产阶级刑法典不明确规定犯罪的实质定义，掩盖了资产阶级刑法关于犯罪概念的阶级内容，隐瞒了资产阶级刑法的严重的反人民的性质。"② 与学者们的主张相适应，苏联的刑事立法中一般也是给犯罪下实质性的定义。如 1919 年《苏俄刑法指导原则》第 5 条规定："犯罪是违反刑法保护的社会关系的秩序的行为。"1922 年《苏俄刑法典》第 6 条规定，"威胁苏维埃制度基础及工农政权在向共产主义制度过渡时期所建立的法律秩序的一切危害社会的作为或不作为，都认为是犯罪。"③ 1926 年《苏俄刑法典》第 6 条规定：凡意图反对苏维埃制度，或破坏工农政权在向共产主义制度过渡时期所建立的法律秩序之一切作为或不作为，均认为社会危险行为。不过，后来的刑事立法中也开始注重犯罪的形式特征。如 1950 年《苏联刑法总则（草案）》第 9 条规定：凡侵害工农的社会主义国家、公民的人身和权利或违反社会主义的法律秩序，应受法律惩罚之社会危险的作为或不作为均认为犯罪。1958 年《苏联和各加盟共和国刑事立法纲要》第 7 条第 1 款规定："凡是刑事法律规定的危害苏维埃社会制度或国家制度，破坏社会主义经济体系和侵犯社会主义所有制，侵犯公民的人身、政治权利、劳动权利、财产权利和其他权利的危害社会的行为，都是犯罪。"

在我国刑法的起草过程中，对于犯罪定义，同刑法中其他许多重要问题一样，经过了广泛的讨论。④ 受苏联的影响，我国学者也赞同首先强调犯罪的实质概念（注重犯罪的阶级本质），例如有学者认为："关于什么是犯罪的问题，由于阶级立场与观点不同，结论也不同。""犯罪概念是有阶级性的，而且从来就是统治阶级根据其意志，通过刑法加以规定的。"⑤ 新中国刑事立法中，对于犯罪概念的规定，也首先强调的是犯罪的阶级性。例如

① 参见高铭暄：《中华人民共和国刑法的孕育和诞生》，24 页，北京，法律出版社，1981。
② ［苏］契希克瓦节主编，中央人民政府法制委员会编译室、中国人民大学刑法教研室译：《苏维埃刑法总则》，196 页，北京，法律出版社，1955。
③ 赵微：《俄罗斯联邦刑法》，9 页，北京，法律出版社，2003。
④ 参见杨春洗等：《刑法总论》，87 页，北京，北京大学出版社，1981。
⑤ 何鹏主编：《刑法概论》，41～43 页，长春，吉林人民出版社，1981。

1950 年《刑法大纲草案》第 7 条规定："凡反对人民政权及其所建立的人民民主主义的法律秩序的一切危害社会行为，均为犯罪。"后来学者们慢慢主张从实质和形式两个层面给犯罪下定义，刑事立法也开始向实质概念和形式概念相结合的方向发展。例如 1956 年《刑法草案》第 13 次稿第 8 条规定：一切危害人民民主制度，破坏法律秩序，对于社会有危害性的，依照法律应当受刑罚处罚的行为，都是犯罪；行为在形式上虽然符合本法分则条文的规定，但是情节显著轻微并且缺乏社会危害性的，不认为是犯罪。我国 1979 年刑法第 10 条和我国现行刑法第 13 条规定了形式与实质相结合的混合犯罪概念。多数学者现在认为犯罪的形式特征与实质特征并重。如有学者认为，犯罪的基本特征有三个，即一定的社会危害性、刑事违法性和应受惩罚性，只有这三个基本特征紧密结合，才组成完整的犯罪概念。[①]

（四）犯罪构成理论

犯罪构成理论是从实体法的角度探讨犯罪成立的理论。苏联刑法学家创立了与大陆法系和英美法系国家完全不同的犯罪构成理论。虽然苏联犯罪构成理论的形成中学者们也存在极大的争议，但从平面的结构视角思考这一问题是众多学者的共识。苏联著名刑法学家 A. H. 特拉依宁在苏联犯罪构成理论的形成中起到了重要作用。早在 1925 年，特拉依宁就在《苏维埃刑法教科书》（分则）中认为，刑事责任的根据问题，必须与具体犯罪构成紧密联系起来加以研究，并指出："有一条基本原则始终是不可动摇的，即行为只有符合分则罪状规定的犯罪构成才能受到刑事处罚。"[②] 1938 年出版的、由全苏法学研究所集体编写的《刑法总则》教科书中全面地论述了犯罪构成的主体、主观、客体和客观方面，认为所谓犯罪构成是构成犯罪的诸要件的总和。1946 年特拉依宁出版了苏联第一部关于犯罪构成理论的专著《苏维埃刑法上的犯罪构成》（该书于 1957 年第三次修订、完善并改名为"犯罪构成的一般学说"），该书全面、系统地论述了犯罪构成的概念、意义和犯罪构成理论的体系结构，研究了与犯罪构成有关的各种问题。在书中把犯罪构成定义为："苏维埃法律认为决定具体的、危害社会主义国家的作为（或不作为）为犯罪的一切客观要件和主观要件（因素）的总合。"[③] 特拉依宁将犯罪构成因素分为 4 类：（1）表明犯罪客体的构成因素；（2）表明犯罪客观方面的构成因素；（3）表明犯罪主体的构成因素；（4）表明犯罪主观方面的构成因素。[④] 同时，另一位著名刑法学家 A. A. 皮昂特科夫斯基也认为犯罪构成要件包括四方面的内容：（1）一定的犯罪主体；（2）一定的犯罪客体；（3）犯罪主体行为主观方面的一定特征；（4）犯罪主体行为客观方面的一定特征。[⑤] B. M. 契柯瓦则在其主编的《苏维埃刑法总则》中也认为："每一个犯罪都包含有以下特征：一、犯罪客体；二、犯罪构成客观方面；三、犯罪主体；四、犯罪构成主观方面。"[⑥]

[①]　参见高铭暄、赵秉志编著：《新中国刑法学研究历程》，53 页，北京，中国方正出版社，1999。

[②]　［苏］A. A. 皮昂特科夫斯基等编著：《苏联刑法科学史》，39～40 页，北京，法律出版社，1984。

[③]　［苏］A. H. 特拉依宁：《犯罪构成的一般学说》，48 页，北京，中国人民大学出版社，1958。

[④]　参见上书，100 页。

[⑤]　参见［苏］A. A. 皮昂特科夫斯基等编著：《苏联刑法科学史》，40 页，北京，法律出版社，1984。

[⑥]　［苏］B. M. 契柯瓦则主编：《苏维埃刑法总论》，205 页，北京，法律出版社，1956。

20 世纪 50 年代，我国刑法学者引入苏联犯罪构成理论，尽管在其中揉入了我国国情成分，但在框架、体系上基本上是照搬。① 1982 年高铭暄教授主编的全国高等学校法学统编教材《刑法学》指出："犯罪构成就是我国刑法所规定的，决定某一具体行为的社会危害性及其程度而为该行为构成犯罪所必需的一切客观要件和主观要件的总和。"② 犯罪构成包括四个方面的要件：犯罪客体、犯罪客观方面、犯罪主体和犯罪主观方面。该书还特别指出："上述四个方面的要件是有机统一、密切结合的。任何犯罪都是犯罪主体所实施的危害社会的行为，因此任何犯罪构成即必然包含表明主体和行为特征必不可少的主观要件和客观要件。主体和行为永远不能分离，主观要件和客观要件是结合成一个统一的整体来反映社会危害性及其程度的。"③ 现在，虽然这一犯罪构成理论受到了种种质疑，但主流学者们仍然主张，犯罪构成是犯罪成立的要件体系，一个行为是否构成犯罪必须从犯罪主体、犯罪主观、犯罪客体和犯罪客观四个要件着眼。④ 如果四个要件同时具备，行为即成立犯罪；缺少其中之一，便可否定犯罪的成立。有学者将我国的犯罪构成体系称为"齐合填充式"的犯罪构成理论体系。⑤

（五）犯罪停止形态理论

苏联学者将实施犯罪的过程区分为犯罪的预备、犯罪未遂、犯罪既遂和犯罪中止。⑥ 将犯罪预备、犯罪未遂与犯罪既遂称为故意犯罪发展的一定阶段（或称犯罪活动的发展阶段、故意犯罪发展中可能停顿的阶段），犯罪中止则是在犯罪预备阶段或犯罪未遂阶段均可能出现的特殊犯罪情况。⑦

受苏联刑法学理论的影响，我国刑法学者接受了其犯罪停止形态理论，将故意犯罪的停止阶段分为犯罪预备、犯罪未遂、犯罪中止和犯罪既遂。如 1957 年出版的《中华人民共和国刑法总则讲义》认为，犯罪的预备、未遂和中止，是故意犯罪发展过程中可能停顿的阶段。1982 年出版的全国高等学校法学教材《刑法学》认为，故意犯罪的阶段是指故意犯罪在活动过程中可能停顿的阶段。这就是犯罪预备、未遂和既遂，以及与此直接相关的犯罪中止。⑧

（六）共犯理论

在苏联共犯理论中，要求行为人之间有共同的行为和共同的犯意，并将共犯分为实行犯、教唆犯、帮助犯，后来出现了组织犯。按照犯罪人及其所实施的行为的危害程度来决

---

① 参见何秉松：《建立具有中国特色的犯罪构成理论新体系》，载《法学研究》，1986（1）。

② 高铭暄主编：《刑法学》，97 页，北京，法律出版社，1982。

③ 同上书，100 页。

④ 随着研究的深入，我国学者对犯罪构成四要件理论体系提出者了质疑，形成了不同的观点。（参见何秉松：《犯罪构成系统论》，110 页，北京，中国法制出版社，1995。）但现在犯罪构成四要件说仍然是我国理论界的通说。

⑤ 参见肖中华：《犯罪构成及其关系论》，44 页，北京，中国人民大学出版社，2000。

⑥ 参见陈宝树等：《刑法中的若干理论问题》，119 页，沈阳，辽宁大学出版社，1986。

⑦ 参见［苏］Н. А. 别利亚耶夫、М. И. 科瓦廖夫主编：《苏维埃刑法总论》，199 页，北京，群众出版社，1987。

⑧ 参见高铭暄主编：《刑法学》，172 页，北京，法律出版社，1982。

定其应当受到的惩罚。刑事立法中，1919 年《苏俄刑法指导原则》首次在立法上规定了共同犯罪，第 21 条规定："数人（结伙、匪帮、聚众）共同实施的行为，实行犯、教唆犯和帮助犯都将受处罚。"1922 年《苏俄刑法典》第 15 条规定："对于每一参加犯罪的人所应判处的刑罚方法，应当依照他参加这个犯罪的程度、犯罪人的危害程度和这个罪行的危害程度来决定。"1958 年的《苏联和各加盟共和国刑事立法纲要》第 17 条提供了共同犯罪的立法概念，该条规定，"二人以上故意共同参加实施某项犯罪"是共同犯罪。① 1960 年《苏俄刑法典》第 17 条规定："二人以上故意共同参加实施某项犯罪，就是共同犯罪。组织犯、教唆犯和帮助犯与实行犯一样都是共犯……法院在处刑时，应当考虑每一个共犯参加犯罪的程度和性质。"

我国 1979 年刑法与现行刑法均规定："共同犯罪是指二人以上共同故意犯罪。"该定义与苏联刑法中的共同犯罪定义只有表达上的不同，没有本质差异，均要求行为人在共同犯意支配下实施共同的行为。苏联刑事立法是把共犯分为实行犯、教唆犯、帮助犯和组织犯，我国刑法理论界对此表示基本赞同，我国刑事立法中也将共犯分为主犯、从犯、胁从犯和教唆犯。在共犯刑事责任的承担上，我国也强调犯罪人在共同犯罪中所起的作用即危害程度，适当考虑共同犯罪人之间的分工。

（七）刑罚的目的

与分析刑法的目的一样，苏联众多学者从阶级立场出发分析刑罚的目的，认为资产阶级刑罚的目的是保卫注定要死亡的资本主义基础和它相应的上层建筑，因而资本主义国家的刑法要掩饰刑罚的实际的阶级性质，而在社会主义国家内，则不需要对刑罚的本质与基础进行掩饰。基于此种认识，有学者认为，苏维埃刑法的目的，乃是社会主义国家为了谴责犯罪人实施的犯罪行为，规定其担负刑事责任并对之判处和适用某种刑事惩罚方法所力求达到的最终的实际效果。② 苏联的一些知名刑法学家（如卡尔别茨、特卡切夫斯基、别良耶夫等）认为："惩罚是刑罚的属性，同时也是刑罚的目的。"③ 不过，他们并不认为惩罚是刑罚的唯一目的，他们认为苏维埃国家采用刑罚，不仅是为了惩罚犯罪分子，而且具有改造和教育犯罪分子的目的。与此同时，苏维埃法院还用它的全部活动，包括对犯罪分子适用刑罚，来教育全体苏联公民。④ 惩罚与教育之意在于预防犯罪。在一系列的刑事立法中均体现出了这样的刑罚目的。例如 1919 年《苏俄刑法指导原则》第 7 条规定：刑罚是政权机关为了保障社会关系和防止破坏秩序的人（罪犯）而采用的强制办法；第 8 条规定：刑罚的任务是保卫社会秩序，防止实施犯罪的行为或企图实施犯罪的行为，并防止犯罪人本人或其他的人将来再有犯罪的可能。1922 年《苏俄刑法典》第 8 条规定：判处刑罚和适用其他的社会保卫方法的目的是一般地预防违法的人及社会上其他不稳定分子重新违法；用劳动改造的影响办法，使违法的人适合于共同生活条件，削减犯罪人以后再次实施犯罪的可

① 参见［苏］H. A. 别利亚耶夫、M. И. 科瓦廖夫主编：《苏维埃刑法总论》，218、303～304 页，北京，群众出版社，1987。

② 参见上书，267、303～304 页。

③ 薛瑞麟：《前苏联刑罚的理论发展概况》，载《政法论坛》，1987（2）。

④ 参见张尚鷟编著：《中华人民共和国刑法概论（总则部分）》，206 页，北京，法律出版社，1983。

能。此后，1926 年《苏俄刑法典》、1958 年《苏联和各加盟共和国刑事立法纲要》对刑罚目的均有规定。1960 年《苏俄刑法典》第 20 条（刑罚的目的）规定："刑罚不仅是对所犯罪行的惩罚，而且还以改造和教育被判刑人，使之诚实对待劳动、认真执行法律、遵守社会主义共同生活规则，并以预防被判刑人重新犯罪和其他犯罪为目的。"[①]

新中国成立初期的刑法理论也认为，我国刑罚的目的和一切剥削者国家刑罚的目的是完全不同的，一切剥削国家适用刑罚只有一个惩罚目的，我国刑罚的目的是惩罚和教育。如有学者认为，我国刑罚是以教育改造为目的。理由是：我国是社会主义国家，我国刑罚是社会主义性质的，因此，我国刑罚的目的是通过惩罚犯罪分子的手段，教育改造犯罪分子，预防犯罪。[②] 新中国成立初期起草的一些刑法草案也明确表明了刑罚目的。如 1950 年《刑法大纲草案》第 16 条规定了刑罚目的的三个方面，即"一、惩罚犯罪人，尤其对于一切反革命活动、一切勾结帝国主义背叛祖国、反对人民民主事业的国民党反革命战争罪犯，和其他怙恶不悛的反革命首要分子；二、改造犯罪人，使其对于国家企求政治、经济与文化发展的秩序，养成尊重的精神；三、警戒社会上其他不稳定和不良分子"。1954 年《刑法指导原则草案》第 8 条规定，刑罚目的是"惩罚和改造一切犯罪分子，使他们不再犯罪；同时通过对罪犯的惩罚和改造，教育人民，预防犯罪。"新中国成立后近三十年的刑罚学发展中，我国学者对于刑罚目的提出了众多的学说，有惩罚说、改造说、预防说、双重目的说、三目的说、预防和消灭犯罪说、根本目的和直接目的说等。[③] 这些学说中，预防说是通说。这说明，苏联关于刑罚目的的定位对我国仍有一定的影响。

（八）刑罚功能

刑罚的功能，是指国家创制、适用与执行刑罚所直接产生的社会效应。[④] 刑罚的功能是刑罚的内在属性在其运动过程中的外在表现，是刑罚内在属性的外化，是从动态上考察刑罚这一法律制度。[⑤] 苏联刑法规定了刑罚的惩罚、改造和教育功能。如 1960 年《苏俄刑法典》第 20 条规定："刑罚不仅是对所犯罪行的惩罚，而且还以改造教育被判刑人，使之诚实对待劳动、认真执行法律、遵守社会主义共同生活规则，以及预防被判刑人重新犯罪和其他人实施犯罪目的。刑罚不以使人遭受肉体痛苦或侮辱人格为目的。"从这个规定可以看出，苏联刑罚发挥的是惩罚罪犯、改造罪犯和教育罪犯及其他人的功能。

我国刑法学界关于刑罚的功能有不同的见解。如有学者认为，刑罚的功能为：（1）剥夺功能；（2）改造功能；（3）感化功能；（4）威慑功能；（5）鉴别功能；（6）补偿功能；（7）安抚功能；（8）鼓励功能。[⑥] 有学者将刑罚的功能分为个别预防功能和一般预防功能。前者又分为剥夺或限制功能、个别鉴别、感化、个别威慑、改造 5 种；后者又分为刑罚对潜在犯罪人的功能、刑罚对受害人的作用、刑罚对其他违法者的作用 3 种。[⑦] 而马克昌教授

---

① 赵微：《俄罗斯联邦刑法》，205 页，北京，法律出版社，2003。

② 参见杨春洗等：《刑法总论》，219 页，北京，北京大学出版社，1981。

③ 参见高铭暄主编：《新中国刑法学研究综述》，408～409 页，郑州，河南人民出版社，1986。

④ 参见张明楷：《刑法学》，401 页，北京，法律出版社，2007。

⑤ 参见高铭暄主编：《刑法学原理》，第 3 卷，32 页，北京，中国人民大学出版社，1993。

⑥ 参见上书，32～44 页。

⑦ 参见邱兴隆等：《刑罚学》，72～95 页，北京，群众出版社，1988。

认为，我国刑罚的功能有三个：（1）对犯罪人的功能，又包括惩罚功能和改造功能两种；（2）对社会的功能，又包括威慑功能、教育功能和鼓励功能 3 种；（3）对被害人的功能。[①]刑罚功能论者通过对刑罚功能的研究深化刑罚目的理论，并且认为刑罚功能是与刑罚目的有密切联系而又区别于刑罚目的的一个新的研究领域，是提出刑罚目的的客观基础。[②] 从上述学者的观点看，虽然关于刑罚功能的具体分类存在较大的分歧，但无论哪位学者都不否认刑罚具有惩罚、改造和教育的功能。也就是说，刑罚功能的核心内涵与苏联的观点没有质的差异。

二、刑法制度对中国的影响

（一）类推制度

1. 苏联类推制度的立与废

"类推"是指对于刑法没有明文规定但具有社会危害性的犯罪行为，适用刑法中最相类似规范的制度。1922 年召开的第四次全俄苏维埃司法工作者代表大会上，Н. А. 切尔留恩恰凯维奇在关于刑法典草案的报告中称类推"是基本原则之一"。Д. И. 库尔斯基在第九届全俄中央执行委员会第三次会议上关于刑法典的报告中认为类推"是绝对需要的"[③]。1922 年《苏俄刑法典》第 10 条规定：个别种类的犯罪行为，如果是本刑法典没有明文规定的，它的刑罚或社会保卫方法，可以比照在犯罪的重要性和犯罪的种类上同刑法典最相类似的条文，并遵照本刑法典总则的规定来决定之。[④] 此后，1924 年《苏联刑法基本原则》、1926 年《苏俄刑法典》及 1927 年至 1928 年间所颁布的其他加盟共和国刑法典，也都规定了类推。[⑤] 苏联通过的 1958 年《苏联和各加盟共和国刑事立法纲要》废除了实行多年的适用类推的规定，并且在 1963 年苏联最高法院全体会议关于法院审理刑事案件时严格遵守法律的决议中着重指出："认定犯罪行为时，应准确地按照对该行为规定刑事责任的法律，对这一要求的任何违反都是不允许的。"[⑥]

2. 苏联类推制度对我国的影响

新中国成立初期，我国借鉴了苏联的类推制度，例如新中国颁布的《惩治反革命条例》第 16 条就明确规定："以反革命为目的之其他罪犯未经本条例规定者，得比照本条例类似之罪处刑。"类推制度的确在新中国成立初期同反革命犯罪的斗争中发挥过重要作用。[⑦] 我国 1979 年刑法规定了类推制度："本法分则没有明文规定的犯罪，可以比照本法分则最相类似的条文定罪判刑，但是应当报请最高人民法院核准。"颁布了刑法典的情况下仍规定类推制

---

① 参见马克昌主编：《刑罚通论》，45～52 页，武汉，武汉大学出版社，2002。
② 参见高铭暄主编：《新中国刑法科学简史》，153 页，北京，中国人民公安大学出版社，1993。
③ ［苏］皮昂特科夫斯基等：《苏联刑法科学史》，30 页，北京，法律出版社，1984。
④ 参见［苏］А. 盖尔青伸编、И. 高里雅柯夫审定：《苏联和苏俄刑事立法史料汇编 1917—1952》，238～239 页，北京，法律出版社，1956。
⑤ 参见李秀清：《新中国刑事立法移植苏联模式考》，载《法学评论》，2006（6）。
⑥ ［苏］皮昂特科夫斯基等：《苏联刑法科学史》，35～36 页，北京，法律出版社，1984。
⑦ 参见高铭暄主编：《刑法原理》，第 2 版，192 页，北京，中国人民大学出版社，1993。

度，其原因在于：考虑到我国制定第一部刑法，不可能把十分复杂的犯罪现象包括无遗，而犯罪现象又总是处在经常变化当中，为了保证同那些刑法分则中没有直接规定的、实质上是危害社会的行为进行斗争，就必须在罪刑法定的基础上，实行有控制的类推原则。[1]

在 20 世纪 50 年代末期，苏联等社会主义国家纷纷废除类推制度的情况下，我国仍规定了这一制度，这说明我国学者和立法者对于是否在刑法中规定类推制度并没有受其影响。即使是在改革开放的过程中，在罪刑法定主义广泛传播而有部分学者提出废除类推制度的情况下，我国仍有学者强烈要求保留该制度。但因为类推制度的存在是对罪刑法定原则的否定，所以我国在 1997 年刑法修订过程中，主流意见呼吁废除类推制度。有学者认为，苏联和我国的立法实践表明，类推只是一定时期弥补立法不足的权宜之计。这不仅不能证明类推制度本身的优越性，而恰恰说明类推制度是法制不健全的产物。[2] 所以，在 1997 年刑法中废除了类推制度，明确规定了罪刑法定原则。

（二）刑种：剥夺政治权利与没收财产

1. 苏联刑法剥夺政治权利的规定对我国的影响

剥夺政治权利是指剥夺犯罪分子参加国家管理和政治活动的权利。强调剥夺政治权利刑罚的设立与适用，是因为该刑罚能防止反革命分子和犯有严重罪行的犯罪分子利用政治权利危害无产阶级专政的政权和严重破坏社会秩序。1924 年的《苏联和各加盟共和国刑事立法纲要》第 26 条规定，剥夺的可以是担任一定职务或从事某种活动的权利。在该纲要中还规定可以剥夺军衔和其他专门称号及勋章、奖章和荣誉称号。[3] 1926 年《苏俄刑法典》第 31 条规定的剥夺的权利包括：（1）选举权与被选举权；（2）担任国家负责职位、执行公职和承受荣誉称号的权利；（3）担任工商业组织和公司选任职务的权利；（4）亲权。在第 33 条中规定剥夺第 31 条中前 3 项权利时要附带剥夺劳动旗勋章和红旗勋章。[4]

在新中国成立前革命根据地的司法实践中就开始运用剥夺政治权利，其内容一般是选举权与被选举权，担任国家职务之权，受国家的勋章、奖章及荣誉称号之权，从事特种职业及职业经营权。新中国成立后，1953 年的《管制反革命分子暂行办法》首次在立法中规定了剥夺政治权利的内容：（1）选举权与被选举权；（2）担任国家机关行政职务之权；（3）参加人民武装及人民团体之权；（4）言论、出版、集会、结社、通讯、居住、迁移及示威游行之自由；（5）享受人民荣誉之权。[5] 这一规定与苏联刑法中关于剥夺政治权利的内容基本一致。我国 1979 年刑法和 1997 年刑法中规定的剥夺政治权利与此只有细微的差别。这说明苏联关于剥夺政治权利的规定对我国刑事立法产生了深远的影响。

2. 苏联刑法没收财产的规定对我国的影响

没收财产是没收犯罪分子个人财产的全部或一部分的刑罚方法。由于没收财产与资产

---

① 参见杨春洗等：《刑法总论》，76 页，北京，北京大学出版社，1981。
② 参见高铭暄主编：《刑法学原理》，第 2 卷，192 页，北京，中国人民大学出版社，1993。
③ 参见［苏］Н. А. 别利亚耶夫、М. И. 科瓦廖夫主编：《苏维埃刑法总论》，293～295、303～304 页，北京，群众出版社，1987。
④ 参见［苏］А. 盖尔青仲编，И. 高里雅柯夫主编：《苏联和苏俄刑事立法史料集编 1917—1952》，489 页，北京，法律出版社，1956。
⑤ 参见马克昌主编：《刑罚通论》，229～230 页，武汉，武汉大学出版社，2002。

阶级私有财产神圣不可侵犯的原则相矛盾，所以资本主义国家普遍没有采用没收财产这一刑罚方法。但社会主义国家普遍设立了没收财产这一刑种。一般认为，没收财产可以惩罚犯罪分子，亦可以剥夺其再犯罪的经济能力。苏联刑法中规定的没收财产分为三种：全部没收、部分没收和特别没收。例如《苏俄刑法典》第 35 条规定："没收财产，是把被判刑人个人所有的财产的全部或一部强制地无偿收归国有。如果没收的是一部分财产，则法院应当指明所没收的是哪一部分财产，或者将没收的财物一一列举。"从没收范围来看，为被判刑人和受他供养的人员所必需的物品，不应予以没收；在没收财产时，对于被判刑人的债务和义务，如果在调查机关、侦查机关和审判机关采取保全财产的措施后发生而且没有取得这些机关同意的，国家不承担责任；对于在采取措施前发生的债务和义务，国家承担责任。从刑法分则的规定看，苏联刑法中关于没收财产的配置主要针对的是经济犯罪、财产犯罪和国事犯罪。

我国学者普遍认为，对犯罪分子适用没收财产，一方面是对他们所犯罪行的惩罚，另一方面也是从经济上剥夺他们赖以继续进行犯罪活动的手段。新中国成立初期的一些刑法规范中就规定了没收财产，如《惩治贪污罪条例》、《惩治反革命罪条例》规定了没收犯罪分子财产的一部或全部。没收财产的系统规定是在 1979 年刑法中，该法总则中规定了没收财产的范围、方式，强调在判处没收财产的时候，不得没收属于犯罪分子家属所有或者应有的财产；分则中为反革命罪、严重的经济犯罪、财产犯罪及其他故意犯罪配置了没收财产。1997 年刑法中又对没收财产作了完善，即规定没收财产以前犯罪分子所负的正当债务，需要以没收的财产偿还的，经债权人请求，应当偿还。通过比较，我们认为我国关于没收财产的立法与苏联的相关规定大体一致，说明我国受到了其立法的影响。

（三）刑罚裁量

1. 苏联与我国刑罚裁量原则

刑罚裁量原则是法院量刑时应当遵守的准则。"法院在判刑时要遵循苏维埃刑法的各项原则，如社会主义法制、人道主义和刑罚的个别化。"[①] 在这些原则中，法制原则是首要原则。从苏联刑法的规定看，为了体现法制原则，量刑时法院应当着重把握两方面的内容，即法律与事实。苏联的各部刑法中都对此作了明确规定。如 1922 年《苏俄刑法典》规定了依法裁量原则。1926 年《苏俄刑法典》更是明确规定了量刑的一般原则："法院在对被判刑人适用司法改造性质的社会保卫方法的时候，应当遵守：（一）本法典总则中的规定；（二）本法典分则中规定这一犯罪的条文所规定的范围；（三）以考虑犯罪的社会危害程度、案件情况和犯罪人的个人情况结果为根据的社会主义法律意识。"该规定在 1978 年《苏俄刑法典》（修订）第 37 条关于"处刑的一般原则"的规定中保留了下来。[②]

与苏联一样，我国也注重量刑中的法制原则。1950 年《刑法大纲草案》第 23 条规定："法院于法定刑范围内，处罚各种犯罪时，除应审查犯罪及犯罪人社会危险性程度外，并应注意第 24 条所列重的犯罪情节与轻的犯罪情节。"1954 年《刑法指导原则草案》规定："人

① ［苏］H. A. 别利亚耶夫、M. И. 科瓦廖夫主编：《苏维埃刑法总论》，327 页，北京，群众出版社，1987。
② 参见高铭暄主编：《刑法学原理》，第 3 卷，207～208 页，北京，中国人民大学出版社，1993。

民法院对于罪犯在法定的范围内决定刑罚的时候，应当具体考虑犯罪行为的危害程度、犯罪行为在当时当地的情况下对于社会的影响、罪犯平日行为所充分证明的对于社会的危害性，依照下列从重、从轻情节规定，适当判刑……"1957 年刑法草案第 22 稿将量刑原则规定为："对于犯罪分子决定刑罚的时候，应当根据犯罪的性质、情节和对社会的危害程度，参照犯罪分子的个人情况，依照本法有关规定判处。"1979 年刑法规定："对于犯罪分子决定刑罚的时候，应当根据犯罪的事实、犯罪的性质、情节和对于社会的危害程度，依照本法的有关规定判处。"现在学界一般将量刑原则概括为：以事实为根据，以法律为准绳。从内容上看，我国的量刑原则与苏联的量刑原则有相通之处。

　　2. 刑法裁量制度

　　（1）减轻处罚制度

　　减轻处罚是指在法定刑幅度以下对犯罪人判处刑罚。苏联刑法对减轻处罚作了规定。如《苏俄刑法典》第 43 条规定："法院斟酌特殊的案情和犯罪人的个人情况，认为有必要时，可以对犯罪人判处低于法律对这种罪行所规定的最低限度的刑罚，或者改用他种较轻的刑罚，但必须说明理由。"有苏联学者认为，特殊的案情和犯罪人的个人情况，就是适用刑法典第 43 条的法律根据；特殊情况就是法律有规定的和没有规定的减轻责任的情况。[1]

　　我国刑法中规定的减轻制度包括两种：普通减轻制与特殊减轻制。普通减轻制是当犯罪人具有法定减轻情节时，减轻其刑罚；特殊减轻制则是指犯罪分子虽然不具有刑法规定的减轻处罚情节，但是根据案件的具体情况，判处法定刑的最低刑还是过重的，经人民法院审判委员会决定，也可以在法定刑以下判处刑罚。比较苏联与我国的减轻制度，可以发现两者的减轻处罚实际上具有较大的相似性。

　　（2）累犯制度

　　在苏联，累犯是指因过去的犯罪而服过刑或者正在服刑，即有前科的人又实施了新的犯罪。[2]苏联刑法关于累犯的规定既无两次犯罪间隔期限的规定，也无区分犯罪故意、过失的规定。同时，累犯被分为三种：一般累犯、特殊累犯与特别危险的累犯。一般累犯容易理解，特殊累犯指某人在第一个犯罪行为被判刑之后，又实施了同一的或者（在法律已有专门规定的情况下）同类的犯罪行为。特别危险的累犯是指以前犯有《苏俄刑法典》第 24 条所规定的罪行，被剥夺过自由，以后又实施了其中任何一种故意犯罪。苏联学者对特别危险的累犯的评价是：特别危险的累犯证明了犯罪人极为顽固的反社会倾向，尽管对他已经采取了最严厉的刑罚感化措施，这种倾向仍然表现在他的新的罪行之中。[3]

　　在我国，累犯是指被判处有期徒刑以上刑罚的犯罪分子在刑罚执行完毕或赦免后，在一定时间内，又犯应当判处有期徒刑以上刑罚的犯罪分子。我国累犯有一般累犯和特别累犯（危害国家安全罪的特别累犯）两种。我国特别累犯制度深受苏联刑法中特别危险的累犯的影响。在我国，特别累犯没有关于故意、过失的区别，没有规定必须是判处有期徒刑以上刑罚，亦没有规定前后两罪之间的"一定时间"。这说明，我国的特别累犯与

　　①　参见〔苏〕H. A. 别利亚耶夫、M. И. 科瓦廖夫主编：《苏维埃刑法总论》，357 页，北京，群众出版社，1987。
　　②　参见上书，254 页。
　　③　参见上书，256 页。

苏联特别危险的累犯极为相似。我国一般累犯要求前后两罪都应为故意犯罪[1]，而且我国一般累犯的构成还要求两罪之间有"一定时间"间隔，要求两罪均应当被判处有期徒刑以上的刑罚。

(四) 行刑制度

1. 缓刑制度

缓刑是宣告刑的缓期执行。苏联刑法规定，法院判处剥夺自由或劳动改造的刑罚时，斟酌案情和犯罪人的个人情况，如果认为不宜对犯罪人执行判定的刑罚，可以宣告缓刑，但必须在判决书中说明缓刑的理由。在这种情形下，法院可以决定，如果犯罪人在法院规定的考验期内没有再故意犯罪时，就不再执行判决。苏联的缓刑有两种形式：一般缓刑与特殊缓刑。两者的区别在于缓刑期间是否需要强制劳动。苏联刑法规定一般缓刑适用于判处剥夺自由或劳动改造的刑罚，特殊缓刑适用于有劳动能力的成年人因初次故意犯罪被判剥夺自由 3 年以下的，或者因过失犯罪初次被判剥夺自由 5 年以下。在缓刑考验期上，苏联确定为 1 年以上 5 年以下，考验期的长短由法院确定。缓刑考验期间要求犯罪分子遵守相关的规定，不过缓刑考验期间的过失犯罪和没有判处剥夺自由的故意犯罪都不会导致缓刑被撤销。

新中国成立初期，我国就出台了关于缓刑的规定。例如 1950 年中央人民政府司法部颁布的《关于假释、缓刑、褫夺公权等问题的解释》中即指出：缓刑一般适用于对社会危害较小的、处刑较短的，且依据具体情况又暂不执行为宜的徒刑的犯罪分子。1952 年政务院通过的《关于处理贪污、浪费及克服官僚主义错误的若干规定》中规定，"宣告缓刑者，有期徒刑缓刑可以不关押，改用机关管制或劳役改造办法以观后效"。受苏联刑法的影响，我国起草刑法典的过程中，借鉴了其相关规定。如刑法第 22 稿规定为缓刑考验期为"原判刑期以上五年以下"，但"不能少于六个月"；第 33 稿修改为："拘役的缓刑考验期限为原判刑期以上一年以下，但不能少于一个月。""有期徒刑的缓刑考验期限为原判刑期以上五年以下，但不能少于一年。"这与苏联的规定是一致的。1979 年刑法中明确规定了缓刑制度。不过，这一缓刑制度与苏联的规定存在众多的不同。例如在撤销缓刑条件上，我国只要犯罪分子再犯新罪，无论故意、过失，都导致缓刑被撤销。而在苏联，缓刑期间的过失犯罪和没有判处剥夺自由的故意犯罪都不会导致缓刑被撤销。

2. 假释制度

假释是有条件地将犯罪分子提前释放。"提前释放，不仅是苏维埃劳改政策的人道主义的证明，而且更是这种政策的首要方法。"[2] 苏联刑法的规定中有假释与有条件的释放两种行刑制度，正如苏联学者所言："有条件的释放，就其实质、任务和根据而言，同假释是相似的，但它是独立的一种。"1978 年《苏俄刑法典》第 53 条规定了假释及从剥夺自由劳动

---

① 但我国在刑法制定过程中有一段时期并未区分故意与过失。第 22 稿规定"再犯同类性质犯罪"，无过失与故意的区分，这无疑是受到苏联的影响。同时，第 22 稿的规定中我国关于累犯的规定趋同于苏联的特殊累犯。在第 33 稿时删掉了"再犯同类性质犯罪"，改为先后两罪都是被判处有期徒刑以上的犯罪。关于我国刑法历次修改稿的内容，参见高铭暄：《中华人民共和国刑法的孕育和诞生》，北京，法律出版社，1981。

② ［苏］Н. А. 别利亚耶夫、М. И. 科瓦廖夫主编：《苏维埃刑法总论》，254 页，北京，群众出版社，1987。

场所有条件地释放并强制被判刑人劳动。苏联刑法规定的假释及有条件地释放并强制被判刑人劳动都是有服刑时间期限条件的，并且设置了三个时间段，体现了假释的层次性：假释一般应实际服满刑期一半以上；在三种情况下应服满 2/3[①]；触犯刑法分则规定的某些犯罪及假释或易科刑罚后、原判刑期未服满前又犯罪的，应服满刑期的 3/4。从剥夺自由劳动场所有条件地释放并强制被判刑人劳动将应服刑时间分为 4 个层次，被判刑 10 年以下应实际服满刑期的 1/3，被判刑 10 年以上应实际服满刑期的 1/2，应服满刑期 2/3 与 3/4 的与假释规定条件相同。同时苏联刑法还规定，对未成年人在假释时相较于成年人其实际服刑期可相应减少。苏联刑法规定的假释不适用于以下三类人：特别危险的累犯；以前因故意犯罪被判处过剥夺自由，并对之适用过假释或原刑被易科为较轻刑罚，未服满刑期以前又重新犯有应当判处剥夺自由的故意罪的人；因特别危险的国事罪、盗匪罪、破坏劳改机关工作的行为和各加盟共和国刑法典相应条文所列举的其他严重犯罪而被判刑的人。

我国学者认为，假释是体现惩办与宽大相结合的刑事政策的一项刑罚制度。[②] 我国刑法规定了较为完善的假释制度。在实际服刑期的限制上，刑法规定死缓犯假释应实际服刑 12 年以上，无期徒刑犯假释应服满 10 年以上，有期徒刑应服满刑期的 1/2 以上，并且规定特殊情况下可以不受限制。1997 年刑法在第 81 条第 2 款规定，"对累犯以及因杀人、爆炸、抢劫、强奸、绑架等暴力性犯罪被判处十年以上有期徒刑、无期徒刑的犯罪分子，不得假释"。这和苏联刑法关于假释禁止性的规定相似。我国刑法没有关于未成年人假释的特殊规定。有学者认为我国关于假释应服刑期的规定过于牵强、简单、机械。[③]

---

① 这三种情况为：犯故意罪被判处剥夺自由 3 年以上的；曾犯故意罪在剥夺自由场所服过刑，而在前科消灭或撤销之前又犯故意罪并被判处剥夺自由的；在剥夺自由场所服刑期间犯故意罪并被判处剥夺自由的。本章关于苏联假释、易科刑罚的法条规定来源于最高人民法院刑事审判第二庭编：《减刑、假释工作必备——中外减刑、假释法律、法规选编》，北京，人民法院出版社，1992。

② 参见张尚鷟编著：《中华人民共和国刑法概论》（总则部分），315 页，北京，法律出版社，1983。

③ 参见马克昌主编：《刑罚通论》，647 页，武汉，武汉大学出版社，2002。

第五章

外国民商法文化的影响

晚清以降，内忧外患严重，清廷乃为"修律"之"无奈"之举，中国社会被动走向法律移植与法律近代化。《大清民律草案》之匆忙编订，却开启了中国民法近代化之序幕，至《中华民国民法》之出台，标志着中国民法近代化的完成。《大清民律草案》、民国《民律草案》与《中华民国民法》均以德、日、瑞士、法等大陆法系民商法典为模型，立法中亦受英美法系民商法理念之影响。这些草案与法典的出台系经法律移植，引入西法之"人格平等、私权本位与私法自治"等私法理念，在30年内即告完成。然短时、迅速之全面法律移植标志着法律与传统的断裂，过程则存诸多争议，表现如"礼法之争"，而修律者在修律过程中"左支右绌"之妥协即为明证。

中国民法的近代化的经验留待我们思索的问题是：一是如何移植外国法？如何合理整合固有法与外来法？二是如何让移植之法律在社会中得到认可，生根发芽并赋予其"生命"，即法律移植与法律文化的进步协同？对上述问题之理性探索，实则利于时下中国民法典的编纂与中国民法之现代化。

第一节
大陆法系民商法文化的影响

一、近代中国民商立法之尝试与大陆法系民商法文化之继受

（一）《大清民律草案》

1. 沈家本修律与《大清民律草案》

晚清时期，维新思想日益活跃，革命活动（如义和团运动）风起云涌，清廷内忧深重，统治陷入摇摇欲坠之境地。与此对应，列强通过"不平等"条约（如《辛丑条约》、《双边

通商行船条约》）加快殖民化掠夺，清廷外患日益加深。加之列强"取消治外法权"的"允诺"之契机，在此背景下，清廷的修律得以启动。

（1）《大清民律草案》起草之准备与努力

光绪二十八年（1902年）2月慈禧太后与光绪共同下诏修律。袁世凯、刘坤一、张之洞三位总督接受选人的谕旨，选定沈家本、伍廷芳为修律大臣。1902年3月，清廷发布上谕，"现丰通商交涉，事亦繁多，著沈家本、伍廷芳，将一切现行律例，参酌各国法律，悉心考订，妥为拟订，务期中外通行，有裨治理，俟修订呈览，候旨颁行。"①

修订法律馆于1904年4月1日开馆；1905年9月，修律大臣伍廷芳等上折奏请派员赴日考察；1906年4月至12月，董康等4人赴日本考察，并与日本政府商定聘任法律专家协助修律问题。修订法律馆一直以梅谦次郎作为首选民法专家，因其受聘于日本政府随时顾问而未能聘成。之后，聘请日本商法专家志田钾太郎与法学学士松冈义正协助民法草案的起草工作。

光绪三十三年（1907年）6月，民政部上奏请求"速定民法"。同年9月，清廷派沈家本、俞廉三、英瑞为修订法律大臣，主持修订民律。修订法律馆在起草民律草案之前，进行了两项工作：一是聘请法律学堂教习、日本大审院判事、法学学士松冈义正协同调查，二是遴选分赴各地采访民俗习惯者。② 根据调查资料，参照各国民事立法的成例，斟酌各省报告习俗之表册，拟订《大清民律草案》。

日本法学家松冈义正负责起草民律总则、债权、物权3编，由章宗元、朱献文主编亲属编，由高种、陈篆主编继承编，后2编也是在松冈义正的协助下完成。草案于宣统三年（1911年）8月完成③，未及颁行清廷即告灭亡。

1908年，修订法律馆聘请志田钾太郎负责起草《大清商律草案》，主要模仿日本明治商法和1900年《德国商法典》，票据部分还参考了《海牙统一票据条例草案》。④ 1909年《大清商律草案》编订完成，草案包括总则、商行为、公司法、海商法、票据法等，共1 008条。但该草案因不符合当时中国的商业习惯，加之其照搬外国法的相关规定过多，编订完成时即遭到农工商部的抵制。农工商部于1910年提出《改订商律草案》，但草案未及议决清廷即覆灭。

（2）《大清民律草案》的制定及内容简介

《大清民律草案》共5编、36章，共计1 569条。其立法宗旨主要有4点："一、注重世界最普通之法则"；"二、原本后出最精确之法理"；"三、求最适合中国民情之法则"；"四、期于改进上最有利益之法则"。

《大清民律草案》共5编，总则编共8章、323条（分别为法例、人、法人、物、法律行为、期间及期日、时效、权利之行使及担保），第二编"债权编"共8章、654条（分别

---

① 《大清光绪朝实录》卷四九八。
② 参见张国福：《中华民国法制简史》，29页，北京，北京大学出版社，1986。
③ 参见胡长清：《中国民法总论》，16页，北京，中国政法大学出版社，1997。
④ 参见孟祥沛：《中日民法近代化比较研究——以近代民法典编纂为视野》，42页，北京，法律出版社，2006。

为通则、契约、广告、发行指示证券、发行无记名证券、管理事务、不当利得①、侵权行为），第三编"物权编"共 7 章、339 条（分别为通则、所有权、地上权、地役要、担保物权、占有），前 3 编共 1 316 条；第四编"亲属编"共 7 章、143 条（分别为通则、家制、婚姻、亲子、监护、亲属会、抚养之义务）；第五编"继承编"共 6 章、110 条（分别为通则、继承、遗嘱、特留财产、无人承认之继承、债权人或受遗人之权利）。

就总则、债权、物权 3 编而言，主要以日本、德国民法为模板，强调现代法律精神，而较少关注中国传统法制、习俗，而亲属、继承 2 编虽兼采旧例，但仍与社会现实有较大差距。

《大清民律草案》虽然没有能够颁行，但事实上在民国民法典颁行前得到实际的施行，因为，民国建立后，修订法律馆以《大清民律草案》为蓝本，调查各省民、商事习惯，并参考各国最新立法，于 1925 年完成并公布了《中华民国民律草案》（又称"第二部民法草案"）。全文共 5 编、1 745 条。1926 年由北洋政府司法部通令各级法院在司法中作为法理加以引用。②

2. 大陆法系民商法律文化对《大清民律草案》之影响：日本法抑或德国法

（1）《日本民法典》及其法律文化与《大清民律草案》：直接而实质性移植

对于《大清民律草案》是受《日本民法典》影响，还是深受《德国民法典》影响，学界存在诸多争议。

学者王立民通过对《大清民律草案》与《德国民法典》的比较，特别是关于限制行为能力人的代理人与债权中受领迟缓的规定之比较，认为两部法典在诸多内容有相同或相似之处，因而作者《大清民律草案》深受《德国民法典》影响之结论。③ 学者李秀清亦认为，《大清民律草案》表面上是借鉴了《日本民法典》，实际吸收和移植的是德国民法。④

与上述观点相反，有学者则根据法典的制定者、留学生因素与中日语言因素三方面理由，认为清末修律实质上是日本明治时期法律的中国化。⑤ 学者孟祥沛也认为日本明治民法是《大清民律草案》的母法。

笔者倾向于后一种观点，可以说，是《日本民法典》而非大陆法系其他如《德国民法典》或《法国民法典》，对《大清民律草案》产生直接而实质性的影响。缘何移植日本民法，而非德国民或法国民法？究其原因，主要有：

其一，日本与中国有着深厚的文化渊源，特别是语言同文，使得日本民法及其术语几乎可以"原封不动"地成为中国民法条文；同时，地理位置上的接近使交流的费用小得多，这也使得日本比德国、法国更易为中国及其留学生所接受。缘于中国对日交流相对频繁而对英、美、德、法等交流相对较少，《大清民律草案》的修订中，聘请日本民法学者移植日本民法有其文化与地理等诸多内因。正如袁世凯、刘坤一、张之洞三位总督保举沈家本、

---

① 囿于当时翻译及理解水平，草案原文如此，现在对应的制度与术语应为"无因管理"与"不当得利"。笔者加注。

② 参见叶孝信：《中国民法史》，608 页，上海，上海人民出版社，1993。

③ 参见王立民：《清末中国从日本民法中吸取德国民法》，载《法学》，1997（1）。

④ 参见李秀清：《中国近代民商法的嚆矢——清末移植外国民商法述评》，载《法商研究》，2001（6）。

⑤ 参见何勤华、殷啸虎主编：《中华人民共和国民法史》，14 页，上海，复旦大学出版社，1999。

伍廷芳为修律大臣的奏折中称："近来日本法律学分门别类，考究亦精，而民法一门，最为西人叹服，该国系同文之邦，其法律博士，多有能读之会典律例者，且风土人情，与我相近，取资较易。"①

其二，日本效仿德国建立近代法制取得的成功，激励了清廷及其官僚，因而效仿日本力图自强。在明治维新前，日本也面临与清廷相似的沦为列强半殖民地的危机，内忧外患严重。而经过明治维新及其法制改革引进德国法，迅速摆脱列强的凌辱，实现了富国强兵之目的。中国当时的仁人志士幻想通过效仿日本，摆脱民族危机；作为统治者的清廷，则试图通过以日本明治变法的途径维护其统治。可以说，日本明治变法的成功是激励并推动《大清民律草案》主要效法日本民法的外因。

笔者以为，之所以是《日本民法典》而非大陆法系其他如《德国民法典》或《法国民法典》，对《大清民律草案》产生直接而实质性的影响。理由如下：

第一，就日本民法文化对清末的影响途径而言，如下的三种主要途径是德国民法与法国民法所难以比拟的。

首先，翻译《日本民法典》、日本的民法学著述和教材进行系统法律移植，如富井政章的《民法原论》、梅谦次郎的《民法讲义》、志田钾太郎的《民法总则》等。宣统元年（1909 年）正月，沈家本曾对自光绪三十三年（1907 年）以来，已经翻译和正在翻译的法律和法学著作作了一次统计②，共有 45 种，涉及 10 个国家。其中，日本的最多，占 13 种。在这 13 种著作里，民法和与民法有关的法学著作有日本民法、商法、票据法、加藤正治的《破产法论》等。这些在客观上使日本民法文化易为中国民众特别是修律家们所接受，进而直接影响到民律草案的编纂。

其次，通过公派法科留学生与派员赴日考察日本法制，将日本民法及其法律文化带回国内传播。清末修律时赴日留学研修法科已成高潮。1904 年董康等 4 人赴日考察为《大清民律草案》的修订积累了知识、经验与人才资源。这使得《日本民法典》及其体系较易为修订法律馆与修订大臣所理解。

再次，最为直接，也是最为典型、有效的明证则是法律修订馆聘请日本民法学者松冈义正负责编制《大清民律草案》前 3 编，并协助后两编的编纂。尽管松冈义正在京师法律堂教习期间在中国进行过民事调查，但仍难免以其本国经验、知识与体系来建构《大清民律草案》。正因如此，才会使草案与《日本民法典》有如后文所分析的从编排结构至具体条文的诸多相似。

第二，从法律具体内容的比较而言，《大清民律草案》均体现日本民法而非德国法的特色。

在内容上，《大清民律草案》有相当部分与《德国民法典》相似，但应区别分析。因日本明治民法编纂时，注重参考的系《德国民法典》第一草案，深受德国民法影响，而日本明治民法的内容通过参与清末民律修订的日本法学家的编纂活动为《大清民律草案》所吸收。因此三部民法典存在相当多相同或相似的规定也就不难理解了。正如有学者认

---

① 《袁世凯奏议》卷十四，天津，天津古籍出版社，1987。
② 参见李贵连：《近代中国法律的变革与日本影响》，载《比较法研究》，1994（2）。

为："松冈义正等人在本国自接受法学教育时起即深受德国法学的影响，在帮助中国制定民法典之时，可能认为德国民法典个别规定虽与日本民法典规定不同，但比日本明治民法更加合理，因此将之吸收到《大清民律草案》之中。这种吸收，与其说体现了《大清民律草案》对德国民法典的借鉴，不如说体现了《大清民律草案》对日本当时主流法学思想的借鉴。"①

就总则编的规定而言，第二章"人"中效仿日本民法，设置若干节，而德国民法则不设节与目；同时规定妻为限制行为能力人一种，实为效仿日本民法之内容，明显与德国民法人格平等与权利平等之规定相悖；草案区分禁治产与准禁治产，日本法有此区分，而德国民法则仅统称为禁治产；时效部分，草案依照日本民法规定取得时效及消灭时效，并设有共通适用之通则，而德国民法则将消灭时效规定于总则编，将取得时效规定于物权编。②

就物权编的规定而言，《大清民律草案》关于所有权之规定在第 983 条："所有人于法令之限制内得自由使用、收益处分其所有物。"这与明治民法第 206 条的规定——"所有人于法令限制的范围内，有自由使用、收益及处分所有物的权利。"相同，而与德国民法第903 条之所有权定义迥异："以不违反法律和第三人的权利为限，物的所有人得随意处分其物，并排除他人任何干涉。"③ 可见，《大清民律草案》效仿日本民法注重对所有权效能之规定，并未吸收德国法注重所有权的物权排他性特色。此外，就留置权的规定而言，规定留置权为双务契约之效力，而称为给付之拒绝，并未采纳德国法明认留置权具有物权之效力④，具有效仿日本民法之痕迹。

（2）《德国民法典》及其法律文化与《大清民律草案》：经由日本民法的间接影响

《大清民律草案》由日本学者协助起草，受日本民法影响最大，但《日本民法典》自身也是模仿 1888 年《德国民法典》的产物，且《德国民法典》也是《大清民律草案》的重要参考之一。可见德国民法对《大清民律草案》之影响。但是，囿于无直接德国法学者与人才，清末修律时难以直接移植与借鉴德国法；而日本以其与中国较小的文化、语言差距及较紧密的交流（日本民法学者与诸多留日学生）发挥了重要的中介作用。因此，《大清民律草案》对德国民法的借鉴，更多是通过日本民法或日本学者之立法的间接途径。

正如王泽鉴先生所言，《大清民律草案》即使请日本人起草，实际上也是继受德国法。⑤王立民先生也认为，"实际上，中国从日本民法中想要吸取的却是德国民法，清末中国民法的主要内容，实际上源自于德国民法"⑥。

众所周知，德国法以其法典化与系统周密性彰显了其先进性。作为当时仅有的法国民法与德国民法两大体例，德国潘德克顿式体例以其缜密性闻名于世，以至于英国法学家梅

---

① 孟祥沛：《中日民法近代化比较研究——以近代民法典编纂为视野》，58 页，北京，法律出版社，2006。
② 参见胡长清：《中国民法总论》，19～21 页，北京，中国政法大学出版社，1997。
③ 孟祥沛：《中日民法近代化比较研究——以近代民法典编纂为视野》，58 页，北京，法律出版社，2006。
④ 参见胡长清：《中国民法总论》，23 页，北京，中国政法大学出版社，1997。
⑤ 参见王泽鉴：《德国民法的继受与台湾民法的发展》，载《比较法研究》，2006（6）。
⑥ 王立民：《清末中国从日本民法中吸收德国民法》，载《法学》，1997（1）。

特兰称赞说:"我以为从未有过如此丰富的一流智慧被投放到一个立法行为当中。"① 日本民法原本是移植《德国民法典》的产物。在酝酿《日本民法典》的过程中,曾经出现过法国法派与德国法派之间激烈的"法典论争"。最后,以《法国民法典》为蓝本的"旧民法典"被无限期地延期施行,取而代之的是一部以1888年公布的《德国民法典》第一草案为蓝本的民法典(当时被称为"新民法典")。②

据《德宗景皇帝实录》载:在谈到"慎重私法编订"问题时,有人奏言:"查欧洲法学系统,约分法、德、英三派。日本初尚法派,近尚德派,自当择善而从。"③ 可见,当时的清廷官员对日本民法学主流动态有相当把握,并考量了其德国法的因素。

《大清民律草案》对德国民法的借鉴主要体现在:

在体例安排上,《大清民律草案》直接以《德国民法典》为蓝本,采用5编体例:第一编为总则,第二编为债权,第三编为物权,第四编为亲属,第五编为继承。这与日本明治民法有所不同,尽管也为5编,但其物权编置于债权编之前。可见,在体例安排上,《大清民律草案》深受《德国民法典》之影响。正如有学者所言:"通过这一民法典草案(《大清民律草案》),大陆法系特别是德国民法的编排体例和概念体系被引入中国,决定了中国近现代民法学的走向。"④

在具体内容如物权编的规定上,《大清民律草案》设土地债务⑤、不动产质权及动产质权,而并未规定日本明治民法中的权利质权制度,而日本民法将不动产质、动产质权及权利质权并设为一章且规定通则。

此外,直接效仿了《德国民法典》所确立的4项民法原则,特别是在保护个人权利、承认意思自由的同时,又从社会公益出发对其作出一些限制,私法社会化的成果为草案所吸收;最具传统的婚姻、家庭、继承制度也受到了《德国民法典》的影响,如婚姻自由、一夫一妻、夫妻平等原则的建立,非婚生子女与婚生子女享有平等权利之规定等。

(3)《法国民法典》之影响:以德国法和日本法为纽带

《法国民法典》不仅影响着法属殖民地国家的民事立法,对其他许多国家包括欧洲、亚洲甚至于英美法系国家也产生过重大影响,对中国民法的诞生和成长亦产生了一定影响。

《法国民法典》之影响的表现方式有二:一是如前所述的19世纪末期通过翻译民法典和民法著述输入民法理论;二是通过修订法律直接移植民法制度。由于《法国民法典》的创制早于德国近一个世纪,《德国民法典》是在继承《法国民法典》的基础上颁布实施的,日本则直接效仿德国,所以,法国民法对于德国和日本的影响无处不在,尤其表现在民法原则的继承上。《法国民法典》对清末民律草案的影响表现在民商分立的立法模式与"民事

① [德] K. 茨威格特、H. 克茨著,潘汉典等译:《比较法总论》,224页,北京,法律出版社,2003。

② 参见何勤华、李秀清:《外国法与中国法——20世纪中国移植外国法反思》,233页,北京,中国政法大学出版社,2003。

③ 《德宗景皇帝实录》卷五八三。

④ 梁慧星:《中国对外国民法的继受》,载梁慧星主编:《民商法论丛》,第25卷,362页,香港,金桥文化出版有限公司,2002。

⑤ 土地债务制度之规定因"我国无此习惯且经济状况并无设立必要"而饱受争议,后于民国《民法草案》立法时被删除。可参见胡长清:《中国民法总论》,23页,北京,中国政法大学出版社,1997。

权利平等、私有财产所有权受保护、契约自由"等民法原则的确立方面。

尽管《法国民法典》及其文化相对理性且发达，但囿于清末修律时熟悉法国法的学者与知识积累不够、文化差异带来的交流较为不易等诸多原因，《大清民律草案》对《法国民法典》的借鉴以德国和日本为纽带，明显具有间接引入之特点。

此外，还需提到的是在大陆法系国家民法中最具特色的《瑞士民法典》，瑞士民法典1907 年制定，1912 年生效。19 世纪，瑞士各州都以法国为样板来制定自己的民法典，随着《德国民法典》的颁布，20 世纪初瑞士转而学习德国，同时亦注重在法典上反映本国社会经济的发展，因而创造了具有瑞士特色的立法体例和法律制度。因《瑞士民法典》的制定时间几乎与《大清民律草案》同步，更主要是由于熟悉瑞士民法的学者缺乏，清末修律时瑞士民法之影响相对较小，其对中国民法的影响主要在于此后的民国《民律草案》与《中华民国民法》。

3.《大清民律草案》法律移植之评价与思考

如前所述，《大清民律草案》虽然没有能够颁行，但事实上在民国民法颁行前得到实际的施行，《大清民律草案》成为此后中国民法典起草制定的基础。它奠定了中国成文法的基础，为此后的民法制定与研究奠定了基础，产生了深远影响；也昭示了中华民族在外来压力之下，抛弃固有法律传统，继受西方法学思想的努力。

《大清民律草案》是中国民法法典化的开端，是特定时代下的产物。修律者在列强与清廷的夹缝中、在西法与传统"礼法"的论争中，难免"左支右绌"而难以自拔，势必导致在法律移植中没有适当的整合西法与传统的空间。

正因如此，草案呈现"内容超前、脱离现实；前新后旧，整合稚拙"特色。草案前 3 编大胆地系统移植资本主义民法，其内容具有超前性，其气势具有开放性。但在后 2 编——亲属编和继承编中，体现了中国传统宗法礼治的影响和痕迹。如亲属编第 8 条明文规定，家长为"一家中最尊长者为之"，第 11 条规定"家政统于家长"；在婚姻关系中，夫仍然对妻拥有一定的身份权。虽然承认一夫一妻制，但对嫡子、庶子、养子、私生子作等级划分，仍然以尊卑长幼、男尊女卑、亲疏嫡庶等封建伦理精神为基准，继续体现着义务本位的固有法律传统，没有体现近代资本主义民法的平等、自由精神。因亲属、继承二编沿袭封建宗族家法太多，使该草案前后内容的立法精神互相抵触，有人批评为"新者愈新，旧者愈旧"。这是该草案最大的败笔，原意追求"会通中外"，在固有法和继变法之间寻找一个平衡点，却导致整合稚拙。[①]

(二) 民国《民律草案》("第二部民法草案") 与《中华民国民法》

1911 年辛亥革命胜利，宣告清朝政府的统治结束，《大清民律草案》尚未颁布实施即夭折。1912 年后的民国北京政府（亦称"北洋军阀政府"）在法律移植方面没有特别建树。值得一提的是 1921 年 10 月民国北京政府决定重新修订民律草案，形成学界所称的民国《民律草案》。1928 年 12 月，南京国民政府立法院成立后，即着手起草民法典，至 1931 年 5 月，《中华民国民法》得以全部顺利完成。

---

① 参见居洪生：《简论〈大清民律草案〉》，载《科学中国人》，2005 (6)。

1. 民国北京政府时期（1912——1927 年）：民国《民律草案》与大陆法系民商法律文化之影响

（1）民国《民律草案》的编订

民国初期在缺少立法的背景下，大理院曾采用《大清民律草案》的规范和原理作为法理加以适用。如杨鸿烈认为，"根据民国出版的《大理院判例要旨汇临览》第一卷'民法'的目录和内容来看，大概前清《民律草案》规定中适合理论不背国情的，大理院都采为条理。"[①]

民国建立后，民法典的修订工作进展缓慢。1915 年北洋政府法律编纂会将《大清民律草案》中存在问题最大的亲属编重加修订，完成了《民律草案亲属编》，以期完善清末以来的《大清民律草案》。但因当时的法律界对此批评甚烈，又因行使立法权之国会业已解散，该草案未能付诸实施。

在 1922 年春的华盛顿会议上，中国代表提出收回领事裁判权问题，大会决定由各国派员来华调查司法。北洋政府责成司法部加速司法改革，民法典的修订重新被提上议事日程。修订法律馆以《大清民律草案》为蓝本，调查各省民、商事习惯，并参考各国最新立法。该草案总则由余棨昌起草，债编由梁敬镎起草，物权编由黄右昌起草，亲属、继承两编由高种起草。1925 年修订法律馆完成民国《民律草案》之总则、债、物权三编，1926 年完成亲属、继承两编。民国《民律草案》共 1 522 条，条文较《大清民律草案》减少 47 条。该案未能完成立法程序而未成为民法典，但 1926 年由北洋政府司法部通令各级法院在司法中作为法理加以引用。

民国《民律草案》的修订是中国民法近代化的转折，也是中国历史上第一部完全由本国学者依靠自身力量起草的民法典草案。[②] 清末修律与《大清民律草案》的编制，推动了民国时期法学的发展，也壮大了法律家的力量。如余棨昌早年曾留学日本，1911 年毕业于日本帝国大学；黄右昌曾留学日本，系北京大学法律系教授，著名罗马法专家；梁敬镎从北京法科毕业后，1919 年赴英国伦敦留学。他们已成为当时知名民法学者，且具有赴大陆法或英美法国家留学的背景，无疑有利于草案的法律移植与外国立法经验之借鉴。

（2）民国《民律草案》简介

在《大清民律草案》和 1915 年《民律草案亲属编》的基础上，民初立法者部分采纳大理院民事判解要旨和民事习惯，编订完成了民国《民律草案》。该草案仍承袭了《大清民律草案》的 5 编体例，将第二编"债权编"改为了"债编"；其中总则编减少 100 条、债编减少 133 条、物权编减少 29 条，亲属编增加 100 条、继承编增加 115 条。

与《大清民律草案》相比，从内容上来看，民国《民律草案》总则编删除或合并了"法例"、"法人"、"权利之行使及担保"3 章，"取得时效"不再在总则中规定，而置入物权编，增加"行为能力"一节；物权编则将"担保物权"一章拆分为"抵押权"、"质权"两

---

① 杨鸿烈：《中国法律发达史》（下），1168 页，台北，"商务印书馆"，1987。

② 参见孟祥沛：《中日民法近代化比较研究——以近代民法典编纂为视野》，19 页，北京，法律出版社，2006。

章，增加"典权"制度作为独立一章。总则、物权两编基本保持了德、日民法典的立法体例，修改亦相对较少。债编、亲属、继承 3 编变化较大：债编主要借鉴了《瑞士债务法》之规定，亲属、继承编吸收大理院民事判解要旨、民事习惯之内容。

（3）大陆法系民法对民国《民律草案》之影响：德国民法与瑞士民法为中心

第一，德国民法的影响加强。民国《民律草案》第二章"人"改《大清民律草案》模仿日本分设若干节的体例，而模仿德国民法，不再设节，并将"行为能力"规定于"法律行为"一章；改日本式的区分"禁治产与准禁治产"之规定为德国民法统称的"禁治产"（分禁治产人为无行为能力与限制有行为能力），并于亲属编中分别置保护人或照管人；改日本式的"规定取得时效及消灭时效，并设通则"的体例，效仿德国民法与瑞士民法的"消灭时效规定于总则，取得时效规定于物权编"的体例。①

可见，在民国《民律草案》的编纂中，日本民法之影响日渐削弱，这与法学水平与立法水平提高，特别是法律家具有更多日本民法以外的大陆法知识与背景有关；且《大清民律草案》编订后遭受到激烈非议，这也一定程度上影响到民国《民律草案》对日本法的借鉴。德国民法与瑞士民法的发挥更大之直接影响。

第二，瑞士法之影响凸显。这主要体现在：其一，总则中将取得时效分离并将之置于物权编，这依稀可看出瑞士民法之烙印；其二，该草案最大的变化是债编第一章增加了债之发生一节，将契约作为债发生的原因，将债权编改为债编，模仿瑞士民法，以契约、悬赏广告、无因管理、侵权行为及不当得利作为债之发生原因；其三，在物权编部分，民国《民律草案》仍规定留置权为双务契约之效力，称为给付之拒绝，这亦可看到瑞士民法之痕迹。

2. 南京国民政府时期（1927——1949 年）：《中华民国民法》与大陆法系民商法文化之影响

（1）《中华民国民法》的起草

1928 年南京国民政府立法院成立，次年设立民法起草委员会。意识到借鉴和移植外国法律制度的重要性，南京政府任命民法典的直接起草人员时，兼顾到了其对外国法律的了解程度，因此，任命傅秉常、焦易堂、史尚宽、林彬、郑毓秀（后由王用宾继任）为民法起草委员，并聘任司法院院长王宠惠、考试院院长戴传贤及法国人宝道为顾问，以胡长清为纂修，并于同年 2 月 1 日开始编纂民法典。

值得注意的是，上述民法典起草委员中会成员中傅秉常、史尚宽、焦易堂、林彬、郑毓秀，均是当时一流的法律家，具有留学大陆法系或英美法系国家的背景与海外留学研习法律的经历，留学的国家集中在德国、法国、日本等大陆法系国家，如傅秉常毕业于香港大学；郑毓秀早年赴日留学，后于法国巴黎大学先后获法学硕士和博士学位；王用宾也曾早年留学日本法政大学。担任起草顾问的司法院长王宠惠则曾留学日、美、英、德等国且具有相当实践经验。这表明，当时国民政府完全有能力独立完成民法典草案的起草，但仍深受西方民法特别是大陆法系民法之影响。

民法起草委员会于 1929 年 5 月 23 日公布了总则编，1929 年 11 月 22 日公布了债编，1929 年 11 月 30 日公布了物权编，1930 年 12 月 26 日公布了亲属编和继承编。该法典共 5

---

① 参见胡长清：《中国民法总论》，23 页，北京，中国政法大学出版社，1997。

编、29 章、1 225 条，后经多次修改，最近一次修改时间为 1999 年 4 月，现仅于我国台湾地区有效。

(2) 大陆法系民法之影响

《中华民国民法》以民国《民律草案》为蓝本，着重参考了德国民法与瑞士民法，同时也吸收了日本民法、法国民法以及苏俄民法和泰国民法之经验。该民法典因是当时世界各大国民法典中较晚制定的一部，广泛借鉴了各国经验。

第一，《瑞士民法典》影响下民商合一的《中华民国民法》。

清末修律编纂《大清民律草案》时，朱福诜曾提出采取日本学者梅谦次郎提倡的民商合一的法典编纂体例①，但为沈家本所否定，以至于《大清民律草案》与民国《民律草案》均采法国、日本、德国通行的民商分立模式。这主要是因为，清末修律时立法时间紧迫与理论准备不足，加之梅谦次郎本人亦未能来华帮助拟订《民律草案》，因此采用民商分立模式便是时势使然。

1929 年 5 月，立法院院长胡汉民、副院长林森提议"编订民商统一法典案"，该提案经胡汉民、戴传贤、王宠惠的审议整理，形成《〈编订民商统一法典案〉审查报告》，其中列举了民商合一的 8 点理由——"因历史关系"、"因社会进步"、"因各国立法趋势"等，提出："因各国立法趋势认为应订民商统一法典也。意大利为商业发达最早之国，而其国之学者，主张民商合一为最力。英美商业今称雄于世界，而两国均无特别商法法典，瑞士亦无之……已成世界立法之新趋势，我国何可独与相反。"② 实际上，当时 1940 年《意大利民法典》的民商合一模式正为其学者所鼓吹，而当时民法起草者已获得并借鉴的现有民商合一立法体例的法典即为《瑞士民法典》。可见，《中华民国民法》采用民商合一体例是深受瑞士私法模式影响的结果。

《大清民律草案》曾经在"法例"章第 1 条规定，"民事本律所未规定者，依习惯法，无习惯法者，依条理"。民国《民律草案》删除了这一规定，但《中华民国民法》规定：民事法律未规定者，依习惯，无习惯者，依法理。③ 可见该法规定了习惯法与法理为制定法之外的重要法源。这同样可察觉到瑞士民法的痕迹。在各国民法中，1907 年《瑞士民法典》首先规定了习惯法具有补充法律的效力。④ 其第 1 条规定："（1）凡本法文字或释义有相应规定的任何法律问题，一律适用本法；（2）无法从本法得出相应规定时，法官应依据习惯法裁判，如无习惯法时依据自己如作为立法者应提出的规则裁判；（3）在前一款的情况下，法官应依据公认的学理和惯例。"

在具体制度上，《中华民国民法》采纳瑞士民法，详细规定了夫妻财产制的一般原则、

---

① 《修订法律大臣沈家本等奏议复〈朱福诜奏慎重私法编别选聘起草客员折〉》，载《政治官报》，光绪三十四年十月十五日，第三七三号。转引自张生：《中国近代民法法典化研究》（1901～1949），210 页，北京，中国政法大学出版社，2004。

② 谢振民：《中华民国立法史》，758 页，北京，中国政法大学出版社，2000。

③ 我国台湾地区现行"民法"第 1 条也规定，"民事依法律，没有法律依习惯，没有习惯依法理"［王泽鉴：《德国民法的继受与台湾民法的发展》，载《比较法研究》，2006（6）］。

④ 事实上，《德国民法典》也涉及民事习惯，但仅仅规定解释契约和履行契约应顾及交易上之习惯，对其效力未作一般性规定。该法第 157 条规定："解释契约，应该按诚实与信用原则，并且顾及交易上之习惯。"第 242 条规定："债务人有义务，在履行给付时，应按照诚实与信用原则，并且顾及交易上的习惯。"

法定财产制及约定财产制的三种具体制度（即共同财产制、统一财产制和分别财产制）；移《瑞士民法典》中的"家制"，设立"以永久共同生活为目的而同居之亲属团体"即为家的家制；将商事主体、商事行为引入民法典；参照瑞士立法例，明确规定夫妻有相互继承财产的权利，但不设一定之顺位；采瑞士民法之规定，在债法中以专节规定出版。①

第二，《德国民法典》影响下社会本位之确立。

从自由竞争资本主义时代的《法国民法典》伊始，私权本位、私法自治与人格平等的私法理念即被确立为民法基本原则；至垄断资本主义代表的《德国民法典》时代，所有权与契约自由的限制及无过失责任被引入，社会本位应运而生。

在《中华民国民法》编纂之时，社会本位亦被作为立法的一项重要指导原则。胡汉民就世界立法之趋势归纳为："（一）权利本位转移为义务本位；（二）所有权不可侵犯，因共同之利益而加以限制；（三）契约自由之原则，因社会之福利而严其范围。"② 可见，民法的个人本位与社会本位理念选择受到德国民法之影响。

在具体制度上，《中华民国民法》仿照德国民法，不再区分"使用租赁"与"用益租赁"，通称租赁；将消灭时效规定于总则编而将取得时效规定于物权编；采德国民法之规定，确认留置权有物权的效力。③

以至于有观点认为："20 世纪 30 年代的中国民法立法，也就是现在台湾的所有重要的法律，包括民法、公司、票据，还有保险、著作权、商标、专利、民事诉讼、破产、强制执行等等，全部制定于 1930 年也就是民国十八年之后三五年间。在民国十八年之后几乎把所有重要的法律都制定了出来，这些法律在台湾目前仍继续实施，都没有中断。台湾法是以德国法为基础，台湾法是建立在德国法的基础上。"④

正如民法学家梅仲协在其《民法要义》序言中所言："现行民法（《中华民国民法》）采用德国立法者，十之六七，瑞士立法者，十之三四，而法、日、苏联之成见，亦撷取一二，集现代各国民法之精英，而弃其糟粕，诚巨制也。"⑤

可见，大陆法系民商法文化对中国当时民法学界影响深远，并通过留学的立法者将诸国的制度及观念直接"铭刻"于民法典之中。

（3）《中华民国民法》之评价

《中华民国民法》是一部主要由学者起草制定的法典，在学理上可谓无可挑剔，是大陆法系德国体例民法典中具有代表性的一部。但该法典也存在脱离实际、超前立法的问题。因此，在中国大陆，该法典几乎从未被较好地贯彻，并未发挥其应有之效果。

《中华民国民法》在立法中明确贯彻"男女平等"的原则，摒弃中国封建社会长期以来的"三纲五常"、"男尊女卑"的传统观念。但"男女平等"原则因与社会现实差距太大，不仅在司法实践中难以发挥作用，而且不可避免地向社会习俗妥协。例如，民法规定，婚

---

① 参见胡长清：《中国民法总论》，19~25 页，北京，中国政法大学出版社，1997。

② 中国国民党中央委员会党史委员会编：《胡汉民先生文集》，第 4 册，796 页，1978。转引自孟祥沛：《中日民法近代化比较研究——以近代民法典编纂为视野》，87 页，北京，法律出版社，2006。

③ 参见胡长清：《中国民法总论》，19~25 页，北京，中国政法大学出版社，1997。

④ 王泽鉴：《德国民法的继受与台湾民法的发展》，载《比较法研究》，2006（6）。

⑤ 梅仲协：《民法要义》，序言，2 页，北京，中国政法大学出版社，1998。

约应当由男女当事人自行，未成年人的婚姻，应征得法定代理人的同意。但我国自古以来，婚姻一事悉听"父母之命、媒妁之言"（即包办婚姻），这种传统观念在民国时期亦根深蒂固。对此，司法院的司法解释例规定："男女婚姻，其主婚权在父母，惟须得祖父母之同意。"这是司法解释向现实妥协的典型。可以说，在理论上《中华民国民法》是一部为现代社会制定的法典，进步性毫无疑义，但就其实践效果而言，"该法典过于超前，与当时国情脱节，以至于使得其在国民党统治区适用的 20 年期间，始终与国民的生活隔膜"①。

此外，《中华民国民法》之出台亦存在急功近利的问题。1929 年 1 月 26 日，立法院议决起草民法。是年 2 月至 4 月初，民法起草委员会就完成了总则编草案。同年 4 月 15 日，立法院院长胡汉民依据总则编的起草速度，提出"在一年内完成民法的计划"，即"一切重要的法典，如民法、商法之类，都得尽今年一年内，通通弄好。而民法的需要，尤其急切，尤其要先行完成。民法在从前已经起过两次草了，但是都不满意，都不算成功……求于最短期间，完成这件伟大的工作，立起中国法治的规模……"②作为立法院院长，其观点直接影响到立法进程。可见，《中华民国民法》起草时的理论准备与论证并非谨慎，完全出于应急式立法之目的。正如德国学者若尔所言："由于希望尽快改革，没有更多时间根据国情吸收外国法的积极因素以制定出真正切合本国实际的法典，而只能依靠外国法典。"③

因此，如何在移植与保持传统、法治理想与现实需要之间找到平衡点，是当今民法典编纂与中国民法现代化进程中的法律移植需要考量的深层次问题。

二、大陆法系民商法观念与原则的影响

（一）大陆法系民商法观念的影响

1. 大陆法系民法观念之影响

民法观念是指人们对民法精神、民法现象以及民法制度等所形成的认识。平等、自由、权利和人格尊严是传统民法的精神所在，私权本位、私法自治和身份平等则是大陆法系民法最基本的观念。

第一，抽象的人格平等与身份平等理念。

身份平等是权利平等观念在民法领域的表现，是私法自治的基础。近代民法中没有特权阶级与特权概念，独立的自由个人只服从于国家，而不依附于各种领主或封臣等阶层。每个人可平等地享有财产，按照各自真实的意思参与商品交换，独立地享有权利与承担义务。如《法国人权宣言》第 1 条就指出，人人生而平等。法国大革命后废除了封建社会的身份束缚，使个人获得了身份的自由，人们之间的关系完全按契约设定。④身份平等在法国民法上体现

---

① 刘锐：《近代中国民法典之路》，载《人民法院报》，2003-03-24，理论版。

② 胡汉民：《新民法的新精神》，载中国国民党中央委员会党史委员会编：《胡汉民先生文集》，1978。转引自张生：《中国近代民法法典化研究（1901～1949）》，177 页，北京，中国政法大学出版社，2004。

③ ［德］若尔著，李立强、李启欣译：《法律移植与 1930 年以前中国法对德国法的接受》，载《比较法研究》，1988（2）。

④ 参见［日］我妻荣著，王书江等译：《债权在近代法的优越地位》，9 页，北京，中国大百科全书出版社，1999。

为"所有法国人都享有民事权利。民事权利的行使不以按照宪法取得并保持的公民资格为条件"。日本民法也确立了"私权的享有始于出生之时"的民事权利形式上平等的原则。

清末及民国时期的民事立法引入了这一观念，并将之作为法律原则确立于法律之中。如《大清民律草案》规定："凡人〔即自然人〕，无男女老幼之别，均当有权利能力"的身份平等原则。除婚姻、亲属与继承法内容深受传统礼教影响而仍有体现一定的尊卑有序的身份不平等规定外，人格平等与身份平等观念逐步体现并确立于民法之中。

第二，私权本位理念。

私有权绝对的观念在立法中得以确认。依 18 世纪流行的自然法学说，人生来便具有不可改变的、不可让渡和不可分割的权利，这些权利就是自由和财产安全，"财产自由"和"契约自由"则是个人自由的必然结果。[①] 法国大革命不仅废除了身份特权，也废除了封建的多重土地所有权制度。1804 年的《法国民法典》第 544 条规定，"所有权对于物有绝对无限制地使用、收益及处分的权利"。这表明，私人对其财产享有绝对的、排他的、自由处分的权利，进而确立了私有权绝对的观念。

私权本位的实质就是私有财产权至上，私权本位观念建立的基础是对资本主义私有制的维护，私权本位观念在调整市民社会基本财产关系的私法中体现为保障私有财产所有权原则的确立。《法国民法典》所体现的这一观念在德国及其后大陆法系各国民法中得以继承和发展。为使私权本位观念不至于绝对，同时在立法上也表现了对私有财产所有权的某些限制。[②] 私权本位观念对中国不同阶段民事立法产生了实质性的影响，比如《大清民律草案》规定"所有人于其所有物得排除他人之干涉"，"所有人于法令之限制内得自由使用、收益、处分其所有物"。到了民国时期，所有权绝对的观念为"相对权"观念所取代，体现在民法上则设计了许多对所有权限制的规则。

这表现在《大清民律草案》中，即为确认了"所有人于法令之限制内得自由使用、收益、处分其所有物"的私权本位原则，在此后的民国《民律草案》与《中华民国民法》中亦有规定。

第三，私法自治理念。

私法自治是民法之为私法的特性所在，是民事主体平等的基本要求，也是民事交易关系得以形成和发展的基础，是民法的最基本观念。私法自治在民法上主要表现为"契约自由"，契约自由是包括订立契约的自由，即个人决定是否订立契约的自由；选择对方（契约当事人）的自由，即个人有权决定与谁订立契约的自由；契约内容的自由，即双方当事人有在契约中约定权利、义务内容的自由；契约方式自由，即当事人订立契约可以口头、书面或其他方式进行的自由。《法国民法典》第 1134 条规定："依法成立的契约，在缔约的当事人间有相当于法律的效力。"尽管其也规定了契约违反公共秩序和善良风俗无效，但是公共秩序和善良风俗的条款只是在例外的情况下才适用。19 世纪后期，私法自治观念遭遇了社会公益的冲击，在法律上表现为对契约自由的限制。

① 参见王利明：《民法总则研究》，78 页，北京，中国人民大学出版社，2003。
② 参见何勤华、李秀清：《外国法与中国法——20 世纪中国移植外国法反思》，244～248 页，北京，中国政法大学出版社，2003。

私法自治观念对于中国民法的影响是通过民法原则及具体制度达成的。《大清民律草案》规定，"契约者，由二人以上之意思表示合一而成立之双方行为也"；债务关系发生、变更或消灭，"若法令无特别规定，须依利害关系人之契约"的意思自治原则；《中华民国民法》在规定契约自由的同时，通过诚实信用和公序良俗原则对其进行限制，比如《中华民国民法》规定"法律行为违反强制或禁止之规定无效。法律行为有悖于公共秩序或善良风俗者无效"。

可见，在效法大陆法系国家民商法过程中，《大清民律草案》已经初步接受了西方近代"私权本位、私法自治和身份平等"等私法观念。但正如前面所分析的，大陆法系这种私法观念影响首先且仅局限于引入法律之中，而民众生活层面的私法文化与社会观念并未急速跟进或改变。社会的私法观念之转变有赖于经济发展、社会进步与权利扩张之"潜移默化"，暴风骤雨、急剧式地全面法律移植难免造成法律、传统与社会生活的断裂。

2. 大陆法系商法观念的影响

商法是随着中世纪地中海沿岸的海上交易而发展起来的，最初适用于商人的法律规范的总称。商事关系本质仍是平等主体间的财产交易关系与一定的人身关系（如公司股东与公司的身份关系），商事关系的规模化使商法逐步从民法中分离出来。在商法与民法的关系上，有民商合一与民商分立两种模式。

商法观念是人们对于商法的精神、商法的现象以及商事法律制度等所形成的认识。商法观念总是通过商事立法模式、商事法律体系之建构以及具体的商事法律制度得以体现，其中，商事立法模式及商事法律体系的选择最能直接反映商法观念。

（1）各国商事立法与清末修律之民商分立模式

大陆法系国家民商法立法模式有两种：一是采用"民商分立"的体制，即民事、商事分别立法，于民法典之外另立商法典，使民法典与商法典各自独立存在。如法国、德国、日本、西班牙、葡萄牙等国均采此制。二是采"民商合一"的体制，即民事、商事统一立法，有关商事的规定，或编入民法典，或以单行法颁行，如瑞士、荷兰等。受民商分立模式之影响，清末和民国时期在民法典之外还有商法典存在。其后民商合一模式一直影响着中国。中国在不同阶段制定商法过程中，不同程度地借鉴、移植了法国、德国、日本和瑞士等大陆法国家的商法制度。

1807 年颁布的《法国商法典》，开创了大陆法系国家民商分立体例的先河。此外，随着经济发展和实践需要，法国还颁布了大量的单行商事法规。《法国商法典》分为 4 编：第一编为商事总则，内容包括商事主体、商事行为、票据及时效等；第二编为海商法；第三编为破产法；第四编为商事法院及商事诉讼。法国商事立法的特点是：一是立法模式采用民商分立，但 1807 年《法国商法典》只是作为《法国民法典》的特别法而出现的；二是法国商法以商行为主义为基本特征和立法基础，即凡商事行为，不论是否为商人所为，均受商法约束和调整，从而突破了中世纪以来商法只适用于商人的传统观念，将商人法扩展到商事行为法，确定了以行为作为调整对象的法律部门划分标准[①]；三是采用实体与程序合二为一的商法体例；四是因为《法国商法典》是在《商事敕令》和《海事敕令》基础上制定的，

---

① 参见何勤华主编：《法国法律发达史》，247 页，北京，法律出版社，2001。

基本上是对后者的抄袭与延续。[①]

德国商法指的是 1897 年颁行的《德国商法典》。为了弥补商法典的不足，德国还颁布了许多单行法规，如公司法、破产法和票据法等。德国继承了法国民商分立的立法传统，但在《法国商法典》基础上有了新的发展：第一，以商事主体作为商法的立法基础，同一行为，商人为之适用商法，非商人为之则适用民法，从而确立了以主体作为调整对象并依此划分法律部门的立法原则[②]；第二，商法体例采实体与程序相分离，强调商事主体的地位，法典分为 4 编：第一编为商事，内容包括商人、商事登记、商号、代理等；第二编为商事公司及隐名合伙；第三编为商行为；第四编为海商法；第三，德国商法典实际上是商法总论，破产、票据、保险等构成商法的单行法；第四，《德国商法典》构成民法之特别法。因为商法的许多规范以民法确立的一般性原则为基础，商法的许多规范是民法的补充或特殊。《德国商法典》于 1897 年 5 月 10 日颁布，与民法典同时于 1900 年 1 月 1 日生效。[③]

日本效仿法国和德国制定了由总则、公司、商行为、票据及海商 5 编组成的《明治商法典》，其主要特点是折中法国的"以商行为确定商法的适用"和德国的"以商主体确定商法的适用"原则，规定当事人双方系商人适用商法，若一方为商人、另一方为非商人，但行为属商性质的，也适用商法。

更值得一提的瑞士的民商合一立法。1881 年瑞士颁布了债务法典，就性质而言债务法典属于民法范畴，但是法典却将商法、票据等有关内容纳入其中。1911 年瑞士将债务法典编入民法典内，成为《瑞士民法典》的第五编。由此，民商合一的立法模式宣告正式建立。[④]

中国近代商事立法始于清朝末年。清末在学习和移植商事法律制度过程中，以《日本商法典》为主要对象，间接移植法国和德国的商法典，同时也关注到了商品经济高度发达的英美法系国家的商事立法，从而形成了《钦定大清商律》之特色。《钦定大清商律》由商人通例和公司律两部分组成，并确定其他商事规则将通过单行法的方式逐次起草制定。商人通例规定了商人、商业能力、商业名称和商业账簿等一般规则。虽然通例中仍然可见商事主体中的性别歧视，但确认了商业行为是一种营利的行为，商人具有合法地位，并引进了商业账簿之建立与管理等较为成熟的商业社会的商业行为规范。公司律移植程度更高，采用了大陆法系国家关于公司的通常分类，如合资公司、合资有限公司、股份公司、股份有限公司等组织形式。为补充《钦定大清商律》，清政府于 1906 年至 1907 年相继颁布了《破产律》以及公司注册等单行条例。这些商事法律规范由于未能符合中国当时的社会经济状况，遭遇了实施的困难而夭折。1908 年清政府聘请日本专家志田钾太郎重新修订编纂并完成了《大清商律草案》。该草案几乎完全模仿日本《明治商法典》，分为总则、商行为、公司律、票据法和商船律 5 编。但该草案还来不及议决就因清政府被推翻而成为废案。

[①]　参见何勤华、魏琼主编：《西方商法史》，283 页，北京，北京大学出版社，2007。

[②]　参见郭锋：《商法演进及其在中国的命运》，载中国民商法律网，2004 - 04 - 07。

[③]　参见林嘉主编：《外国民商法》，26 页，北京，中国人民大学出版社，2006。

[④]　参见何勤华、李秀清：《外国法与中国法——20 世纪中国移植外国法反思》，239 页，北京，中国政法大学出版社，2003。

总之，虽然《大清商律草案》未能颁行，但清末制定的一些商事单行法律却对中国完成近代经济、社会的转型产生了积极影响，尤其这一时期所累积的商事立法经验，以及确立的商法原则和商事制度对中华民国的商事立法产生了重要影响。[①]

（2）《瑞士民法典》之民商合一模式与《中华民国民法》

中华国民成立初期，修订民国《民律草案》也面对民商合一与分立问题，但因"修订法律馆虽有民商合编之拟议，终以改编之业，繁而难举，非假以岁月，不克事，而当力图改进司法，收回法权之际，又未便将此等关系重要法典，置为缓图，故仍分别修订"[②]。

因此，1914 开始对《锁定大清商律》进行修改，先后颁布了《中华民国公司条例》和《中华民国商人通例》。此外，还陆续颁布了《公司保息条例》、《商业注册规则》、《证券交易所法》、《物品交易所条例》等商事法律。

1927 年，南京国民政府成立，开始民法典起草，在民法典起草之初就遭遇了一场民商分立还是民商合一的激烈争论。

主张民商分立者认为：商事关系不同于民事关系，信用、效率为其特质，商事活动注重形式，以有偿为特征，而且商事关系主体特殊。商事关系的上述特点是民事法律规范所不宜调整的，因此，即便已有完善的民法，也不能改变商法的独立性，况且清末已经开始了民商分立的尝试，也有成型的商法典。[③]

1929 年 5 月，立法院院长胡汉民、副院长林森提议"编订民商统一法典案"，该提案经胡汉民、戴传贤、王宠惠的审议整理，形成《〈编订民商统一法典案〉审查报告》，并提出："查民商分编，始于法皇拿破仑法典，维时阶级区分，迹象未泯，商人有特殊之地位，势不得不另定法典，另设法庭，以适应之。欧洲诸邦，靡然相效，以图新颖。然查商法所订定者，仅为具有商业性质之契约，至法律上原则或一般之通则，仍须援用民法。而商法上最重要之买卖契约，且多在民法中规定，是所谓商法者，仅为补充民法之用而已。其于条例，固已难臻美备，且社会经济制度递嬗，信用证券日益发达，投资商业者风起云涌，一有限公司之设立，其股票与债券类分散于千百非商人之手，而签发支票汇票等事，昔日所谓之商行为，亦非复商人之所专有，商行为与非商行为之区分，在常说上彰彰明甚者，揆诸事实，已难尽符……吾国商人本无特殊地位，强予划分，无有是处。此次订立法典，允宜考社会实际之状况，从现代立法之潮流，订为民商统一之法典。"[④] 可见，在当时立法者看来，民事行为和商事行为就其性质而言无法严格区分，民法所确立的原则和制度同样应适用于商事领域，如果将二者分立，势必导致法律适用的混乱。且如前所述，大陆法系国家民商分立的传统也已经打破，瑞士采用民商合一，英美及俄国也无独立意义上的商法。从各国现实看，一国民商立法之模式与其商业和经济的发展没有必然联系。

实际上，当时正拟定民商合一模式的 1940 年《意大利民法典》处于编纂之中，亦正为

① 参见何勤华、李秀清：《外国法与中国法——20 世纪中国移植外国法反思》，240～241 页，北京，中国政法大学出版社，2003。

② 谢振民：《中华民国立法史》（下册），802 页，北京，中国政法大学出版社，2000。

③ 参见何勤华、李秀清：《外国法与中国法——20 世纪中国移植外国法反思》，242 页，北京，中国政法大学出版社，2003。

④ 胡长清：《中国民法总论》，26 页，北京，中国政法大学出版社，1997。

其学者所鼓吹，而当时民法起草者借鉴的现有民商合一立法体例的法典即为《瑞士民法典》，最后《中华民国民法》采用民商合一体例。

尽管争议尚存，但《中华民国民法》还是以民商合一的形式正式颁行，将经理人及代办商，商行为之交互计算、行纪、仓库，运送营业及承揽运送等纳入民法典债编之中，其他调整商事关系而又不宜纳入民法者，分别制定单行商事法规，如 1931 年公布的《银行法》，1929 年制定的《交易所法》、《票据法》、《公司法》、《海商法》、《保险法》，1934 年颁行的《破产法》等。《中华民国民法》就其形式属于民商合一的立法模式，但从其实质看，商事立法仍然保留着独立性。

（二）大陆法系民商法原则的影响

1. 大陆法系民法原则之影响

人格平等、私有财产神圣不可侵犯、契约自由和过失责任是世界上第一部近代民法典《法国民法典》所确立的民法基本原则，也是大陆法系私权本位、私法自治和身份平等等民法观念在民法原则上的体现，对中国近代民法产生着直接影响，这些影响在近代中国民事立法的不同阶段表现形式不同。

（1）《大清民律草案》对大陆法系民法原则的吸纳

1911 年 9 月，清政府组织起草完成了《大清民律草案》，这是中国民法史上第一部成文法典，从该草案的诸多规定可印证大陆法系民法原则之影响。

第一，近代民法的人格平等原则的确立。人格平等是近代民法产生与存在的基础，也是私权保护与私法自治的前提。自《法国民法典》至《瑞士民法典》，无一例外地强调人格的平等与权利的平等。《大清民律草案》在总则编第 4 条明确规定，"人于法令限制内得享受权利或担负义务"，草案为该条加附按语指出，"凡人（即自然人），无男女老幼之别，均当有权利能力，否则生存之事不得完全"。在第二章第二节"行为能力"的按语中又指出，"凡人既因其行为而有取得权利或担负义务之能力"。这表明，《大清民律草案》突破了传统"三纲五常、尊卑有序"等礼教观念与原则，第一次从抽象意义上规定了平等原则。

第二，近代民法的私有财产不可侵犯原则的确立。保护所有权人的私有财产原则是私权本位民法观念的要求，对私权的保护是近代民法的归宿与目的，否则人格的抽象平等就失去其意义。因此，大陆法系诸国民法典均强调对私有财产的保护。《大清民律草案》第三编"物权编"第二章是关于所有权制度的专门规定：第 983 条规定，"所有人于法令之限制内得自由使用、收益、处分其所有物"；第 984 条规定，"所有人于其所有物得排除他人之干涉"；第 986 条规定，"所有人对于以不法保留所有物之占有者或侵夺所有物者，得回复之"。可见，该草案从所有权的权能与排他权两角度确立了保护私有财产之原则。尽管明显可见对德国民法与日本民法的抄袭痕迹，但不能否认其私权保护原则的确立。

第三，近代民法的契约自由原则的确立。契约自由是商品交换的必然要求，也是私法自治观念的体现。没有契约自由原则，私法自治和人格平等与自由将失去支撑。因此，契约自由原则自《法国民法典》开始被确立为古典资本主义三大民法原则之一。《大清民律草案》第 513 条明确规定："依法律行为而债务关系发生或其内容变更消灭者，若法令无特别规定，须依利害关系人之契约。"从而确立了契约自由的原则。

第四，确立了近代民法的过失责任原则。过失责任原则，也称为自己责任原则，作为近代民法的显著特点，其理论基础是每个人作为独立的自由的主体，应对自己及其行为有理性判断，所以他要对自己的行为负责，而不对他人行为负责；无行为则无责任，有行为无过失也无责任。《法国民法典》第1382条规定："任何行为使他人受损害时，因自己的过失致该行为发生之人，对该他人负赔偿责任。"由此确立了过失责任。

过失责任原则是《法国民法典》所确立的民事责任归责原则，后为大陆法国家民事立法所吸收，成为资本主义民法的基本原则之一。正如耶林所言，其理论基础是"使人负损害赔偿的不是因为有损害，而是因为有过失，其道理如同化学上之原则，使蜡烛燃烧的不是光而是氧一般的浅显明白"①。可见，过失责任原则是个人主义的产物，其结果是减轻了责任承担的条件，这对于保护资本主义商品生产者的积极性和创造性是具有积极意义的。

《大清民律草案》也采纳了这一原则，在第一编"总则"的"责任能力"一节第37条规定，凡"因故意或过失而侵害他人之权利者，于侵权行为须负责任"；在第二编"债权"的"侵权行为"一节第945条规定，"因故意或过失侵害他人之权利而不法者，于因加害而生之损害负赔偿之义务"。可见，自己责任原则在《大清民律草案》中留下深深的烙印。

（2）修正的大陆法系民法原则影响下的《中华民国民法》

19世纪末，西方资本主义世界出现了对于个人主义的反思，而社会本位被日益强化。大陆法系国家也在发展其于19世纪所创立的民法原则，表现为对权利、自由进行限制。

《中华民国民法》在制定过程中，一方面延续《大清民律草案》所确定的民法原则，另一方面又深受西方尤其是大陆法系国家新民法原则的影响，对《大清民律草案》所确定的"人格平等、保护所有权人的私有财产、契约自由和过失责任"民法原则作了一定程度的限制。表现在：

第一，建立公序良俗原则。自19世纪末大陆法系国家特别是德国民事立法主要通过公序良俗原则来保障社会公益，表现为违反公序良俗的民事行为被视为无效，同时规定因违背诚信义务构成违约必须承担民事责任。这也标志着立法上的个人本位转向社会本位，这种趋向也影响了民国时期的民事立法。

《中华民国民法》确认了公序良俗原则。比如第2条规定，"民事所适用之习惯，以不背于公共秩序或善良风俗者为限"；第72条规定："法律行为有悖于公共秩序或善良风俗者无效"；第36条规定，"法人之目的或其行为有违反法律、公共秩序或善良风俗者，法院得因主管官署、检察官或利害关系人之请求、宣告解散"。这些表明，《中华民国民法》吸纳了自《德国民法典》以来所确立的旨在保护社会公益的诚实信用与善良风俗原则。

第二，确立了所有权限制与禁止权利滥用原则。《中华民国民法》对财产所有权的行使作了某些限制。比如第148条规定了权利行使的原则，即"权利之行是不得以损害他人为主要目的"，同时还通过确立相邻权制度，对所有权的行使进行限制；值得指出的是其773条之规定："土地所有权，除法令有限制外，于其行使有利益之范围内及于土地之上下。如他人之干涉无碍其所有权之行使者，不得排除之。"

第三，对契约自由的修正与诚实信用原则之确立。《德国民法典》基于契约自由的缺

---

① 王泽鉴：《民法学说与判例研究》，第2册，150页，台北，三民书局，1975。

陷，引入诚实信用原则以保护交易秩序与安全。《中华民国民法》也深受此影响，在规定契约自由的同时，以诚实信用原则限制修正其缺陷。如第 153 条规定："当事人互相表示意思一致者，无论其行为明示或默示，契约即为成立"；但同时其第 74 条规定，"法律行为系乘他人之急迫轻率或无经验时期为财产上给付或为给付之约定，以当时情形显失公平者，法院得因利害关系人之申请，撤销其法律行为或减轻其给付"；第 219 条规定，"行使债权、履行债务，应依诚实及信用方法"。以上诸条均体现基于对社会公共利益之关注与维护而对契约自由所作之修正。

第四，民事责任的归责原则多元。自法国民法开始，"行为人就自己的过错负责"，即过错责任原则，就成为近代民法之基本原则。《德国民法典》时代因经济与社会发展，对社会弱者之关注而引入了无过失责任作为过错责任原则的补充，民事侵权责任趋于多元化。这一趋向也为《中华民国民法》所关注并借鉴：第 187 条确立法定代理人对无行为能力人或限制行为能力人因不法侵害他人权利承担连带赔偿责任，而不要求责任人有过错；雇主对于雇员因执行职务而发生对他人的侵权承担连带责任而无须过错。

第五，男女平等原则在形式上的确立。男女平等是近代民法人格平等原则的重要组成部分。虽然人格平等原则随近代民法产生而确立，但在两性领域尤其在婚姻、家庭、财产继承等领域，其法律规定深受一个国家文化、习俗、宗教等因素影响，在法律制定和实施过程中男女平等的进展相对比较缓慢。

如前所述，《大清民律草案》亦确认了民事主体人格平等的民法原则，并在总则、债权、物权 3 编上仿效大陆法系民法的内容，但其亲属、继承编中完整保留封建礼法下之传统习俗，男女不平等的规范亦不少见，如实行家长制、否认家族成员的独立人格和平等地位、财产继承中男女有别等。

19 世纪末开始，大陆法国家的婚姻家庭法发生了较大变化，其中原则性变化是男女在具体权利上更趋于平等，如取消了离婚理由上的男女区别，非婚生子女与婚生子女权利平等。这些变化对《中华民国民法》的影响表现为：民事行为能力的认定无男女性别差异；请求离婚之事由对夫妻双方完全适用；夫妻实行共同财产制；财产继承不问男女，按人数均分；非婚生子女与婚生子女权利平等。[①]

诚然，男女平等不可能仅仅通过民法上男女平等原则的宣誓实现，其有赖于经济、文化、传统与宗教等诸多因素，但《中华民国民法》中确立男女平等原则的积极意义仍不可估量。

2. 大陆法系商法原则的影响

商法的原则是指反映一国商事法律的根本宗旨，对于各类商事关系具有普遍适用意义或司法指导意义，对于统一的商法规则体系具有统率作用的某些基本法律规则。关于现代商法的基本原则是什么，学说林立，莫衷一是。探究商法的原则，我们必须从近代法律发展史上第一部商法典即 1808 年《法国商法典》中找寻。

《法国商法典》起源于欧洲中世纪商人法，主要由商业活动关系中的各种习惯和规则组成。交易习惯首先来源于"善意、公平交易和恪守协议"等宗教观念，同时人们建立商事

---

① 参见何勤华、李秀清：《外国法与中国法——20 世纪中国移植外国法反思》，257 页，北京，中国政法大学出版社，2003。

活动规则的目的之一是促进交易发展，实现商业目的——营利。虽然《法国商法典》没有关于原则的具体表述，但从其规范中可以我们可以看到"交易自由、交易诚信、交易公平"等原则的存在。

交易自由、诚信、公平原则对近现代中国商事立法产生了重大影响。《钦定大清商律》不仅确认了商人的合法地位，而且明确商业活动以营利为目的，但同时也要求商人以诚信为基本价值。

中华民国时期采用民商合一体例，商事法规主要以单行法形式表现，1931 年的《公司法》、1929 年的《票据法》、1935 年的《破产法》以及其他商事法律也都体现了上述商法原则，比如公司设定上采用法定资本制，以防止欺诈行为，并通过诚信原则保护债权人利益。

西方票据立法中有两种不同的价值取向：一种强调"送金主义"，着重体现票据的支付功能和汇兑功能，交易安全自然会受到影响；另一种强调"信用主义"，注重票据的严格形式，从而加强交易安全。中华民国票据法则采纳了"信用主义"的立法原则。

就债务承担无限责任是中国人的传统观念，因此，在中国传统律例中没有破产制度，虽然清末在移植西方法律制度时制定了《破产律》，但该法很快就被废止就是明证。为了体现商业活动的目的就是营利，中华民国政府还是排除阻力颁行了破产法，同时为体现公平和诚信，破产法采用了"破产宣告申请主义"为原则与"和解制度"。

三、大陆法系民商法制度对中国民商法的影响

（一）大陆法系民法制度的影响

依大陆法系传统民法理论体系，民事法律制度主要以民事主体、法律行为与民事客体为要素并围绕物权、债权、人身权、婚姻家庭、财产继承及民事责任等展开。

1. 民事主体制度

民事主体是参与民事法律关系，享有权利、承担义务的人。如前所述，法国民法确立了自然人作为民事主体的法律制度，并将自然人纳入"人法编"，同时还规定了民事主体的权利能力、行为能力及责任能力内容。德国民法在继承法国民事主体制度的基础上，基于社会、经济发展之需要，创设了法人民事主体制度，除在民事主体中增加了"法人"之外，还就法人的设立、消灭以及法人的权利能力和行为能力作了严格规定，《日本民法典》予以效仿。中国自《大清民律草案》、民国《民律草案》、《中华民国民法》乃至当代民事法律，均系以自然人及法人的两分来构建民事主体制度，使抽象的人格平等有实现之可能。

2. 民事法律行为制度

法律行为是德国民法学上的一个重要概念。以萨维尼为代表的擅长抽象和逻辑推理的德国法学家们创立了法律行为理论体系，建立了民事行为、意思表示、民事法律行为、无效及可撤销行为、法律行为的附条件和附期限等基本民法概念和理论，并为德国民法所吸收。德国民法所创设的民事法律行为制度通过《大清民律草案》与《中华民国民法》的移植，至今深深影响着中国民法的理论研究、法学教育和民事立法。

3. 物权制度

法国民法创立的财产权利制度经德国发展成为比较完整的物权制度。大陆民法较早就

认识了财产和财产权利的分类，将财产分为动产和不动产，将对物的权利分为所有权和限制物权，并规定了动产和不动产所有权转让的不同形式，德国民法还设立了担保物权制度。中国近现代民法中的物权制度就是立足于大陆法物权制度发展起来的，尤其直接继受了德国的物权行为理论。这在 2007 年颁布的《中华人民共和国物权法》之体系结构、概念、内容等方面得到体现。

4. 债权制度

债权制度是大陆民法的重要制度。债包括契约之债和非契约之债，合同是债形成的主要依据。法国民法将债作为取得财产的方式之一，而德国却将债务关系法单列一编，并且将债的产生原因细分为契约和赠与、无因管理、不当得利及侵权行为。《大清民律草案》仿效德国民法，《中华民国民法》继续保持大陆法债权制度的特点，时至《中华人民共和国民法通则》和《中华人民共和国合同法》，在债法的结构体系、债法原则、债产生的依据、债权债务的效果等，仍然保留了大陆法债权制度的基本特点和内容。

5. 婚姻家庭制度

在法国民法中，亲属法律制度作为人法的组成部分，被赋予了特殊意义。一方面，民事主体平等、民事行为意思自治等原则直接影响婚姻家庭关系领域，但另一方面，还保留了法国的一些旧传统，比如夫妻关系中丈夫主导、离婚中的过错原则等。德国民法将亲属法单列一编，试图为此设定单独的法律原则，强调婚姻自由、夫妻平权和非婚生子女受平等保护等。但是，婚姻家庭关系的特殊性决定了这一领域的法律规范设计必将受到一个国家的社会文化、传统和宗教等因素的影响。中国近现代民法关于婚姻家庭制度的设计也在重复大陆法国家的历史：一方面，建立反封建传统、具有平等自由意识的婚姻家庭制度；另一方面，在通过其他方式不停地修订一些超前的规范，导致婚姻家庭制定法的实施效果远不及其他法律部门。

6. 财产继承制度

财产继承是法国民法关于财产取得的方式之一，法国民法规定的继承人范围很广，同时继承权男女平等，非婚生子女享有继承权。这对于保护财产在自然人之间合法流转具有十分重要的意义。德国民法上的财产继承制度除继受法国法之外，扩大了遗嘱处分财产的范围，为此建立了完善的遗嘱继承制度，同时设定特留份制度以限制遗嘱自由处分。尽管婚姻家庭继承制度在一定程度上受制于一个民族的习俗和传统，但中国近代以来对于大陆法继承制度的借鉴和移植还是表现得非常充分。比如《中华民国民法》继承编确立了继承权平等原则，即承认继承不分男女性别，配偶有相互继承权，非婚生子女经准证或认领后与婚生子女平等继承父母的遗产；在确认遗嘱继承的同时，也借鉴了德国的特留份制度。《中华人民共和国继承法》也受到了大陆法继承制度的影响，表现在继承法结构体系、将继承人设定不同顺序、对遗嘱的尊重、遗嘱处分财产限制中的胎儿预留份制度等方面。

（二）大陆法系商法制度的影响

商事法律制度主要包括两个方面：规范商事主体的商事组织法律制度和规范商事行为的商事行为法律制度。商事组织法律制度主要体现在公司制度上，包括公司种类、公司的设立、公司的组织机构、股份有限公司的股份的发行与转让、公司债券、公司的财务会计，公司的合并、分立、解散和清算，外国公司分支机构等。商事行为法律制度主要有：证券法律制度、票据法律制度、保险法律制度、海商法律制度、破产法律制度等。由于市场发育程度不高，商事主体有限，商事活动不够丰富，在早期欧洲的商事法律制度中，公司、票据、海商及破产法律制度比较成熟，它们对中国商事法律制度的建立和发展产生了重大的影响。

1. 确立了商事主体制度

《钦定大清商律》及《大清商律草案》都在民事主体外确认了独立的商事主体制度。如《钦定大清商律》之商人通例就明确规定了商人、商业能力、商号、商业账簿等，经营商务、贸易、买卖、贩运货物者为商人；16 岁以上之男子具有完全之商业行为能力，女性商业能力受到一定限制，妻子为商业行为须得丈夫许可；商人营业必须有商号和营业账簿。民国时期民商合一，立法上没有设立独立于民事主体之外的商事主体，但单行法律如 1931年颁布的公司法等也确立了商事主体制度；而且，关于商事主体制度的内容和形式几乎完全模仿了日本商法典。

2. 公司法律制度

《钦定大清商律》之公司律共 131 条，分为公司分类及创办呈报法、股份、股东权利名事宜、董事、查账人、董事会议、众股东会议、账目、更改公司章程、停闭、罚例共 11节，内容较为简略。其中将公司分为合资公司、合资有限公司、股份公司、股份有限公司 4种则完全继受了大陆法系国家通常规定的公司分类。

20 世纪 20 年代，世界各国公司立法进入了一个新的发展阶段，大陆法系和英美法系各国都建立了比较成熟的公司法制度。中华民国 1931 年公司法就是在考察、比较的基础上制定的。其中大陆法系商法的影响仍然很大，比如仿效德、日"公司设定法定资本制"。

3. 票据法律制度

1909 年开始草拟的《大清商律草案》第三编为"票据法"，分为总则、汇票、期票三个部分。从其内容来看，大量吸收了德、日两国的立法成果。《大清商律草案》还来不及公布清政府就被推翻了，所以，这一时期并没有真正意义上的票据法律制度。

票据立法以及对外国票据法律制度的借鉴和移植始于民国时期。大陆法国家票据法律制度对 1929 年民国票据法的影响表现为：采纳德国的"信用主义"为票据立法原则；直接吸收日本商法中"本票、汇票及支票"的票据分类；移植了日本的"不承认附条件承兑"的汇票承兑规则。

4. 破产法律制度

1906 年清政府颁布了《破产律》，以补充《钦定大清商律》的内容。《破产律》从以下几个方面移植了大陆法系商法制度：借鉴了德国破产法适用范围规则，将破产法通行于商人及非商人的一般财产，采用日本的破产法体例以及破产类型的划分标准等。

中华民国 1935 年破产法无论其体系、内容及制度，一方面继承了清末以来关于破产立法的成果，另一方面更多地移植了企业及公司制度发展迅速的英美法国家的破产法律制度。

四、移植大陆法系民商法的反思

大陆法系民法自 20 世纪初期至 20 世纪 30 年代深刻影响着《大清民律草案》、民国

《民律草案》与《中华民国民法》，并通过全面法律移植实现了中国民法的近代化。在当代转型时期的中国，市场经济与私权文明向纵深发展，民法的现代与民法典的编纂乃亟待完成之使命。因此，如何借鉴、移植欧陆民法并与国情、传统相整合，是我们需要慎重面对的命题。

1. 对清末以来大陆法系民商法之检讨

（1）制度移植与观念继受：人格、财产与契约观念的缺失

正如前面所分析的，自清末《大清民律草案》至《中华民国民法》，法律家在移植德、日、瑞士、法诸国的民法时，更多的是将条文照搬或抄袭而置于本国民法典（草案）之中，即更多的是制度层面的移植，而欠缺观念的继受与培育，导致制度移植的土壤欠缺。

可以说，所有进步社会的运动，到此处为止，是一个"从身份到契约"的运动。① 这是《古代法》中最为精彩的描述，尤其是"从身份到契约"已经成为一个著名的社会进步公式。而当时中国社会契约观念与人格独立、平等理念的欠缺成为制度移植的"瓶颈"。正如王泽鉴先生所言："现在的继受首先是观念上的继受。没有观念的继受，光有条文、制度继受是远远不够的。"②

在全面移植诸国基于私法理念的民法制度的背后，中国当时社会所面临的则是"三纲五常、尊卑有序"的礼教传统，法律制度的断裂与社会生活、文化的长久延续发生激烈碰撞与交锋，争议与非议随之而来。可以说，人格、财产与契约观念之缺失乃清末与中华民国民法移植不成功的深层次原因，以至于学者张生评价《中华民国民法》时说："民国民法典是一部为现代社会制定的法典，却未必能符合当时民众的需要。"

（2）欠缺公众参与与接受

尽管三次立法均存在不同程度的民事习惯法调查，强调对习惯与传统的尊重，但无论是《大清民律草案》还是《中华民国民法》，无一例外是政府支持下的法律家精英式立法，公众参与非常有限。"法律家以他们心中理想的社会为基础，以外国立法例为标准，编订完成了民法典……把自己的理想强加给民众，法律家便会以导师的身份为民众指引'理性'的生活规范，民众固有的谋生方式就成为改造的对象。"③ 甚至于有观点如此评价《中华民国民法》："该法典过于超前，与当时国情脱节，以至于使得其在国民党统治区适用的 20 年期间，始终与国民的生活隔膜。"④

2. 中国民法现代化与移植大陆法系民商法之关键

（1）国际性与民族性：移植、继受与本土传统、国情之整合

"法律移植（继受）是法律进步、发展的永恒的主题。"⑤ 在中国诸次民法典的起草工作中，均十分重视对外国先进的民法理论和立法经验的吸纳。《大清民律草案》就十分"注重世界最普通之法则"，吸收了许多大陆法系的民法概念、原则、制度与理论。《中华民国民

① 参见［英］梅因著，沈景一译：《古代法》，96～97 页，北京，商务印书馆，1984。
② 王泽鉴：《德国民法的继受与台湾民法的发展》，载《比较法研究》，2006（6）。
③ 张生：《中国近代民法法典化研究》，280～281 页，北京，中国政法大学出版社，2004。
④ 刘锐：《近代中国民法典之路》，载《人民法院报》，2003-03-24，理论版。
⑤ 何勤华、李秀清：《外国法与中国法——20 世纪中国移植外国法反思》，648 页，北京，中国政法大学出版社，2003。

法》也着重参考了德国、日本、瑞士、苏俄与泰国等诸国民事立法经验。

保持本土法制传统是民法生命力的源泉。中国历史上的几部民法典（草案）亦注重国情、民情，以"求最适于中国民情之法则"。在起草《大清民律草案》时，因亲属、继承二编"关涉礼教"，故未聘请日本学者起草，而由中国法律家编订，足见立法者对传统之重视。

但问题是对外国法的移植与对传统的保持并未较好地整合，并在此基础上予以发展，就如《大清民律草案》所展示的那样"前新后旧、整合雏拙"，则不是我们全面移植或法律近代化、现代化所要追求的。

应看到，不同民族的风俗习惯、民族文化、语言与当前的经济制度、政治意识形态都会有所差异，在人的权利保护的制度和观念上每个国家也有自己的特色。我们应在民法关注的人格平等与独立、私权保护与私法自治的私法观念（在这一点上各国取向共同）的基础上，建构符合自身社会传统、易为民众接受的民法规则，这样移植的制度才会生根、发芽，具有生命力。

（2）体系化与法典化

在整个民法法系的历史中，民法典诞生的深远意义是无与伦比的。"民法典不管是在哪里，都往往是整个法律制度的核心。"① 可以说，民事法律的发达程度，在很大程度上反映着一个国家法律发展的总体水平。民法法典化是民法发展的必然趋势，也是最能展示一国民事立法体系化水平的标志。

尽管自清末修订民律草案以来，中国民法的体系化与法典化在移植大陆法系民法中日益成熟，但其"急功近利式"立法亦先后显现：如因清廷商务管理之急需，早在光绪二十九年（1903年）商部成立之初，即开始由载振、袁世凯与伍廷芳编订《商人通例》、《公司例》，后合编为《钦定大清商律》，此时清末修律并未真正启动，其后，修订法律馆先后拟订了《大清刑律（预备案）》、《刑事民事诉讼法（草案）》，而作为基本法的民法一直未能列入立法议程。其原因可能在于清廷当时的专制统治更需要刑法与秩序，而民法则非清廷所愿，只有政治压力达到一定程度才开始进行编订。② 此外，如前面提到的，民国《民律草案》修订时，当时法律家亦曾考虑民商合一立法，后因任务繁重、时间紧迫而改从民商分立模式。

但是，总体上，清末以来中国民法近代化进程中，对大陆法系民法特别是德国民法的移植使中国民事立法体系化与科学化水平得到了提高。王泽鉴先生指出，中国法制因继受德国法而科学化。制度可以修正、变更，甚至废弃，但方法将永远存在。此为中国继受德国法之真正意义。③

与清末以来的民法近代化类似，从民法体系上看，时下中国民法存在的最大缺陷是至今未有体系化民法典。民事立法亦实行"急功近利式"，先就民法典的各个组成部分采取急

---

① ［美］艾伦·沃森著，李静冰、姚新华译：《民法法系的演变与形成》，172 页，北京，中国政法大学出版社，1992。

② 参见张生：《中国近代民法法典化研究》，44 页，北京，中国政法大学出版社，2004。

③ 参见王泽鉴：《民法五十年》。转引自梁慧星：《中国民法学的历史回顾与展望》，载http：//www．iolaw．org．cn/，2010-02-27。

用先立、先易后难的立法方式，结果就出现众多民事单行法并存而无民法典的立法格局，这是中国民法的致命缺陷。

对今后民法典的编纂，合理而缜密的体系化仍将是焦点问题。传统民法领域如物权法、债权法、侵权法与人身权法存在先后与内部有序化问题；而传统民法与公司法、破产法等商法及知识产权法间的关系，则更需要民法学界放弃"部门法利益"考量，而从法律本身客观需要出发去探寻其体系。

（3）私法本质的弘扬与民众的广泛参与

清末《大清民律草案》修订之时，正系欧陆国家因进入垄断资本主义而社会法学思潮高涨之时，所谓"社会本位"与"民法社会化"被视为民法学发展之趋势。正因如此，对所有权限制、契约自由的限制等被引入《中华民国民法》。

但是，必须承认东、西方在文明、观念、制度方面的差异，上层建筑包括法律文明，每个民族都有自己的特色；特别是经济发展水平存在巨大差异，在自身经济发展水平较低与市民社会发展不成熟的社会，提前迈入"社会本位"的代价就是前述学者所说的"中华民国是为现代社会编制的法"，而不适应当时之情境。

因此，在我国目前私权保护不充分的前提下，坚持并弘扬私权本位、反对"公益"的滥用则是民法典编纂与法律移植需关注之问题。

与此同时，我国民法典编纂及其现代化进程中还需加强公众的参与，使民法典易于为公众所理解并接受，而不能是如《中华民国民法》所显示的"学术法"与"理性法"，我们应追求理性的"实践法"。一般而言，民事法律与一个国家的社会结构以及政治制度、经济水平、文化状况乃至国民素质等密切相关，牵一发而动全身，其实质是一种文化形态的体现，而不仅仅是一个简单的法律问题。从这个意义上而言，更需要公众的广泛参与。

第二节
英美法系民商法文化的影响

一、英美民法观念与判例制度之引入

（一）英美民法观念对中国近代民法观念的影响

随着近代商品经济与资本主义的发展，基于个人本位的私有权观念在判例法中得以确立。如英国强调公民个人作为所有权的主体，在行使权利时不受他人约束，只要是依照法律处分财产，法律就给予严格保护。而美国也将财产所有权看成是"独有和专断的支配权"[1]。与大陆法系早期民法类似的"无限"的私有权观念亦在英美早期财产法占支配地位。

---

[1]　何勤华、魏琼主编：《西方民法史》，375 页，北京，北京大学出版社，2007。

当然，这与其社会发展进程密不可分。

随着 19 世纪末垄断资本主义的到来，社会本位替代个人本位成为法律乃至社会的主流。对应的是，英美财产上强调财产的恰当使用原则，禁止以浪费或反社会的方式行使其财产权，以不与法律和社会公共利益相抵触为原则。美国财产法的重心转向对所有权的诸多限制，禁止财产权利的滥用。[1] 由上观之，与大陆民法及其观念演进类似，尽管英美法无鲜明的法典化明确立法，仍在长期演进中形成了无限所有权发展到相对所有权的观念。

也有观点认为，与大陆法系私法相反，普通法根本不存在所有权的概念，与之对应的是地产权，但地产权是仅仅为了方便地表达那些权利束而创造出来的总称术语，而并非什么特定的权利，因此，地产权在其发展历史中并没有形成如同罗马法上的绝对所有权的概念，但在普通法诉讼制度中可以发现所有权理念的萌芽，如收回地产之诉制度在英国法上引入了类似所有权的绝对权的概念。至 15 世纪，普通法发展出解决土地实体权利的新型诉讼：驱逐之诉。尽管普通法上没有实体权利概念，但私人仍可通过公力救济（如诉讼）获得对财产权利的救济。可见，早期普通法没有完整的私人财产权概念——所有权，并未以实体权利建构法律体系，但以开放式的、完善诉讼制度保障私人财产利益，最终确立了较为稳定的私有财产制度。[2]

普通法本身就是一种从司法实践中发展起来的法律体系，缺乏对权利理论体系化的追求，不存在所有权这样的概念。正如英国普通法学者密尔所言："在英国中世纪土地权利中也没有所有权概念，而只有像保有权这样一个比较小的概念。在普通法中没有必要，同时也没有余地容纳像所有权这样的抽象概念，各种权利均取决于对其他具有完全控制权的领主。"[3] 普通法上的特定权利概念是在救济诉讼中而非在救济之前形成，可以说，普通法是救济法而非权利法。[4]

笔者赞同前一种观点。因为尽管无明确立法反映，但就其社会发展进程与相关判例来看，这种所有权观念的变迁存在于英美法上应是毫无疑义的。尽管囿于多方面原因，清末修律编纂的《大清民律草案》主要直接继受大陆法系民法，而英美法所有权观念的直接影响有限，但仍有其影响。

如《大清民律草案》第三编"物权编"第二章是关于所有权制度之规定。《大清民律草案》第 983 条规定"所有人于法令之限制内得自由使用、收益、处分其所有物"，第 984 条规定"所有人于其所有物得排除他人之干涉"，第 986 条规定"所有人对于以不法保留所有物之占有者或侵夺所有物者，得回复之"。民国时期，所有权绝对的观念为"相对权"观念

---

① 参见郑祝君：《英美法：时代性背景下的制度变迁》，载《法商研究》，2002 (3)。

② 参见邓建鹏：《财产权利的贫困——中国传统民事法研究》，90～91 页，北京，法律出版社，2006。学者梅夏英在分析所有权概念的演变时也认为，古罗马法理论上亦不存在近代意义上的大陆法系所有权的概念与理论。罗马人不以权利为线索构筑法律体系，也没有形成彻底的"权利"观念。罗马私法并未在形式及内容上形成一个整体，其出发点仅仅在于法律必须提供在任何情况下通过诉讼的手段主张权利的可能性。这一点上与普通法财产权起源类似。参见梅夏英：《两大法系财产权理论和立法构造的历史考察及比较》，载《私法》，第 1 卷，164、174 页，北京，北京大学出版社，2001。

③ ［英］S.F.C. 密尔松著，李显冬等译：《普通法的历史基础》，102 页，北京，中国大百科全书出版社，1999。

④ 参见邓建鹏：《财产权利的贫困——中国传统民事法研究》，91 页，北京，法律出版社，2006。

所取代，体现在民法上则设计了许多对所有权限制的规则。这表现在《大清民律草案》中，即为确认了"所有人于法令之限制内得自由使用、收益、处分其所有物"的私权本位原则的同时，也规定了法律对所有权的限制。这些明显具有《德国民法典》的痕迹，但作为近代英美财产法上的所有权观念的时代演进无疑影响到了清末以来的中国民法近代化运动。

此外，在具体民法制度上，中国近代民事立法亦受英美法判例与理论之影响。

在具体制度上，《中华民国民法》中可看出英美法之痕迹，而此前的《大清民律草案》在制度层面对英美法几近未有涉及。究其原因：一方面，英美法之判例法传统，难以为当时清末修律所直接"快速"引进，正如有观点认为，中国之继受大陆法系的德国民法，是受日本的影响。其所以不采英美法系，纯粹由于技术上的理由。大陆法系与英美法系，虽无优劣、高下之分，但英美法是判例法，不适于以立法方式予以继受。[①] 另一方面，笔者以为，这恐怕还缘于清末修律时英美法人才限制与立法时限急迫而未能有详细顾及英美法之空间。

（二）英美判例制度对中国近代之影响

尽管自清末修律以后，我国完全继受了大陆法，走上了法典化道路，但民国以后判例仍然具有拘束力。

《大清民律草案》"法例"章第 1 条规定，"民事本律所未规定者，依习惯法，无习惯法者，依条理"。在民国创立之初被束之高阁。但在没有民法之情形下，民国参议院于 1912 年 4 月 3 日开会议决："嗣后凡关于民事案件，应仍照前清现行律中规定各条办理。"[②] 即依据《现行刑律民事有效部分》处理，但因其仅简要规定了户役、婚姻、田宅、钱债等民事内容，不能适应社会关系之需要。为此，民国初期通过大理院的判例解释例要旨汇编，对其适用的民事法律渊源及各法源的援用次序逐一加以解说。

例如，1914 年"民国三年统字第 105 号及七年统字 809 号"规定，"诉讼通例，惟最高法院判决之可以为先例者，始得称为判决例"。"上告审发还更审之案，关于该案法律之见解，依法院编制法，下级审判衙门，自应受拘束。"此项判决例与附于律的条例均具有拘束力。

时任大理院民庭推事的郑天锡在《大理院研究·绪言》一文中所言："我国法律，尚未完备，裁判时，常赖判例为之补充。大理院为我国最高法院，其判例在实际上与法律有同一效力。外国法院[③]，每逢适用中国法律而无明文可引用时，亦采用我国判例。我国大理院之判例，其重要亦可想见矣……大理院判例，自大体而言，不逊于外国判例之完备，亦足为我国司法进步之一大证据（见英 1920 年秋季比较法律报第 283 篇及美国 1920 年腊月耶鲁法律报 180 篇）；故间有批评，亦只有促外人注意，不致使其怀疑也。"[④]

至 1935 年的法院组织法施行，依其第 25 条规定，最高法院判决仍具有拘束力。在这

---

①　参见王泽鉴：《民法五十年》，载《民法学说与判例研究》，第 5 册，9 页，台北，作者自版，1991。

②　《中华民国民法制定史料汇编》（下册），2 页，台北，"司法行政部"，1976。

③　因列强在中国"享有"领事裁判权，故有"外国法院"之说。

④　郑天锡：《大理院判例研究·绪言》，载《法律评论》，第三十六期。转引自张生：《中国近代民法法典化研究》，121～122 页，北京，中国政法大学出版社，2004。

一点上，与当时德国和日本的做法并不完全相同。① 而在我国历史上，也并没有确认遵循先例的原则，判例一般不得与制定法相违背。②

如胡长清先生所言，"此种观象（判例为讼争定谳之根据——笔者注），迫于今最高法院时代……纵谓我国自民元迄今，系采判例法制度，亦无不可"③。可见，在民国时代，判例的援引与适用除了在司法实践中多有涉及，理论上之解释亦在比较分析大陆法系与英美法系民法对待判例态度的基础上，有深入探讨。这当然离不开英美民法之判例制度的影响与示范效应。

上述表明，《大清民律草案》及《中华民国民法》编纂时在遵循传统与考量英美判例法经验的基础上，通过判决例的适用，弥补制定法之不足，使制定法具体化。

二、英美商法对中国近代商法之影响

（一）英美公司法的影响

1. 英美公司法的主要特点

1844 年《英国合作股份公司法》的诞生，使得英国公司的成立除依皇家特许证和国会专门法令外，还可以通过注册的方式。作为世界上第一部认可公司独立人格地位的公司法，该法案尽管由于本身的缺陷而被废止，但其所确立的注册方式却成为日后英美国家公司成立的主要形式。自 19 世纪下半叶以来，随着资本主义生产的发展，资本主义自由竞争达到顶点，单个资本相互吸引并出现了集中趋势，这些发展使得股份公司的特点得到充分发挥和利用。公司的发展为从法律上概括公司形态提供了现实基础，而公司法的多次制定和日益完善又推动了公司的发展。在 19 世纪 50 年代，英国开始了新一轮系统的公司立法，如 1855 年的《有限责任法》和 1856 年经修改的《合作股份公司法》。

美国公司法的主要渊源是各州的成文立法和法院判例，鉴于此，1950 年美国律师协会制定了《示范公司法》，以期作为公司制度范本来促进各州公司立法的统一，并于 1991 年作了全面修改。该法虽未形成统一法，对各州公司的设立和运作尚无约束力，但其对各州公司立法的影响却不可低估。随后，为了适应高新技术发展的需要，美国"统一州法全国委员会"于 1994 年出台了《统一有限责任公司法（示范法）》，并于 1996 年进行了重大修订。

英国是世界上最早出现公司的国家，其现代意义上的公司是在合伙组织基础上建立的。根据公司成立和法律调整的方式不同，英国公司立法的发展主要经历了三个时期，即特许主义时期、法定主义时期和注册主义时期。1855 年的《有限责任法》和 1856 年经修改的《合作股份公司法》，在根本上确立了有限责任和公司独立人格两大重要原则，这无疑为现代公司法奠定了基础。公司拟制人格使公司的集资作用得到更加充分的发挥，股份公司的产生使公司人格与公司成员人格日趋分离，有限责任则进一步使公司责任与公司成员责任相互区别。基于此理论，英国公司法日渐形成了富有特色的资本原则——授权资本制，并

①　参见王利明：《论中国判例制度的创建》，载《民商法研究》，第 4 辑，17 页，北京，法律出版社，2001。
②　参见张晋藩：《中国法律的传统与近代转型》，242 页，北京，法律出版社，1997。
③　胡长清：《中国民法总论》，36 页，北京，中国政法大学出版社，1997。

为英美法系国家乃至世界其他多数国家所广为采纳。而作为英美法系另一端起重要作用的国家，美国的公司制度亦主要渊源于英国法。然而，随着美国法院对普通法的改造，公司法在美国本土也逐步获得了自身独创性发展。

19世纪末至20世纪初，英美国家倾向于把公司作为一种实现经济目标的合法工具，主张公司的管理自由，法律对公司亦持明显的宽松、放任的态度。正如施瓦茨在他的《美国法律史》一书中所指出的那样："在公司法领域，20世纪最初30年的主题是确保公司这一工具能得到充分利用，不受政府限制的束缚。"①

为发展公司这种经济实体，美国法律在英国公司法的基础上，简化公司成立程序，公司成立只需签订章程和申请执照即可，同时赋予公司独立人格，设定有限责任。但随着公司数量增多与规模扩张，公司权力过大的问题日益凸显，"任何其他国家都不存在如此不受限制的公司权力"成为各界的共识。于是，通过禁止垄断和禁止不公平竞争等立法重新强调政府在限制公司滥用权利方面的作用，同时通过证券和交易法律，促使股东对公司实施更有效控制。

随着经济的发展和社会的转型，公司法面临着一系列的新问题，法律对公司所采取的自由放任态度产生了某些负面影响，如公司法人人格和有限责任的滥用、公司利益最大化与社会全面发展目标不协调等，由此引发了英美国家关于公司法基本理论的新一轮探讨。这场讨论涉及公司的财产权与控制权、公司的内部治理、公司有限责任滥用、公司人格否认、公司社会责任等一系列基本理论问题，从而对传统公司法理念形成了巨大的冲击，出现了现代公司产权理念由一元机构论向二元化体系的改变，对公司性质的认识亦实现了从"股东至上"向"利益共同体"的转变，注重对公司利益相关者权益的保护转向强调公司社会责任。

2. 近代以来中国公司立法

（1）清末公司立法

近代中国的公司立法肇始于清末，虽然相对西方国家较晚，但它开拓的是一个中国传统法律所未曾问津的领域，在近代法史上的重要地位是不容忽视的。

纵观清末的公司立法活动，共历时8年，依照其发展顺序，以1906年年底官制改革为界，可以作前后两个阶段的划分：

从1903年到1907年是第一阶段。这一阶段主要是根据当时的需要，制定和颁行一些应急的单行法律、法规，如《公司律》、《公司注册试办章程》、《破产律》等，其中最主要的就是《公司律》的制定。《公司律》是商部委任伍廷芳等人在"择要译录西国成律"的基础上修订而成的，在立法原则上兼采大陆和英美两大法系。该法规定"凡凑集资本共营贸易者，名为公司"②。《公司律》共131条、11节，将公司分为"合资公司"、"合资有限公司"、"股份公司"和"股份有限公司"4类。

从1907年到1911年是第二阶段。该阶段是在制定商法典的基础上展开的，采用了民

① ［美］伯纳德·施瓦茨著，王军等译：《美国法律史》，221页，北京，中国政法大学出版社，1989。
② 《大清光绪新法令》，第16册，2页。转引自李玉、熊秋良：《中国近代公司制度史：史学领域的一块处女地》，载《社会科学研究》，1997（4）。

商分立的立法模式，公司法构成商律草案的一个重要组成部分，如《大清商律草案》中的"公司律"、《改订商律草案》之《公司法草案》等。这一阶段在立法机构的设置、立法参与者的构成及内容的考虑方面较之前一阶段的立法更为具体、系统和丰富。然而，这一阶段的公司立法大多还停留在草案阶段，由于辛亥革命爆发而未及颁行，之后便成为了民国初期立法的蓝本。

（2）民国时期公司立法

南京国民政府建立后，于 1929 年公布《中华民国公司法》，并于 1946 年对该法予以修订。1929 年公司法公布后，南京国民政府随即颁布了《公司法施行法》，对公司法施行前依《公司条例》办理事件的过渡处理办法、公司法施行日期作出规定。之后，实业部公布了《公司登记规则》，对各种公司呈请登记的规费、程序作出具体规定。因政府组建公司日益渐多，故 1940 年颁布了《特种股份有限公司条例》，对政府组织的公司加以规定。

（3）中华人民共和国公司立法

中华人民共和国成立，公司立法开始了新的历史时期。一般认为公司立法开始于 20 世纪 50 年代，但早期的立法主要在私营经济和公私合营经济范围内。1950 年 12 月 29 日颁布的《私营企业暂行条例》，是新中国成立后第一个私营企业基础法规，也是第一个规范公司的法规。该条例规定了 5 种公司形式，即无限公司、有限公司、两合公司、股份两合公司以及股份公司。此外，这个时期影响较大的另一法规，是 1954 年 9 月 5 日公布的《公私合营工业企业暂行条例》，从其内容上看，主要是有关有限公司的规定。1979 年开始，外商投资企业立法成为了新时期公司立法工作的重要部分。在这个时期全国人大先后颁布了《中外合资经营企业法》、《外资企业法》、《中外合作经营企业法》，国务院亦制定了相应的实施细则。这些外商投资企业立法规定了有关企业的组织形式、注册资本、董事会与经营管理、财务会计、解散与清算等制度，主要涉及有限公司。由此表明，停顿了 23 年之久的公司立法工作已逐步恢复。

新中国第一部公司法《中华人民共和国公司法》于 1993 年 12 月 29 日由八届全国人大常委会第五次会议通过，开启了我国公司立法的新时代。随着经济体制的转变和社会的发展，1993 年公司法经历了 3 次修订，分别是 1999 年、2004 年以及 2005 年。其中最后一次修订，不论是立法理念、法条结构安排还是具体制度、体例，都较前有了大幅度的变动，以逐步向现代国际化公司立法模式接轨。具体体现为：转变传统的公司治理理念，强调公司章程的自治权；首次在立法上引进了一人公司制度；降低公司注册资本，确定了更为灵活的公司设立原则；注重对中小股东利益的保护，建立了股东代表诉讼制度等。

3. 英美公司法的影响

（1）立法模式的影响

从清末法制改革开始，中国近代立法一直大量引进德、日等国法律制度，属于大陆法系。清末实行民商分立制，《公司律》属于《大清商律》的一部分，其地位与法国、德国、日本公司法相似。然而，追溯历史不难发现，作为中国近代第一部公司法，清末《公司律》是以英国 1865 年《合股公司法》、1862 年《公司法》以及 1899 年《日本商法典》为蓝本制定的，是英美法与大陆法混合的产物。① 有学者认为：《钦定大清商律》中公司法"约五分之三内容仿自师法德国制度的日本，五分之二内容则仿自英国，使晚清公司律同时混合了英美法和大陆法的立法精神"②。至中华民国成立后，法院仍援用《公司律》处理公司事务，直至1929年颁布《中华民国公司法》。

尽管民国时期的公司法体例、原则仍采大陆法模式，如1929年《中华民国公司法》与日本1899年公布的新商法典中"公司"的篇章结构相当接近，其规定严格且缺乏伸缩性，也是受大陆法系干涉主义原则的影响。然而，至1946年重新修订并颁布的《中华民国公司法》，则有较大变革，最突出的表现为公司法中增设定义一章而对罚则不作专章规定，因此，有人称修订后的《中华民国公司法》，"首列定义，仿自英美，实为创举"③。

新中国成立之后，随着我国《公司法》的逐次修订，公司立法模式、法律体系、具体制度等均呈现向英美国家借鉴之趋势，其中立法模式突出表现为将公司单列出来进行立法规范，且主要规定了两类公司——有限责任公司及股份有限公司，并对其具体的公司设立、变更、注销/清算等程序，均有较为明确的规范。

（2）法律体系的影响

尽管处于不同的法律传统之下，并几经变动、修订，但世界各国公司法的基本体例和制度目前已大致稳定，股份有限公司和有限责任公司成为了各国公司的基本形态。各国的公司法体系亦可分为两类。

一种为分立立法体系，即分别制定有限责任公司法与股份有限公司法。这种体系以大陆法系的德国和日本为代表，如德国的公司法主要由1965年颁布的《德国股份法》和1892年颁布（1980年增修）的《德国有限责任公司法》构成，两部法律分别规定了股份有限公司、股份两合公司以及有限责任公司；日本则以商法第二编"公司"着重规定了股份有限公司，而以专门的《有限公司法》对有限责任公司进行规范。

而另一种立法体系为统一立法，即以一部法律（民法、商法或公司法）同时规范股份有限公司和有限责任公司。采取这种立法体系的主要有英国、美国等英美法系国家。

我国1993年《中华人民共和国公司法》则采纳了英美法系的立法体系，即在同一部公司法中规定了有限责任公司和股份有限公司。之后，公司法虽几经修订，但一直沿袭该体例。至2005年进行的公司法大修订，尽管对原有的公司法体例进行了较大程度的变动，如专列一章规定了"总则"部分，并增设了一人公司的特别规定等，但总体上仍在明确区分两类公司的前提下，将有关二者的具体制度于同一部立法中予以规范。

（3）法律原则与具体制度的影响

以2005年公司法修订为例，其主要是以英美国家的公司立法为参照蓝本，对原立法不论在原则理念、制度设计还是具体体例上，都进行了很大程度的变革。

其一，从公司自由主义出发，结合英美法系的公司契约理论，进一步强调公司的自治

---

① 参见江平主编：《新编公司法教程》，165页，北京，法律出版社，1997。

② 何勤华、李秀清：《外国法与中国法——20世纪中国移植外国法反思》，215页，北京，中国政法大学出版社，2003。

③ 王效文：《论新公司法之定义及通则》，载《法令周刊》，第十卷第六期。转引自胡文涛：《1946年〈中华民国公司法〉特点探析》，载《广东行政学院学报》，1994（4）。

权,具体表现为放松政府管制,赋予公司章程以充分的自治空间。如仿效英美做法,大幅度下调公司最低注册资金,并改变传统的法定资本制而允许设立出资分期缴纳制,旨在通过放宽市场准入门槛鼓励投资。此外,2005 年公司法亦放松了对股权出资方式的限制,扩大了股东出资财产的范围,且对非货币出资的比例限制作了重大修改。① 在管制型公司理念下,原公司立法对公司转投资自由进行了较大限制,现今随着公司定位的转变,有关公司转投资的限制亦被彻底废除。②

其二,借鉴英美法系公司独立人格理论,引入了一人公司制度,并参考英美法系揭开公司面纱等公司人格否定制度,对一人公司的发展予以规范。英国 1897 年萨洛姆诉萨洛姆有限公司案的判决确定了英美法系一个重要的法律原则,即实质意义上的一人公司亦具有独立的法律人格,从而标志着一人公司开始获得法律上的肯定。自此以后,一人公司迅速发展,自列支敦士登率先于 1925 年以立法形式承认一人公司开始,至目前世界上有数十个国家的公司立法已赋予一人公司以合法地位。③ 然而,一人公司自身存在着不可克服的弊漏,破坏了法人制度的利益平衡体系,对有限公司制度的合理性构成了威胁,因此也就产生了对一人公司的规制问题,而引入公司人格否认制度则是克服弊端并完善该特定公司制度的必要条件,如 2005 年公司法第 20 条即有明确的规定。

其三,弘扬股权文化和股权价值理念,强调对中小股东利益的保护。可以说,有关股权价值及中小股东利益的保护话题,亦是英美法系公司法学者一直以来所关注的焦点所在,多数有关中小股东利益保护的具体制度亦是源自英美法系,其中最突出的是股东派生诉讼制度。作为一种事后救济责任机制,股东派生诉讼制度源于英美衡平法,后来为大陆法系国家所接受,成为两大法系在保护少数股东利益上的一个共同的制度选择,而我国 2005 年公司法亦于第 152 条规定了该制度。可以说,股东派生诉讼的规定,对于提高我国公司治理水平、保护中小股东利益将起到十分重要的作用。此外,2005 年公司法还引进了股东累积投票制这种在美国已经存在一百多年的公司董事选举制度,以作为对中小股东表决权甚者资产受益权的一种事前救济机制。当然,2005 年公司法对英美法系特有的独立董事制度的引入,主要也是基于对股东尤其是中小股东利益的保护。④

其四,为顺应英美法系公司理念从"股东至上"向"利益共同体"转变的趋势,我国 2005 年公司法修订时亦增加了公司社会责任条款。如在公司法第一章第 5 条明确了公司必

---

① 1993 年公司法第 24 条规定:以工业产权、非专利技术作价出资的金额不得超过有限责任公司注册资本的 20%,国家对采用高新技术成果有特别规定的除外。而 2005 年公司法则从货币出资比例的规定入手,给非货币出资比例留下很大的弹度空间,于第 27 条第 3 款规定:全体股东的货币出资金额不得低于有限责任公司注册资本的 30%。

② 2005 年修订之前的立法对公司转投资有较为严格的限制,即规定:公司向其他有限责任公司、股份有限公司投资的,除国务院规定的投资公司和控股公司外,所累计投资额不得超过本公司净资产的 50%。2005 年公司法则取消了该项限制,于"总则"部分的第 15 条规定:公司可以向其他企业投资;但是,除法律另有规定外,不得成为对所投资企业的债务承担连带责任的出资人。

③ 参见赵德枢主编:《一人公司详论》,130 页,北京,中国人民大学出版社,2004。关于一人公司相关理论与立法亦可参见赵旭东:《新公司法制度设计》,62 页,北京,法律出版社,2006;张穹主编:《新公司法修订研究报告》(下册),32 页,北京,中国法制出版社,2005。

④ 参见 2005 年公司法第 106 条、第 123 条。

须承担社会责任，在总则部分明确了职工监事制度、职工董事制度，还规定了职代会制度和工会制度等民主管理制度。此外，为了落实公司社会责任理论，特别是为了保护职工的权利，2005 年公司法在原则禁止公司回购股份的时候，例外允许公司为了推行职工股权奖励计划而回购不超过公司发行在外的股份总数的 5％的股份。[①] 可见，这些都是围绕英美法系之公司社会责任理念而展开的具体规范。

（二）英美票据法的影响

1. 英美票据立法及其特点

（1）英美票据立法

世界票据法系分为英美法系和日内瓦法系两大法系，英美法系的票据法以英国《1882年汇票法》为蓝本，而日内瓦法系国家的票据法则以《日内瓦统一法公约》为依据。

英国的《1882 年汇票法》起源于商业惯例及多年的判例基础。该法强调票据的信用与流通功能，反映自由资本主义向垄断资本主义阶段过渡时期对资本的需求，因而在多数英联邦国家中具有广泛的适用性。

1896 年，美国统一州法全国委员会参照英国《1982 年汇票法》制定了《统一流通证券法》，并陆续为各州所采用。1952 年美国《统一商法典》公布，其中第三编"商业证券"规定了票据的法律制度，从而取代了《统一流通证券法》而成为新的票据法。

（2）英美票据法的特点

在具体法律条文上，英国和美国及各英联邦国的票据法规定有所不同，但总体来说，英美法系国家的票据法基本上是统一的，这种统一建立在英国《1982 年汇票法》基础之上，并因此具有以下特点：

第一，立法模式采用"合并主义"。英美法系国家的票据立法，大多将汇票、本票、支票规定在一项法律中，如英国《1882 年汇票法》中规定了汇票、本票和支票。虽然英国在1959 年又制定《支票法》，但这仅是对支票作了一些补充规定，因为英国将支票视为汇票的一种特殊形式。同样，美国《统一商法典》中"商业证券编"亦同时规定了汇票、本票、支票（另外还包括存款单）。

第二，凸显票据流通和信用作用之票据原理。为保证票据的流通性，英国票据法将票据关系与基础关系相分离，这保障了票据的可靠性，从而使人们愿意使用票据，放心地使用票据。为满足垄断资本对资金的需求，英国票据法同样注重票据的信用功能，使垄断资本能凭借着自己的资金信誉，实现资金信用票据化，从而保证经济资源的有效分配。

另外，虽然英国票据法将票据关系与基础关系相分离，但却强调票据取得的对价。这是受英国合同法的影响，仍将票据关系视为一种合同关系的缘故。

19 世纪初，美国联邦法院开始审理涉及票据流通性的案件，"事实上，这些案件很大程度上是当事人选择法院的结果，选择向联邦法院诉讼，恰恰是为了规避不承认票据流通性的州法律。比如，当时的弗吉尼亚州法院依据 1748 年的制定法，不承认票据的流通性。为此，当事人转而求助于联邦法院。哥伦比（原文为'布'）亚特区的巡回法院作出了与弗吉

---

① 参见 2005 年公司法第 143 条第 1 款、第 3 款。

尼亚州截然相反的判决，认定了票据的流通性。"① 随后，联邦法院为支持商业发展，在一系列案件中不顾各州的相反规则而实施一般商法，其结果是导致了流通性在美国票据法中的确立。②

2. 近代以来中国票据立法

中国传统上通用硬货币，有铜钱、银两两种，颇不适应中国近代"重简易、尚敏活之商业交易"，因而替代硬货币流通之票据遂以发生，日见盛行，官商称便，"飞钱便钱，均由官司经理"③。自清末引进外国的票据制度，也由此拉开了近代以来中国票据立法的帷幕。

(1) 清末票据立法

清政府有感于"中国至光绪二十九年（1904 年）奏定商律商人通例、公司二编，学者于通例之简略、商人定义之狭隘、公司分类之不明确、公司变更之无方法，不无异议"④，而决定重新修订商法，遂于光绪三十四年（1909）八月，由修订法律馆聘请日本法学博士志田钾太郎等帮助起草商法典，其中票据法为第四编，设总则、汇票和期票（即本票）3 编，共 13 章、94 条。这一草案，也叫"志田案"，直接采纳《日本商法典》，体例严谨，内容周详，但有不少脱离中国实际之处。这一法典未及颁行，清廷便已覆亡。尽管如此，"志田案"为中国后世票据法的制定提供了很好的借鉴和蓝本。

(2) 民国时期票据立法

民国票据立法首先要追溯到北洋政府时期的票据立法活动。北洋时期虽然没有正式颁布票据法，但是起草了 5 部票据法草案。在起草过程中，对票据立法的论争和尝试，特别是关于票据立法原则的争议，深化了对票据的认识，为民国 1929 年票据法的起草打下了很好的基础。其中的第五部草案，还是 1929 票据法的起草蓝本。

南京政府从 1928 年开始起草票据法。相对于北洋政府时期票据立法的争论，南京政府票据立法对票据法的立法原则争论不大，大部分意见都主张采取单行法的形式，贯彻信用和流通主义，承认票据行为的无因性。作为行政部门的财政部金融监理局、财政部钱货司、工商部积极行动，贡献意见，组织专家起草草案，为立法院提供了很好的参考。南京政府的国民党出身革命党，又与江浙财阀关系密切，因而在立法时，能够实事求是地对待北洋政府的立法成果，又注意听取工商界的意见⑤，这些因素，保证了 1929 年中国第一部票据法的顺利出台。

(3) 中华人民共和国票据立法

中华人民共和国成立后，废弃旧的法律，民国时期颁行的票据法自在废弃之列。

1950 年开始，国家对票据的使用逐步作出限制，并对票据以行政手段来管理。中共十

---

① 何勤华、魏琼主编：《西方商法史》，448～449 页，北京，北京大学出版社，2007。

② 参见［美］莫顿·J·霍维茨著，谢鸿飞译：《美国法的变迁：1780～1860》，330～340 页，北京，中国政法大学出版社，2004。

③ 王凤瀛：《起草票据法之管见》，载何勤华、李秀清主编：《民国法学论文集（民商法律篇）》，第 3 卷，489 页，北京，法律出版社，2004。

④ 朱勇主编：《中国法制通史》，第 9 卷，246 页，北京，北京法律出版社，1999。

⑤ 参见张群、张松：《20 世纪中国票据立法的历史经验——以 1929 年票据法与 1995 年票据法为例》，载《私法》，第 4 辑第 2 卷，北京，北京大学出版社，2002。

一届三中全会以后，经济体制改革不断发展，逐步深化，市场经济体制开始建立。在这种形势下，对票据的需求日益迫切。在 1982 年到 1989 年间，中国人民银行和上海市先后发布了 8 个有关票据方面的规章和法规，这些规章和法规，在内容、立法精神、立法原理等方面与国际通行的票据立法接轨，故被认为是较好的票据规范。①

随着经济体制改革的不断深化，国家对票据立法也日益重视。1990 年，根据全国人大代表的建议，中国人民银行正式成立票据法起草小组，开始票据法起草工作，从 1990 年 11 月起到 1992 年 9 月，反复讨论修改，四易其稿。1994 年 12 月 5 日，国务院提请全国人民代表大会常委会审议《中华人民共和国票据法（草案）》。1995 年 5 月 10 日，全国人大常委会第十三次会议通过了《中华人民共和国票据法》，同年公布，于 1996 年 1 月 1 日施行。

3. 英美票据法的影响

我国移植西方先进立法，总体而言多数以大陆法系立法为参照。概中国法律传统以成文法典为主要形式，注重强调国家主义的观念，采用以国家职权为中心的审判方式，这些传统与大陆法系比较吻合。但近代商事立法特别是票据立法，却受英美法系较大影响。其原因在于：

从客观层面看，首先，票据法具有较强的技术性，更多地着眼于一种精确、缜密的技术知识和思维②，国家主义观念在其中并非凸显。如票据的无因性与独立性，更多的是一种技术性的立法，并无国家差异和地方习惯差异。这也导致各国票据法日益趋同，正如民国时代学者所言，"故各国关此（票据——笔者注）之立法，基其国民性或地方惯习之影响，虽不无细末之差异，然关于票据之法律关系之根本的性质，各国间则概归于一"③。其次，在当时英国票据法最能体现世界新潮流，符合资本主义经济发展的要求。再次，英美对票据立法也采用成文法形式（虽然英美法系一直有判例传统），这使得我们能够直接地参照适用，而不用去了解那些纷繁复杂的判例。

从主观层面分析，民国时代特别是蒋介石领导的南京国民政府与美英的经济往来日益增多，统治阶层中很多接受了英美的新式教育，因而更倾向于采取亲美的政策。故在南京国民政府票据立法之际，上海银行工会专门安排胡孟嘉调查英国票据法、朱成章调查美国票据法，负责起草票据法的工商法规委员会的思路是旁及英、美等国票据法。④

随着英语文化的渗透及美国经济实力的不断增强，英美法系票据法对我国的票据立法的影响延续至今，主要表现在以下方面：

（1）立法模式的影响

清末修律中票据立法，受日本商法的影响很大。日本最早的票据立法是明治 15 年（1882 年）的汇票、本票条例，明治 32 年（1899 年）实行的商法典在第四编规定了票据

① 谢怀栻称赞其为"在新中国的票据立法史上是一个里程碑"（谢怀栻：《票据法概论》，28 页，北京，法律出版社，1990）。

② 参见赵中孚主编：《商法总论》，21 页，北京，中国人民大学出版社，1999。

③ 余群宗：《中国票据法统一的考究》，载何勤华、李秀清主编：《民国法学论文集（民商法律篇）》，第 3 卷，440 页，北京，法律出版社，2004。

④ 参见张群、张松：《20 世纪中国票据立法的历史经验——以 1929 年票据法与 1995 年票据法为例》，载《私法》，第 4 辑第 2 卷，北京，北京大学出版社，2002。

制度，包括汇票和本票。① 但值得说明的是，当时日本票据受到英美票据法的影响，把支票作为票据的一种在其中予以规制。② 故自修订法律馆聘请的日本法学博士志田钾太郎参照日本立法模式起草票据法开始，我国的票据法在立法模式上，即受到英美票据法的间接影响。

民国十一年（1922 年），因前清草案未能适用，修订法律馆乃派王凤瀛、李炘为负责人的 5 人担任票据法起草事宜。王凤瀛、李炘等人"阅数月毕事，都四章，一百零九条，名曰票据法第二次草案，所以别于志田草案也"③。这是由中国人起草的第一部票据法草案，后称为"共同案"。在立法精神上，"共同案"受实用主义法学影响，注重票据在实际上的应用，既注意效仿英、美、德、日等国的先例，亦尽量采纳各地票据习惯，以达到适合中国国情的目的；在编纂形式上，"共同案"采用英国票据法"合并主义"立法模式，将汇、本、支票合并规定在统一的票据法中，并采取单行法的形式。④

与此同时，修订法律馆顾问法国人爱斯加拉奉命起草商法典，其第二编第二卷第一部为票据条例，共 3 章、150 条，后称为"爱氏案"。"爱氏案"主要效仿 1912 年国际票据统一法案而拟定，极不重视其实际应用，并且奉行法典主义，将票据作为商法典的第二编。⑤

当时立法者就该两部草案进行了激烈的争论。1925 年，修订法律馆决定以"共同案"为基础起草第四案。从后来的发展看，以后各案包括正式颁布的票据法基本上都沿袭"共同案"的立法思想和形式，可谓是民国时期票据立法的转折点。

民国以来的中国票据立法将汇票、本票、支票包括在一部法律之中，因此，票据的概念长期以来是指汇票、本票、支票三种证券。中华人民共和国成立后，虽长期没有进行票据立法，但在法学界，仍沿用这种票据概念。1995 年 5 月 10 日通过的《中华人民共和国票据法》对我国长期沿用的这种票据概念予以确认——"本法所称票据，是指汇票、本票、支票"⑥，并将汇票、本票、支票共同规制在该法中。

（2）法律体系的影响

立法模式之差异影响着各国票据概念的认识。在有些国家，如德国和法国，票据只包括汇票和本票，不包括支票；在有些国家，如英国，则没有"票据"这样一个总的概念，虽然在理论上从汇票、本票、支票中抽象出"票据"概念；在有些国家，如美国，则在1896 年《统一流通证券法》中把汇票、本票和支票合称为"流通证券"⑦。值得注意的是，美国在该法中将各种票据的相同规则集合在一起，将以票据称谓的规则，共同适用于汇票、本票、支票。

民国时期的票据立法显然是受到了美国 1896 年《统一流通证券法》的影响，认为存在着一个统一的"票据"概念，并包括汇票、本票、支票三方面的内容，在此基础上，并在《票据法》首部设置了总则性的"通则"章，将汇票、本票、支票的一些共同规则集中在一

---

① 参见刘心稳：《票据法》，47 页，北京，中国政法大学出版社，1999。
② 参见王书江：《外国商法概论》，132 页，北京，中国政法大学出版社，1984。
③ 谢怀栻：《评新公布的我国票据法》，载《谢怀栻法学文选》，327 页，北京，中国法制出版社，2002。
④⑤ 参见李胜渝：《北洋政府票据立法论略》，载《法商研究》，2000（6）。
⑥ 《中华人民共和国票据法》第 2 条第 2 款。
⑦ 谢怀栻：《票据法概论》，15 页，北京，法律出版社，1990。

起，避免了相同的内容重复规定在各专章中。

1995 年的《中华人民共和国票据法》继续延续着这种做法，把汇票、本票、支票的共同规则集中在"总则"编，并以汇票为标准突出各种票据之间的共性，如该法第 81 条第 2 款规定："本票的出票行为，除本章规定外，适用……关于汇票的规定"；再如该法第 94 条第 2 款规定，"支票的出票行为，除本章规定外，适用……关于汇票的规定"。这种法律适用规则准用技术避免了汇票和本票及支票间的重复规定。

（3）若干具体制度的影响

英美票据法强调票据的信用与流通功能，因此，为保证票据的顺利流通，要求票据行为具有要式性，即要求对各种票据行为都有详细的规定并建立有关票据救济制度，这样，可以使票据纠纷减少到最低限度。为此，关于具体制度的影响，可从该方面的内容进行探讨。

第一，票据权利的善意取得。

英美票据法建立了正当持票人制度模式，它强调持票人的善意。所谓正当持票人，是指根据以下条件取得汇票的持有人，且该汇票票面完整、有效：在他成为持票人时，票据不过期，并且其不知道该票据曾被退票；持有人系善意取得汇票并支付对价者，且受让该汇票时，对于让与人在汇票所有权上之任何瑕疵概不知情。依英国《1882 年汇票法》第 30 条，持票人都被推定为正当持票人。持票人如能证明自己是在欺诈等不法行为发生后取得票据，并已善意地支付了对价的，该持票人仍成为正当持票人。

由此可知，英国法对是否知道前手权利缺陷是以"实际知悉"为原则的。英国法认为，只有出于善意并付出对价的正当持票人不受对抗。

民国时期《票据法》及《中华人民共和国票据法》同样也规定了票据权利的善意取得制度，只不过在借鉴英美法的同时，采用的是"反面解释"模式，即规定以恶意或重大过失取得票据的，不享有票据权利，如《中华人民共和国票据法》第 12 条规定："以欺诈、偷盗或者胁迫等手段取得票据的，或者明知有前列情形，出于恶意取得票据的，不得享有票据权利。""持票人因重大过失取得不符合本法规定的票据的，也不得享有票据权利。"反过来即为"善意取得且无重大过失取得票据的，即享有票据权利"，这与英美法之规定可谓殊途同归。

第二，票据对价制度。

受法律行为理论和没有对价传统的影响，日内瓦法系票据体系中不存在对价的概念，也没有关于对价的具体规则，而英美票据法体系因为有合同对价为依托，所以明文规定了票据对价的含义、构成及适用规则。

值得注意的是，民国时期《票据法》引入了对价概念，并将其融入票据取得和票据抗辩中。该法第 14 条第 2 款规定："无对价或以不相当之对价取得票据者，不得享有优于前手之权利。"该规定和恶意抗辩制度一起，构成了适用抗辩切断的两项例外。

《中华人民共和国票据法》也从英美法系国家借鉴票据对价制度。该法第 10 条第 2 款规定："票据的取得，必须给付对价，即应当给付票据双方当事人认可的相对应的代价。"第 11 条规定："因税收、继承、赠与可以依法无偿取得票据的，不受给付对价的限制。但是，所享有的票据权利不得优于其前手的权利。"这些均体现了英美票据法之对价理论。

第三，挂失止付制度。

英美票据法上，失票的救济，以诉讼为主要手段，同时也采用其他方法。如美国《统一流通证券法》及后来的《统一商法典》规定，如果失票人是与付款银行有账户往来或银行同意为其代收票据的任何人，能够命令银行停止支付其账户应付款的任何票据。这个制度就是发出止付通知制度。

1929 年南京国民政府票据立法时，借鉴英美票据救济制度，并适应中国国情，创立挂失止付制度。① 该制度为《中华人民共和国票据法》第 15 条所采用，即失票人可以及时通知付款人挂失止付，也可以向人民法院申请公示催告，或者向人民法院提起诉讼。

（三）英美破产法的影响

1. 英美破产立法及其特点

（1）英美破产立法及其演进

英国是现代意义上的破产法发源地，尽管英美法系以判例法著称，但长期以来破产法却是以成文法为传统的。

1542 年，亨利八世以成文法的形式颁布了英国历史上第一部破产法，奠定了现代破产制度的基础。后经 1571 年、1811 年、1869 年、1883 年多次修改及判例法的不断补充、完善，建立了一般破产主义的立法体例，基本适应了简单商品经济和自由资本主义发展的需要。

随着英国资本主义发展到垄断阶段，对社会利益的关注优先于对个人利益的关注，英国破产法理论发生了深刻变化，认为在竞争中失败的企业没有必要再继续浪费其所拥有的财产，而是应该依照破产法将其迅速配置到其他更有效率的企业中去。该理论为英国《1914 年破产法》的颁布奠定了基础。②

现行英国破产法的蓝本制定于 1986 年，历经多次修改后，分公司破产程序、个人破产程序、其他规定三部分，共 19 章，在其中设计了旨在实现公司复兴的管理程序。

美国在殖民地时期，适用英国破产法。1800 年 4 月，第一部联邦破产法颁布，该法效仿英国破产法，采用商人破产主义，将破产视为对债务人的一种惩罚。1841 年颁布的第二部联邦破产法，明确写入了"自愿破产"条款。1867 年颁布的第三部联邦破产法，设自愿破产和非自愿破产两种程序，并建立和解制度与破产财产管理制度。1898 年第四部联邦破产法的颁布具有里程碑的意义，该法案基本上奠定了现代美国破产法的框架，破产原则由"强制破产"到"自愿破产"，最后演进至"策略性破产"③。

现行美国破产法制定于 1978 年，至今作过 6 次重大修改，属于联邦成文法，共 8 章。该法案规定部分陷于破产的债务人可以延期偿还或减免部分债务，并规定了债务人整顿、改组制度，在可能的条件下给债务人一个新生的机会。

---

① 参见张群、张松：《20 世纪中国票据立法的历史经验——以 1929 年票据法与 1995 年票据法为例》，载《私法》，第 4 辑第 2 卷，北京，北京大学出版社，2002。

② 参见何勤华、魏琼主编：《西方商法》，450 页，北京，北京大学出版社，2007。

③ 何勤华主编：《美国法律发达史》，252～253 页，北京，法律出版社，1998。

（2）英美破产法之特点

在具体法律条文上，英国和美国及各英联邦国的破产法规制有所不同，但就总体而言，英美法系破产法在长期的成文法修订、变革过程中形成了其共同的独特风格：

第一，从立法模式上看，英美法系破产法采用"广义破产"立法模式。在破产立法模式上，存在着广义与狭义之分。广义破产模式包括破产清算程序、和解程序和重整程序，而狭义之破产模式仅指破产清算模式，如日本，将各程序分解，分别冠名为破产法、和解法、公司更生法。英美法系破产法以美国为典型，采用"广义破产"模式，其破产法涵盖了破产清算程序、和解程序及重整程序，并对各种程序的具体适用主体有限制性规定，较为灵活实用，是世界各国破产立法的典范。

英国破产立法肇始，就以成文法为形式，因而后世虽因经济情势变化而多次修订，仍未改变该传统。美国在继受英国破产法的同时，亦继承了该做法。

第二，从破产立法原则上看，英美法系破产法实行一般破产主义及非惩戒主义。

起初，英国《1542年破产法》仅适用于商人，实行商人破产主义。随着资本主义经济的不断发展，人人为商，若沿用旧制度，则显得不合时宜。故经长期的立法演进，英国确立了公司破产和个人破产两种制度，并将其规制在同一文本。美国早在1841年联邦破产法中，就确立了一般破产主义原则，以自愿清算和强制清算为主线，根据不同的适用对象设计不同程序。

英美法系破产法立法用意非在于惩戒债务人，注重债权人利益保护的同时，对债务人利益的维护也是其目标之一。债务人在承受破产所带来的不利影响的同时，也可以通过破产逃避债务履行，以实现"东山再起"。而债权人因债务人的破产而不能实现其债权被认为是市场经济条件下的正常经营风险。美国破产法把保护债务人利益和债权人利益放在同等重要的位置，革新了破产法律制度从产生之时起就单一追求债权人利益至上的立法理念，并为20世纪末的世界破产法改革运动广泛接受。

第三，从破产立法功能上看，英美法系注重预防破产，并赋予破产法更丰富的内容。英美破产法并非单纯为应付破产而设计制度，相反地，美国创建了自动停止制度、强制规则并扩充了破产法的挽救功能，在一定程度上强化了破产重整程序，使破产法的功能发生了彻底的转变：破产法不仅是破产清算的工具、债权人偿债的方式，而且还是预防破产清算的法宝。[①]

2. 近代以来中国破产法立法

19世纪中叶之前，我国长期实行重农抑商的政策，工商业并不发达，加之民间借贷多以族群、乡里为基础展开，遇有商家倒闭，往往按民间习惯办理，"父债子还"亦是通常做法，故破产制度没有产生的土壤与动力。

鸦片战争后，在列强的坚船利炮胁迫下，国门日渐洞开，清廷不得不将传统的重农抑商政策转变为工商并举，社会经济结构由此发生了巨大变化，出现了一批新式工商企业。由于国际、国内经济环境的急剧变化，有关的破产案件日益增多，其间或有因经营不善而

---

① 参见胡健：《破产立法研究资料（二）美国破产法律制度》，载http//：www.chinalawinfo.com，2007-03-28。

致破产者，也有存心谎报破产以骗钱财者。出台相关破产法律来清除因破产所生时弊，也就成为清末立法的重要内容之一。

（1）清末破产立法

光绪三十一年（1906 年），经商部和修订法律馆沈家本、伍廷芳等诸臣"督饬司员，调查东西各国破产律及各埠商会条陈商人习惯，参酌考订成商律之破产一门"①。作为中国第一部破产法，大清《破产律》主要参仿日本破产法模式，采商人破产主义②，以单行法的形式，补续《钦定大清商律》的内容。该律分呈报破产、选举董事、债主会议、清算账目、处分财产、有心倒骗、清偿展限、呈请销案、附则 9 节，共 69 条。

《破产律》颁行后，由于破产还债顺序之规定③与先洋款后官款、然后华洋商分摊的做法不合，遭到户部、商部等部门反对，而京沪商人坚持请求维持原法律。为平衡各方利益，清廷遂于宣统元年（1908 年）明令废止此律。《破产律》虽被废止，但它首次将西方先进的破产法理念和制度引入中国，为后世的破产立法积累了宝贵的经验。

（2）民国时期破产立法

《大清破产律》被废止后，修订法律馆调查员松冈义正于宣统二年（1909 年）个人草拟了"破产法草案"，共 3 编，计 360 条。1915 年，北洋政府法律编查委员会将此草案加以删定，编成《破产法草案》，共 3 篇、337 条。④ 该草案改变了清末《破产律》实体、程序不分的结构形式，仿照德国 1887 年破产法，分为实体法、程序法、罚则法 3 篇。但是，该草案过于西化，忽视了中国商业的固有习惯，未注重商业应用实际，因此，该草案并未公布施行。

南京国民政府从 1935 年开始起草破产法。在借鉴《大清破产律》、北洋政府《破产法草案》、《商人债务清理暂行条例》⑤ 及西方破产法通行规则基础上，经广泛商讨，几经易稿，终于同年 7 月 17 日颁行。1935 年《中华民国破产法》分为总则、和解、破产、罚则 4 章，共 10 节、159 条，明确规定了和解制度（第二章）及协调制度（第 129 条），采属地主义破产宣告（第 4 条），实行申请主义为主、职权主义为辅的制度（第 58 条），在移植外国法律制度的同时，较好地参考并结合了中国固有的商业习惯。该法经多次修改后在我国台湾地区施行至今。

（3）中华人民共和国破产立法

新中国成立后，废除了旧的法律，其中包含了 1935 年《破产法》。国家长期对企业实行计划管制，企业不可能破产，因而也就没有破产立法的需求。

改革开放后，为适应不断发展、深化的市场经济体制，促进企业自主经营，改善经营

---

① 《商部修律大臣会奏议订商律续拟破产律折》。

② 但对非商人也可以比照执行，参见《大清破产律》第 8 条："凡虽非商人有因债务牵累自愿破产者，亦可呈明地方官请照本律办理。"

③ 为《大清破产律》第 40 条之规定："帑项公款经受商家倒闭，除归偿成数仍同各债主一律办理外，地方官厅应查明情节，如果事属有心，应照倒骗律严加治罪。"

④ 参见姚秀兰：《近代中国破产立法探析》，载《现代法学》，2003（5）。

⑤ 1934 年由南京国民政府颁布实施，共 68 条，是破产法未实行前的过渡性法律文件，1935 年《中华民国破产法》施行后，条例即行失效。

状况，提高经济效益，我国于 1986 年颁布了《中华人民共和国企业破产法（试行）》，对国有企业的破产作了规定，于 1991 年颁布《中华人民共和国民事诉讼法》，在其中的第十九章专章规定企业法人破产还债程序，结束了我国长期没有破产法的历史。

随着改革的继续深化，我国企业组织多元化发展，势必要求改变破产法仅适用于国有企业的局限性；此外，1986 年企业破产法对破产程序的规定比较原则，难以操作。这些客观情况都要求我国尽快出台一部统一适用于所有企业的破产法。

2006 年 8 月 27 日，十届全国人大常委会第二十三次会议通过了《中华人民共和国企业破产法》，并于 2007 年 6 月 1 日起施行。该法分总则、申请和受理、管理人、债务人财产、破产费用和共益债务、债权申报、债权人会议、重整、和解、破产清算、法律责任、附则 12 章，共 136 条，设立了重整制度、破产管理人制度，进一步完善了破产程序中有关实体权利的规定。该法对于建立优胜劣汰和陷入困境企业的挽救制度、公平保护破产案件各方当事人的利益、充分保障职工合法权益、维护破产法律制度的统一等方面有重要意义。

　3. 英美破产法的影响

商人破产习惯法源于罗马法上的财产委付，经历欧洲中世纪商事习惯法的提炼而形成。但是，现代意义上的破产法却是起源于英格兰。虽然英国 1542 年破产法行文简单，内容粗糙、简陋，但它毕竟以成文法的形式，为未来的破产法勾勒出主干和框架。[①]

可以说，英美法系破产制度作为市场优胜劣汰机制的重要法律制度分支，在当今世界各国达到了最为发达和完善的水平，其破产法律制度的演进基本反映了破产法律制度演进的基本规律，其破产法律中相应的程序设置以及内容框架、体系的构建对其他国家也产生了极大的影响。

　（1）立法模式的影响

近代中国商法立法模式上，存在着诸多纷争，有谓"民商合一"者，主张单一私法典，商法为民法特别法，应予单行法特别规制；有谓"民商分立"者，主张于民法典之外另制定独立商法典，如《钦定大清商律》、《改定商律草案》，又以单行法分修，如南京国民政府时期之《公司法》、《票据法》、《保险法》。

破产法本属商事法，理应随立法模式之争而或归商法典之一编或为单行法，但历数近代以来中国破产立法，无不以单行法为之，这是一个立法的奇特现象。盖由于光绪三十一年（1905 年）大清破产立法之肇始，以日本商法为参照。日本在明治 32 年（1899 年）以其旧商法为基础制定新商法，包含总则、公司法、商行为法、海商法 4 编，旧商法中除破产法外，全部废止，故其时日本破产法虽附于商法典，却实质为单行法。

南京国民政府破产立法之机，正值世界经济发生危机，发达资本主义国家为转嫁危机对外扩张之际。受其影响，当时中国国内也是民生凋敝、百业萧条，各地商号，周转不灵，以至于倒闭者，比比皆是。[②] 因此，1934 年 8 月，南京国民政府制定了《商人债务清理暂行条例》，旨在实行强制和解制度，在和解不能成立时，债权人得利用清理程序，迅速实现其权利。

---

①　参见何勤华主编：《英国法律发达史》，363 页，北京，法律出版社，1999。

②　参见姚秀兰：《近代中国破产立法探析》，载《现代法学》，2003（5）。

美国将和解制度规定在破产法中，给债务人带来再生的希望，而债务人的再生对社会经济秩序的稳定有重大意义，它能够避免因债务人的破产而导致连锁反应，无疑是一种较为得当的手段。

作为破产法意义上的再建程序，重整制度规定入破产法中首创于 1898 年美国破产法，并以专章的形式规定，被誉为当代重整制度的典型代表，对各国立法影响较大。我国 2006 年企业破产法借鉴美国经验，专章对重整的适用范围、基本程序、保护措施、重整计划等内容作了规定，并将破产重整制度引入其中。通过破产重整，可以使债务人重获新生，避免因企业破产清算而带来的职工失业等一系列社会问题，体现了现代破产法实施破产预防的程序目的。

至此，我国的破产法将破产、和解、重整规制于一体，与英美法系破产法一致，皆采"广义破产"立法模式。

（2）法律原则的影响

19 世纪中期之前，破产被视为债务人所实施的犯罪行为而付债人加以处罚，在英格兰，某些破产类型的债务人甚至将被处以死刑。1841 年的美国破产法，是一部具有分水岭意义之法律①，开始允许进行自愿破产申请，但仅限于非商人，商人仍不能提出自愿破产申请。1867 年美国破产法在采用一般破产主义的同时，也承认了商人的自愿破产，同时还给债务人提供了更多的宽大措施。据此，破产的意义发生了显著的变化，其主要作用不再是惩罚那些不诚实的债务人，而是给予诚实的债务人以债务免除。1898 年美国破产法的最大贡献在于它引入了"重整"条款，打破了将破产当作惩罚的观念。现在，企业可能很容易地运用破产的战略来把负担和风险甩给其他人（如债权人、工人）。

英美关于破产原则的嬗变同时反映了破产法律制度演进的基本规律，即从强制破产到自愿破产再到策略性破产的变异，以及对债务人的惩戒主义再到非惩戒主义的飞跃。回溯中国破产立法，亦延续了与英美破产法相同之历史进程。

光绪二十五年（1899 年）刑部议定"奸商倒骗定例治罪专条"，声明"如有侵蚀倒闭商民各款，立即拘拿监禁，分别查封寓所资财及原籍家产，仍押令家属勒限两个月完竣"②。可见，在清末修律以前，对破产案施行的仍是"以刑代罚"、"父债子还"的传统观念。

《大清破产律》吸收了英美当时先进的法律观念，废除了"以刑代偿"、"父债子还"的传统法律观念，引入了英美的破产免责原则。《大清破产律》第 66、67 条分别规定，倒闭之商如查明情节实有可原，且变产之数足敷各债主至少 5/10，可准其免还余债，由商会移请地方官销案。倒骗之商如果知悔自首，将所欠之债按 10 成补缴清完，各债主许其自新具呈商会声明，俟商会议决后移知地方官销案，免其治罪。③

1934 年《商人债务清理暂行条例》规定债务人或其债权人均可申请法院宣告清理，申请清理之时，须提出和解方案，只有在和解方案未通过或者债务人不提出和解时，法院才会宣告债务人破产。

---

① 参见韩长印：《美国破产立法的历史演变及发展趋势——写在〈美国破产法〉译后》，载 http://www.law863.com，2007-03-28。

② 清档案：《录副奏折（光绪三十一年 54—61 号）》，中国第一历史档案馆。

③ 参见姚秀兰：《近代中国破产立法探析》，载《现代法学》，2003（5）。

1935 年《中华民国破产法》在吸收上述制度外，注重接受英美的非惩戒主义原则，以专章规定了和解制度，并在和解之外又规定了协调制度，许可债务人在破产程序开始后、破产财产未分配前提出协调计划。

我国现行企业破产法的一个重要出发点便是促进企业债务得以延缓或公平清偿，进而摆脱困境，促进再发展，而非置其于死地。破产法的重点正逐步从清算转向重组，债务人可以借以摆脱严重的经济状况所造成的危机，以获得企业的再生。

（3）破产法具体制度的影响：以当代破产法若干制度为分析侧面

英美破产法注重破产法的预防功能，注重对利益相关者的保护，在具体制度的影响上，主要体现为重整制度与金融机构破产制度。

第一，重整制度。美国在 1978 年破产法第十一章以专章的形式规定了统一的重整制度，无论大企业还是中小企业，均可适用。尽管在实践中，重整程序在美国每年的破产案件总数中，只占了千分之七左右①，但重整程序对美国社会的影响是不可以忽视的，适用该种程序的案件往往都具有很大的社会影响。重整制度对于预防破产，实现债务人更生，具有积极的意义。

2006 年企业破产法修改的一项重要内容就是引入重整程序。2006 年企业破产法在第八章以专章形式规定了重整程序，包括重整申请和重整期间、重整计划的制定和批准、重整计划的执行等内容，适当放宽申请重整的条件，鼓励债务人在企业陷入困境时尽早寻求重整保护，通过法定程序与债权人展开谈判，引入战略投资者，从而使企业摆脱困境，恢复生机。

第二，金融机构破产制度。金融机构的破产与一般企业的破产相比，有其特殊性。如处置不当，可能造成投资者普遍丧失信心，诱发系统性风险。因此，对于金融机构的破产，在普通破产清算程序的基础上，需确立旨在保护储户及投资者利益的特殊程序和制度。

美国破产法突出的一点就是将有关金融机构的破产清算程序与专门的投资者保护机制相结合，实现对客户资产利益的保护。如美国破产法第七章（清算）第三节（证券经纪人的清算）是关于证券公司破产清算的专门规定，该节内容在很大程度上来自美国1970 年《证券投资者保护法》。立法者意识到破产法的某些一般性条款可能无法实现投资者利益的保护，因此规定在涉及证券公司的破产清算时，它们只在与 1970 年《证券投资者保护法》"一致"的基础上适用。考虑到金融机构破产涉及债权人人数众多，债权债务关系复杂，关系金融安全和社会稳定，需慎重处理，我国借鉴美国金融机构破产特别规定的做法，在 2006 年企业破产法第 134 条规定，金融机构破产案件须由国务院金融监督管理机构向人民法院提出对该金融机构进行重整或者破产清算的申请，并由国务院金融监督管理机构对出现重大经营风险的金融机构采取接管、托管等措施。同时，国务院金融监督管理机构可以向人民法院申请中止以该金融机构为被告或者被执行人的民事诉讼程序或者执行程序。

---

① 参见韩长印：《美国破产立法的历史演变及发展趋势——写在〈美国破产法〉译后》，载 http:// www.law863.com，2007 - 03 - 28。

第三节
苏联民商法文化的影响

一、苏联民商法观念的影响

新中国成立后，从意识形态上全面接受了马克思主义，认为法律是统治阶级的意志，是阶级统治的工具。新中国决然摧毁旧法统就成为必然。摧毁旧法统的同时需要建立新的法制模式，而苏联与中国在经济基础、上层建筑和意识形态等领域有着非常大的相似性，苏联法律观念（其中包括其民商法观念）自然影响中国。正如有观点认为，"新中国法学受到苏联法学的深刻影响……比较中国和苏联、俄罗斯整个法制建设的历史进程，对中国法治的实现具有不可或缺的意义。苏联民法对中国民法的影响在我国民法总论中是显而易见的"[①]。

1. 建立于社会主义计划经济基础之上的苏联民商法观念

（1）统治阶段意志论：国家对私人自由的干预与限制

苏联民法的观念，是统治阶级意志中心，把民法（和其他法律部门）看成是贯彻统治阶级意志的工具。基于这种观念，统治阶级意志或者国家意志便成为民事法律秩序的轴心，由此建立的民法制度，实际反映的是一套由国家意志和行政权力支配、干预和限制当事人自由和权利的高度集权的经济体制。[②]

苏俄民法不再使用传统民法自然人概念，而改用"公民"这一政治概念，同时，法律对于民事主体资格及保护采取区别对待的原则，并以所有制形式区分所有权，对不同所有制形式下的所有权区别保护。在《苏俄民法典》物权编所有权一章规定了国家所有权、团体所有权与私人所有权三种形式。国家所有权无限制，表现为国家财产客体广泛，而其第54条对私人所有权之范围作了较窄的限定。这些均体现了统治阶级与国家意志，并非从平等主体的私法观念予以阐释。

另外，在公民的权利能力与行为效力方面，亦体现了国家意志的干预。如《苏俄民法典》第5条对公民限制权利能力范围的规定，公民只能选择法律所不禁止的业务或职业，在法律规定的范围内转让财产、进行交易并承担义务，在工商活动规则与劳动法规下，有组织工商企业的权利。此即为保护国家财产和经济秩序之需要限制公民的行为范围，体现了基于统治阶级意志与需要干预个人的自由。苏俄民法典第30条规定，因违反法律的目的或规避法律而进行的行为，与以故意损害国家利益为目的的法律行为均无效；第28条、第29条规定，缔结契约应以法定方式进行，五百卢布以上的契约均须以书面方式进行，否则

---

① 康敬奎：《苏联、俄罗斯法学在中国——全国法学学术研讨会会议综述》，载《求是学刊》，2001（9）。

② 参见王卫国：《关于市场经济条件下民法学的观念转变》，载《现代法学》，1993（4）。

无效。这些都体现了以苏俄民法典将统治阶级意志上升为法律形式来干预、限制私人自由，以维护其经济秩序。

（2）强调国家对经济生活的任意干预：否认公、私法的划分？

公法和私法的划分始于罗马法，罗马人把全体法律划分为政治国家的法和市民社会的法。前者称为"公法"，其内容体现为政治、公共秩序以及国家利益。后者称为"私法"，它以权利为核心，以私人平等和自治为基本理念，其内容体现为私人利益。

列宁曾说："我们不承认任何'私人'性质的东西，在我们看来，经济领域中的一切都属于公法范畴，而不是什么私人性质的东西……因此必须：对'私法'关系更广泛地运用国家干预；扩大国家废除'私人'契约的权力……"① 这表明，苏联否认私法的存在，认为社会主义民法非私法，并且民商不分。这段话长期以来被作为否认社会主义国家存在公法与私法划分的依据。

也有观点认为，联系当时的实际情况看，该段话并不能证明苏联否认公、私的划分。苏联从1921年春实施新经济政策，允许自由贸易，而列宁这段话是在1922年制定《苏俄民法典》时所说的，民法典的制定本身已经在事实上表明承认公法与私法的区分。其强调国家对经济的干预和控制，主要是为了应付当时国内外的严峻形势，而并非不承认公法与私法的区分。但不可否认的是，苏联此后并没有因为国内外形势的好转而恢复和提高私法的地位，这也为不少人歧视乃至否认私法提供了口实。由此可见，苏联虽承认公法与私法的划分，但却将私法排挤到一个国家权力可以任意干预的角落。②

笔者以为，并无充分的资料证明，列宁当时上述表达的具体情境，因此，我们无法肯定苏俄民法究竟是否存在公、私法的划分。事实上，《苏俄民法典》法条并未明确其公法或私法之定位。尽管否认公、私法的划分无法证成，但其对私人领域的经济生活的任意、强行干预却客观存在，并且这一观念深刻影响着新中国成立以来的历次民法草案特别是民法通则的编纂，也植根于中国20世纪八九十年代的民法学界。

2. 苏联民商法观念对中国之影响

（1）苏联民商法观念对中国民法学的影响

苏联民商法观念对中国的影响首先表现在其统治阶级中心论在中国的传播与被接受。如1958年中央政法干部学校民法教研室编的《中华人民共和国民法基本问题》中写道："民法……从财产上制裁、打击敌人和限制、消灭敌人财产基础的工具。从根本上否定剥削阶级的经济基础，这正是民法专政作用的具体表现。"作为新中国第一本民法教材，这种观点打上了苏联民法"阶级意志中心论"的烙印，而非清末以来所强调的私权保护与私法自治观念，而以"从财产上制裁、打击敌人和限制、消灭敌人财产基础的工具"为出发点，明显背离了私法观念。这无疑要"归功"于建立在社会主义计划经济基础上的苏联民法的深刻影响。

其次，该书将自然人民事主体称作"公民"；将所有权分为国家所有权、合作社所有权和公民所有权；对于债权，"国家利用债的制度主要保证产品分配和商品交换的正常进行，

---

① 《列宁全集》，2版，第42卷，427页，北京，人民出版社，1987。

② 参见郭明瑞、于宏伟：《论公法与私法的划分及其对我国的启示》，载《环球法律评论》，2006（4）。

保证社会主义经济对非社会主义经济进行社会主义改造"①。这表明，中国民法学沿袭了苏联民法的民事主体的政治化、区别保护原则及国家干预经济原则。

最后，公法与私法的划分理念也很大程度上影响着中国民法学。如江平教授在发表于《法学研究》1986 年第 3 期的《民法通则的适用范围及其效力》一文中写道："民法中的'民'字含义并不仅指公民个人，而是指市民社会。民法就是调整市民社会关系（即经济关系、财产关系）的法。"但同时又认为"在资本主义社会中它属于私法，而在社会主义社会中它已经失去了'私'法的特征"，"民法不是私法，而是公法"②。当然，这种相互矛盾的观点与论证有其民法与经济法辩论的特殊情境，但无疑可以看出苏联民法类似观念的痕迹与影响。

（2）苏联民商法观念对中国民事立法之影响

第一，新中国成立以来由于受苏联民法的强烈影响，民事主体政治化倾向明显，消火"自然人"，代之以"公民"，使市民法变成公民法。在 1956 年第一次民法典草案与第四次民法典草案中均系如此规定；而在 1986 年的民法通则中从立法层面上明确了这一观念。这在一定程度上也延缓了我国市民社会与市场法观念的形成。

第二，继受民法是公法的观念，否定商品交易与商品经济。从新中国成立之初废除国民党的"六法全书"一直到 1986 年《民法通则》颁布，我国不存在调整商品经济关系的基本法律。通过社会主义公有化改造和人民公社的建立，我国在很长时间内不允许私人之间的商品交易。私人交易被作为"资本主义尾巴"割掉，商品经济与市民社会便不存在了，而适用于商品经济与市民社会的民法也就没有了用武之地。公法对私法的挤压和吞噬在我国的这段时间内达到了登峰造极的程度。当然，这一方面是由我国社会经济发展进程所决定，但另一方面离不开公法倾向明显的苏联民法对中国立法的影响因素。

第三，立法中强化国家对经济生活的干预。苏联民法恪守社会主义民法是公法的观念，这种观念为国家不受限制地限制民事权利、干涉民事活动自由提供了理论依据。正如学者所说："关于公法、私法的划分，其本意还在于确定国家干预的限度，保障民事活动中的主体自由。1922 年列宁关于社会主义民法是公法的论断，其基本精神是不受限制地扩大民事流转领域中的国家干预。"③

1956 年第一次民法草案几乎全盘模仿《苏俄民法典》，在公、私法划分与国家对私人领域的干预亦不例外；而 1986 年民法通则也沿袭了国家对私人经济形式的干预，明显的如其第 58 条规定合同无效与经济合同违反国家指令性计划的无效。此外，关于国家、集体与个人财产的区别保护，倾向于扩大宣告合同的范围等。这些无不体现了国家对经济生活的干预，在相当长时期内都影响着中国民法的实施与民法学的发展。

---

① 中央政法干部学校民法教研室编：《中华人民共和国民法基本问题》，北京，法律出版社，1958。转引自朱晓喆：《自然人的隐喻——对我国民法中自然人一词的语言学研究》，载《北大法律评论》，第 4 卷第 2 辑，481～512 页，北京，法律出版社，2002。

② 江平：《〈民法通则〉的适用范围及其效力》，载《法学研究》，1986（3）。转引自朱晓喆：《自然人的隐喻——对我国民法中自然人一词的语言学研究》，载《北大法律评论》，第 4 卷第 2 辑，481～512 页，北京，法律出版社，2002。

③ 王卫国：《关于市场经济条件下民法学的观念转变》，载《现代法学》，1993（4）。

在当今时代，尽管民法社会化与私法公法化日益凸显，公法与私法的融合亦日趋增强，但私法自治与意思自治仍是民法的灵魂。诚如苏永钦先生所言："私法自治始终还是支撑现代民法的基础，它的经济意义可以上溯至亚当·斯密的国富论，伦理内涵则又源于康德理性哲学的自由意志。"[①] 这一观念应是我国未来民法典制定的核心与灵魂。

二、苏联民事立法模式与具体制度对中国之影响

(一) 苏联民事立法模式对中国之影响

民法的立法模式即编纂体例有两种。一种是罗马式，又称为法学阶梯式。罗马式是仿效罗马法学家盖尤斯的法学教科书《法学阶梯》的体例，分为3编，第一编为人法，第二编为物法，第三编诉讼法。《法国民法典》即采此体例，唯将诉讼法排除在外，第一编为人，第二编为财产及所有权的各种限制，第三编为取得财产的各种方法。另一种是潘德克顿式，是德国法学者于著述中所用体例，为《德国民法典》所沿用。共分为5编，第一编为总则，第二编为债权，第三编为物权，第四编为亲属，第五编为继承。

苏联民事立法主要分为三个阶段：俄罗斯苏维埃时期的民事立法，联盟初期的民事立法，苏联经济稳定和发展时期的民事立法。与之对应产生了三个重要的法律文件：1922年《苏俄民法典》、1961年《苏联和各加盟共和国民事立法纲要》以及1964年《苏俄民法典》。就其立法模式而言，1922年《苏俄民法典》采用潘德克顿式民事立法模式，将民法典分为4个部分，其编排顺序为总则、物权、债权、继承权。1961年《苏联和各加盟共和国民事立法纲要》除序言外，包括总则、所有权、债权、著作权、发明权、发现权、继承、涉外规范8章，129条。从中可以发现，苏联的民事立法模式在试图摆脱所谓资产阶级立法的影响，出现了"所有权"概念，将其放在民法规范的重要位置上，并将劳动关系和婚姻家庭关系排除在民法之外。之后，在《苏联和各加盟共和国民事立法纲要》指导下，各加盟共和国有了各自独立的民法典，其中俄罗斯加盟共和国于1964年制定的《苏维埃民法典》对于苏联和其他社会主义国家影响最为深远。这一法典与《苏联和各加盟共和国民事立法纲要》具有结构上的共同性，就其立法模式而言具有社会主义民法的特点，但在其内容上承袭了1922年《苏俄民法典》的原则和规范。

对于清末以来我国三次民法典的编纂，苏俄的影响相对较小。新中国成立以来我国民法典的起草却断断续续经历了4个阶段，至今还未完成。1954年到1956年为民事立法初创阶段，1962年至1964年为第二个阶段，1979年到1982年是第三个阶段，1998年开始了民事立法的第四个阶段。[②] 其间，苏联民事立法模式对我国民事立法产生着巨大影响，在新中国成立初期其影响更是直接的和深远的。具体表现在以下方面：

1. 苏联的民商事单行立法模式与中国民商事立法

中国的民法典至今未能获得通过，但政府进行单行民商事立法的工作从未间断。在社会经济生活的哪些领域制定单行法，各种单行民商事法颁行的先后顺序如何确定，以及各

---

① 苏永钦：《私法自治中的国家强制》，载《民法总则论文选萃》，195页，北京，中国法制出版社，2004。

② 参见江平：《新中国民法起草五十年回顾》，载http://www.Chinalawinfo.com，2007-02-28。

单行民商事法的原则、结构体系和内容等，无一不受到苏联民法的影响。

历史表明，土地问题是政权建立和巩固的基础。自革命根据地时期以来，中国共产党就充分认识到土地改革对于革命的重要性，因此先后制定了《土地纲领》等文件。新中国成立后，为实现耕者有其田的目标，彻底消灭封建土地所有制，党和政府在总结土地改革经验的基础上，于 1950 年 6 月 28 日公布了《中华人民共和国土地改革法》，旨在"废除地主阶级封建剥削的土地所有制，实行农民的土地所有制，借以解放农村生产力，发展农业生产，为新中国的工业化开辟道路"。

为破除封建婚姻家庭制度，加之多年战乱导致人口流动频繁与婚姻关系的不稳定，新中国成立后婚姻家庭关系亟须调整，中央人民政府于 1950 年 5 月 1 日公布实施了《中华人民共和国婚姻法》，男女婚姻自由、一夫一妻、男女权利平等、保护妇女和子女合法利益等原则和新民主主义婚姻制度得到实施和贯彻。这部婚姻法为以后婚姻法的发展和完善奠定了基础。

在国民经济恢复时期，为彻底清除封建主义和官僚资本主义经济关系，迅速恢复国民经济，颁布了大量的民事法律和法规。为了加强国营企业的经营管理工作，保护国家财产，1951 年政务院和有关部门先后通过了《企业中公股公产清理办法》、《关于国营企业清理资产核定资金的决定》及《国营企业资金核定暂行办法》等，确立了国有经济在国民经济中的领导地位。与此同时，为鼓励私人资本投资生产事业，保障投资人的合法利益，政务院于 1950 年 12 月和 1951 年 3 月通过了《私营企业暂行条例》、《私营企业暂行条例施行办法》等，把党和国家对私人资本主义利用、限制和改造的政策法律化，肯定了各类私营企业，如独资企业、合伙企业、无限公司、有限公司、两合公司、股份有限公司、股份两合公司的法律地位，明确了各类主体的设立、解散、清算的程序和责任，保护其合法经营活动和利益。[①]

这些单行民商事法律的制定及颁行过程与俄罗斯苏维埃及苏联建立政权之初民事立法进程何其相似。笔者以为，这种相似性并非主观上简单模仿所造成，关键在于中国与苏联有着相同或相似的国家模式、经济结构与意识形态。

2. 苏联关于民法调整对象的界定直接影响中国民事法律部门的划分

1922 年《苏俄民法典》将土地关系、因雇佣劳动所产生的关系以及婚姻家庭关系排除在民法调整对象之外，由专门法典调整。其理论基础是民法主要调整财产关系，包括财产所有关系以及由于契约、继承、赔偿损害等而产生的财产转让关系。这种强调以财产关系为民法调整对象的学说和观念被 20 世纪 50 年代我国起草的民法典所接受，并被明确规定于总则部分的草案中。在民事立法模式上表现为土地法和婚姻家庭法成为独立法律部门，并且先行以单行法形式予以颁布。

由此形成了对土地的权利关系、雇佣劳动关系、家庭婚姻关系等以特别法典规定，土地法、劳动法、婚姻法等从民法中分离出来而成为独立的法律部门。

（二）新中国民事立法与苏联民法的影响

1. 1956 年民法草案对苏联民法的完全模仿：无处不在的苏联民法

（1）1956 年民法草案的起草与苏俄民法之影响

---

① 参见赵忠孚、解志国：《论我国民法的发展历程》，载《法学杂志》，2002（9）。

1954 年下半年，中国民法典起草工作正式开始。当时，民法典起草组织机构强调"我们制定的法律一定要从我们国家的实际出发，为我们国家的事业服务，不能照抄其他国家的东西"①。为此，组织搜集、编印资料，进行广泛的社会调查，于 1956 年 12 月完成"民法草案"，共 525 条，分为总则、所有权、债、继承 4 编。

尽管强调民法典的制定应本土化，但该法典草案中仍无处不存苏联的影响。这一民法典草案，其编制体例和基本制度均参考 1922 年《苏俄民法典》。例如，这一草案完全采纳《苏俄民法典》编制体例，将亲属法排除在民法之外；不规定"物权"而仅规定"所有权"；不使用"自然人"概念而用"公民"概念代替；仅规定诉讼时效而不规定取得时效；片面强调对社会主义公有财产的特殊保护等。② 此外，在民法的调整对象、民事主体和民事客体等基本制度与规则的设计上，也采取了与该法典基本相同的立场。

也有观点认为，虽然这一草案是以《苏俄民法典》为蓝本，但《苏俄民法典》本身是参考《德国民法典》制定的，因此，这一草案仍移植的是《德国民法典》，新中国民法仍未摆脱德国民法之影响。如苏联法学家斯图契卡在参加列宁领导制定的第一部（1922 年）《苏维埃民法典》的起草工作后说："我们的法典由于准备时间短，几乎是整个地逐字逐句地抄录了西方比较好的法典"，只是在法典里面"加上了阶级性的特殊原则性条文，为全法典赋予了自己的特色"③。日本民法学家北川善太郎据此认为现今中国民法仍未脱离大陆法系中的德国法系。④

（2）全盘引入苏联民法的原因：内外困境下的无奈、主观选择

第一，与传统和西方割裂：苏联民法成为无奈困境下之唯一路径。

新中国一成立，就明确宣布废除国民党的"六法全书"，建立人民的法制。在新中国成立前夕，1949 年 2 月中共中央专门发出了《废除国民党六法全书的指示》。1949 年 9 月召开中国人民政治协商会议，代替全国人民代表大会行使权力。该会议通过的《共同纲领》也就成为当时的临时宪法。《共同纲领》第 17 条明确规定："废除国民党反动政府一切压迫人民的法律、法令和司法制度，制定保护人民的法律、法令，建立人民司法制度。"⑤ 这一原则在相当长时期内影响了新中国的法制发展方向。

当然，这一原则的出台在当时历史条件下有其必然性。从内部社会制度而言，新中国要建立保护人民的法律，废除国民党统治时期的旧制度，必然与过去法律传统（如蒋介石国民政府的"六法全书"等法制体系）割裂，没有借鉴过去法律传统之可能；从外部环境而言，新中国成立时因意识形态因素，面临的是西方国家的包围与钳制，当时新中国面对

---

① 中国第一部民法典起草小组成员金平教授的发言，参见江平：《新中国民法起草五十年回顾》，载http://www.Chinalawinfo.com，2007 - 02 - 28。

② 参见梁慧星：《中国对外国民法的继受》，载《山东大学法律评论》，第 1 辑，济南，山东大学出版社，2003。相似观点亦可参见何勤华、李秀清：《外国法与中国法——20 世纪中国移植外国法反思》，293 页，北京，法律出版社，2003。

③ 《法学译丛》，1979（3）。转引自杨遂全：《比较民商法学》，46 页，北京，法律出版社，2007。

④ 参见［日］北川善太郎：《民法总则》，105 页，东京，有斐阁，1993。北川善太郎指出，日本、韩国、中国大陆及中国台湾地区民法，被称为"东北亚的德国法系"，均属于大陆法系中的德国法系。转引自梁慧星：《中国对外国民法的继受》，载《山东大学法律评论》，第 1 辑，济南，山东大学出版社，2003。

⑤ 顾昂然：《新中国的法制路》，载《人民日报》，2004 - 09 - 08，14 版。

资本主义国家的"封锁"，不得不采取"一边倒"的外交政策①，除意识形态相同的苏联民法外，没有其他现成的制度可资借鉴，也没有现成的路径依赖。正是在这个意义上，笔者以为，由于政治经济体制的和意识形态的原因，新中国成立时全盘继受苏联法律制度特别是民商法律制度是迫于无奈的主观选择。甚至于有学者认为，"新中国在一无传统、二对外关闭的情况下，法制建设只能采取经验主义和照搬苏联的做法"②。

事实上，我国在建立新的民法体系时，在可借鉴的民法资源上，至少有两个可参考的对象：一是国民政府1929年的民法；二是苏俄1922年的民法。前者代表法律传统且蕴涵资本主义特别是大陆法系因素，后者属于社会主义（尽管如前面所分析的亦有德国法痕迹）之规范。因此，在意识形态鲜明的时代，中国主观上选择《苏俄民法典》作为模板不难理解。

第二，经济、政治制度与意识形态因素：主观选择全盘引入苏联民法。

面临"封锁"而不得不采取"一边倒"的外交政策，内外因素的影响使得在立法上无奈选择采用苏俄模式。但这仅是表象，根本原因在于中国移植了苏联以单一公有制为基础的计划经济体制。这种体制并非完全的商品经济，其中贯穿了国家对经济的干预与计划，因此，完全以私权保护、私法自治与意思自治为核心的西方民法必然不存在适用的空间；而借鉴经济体制相似的且经过近二十年实践检验的苏俄民法实则为必然之结果。

同时，还应看到，这一时期对苏联民法全盘继受深受政治因素之影响。实际上，对苏联民法的继受仅仅是"全盘学习苏联"（包括政治、经济与法律制度）潮流中的一分子而已。对苏联民法的继受，取决于中苏两国和中共、苏共两党的关系。因此，一旦中共、苏共两党关系恶化，这种立法和理论的继受就立即中断。中国对苏联民法的全盘继受，因1959年中国共产党对苏联共产党修正主义路线的批判而告终结，即是这一时期民法继受深受政治因素影响之明证。此与中国在1949年之前继受大陆法不同，大陆法系是一个超越国界的抽象的规则体系和理论体系，其意识形态的色彩淡薄，不同政治体制的国家均可采用，即使中国与大陆法系的某个国家交恶，也不影响中国对这一体系的继受。③

由于此后发生"整风"、"反右"与"人民公社"运动④，民法起草工作被迫中断，民法

---

① 毛泽东宣布，新中国不是倒向帝国主义一边，只能倒向社会主义一边。参见何勤华、李秀清：《外国法与中国法——20世纪中国移植外国法反思》，21页，北京，法律出版社，2003。

② 蔡定剑：《历史与变革：新中国法制建设的历程》，4页，北京，中国政法大学出版社，1999。

③ 参见何勤华、李秀清：《外国法与中国法——20世纪中国移植外国法反思》，25页，北京，法律出版社，2003。

④ 1958年3月，中共中央政治局成都会议通过了《关于把小型的农业合作社适当地合并为大社的意见》。意见指出："为了适应农业生产和文化革命的需要，在有条件的地方，把小型的农业合作社有计划地适当地合并为大型的合作社是必要的。"会后，各地农村开始了小社并大社的工作，有的地方出现了"共产主义公社"、"人民公社"。1958年8月6日，毛泽东视察河南新乡七里营人民公社时，说人民公社名字好；9日，在与山东省领导谈话时说："还是办人民公社好……"并指出公社的特点是"一大二公"。谈话发表后，各地掀起了办人民公社的热潮。8月，中共中央政治局在北戴河召开扩大会议，会议通过了《中共中央关于在农村建立人民公社问题的决议》。该决议下达后，全国迅速形成了人民公社化运动的热潮，到10月底，全国74万多个农业生产合作社改组成2.6万多个人民公社，参加公社的农户有1.2亿户，占全国总农户的99%以上，全国农村基本上实现了人民公社化。在"人民公社"运动强调公有、反对私有财产的背景下，民法失去了其存在的土壤、基础与必要。因此，民法典的夭折在所难免。

典因而宣告流产。表面上看，这次民法典的起草与下文提到的第二次民法起草一样，均因发生政治运动而中断，但深层次原因在于当时中国实行单一的公有制和计划经济体制，缺乏民法存在的土壤，而社会经济生活的运行均依赖行政手段和指令性计划，因而缺乏民法存在的必要。因此，很难有继续民法典编纂并推动立法、实施的动力。

2. 第二次起草的民法草案（试拟稿）（1962—1964 年）：与苏联民法的决裂

（1）第二次民法起草的重启

20 世纪 50 年代后期，由于当时对法制建设的重要意义认识不够深刻，党的八大提出的正确方针没能一贯坚持，对法制建设时而重视，时而放松，随着注意力的改变而改变。1957 年 "反右派"、1958 年 "大跃进"、1959 年 "反右倾"，十几个法的起草工作一度停顿下来，全国人大常委会机关人员被精简，从 1956 年的 360 人，减为 1958 年的 59 人。1959 年 6 月国务院机构调整时，法制局被撤销。1962 年党中央在北京召开扩大的中央工作会议，总结经验教训，纠正 "左" 的倾向，毛主席又提出不仅刑法要搞，民法也要搞。这时刑法、民法的起草工作又恢复。[①]

1962 年，中国在经历严重自然灾害和 "大跃进" 所造成的严重困难之后，重新强调发展商品生产和商品交换，在此背景之下第二次民法起草开始启动。

（2）第二次起草的民法草案（试拟稿）（1962—1964 年）与苏联民法

经过近两年的努力，1964 年 7 月完成民法草案（试拟稿），该草案起草者设计了一个既不同于德国民法（五编制），也不同于苏俄民法（三编制）的全新编制体例，分 3 编：第一编为总则，第二编为财产的所有，第三编为财产的流转。一方面将亲属、继承、侵权行为排除在法典之外，另一方面又不适当地将预算、税收等关系纳入法典，且整个法典草案一概不使用 "权利"、"义务"、"物权"、"债权"、"所有权"、"自然人"、"法人" 等概念。[②]

第二次民法起草的 20 世纪 60 年代前期，西方资本主义国家还继续钳制、封锁中国；更重要的是，自 1959 年开始，中国与苏联发生了严重的意识形态分歧，中国开展了 "批苏修" 运动，两国正常交往被打破，中国移植苏联民法的路径亦被堵死。于是，苏联的法律和理论与资本主义国家的法律和理论一样，成为革命批判的对象。因此，中国民法草案与苏联民法决裂也就毫不奇怪了。

该草案集中反映了当时计划经济体制（如将预算、税收关系纳入法典）的特征和经济思想上的错误倾向（如排斥物权、债权、所有权等概念），并深受国际、国内政治斗争的影响，企图既摆脱苏联民法模式又与资本主义国家民法彻底划清界限。这导致 1964 年的民法草案（试拟稿）拒绝继受一切外国法律。

与第一次民法草案一样，第二次民法草案尽管因频繁的政治运动无疾而终，但其形成的 "只要是经济领域的就都属于民法范围，不管是横向的还是纵向的"[③] 的民法观念对中国影响至深。

---

① 参见顾昂然：《新中国的法制路》，载《人民日报》，2004 - 09 - 08，14 版。

② 参见梁慧星：《中国民法：从何处来，向何处去》，载《中国改革》，2006（7）。

③ 中国第三次、第四次民法典起草小组成员江平教授的发言，参见江平：《新中国民法起草五十年回顾》，载http://www.Chinalawinfo.com，2007 - 02 - 28。

3. 1982 年民法典草案与民法通则的编纂：对 1964 年《苏俄民法典》之模仿

1979 年民法典的制定再次被提上日程，至 1982 年 5 月，先后草拟了民法草案 1 至 4 稿。其中，民法草案第四稿，共 465 条，包括 8 编：第一编为民法的任务和基本原则，第二编为民事主体，第三编为财产所有权，第四编为合同，第五编为智力成果权，第六编为财产继承权，第七编为民事责任，第八编为其他规定。这一编制体例是模仿 1964 年《苏俄民法典》和匈牙利民法典。①

考虑到经济体制改革刚刚开始，社会生活处在急剧变动之中，短期内制定完善的民法典的条件并不具备，立法机关进而改变立法策略，决定先分别制定民事单行法，待条件、时机成熟时再制定民法典。因此，1982 年民法典草案未成为正式法律，其后先后颁布了经济合同法、民法通则、继承法等，这些单行法均以该草案相应编章为基础。

以 1982 民法典草案第四稿主要内容为基础的民法通则在计划经济与财产保护等方面深受 1964 年《苏俄民法典》的影响。如民法通则第 58 条规定，违背国家指令性计划的经济合同无效。从中仍可看到国家对社会经济生活的干预。另外，强调合同的无效（倾向于将更多合同宣布无效）② 而未规定可变更、可撤销的合同。此外，民法通则对国家、集体所有权与个人所有权因强调国家财产神圣不可侵犯而未进行一体化保护等。

此外，在市场经济体系基本形成，经济体制改革全面、深入的今天，民法典的编纂又被提上日程。自 1998 年开始的民法典起草工作的第四个阶段至今还在进行中。因我国市场经济体系已基本形成，建立在社会主义计划经济基础下的苏联民法对中国的影响逐渐减弱，民事法律编纂中的法律移植更多地考虑市场条件下的共性规范，因此，市场经济发达的国家和地区的民法成为关注的重点，其典型代表就是 1999 年合同法。

（三）苏联民商事法律制度对中国民法之影响

在传统民法中，所谓民事法律制度主要包括民法的调整对象、民事主体制度、民事客体制度、民事法律行为制度、物权制度、债权制度、人身权制度、婚姻家庭制度、财产继承制度以及民事责任制度等内容。

由 1922 年《苏俄民法典》、1961 年《苏联和各加盟共和国民事立法纲要》以及 1964 年《苏俄民法典》这三个重要民事法律中所构建的苏联民事法律制度，对中国民事法律制度的确立产生了巨大的影响，以下就民事主体、民事客体、民事行为、民事时效、物权、债权及继承等制度逐一介绍。

1. 民法调整对象

法律调整社会关系，法律部门的区分取决于其调整的社会关系不同。关于民法调整什么样的社会关系，苏联民法学界进行了激烈的争论，其中，有学者认为，民事法律不过是将社会经济生活翻译成了自己的语言，人们之间的社会、经济生活关系不外乎财产所有关

---

① 参见梁慧星：《中国民法典编纂的几个问题（一）》，载《山西大学学报》，2003（5）。

② 此点在 1999 年合同法中有所改变，其将民法通则中因胁迫、欺诈等违背真实意思表示的合同规定为可撤销、可变更合同，赋予合同相对人以撤销权与变更申请权，由相对人考量决定合同效力，不再一概宣告无效。

系和财产流转关系，都具有财产的性质，由此确认了民法主要调整财产关系的基本立法主张。[①]

1922 年《苏俄民法典》直接将土地关系、由雇佣劳动产生的关系、婚姻家庭关系排除在民法之外，由专门法调整。这一制度直接为我国第一、二、三次起草的民法所接受。如1956 年第一次民法草案规定：民法调整国家机关、企业、合作社、社会团体、公民间和他们相互间一定范围内的财产关系，以及与财产关系有密切联系的人身关系。

苏联关于民法调整对象范围的规定不仅由我国立法直接接受，而且也影响到了这一时期的民法理论界，为数不少的学术论文与教材都对此进行了讨论，其影响至今尚存，如自1998 年开始的第四次民法起草过程中婚姻家庭关系应否纳入民法的范畴仍然是争论的问题之一。

2. 民事主体制度

民事主体是参与民事法律关系，享有权利、承担义务的人。民事主体制度是民法的根本制度，如何确定民事主体的范围和种类不仅取决于民法调整对象的界定，同时还具有意识形态的象征。在大陆法系国家的民法中，民事主体之"人"指的是"自然人"和"法人"，在这一语境下通常设有"自然人"与"法人"的民事主体制度。

1922 年《苏俄民法典》在总则的"权利主体（人）"一章中，将政治概念"公民"替代传统民法中的"自然人"，从此确定了"公民"作为民事主体的制度。"公民"通常是指拥有一国国籍的自然人，实际为政治概念，其外延大大小于自然人。问题的关键不在于概念使用的替换，而在于其与意识形态有着十分重要的关系：在苏联法律观念中人享有的权利主体资格不是天赋和与生俱来的，而是法律赋予的，可以限制，也可以剥夺。而且，社会主义公有制条件下，"我们不承认任何'私法'，在我们看来，经济领域中的一切都属于公法范围，而不属于私法范围"。列宁这一颇受争议的观念的形成无不源于具有公法特征的公民这一概念。

苏联这一特殊民事主体制度为我国前三次起草的民法所效仿，1956 年民法草案在"民事权利主体"一章分设两节规定了公民、法人的具体制度，1964 年民法草案保留这一模式，1986 年颁布生效的民法通则第二章还采用了"公民（自然人）"这一表达。可见，苏联民事主体制度对于我国民事立法的影响表现在民事主体制度在整个民法体系中的地位、民事主体的种类以及对民事主体的概念表达等多方面。

苏联民法按所有制性质划分民事主体的观念，对我国民法的影响很大，具体表现就是根据不同的所有制主体分别地制定法规，造成不同所有制主体在法律地位上的不平等和行为规范上的不统一，违反了市场经济关于主体平等和交易规则统一的要求。[②]

3. 民事客体制度

所谓民事客体是指民事法律关系中权利和义务所指向的对象，它可以表现为物、行为、智力成果和人身利益等。

---

① 参见何勤华、李秀清：《外国法与中国法——20 世纪中国移植外国法反思》，294 页，北京，中国政法大学出版社，2003。尽管 1922 年《苏俄民法典》并未明文规定民法调整对象，但从其内容及民法学界来说形成了上述观点。
② 参见王卫国：《关于市场经济条件下民法学的观念转变》，载《现代法学》，1993（4）。

　　就民事客体而言，苏联民法学界认为，民事关系的客体包括物、人身财富、人类智力创作的成果，但是，其中的物，对于主要是财产法权关系的民事法权关系来说，是具有特别重要的意义的。①

　　从 1922 年《苏俄民法典》第 54 条，可看出苏联民法规定的民事客体有以下几个特点：民事客体的多样性；根据使用用途将财产分为生产资料和生活资料，对于生产资料的流转作一定限制；根据权属性质将财产分为国家财产和私人财产，国家财产具有不可转让性。②这些深刻地影响了我国民法学界，如 1956 年民法草案用 4 个条文规定了有关民事客体的主要内容，如第 22 条规定，"一切财产，包括生产资料、生活资料和具有物质利益的权利，除法律另有规定外，都可以作为民事权利客体"。第 23 条规定，"军用武器、弹药、器材、爆炸物、剧烈的毒品，放射性物质、受管制的无线器材以及法律禁止个人所有的其他物，都不许在公民间流转"。第 24 条规定，"金银的块锭和原料、银元、外国货币和证券以及其他属于国家限制流转的物，只有在法律规定的范围内，才可以作为民事流转的客体"。这些规定可明显看到 1922 年《苏俄民法典》第 54 条的痕迹。

　　从 1986 年民法通则还能窥见其影响的存在，虽然民法通则中没有民事客体之概念表述，但在第五章"民事权利"中，将民事权利分为财产所有权和相关财产权、债权、知识产权、人身权，其权利客体分别对应为物、给付行为、智力成果和人身利益，可见其权利客体设计的模式与苏联民法相近，同时，民法通则也将财产所有权分为国家所有、集体所有和个人所有三种形式，并且确定了"国家财产神圣不可侵犯"、"集体和公民所有财产不可侵犯"的区别保护原则。

　　4. 民事诉讼时效制度

　　所谓时效是指一定事实状态经过法定期间，从而产生与该事实状态相适应的法律效力的法律制度。如果占有他人财产持续达到法定期限，即可依法取得该项财产权的时效为取得时效。如果不行使权利的事实状态持续经过法定期间，即依法发生权利不受法律保护的时效为诉讼时效。传统民法一般都同时规定了取得时效和诉讼时效制度。而苏联民法的时效制度却独具特色：（1）民法只规定诉讼时效而无取得时效制度；（2）诉讼时效制度的适用范围受到严格限制。因人身非财产权利遭受侵犯而产生的请求，但法律规定的情况除外；国家组织关于返还被集体农庄、其他合作社、社会团体或公民非法占有的国家财产的请求；存款人关于支取在国家劳动储蓄所和苏联国家银行中存款的请求不适用诉讼时效制度；（3）国家财产不适用诉讼时效制度。③ 1964 年《苏俄民法典》第 90 条规定"国家组织关于返还被集体农庄、其他合作社、社会团体或公民非法占有的国家财产的请求"不适用诉讼时效。

　　具有上述特点的苏联民事诉讼时效制度对中国民事立法也产生了影响，表现为：中国民法只设计了诉讼时效制度而没有取得时效制度；诉讼时效的客体为"诉讼请求权"即

　　① 参见 [苏] 布拉都西著，中国人民大学民法教研室译：《苏维埃民法》，59～60 页，北京，中国人民大学出版社，1955。

　　② 参见吴学义：《苏俄民法之特色》，载何勤华、李秀清主编：《民国法学论文精粹（民商法律篇）》，第 3 卷，568 页，北京，法律出版社，2004。

　　③ 参见何勤华、李秀清：《外国法与中国法——20 世纪中国移植外国法反思》，305 页，北京，中国政法大学出版社，2003。

"诉权"，应包括各种民事权利；国家财产被他人非法占有时，国家行使返还请求权不受时效的限制。①

综上所述，百年中国民法发展的历程留给我们无尽的思虑。我国大规模移植西方法律制度与文化距今已逾百年，在这一进程中，肯定、批判与非议在内忧外患的夹缝中激烈交锋，原本"无奈"之举的"修律"与法律移植，呈现给我们的图景却是：真切的法律与传统的断裂；而后缘于五四时代激烈的反传统思潮看似为这股法律文化的接受铺平了道路。然而，却如前述民国《民法草案》与《中华民国民法》所展示的，外来法律文化并未很好地与传统文化相融合，正如学者贺卫方所言："它们（外来法律文化与传统文化）仍是'眼中之金屑，非水中之盐味'。"②

自清末修律《大清民律草案》修订以来，其间，日本民法以其得天独厚之优势，德国民法以其严谨与理性，在清廷的无奈却有所企图（力图以修律解困、维持其统治）的修律前，急剧跃入中国民法之视野，遗憾的是并未融入民众之观念；国民政府的《民国民法草案》与《中华民国民法》之中，欧陆民法文化与英美民法文化交相辉映，然则技术理性与学术视野使之成为"为'现代社会'制定的法律"。至《中华民国民法》的出台，经过法律家的二十余年的努力，就法律层面而言，中国民法近代化得以完成。

然因中国社会传统中私法观念的缺失、身份的注重与契约理念的阙如，民法的移植与继受远离民众和现实生活，事实上陷于法律与生活脱离的困境。表面上看，它们（经由移植完成近代化的《大清民律草案》与民国《民法草案》）或因时势剧变而未能颁行，或因激烈非议而被搁置，实质上，则是民法典（草案）对西法与传统的整合稚拙，传统在社会层面抵抗着西法及其观念，因为经济与社会观念特别是私法文化并未与"法"俱进。正如学者李贵连在总结中国近代法律改革时所言："法律上传统已经断裂，社会上传统我行我素，这就是近代的社会和法律。"一个民族的法律文化是斩不断的，"因为一个社会与过去的纽带关系永远不可能完全断裂，它是社会本性所固有的，不能由政府法令或旨在专门立法的公民运动所创设。如果不在某种最小的程度上存在这种纽带，一个社会就不成其为社会了"③。

亦如阿兰·沃森所言，"一次成功的法律移植——正如人体器官的移植——应该在新的机体内成长，并成为这新的机体的有机组成部分，如同那些在其母体内继续发展的规范与制度一样。移植法律在新的环境中不应由于原有文化的抗拒而萎缩"④。可见，经法律移植的民法近代化关键在于外来规范、文化与传统的融合，为公众所接受并深入现实生活，才会具有生命力。

现代版的民法移植"经典"则是由著名的比较法学家勒内·达维德起草的埃塞俄比亚的民法典，就其内容而言，不可谓不先进，但适用效果不好，被评价为"比较法学家的快

---

① 1988年最高人民法院《关于贯彻执行〈中华人民共和国民法通则〉若干问题的意见（试行）》第170条规定："未授权给公民、法人经营、管理的国家财产受到侵害的，不受诉讼时效期间的限制。"

② 贺卫方：《比较法律文化的方法论问题》，载江平主编：《比较法在中国》，第1卷，157~158页，北京，法律出版社，2001。

③ ［美］希尔斯：《论传统》，437页，上海，上海人民出版社，1991。

④ ［美］阿兰·沃森著，贺卫方译：《法律移植论》，载《比较法研究》，1989（1），61~64页。

事，非洲人的恶梦"①。可见，规范之先进性与施行的高效性之间相距甚远。

新中国成立以来的民法移植呈现的是另一番图景：在内割裂传统与外面临封锁 的双重压力下，由于经济结构、政治制度与意识形态诸因素的影响，选择全盘引入建构于社会主义计划经济基础之上的苏俄民法成为必然。后因中苏关系的恶化，这种民法移植"表面"看似被中断，实则因经济制度与结构的近似，这种并非弘扬私法自治而主张国家干预的民法文化在相当长时期内铭刻于中国民法文化之中，1982 年民法典草案第四稿即是明证。苏联民法文化的生命力在于，苏联与当时的中国在主张公有、反对私有与排斥商品交易上相当契合。

在这个意义上，尽管新中国移植苏联民法并非成功，但就法律文化影响而言，较之日本民法、欧陆民法与英美民法则可谓更深远、更直接、更长久且更具有活力。因此，移植之法律文化与传统法律文化的契合是我国今后民法典编纂与民法现代化进程中的法律移植与继受需要关注的关键所在。

---

① 徐国栋：《民法典：建设社会主义法治国家的基础》，载《法律科学》，1998（3）。

第六章

外国诉讼法文化的影响

第一节
英美诉讼法文化的影响

一、英美诉讼法文化影响中国概论

中西文化交流源远流长，中西法文化却迟至 16 世纪始有接触与碰撞①，鸦片战争则成为中国法文化（包括诉讼法文化）之"传统"与"近代"的分界。位居强势的英美诉讼法文化，通过治外法权与租界司法实践向近代中国传输，揭开外来诉讼法文化对中国影响的历史帷幕。然而，近现代外来诉讼法文化自身并非铁板一块，在不同历史时期因不同文化传统而纷繁复杂，对中国的影响也有时间先后、程度深浅之别。

在近代中国，率先冲击传统诉讼法文化的是日臻圆熟的英美诉讼法文化。这一冲击并非基于它自身的示范性和扩散性，而是与它们背后仰仗的军事侵略与文化传播密切相关。尽管近代英美诉讼法文化确有其相对优势，但这种优势未必最合乎近代中国社会的需求，唯有凭借强势力量方能单向渗透，故始终无法消弭其作为殖民主义副产品的历史烙印。

鸦片战争以来，尽管思想界历经"师夷长技以制夷"的早期改良思想、"中体西用"的洋务主张以及"变法图强"的维新派思潮，但这类受制于时代局限的思想和实践不足以推动近代中国的根本变革，充其量只能为统治者适时调整统治策略提供"必要的滋养"②。当《辛丑条约》泯灭了清政府守旧图存的最后希望时，可选之路便只有仓皇改道，变法修律。对急于摆脱被动挨打局面的朝廷而言，这种参照当然并非基于它自身作为近代西方民主之象征的认识，而是将其视为如何尽快获得西方国家认同并随之取回治外法权的手段。

清政府从 1901 年 1 月 29 日颁布变法诏书，到 1902 年发布上谕委派修律大臣沈家本、伍廷芳主持修订法律馆的事务，终于使迂回曲折的西法东渐变成张弛有致的西法中用。当

---

① 参见田涛、李祝环：《接触与碰撞：16 世纪以来西方人眼中的中国法律》，北京，北京大学出版社，2007。
② 韩秀桃：《司法独立与近代中国》，110 页，北京，清华大学出版社，2003。

英美等国的外来诉讼法文化获得朝廷认可并产生示范效应时，声势浩大的变法修律就充满了难以言喻的急功近利的浮躁。

由刑部律例馆改成的修订法律馆，在 1904 年正式开馆，自 1906 年伍廷芳退出后波折不断，先是存废危机，再是沈氏退让，直到成立宪政编查馆才得以重振旗鼓。在参酌古今、删定旧律时，一开始就以英美司法制度与审判方式为蓝本，进行诉讼立法和司法改革，从而使这场变法修律成为传统法与外来法之间的冲突与融合的过程。

精通刑律的沈家本长期担任修订法律大臣，对中国传统法之近代化卓有贡献[①]，在主持修订法律馆的译介事务时，对各国诉讼文化兼容并蓄，译介法国、德国、日本等国的诉讼法典和法学著述颇具规模，远远超出英美国家的同类文献，并未表现出对英美法的特别偏好。但在修订法律馆最初展开的诉讼法变革中，精通英美诉讼法文化的伍廷芳之主导作用值得特别留意，这一主导作用直接影响到 1906 年《大清刑事民事诉讼法草案》的出台。

伍廷芳对修律工作的贡献，首先体现在推动和主导修订法律馆的前期工作。他在翻译西律的工作上相当重视英美法，提出应注意英美刑事法律和司法资料的翻译；在近代中国诉讼法文化之变革中的最大贡献则是率先引进英美诉讼理念、仿效英美诉讼法制而进行诉讼立法。由于长期游历英美，伍廷芳较少官僚劣习[②]，又因深得朝廷信任，在修律中敢于首倡英美法，其大胆设想也每每获得精通传统律例、惯于请旨修律的沈家本之支持[③]，率先引进英美司法制度和审判方式，奠定了随后变法修律继续仿效欧美的近代化底色。

1906 年，沈家本、伍廷芳主持编纂而成《大清刑事民事诉讼法草案》，标志着英美诉讼法文化对近代中国第一次大规模、全方位的影响。该草案共 5 章、260 条，基本结构如下：第一章为总纲，主要规定了刑事诉讼和民事诉讼共同适用的制度、两种诉讼的区别、诉讼时限、诉讼公堂、各类惩罚等，共计 4 节。第二章为刑事规则，主要规定了逮捕、拘传、搜查、传唤、关提、拘留、取保、审讯、裁判、执行各刑及开释等刑事诉讼程序，共计 7 节。第三章为民事规则，主要规定了传票、诉讼标的 500 元以下和 500 元以上案件的诉讼、审讯、拘提、图匿被告、判案后查报产物、判案后监禁被告、查封在逃被告产物、减成偿债及破产物、和解、各票及讼费等民事诉讼程序，共计 11 节。第四章为刑事、民事通用规则，主要是关于律师、陪审员、证人、上控（上诉）的规定，共计 4 节。第五章为中外交涉案件的处理，规定涉外案件应当依照当时的条约审讯。另附《颁行例》3 条。[④]

值得注意的是，草案以经过删削的《大清律例》为实体法而制定，且刑事诉讼与民事诉讼结合一起，具有暂行法规性质，而非一个可以行诸久远的正式法典。但它毕竟是修订法律馆起草的第一部近代意义的成文法，亦是中国历史上第一部专门的诉讼立法，仅此一

---

① 关于沈家本与清末立法及中国法学近代化等问题的研究，参见李贵连：《近代中国法制与法学》，249～332 页，北京，北京大学出版社，2002。

② 参见黄静嘉：《沈家本——我国法制现代化之父》，载张国华主编：《博通古今学贯中西的法学家——1990 年沈家本法律思想国际学术研讨会论文集》，24 页，西安，陕西人民出版社，1992。

③ 参见苏亦工：《明清律典与条例》，356 页，北京，中国政法大学出版社，2000。

④ 笔者对该草案的来龙去脉有详细的考订和分析，参见何志辉：《清末民事诉讼法制现代化背景研究》，载陈刚主编：《中国民事诉讼法制百年进程（清末时期）》，第 1 卷，北京，中国法制出版社，2004。新近围绕该草案的相关研究，可参见胡瀚：《〈大清刑事民事诉讼法〉草案研究》，中国政法大学 2009 年硕士学位论文。

点足以彰显其不可磨灭的历史意义。

　　然而，以英美为参照对传统司法体制的改革毕竟受时势所迫，真正像伍廷芳那样因体察英美诉讼法文化之精义而折服，进而身体力行，仿效英美变革旧制者实在寥寥无几。相反，基于英美加诸近代中国的屈辱情感，以及留恋传统文化的保守心态，这样的变革势必毁多于誉、败大于成。正因如此，《大清刑事民事诉讼法草案》一问世即招致朝野非议。最终束之高阁的，不仅是这部本应垂范法史的草案，还有仿效英美变法修律的指导思想。随着伍廷芳的黯然退出，沈家本也在夙夜难安的心境中不得已而调整日后的修律之道。

　　从此，清末以迄民国对于外来诉讼法文化的接受，就在特定时局的影响下偏向于欧陆诉讼法文化了。这一段从英美法文化而转向欧陆法文化的西法东渐历程，在民族危亡、国运艰难的近代中国，本身就是一个意味深长的历史寓言。[①]

　　随着欧陆诉讼法文化在清末民初的历史舞台上渐次登场，英美法之影响日趋式微。从北洋政府到南京国民政府时期的民国诉讼法文化，无不在欧陆法的支配性影响下通融发展。尽管民国时期法律界不乏倡导英美法的呼吁，诉讼立法和司法改革方面亦不乏效仿英美法的努力，其中尤以东吴法学院之英美法教育名噪一时，但都无法与欧陆法的大规模影响和全方位渗透相比。

　　中华人民共和国成立以来，一场大规模仿效苏联社会主义法文化的新式法制建设全面铺开。伴随着国民党"六法全书"的彻底废弃和1952年以来大规模清理旧法人员的"司法改革运动"，如同欧陆法之被全盘清理，英美法仅存的影响也荡然无存。随后的"文化大革命"十年，更是它们毫无容身之地的特殊时期。直至改革开放以来，英美法文化仍在相当长时期"仅供参考"；至20世纪90年代，才再度对中国诉讼立法与司法改革产生影响，推动新时期新型诉讼法文化的持续发展。

二、英美司法理念与制度的影响

（一）英美审判方式的影响

　　在英美诉讼法之直接或间接影响下，《大清刑事民事诉讼法草案》吸纳英美审判方式的要素，对传统职权主义审判方式予以改造。

　　英美审判方式以当事人主义为核心要素，主要体现为法官消极中立于抗辩双方的对抗。原告对其主张的事实先作扼要陈述，再对其证人开始直接询问，证人答复原告发问后，还须对对方的交叉询问加以答复。交叉询问的问答程序是被告的一项重要权利，若在交叉询问可以提出前就中断对证人的发问，则无论其因何中断，均可以在笔录上涂销已有的问答；否则证人之陈述、法官之宣示和当事人之请求或异议均须照录，构成法院的审理笔录，并成为可向上级法院上诉的依据。若原告证人不止一人，原告可先后发问，而全体证人之每人均应接受对方的交叉询问；若原告愿意，也可向证人作第二次直接发问；各证人陈述完毕时，原告声明其声明程序已完成，则停止其诉讼行为。[②]

　　① 关于清末修律对外来诉讼法文化的接受及其流变，学界近年多有研究，相关成果可参见章育良：《清末诉讼文化转型研究》，湘潭大学2007年博士学位论文。

　　② 参见 [美] 阿瑟·库恩著，陈朝璧译：《英美法原理》，71页，北京，法律出版社，2002。

由于诉讼法必须依附于实体法，不可能完全脱离现行司法制度之约束，所以草案坚持职权主义审判方式，即审案官主动讯问原告和被告，表现在诉讼主体之规定上，仍沿袭旧制而称有权审判词讼之各衙门为"公堂"（第8条），诉讼双方为原告与被告，且仍以审判为中心；尚未区分侦查、起诉和审判诸阶段，亦未出现专门的公诉机关和侦查机关。

草案在保留传统审判方式的基本结构后，也有意吸收了英美当事人主义的要素。这首先体现为公堂审讯案件的空间布局之改造。草案规定公堂上设立座位区分处所，位置如下：一为承审官司及会审官司之座，二为陪审员之座，三为书记之座，四为原告及被告所立之处，五为证人供证时所立之处，六为律师之位，七为案外人观审所立之处（第9条）。从这一公堂布局结构可见，草案对于传统衙门的审讯方式已有极大突破：不仅增设了陪审制度，还完备了证人出庭作证制度；不仅增设了律师出庭辩护制度，还申明了审判公开原则。

草案在原告控诉和被告答辩的具体程序上，也充分吸收了英美当事人主义的精神。例如，草案规定凡审讯必先讯问原告，令其将所控之事并确知确见之实情详细供述，讯毕听其任便归家（第52条）；承审官应准被告或所延律师得向原告当堂对诘（第55条）；如被告承认被控之罪，承审官无须讯取他人供词，即照犯罪情节依律定拟（第56条）。草案允许原告和被告相互向对方讯问，以保障承审官之兼听则明。

草案在询问证人方面的规定，尤其明显地体现了英美交叉询问制的影响。根据草案规定，须首先调查原告证人，若被告坚不承认被控之罪，承审官即分别令原告各证人供证实情（第57条）；被告或所延律师均准向原告各证人对诘（第58条）；被告或所延律师对诘原告各证人后，原告或所延律师亦可复问原告各证人（第59条）；原告并各证人均已供证后，承审官即令被告申辩（第60条）；被告申辩后，如被告亦有证人，则准该证人代为供证（第62条）；原告或所延律师亦准向被告各证人对诘，对诘之后被告或所延律师亦可复问被告各证人（第64条），等等。在这些相当详备的规定中，如此繁复的程序实为中国传统诉讼制度史上亘古未有之创举，其源头则在英美近代日臻完备的交叉询问制。

（二）人权保障观念的影响

《大清刑事民事诉讼法草案》贯穿着英美诉讼法文化之人权保障思想，注意对当事人权利的尊重和保障。这一精神在"总纲"部分即有充分的体现。

草案一改旧式衙门徇私枉法之积弊，在"总纲"第三节"公堂"明确规定承审官的回避原则，承审官有下列情形者，应向高等公堂声明原由、陈请回避：一是承审官有被损害者，二是承审官与原告或被告有戚谊者，三是承审官于该案曾为证人或代理人者，四是承审官于该案无论现在或将来有关涉利益或损害者（第10条）。凡陈请回避之案，由高等公堂另委有审判权之官员审理（第11条）。

草案"总纲"第一次明确规定了审判公开原则，即：凡开堂审讯应准案外之人观审，不得秘密举行；但有关风化及有特例者不在此限（第13条）。这一原则"不仅是带动回避、辩护等一系列诉讼制度贯彻实行的前提，也是体现诉讼民主精神的最鲜明的程序方式，因而它是刑事诉讼公开性的最主要内容"[①]，以此确保当事人充分实现其诉讼权利，彰显英美

---

① 李春雷：《中国近代刑事诉讼制度变革研究（1895—1928）》，80页，北京，北京大学出版社，2004。

等国崇尚程序正义的人权保障思想。

草案同时规定了公堂纪律：凡案外观审及案内候审之人，务宜肃静，不得在堂喧哗笑语，致扰审讯；如有不遵或有他项无礼情事者，即行驱出；若情节较重，乃以貌视公堂论，科以罚金（第14条）；凡审讯原告或被告及诉讼关系人，准其站立陈述，不得逼令跪供（第15条）。

草案"总纲"第四节"各类惩罚"明确规定了废止刑讯逼供和各类酷刑，以此保障当事人尤其是被告的人身权利不受侵犯。草案规定，凡旧例缘坐、刺字、笞杖等刑，业经钦奉谕旨永远废止，应一体遵行（第16条）；凡审讯一切案件，概不准用杖责、掌责及他项刑具或语言威吓、交逼，原告、被告及各证人偏袒供证，致令淆乱事实（第17条）；凡承审官、巡捕官及各项官员违背前二条之例者，即行降革治罪（第18条）。

这一系列规定洋溢着英美法之人道主义精神，是中国法律史上第一次以法律形式作出的明文规定，对于传统诉讼法文化具有相当大的冲击力和颠覆性。正因如此，草案凡关乎当事人诉讼权利的规定，往往为各地督抚大员所反感或抨击。例如，关于公堂纪律及惩处问题，督抚大臣张之洞以日本之制为参照，犹嫌草案处罚过轻。①

至于草案规定准当事人站立陈述、不得逼令跪供，亦为部分守旧官僚所难以接受。例如陕甘督升允就认为"甘省为极边要地，族类繁多，必须令地方官体制优崇，民乃见而生畏。若准站立陈述，不得逼令跪供，恐此后刁生劣监夜郎自大，致启平权自由之渐"②。这一仪礼之变，事关"平权自由"，改制殊为不易。

草案关于废止刑讯逼供和各类酷刑的规定，在各地督抚大臣复议过程中，更招致了各方各面的猛烈抨击。例如浙江巡抚张曾扬认为：由于各国已有相当完备的证据制度，例如日本其初是检事局为之汇集证据，其后是预审判事为之调查准备，定案自然不难。草案却不曾考虑各地既无汇集证据之检事又无秘密调查之预审的实情，仅凭两造所呈之证据未必确凿，因此执以定案"恐转不如取供之可凭"，可见"变一法亦必有与此法相关者数端随之而变"，否则专变其一而未有能变者。至于陕甘总督则从刑讯对象良莠不齐入手，认为"若莠者施以刑威，尚难戢其凶恶之心，而化其强悍之性"，可见"一切案件，概不准掌责暨用语言威吓，恐凶焰日长，而善良反不得安处矣"③，因此主张不可骤然全行废止。

通观这些反对之论，可见它们基本立足于现行审判制度，对于当事人尤其是被告的权益全然漠视，唯以审判得其实为重。立基于此，英美诉讼法之尊重和保障人权，自然无从获得应有的理解。

（三）英美律师制度的影响

英美律师制度为《大清刑事民事诉讼法草案》所重点引进的对象之一，这在沈家本、伍廷芳等上奏朝廷时就有明确说明。作为修律者之一的伍廷芳曾留学英国取得法学学位和

---

① 参见赵彬：《诉讼法驳议部居》，载陈刚主编：《中国民事诉讼法制百年进程（清末时期）》，第1卷，143页，北京，中国法制出版社，2004。下引各地督抚大员对草案的驳议内容，同源此书。

② 同上书，143页。

③ 赵彬：《诉讼法驳议部居》，载陈刚主编：《中国民事诉讼法制百年进程（清末时期）》，第2卷，144页，北京，中国法制出版社，2004。

律师资格，又长期就职于英国法支配下的香港法律界，对英美律师制度可谓情有独钟，并在引进这一制度时毫不掩饰其价值偏好。

第一，英美辩论制度对清末建立律师制度的直接影响。

辩护制度是近代英美诉讼法保护当事人权益的一项重要制度，也是律师制度设置的前提。草案强调言词辩论是法庭审理的一项基本原则，规定第一审开庭审理案件必须进行法庭言词辩论，包括当事人演述（朗读诉状作出陈述）、行使发问权、承审官及审判衙门指挥诉讼、和解、笔录等，未经法庭言词辩论不得作出判决。同时，在法庭辩论的细节和流程上进行详细规定。例如，承审官应准被告或所延律师得向原告当堂对诘（第 54 条），被告或所延律师对诘原告各证人后，原告或所延律师亦可复问原告各证人（第 59 条），原告并各证人均已供证后承审官即令被告申辩（第 60 条），以及两造在法庭上当堂复辩的程序（第 68 条），另外还规定法庭辩论可由律师参加（第 118 条）。

第二，借鉴英美国家律师制度，初步建构近代中国的律师资格制度。

英国律师制度实行二元制，包括出庭律师（barrister）和事务律师（solicitor），前者地位较高，可在任一法院出庭辩护，且是法官的后备力量，但不能与当事人直接接触；后者通常情况下不能出庭辩护，只能将当事人的有关材料委托给前者出庭办理，但在一些低级法院可以代理诉讼。英国这种二元制律师制度与普通法的发展历程及独特的职业教育有关，近代中国根本不可能具备如此独特的文化土壤，因此伍廷芳等人没有机械照搬，而是统一规定为：凡律师，俱准在各公堂为人办案（第 199 条）。

结合随后的相关规定，草案所设的律师颇似英美律师之作为自由职业者。然而回顾前述沈家本、伍廷芳的上奏说明，例如"额定律师若干员……并给以官阶"等语，它又意味着律师应由官府确定名额进行专门培养，毕业合格后由官府授予相应官阶、分配各省法庭，应是被纳入品官之列的国家公职人员[①]，因而在律师身份的定位上出现矛盾。

在律师资格取得制度上，英国传统是通过长期的行会制学习方式培养出庭律师，经过近代司法改革运动后，也开始强调专业学习背景，须按规定通过律师资格考试，且须跟随已有 5 年以上执业资历的出庭律师实习满 1 年；至于事务律师的资格，略为放宽。受此影响，草案规定了律师的执业资格：凡律师欲为人办案，须在法律学堂考取入格，给有堪为律师文凭。该律师亲自持往该省之高等公堂呈请核验，并自行立誓，概无假冒情形，且须有与该律师相识之殷实人二名立誓，具保该律师品行端正、人凭相符，方准该律师在高等公堂或各属公堂办案（第 200 条），可见其着意模仿英美的痕迹。

在律师出庭资格和行为规范上，草案也刻意效仿英美。例如，禁止出庭的规定是：如该公堂验明文凭并不合格，或无殷实人具保，或声明平常者，可批斥不准（第 201 条）。这一规定旨在防范操作过程中不合格的律师出庭，但同时强调具保和声明条件，则易被歪曲为随意压制其出庭的借口。又如律师出庭的行为规范之规定：如该公堂允准之后，该律师应照下列各项矢誓：不在公堂作伪或许人作伪；不故意唆讼或助人诬控；不因私利私怨倾陷他人；尽分内之责务，代受托之人辩护，然仍应恪守法律（第 202 条）。

草案在这里并非单纯照搬英美，而试图借助与传统诉讼文化的衔接来推陈出新。例如，

---

① 参见徐家力、吴运浩编著：《中国律师制度史》，48 页，北京，中国政法大学出版社，2000。

草案多处使用"唆讼"、"诬控"、"倾陷"等历代律典处置讼师的用语，意在防范律师制度的讼师化，并以宣誓等英美方式特加强调，以示代理诉讼和出庭辩护之律师与挑词架讼之讼师的本质区别。

第三，仿效英美律师权利义务制度，初步明确律师当庭辩护的权利、义务。

在英国，辩护律师的权利主要包括：有权在几乎所有的诉讼中出庭辩护，在上议院、枢密院司法委员会和高等法院享有出庭辩护权，有权接受事务律师的委托办案，以及有权被任命为高级法官，等等；其主要义务则包括维护律师职业的独立性、维护职业声誉、忠于委托人和法院，等等。事务律师地位低于前者，但其承办法律业务的权利、义务规范大体相似。

参照英美律师制度，草案先确定了律师为原告代理的权利、义务：其一，代原告缮具控词及各项须呈之件，以备呈上公堂。其二，须同原告上堂办理所控事件。其三，于审案时将原告所控之事代为上陈，然后当堂质问原告及其证人。如被告对诘该原告及其证人，该律师随后亦可覆问。其四，被告或其律师向堂上申辩后，原告律师可将被告或其律师所申辩之理，由向堂上解释、辩驳。随后确立了为被告辩护的权利义务：其一，代被告缮具覆词，详细诉辩所控事件，并检其有益于被告各证据，以备呈上公堂；其二，同被告上堂辩护其案，及留心料理，务使公堂审讯该案悉合证据，依律裁判；其三，代被告对诘原告及证人；其四，原告及其证人供词已毕，该律师须将被告辩词陈其大略，然后唤被告之证人；其五，供词毕，然后该律师将被告辩词，尽情援据例案伸论，毋使屈抑（第204条）。从基本精神看，它采纳了英国当事人主义的交叉询问制度，包括质问、对诘、覆问、辩驳一系列程序。为使这一英美风格的制度为近代国人所理解，草案还对相关词语特别予以解释。[①]

（四）英美陪审制度的影响

陪审制（jury system）在英国可溯源到12世纪，长期以来被视为保护个人权利、反对特权和滥用司法权力的有效手段，是英美法系中由国家官员召集一定数量的法律外行人士（lay people）协助法庭，在听审到的证据基础上裁决案件有争议事实问题的一项独特制度。它不仅是一项国家审判机关吸收非职业法官参与审判案件的司法制度，还是公民直接参与司法活动的民主形式和公民权利的保障制度。[②]

与上述引进律师制度一样，引进陪审制度也是伍廷芳至为得意的一项创举。《大清刑事

---

① 草案对这些专有名词进行的解释如下："凡人到堂作证，惶悚之下，多茫然不能措辞，应言不言，不应则言，徒费时刻，无益案情，该造律师宜导之，使言实情，此之谓质问"；"凡人到堂供证类，皆存袒于各造之心，至言过其实，人之常情也，是以被告律师须详细研求，如有虚张情节，必使水落石出，以免被告为其供词所害之，此谓对诘"；"被告律师对诘时，如该证人答词与质问时所供，前后稍有不符，则原告律师不再问该证人，为其解说之，此谓覆问"。

② 参见《元照英美法词典》，757页，北京，法律出版社，2003。关于陪审制之渊源及流变，学界近年研究甚多，相关学位论文主要有郭光东：《陪审团的历史与价值》，华东政法学院2004年博士学位论文；杨安军：《陪审制度研究》，西南政法大学2006年博士学位论文；曹永军：《陪审制度变革的历史成因》，吉林大学2007年博士学位论文；施鹏鹏：《陪审制研究》，西南政法大学2008年博士学位论文。正式出版的代表作之一，参见施鹏鹏：《陪审制研究》，北京，中国人民大学出版社，2008。

民事诉讼法草案》所设陪审制度，实际上取法于英国的小陪审团制度（Petit Jury），即小陪审团与法官一起负责审理用起诉状起诉的刑事案件，法官于审理结束后指出本案所涉法律问题，小陪审团退席评断事实问题。[①] 具体表现在以下方面[②]：

第一，效法英美陪审制度之司法民主精神，草案确立了陪审员职责与适用条件。

尽管陪审制在 1830 年以来的英国司法改革运动中受到冲击，但其作为自由传统之基石的影响力并未彻底消退。在此影响下，草案首先表明了设置陪审的意义在于协助司法公正，即有助公堂秉公行法，于刑事使无屈抑，于民事使审判公直（第 208 条）。草案随即规定了陪审制度的适用条件：在刑事案件中对以下情况适用：一是公堂之有权裁判关于监禁 6 月以上，二是罚金 500 圆以上，三是徒、流以上等罪。在民事案件中的适用条件则相对比较简单，数值 300 圆以上之民事案件皆可，但须在未审之前，经原告或被告呈请陪审者，应用陪审员陪审（第 209 条）。

第二，参照英美陪审制之前期准备，草案设立了相应的陪审员选任方式与选任条件。

在英国陪审制度中，对于陪审员大多采纳从选民名单中随机挑选的做法。这在草案关于陪审员清册的拟定方式中有明显体现。草案规定由公堂设立陪审员清册，于每年正月更换一次。设立清册的方式是，由公堂承审员会同本地警察官一人或数人，选举该公堂境内所有堪为陪审员之资格者，将其姓名、住址、事业详细载登册内（第 210 条）。该清册应抄录一份进行公示，榜示于署前，俾众周知。如果清册需要改动，例如新增或删除代表名册，则应报知公堂书记官照改（第 211 条）。鉴于选任陪审员工作事关重大，增删代表之事须有专职，草案规定公堂应派员一人专司人民请添除已名之事，且赋予其全权，如有适理之请可以独断添除（第 212 条）。

英国对陪审员的财产资格长期以来有严格的限制（直至 20 世纪 70 年代才解除），至于警察、律师、医师、现役军人等，均不得担任陪审员。这些限制性规定在草案第 213 条与第 214 条中得到回应。草案关于选任资格条件有两项：一是年龄，须在 21 岁以上、65 岁以下；二是身份，包括退休的文武大小官员、商人、公司行商之经理人、士人、教习、学堂卒业人、地主及房主（第 213 条）。关于禁止条件则有 6 项：一是在该处或他处作官吏差使受薪俸之人，二是公堂人员，三是在公堂境内办案之律师，四是在该公堂境内营业之医士或药商，五是凡声聋瞽及有废疾者，六是曾因犯罪处监禁以上之刑或声名恶劣者（第 214 条）。

第三，模仿英美陪审团的准备程序，确立陪审团的组成方式、陪审员之回避与变更条件。

依照英国陪审制度，选任陪审员须由专门的官员负责，通常先由大法官提供名单，再签发通知要求被选人员于指定日期到某个法院履行职务。参照这一做法，草案关于陪审员组成方式的规定有：陪审员名册既定后，所有册内人名须另签分写，置存匣内，依案件之性质来决定是否适用陪审员。若为应用陪审员的刑事案件，则从陪审员代表清册中由公堂派员督同堂弁掣取 40 名；若为诉讼标的 1 000 圆以上的民事案件，则从清册中掣

①　参见何勤华主编：《英国法律发达史》，29 页，北京，法律出版社，1999。

②　英美陪审制度对清末诉讼立法影响甚深，本节内容主要参考刘倩：《清末陪审制度研究》，载陈刚主编：《中国民事诉讼法制百年进程（清末时期）》，第 2 卷，449～484 页，北京，中国法制出版社，2004；刘倩：《清末陪审立法研究》，湘潭大学 2005 年硕士学位论文。相关引用已获授权许可，谨此说明。

取 30 名。名额既定，再于开庭审讯前一天，用知单载明开审日期，知会各陪审员届时到堂陪审（第 215 条）。该知单应饬令堂弁分别面交，不能当面送达则留其家属转交（第 216 条）。

英美陪审制还有陪审员义务之规定：公民接获陪审员召集命令为强制义务，一旦入选就应履行陪审团义务至案件判决为止，试图逃避履行义务、不遵召集令之传唤，则视为藐视法庭并科以罚金甚至监禁的处分。[①] 草案也参照吸收了这一系列内容，规定陪审员接奉知单届时不到堂，或到堂未经公堂允准擅自退出者，经公堂查明并无合理事故，可判令罚金 100 圆以下（第 217 条）。值得注意的是，草案规定在开庭审理之日，若为刑事案件，则从事先知会并已到堂的 40 名陪审员中令书记官掣出 12 名；若为 1 000 圆以下的民事案件，则从事先知会并已到堂的 30 名陪审员中掣出 6 名。由此组成的陪审员，还须经两造均无异辞（第 218 条）。

英国陪审制度还设定了陪审员回避与变更制度，赋予被告对具体的陪审团组成人员一定的否决权。这在草案中同样有所体现。例如，草案规定，如果原告或被告对于到堂中选的陪审员有异辞，不愿其为陪审员，须有以下理由：一是年龄与身份不符条件，或不符草案第 213 条第 2 款规定的资格条件，或违背第 214 条规定的 6 项禁止条件；二是被选任的陪审员与原告或被告有亲属关系，应予回避；三是该陪审员先存成见，与人评论该案时"言其欲该案如何结果"（第 219 条）。符合这一"异辞"条件，则可更换陪审员，总以两造均无异辞为定（第 220 条）。而陪审员中有自行请免充陪审员者，须经公堂细查确有合理事故，即可准其所请（第 221 条）。如果事先知会的陪审员因故没有到堂，或者到堂而因原、被告提出"异辞"而不合格，不能达到刑事案件所需的 12 员，或民事案件所需的 6 员，则公堂可循原告或被告之请，在堂内观人中择合格者充数。鉴于这一临时变通事出仓促，"即有一造不愿，亦不能中止"（第 222 条）。

第四，参照英美陪审制之具体运行，确立开庭审理中的陪审程序和陪审纪律等内容。

在英国陪审制发展早期，陪审员兼顾知情人与见证人的作用，从其亲身知识进行判断，判断的与其说是事实，不如说是被告的品行、名声等，而且其裁决代表的是该地区人士中占主导地位的信念与观念。到 18 世纪以来，陪审员才不再在证据之外仅凭个人知识进行判断，而只能运用听审到的证据进行裁决。此外，法律与事实的逐步分离，也使法官与陪审团的功能日益明确：前者适用法律，后者裁决事实。[②] 对于这一情况，草案就大胆进行了借鉴，规定在案件开庭审理之前，各陪审员须"当堂矢誓，表明一秉公正，并无偏倚、畏累及徇私等情"（第 223 条）；宣誓完毕，各陪审员就座于承审官之旁静听审讯，"如供证有不明之处，该员等可随时请承审官代问证人"（第 224 条）。

在英国陪审制度中，对陪审团的指示（jury instructions）是指法官就与案件有关的法律适用问题向陪审团所作的指示，陪审团对此应当接受和适用；在美国联邦法院和多数州法院都有一种对陪审团指示的模式，要求担任审判的法官使用或遵循这种模式[③]。这在草案

① 参见［美］William Burnham 著，林利芝译：《英美法导论》，67 页，北京，中国政法大学出版社，2003。

② 关于英美国家法官与陪审团之间的分工，参见上书，65 页。

③ 参见《元照英美法词典》，758 页，北京，法律出版社，2003。

中同样有所体现，即：如果按照规定完成了两造证词及律师诉辩的诉讼程序，承审官即向陪审员"将该案所有证据再诵一周，并加评论"，如有律例问题，"务须逐一详解，使陪审员所议决词与例相符"（第225条）。随后，各陪审员退堂，"同至静室秘议，将全案各情细衡轻重，秉公决定"，如确信被告犯有所控之罪，则须覆曰有罪；如原告证据不足，或被告所犯情节间有疑义，则须覆曰无罪（第226条）。各陪审员秘议完毕，复回公堂，"惟时承审官、原告、被告及各律师俱应在场"，再由书记官向各陪审员询问所议之决词意见、被告之是否有罪等情况，由陪审员中推选一名代表"当众将决词覆答"（第227条）。

英国陪审制度传统上对案件要求一致性判断，即对被告有罪要求全体陪审员意见完全一致（英格兰自1968年才采纳多数裁断），美国的一些州也允许多数裁断。草案借鉴这一做法，规定在刑事案件中，如果陪审员决词认为"有罪"，承审官即将被告按律定拟；认为"无罪"，则立刻将被告释放（第228条）。如果被告被控事项不止一项，陪审员可以分别认定"孰为有罪，孰为无罪"，由承审官依据"所决有罪之端，一定罪名"（第229条）。为示陪审程序之公正所在，无论是刑事案件还是民事案件，陪审员的决词"从多数而定"；但遇有重大案件关于死罪者，"必须众议佥同，方能决定"（第230条）。如果在案件审理适用陪审程序时，遇有陪审员"退堂、议久不决或意见各执者"的情况，承审官可将该陪审员全行辞去，依法另选陪审员复行审讯（第231条）。

为避免偏见的影响，英美陪审制度规定陪审员因耳闻目睹案件并形成意见，从而可能无法公平裁决案件时，法官可将其排除陪审；还设置了在案件审判期间隔离陪审员的相关措施。① 草案为此专设了两造异议与陪审纪律的规定。为保证陪审制度的公正运行，防止勾结与腐败，实现陪审制度本身的协助查证与监督司法之功能，草案规定陪审员自到堂至决词未定之先，除公堂特许外，不准他人与该陪审员交流信息或递交物件，如陪审员因饮食或其他情况"欲请自便"，则令公堂人员随往监察（第232条）。在案件审理不能一日完结、须再行审讯的情况下，可令陪审员就署内或附近房屋居住，"务令畅适，惟仍须派员监视，刻暑不离"，并要求所派监视者"当堂清心矢誓"，不准一切人等与被监视的陪审员有通问及传递消息等事项，自己亦不得与之谈论该案（第233条）。

一般而言，英国陪审团作出的是"有罪"或"无罪"这样的概括性裁断（general verdict），有时陪审团也会应法官指示作出特定裁断（special verdict）。陪审团在作出裁断时无须说明理由，在刑事案件中无须考虑刑期，在民事案件中则须确定赔偿金额或双方当事人互有过错责任中的比例。这一情况在草案关于民事案件之"寻常决词"与"特别决词"的分类及其解释中，亦有相应的体现。草案认为，民事案件的决词一是"寻常决词"，如案件为争债1 000圆，陪审员查得被告确欠原告全数，则决曰全数与原告；如查得被告所欠非全数，则决曰若干数与原告；如查得被告毫不负欠，则决曰被告理直；二是"特别决词"，如原告控被告违背合同，情节烦琐，一词难尽，则陪审员须详细答承审官之问，谓查得某事系实、某事不实。承审官均按照陪审员之决词，依律定案（第234条）。

综上可见，《大清刑事民事诉讼法草案》尽管在若干条款上斟酌国情予以变通，但在整体上对英美陪审制度（主要是英国）的借鉴是十分明显的。这里流露出以伍廷芳为代表的

---

① 参见〔美〕William Burnham著，林利芝译：《英美法导论》，69页，北京，中国政法大学出版社，2003。

修律者们对于外来诉讼法文化之复杂心态，即如何斡旋于大胆移植与小心求证之间。此乃时势所使，不得不然。可惜在晚清司法旧制不改的大局下，把认定犯罪事实的重任委诸陪审员，且希望其纠察法官，这一根本无法契合近世中国实况的西方司法民主理念，无疑是镜花水月。也正基于此，陪审制度诸项条文成为各地督抚大臣极力反对的又一焦点。

三、英美刑事诉讼文化的影响

（一）无罪推定原则的影响

早在古罗马共和政治时代，诸如"一切主张在未证明前推定其不成立"的理念中，可见无罪推定原则的雏形。[①] 历经中世纪的压制，至 18 世纪资产阶级启蒙思想家对"有罪推定"进行猛烈抨击时，才借贝卡里亚之口再现："在法官判决之前，一个人是不能称为罪犯的。只要还不能断定他已经侵犯了给予他公共保护的契约，社会就不能取消对他的公共保护"[②]，并逐步贯彻于英美、欧陆的宪法和诉讼法之中。

但在中国传统诉讼文化中，由于案件审讯采用纠问方式，被告一经告发即被推定有罪，刑讯则为合法的审讯手段，没有被告的有罪供述往往不能直接定案，而刑讯方式也频频用诸证人身上。这一传统至鸦片战争以来并未收敛，以至于来华的西方人士尤其是英美人士颇为讶异和反感。[③]

在裹挟枪弹炮舰而来的欧风美雨洗礼下，无罪推定原则不仅为太平天国农民革命时期所吸取[④]，也逐步为晚清开明的士大夫所接受。这一原则在《大清刑事民事诉讼法草案》中有明确而直接的规定：一为"承审官确查所得证据，已足证明被告所犯之罪，然后将被告按律定拟"（第 74 条），一为"被告如无自认供词，而众证明白，确凿无疑，即将被告按律定拟"（第 75 条），一为"凡证据难凭，或律无正条，或原告所控各节间有疑窦者，应即将被告取保释放，令其日后自行检束"（第 86 条）。

依据草案规定可知，唯有证据确凿、充分才能对被告定罪量刑，而自认供词（即口供）也不再具有"证据之王"的传统地位。有论者指出，草案免除被检举人对自己的有无罪行的举证责任，乃是无罪推定原则的必然结果，因而草案从证据角度对该原则进行的吸收，对于近代中国逐步创设无罪推定原则具有很大的积极意义。[⑤]

（二）本人参与诉讼原则的影响

本人参与诉讼原则不仅是英美刑事诉讼原则，亦为近世西方国家所普遍采纳，即除较轻微案件可由辩护人代为出庭外，其他案件都须当事者本人出庭，直接参与诉讼。

① 参见陈林林：《无罪推定原则思考》，载《法律科学》，1995（5）。
② ［意］贝卡里亚著，黄风译：《论犯罪与刑罚》，39 页，北京，中国大百科全书出版社，1993。
③ 关于 19 世纪以来西方人士对于中国之刑讯与酷刑的认识和批判，参见田涛、李祝环：《接触与碰撞：16 世纪以来西方人眼中的中国法律》，113～144 页，北京，北京大学出版社，2007。
④ 太平天国农民革命时期对于重大案件的处理，曾遵循"没有最明白、最确定的罪证，就不能判决或处罚任何一个人"的精神，这一精神实际体现了无罪推定原则。参见叶孝信主编：《中国法制史》，325 页，北京，北京大学出版社，2000。
⑤ 参见李春雷：《中国近代刑事诉讼制度变革研究》（1895—1928），71 页，北京，北京大学出版社，2004。

在审讯程序方面，草案贯穿了英美等国刑事诉讼之本人参与诉讼原则：凡公堂审案承审官，应照左列各项办理审讯，民事案件亦同：（1）令原告亲身到堂；（2）令被告亲身到堂；（3）两造证人隔别讯问；（4）于审讯原告及两造证人之先，申明警戒，令其不得虚伪（第50条）。为确保这一双方亲自出庭的严肃性，草案还借鉴英美等国的宣誓制度，规定无论刑事、民事案件，原告及两造证人须矢誓后方可供证；不允矢誓者，清心据实供述亦可；如查有砌词诬告或供词故意虚伪等情节，即处以1 000圆以下之罚金；民事案内之被告亦同（第51条）。

此外，草案对于被告之申辩权有明文规定，即原告、被告及两造证人均各供证后，准被告或所延律师向承审官申论曲直，原告或所延律师亦可当堂复辩（第68条）；凡遇重大事件于原告及各证人供证后，被告及各证人未供之前，应准被告或所延律师当堂评论原告所控之是非，并将如何复辩之处先行略述（第69条）；原告、被告及两造律师对承审官申论后，承审官即将两造证据供词细心研究，秉公判断（第70条）。

然而，草案所贯穿的本人参与原则，必须立足于相应的诉讼观念与社会实际。以宣誓之规定而论，英美等国实行原告及证人宣誓制度，用意在于借助宗教信仰力量遏制伪证行为。但在近世中国情况不同，国人根本匮乏英美式宗教信仰的良心约束。正如浙江巡抚所言，"宣誓一节，法设罗马，如宗教之习惯，若中国矫诬之徒，岂惮矢誓，既不能据誓以定谳，则矢誓仍是空文，自可无庸沿袭"[①]。不少督抚大员还进一步认识到，草案对于宣誓者的伪证或诬告之惩处过于软弱，以至于难以贯彻落实立法本意。

由此可见，英美等国实行宣誓制度并非单纯依赖良心约束，其后盾则是法律规定的伪证罪或诬告罪，视其本罪之轻重分别定罪，惩罚远不止区区1 000圆以下之罚金。草案为贯彻本人参与诉讼，试图借助宗教信仰力量和罚金制度予以保障，惜乎立意虽美，窒碍难行。

（三）拘留取保程序的影响

英美诉讼法文化对程序法定极为推崇，强调不遵守法定程序就不能定罪量刑。这一原则不仅要求通过立法确立刑事程序，还要求程序内容也必须正当、公正。早在1215年英王被迫签署的《自由大宪章》就明确规定："任何自由人不得被逮捕、监禁、侵占财产、流放或以任何方式杀害，除非他受到贵族法官或国家法律的审判。"这一规定在美国联邦宪法的第五修正案中，表述得更明确："未经法律的正当程序，不得剥夺任何人的生命、自由和财产。"

在拘留取保方面，草案袭用了英美诉讼文化中的程序法定原则与诉讼时限规则。依据源自英国并影响后世的程序法定原则，草案明确规定，凡人无论所犯何罪，如非有裁判权之公堂，不得将该犯审判、拘留或监禁（第44条）。为保障这一原则，草案还规定了相应的诉讼时限。例如羁押时间上，凡人无论所犯何罪，被拿之后立刻送公堂审讯。自被拿至审讯之时，拘留不得逾24小时（第45条）。凡人被拿，如因人证不齐或因他故，不能于24小时内审讯，准由承审官展限，至多不过7日，期满即将该犯提堂审讯；若人证尚未齐集，或因有合理事故，不能审讯者，准将该案再行展限；惟每次展期均不得逾7日，统计展期

---

① 赵彬：《诉讼法驳议部居》，载陈刚主编：《中国民事诉讼法制百年进程（清末时期）》，第2卷，153～154页，北京，中国法制出版社，2004。

不得逾 10 次；倘逾 10 次尚不能审判者，公堂应将被告人取保释放（第 46 条）。

然这一系列规定在英美等国是为确保犯罪嫌疑人之宪法保护的人身权利，必须依托于相应的司法制度。正如陕甘总督所虑，被告既到而原告不到之情形，往往就在原告砌词妄控、情虚畏审，在此情形下依法每次展限竟至 70 日之久，对被告而言"未免太宽，致滋拖累"[1]，因此不如仍照"原告两月不到，注销拿办"之例办理较为便捷。可见草案虑事偏于英美之制，而未顾及本土实情。

（四）强制措施的影响

草案第二章"刑事规则"借鉴英美刑事诉讼法之通例，初步建立了一系列具有英美风格的刑事诉讼程序，对中国传统刑事诉讼制度进行了大幅度改造。

在强制措施方面，草案引进了英美诉讼法之令状主义，即对当事人采取强制措施时，须取得审判官签发的拘票、搜查票或传票。

根据草案第二章"刑事规则"第一节、第二节相关规定，凡采取逮捕、拘提、搜查、传唤等强制措施，除非法律另有规定，均须取得审判官签发的拘票、搜查票或传票等相应票证；凡将人误行捕房或拘禁者，准受害者将其人并指告及主使之人向公堂控诉，按律治罪或照民事案件办法索取赔偿（第 28 条）。这些法律文书必须遵循法律规定，主要包括拘票（将犯人及时拘提）、搜查票（直入房院搜查犯人或赃物）、传票（传令被告于所限时日内到堂）；凡公堂准人所请发以上各票，不得向发票人索取票费，违则查明，官员或差役或巡捕，分别降革惩处（第 29 条、第 30 条）；且须将原告、被告姓名、事业、住址并被控事件及犯罪月日逐一载明（第 32 条）。

然而草案在借鉴过程中往往忽略了相应的文化背景。例如，关于"殷实之人"与逮捕制度的关系上，如有殷实之人指控道路之人犯罪，巡捕不持拘票即将被指之人捕送公堂审讯（第 24 条）；如在道路犯违警罪，或情节较轻之罪，且犯罪者似系殷实之人，即不得将该犯捕拿，只需问明姓名、住址、事业，请公堂发票传令听审（第 25 条）。这两条所涉"殷实之人"在近代英美等国是可行的，因殷实之户率由实业起家，其人或身充议员或赐有爵秩，但在近代中国未必如此。

另一例证则是对英美拘传的签押宣誓之模仿。草案特别规定凡巡警员役或平民别项人请发拘提及搜索房院等票者，必须在承审官前具呈签押宣誓，该承审官查明所具呈词实系尽理可信，始准签发（第 33 条）。然而这一宣誓制度根源于英美社会积淀深厚的宗教信仰，正如陕甘总督等人所言，民间对赌咒发誓之事并无虔敬信仰，狡诈骗赖之辈"辄以全家性命矢誓，其言语似足质天地而对鬼神，及至彻底查核，三面环质，则前说顿成子虚"[2]。可见，受宗教观念之影响的英美诉讼文化，一旦腾挪于近世中国则徒有其表。

---

　　① 赵彬：《诉讼法驳议部居》，载陈刚主编：《中国民事诉讼法制百年进程（清末时期）》，第 2 卷，151 页，北京，中国法制出版社，2004。

　　② 同上书，149 页。

四、英美民事诉讼文化的影响

（一）当事人主义审判方式的影响

英国自 1830 年以来的司法改革，多涉及民事诉讼程序与司法体制内容。在 1875 年英国《司法条例》颁行后不久，英国司法委员会又出台《最高法院规则》，共 63 条，统一和简化了原本分离的普通法和衡平法诉讼程序，规定了合理的诉讼费额，明确了近代民事诉讼程序的基本规范。

对于这些改革成果，《大清刑事民事诉讼法草案》在第三章"民事规则"中作了不少有意的吸收和改造。草案在保留职权主义审判方式的前提下，多处参照英国民事诉讼的审理程序①，适当吸收英美法之当事人主义审判方式的做法，呈现一种混合色彩。

在证据准备方面，英国民事诉讼中的证据准备须先确立举证责任负担问题，通常依据谁主张谁举证的规则，但诉讼进行中的举证负担可因推定而转移；双方当事人都不能独占自己的证人，均可反讯问对方证人；威胁证人构成藐视法院行为，但法院在证人不愿到庭时可用出庭作证传票使其到案。参照这一做法，草案规定了原告、被告及证人必须出庭，确立证人出庭作证义务，即"除有合理事故外，均须在堂听审"（第 110 条），并在第四章"刑事民事通用规则"中详细规定证人的作证义务、证人的权利保障、作证责任等内容，以资补充。

在审理程序方面，英国民事诉讼实行当事人主义审判方式，它在 1875 年以后出台的《最高法院规则》中有较大调整，废弃了以往那种笼统的宣誓书形式，改用交叉询问双方证人的对抗辩论。这种依赖于双方及其律师对证人的交叉询问，首先由原告或所延律师按诉讼文件出现的次序说明依据的事实，再由原告证人宣誓后答复原告律师所询问题，再由被告律师反讯问（cross examined），必要时原告律师再讯问（re-examined）。

受其影响，草案详细规定了公堂如何进行交叉询问，对于所讼之款或该案之值未逾 500 圆者，承审官先讯原告，次讯被告，被告承认时即可判原告理直（第 113 条）。至于凡所讼之款或该案之值数逾 500 圆者，被告递覆词之后，其交叉询问办法更为复杂而详尽：凡所讼之款或该案之值数逾 500 圆者，被告递覆词之后，其办法如下：（1）审讯时先由原告或所延律师将原告控词及被告覆词朗诵一遍，然后申诉争讼之原委，并略述证据；（2）次则原告登位供证，由被告或所延律师对诘，仍由原告律师覆问；（3）原告各证人均可受对诘及覆问，一如原告；（4）原告及证人供证之后，承审官讯问被告是否带有证人，如无证人，则原告或所延律师，将前所供证据总其大旨而伸论之；（5）如被告或所延律师带有证人者，则原告或所延律师应俟该证人等供证之后伸论；（6）被告或所延律师即可诉辩及唤证人代为供证；（7）被告及证人供证之后，又已受对诘及覆问，则被告或所延律师，可将本造所供证据总其大旨，向公堂诉辩；（8）原告或所延律师再行辩驳（第 116 条）。

草案还特别指出，若被告于原告所控诉之件概不承认或仅认其半，公堂应续讯原告之证人，其质问对诘及覆问皆照审讯刑事案件之法办理（第 114 条）。由此可见草案对于英国

---

① 关于英国民事诉讼审理程序的概略介绍，参见沈达明：《比较民事诉讼法初论》，52～62 页，北京，中国法制出版社，2002。

民事诉讼法之交叉询问方式非常重视。但这种借鉴是以公堂承审官的主导询问为前提的，因而是职权主义与当事人主义的混合体。

（二）传唤令状制度的影响

草案关于传票之规定，适度吸收了英国 1875 年程序改革后的传唤令状制度。烦琐的令状制度自 1875 年以来被大幅度地简化，这次简化是从 1832 年开始使用的传唤令状（Writ of Summons）一般格式的部分改动入手。改动后的传唤令状形式简单，是要求被告在 8 日内作出答复的女王命令，可从法院代理商处廉价买到，不再像以往须向大法官庭提出申请；它附有尽可能简洁的表明诉讼性质的权利声明，以便原告依照自己的意愿声明其权利，不再像以往受制于 1852 年《普通法诉讼条例》之复杂的诉讼形式约束。[①] 简化后的传唤令状具有如下作用：一是通知被告令状的签发；二是通知被告必须满足令状所载的请求，或必须把送达收据退回法院，并在收据上说明是否有争辩之意；三是通知被告如果不满足请求或不在规定期间退回收据，法庭可能对他作败诉的判决。[②]

草案对于民事案件同样要求领取派发类似英国传唤令状的相应文书，诸如索债、索回房屋或田地等案件，宜用传票往传，俱不准用拘票（第 89 条），以示与刑事诉讼程序之别。关于传票的格式，草案规定：凡控诉原告，将所控事件缮具控词，赴合宜公堂呈递；若系钱债、赔偿等事，注明数目，有合同或契约者，钞黏附呈，并叙明两造之事业、住址（第 90 条）。

草案对于传票的发放程序亦有明文规定：公堂接控词后，即签发传票，票内须将所控事件简晰叙明（第 91 条），凡传票由公堂饬堂弁亲交被告，有时须原告指传者则令原告同往（第九十二条）；奉传票之堂弁，如未能亲交被告，即将传票留与其亲属转交（第 93 条）；堂弁交到传票之后，即向公堂申覆销差，并于传票册内，将亲交或转交之处注明（第 94 条）。从这些关于传票的规定中，可大致窥见英国传唤令状制度的影子。

草案还特别规定类似英国不应诉判决的缺席审判程序：接传票后，被告或所延律师可任赴公堂，查阅原告所呈各项文件，公堂不得拦阻（第 96 条）；被告如呈递覆词，公堂抄录一分，令堂弁交与原告看阅，不递者听（第 97 条）；公审已定审期，被告无故不到案，听审者查明传票委系交给，仍将该案照例审讯（第 98 条）；被告对于前条之审讯，如有不甘服者，于一月内赴公堂递呈申诉；如公堂察核诉词近理，应准覆审，逾期不准申诉（第 99 条）。正是通过这些条款，分别确立了与英国使用传票令状起诉相仿的审前程序，如被告接获传票后有权查阅原告所呈各项文件，以便针对原告所控事实予以回应；被告无故缺席时，原告有权向法庭申请对己有利的缺席判决；被告在缺席审判后，有权就受欺诈或特殊因素制约事由予以申诉，等等。

（三）民事判决执行制度的影响

草案关于判决执行的规定，亦明显受到英国民事判决执行的影响。英国民事诉讼中的判决执行，包括金额支付判决和其他判决的执行，前者又有扣押财产令状、扣押第三人手

---

① 关于传唤令状制度的改造，参见程汉大主编：《英国法制史》，401 页，济南，齐鲁书社，2001。
② 关于英国的传唤令状制度，参见沈达明：《比较民事诉讼法初论》，33 页，北京，中国法制出版社，2002。

中败诉方财产程序、设定担保权益之裁定、指定接管人和查封令状 5 种执行方式，后者则有占有不动产之判决、交付货款之判决、行为或不行为之判决的执行方式。

英国的扣押财产令状之执行，是命令被扣押人所在郡司法行政官（Sheriff）以国王名义从其动产中取得足够清偿判决金额的款项，他可扣押并出售其有形动产和票据，但不可出售土地或动产上的衡平法权益、终身享受的土地权利、土地定着物、生活及行业用具以及属于第三人的财产。受此影响，草案专门规定"判案后查封产物"一节。

依照草案规定，当事人申请扣押的程序是：凡公堂判断被告理曲，饬交原告款项及堂费，被告不能如数缴纳，经原告申请，公堂即可发封票，将被告产物查封备抵（第 128 条）。至于扣押对象及其限制，规定：凡封票只查封被告本人之产物，如产物系一家之公物，则封本人名下应得之一分，他人之分不得株连，本人之分所值若干一经呈缴，立即揭封（第 129 条）；凡下列各项不在查封备抵之列：本人妻所有之物，本人父母、兄弟、姊妹及各戚属、家人之物，以及本人子孙所自得之物（第 130 条）。

由于这些规定与传统宗法伦理颇为冲突，各地督抚大员对此予以猛烈抨击。例如，浙江巡抚认为，各国在夫妻财产上"有归一及特别两主义"，父子财产则"皆有成立、未成立之分"，在专用归一主义和奉行"父母而在，子既不得有私财"的中国，借鉴英国的扣押财产制"不特与俗之习惯相违背"，还可能"恐启民间父子、夫妻争财之渐"。又如，陕甘总督认为，中国民间有父欠子还之说，清律也严别籍异财之罪，在扣押抵债方面贸然仿行英美，"不惟难防烦苛寄顿之弊，抑且有长天性凉薄之风"。至于张之洞的驳议更为详尽，认为"国家明法敕罚，原以厚风俗而正人心，中西政教各异，此法万不可行者也"①。

至于英国民事诉讼之扣押第三人手中败诉方财产的程序，以及设定担保权益之裁定的程序，也体现在草案"查封在逃被告产物"一节的相关规定中，但同样遭到各地督抚大员的非议，以致草案终被搁置。此不赘言。

纵览历史，由于《大清刑事民事诉讼法草案》仿效英美而与传统法文化冲突太大，拟为过渡的《刑事民事诉讼暂行章程》也未上奏颁行，为与修订法律馆陆续完成的其他欧陆风格的法律草案保持协调，清政府决定分别起草民事诉讼法律草案和刑事诉讼律草案，改道追随大陆法系的诉讼法制。

从历史语境看，英美法的退隐是近代中国对欧陆法逐步认识和接受的历史必然。虽然英国率先驱使近代中国走向半殖民地化，但对行将解体的中华法系产生影响的外来诉讼法文化并非英美一派，还有来自法国、德国尤其是日本法文化的诸多源流。而与草案相关的另一实际情况是，草案出台期间并未完成相应的司法改革，即它仍须立足于司法与行政不分的旧式衙门司法体制，其内在精神如保障人权、司法民主等价值无疑与之枘凿不投。何况其时各地新式法政人才之培养难以跟进形势发展，各地督抚大臣们的驳议意见其实有相当部分内容就集中于此。这一制约因素无疑也使草案难以落实而不得不化为泡影。

因此，尽管修律期间沈家本、伍廷芳等人竭力参酌近代英美诉讼法之先进成分，其良苦用心终究无法挽回欧陆法行将取代英美法的大势。英美法在近代中国的退隐，始于第一

---

① 赵彬：《诉讼法驳议部居》，载陈刚主编：《中国民事诉讼法制进程（清末时期）》，第 2 卷，167～168 页，北京，中国法制出版社，2004。

次全面模仿英美法的诉讼立法。如此刁诡的命运凝聚着中国法文化发展的历史宿命，的确引人深思。

第二节
欧陆诉讼法文化的影响

一、欧陆诉讼法文化影响中国概论

影响中国法发展的另一类外来法文化，是由罗马法、教会法和商法等渊源构成一体，以法国、德国等欧洲国家法和受其影响的日本法为代表的大陆法系（以下简称欧陆法）。[①]尽管它们内部各有辗转流变，但交汇而成一股与英美法文化分庭抗礼的洪流，对清末民初尤其是民国法制建设的影响可谓后来居上，在渗透程度、覆盖范围和影响力度等方面都蔚然可观。

在中华法系行将解体的近代中国，法国诉讼法文化是一支不可忽视的外在力量。自鸦片战争以来，法国追随英美侵略中国，通过一系列不平等条约攫取治外法权，建立领事法院、推行租界司法，其诉讼法文化也直接渗透到了晚清社会尤其是涉外法律实践活动之中。还应注意的是，法国诉讼法文化在引领欧陆法潮流的过程中，对后起的德国和日本法制产生相当程度的影响，乃至于德国尤其是日本诉讼法大举传播于近代中国时，隐藏其中的法国诉讼法精神、原则或制度也附翼其上，间接弥散于风雨如磐的近世中国。

德国诉讼法文化同样成为影响中华法系解体的外来力量之一。它既全面吸收了中世纪罗马法原则、精神，又深受 19 世纪滥觞于法国的法律编纂运动与理性主义思潮影响。随着 19 世纪末德意志帝国的崛起与扩张，德国也加入到侵略中国的列强队伍中，迫使中国签订不平等条约。在清末修律期间，它不仅以其诉讼立法和法学理论直接影响了修律者的欧陆法取向，还经由日本法对清末修律的影响发挥其间接性的支配作用。随着德国法在 20 世纪前期引领西方法典化潮流，它在中国的传播成为中华法系最终解体的重要因素之一。北洋政府时期，尤其是南京国民政府时期，其影响达到了前所未有的程度，成为国民党"六法"体系建设中诉讼立法的参照对象。

作为长期追随中华法系的东亚岛国，日本始终注重学习、借鉴和吸收在不同时代引领潮流的外国法文化。它自明治维新以来效仿欧陆变法图强，"脱亚入欧"，短短数年即崛起为近代强国。二战之后又受英美法影响，试图在欧陆法与英美法之间融会贯通。尽管日本法色彩斑斓、内容驳杂，但欧陆法文化不仅主导了近代日本法的发展，也是现代日本法的底色。有鉴于此，从法系或法圈的定位看，近代以来的日本法尤其是诉讼法并不属于与西

[①] 关于大陆法系诉讼法之相关介绍，参见［美］约翰·亨利·梅里曼著，顾培东等译：《大陆法系》，2 版，第六～十七章，北京，法律出版社，2004。

方两大法系简单对立的"远东法系"①，而可超越地理空间并纳入欧陆法文化圈。因此，要全面考察欧陆诉讼法文化对中国的影响，就不能绕过日本诉讼法文化这一环。

二、欧陆司法理念与制度的影响

（一）对清末司法改革的影响

自鸦片战争以来，伴随着列强不断攫取和扩张领事裁判权，清政府的司法主权日渐丧失，中外司法制度之间的冲突问题也日益严重。这一切，既在不断地刺激着国人的忧患意识，也促使国人积极酝酿变革传统司法制度的方略。为使司法体制改革有所参照，沈家本对欧陆司法制度极为关注，鉴于日本仿效欧陆颇为成功，遂指派刑部郎中董康、主事麦秩严于 1905 年年底赴日考察。在日本与欧陆司法文化的感召下，一场颇具声势的"官制改革"伴随着"预备立宪"而来，试图改换传统司法体制的陋容。

1906 年 9 月 1 日，清廷宣布"预备立宪"，次日又发上谕"饬令先行厘定官制"②。圣谕一下，各省官员纷纷围绕司法、行政分权之事大做文章。11 月 6 日，清廷颁布《裁定奕劻等覆拟中央各衙门官制谕》，下诏宣布"刑部著改为法部，专任司法；大理寺著改为大理院，专掌审判"③：将刑部改称法部，执掌司法行政，不再具有审判职能；原来专司复核之权的大理寺改为大理院，作为全国最高审判机关；在法部设置总检察厅，作为最高监察机关独立行使监察权。同时任命戴鸿慈为法部尚书，绍昌和张仁黼分任左右侍郎，沈家本任大理院正卿，并谕令编定各省官制。

官制改革虽对大理院和法部权限未作明确区分，却从体制上宣告了行政兼理司法传统的终结，它"既是自 19 世纪六七十年代以来思想界宣传鼓吹三权分立、司法独立思想之果，也是开启近代中国沿着司法独立的模式进行全新的司法体制的构建之因"④，具有深远的历史意义。

为贯彻司法独立，朝廷极为重视大理院的筹设工作，《大理院审判编制法》也在 12 月 12 日上呈朝廷。《大理院审判编制法》共 45 条：第一节为"总纲"，第二节为"大理院"，第三节为"京师高等审判厅"，第四节为"城内外地方审判厅"，第五节为"城谳局"⑤，对审判机构的职能、审级设置、人员编制作出规定。

作为中国历史上"第一部专门的法院组织法"⑥，《大理院审判编制法》为晚清司法体系

---

① 在 20 世纪 60 年代以来西方学者的比较法研究中，日本法向来被排斥在大陆法系之外，而与中国法并列为所谓"远东各国法"或"远东法系"。相关著述可参见 [法] 勒内·达维德著，漆竹生译：《当代主要法律体系》，485～510 页，上海，上海译文出版社，1984；[德] K. 茨威格特、H. 克茨著，潘汉典等译：《比较法总论》，507～521 页，北京，法律出版社，2003。日本学者大木雅夫对此分类持质疑态度，认为这种分类的潜在标准是比较法学的大忌，并认为这种排斥是对明治维新以来继受西方法成果的明显漠视。参见 [日] 大木雅夫著，范愉译：《比较法》，128～130 页，北京，法律出版社，1999。

② 故宫博物院明清档案部编：《清末筹备立宪档案史料》（上册），463 页，北京，中华书局，1979。

③ 同上书，471 页。

④ 韩秀桃：《司法独立与近代中国》，99 页，北京，清华大学出版社，2003。

⑤ 《大清法规大全·法律部》，卷七"审判"，台北，考正出版社，1972。

⑥ 朱勇主编：《中国法制通史》，第 9 卷，295～296 页，北京，法律出版社，1999。

建设提供了法律根据，具有一定的历史进步性。尤其值得肯定的是，它通过模仿日本法院编制法而传达了欧陆司法独立的精神，其中不少关于诉讼制度的规定都彰显了欧陆诉讼法文化的价值。例如，该法规定"自大理院以下，各审判厅局均分民事刑事二类为审判事"（第 3 条），即为后来民事诉讼与刑事诉讼律分别起草奠定了基础。该法还规定了司法独立："自大理院以下及本院直辖各审判厅局，关于司法裁判，全不受行政衙门干涉，以重国家司法独立大权，而保人民身体财产"（第 6 条）。

1910 年 2 月 7 日，上谕颁行《法院编制法》，指出该法"系参考列邦之制度，体察中国之情形"①。该法作为全国各级法院的组织法，在中国司法制度史上具有举足轻重的地位，它的制定可以视为仿效欧陆司法体制的集大成，它的颁行则意味着清末司法改革进入一个标志性的历史阶段。为配合该法实施，朝廷还颁行了《法官考试任用暂行章程》、《司法区域分划暂行章程》、《初级暨地方审判厅管辖案件暂行章程》。② 至此，以《法院编制法》为中心的近代型司法制度终于全面构建起来。

《法院编制法》共 16 章、164 条，在体例上参酌日本《裁判所构成法》，目次为：审判衙门通则、初级审判厅、地方审判厅、高等审判厅、大理院、司法年度及分配事务、法庭之开闭及秩序、审判衙门之用语、判断之评议及决议、庭丁、检察厅、推事及检察官之任用、书记官及翻译官、承发吏、法律上之辅助、司法行政之职务及监督权。③

从整体上看，《法院编制法》在仿效欧陆法尤其是日本《裁判所构成法》时，汲取了欧陆诉讼法制的基本原则与具体制度，在近代中国司法制度发展进程中具有重大的历史意义，其价值体现在以下方面：

第一，《法院编制法》集中体现了司法独立的理念，并首次以条文形式进行确认。该法是在《大理院审判编制法》和《各级审判厅试办暂行章程》的基础上创制的集大成之作，对内可谓集中体现近代司法独立理念的"红宝书"，对外可谓谋求收回治外法权的"白皮书"。它的颁行使司法独立由理念层面转为现实运作④，既是司法独立在中国的立法先声，也是"对传统的皇帝总揽司法权的否定"⑤。为确保这一理念，它还扭转了民事、刑事诉讼程序混杂一体的局面，对刑事案件、民事案件及非讼案件加以区别，并通过具体审判程序进行明确规范。

第二，《法院编制法》参酌欧陆司法制度的精神，具体内容则全盘仿效日本《裁判所构成法》。该法规定的审判组织和审级制度、辩护制度、陪审制度、公开审判等内容，都是近代欧陆国家司法制度的重要特征，此种审判制度是对封建野蛮审判的否定，代表了人类社会的文明和进步。⑥ 该法基本上是日本《裁判所构成法》的翻版，兼取欧陆诸国通行原则。它对日本司法制度的汲取主要表现在，一是仿照区裁判所、地方裁判所、控诉院、大审院

---

① 张晋藩主编：《中国百年法制大事纵览》，22 页，北京，法律出版社，2001。
② 参见朱勇主编：《中国法制通史》，第 9 卷，298 页，北京，法律出版社，1999。
③ 早期关于《法院编制法》的释义，参见王士林编纂：《〈法院编制法〉释义》，北京，宣统二年（1911 年）十一月印行。
④ 参见张礼恒：《从西方到东方——伍廷芳与中国近代社会的演进》，243 页，北京，商务印书馆，2002。
⑤ 曾宪义主编：《中国法制史》，274 页，北京，北京大学出版社、高等教育出版社，2000。
⑥ 参见张礼恒：《从西方到东方——伍廷芳与中国近代社会的演进》，279 页，北京，商务印书馆，2002。

而设置初级审判厅、地方审判厅、高等审判厅和大理院，并在各级裁判所附设检察局；二是袭用日本《裁判所构成法》关于司法事务（包括审问公开裁判、指挥权及警察权裁判、法服、用语、评议及言渡、司法年度、休假等）的基本内容，仅在"休假"制度方面未作规定；三是关于司法管辖、审判组织的组成方式（独任制、折中制、合议制）及职官任用等内容，也都是参酌变通的产物。

第三，《法院编制法》实行审判权与检察权分立，确立了独立的检察制度。中国古代的监察机关在纠弹百官之外还可参与审判要案，自1906年官制改革规定总检察厅专司监察才使检察权与审判权初步分立，该法进一步明确了检察机关的职权（第90条）和职权限制（第121条）。虽然检察官厅仍附设于各级审判衙门，但其职权依旧是独立行使。从而确立了相对完整的检察官制度，使独立的检察制度开始在中国逐步确立。

第四，《法院编制法》正式承认了律师辩护和诉讼代理制度，使传统审判方式出现改观。中国古代司法审判采取纠问式诉讼模式，实行有罪推定，没有辩护制度。尽管1906年《大清刑事民事诉讼法草案》首次引进了律师制度，但因保守势力反对而未及实行，直至该法颁行才正式承认律师辩护和诉讼代理制度。这就使传统纠问式诉讼模式转向了近代形式上的职权主义模式①，既能使审判权级级独立、审判官执法不阿，又能使司法行政权层层监督，审判官不致专横独断。

第五，《法院编制法》促成了法律活动的专门化制度，为司法制度近代化提供了保障。随着社会分工的发展，法律机构将在从事法律事务的人员、法律机构的具体设置以及相对独立的法律机构运作等方面逐步出现专门化趋势②，这也是司法制度近代化的必然要求。该法不仅对司法人员（包括审判员、检察官及其他一切在审判衙门从事法律职业的人员）的考试任用、统一服制、终身官制等内容进行规定③，还将其付诸实践④，在客观上促成了近代中国法律职业共同体的形成与法律活动的专门化。

总之，《法院编制法》是清末正式颁行的一部比较全面、系统的法院组织法，它将欧陆国家的四级三审制、审判独立、审判公开等基本原则和重要制度移植过来，完全否定了中国传统审判制度，体现了近代中国受欧陆启蒙思想影响而孜孜探求司法独立的观念，使清末司法制度的面貌焕然一新，加速了近代西方司法独立精神的传播。

---

① 关于近代中国刑事诉讼模式的演进及原因，参见汪海燕：《刑事诉讼模式的演进》，390～412页，北京，中国人民公安大学出版社，2004。

② 参见苏力：《法治及其本土资源》，129页，北京，中国政法大学出版社，1996。

③ 《法院编制法》在这方面的规定极为详尽，如第十二章"推事及检察官之任用"中，相关规定就有：推事及检察官应照《法官考试任用章程》经2次考试合格者，始准任用（第106条）；凡在法政法律学堂3年以上，领有毕业文凭者，得应第一次考试。其在京师法科大学毕业及在外国法政大学或法政专门学堂毕业，经学部考试，给予进士、举人出身者，以经第一次考试合格论（第107条）；第一次考试合格者，分发地方以下审判厅、检察厅学习，以2年为期满（第108条）；京师由各审判衙门、检察厅长官报明法部，奏请退职；推事及检察官，如因精神衰弱，不能任事，各省由提法司申报法部，奏请退职（第122条）；推事及检察官退职后，得受恩俸，其细则于廉俸章程中附定之（第127条），等等。

④ 例如，1910年7月15日，《法官考试任用暂行章程》规定，"距京较远交通未便省份，由法部将通习法律人员，开单奏请简派，前往各省，会同提法使考试"，朝廷派员前往四川、云南、贵州、甘肃、新疆等地考试法官。参见张晋藩主编：《中国百年法制大事纵览》，23页，北京，法律出版社，2001。

随着《法院编制法》及所附章程的正式实施，有关大理院及各级审判厅的司法权限基本定型。而《大理院审判编制法》的实施，使近代型审判机关在京师地区得以开办，并成为全国各地建立近代法院制度的示范。从天津高等审判厅开始，到各级审判厅在全国遍地开花，欧陆司法理念终于得以转为实践。然而，在新型审判制度陆续推行各地省城、商埠期间，民主革命的风潮也正激荡全国。至辛亥革命一爆发，各级审判厅的筹建事业遂戛然而止。

（二）对民国时期司法建设的影响

南京临时政府期间，承袭清末仿效欧陆立法的思路，通过司法改革继续推行资产阶级民主主义法律精神，使近代欧陆司法文化得以扩展。

值得肯定的是，南京临时政府十分重视欧陆国家的三权分立原则，强调司法权的独立，同时继续袭用清末所采的四级三审制。南京临时政府还高度重视司法行政机关建设，先后通过《司法部官职令草案》、《司法部官制》和《司法部分职细则》，使司法行政机关的组织机构和职权分工更为清晰。① 为实行司法独立，南京临时政府还着手筹建临时中央裁判所，改良各级审判制度，追随欧陆法之人道主义精神，确立一系列相关的司法原则；还积极筹建律师制度，进行军事司法建设。②

由于袁世凯篡夺辛亥革命的胜利果实，南京临时政府来不及将这些构想付诸实践。所幸北洋政府与南京国民政府承袭此道，不断尝试变革传统，积极移植外来法律，使欧陆司法文化的影响有增无减。

北洋政府时期，欧陆法风格的清末《法院编制法》仍被袭用，仅略有修订。1915 年 6 月 20 日，司法部呈准政府将清末《法院编制法》分别修正刊行；1916 年 2 月 2 日，该法经修正后重新公布实施，仍为 16 章，计 164 条，涉及审判衙门通则、地方审判厅、高等审判厅、大理院、审判衙门之用语、判断之评议及决议、检察厅、推事及检察官之任用等内容。③

尽管此时政局动荡，司法体制仍大体保持稳定，沿袭清末四级三审制。中央司法机构设有大理院及总检察厅，地方司法机构则设有高等审判厅、地方审判厅和初级审判厅。应当指出的是，这些仿效欧陆司法独立的举措，屡屡遭遇传统体制的抵抗。例如，县级政权体制的司法改革就颇多周折，"呈现出从审检所、初级审判厅，到兼理司法，再到司法公署名实脱离、举步维艰的发展道路"④。此外，北洋政府还设置专门的平政院，以使普通民刑诉讼与行政诉讼各有所归，继续实行独立的检察制度，不断探索地方司法机构的建设。

广州、武汉国民政府期间，尽管政治、军事局势极不稳定，但在司法方面承接北洋政府之制，行政与司法两权被逐步分开，欧陆司法文化仍在持续产生影响。这主要体现在以下方面：第一，借鉴欧陆国家的法官考试制度，在 1926 年公布《法官考试条例》，进一步规范法官职业的准入制度，与近代日本司法官考试制度颇为相近；第二，推行新型法院制度，废止沿用行政厅名而改称法院，中央法院分为最高法院和各省控诉法院两级，地方法院则分为各县市法院和人民法院两级；第三，参照欧陆国家的参审陪审制，在 1927 年出台

① 参见朱勇主编：《中国法制通史》，第 9 卷，412 页，北京，法律出版社，1999。
② 参见《武昌起义档案资料选编》（下卷），641～644 页，武汉，湖北人民出版社，1981。
③ 参见谢振民：《中华民国立法史》（下），989 页，北京，中国政法大学出版社，2000。
④ 朱勇主编：《中国法制通史》，第 9 卷，525 页，北京，法律出版社，1999。

《参审陪审条例》（共 32 条），推行参审陪审制度，等等。①

1927 年南京国民政府成立后，司法建设一方面汲取南京临时政府与北洋政府的经验教训，另一方面仍以欧陆法为主导借鉴外国法。

鉴于沿用清末《法院编制法》有所局限，国民政府于 1927 年 10 月 25 日公布《最高法院组织暂行条例》，共 14 条，以规范最高法院的组织结构及运作。1928 年 10 月，司法院院长王宠惠拟具《最高法院组织法草案》，随后由立法院在 12 月 13 日交法制委员会审查，最终在 1929 年 8 月 14 日以《最高法院组织法》（共 14 条）正式颁行。②

为改进司法事务，南京国民政府司法部于 1928 年 8 月拟具《暂行法院组织法草案》并附理由，至 1930 年 6 月又草具《法院组织法》并开列立法原则 16 项。1931 年 2 月，司法部将原拟《法院组织法草案》依据原则整理完毕。1932 年 7 月，司法部参酌往年立法经验，并参考各国立法趋势进行补充或变通，特拟具《法院组织法立法原则修正案》及说明理由。经多次会议详加讨论，《法院组织法》于 1932 年 10 月 28 日正式公布，1935 年 7 月 1 日起实施。1935 年 7 月 22 日，复经立法院将其中第 33、37、38 条修正，经政府命令公布为新《法院组织法》。

《法院组织法》共 15 章、91 条，依次为：第一章"总则"，第二章"地方法院"，第三章"高等法院"，第四章"最高法院"，第五章"检察署及检察官之配置"，第六章"推事检察官之任用及待遇"，第七章"书记官及通译"，第八章"检察员、执达员、庭丁及司法警察"，第九章"司法年度及事务分配"，第十章"法庭之开闭及秩序"，第十一章"法院之用语"，第十二章"裁判之评议"，第十三章"法律上之协助"，第十四章"司法行政之监督"，第十五章"附则"。相比《法院编制法》，《法院组织法》"条文几少一半，规定反较周密，立法技术上实有显著进步"③，其立法精神体现了近世欧陆法发展之潮流。

综上所述，民国时期司法制度欧陆化的倾向，突出表现在以下方面④：

第一，法院组织立法方面刻意仿效欧陆法。

从法院组织法的立法体例和内容看，自清末至民国的法院组织立法，均大量沿袭以日本为代表的欧陆法院组织立法。如 1910 年宪政编查馆所奏的《法院编制法》，基本沿袭了日本法律专家冈田朝太郎起草的《法院编制法草案》，该法经简单修改，即为 1915 年北京政府颁行的《法院编制法》。至于 1935 年颁行的《法院组织法》，又大量沿袭了 1925 年日本《裁判所构成法》。

当然，这种吸收也对传统有相应的参酌。清末修律者就根据清政府自身政治、经济、文化发展需要，对引领时代潮流的欧陆司法制度在借鉴中有所取舍，对本国传统司法文化在批判中又有所保留。如根据冈田朝太郎草案增删而成的《法院编制法》，在职官名称如推事、检察官、书记等方面即有所折中。发展到民国时期，如何使欧陆法文化本土化，更成为民国时期法律界一直关注的问题。

---

① 参见朱勇主编：《中国法制通史》，第 9 卷，601～605 页，北京，法律出版社，1999。

② 参见谢振民：《中华民国立法史》（下），1037～1038 页，北京，中国政法大学出版社，2000。

③ 同上书，1044 页。

④ 相关内容参见何勤华、李秀清：《外国法与中国法——20 世纪中国移植外国法反思》，492～497 页，北京，中国政法大学出版社，2003。

第二，吸收欧陆法的法院体制和检察制度。

清末仿效欧陆司法制度，实行四级三审制。各省均设有高等审判厅，而地方厅、初级厅尚未普遍设立。民国初期沿用该制，后为提高办案效率，遂对审级制度略作调整。1914年4月，经中央政治议会决定和大总统下令，实行三级制度，即地方法院、高等法院与最高法院，以三审为原则、二审为例外，裁撤地方审判厅达2/3，初级审判厅则完全撤销。这一改革旨在顺应当时各国法院体制改革的潮流，并为1915年修订的《法院编制法》和1935年实施的《法院组织法》所认可。

与法院制度相配合的检察制度，亦是清末修律晚期模仿法国和日本司法制度的产物。在清末各级审判厅建立的检察制度，在民国前期曾遭遇激烈的存废之争。主废派认为该制度并非中国历史的产物，有损法庭威信，且有滥行职权之虞；主存派却认为该制度适合当时世界潮流，因国家追诉主义较之纠问主义更优，且审判与检察理应分业，免因一人兼任二职而成审判专横。[①] 最终是主存派获胜，检察制度得以保留和不断本土化。

至1935年《法院组织法》，其第五章共7条（第26～32条），对检察制度予以专门规定。例如：一是检察官的设置，最高法院设检察署，置检察官若干人，以一人为检察长；其他法院及分院各置检察官若干人，以一人为首席检察官；仅有一名检察官之法院则不设首席检察官。二是检察权，相对法院拥有独立行使权，包括实施侦查、提起公诉、实行公诉、协助自诉、担当自诉及指挥刑事裁判之执行权。相比清末初设的检察制度，该法扩张了检察官对自诉的权力，且对法院拥有独立权能，可谓大有进步。

第三，吸收欧陆法的审判制度。

在清末修律晚期，清政府吸取日本法律专家冈田朝太郎的建议，实行独任制与合议制相结合，即初级审判厅实行独任制，地方审判厅视情况而定独任制或合议制，高等审判厅以上由3名或5名审判官组成之合议庭进行审理。[②]

民国时期，这一审判制度仍被沿袭。如1935年《法院组织法》就确立了独任制与合议制的折中，即第3条所规定："地方法院审判案件，以推事一人独任行之，但案情重大者，得以三人合议行之；高等法院审判案件，以推事三人之合议行之，但得以推事一人行准备及调查证据程序；最高法院审判案件，以推事五人或三人之合议行之。"此前在1929年罗马尼亚召开的第二届国际刑法大会，就专门讨论了审判上的独任制与合议制问题。[③] 可见这一折中顺应了当时的国际潮流。

第四，吸收欧陆法的司法独立观念。

欧陆法文化之司法独立观念，也在民国期间的司法建设中有充分体现。在清末《法院编制法》中曾经仿效日本司法制度而规定的法官薪金、职位保障和独立人格等制度（第121、123、125条等），被民国政府全盘继承且不断增益。

司法独立观念最初体现在《中华民国临时约法》中，如法院的组织机构独立（第48条）、法院行使审判权独立（第49条、第51条）、法官的身份得到保障（第52条）等，对

---

① 参见章泽渊：《改革司法之我见》，载《中华法学杂志》，1936（4）。

② 参见［日］冈田朝太郎讲授，［日］宿松熊元襄编辑：《法院编制法》，32～33页，合肥，安徽法学社，1911。

③ 参见郑保华：《法院组织法释义》，81页，上海，上海法学编译社，1936。

司法独立的原则和机制予以规定。

南京政府时期，司法独立观念得到拓展。如 1932 年中央政治会议决定的 12 项"法院组织法立法原则"中，第 11 项就规定"实任推事，非有法定原因并依法定程序外，对之不得有勒令停职转职及减俸等事"。这一原则贯穿于随后于 1935 年颁布实施的《法院组织法》，如第 40 条规定"实任推事，非有法定原因并依法定程序，不得将其停职、免职、转调或减俸。前项规定，除转调外，于实任检察官准用之"；第 41 条规定"推事、检察官之俸给，适用普通公务员俸给之规定。候补推事或检察官之津贴，以命令定之"；第 43 条规定"推事、检察官任职在十五年以上，因积劳不能服务而辞职者，应给退养金"，等等。

为与该法精神相配，1936 年司法行政部模仿德国和法国之做法，通过了《司法官退养金条例》，规定任职 15 年以上因积劳而自己辞职者，以及年逾 60 国家强令退休者，退休后均由国家给予退养金。尽管事实上就整体而言，当时的司法官待遇并不是很好[1]，但在观念上可谓有长足发展。

第五，吸收欧陆法的司法法治原则。

欧陆法国家大多严格奉行法治原则，即使是司法机关之运作机制，亦由法律来规定，且严格依法办事。这一点，在民国时期的司法建设中体现甚多。[2] 以《法院组织法》为例，如法院管辖案件，以法律定之（第 1 条、第 6 条）；法院的设立、废止以及管辖区域之划分或变更，以法律定之（第 7 条）；各级法院及分院推事之员额，以法律定之（第 8 条）；各级法院及分院配置检察官之员额，以法律定之（第 27 条）；检察官之职务，由法律定之（第 28 条）；推事与检察官在职中，不得兼任其他有薪或无薪之公职、私职，但法律规定者除外（第 39 条）；法庭开庭之地点，由法律定之（第 63 条），等等。

第六，吸收欧陆法之法律职业制度。

为确保欧陆法性质的司法独立得以实现，自清末修律以来就相当重视法律职业共同体的养成。以法官养成制度而论，在清末《法院编制法》即有相关规定，且在实践中一度推行司法官考试制度。至民国时期，司法官之素质问题尤其获得重视。在 1935 年《法院组织法》出台前夕，法律界一度掀起讨论的热潮，仅《时代公论》杂志就发表多篇讨论文章[3]，其中涉及较多者是以什么机构、什么方式和什么内容来培训司法官，该问题也与移植外国制度、结合中国国情密切相关。至于律师制度，早在 1906 年修律大臣沈家本、伍廷芳修成的《大清刑事民事诉讼法草案》就对律师和陪审制度多有规定。在民国期间，仿效欧陆而成的律师养成制度，更有长足发展。[4]

---

① 参见余觉：《现行司法制度之面面观》，载《中华法学杂志》（新编），1937 年第 1 卷第 5、6 期。

② 参见何勤华、李秀清：《外国法与中国法——20 世纪中国移植外国法反思》，495 页，北京，中国政法大学出版社，2003。

③ 据学者统计，相关代表性文章有胡长清：《司法官训练问题》（第 20 号，1932 年）；红禅：《读"司法官训练问题"之后》（第 24 号，1932 年）；彭年鹤：《再论司法官训练问题》（第 30 号，1932 年）；李学灯：《如何训练司法官》（第 95 号，1934 年）；华白：《读李学灯君"如何训练司法官"后》（第 101 号，1934 年），等等。详见何勤华、李秀清：《外国法与中国法——20 世纪中国移植外国法反思》，495 页，北京，中国政法大学出版社，2003。

④ 关于民国时期律师养成的讨论，参见严长勋：《论律师之养成制度》，载《中华法学杂志》（新编），1937 年第 1 卷第 9 期。关于民国时期律师制度及其发展，另可参见徐家力：《中华民国律师制度史》，北京，中国政法大学出版社，1998。

三、欧陆刑事诉讼文化的影响

（一）对清末刑事诉讼立法的影响

清末诉讼立法始自 1906 年仿行英美的《大清刑事民事诉讼法草案》，遗憾的是它不仅未获朝廷信任，反遭各地督抚大员普遍批判而被束之高阁。其时正值日本法备受朝野瞩目，随后的变法修律仿效日本法（实质是远师欧陆法）已成大势所趋。为使诉讼法与欧陆风格的实体法相匹配，保持整个法律体系风格的协调性，清政府决意仿行日本进行诉讼立法。

1911 年 1 月 24 日，修订法律馆沈家本、俞廉三奏呈《大清刑事诉讼律草案》。草案共 6 编，计 514 条，一方面总结了此前制定的《法院编制法》和《各级审判厅试办章程》所规定的刑事诉讼制度，另一方面又大量吸收了《日本刑事诉讼法》的内容和精神。其基本结构与内容如下：

第一编为"总则"，共 3 章。第一章为审判衙门，4 节内容依次为事务管辖、土地管辖、管辖指定及移转、审判庭职员之回避拒却及引避；第二章为当事人，两节内容依次为原告官、被告人、辩护人及辅佐人；第三章为诉讼行为，10 节内容依次为被告人之讯问，被告人之传唤、拘摄及羁押，检证、搜索、扣押及保管，证言，鉴定及通译，急速处分，文件，送达，期间，裁判。

第二编为"第一审"，包括"公诉"与"公判"两章。第一，关于公诉之通则，草案确立了"不告不理"的刑事诉讼原则，即审判衙门不得就未受公诉之案件而为审判，但有特别规定者不在此限（第 256 条）；公诉之效力不得及于检察官所指被告人以外之人，发现被告人别有未受公诉之共犯，应速知照检察官请求处分，但应紧急审理者得不待检察官之处分而径行审理（第 257 条）。第二，关于侦查处分，规定检察官因告诉、告发、自首及其他事实而逆料有犯罪者，应速开始侦查证据及犯人之处分（第 261 条），并特别规定了强制处分的司法审查原则，即侦查中得实施发现证据及犯人一切必要之处分（第 274 条），检察官于侦查中遇有实施强制处分之必要，应指定事宜请求所属地方检察长之命令（第 276 条），地方检察长在侦查中得因职权以特定之检证、搜索、扣押、讯问、传唤、拘摄、羁押处分命令所属检察官（第 277 条）。第三，关于预审处分，预审检察官得实施发现证据及犯人一切必要处分，但以断定被告案件之应否付公判为限；公判时不易调查及为被告人准备辩护所必要之各事宜亦应调查之（第 301 条）。第四，关于提起公诉，检察官终结侦查或预审处分者，因职权或命令应提起公诉而请求公判（第 308 条），并实行全卷移送原则（第 310 条）。这种公诉由国家垄断和全卷移送制度，正是欧陆刑事诉讼法制的通例。

第三编为"上诉"，4 章依次为通则、控告、上告和抗告。其中，通则部分的规定体现了草案对被告人权利的保障精神。例如，草案规定当事人得为上诉，检察官因被告人利益亦得为上诉（第 357 条），舍弃上诉权应向原审判衙门行之，撤回上诉应向管辖上诉审判衙门行之，但有特别规定者不在此限（第 361 条）；上述关于舍弃或撤回及请求回复上诉权的规定，也同样适用于在监被告人（第 370 条），而声明上诉、舍弃上诉权、撤回上诉权及请求回复上诉权，审判衙门应速知照相对人（第 371 条），等等。在此，草案对被告人之诉讼权利的保护是相当严密的，均非中国传统诉讼制度所能比拟。

第四编为"再理"，第一章为"再诉"，指对未开始第一审辩论前驳回公诉之案件，因

342 | 中国传统法律文化研究 第九卷

发现新证据或事实而请求再为诉讼之程序（第 435 条），若审判衙门认为再诉请求无理由者，应依第一审通常程序审判（第 441 条）。第二章为再审和非常上告。"再审"是指对于受刑或释放之判决确定后，因发现事实上有重大错误或恐有重大错误，再行审判之程序，审判衙门认为再审请求有理由者，应行开始再审之决定（第 453 条）；"非常上告"则是判决确定后，更正违法判决之程序，由总检察厅厅丞向大理院为之（第 460 条）。

第五编为"特别诉讼程序"，第一章为大理院特别权限之诉讼程序（第 465～471 条），即对于规定大理院管辖的案件，实行一定的诉讼程序，原则上仍然依照第二编规定的普通程序办理（第 471 条）；第二章为感化教育及监禁处分程序（第 472～476 条），此为一种行政处分，谕知无罪之公诉案件遇有必要情形，审判衙门应依职权分别命令感化教育或监禁处分（第 473 条）。

第六编为"裁判之执行"，首先是关于裁判的一般性规定，其次对执行死刑有详尽规定（第 481～486 条），其中规定如谕知死刑者患精神障碍，由法部命令于障碍继续中停止执行，孕妇谕知死刑者，非产后逾一百日，经法部复奏回报不得执行（第 486 条），均体现了近代欧陆法之刑罚人道主义和慎重刑罚原则。

值得注意的是，《大清刑事诉讼律草案》模仿日本、沿袭欧陆时又有修正，以顺应国情与时势要求。例如预审制度，在欧陆国家是由预审法官在审判阶段决定是否交付审判，草案却规定由检察官在起诉阶段进行预审，以决定是否交付审判。草案还把中国传统审判方式融入了欧陆诉讼法文化之中：法官在审判过程中始终发挥主导作用，由审判长负责讯问被告人和调查证据，控辩双方只起次要作用；而控辩双方地位对等，都有平等的询问和发言机会；在审理方式上也吸收了欧陆国家的被告人在场原则、直接言辞原则等内容，明显体现出职权主义诉讼特点，表明它全面吸收近代欧陆诉讼法文化的整体特征。此外，草案关于证据制度的规定，既明确规定了各种证据的资格，又对证据的证明能力不作规定，而是由法官自由判断，从而把英美法系的证据规则与大陆法系的自由心证制度相结合。这种结合在当时是"较为先进的做法"[①]，日本在二战之后才加以实行。

《大清刑事诉讼律草案》确立了一整套近代刑事诉讼法制的框架。例如，它明确划分了审判管辖范围，规范了相应的国家机构及其诉讼程序，并对刑事诉讼证据制度进行了重大改革，包括限制刑讯逼供、采取自由心证、明确举证责任、确定证据种类及证人制度；尤其是通过回避、辩护等规定，赋予了被告人全新的诉讼权利，如申请推事回避权、指定辩护权以及法庭辩论权，等等。这一系列保护被告人合法权益的规定，均以诉讼基本原则的方式加以规定，极为明显地体现了欧陆国家诉讼法制的基本观念。

《大清刑事诉讼律草案》引进了近代欧陆国家的诉讼原则，如司法机关各司其职、审判公开、不告不理、直接审理、不间断原则和一事不再理原则，大多属于前所未有之创举，体现了历史进步性。例如回避制度，当事人在"推事之审判恐有偏颇者"时有权"拒却"该推事（第 29 条），此即为中国传统社会前所未有之规定。再如原告官制度，它把原告官与被告人纳入同等的当事人行列（第 39 条），二者有平等的诉讼地位，由此贯彻控辩双方

---

① 尤志安：《清末刑事司法改革研究——以中国刑事诉讼制度近代化为视角》，110～111 页，北京，中国人民公安大学出版社，2004。

对等的原则；它还规定检察官指挥司法警察官和司法警察吏之侦查犯罪（第 48～49 条），从而仿照欧陆国家推行检警一体化的侦诉模式。而草案关于被告人尤其是辩护人的规定（第 55～56 条），体现出沈家本等人对欧陆法之基本精神的理解和用心，彰显了近代资产阶级追求人权保障和司法公正的价值理念。

（二）对民国时期刑事诉讼立法的影响

1912 年 4 月 7 日，北洋政府司法部呈准政府暂行援用《大清刑事诉讼律草案》第一章"管辖制度"（共 27 条），即第一～三节关于事务管辖、土地管辖和管辖指定及转移的规定。这些内容在 5 月 12 日刊发各审判机构遵照执行。

1915 年 4 月 3 日，司法部认为以往刊发的《刑事诉讼律》关于管辖各条不足资运用，而刑事简易诉讼有从速处理的必要，遂以部令颁行《地方厅刑事简易庭暂行规则》和《审检厅处理简易案件暂行细则》。同年 8 月 19 日，司法部以法院遇有应行请求再审与提起非常上告之案件无相当法令可资适用，特呈经政府核准暂行援用《大清刑事诉讼律草案》第四编"再审"（共 30 条），依次为再诉、再审和非常上告之规定，并以部令通行遵照。

1918 年 5 月 25 日，司法部又呈准政府核准暂行援用《大清刑事诉讼律草案》第六编"裁判的执行"（共 39 条）。1919 年 4 月 18 日，司法部为求审判之公平，保持司法之威信，特呈准颁行《大清刑事诉讼律草案》第一编第一章第四节（共 11 条），即关于审判衙门之回避、拒却和引避的规定。

1920 年 10 月 28 日，司法部为求简易刑事案件迅速完结，可不经审判径直以命令处刑，特以部令第 869 号公布《处刑命令暂行条例》，共 15 条，并明定自 1921 年 1 月 1 日施行。依此条例，以命令处刑者，以五等有期徒刑、拘役或罚金之案件为限，须经检察官之申请；如认为不适当，仍依简易程序审判之。[1]

1921 年 3 月 2 日，鉴于刑事诉讼法规过于庞杂，法院极感困难，诉讼因此停滞，广州军政府将《大清刑事诉讼律草案》中与《临时约法》及现行法令相抵触的条文予以修订，于 3 月 2 日明令公布。4 月 13 日，又公布《刑事诉讼律施行细则》，规定该法自公布后两个月施行。[2] 修订后的《刑事诉讼律》是近代中国第一次正式施行的刑事诉讼法，但其施行地区仅限于西南数省。

与此同时，北洋政府修订法律馆也编成《刑事诉讼法草案》，经司法部改称为《刑事诉讼条例》，定于 1922 年 1 月 1 日起先在东省特别法院区域施行，1 月 6 日明令自 7 月 1 日起在全国各法院一律施行，1 月 25 日以教令第 2 号公布《刑事简易程序暂行条例》12 条，与《刑事诉讼条例》相辅相成。

《刑事诉讼条例》共 8 编、514 条，要目依次为：第一编"总则"，共 15 章，包括法例、法院之管辖、法院及检察厅职员之回避、被告之传唤及拘提、讯问、羁押、证人、鉴定人、扣押及搜索、勘验、辩护、裁判、文件、送达与期限；第二编"第一审"，第一章为公诉，包括侦查、预审、起诉、审判，第二章为私诉；第三编"上诉"，3 章依次为通则、第二审、

---

① 关于民国初期刑事诉讼立法，参见谢振民：《中华民国立法史》（下），1013～1015 页，北京，中国政法大学出版社，2000。

② 参见上书，1014～1015 页。

第三审；第四编"抗告"，第五编"非常上告"，第六编"再审"，第七编"诉讼费用"，第八编"执行"。从条例的内容看，它主要是对《大清刑事诉讼律草案》的修订；同时也在模仿日本1920年《刑事诉讼法草案》，例如将预审作为审判前的程序就是从日本移植过来的。①

西南各省遵行广州军政府颁行的《刑事诉讼律》，北京政府统治下的各省则遵行北洋政府的《刑事诉讼条例》，形成南北两套刑事诉讼法律体系。

1927年4月南京国民政府成立后，大规模的统一立法工作开始起步。为消除南北两套诉讼法并行适用的现象，国民政府根据当时的立法状况，对刑事诉讼法制采用分阶段方式进行法典统一化。

1928年2月，国民政府第29次委员会决议，由司法部速提出刑事诉讼适用法规。鉴于各省自为风气，在同一系统下之法院适用两种诉讼法规实非正轨，事实上亦窒碍甚多，司法部遂博采成规，旁稽外制，以1921年北洋政府《刑事诉讼条例》为基础进行起草。

由于《中华民国刑法》恰在1928年3月10日公布，为使程序法与实体法相辅相成，不至歧异，只得重新编订而成《中华民国刑事诉讼法草案》。草案共7编、496条，附施行法草案17条，于1928年5月送呈国民政府提经第65次委员会决议，交法制局审查。该局即召集编审会议研讨修订，拟具修正案9编、513条，原附施行法草案也分别加以修正。法制局审核后，即提出意见书连同修正案呈经中央政治会议第146次会议讨论。草案经再三斟酌修改，提经中央政治会议于第149次会议完全通过，交由国民政府于1928年7月28日公布，并定于同年9月1日起与《中华民国刑法》同时生效施行。② 施行法草案则改为《刑事诉讼法施行条例》，共17条，大致为该法施行前之侦查、预审、审判、上诉、附带上诉、附带私诉及申请再议等规定。此后，国民政府还陆续制定颁行一些单行的刑事诉讼法规，如《共产党人自首法》（1928年10月）、《反革命案件陪审暂行法》（1929年12月）③，等等。

《中华民国刑事诉讼法》共9编，计513条，以《刑事诉讼条例》为基础进行了较大修订。例如，将条例规定的"私诉"改为"自诉"并扩大其范围，废除条例规定的由预审推事进行预审的程序，增设第七编"简易程序"和第九编"附带民事诉讼"，等等。由此形成的整体结构是：第一编、第三编、第四编、第六编、第八编之编、章、节、目均与北洋政府《刑事诉讼条例》相同；第二编之第一章"公诉"，删除"预审"一节，只分侦查、起诉、审判三节，其第二章为自诉；第五编"非常上诉"，第七编"简易程序"，第九编"附带民事诉讼"，则与《刑事诉讼条例》大同小异。

《中华民国刑事诉讼法》颁行后，因《中华民国刑法》亟待修正，该法亦应随之改订，立法院遂于1933年12月9日特指派委员刘克俊、史尚宽等人组织委员会起草修正案。待刑法修订后，司法行政部"参酌近今世界立法之趋势，及二十年来法院办理刑事案件之经

① 参见［日］小野清一郎、团藤重光：《中华民国刑事诉讼法》（上），16页，东京，有斐阁，1938。转引自何勤华、李秀清：《外国法与中国法——20世纪中国移植外国法反思》，491页，北京，中国政法大学出版社，2003。下同。
② 参见谢振民：《中华民国立法史》（下），1016～1019页，北京，中国政法大学出版社，2000。
③ 关于《反革命案件陪审暂行法》之始末及其概要，参见上书，1030～1032页。

验"，拟具《修正刑事诉讼法草案》共 9 编、538 条，于 1934 年 6 月呈请行政院转送立法院审议。行政院提出第 112 次会议决议咨立法院查照审议，立法院于第三届第 25 次会议将修正案提出初读，随后经历反复研讨修正，于 1934 年 11 月 10 日完成《刑事诉讼法修正案》，共 9 编、20 章、560 条。由司法行政部先后送院之《刑事简易程序暂行条例草案》和《刑罚执行法草案》等，亦已酌量采纳。[①]

新《中华民国刑事诉讼法》经 1934 年 11 月 29 日立法院第三届第 84 次会议议决，最终以全案均无异议通过，定于 1935 年 1 月 1 日公布。随后，刑法起草委员会复拟具该法施行法草案，大致规定管辖、侦查、审判、羁押、具保或责付、辩护人、审判费及附带民事诉讼等内容；并建议以 7 月 1 日为新《中华民国刑事诉讼法》之施行日期，提经立法院第四届第九次会议议决通过，呈由国民政府于 4 月 1 日公布《刑事诉讼法施行法》，并明令新《刑事诉讼法》于 7 月 1 日起正式施行。

新《中华民国刑事诉讼法》仍分 9 编，共 516 条，修正后的基本结构如下：第二编至第四编、第七编至第九编之编章节目与前法相同，再审列为第五编，非常上诉列为第六编；第一编之章数与其第一章至第三章之章目未加变更，第四章为辩护人、辅佐人及代理人，第五章为文书，第六章为送达，第七章为期日及期间，第八章为被告之传唤及拘提，第九章为被告之讯问，第十章为被告之羁押，第十一章为搜索及扣押，第十二章为勘验，第十三章为人证，第十四章为鉴定及通译，第十五章为裁判。就其整体内容看，它在吸收 1928 年刑事诉讼法的基础上，进一步向国际诉讼法制潮流靠拢[②]，如扩大自诉的范围、承认检察官处理缓期起诉的权力、明确"上诉不加刑"原则等，从而成为民国时期影响深远的一部法典。

民国刑事诉讼立法领域对欧陆诉讼法文化的吸收可谓比比皆是。以 1935 年颁行的《中华民国刑事诉讼法》为例，以追随日本模式为基础，大量条文皆是对日本、德国、法国等欧陆国家诉讼立法的参酌损益。

第一，就立法形式看，该法大量照搬欧陆国家的成文立法。

该法主要是对体现欧陆法文化的日本刑事诉讼立法进行借鉴。据学者统计分析，该法总共 516 条中，照搬日本立法的有 316 条，占 70%；尤其是一些编、章，除了极少量条文来自他国，基本是通盘照搬日本刑事诉讼法。例如第一编第二章"法院管辖"（13 条中有 12 条照搬日本），第三章"法院职员的回避"（10 条中有 9 条照搬日本），第六章"送达"（8 条全部照搬日本），第九章"被告之讯问"（7 条中有 6 条照搬日本），等等。正因该法移植日本之处甚多，日本有学者认为"它大体上具有近代欧洲大陆法系刑事立法的性格"[③]。另外，该法也适当吸收了德国、奥地利、意大利和法国等刑事诉讼法的内容。据学者统计，该法直接照搬德国的有 49 条，移植奥地利的有 21 条，学习意大利的有 12 条，学习法国的有 5 条。例如，在第二编第一章"公诉"中，"侦查"一节就有 6 条来自德国，"审判"一

① 参见谢振民：《中华民国立法史》（下），1021～1029 页，北京，中国政法大学出版社，2000。
② 关于 1928 年与 1935 年新旧刑事诉讼法之比较，参见高熙：《新旧刑事诉讼法之比较》，载《中华法学杂志》，1935 年第 6 卷第 2 期；余和顺：《新旧刑事诉讼法之比较》，载《中华法学杂志》，1935 年第 6 卷第 4、5 期合刊。
③ ［日］小野清一郎、团藤重光：《中华民国刑事诉讼法》（上），1 页，东京，有斐阁，1938。

346 | 中国传统法律文化研究 第九卷

节有 7 条来自德国，第二章"自诉"25 条中更有 12 条来自德国。

第二，从基本精神看，该法广泛吸取欧陆法的人权保障精神。

该法追随当时世界各国尤其是欧陆国家刑事诉讼法之新发展，强调对当事人的人权保障，有三十多个条文对此内容予以规定。例如，当事人自诉的范围得以扩大，强调凡是犯罪之被害人，除无行为能力者之外，均可提起自诉（第 311 条），即被认为是紧跟世界潮流，追随当时德国、奥地利立法的结果。① 又如，该法确立"上诉不加刑"原则，规定在第二审程序中，禁止作出对上诉人不利的变更判决，即"由被告上诉或为被告之利益而上诉者，第二审法院不得谕知较重于原审判决之刑，但因原审判决适用法条不当而撤销之者不在此限"。

以人犯羁押制度为例，针对各地司法机关以及部分行政机关滥捕、滥押的状况，该法加强对羁押人犯的限制，规定"于查获犯罪嫌疑人后，除有必要情形外，应于三日内移送该管检察官侦查"，以免出现北洋政府时期兼理司法的县长、公安局长或宪兵队长官行使侦查权时延宕时日的流弊，加速案件审结。另外，在正式羁押制度上也增加了相应的限制。② 如该法第 72 条规定："对于违法之羁押，不问在侦查中或审判中，被羁押人或其法定代理人、保佐人或亲属得向实施羁押之公务员所属之法院请求撤销"，等等。

第三，从基本原则看，该法继续奉行欧陆国家的司法原则和检察制度。

为确保司法公正，该法宣称司法独立原则，即审判独立与法官独立；并提出保安处分、自由心证等当时最新的西方司法原则。

在检察制度方面，实行以公诉为主、自诉为辅的追诉原则。检察官代表国家在刑事案件中行使职业性原告职能，同时对于某些特定的刑事案件允许自诉，即允许被害人或有告诉权人直接向审判机关提起诉讼，这些案件包括由初级法院行使管辖权的直接侵害个人法定权益的案件、告诉乃论的案件等。为充分保护民权、有效打击犯罪，该法还规定检察官有独立上诉的权利，对于撤回自诉或上诉的案件可依法行使干涉权，等等。③

第四，从审判程序看，该法吸收欧陆法之程序法治原则。

该法不仅以大量条文对刑罚法定和程序法定进行规定，还强调法庭辩论，提高被告之辩护人的法律地位。以辩护制度为例，该法不问该辩护人是当事人自己选任的，还是国家指定（官选）的，他作为保护被告利益的辅助者的地位，均得到法律的充分肯定。例如，辩护人除了在整体上享有代理权之外，还拥有根据被告的意思独立行使的固有的权利，如阅览、抄录各种记录等证据文书（第 33 条），被告在受羁押过程中与被告的会谈（第 34 条），在法庭审判中一定场合参与讯问（第 150、161、252、255、273 条等），进行各种申诉（第 110、281、338 条）和辩论（第 282、381、383 条等）。此外，该法赋予诉讼中辅佐人以更大的权利，并规定被告和自诉人的代理人原则上必须从律师中选任。这些规定也大多仿效德国。④

当然，该法并非完全照搬欧陆法制，而是参酌国情有所变通。据学者统计，该法结合

① 参见〔日〕小野清一郎、团藤重光：《中华民国刑事诉讼法》（上），176 页，东京，有斐阁，1938。
②③ 参见朱勇主编：《中国法制通史》，第 9 卷，656 页，北京，法律出版社，1999。
④ 参见〔日〕小野清一郎、团藤重光：《中华民国刑事诉讼法》（上），100 页，东京，有斐阁，1938。

国情所独创的有 58 条，大体分布在文书记录、管理和保存，被告的传唤、到场，期日和期间，回复原状，搜索与通缉，检察官上诉，保释与保证金，强制扣押，证人讯问，再议之申请，人权保障之定罪非仅以口供为根据，自诉，第二审与第三审，抗告，简易程序和执行等处。[①] 但这些变通恰恰从侧面印证了欧陆法影响之深。

四、欧陆民事诉讼文化的影响

（一）对清末民事诉讼立法的影响

《大清民事诉讼律草案》是由日本法律专家协助诉讼立法的另一成果，也是根据 1907 年 12 月 18 日沈家本奏呈的《修订法律馆办事章程》进行起草的。该草案由日本法律顾问松冈义正主笔，历时三年多而告成，开创了中国立法史上独立的民事诉讼立法新局面。

1911 年 1 月 27 日（宣统二年十二月二十七），修订法律馆沈家本、俞廉三上奏《为民事诉讼律草案编纂告竣折》，同时奏进《大清民事诉讼律草案》。[②] 在这份有意回避 1906 年《大清刑事民事诉讼法草案》的奏折中，阐述了立法宗旨和要点所在，其仿效欧陆法的特点亦有相应说明。

《大清民事诉讼律草案》共 4 编，计 22 章、800 条，其体例、用语和基本内容都以 1890 年《日本民事诉讼法》为蓝本，但简单照搬和袭用的内容太多，以至于可视为 1877 年《德国民事诉讼法典》日文版的汉译本。其基本结构如下：

草案第一编"审判衙门"，是指于诉讼法规定的范围内行使司法权的官署，此前《大清律例》并未明确管辖权的问题。草案规定的管辖包括 4 种：一是事务管辖，即就事务的性质所定的官署之职务权限，如初级审判厅所管辖的只能是轻微民事事件及须速结事件，具体包括七方面的事件（第 2 条）。二是土地管辖，即就一定之地域所定的官署之职务权限，凡管辖被告普通事件的区域称为普通审判籍，凡管辖特别诉讼事件的区域称为特别审判籍，若同一诉讼有多处管辖衙门，则由原告选择管辖。三是指定管辖，即因战争或传染病等事断绝交通或不能辨别审判衙门之管辖权时，为保护当事人权利而指定管辖审判衙门。四是合意管辖，即除专属管辖及其他非财产权上请求之管辖外，若当事人就某种诉讼事件有管辖之合意，则其合意所定之审判衙门即有审判权限。

草案第二编"当事人"，指以自己的名义对审判衙门要求保护权利的人，因诉讼进程而有不同称呼，在普通诉讼中称为原告和被告，在督促程序中则有债权人、债务人之分。值得注意的是，"多数当事人的诉讼"包括共同诉讼和参与诉讼，前者指有多数原告或被告之数宗诉讼关系据同一诉讼程序而合并审理，后者指与当事人一方有法律上利害关系之第三人为辅助，参加诉讼以保护第三人的利益。此外，草案还规定了诉讼代理人与诉讼辅佐人，以及诉讼费用、诉讼担保和诉讼救助（当事人因支出诉讼费导致自己或家族穷于生活者，得声请救助）等制度。

---

① 参见何勤华、李秀清：《外国法与中国法——20 世纪中国移植外国法反思》，503 页，北京，中国政法大学出版社，2003。

② 《大清民事诉讼律草案》已全文整理标点，参见陈刚、何志辉点校：《大清民事诉讼律草案》，载陈刚主编：《中国民事诉讼法制百年进程（清末时期）》，第 2 卷，1～363 页，北京，中国法制出版社，2004。

草案第三编"普通诉讼程序",指适用于普通事件的诉讼程序,分为第一审、上诉审和再审程序。在第一章"总则"部分,规定了普通诉讼程序的共有要件,依次为当事人书状、送达(包括普通送达、嘱托送达、公示送达3种方式)、日期及期间、诉讼行为之濡滞、诉讼程序之停止、言辞辩论、裁判(包括判决、决定与命令三种)和诉讼笔录。第二章"地方审判厅第一审诉讼程序"部分,则规定了第一审的各环节,依次为起诉、准备书状、言辞辩论、证据、裁判、缺席判决和假执行之宣示。第三章为"初级审判厅之程序"。第四章为"上诉程序",包括控告程序、上告程序和抗告程序三种。第五章为"再审程序"。

草案第四编"特别诉讼程序",指依简易程序而为之裁判以保护当事人利益的诉讼程序,包括督促程序、证书诉讼、保全诉讼、公示催告程序和人事诉讼5类。其中,人事诉讼又分为宣告禁治产程序、宣告准禁治产程序、婚姻事件程序和亲子关系事件程序4种。

根据1911年1月17日《宪政编查馆奉遵拟修正逐年筹备事》的构想,《大清民事诉讼律》将在宣统四年(1913年)颁行。[①] 尽管不久就爆发辛亥革命,草案因清朝覆亡而未及颁行,但它在中国法律史上尤其是法制近代化进程中具有独特的历史意义。

(二)对民国时期民事诉讼立法的影响

从南京临时政府到北洋政府期间,民事诉讼立法多立足清末民事诉讼法制,仿效欧陆法制,因应时势而增删损益,使欧陆法得以继续传播、发展。

南京临时政府成立之初,百废待兴,诉讼法制领域同样急需扭转混乱局面。1912年3月21日,司法部呈请南京临时政府将清末制定的法律及草案以命令形式公布遵行,提经参议院议决准暂时适用,但仍须由政府饬下法制局,将各法律中与民国国体抵触各条分别删除、修正,提交议决后再行正式公布施行。[②]

1912年4月上旬,临时政府迁都北京,中华民国北京政府(即北洋政府)建立起来。因各级审判衙门次第成立,民刑诉讼烦琐,亟应确定管辖范围,司法部于4月7日呈请政府暂行援用《大清民事诉讼律草案》关于审判管辖的规定。5月12日,政府颁布司法部令(政府公报第十九号),直接施行草案第一编"审判衙门"前4章(共41条),即事务管辖、土地管辖、指定管辖与合意管辖。同时,司法部还准予各级法院在司法实务中以法理形式援用草案的其他部分。

民事非常上告制度的设置,也体现出欧陆国家司法制度的影响。1914年4月3日,因民、刑事诉讼律尚未颁布,而实践中屡有判决违法而确定者,依现行章程,关于刑事得提起非常上告,关于民事尚鲜救济方法;又以检察官原以维持公法、保护公益为职务,考之各国有总检察长在公益上必要时对民事违法之确定判决有上告于大理院请求撤销之先例,司法部特拟具《民事非常上告条例》4条,呈请政府颁行。该条例规定高等审判厅以下法院之判决,如显然与约法或其效力相等之法律抵触而确定者,总检察长得随时向大理院请求撤销;大理院如认为有理由或应更为审理者即另行判决,无理由者以判决驳回。[③]

由于政局未稳,《大清民事诉讼律草案》长期无暇删修。至1915年2月25日,司法部

---

① 参见《大清宣统政纪》卷八,宣统二年十二月丁亥。

②③ 参见谢振民:《中华民国立法史》(下),992页,北京,中国政法大学出版社,2000。

拟修正草案关于事务管辖之第一章第 2 条第 1 款，呈请政府核准施行，经政府批令后即订定办法 7 项，于同年 3 月 2 日以部令通饬施行。

1919 年 4 月 18 日，司法部鉴于该草案关于管辖各章不足资运用，而审判之要尤在公平，特呈准政府明令暂行援用《大清民事诉讼律草案》第五章（第 42～52 条），即关于审判衙门职员之回避、拒却及引避之规定。

至此，《大清民事诉讼律草案》第一编全部内容都被民国政府继承下来，并有所发展。尽管这一阶段的民事诉讼法制处于极端混乱状况，但各地审判厅都在不同程度上适用或参照了《大清民事诉讼律草案》，以便处理民事诉讼案件。草案除了第一编被正式法律化外，其他部分也在民国初期的司法实践中，被当作处理民事诉讼案件的"事实上法律"[1]。

1921 年 3 月 2 日，广东军政府颁行《民事诉讼律》，共 4 编，计 800 条。4 月 13 日，又公布《民事诉讼律施行细则》（共 7 条），规定《民事诉讼律》于公布后两个月即 5 月 2 日实施。[2] 然而，作为中国历史上第一部正式实施的独立的民事诉讼法典，它的适用范围只限于西南各省，以及广东军政府所控制的范围。

与此同时，北京政府正为尽快撤废领事裁判权而积极改良司法。1921 年 7 月，修订法律馆完成《民事诉讼法草案》，司法部拟将草案提前公布施行。11 月 14 日，政府下令将《民事诉讼法草案》改称《民事诉讼条例》，所有草案中之"本法"字样改为"本条例"，定于 1922 年 7 月 1 日起在全国施行。

《民事诉讼条例》共 6 编、755 条，第一编为"总则"，依次 3 章为法院、当事人和诉讼程序；第二编为"第一审程序"，两章依次为地方审判厅诉讼程序和初级审判厅诉讼程序；第三编为"上诉审程序"，两章依次为第二审程序和第三审程序；第四编为"抗告程序"；第五编为"再审程序"；第六编为"特别诉讼程序"，5 章依次为证书诉讼程序、督促程序、保全程序、公示催告程序和人事诉讼程序。

《民事诉讼条例》与其前身《大清民事诉讼律草案》同属欧陆法文化的产物，但又跟进时代发展，及时采择欧陆国家（如德国、匈牙利等）的最新制度，间或采择英美法律以示矫正。其时，德国已于 1924 年将其民事诉讼法大加修改，日本也在 1926 年修正其民事诉讼法，这些修正内容也大多为此条例所采择。因此，该条例较之前述德、日及清末民事诉讼立法大有进步，唯条文仍不免失之烦琐。[3]

随着北洋政府《民事诉讼条例》的颁行，形成南北两部并行的民事诉讼法典。这两部法典都是以《大清民事诉讼律草案》为蓝本制定的，此前各地法院也在司法实践中对其加以参考适用，因此可以说，随着这两部民事诉讼法典的施行，"由《大清民事诉讼律草案》转承的大陆法系尤其是德日民事诉讼法制及其理论已经全面进入本土化过程"[4]。

南京国民政府统一全国后，最高法院及前适用《民事诉讼律》的各省仍适用该律，但北京政府统治下的各省仍适用《民事诉讼条例》。司法部以统一国家有两种诉讼法规同时并

---

① 陈刚：《民事诉讼法制的现代化》，22 页，北京，中国检察出版社，2003。

② 参见谢振民：《中华民国立法史》（下），993 页，北京，中国政法大学出版社，2000。

③ 关于《民事诉讼条例》之出台及内容，参见谢振民：《中华民国立法史》（下），994 页，北京，中国政法大学出版社，2000。

④ 陈刚：《民事诉讼法制的现代化》，23 页，北京，中国检察出版社，2003。

行，非法治国所宜有之现象，特呈请政府核示办法。国民政府秘书处在 1928 年 2 月函达司法部，谓"经本府第 29 次委员会决议，应由司法部速提出适用法规，在未提出以前暂仍旧贯"①。司法部即一面通饬下属一体遵照，一面赶速起草新法。

1928 年 7 月，司法部以北洋政府《民事诉讼条例》为蓝本，拟订《中华民国民事诉讼法草案》。草案共 5 编、726 条，另有施行法 13 条。因该法与民法和法院组织法等法律均有关系，应参照详加审查，以期程序法与实体法一贯，自此步入严密而烦琐的立法审查程序。1930 年 9 月 13 日，立法院决议删除草案"人事诉讼程序"的规定，将所余 667 条压缩为534 条。12 月 26 日，国民政府将草案第一编至第五编前 3 章的内容以"民事诉讼法"冠名公布。1931 年 2 月 13 日，又将第五编第四章"人事诉讼程序"公布施行。至此，《民事诉讼法》才全部制定公布。1932 年 5 月 14 日，《民事诉讼法施行法》（共 13 条）正式公布，施行全国。

由于《民事诉讼法》在随后两年的实践中屡遭民间批评，"其关于诉讼程序各规定，有过于繁杂者，亦有尚嫌疏漏者，于诉讼人既多不便，而法院结案亦不免因之延滞"②，故司法行政部在 1934 年 4 月又拟具修正案 9 编，共 639 条，参酌外国最近立法例从事修订，以使诉讼程序益趋简便。1935 年 2 月 1 日，《民事诉讼法修正案》公布，《新民事诉讼法施行法草案》则于 1935 年 5 月 10 日公布。经立法院第二届第 85 次会议讨论通过，《新民事诉讼法》于 1935 年 7 月 1 日正式施行。③

《新民事诉讼法》共 9 编、12 章，计 636 条。两相比较④，其第一编第一章、第二章、第四章，第二编、第三编之章节目均与前法同，但第一编第三章为"诉讼费用"；此外，废除特别诉讼程序之名称，将抗告程序、再审程序、督促程序、保全程序、公示催告程序、人事诉讼程序依次列为第四编至第九编；婚姻事件程序、亲子关系事件程序、禁治产事件程序、宣告死亡事件程序，列为第九编之第一～四章。从整体看，其基本理念、基本构造延贯于南京政府统治时期，现为我国台湾地区全面承继。

综观民国时期的民事诉讼立法，可见其在立法形式、基本精神和具体制度等方面大量吸收欧陆法尤其是日本法⑤，并与国际上通行做法逐步一致。

首先，从立法角度看，大多沿袭欧陆法的民事诉讼法典。

无论是 1921 年北京政府颁布的《民事诉讼条例》，还是南京政府 1932 年公布、1935 年修订定型的《民事诉讼法》，都主要移植了日本 1891 年实施（后于 1926 年修订）的《民事诉讼法》和 1898 年实施的《人事诉讼程序法》，间或夹杂德国、奥地利等国的立法内容。例如，在法典编章结构上，1932 年《民事诉讼法》依次为总则、第一审程序、上诉审程序、再审程序、特别诉讼程序（督促和保全程序）、公示催告程序、人事诉讼程序等，均与日本

---

①　谢振民：《中华民国立法史》（下），995～996 页，北京，中国政法大学出版社，2000。

②　转引自上书，1004 页。

③　关于该修正案之始末及修正内容大略，参见上书，1004～1012 页。

④　关于 1932 年与 1935 年民事诉讼法之比较，参见余和顺：《新旧民事诉讼法之比较》，载《中华法学杂志》，1935 年第 6 卷第 2 号。

⑤　参见何勤华、李秀清：《外国法与中国法——20 世纪中国移植外国法反思》，497～500 页，北京，中国政法大学出版社，2003。

《民事诉讼法》基本对应。正因大量模仿日本，该法颁布时就有日本学者评论指出："与其说它与 1926 年日本民事诉讼法的关系为姊妹法，不如说是母子法。"①

其次，从具体制度的内容看，1932 年《民事诉讼法》对日本 1926 年修订的《民事诉讼法》吸收甚多，比较重要的诉讼制度均被接纳。例如，在海商诉讼方面，该法第 8～9 条即吸收了日本《民事诉讼法》之第 10～11 条，公司法人诉讼制度方面，该法第 3、10、15、128、169、217 条等，则吸收了日本《民事诉讼法》之第 4、12、13、14、18、165、166、191 条的相关内容。

再次，从诉讼原则和基本观念看，该法对日本和其他欧陆国家法制的吸收十分明显。例如，该法关于职权主义、当事人主义、回避制度、律师辩护制度、言词辩论原则、诉讼救助制度、诉讼时效制度、证据推定制度、调解制度，等等，也都以日本民事诉讼法为蓝本，再参酌欧陆其他国家的诉讼法内容。

最后，从吸收对象看，该法虽然主要模仿日本法，但也夹杂了部分德国、奥地利、匈牙利、法国等欧陆国家的法制内容，并对英美国家的诉讼法文化有所取舍。例如，该法第 26 条规定"法院有无管辖权应依职权调查之"，即模仿奥地利裁判法第 41 条第 1 项、匈牙利民事诉讼法第 50 条。② 又如，该法第 102 条第 2 项规定担保制度，也系移植奥地利民事诉讼法第 56 条而成。

第三节
苏联诉讼法文化的影响

一、苏联诉讼法文化影响中国概论

1917 年俄国十月革命以来，苏维埃政权开创了当时独一无二的世界新秩序，并发展出人类历史上前所未有的新法模式，即社会主义法系。③ 作为迥然有别于普通法系和大陆法系的新型法文化，苏联社会主义法在东欧、东亚乃至世界范围都产生了广泛影响，其诉讼法文化是对中国革命与建设产生重大影响的第三类外来文化。

这一影响从中国工农民主政权时期就开始起步。随着革命形势的深入发展，它在中国工农民主政权时期、抗日民主政权时期与解放区时期的影响力与日俱增。新中国成立之初，废除"六法全书"与开展"司法改革运动"标志着欧陆诉讼法文化在近代中国发生影响的终结，也意味着苏联社会主义诉讼法文化在新中国全盘渗透的开始。然而，20 世纪 90 年代

---

① ［日］菊井维大、兼子一：《中华民国民事诉讼法第一编》，15 页，东京，有斐阁，1934。转引自何勤华、李秀清：《外国法与中国法——20 世纪中国移植外国法反思》，500 页，北京，中国政法大学出版社，2003。下同。

② 参见［日］菊井维大、兼子一：《中华民国民事诉讼法第一编》，59 页，东京，有斐阁，1934。

③ 参见［美］格伦顿、戈登、奥萨魁著，米健等译：《比较法律传统》，178 页，北京，中国政法大学出版社，1993。

苏联解体，不仅意味着苏联社会主义法系在整体上宣告终结，也标志着它对中国诉讼法文化的影响全面退隐。

回顾苏联诉讼法文化对中国的影响，实质上也是回顾中国革命与建设所走过的荆棘路。这段历程凝聚着现代中国追求民主、自由的血泪与汗水，见证现代中国进行法制建设的探索与实践。因此，重新认识苏联诉讼法文化对现代中国诉讼法文化产生影响的历程，具有不可忽视的学术意义与实践意义。

苏联社会主义诉讼法文化开端于"十月革命"。苏维埃新政权在列宁的领导下，极为重视社会主义立法的创建工作。为顺应革命法制的司法审判工作，全俄人民委员会自1917年11月至1918年7月，陆续颁布了关于法院的第一、二、三号法令①，废除一切旧的法院、检察院、侦查机关和律师机构，在民主原则的基础上建立新的法院和侦查委员会，形成了两套法院系统，即审理普通刑事民事案件的人民法院与专门审理反革命和其他严重犯罪案件的革命法庭，开创了一系列影响深远的社会主义性质的司法制度与诉讼原则。

1922年苏维埃社会主义共和国联盟成立后，掀起一场声势浩大的法典化运动。② 1923年《苏俄刑事诉讼法典》、《苏俄民事诉讼法典》和1924年《苏联和各加盟共和国刑事诉讼基本原则》的相继实施，使苏维埃诉讼法制获得广泛的发展空间。与之相应，苏维埃司法建设也同样进展飞速。1922年5月建立了检察院和律师机构，10月又出台《苏俄法院组织条例》和《苏俄检察机关条例》等单行法规，扭转内战时期法律适用的非常做法，撤销革命法庭，改进了法院和检察院的组织体系。设置社会主义性质的检察制度有别于沙俄时代的检察制度，其任务是"监视全共和国内对于法律有真正一致的影响"，检察长的唯一职责就是"把案件提交法院去审判"③。

作为苏维埃前期法制发展集大成的1936年《苏联宪法》，对司法制度与原则进行了确认。依据该宪法关于法院和检察院的规定，检察院成为完全独立的政府部门。1938年8月又出台了《苏联各加盟共和国和自治共和国法院组织法》和《苏联各加盟共和国和自治共和国检察院组织法》，分别对苏联法院与检察院的任务、组织、活动原则等进行规范④，采取审检分立制，即法院与检察院单独设置；法院实行双重领导，检察院实行垂直领导；除法律有特别规定外，各级法院审理案件均实行陪审制度和辩护制度，以保证被告人的诉讼权利。

值得注意的是，1938年《苏联各加盟共和国和自治共和国法院组织法》第3条规定了法院的任务，即除了适用强制性惩戒外，还有教育的职责。这一关于法院任务的规定获得了苏联法学家的赞誉⑤，成为贯穿其后的苏维埃法院活动的基本指导思想，并在1958年《法院组织立法纲要》中得到重申。

---

① 参见张寿民：《俄罗斯法律发达史》，226页，北京，法律出版社，2000。
② 参见上书，123～147页。
③ 《列宁文选》，第2卷，978页，北京，人民出版社，1954。
④ 参见由嵘主编：《外国法制史》，609页，北京，北京大学出版社，1992。
⑤ 参见［苏］安·扬·维辛斯基著，王之相译：《苏维埃法律上的诉讼证据理论》，28页，北京，法律出版社，1957。

　　与苏联社会主义法的蓬勃发展遥相呼应，中国现代革命时期的诉讼立法和司法建设对它亦步亦趋。十月革命带给近代中国思想界巨大的震撼，苏联社会主义建设的迅猛发展更让中国革命看到了希望。当苏联在法典化道路上全速前进时，它以无限生机与活力感染着中国工农运动与工农民主政权时期的革命法制建设。二战结束后苏联经济建设的迅速恢复和发展，使中国革命和东欧各国民族解放运动看到了光明，也使苏联社会主义法典法体系获得了前所未有的影响。这套迥然有别于英美法系和大陆法系的社会主义法，便在特定的历史情境中，由点到面、由浅入深地渗透到中国革命时期的法制建设中。

　　自 20 世纪 50 年代以来，苏联掀起了第二次社会主义法制建设的高潮，其诉讼法文化亦在此期间大规模地渗透到新中国初期的司法建设与诉讼立法之中。在此期间，长期受到无形禁锢的苏联法学开始活跃起来，法学家们在马列主义学说支配下尝试进行独立思考，结果促成了新一轮法典编纂和司法改革运动，其诉讼法文化也因之焕发新颜，主要体现在：第一，司法制度方面，改革了法院组织体制及相应的自治机构，完善了律师制度。第二，刑事诉讼法制方面，根据 1957 年苏联最高苏维埃公布的"立法纲要"，1958 年 12 月 25 日苏联最高苏维埃通过了《刑事诉讼纲要》，对原刑事诉讼法制进行了广泛的修改；至 1961 年 1 月 1 日，一部新的《苏俄刑事诉讼法典》开始正式施行，取代了 1923 年的《苏俄刑事诉讼法典》。第三，民事诉讼法制方面，根据 1957 年苏联最高苏维埃公布的"立法纲要"，1961 年 12 月 8 日苏联最高苏维埃通过了《民事诉讼纲要》，至 1964 年 6 月，新《苏俄民事诉讼法典》代替了 1923 年的《苏俄民事诉讼法典》。[①]

　　20 世纪 70 年代以来，苏联诉讼法制再次获得发展空间。这一机遇来自 1977 年 10 月 7 日苏联第九届最高苏维埃第七次非常会议通过的第三部《苏联宪法》。在司法制度方面，1977 年宪法对于苏联的审判、仲裁与检察监督制度有明确规定，最高审判机关为苏联最高法院，由苏联最高苏维埃选举产生，总检察长由苏联最高苏维埃任命。1980 年 6 月 25 日，新的《法院组织立法纲要》颁行，取代了 1958 年《法院组织立法纲要》。根据 1980 年纲要，法院体系包括苏联最高法院与军事法庭，强调切实依据法律进行审判，公民在法律和法庭面前一律平等，保证被告享有辩护权；为方便在法庭上进行辩护，并给予公民、企业、机关和团体以其他法律上的帮助，律师协会也得以特别设立。根据这一纲要的精神，各加盟共和国先后修订或制定了自己的法院组织法。

　　在国际、国内政治形势潜流暗涌的 20 世纪 80 年代中期，苏联最高苏维埃还制定了 1986—1990 年立法规划，旨在进一步发扬社会主义民主、增进社会自治与公民权利，并将过去由行政命令和政策调整的关系法律化。然而，国际反共势力的和平演变中断了这一改革进程，1991 年苏联解体，标志着苏联社会主义法在当代世界主要法律体系中黯然退场。

　　苏联解体后，独立的俄罗斯联邦共和国以主权国家的姿态出现在国际舞台上，并获得 1993 年 12 月全民公决的《俄罗斯联邦共和国宪法》的确认。为进一步促成自由、民主和法治，俄罗斯联邦共和国承袭了苏联时期借助立法推进改革的方式，对苏联时期的《苏俄民事诉讼法典》与《苏俄刑事诉讼法典》予以多次修订，并于 1997 年颁行新修订的《俄罗斯联邦刑事执行法典》，以此进一步完备新时期的诉讼法制。至于俄罗斯联邦共和国时期的司

　　① 参见张寿民：《俄罗斯法律发达史》，233~234 页，北京，法律出版社，2000。

法体制，也在不断改革与发展中重放光彩。早在 1991 年 5 月俄罗斯联邦就颁布了《俄罗斯联邦宪法法院法》，对联邦宪法法院的权限、组成与活动程序进行规范；1993 年《俄罗斯联邦共和国宪法》关于司法体制的规定，更成为随后不遗余力推行司法改革的基本依据。根据 1993 年《俄罗斯联邦共和国宪法》的相关内容，俄罗斯联邦共和国成立了由联邦宪法法院、联邦普通法院、联邦最高法院、联邦仲裁法院及其他联邦法院组成的一套新型司法体制。

综上所述，从法律发展的世界眼光看，新中国成立初期全盘模仿苏联的法制建设其实一开始就已走入偏执性的历史误区。当苏联与欧美卷入旷日持久的国际较量时，新中国也从 1957 年"反右"斗争滑向了十年"文化大革命"，新中国成立以来全盘模仿苏联法制的运动被迫停止，而它的潜在危机直至 20 世纪 70 年代末期改革开放以后才日益暴露出来。

随着 20 世纪 70 年代末期中国实行拨乱反正与改革开放政策，中国法制的建设工作开始逐步扭转长期一边倒向苏联的局面。当 20 世纪 80 年代中后期的中国人重新理解西方法制时，无论是英美普通法系还是大陆法系国家的法文化都获得了新的认同，这场曾经全面铺开的模仿苏联法运动便由此逐渐退隐。

曾经对现代中国产生重大影响的苏联法，如今早已风光不再。至于俄罗斯联邦共和国法制虽已具规模且日趋完备，但对步入市场经济与法治建设轨道的当代中国难以产生实质影响。随着"依法治国、建设社会主义法治国家"国策的正式确立，跋涉于法治之路的当代中国不再像往日因焦虑而急功近利、因浮躁而随波逐流，而终于学会如何理解、鉴赏、移植或借鉴不同类型的法律制度与文明。

二、苏联司法理念与制度的影响

新中国成立初期，诉讼法制亟待发展，司法体系也不健全。正如 1950 年最高人民法院关于审判工作报告所言："摆在我们面前最重大的困难是：各地法院组织机构不健全，干部量少质弱，案件的积压相当严重。"[①] 为扭转这一局面，创建新型司法制度，一方面，通过司法改革运动全面摧毁旧司法体系、改造旧司法人员；另一方面，则全方位借鉴苏联司法制度，创设社会主义新型审判制度与检察制度。在此过程中，苏联诉讼法文化对新中国的司法建设产生了极为深刻而复杂的影响。

（一）社会主义法院观的影响

首先，苏联强调法院的专政职能。根据 1936 年《苏联宪法》制定的 1938 年《苏联法院组织法》第 2 条规定，法院的任务是保护苏联宪法、联邦及自治共和国宪法所规定之社会及国家组织，保护苏联宪法、联邦及自治共和国宪法所保证之苏联公民之政治、劳动、居住及其他人身并财产权利与利益，以及国家机关、企业、集体农场、合作社及其他公共组织之权利及由法律所保障之利益。[②]

---

① 《人民法院审判工作报告——最高人民法院吴溉之副院长在全国司法会议上的报告》，载《中央政法公报》，第 18 期，1950 - 10 - 31。

② 参见 [苏] 高里雅柯夫著，一之译：《苏联的法院》，32 页，上海，时代出版社，1950。

为巩固新生的社会主义政权，苏联高度强调法院的专政职能。早在 1918 年，列宁就在联共（布）中央关于贪污受贿的司法案件讨论会上强调，应把那些担任对于审理已经证明及承认其受贿行为的人们只判处了半年徒刑的审判员的党员同志们开除出党的问题列到议事日程上去，认为"不把受贿者枪毙，而给了这样开玩笑似地软弱而轻微的判决，这对共产党人及革命者乃是可耻的行为"①。在随后的社会主义建设中，苏联十分注意通过法院审判活动，与一切违法犯罪作斗争，对外部敌人的破坏和内部人员的贪污渎职均采取重刑镇压的手段。

受苏联的影响，我国人民法院确立了与之相似的任务。据 1950 年最高人民法院所作报告，我国人民法院的任务是保护国家的权益和每个人民的权益，保护新民主主义的政治制度、经济制度、文化制度和社会秩序的安定，保护国有企业、公有企业、社会团体等的权益。

新中国成立之初，由于阶级矛盾和阶级斗争形势严峻，人民法院担负起镇压反革命和打击敌对势力的重任，"坚定地站在中国人民的立场上面，'向着帝国主义的走狗，地主阶级和官僚资产阶级及代表这些阶级的国民党反动派及其帮凶们实行专政，实行独裁，压迫这些人，只许他们规规矩矩，不许他们乱说乱动，如要乱说乱动，立即取缔，予以制裁。'这是毛主席关于人民民主专政的重要指示，也就是我们人民法院对待反动阶级反革命犯罪分子实行镇压的方针"②。

其次，苏联也十分重视法院的宣传教育作用。它们强调通过审判活动与一切违法犯罪作斗争，把社会主义法制秩序及其精神灌输到群众心中，以共产主义教育的精神来感化群众。为达到这一目的，法院实行公开审理，以吸引最广泛的大众注意司法，由此选择最便利劳动者到法院审理庭旁听的时候开庭，且时常到工场、国营农场、集体农场，在熟悉犯罪情状和犯人的群众中间审理案件，"仔细地研究案件，严格地遵照法律，一步一步地揭开犯罪或民事案件纠纷的全景，静听各方的陈述，法院成了一个巨大的学校，来教育到庭者遵守并尊重法律和法序"③。

受苏联影响，我国人民法院也非常重视教育作用，认为通过审判和调解工作，能够"清除人民意识中从旧社会遗留下来的一切落后的和污浊的影响，代之以新民主主义的法治观念和道德观念，而发挥着审判工作的积极的教育意义，教育人民遵守法律秩序，遵守我们共同纲领所规定的共同生活的法则"④。关于这点，1951 年《人民法院暂行组织条例》第 3 条第 2 款也进行了明确规定，即人民法院应以审判及其他方法，对诉讼人及一般群众进行关于遵守国家法纪的宣传教育。正因如此，新中国成立以来各级人民法院都强调培养人民审判员的学习作风，要求密切联系群众，通过公开审判、公开宣判、巡回审判等方式深入基层，使法庭成为宣传国家法律政策、普及法律知识、宣扬精神文明的场所。

最后，苏联十分重视司法队伍的建设，将审判员视为苏维埃法律与社会主义公共生活

①②　《人民法院审判工作报告——最高人民法院吴溉之副院长在全国司法会议上的报告》，载《中央政法公报》，第 18 期，1950 - 10 - 31。

③　［苏］高里雅柯夫著，一之译：《苏联的法院》，81～84 页，上海，时代出版社，1950。

④　《人民法院审判工作报告——最高人民法院吴溉之副院长在全国司法会议上的报告》，载《中央政法公报》，第 18 期，1950 - 10 - 31。

规则的无可非难的履行者，是为社会主义法制而斗争的真正战士，是尊重与遵守法律的一个榜样。为确保审判员的政治素质，苏联宪法和法律规定，所有审判员和人民陪审员都必须经过普遍、平等、直接、无记名投票的选举。为进一步提升司法队伍的文化素质，苏联在较短时间内建起了较为发达的高等法律教育体系，对司法干部进行系统培训。[①]

与苏联相似，新中国也十分重视司法队伍建设，并在苏联经验的基础上加以变通。1959年人民法院审判工作报告曾提出审判员队伍建设的方针，即调配一定数量的老干部，作人民司法机关的骨干，大量培养新干部，大胆选用旧司法人员。针对审判员的任职资格，亦参照苏联司法队伍建设的经验，提出了三点要求：第一，坚定的政治立场和忠诚为人民服务的思想作风；第二，熟悉人民政府的政策法令和立法精神，并且善于在实际工作中结合具体刑民案件灵活地运用；第三，要有一定的文化水平、科学知识和社会常识。当然，由于新中国成立之初尚不具备足够的条件，在审判员的选任方式上，无法像苏联那样由公民以普遍、直接、平等、无记名的选举方式投票选举产生，而是由各级人民代表机关或各级人民政府委员会任免。[②]

遗憾的是，时至1952年，一场针对旧司法人员的"司法改革运动"随后展开，将既定的队伍建设方针予以否定，并对后来的司法队伍建设工作产生了一系列消极后果。

（二）法院审级制度的影响

审级制度是指法院处理案件从法律上达到终审的层级数，这既是法院内部的审判监督制约机制，也是确保案件公正审理的保障机制。

根据1936年《苏联宪法》及其派生的《法院组织法》，苏联在各加盟共和国法院系统确立起三级两审制[③]，即人民法院（第一审法院），省或边区法院、自治省法院、州法院、自治共和国最高法院（人民法院的二审法院，及依法审理归它们管辖案件的一审法院），以及加盟共和国最高法院（以上二级法院的监督机关及依法审理归它们管辖案件的一审法院）。

受苏联审级制度的影响，新中国成立初期也基本实行三级两审制。1951年9月3日中央人民政府委员会第十二次会议通过的《人民法院暂行组织条例》规定，在中央设最高人民法院，在华东、中南等各大行政区设最高人民法院分院、分庭；在各省级地区设高级法院，在专区设省人民法院分院、分庭；在县级地区建立初审法院，并普遍实行巡回审判。此外，在工矿区、铁路和水上沿线设专门法院。一般案件实行两审终审，例外的案件实行

---

① 关于苏联高等法律教育体系，参见〔苏〕苏达里可夫、贝可夫：《苏联法律教育的组织》，载中央人民政府司法部编印：《苏联司法实务》，108～119页，1951。转引自何勤华、李秀清：《外国法与中国法——20世纪中国移植外国法反思》，523页，北京，中国政法大学出版社，2003。

② 参见《人民法院审判工作报告——最高人民法院吴溉之副院长在全国司法会议上的报告》，载《中央政法公报》，第18期，1950-10-31。

③ 值得注意的是，根据1936年《苏联宪法》和《法院组织法》，苏联法院系统还包括苏联最高法院和各专门法院，诸如军事法院、铁路运输沿线法院、水上运输沿线法院等。苏联最高法院的职责包括：（1）作为第一审法院审理依法归它管辖的非常重要的刑民事案件；（2）是某些专门法院的第二审（上诉审）法院；（3）是苏联和加盟共和国各级法院的审判监督机关；（4）对各级法院审判实践中的问题予以指示。参见〔苏〕卡列夫著，赵涵舆、王增润等译：《苏维埃司法制度》，52～53、74页，北京，法律出版社，1955。

三审终审或一审终审。

鉴于当时特定的政治环境，在借鉴苏联的三级两审制时又有所变通。例如，为加强基层法院建设，1953 年 4 月召开第二届全国司法工作会议，各县普遍建立了巡回法庭。[①] 同时，为及时打击恶霸、土匪、特务、反革命分子和违抗土地改革法的犯罪活动，在县（市）级普遍设立了人民法庭，作为同级人民法院专门受理上述犯罪案件的特别法庭。[②] 由于三级二审制在某些地区实际上变成三审终审，使诉讼拖延时日，不利于及时制裁违法犯罪分子和解决纠纷，也造成不必要的人力、物力浪费，三级两审制的持续时间不过 5 年左右，即改为四级两审制。根据 1954 年宪法和人民法院组织法，人民法院体系分别设置基层（县级）人民法院、中级（地区）人民法院、高级（省级）人民法院、最高人民法院，实行四级二审制；在基层人民法院普遍建立人民法庭作为派出机构，并设军事法院、铁路运输法院和水上运输法院等专门法院。

（三）公开审判制度的影响

公开审判制度是指法院审理案件的过程应向社会公开，判决结果亦应公开宣告。这一制度是诉讼民主化的表现，有助于诉讼公正的实现，保障当事人的权利，增强当事人对诉讼的确认感。

为体现社会主义司法体制的人民性与公正性，苏联早在 1936 年宪法第 111 条就规定"苏联各级法院审理案件，除法律有特别规定外，一律公开进行，保障被告有权获得辩护"，从而将审判公开确立为一项基本原则。

审判公开原则既要求对当事人公开，即当事人享有参与诉讼、了解诉讼中一切材料的权利，又要求对民众公开，即苏联公民有权旁听审判过程，并有权在报纸和其他刊物上发表对审判过程的报道。在刑事诉讼领域，表现为除涉及国家机密和性方面犯罪外，其他所有案件的审理均需公开进行；在民事诉讼领域，如从保护公共利益的观点认为公开审理不适当，以及案件的情形是关系民事原告人和被告人的秘密生活，法院可以根据自己的裁量和当事人的申请，全部或一部不公开审理，但一切判决仍应当公开宣告。法院在审理民刑案件时，每一公民（未满 14 岁的儿童除外）都有权出席审判，而新闻机关则有权报道关于诉讼进行的情况。[③]

公开审判制度也成为新中国法院工作的基本原则。根据 1951 年《人民法院暂行组织条例》第 8 条、1954 年《人民法院组织法》第 7 条，刑事、民事案件除有关国家秘密或某些于社会有不良影响的不应公开外，其余均应公开审判。《民事案件审判程序（草稿）》第 24 条则规定："第一审案件，一般由在人民法院的法庭内公开审理；但是为了扩大对人民的教育影响，也可以在当事人所在地或者讼争标的所在地进行公开审理。"至于不应公开的范围，1956 年 5 月 8 日全国人大常委会第三十九次会议通过的《全国人民代表大会常务委员会关于不公开进行审理的案件的决定》有相应规定，即涉及国家机密的案件、涉及当事人个人隐私的案件和未满 18 岁之未成年人的案件。

---

① 参见熊先觉：《中国司法制度新论》，20 页，北京，中国法制出版社，1999。
② 参见《人民法庭组织通则》，1950 年 7 月 14 日政务院第 41 次政务会议通过，7 月 20 日公布施行。
③ 参见［苏］卡列夫著，赵涵舆、王增润等译：《苏维埃司法制度》，40 页，北京，法律出版社，1955。

由于当时各地经济发展不平衡，一些硬件设施不完善，加上某些同志对公开审判持有保守观念，一些地区的群众不能便利地参加法庭旁听，公开审判制度并未完全落实。但就整体而言，通过公开审判"可以领导社会舆论，对一切犯罪行为及旧社会遗留下来的坏习惯进行公开的司法斗争"①，在当时发挥了积极作用，并被 1954 年宪法和随后的人民法院组织法正式确立下来。

（四）审判独立原则的影响

审判独立原则是近代西方国家普遍推崇的法治原则之一，也是苏联法院组织活动的一项重要的宪法原则。不同的是，西方国家的审判独立原则普遍依赖于两大支柱，即法官高薪制与任职终身制；苏联则对此予以否定，将法官列入与其他党政机关人员同等的国家工作人员，对法官及陪审员均实行任期制和选举制。

为贯彻落实社会主义法制原则，苏联宪法第 112 条明确规定："审判员独立，只服从法律。"依照这一原则，审判员在审理案件时不应接受上级法院、司法部以及任何其他机关和国家工作人员对于某一案件应如何加以解决的指示，而只是根据法院审理的事实材料，对于刑事诉讼中被告的有罪或无罪，对民事诉讼请求有理或无理自由地形成自己内心的确信，不受任何外界的干涉和压力。

与苏联相应，我国 1954 年宪法第 78 条也明确规定："人民法院独立进行审判，只服从法律。"对此原则，司法界有人提出若干贯彻的具体意见，诸如：各级人民法院在处理具体案件时，不受他人或其他机关的干涉；下级法院与上级法院之间不是一般行政机关的从属关系，而是一种审级关系，即上级法院不能命令下级法院对某一具体案件如何确定判决，只能根据法定的上诉程序变更或废弃下级法院的判决或裁定；在发现下级法院已经发生法律效力的某一案件的判决或裁定确有错误时，可根据法定的审判监督程序进行提审或指令再审，等等。此外，法学界还提出了加强对法院工作的监督、实行陪审制度、集体领导、公开审判、辩护制度等一系列配套的措施。②

当然，在借鉴苏联的审判独立原则时，为顺应实际情况而有所变通。例如，在司法人员的任免程序与产生方式上，我国宪法和法院组织法确立了法院院长由同级人民代表大会选举、罢免的原则，以此保证法院审判的真正独立和人民行使权利的真正民主性质。同时，在强调审判独立原则时，必须依照国家法律所追求的目标来判决案件，以达到法律所追求的目的。尤其重要的是，苏联强调审判员的独立性，重视其"自由心证"；我国则强调法院的独立性，注意发挥法院工作人员的集体作用。遗憾的是，随着 1957 年"反右"斗争及其扩大化，审判独立原则同样受到猛烈的批判。

（五）人民陪审制度的影响

人民陪审制度是社会主义司法民主化的产物，通过广泛吸收陪审员参加审判活动，使人民直接参加国家管理，确保审判制度的民主性和公正性。人民陪审制度在苏联具有强大

---

① 《人民法院审判工作报告——最高人民法院吴溉之副院长在全国司法会议上的报告》，载《中央政法公报》，第 18 期，1950 - 10 - 31。

② 参见刘崑林：《对"人民法院独立进行审判，只服从法律"的认识》，载《政法研究》，1955（1）。

的生命力。根据列宁和斯大林的指示，强调一切劳动者都应当参加国家的管理，审判活动是国家活动的重要方式之一，广泛吸收劳动者参加审判活动，就成为人民参加国家管理活动的重要方法。

苏联宪法第 103 条规定："各级法院审理案件，除法律有特别规定者外，都由人民陪审员参加进行。"依据苏联《法院组织法》第 9、14 条的规定，在苏联的民事诉讼活动中，一律由审判员 1 人和人民陪审员 2 人组成合议庭审理民事案件。人民陪审员审理案件时，在一切要解决的问题上，享有与审判员同等的权利。[1] 在具体实践中，第一审法院审理案件时（某些案件应当在军事法庭审理者除外），参加审判的 3 个成员须有两名人民陪审员，人民陪审员和审判员一样由选举产生，按名单顺序轮流在法院执行职务，每年不得超过 10 日。人民陪审员在执行职务时，享受和审判员同等的权利，不仅在制作判决时参加表决，还参加解决审理时所发生的一切问题。[2]

为体现社会主义司法活动的民主原则，新中国的审判工作也积极采纳了苏联的人民陪审制度。早在 1950 年，最高人民法院领导就明确指出，陪审制度"将加强我们法院和人民中间广泛的联系，使人民通过陪审员直接参与国家的审判任务，并由此将真正的民意传达到人民法院来"[3]。基于此，1951 年人民法院暂行组织条例第 6 条就对其予以规定。从人民陪审员的职权、参与审判的时间、具体产生办法等方面的规定看，均与苏联陪审制相似；唯因具体条件限制，人民陪审员不能像苏联那样直接由人民群众选举产生，而是由人民法院邀请与每一案件有关的机关团体指派代表参加。1954 年宪法颁布后，陪审制度进一步向苏联模式靠拢。以陪审员选举方式为例，根据 1954 年人民法院组织法第 8 条、第 35 条及 1956 年 7 月 21 日《司法部关于人民陪审员的名额、任期和产生办法的指示》等相关规定，基层法院的人民陪审员由法院确定名额之后由当地同级人民代表大会选举或居民直接选举；中级人民法院的人民陪审员既可以由同级人民代表大会选举，也可以从同级机关、团体和企业的职工中选出；高级人民法院的人民陪审员从同级的人民团体和企业的职工中选出。1956 年 10 月印发的《最高人民法院关于各级人民法院民事案件审判程序总结》则规定：人民法院审理第一审民事案件，应当由审判员 1 人和人民陪审员 2 人组成合议庭进行；在法庭审理评议中，人民陪审员享有与审判员同等的权利。1957 年的《民事案件审判程序（草稿）》第 3 条、第 25 条、第 46 条对此也作了同样的规定。

当然，苏联的人民陪审制具有明显的历史局限性，新中国在借鉴过程中虽努力将其结合社会实践，仍不可避免地存在种种弊端。正因如此，人民陪审制在中国究竟如何发展，一直成为理论界和实务界讨论的一个问题。

（六）人民检察制度的影响

苏联检察体制始于十月革命时期。根据 1917 年 11 月关于法院的第一号法令，废除了

---

① 参见［苏］C. H. 阿布拉莫夫著，中国人民大学民法教研室译：《苏维埃民事诉讼》（上），38 页，北京，中国人民大学出版社，1954。
② 参见［苏］卡列夫著，赵涵舆、王增润等译：《苏维埃司法制度》，40 页，北京，法律出版社，1955。
③ 《人民法院审判工作报告——最高人民法院吴溉之副院长在全国司法会议上的报告》，载《中央政法公报》，第 18 期，1950 - 10 - 31。

沙俄的旧检察制度，在中央成立了国家监察人民委员部，在地方则由工农兵代表苏维埃所选举的司法委员来行使检察机关的监督职能。1921 年，苏联进一步明确地设立了检察机关，并在 1922 年 5 月颁布的《关于检察监督章程》中规定了新的检察机关的职权。1933 年 6 月，苏联中央执行委员会和人民委员会又作出决议，规定了检察机关的 5 项职能，包括监督苏联及各加盟共和国的国家机关及各地方政权机关的决议与命令合于宪法及苏联政府的决议，监视各加盟共和国司法机关对于法律的正确和一致的适用，在苏联领域内的各级法院中提起刑事检举和支持控告，监督国家政治保卫局、民警局、刑事警察及改造劳动机关行为的合法性和正确性，对各加盟共和国检察机关的活动实行总的指导。但此时的主要问题是领导体制尚未理顺，各加盟共和国的检察机关一方面接受苏联检察长的领导，另一方面受各加盟共和国政府和司法人民委员会的制约，即所谓"双重领导"。这一问题直至 1936 年苏联宪法颁布才得以解决，根据该宪法相关规定，苏联总检察长对于各部及其所属机关公职人员以及苏联公民是否确切执行法律实行最高监督（第 113 条）；总检察长由最高苏维埃任命之，任期 7 年，各州、市区检察长由加盟共和国检察长呈经总检察长批准后任命之，任期 5 年（第 114 条）；各检察机关独立行使职权，不受任何地方机关的干涉，只服从总检察长（第 117 条）。

新中国成立之初，就参照苏联检察制度，确立了一套新型检察制度。根据 1949 年《中华人民共和国中央人民政府组织法》（第五章第 28～30 条）以及《中央人民政府最高人民检察署试行组织条例》，在检察机关的性质、工作职责和范围等方面，对苏联多有借鉴，再略加变通。其一，最高人民检察署为全国人民最高检察机关，对政府机关公务人员和全国国民之严格遵守法律，负最高的检察责任；全国各级检察署均独立行使职权，不受地方机关干涉，只服从最高人民检察署之指挥。其二，最高人民检察署设检察长一人、副检察长若干人、委员若干人，受中央人民政府委员会之直辖，直接行使并领导下级检察署执行下列职权：检察全国各级政府机关及公务人员和全国国民是否严格遵守人民政协共同纲领及人民政府的政策方针与法律法令；对各级司法机关之违法判决提起抗议；对刑事案件，实施侦查，提起公诉；检察全国司法与公安机关犯人改造所及监所之违法措施；对于全国社会与劳动人民利益有关之民事案件及一切行政诉讼，均得代表国家公益参与之；处理人民不服下级检察署不起诉处分之申请复议事件。其三，在下级检察署尚未设立的地区，得委托各该地公安机关执行，但其执行须直接受最高人民检察署的领导。

这套体制被 1954 年宪法和人民检察院组织法正式确立下来，与苏联检察制度保持整体一致，在二者关于检察机关的性质、职权和领导关系上表现尤其明显。就性质而言，苏联检察署是法律监督机关，事实上成为法纪的保护人和维护人民真正权益的工具；我国的检察机关也是法律监督机关，以维护宪法、法律和法令统一地、正确地实施，检察违法犯罪行为为职责。就职权而言，它们均以一般监督、侦查与侦查监督、审判监督、劳动改造机关监督等为主。就领导关系而言，它们都是采取垂直领导制，地方各级检察机关独立行使职权，不受地方国家机关的干涉。当然，由于历史条件和社会环境不同，中国对苏联检察制度也有变通。例如，苏联总检察长由苏联最高苏维埃任命，我国最高人民检察院检察长则由全国人民代表大会选举；在检察机关的负责制上，苏联的检察机关由检察长负责，而我国是采取集体领导基础上的个人负责制①，等等。

三、苏联刑事诉讼文化的影响

自 1936 年《苏联宪法》颁布后，苏联的刑事诉讼法制逐渐定型，其中的一系列重要原则与制度对新中国刑事诉讼法制建设产生了深刻的影响。

（一）刑事诉讼基本理念的影响

苏联刑事诉讼法制起步于 20 世纪 20 年代初，自 1936 年《苏联宪法》颁布后，又加强了反恐怖立法，并强调苏联 16 个加盟共和国刑事诉讼立法的一致性。② 在苏联，刑事诉讼是指检察、侦查和审判机关实行揭露犯罪、证实犯罪人、附带一切防御上的保障去审理被告人案件，并适用公平刑罚而由法律所指导的活动；其基本任务则是，保障法院刑事犯罪案件得到迅速的、客观的、正确的和公平的调查和审理。

由此确立的基本制度主要包括：（1）将提起刑事追诉之权，赋予法院、检察署和侦查机关；（2）法院和检察署对于侦查程序中拘禁的正确性，甚至短期拘押的正确性，有实行监督之权；（3）普通法院和军事法院公判庭的公开审理；（4）用地方居民大多数通用的语言审理案件；（5）检察署和公开团体的代表人，均能在法院支持告诉（公诉）；（6）虽在预备侦查程序中不许辩护人参加，但在公判庭为被告人保障了极广泛的防御权；（7）依审判员的心证来评定案内的证据，审判员不受任何形式的证据的拘束；（8）第二审法院复核刑事判决的上告、监察程序，第二审法院对于第一审法院所选择的刑罚方法有减低或变更其等级之权；（9）如果检察长对于判决未以处刑过轻为理由而申明抗议，第二审法院于案件审理或复审时，不得加重其刑罚。③

受苏联法制的影响，中国法学界也把刑事诉讼视为公安机关、人民法院和检察机关运用司法程序，惩治危害人民与国家利益的敌对分子和犯罪分子，以巩固人民民主专政、保护公民的人身权利和财产权利的活动；并强调受理刑事案件应认真调查研究，严禁刑讯，保障被告人有辩护及请人辩护的权利。

为逐步建立我国的刑事诉讼法制，1950 年 7 月 26 日至 8 月 11 日最高人民法院、最高人民检察署、司法部、法制委员会共同召开了第一届全国司法会议，1950 年 12 月 31 日中央人民政府法制委员会通过了《中华人民共和国诉讼程序试行通则（草案）》，1951 年 9 月中央人民政府委员会第十二次会议通过了《中华人民共和国人民法院暂行组织条例》，1953 年 4 月 11 日至 25 日召开了第二届全国司法会议，1954 年 9 月全国人民代表大会第一次会议通过了《中华人民共和国人民法院组织法》，1957 年又起草了《刑事诉讼法草案》（1963 年修订），陆续形成一整套相应的基本原则与制度，诸如刑事追诉权统一行使、检察机关实施监督、公开审判原则、独立审判原则、刑事辩护原则、人民陪审原则、不服判决上诉原

---

① 相关分析参见周新民：《人民检察院的性质和任务》，载《政法研究》，1954（4）。

② 关于苏联刑事诉讼制度概况，参见［苏］И. В. 蒂里切夫等编著，张仲麟等译：《苏维埃刑事诉讼》，59～83 页，北京，法律出版社，1984。

③ 参见［苏］贝可夫讲授：《苏维埃国家和法律的基础——第十三讲：苏维埃刑事诉讼》，载《中央政法公报》，第 19、20 期合刊，1950 - 11 - 30。

则，等等。当然，为顺应新中国成立之初的国情，我国刑事诉讼法没有规定苏联式的法官自由心证，但新增了党管司法制度和审判委员会制度等内容。

（二）刑事诉讼法制原则的影响

根据《苏联宪法》、《法院组织法》和《刑事诉讼法典》的相关规定，苏联刑事诉讼高度强调法制原则。该原则是指在整个诉讼过程中处理诉讼的公职人员的一切行为，以及实施各项行为的程序，都是经法律明文规定的。它也意味着合法性原则，即法院、检察署、侦查机关的一切活动，都必须符合宪法和法律的规定，必须具有合法性。

参照这一原则，新中国的刑事诉讼也强调法制原则，即刑事诉讼必须严格依据宪法和各部门法（如人民法院组织法、人民检察院组织法、人民警察条例等）进行；宪法和法律规定的刑事诉讼的各项原则，如使用本民族语言原则、法律面前人人平等原则、公开审判原则、陪审原则、辩护原则等，都必须得到切实的遵守；司法机关的活动只服从法律，而不受任何其他人和机关的影响，其行为必须具有合法性；检察机关对于侦查机关、审判机关和劳改劳教机关的活动是否合法进行监督，而检察机关自身行为的合法性受同级人民代表大会及其常委会的监督，等等。遗憾的是，自1957年"反右"运动以来，这一法制原则受到了前所未有的挑战。

（三）无罪推定原则的影响

无罪推定原则是保障犯罪嫌疑人的合法权益的重要法律措施，作为近代以来西方法律文化传统之一，迄今已成为各国刑事诉讼法制的核心原则。

苏联自十月革命以来积极创建社会主义司法制度，将保障被告人各项权利，特别是在没有确定其罪责的充分根据时不得检举其刑事责任和判决有罪作为一项重要的法制原则。这一原则在1936年《苏联宪法》及随后的《刑事诉讼法典》以及各加盟共和国《法院组织法》中均有明确体现，1945年苏联最高法院全体会议则将其概括为："在被告人罪责未经根据法定的程序加以证明以前，不得被认作为犯罪人。"依据这一原则，侦查员及检察长要客观地进行案件的侦查工作，侦查员和检察长只有在具有充分的根据时，才检举被告人的刑事责任，并将案件移送法院；预审庭的成员只有当告诉已为案件的材料所证实的情况下，才对被告人起诉；告诉人应当证明被告人的罪责，而被告人则不负有证明自己无罪的义务；法院应当根据案件的材料，从有利于被告人方面来解释一切怀疑，并仅仅在关于被告人罪责的结论确实可靠的情况下，才作出判定有罪的判决。①

苏联对无罪推定原则的重视，同样影响到了新中国刑事诉讼的立法和理论研究。在1956年立法部门将刑事诉讼法（草案）下发各个实际部门和高等院校征求意见时，草案中就有一条无罪推定原则。当时也有学者撰文，鼓吹这一原则的必要性和现实意义，认为它在我国刑事诉讼法理论上具有指导意义，能够推动、刺激侦查人员和审判人员积极主动地搜集证据，以充分可靠的证据来证明被告人有罪或无罪、罪轻或罪重，从而更好地保护被告人的合法权利。他们由此推论出三条具体的诉讼规则：第一，不能以被告人对侦查人员

---

① 参见［苏］M. A. 切里佐夫著，中国人民大学刑法教研室译：《苏维埃刑事诉讼》（上），231页，北京，中国人民大学出版社，1953。

和审判人员的态度不好，就对他们作有罪的结论；第二，不能以被告人的沉默作为他有罪的根据，同时也无权强迫被告人陈述；第三，不能以被告人的虚伪陈述，作为他有罪的根据，被告人对虚伪陈述，只要未构成诬陷罪，是不负刑事责任的。[①]

遗憾的是，理论界和实务界并未达成共识，有人以为该原则仅是客观真实原则的重复，或以为赋予被告辩护权即可替代之，更有甚者将其视为资产阶级的法律原则而加以排斥。随着1957年"反右"斗争及其扩大化，这一来自苏联老大哥的无罪推定原则，被视为资产阶级"反动观点"和"右派言论"而遭到了猛烈批判和否定。

（四）保障被告辩护权原则的影响

被告的辩护权是国家给予被告人的一项基本的合法权利，它强调的是在法院审理案件时，被告人及其辩护人有权根据事实和法律，提出有利于被告人的材料和意见，证明被告人无罪或罪轻，从而防止审判上的片面性。[②]

在苏联刑事诉讼法中，保障被告人的辩护权是一项基本原则，即在刑事诉讼的整个过程中，必须保护被告人的合法利益。这种合法利益指的是，要由法院查明并判断足以反驳检察机关的控诉，即查明被告人无罪或减轻其刑事责任的一切情况。为贯彻这一原则，苏联宪法和法律规定了律师制度。

受苏联的影响，新中国也确立了辩护权原则。虽然在1951年的人民法院暂行组织条例只规定了公开审判原则，没有规定被告人的辩护权原则，但在中央人民政府法制委员会代理主任委员许德珩所作的《关于〈中华人民共和国人民法院暂行组织条例〉的说明》中明确指出，实行公开审判，就是要实行辩护制度，不仅要让当事人本人有充分的辩护权，而且也要让"他的辩护人在法庭上有充分的发言权和辩护权"[③]。随后，依据1954年宪法精神而出台的人民法院组织法第7条规定："被告人有权获得辩护。被告人除自己行使辩护权外，可以委托律师为他辩护，可以由人民团体介绍的或者经人民法院许可的公民为他辩护，可以由被告人的近亲属、监护人为他辩护。人民法院认为必要的时候，也可以指定辩护人为他辩护"，进一步强调了保护当事人的辩护权原则。1957年起草、1963年修订的刑事诉讼法草案（初稿）第26~29条则将上述规定予以进一步的细化。

为确保被告人辩护权原则，新中国也仿照苏联模式，将律师定位为国家的法律工作者，并建立了新型的律师制度。据初步统计，至20世纪50年代中叶，全国大、中、小城市和中级人民法院所在县、市及其他一些县城，建立了法律顾问处八百多个，全国共设律师协会19个，有律师近三千人。[④] 尽管这一规模远不足满足实践需要，其立意还是极为可贵的。

（五）诉讼直接原则的影响

在苏联，直接原则所强调的是，审判员应当根据他亲身所了解的案件中的一切证据来

---

① 参见黄道：《略论刑事诉讼中的无罪推定原则》，载《法学》，1957（2）。

② 参见魏文伯：《对于〈中华人民共和国人民法院组织法〉基本问题的认识》，载《中华人民共和国审判法参考资料汇编》，第2辑，248页，北京，北京政法学院，1956。

③ 《人民日报》，1950 - 09 - 05。

④ 参见吴磊主编：《中国司法制度》，357页，北京，中国人民大学出版社，1988。

源来制作判决。它并非要审判员亲自去调查每一件事实，而是使审判员能够清楚地了解各种证据，尽可能地排除横亘在审查对象与法院之间的一切中间环节。换言之，法院应当从原始材料中，而不是从任何根据该项材料制作的报告中取得证据。为了使直接原则得到具体落实，苏联法律规定了如下程序：首先，当事人在公判审理时通常均应出庭，以便协同查明案情；其次，证据须由法院直接审查，证人与鉴定人必须到庭；最后，原则上每一案件的诉讼程序不得中断，每一案件的审判组成人员不得更易。

受苏联法的直接影响，新中国的刑事诉讼立法也确立了直接原则。例如，1957 年起草、1963 年修订的刑事诉讼法草案（初稿）第 140 条，就明确了这一原则，即审判员应当根据他在法庭上亲自查实的证据来确定被告有罪还是无罪，并据此制作判决。同时，该草案也规定了类似于苏联的相应程序：第一，所有当事人在公开审判时都必须出庭（第 133 条）；第二，证据必须由法院直接审查，证人与鉴定人必须到庭（第 137 条、第 138 条）；第三，原则上，每一案件的诉讼程序不得中断，每一案件的组成人员不得更易（第 19 条、第 146条）。由此可见，新中国的诉讼法制基本上是沿袭苏联模式而来的。

（六）民族语言原则的影响

民族语言原则是《苏联宪法》和法律所明文规定的诉讼原则。《苏联宪法》第 110 条规定："诉讼概用该盟员共和国，或自治共和国，或自治省语言进行之，保证不通晓该种语言之当事人能经过翻译员完全明了案卷内容，且有权用其本民族语言在法院陈述。"《苏联刑事诉讼法典》第 22 条进一步规定："刑事案件之程序，须用俄罗斯语言或当地大多数居民所通晓之语言。遇有被告人、被害人、证人及鉴定人不通晓本案程序所用之语言时，法院应聘请翻译员，使利害关系人等因翻译而了解法院所为之每一行为。应送达被告人之起诉书及其他文书，须译成被告人之本族语言。如被告人要求宣读时，亦须用其本族语言宣读之。如经查明利害关系人不通晓本案所用之语言时，各利害关系人得以其本族语言提出各种文书和声请书。"苏联各加盟共和国的宪法和法律，也都规定了这一原则。

中国的宪法和法律也详细地规定了民族语言原则。如 1954 年宪法第 3 条规定了在中国各民族一律平等、禁止民族歧视和民族压迫、各民族都有使用本民族语言的自由等。人民法院暂行组织条例第 9 条、人民法院组织法第 6 条则详细规定了在诉讼活动中使用民族语言的问题：各民族公民都有用本民族语言文字进行诉讼的权利；人民法院对于不通晓当地通用的语言文字的当事人，应当为他们翻译；在少数民族聚居或者多民族杂居的地区，人民法院应当用当地通用的语言进行审讯，用当地通用的文字发布判决书、布告和其他文件。两相比较，可见其规定大同小异。

四、苏联民事诉讼文化的影响

（一）职权主义诉讼模式的影响

与当事人主义诉讼模式以当事人为中心不同，职权主义诉讼模式采取的是法官中心制的诉讼程序①，即在当事人与法院角色的分担上，法院在诉讼程序中拥有主导权，其基本内

---

① 参见张卫平：《诉讼构架与程式——民事诉讼的法理分析》，15 页，北京，清华大学出版社，2000。

容包括：程序的推进依职权进行；诉讼资料包括审理对象的确定、事实主张等，法官不受当事人的约束，可以在当事人主张之外认定案件事实；在证据收集方面拥有主动权，等等。

苏联民事诉讼属于职权主义诉讼模式。① 在苏联，法律体系的基本指导思想，主要是法的阶级性和法的绝对公法性。由于否认"私法"的存在，这就为国家权力干预民事纠纷的解决提供了理论基础。② 在《苏联民事诉讼法典》中，也强调法院必须积极干预诉讼，以便查明真相，从而确立了法院在诉讼中的主导地位。无论在收集证据方面，还是在审查双方当事人关于放弃诉讼请求、承认请求以及和解之类声明方面，法院均有权进行广泛的干预。③

受苏联影响，新中国的民事诉讼立法也采用了职权主义诉讼模式。在程序进行方面，法院法官对诉讼程序的进行拥有相当强的程序主导权。除个别程序无权启动外，法院在许多程序（包括一些子程序）的启动与进行方面拥有主导权，如审前程序、庭审调查程序、财产保全程序、再审程序等。

在事实主张方面，基于追求案件客观真实的理念，法院有责任查明案件的真实情况。《苏联民事诉讼法典》第 179 条规定：法院在解决案件的争议时，不受双方当事人请求范围的拘束。受其影响，我国民事诉讼立法也规定，对于当事人在诉讼中没有主张的事实（要件事实或主要事实），法院不受此约束，可以在当事人主张之外调查其认为应当调查的事实。由此形成的二审制度、再审制度等内容，均是这一思想的充分体现。

在证据收集调查方面，法院也具有主导权。苏联诉讼证明制度的一个突出特征，就在于"不仅当事人（原告人、被告人、参加案件的检察长或者被吸收参加案件的第三人）等有责任向法院提出能够证明自己要求的证据，而且法院也有权自己主动收集证据以便查明当事人真实的相互关系"④。受其影响，我国民事诉讼法在证据制度方面，虽然规定了当事人对案件的证明负有举证责任（第 64 条），但随后又规定法院有向有关单位和个人调查取证的权力（第 65 条）。这表明法院在证据方面并不受当事人主张的约束，而可以根据自己对案件事实认定的需要收集必要的证据。

（二）民事检察制度的影响

依照苏联的法律观念，检察机关负有监督法律执行的职能。在涉及公民个人及国家利益的民事案件中，检察院同样可作为民事案件的参与者提起民事诉讼，以保护社会主义国有财产、公民个人财产及其他各项合法权益。检察院参加民事诉讼，主要表现在可以提起民事诉讼，也可以参与整个诉讼过程，并对它认为不公正的第一审法院判决提出抗议，要求上级法院重审。⑤

苏联的这一制度，同样对新中国民事诉讼制度产生了重要影响。根据《最高人民法院

---

① 参见刘荣军：《程序保障的理论视角》，175 页，北京，法律出版社，1999。
② 参见张卫平：《诉讼构架与程式——民事诉讼的法理分析》，53 页，北京，清华大学出版社，2000。
③ 参见［苏］阿·阿克曼著，刘家辉译：《苏维埃民事诉讼》，88～89 页，北京，法律出版社，1957。
④ ［苏］阿·阿·多勃洛沃里斯基著，李衍译：《苏维埃民事诉讼》，22 页，北京，法律出版社，1985。
⑤ 参见［苏］C. H. 阿布拉莫夫著，中国人民大学民法教研室译：《苏维埃民事诉讼》（上），172 页，北京，中国人民大学出版社，1954。

关于各级人民法院民事案件审判程序总结》（1956 年 10 月）和民事案件审判程序（草稿）（1957 年）的相关规定，不仅公民和法人有起诉权，人民检察院对于有关国家和人民利益的主要民事案件也可以提起诉讼；在认为原审法院的判决不公正时，人民检察院可以提出抗议，要求上级法院重新审理。

（三）合议制的影响

民事案件通常需要有除职业法官和当事人之外的其他人参与，此种公众参与在一定意义上体现了司法民主和司法公正，因而各国民事诉讼法大多以合议制度对此加以认可。合议制在合议主体与合议运行程序上强调多人参与、集体审判、共同商讨，在具体审理案件时则体现为合议庭。①

在苏联，合议庭审判案件被视为一项司法民主原则。依据《苏联宪法》第 103 条，《苏联法院组织法》第 9 条、第 14 条，民事审判必须由合议制的审判庭审理。受苏联的影响，我国 1957 年的民事案件审判程序（草稿）第 3 条明确规定，除了简单的民事案件和法律另有规定的案件外，必须由人民法院组成合议庭进行审理。

然而，由于长期以来司法积弊较深，合议庭的运作并不符合合议制的基本要求。一方面，因为法官任职资格和任职条件都不像两大法系要求严格，造成法官整体素质参差不齐，业务能力不等，实践中难以形成相对固定的合议庭，临时搭配组成合议庭的现象比较普遍。另一方面，由于合议庭程序本身的操作规范不健全，法院内外部的人员、组织都容易通过各种渠道影响、干涉合议庭的正常运作，导致合议庭的运作难以保持独立性。② 这些问题，都值得通过进一步的司法改革加以解决。

（四）和解制度的影响

苏联民事审判程序中的和解，一是审判上的和解，即诉讼当事人双方用消灭或变更正由法院审理的争执的民事法权关系的方法，以求达到消除当事人之间的争议，并终止诉讼程序之目的，由此而缔结并经法院确认的一种和解协议；二是审判外的和解，即只有一方当事人援引而他方当事人则否认其存在或否认其正确性的一种和解协议。无论是在法院内还是在法院外达成的和解，只要是提请法院确认并经法院确认者，均为审判上的和解，案件程序由此终止。这种和解协议也具有像法院判决那样的效力，如无错误，当事人必须执行，否则法院将强制执行。③

受苏联和解制度的影响，新中国民事诉讼程序规定了调解制度。这在《最高人民法院关于各级人民法院民事案件审判程序总结》中有明确规定：对那些案情已经明确而又有调解可能的案件（不是所有的案件），为增进人民内部团结以利发展生产，受理这种案件的审判人员可以试行调解，当事人也可以随时请求调解。调解可以在人民法院内进行，也可以在人民法院外进行。调解必须出于双方当事人的自愿，必须遵守政策法律、法令。由人民

---

① 参见常怡主编：《比较民事诉讼法》，269 页，北京，中国政法大学出版社，2002。

② 参见上书，276 页。

③ 参见［苏］C. H. 阿布拉莫夫著，中国人民大学民法教研室译：《苏维埃民事诉讼》（下），51～52 页，北京，中国人民大学出版社，1955。

法院主持成立的调解，与判决有同等效力；经审查没有错误的调解，不准反悔。债务人反悔无正当理由，而债权人申请执行时，可以强制执行。民事案件审判程序（草稿）第 16 条至第 21 条，也对此作了同样内容的规定。

（五）离婚特别程序的影响

在苏联，离婚案件适用特别的审理程序，将离婚案件的程序分为两个阶段：一是基层法院对当事人的调解阶段，二是上级法院（市或省法院）的实质审理阶段。

受苏联的影响，新中国人民法院在受理离婚案件时，也基本上分为两个阶段，即调解和审理。针对起诉的离婚案件，一般要求法院先行调解，只有在调解不成的情况下才进行审理、作出判决。略有不同的是，苏联要求离婚之原告首先在当地的地方报纸上刊登已向法院提起离婚诉讼的启事（声明），中国没有这方面的要求；另外，苏联规定离婚诉讼中调解和审理两个阶段，分别由基层法院和上级法院受理，在中国这两个阶段都由同一个法院受理。①

此外，苏联民事诉讼中的法庭辩论原则、使用当地语言原则、对审判人员实行回避原则等，也都为新中国的民事诉讼程序所接受。

综观苏联诉讼法文化对中国的影响，我们应当站在历史的立场，重新审视其积极意义与消极作用。

一方面，苏联诉讼法文化不止是人类文明史上的法律遗产，也是被新中国诉讼法制建设奉为圭臬的经验和示范。苏联诉讼法文化的传入，带来了社会主义性质的司法理念与诉讼观念，为新中国确立新型司法制度奠定了思想基础；也带来了社会主义性质的法院体制和检察院体制，为新中国建立新型司法制度提供了参照；还带来了社会主义性质的刑事与民事诉讼法制，为新中国加快刑事诉讼与民事诉讼立法提供了基础。可以说，如果没有苏联诉讼法文化的传播和渗透，新中国的司法制度与诉讼法制建设，也许在很长时期内都处于蛮荒阶段。在法院设置与上下级法院关系、人民陪审员制度、审判组织、审判程序等方面，苏联诉讼法文化的影响迄今犹存。

另一方面，我们又必须反思苏联诉讼法文化的消极影响。首先是法律虚无主义的影响。该理论始于 20 世纪 20 年代，认为法律与社会主义不能相容，其代表人物是著名法学家帕舒卡尼斯。他认为，法是商品交换关系的体现，只有资本主义社会才创造了使法在社会关系中高度发展的全部条件；资本主义消灭后不再有法，而仅有技术规则，由此提出不仅在将来共产主义社会中没有法律，而且在无产阶级专政的过渡时期也不可能有无产阶级的社会主义法律。② 虽然这些观点在 20 世纪 30 年代遭到诸如尤金等人的批判，但在 20 世纪 50 年代重新得到苏联学界的肯定，进而对中国产生了深刻影响。法律虚无主义的影响，激活了中国历来重实体、轻程序的传统，使得诉讼法制与司法建设长期徘徊不前。与之相应，苏联诉讼法文化中存在的一些内容，如无罪推定、审判独立、自由心证、检察机关一般监督等，体现了人类法律发展的共同规律，但也在 1957 年"反右斗争"以来遭遇否定和批

---

① 参见［苏］苏达尼可夫、贝可夫：《苏维埃国家和法律的基础——第十四讲：苏维埃民事诉讼程序》，载《中央政法公报》，第 21 期，1950 - 12 - 15。

② 参见［奥］凯尔森著，王名扬译：《共产主义的法律理论》，134 页，北京，中国法制出版社，2004。

判，成为法律虚无主义的牺牲品。

其次是法学教条主义的影响。简单照搬苏联法学理论，并将其作为不可怀疑的教条全盘接受，导致教条主义法学盛行，给中国法学教育的本土化造成极大的障碍。新中国成立之初，无论是学术思想还是学科建设和教材建设，都受苏联法学的影响，没有自己的特点。这种理论上的亦步亦趋，与实践中的全盘苏联化相互呼应，而很少注意是否符合中国的实情。而当时苏联的工业化和公有化都比新中国发达得多，苏联公民的文化程度和整体素质也相对要高，在苏联推行得开的许多司法制度，在中国未必能实行。[①] 因此，苏联诉讼法文化的影响，往往流于一种形式主义的机械照搬，而在精神实质上具有不完整性、不连续性，难以真正契合新中国成立以来的发展需要。

最后是阶级意志法学观的影响。这一理论强调法是统治阶级的意志、阶级斗争的工具，其消极影响延续到 20 世纪 80 年代末期。由于该理论与中国革命的现实需要和实际体验相吻合，因而在新中国成立以来的法制建设中一直被奉为"最先进、最科学"的法学理论，并以其不可怀疑、不可动摇的地位，指导着我国法制的创建和发展，使法律积极参与各个时期的阶级斗争和政治运动。[②] 苏联诉讼法文化原本吸收、改造了以往资产阶级所创造的各项法律文明成果，在这里则成为政治化的东西，受制于当时的政治、经济、军事、外交等各种因素。于是，新中国移植苏联诉讼法制与司法制度时，便以是否符合阶级斗争的精神为尺度：符合阶级专政的就吸收，反之则排斥；适于强化阶级斗争理论的就吸收，反之则拒绝。由此形成的诉讼法制与司法制度，自然也成为服务于阶级斗争的"武器"，其消极影响不可小觑。

---

① 参见何勤华、李秀清：《外国法与中国法——20 世纪中国移植外国法反思》，544～545 页，北京，中国政法大学出版社，2003。

② 参见蔡定剑：《历史与变革——新中国法制建设的历程》，239 页，北京，中国政法大学出版社，1999。

第七章

国际法文化的影响

"国际法，简言之，是国家之间的法律，或者说，主要是国家之间的法律，是以国家之间的关系为对象的法律。"① 从历史的角度看，随着国家职能的演变，国家之间的交往越来越不限于政治、外交和军事的领域，国家间关系的内容和样态日趋复杂化。国际法，作为主要调整国家间关系的规范体系，愈益庞大而丰满。按照一种宏观国际法学的理解，"国际法是调整一切国际关系的法律规范的总和，国际法律规范是多种多样的，它们涉及国际社会生活的各个方面，有着各种不同的内容和形式，但是，它们并不是杂乱无章的，而是有着一定联系的各个部分所构成的一个统一的体系。""宏观国际法学认为，国际法是一个体系，而不是一个部门法。国际法体系……还可依据法律规范所调整的社会关系的某一方面而进一步作分支部门的划分。"② 然而，本章所论述的国际法，其范围较小于宏观国际法学所界定的范围，主要包括传统国际公法和国际私法的内容，也包括现代国际法新扩展的领域，如国际人权法、国际环境法和国际经济法。

发轫于欧洲的国际法，伴随着欧美列强的势力扩张，在世界范围内传播开来。正是在这一背景下，中国人开始接触到一个全新的法律体系——国际法。这一体系不仅是一种制度文明的体现，也是一种文化现象。而且，国际法不仅是不同法律文化冲突、协调与综合的结果，其本身就是人类文化的一部分，它既折射了人类的世界观念和法律观念，也表达了人类对于世界秩序的理想追求。即使发生了近代国际法向现代国际法的转变，国际法的这一特点仍未消弭。

将国际法划分为近代国际法与现代国际法，是国际法学者在论述国际法的历史发展时通常使用的一种方式。但是，向现代国际法的转变起于何时？学者的回答各不相同。第一次世界大战、苏联社会主义革命、第二次世界大战、殖民地的

---

① 王铁崖主编：《国际法》，1 页，北京，法律出版社，1995。
② 黄进：《宏观国际法学论》，载《法学评论》，1984（2）。

解放与亚洲和非洲国家的独立，这些事件都可被视为国际法从近代转向现代的界碑。① 为论述的方便，本章将国际法的发展分为近代国际法、过渡时期的国际法（或两次世界大战之间的国际法）和现代国际法，并根据这一阶段性划分分别论述国际法文化对中国的影响。然而，文化的历程是一个潜移默化、日积月累的过程，因此，如果把国际法作为一个文化现象或者人类文化的一部分来理解，从而指出国际法文化发生了从近代向现代的转变，也只是意味着作为一个法律体系在不同时代所反映出来的不同文化内涵，而并不意味着：在文化的意义上，国际法经历了近代与现代的断裂。应该得到强调的是，不同历史时期的国际法，在文化上仍然有着某种内在的关联。可以说，现代国际法文化是在近代国际法文化的历史积淀基础上发展起来的。

第一节
近代国际法文化对中国的影响

一、近代国际法文化输入中国的历程

1625 年，格劳秀斯的《战争与和平法》问世，在中国，则是明熹宗天启五年，宦官魏忠贤专权，下令禁毁各地东林讲学书院，捕杀东林党领袖。1789 年，乾隆五十四年，也就是华盛顿就任美国总统的那一年，法国爆发了大革命，革命者攻占了巴士底监狱，把法王路易十四送上断头台，发表人权宣言。1793 年，乾隆五十八年，英王特使马戛尔尼到了北京，乾隆在承德接见他。但是乾隆要求这位特使必须按照"天朝"的规矩，双腿跪地行礼。"天朝物产丰盈，无所不有，原不惜外夷货物以通有无"，这句话就是乾隆帝在这次会见过程中说的。② 乾隆自称"天朝上国"，自称是"古今第一完人"，对马戛尔尼带来的西方文明

---

① 有学者指出，第一次世界大战使境内国际法力量对比的地位发生变化，国家力量的自由行使要接受被限制的国际社会的统治。而宣布战争违反国际法则被视为向现代国际法转变的标志。有学者则认为，由于出现社会主义国家，国际社会结构发生质的变化，这一点应充分给予重视。荷兰的和平学者将其具体分为基督教国家时代、文明国家时代、爱好和平国家时代。也有学者将第二次世界大战作为重大转折点。然而，从 20 世纪 60 年代至 80 年代的众多论者认为，国际法的变化是由于社会主义各国的诞生及殖民地的解放所伴随着的亚洲和非洲各国的独立，这一国际法主体按照文字解释为向世界规模的扩大为主要契机。有的学者则认为："社会主义各国出现在欧洲，从人类历史来看，非殖民地化现象是最为重要的因素。如果说，'从殖民地的解放'在国际社会意味着'人类的解放'，那么现代国际法始于第二次世界大战。而且，第二次世界大战在人类历史上第一次揭示了作为人所应享有的权利这一意义上的人权。从欧洲社会主义联邦各国的解体，可以清楚地看到非殖民地化是重要的瞭望角。"［［日］芹田健太郎著，宋长军译：《21 世纪国际法的作用》，载《外国法译评》，1997（1）。］

② 参见张劲草、邱在珏：《论国际法之传入中国》，载《河北大学学报》（哲学社会科学版），1984（2）。

成果，如天文望远镜、地理仪器、钟表、船只模型和武器等等，不屑一顾。这种巨大的历史反差以及当时中国皇帝的盲目自大和自我封闭，必然意味着：所有西方舶来的新鲜事物，包括来自西方的近代国际法，要得到中国皇帝、官员和士大夫阶层的接受和认可，必须经历一个与中国传统文化冲突和协调的过程，这一过程很可能是痛苦而曲折的。

1. 关于近代国际法输入中国的起始时间

近代国际法究竟最早什么时候传入中国？对此，"学术界存在四种观点：（1）认为17世纪40年代末由传教士马蒂诺·马尔蒂尼（Martino Martini）传入；（2）认为17世纪80年代末中俄签订《尼布楚条约》时传入；（3）认为1839年林则徐组织人员翻译传入；（4）认为19世纪60年代由丁韪良传入"①。

第一种观点认为，耶稣会教士、意大利人马蒂诺·马尔蒂尼（Martino Martini，中文名字卫匡国，1614—1661），曾于1648年左右把国际法先驱者、西班牙人苏阿瑞兹（Francisco suarez）用拉丁文写的国际法著作——《法律与作为立法者的上帝》译成中文。对于这一说法，王铁崖先生认为"这是可能的。因为，在中国的耶稣会士很可能懂得国际法，特别是苏阿瑞兹的著作……然而，翻译的文本没有被保留下来，也没有任何记录说明翻译是在什么情况下进行的和进行到了什么程度"②。据王铁崖先生的说法，中国与近代国际法的第一次接触发生在1662—1690年清朝和荷兰的关系中，荷兰人与清朝官员进行过谈判，"在商谈中，荷兰人坚持使节不受扣留的豁免权，提到了'万国法'和'一切王君的习惯'。这些当然是中国人所不了解的，也不可能为其所接受。清朝官员对于平等国家信守一个共同交往法典从而组成一个社会的概念没有什么印象。他们坚持他们自己的传统，努力维护中国世界秩序和他的朝贡制度"③。

1689年，中国与俄国就划分中俄东段边界问题进行了首次外交谈判，史称尼布楚谈判。谈判中，两名耶稣会士参与了清政府的代表团，一为张诚（Gerbillon Jean Francois），一为徐日升（Pereira Thomas）。尤其是徐日升，因颇受康熙皇帝的信任，对谈判的进行和结果，有相当的影响。这两人有关谈判的日记中，记载了一些非常有意义的事情。根据他们的日记，田涛先生认为，"这些记录说明了这样一个事实，即国际法原则在尼布楚谈判中得到了某种程度的尊重和应用"④，但是，"尼布楚谈判仅仅是一个孤立的事件，在此之后的一百五十余年里，再也没有人提起过国际法"⑤。因此，在尼布楚谈判中，清朝皇帝及有关官员与一些国际法知识和原则发生过接触，并不能算是近代国际法输入中国的开端，这不仅因为康熙帝和有关官员内心的拒绝态度和"不以为然"，还因为这一事件并未产生有影响的后果，而且，形式上也并非一个法律体系的输入。王维俭先生认为："有些外国学者认为早在十七世纪六十年代荷兰人侵台湾和八十年代中俄尼布楚条约签订期间，外国人已向中国人说起西方国际法，但此事未见诸中文史料，不能确论。"⑥ 正如田涛先生所言："在西方列强

①　张卫明：《晚清国际法研究回顾与前瞻》，载《西华大学学报》（哲学社会科学版），2006（4）。

②③　王铁崖：《中国与国际法———历史与当代》，载《中国国际法年刊》（1991），北京，中国对外翻译出版公司，1992。

④　田涛：《国际法输入与晚清中国》，18页，济南，济南出版社，2001。

⑤　同上书，20页。

⑥　王维俭：《林则徐翻译西方国际法著作考略》，载《中山大学学报》（哲学社会科学版），1985（1）。

以武力强行打开中国的大门之前，清政府有过与国际法进行直接接触的机会，但在闭关自守的蒙昧状态下，在对欧美世界还一无所知的时代，中国不可能承认，也没有必要去接受这些来自另一个世界的规则和方式。只是依据本能的主权意识和传统的处理外夷政策行事，尽管这些政策在不同的情况下往往需要进行一些调整，但远未表现出试图适应西方的倾向来。"① 因此，第二种观点也不成立。

学界争论最大的是第三种和第四种观点。早在 20 世纪 30 年代，蒋廷黻在其《国际公法输入中国之起始》一文中认为："国际法之输入中国，以丁韪良所译之《万国公法》为始。"② 针对这一观点，不少学者表示难以苟同。最早提出异议的是李抱宏，在《国际法之初次输入中国问题》一文中，他认为，国际公法之初次输入中国……犹在中英鸦片战争之前；林则徐于 1839 年翻译瓦特尔的国际法著作较丁韪良 "尚早二十年"；林则徐不仅对于国际公法已有相当认识，且利用了这些知识用于国际交涉。③ 在《论国际法之传入中国》和《国际法最早的汉文译著者是林则徐》这两篇文章中，张劲草先生明确指出："最早在我国出版的西方国际法的汉文译著者绝非丁韪良而是林则徐"，"西方近代国际法之传入中国则以林则徐为始"，"林则徐主持翻译的《各国律例》是我国最早的国际法中文译本"④。不管孰是孰非，这场争论引发了对国际法输入中国的问题进行了更多、更深入的研究，越来越多的史料被发掘出来，历史的真实日益清晰可见。

2. 林则徐翻译西方国际法著作的尝试

"在国际法知识输入中国的过程中，近代开眼看世界的第一人林则徐作出了开创性的尝试。"⑤ "1839 年，林则徐钦差使粤期间，在广州主持翻译瑞士瓦特尔（即 Emerich de Vattel)⑥ 的国际法著作。这是目前可见有明确中文史料记载的西方国际法著作首次传入中国。"⑦

林则徐深知 "筹夷务必知夷情" 的重要，一到广州，他便 "日日使人刺探西事，翻译西书，又购其新闻纸"，深入调查研究西方情况。⑧ 具体负责这次翻译工作的是在广州的美国传教士、医生伯驾和林则徐本人的译员袁德辉。据王维俭先生的考察，最初发现瓦特尔的国际法著作有助于林则徐处理中外交涉者，想必是袁德辉。⑨ 瓦特尔是格劳秀斯学派中最负盛名的人物之一，其所著国际法——《万国法》(Le Droit des Gens; The law of nations)，又称《适用于各国和各主权者的行为和事务的万国公法和自然法原则》(Principles of Law

① 田涛：《国际法输入与晚清中国》，22 页，济南，济南出版社，2001。

② 蒋廷黻：《国际公法输入中国之起始》，载《中国社会政治学报》，1933 (6)。转引自张卫明：《晚清国际法研究回顾与前瞻》，载《西华大学学报》（哲学社会科学版），2006 (4)。

③ 参见李抱宏：《国际法之初次输入中国问题》，载《外交研究》，第 1 卷第 6 期，1939。转引自张卫明：《晚清国际法研究回顾与前瞻》，载《西华大学学报》（哲学社会科学版），2006 (4)。

④ 张劲草：《国际法最早的汉文译著者是林则徐》，载《法学》，1982 (5)；张劲草、邱在珏：《论国际法之传入中国》，载《河北大学学报》（哲学社会科学版），1984 (2)。

⑤ 田涛：《国际法输入与晚清中国》，23 页，济南，济南出版社，2001。

⑥ 也有人翻译为滑达尔或法泰尔。

⑦ 王维俭：《林则徐翻译西方国际法著作考略》，载《中山大学学报》（哲学社会科学版），1985 (1)。

⑧ 参见张劲草：《国际法最早的汉文译著者是林则徐》，载《法学》，1982 (5)。

⑨ 参见王维俭：《林则徐翻译西方国际法著作考略》，载《中山大学学报》（哲学社会科学版），1985 (1)。

of Nature Applied to the Conducts and Affairs of Natures and Sovereigns）出版于 1758 年。瓦特尔在这一著作中十分强调国家主权的重要，他对于和他属于同一学派的另一著名国际法学家、德国的沃尔夫（Christian Wolff，1679—1754）所主张的"世界国家观念"（Civitas Gentium Maxima）就采取摒斥的态度。①

在伯驾翻译了一些章节之后，林则徐又命袁德辉重译，并增加了一些章节的翻译。② 从译文的内容来看，主要论述违禁走私问题、战争问题、服从所在国法律、采取外交与战争的步骤以及有关英国内政外交的处理方式等等。可以看出，"这些内容的翻译，是经过预先认真的选择，与当时查禁鸦片和处理与英国的关系问题直接联系的"③。1842 年，魏源增补林则徐的译著《四洲志》，书名改为《海国图志》，将林则徐组织翻译的《国际法》部分内容，冠以"各国律例"，编在第 52 卷"夷情备采"中。1847 年，魏源增补《海国图志》。"《海国图志》的一再重刻出版，说明林译《国际法》在晚清社会已经广为流传并产生巨大影响。"④

3. 丁韪良与《万国公法》

鸦片战争，中国战败。1842 年，中国历史上第一个不平等条约——《南京条约》签订。"十九世纪四十年代和五十年代这二十年构成了中国对外关系新秩序的第一阶段。从西方的观点看来，那是这种条约制度结构得以逐渐形成的初创阶段。后来的几个阶段是使条约制度在中国的政治和社会中变为越来越重要的因素。"⑤ 1842 年《南京条约》取消了只准在广州进行中外贸易和由广州特许的公行垄断商来进行中外贸易的限制。印度鸦片和外国侵略已经开始捣毁中国排他性的藩篱。中国的战败，使烟毒进一步泛滥，而取得战争胜利的英国人则试图建立中外交往的新制度。"鸦片战争的失败带来的是第一批不平等条约的签订，随着片面最惠国待遇、领事裁判权等等列强在华特权的确立，不平等条约体系成为中外关系的基本框架。"⑥ 1856 年，第二次鸦片战争爆发，中国再次战败，英、法、美、俄 4 国分别与清政府签订《天津条约》。1861 年，清政府设立总理各国事务衙门，专事外交事宜。1862—1863 年间，中国与法国因为贵州、江西、湖南等地的教案进行交涉，双方关系颇为紧张。正是在这种背景下，1864 年，丁韪良（W. A. P Martin，1827—1916）第一次完整地翻译了一本西方国际法著作，开启了西方近代国际法向中国的系统输入历程。

丁韪良是来华的美国传教士。1858 年，他参与了第二次鸦片战争期间中美《天津条约》的谈判。次年，丁韪良又接受美国新任驻华公使华·约翰（J. E. Ward）的邀请，协助完成

---

①　参见周鲠生：《国际法》（上册），22 页，北京，商务印书馆，1976。

②　参见关于这些译文的详细情况的描述和分析，可参见田涛：《国际法输入与晚清中国》，25～29 页，济南，济南出版社，2001；王维俭：《林则徐翻译西方国际法著作考略》，载《中山大学学报》（哲学社会科学版），1985 (1)。

③　田涛：《国际法输入与晚清中国》，29 页，济南，济南出版社，2001。

④　张劲草：《国际法最早的汉文译著者是林则徐》，载《法学》，1982 (5)。

⑤　［美］费正清主编：《剑桥中国晚清史》（1800～1911），上卷，234 页，北京，中国社会科学出版社，1995。

⑥　田涛：《国际法输入与晚清中国》，31 页，济南，济南出版社，2001。

了条约文本的交换。在华·约翰的建议下，丁韪良决定翻译美国外交官、国际法学家惠顿的著作——Elements of International Law，丁韪良将书名译为"万国公法"，"这是第一本用英语写成的国际法著作，也是当时最新、最流行的一本国际法著作"①。在中译本《万国公法》凡例中，丁韪良提到："惠氏奉命驻扎普鲁京都……既深谙古今书籍，更复广有见闻，且持论颇以不偏著名，故各国每有公论，多引其书以释疑端。奉使外出者，无不携贮囊箧，以备参考，至派少年学翻译等职，亦每以是书课之。"②

关于翻译的过程，丁韪良在《万国公法》凡例中介绍道，这本书先由他与"江宁何师孟、通州李大文、大兴张炜、定海曹景荣略译数卷，呈总理各国事务衙门批阅，蒙王大臣派员校正底稿，出资付梓"。根据丁韪良的请求，总理衙门"酌提三成船钞"、拨银 500 两资助该书出版，并要求刊印后呈送 300 部给总理衙门，以便"将来通商口岸，各给一部"。同年，《万国公法》在北京教会学堂崇实馆出版发行。

在翻译惠顿的国际法著作之后，丁韪良本人，或在其学生、同事的帮助下，又翻译了几部国际法著作。他翻译的国际法书籍还有：《星轺指掌》（1876 年，4 卷，据德国人马顿斯的《外交指南》翻译）；《公法便览》（1877 年，6 卷，据美国人吴尔玺的《国际法导论》翻译）；《公法会通》（1880 年，10 卷，据瑞士人布伦知理的《国际法法典》翻译）；《新加坡律例》、《陆地战役新选》（1899 年，据国际法学会 1880 年编辑的《陆战法规手册》选译）等等。丁韪良自己"在同文馆讲国际法并在 1868—1894 年担任教授和院长；国际法被列为课程之一；1879 年有 9 名学生注册并专门学习国际法"③。

二、近代国际法文化对中国传统世界秩序观念的影响

在国门被西方人的坚船利炮打开之前，中国的传统世界秩序观念早已根深蒂固，"自谓居地球之中，余概目为夷狄"、"华尊夷卑"就是这一传统观念的核心。④ "中国世界秩序的基础是文化，而不是政治。由于参加的成员大部分在不同程度上承继了中国文化，它们形成了一个与世界上其他几大文化地区不同的文化地区。在这个世界秩序中，中国与其他国家的关系不是属于国际的性质，而是伦理的性质；没有主权和平等的观念，而是按照孔子的仁义和以父子、夫妻和君臣三纲为依据的学说发展起来的。"⑤ 夷邦无论亲疏远近，皆为中国的"藩属"，它们必须定期向中国皇帝朝拜和进贡。这既是中国对外关系的固定模式，

---

① 田涛：《国际法输入与晚清中国》，35 页，济南，济南出版社，2001。
② ［美］惠顿著，［美］丁韪良译：《万国公法》，北京，中国政法大学出版社，2003。
③ 王铁崖：《中国与国际法——历史与当代》，载《中国国际法年刊》（1991），北京，中国对外翻译出版公司，1992。
④ 正如《剑桥中国晚清史》的作者写道："中国这个国家已经逐渐形成了自己在世界秩序中的形象，即雄踞于中国舞台之巅的天子是光被四表的。早期的历史学家就提出了同心圆式的等级理论，据认为，地理距离越大的外围蛮夷与皇帝的关系也就越淡，但不管怎样，他们仍得臣属于皇帝。和中国皇帝只能保持藩属关系这种观念虽然不时受到重创，但一直延续了下来。在汉朝的力量衰落以后，朝贡一词就已被确认，以致它既可用于与蛮族的外交关系，也可用于与它们的贸易往来。中国在隋、唐时期重新强大后，这种唯我独尊的理论也得以复苏。可以指出，在唐朝时代，皇帝的恩泽已远达四裔。这给中国的优越感和非中国人的贡属地位提供了坚实的基础。"〔［美］费正清主编：《剑桥中国晚清史》（1800～1911），上卷，33～34 页，北京，中国社会科学出版社，1985。〕
⑤ 王铁崖：《国际法引论》，366 页，北京，北京大学出版社，1998。

也是中国对外经济往来的一种主要方式。藩属朝贡的体制可谓中国对外体制的核心。"在对外关系方面，十九世纪初期的中国国家和社会仍然认为自己是东亚文明的中心。它和周围非中国人的关系是假定以中国为中心的优越感这一神话为前提的。但用这种方式来解决对外关系问题，是有一个缓慢的演变过程的。"① 华夷观念和朝贡体制一直是这种"优越感"的直接表达和重要象征。因此，近代国际法文化的输入和传播，不断地侵蚀以华夷观念和朝贡体制为支撑的中国传统世界秩序观念，直至最终的崩溃。有学者认为：自19世纪中叶以来，在西洋列强"坚船利炮"的打击下，晚清封建统治阶级和一般国人的华夷观念便发生了相应的变异，开始了解体崩溃的过程，其间共经历了4个阶段的变化：第一，19世纪四五十年代是晚清华夷观念的"松动期"。第二，19世纪60年代到90年代初是晚清华夷观念的"解体期"。第三，从1895年甲午战争的惨败到戊戌变法的勃兴，是华夷观念开始走向"崩溃期"。第四，庚子事变后的20世纪初期是华夷观念的最后崩溃期。②

因为认识到"知夷情"的重要性，了解国际法知识成了林则徐搜集外国资料工作的一部分。从他所选择的著作和章节内容来看，林则徐已经意识到：是否应该以及如何查禁鸦片，已经不是清朝皇帝一人能决定的事情。这种朦胧的意识体现了一个观念上的重大转变③，虽然，这种转变在当时可能只发生在林则徐一个人身上。林则徐主持翻译西方国际法著作是否是近代国际法输入中国的开端？从各方提供的史料来看，这是一个很难判断的问题，问题的关键在于如何理解"输入"。只言片语地提及国际法，显然难以称为一种知识体系或规则体系的输入；部分章节的翻译，并以正式的形式出版发行并流传甚广，在某种程度上，则可称为"传入"。后来的学者使用了"系统输入"的说法④，以区别林则徐翻译国际法而开启的近代国际法传入与丁韪良翻译《万国公法》而开启的近代国际法的输入。这不仅是对历史真实的描述，也体现了近代国际法输入中国的阶段性。国际法输入中国之后，"在中国，国际法知识似乎在逐渐扩展中，虽然只在官员和学者的有限范围内"⑤。随着国际法知识在晚清中国的传播，晚清统治者的世界秩序观也在悄然发生变化，虽然变化的主因并非国际法知识的输入和传播，但从文化上说，对晚清中国而言，国际法知识作为一种

---

① ［美］费正清主编：《剑桥中国晚清史》(1800～1911)，上卷，33页，北京，中国社会科学出版社，1985。
② 参见宝成关、田毅鹏：《从"甲午"到"庚子"——论晚清华夷观念的崩溃》，载《吉林大学社会科学学报》，2002 (1)。
③ 其实，林则徐在观念上仍处于十分矛盾的尴尬处境。林则徐在致英国女皇维多利亚的信中宣称："闻该国禁食鸦片甚严，是固明知鸦片之为害也。既不使为害于该国，则他国尚不可移害，况中国乎?"接着，他又问道："譬如别国人到英国贸易，尚须遵英国法度，况天朝乎?"最后，他说："我天朝君临万国，仍有不测神威，然不忍不教而诛，故特明宣定例，该夷国夷商欲图长久贸易，必当惕遵宪典，将鸦片永断来源，切勿以身试法。王其诘奸除慝，以保尔又有邦，益昭恭顺之忱，共享太平之福，幸甚，幸甚!"[杨泽伟：《近代国际法输入中国及其影响》，载《法学研究》，1999 (3)。]
④ 田涛先生认为："晚清国际法的系统输入，始于《万国公法》的翻译。"[田涛：《国际法输入与晚清中国》，34页，济南，济南出版社，2001。]何勤华先生认为："《万国公法》的翻译出版，对中国来说无疑是一个非常重大的事件。它是在中国正式出版发行的第一本系统完整的西方国际法著作。"[何勤华：《〈万国公法〉与清末国际法》，载《法学研究》，2001 (5)。]修志君先生认为："正式系统地把近代国际法介绍到中国来的是美国传教士丁韪良。"[修志君：《近代国际法在中国的传播及影响》，载《青岛大学师范学院学报》，2006 (9)。]
⑤ 王铁崖：《中国与国际法——历史与当代》，载《中国国际法年刊》(1991)，北京，中国对外翻译出版公司，1992。

"异质文化"的组成部分，它对晚清统治者世界秩序观的冲击，并不同于坚船利炮的军事威慑，而是潜移默化的"侵蚀"。这种影响过程可能更为漫长而曲折，相伴随的心理调整程度，可能并不亚于军事力量的直接冲击。新知识和新规则的"学习"过程就是一个被迫接受"异质文化"所主张的世界秩序的过程。

在近代国际法的文化内涵中，其行动主体均为主权独立且相互平等的国家，这些国家之间的交往所构成的国际社会是近代国际法的基础，这种"国际社会"的观念显然与"华尊夷卑"的观念和藩属朝贡的体制格格不入。丁韪良在其翻译的《万国公法》的前面特意附上了一张世界地图①，其意图无非是强化"中国并非世界中心"的认识，也表明他翻译的《万国公法》所适用的"世界"并不同于中国人的传统认识。② 以《万国公法》开端而陆续输入中国的国际法著作、思想和学说作为载体，伴随着晚清对外交往实践的开拓，近代国际法文化对中国传统的世界秩序观念造成了强烈的冲击，导致其最后的崩溃。

首先，晚清统治者和士大夫阶层在思想上的变化，能够非常有力地说明近代国际法文化对中国传统世界秩序的崩溃所产生的影响。③ 总理衙门大臣董恂在《万国公法》一书的序言中感叹"今九州外之国林立矣"的局势，这反映了清朝官员开始意识到接受一套新的世界秩序观念之不可避免。此后，洋务派思想家认识到"顾今日之天下，非三代之天下……神州者，东南一州也"，"若我中国，自谓居地球之中，余概目为夷狄……夫地球圆体，既无东西，何有中边。同居覆载之中，奚必强分夷夏"，开始对中国传统的华夷观念进行深刻的反思。④

其次，晚清外交机构上的变化，不仅意味着传统的处理"夷务"的机构在性质和地位上的变化，而且意味着从"夷务"到"外交"的话语转型。"《南京条约》签订以后，原有的政权机构已无法支撑新的变故，'理藩院'⑤ 就是其中的一个。不管清统治者内心里如何看待西方，但客观上已没有力量把它们与过去的'藩国'相提并论了。"⑥ 鸦片战争导致了

---

① 参见何勤华：《〈万国公法〉与清末国际法》，载《法学研究》，2001 (5)。

② 当然，在丁韪良之前，林则徐的《四洲志》介绍了世界五大洲三十多个国家的域情、国情。魏源的《海国图志》则介绍了当时世界各主要国家的地理位置、历史沿革、社会政治制度、先进科技、民情风俗等，其中有17卷着重介绍欧洲各国，分析英国强大的原因。其主题旨在阐明中国是世界五大洲的一小部分，而不是世界的"中心王国"，中国也不是"天朝上国"，而是在许多方面不如西洋各国，不应盲目自大。成书于1848年徐继畬的《瀛环志略》对外部世界的介绍比《海国图志》更详尽、准确，对西方诸国的史地沿革、风土人情及社会变迁等作了较多记载。参见施建兴：《国际法的输入与中国近代国家主权观念的发轫》，载《南平师专学报》，2003 (1)。

③ 从统治者和士大夫阶层由于受到近代国际法著作和学说的影响而在思想上发生的变化来说明中国传统世界秩序的转变，是国内学者研究近代国际法对晚清中国的影响的一种主要方式。参见田涛：《国际法输入与晚清中国》，济南，济南出版社，2001；柳宾：《国际法的输入与中国外交近代化的起步》，载《天津社会科学》，2001 (1)；夏泉：《试论晚清早期驻外公使的国际法意识》，载《江西社会科学》，1998 (10)。其他还有专门研究晚清时期某个思想家的大量文章，也有提到因为近代国际法思想和学说的影响而在世界观上发生的变化。

④ 参见宝成关、田毅鹏：《从"甲午"到"庚子"——论晚清华夷观念的崩溃》，载《吉林大学社会科学学报》，2002 (1)。

⑤ 作为兼管外交的中央机构，礼部和理藩院也不过只是一个管理"藩属之邦"、接待"贡使"的机构。所以当时的中国"无所谓外交，理藩而已"[冯君：《论清代外交机构的演变及其对社会的影响》，载《嘉应大学学报》，1994 (3)]。

⑥ 王玫黎：《国际法观念与近代中国法律改制》，载《郑州大学学报》（哲学社会科学版），2003 (4)。

一系列不平等条约的签订，同时，中国与西方关系的新秩序以此为基础建立起来，中外关系遭遇"千年未有之变局"，与西方列强的交往成了清廷日常事务的一部分。"1861 年 1 月，清帝批准新设处理西方关系的总理衙门，并于 3 月 31 日正式成立；两星期后，英法两国大使抵京驻扎。"[①] 这一举措受到西方列强的欢迎，"英国使馆的威妥玛说这是'数十年求之不得'的事。有些西方国家甚至称赞此举为'中外各国永敦睦好最妙良法'"[②]。义和团运动失败后，清政府被迫与列强谈判，西方列强要求用一个与其他国家的外交部相似的机构来代替总理衙门，其名称应为"外务部"，最后，《辛丑条约》第 12 款规定："总理衙门改为外务部，班列六部之前。"[③] 清政府于 1901 年 7 月发布上谕，正式改总理衙门为外务部。[④] 不管外务部设立的主要原因究竟为何[⑤]，晚清对外交往机构在名称上的变化，不仅意味着中国开始采纳西方的外交模式，而且也意味着某种"话语"和"符号"的转型，官方开始正式认可和接受一组象征着新事物的符号，以此替代了一套旧的符号。1904 年，清政府颁行《奏定学堂章程》，规定各类学校均应开设地理课程，以"使知地球表面及人类生计之情状，并知晓中国疆域之大概，养成其爱国奋发之心；更宜发明地文地质之名类功用，大洋五洲五带之区别，人种竞争与国家形势利害之要端"[⑥]。日本学者川岛真在《中国近代外交的形成》一书中指出，中国的外交经历了一个变迁的过程：夷务——洋务——外务——外交。19 世纪后半期的中国对外关系中除了朝贡关系，还有非条约化的通商关系。因此在外务部成立之前，只能被称为"交涉的时代"[⑦]。从"交涉的时代"走向"外交的时代"，在符号和话语上象征着中国传统世界秩序的崩溃。

最后，实证化是近代国际法文化区别于中世纪国际法文化的一个重要特征，而实证化的重要途径就是强调条约的作用。正如劳特派特所说："构成国际公法内容的各种法律关系通常是按照或者是类比某种私法观念来塑造的"，私法上契约制度中的诸多原则都对国际法上的条约制度产生了深刻的影响。从历史渊源来说，近代国际法中的条约观念是直接承继了古罗马法上的契约观念的。[⑧] 契约是平等主体之间的协议的观念，直接转化为条约是平等国家之间的协议这一观念。虽然《尼布楚条约》在形式上和内容上都体现了平等协商的精神，但康熙皇帝对此并不满意，其中原由即在于这种方式违背了康熙皇帝所奉行的"天朝"观念，这说明那个时候的清朝统治者还无法接受通过平等协商签订条约

① ［美］费正清主编：《剑桥中国晚清史》（1800～1911），上卷，468 页，北京，中国社会科学出版社，1985。

② 杨泽伟：《近代国际法输入中国及其影响》，载《法学研究》，1999（3）。

③ 王开玺：《总理衙门改为外务部自议》，载《河北学刊》，1995（3）。

④ 参见潘培志：《晚清政府改革下的中国外交近代化》，载《经济与社会发展》，2005（1）。

⑤ 外务部的设立究竟是"卖国邦交"的体现，还是向近代外交转变而不得已的举措，对这一问题存在不同看法。参见王开玺：《总理衙门改为外务部自议》，载《河北学刊》，1995（3）；赵永进：《总理衙门改为外务部新议》，载《湖南省政法管理干部学院学报》，2002（2）。

⑥ 宝成关、田毅鹏：《从"甲午"到"庚子"——论晚清华夷观念的崩溃》，载《吉林大学社会科学学报》，2002（1）。

⑦ 金莹：《川岛真著〈中国近代外交的形成〉》，载《历史研究》，2004（5）。

⑧ 参见顾微微、徐慎丽：《从契约到条约看私法理念对国际法的影响》，载《南通大学学报》（社会科学版），2005（4）。

的方式来处理"夷务"。但是，鸦片战争后的局势完全不同了，中国不得不接受一套条约体系，以此确立与西方的交往基础。从条约的形式和用语来看，晚清统治者也不得不完全接受了西方列强的要求，就中英两国及官员交往的文书字样问题，《南京条约》规定："英国住中国之总管大员，与大清大臣无论京内、京外者，有文书往来，用照会字样；英国属员，用申陈字样；大臣批复，用札行字样；两国属员往来，必当平行照会。若两国商贾上达官宪，不在议内，仍用禀明字样为著。"①《南京条约》对缔约双方的称呼，都同等地互称为"大"，即"大清"、"大英"、"大佛兰西"和"大合众国"；条约文本中，双方君主均称为"大皇帝"或"大总统"，都抬高两格行文，以示双方地位上的同等尊严；在使用本国文字的条约文本上，双方代表的签字列在前面。1856 年 10 月爆发第二次鸦片战争。清政府先后被迫与俄、美、英、法签订《天津条约》。《中英天津条约》第 51 款约定："嗣后各式公文，无论京外，内叙大英国官民，自不得提书夷字。"这种条约形式和用语的接受，表明清政府无法否认中西方各国之间的平等地位，不得不在"形式上"接受了国家主权平等这一近代国际法的重要观念。② 1895 年 4 月 17 日，中、日签订《马关条约》，其第 1 款即规定："中国认明朝鲜确为完全无缺之独立自主，故凡有亏损独立自主体制，即如该国向中国所修贡献典礼等，嗣后全行废绝"，"彻底斩断了中、朝两国间传统的宗藩关系。由此，中国传统的华夷体制失去了最后一个藩属国，朝鲜则沦为日本的殖民地，华夷秩序观失去了赖以存在的实体基础，走向最后的崩溃"③。根据近代西方国际法的原则和标准订立的条约，用最直接的语言宣布了中国传统世界秩序的崩溃。在思想和行动上，义和团运动是保守的中国世界秩序观念最后的挣扎，《辛丑条约》要求惩办祸首，"华夷观念在高层统治集团内部丧失了存在的基础"④，其失败的结局只能说明中国传统世界秩序观念确实"不合时宜"。

三、近代国际法文化对晚清国人主权观念的影响

国际法的传入促进了晚清国人近代主权观念的产生，而对近代国际法的思想和原则的体认与接受，是中国近代主权观念萌发的重要原因。这是一种较为普遍的看法。⑤"'主权'是源于西方政治学中的一个概念和术语，但'主权'一词在中国古代就已经存在。例如，《管子·七臣七主》曰：'藏竭则主权衰，法伤则奸门闿。'不过，中国古代所谓的'主权'仅指君主的权力。"⑥ 但是，何勤华先生在其点校的《万国公法》一书第 27 页的注释中指

---

① 王铁崖主编：《中外旧约章汇编》，32 页，北京，三联书店，1957。

② 参见施建兴：《国际法的输入与中国近代国家主权观念的发轫》，载《南平师专学报》，2003 (1)。

③④ 宝成关、田毅鹏：《从"甲午"到"庚子"——论晚清华夷观念的崩溃》，载《吉林大学社会科学学报》，2002 (1)。

⑤ 参见田涛：《19 世纪下半期中国知识界的国际法观念》，载《近代史研究》，2000 (2)；张效民：《国际法与晚清近代外交》，载《社会科学论坛》，2006 (3. 下)；侯德彤：《论早期维新派的国家主权意识》，载《东方论坛》，1999 (4)；曹英、刘苏华：《论早期维新派的国家主权观念》，载《长沙理工大学学报》（社会科学版），2004 (4)；施建兴：《国际法的输入与中国近代国家主权观念的发轫》，载《南平师专学报》，2003 (1)。

⑥ 杨泽伟：《主权论——国际法上的主权问题及其发展趋势研究》，13 页，北京，北京大学出版社，2006。

出："主权，惠顿书为 Sovereignty。这可能是汉语'主权'一词第一次在中国出现。"① 丁韪良所译之《万国公法》的第二章专门探讨了"论邦国自治、自主之权"，指出："治国之上权，谓之主权。此上权或行于内，或行于外。行于内，则依各国之法度，或寓于民，或归于君。""主权行于外者，即本国自主，而不听命于他国也。各国平战、交际，皆凭此权。"② 不管中国传统文化中是否存在"主权"的概念，将"管辖权"或"统治权"的"主权"赋予民族国家这一政治实体或者组成这一实体的人民，从而将民族国家从其他权威的束缚中解放出来，的确是西方文化的创造，因此，近代国际法文化给中国所带来的"主权"观念是不同于国人已经接受的"君权"观念的，国人通过近代国际法这一文化中介，体认和接受一种新的"主权"观念，不仅意味着中国传统世界秩序观念的转变，也意味着一种民族意识的觉醒和国家观念的重建。

在处理林维喜事件的过程中，林则徐根据《各国律例》确信："杀人偿命，中外所同。"他严正指出："查该国向有定例，如赴何国贸易，即照何国法度，其例甚为明白"，倘若遇有犯罪之人，则"犯罪在伊国地方，自听伊国办理，而在天朝地方，岂得不交宪审办？"林则徐采取强硬措施禁止鸦片贸易，也是遵循"各国皆有当禁外国货物之例"的精神。③ 1864年，针对普鲁士在中国海域捕获丹麦船只事件，清政府也援引国际法，主张主权，指出"外国在中国洋面扣留别国之船，乃显系夺中国之权，于中国大有关系"。随着对国际法的认识，清朝官员们对主权概念的认识进一步加深，进而要求收回和维护中国的主权。④ 1875年3月，在处理马嘉理案时，李鸿章指出，马嘉理未经中国地方官同意，擅自带领武装探路队深入中国内地，"不独有违条约，亦显悖万国公法……中国自主之国，岂容他国无故调兵入境？"⑤ 随着中外交往的增多，西方列强对中国提出的要求也越来越多，晚清政府及其官员们能够认识到的国家主权范围也越来越广，萌发了近代领海、内河及铁路、电信等主权意识。⑥

生活在晚清时代的知识分子，面对西方列强的入侵和一系列不平等条约的签订，也日益感觉到国家主权的重要性。他们在学习西方国际法知识的同时，也开始运用西方国际法中的主权概念谴责西方列强的"霸道"行径。国际法中的主权原则"给早期维新派以启示：任何民族、国家都有维护自身主权不受侵犯的权利，并帮助早期维新派较为清醒地认识到中国的国家主权遭到严重侵犯的事实，从而在其思想中诱发出较为明确的国家主权意识"⑦。对于当时的国人而言，领事管辖权问题、关税自主问题、片面的最惠国待遇条款问题是最受关注的，当时的知识分子阶层就这三个问题发表了大量的言论，几乎都认为在这些问题

① ［美］惠顿著，丁韪良译，何勤华点校：《万国公法》，27 页注释［1］，北京，中国政法大学出版社，2003。有学者也附和这一说法，认为"中国汉语中'主权'这个词是 19 世纪 60 年代初美国传教士丁韪良在翻译惠顿的《万国公法》时创造的汉字法律术语，是从 sovereignty 一词译过来的。"［曹英、刘苏华：《论早期维新派的国家主权观念》，载《长沙理工大学学报》（社会科学版），2004（4）。］
② 同上书，27～28 页。
③ 参见周其厚：《论林则徐外交思想的形成与特点》，载《齐鲁学刊》，1997（5）。
④ 参见张效民：《国际法与晚清近代外交》，载《社会科学论坛》，2006（3．下）。
⑤ 柳宾：《国际法的输入与中国外交近代化的起步》，载《天津社会科学》，2001（1）。
⑥ 参见柳宾：《国际法的输入与中国外交近代化的起步》，载《天津社会科学》，2001（1）。
⑦ 侯德彤：《论早期维新派的国家主权意识》，载《东方论坛》，1999（4）。

上中国的主权受到了损害，尽管他们的表达方式有所不同。王韬将领事管辖权或治外法权称为"额外权利"，指出"夫额外权利不行于欧洲，而独行于土耳机、日本与我中国"。来华之商人、传教士等，"我国均无权治之，此我国官民在所必争"①。在关税问题上，陈炽明确指出："税则者，国家自主之权，非他国所得把持而搀越者也。"郑观应也指出："税项通例，皆由本国自定，客虽强悍，不得侵主权而增减之者也。"薛福成则更进一步，不仅论证关税由外人把持违反国际法，还说明了国际法授予一国关税自主权的深层缘由，把关税自主权与国之自立自主自护直接联系起来。他指出："《万国公法》有之曰，凡欲广其贸易，增其年税，或致他国难以自立自主，他国同此原权者，可扼之以自护也。又曰，若于他国之主权、征税、人民、内治有所妨害，则不行。"在考察了晚清知识分子的大量言论之后，田涛先生作了一个总结："国际法知识的输入，实际上成为近代知识分子探讨现实问题的一个重要参照，面对半殖民地的社会现实，不少知识分子认识到中国主权利益丧失的严重性。他们把列强强加给中国的不平等地位与国际法规范相比照，进行了大量的论述，集中谴责了欧美列强在中国的种种侵略行径，其目的就在于为中国寻求自身的国际地位和权益。这些论述正是中国知识界开始形成主权利益观念的表现。"②

无论晚清政府和它的大臣们，还是生活在晚清时代的知识分子，他们所处的历史环境显然不同于近代国际法创立时期的西方人。有学者指出："由于早期维新派的国家主权观念是学习西学的结果，所以它不是以理论论证的形式，而是以反对不平等条约的形式出现的。在用国际法检验中国现实的过程中，早期维新派发现列强强加给中国的不平等条约完全违背了国际法原则，是对中国主权的严重侵犯，于是，他们以国际法作为理论武器反对列强在华特权，强烈要求收回中国主权。"③ 在西方近代国际法文化中，"主权"本身是一个很复杂的概念，虽然近代国际法奠基在主权独立与平等的原则之上，但是，在近代国际法的体系中，"主权"概念仍远未清晰而明确，不同学者对这一概念的实质、地位和功能的认识不一而足，利用主权这一概念进行的论述所要实现的目的也多有差异。然而，在近代国际法输入中国之后，伴随着对残酷的民族或国家生存现实的担忧，晚清政府及官员和学者们对主权的理解立基于一个完全不同的历史平台，初步萌发的民族意识，为主权观念增添了民族自强自立的色彩，而古老而深厚的家国观念又为主权打上了君权至上的烙印，在民众、民族、国家和皇室社稷之间，中国人并没有更多地去讨论"主权"的归属，面对"主权"、"利权"和"利益"被西方列强宰割的现实，他们更多的是关注如何恢复"原本属于"中国的权力，如何进入"九洲外之国林立"的近代世界，如何被纳入西方主导的国际社会，如何为西方列强"平等相待"。因此，在接受了《万国公法》所提及的各国有"自主自护之权"这一概念之后，清朝政府及官员和大部分学者首先意识到的是如何利用这一概念争取自保或挽回败局。

当时的政府官员和知识分子在"体认和接受"近代国际法中的国家主权观念时，他们所处的历史环境是特殊的，这使得他们在主权问题上的论说方式和终极目标都具有非常鲜明的特色。在近代国际法体系中，国家主权具有至高无上的地位，这既是近代国际法

---

①② 田涛：《19 世纪下半期中国知识界的国际法观念》，载《近代史研究》，2000（2）。

③ 曹英、刘苏华：《论早期维新派的国家主权观念》，载《长沙理工大学学报》（社会科学版），2004（4）。

得以创立的基础，也是其实证化的主要根基。如果不承认国家意志的权威性，基于国家意志产生的习惯和条约也就失去了效力的根据，一个没有效力的规则是不可能被接受为"法律"的。因此，至高无上的主权为近代国际法的效力提供了理论根据。同时，由于近代国际法的实证化，在国际法体系内，"主权"概念本身也被实证化了，主权被抽象成了国际法上的一个特定概念。晚清官员和知识分子在论述中国的主权问题时，"中国之权"、"中国自主之权"、"利权"或"主权"是经常被使用的。但是，他们在使用这些概念的同时，并未对概念的内涵与外延作明确的界定①，这说明晚清国人在阐述主权问题时仍缺乏概念化的思维。此种论说方式显然是中国传统思维方式的延续，更说明重塑国家观念的重要性。

此外，在主权的概念与国际法规范之间的关系上，特别是主权与条约规定的关系上，晚清国人的认识亦模糊不清。在《万国公法》一书中，作者提到："就公法而论，自主之国，无论其国势大小，皆平行也。一国遇事，若偶然听命于他国，或常请议于他国，均与其主权无碍。但其听命、请议，如已载于约，而定为章程，则系受他国之节制，而主权自减矣。"② 在近代国际法中，条约的重要性毋庸置疑，其理论基础便是：条约就是国家意志的明确表达。出于国家利益的考虑，一国"听命于他国，或常请议于他国"自然也是国家意志的表达，不仅与"主权无碍"，而且也可被认为是主权行使的一种方式。当一国与他国订立条约表明在某些问题上受他国节制，只是"主权自减"而已，自减主权的目的仍可被解释为维护国家利益的需要。这样的解释使得"条约"不仅在理论上具有效力根据，而且有理由要求各国在实践中予以遵守。但是这种解释是无法为当时国人所能深刻理解的，毕竟，大部分官员和知识分子要解决的问题是：中国与西方列强所签订的条约是否合乎"公法"。因此，他们从一开就将"公法"与中国所签订的条约区别开来。中国不平等条约的形成，主要原因是实力上的不济，也有部分原因确实是订约技术上的不足甚至懈怠。在这种背景下，很难让当时的国人把中国与西方列强的不平等条约体系纳入他们通过《万国公法》一书所接受的"公法"体系。而且，这种情形的出现主要原因不在于国人的思维方式，而在于西方列强一开始就并不打算将适用于它们之间的国际法适用于它们与中国的关系。

四、近代国际法文化与晚清外交近代化

中世纪后期，教皇与世俗统治者之间很少达成一致的意见。新型君主国的出现加强了国家的主权，从而产生了经常性地对外联系的需要，常驻外交使节成为不可或缺的交往方式。到 16 世纪初期，这种惯例已经普及欧洲国家。《威斯特伐利亚和约》对国家主权的承认，使得在各国公开承认的统治阶级成员之间进行外交活动成为可能。常驻外交使节的活动开始超越陆海疆域的限制，既受习惯又受法律的约束，进而促进国家之间的交往。③《威

---

① 陈炽指出："税则者，国家自主之权，非他国所得把持而攫越者也。"他的这种界定可以说是一种概念分析，但可惜的是，他并未进一步对此概念所包含的具体要素及要素的认定方式进一步阐述，实际上只是使用了对词语的简单语义解释。

② ［美］惠顿著，丁韪良译，何勤华点校：《万国公法》，37 页，北京，中国政法大学出版社，2003。

③ 参见黄德明：《〈威斯特伐利亚和约〉及其对国际法的影响》，载《法学评论》，1992（5）。

斯特法利亚和约》的签订也促进了外交关系法的发展。但是，在西方国际法文化中，外交是用谈判的方式来处理国际关系，是大使和其他使节用来调整和处理国际关系的方法，是外交官的业务或技术。这种对外交的技术化界定并不适用于本节所论之晚清外交近代化。晚清外交体制几经变迁，外交官职业在整个官僚体制和文化氛围中的地位是经过一个漫长的时期才逐渐确立的，晚清政府对外交事务的划分也没有形成确定的标准，因此，本文所论之"外交"，实际上是晚清政府所有对外交往的总和，并不限于政治和军事的领域。

而所谓近代外交，就是指以国际政治生活规范为指导，接受并运用国际法原理、国家主权理念和均势理论，通过谈判等和平手段，执行其对外政策并调整国际关系。[1] 按照这一界定，晚清外交近代化的历程就是外交规范化和程式化的过程。

1. 晚清国人"公法观念"的转变与晚清外交观念的近代化

中国传统世界秩序观念的崩溃历程反映了晚清外交观念的根本性变化，晚清政府不得不在一种新的世界观基础上与西方打交道。晚清政府官员和知识分子国家主权意识和民族意识的初步萌发，则意味着晚清政府在外交基本方向上的逐渐清晰，维护主权和确保国家生存成了外交的终极目标。这两个方面也可视为晚清外交观念近代化的一部分。根据本文所采纳的界定，外交近代化还包括"接受并运用国际法原理"这一因素。"利用国际法进行外交交涉和外交谈判是近代外交的一个重要特点和标志。"[2] 然而，在晚清对外交往中，是否存在值得信赖的规则，是晚清政府官员和知识分子不得不经常面对的问题。而对这一问题在不同阶段的不同回答，反映了晚清外交观念的变化。因此，本文首先以晚清国人"公法观念"的转变为切入点，梳理晚清外交观念近代化的历程。

《万国公法》一书提到了赫夫特尔[3]的观点。赫夫特尔不认同"国际法"（international law，dmit international）这个词，认为它并没有充分表达罗马法学家"jus gentium"的理念。在他看来，"jus gentium"是人类共有的法，无人能够拒绝承认，所有的人和国家都可以要求它的保护。无论在哪里，存在一个社会，就一定存在一个对其所有成员具有强制性的法律。赫夫特尔认为这是无可争辩的原则，因此他推论，对许多国家组成的大社会而言，一定也存在一个类似的法。[4] 而惠顿则认为："或问万国之公法，皆是一法乎？曰：非也。盖此公法，或局于欧罗巴崇耶稣服化之诸国，或行于欧罗巴奉教人迁居之处。此外，奉此公法者，无几。"但是，对于名称不同所反映的国际法性质上的争论，丁韪良在翻译上的处理令人费解。在惠顿的原著中，有一段文字提到了国际法在名称上的变化，但是丁韪良并没有翻译这段话。[5] 丁韪良将"jus gentium"和"international law"都翻译成万国公法，将整本译著也定名为"万国公法"，这显然与原著真实意图相悖："他在《凡例》中说明，'是书所录条例，名为《万国公法》，盖系诸国通行者，非一国所得私也'。这样的理解，符合赫夫特尔的理解，而恰恰与惠顿的观点相悖。另外，丁韪良没有认真对待惠顿所特别讨论和提倡的'国际法'这个词，除了在一处地方将之译为'诸国之法'（'海氏以诸国之法，

①　参见章开沅、罗福惠主编：《比较中的审视：中国早期现代化研究》，617 页，杭州，浙江人民出版社，1993。

②　张效民：《国际法与晚清近代外交》，载《社会科学论坛》，2006（3. 下）。

③　Heffter，德国国际法学家，丁韪良在《万国公法》中译为"海付达"。

④⑤　参见张用心：《〈万国公法〉的几个问题》，载《北京大学学报》（哲学社会科学版），2005（3）。

不足尽罗马国法师所言公法之义')外，他一概称之为'公法'。"① 也许这样的翻译更契合当时国人的口味，容易为其接受，但这种概念上的模糊处理却阻碍了国人更清楚地了解近代国际法的本质。田涛先生认为："国际法名义上的平等和现实中的不平等，成为影响中国知识分子接受国际法的最大障碍。"② 但是，除了这一原因之外，传统文化的束缚和文化传播媒介自身的局限性，也是很重要的原因。

清朝初期，厦门、宁波等地虽曾一度开放，但从 1757 年起，中国沿海便只在广州开一狭小窗口，同外国商船进行贸易。外商在广州居留的时间、地点与活动范围都有严格规定。直到 1793 年，乾隆对英国访华特使马戛尔尼还说："天朝物产丰盈，无所不有，原不借外夷货物以通有无。"由于清廷坚持这种政策，因而从《尼布楚条约》的缔结到鸦片战争前夕的 150 年中，中国并不重视国际法。③ 自国际法传入中国后，随着对外接触的增加，中国人尤其是政府官员对其认识逐步加深。综观清代官员和学者对近代国际法的认识和评价，基本上可以分为两类：一类以郑观应、薛福成、张之洞、马建忠和王韬等人的观点为代表，他们认为国际法对中国不无助益，但关键仍在国家是否强盛，强则可享国际法上的利益，弱则国际法并不可恃。另一类观点以端方、李鸿章、李佳和曾纪泽为代表，他们认为西方国际法作用很大，可以倚信它保卫国家安全、维护世界和平。④ 这种划分具有一定的代表性，较能说明当时知识界的思想状况，但是没有刻画出"公法观念"的历史性变化。

由于受到《万国公法》的影响，晚清士大夫阶层几乎一致地认为存在一套被称为"万国公法"的规则，并经常简称为"公法"⑤，尽管对这套规则的性质及对中国的作用存在不同的理解。在最初的阶段，士大夫阶层从自身传统来诠释他们所接受的"公法观念"，公法比附春秋的思维方式也曾流行过一段时间。⑥ 然而，近代国际法本身也是先天不足的，最明显的表现就是近代国际法中的强权因素，由此，近代国际法本身"毫无疑问地成为一个不完全的法律秩序"⑦。更重要的是，"清政府对外交往所适用的不是近代国际法原则和规则，而是不平等条约制度。中国近代的不平等条约制度是特定时期的产物。从本质上讲，它是列强通过不平等条约对中国行使'准统治权'的特权制度，即如费正清所说，'依靠条约法规使各种权利成为制度'。从条约作为国际法的一项重要制度的一般意义来看，这些条约已

　　① 张用心：《〈万国公法〉的几个问题》，载《北京大学学报》（哲学社会科学版），2005（3）。
　　② 田涛：《19 世纪下半期中国知识界的国际法观念》，载《近代史研究》，2000（2）。
　　③ 参见杨泽伟：《近代国际法输入中国及其影响》，载《法学研究》，1999（3）。
　　④ 参见修志君：《简论近代国际法对中国的影响》，载《法律适用》，2005（10）。
　　⑤ 丁韪良所用的"公法"，不是国际公法的简称，而是万国公法的简称，此"公法"并非是与"私法"相对应的词。参见张用心：《〈万国公法〉的几个问题》，载《北京大学学报》（哲学社会科学版），2005（3）。
　　⑥ 田涛先生指出："晚清官员们之所以形成这种印象，其原因就在于，在他们看来，国际法原则吻合中国传统王道政治理念。王尔敏在论述 19 世纪中国国际观念的演变时指出，'兴灭国、续绝世'，'起绝祀、兴废国'为上古王政之要典，周武王克商后不灭商而封于宋，并存夏禹之后封于杞，存舜之后封于陈，后世秉此观念而入于封贡宗藩制度，可称为'存祀主义'。在晚清官员们看来，公法的意义与王道政治的精神在这里是相通的。王道以'续绝世'为理想，公法以'存小国'为大义，基于此，万国公法'存立小国之义'一再得到申述，'侵削小邦，大干万国公法之义'，乃成为晚清官员的基本观念。正是在这种认识的支配下，万国公法成为清政府在藩属问题上与各国舌辩的重要根据。"（田涛：《国际法输入与晚清中国》，256～257 页，济南，济南出版社，2001。）
　　⑦ ［英］詹宁斯·瓦茨修订，王铁崖等译：《奥本海国际法》，第 1 卷第 1 分卷，7 页，北京，中国大百科全书出版社，1995。

成为约束中国的法律形式"。"清朝对外关系的主要因素是西方所强加的不平等条约。西方国家把近代国际法带到中国来，但仅在它们之间适用，而不适用于中国；或者说，它们只适用那些对它们的压迫和剥削有利的原则和规则。西方国家所坚持的是不平等条约的神圣。""清朝不能寻求近代国际法的保护，而按照条约进行对外关系被认为是与西方国家保持'和平'的唯一途径。"① 尽管如此，清政府对公法采取理想主义解读的同时，还把公法纳入传统外交文化之下，对公法作工具主义解读，把公法作为实施传统"羁縻外交"的一项工具，以彰显其文化上的"怀柔"。有学者指出："清政府本来是在压力之下才被迫采用强加于它们头上的西方一套关于主权和国际法的概念来提高自己处理对外关系的能力和水平的。在西方入侵初始阶段本是一种异己文化产物的国际法，被朝廷学会当作一种为它们新认识到的目的服务的工具，晚清官员在对外关系中的历史经验和灵活性使清政府能把大部分条约体系包容在中国传统之中，正如费正清所言'条约体系不过是作为把外夷融入儒家天子君临四海的一统王国中的手段，取代了昔日的朝贡体系罢了'。这与入主中原后的蛮族往往不摧毁儒教国家的统治结构而取得统治权何其相似乃尔。"②

对近代国际法本质的认识不足，对"公法"的理想主义描画，加之传统文化观念的束缚，使得晚清国人在很长一段时间无法理解这种理想与现实的剧烈反差。理想的国际交往应该合乎公法，公法又是"性理之法"，然而无论人性，抑或天理，西方列强的种种行动都是不与之相符的。这种反差导致了对"公法"的怀疑，也导致了中国知识界对公法由理想主义解读向现实主义解读的转变。田涛先生认为："如果说 19 世纪下半期中国知识界更多的是从道德角度对国际法进行解释，围绕国际法是否可恃进行了种种论述，那么 20 世纪初年的知识界则是从严酷的民族生存现实出发，对国际法作出了更多趋于务实和理性的反应。"③ 这种"公法观念"上的转变，也使得晚清外交观念从"公法外交"转向了"务实外交"，不仅逐步端正对"公法"的态度，也逐渐摆脱了传统文化的束缚。

2. 近代国际法文化与晚清外交机构的近代化

清政府先后设立两个中央机构，负责管理有关外交事宜。一是 1631 年成立的礼部，内部结构沿袭明朝旧制。礼部的职责范围不限于对外礼仪，还包括贡举和学校科举事务，这可说明，当时的"外交事宜"并未有独立对待。二是 1638 年成立的理藩院，主管蒙古、新疆、西藏等少数民族的地区事务。因藩属有别，"藩部归理藩院管理，而属国则归礼部管理"④。在外交上，清政府长期推行"闭关锁国"政策，与世界各国的政治、经济和文化交往受到严格的限制。在鸦片战争以前，清政府在广州地区设立"十三行"，管理对外贸易。"十三行"既有"官"的性质，充当清政府与外商进行交涉的中介机构；又有"民"的性质，属于民间外贸组织，享有垄断对外贸易的特权。无论官方对外交往机构，还是民间对外贸易组织，清政府都是根据自己的理解和需要来设立并确定其组织性质和职责范围，机构独立性和专门化的程度并不高。由此观之，外交事务在清政府政治体系中的地位并不是很重要。⑤

---

① 杨泽伟：《近代国际法输入中国及其影响》，载《法学研究》，1999（3）。

② 苏萍：《由贵阳教案试析清政府的羁縻外交》，载《江海学刊》，1999（2）。

③ 田涛：《国际法输入与晚清中国》，231 页，济南，济南出版社，2001。

④ 陈佑松：《体系与冲突：1854 年修约交涉再审视》，载《西南交通大学学报》（社会科学版），2002（4）。

⑤ 参见冯君：《论清代外交机构的演变及其对社会的影响》，载《嘉应大学学报》，1994（3）。

　　鸦片战争给清政府的外交体系造成了巨大的冲击。《南京条约》签订之后，中国被迫开放了上海、宁波、福州、厦门、广州五口通商，准许英国派驻领事，准许英商及其家属自由居住，"十三行"的特权地位被取消，准许英商与华商自由贸易。中外交涉遽增，原有的外交管理体制显然不足为应。为此，专门设立了"五口通商大臣"的官职。"专门设立一个官职来办理通商等外交事务，这在清朝历史上还是第一次。"① 但是，五口通商大臣并非专职，只是钦差大臣的临时兼职，也没有专门的办公衙门。外国侵略者与清政府打交道，仍只能到总督、巡抚一级为止，不能与中央政府直接交涉。中外关系格局并没有多大变化。② 1860 年在咸丰帝逃往热河避难期间，以奕訢为首的留守官员设立了"抚夷局"，专门负责与英、法、俄、美的交涉事务。在与英法等国的和约签订后，"抚夷局"就被撤销了。虽然"抚夷局"只存在几个月的时间，但却表成立专门的机构负责对外交涉事务，是当时的清政府为因应时局之需而不得不作出的选择。③

　　1861 年 1 月，咸丰帝批准成立"总理各国事务衙门"，简称"总理衙门"。总理衙门的设立标志着清政府外交体制开始发生重大转变，传统外交体制与带有近代特点的外交体制并行存在。一方面，传统的朝贡、藩属体制仍然是清政府处理与周边国家关系的主要依据；另一方面，处理与西方各国的关系又不得不依据近代主权国家平等交往的基本原则。④《光绪会典》记述总署大臣的职掌（实际即是总理衙门的职能）是："掌各国盟约，昭布朝廷德信，凡水陆出入之赋、舟车互市之制、书币聘飨之宜、中外疆域之限、文译传达之事、民教交涉之端。"⑤ 但总理衙门的职权范围仍然是不清楚的，与其他中央权力机构之间的关系也有待明确。为了解决关税征收的问题，在与户部协调之后，1861 年又新增了两名户部侍郎为总署大臣。《天津条约》和《北京条约》签订后，开放口岸增至 16 处。考虑原五口通商大臣难以兼顾有关事务，奕訢等人便联名奏请在"南北口岸请分设大臣以期易顾"，清政府因此决定分设南、北洋通商大臣，作为分掌部分洋务和外交权的地方官员。后来，南、北洋两大臣分别由两江总督和直隶总督兼任，渐成定制。⑥ 然而，随着"洋务"的增加，"洋务"的概念也愈发不清晰，总理衙门的职权范围不断扩展，洋务在整个官僚体制中的地位也不断上升，这为洋务运动的蓬勃发展提供了有力的权势平台，被称为清政府的"内阁"。有学者总结认为，"总署四十年中主要是处理大量具体的外交和洋务事务，它正是一个执行机构，是一切新政之总汇"⑦。

　　中日甲午战争，中国战败。《马关条约》不仅使晚清中国失去了最后一个"藩属国"，也使得晚清政府勉力维系的"双轨制"外交体制土崩瓦解，晚清统治者不得不全面接受一个以民族主权国家为基础的国际社会观念，只能依赖国际法规则与其他国家进行交往，不得不彻底放弃"怀柔遐方，加惠四夷"的外交观念。1901 年，《辛丑条约》签订，据此，总理各国事务衙门改为外务部，"班列六部之前"，专事外交。对这一变化，有人过于强调外

　　① 冯君：《论清代外交机构的演变及其对社会的影响》，载《嘉应大学学报》，1994（3）。
　　② 参见杨发祥：《奕訢与晚清外交近代化》，载《首都师范大学学报》（社会科学版），2002（5）。
　　③④ 参见冯君：《论清代外交机构的演变及其对社会的影响》，载《嘉应大学学报》，1994（3）。
　　⑤ 吴福环：《总理衙门职能的扩展及其与军机处、内阁的关系》，载《史学月刊》，1991（4）。
　　⑥ 参见杨发祥：《奕訢与晚清外交近代化》，载《首都师范大学学报》（社会科学版），2002（5）。
　　⑦ 吴福环：《总理衙门职能的扩展及其与军机处、内阁的关系》，载《史学月刊》，1991（4）。

因的作用,认为这"显然是将卖国邦交放在第一位","不折不扣地都是按诸国酌定写出来的"①。但也有人认为是内因和外因的共同作用,并更强调内因的作用,认为"在清政府的朝贡制度破产,外交意识改变之下的举措",说明"在主观意识方面,清政府内部也在一步步地走向成熟",是晚清政府认识到总理衙门自身在办事效率和职责范围上的弊病而着力改革的结果。② 也有人认为,这是晚清政府"当重定合约,首以邦交为重"的慎重外交思想的体现,是"清廷调整统治机构,厘定各部职能"的必然结果。③ 同时,"根据列强的旨意,清政府陆续设立了商部、学部、实业部、铁路局、陆军部、海军部等机构,来行使原总理衙门的部分职权,从而使各机构更加专业化,外务部也成为名副其实的专业外交机构,这和近代国际惯例完全一致了"④。无论何种原因,总理衙门改为外务部,专门管理外交事务,在官僚机构体系中的地位提升,既说明晚清政府及其统治者遵循各国成例与其交往的愿望,更能体现其对世界局势和国际交往基础的重新把握和认同,是中国外交近代化的一个重要象征。

　　3. 近代国际法文化与晚清驻外使领制度的近代化

　　在西方,"到了 13 世纪,常驻使节才出现"。到了 15 世纪,"各国之间常订立专约,规定互派常驻使节"。17 世纪后半期,常驻使节"成为普遍的制度"⑤。然而,鸦片战争之前,清朝统治者对世界形势的认识未有实质性变化,仍以天朝大国自居,对西方国家向华遣使的新动向迟迟没有反应。直到 1866 年,即总理衙门成立 5 年之后,清政府才逐渐认识到了解西方各国并保持经常性接触的必要性和迫切性,才迈出了派遣驻外使节的第一步。1875年,清廷第一次派出驻外使臣——任命郭嵩焘为驻英公使,对西方的遣使要求作出对等反应。同年 12 月,清廷又根据奕訢等人的建议,任命陈兰彬为驻美国、秘鲁、古巴公使。随后,何如璋、刘锡鸿、曾纪泽、刘瑞芳、薛福成、黎庶昌等先后被委派为驻外公使。⑥ 1876年,总理衙门参照当时的国际惯例,制定了"出使章程十二条",具体规定了派驻使节的品级、薪俸和年限,作出清政府遣使驻外的活动开始走向规范化、制度化。同年,清政府在伦敦建立了第一个驻外使馆。⑦ 从 19 世纪 70 年代中期到 1911 年清朝灭亡,清政府共在 19 个国家设立使馆、分馆或领事馆,派遣了五十余位出使大臣,几百名参赞官、翻译官、领事官及随员,驻外使领制度逐步确立,清政府独立办外交的信心和能力日渐增进。⑧ 从具体的外交措施、惯例和礼仪方面来看,丁韪良翻译的《星轺指掌》一书产生了重要的影响。此书的刊印正值清政府向外国派遣使臣之际,为早期驻外使臣提供了较好的教科书,通过阅读此书,他们能够了解西方近代外交制度、惯例和礼仪。"清政府向海外派遣的外交官员,基本上都阅读过此书,并将其带到出使之国,以供参考。可以说,此书是晚清三十余年间使臣们的必读

---

　　① 章开源、林增平主编:《辛亥革命史》。转引自王开玺:《总理衙门改为外务部刍议》,载《河北学刊》,1995 (3)。

　　② 参见赵永进:《总理衙门改为外务部新议》,载《湖南省政法管理干部学院学报》,2002 (2)。

　　③ 参见王开玺:《总理衙门改为外务部刍议》,载《河北学刊》,1995 (3)。

　　④ 冯君:《论清代外交机构的演变及其对社会的影响》,载《嘉应大学学报》,1994 (3)。

　　⑤ [英]劳特派特修订,王铁崖、陈体强译:《奥本海国际法》(上卷第 2 分册),230 页,北京,商务印书馆,1989。

　　⑥ 参见杨发祥:《奕訢与晚清外交近代化》,载《首都师范大学学报》(社会科学版),2002 (5)。

　　⑦ 参见冯君:《论清代外交机构的演变及其对社会的影响》,载《嘉应大学学报》,1994 (3)。

　　⑧ 参见杨发祥:《奕訢与晚清外交近代化》,载《首都师范大学学报》(社会科学版),2002 (5)。

书。向国外派驻外交人员，他们的职衔称谓，包括公使、参赞、总领事、正副领事，以及国书、护照等外交专用名词，或出自《星轺指掌》，或由此书固定下来，沿用至今。"①

19世纪60年代，郑观应就指出，各国均在中国设立领事，保护商民，而出洋的中国人却得不到应有的保护。② 郭嵩焘在出使之后，亲眼目睹海外华侨备受欺凌、得不到保护的惨状，万分感叹。他认为西洋各国"广开口岸，设立领事，保护商民"，因此，他根据公法及各国常例，向朝廷提出有必要仿照西方设立领事的建议。清政府采纳此建议，于1878年在新加坡设立领事馆，其后，又陆续在旧金山、横滨、神户等地设置了领事，大大加快了中国外交机构的近代化进程。③ 1877年起，清政府先后向海外57个地区派驻领事，中国的领事制度从无到有，逐步完善。④ 1875年后，随着驻外使馆的逐步建立，驻外公使为保护海外华侨作出了突出的贡献。例如，驻美国公使崔国因曾多次地就禁止华人条例与美国进行交涉，使得该条例在两年后废除。事后，他致信美国弗吉尼亚教会，明确指出："此例属违公法而背条约，废之，自是理所当然。"其他如郭嵩焘、郑藻如、张荫桓等人，也努力维护华侨的合法权益。1892年，薛福成建议清政府革除"不准出番华民回籍"的旧例，允许他们"往来自便"。这一措施有利于解除海外华侨的后顾之忧。后来，这些做法也为资产阶级维新派和革命派所继承和发扬。⑤

国际法规则、著作和学说的传入或输入，虽未改变中国的半殖民地的国际地位，但晚清外交官员通过对国际法规则和知识的接受和运用，"不仅维护和挽回了一些国家利权，而且也推动清政府接纳了一些近代西方的外交体制、外交理念，适应了当时中国对外交知识的渴求，改变了清朝官员不熟悉西例的状况，从而加速了中国走向世界的进程"⑥。驻外使馆和向外派驻使节的制度，使得清政府与外国的交往有了更直接的途径，信息上的畅通使得清政府能够更准确地把握外国的态度和立场，并建立和加深了中国与一些国际组织之间的直接联系⑦，从而能够更直观地感受国际法的发展动态，更清楚地把握世界局势的变化。

---

① 傅德元：《〈星轺指掌〉与晚清外交的近代化》，载《北京师范大学学报》（社会科学版），2006（6）。

② 参见柳宾：《国际法的输入与中国外交近代化的起步》，载《天津社会科学》，2001（1）。

③ 参见张家国、张静：《郭嵩焘在晚清法律近代化过程中的历史贡献》，载《法商研究》，2002（6）。

④ 参见马方方：《关于清末列强在华领事裁判权的再思考》，载《吉林师范大学学报》（人文社会科学版），2003（2）。

⑤ 参见柳宾：《国际法的输入与中国外交近代化的起步》，载《天津社会科学》，2001（1）。

⑥ 柳宾：《国际法的输入与中国外交近代化的起步》，载《天津社会科学》，2001（1）。

⑦ 从19世纪60年代开始清政府开始受邀参与一些商业性的国际组织的会议，如法国聚珍大会、美国百年庆会、奥国赛奇会等。1877年7月，郭嵩焘违抗清廷的命令，参加了万国刑法监牢会。此后，清政府对于国际组织的态度趋于积极，时任使臣的许景澄、薛福成等对此也有关注。1885年，意大利拟设养生公会（即国际性防疫会议），意大利驻华公使通知总理衙门之后，总理衙门令当时兼驻意公使许景澄派参赞前往。同年11月29日，战场救生会（即红十字会）致函许景澄，邀中国入会。1886年，许景澄致函总理衙门称："奥国于春间创立欧洲水利公会，函请中国入会，以八月三十日开办，请使馆派员前往……无关公事……略示联络而已。"1889年，比利时邀请中国参加铁路公会。1892年，比利时驻华公使照会总理衙门，比国开办考核罪犯会，也请中国派员入会。晚清使臣参加国际性会议的活动，在一定程度上扩大了中国的国际影响，使更多的外国人了解到东方文化。万国邮政联盟于1897年、1906年在华盛顿、罗马两次召开大会，在罗马第六届大会上，清政府派驻意公使黄浩与赫承共同参加，黄浩在大会演说中介绍了中国的发展状况和目前困难。最值得一提的是1899年与1907年两次海牙和会。1899年海牙和会由俄国沙皇发起，时任中国驻俄、奥公使杨儒接到邀请后，经请示朝廷，亲自见参加该会，亦足见当时清政府之重视。参见张生：《晚清使臣与近代外交（1815—1911）：话语转型与外交实践》，硕士学位论文，载万方数据库。

这种技术上的重大改进是晚清外交近代化的一个重要推动因素。同时，驻外使领制度的确立还造就和培养了一大批职业外交官，他们成了国际法文化影响中国的一个重要媒介。更多直接的国际素材，不仅影响着他们自身对国际法和国际形势的认识，也通过他们的著述和论说影响着国人对西方国际法文化的认识和理解。

第二节
过渡时期的国际法文化对中国的影响

一、辛亥革命与中国的国际地位

第一次世界大战打破了欧洲传统的大国秩序，新的国际秩序处于重构过程之中，新的国际法律机制也在酝酿和试验的过程之中。这是过渡时期国际法文化的基本特征。弱肉强食的资本主义扩张时代，清朝统治内忧外患，岌岌可危。在对外关系方面，中国传统世界秩序在西方国家优越武力的持续攻击下开始瓦解，但是，晚清中国与外国的关系，"并未被以主权国家体系为基础的近代国际秩序所代替，而代替的是新的一种不平等条约的秩序。中国对外关系所适用的不是国际法原则和规则，而是不平等条约"①。晚清政府相继被迫开放许多城市作为"通商口岸"，西方列强还通过"租借地"或设立"租界"的形式划分各自的势力范围，俄国、日本、英国和法国在边疆地区的侵蚀活动也严重损害了中国的领土完整。通过签订不平等条约，西方列强攫取了大量的特权和利益。② 外国军队的驻扎、到处停泊的外国商船及其在中国沿海和内河运输中占据的垄断地位、被外国人控制的海关、伴随着极低的关税而大量涌入中国市场的外国商品、把持在外国人手中的铁路和矿山，这一切都象征着中国所承受的国际束缚，也影响着当时国人的思想。不平等条约及其所确立的外国人在华的特权地位，就像一堵无形的高墙，仍旧在阻碍中国人对外部世界和国际法的正确理解，在"公法"观念的熏陶下，许多人无法接受这一残酷的现实。西方列强确实没有

① 王铁崖：《国际法引论》，391 页，北京，北京大学出版社，1998。
② 据王铁崖先生的统计，"不平等条约制度的范围是很广的，这个制度给予了许多的特殊权利和特权。取得这些权利和特权的国家有十九个，其中十四个是欧洲国家：奥地利、比利时、丹麦、法国、德国、英国、意大利、荷兰、挪威、葡萄牙、俄国、西班牙、瑞典和瑞士；一个亚洲国家，日本；一个北美国家，美国；其余三个是南美国家：巴西、墨西哥和秘鲁。它们被称为'有约国家'，享受不平等条约规定的特殊权利和特权。各国通过不平等条约攫取的特殊权利和特权是多种多样的，可以大体上列举如下：（一）领事裁判权制度，包括外国法院和上海'混合法院'；（二）条约规定的固定的低关税；（三）通商口岸的外国租界；（四）租借地，被认为'伪装的领土割让'；（五）北京的外国使馆区和使馆卫队；（六）在天津和从北京到海沿铁路各点的外国驻军；（七）沿海口岸和长江的外国炮艇和军舰；（八）沿某些铁路的外国警察；（九）外国人管理海关、邮政和监狱；（十）沿岸航行的内河航行；（十一）免除直接税；（十二）偿付赔款；（十三）借款和借款担保；（十四）铁路、采矿和电信让与权；（十五）发行钞票权；（十六）教徒在全国各地居住、取得不动产和传教的权利；（十七）设立不受中国方面监督的教育机构"（王铁崖：《国际法引论》，394 页，北京，北京大学出版社，1998）。

打算经由"国际法的原则和规则"来确立它们与晚清统治者之间的交往关系，在它们的眼中，晚清中国是一个"非文明"的国家，与这种国家打交道应该建立在特殊规则的基础上。晚清中国的贸易机会和自然资源是西方列强争夺的对象，在武力打开晚清的国门之后，这一争夺就主要发生在西方列强之间，《辛丑条约》"标志着对不平等条约规定的外国特权的盲目抵制的结束"①。晚清统治者开始按照西方的要求来着手国内的改革。同时，《辛丑条约》也确立了列强之间不得单独采取行动的默契，尽管这种默契建立在很不牢固的基础之上。这些就是晚清中国留给中华民国的"遗产"。

　　1911年，武昌起义成功，革命党人建立湖北军政府。湖北军政府采取了避免同外国人发生冲突的对外政策。军政府在《刑赏令》中明确规定："伤害外人者斩"，"保护租界者赏"，"守卫教堂者赏"。1911年10月12日，军政府照会驻在汉口的各国领事，宣布革命政府的外交政策。照会指出："对各友邦，益敦睦谊，以期维持世界之和平，增进人类之幸福，所有国民军对外之行动，特先知照，免致误会。"军政府宣布了对外政策的7项原则：(1) 所有清国前此与各国缔造之条约，皆继续有效；(2) 赔偿外债照旧担任，仍由各省按期如数摊还；(3) 居留军政府占领地域内之各国人民财产，将一律保护；(4) 所有各国之既得权利，亦一体保护；(5) 清政府与各国所立条约，所许之权利，所借之国债，其事件成立于此次知照后者，军政府概不承认；(6) 各国如有助清政府以妨害军政府者，概以敌人视之；(7) 各国如有接济清政府以可为战事之物品者，搜获者一概没收。② 1912年1月1日中华民国正式建立，孙中山担任临时大总统，他发布的第一张布告宣示了临时政府的内外政策，其中，关于外交方针的表述是："临时政府成立以后，当尽文明国应尽之义务，以期享文明国应享之权利。满清时代辱国之举措，与排外之心理，务一洗而去之。持和平主义，与我友邦益增睦谊，将使中国见重于国际社会，且将使世界渐趋于大同。"③ 1912年1月5日，南京政府"为与世界各邦敦平等之睦谊"，发表《临时大总统宣告各友邦书》，称："凡革命以前所有满政府与各国缔结之条约，民国均认为有效，至于条约期满而止，于革命起事以后则否。""革命以前满政府所借之外债及所承认之赔款，民国亦承认偿还之责，不变更其条件，其在革命军兴以后者则否。其前经订借事后付者亦否认。"④ "凡革命以前所有满政府所让与各国国家，或各国个人种种之权利，民国政府亦照旧尊重之。""深望吾国得列入公法所认国家团体之列。不徒享有种种利益和特权，亦且与各国交相提挈，勉进世界文明于无穷。盖当世最高最大之任务，实无过于此也"⑤ 这两个文件表达了中华民国要求成为"文明国"，要求回归"国际社会"，与西方各国同享国际权利的良好愿望，但又迫于西方的压力，为了获得西方国家的支持，不得不承认"照旧尊重"清政府与西方国家签订的条约，包括这些条约给西方国家提供的种种特权，也包括给中国施加的种种不平等束缚。如何解脱国际束缚，如何"重归"国际社会，成为新生的中华民国必须面对和解决的难题。解决这一难题的愿望和努力体现在中华民国整个外交历程之中。

---

　　① ［美］费正清主编：《剑桥中华民国史》，第1部，上海，上海人民出版社，1991。
　　② 参见程道德主编：《近代中国外交与国际法》，95～96页，北京，现代出版社，1993。
　　③ 《大总统宣言书》，载中国史学会编：《辛亥革命》(八)，17页，上海，上海人民出版社，1957。
　　④ 同上书，20页。
　　⑤ 同上书，23页。

1912 年 2 月 12 日，清帝宣布退位，清王朝对中国二百六十多年的封建统治宣告结束。1912 年 2 月 15 日临时参议院改选袁世凯为临时大总统，3 月 10 日，袁世凯在北京宣誓就职，4 月 5 日，临时参议院决定将政府迁往北京。新生的中华民国在形式上完成了国家的统一。然而，中华民国正式成立后，列强一开始并不予以承认，依然同清政府保持关系。因此，中华民国对外交往需要解决的第一个现实问题就是：如何获得西方国家的承认？也正是在解决这一问题的过程中，中华民国的政府官员，特别是外交官们和思想界的人士，开始较为深入地接触到国际法的具体制度。

1912 年 2 月 21 日至 28 日，日本政府相继向欧美列强致送关于承认中华民国的备忘录，指出："当中国建成巩固之新政府，而此新政府又能显示出具有履行该国所承担之各项国际义务的意志和实力时，各国应对此新政府予以承认。"其中，日本提出的承认条件是：应使新政府对各外国人在中国所享有之一切权利、特权及豁免权等明确表示正式承认；对于中国过去所承担之一切外债，新政府将继续承担责任；列强采取共同行动。对此一立场，英、法、德相继表示同意①，美国虽表示接受，但附带声明：以这个方针不致对承认中国新政府引起不必要的延缓为限，还要求日本事先说明向中国所要求的保证的性质和条件。俄国先是表示同意，后来又增添了附加条件：唯日俄两国的特殊权利，得另行要求。实际上，此时的日、俄、英三国都不是真正愿意承认中华民国政府，它们正分别就满洲、外蒙古和西藏问题进行交涉，试图借承认问题来进行要挟。②

经过一年多的交涉，特别是在中日、中英和中俄的交涉中，袁世凯政府基本上满足了日、英、俄的要求，英、日、俄、法等 13 国相继宣布承认中华民国。1913 年 5 月 2 日，美国驻华代办向中华民国总统递交国书，正式承认中华民国。在此之前，4 月 8 日巴西首先承认中华民国，4 月 9 日秘鲁、5 月 2 日墨西哥、5 月 4 日古巴也都承认了中华民国。1913 年 10 月 10 日，袁世凯发表就职演说，他声明："所有前清政府及中华民国临时政府与各外国政府所订条约、协约、公约，必应恪守；及前政府与外国公司人民所订之正当契约，亦当恪守；又各国人民在中国按国际契约及国内法律并各项成案成例已享之权利并特权豁免各事，亦切实承认，以联交谊，而保和平。"③

中华民国正式成为国际社会大家庭中的一员，表面上获得了与其他国家一样的主权平等的地位。但是，不平等条约体制依旧存在，外国人在华特权依旧存在。北洋政府"为了求得西方列强的支持，实施对中国人民的剥削和统治，不仅继续承认清王朝与外国签订的一系列不平等条约，而且进一步出卖中国的各项主权，与帝国主义列强签订了新一轮的各种不平等条约，从而使西方国际法的各项基本原则与其在中国的实践的固有矛盾进一步加深"④。"辛亥革命也并未使中国摆脱在国际关系中被奴役、受压迫的地位。"⑤

在承认问题上，西方列强的对华政策充分说明：当时的中国只不过列强之间进行谈判和达成妥协的一个筹码，中国可以想方设法来"以夷制夷"，但是，对于列强的政策，中国

① 参见程道德主编：《近代中国外交与国际法》，104～105 页，北京，现代出版社，1993。
② 参见吴东之主编：《中国外交史（中华民国时期 1911—1949）》，13 页，郑州，河南人民出版社，1990。
③ 程道德主编：《近代中国外交与国际法》，104～105 页，北京，现代出版社，1993。
④ 何勤华：《略论民国时期中国移植国际法的理论与实践》，载《法商研究》2001（4）。
⑤ 程道德主编：《近代中国外交与国际法》，109 页，北京，现代出版社，1993。

仍然无法施加决定性的影响。此时的民国政府，既难以自我保全，亦无法获得其他国家真诚而有效的支持。受制于这样的国际社会地位，民国政府不得不在很多方面屈从于列强的态度。[①] 相较于晚清中国，辛亥革命未能实质上改变中国的国际社会地位。统治权和政体的变更，形式上的国家统一，并未使得中国真正成为与西方列强平起平坐的国际社会成员，被压迫和受屈辱的地位未有明显改观。不平等条约、外国人的特权地位与被侵蚀的主权，依然是左右中国国际社会地位的核心因素。

二、民国时期中国的国际法实践

1. 参加第一次世界大战的国际法实践与中国国际地位的提升

第一次世界大战爆发后，1914 年 8 月 6 日，中国政府宣布中立。1915 年 11 月，英、法、俄三国曾分别同中国与日本商议中国参战一事。"当时，袁世凯想以参战争取英国对他改行帝制的支持，英国等则想争取中国提供军火帮助。但是，这个计划遭到日本的断然反对而放弃了。"[②] 1917 年，德国宣布实施无限制潜艇袭击政策，触怒了美国的世界和平理想，美国宣布与德国断交，并照会各中立国，希望它们能与美国采取一致行动遏制战争的扩大。之后，美国驻华公使多次拜访黎元洪总统、段祺瑞总理和其他高级官员，希望中国能与德国断交，并作出中国参战即可参加战后和会的许诺。但是，民国政府却顾虑重重，最担心的是日本的态度。此时，由于获得了英国在山东问题上的支持，日本的态度也发生了变化，它不担心中国参战会影响其在华利益，日本同意中国应与协约国保持统一行动。1917 年 3 月初，一艘法国邮船被德国潜艇击沉，乘客中有五百多名中国劳工，民国内阁为此召开会议，决定同德国断交。1917 年 3 月 14 日，民国外交部照会德国公使，宣布与德国断绝外交关系。同年 8 月，中国对德奥宣战，"宣战书声明：'所有以前我国与德奥两国订立之条约，及其他国际条款国际协议，属于中德中奥之关系者，悉依据国际公法及惯例，一律废止。'对德奥宣战后，民国政府采取的主要措施是取消德奥两国在中国的领事裁判权，收回奥国在天津的租界，没收德华银行，解除奥国在华士兵的武装等"。"中国虽然对德奥宣战，但没有参加欧洲的战争行动，只是给协约国运去大批粮食，向法国派了一个军事调查团。"[③]

虽然，日本、美国和英国的态度是中国决定参加第一次世界大战的重要考虑因素，但

---

① 比如，在日本向中国提出"二十一条"的要求之后，民国政府希望能获得英美的支持，但是，一方面，英美担心日本独占中国，对日本提出警告；另一方面，英美则极力劝说中国接受"二十一"条的要求，不要与日本过多争执。1915 年 3 月 13 日，美国政府以照会形式先将其内容扼要告诉中日双方，然后将全文寄出。美国重申门户开放政策并具体谈了对"二十一"条的态度。它承认由于领土毗邻的原因，日本同中国的山东、南满和东部内蒙古有特殊的关系。美国不反对"二十一"条的绝大部分要求，它反对第五号中第 4、6 款，理由是这有背各国工商业机会均等的原则；反对聘用日本顾问和合办警察，理由是它们有损中国的"政治独立和行政完整"。显然，美国的态度完全是从美国利益出发的，根本没有考虑到日本在中国的殖民扩张。英国也是如此。3 月 5 日，英国外交大臣电告其驻日大使格林，如果日本像其他列强一样巩固自己的地位，英国不加以反对；但若日本要占领北京或建立对中国事实上的保护权，那将是违背英日同盟意志的。参见吴东之主编：《中国外交史（中华民国时期 1911—1949）》，46～47 页，郑州，河南人民出版社，1990。

② 同上书，50 页。

③ 同上书，53 页。

是，这一决定的作出仍可视为民国政府的自主决定，尤其是考虑到美国的承诺，这对中国来说是改变自身国际地位的一个绝佳时机。然而，列强的对华政策仍未有根本改变。1917年，美国和日本签订兰辛—石井协定，两国保证战争期间不谋求在华优势，美国承认日本对中国享有"特殊利益"，重申对中国的"门户开放"和工商业"机会均等"原则。这说明"帝国主义列强根本无视中国政府的存在"①。"在1917、1918 两年间，中国与日本达成了大量的借款合同，总额估计为 3.8 亿多日元。这其中有 1.45 亿是通过日本人西原龟三达成的，所以一般将这个时期日本对中国的贷款称为'西原借款'。"② 据此，日本进一步控制了满洲、内蒙和山东的铁路，还获得了电台管理权，还使得日本军官获得了训练中国新编参战军的权力。寺内正毅下台后曾说："本人在任期间，借与中国之款，三倍于从前之数，其实际上扶植日本对中国之权利，何止十倍于二十一条。"③ 为了防止日本在中国的领土上找借口对德国作战，1918 年 5 月 16 日和 19 日，中、日签订《陆军共同防敌军事协定》和《海军共同防敌军事协定》。中、日两国军队据此负有相互交换地图和情报的义务，共同谋取陆海运输和通讯的便利。这充分说明，积弱已久的中国，要提升自身的国际地位面临着何等地困难。但无论如何，"若由外交史角度看，参战确实提升了中国的国际地位，得到参与巴黎和会的机会，并成为国际联盟的创始会员国，参与国际事务"④。

2. 巴黎和会与华盛顿会议上的艰难周旋

1918 年 11 月 11 日，德国与协约国订立停战协定，同盟国承认战败，持续四年多的第一次世界大战终于结束。1919 年 1 月 18 日，协约国在法国巴黎召开和平会议，27 个国家参与了会议，其中包括作为战胜国的中华民国。中华民国被纳入一战后建立的凡尔赛—华盛顿体系，虽然，在这一体系中，中国仍然只是列强角逐的对象。中华民国不再信奉"羁縻相安"、"以夷制夷"的外交方略，而谋求以国际法制衡列强的侵略。在巴黎和会与华盛顿会议期间，中国的外交方略即经历了从依靠美国和国际会议主持公道，到主动参与制定国际法保护自身权益的重要转折。⑤

中华民国以参战国的资格参加巴黎和会。民国政府派出五十多人组成的代表团，以外长陆徵祥担任首席代表，其他 4 名代表为顾维钧、施肇基、王正廷、魏宸组。北京政府给代表团规定的任务是：（1）收回战前德国在山东省内的一切利益，这些利益不得由日本继承；（2）取消"民四条约"的全部或部分；（3）取消外国人在中国的特殊权益，如领事裁判权、协定关税等；（4）结束德、奥等战败国在华的政治与经济利益。⑥ 巴黎和会上，中华民国的外交策略分为三个阶段。第一阶段从 1919 年 1 月 18 日至 4 月 22 日，从力争平等参与和会各项议程的讨论到全面提出废除列强在华不平等权益的议案。第二阶段是从 4 月 22

① 何勤华：《略论民国时期中国移植国际法的理论与实践》，载《法商研究》，2001 (4)。

② 吴东之主编：《中国外交史（中华民国时期 1911—1949）》，56 页，郑州，河南人民出版社，1990。

③ 同上书，57 页。

④ 唐启华：《"北洋外交"研究评介》，载《历史研究》，2004 (1)。

⑤ 参见金卫星：《凡尔赛—华盛顿体系与中国外交方略的转变》，载《苏州大学学报》（哲学社会科学版），2006 (5)。

⑥ 参见吴东之主编：《中国外交史（中华民国时期 1911—1949）》，60～61 页，郑州，河南人民出版社，1990。

日至 5 月 6 日，在和会同意日本对山东的要求之后，中华民国的代表在大会上正式抗议对德和约草案有关山东问题的条款，设法挽救外交危局。第三阶段是从 5 月上旬至 6 月 28 日，在危局无法挽回的情形下，拒绝参加凡尔赛和约的签字仪式，巴黎和会上的民国外交由设法补救转为断然抗争。①

在第一阶段，中国代表团向大会提交了几项说帖，包括《中国要求胶澳租借地、胶济铁路及德国所有他项关于山东省权利之直接归还的说帖》、《要求废止一九一五年五月二十五日中日条约换文事之说帖》和《中国希望条件的说帖》，表明了中国的立场和要求。要求归还山东省权利的说帖，首先阐述了德国在山东设立租界和修建胶济铁路的由来及德国根据条约所享有的权力内容，然后描述了日本军事占领的经过，最后阐明了中国要求归还山东的理由。关于 1915 年中日条约换文（即"二十一条"问题）的说帖，则在强调日本据此攫取的权力对中国所构成的巨大威胁的同时，细数了日本在提出"二十一条"时所使用的各种胁迫、欺诈手段，详细论证了应该废除"二十一条"的各项理由。希望条件说帖则列举了中国在巴黎和会上各项具体要求，包括：要求废弃势力范围、撤退外国军队和巡警、裁撤外国邮局及有线无线电报机关、撤销领事裁判权、归还租借地、归还租界、关税自由权。② 然而，对于中国的提议，与会列强的态度非常消极。对于废除一战前与德国间的所有约章、收回胶济租借地的要求，取消德国在《辛丑条约》中享有的一切利益的要求，以及关于废除所有"二十一条"和撤销外国人在华特权的要求，和会主席均认为不在和会权限范围之内，置之不理。关于山东问题，中国代表团一开始希望直接收回山东的所有权益，要求日本军队撤离山东。后来迫于日本的威胁，这些希望和要求并未得到认可。中国代表团又提出由五大国暂收的建议，对此，日本表示同意，并保证将山东半岛的完全主权交还中国，但保留原来给予德国的经济利益，最后，美、英、法三国通过了对德和约中的山东问题条款，承认日本继承德国在山东的权利。《凡尔赛和约》（对德和约）于 1919 年 6 月 28 日签字，其中第 156 至 158 条规定日本继承德国在山东的权益。"1919 年 7 月 10 日，民国政府以大总统令解释不签字于凡尔赛条约的原因，其中不仅没有谴责列强，而且强调要重视'友邦之善意'。"中国代表没有在《凡尔赛和约》上签字，但在 9 月 10 日签署了《圣日耳曼条约》（对奥和约），该条约涉及中国的条款，除了没有山东问题外，其他类似于对德和约的规定。由于中国在对奥和约上签了字，中国仍为国际联盟创始国。③ 在巴黎和会上，中国提出的要求基本上没有被接受，民国政府只能通过国际联盟的框架来寻求解决之道。对中国而言，巴黎和会最大的成果，就是成为国际联盟的创始国，中国以一个独立国际主体的身份，进入一战后的国际新体制。

中国的利益并没有在巴黎和会上得到应有的重视，对于在华势力日渐增长的美国而言，远东问题也未得到满意的解决，故美国国会也拒绝批准这个和约，所以，日本妄图巩固它在一战中所取得的权益的阴谋并未完全成功。一战后，在远东势力已大大增长的美国和意

---

① 参见金卫星：《凡尔赛—华盛顿体系与中国外交方略的转变》，载《苏州大学学报》（哲学社会科学版），2006（5）。

② 参见程道德、郑月明、饶戈平编：《中华民国外交史资料选编（1919—1931）》，5～48 页，北京，北京大学出版社，1985。

③ 参见吴东之主编：《中国外交史（中华民国时期 1911—1949）》，67 页，郑州，河南人民出版社，1990。

图在远东卷土重来的英国，并不愿意日本在中国的势力无限制膨胀，而日本由于自身沉重的军事负担，采取和英、美直接对抗的态势亦非完全有利。美、英、日等国"依据其战后的地位和势力重新划定其在远东的权益就是势在必行的了，华盛顿会议就是在这种情况下开场的"①。中国希望通过华盛顿会议解决山东问题，并力争废除一切不平等条约对中国主权的限制与损害。北京政府确定的与会目标是：（1）确立各国对华的一般原则，防止对中国主权有任何新的侵损；（2）取消列强与中国签订的不平等条约；（3）解决山东问题。② 在太平洋与远东问题委员会第一次会议上，北京政府提出了 10 点原则，包括：尊重中国领土完全与政治、行政独立；实行门户开放和工商业机会均等；从速废止对中国在政治上、法权上、行政上的自由行动存在的各种限制；从严解释特权条款。③ 会议首先通过了美国代表罗脱提出的 4 项原则：尊重中国主权与独立及领土与行政的完整；援助中国建立巩固的政府；努力确立在中国的商务机会均等原则；不得乘机谋取特别权利。④ 1922 年 2 月 6 日，与会国缔结《九国间关于中国事件应适用各原则及政策之条约》，条约第 1 条完全采纳了罗脱四原则的内容。⑤ 会议还缔结了《关于中国关税税则之条约》，条约承认修改中国税率，就附加税和废除厘金问题召开特别会议等。同时，经美、英的斡旋，举行了中、日之间的直接谈判，缔结了《关于解决山东悬案的条约》，日本答应归还山东省的德国租借地。⑥

华盛顿会议上，中国提出要求废除领事裁判权，但列强认为，废除在华领事裁判权应待中国司法完善后再议，最后通过了一项《关于在中国之领事裁判权议决案》。据此，在华盛顿会议闭会后 3 个月内，由各国共同组织一个委员会到中国考察法制情况。1926 年 1 月，调查法权委员会会议在北京召开，会议提出的调查报告书针对中国的司法制度与执行情况提出了一系列改进办法，强调只在当"此项建议执行至相当程度时，各国自可放弃其享有之治外法权"⑦。1926 年 8 月 31 日，江苏省政府代表与上海领袖领事、挪威总领事签订了《收回上海公审会廨暂行章程》，但是，"这一章程，表面上规定从 1927 年 1 月 1 日起将会审公廨交给江苏省政府，并将会审公廨改为'上海临时法院'，但实际上领事会审制度并未完全废止，只是换汤不换药，没有达到收回上海租界司法权的目的"⑧。

3. 从"修约外交"到"革命外交"

在参与巴黎和会与华盛顿会议的同时，北洋政府自其成立之初就开始了"修约外交"的历程，与有约各国进行双边的协商，逐步废除条约中存在的损害中国主权的条约条款。

---

① 吴东之主编：《中国外交史（中华民国时期 1911—1949）》，69～70 页，郑州，河南人民出版社，1990。

② 参见金卫星：《凡尔赛—华盛顿体系与中国外交方略的转变》，载《苏州大学学报》（哲学社会科学版），2006（5）。

③ 参见《北京政府首席代表施肇基在太平洋与远东问题委员会第一次会议上提出的十点原则》，载程道德、郑月明、饶戈平：《中华民国外交史资料选编（1919—1931）》，102～104 页，北京，北京大学出版社，1985。

④ 参见上书，104 页。

⑤ 参见程道德、郑月明、饶戈平编：《中华民国外交史资料选编（1919—1931）》，123 页，北京，北京大学出版社，1985。

⑥ 参见杨泽伟：《宏观国际法史》，219～220 页，武汉，武汉大学出版社，2001。

⑦ 程道德主编：《近代中国外交与国际法》，22～23 页，北京，现代出版社，1993。

⑧ 同上书，23 页。

"1919年'修约外交'有较大的突破，对战败及革命国，坚持废除旧约另订平等新约。对无约国及新成立诸国，坚持平等互惠订约建交。对有约各国，则要求去除旧约中限制中国主权的条款。其成果有1919年中国与玻利维亚通好条约、1920年中国与波斯友好条约、1921年中德协约、1924年的中德财务换文与中俄协议、1925年中奥商约。"① 延续北洋政府"修约外交"的方针，利用条约到期的机会，以国际法为依据，北京政府逐步向列强提出修改不平等条约的要求。1925年6月，北京政府发出致公使团照会，认为"为关系各方利害计，亟宜将中外条约重行修正，俾适合于中国现状暨国际公理平允之原则"②。1926年2月、4月、10月、11月，北京政府分别向法国、比利时、日本和西班牙政府提出重新修订有关条约的请求。"以修约的方式重新建构与西方国家平等交往的外交机制，是民国政府最初的尝试。"③

中国人民对巴黎和会与华盛顿会议的结果大失所望。帝国主义的本质在中国人面前暴露无遗。此后，废除不平等条约，日益成为全国各党各派各界人士的一致要求，"这是中国外交史上的一大转折"。1921年7月，中国共产党在上海召开了第一次全国代表大会，从此在中国政治舞台上出现了一股崭新的力量。在《中共中央第一次对于时局的主张》（1922年6月15日）中，中国共产党提出了第十一项原则，其中的第一项就是："改正协定关税制，取消列强在华各种治外特权，清偿铁路借款，完全收回管理权"④，也就是废除各种不平等条约。同年7月，中国共产党第二次全国代表大会发表宣言，更进一步提出："推翻国际帝国主义的压迫，达到中华民族完全独立"，"打倒国际帝国主义"的主张。1923年7月，中共"三大"通过的党纲草案明确提出："取消帝国主义的列强与中国所订一切不平等的条约。"以孙中山为代表的国民党民主派，也积极支持废除不平等条约的主张。孙中山指出：三民主义尚未实现，民族主义是要抵制列强对中国的压迫，要"恢复我国家以前之一切丧失土地和主权"，"将中华民国国家臻进于独立之地位，然后民族主义，始为完满解决"。1923年1月1日，孙中山发表《中国国民党宣言》，提出"谋世界民族之平等"，"力图改正条约，恢复我国际上自由平等地位"。1923年2月，在苏联支持下，孙中山在广州改组了国民党并于广州成立大元帅府，宣布联俄、联共、扶助农工三大政策，与北京政府对峙。从此，中国又开始了南北两个政府的对峙时期。"两个性质不同的政府，分别执行着两条性质截然不同的外交路线。"⑤ 北京政府迫于国内要求与苏联建交的压力，与苏联进行了一系列的交涉，1924年5月31日，终于由顾维钧和加拉罕正式签署了《中俄解决悬案大纲协定》，协定正文15条，附声明书7个、来往函件两封、议定书一件；同时签订了《暂行管理中东铁路协定》11条。协定和议定书的主要内容是：中苏两国即日恢复正常外交关系；两国在协定签字后一个月内举行会议，商讨废除旧俄政府与中国签订的一切公约、条约、协定等的详细办法。1924年6月13日，苏联政府照会中方，提出愿以平等原则与中国建立

① 唐启华：《"北洋外交"研究评介》，载《历史研究》，2004（1）。
② 《北京政府要求修改不平等条约致公使团照会》（1925年6月24日），载程道德等主编：《中华民国外交史资料选编（1919—1931）》，230页，北京，北京大学出版社，1985。
③ 杨丹伟、陈一平：《国际化进程中的民国外交》，载《江苏社会科学》，2004（3）。
④ 中央档案馆编：《中共中央文件选集》，第1册，26页，北京，中共中央党校出版社，1982。
⑤ 吴东之主编：《中国外交史（中华民国时期1911—1949）》，84页，郑州，河南人民出版社，1990。

大使级外交关系；7 月 17 日，双方决定互派大使级外交官，苏联是与中国第一个建立大使级外交关系的国家。在孙中山的领导下，广州国民政府制定了联俄反帝、争取民族独立的革命外交路线。1925 年 6 月，国民党发表关于废除不平等条约宣言，认为"倡导国民革命以与帝国主义者奋斗。而废除不平等条约即为奋斗之第一目标"，指责北京政的修约外交是"与虎谋皮，为事至愚"，主张"废除与修改截然二事"，"对于不平等条约，应宣布废除，不应以修改为搪塞之具"①。1926 年 7 月 1 日广州国民政府发表北伐宣言，9 日正式出师北伐。同年 12 月，广州政府迁至武汉，史称武汉国民政府。"革命外交"的高潮是收回汉口、九江英租界。这对西方国家产生了震撼和威慑，它们纷纷调整其对华政策，中国在收回利权方面，有了实质性的进展。②

4. 南京国民政府收回关税自主和废除领事裁判权的外交努力

1928 年年初，宁汉合流，新的国民政府在南京组成。尽管南京政府仍然使用"国民政府"的名义，却完全抛弃了孙中山的外交主张。1928 年 2 月 21 日，国民政府外交部长黄郛发表对外宣言，强调"讲信修睦"，"努力国民革命，一面冀改善内政与民更始，一面欲按照外交手续，与各国厘正不平等各约，期获得中国在国际上应有之平等地位"，"国民政府亦必依照国际法，十分努力，以尽其国际上应尽之合法义务"，"盖必如此，而后中国天产可发，国际之误会可除"③。宣言还提出以下六项具体要求：第一，以平等及相互尊重领土主权为基础与各友邦开始商订新约。第二，新约未订前，"国民政府准备与各友邦维持并增进其亲善关系"。第三，"国民政府当按照国际公法，尽力保护居留外人之生命财产"。第四，今后各地方与外国政府或外国公司或个人订立的任何条约或契约，"经国民政府参预或认可者，均认为有效"。第五，"对于重要悬案，国民政府准备适当时期，以公平及互谅之精神，设法解决"。第六，"对于干涉中国内政，或破坏中国社会组织之外国，国民政府为保全本国生存计，不得不采取并施行最适宜之应付方法"④。十分明显，这一宣言向帝国主义国家表达了国民政府"亲善"和"讲信修睦"，希望保全中国之生存、消除"国际误会"的迫切心愿。1928 年 6 月 8 日，南京政府的军队进入北京，北京政府至此终告结束，南京政府将北京改称北平。6 月 15 日，南京国民政府发表对外宣言，国民革命之目的在于建设新国家，而建设新国家"即实现总理所定之三民主义，内以谋国民之自由福利，以图国际之平等和平"，"今当中国统一告成之会，应进一步而遵正当之手续，实行重订新约，以副完成平等及相互尊重主权之宗旨"⑤。

1927 年 7 月 20 日，国民政府发表声明，称协定关税有碍国家主权，宣布实行 1926 年关税会议时各国提出的新税率，加征附加税并取消内地厘金及货物税。由于南京政府根基未稳，加上日本反对该项税则，此项规定并未实行。1928 年 7 月 7 日，南京政府发

---

① 《国民党中央执行委员会关于废除不平等条约的宣言》（1925 年 6 月 28 日），载程道德、郑月明等主编：《中华民国外交史资料选编（1919—1931）》，321 页，北京，北京大学出版社，1985。

② 参见杨丹伟、陈一平：《国际化进程中的民国外交》，载《江苏社会科学》，2004（3）。

③ 《南京国民政府外交部长黄郛发表的对外宣言》，载程道德、郑月明、饶戈平编：《中华民国外交史资料选编（1919—1931）》，413 页，北京，北京大学出版社，1985。

④ 同上书，413～414 页。

⑤ 同上书，414 页。

表了关于重订条约的宣言，宣布："（1）中华民国与各国间条约之已届满期者，当然废除，另订新约。（2）其尚未满期者，国民政府应即以相当之手续解除而重订之。（3）其旧约业已期满，而新约尚未订定者，应由国民政府另订适当临时办法，处理一切。"同时，南京政府公布了《南京国民政府关于与各国旧约已废新约未订前所适用的临时办法七条》。① 蒋介石之所以要求"修约"，不仅因为这些条约有损"独立国家"的形象，而且也直接关系到他的利益。蒋介石清楚地认识到修约与废约之间的差别，应废除的不平等条约，都是在强力压迫下订立的，是一概不能承认的；而"改订新约"之说意味着旧约仍然是有效的，是必须予以承认的，承认现行条约的"有效"与"合法"，是帝国主义各国承认南京国民政府的先决条件。②

前述临时办法七条之第 5 条规定："由外国或外国人民输入中国及由中国向外国输出之货物，所应征之关税，在国定税则未实行以前，照先行章程办理。"③ 对此各国反应不一，美国政府率先表示愿与中方接洽。1928 年 7 月 25 日，中国与美国签订《整理中美两国关税关系之条约》，同意中国"关税完全自主"，要求"在彼此领土内享受之待遇，应与其他国享受之待遇，毫无区别"，"在本国领土内，不得向彼国人民所运输进出口之货物，勒收关税，或内地税，或何项捐款，超过本国人民，或其他国人民所完纳者，或有所区别"④。在美国率先签约的影响下，8 月 17 日，中国与德国签订关税条约；11 月 12 日，中国与挪威签订关税条约；12 月 20 日，中国与英国签订关税条约。这些关税条约一般都规定"关税完全自主之原则"、对等的"最惠国待遇原则"和"国民待遇原则"。此外，比利时、西班牙、丹麦、葡萄牙、意大利等也都放弃协定关税，"根据完全平等互尊主权及两国商业上无歧视之原则，议定一通商航海条约"。12 月 22 日，中法商约签订。以上各国在签订新的商约或关税条约时，即宣布承认国民政府。1928 年 12 月 2 日，国民政府第 10 次国务会议通过《中华民国海关进口税准则》，于 1930 年 12 月 29 日公布，1932 年 1 月 1 日起施行。"至此，关税自主交涉拉下帷幕。"⑤ 1929 年 1 月 1 日，蒋介石发表告国民书，宣称将在 3 年内完成修约。同年 6 月 14 日，国民党三届二中全会决议于最短期内加紧废除不平等条约之工作，如撤销领事裁判权、收回租界等。

国民政府关于废除领事裁判权的交涉，并不顺利。1929 年 4 月 27 日，外交部照会英、美、法、荷、挪威、巴西 6 国，要求撤废各国在华领事裁判权。照会指出："在中国之领事裁判权，系旧时代之一种遗制。""此种遗制不仅不适合于今日情状，且是妨害中国司法行政机关之顺利进行，而使中国在国际团体间应有之进步，受无谓之障碍。"故要求各国放弃这一特权。1929 年 12 月中旬，英、美分别向南京政府表示，同意 1930 年 1

① 参见《南京国民政府关于重订条约的宣言》、《南京国民政府关于与各国旧约已废新约未订前所适用的临时办法七条》，载程道德、郑月明、饶戈平编：《中华民国外交史资料选编（1919—1931）》，456～457 页，北京，北京大学出版社，1985。

② 参见吴东之主编：《中国外交史（中华民国时期 1911—1949）》，198 页，郑州，河南人民出版社，1990。

③ 《南京国民政府关于与各国旧约已废新约未订前所适用的临时办法七条》，载程道德、郑月明、饶戈平编：《中华民国外交史资料选编（1919—1931）》，457 页，北京，北京大学出版社，1985。

④ 同上书，476 页。

⑤ 程道德主编：《近代中国外交与国际法》，137 页，北京，现代出版社，1993。

月 1 日为"原则上"逐步废除领事裁判权的开始日期，不反对中国作"与此态度相符合的声明"。但是由于彼此意见不一致，废约谈判进展缓慢。由于日本帝国主义武装侵略中国的东北的"九·一八"事变，形势发生急剧变化，废约谈判也随之长期停顿下来。1941年 12 月 7 日，太平洋战争爆发。日本成了英美共同的敌人，中国则成了它们对抗日本的一个重要力量。1942 年 10 月 9 日，美、英两国分别通知中国政府，声明愿意放弃在华治外法权。经过两个多月的谈判，中美、中英分别签订《关于取消美国在华治外法权及处理有关问题之条约与换文》和《关于取消英国在华治外法权及其有关特权条约与换文》。根据这些条约的规定，美、英放弃在华特权主要有以下 8 项：（1）领事裁判权；（2）上海及厦门公共租界；（3）天津及广州英租界；（4）取消条约口岸；（5）取消外籍领港人；（6）取消海关税务司应由英人担任的规定；（7）取消沿海贸易权及内河航行权；（8）取消《辛丑条约》中规定的驻军权及使馆界的行政与管理权。之后，荷兰、法国等 9 国也先后与国民政府缔结平等条约。[①]

5. 日本侵略中国与国际联盟的斡旋

1931 年 9 月 18 日，日本帝国主义公开发动了对中国的武装侵略。国民政府当时对日本侵略采取了不抵抗主义，在外交上则是一切依赖国联，可是，英、法和美国对日本侵占东北采取绥靖政策。1931 年 9 月 21 日，中国向国联理事会发出正式申诉，蒋介石称"此为一外交之转机……如天果不亡吾中国，则此次外交当不致失败也"。还说："外交形势，尚有公理，东（三）省……不如委诸国联仲裁，尚或有根本收回之望。"他公然宣扬中国应"忍痛含愤，暂取逆来顺受态度。以待国际公理之判断。"[②] 国联理事会接到中国的正式申诉后，举行会议讨论中国的申诉。中国代表在会议上力陈日本的侵略举动妨害国际和平，违反国际公约。但是，国联理事会仅通过授权理事会主席向中日双方政府提出"紧急通知书"的提议，要求双方不采取足以使事态恶化或妨碍和平解决的任何行动。国联理事会的决议对日本的侵略行径没有起到丝毫约束作用，反而诱发日军从事更大的军事冒险。施肇基在国联理事会第八次例会上发言指出：日本的行动有违国联盟约与非战公约，"此二者亦为世界和平建筑之基础……倘令崩裂，则建筑亦将随之倾圮"。施肇基还说道，远东的祸乱必将影响世界各国为挽救财政及经济危机所必需的合作，各国皆不能置身其外。施肇基最后表示："中国已将其本身完全托付国联之手。深切盼望不要辜负中国的希望。"[③]

1932 年 1 月，日本开始进犯上海。中国当时最大的出版社——商务印书馆及其附属的东方图书馆均遭毁灭，其所珍藏的宋元版书籍十万多册亦被焚毁。这就是闻名中外的"一·二八"事变。[④] 在英、美、法、意的干预下，中日双方在上海开始停战协定的谈判，最终，中日双方代表正式签订《上海停战协定》。"事实上，《上海停战协定》对中国来说是个丧权辱国的协定。它使中国军队不能重新在上海布防，等于自开门户，而且对日本的侵

---

① 参见程道德主编：《近代中国外交与国际法》，24～26 页，北京，现代出版社，1993。
② 吴东之主编：《中国外交史（中华民国时期 1911—1949）》，236 页，郑州，河南人民出版社，1990。
③ 同上书，239 页。
④ 参见上书，253 页。

华行径并未作一字谴责，反而将上海的治安交由外国军官指挥的中国警察来维持，以'避免'冲突。这是为中国人民所不能接受的，是对中国主权的侵犯。"①

1932 年，日本又在中国东北炮制"满洲国"。中国外交部向日本提出严重抗议。中国驻国联代表向国联理事会提出正式通知书，宣布中国政府绝不承认东三省或其任何一部分未经中国中央政府同意而建立的行政组织。中国政府致函国联大会主席，指出日本承认"伪满"违反了国联盟约、九国公约及巴黎非战公约，提请国联特别大会注意。根据国联理事会 1931 年 12 月 10 日决议，国联成立了一个调查团，团长为英国人李顿，这个调查团一般被称为"李顿调查团"。1932 年 10 月 1 日，《李顿调查团报告书》公布。这个报告书共分 10 章，约十余万字。第一章叙述中国概况，第二、三章叙述满洲状况以及其与中国其他部分和苏联的关系，第四、五章是对"九·一八"事变和"一·二八"事变的评述，第六章谈"满洲国"问题，第七、八章谈中日经济关系，第九、十章是所谓解决中日争端的原则和建议。报告书提出以"国际共管"的方式来解决东北问题。大会决定将李顿报告书交由十九国委员会审议，十九国委员会向国联大会提交了一份报告书。这个报告书承认东北是中国的领土，东北的主权属于中国。但是，在实质性问题上，十九国委员会报告书对日本侵略中国的行径也不提出制裁措施，而是仍取绥靖态度。但是，在报告书通过后，日本代表声称对此表示十分遗憾和失望，并退出会场。1933 年 3 月 27 日，日本天皇发布诏书，宣布日本正式退出国联。南京政府外交部在事后议及国联时也表示不满，称："国联处理中日争端所表现之成绩实未能尽满人意……以各大国之徘徊观望，终未能……对敌实施集体制裁……亦未能责成日本切实履行其国际义务及国联盟约下所定之义务。"② 此后，日本不断制造事端，并于 1937 年发动全面侵华战争，南京国民政府却仍寄希望于国际联盟的干预，而国联的态度却十分冷淡。直到 1941 年太平洋战争的爆发，为了在远东战场对抗日本军事行动，英美开始把中国作为一支非常重要的力量来看待，但此时，世界大战的爆发已经淹没国际规则，战争中的各方依凭的主要不是外交与法律，而是军事实力。

三、过渡时期的国际法文化与民国时期中国的国际法观念

第一次世界大战的爆发，暴露了欧洲列强之间固有的矛盾和冲突。美国和日本的崛起，俄国十月革命的成功，破坏了《辛丑条约》建立起来的列强不单独行动的默契基础。第一次世界大战为中国国际地位的提升提供了一个非常好的时机，列强之间的间隙为中国国际地位的提升提供了空间，列强之间的矛盾则可以成为中国在外交场上可资利用的筹码。未来世界秩序的构想可能需要更广泛的智慧参与，禁止战争和约束主权的主张需要更广泛的国际支持。然而，清朝统治结束之后，国内政局跌宕起伏，波云诡谲，对于中国未来秩序的构想纷呈歧异，在国际法律秩序处于重构和转型的时期，中国人在思想和观念上经历着一个痛苦的过渡期。而"辛亥革命以后，外部世界对早期民国的影响太明显了"，"革命者避免旷日持久的内战，以防招来外国的干涉；他们试图在 1912 年按照外国的模式开创一个立宪的议会制共和国；袁世凯总统的外国贷款引起了争论；国外回来的学者领导了 1917 年

① 吴东之主编：《中国外交史（中华民国时期 1911—1949）》，257~259 页，郑州，河南人民出版社，1990。
② 同上书，276~277 页。

以后的新文化运动；凡尔赛的强权政治激发了 1919 年的五四运动；1921 年中国共产党在共产国际的推动下成立；1923 年以后孙逸仙在苏联帮助下改组国民党；爱国的反帝情绪鼓动了 1925 至 1927 年的国民革命。的确，早期的民国被外国势力所推动，这种势力伸向各地"①。

即使中国的政治体制发生了根本性的变化，形式上的统一也在较大部分时期能够得到维持，但是，在西方列强的眼中，中国仍然是一个各方利益角逐的"场所"，这一场所本身并没有被纳入西方的国际秩序，中外关系赖以维系的一直是清朝统治者遗留下来的"不平等条约体制"。一战之后，建立欧洲秩序的设想尝试了许多新的国际途径，而且也建立了相应的国际法机制，然而，"不平等条约体制"似乎就是一层牢不可破的铁皮，隔阻了中国人与这些新的国际途径和国际法体制之间的联系。外国势力对中国的影响是巨大的，但是，这种影响通常是通过外国势力在中国的具体存在来实现的，如在条约口岸活跃的商人、传教士，驻华的使领馆，负责中国行政管理的外国官员等等，而他们的地位是由中外之间的专门条约来确定的，而这些条约一直没有被中国人接受为"国际法"，因此，在中国人看来，国际法是如此遥不可及。即使对于那些直接与国际法规则打交道，经常运用国际法规则与西方列强周旋的专业外交官来说，他们也不得不经常面对理想与现实的反差，就像晚清末期的外交家们和知识分子那样，不得不思考"国际法"究竟可恃还是不可恃的问题。然而，即使如此，中国政府及其官员们和知识分子的国际法观念已然不同于晚清时代。

首先，民国时期的政府、外交官和知识分子对世界的理解已完全不同于以前了，他们基本上已经抛弃了"天朝上国"的概念，"主权平等"的用语经常出现在民国政府的对外文件和宣言之中。国际社会由主权独立和平等的国家所构成、中国是国际社会一员的观念已经被完全接受了。这种基本前提上的差异，使得民国政府与晚清政府在对外交往上的目标、态度和方法都发生了重大的变化。相比晚清政府，民国政府的"文明国家化"的使命感更为强烈。从文本、程序、价值观接受国际法，到参与国际会议和组织，再到发起"改订新约"运动等，中国的最终目标都是要成为强国，成为亚洲的代表，回到一等国之列。中华民国所追求的并非是与南美、亚洲诸国的平等，而是与欧美列强平起平坐的"平等"。这一时期最引人关注的事情就是中国试图以国际的尺度自觉彻底地检讨自己的文化，与标榜"近代"和"文明国家化"的英美拉近距离，从国际上所认同的"主义"中寻求合法性。②

其次，民国时期的各政府在与西方列强打交道时，首先必须解决的是自己的"身份"问题，即如何获得列强的承认与支持。在竞争性的政权同时并存的时期，这种"承认"上的角逐，实际上成了西方列强左右中国国际地位的有力砝码。在解决国内政治统一与以平等地位回归国际社会这两个必须同时解决的问题上，中国政府及其官员们在外交场上的地

---

① ［美］费正清主编：《剑桥中华民国史》，第 1 部，2 页，上海，上海人民出版社，1991。
② 文明国家化，即追求文明国家的地位和国际社会成员资格的过程。1880 年代后半期开始，"文明国家化"的倾向就出现了，它的标志是戊戌变法，而成为主流是在光绪新政之后。1890 年代后半期，出现了胶州湾等地成为租借地的"瓜分危机"。清朝政府于光绪二十五年（1899 年）和三十三年（1907 年）两次派员参加海牙和会，使"文明国家化"的使命感酝酿形成。海牙和会冲击之后，中国不得不开始认真考虑培养一批能和外国人沟通、能读懂国际法的外交人员。同时，中国也意识到自己不再是"世界的中心"，而是"亚洲的一员"。参见金莹：《川岛真著〈中国近代外交的形成〉》，载《历史研究》，2004（5）。

位和表现着实非同一般。① 十月革命的成功，为过渡时期国际秩序的构建注入了新的力量。国内民族意识日渐觉醒，国内革命如火如荼，为了维护民族独立和国家主权，民国时期的政府及其外交官员在与列强的周旋过程中，表现出了前所未有的民族自尊心和历史责任感，在《凡尔赛和约》上拒绝签字，"这是一件破天荒的大事，开创了中国外交敢于抗争列强压迫的先例"②。在华盛顿会议上与日本直接对抗、据理力争；1926 年，毅然宣布废止中比条约；1927 年，强行征收海关附加税、罢免中国海关英籍总税务司安格联的职务，等等，这些都体现了民国时期中国政府及其官员们某种不一样的精神状态。

再次，由于直面的实际问题不同，一些国际法上的具体概念越来越多地进入国人印象之中，并且对这些概念的理解有了更为实际的体悟，如在"承认"问题上，近代国际法上的"承认"、"交战团体"的概念被认真地进行了研究。西方列强之间的矛盾有时会涉及对"中立"这一概念的独特运用和理解。列强之间爆发战争，如一战时期日本对德国的宣战，日本要求中国在日本对德国租借地的军事行动上保持中立，这实际上是让一国对交战双方在自己领土上的战争保持中立，对于战争本身，虽然可以"置于局外"，但是，眼睁睁看着双方在自己的领土上交战，而自己还得保持中立，这实在让国人难以理解。晚清统治者也面临过这样的问题，即 1904 年的日俄战争，晚清统治者迫于威胁不得不保持中立。日本在后来对德国租借地的行动中也要求中国遵守这一"成例"，不过民国政府并没有在这一问题上屈从于日本的压力，而是一直在寻求其他的解决方式，同时始终宣称日本对德国租借地的军事行动是不符合国际法的，因此获得的任何权益都是对中国主权的侵犯。

最后，民国时期，不同外交路线交错的同时，外交目标和方针体现了某种一致性，民国时期中国外交观念越来越完全地接受了一种"实力外交"的观念。

解除国际束缚，努力成为国际社会的平等一员，是近代中国对外交往最重要的目标。为达此目的，从北洋政府到北京政府，再到南京政府，它们的外交政策具有某种形式的连续性。北洋政府初期的外交，给人的印象是主权的继续丧失和领土完整的进一步破坏，为了获得列强的承认与支持，民族利益和国家利益遭到漠视。然而，"北洋政府后期的外交，继续丧失主权的事出现较少，相反，争回主权的事件却屡见不鲜。这是北洋政府开放的、争回主权的外交方针的胜利，标志着外交机制的近代化和外交思想的近代化，均得到一定

① 日本学者川岛真认为，这两个问题实际上是相互扶持的。他指出，对于北京政府来说，"外交"是一种特殊的资源。当时，北京政府实际支配能力低下，以"国家的统一和领土的保全"为最优先课题。对外部的国际社会而言，外交的实行是北京政府维持"中国"这一整体形象存在的关键；对内部的国家各地方成员而言，外交的实行是"中国"这一主体存在得到承认的关键。通常所称的该时期的"分裂"，在外交方面并不适用。位于南北的两个政府所实行的制度具有很大的相似性，它们的政策具有同向性，从而体现了中华民国的统一性。在民国前期，种种混乱和地方势力的割据并没有使军阀和其他政治人物怀疑"中国"这一整体的存在，他们仍然是作为构成中华民国的一员而进行各种活动。广东政府、新疆地方当局甚至大军阀都有绕开外交部与列强来往的行动，但是他们都主张对外的统一，关注外交问题。通过外交，中央政府还获得了各种实质的利益，例如，对从国外借得款项的再分配权、关税收入等等。外交的实行，帮助了中国的维持。参见金莹：《川岛真著〈中国近代外交的形成〉》，载《历史研究》，2004 (5)。

② 曹学恩、徐广文主编：《民国外交简史》，2 页，西安，陕西人民出版社，1989。

程度的实行和发展，体现了国权平等主义的外交思想的光辉"①。北洋政府后期的修约外交为北京政府所继续。与此同时，国民政府的"革命外交"② 则试图探索另一条回归国际社会的路径。尽管国民政府希望依靠自身的实力来解除束缚，并有激动人心的外交成果，然这一外交路线的前提是挑战现行的国际秩序，通过自身实力推翻不平等条约体制，而与"修约外交"路线明显不同，但有学者认为："北京的'修约外交'与国民政府的'革命外交'的，既竞争又合作，共同为摆脱条约束缚作出贡献。"③ 总而言之，"中国废除不平等条约，是几代人与历届政府不断努力的结果，其中既包括最后毕其功的中华人民共和国政府，也包括一直以革命党人自居的南京国民政府，还包括具更大的妥协性的北京政府。群众性的反帝运动与历届政府的废约外交相辅相成"④。外交路线这种关联性说明了民国外交在目标上的一致性。但在实现同一目标的过程中，确实存在不同的尝试和探索，而这一尝试和探索的过程正好反映了当时的政府对国际法的矛盾心态。"19世纪末横行全球的'帝国主义'外交，历经欧战浩劫，遭到质疑，美国、苏联都提出新外交构想，竞争战后世界秩序主导地位，也竞相拉拢中国。国际上一时'理想主义'外交风行，有利于中国之争取国际平等地位。"⑤ 基于此一理想主义外交，"重视主权＋国际法"的外交一直是民国时期中国外交的主要特征。仅仅依赖国际法与西方列强周旋表明了民国时期中国对国际法的信任，然而，这种信任似乎并未收到预期的效果。巴黎和会上的失望，华盛顿体制被日本肆意破坏而国联却无所作为，这一系列的事件引发对国际法的失望和对理想主义外交的怀疑，这种失望和怀疑在充分暴露现有国际法体制的局限性同时，也进一步拉大了国人与国际法之间的距离，这让人们越来越多地接受"实力外交"的观念。

　　然而，民国时期，国人的精神状态已全然不同于晚清时代。新文化运动的开展使得更多的中国人，特别年青人能够参与到政治的运作之中，"民意"成了民国时期的外交不得不考虑的重要因素，统治者不再仅仅根据自己的喜好决定同外国的关系了。同时，民族精神和民族主义的勃兴也为民国时期的外交提供了有力的支持。有学者指出，"从巴黎和会到华盛顿会议，中国的外交方略实现了从近代双边的'羁縻相安'、'以夷制夷'，到现代多边的依据国际法制衡列强的转变。促成这个转变的基本动因是国家政治制度的变革和国人民族意识的觉醒。在凡尔赛—华盛顿体系构建过程中，所有列强都奉行实力外交，按各自力量的大小、实力的强弱分配战利品。只有中国是协约国中唯一没有相应实力作后盾的战胜国。在巴黎和会与华盛顿会议上，中国代表团能凭借的物质国力是人口和地理因素，精神国力是国人觉醒的民族意识。依托这两项有限的国力要素，中国代表团勉为其难，适时利用国内民众'外争国权'的斗争，拒签了凡尔赛和约……从而改变了第一次世界大战期间日本

---

　　① 郭剑林主编：《北洋政府简史》，天津，天津古籍出版社，2000。转引自唐启华：《"北洋外交"研究评介》，载《历史研究》，2004（1）。

　　② 有学者指出，"革命外交"是以民族主义为其精神资源的，其方式是"以革命的方法与手段解决中外间不合理、不平等的外交关系"，"革命党人想在不完全顾及过去中外条约、协定与惯例的前提下，在革命精神与群众运动的强力支持下，运用威胁性和半威胁性的手段，以达成我国外交谈判的目标——改变外人在华所享有优越地位的状态"〔杨丹伟、陈一平：《国际化进程中的民国外交》，载《江苏社会科学》，2004（3）〕。

　　③ 唐启华：《"北洋外交"研究评介》，载《历史研究》，2004（1）。

　　④ 王建朗：《中国废除不平等条约的历史考察》，载《历史研究》，1997（5）。

　　⑤ 唐启华：《"北洋外交"研究评介》，载《历史研究》，2004（1）。

独占中国的局面，在一定程度上维护了国家权益"①。除了外交思想和外交基础上的重大变化和发展，民国时期外交机制的近代化也得到了一定程度的实行和发展，外交技术也日渐成熟。民国时期是外交官群体的"黄金时代"，"外交官群体的职业模式"就是在民国前期形成的。当时的外交官代表了"年轻的、充满活力的中国"。一大批优秀的人才在国际舞台上为中国的权益据理力争，运用他们良好的语言沟通能力和对国际法的深入理解，为中国赢得了国际信誉。② 总之，"这一历史时期的实践，深刻揭示了'自己的权利要靠自己去争取'、'世界的和平要靠世界人民自己来维护'等现代国际法的精神实质"③。

第三节
现代国际法文化对中国的影响

一、新中国的国际法实践概览

新中国与国际社会的关系，包括与作为国际社会之基础的国际法律体系的关系，经历了一段曲折的历程。在这一历程中，新中国不仅对国际社会与国际法的认识和理解渐趋透彻，而且对自身与国际社会的关系的认识和理解有了质的飞跃。"回顾一下中国与国际社会之间关系的历史，便可以看到中国经历了所有这五种不同反应，即抵抗（1840—1860 年）、屈服（1860—1919 年）、趋同（1919—1949 年）、反叛（1949—1971 年）、协调（1971 年以后）。应当说，每一时期内的反应实际上都相当复杂，难以一概而论又全无偏颇，但各个时期内最基本的倾向还是清楚的。"④ 根据这一划分，1949 年新中国建立之后，中国与国际社会的关系经历了从"反叛"走向"协调"的变化，这一基本倾向上的变化在一定程度上反映了中国对国际法的看法，"反叛"不是盲目抵抗，更不是一味屈从，而是企图尝试新的途径去修正现有的国际机制；"协调"也不同于民国时代的趋同，而是在中国的国际法观和世界观与其他国家的国际法观和世界观存在冲突的情形下寻求达成共识的方式和途径，"协调"是坚持自我与理解他人的统一，"让世界理解中国，让中国走向世界"的说法最契合"协调"这一倾向的基本内涵。

（一）1949 年至 1971 年

中国共产党一直坚持废除不平等条约和外国人特权的政治主张。新中国建立之后，

---

① 金卫星：《凡尔赛—华盛顿体系与中国外交方略的转变》，载《苏州大学学报》（哲学社会科学版），2006（5）。

② 参见金莹：《川岛真著〈中国近代外交的形成〉》，载《历史研究》，2004（5）。

③ 何勤华：《略论民国时期中国移植国际法的理论与实践》，载《法商研究》，2001（4）。

④ 时殷弘、吕磊：《美国对华态度与中国之加入国际社会——一个半世纪的历史概观》，载《太平洋学报》，1995（3）。

一些基本的思想和原则相继被提出来，作为中国处理与外国关系的基础。"1949 年春、夏之间，毛泽东主席先后提出了'另起炉灶'、'打扫干净屋子再请客'和'一边倒'三条方针，这是根据中国的历史和现实以及当时的国际环境作出的重大决策。""另起炉灶"、"打扫干净屋子再请客"就是：对国民党政府同各国建立的旧的外交关系一律不予承认，将驻在旧中国的各国使节只当作普通侨民而不当作外交代表看待，对旧中国同外国签订的一切条约和协定要重新审查、处理，不承认国民党时代的一切卖国条约的继续存在，有步骤地彻底摧毁帝国主义在中国的势力和特权，在互相尊重领土主权和平等互利的基础上同世界各国建立新的外交关系。"一边倒"政策就是宣布新中国将倒向社会主义一边。①

1. 新中国处理条约继承问题的方式和订立新条约关系的基础

1949 年 9 月，中国人民政治协商会议第一次会议通过的《中国人民政治协商会议共同纲领》第 3 条规定："中华人民共和国必须取消帝国主义国家在中国的一切特权"。第 55 条规定："对于国民党政府与外国政府所订立的各项条约和协定，中华人民共和国中央人民政府应加以审查，按其内容，分别予以承认，或废除，或修改，或重订。"这一政策显然不同于民国时期北洋政府的"修约"和南京国民政府的"改订新约"政策。要加以审查的条约和协定，"并不限于国民党政府所订的条约和协定，而是包括中国自前清以来直到解放为止同外国所订立的一切条约和协定"②。分别进行审查所依据的原则是新中国自己所确立的原则，而并非完全依赖现行的国际法或国际惯例。"有的条约因为不适应两国关系的新情况留待另行处理"；"有的则是以明文声明作废"；"向来国际法认为国家必须继承的边界条约，在中国方面一般也是予以尊重的，但是对于某些有争执的边界，要考虑到条约的历史背景，根据具体情况，分别对待"③。

《中国人民政治协商会议共同纲领》还规定新中国外交政策的原则为："保障本国独立、自由和领土主权的完整，拥护国际的持久和平和各国人民间的友好合作，反对帝国主义的侵略政策和战争政策。"在中华人民共和国宣告成立时，中央人民政府主席在 1949 年 10 月 1 日的公告中声称："本政府为代表中华人民共和国全国人民的唯一合法政府。凡愿遵守平等、互利及互相尊重领土主权等项原则的任何外国政府，本政府愿与之建立外交关系。"这为新中国进行其与外国的条约关系提供了基础。④ 1950 年 2 月签订的《中苏友好同盟互助条约》就明确规定，在"遵照平等、互相尊重主权与领土完整及不干涉对方内政的原则"的基础上，发展和巩固中国和苏联的经济和文化关系。⑤ 经过这一时期的外交工作，新中国在国际上已经站稳了脚跟。到 1956 年，同中国建交的国家已有 25 个，为新中国外交的进一步发展奠定了坚实的基础。

① 参见《新中国成立前夕外交政策的制定》，载中国外交部网站：http://www.fmprc.gov.cn/chn/ziliao/wjs/2159/t8977.htm，2007 - 03 - 20。
② 周鲠生：《国际法》（上册），156 页，北京，商务印书馆，1983。
③ 同上书，158 页。作者还引证了大量的实例来说明这种"区别对待"处理模式的实际运用。
④ 参见邓正来编：《王铁崖学术文化随笔》，48 页，北京，中国青年出版社，1999。
⑤ 参见上书，52 页。

2. 新中国参加的重大国际会议与和平共处五项原则的提出

1950 年 6 月 25 日，朝鲜内战爆发。美国对朝鲜进行大规模军事干涉，并派兵侵占我国台湾地区，直接威胁我国安全。中国遂决定应朝方要求派志愿军入朝参战，抗美援朝，保家卫国，在军事和外交两条战线上，同美国进行面对面的较量，终于迫使美国于 1953 年 7 月 27 日签署朝鲜停战协定。美国在入侵朝鲜的同时，加紧干涉印度支那。美国支持法国殖民主义镇压印度支那人民，对中国南方边陲的安全构成重大威胁。中国在极其困难的条件下，全力支持越南人民反抗法国殖民主义和美国的干涉，为恢复印度支那的和平与实现越南北半部的完全解放作出了贡献。1954 年 2 月 28 日，由苏联倡议，苏、美、英、法四国外长在柏林会议上达成协议，定于同年 4 月举行日内瓦会议，讨论朝鲜问题和印度支那问题。除苏联、美国、法国、英国、中华人民共和国参加会议的全过程外，同这两个问题有关的其他国家也派代表分别参加各有关问题的讨论。1954 年 4 月 19 日，中国政府任命周恩来总理兼外长为出席日内瓦会议代表团首席代表，张闻天、王稼祥、李克农为代表。日内瓦会议是中华人民共和国首次以五大国之一的地位和身份参加讨论国际问题的一次重要会议。[1] 在会议上，新中国代表坚决支持关于恢复朝鲜统一和组织全朝鲜自由选举的方案，反对南朝鲜提出的意图并吞北朝鲜的方案。但是，日内瓦会议关于朝鲜问题的讨论最终以未通过任何协议而结束。"但正如周恩来外长所指出：它使大家了解到美国代表如何阻挠日内瓦会议，并阻止达成即使是最低限度的、最具有和解性的建议。"[2] 1954 年 7 月 21 日，会议通过《日内瓦会议最后宣言》，实现了印度支那的停战，结束了法国在这个地区进行了多年的殖民战争，确认了印支三国的民族权利，是印支三国人民争取独立过程中的重要里程碑。

1953 年年底，周恩来总理在会见印度政府代表团时，第一次提出了互相尊重主权和领土完整、互不侵犯、互不干涉内政、平等互利、和平共处的五项原则。1954 年 4 月 29 日，五项原则在《中国与印度共和国关于中国西藏地方和印度之间的通商和交通的协定》的序文中被明确规定下来，中印两国决心以此作为相互交往的基础。1955 年 6 月 28 日，中印两国总理发表联合声明，宣称这些原则不仅适用于两国之间，而且适用于一般国际关系之中，它们将形成和平和安全的坚固基础。和平共处五项原则又立即体现在中国和缅甸总理发表的联合声明之中，成为指导中缅两国关系的原则。中印、中缅双方总理在联合声明中正式倡议将和平共处五项原则作为国际关系的准则。1954 年中印协定缔结之后，和平共处五项原则获得了巨大的声誉，"它们被规定在许多双边和多边的条约和协定以及其他国际法律文件之中，包括政府声明和国际组织决议，并出现在许多记者招待会、政治家的演讲中"[3]。"和平共处五项原则的主要发展发生于 1955 年万隆会议"[4]。1954 年 4 月，印度尼西亚政府提议召开亚非会议，同年 12 月，缅甸、锡兰（今斯里兰卡）、印度、印度尼西亚和巴基斯坦 5 国总理在印尼茂物举行会议，就召开亚非会议问题达成协议。亚非会议于 1955 年 4 月

---

① 参见《日内瓦会议》，载中国外交部网站：http://www.fmprc.gov.cn/chn/ziliao/wjs/2159/t8977.htm，2007-03-20。

② 《日内瓦会议》，载中国外交部网站：http://www.fmprc.gov.cn/chn/ziliao/wjs/2159/t8977.htm，2007-03-20。

③ 邓正来编：《王铁崖学术文化随笔》，54 页，北京，中国青年出版社，1999。

④ 同上书，56 页。

18 日至 24 日在印度尼西亚万隆举行，故又称万隆会议。中国应邀参加亚非会议。① 会议就有关亚非国家的利害关系和共同关心的一些重大问题达成了一致，通过了《亚非会议最后公报》，内容包括经济合作、文化合作、人权和自决、附属地人民问题、其他问题、促进世界和平与合作以及关于促进世界和平与合作的宣言 7 个部分，并提出了处理国际关系的 10 项原则。② "这十项原则几乎把和平共处五项原则全部包括在内。"③ 会议所反映的亚非人民团结一致、反对帝国主义和殖民主义、争取和维护民族独立、保卫世界和平和促进各国人民友谊的精神，通称为"万隆精神"。此次会议促进了亚非各国的团结和合作，鼓舞了殖民地人民的民族解放斗争，对亚非各国人民反帝、反殖斗争的发展和团结的加强起了重要作用。

　　3. 新中国恢复联合国合法席位的努力及成果

　　中国是 1945 年旧金山"联合国家国际组织会议"（United Nations Conference on International Organization）的 4 个发起国之一。中国共产党及解放区的代表董必武，作为中国 10 人代表团的成员，参加了这次创建联合国的盛大会议并在宪章上签字。④ 中国是联合国的创始会员国，并且是联合国安全理事会的常任理事国。"作为一个国际法主体，中华人民共和国是解放前中国的延续，对于中国在联合国的代表权和在安理会以及联合国的其他机构的地位，中华人民共和国是当然的合法的继承者。"⑤ 新中国成立后，由于美国执行敌视新中国的政策，中国在联合国的席位却仍由"中华民国"享有。为恢复在联合国的合法地位，中华人民共和国政府作出了长期不懈的努力。

　　周恩来总理兼外长多次致电联合国秘书长和联合国大会主席，声明中华人民共和国政府是代表中国人民的唯一合法政府，要求把已经根本不能代表中国的国民党代表驱逐出联合国。但是，这一要求遭到了主要来自美国的阻挠。1950 年 9 月第五届联合国大会否决了苏联和印度分别提出的恢复新中国在联合国合法权利的提案，决定由加拿大、厄瓜多尔、印度、伊拉克、墨西哥、菲律宾、波兰 7 国组成特别委员会，审议中国代表权问题，在该委员会未作出结论之前，仍由"中华民国"的代表出席联合国。1951 年，美国操纵下的第六届联合国大会，又否决了将恢复中华人民共和国合法席位问题列入联合国大会议程的提案。"随着中华人民共和国国际地位和影响的不断提高，随着亚非拉一系列新独立国家加入

---

　　① 应邀参加亚非会议的共有 29 个国家，包括：缅甸、锡兰、印度、印度尼西亚、巴基斯坦、阿富汗、柬埔寨、中国、埃及、埃塞俄比亚、黄金海岸（今加纳）、伊朗、伊拉克、日本、约旦、老挝、黎巴嫩、利比里亚、利比亚、尼泊尔、菲律宾、沙特阿拉伯、苏丹、叙利亚、泰国、土耳其、越南民主共和国、南越（后与越南民主共和国统一）和也门（今也门共和国）。

　　② 这 10 项原则是：（1）尊重基本人权、尊重联合国宪章的宗旨和原则。（2）尊重一切国家的主权和领土完整。（3）承认一切民族的平等，承认一切大小国家的平等。（4）不干预或干涉他国内政。（5）尊重每一国家按照联合国宪章单独地或集体地进行自卫的权利。（6）不使用集体防御的安排来为任何一个大国的特殊利益服务；任何国家不对其他国家施加压力。（7）不以侵略行为或侵略威胁或使用武力来侵犯任何国家的领土完整或政治独立。（8）按照联合国宪章，通过谈判、调停、仲裁或司法解决等和平方法以及有关方面自己选择的任何其他方法来解决一切国际争端。（9）促进相互的利益和合作。（10）尊重正义和国际义务。

　　③ 邓正来编：《王铁崖学术文化随笔》，57 页，北京，中国青年出版社，1999。

　　④ 参见梁西：《联合国与中国——纪念周鲠生先生诞辰一百周年》，载《武汉大学学报》（社会科学版），1989（4）。

　　⑤ 周鲠生：《国际法》（上册），159 页，北京，商务印书馆，1983。

联合国，美国在联合国中阻挠讨论中国代表权问题越来越困难。1960 年第十五届联合国大会表决美国提案时，42 票赞成，34 票反对，22 票弃权，美国提案仅以 8 票的微弱多数通过。美国知道阻止联合国大会讨论中国代表权问题的做法已经行不通了。"① 美国长期以"拖延讨论"的方式阻挠联合国大会讨论恢复新中国的合法代表权问题。1961 年，第十六届联合国大会决定将中国代表权问题列入大会议程。这是对美国为阻挠恢复新中国合法权利而设置的重重障碍的重大突破。1961 年 9 月，美国声称，中国代表权问题是需要联合国大会 2/3 多数通过的"重要问题"②。这些做法是违反宪章规定及国际法原则的，"实质上是粗暴干涉中国的内政。事实证明，这种严重有损这个组织的普遍性及有效性的做法，遭到了国际社会愈来愈大的抵制"③。在整个 20 世纪 60 年代，尽管美国仍能操纵联合国大会通过所谓"重要问题"提案，但投票支持恢复中国代表权的国家不断增多。1970 年，赞成恢复新中国在联合国合法权利的票数首次超过了反对票。1971 年 7 月，美国政府与日本佐藤政府再次向第二十六届联合国大会提出"重要问题"案，而且炮制所谓"双重代表权"案，中国外交部发表声明严正指出，恢复中华人民共和国在联合国的合法权利，和把"国民党政府代表"驱逐出联合国，这是一个问题不可分割的两个方面。1971 年 10 月 25 日，第二十六届联合国大会以 59 票反对、55 票赞成、15 票弃权否决了"重要问题"案，接着以 76 票赞成、35 票反对、17 票弃权的多数，通过了阿尔巴尼亚、阿尔及利亚等 23 国的提案，决定恢复中华人民共和国在联合国的一切合法权利，并立即把国民党政府的代表从联合国及所属一切机构中驱逐出去。这就是联合国历史上著名的联合国大会第 2758 号决议，它从政治上、法律上、程序上彻底地解决了中国在联合国的代表权问题。第二十六届联合国大会恢复中华人民共和国在联合国的合法权利是新中国外交上的一次重大突破。④ "中华人民共和国政府代表全中国的合法性得到了国际社会的承认。应该说，这是中国加入了国际社会的重要标志。"⑤

（二）1971 年至今

联合国是目前最重要的国际组织，它是全球性的、普遍性的，它的会员国"几乎包括世界上所有国家"⑥。即使可以认为联合国是国际联盟的继承者，但是，在许多方面，联合国机制已全然不同于国际联盟，联合国机制是现代国际法体系的重要核心，新中国恢复在联合国的合法权利意味着新中国已经获得了广泛的承认，成为国际社会的一个正式成员。随着这一外交上的重大突破，新中国的对外交往开始了新的历程。

---

① 《为恢复在联合国的合法席位而斗争》，载中国外交部网站：http：//www.fmprc.gov.cn/chn/ziliao/wjs/2159/t8977.htm，2007 - 03 - 20。

② 涂亚杰、汪浩等：《中国外交事例与国际法》，15 页，北京，现代出版社，1989。

③ 梁西：《联合国与中国——纪念周鲠生先生诞辰一百周年》，载《武汉大学学报》（社会科学版），1989（4）。

④ 参见《为恢复在联合国的合法席位而斗争》，载中国外交部网站：http：//www.fmprc.gov.cn/chn/ziliao/wjs/2159/t8977.htm，2007 - 03 - 20。

⑤ 程义中：《对中国加入"国际社会"的阐释》，载《教学与研究》，2004（10）。

⑥ 邓正来编：《干铁崖学术文化随笔》，226 页，北京，中国青年出版社，1999。

1. 与越来越多的国家建立外交关系

20世纪70年代，国际形势发生重大变化。美国实力遭到削弱，霸权地位受到挑战。1974年2月，毛泽东主席提出了划分三个世界的战略思想，他说，"我看美国、苏联是第一世界。中间派，日本、欧洲、加拿大，是第二世界。""亚洲除了日本都是第三世界。整个非洲都是第三世界，拉丁美洲是第三世界。"[①] 1974年4月，邓小平在联合国第六届特别会议上详细阐述了毛泽东关于三个世界划分的战略思想。这一思想为我国的外交政策奠定了基础并指示了方向。

首先，新中国采取了一系列的外交努力，重新建立了新中国与西方世界的关系。1970年，中美恢复大使级会谈。1971年7月和10月美国总统国家安全事务助理基辛格两次秘密到中国，为尼克松总统访华做准备。1972年2月21日，美国总统尼克松正式访华；2月28日，中美两国发表了指导两国关系的《中美联合公报》，中美交往的大门终于被打开。中美双方于1978年7月初在北京开始建交谈判。经过近半年的谈判，双方达成协议。美国承认中国关于只有一个中国、台湾是中国的一部分的立场，承认中华人民共和国政府是中国的唯一合法政府。在中美关系正常化之际，美国政府宣布立即断绝同我国台湾地区的"外交关系"，在1979年4月1日以前从我国台湾地区和台湾海峡完全撤出美国军事力量和军事设施，并通知我国台湾当局终止"共同防御条约"。1979年1月1日，中美双方互相承认并建立外交关系；3月1日互派大使，建立大使馆。1978年12月16日，《中华人民共和国和美利坚合众国关于建立外交关系的联合公报》发表。1972年9月，中日两国政府经过谈判发表建交联合声明，在联合声明中，日本政府承认中华人民共和国政府是中国的唯一合法政府；中华人民共和国政府重申：台湾是中华人民共和国领土不可分割的一部分，日本政府表示充分理解和尊重中国政府的这一立场，并坚持遵循《波茨坦公告》第8条的规定；双方决定从1972年9月29日起建立外交关系；同意进行以缔结和平友好条约以及政府间的贸易、航海、航空、渔业等协定为目的的谈判；决心在互相尊重主权和领土完整、互不侵犯、互不干涉内政、平等互利、和平共处各项原则的基础上，建立两国间持久的和平友好关系。1978年8月，中日两国又签署了中日和平友好条约，中日关系得到了进一步的发展。同一时期，中国同西欧各国也出现了建交高潮。自1970年起，中国先后同意大利、奥地利、比利时、希腊、联邦德国、冰岛、卢森堡、西班牙、葡萄牙、爱尔兰等西欧国家建立了外交关系。中英、中荷关系升格为大使级外交关系。1975年，中国还同欧共体建立了正式关系。与此同时，中国还同加拿大、澳大利亚、新西兰实现了关系正常化。

其次，中国十分重视建立和发展与其他第三世界国家的关系。20世纪70年代，中国同第三世界国家的关系，无论从广度还是深度，政治上还是经济上，都有长足的发展。中国大力支持亚非拉人民反帝、反殖、反对霸权主义的正义斗争，在经济上给予不附带任何政治条件的援助，支持第三世界各国发展民族经济，支持第三世界国家提出的建立国际经济新秩序的主张，赢得了它们的信赖和支持，许多第三世界国家同中国建立了外交关系：非洲有26个国家同中国建立了外交关系；中国同拉丁美洲各国的关系也有了突破性进展，先后同智利、墨西哥、阿根廷、委内瑞拉、巴西等13国建立了外交关系；同东南亚、南亚的

---

① 陈招顺：《三个世界划分的理论是建立国际经济新秩序的指导原则》，载《世界经济研究》，1983（6）。

马来西亚、泰国、菲律宾、孟加拉、马尔代夫建交；同西亚和中东地区的伊朗、土耳其和科威特等7国建交；同太平洋斐济、巴布亚新几内亚等5国建交。在同大批第三世界国家建立外交关系的同时，中国领导人同第三世界国家领导人互访，对推动中国同广大第三世界国家关系的不断发展起到了重大作用。到1979年年底，同中国建交的国家已达120个。

　　2. 越来越积极地参与多边国际组织和条约的实践

　　在积极努力地开展双边外交的同时，新中国也开始了与多边国际机制的接触。恢复在联合国的合法权利后，新中国逐步恢复了在联合国专门机构的合法身份。1972年5月29日，中华人民共和国在国际电信联盟的合法权利正式恢复，同年10月25日起开始参加其活动。1992年2月到3月，国际电信联盟召开关于频谱划分问题的"世界无线电行政大会"，中国代表团被推举为大会的副主席。1972年4月13日，新中国正式恢复了在万国邮政联盟的合法权利；现在，中国是万国邮政联盟执行理事会和邮政研究咨询理事会的理事国。1972年5月23日，国际海事组织理事会通过决议，承认中华人民共和国是有权在政府间还是协商组织中代表中国的唯一政府，新中国从1973年3月1日起开始参与该组织的活动。1971年11月19日，国际民航组织通过决议承认中华人民共和国是中国在该组织的唯一合法代表；中国政府于1974年2月15日正式通知该组织，决定承认《国际民用航空公约》及其8个议定书，并自同日起参加该组织的活动；从1974年9月起，中国一直是该组织理事会的理事国。1972年5月10日，中华人民共和国在世界卫生组织的合法席位被恢复；1979年5月中国代表被选为大会副主席；1981年，世界卫生组织在北京正式设立办事处；现在，中国是世界卫生组织执行局的成员之一。1972年2月24日，世界气象组织通过决议承认了中华人民共和国唯一合法代表的地位，我国恢复参加了该组织的活动并当选为该组织执行委员会的委员；1987年起，中国一直被世界气象大会选为该组织的主席。1971年10月29日，联合国教科文组织通过决议承认了中华人民共和国是中国在该组织的唯一合法代表；从1972年该组织的第17届大会起，中国正式参加其活动，同时当选为执行局委员；从1974年3月起，我国正式向该组织派出了常驻代表；其后，在北京成立了中华人民共和国联合国教科文组织全国委员会，并于1979年2月19日在北京召开第一次会议。1973年12月9日，国际原子能机构理事会通过决议，承认中华人民共和国是在该机构中有权代表中国的唯一合法政府；1983年10月11日，该机构第27届大会一致通过决议，接纳中华人民共和国为新成员国。[①]

　　1978年，中国开始实行改革开放的政策，新中国的对外交往不仅在数量和规模上有了新的变化，而且在参与国际机制的方向上有了新的调整。经济发展成为了国家政策的中心，而通过改革国内的经济体制和实行对外开放成了中国发展经济的基础和前提。在这一背景下，新中国加大了参与国际经济大循环的步伐，在内部改革的同时，更多地参与了多边经济组织的活动，力争为新中国在国际经济新秩序的构建中占有一席之地。我国于1980年4月17日恢复在国际货币基金组织的代表权，在理事会和执行董事会任正、副理事和正、副执行董事，并在临时委员会中担任委员。同年5月15日，我国又恢复了在国际复兴开发银

---

　　① 关于新中国恢复在这些国际组织的合法权利的时间及相关信息，均参见梁西：《国际组织法（总论）》，修订5版，279~298页，武汉，武汉大学出版社，2006。

行、国际金融公司和国际开发协会的代表权，并从 1981 年 6 月 15 日起承担义务，将《联合国专门机构的特权和豁免公约》适用于这三个金融机构。① 1988 年 4 月 30 日，我国批准了《多边投资担保机构公约》（即《汉城公约》），是公约的创始会员国。② 1990 年 2 月我国又签署了《解决国家与他国国民间投资争议公约》（即《华盛顿公约》），并于 1993 年 1 月正式交存了批准书。③ 2001 年 11 月 10 日，世界贸易组织（WTO）第四届部长级会议审议通过了中国加入世界贸易组织的申请。中国从 2001 年 12 月 11 日起正式成为世贸组织成员。自此，新中国在构成世界经济秩序的主要多边条约体制中获得了确定的法律地位，这为新中国参与世界经济循环提供了体制保障。

3. 日见频繁和积极的区域外交活动

由于新中国奉行"不结盟"的外交政策，中国在建立区域国际合作方面不是很重视，投入相对较小。在经济全球化日益深入发展的时代，全球性的国际机制面临越来越多的挑战，而一些区域经济合作的模式在一定程度上体现了某种独特的优势。正是在这一背景下，新中国也开始注重区域外交。1989 年 11 月正式建立的亚太经济合作组织（APEC）是亚太地区最重要的经济合作论坛，其宗旨是维护和促进亚太地区的经济发展，增加经济交往，发展和加强开放的多边贸易体系，减少成员之间的贸易壁垒。随着该组织在国际舞台上的频繁活动，它在地区和世界经济中的地位日益提高。APEC 在促进本地区经济发展、协调成员间经济利益等方面发挥了重要的作用，同时也为世界经济的发展作出了贡献。中国高度重视 APEC，并积极参与了它的各项活动。江泽民出席了历次领导人会议，对 APEC 的合作和发展方向提出了积极的倡议和主张，为亚太区域的合作进程作出了重要贡献。中国还参与了各专业部长会议、专题工作组等具体合作活动，并于 2001 年承办了 APEC 年会。

1997 年年底，江泽民主席与东盟领导人实现首次非正式会晤并发表了联合声明，确定建立中国—东盟面向 21 世纪的睦邻互信伙伴关系，为双方关系全面和深入地发展构筑框架、指明方向。1998 年，胡锦涛副主席出席在河内举行的第二次东盟—中国领导人非正式会晤。1999 年 11 月 28 日，朱镕基总理又应邀出席了在马尼拉召开的第三次东盟—中国领导人非正式会晤。中国与东盟的全面对话合作框架运作良好，目前共有 5 个并行的总体对话框架：中国—东盟高官政治磋商、中国—东盟经贸联委会、中国—东盟科技联委会、中国—东盟联合合作委员会和东盟北京委员会。中国—东盟高官政治磋商至 2009 年已举行了315 次。

党的十六大提出了"加强睦邻友好，坚持与邻为善、以邻为伴，加强区域合作"的周边外交方针，据以处理陆地边界和海洋事务，努力营造和维护良好和稳定的周边环境，巩固和发展与邻国的友好合作关系。④ 因此，可以预见，区域外交将日益成为我国外交政策的一个重点。

---

① 参见姚梅镇主编：《国际经济法概论》（修订版），630、635～636 页，武汉，武汉大学出版社，2001。
② 参见余劲松主编：《国际投资法》，299 页，北京，法律出版社，1997。
③ 参见陈安主编：《国际经济法学专论》，上编·总论，385 页，北京，高等教育出版社，2002。
④ 参见高风：《国际法发展新动向及中国的外交实践》，载《外交学院学报》，2004（2）。

二、现代国际法文化与新中国对外交往法制体系的形成和发展

新中国在国际社会中的地位越来越重要，新中国在更全面的范围内和更根本的程度上融入国际社会。世界的发展与中国的发展日益不可分离。作为国际社会交往的主要规范体系，国际法对新中国对外交往的影响体现在了更多的领域内和更深的层次上。其中，将对外交往日益纳入法制的轨道，可以说是国际法影响中国对外交往的一个重要方面。中国从国际机制挑战者的角色迅速转换到合作者和协调者的角色，这同时使得新中国对外交往法制体系的基础与国际法产生了密不可分的联系。而且，新中国对外交往的法制体系既包括有关的国内法上的渊源，也包括新中国所参与的国际条约与有关的国际习惯。这一复杂体系既体现了现代国际法文化的渗透，也反映了新中国对现代国际法所作出的贡献。现代国际法的一个重要特点就是，它在越来越多的领域扮演了越来越重要的角色。除了传统的国际公法领域外，国际经济法、国际海洋法、国际环境法、国际人权法、外层空间法等分支的重要性日益受到人们的关注。由于国际统一实体法和国际统一私法的发展，国际私法的国际性色彩日渐浓厚，这些分支在各自的调整领域形成了具有系统性的规范体系。新中国已经全面融入了国际社会，这些领域内的概念、原则和制度也对中国的对外交往法制产生了深远的影响。

1. 传统国际公法领域

在传统国际公法领域，现代国际法的很多规则是继承近代国际法的结果，同时也发生了某些变化，特别是由于国际社会结构的改变，有些规则已经被抛弃了，比如反映西方殖民利益、维护殖民体系的规则就已经成了历史。国家主权仍然是现代国际法中非常重要的一个概念，国家主权独立和平等的原则仍然是现代国际法的核心。虽然在很多方面，由于相互依赖关系的紧密化，国家主权在很多方面受到了越来越多的限制，但是，国家仍然是国际关系的主要行动者，国家仍然是国际法的基本主体。领土管辖权原则是国家主权原则的具体表现，它在我国刑法等法律中有所体现。《中华人民共和国刑法》第 6 条规定："凡在中华人民共和国领域内犯罪的，除法律有特别规定的以外，都适用本法。""凡在中华人民共和国船舶或者航空器内犯罪的，也适用本法。"

国籍在一般意义上是指一个人是某一国家的国民或公民的法律资格。它表明一个人同某一特定国家之间的固定的法律联系。[1] "血统主义与出生地相结合，是我国国籍法在赋予因出生而取得的中国国籍时所采取的原则。"[2] 采取血统主义是中国关于国籍的传统观念和原则。1909 年颁布的国籍条例和国民党政府于 1929 年颁布的国籍法，关于固有国籍的取得，采取了血统主义原则，而且是父系血统主义，体现了旧中国国籍法的男女不平等的封建性。而《中华人民共和国国籍法》所采取的血统主义则是父母双系的血统主义，体现了男女平等原则。国籍法是国内法，各国都有权制定自己的国籍法。但是，由于各个国家自己的具体情况不同，因而执行着不同的立法原则，这就造成国籍法的分歧和矛盾现象，这

---

① 参见刘健主编：《国际法》，143 页，长沙，湖南人民出版社、湖南大学出版社，2001。
② 王可菊：《中华人民共和国国籍法的基本原则》，载《中国国际法年刊》（1982），220 页，北京，中国对外翻译出版公司，1982。

种现象在国际法上称为"国籍冲突"。这种冲突往往造成双（多）重国籍或无国籍的情况，而双（多）重国籍和无国籍则都是不正常的国籍状态。长期以来，国际上对于这些不正常的国籍状态都是力求避免的。① 这在 1930 年《国际联盟国籍法公约》、1955 年《中华人民共和国和印度尼西亚共和国关于双重国籍问题的条约》、1961 年《联合国关于减少无国籍状态公约》等国际协议中，均有反映。《中华人民共和国国籍法》的一个特点是明文规定"不承认中国公民具有双重国籍（第 3 条），并极力避免无国籍，体现了一人一个国籍的原则"②。

关于外国人的法律地位，国际法上形成了一系列规范和习惯，针对外国人的不同类型，分别作出不同规定。历史上，文明国家提出的"最低标准"要求，曾经是外国人特权地位的理论依据，受到发展中国家的强烈抵制。之后，现代国际法在这一问题上总的特点是要求给予外国人非歧视待遇，包括最惠国待遇和国民待遇。新中国的成立结束了外国人在华特权，新中国的宪法及其他有关法律，对外国人法律地位作出了具体规定。中国宪法第 32 条第 1 款规定了"保护境内外国人的合法权利和利益"与"境内外国人必须遵守中华人民共和国的法律"这两项总的原则。其他法律就有关具体问题作了进一步规定。例如，《中华人民共和国外国人入境出境管理法》第 4 条规定："中国政府保护在中国境内的外国人的合法权利和利益。""外国人的人身自由不受侵犯，非经人民检察院批准或者人民法院决定，并由公安机关或者国家安全机关执行，不受逮捕。"第 5 条规定："外国人在中国境内，必须遵守中国法律，不得危害中国国家安全、损害社会公共利益、破坏社会公共秩序。"随着对外开放政策的提出和实施，我国制定了许多与外国人在中国进行投资、经济合作有关的法律、法规。中外合资经营企业法、中外合作经营企业法、外资企业法、涉外经济合同法等法律、法规相继出台。我国民法通则、民事诉讼法、行政诉讼法中，对于民事基本权利、民事救济和行政救济等方面，都规定了外国人的国民待遇。根据公认的国际法规则，对于享有外交特权与豁免的外国人，国家不能按照通常情况行使刑事或民事管辖权。1961 年《维也纳外交关系公约》和 1963 年《维也纳领事关系公约》都对此作了规定。我国于 1975 年 11 月 25 日加入了 1961 年《维也纳外交关系公约》，"我国既然是该公约的当事国，就应该按照公约的要求，在国内采取立法措施，以保证我国自愿承担的国际义务的履行，制定《外交特权与豁免条例》正是为了确保我国加入《维也纳外交关系公约》所承受的权利与义务得到真正实现的具体表现"③。为此我国采纳了国际法上的外交特权与豁免原则，明确宣称不对享有外交特权与豁免的外国人行使管辖权。我国刑法第 11 条规定："享有外交特权和豁免权的外国人的刑事责任，通过外交途径解决。"另外，我国还专门制定了单行法规，即《中华人民共和国外交特权与豁免条例》（全国人大常委会 1986 年 9 月通过），就外交特权与豁免作出了全面而具体的规定。这一条例既是国内法对国际法规则的明确肯定，又是以国际法的内容完善国内立法的一个典型例子。④

引渡是一国将当时在其境内的被他国指控为犯罪或判罪的人，经有关国家请求移交给

---

① 参见王玉洁：《我国第一部国籍法的特点》，载《社会科学》，1980（5）。

② 王玉洁：《我国第一部国籍法的特点》，载《社会科学》，1980（5）。

③ 王浩：《简论〈中华人民共和国外交特权与豁免条例〉》，载《西北政法学院学报》，1987（2）。

④ 参见杨泽伟：《论国际法在我国国内法上的效力》，载《河北法学》1996（5）。

该请求国进行审判或处罚的行为。1833 年，比利时公布了《引渡法大纲》，为各国引渡立法的鼻祖。1870 年英国颁布的《引渡法》对引渡罪行的种类、适用的法律程序以及有关引渡的限制作了明确规定。该法由于严谨、完备，公布后成为各国引渡立法的蓝本。① 2000 年 12 月 28 日，我国第九届全国人大常委会通过了《中华人民共和国引渡法》，从而结束了在新中国成立后几十年间一直没有引渡立法的状态。"罪刑法定是现代刑事制度的基本准则，国际刑事司法合作制度同样贯穿着罪刑法定的精神，在引渡问题上，这一精神集中体现在双重犯罪原则上。"② 我国引渡法第 7 条第 1 项规定："引渡请求所指的行为，依照中华人民共和国法律和请求国法律均构成犯罪。"在我国与外国签订的双边引渡条约中也规定了双重犯罪原则。总之，"《中华人民共和国引渡法》被认为是 20 世纪最后一年我国在国际法领域制定的一部有重要意义的法律。它结合中国国情，参照国际惯例，吸收了'本国公民不引渡'、'政治犯罪不引渡'、'双重审查'等引渡原则，对深化我国国际法理论研究，加强我国与世界的国际刑事合作，都具有重要意义"③。

现代国际法在造法方式上发生了重大的变化，大量国际性条约和公约产生，这些国际条约或公约对国际秩序的构建发挥了越来越重要的作用。新中国对外交往的纵深发展必然使其在更多的领域接受国际条约或公约的约束，条约实践成了新中国对外实践一个非常重要的方面。当代的"条约法法典"——1969 年《维也纳条约法公约》，经过国际社会的共同努力，在 1969 年 5 月 23 日于联合国维也纳外交会议通过并开放签字，并于 1980 年 1 月 27 日生效。《维也纳条约法公约》是一个专门处理条约法问题的最为重要的国际公约，是"成功的国际法编纂和良好的条约法典"，对于"维持国际和平与安全，发展国家间的友好关系和达成国家间的合作"具有一定的现实意义和积极作用。④ 该公约在序言中指出："本公约各当事国，鉴于条约在国际关系历史上之基本地位，承认条约为国际法渊源之一，且为各国间不分宪法及社会制度发展和平合作之工具，其重要性日益增加，鉴悉自由同意与善意之原则以及条约必须遵守规则及举世所承认，确认凡关于条约之争端与其他国际争端同，皆应以和平方法且依正义及国际法之原则解决之"⑤。中国于 1997 年 5 月 9 日递交加入书，同年 10 月 3 日该公约对中国生效。自此，中国的条约实践向国际法规则看齐。

2. 国际海洋法领域

第二次世界大战后，国际海洋法发生了重大变化。"1945 年美国总统杜鲁门宣布了《关于大陆架的底土和海底的自然资源的政策的总统公告》，提出了沿海国对其大陆架权利的主张；许多国家纷纷主张更宽的领海。国际法院 1951 年对'英挪渔业案'的判决，为海洋法增添了新的内容。大批新型国家开始考虑它们开发海洋及其资源的经济利益。联合国国际

① 参见王铁崖：《国际法》，186 页，北京，法律出版社，1995。
② 黄风：《中国引渡制度研究》，23 页，北京，中国政法大学出版社，1997。
③ 李英、邓锦云：《论引渡的国际法原则——兼评〈中华人民共和国引渡法〉》，载《国际关系学院学报》，2001（4）。
④ 参见徐杰：《关于我国加入 1969 年维也纳条约法公约的探讨》，载《法学评论》，1996（4）。
⑤ 《维也纳条约法公约》（1969 年 5 月 23 日订于维也纳）。转引自万鄂、石磊、杨成铭、邓洪武：《国际条约法》，455 页，武汉，武汉大学出版社，1998。

法委员会在 1950 年开始工作时，把海洋法的一些问题列入其首批工作专题，并提出了报告。"① 1957 年 12 月，联合国第一次海洋会议在日内瓦开幕前夕，《人民日报》刊登了一篇题为"领海主权与公海自由"的文章，批驳了美、英等国所主张的 3 海里领海宽度为国际法一般规范的谬论，强调"绝大多数国家的实践表明，领海的宽应由沿海国根据其历史习惯、经济利益和国家安全自己自由决定"。1958 年 9 月 4 日，第一届全国人民代表大会常务委员会第一百次会议批准通过了《中华人民共和国政府关于领海的声明》。建立领海制度是国家对其沿海海域实行有效控制和管理的最好办法，中国的领海声明是根据国家主权原则，在总结我国领海管理的理论与实践的基础上结合国际实践而制定的，它的发布标志着新中国领海制度的初步建立，对于捍卫我国神圣的领海主权、维护国家的海洋权利、发展海上交往、保护国家安全等都具有十分重大的意义。② 1983 年，我国继 1975 年第一次制定领海基线之后，又一次制定了便于操作的新的领海基线。我国还先后颁布了对外合作开采海洋石油资源条例（1982 年 1 月 30 日）、海洋环境保护法（1982 年 8 月 23 日）、海上交通安全法（1983 年 9 月 2 日）、海洋石油勘探开发环境保护管理条例（1983 年 12 月 29 日）、海洋倾废条例（1985 年 3 月 6 日）。同一期间我国还参加了一批与国际海洋环境保护有关的国际公约。跨入 20 世纪 90 年代后，我国更加重视海洋立法，领海及毗连区法和海商法在 1992 年内相继问世。③

从 1958 年起，联合国陆续召开了 3 次国际海洋法公约会议。1982 年 4 月，经过一百五十多个国家的协商、妥协和斗争，终于通过了一部国际立法史上最广泛、最全面的海洋法典，即《联合国海洋法公约》。同年 12 月 10 日，有包括中国在内的 159 个国家和政治实体的代表签署了《联合国海洋法公约》。《联合国海洋法公约》是我国恢复在联合国的合法席位后第一次系统参加起草、拟定的一个十分重要的多边国际条约，1994 年 11 月 16 日，在批准加入该公约的国家达到六十个之多的 1 年后生效。1996 年 5 月 15 日，我国全国人民代表大会常务委员会通过了关于批准《联合国海洋法公约》的决定。④《公约》是国际社会各种力量长时间反复较量后达成的调和折中的产物，实质上是对占地球表面 71% 的海洋的归属和管辖的一次重新调整，是海洋资源和权力的一次再分配。"《联合国海洋法公约》是当代国际社会关于海洋权益和海洋秩序的基本文件，标志着新的海洋国际秩序的建立，它成为沿海国确立海洋国土与他国划界的基本依据。"《公约》生效，标志着人类进入了全面

---

① 王铁崖：《国际法》，257 页，北京，法律出版社，1995。

② 参见史春林：《1958 年〈中华人民共和国政府关于领海的声明〉研究》，载《当代中国史研究》，2005（4）。

③ 参见周洪钧：《论〈联合国海洋法公约〉的生效及我国海洋权法规的完善》，载《海洋开发与管理》，1995（3）。

④ 《全国人民代表大会常务委员会关于批准〈联合国海洋法公约〉的决定》（1996 年 5 月 15 日通过）全文如下："第八届全国人民代表大会常务委员会第十九次会议决定，批准《联合国海洋法公约》，同时声明如下：一、按照《联合国海洋法公约》的规定，中华人民共和国享有二百海里专属经济区和大陆架的主权权利和管辖权。二、中华人民共和国将与海岸相向或相邻的国家，通过协商，在国际法基础上，按照公平原则划定各自海洋管辖权界限。三、中华人民共和国重申对 1992 年 2 月 25 日颁布的《中华人民共和国领海及毗连区法》第二条所列各群岛及岛屿的主权。四、中华人民共和国重申：《联合国海洋法公约》有关领海内无害通过的规定，不妨碍沿海国按其法律规章要求外国军舰通过领海必须事先得到该国许可或通知该国的权利。"

开发、法制管理的新阶段，这是人类对海洋认识的第三次飞跃。"① 新中国加入《联合国海洋法公约》之后，就有了在国际法基础上拥有近三百万平方公里海洋国土的权益，有资格加入该公约所设立的国际海底管理局、海洋法法庭、大陆架划界委员会等国际机构，参与国际海洋事务的管理。

3. 国际环境法领域

国际环境法也是现代国际法体系中一个重要的组成部分，它是环境问题成为全球共同关注问题的必然体现。国际环境法也越来越成为一个复杂的体系，"构成国际环境法体系的法律文件的形式主要有条约（包括公约、协定、议定书和条约等），反映国际习惯法的文件，反映有关国际环境保护的一般法律原则的文件、司法判例和国际组织的决议等法律文件"②，其中，国际环境条约的地位非常重要。我国有学者将国际环境法的基本原则概括为：(1) 共同关心及为全人类利益保护环境的原则；(2) 国家的环境主权与不损害国外环境原则；(3) 共同但有区别的环境责任原则；(4) 风险与损害预防原则；(5) 国际环境合作原则。③

新中国关于环境保护的立法也受到了所参与的国际公约或条约及其所包含的基本原则的直接影响。自成立以来，新中国缔结了大量的多边国际环境条约和双边国际环境条约。我国参加的多边国际环境条约包括了保护臭氧层维也纳公约、联合国气候变化框架公约、生物多样性公约、特别是作为水禽栖息地的国际重要湿地公约、濒危野生动植物物种国际贸易公约、国际油污损害民事责任公约、国际干预公海油污事故公约、防止倾倒废物及其他物质污染海洋公约、73/78 防污公约、跨界鱼类种群和高度徊游鱼类种群的养护与管理协定、控制危险废物越境转移及其处置巴塞尔公约等。我国除缔结或者参加以上多边条约外，还签署了许多国际环境法律性文件，如《人类环境宣言》、《关于环境保护和可持续发展的法律原则建议》、《里约环境与发展宣言》、《二十一世纪议程》、《国际清洁生产宣言》，这既表明了我国参与国际社会的程度，也非常明确地表达了我国在环境问题上的基本立场。1998 年 6 月，我国政府决定设置国家环境保护总局，负责管理和组织协调环境保护国际条约国内履约活动及统一对外联系。在环境立法原则上，把与有关国际环境条约相协调列为我国环境立法的一条基本原则。中国环境立法的基本原则包括经济与环境协调发展原则，预防为主、防治结合原则，谁污染谁治理原则，加强环境管理原则，公众参与原则，与有关国际环境条约相协调原则等。遵循这些原则，我国制定了《中华人民共和国环境保护法》、《中华人民共和国水污染防治法》等一些列国内环境立法，既解决了国内的环境保护问题，也为国际环境保护作出了积极的贡献。

4. 国际人权法领域

人权是现代国际法中一个非常敏感的问题，人权的国际保护遇到了非常激烈的争论。但无论如何，自第二次世界大战以来，人权问题成为国际社会普遍关注的问题，人权的国

① 郭真：《〈联合国海洋法公约〉生效后的中国与海上周边国家关系浅析》，载《解放军外国语学院学报》，1999 (6)。
② 王曦编著：《国际环境法》，62 页，北京，法律出版社，1998。
③ 参见蔡守秋、常纪文主编：《国际环境法学》，77~93 页，北京，法律出版社，2004。

际保护机制获得了蓬勃的发展，并取得了越来越大的成就。《联合国宪章》在其序言部分即开宗明义地宣布："欲免后世再遭今代人类两度身历惨不堪言之战祸，重申基本人权，人格尊严与价值，以及男女与大小各国平等权利之信念。""促成国际合作，以解决国际间属于经济、社会、文化、及人类福利性质之国际问题，且不分种族、性别、语言或宗教，增进并激励对于全体人类之人权及基本自由之尊重"为联合国的基本宗旨之一。① 1948 年 12 月10 日通过的《世界人权宣言》、1966 年通过的《公民权利和政治权利国际公约》与《经济、社会、文化权利国际公约》以及《公民权利和政治权利任择议定书》一起，被世人誉为"国际人权宪章"，是关于人权国际保护的重要法律文件。② "国际人权宪章"是"联合国人权保护体系中最基本的人权文件，也是现代国际人权法的核心，这些文件体现了全面的人权标准，是联合国促进、监督和保护人权活动的主要依据"③。尽管人权公约是特定时期、特定条件下的产物，主要体现了西方国家的人权思想、人权观念，但是仅从公民所享有的基本权利角度看，公约仍对现实世界具有指导意义而为各国所重视。"随着国际政治、经济新秩序的逐步建立，随着发展中国家经济建设和民主制度的发展，对基本人权标准的共识与承认，将是 21 世纪国际社会法律发展的一大成果。"④ 我国在国际上积极参与联合国人权领域的活动，参与了多项国际人权条约的起草和制定工作。我国目前已批准加入了 17 项人权公约，签署了《经济、社会、文化权利国际公约》和《公民权利和政治权利国际公约》。在公民的政治权利方面，以法律的形式确定了公民的选举权利，建立起新中国的选举制度。我国自 1953 年 3 月颁布第一部全国人民代表大会和地方各级人民代表大会选举法，又先后多次进行修订，1983 年通过了《关于县级以下人民代表大会直接选举的若干规定》；1986年 12 月，六届全国人大常委会根据宪法和选举法的基本原则，对选举制度作了修改和补充，体现了选举权的普遍性、平等性、直接选举与间接选举并用、无记名投票原则，公民的选举权不但具有法律保障，而且具有物质保障。据统计，在中国实际享有选举权的公民占适龄人口的 97% 以上。⑤ 1990 年 4 月 27 日，中国代表在禁止酷刑委员会审议中国政府提交的执行《禁止酷刑和其他残忍、不人道或有辱人格的待遇或处罚公约》的报告时表明："根据中国的法律制度，有关的国际条约一经中国政府批准或加入并对中国生效后，中国政府就承担了相应的义务，不再为此另行制定国内法进行转换，也就是说，《酷刑公约》已在中国直接生效，公约所定义的酷刑行为在中国法律中均受到严厉禁止。""1992 年 4 月 3 日第七届全国人民代表大会第五次会议通过了《中华人民共和国妇女权益保障法》。该法规定保障妇女的政治权利、文化教育权益、劳动权益、财产权益、人身权利和婚姻家庭权益。它将 1980 年 11 月 4 日我国批准的、于同年 12 月 4 日对我国生效的《消除对妇女一切形式歧视公约》所确认的有关权利融入其中。"⑥ 2001 年 2 月 28 日，九届全国人大常委会作出

---

① 参见白桂梅、龚刃韧、李鸣等编著：《国际法上的人权》，54 页，北京，北京大学出版社，1996。

② 参见刘晓蜜：《〈公民权利和政治权利国际公约〉与中国宪法》，载《河北法学》，1999 (6)。

③ 徐显明主编：《国际人权法》，58 页，北京，法律出版社，2004。

④ 李双元、孙劲、蒋新苗：《21 世纪国际社会法律发展基本走势的展望》，载《湖南师范大学社会科学学报》，1995。

⑤ 参见刘晓蜜：《〈公民权利和政治权利国际公约〉与中国宪法》，载《河北法学》，1999 (6)。

⑥ 朱晓青：《〈公民权利和政治权利国际公约〉的实施机制》，载《法学研究》，2000 (2)。

了批准我国政府于 1997 年 10 月 27 日签署的《经济、社会及文化权利国际公约》的决定。这样，在我国管辖范围内，不分国籍、种族、宗教、出身等差异，公约所宣布的权利将被普遍行使。这是我国为促进和保护人权所采取的重要步骤，是我国政府向世界各国作出的庄严承诺，必将推动我国人权事业的发展，载入我国人权发展的史册。① 我国 2004 年的宪法修正案明确提出："国家建立健全同经济发展水平相适应的社会保障制度。""国家尊重和保障人权。"2005 年 9 月 6 日，中共中央政治局常委罗干在北京召开的第 22 届世界法律大会上表示，中国政府正在积极研究《公民权利和政治权利国际公约》涉及的重大问题，一旦条件成熟就将履行批准公约的法律程序。

5. 国际经济法领域

国际经济法是在二战之后得到迅速发展的一个法律部门。"二战后，国际法突破了它传统的调整国家间政治关系的框框，开拓出了调整国家间经济关系的新领域，出现了由哈瓦那宪章、国际货币基金和世界银行三根支柱构成的所谓'布列敦丛林体系'（后来哈瓦那宪章夭折，由 GATT'临时'支撑了 47 年，直到 WTO）。人们通常把 WTO、IMF 等称作'国际经济法'，是因为它们与只处理国家之间政治关系的传统国际法既有共性又有所不同。"② 在恢复联合国的合法席位之后，中国也在 20 世纪的 80 年代分别恢复了在国际货币基金组织和国际复兴开发银行的合法权利，但直到 2001 年才正式成为世界贸易组织的成员。国际货币基金组织致力于构建稳定的国际货币秩序，为国际经济活动提供稳定的国际金融环境，它既履行管理职能，同时又履行金融职能，两者互为补充，互为支持。在加入国际货币基金协定和国际复兴银行之后，新中国在外汇管理体制方面进行了一系列的改革，1994 年宣布实施人民币经常项目的可自由兑换，开始履行国际货币基金协定第 8 条项下的义务，逐步适应国际金融自由化的全球步伐。1986 年，《关税和贸易总协定》总干事邓克尔访问中国，中国为恢复其在《关税和贸易总协定》的创始缔约国资格，开始大幅度改革其对外贸易管理体制，以适应国际贸易自由化的要求。在 2001 年成为世界贸易组织的成员之后，中国又进行了大幅度的国内立法的"立改废"活动，使得国内立法符合 WTO 规则的要求。这一系列的举动，使得新中国在对外金融管理和对外贸易管理体制方面逐渐适应了国际规则的要求，在这种国际要求的推动之下，新中国的对外金融管理和对外贸易管理体制逐渐纳入了法制化的轨道。在国际投资领域，由于发展中国家大多经历了被外国投资控制本国经济命脉的历史，也由于发展中国家在独立之后主要处于资本输入国家的地位，发达国家与发展中国家之间在国际投资自由化问题上存在非常严重的分歧。③ 除了 1965 年的《解决国家与他国国民间投资争议公约》和 1985 年的《多边投资担保机构公约》这两项解决具体问题的多边协定之外，国际社会一直没有在国际投资领域达成一项全面调整国际投资关系的多边协定。改革开放以来，为了大量吸引外国直接投资，中国不断加强对外资的

---

① 参见陈寒枫、周卫国、蒋豪：《〈经济、社会及文化权利国际公约〉及其实施》，载《外交学院学报》，2001（3）。

② 赵维田：《WTO 与国际法》，载《法律适用》，2000（8）。

③ 这些分歧主要体现在以下几个方面：关于外国投资者的待遇标准问题，关于特许协议或国家契约的法律问题，关于国有化的合法性和补偿标准问题，关于投资争议解决的程序问题。参见余劲松、吴志攀主编：《国际经济法》，204～207 页，北京，高等教育出版社、北京大学出版社，2000。

法律保护。截至 2001 年 4 月底，已同 97 个国家签订了双边投资保护协定，并于 1988 年和 1993 年正式批准参加了《汉城公约》和《华盛顿公约》。这两项多边国际投资条约对我国的适用表明我国在投资担保问题和投资争议解决问题上作出了多边的承诺，更加完善了我国投资法制环境。① 对于国际投资领域存在严重分歧的问题，我国一直坚持发展中国家的立场。比如，在投资待遇问题上，在我国签订的双边投资保护协定中，长期以来，一般只提"公平合理待遇"与"最惠国待遇"②，只有少数协定对国民待遇作出了规定。③ "实现对外资的国民待遇，因受制于我国国内经济体制改革的进程和经济发展的水平，只能是'渐进式的'。"④ 这既是出于对我国国情的考虑，也是为了在国际投资问题上与广大发展中国家站在一起，努力构建新的国际投资秩序。

6. 国际私法领域

由于领事裁判权的存在，从晚清到民国时期，我国的国际私法一直没有得到正常的发展。"早在公元六七世纪，唐朝法律（永徽律）便有了历史上最早的冲突规范：'诸化外人同类自相犯者，各依本俗法；异类相犯者，以法律论'。""但沿袭到宋代以后，直到明朝时期，绝对属地主义的法律思想得到了发展，唐律中的上述规定遂改易为'凡化外犯罪者，并依法律拟断'……清朝基本上沿用旧制，直到清末，国际私法仍没有发展。"⑤ "北洋政府于 1918 年颁布了《法律适用条例》，该条例分为总则、关于人之法律、关于亲族之法律、关于继承之法律、关于财产之法律、关于法律行为方式之法律和附则，共 7 章 27 条。尽管它是北洋政府在日本主持下抄袭德、日的国际私法立法而出笼的，但与同时期资本主义国家的国际私法单行法相比，它是条文最丰富、内容最详尽的立法之一，也是我国历史上第一次系统的国际私法立法。"⑥ 新中国成立之后，"由于当时的历史背景，主要移植了以苏联法律思想为代表的苏联法律文化，国际私法也不例外，深受苏联国际私法学说中严格的属地主义倾向的影响，基本上不考虑是否需要通过一些较为灵活的制度，以求得内外国法律抵触的协调问题。"⑦ 虽然在民法通则颁布之前，新中国也有几部法律规定了法律适用的问题及解决方式，但是，并没有形成一个完整的系统。1986 年我国制定的民法通则第八章专门规定了涉外民事关系的法律适用，系统的国际私法立法开始为新中国采用。此后，新中国在国际民事诉讼程序和国际商事仲裁方面有了较大的立法进展，一个较为完善的国际私法体系逐渐建立起来。1986 年 10 月，我国向海牙国际私法会议提交了加入申请；1987 年 7 月 3 日，我国正式成为海牙国际私法会议的成员国。我国还先后加入了《承认和执行外国仲裁裁决公约》、《关于向国外送达民事或商事司法文书和非司法文书公约》、《关于从国外调取民事或商事证据的公约》等国际公约。1987 年以来，我国还分别同法国、波兰、蒙古、

---

① 参见陈安主编：《国际经济法学专论》，下编·分论，631 页，北京，高等教育出版社，2001。

② 单文华：《外资国民待遇基本理论问题研究》，载陈安主编：《国际经济法论丛》，第 1 卷，240 页，北京，法律出版社，1998。

③ 参见上书，198 页。

④ 同上书，198 页。

⑤ 韩德培主编：《国际私法新论》，80~81 页，武汉，武汉大学出版社，1997。

⑥ 同上书，82 页。

⑦ 李双元主编：《中国与国际司法统一化进程》（修订版），2 页，武汉，武汉大学出版社，1998。

比利时、罗马尼亚、意大利、俄罗斯等国签订了司法协助协定。这对我国国际私法立法的现代化和国际化具有重要的意义。①

三、现代国际法文化与新中国的国际法观念

新中国与国际社会的关系经历了从反叛到协调的转变，新中国也逐渐从国际机制的挑战者转变为国际机制的积极参加者。这种态度上和立场上的变化，是新中国不断反思其与世界的关系的过程。而现代国际法文化的开放性、发展性和合作性则为新中国的转变提供了必要的基础，也正是现代国际法文化的这些特点，使得新中国在对外交往实践中越来越意识到国际法的重要性，越来越在尊重国际法的基础上融入国际社会，还能够在一定程度上为世界和平秩序的构建贡献智慧。日本学者芹田健太郎精辟地指出："新思维使世界政治发生改变，创立了政治中国际法的优越地位。""然而是称之为新国际法还是现代国际法姑且不论，它与古典国际法具有的根本区别是国际法的安定化作用和创造性作用。"② "冷战"的结束使世界格局发生了结构性的变化，也使人们更清楚地认识到未来世界的和平与秩序只能建立在对话与合作的基础上。改革开放以来，新中国对外政策调整的理论基础就是邓小平同志的外交思想，他关于和平与发展是当代世界的两大主题的理论，精辟而深刻地揭示出当代世界的特征和国际格局的特点。③ 江泽民主席曾经说过："现在，世界经济、科技发展很快，国与国之间的联系日益紧密，国际交往愈来愈广泛。国际格局朝着多极化的方向发展。国际形势总的趋向缓和，和平与发展是时代的两大主题。但是，世界各种力量在经济、政治等方面的竞争和斗争仍是激烈的，局部地区战火不断，霸权主义和强权政治依然存在。在这种形势下，各国都十分注重运用政治、经济、法律手段来调整对外关系和处理国际事务。国际法促进世界和平与发展的作用在日益增强，各国越来越重视利用国际法来保护自身的权益，这是国际社会一个值得注意的趋向。"④

独立自主一直是新中国奉行的外交基本原则，然而，这并不意味着新中国必须"闭关自守"，邓小平早就指出，闭关自守是没有出路的。独立自主政策并不排斥国际合作，有学者指出："对外独立自主政策与对外的友好合作是一致的。在一定意义上说，只有坚持独立自主的对外政策才能真正地发展与世界各国真诚的友好合作。"⑤ 现代国际法已从基本上是一套禁戒规则扩展到为有组织的国际合作提供规范基础。今天，"合作性"的国际法是在各国不同程度接受的基础上创立的，而这种接受程度是由约束参加国的共同利益与价值的程度决定的。今天某些新国际法的类型正在以普遍接受的水平发展着，因为它们反映了人类的普遍利益。⑥ 正是现代国际法在更大程度上反映人类交往的共同需要，它的价值基础也不再仅仅是西方的价值观念，多元开放的观念和灵活多样的机制为国际合作提供了更多的方

---

① 参见韩德培主编：《国际私法新论》，84 页，武汉，武汉大学出版社，1997。

② ［日］芹田健太郎著，宋长军译：《21 世纪国际法的作用》，载《外国法译评》，1997 (1)。

③ 参见周尊南：《我国对外政策调整的理论基础：学习邓小平同志的外交思想》，载《外交评论》，1988 (1)。

④ 江泽民：《在中共中央举行的法律知识讲座上关于国际法的讲话（摘要）》，载《中国国际法年刊》，4 页，1996。

⑤ 黄炳坤：《宪法与国际事务》，载《法学评论》，1983 (1)。

⑥ 参见潘抱存、王惠均：《从国际社会的变化看现代国际法的发展》，载《苏州大学学报》，1983 (2)。

式和途径，也为人类寻求交往的共识基础提供了更多的机会和更好的条件。正是在这种国际法文化中，中国的态度和角色发生了转变，从反叛到小心谨慎的观望，再到大胆而坚决地积极参与。

1. 将对外事务纳入宪法规范及其意义

国际事务对于一国的发展具有重要的意义。在全球化进程中，国际事务的意义体现得更加充分。而一国如何处理与他国或国际组织或其他国际性团体的关系，既与国家性质和政治体制有关，也与国家机构之间的对外权限分配有关。无论如何，"宪法与对外关系是紧密相连的，制定一国的对外政策时，不能不在宪法中规定其基本原则。健全的对外政策，是建立在与宪法的规定和精神相吻合的基础上的"①。

可以说，新中国建立伊始就以宪法的形式宣布了它的对外政策和应坚持的原则。《中国人民政治协商会议共同纲领》这一具有临时宪法性质的法律文件，宣布了新中国的外交原则和基本立场，其第 54 条明确宣布"为保障本国独立、自由和领土主权的完整，拥护国际的持久和平和各国人民间的友好合作，反对帝国主义的侵略政策和战争政策"是我国外交政策的原则。1954 年 9 月 20 日，第一届全国人民代表大会第一次会议通过的《中华人民共和国宪法》，在序言中开宗明义地规定："我国根据平等、互利、互相尊重主权和领土完整的原则同任何国家建立和发展外交关系的政策，已经获得成就，今后将继续贯彻。在国际事务中，我国坚定不移的方针是为世界和平和人类进步的崇高目的而努力。"② 我国 1954 年宪法规定：全国人民代表大会有权决定战争和和平问题。③ 全国人大常委会有权决定同外国缔结的条约的批准和废除，规定军人和外交人员的衔级和其他专门衔级；在全国人民代表大会闭会期间，如果遇到国家遭受武装侵犯或者必须履行国际上共同防止侵略的条约的情况，全国人民代表大会常务委员会有权决定战争状态的宣布。④ 中华人民共和国主席对外代表中华人民共和国，接受外国使节；根据全国人民代表大会常务委员会的决定，派遣和召回驻外全权代表，批准同外国缔结的条约。⑤ 国务院管理对外贸易和国内贸易，管理对外事务。⑥ 另外，还在第 98 条和第 99 条分别规定了国外华侨的权利和利益的保护，给受到迫害的外国人以居留的权利。⑦

1982 年制定的《中华人民共和国宪法》更完整地表达了和平共处的五项原则，同时更清楚地强调新中国的基本立场，即："发展同各国的外交关系和经济、文化的交流，坚持反对帝国主义、霸权主义、殖民主义，加强同世界各国人民的团结，支持被压迫民族和发展中国家争取和维护民族独立、发展民族经济的正义斗争，为维护世界和平和促进人类进步

---

① 黄炳坤：《宪法与国际事务》，载《法学评论》，1983（1）。

② 《中华人民共和国宪法》（1954 年）序言。

③ 参见《中华人民共和国宪法》（1954 年）第 27 条。

④ 参见《中华人民共和国宪法》（1954 年）第 31 条。

⑤ 参见《中华人民共和国宪法》（1954 年）第 41 条。

⑥ 参见《中华人民共和国宪法》（1954 年）第 49 条。

⑦ 《中华人民共和国宪法》（1954 年）第 98 条规定：中华人民共和国保护国外华侨的正当的权利和利益。第99 条规定：中华人民共和国对于任何由于拥护正义事业、参加和平运动、进行科学工作而受到迫害的外国人，给以居留的权利。

事业而努力。"① 在对外事务的权限分配问题上，1982 年宪法延续了全国人民代表大会及其常务委员会与国家主席的对外职权②，国务院仍有权"管理对外事务"，但是，1954 宪法中国务院"管理对外贸易和国内贸易"的规定被删掉，而将国务院的此项职权纳入"领导和管理经济工作和城乡建设"的职权之中。③ 同时，1982 年宪法还明确了在中国的外国投资和在中国的外国人的法律地位，从而为我国改革开放政策的实施奠定宪法基础。④ 1982 年宪法还明确规定了我国的庇护权。⑤ 1988 年的宪法修正案增加规定："国家允许私营经济在法律规定的范围内存在和发展。私营经济是社会主义公有制经济的补充。国家保护私营经济的合法的权利和利益，对私营经济实行引导、监督和管理。"这为外国独资企业在中国的存在获得了宪法保障。⑥ 1990 年 12 月 28 日第七届全国人民代表大会常务委员会第十七次会议通过了《中华人民共和国缔结条约程序法》，该法明确规定了国务院、全国人民代表大会常务委员、国家主席和外交部在缔结条约和重要协定问题上的权限分配与具体程序。1993 年宪法修正案明确了"国家实行社会主义市场经济"的目标，这为中国进一步扩大对外开放的成果，更深层次的融入世界经济体系指示了明确的方向。1999 年的宪法修正案增加规定："中华人民共和国实行依法治国，建设社会主义法治国家。"依法治国观念的宪法表达，有力地推动了新中国对外交往法制化的发展。

2. 国际法与国内法关系问题的处理与新中国的国际法意识

从挑战者到积极参加者的角色转变，也意味着新中国国际法意识的逐渐增强，这特别体现在新中国越来越将国际条约和国际习惯这两大国际法渊源接受为国内法渊源的过程，以及新中国对于由第三方解决国际争端方式的逐步认可。新中国对国际法院的态度的转变，更能够说明新中国国际法意识上的重大变化。

对外交往是相互的，同时又与国内法息息相关。为确保对外交往的顺利进行，需要有共同遵守的规则，确保国家之间交往的秩序化而形成的规范体系就是国际法。国际法是与国内法相对应的概念，而一国在对外交往中需要遵守的规则既包括国际法，又包括国内法。所以，一国对外交往法制的体系在构成上表现得更为复杂，国际法与国内法的严格两分并不能使人清楚地把握对外交往法制体系的特点。但是，国际法与国内法毕竟是有明确区别的，在法律关系主体的地位、权利和义务的性质、权利主张的方式与救济途径、责任的性质和追究机制上，国际法都与国内法表现得很不一样。因此，就一国对外交往法制体系而

---

① 《中华人民共和国宪法》（1982 年）序言。

② 参见《中华人民共和国宪法》（1982 年）第 62、67、81 条。

③ 参见《中华人民共和国宪法》（1982 年）第 89 条。

④ 《中华人民共和国宪法》（1982 年）第 18 条规定：中华人民共和国允许外国的企业和其他经济组织或者个人依照中华人民共和国法律的规定在中国投资，同中国的企业或者其他经济组织进行各种形式的经济合作。在中国境内的外国企业和其他外国经济组织以及中外合资经营的企业，都必须遵守中华人民共和国的法律。它们的合法的权利和利益受中华人民共和国法律的保护。第 32 条第 1 款规定：中华人民共和国保护在中国境内的外国人的合法权利和利益，在中国境内的外国人必须遵守中华人民共和国的法律。

⑤ 《中华人民共和国宪法》（1982 年）第 32 条第 2 款规定：中华人民共和国对于因为政治原因要求避难的外国人，可以给予受庇护的权利。

⑥ 《中华人民共和国外资企业法》是 1986 年生效的。该法允许外国投资通过建立外资独资企业的形式来进行。

言，欲明确不同法律文件所确定的权利和义务的具体性质和实现方式，都首先要求理清该体系中不同法律文件各自的效力等级和相互关系，这实际上就是国际法的一个重大问题，即国际法与国内法的关系。这"是一个理论问题，也是一个实际问题"①。关于这个问题，在理论上主要有两派主张："一派认为国际法和国内法属于一个法律体系，即所谓一元论；另一派则认为国际法和国内法是两个不同的法律体系，即所谓二元论。另外，在前一派的理论中又有两种不同的论点：一种是国际法优于国内法，另一种是国内法优于国际法。这就是两派三论。"② 从实践的角度来看，这一问题更为复杂，因为各国在处理国际法与国内法关系问题上的态度和做法是如此地复杂和不一致。因此，即使是现代国际法，也未发展出确定的、统一的标准来要求各国采纳以解决国际法与国内法的关系问题，这一问题的解决主要留给了各国的实践。"这方面的趋势如何，还很难说，不过，由于国际法的范围的扩大，特别是国家依据条约而承担的义务越来越多，国际法虽然不能说已经优于国内法，但是，国内法律秩序内国际法因素是明显地逐渐加强了。"③

新中国对外交往不断扩展，新中国参与的条约也越来越多，承担的条约义务也越来越多。这些条约义务究竟在国内法体系中具有何种法律地位？对这一问题也是不得不作出回答的。新中国在国际法与国内法关系问题上的实践较为复杂，很难抽象出一个或多个确切的标准来作出判断。从各国实践来看，虽然在具体标准上缺一致性，但是，大多数国家都是通过宪法或宪法性文件来明确国际习惯和本国所参与的国际条约与本国国内立法的关系的。综观各国采取的立法模式，概括起来可分为三种。第一，转化式，即每一个国际条约均需经立法机关制定相应的国内法后才能在国内予以适用；第二，纳入式，即在宪法性法律中规定条约是该国法律体系的一部分，一个条约在国内公布或在国际上生效的同时即开始在国内生效；第三，混合式，即兼采转化和纳入两种方式，针对不同性质的条约，选择性地采取转化或纳入的方式。

然而，我国的宪法、缔结条约程序法和立法法都没有解决国际法与国内法的关系问题，我国目前只有一些基本法律在其调整的特定领域对国际法和国内法的关系问题作出了规定。对于，国际条约和国内法的关系，民法通则第142条规定："中华人民共和国法律和中华人民共和国缔结或者参加的国际条约没有规定的，可以适用国际惯例。"最高人民法院在1989年《关于印发〈全国沿海地区涉外、涉港澳经济审判工作座谈会纪要〉的通知》中明确指出："鉴于我国已加入1980年《联合国国际货物销售合同公约》，承担了执行该公约的义务，从1988年1月1日起，我国公司同该公约的其他批准国的公司订立的合同，如未另行选择所适用的法律，将自动直接适用该公约的有关规定。法院应当按该公约规定处理它们之间的合同纠纷。"海商法第268条第1款规定："中华人民共和国缔结或者参加的国际条约同本法有不同规定的，适用国际条约的规定，但是，中华人民共和国声明保留的条款除外。"商标法第17条规定："外国人或者外国企业在中国申请商标注册的，应当按其所属国和中华人民共和国签订的协议或者共同参加的国际条约办理，或者按对等原则办理。"这些

---

① 王铁崖：《国际法引论》，177页，北京，北京大学出版社，1998。
② 同上书，180页。
③ 同上书，204页。

规定意味着，在这些特定的领域，国际条约具有优先的效力。有学者甚至认为，"《民法通则》关于适用国际条约规定的原则，并不限于民事法律，实际是我国国内法关于国际条约适用问题的一项通常做法"①。

但是，在实践中，我国还经常采用"转化式"的模式来解决国际条约在国内的实施问题。比如，我国批准的《维也纳外交关系公约》和《维也纳领事关系公约》对我国生效后，我国相应地制定了外交特权与豁免条例和领事特权与豁免条例，将两个公约的内容纳入我国国内法律体系。在我国批准《联合国消除对妇女一切形式歧视公约》后，全国人民代表大会专门制定了《中华人民共和国妇女权益保障法》加以实施。在我国加入世界贸易组织之后，我国政府专门进行了对国内法律、法规和规章的清理工作，对于不符合 WTO 规则的予以修改或废除。这场大规模的修法运动实际上也表明我国采取"转化式"的模式来处WTO 协议在国内的实施问题。"可见，在我国，在条约适用方面实际上已形成以转化式和纳入式等多种方式并存的局面。为数不少的部门性立法规定直接适用国际条约，但是宪法尚未确立明确的条约适用原则，各部门法的规定又不一致，因此尚不能断定何种方式为我国的根本宪法制度。"② 有学者认为，"当今国际社会千变万化，情况异常复杂，针对具体问题采取具体解决办法，是一个好办法。我国新宪法对宪法与国际条约（或国内法与国际法）的关系问题上，不作明文规定，是有道理的，也是明智的"③。当然，从目前的现状来看，一些基本的特征还是比较清楚的：我国在私法领域主要采取"纳入式"，而在公法领域则采取"转化式"。

即使在现代国际法体系中，国际习惯是国际法的一项重要的渊源形式，是国际法的重要组成部分，有相当部分的国际法规则是以国际习惯的形式存在的。④ "一个国家对待国际习惯的态度，从另一个侧面反映了一个国家对待国际法的态度。"⑤ 但是，对于国际习惯与国内法的关系，我国宪法及宪法性法律文件并未作出明确的规定。然而在我国的外交实践中，我国肯定了国际习惯作为国际法重要渊源的地位。特别是在缺乏明确的条文规定的情况下，国际习惯也经常是我国提出主张的一个重要根据。

3. 对待国际仲裁与国际法院的态度的转变和新中国国际法意识

在对外关系中，新中国历来主张并积极实践以谈判和协商、斡旋和调停的政治方

---

① 杨泽伟：《论国际法在我国国内法上的效力》，载《河北法学》，1996（5）。

② 姚彦吉：《论国际条约在中国的适用》，载《企业家天地》，2006（4. 下）。

③ 黄炳坤：《我国宪法与国际事务》，载《法学评论》，1983（1）。

④ 在我国的一些立法文件中使用了"国际惯例"一词，如民法通则，但是，"国际惯例"与"国际习惯"是不同的。王铁崖先生指出："'国际惯例'不是作为国际法渊源之一的'国际习惯'，它对国家没有严格的拘束力，因而，这个词语在英文上被译为 practice，指的是'常例'。"（王铁崖：《国际法引论》，211 页，北京，北京大学出版社，1998。）当然，国际惯例在民商事领域有很重要的作用，对于国际经济交往也具有重大的意义，国际惯例在我国对外交往，特别是对外经济交往法制体系中的地位也是一个很重要的问题。单文华先生撰文认为："中国有关国内立法中的'国际惯例'当仅指实体意义上的国际惯例；根据有关国内法与《联合国国际货物销售合同公约》，'国际惯例'或'惯例'在我国不能算作国际法或国内法的正式渊源，而只具有解释与补充合同，或补充有关法律漏洞的功能与意义；国际惯例在我国的适用以我国法作为准据法，而我国国内法与有关国际条约不作规定，且当事人对其适用未予明示排除等作为前提，同时，它的适用也不能违反我国的社会公共利益。"［单文华：《中国有关国际惯例的立法评析——兼论国际惯例的适用》，载《中国法学》，1997（3）。］

⑤ 杨泽伟：《论国际法在我国国内法上的效力》，载《河北法学》1996（5）。

式解决国际争端。对于国际仲裁，新中国自成立以来一直不接受任何仲裁条款。20 世纪 80 年代后期，在我国与外国签订的非政治性国际条约中，开始接受仲裁条款并有实践。同时，我国也历来拒绝通过国际法院解决我国与其他国家之间的争端。"20 世纪 80 年代开始以来，除了对一些涉及我重大国家利益的国际争端仍然坚持通过谈判和协商解决之外，对有关专业性和技术性的国际条约所规定的由国际法院解决争端的条款一般不作保留。"①

从 1971 年中国恢复联合国合法席位到 1978 年中国实行改革开放以前，中国虽然恢复了在联合国中的合法席位，但对国际法院的诉讼管辖权持完全拒绝的态度。1972 年 9 月，我国通知联合国秘书长，明确表示，对旧中国 1946 年 10 月 26 日所作出的关于接受国际法院强制管辖权的声明不予承认。② 中国没有发表过接受国际法院第 36 条第 2 款"管辖"的声明，也没有将任何争端提交国际法院，并对于多边国际公约中关于选择国际法院作为争端解决机构的条款采取了有保留的态度。③ 从 1978 年中国实行改革开放到 1989 年，中国开始重视国际法院的作用并且积极参与国际法院的活动，但从总体上说仍对国际法院的诉讼管辖权态度消极。"1989 年中国政府宣布，今后对于涉及国际法院的条款，中国将采取不一概保留的态度。"④ 1995 年中国提名的史久镛当选为国际法院法官，任期从 1995 年至 2004 年。同时，中国政府指出，除涉及中国重大国家利益的国际争端仍坚持通过谈判、协商解决外，对于中国签署、批准或加入的国际公约有关经济、贸易、科技、航空、环境、交通运输、文化等专业性和技术性的公约一般可以不作保留。但迄今为止，中国尚未向国际法院提交任何争端。⑤ 在中国加入的《禁止化学武器公约》中，中国同意了该条约中关于国际法院作为解决缔约国之间关于公约解释和适用的争端的机构的规定。⑥ 另外，中芬、中泰、中奥、中新和中英五个双边投资保护协定都规定：在双方就协定的解释或适用发生争端，依照协商或谈判不能解决而提交仲裁时，国际法院有权任命仲裁员。这种规定是具有积极意义的，可以认为，它是我国利用国际法院和平解决国际争端的一个积极步骤和新的开端。⑦ 此外，在我国加入世界贸易组织之后，我国也同时接受了世界贸易组织的争端解决机制，这意味着，新中国开始以更加积极的心态面对现代国际法可能带来的各种影响。

---

① 王虎华：《论我国和平解决国际争端的理论与实践》，载《河南师范大学学报》（哲学社会科学版），2002（4）。

② 参见王勇、管征峰：《五十五年来中国对国际法院诉讼管辖权的态度之述评》，载《华东政法学院学报》，2002（3）。

③ 参见陈初越：《"现在是国际法发展的最好时机"——专访联合国国际法院新任院长史久镛》，载《南风窗》，2003（4）。

④ 王勇、管征峰：《五十五年来中国对国际法院诉讼管辖权的态度之述评》，载《华东政法学院学报》，2002（3）。

⑤ 参见王铁崖：《国际法》，613 页，北京，法律出版社，1995。

⑥ 参见陈初越：《"现在是国际法发展的最好时机"——专访联合国国际法院新任院长史久镛》，载《南风窗》，2003（4）。

⑦ 参见陶凯元：《我国与国际法院关系之探讨》，载《法学评论》，1989（5）。

4. "和谐世界"观念的提出与新中国的文化角色转型

新中国成立之初即提出"和平共处五项原则",这是新中国对现代国际法的发展作出的一项重要贡献,为现代国际法的具体制度完善构筑了新的原则基础,也是新中国开始主动改变与国际社会和国际法的关系的重要步骤,意味着新中国开始寻找重新塑造中国与国际法之关系的有效途径。

2005 年 4 月,中华人民共和国主席胡锦涛参加了在雅加达举行的亚非峰会,胡锦涛主席在讲话中提出,亚非国家应"推动不同文明友好相处、平等对话、发展繁荣,共同构建一个和谐世界"。同年 7 月,胡锦涛主席出访俄罗斯,"和谐世界"被写入《中俄关于 21 世纪国际秩序的联合声明》,"和谐世界"第一次被确认为国与国之间的共识。这一全新理念逐渐进入国际社会的视野。2005 年 9 月 15 日,胡锦涛主席在联合国成立 60 周年首脑会议上发表《努力建设持久和平、共同繁荣的和谐世界》的重要讲话,从四个方面阐述了"和谐世界"的深刻内涵,即:第一,坚持多边主义,实现共同安全。第二,坚持互利合作,实现共同繁荣。第三,坚持包容精神,共建和谐世界。第四,坚持积极稳妥方针,推进联合国改革。[1] 2007 年 10 月,胡锦涛总书记在党的十七大报告中指出:我们主张,各国人民携手努力,推动建设持久和平、共同繁荣的和谐世界。为此,应该遵循联合国宪章的宗旨和原则,恪守国际法和公认的国际关系准则,在国际关系中弘扬民主、和睦、协作、共赢精神。政治上相互尊重、平等协商,共同推进国际关系民主化;经济上相互合作、优势互补,共同推动经济全球化朝着均衡、普惠、共赢方向发展;文化上相互借鉴、求同存异,尊重世界多样性,共同促进人类文明繁荣进步;安全上相互信任、加强合作,坚持用和平方式而不是战争手段解决国际争端,共同维护世界和平稳定;环保上相互帮助、协力推进,共同呵护人类赖以生存的地球家园。

"和谐世界"观念的提出及内涵的阐述,表达了中国对未来世界秩序的构想,表达了中国对国际法维护世界秩序的功能认同。国际法始终面临着不同文化、不同世界观念和不同法律观念之间的冲突和协调的问题。如果说"古典的"国际法承认一个国家不问战争目的如何都有权宣战的话,那么,现代国际法就是和平的法。一战的爆发,充分暴露近代国际法的缺陷,无限制的国家主权,特别是无限制的宣布战争、利用战争实施国家政策的权力,不仅是欧洲秩序的破坏者,也是国际和平的破坏者。一战之后,国际联盟的种种努力都反映了国际社会强化国际法的权威性和通过国际法禁止战争的意图。二战的爆发只是更加强化了这种努力的重要性,联合国在许多方面继承了国际联盟的框架和立场可以充分说明这一点。然而,近代国际法的权威性来源是主权国家的同意,如果主权国家意志的权威性受到限制,那么,现代国际法的权威性来源又在哪里呢?这是现代国际法所面对的理论困境。基于对这一问题的思考,现代国际法在主权国家的意志这一来源之外,开始寻找国际法的其他权威性来源,于是,自然法思想的复兴、人类共同利益概念的提出、基本人权观念的传播,使得奠基于一个多元而开放的国际社会之上的现代国际法,呈现出普遍化和多元化同时并存的双重文化特征。正是这种双重文化特质,既确保了现代国际法秩序维护目标的

---

[1] 参见《胡锦涛在联合国成立 60 周年首脑会议上的讲话》,载 http://politics.people.com.cn/GB/1024/3699888.html,2005 - 10 - 10。

实现，也为未来国际法的重塑提供了有效的文化基础和足够的想象空间。

在普遍化与多元化的纠葛之中，国际社会的参与者都在努力寻找着合理而有效的沟通之路。在当代中国的眼中，国际法不再是一个文化上的"异质因子"，而是一个为秩序需要而必须予以尊重的规则体系，同时又是一个为了新的秩序需要而必须予以不断改造的规则体系。构建和谐世界的思想不仅"是与新中国几代领导人的外交战略思想一脉相承，是对新中国外交战略思想的继承与发展"[1]，更重要的是，从文化上来说，"和谐世界"观念的提出，是中国积极参与现代国际法文化重塑过程的一个标志，中国的"和"文化开始在国际法的发展中扮演着重要的角色，为未来世界秩序提供新的共识基础的同时，仍然保持现代国际法的多元与开放的特性。

---

[1]　孙建社：《构建"和谐世界"：中国外交战略的新理念》，载《南京师大学报》（社会科学版），2007（2）。

第三编
外国法律文化影响中国个论

第八章

外国法律文化对近代租界的影响

清末民初的法律变革，是中国法律由传统走向现代的转折点，但无论对其背景、内容、作用等进行怎样的评价，一般都难以回避这样的事实：它主要不是总结和反映中国现实社会关系的内生的法律变革，而是在当时特定社会环境下对近现代西方法律制度被动继受与移植的结果。这种被动发生的法律变革，其功效主要体现在传播现代法律思想、启迪民众法律意识方面，大部分立法因不符国情而没有发挥调整和规范人们行为的作用。

不过，在19世纪中期开始并延续近百年的中国近代租界里，尽管因为沦为外国人进行实际控制与管理的"国中之国"而广受诟病，却发生着另外一种继受和移植近现代西方法律制度的情形。鸦片战争后，在英、法、美等列强设置的租界区域内，殖民者引入的西方资本主义的生产生活方式、社会制度、法治理念等，不仅直接影响这些地区广大华人的行为举止、思想观念，并因其辐射效应而间接影响周边城乡乃至广大内陆腹地。其中，租界会审公廨由于其管理对象（华人）、主审官员（华官）、所处地域（租界）、诉讼参与人（强势的外国陪审官、外籍律师、外方当事人等）的特殊性，成为中国司法机构中最早引入西方资本主义法律思想、原则和制度的地方。而且，租界相对发达、文明的社会经济文化所具有的吸引力，使租界实行的法律制度与生产生活方式等一样，对中国社会发生重大影响。在某种程度上说，租界西方法制的引入及实施，比清末中央政府的变法修律对国人的影响和触动更直接、深刻。

本章以外来法律文化对租界这一特殊地域的影响和渗透作用为视角，介绍并分析西方法律文化在微观层面对中国法律文化产生的影响。

第一节
近代租界的设立与外国法律文化的传入

鸦片战争前，中国是一个主权独立的封建大国。自唐朝起，为规范来华外商的活动，中国政府即在广州、泉州等外商集中的通商口岸设有"蕃坊"等外商居留地,设置"市舶司"等管理机构行使外商居留地的土地、行政、司法、税收等管理事项。这样,既为外商提供了良好的经商生活条件,又维护了国家的主权,成为后代王朝处理中外通商事宜的基本制度。到清代,基于维护边境安全等考虑,清王朝实行闭关锁国的对外政策,仅在广州设立受清廷严格控制的"十三行"(商家)与"夷馆"(商人居住地),对外商交易实行诸多限制。① 与此同时,经历工业革命后迅速发展的英法等国急切希望打开中国市场,因此与清政府的对外政策形成对立。1840 年爆发的鸦片战争,是殖民者为开拓中国市场而发动的侵略战争,从此开启了列强用枪炮胁迫中国政府、攫取在华利益的恶例。

列强获取在华利益是通过战后与中国政府签订不平等条约实现的。在这些条约中,列强除了要求战争赔款和割让土地,往往要求中国开放沿海沿江等地的商埠,允其自由通商贸易等。据此,以英国为首,法、美等国紧随其后,纷纷在上海、天津、汉口等通商口岸设立居留地,并不断排斥中国政府对该地域的管辖权,使外人居留地发展为中国领土上由外人控制的国中之国——租界。

租界与中国近代历史上出现的商埠和租借地等,都是列强攫取在华利益的基地,但因为彼此的功能、性质和列强经营的重点不同,因而对中国的影响有别。商埠即通商口岸城市,在中国近代对外开放的一百多个商埠②中,外商主要在部分商埠的特定通商居留区,尤其是由外人掌握管理权的租界内,进行实际通商经营与开发管理,其他商埠受西方社会制度与经济文化的影响较小。19 世纪末,德、俄、英、法等国强行设置租借地,掀起直接在中国实行殖民统治、瓜分中国的狂潮。不过,租借地是列强出于军事、政治需要而以租借名义占领的军事港湾,经济地位较低,加之德、俄租借地延续时间不长,它们在中国的存在虽然加剧了中国的社会矛盾,但对中国社会尤其是法制的影响整体上属于局部和临时性的。租界作为中国领土上由外国人管理的特殊地域,自 19 世纪中期出现以来,经历了近百年的发展,租界实行的西方资本主义生产生活方式与政治法律制度等,成为国人接触、了解西方资本主义科学技术、思想文化、政治法律制度等的窗口。相应地,租界法制状况即反映了近现代西方法律文化在现实生活层面影响中国社会的一般情况。

一、鸦片战争后列强在中国的租界

(一) 不平等条约下开埠通商与租界的出现

租界和租界制度,是鸦片战争后列强利用不平等条约肆意扩大在华特权的产物。直接导致在中国建立外国人租界的不平等条约,是 1842 年中国清政府与英国签订的《南京条约》(即《江宁条约》)及其附约。

1.《南京条约》与五口通商

根据 1842 年《南京条约》的规定,中国向英国开放广州、福州、厦门、宁波、上海五个沿海城市作为通商口岸,准许英国商人带家眷在通商口岸居住、贸易,英国可在口岸派

---

① 参见张洪祥:《近代中国通商口岸与租界》,1～14 页,天津,天津人民出版社,1993。

② 据张洪祥统计,近代中国共有约开商埠 77 个、自开商埠 35 个,总数达 112 个。参见张洪祥:《近代中国通商口岸与租界》,321～326 页,天津,天津人民出版社,1993。

驻领事、管事等官"专理商贾事宜"①。1843 年 10 月，中英签订《五口通商附粘善后条款》
(《虎门条约》)。该条约第七条规定：

> 允准英人携眷赴广州、福州、厦门、宁波、上海五港口居住，不相欺侮，不
> 加拘制。但中华地方官必须与英国管事官各就地方民情，议定于何地方，用何房
> 屋或基地，系准英人租赁；其租价必照五港口之现在所值高低为准，务求平允，
> 华民不许勒索，英商不许强租。英国管事官每年以英人或建屋若干间，或租屋若
> 干所，通报地方官，转报立案；惟房屋之增减，视乎商人之多寡，而商人之多寡
> 视乎贸易之衰旺，难以预定额数。②

据此，以英国为首，美、法等西方列强紧随其后，开始在中国开埠通商，设立居留地，
并在此基础上发展为由外国人管理的租界。最先设立的外人租地，是 1843 年英国人在上海
设置的上海英人租地。

2. 上海租地的设立

上海在近代前夜尽管号称"江海通津，东南都会"，往来商贾云集，土地交易频繁，但
主要限于国内贸易，对外联系主要是基督教的传播方面。③ 不过，上海有利于对外贸易的优
越地理环境，很早受到了希望打开中国市场的西方国家的注意，所以尽管 19 世纪早期上海
在国内的经济地位不高，但英国在《南京条约》中仍将其纳入要求中国开放的第一批通商
口岸中。④

1843 年 11 月 8 日，根据《南京条约》及其附约《虎门条约》的规定，英国首任驻上海
领事巴富尔（George Balfour）带领随行人员来到上海，发出告示，宣布上海正式开埠。接
着，巴富尔为领事馆馆址及英国商民居住地等问题，与上海道台宫慕久进行了反复交涉，
随后选定一块"荒芜之地"，并以17 000两白银的价格租下这片土地。⑤ 1845 年，宫慕久将
与巴富尔就英人租地、贸易等事宜反复谈判而议定的《上海土地章程》（Land Regulation）
23 条公开发布，知照中外官民。⑥

根据《上海土地章程》的规定，"划定洋泾浜以北、李家庄以南之地，准租与英国商
人，为建筑房舍及居住之用"（引言）；"商人租地，地方官宪应会同领事官划定界址"，原
业主与租户立据"以凭信守"（第一条）；租地实行华洋分离，"界内居民不得彼此租赁，亦
不得建造房屋，赁给华商"（第十五条）；"洋泾浜北首界址内，租主得公同建造市场，使华
民将日常用品运来售卖。市场地点及管理规则由地方官宪会同领事官决定。洋商不得私自
建造，亦不得建造房屋，租给华民或供华民使用"（第十六条）。同时，章程规定了租金的

---

① 王铁崖：《中外旧约章汇编》，第 1 册，31 页，北京，三联书店，1957。
② 同上书，35～36 页。
③ 参见梁元生著，陈同译：《上海道台研究——转变社会中之联系人物（1843—1890）》，35 页，上海，上海
古籍出版社，2003。
④ 参见谯枢铭：《清乾嘉时期的上海港与英国人寻找新的通商口岸》，载《史林》，1986（2）。
⑤ 参见陆其国：《畸形的繁荣——租界时期的上海》，12～20 页，上海，百家出版社，2001。
⑥ 也称《英租界一八四五年土地章程》。参见徐公肃、丘瑾璋：《上海公共租界制度》，25～47 页，上海书店
根据中国科学公司 1933 年版影印，1992；上海市档案馆编：《上海租界志》，682 页，上海，上海社会科学院出版
社，2001。

确定与支付办法、租地的使用与管理权限等。为"免启争端"，在界内道路、码头及房屋使用上，实行华洋分隔，但中国地方官宪保留大部分租地事务的管辖权。[①]

因为英国人租地的建立，上海形成彼此独立的两个社区：一是人口相对集中、较为富庶的上海县城，一是人烟寥落的英人居留地。

此后，美、法两国也依其例，于1848年、1849年在上海设立了美、法在华租地。

上海外人租地实行的"华洋分居"格局，虽无政府间条约为依据[②]，但得到了中外双方的认可。中国传统"化外人"观念的影响及避免华洋混居带来的管理麻烦的需要，使当时中国官员理所当然地选择将外人置于城外人烟稀少处集中安置，实行华洋分居，这也是此后中国政府放任租界畸形发展的重要原因；对于来到上海通商、贸易的外人来说，保障自身安全的治安需要和营造不同于中国传统格局的现代生活环境的追求，使他们更愿意在华人稀少处不受干扰地建立自己的基地，这也为租地外人实行自治甚至主张主权[③]提供了重要口实。

3. 上海租界的形成

不过，上海租地华洋分居的局面很快被打破。

1853年，小刀会起义军占领上海县城后，上海地方政权瘫痪，大量华民涌入外国人租地，造成租地事实上的华洋混居局面。英、美、法驻沪领事以租地内华人难民危及治安为由，召集租地外国人会议，讨论租地管理事宜，于1854年7月通过自行修订的《上海土地章程》14条。[④] 该章程除了扩展租地范围、扩大领事在租地中的权限外，删除了不许华人在租地租屋的规定，并将本来用于规范外国人租地事宜的《上海土地章程》，一并移置于包括华人在内的所有租地居民，不仅侵夺了中国政府对租地的管理权，还将管理触角伸到租地华人身上。

其中，章程第10条对租地发展影响最大。该条规定：租地内"设立更夫或巡捕"，由租地人"会商"费用征收办法，"选派三名或多名经收"负责费用征收等。这一规定成为此后租地设立"巡捕"类警察组织、实行租主会商重大事项的"市民自决"、成立行政组织"工部局"的基本依据。从此，上海租地开始发生根本性的改变：由中国政府应外国领事要求设置的外国人租地，发展为在"领事允准"下租地外国人自行决定租地警政等事宜的租界。

由于法国希望保留在上海租界的独立性，法租界于1862年从三国租界中分离出来，上海租界形成英、美主导的公共租界与法国专管租界并行发展的格局。经过几十年的不断扩

---

① 参见王铁崖：《中外旧约章汇编》，第1册，65～70页，北京，三联书店，1957。

② 中英《南京条约》允准"英国人民带同所属家眷寄居大清沿海之广州、福州、厦门、宁波、上海等五处港口，贸易通商无碍"，至于选址居住则由当地官员与各国领事商议，并未要求与中国居民区分离。

③ 例如，1931年费唐（曾任南非最高法院法官的英国人）根据租界工部局要求来华考察上海租界法律地位时，在其向工部局提交的《费唐法官研究上海公共租界情形报告书》中，就根据租界有关资料认为，上海租界是在上海城外的农田、荒滩上设立，由租地居民自我管理而发展成的现代化城市，因此租界外国人拥有上海租界的主权。参见杨湘钧：《帝国之鞭与寡头之链——上海会审公廨权力关系变迁研究》，23～24页，北京，北京大学出版社，2006。

④ 参见徐公肃、丘瑾璋：《上海公共租界制度》，附录，上海书店根据中国科学公司1933年版影印，1992。

张和发展，上海租界成为近代中国设立最早、面积最大、各方面制度发展最充分的租界，后来开辟的各个租界整体上都以其为榜样。上海租界的管理制度、市政建设乃至生活习俗等，不仅直接影响近代上海的发展格局、并通过上海深刻地影响中国近代社会的发展，是近代中国租界的典型代表。

（二）近代中国的租界概况

1. 租界的数量与分布

英、法、美诸国在上海设立租界后，又参照上海模式陆续在天津、汉口、广州、厦门等多个通商口岸设立了多个租界；甲午战争后，日、俄、德、意等国也加入开辟在华租界的国家之列，租界的数量、开辟租界的城市和在中国开辟租界的国家迅速增加。① 根据租界作为不受中国管辖的"飞地"——中国丧失租界实际行政权这一实质性特点，一般认为，中国从鸦片战争到八国联军入侵的 60 年间，英、法、美、德、日、俄、意、比、奥九国先后在上海、天津、汉口、广州、厦门、九江、镇江、杭州、苏州、重庆十个城市，设有专管租界 25 个、公共租界 2 个。在北京设立类似于公共租界的使馆界一个。如下表。②

列强在华租界简表

地点	英国	美国	法国	日本	德国	俄罗斯	其他
上海	1845 年设英租界，1846 年确定为 1 080 亩，1848 年扩到 2 800 亩	1848 年设，1863 年定界，并入公共租界	1849 年设，986 亩，扩展到 1914 年 15 150 亩	—	—	—	—
广州	1859 年设，沙面西部 264 亩	—	1859 年设，沙面东部 66 亩	—	—	—	—
厦门	1852 年商议，1861 年划立，24 亩	—	—	—	—	—	—
天津③	1860 年设英租界，460 亩，1860 年设美租界，131 亩，1902 年并入英租界。英租界扩到6 149亩		1861 年设，439 亩；1931 年扩到 2 836 亩	1898 年设，1 667亩；后扩到 2 150 亩	1895 年设，1 034亩，1903 年扩到 2 150 亩	1900 年，5 474亩	1902 年，比利时 740 亩；意大利 771 亩；奥匈1 030亩

---

① 关于租界的数量，一直没有定论。在 20 世纪初以来研究租界的各种著述中，几乎都开列租界名录，但租界的数量至今众说纷纭。其原因主要在于，人们对租界的实质与表现上认识不一。当代中国近代史学者费成康认为，租界的特点是所在国丧失行政权，对应的英文是 concession；由所在国保留行政权的其他各种外国人居留地，则是 settlement。据此，他总结并分析了中国近代租界的费正清、钱实甫 33 处说，《国际法辞典》28 处说、张海鹏38 处说、《申报年鉴》37 处说、《中国外交年鉴》32 处说等诸多说法后，认为中国近代的租界为专管租界 25 个、公共租界 2 个。（参见费成康：《中国租界史》，387～391、427～430 页，上海，上海社会科学院出版社，1991。）不过，关于租界的数量，至今仍有不同的说法。例如，有人总结相关资料后认为，英、美等 9 国列强在上海、天津等 12 个口岸开辟租界29 处，总面积达合 54.9 平方公里。［参见江立云：《中国租界立法制度初探》，载《天津市工会管理干部学院学报》，2004（3）。］但费成康说比较科学、合理。

② 表内信息主要依据《中国租界史》。参见费成康：《中国租界史》，427～430 页，上海，上海社会科学院出版社，1991。

③ 参见杨大辛编著：《天津的九国租界》，21 页，天津，天津古籍出版社，2004。

续前表

地点	英国	美国	法国	日本	德国	俄罗斯	其他
镇江	1861 年设，156 亩	—	—	—	—	—	—
九江	1861 年设，150 亩	—	—	—	—	—	—
汉口	1861 年设，458 亩；1898 年增到 795 亩	—	1896 年设，187 亩，1902 增到 400 亩	1898 年设，200 亩，1907 增到 622 亩	1895 年设，600 亩，1898 增到 630 亩	1896 年设，414 亩	—
杭州	—	—	—	1896 年设，900 亩	—	—	—
苏州	—	—	—	1897 年设，483 亩	—	—	—
重庆	—	—	—	1901 年设，701 亩	—	—	—
上海	1863 年上海英、美租界合并为公共租界。经不断扩展，到 1899 年增加到33 503亩，更名为上海国际公共租界						
厦门鼓浪屿	1901 年，英、美、法、德、日、西班牙、荷兰、瑞典、挪威等国与兴泉道员议定，开辟为公共租界，2 700 亩						

在以上 10 个城市实际设立的租界中，租界数量以天津为最多，共有 8 国租界（也有 9 国租界之说，因美国租界后来并入英国租界）[①]；汉口租界次之，计有 5 国租界。

就在华开辟租界的国家而言，英、法两国尤其是英国，作为老牌殖民帝国，在华租界设立早、存续时间长、市政建设与管理制度发展充分，因而影响深远；日本在华租界在甲午战争后发展迅速，数量多（按条约共有 8 处，实际设 5 处，厦门、福州、沙市日租界虽然订立了开辟租界的条约，但没有实际开辟），而且基于其（尤其是天津日租界）在日本近代对华战略中的桥头堡地位而具有突出的政治、军事作用；意大利、比利时、奥匈帝国乃至俄罗斯、德国在华租界（租借地），因为存在时间不长或不重视经营开发，影响相对较小。

就租界居民构成与行政管理看，广州沙面租界严格实行华洋分居，英、法两国交付租金后自行规划、管理租界的一切事务，中国政府丧失界内一切治权，中国人完全被排除在租界权利人之外；其他租界一般实行华洋混居，并以华人为主，租界华人在制度上可以和外人一样，享有租界居民的权利和义务。

---

① 美国租界设立后，名义上由美驻津领事管辖，但未进行有效的开发和管理，1902 年英美两国驻华公使私相授受，在美国保留租界内政治、经济、外交、军事等特权的前提下，将美租界并入英租界，因此天津又被称为有"八国租界"。参见杨大辛编著：《天津的九国租界》，5～9 页，天津，天津古籍出版社，2004。

2. 各国租界的特点

中国近代租界一般根据其由一国还是多国管理，分为专管租界和公共租界两种类型。公共租界主要有上海公共租界和厦门鼓浪屿公共租界，其他为各国专管的租界。两种租界的区别主要表现在：（1）专管租界的行政权多由该国领事掌握或操纵，公共租界则由租界内选民选举组成的工部局、董事局执掌，尽管选民资格有诸多限制，但其民主自决色彩较为突出；（2）专管租界的基本法绝大多数由租界开辟国政府制定，公共租界的基本法由中外会同制定；（3）除少数特殊专管租界（如上海法租界）外，各专管租界一般没有中外官员会同审案的混合法庭——会审公廨，以及以租界工部局为被告的领事公堂，公共租界则设有这种会审法庭及行政法庭；（4）中国政府收回专管租界时，只需与租界辟设国政府交涉，收回公共租界则需征得签署有关公共租界约章的各国政府的同意。

各专管租界受开辟国殖民政策、租界的形成发展历史及地理位置等因素的影响，存在各自的特点。①

（1）英租界。英国作为老牌殖民大国，以战争开道，从 1843 年到 1861 年，先后在中国设置了上海、厦门、广州、天津、镇江、汉口、九江、营口②等多个租地，并将上海租界模式推广到各地，形成在华租界体系。因为英国在华租界开辟早，历时长，社会经济及各方面制度发展充分，对近代中国的影响最为突出，后来各在华租界多以英国租界为模板。

在经济发展与社会风气上，基于英国积极的对华经贸政策和先占租界的地利优势，英租界在城市规模、市政建设、进出口贸易与人口数量等方面，都比毗邻的其他租界发达。相应地，由于商业贸易繁荣、税收丰厚，英租界不必靠黄、赌、毒等"黑道"增加市政收入，而是实行禁止烟馆、赌场、妓院的制度，因此社会风气较好，犯罪率较低。

在土地制度上，除了最早开辟的上海租地由租户与业主自行议租外，英租界一般由英国领事代表英国政府向中国政府租用整个租界，然后分租给界内各租地使用人。这样，英租界各土地使用人的租地契约不是中国政府颁发的租契，而是英国政府所发的皇家租契，一般为租期 99 年的永租契约。

在政治制度上，受其国内政治制度的影响，英租界更多地主张居民自治，当地的英国领事不担任工部局董事会的总董，一般不干预工部局的日常事务；对于租界纳税人会议作出的决议，即使表示反对，也有一定的限制；英租界的警察（巡捕）听命于工部局而不是领事。

在行政管理上，英租界一般设立行政机构——工部局，在领事监督下执行租界行政权和行政规范立法权。工部局董事会是其权力核心，"租界章程之决议，官吏之任免，公产之买卖，民地之监督，公有设备及公用事业之经营，暨警察、财政、捐税，举凡关系租界人民共同生活之事项，莫不在董事会权限之内"③。董事会的董事由具有相当资格的纳税人选

---

① 综合参见费成康：《中国租界史》，241～266 页，上海，上海社会科学院出版社，1991；袁继成主编：《汉口租界志》，总序，武汉，湖北出版社，2003；袁继成：《近代中国租界史稿》132～136 页，北京，中国财政经济出版社，1987；杨大辛：《天津的九国租界》，23～38 页，天津，天津古籍出版社，2004，等等。

② 因种种原因，营口租界于 1858 年根据中英《天津条约》开辟后，并未实际建立起来。

③ 《天津租界及特区》，13 页。转引自袁继成：《近代中国租界史稿》，134 页，北京，中国财政经济出版社，1987。

举产生，因而体现较强的民主性和自治色彩。① 工部局下设财务处、工程处、警务处等业务部门，按照西方国家的社会管理理念和方法、技术，结合租界实际，进行各项具体业务的管理。

由于经济较发达、政治较民主，英国租界内不仅集中了各路商贾，也集中了多国在华领事馆，英国租界因而体现出较强的国际性特点。上海、厦门两个国际性的公共租界，也是在英租界基础上由英人主导成立的。

（2）法租界。法国是继英国后最早在中国开辟租界的国家之一，从 1849 开始，设有上海、广州、天津、汉口 4 个法租界。

开辟早但开发较迟是法国在华租界发展上的特点。法国因为 19 世纪中期对华贸易不发达，加之在普法战争中大伤元气、在中法战争中与清政府形成对立等因素，19 世纪末期前仅有上海租界较发达，其他租界在 19 世纪 60 年代初开辟后的 30 年里，没有进行有效的开发。从 19 世纪末期开始，上海、天津、汉口的法租界急剧发展，规模迅速扩大。在第一次世界大战后各国在华租界先后被收回的情况下，法国租界一直延续到 1943 年。因为存在时间长、发展充分，法租界尤其是专管租界中最大、最繁荣的上海法租界，与上海公共租界共同构成中国近代租界的代表。

"领事独裁"是法租界管理上的特点。1862 年上海法租界从英美公共租界中独立后，开始时和公共租界一样，设公董局董事会为行政机构，租地人大会为立法机构，领事不干预具体事务。但这种做法与法国国内政治制度相抵牾。1865 年新任领事与租界董事会之间为争夺租界行政权尤其是对巡捕房的指挥权发生激烈冲突。② 最后，法国外交部特别委员会制定《上海法租界公董局组织章程》，规定：法租界的行政权归领事，巡捕房直接归领事管辖；公董局董事会是租界咨询机构，可被领事解散，其通过的决议需经领事批准才有效力；租界选举人大会的权力是选举董事，而无具体立法或行政职权。③ 该章程确立的领事集权的租界管理体制，在上海法租界定型后，成为各地法租界的范本。

畸形繁荣是法租界建设上的特点。经过数十年的发展，到 20 世纪初，上海、天津、汉口等地的法租界都发展为繁华的商业区与高级住宅区，买卖日用品的零售商业繁荣，酒店、影院等服务业发达，被称为"东方巴黎"。但同时，烟馆、赌场、妓院等社会毒瘤受到纵容，各色人等混迹其中。与英租界相比，法租界社会风气较差、犯罪率较高。

（3）美租界。美国在华租界紧随英国之后，与法国大体同时，但数量少（上海、天津），结束早（19 世纪末基本结束），基本未进行实质性的专管租界建设。

美国在华租界的这一特点受美国对华政策的影响。自 19 世纪中期开始，美国即反对英、法在中国通商口岸抢占经商、贸易区的做法，不强调本国在华专管租界的建设，而是以"机会均等"、"门户开放"为旗帜，放弃在华专管租界的同时，积极参与比较成熟的英国等在华租界的建设和管理，分享各国在华取得的利益。这一政策，不仅决定了美国在华租界的特点，延缓或掣肘了 19 世纪后期以来英、法、德、俄、日等瓜分中国的步伐，对于

---

① 不过，这种民主主要是租界外人的民主，作为租界纳税人主体的华人长期被排斥在租界管理权之外，直到 20 世纪 20 年代以后，各租界才有华籍董事加入。

② 参见 ［法］梅朋、傅立德著，倪静兰译：《上海法租界史》，396 页，上海，上海译文出版社，1983。

③ 参见上书，410 页。

上海、厦门等公共租界的形成和发展也起到了促进作用。

（4）日租界。日租界在甲午战争后得到急剧发展。根据中日《马关条约》①、《通商口岸日本租界专条》（又称《公立文凭》）② 等的规定，日本获得在上海、天津、厦门、汉口等13个通商口岸设立专管租界的权力。日本实际开辟了苏州、杭州、天津、汉口、重庆5个租界，沙市、福州、厦门3个租界尽管签订了条约，划定了界址，但因为位置不理想、贸易不发达，并未实际发展起来③；上海、营口、沈阳、青岛等地的租界权力则限于条约文字而已。通过条约索取的租界地点多、实际开发的租界少，是日本在华租界的特点之一。

日本租界因地址偏僻、日商经济实力有限等原因，整体上不发达。日本政府将租界分为"发达"和"不发达"两种。即使是"发达"的汉口日租界，也是汉口5个租界中最不发达的。界内商业贸易与城市建设不发达，是日本租界的另一特点。

为"繁荣"租界，日本人不择手段，纵容走私贩私、卖淫、赌博及黑社会组织等犯罪活动，各个日本租界被普遍认为是罪恶的渊薮，系声名最差、对中国社会风气毒害最大的租界。

伴随20世纪日本侵华步伐的加快，楔入中国各地的日本租界普遍发展为侵华的基地。日本特务用经商之名，以天津、汉口等租界为据点，收买汉奸，收集情报，日租界成为侵华战争的桥头堡。

1898年设立的天津日租界，作为"发达"日租界的代表，其内部组织代表了日本租界机构设置与组织运行的一般状况。1902年日本驻天津总领事馆设立租界局，领导租界开发管理事宜，下设行政委员会负责租界的市政建设与管理。1907年，根据日本外务省的命令，租界行政委员会改组为居留民团，作为租界权力机构，实行租界侨民自治。居留民大会为居留民团的立法机关，行政委员会是其行政机构，下设部、课、系三级行政组织，负责租界行政管理。实际上，居留民团的活动不仅受日本总领事的领导，还受日本天皇的"饬令"和外务省的命令的约束。一些行政机构不限于租界事务管理，而是负责当地社会的情报搜索，直接为日本侵华战争服务。

（5）其他国家的在华租界。除了上述诸国，德国、俄国、意大利、奥匈、比利时5国也设有在华租界。尽管该5国国力不等、设立在华租界的缘由及租界的发展与收回情况相差较大，但整体上对中国近代社会影响不大。因为这些租界是19世纪末才开始设立的，最迟的奥匈租界设立于1902年，而且大多存续时间不长，加之国际、国内战争等因素的影响，这些租界都没有进行有效的开发，城市建设与管理发展不充分。

这些租界的开辟国虽然彼此差异很大，但它们在行政管理上大同小异，一般都以最早开辟的上海英租界为蓝本，实行领事领导下的侨民自治，同时一体均沾由英国人率先攫取的各种权益。

---

① 参见王铁崖：《中外旧约章汇编》，第1册，615页，北京，三联书店，1957。
② 参见上书，686页。
③ 参见费成康：《中国租界史》，254～255页，上海，上海社会科学院出版社，1991。

3. 租界的收回①

20世纪初，列强在华租界进入鼎盛时期，不仅英、法等老牌帝国不断扩大和强化对租界的管理和控制，德、日、俄等后起的列强及比利时、意大利、挪威等西方小国也加入强占在华租界、瓜分中国利益的行列。这种情况一方面使中国民族危机进一步加深，另一方面也促进了中国民族主义的觉醒。许多爱国士绅和知识分子，从法理及国内外实践角度，论证租界对中国主权的危害，呼吁政府收回租界，取消列强在华特权。第一次世界大战后，中国政府利用有利的国际环境，开始收回列强在华租界。历时近三十年，到抗日战争胜利时，完全收回了被列强侵夺的租界权益。

1917年，北洋政府利用同协约国宣战之机，宣布同德国绝交，收回德国在华特权，当年3月接收了天津和汉口德租界。这是自列强在中国设立租界后首批被收回的租界。随后中国政府收回同属协约国的奥匈帝国在天津的租界。

俄国十月革命胜利后不久，苏维埃政府宣布废除沙皇政府同中国订立的不平等条约，据此，1924年7月天津和汉口俄租界被北洋政府收回。

1926年9月，国民革命军北伐兵临武汉，汉口英租界当局出动巡捕肆意镇压民众，造成惨案。次年2月，国民政府同英国订立《收回汉口英租界之协定》；3月正式收回汉口英租界。随后，中国政府收回了九江、镇江英租界。

在中国政府通过政治途径收回租界法权的过程中，上海、天津等租界华人发起参政运动。1919年，上海租界经过反复斗争，公共租界和法租界都成立纳税华人会；1925年五卅运动后，上海公共租界工部局纳入3名华人董事。在此先后，天津、汉口等地租界的华人参政运动也蓬勃发展，天津英租界工部局的华董在1927年从1名增到3名，1929年经过选举，华人董事占据了10名董事的一半。华人参与租界管理决策，一定程度上限制了外国人对租界事务的独断专行，部分维护了租界内数量占绝大多数的华人民众的利益。

1941年太平洋战争爆发后，美国和英国为加强盟国团结，向中国政府提议废除治外法权、交还在华租界。1943年1月11日，中国政府分别同美、英政府签署了取消两国在华治外法权和特权的条约，英、美据此归还了在华租界的管理权。在美、英带动下，法国、比利时、挪威等国先后同中国签订新约，宣布放弃在华租界及其他各项特权。日本为拉拢汪伪政权，在1943年1月同汪伪政府订立《日华关于交还租界及废除治外法权之协定》，策划汪伪政府"接收"杭州、苏州、汉口、天津等地日租界和"收回"天津、汉口、广州、上海几个城市法租界、公共租界。尽管汪伪政府的行为不为国民政府和国际社会承认，当时中国大片领土被日军占领，收回租界没有实际意义，但从法权的角度来看，仍可视为中国收回主权的重要体现。

1945年抗日战争胜利后，中国政府公布《接收租界及北平使馆界办法》，同英、美、法等国正式签署有关条约，正式履行了收回外国在华租界的法律程序，标志着外国租界在中国的彻底消亡。

---

① 综合参见费成康：《中国租界史》，398～422页，上海，上海社会科学院出版社，1991；蔡勤禹：《民国时期中国收复租界和租借地的历史考察》，载《青岛海洋大学学报》（社科版），1999（3），以及相关著述。

（三）租界与准租界地域的关系

鸦片战争后，中国的领土和主权受到列强多方面的侵夺，出现了香港、台湾地区等被英、日割占区，上海、广州、天津等列强以租用方式建立并进行实际控制的商贸居住区——租界，以及胶州湾、旅大等列强出于军事、政治目的霸占的租借地，还有诸多形形色色供外国人贸易、居住、避暑、停车乃至屯军的准租界区域。租界与这些地域都属于近代列强侵占、染指的中国领土，但彼此也具有明显的区别。

1. 租界

租界（concession）自 19 世纪中期在中国出现[①]以来，其性质、范围与内涵一直处于人们的关注中；随着 20 世纪早期中国收回领事裁判权运动的开展，国人对租界的研究进入一个高潮，并逐步形成关于租界问题的共识。[②]

近代中国的租界，是指英、法等国根据与清政府缔结的不平等条约，以居住和经商为名，在中国口岸城市永久或长期租用的地段。它们设立于根据中外条约开放的商埠里，由外国领事或公使与中国地方官员议订租地或租界章程后，缴纳一定租金，享有永租或以 30 年为限的使用权。在租界内，实行领事（团）控制下的居民（主要是外国居民）自治，掌握租界实权的决策机构（如纳税人会议）和行政机构（如工部局）主要对租界纳税人负责。这样，租地外人（主要是拥有相当政治、经济权力的洋行大班、寡头）以租地章程和相关条约为依据，在其本国政府的帮助、纵容下，在租界内开设商行，建筑栈房、码头、工厂、学校、医院，进行资本、商品和文化渗透，而且按照西方国家的现代城市管理模式，设立警察、市政和税收等管理机关，排斥中国政府对租界事务的管理权，甚至肆意扩大领事裁判权，侵夺中国官府对租界华人的管理权，使租界发展为中国领土上实际上受外国人管辖的"国中之国"。

2. 租界与租借地

租借地（leased territory）是 19 世纪后期以来，列强出于军事等目的向弱小国家租借的大片战略要地，主要出现于亚洲和欧洲国家。如 1878 年英国以抵御俄国南侵为由，向土耳其租借塞浦路斯岛；同年奥匈帝国也以军事上的理由，向土耳其租借波斯尼亚、塞尔维亚两省。[③] 租借地一般面积很大，被租借后由租借国管理，如同被割让的领土。中国近代的租借地肇始于第二次鸦片战争[④]，而集中出现于 19 世纪末。[⑤]

德国作为欧洲的后起之秀，揭开了 19 世纪末列强强占中国租借地的序幕。1897 年年

---

① 日本、朝鲜等其他亚洲国家也存在过租界制度，中国并非唯一存在租界的国家，本书对其他国家的租界暂不予以探究。

② 参见费成康：《中国租界史》，379～381 页，上海，上海社会科学院出版社，1991。

③ 参见上书，309 页。

④ 1860 年，英国人以九龙半岛秩序混乱、威胁香港安全为由，强迫广东政府于 3 月 20 日将九龙半岛南端及石匠岛"永租"给英国，使该地成为最早的租借地。半年后，中英《北京条约》将该地割让给了英国。参见费成康：《中国租界史》，309 页，上海，上海社会科学院出版社，1991。

⑤ 有学者认为，中国最早的租借地是葡萄牙租借的澳门。不过，葡据澳门与 19 世纪末的五大租借地相比，在形成和发展上都有其自身的特点，一般不将其与清末租借地相提并论。关于澳门发展的近代发展情况，参见本书相关章节的专门论述。

底，借口山东曹州巨野的两名传教士被杀事件（即巨野教案），德国派兵强占山东胶州湾，于 1898 年 3 月 6 日迫使清政府订立《胶澳租界条约》，条约规定，德国租借中国胶州湾面积达 501 平方公里的土地，租期 99 年；租借期内，德国拥有租借地的完全管辖权，德军在胶州湾 100 华里内的自由通行权，德国在山东境内的铁路修筑权和铁路沿线 30 里内的开矿权，以及在山东兴办各项工程和事务的优先权等。① 紧随其后，俄国派兵强占辽东半岛海防要地旅顺、大连和金州，于 1898 年 3 月 27 日迫使清政府签订《中俄旅大租地条约》，租期 25 年。英国为防止俄扩大在华势力，先是极力阻挠俄对旅大的租借，继而以抵制俄国、维持在华均势为名，强迫清政府于同年 7 月 1 日签署《订租威海卫专条》，租期与旅大同为 25 年。接着，法国要求利益均沾，胁迫清政府将华南的广州湾租借给法国海军为"停船趸煤之所"，并在尚未议定界址时派兵强占广州湾。1899 年订立的中法《广州湾租界条约》承认了法军的武装占领事实，租期为 99 年。英国以法国租借广州湾危及香港安全为由，要求租借九龙半岛北部及附近地区，1898 年 6 月 9 日与中国签订《展拓香港界址专条》，租借北九龙及香港周围海面、海岛，租期与广州湾同为 99 年。② 在近一年的时间里，德、俄、英、法在中国开辟了 5 个租借地，使当时中国的优良军港全部被列强占领。

在 5 个租借地中，由于各国租借目的、开发管理态度不同，加之地理位置和发展时间的影响，各租借地的发展情况相差很大。

德国处心积虑租借胶州湾后，将其作为远东殖民基地，进行积极的开发和经营。德国在青岛③设置胶澳总督府，总督由德皇任命、对德皇负责。总督府下设民政、军政等管理机构，建立系统的殖民管理体系。④ 针对界内华人较多、事务复杂的情况，在民政部下设专门的"中国人事务部"。为实现其建立远东舰队军事根据地和在华商业据点的目的，德国利用胶州湾的区位优势，在不损害该地作为舰队基地的军事作用的前提下，努力将其发展为德国商团在东亚市场的基地。它们在这里建设港口，修建铁路，开采煤铁等矿藏，实行自由港制度，使青岛在十多年里⑤从一个以渔业为主的小城镇发展为近代六大港口之一。⑥

俄国强租旅大后，也对租借地进行直接的殖民统治，但因为租借主要用于军事目的，加之经济实力有限，没有进行有效的开发。1904 年后，该租借地为日本所占。

英国租借威海主要基于与俄国的军事对峙，各项建设以军事目的为主，经济上的开发很少，港口贸易以进口为主。英国租借的九龙则不同，它与香港相连，被英国当作殖民地

---

① 参见王铁崖：《中外旧约章汇编》，第 1 册，738～740 页，北京，三联书店，1957。

② 参见费成康：《中国租界史》，309～312 页，上海，上海社会科学院出版社，1991；张洪祥：《中国近代通商口岸与租界》，224～238 页，天津，天津人民出版社，1993。关于这些租借地的条约，参见王铁崖：《中外旧约章汇编》，第 1 册，741～743、769～770、782～783、929～931 页，北京，三联书店，1957。

③ 中国官方将胶州湾租借地称为"胶澳"，也称胶州。1899 年德皇命令将租借地的市区称青岛，为总督府所在地。

④ 最初设置民政部、军政部、港务局、海员局两部两局后，随青岛港口建设和城市的发展，1908 年进行了调整，按照租借地开发和管理的需要，进一步强化了民政部的职能。参见张洪祥：《近代中国通商口岸与租界》，219～221 页，天津，天津人民出版社，1993。

⑤ 德国从 1898 年 3 月签订《胶澳租界条约》后开始经营该租借地，到 1914 年第一次世界大战时即基本停止对租借地的开发，1914 年 11 月日军占领青岛，其实际租借使用时间不到 16 年。1922 年中国正式收回。

⑥ 参见李万荣：《试论德租时期青岛的对外贸易与城市的近代化》，载《长春师范学院学报》，2002（2）。

实行了近百年的直接统治，直到 1997 年租借期满才回归祖国。

法国租借广州湾后，将其与毗邻的越南一起实行殖民主义统治，受周围商贸发达的广州、香港、澳门的影响，以湛江为核心的广州湾的工商贸易一直不发达。[①]

租借地与租界都是近代中国为列强租用的地界，存在某些共同之处，并在清末一度被混用[②]，但两者存在实质的区别。

第一，租用的期限不同。租界多用"永租"形式，没有规定明确的租期。租借地则在租借条约中规定了租借期限：胶州湾、广州湾、九龙半岛及附近地区的租期为 99 年，旅大、威海卫的租期为 25 年。

第二，租地的面积与范围不同。租界的面积一般较小，最小的厦门英租界仅二十多亩，通常为几百亩，最大的上海租界占地也仅三十多平方公里，而且不包括江面、海面等广阔水面。租借地则地域广阔，并包括大片水域。面积最小的胶州湾达五百多平方公里，包括诸海域、海岛；英国九龙租借地面积达 975.1 平方公里，除九龙半岛绝大部分外，包括附近大小两千多个海岛。此外，根据条约，胶州湾、威海卫、旅大租借地还辟有作为军事缓冲区的潮间带。

第三，行政管理权属不同。租界一般在驻地领事控制下，由侨民选举的自治机构——工部局或公董局进行行政管理，租界当局对界内居民而不是所在国政府负责。租借的则由租借国政府任命总督等官员作为最高行政长官，进行直接管理，管理者直接服从于本国政府。德国派驻总督掌管胶澳军事与行政大权；俄国强租旅大后设立关东省，派驻兼有民政、军政职责的总督。广州湾、威海卫等租借地也都采取相似的统治模式。可以说，租借地被租借国作为殖民地而予以直接管理。

第四，司法管辖不同。租界与华界实行大体相同的司法制度，即：无论在租界内外，有约国人根据该国享有的在华领事裁判权而不受中国政府管辖；中国人（以及无约国人、无国籍人）无论在租界内外，都由中国官员按中国法律管辖。实践中存在的外人通过"会审"或"观审"而侵夺中国政府对华人司法管辖权的情况，是外人强势而华官退缩的结果，没有法律（包括条约）与法理上的依据。租借地却与此不同：华人在租借地犯罪，由租借国设在租借地的法庭按照该国颁布的关于租借地的法律进行审判；"有约国"外人在租借地犯罪，受租借国的司法管辖，或者依租借国与该外人所在国的协议处理，不再当然地依据在华领事裁判权受本国法律管辖。换句话说，租借地在司法上等同于租借国的领土，法律上实行属地管辖。例如，德国在胶州湾的殖民统治机构中包括专管华人事务的"中国人事务部"（1908 年改为"华人事务局"），设有青岛区裁判所和李村区裁判所，审理华人案件。[③]

第五，租用的地价和地税不同。承租租界土地的外国政府或侨民，在租地时要向中国政府或业主交纳地价，并且每年要向中国政府交纳地税。但在租借地，租借国对于租借中

① 综合参见张洪祥：《中国近代通商口岸与租界》，217～238 页，天津，天津人民出版社，1993，以及相关资料。

② 在相关条约中，5 个租借地当时都未称"租借地"，胶州湾和广州湾直接称"租界"，旅大称"租地"，1901 年中英关于九龙租借地的后续条约《香港新英租界水面照会》称"租界"。中德关于租借胶州湾的条约，在不同场所存在《胶澳租界条约》与《胶澳租借条约》两个文本。

③ 参见张洪祥：《中国近代通商口岸与租界》，220 页，天津，天津人民出版社，1993。

国的广大陆地和水域，却无须交纳任何地价，在使用过程中也不需交纳任何地税。

第六，其他方面。在租界中，中国海关依然可向进口货物征收关税。5 个租借地中，中国政府仅在胶州湾、旅大设立分别由德人或俄人（1904 年日俄战争后为日人）任税务司的海关，代中国政府征收关税，其他 3 处均未设立海关。中国军队一般可以在租界通行，但租借地一般禁止中国军舰驶入。战争状态下，租界开辟国与第三国宣战后，租界为中立区，而租借地在战争中一般被当作敌国领土。①

由此可知，中国近代租借地与租界相比，主权丧失程度更高，殖民化程度更深。如果说，租界是外商出于通商贸易等经济目的，依托政府支持强行租用中国通商口岸土地的经济行为，租借地则是列强为获取在华政治、军事利益，直接由政府出面以有限期②租借为名进行的领土割占行为，代表了列强对华侵略的两个层次。

3. 租界与居留地

居留地（settlement）指人们生活、居住的地方，是一个客观、中性的概念，一般没有特殊的历史或政治意义。近代英、法等国依据条约在中国各通商口岸设立的租界，属于居留地的范畴，是租地外人获取界内自治权力，从而排斥中国管辖的特殊居留地。

鸦片战争后，在中国经商、传教及进行其他活动的外国人日渐增多，许多口岸城市形成了或大或小的外国人居留地。其中，一些居留地由中外官员依据双边条约议定租地范围、地价和相关管理事务，由租地外人享有相对独立的界内管辖权，形成近代意义上的租界。但在其他一般的外国人居留地内，外侨虽然拥有一定特权（如不受中国司法管辖的领事裁判权、管理所在地事务的行政权等），但整体上中国政府仍保留了对居留地的管理权。例如，在福州南台外国人居留地内，尽管有英、美、法、俄、日等多国领事馆及德国、奥地利等十多个国家的领事业务代办处，设立了数十家洋行，成立过各国领事领导下、负责经营市场和道路等的"福州公路信托部"，但中国政府在这里设立了协同各国领事处理居留地内有关事宜的交涉署和警察，其行政权和司法、警察权并未丧失。③

4. 租界与商埠

商埠，即通商口岸。在中国近代史上，商埠主要指根据中外不平等条约开放的通商口岸城市，一般称为"约开商埠"。以 1842 年中英《南京条约》开放的广州、福州、厦门、宁波、上海 5 个商埠为起点，到 1936 年年底中国共有 77 个"约开商埠"。④ 在"约开商

---

① 如 1904 年日俄战争期间，日、俄两国设在天津、汉口的租界均未遭受驻扎当地的敌国军队攻击，而俄国的旅大租借地则成为日军首先攻击的目标。1914 年日德青岛之战，也是为争夺胶澳租借地而展开的。参见费成康：《中国租界史》，309～318 页，上海，上海社会科学院出版社，1991。

② 租借地的租期有 25 年和 99 年两种，但租借国并未主动依条约按时归还。中国 1919 年开始通过外交途径收回租借地，但此后日本归还所占的德国胶州湾租借地、英国归还威海卫租借地都几经周折并附有苛刻的条件，直到 1945 年中国才正式收回日本从俄国转租借的旅大和法国租借的广州湾，1997 年北九龙租借地才随着香港地区的回归而回到祖国。

③ 参见张洪祥：《近代中国通商口岸与租界》，54～57 页，天津，天津人民出版社，1993。

④ 除了约开商埠，从 19 世纪末期开始，清政府自行开放若干通商口岸，准各国商民任便往来，租地设栈，与华商一体居住贸易，形成与约开商埠对应的自开商埠。清代末期，先后开辟了吴淞、岳州、秦皇岛等 16 处自开商埠，北洋政府又宣布郑州、无锡、徐州等地为自开商埠。到 1924 年，自开商埠达 35 个。参见张洪祥：《近代中国通商口岸与租界》，321～326 页，天津，天津人民出版社，1993。

埠"，列强依据中外条约享有片面的最惠国待遇，包括领事裁判权、租用土地、经商、传教、货物免税等特权。但开埠只是为有约国人通商贸易提供了可能，商贸活动的实际发展依赖多种软、硬件环境。由于中国在 19 世纪中后期整体上属于小农经济，市场远未发育，加之中西文化上的差异，外商很难在条约开放的各商埠自由通商贸易。所以，尽管英法等国为打开中国市场，通过条约迫使中国开通了数十个商埠，但实际上，外商在华活动主要集中于少数口岸内，特别是按照西方城市模式建设和管理的租界内。在总计七十多个"约开商埠"中，只有上海、厦门、天津、广州、汉口、九江、镇江、杭州、苏州等口岸城市设有租界，而具有较大影响的商埠，主要是上海、天津、汉口和广州等口岸的租界地区。简而言之，列强在华租界都设立在"约开商埠"里，但并非所有的"约开商埠"都设有租界，即使在设立租界的商埠，租界通常也只占该通商口岸的一部分地区。

5. 租界与其他准租界区域

随着列强在中国政治、经济、军事、文化等活动的深入，自 19 世纪末期以来，外人在中国领土上还设立了诸多类似租界的"准租界"地区。

（1）铁路附属地。俄国及日本在其管理的中东铁路和南满铁路两侧取得的附属用地范围内，拥有行政、驻军、警察等多种权力。在此区域内，中国的主权和租界一样受到限制。不过，铁路附属地的范围比租界大，包括铁路所经过的城镇和农村，而租界都设在口岸城市；租界在工商贸易及城市建设与管理上的发展，则是铁路附属地所不能比拟的。

（2）北京东交民巷使馆区。根据 1901 年《辛丑条约》，由英美等 11 国共同管理该外国使馆区，由各国使馆行使行政、司法等职能。这既有别于租借地的总督统治，又有别于租界由自治机构——工部局实行的管理，而且使馆区的基本职能在外交、政治方面，而不是经济上。

（3）避暑地。从 19 世纪末开始，来华的外国商人、传教士等为盛夏消暑而在气候凉爽的深山、海滨等地开辟了主要用于避暑的居留区，主要包括江西牯岭（庐山）、浙江莫干山、河南鸡公山、河北北戴河以及福州鼓岭等。避暑地的设置一般没有中外条约的依据，是外国商人、传教士等巧取豪夺的结果。避暑地内，都设立了类似工部局的外国人自治管理机构和服务设施。尽管也有人将其称为租界，但它们主要用于避暑休闲，其经济与政治等方面的影响远不能和租界同日而语。

（4）附属于租界的越界筑路区。租界设立时一般由中外官员议定范围四至，租界居民只在规定的范围内享有特权。随着租界商贸发展与人口增多，租界居民不断迁到界外，修筑道路和藩篱，租界管理者也不断将管理的触角伸到越界筑路区域。从上海等租界的发展历程看，租界外人通过越界筑路使租界扩展成为既成事实，然后迫使中国官府被动认可，是租界不断扩张的重要形式。该地区虽然不是正式的租界，但往往实行和租界相同的管理方式。

二、在外域法律文化影响下的租界法制

（一）租界法制概述

在诸多租界（租借地和其他类似租界的外国人染指的地域）中，由于开辟国殖民政策

与经济实力的差异，以及租界的地理位置与存续时间等的影响，彼此呈现不同的情况。其中，上海租界因开辟历史早，发展时间长，占地面积大，发展充分，对中国近代社会的影响最突出。它"采用资本主义国家立法、行政、司法三权分立的政权组织形式，实行由纳税人会议、工部局、领事团共同参与运作的地方自治制度"①，通过对租界的法制化管理，将近代西方政治、法律制度连同经济、文化方式一起，直接呈现在中国人面前，并随着租界的扩展，让越来越多的中国人直接体验、感知并逐步融入这种全新的外来法律文化。

不过，租界法律制度，无论是立法、行政还是司法制度，都表现出自身的特点。第一，租界尽管引入西方资本主义法治的平等、自由、民主、法治等的内容或形式，但租界是列强依据中外不平等条约而在中国所设的不受中国辖制的国中之国，由租界当局依据中外条约和租界管理需要制定和实施的租界法律制度，是以侵犯中国独立主权、破坏近代国际法通行准则为前提的。第二，租界法律制度体现的民主、自治，实质上是界内少数洋行大班、驻地领事等外侨的民主，一般居民难以参与租界的实际管理，占租界人口大部分的华人基本被排除在租界权利人之外。② 第三，尽管租界当局具有根据近代法治理念塑造租界秩序、用资本主义法治思想和原则构建租界各项法律制度的某种意愿，但租界以华人为主的人口格局和租界当局维护外侨利益和租界秩序的基本法治目标，使租界法制的制定和实施上，存在许多与近现代法制思想相冲突的做法。租界法制的这些特点，使其成为殖民主义在华霸权与西方现代法治的奇特混合物；相应地，租界法制在近代中国同时具有破坏中国主权、侵害华人利益的不正当性，以及在中国引进近现代法治观念、原则与制度，促进中国法制现代化的积极作用。

（二）立法

1. 立法的权限

租界是外人在通商口岸以永租或购买等方式取得土地使用权后建立的经商贸易区，作为中国领土的一部分③，租界的立法权理所当然属于中国。但列强利用当时中国动荡的局势和清政府官员的昏聩无知，大多夺取了租界的立法权。

外人对租界立法权的攫取是逐步进行的。上海租地时期，中国政府仍保有界内立法权。如 1845 年上海《土地章程》即由上海道宫慕久与英国驻沪领事商议后，由上海道公布。但第二次鸦片战争后，中外涉及租界的条约中，一般都赋予各国按照上海模式"专管"租界事务的权力，租界立法权因此被外国人控制。

根据租界立法的地位与效力，享有租界立法权的外国机构依次包括：租界开辟国的政府及立法机构；租界开辟国驻华公使；租界开辟国驻该口岸领事；租界成立的纳税人大会等立法机构；租界工部局或居留民团的行政委员会等。

（1）租界开辟国政府及其立法机构。它们主要制定有关租界的"基本法"，在租界法律体系中处于最高地位。例如法租界的《市政组织章程》，意租界的《租界章程》，天津、汉

---

① 袁燮铭：《晚清上海公共租界政权运作机制述论》，载《史林》，1999（3）。

② 整体上，各租界直到 20 世纪 20 年代才逐步有华人董事加入。

③ 尽管租界里外人土地使用权的取得有民租、国租等不同方式，但该土地的所有权仍属于中国。这是租界不同于殖民地的原则区别。

口日租界的《居留民团法》等等；英国则以枢密院令授权英国驻华公使制定、修改各租界的《土地章程》，然后呈请英王批准。

（2）外国驻华公使和外国驻租界口岸领事。他们主要负责制定决定租界核心事务的租界开辟法令。从租界立法实践看，租界开辟的法令，大部分由租界开辟国驻地领事与中国当地负责对外交涉的道员共同订立后，中国方面经本省督抚呈清政府批准，外国方面呈请租界开辟国驻华公使批准；少部分由租界开辟国驻华公使与清政府中央政府官员订立，如天津英租界由英国驻华公使卜鲁斯直接照会清政府负责洋务的恭亲王奕訢而开辟。如果租界开辟国在某通商口岸议定开辟租界的约章时尚未入驻领事，或领事不熟悉租界事务，则派熟知有关事宜的其他口岸的领事前去办理相关事宜，订立约章，如订立开辟汉口德、俄、日租界的约章时，由德国驻上海总领事、俄国驻天津领事、日本署理上海总领事共同制定。

（3）租界纳税人大会等租界权力机构。其立法权是制定有关租界具体事务的行政法规。这种机构兼有行政法规的立法权和监督权，其名称五花八门：上海公共租界称为纳税人会议，鼓浪屿公共租界称为选举人总会，天津英租界称为选举人大会，广州英租界称为公民会，天津、汉口日租界叫居留民会。在公共租界及英、俄等国租界，这些会议分为常年大会及特别大会，常年大会（常会）由领事等人召集，定于每年年初举行；特别大会（特会）经领事、若干董事或若干纳税人的要求，可随时召开。会议实行投票表决，不过由于只有少数富商大贾才有投票权，所以大会的权力实际控制在少数有实力的洋行大班等寡头的手中。

（4）租界工部局董事会或居留民团的行政委员会。这类租界行政机构的立法权也体现在行政法规的制定方面，但决定的事务更加具体、繁杂。公共租界和西方各国专管租界中，一般由工部局董事会等行政机构拟定行政法规草案后，提交纳税人会议等立法机构审批。工部局董事会作为行政机构兼有行政法规的立法权，是租界立法体系中的最低层次。不过，由于工部局掌握租界的行政权，它以命令、布告等方式颁布的关于违警、卫生、交通等的规范，与人们的生活紧密相关，故工部局等行政机构的立法，是租界现实生活中最重要的立法。日租界中，居留民团的行政委员会兼有立法权及行政监督权。上海、天津等法租界中，工部局董事会兼行政机构与行政法规立法机构，权力较大，纳税人会只有选举工部局董事之权，而无立法权与行政监督权。

各租界行政立法的制定机构及立法程序

租界名称	拟订机构	立法程序
公共租界	工部局董事会	工部局董事会拟订后，上海公共租界由纳税人会议通过，再报请领事团、公使团批准；厦门公共租界经厦门道与领事团商妥后，再报请中国政府与公使团批准，并提请选举人大会通过
英租界	工部局	工部局拟订后，交选举人大会通过，汉口、广州英租界与上海公共租界类似，需提请当地的英领事、英国驻华公使批准；天津、厦门英租界只需经英国领事的批准；九江、镇江英租界则直接报英国驻华公使审批

续前表

租界名称	拟订机构	立法程序
法租界	由法领事为主席的工部局董事会拟订	董事会拟订后，由领事告示公布后即生效，选举人会无立法权，立法权实际上由领事一人独揽
俄租界	纳税人会议	由纳税人会议掌握行政法规立法权。如果当地俄领事不否决则立即生效，否则由俄驻华公使裁决
日租界	当地日本领事、居留民会，天津等"发达"的日租界还有居留民会行政委员会（参事会）	日本领事、居留民会及其行政委员会都有一些行政法规立法权。日本领事能够以"馆令"形式制定，居留民会有权制定民团条例，行政委员会则有权制定民团执务章程。苏州等"未发达"租界的居留民会之议员会可制定居留民会实施细则，但须得到日本领事的批准才能生效，立法权实际上由日本领事控制
德、意、比、奥租界 行政立法的机构与程序类似英租界			

租界的立法机构及立法权的行使，在上海租界表现得比较典型。

上海英人租地建立之初，凡涉及界内的重大事务，多由英国驻沪领事召集租地外侨集会商讨，此后租地人会议逐渐制度化，成为具有"立法"性质的机构。改变上海租地发展走向的 1854 年《土地章程》，就是由租地人会议通过的。公共租界成立后，1869 年将租地人会变为纳税人会，有关纳税人的与会资格、权利与义务及选举制度等规定逐渐完备，形成系统的纳税人会制度，并一直被沿用到租界结束。在该机构存在期间，由其讨论和决定租界内有关税收、市政建设、发行债券、社会管理等重大事项和重要规章，监督由其选举产生的工部局董事会的工作。

上海法租界也成立了性质和功能类似的纳税人会制度。不过，由于法租界是专管租界，法国驻沪领事对租界事项具有决定权，租地人会作为租界权力与决策机构的权威性受到很大限制。特别是在驻地领事独断专行时，租地人会不过是领事的咨询机构。这也是许多专管租界的共同特点。

2. 租界立法的发展

上海租地建立初期，面积不大，人口不多，在华洋分居格局下，入居租地的外国商民依据领事裁判制度受其本国的民法、刑法、诉讼法等法律的管辖，租地内的少数中国人则适用中国法律。除了中外商议的《土地章程》等外，专门调整租界事务的租界立法不多。

随着租地居民和商户的增加，特别是因小刀会起义而涌进大量华人后，租地的原有秩序被打破，界内居住及社会治安等事务迅速增加。英、法、美驻沪领事为加强租地管理，通过租地人会议自行修改《土地章程》，赋予外侨设立自治性管理组织、自行管理租地事项并为此制定相应管理规范的权力。

第二次鸦片战争后，上海发展起来的、由外人控制租地立法及行政管理权的租界模式，通过条约被移植到新开辟的商埠中。

1858 年中英《天津条约》和 1860 年中英《北京条约》规定，增开天津、汉口等通商口岸，"至于听便居住、赁房、买屋，租地起造礼拜堂、医院、坟茔等事，并另有取益防损诸节，悉照已通商五口无异"①。因为当时已经通商的"五口"中，只有上海存在外人房屋租赁、建造事宜，所以依照的模式即指上海租界模式。

1861年，中英代表在签订镇江英租界"永租地基"批约中规定，在该土地上"由英国驻扎镇江领事官分为官商建造署栈之用，均照领事官所定章程办理"②。它首次在中外约章中确认租界事务由外国领事专管，突破了此前上海外人租地由中外官员共商土地使用事宜的做法。随后的中英汉口租界条约依例规定，在租界内"应如何分段并造公路管办此地，一切事宜全归英国驻扎湖北省领事官专管，随时定章办理"③。"定章"即订立各种关于租界管理的法令、规范。再一次通过双边条约确认外国领事专管租界事宜的制度。

从此以后，英国领事在租界管理及相应法律规范的制定上，不再与中国地方官"酌议"，而是自行"随时定章办理"，独享租界行政立法权。其他国家依据"片面最惠国待遇"，纷纷仿效英国的做法，取得在华租界的"专管"权，排除中国政府对租界事务的管辖，使租界立法尤其是租界行政立法的权力完全由外人控制。

3. 租界立法的内容

租界的立法主要在三方面：开辟租界的法令、租界的"基本法"与租界的行政法规。

(1) 关于开辟租界的法律规范。在法理上，在一国开辟通商口岸和外国人居留、贸易区，属于该国内政，有关法律规范属于其国内法，立法权理应属于该国。然而，尽管中英《南京条约》没有赋予外国领事参与租界立法的权力，但清政府官员由于对有关法律（包括国际法）知识浑然无知，鸦片战争后在涉外事务上畏首畏尾，不敢理直气壮地维护国家权益，从上海第一块外人租地开始，就让外国领事分沾开辟外国人居留区的立法权。1845年《土地章程》就是上海道宫慕久与英国领事巴富尔历时两年"会通酌议"而成的。这成为中国近代租界事务中以双边条约取代中国政府法令的开端。④

早期关于开辟租界的法令，如上海英人租地的《土地章程》，篇幅较长，法规内容一般包括：租地位置四至、租地程序、华洋分居、界标与建筑、承租与租金、领事馆的管理权、中外双方的司法管辖权及章程的解释与修改办法等。第二次鸦片战争后，关于租界开辟的约章整体上变短，内容包括租界界址、应交地税，并规定租界内一切事宜都归租界辟设国驻当地领事专管，相应地，不再包含租界行政体制与行政机构设置方面的内容。如前述中英两国关于开辟汉口、九江英租界的条约即规定，界内一切事务全归当地英国领事专管，由其"随时定章办理"。

租界辟设法令的具体制定者，外方一般为租界开辟国驻该口岸领事，中方则是口岸所在地负责对外交涉的道员。中外官员商定后，中国方面须经本省督抚报清中央政府批准，外国方面通常由租界开辟国驻华公使批准。

(2) 租界"基本法"，即确定租界基本制度的法律 规范。如果开辟租界的法令规定了

① 王铁崖：《中外旧约章汇编》，第1册，98页，北京，三联书店，1957。
② 中国第一历史档案馆藏宫中朱批档案：帝国主义侵略类，第248号（件）
③ 侯祖畲修，吕寅东等纂：《夏口县志》，第11卷，13页，1920年刻本。转引自费成康：《中国租界史》，26页，上海，上海社会科学院出版社，1991。
④ 上海法租界的情况有所不同。它由上海道根据法国人的要求，发布告示赋予上海法人租地，形成上海法租界。

租界土地使用、管理体制等内容，该规范同时构成租界的"基本法"。例如，上海、鼓浪屿两个公共租界中，开辟租界的法令《土地章程》就是租界"基本法"，决定租界的成立与发展格局。其中，上海租界《土地章程》经过几次修改，被外人视为租界的宪法①，主导了上海租界近百年的发展。各专管租界的"基本法"因租界开辟国对华政策与租界发展状况的差异而不同。大致说来，各地英租界开辟后，都订立了作为租界"基本法"的《土地章程》，实行租地居民自治；法租界一般在租界开辟后，由领事主导制定《市政组织章程》或《公董局组织章程》（如上海法租界）作为"基本法"，对租界实行领事负责下的集中管理；开辟较晚、不很发达的俄、意等租界，一般将租界"基本法"称为"租界章程"；日本将在中国设立的租界分为"发达"和"未发达"两类，"发达"的天津、汉口租界实施《居留民团法》，"未发达"的苏州、杭州、重庆等地的日租界则实施《居留民会规则》。

不同租界"基本法"的适用范围与主要内容简表

名称	主要适用地域	主要内容
《土地章程》	为以英国为主导的公共租界及各地英租界采用	包括租界的土地制度、立法制度及行政制度等多方面内容，如租地手续、应交纳的地税、纳税人的资格、纳税人会议的会期和内容、工部局董事会的组织与职权、董事的资格与选举、工部局制定附则（by-laws）的程序、捐税的征收等
《市政组织章程》	各地法租界采用，其中上海法租界称《公董局组织章程》	主要是有关市政制度、市政组织的章程，有关租界的土地制度及其他制度则很少。内容比《土地章程》略
《租界章程》	开辟较晚、不很发达的租界（如天津俄、意租界）择用	不仅包括土地制度、立法制度及行政制度，而且包括如何查办刑事案及违警案的司法制度。内容比《土地章程》更为广泛
《居留民团法》及《居留民会规则》	日租界所采用，也适用于租界周围区域。在"十分发达"的天津、汉口日租界实施前者；在"未发达"的苏州、杭州、重庆日租界中实施后者	主要为有关租界行政制度及行政机构的法规，内容与《市政组织章程》相近

（3）租界行政法规。行政法规是租界立法的主体。租界工部局等行政机构依据"基本法"及租界管理的实际需要订立的各种附则（by-laws），大部分属于行政法规。在较发达的租界中，租界当局几乎为每一项行政措施都订有行政法规，数量庞大，内容繁杂。例如，上海法租界当局曾订立有关电话、电报、私立电台、摊贩、妓院、娱乐场所、广告牌、学

---

① 1845年《土地章程》23条公布后，由租界外人主导进行了3次修改，形成上海公共租界运作的基本法律依据。参见王立民：《上海法制史》，172～179页，上海，上海人民出版社，1998；杨湘钧：《帝国之鞭与寡头之链——上海会审公廨权力关系变迁研究》，28～37页，北京，北京大学出版社，2006。

校、学制、公路建筑、整理公路、取缔拾荒、活体解剖、染病家畜、征收房捐、征收地捐等数以百计的行政法规。这些法规的内容十分细致、具体，例如，医药行业就分别订有关于西医、牙医、助产士、兽医、中医、医院、疗养院、药房、救护车等等的专门章程。在天津、汉口两地的日租界中，有关居留民会、参事会、调查会、职制、薪给、捐税、会计、建筑、卫生、警备、义勇队等方面的法规达百种以上。[①]

（三）行政

1. 租界行政概况

租界建立后，一般以本国驻华公使或政府批准的《土地章程》或组织条例等为基本依据，建立并不断健全租界行政机构并确立其管理权限，对租界进行有效的管理。大体上，各租界行政体制和行政活动经历了初创、成熟、变革三个时期。租界开辟初期即租界行政体制的创立期，租界行政权一般依据中外约章或其他相关规定由领事控制，各项行政活动比较简单。租界发展稳定后，界内侨民逐渐掌握租界的全部或部分行政权，形成领事领导下的租界自治体制，进入租界行政体制和行政活动的成熟稳定期。租界内包括捐税征收、治安维护、市政建设等领域的行政事务不断丰富，各种行政管理机构日渐增多，各类行政规范大量颁行，形成租界行政管理的基本格局。20 世纪 20 年代华人参政运动发展后，租界行政体制和行政活动发生了一些新的变革。[②]

不过，由于各租界的性质（公共租界或专管租界）、经济发展程度及开辟国的行政体制等的区别，不仅不同国家所设租界的行政制度及运行情况差别较大，即使同一国家的不同在华租界，乃至同一租界在不同发展时期（如 20 世纪 20 年代华人参政运动前后），其行政体制和行政活动，都呈现不同的情形。一般地说，租界行政体制及行政活动可分为四种类型：一是公共租界模式（英国领事主导、当地领事团及北京公使团监督下实行的侨民自治），二是英租界的侨民自治模式（与第一种类似，但英国领事的权力更加突出），三是法租界的领事集权模式（领事在租界事务上具有决定权），四是日租界模式（居留民团法下，兼有自治与集权风格）。其他租界根据本国行政体制结合租界的特点，或仿行英租界模式（如德租界），或参照法租界模式（意、比），或居于两者之间（俄、奥）。无论何种模式，租界开辟国都通过控制行政体制中起关键作用的人事权和重大行政事项的批准权，保持对租界行政权的控制，董事会的董事往往由具有相当政治、经济实力的租界寡头把持，占租界人口绝大部分的华人基本没有参政权。[③]

上海租界作为近代中国发展最充分的租界，公共租界的行政活动反映了侨民自治模式的行政组织、行政规范和行政活动的一般情况，法租界则是领事集权行政模式的典型，两者堪称近代列强在华租界行政活动的代表。

[①]　参见费成康：《中国租界史》，121 页，上海，上海社会科学院出版社，1991。

[②]　参见上书，160～202 页。

[③]　从上海 1854 年修改的《土地章程》起，各租界（除广州外）都承认了华人在租界的居住资格，但大都排斥华人的参政权，直到 20 世纪 20 年代以来的华人参政运动展开以后，租界工部局（公董局）中才逐步增加了华人董事。参见上书，190～201 页。

2. 上海租地时期的行政组织与行政活动——租界创立期行政的代表

上海英人租地设立后，依据 1845 年《土地章程》，租地内实行华洋分居，"租屋洋商应会商"修建木石桥梁等公共设施、雇佣更夫等事项；领事官经各租主请求，召集会议，"公同商议"，摊派各项所需经费；摊派款项的居民有权请求领事委派代表监督财政。① 不过，上海地方政府对租地仍保留管理权。例如，该章程规定：对于扰乱租界秩序的人，"领事官知照地方官员，依法判处"（第 12 条）；对界内不同土地的价格情况，由地方官宪会同领事官派人查核（第 13 条）；对界内租户不按规定使用土地的，"地方官宪得与领事官会同查明，收回土地，交给别人承租"（第 15 条）；租地具体使用情况，每年"报明领事官，转告地方官宪备案存查"（第 19 条）；"商民公同决定事项，报明领事官，经与地方官员会同商定，应即遵办"（第 22 条）。

1846 年 12 月 22 日，英国驻沪领事组织租地外人推选 3 人组成道路码头委员会，负责界内道路和码头建设等市政建设。为此，该委员会实施了向界内租地外人征集建设道路和码头资金的办法。到 1853 年，道路码头委员会运用每年征收到的几千两款项，铺筑了几条主干道，并在黄浦江边建造了几座公用码头。② 可以说，道路码头委员会在当时是一个受租地外侨委托，负责租地市政基础设施建设的机构，不具有行政机构的职能。当时租地侨民不多，事务简单，尚未设置专门的行政机构。同时，租地内华人很少，中国官府对租界华民的管理权也没有实际践行。

1854 年通过的《土地章程》，将原来规范外人租地办法的"土地章程"，发展为规范租地管理的基本规范，尤其是利用原章程第 12、22 条等的漏洞③，在其第 10 条中，赋予领事官引导下由"租主""会商"租地事务的自治管理权、租主"选派""经收"收取捐税的行政管理权、"设立更夫或巡捕"的警察权，同时规定了租地管理机构制定《土地章程》附律的行政立法权。④ 这一规定为租地外人掌握界内管理权，从而将其发展为排斥中国政府辖制的租界提供了依据。根据该章程，1854 年 7 月 11 日，租地人会议选举成立上海租地行政机构（Executive Committee，1866 年修改《土地章程》时改为 Municipal Council）和警察组织（Police Force）（中文译本根据其相应职能而翻译为"工部局"⑤、"巡捕"），标志着外人居留地时期的结束，亦即作为侨民控制界内行政管理权的租界⑥的产生。

---

① 参见《土地章程》第 12、15、16、20 等条。参见王铁崖：《中外旧约章汇编》，第 1 册，68～69 页，北京，三联书店，1957。

② 参见史梅定主编：《上海租界志》，总序，上海，上海社会科学院出版社，2001。

③ 这些条款赋予租主"公同"商议或决定租地事项的权力。

④ 参见王铁崖：《中外旧约章汇编》，第 1 册，81～82 页，北京，三联书店，1957。

⑤ "工部"是中国传统行政"六部"体系中负责工程建设的机构。近代中国人将租界行政机构翻译为"工部局"，主要是根据其早期的道路、桥梁建设功能。上海使用"工部局"指称租界行政机构后，为后来各租界因袭，形成"工部局"名不副实的状况。

⑥ 外国商民在商埠设立的居留地中，只有由租地侨民掌握了行政权，才成为不受中国政府管辖的国中之国——租界。上海租界，严格说来，应该始于 1854 年根据修改的《土地章程》成立工部局，从而由外侨掌握行政权，此前属于外国人的居留地。不过，上海租界自 1843 年开埠、1845 年设立英国人租地后，一脉相传地发展而来，因此一般也将 1854 年外侨掌握租地行政权以前的外人租地，习称为租界。第二次鸦片战争后，中外条约涉及租界事项时，一般都规定由领事"专管"，因而直接称为租界。

1862 年，法国租界从英美租界中独立出来，成立法国驻沪领事主导下的法租界行政体系，上海租界因此一分为二，英美公共租界和法租界并行发展。这样，在上海形成公共租界、法租界和中国政府管理区三方地界，设置了三个运行机制彼此不同的行政机构，建立了三套不同的立法与决策机构，配备三种警察和武装力量，形成近代上海"一地三治"、"多轨异质"的奇特现象。

3. 公共租界的行政管理——侨民自治行政体制的代表

上海公共租界的行政机构，是租地人会议（1866 年修改《土地章程》后改为纳税人大会）选举产生的工部局。工部局的领导机构为董事会，每年由纳税人大会选举产生，可以连选连任，但侨民必须有价值 500 银两以上的地产，每年交纳 10 两以上的房地捐，或有房产每年租金超过 500 两以上，才有资格充当候选人。[①] 最初，工部局由 3 人～7 人组成，1870 年增加到 9 人。董事互推总董、副总董。由于租界中英国人力量强大，在历届工部局董事会中，英籍董事一直占优势。

工部局的机构包括董事会和各具体执行机构。

董事会作为工部局权力机构，通过定期召开董事会议，对工部局重大事务进行讨论和决策。董事会所决定的事项，由工部局的各具体办事机构执行。[②]

秘书机构是工部局的运行中枢。早期只设秘书，1860 年设置总办，后扩充成总办处。工部局所有部门经办的事务，一般都要向总办报告；需由董事会决策的重大事项，通过总办转交董事会讨论；对外事务通常由总办联络，一般事务由总办决定。总办处下，早期设有总收发室、验看公所和会计、收税员、翻译等；随着租界事务的发展，工部局的下设机构不断增多，有关职能从总办处分离。

警务机构包括巡捕和万国商团两支武装力量。巡捕根据 1854 年工部局董事会的决定而设立。1855 年工部局建立第一所巡捕房，后来发展为中央捕房，是上海公共租界警务力量的中枢。1865 年工部局设立西捕股和华捕股，1884 年开始招聘印度籍巡捕。至 1937 年，共有 14 个捕房、6 452 名巡捕，其规模在远东首屈一指。万国商团是 1863 年由上海租界侨民组成的护卫租界的武装，因成员多系各国洋行职员而得名，1900 年义和团运动和"一·二八"事变时规模迅速扩大，先后成立德、日、美、华等 20 个属队，人数达几千人。万国商团司令由英国现役军官担任，按照英国军队方式训练。在"大闹会审公堂"案、"五卅运动"等事件中，它是工部局的主要警务力量。

工务处是租界的市政建设与管理机构，从 1860 年工部局设立的专职道路检查员发展而来，为工部局最主要的职能部门之一。其职责包括：承担租界内道路码头、下水道、桥梁的建设，为延长、拓宽道路而进行购买土地的谈判，建造工部局下属各机构建筑物并进行管理，等等。到 20 世纪 30 年代，下设行政、土地测量、构造工程、建筑测量等 8 个部。

卫生监督管理机构在 1861 年仅设有专职卫生稽查员，1871 年设兼职卫生官，1897 年卫生官成为专职，1898 年成立卫生处，其机构及职能不断完善。至 20 世纪 30 年代，下辖

---

① 参见史梅定主编：《上海租界志》，总序，上海，上海社会科学院出版社，2001。
② 参见上书，总序；马长林：《〈工部局董事会会议录〉及其史料价值》，载《档案与史学》，1999（2）。

17 个卫生分处，秘书、会计、人事等事务科室，卫生、执照、兽医等业务科室，分别对学校、医院、食品、公共卫生情况等实行管理和监督。

财税管理最初由总办处会计科承担，1909 年设立财务处，负责编制工部局年度预算和决算，处理工部局现金收支、公债发行和管理各种基金，监督工部局各部门和下属机构的财务开支，负责同煤气、自来水、电车等公用事业公司谈判并签订合同。1932 年开始兼管租界内各项捐税的征收。

此外，工部局还设有火政处、教育处、法律处、华文处、工业社会处等。

工部局机构庞大，雇员众多。雇员尤其是管理与技术人员以欧美籍外人为主，中外雇员的薪金待遇差别很大，高级华籍员工的薪金一般只有西籍人员的 2/3，其他医疗补贴、退休金等也低于西籍人员。

4. 法租界的行政管理——领事集权行政体制的典型

1862 年 4 月法租界脱离公共租界后，组成公董局首届董事会，建立法租界行政机构。由于法租界为法国专管，公董局董事会的产生及运行与公共租界工部局董事会不同。特别是 1865 年 10 月法国驻沪领事白来尼同公董局董事会发生激烈冲突后，法国外交部制定并公布了《上海法租界公董局组织章程》，明确规定法驻沪领事对公董局董事会具有绝对的权威，确立起法租界的领事集权管理体制。公董局董事会无论由租地人选出还是由领事直接任命，都处于领事的严密控制下，凡董事会作出的决议都须经领事批准。

公董局下设有各具体行政部门。

（1）行政。公董局的行政中枢是市政总理处，1862 年设立，相当于工部局的总办处。其职责包括：负责管理公董局董事会的文牍案卷，征收界内捐税，处理有关财政事务，监督道路建筑等工程。几乎将公董局所有行政事务都包括在内。①

（2）警务。公董局成立前，法驻沪总领事即设立一个巡捕房，招聘欧洲籍巡捕，在法租界和领事馆附近巡逻。1859 年法国总领事任命巡捕房总巡，1862 年增设一名副总巡，以后人数和机构逐步发展。到 20 世纪 30 年代，公董局警务处设有总部办公室、政治部、刑事处和多处巡捕房，还设有一所可关押一千多犯人的监狱。巡捕职责广泛，包括道路治安巡逻，拘捕罪犯，照看道路、码头、路灯，监督收税员等。同时，法租界多次成立临时性的义勇队。1862 年太平天国进攻上海时，由法侨组成的义勇队与巡捕房一起，承担法租界的防卫。此后在 1870 年天津教案、四明公所事件发生时又多次成立，参与对示威民众的镇压。1924 年江浙战争期间，法租界组织装备精良的义勇队——中华队，作为维护法租界秩序的主要力量。20 世纪 30 年代初期，公董局招募常备性的义勇队——俄国队，除承担街道巡逻任务外，还参与巡捕房进行的搜查和围捕等事务。

（3）公共工程。公共工程处是公董局另一重要部门，1862 年公董局成立时即设立公共工程处，负责法租界的各项市政建设。因为法租界的自来水、电力事业由公董局经办，故公共工程处设有供电处和给水处。20 世纪 30 年代，公共工程处下设路政、厂务、建筑、丈量、水电等部门，分别负责法租界内道路修筑、垃圾清运、工程建筑执照的发放和工程监

---

① 1935 年公董局机构改组时，市政总理处被代以市政总理部，下设政务秘书处、财务处、地产处、分类营业处、医务处、卫生救济处、教育处等部门。

督、土地丈量以及水电供给等事务。

（4）卫生管理。法租界的卫生机构设立较早，公董局成立前即设有主要为巡捕提供医疗服务的医务处。1862年公董局成立后，医务处划归市政总理处，所管事务范围扩大。1896年医务处内设立卫生处，其业务范围涉及租界内肉类和食品检查、菜场卫生监管等。1930年改为公共卫生救济处，其业务扩展到街区消毒、灭杀蚊蝇、防疫、水质和食品化验等方面。

除此之外，公董局还设有火政处和法律顾问处。公董局雇员基本由法国人担任。

5. 租界行政体系运行概况

租界行政机构，无论是侨民自治模式还是领事集权模式，在施政过程中，除了逐步建立、健全各种行政机构外，注意依靠和发挥各种委员会的作用。委员会的成员可以是董事会董事，也可以是聘请的相关专业人士。委员会的职能主要是为工部局、公董局进行专题调查，提供咨询意见，有的也具有一定的行政干预权和协调职能。各种专门的委员会分为常设和临时两种，常设委员会存在时间较长，定期向工部局或公董局提供咨询；临时委员会多根据专题需要而设立，事毕即撤。上海公共租界工部局在其长达近九十年的施政过程中，曾经设立委员会上百个，其中财政、捐税及上诉、警备、工务、教育、电气、公用事业等常设委员会和特别电气委员会、俸给委员会、电影检查问题调查委员会、教育侨童政策委员会等临时委员会，都对工部局董事会的决策产生过重大影响，在一定程度上对公共租界的发展起了重要作用。①

（四）司法

各国在华的诸多租界中，因为不同国家在华利益要求表现不同，加之不同口岸的经济环境差异巨大，各租界的司法情况不尽一致。但整体上，列强通过不平等条约享有的领事裁判权，不仅获取了对租界侨民的司法管辖权，还不断侵占了中国政府对华人和无约国人的司法权，使中国在租界中的司法主权损失殆尽。

1. 管辖

租界的司法管辖上，除了后起的德国②以外，一般实行属人管辖，即根据被告的国籍来决定受理案件的法院（庭）和适用的法律。以享有领事裁判权的外国商民（有约国人）为被告的案件，由该国设在中国的司法机构（领事法庭或其他司法机构）受理，并按照该国法律来判决，中国政府或其他国家的在华法院无权过问；以中国人、不享有领事裁判权的外国商民（无约国人）及无国籍人为被告的案件，则由中国法庭受理，按照中国法律来判决。③ 但事关有约国人利益时，外国领事等也常常以通过条约取得或强行实施的陪审、观审

---

① 关于上海租界行政机构的设置、职能及运行情况，参见史梅定主编：《上海租界志》，总序，上海，上海社会科学院出版社，2001；袁燮铭：《晚清上海公共租界政权运作机制述论》，载《史林》，1999（3）。

② 德国天津、汉口租界和胶州湾租借地一样，实行属地管辖：进入德国租界、租界地的外国商民需要受德国司法管辖。

③ 当时这种司法管辖上的属人主义原则不限于租界。因为，通过不平等条约在中国取得领事裁判权的英、美、法等19国的侨民，无论在租界内外，成为民、刑事案件的被告时，都由本国在华司法机构依据本国法律审判。但租界作为外国侨民的聚居地和外国司法机关所在地，是列强集中行使在华司法特权之所在。

等权力，对由中国司法机构管辖的案件予以干预。

此外，在租界中，外国司法与执法机构也夺取了一些对华人、无约国人和无国籍人的司法管辖权，体现为对这些人的属地管辖权。例如，上海公共租界工部局即攫取了对租界内华人、无约国人等的搜查、勘验权（为侦查租界内有犯罪嫌疑的华人等的活动而搜查其住所，甚至检验被害人的尸体），逮捕、拘禁权（对租界现行的罪犯乃至嫌疑犯，可以直接逮捕，先拘禁 24 小时再行处置），预审权（租界警方对被捕者先行预审，再确定将被捕者无罪释放还是解送中国官府），移交逃犯的审核权（中国差役追捕逃入租界的罪犯时，需要先将签票交租界领事审核、签字，由租界警察协同"拿捕"，否则，中国官府不能在租界逮捕该逃犯①），"引渡"②"国事犯"的决定权（中国政府缉拿在租界活动或躲到租界的"国事犯"即政治犯，需要租界领事等的允准，列强视租界为不受中国政府管辖的独立王国，并常常以保护"国事犯"自居，拒绝将国事犯引渡给中国官府③）等。④

根据 1858 年《中英天津条约》、1876 年《中英烟台条约》、1880 年《中美续约附款》等条约，英美两国取得对其本国商民为原告、华人（及无约国人、无国籍人）为被告的案件的观审权；其他有约国也依据片面最惠国待遇一体均沾这一权力。由于中国官员放弃依据《中英烟台条约》⑤ 而观审华人等为原告的案件，这一制度实际上成为外国官员参与中国官员对华人（及无约国人、无国籍人）等为被告的会审制，形成与公共租界的会审公廨制⑥ 一起严重侵犯中国司法主权的近代会审制度。

2. 司法机关

因为租界开辟时大多选择设在口岸城市中经济不发达的地区⑦，该区域在设立租界前一般没有设置中国地方政府机构。租界开辟后，开辟国在界内设置领事馆等办事机构，并极力排斥中国政府对租界的管辖，所以租界内的司法机关，主要是外人设置的司法机关。

领事法庭（法院）是列强在华设立的主要司法机关。根据条约，近代在华享有领事裁

---

① 正是在这一意义上，租界被称为"藏污纳垢"的罪恶渊薮。

② 引渡这一国际法术语，本指一国应他国请求，将被他国指控或判刑的人移交该国。租界属于中国领土，租界当局将中国有管辖权的罪犯交中国政府，并非国与国间的引渡。但当时列强视租界为独立王国，常常将这一行为称为"引渡"。

③ 下文介绍的"苏报案"，就是在清政府引渡章太炎等人的努力失败后，才由租界会审公廨审理的。

④ 参见杨湘钧：《帝国之鞭与寡头之链——上海会审公廨权力关系变迁研究》，78～79、102～115 页，北京，北京大学出版社，2006；费成康：《中国租界史》，132～133 页，上海，上海社会科学院出版社，1991。

⑤ 该条约"第二端"之三规定：至中国各口断交涉案件，两国法律既有不同，只能视被告者为何国之人，即赴何国官员处控告；原告为何国之人，其本国官员只可赴承审官员处观审。倘观审之员以为办理未妥，可以逐细辩论，庶保各方向隅。参见王铁崖：《中外旧约章汇编》，第 1 册，348 页，北京，三联书店，1957。

⑥ 关于会审制的发展，下文还将予以讨论。

⑦ 早期上海租地设于人烟稀少的城外，存在中英双方都希望的避免不同文化冲突的考虑。上海租界发展后，外人租界设在华人聚居区外而交通、贸易条件优越的地方独立发展成为通例。19 世纪末日、俄、德、意、比等国开辟租界时，由于便于通商的区域已被英法等国先占，加之清政府在甲午战争后的严重忧患下采取了尽力争回所失权利的外交政策，对外国的租界要求能拒则拒，不能拒则尽量使之远离繁盛之地。参见杨湘钧：《帝国之鞭与寡头之链——上海会审公廨权力关系变迁研究》，23～24 页，北京，北京大学出版社，2006；费成康：《中国租界史》，254～265 页，上海，上海社会科学院出版社，1991，以及相关资料。

判权的国家有 19 个。为行使该项权力，各国一般在派驻领事的通商口岸，附属于领事馆而设置领事法庭，由领事任法官。租界由于经济发达、侨民集中，是领事法庭的集中设置地：租界开辟国的领事馆包括领事法庭自然设在本国租界内，在该口岸城市未设租界的国家则将领事馆和领事法庭设在别国租界内。有学者统计，天津的英、法租界，汉口的英、法、俄租界，广州的英租界内，除了租界开辟国领事法庭，都设有他国领事法庭；上海、厦门公共租界则是十多个领事法庭所在地，堪称法庭林立。[①] 这样，领事法庭多设在租界内，有约国人也多在租界或依托租界活动，他们成为民事、刑事案件被告时，就由设在该租界的领事法庭审判。英、美两国因为在华侨民多，法律事务复杂，在上海公共租界设有配备专业法官的在华法院。

除了领事法庭（在华法院），上海、厦门公共租界和汉口租界还设立了国际性的法庭——领事公堂。它们是以各国领事为法官，专门审理以租界管理机构——工部局为被告的案件的行政法庭。其中，上海公共租界领事公堂各方面制度最充分，厦门领事公堂、汉口领事裁判所都以它为模本。

在上海公共租界和法租界、鼓浪屿公共租界和汉口租界，还存在特殊的中外会审机关——会审公廨。它是经中外双方协议，由中国政府在租界设立的中外审判官会同审理某些特定案件的司法机关。不过，由于列强的侵夺以及中国官员的昏聩，加之时局动荡，会审公廨的职权受到外国人的控制，甚至沦落为外国人管理的司法机构。

在租界之外，与上述司法机关并行于所在口岸城市的，则是中国传统的州县衙门。

3. 移送与上诉

在租界发生的、以有约国人为被告的案件由领事法庭处理，但并非都能在案发租界领事法庭审判、结案，因此租界司法存在案件的移送和上诉问题。这主要有两种情况：一是对租界内发生的其他有约国人为被告的案件的移送，如将在九江英租界犯轻罪的意大利人移送享有管辖权的意大利驻汉口的领事法庭审判。二是对超越租界内领事法庭管辖权限的该国商民案件的移送。领事法庭依据管辖权限，往往需要将租界发生的重大刑事案件，或者不服领事法庭对轻罪案件与民事案件裁判的案件，移交有管辖权的本国法院审判或上诉。例如，法国在越南西贡、河内设有上诉法院，审判法国人在中国（包括法租界）所犯的重罪案件，以及不服领事法庭判决的轻罪案件与诉讼额在 3 000 法郎以上的民事案件；巴黎大理院为这些案件的终审法院。日本人在中国犯下的重罪案件，在中国南方（包括租界）的，以中国台湾地区的台北地方法院为初审法院，中国台湾地区高等法院及台湾最高上告庭为上诉及终审法院；在中国中部及北部（包括租界）的，以日本长崎地方法院为初审法院，长崎上诉法院及日本大理院为上诉及终审法院。[②] 英国 1865 年在上海设立在华高等法院前，英国人在中国犯了重罪，要移送到香港刑司衙门；此后则由上海的英国在华高等法院审理在华英人为被告的一切案件，并以其上诉法庭审理各种上诉案件；1904 年后该法院可根据需要在中国任何地方开庭。美国 1906 年在上海公共租界设立的在华美国法院，可以审判一

---

① 参见费成康：《中国租界史》，126 页，上海，上海社会科学院出版社，1991。不过由于地理位置偏僻、经济不发达等原因，天津比利时租界、厦门英国租界等租界中，并无领事馆和领事法庭。

② 参见梁敬錞：《在华领事裁判权论》，81、87 页，上海，商务印书馆，1930。

切在华案件，并作为各地美国领事法庭、司法委员法院的上诉法院，而且每年在广州、天津、汉口的领事馆开庭一次。这样，在华英、美两国人作为被告时在中国都可能由其本国司法机构就地审判、结案。

4. 监狱

虽然各有约国在租界多设立了领事法庭，但大多没有设立关押犯人的监狱，只有英国、美国、法国在上海租界设立了专门的监狱，日本在各领事馆附设了监狱，丹麦在上海法租界西牢中特设监房，用以监禁判处短期徒刑的罪犯。这些国家领事法庭（在华法院）判处长期徒刑的罪犯，以及未在中国设立监狱的国家的罪犯，在判刑后，需要押送到该国设在海外的专门监狱或设在本土的监狱去服刑。①

5. 逮捕

租界的逮捕权由租界当局控制，中国整体上无权介入。

大体上，对于租界内的现行犯罪，不论是否为有约国人，也不论是哪国有约国人，租界警察一般不需逮捕证就可径行逮捕，然后将罪犯送交享有管辖权的司法机关审判：有约国人交其本国领事法庭，中国人、无约国人和无国籍人交相应的中国司法机关。一些专管租界对于逮捕现行犯还有附加规定，例如，天津、汉口德租界的警察章程规定，租界警察只对不穿军服的军人、有逃逸嫌疑使日后难以捕获的人，才可以对有现行犯罪活动的有约国人无须逮捕证即行逮捕。②

对于发生在租界的非现行犯，或躲入租界的逃犯，其本国司法机构派出的警察等一般不能直接在别国专管租界内逮捕人犯，而需要由该国领事照会租界开辟国领事或租界巡捕房总管，然后会同租界警察，凭逮捕证或判决书逮捕罪犯。③ 在公共租界，则由本国领事派出的警察持逮捕证，会同租界警方逮捕罪犯。换句话说，没有租界开辟国领事或租界警方的允准与合作，中国官府或其他有约国领事等官员不能逮捕进入租界的人犯，租界警方则可直接逮捕任何现行的罪犯，无须嫌疑犯管辖国官员同意。

当然，在租界以外的地区，中国官府一般对各种罪犯（包括有约国人）都有逮捕权，法国、挪威的侨民除外。④

6. 律师制度

租界设立后，英、美、法等国在华设立司法机构，按照各自的法律制度包括律师制度处理法律事务。由于上海租界的外国司法活动产生最早、事务最多，西方国家的律师与律师制度最先在上海出现。据考证，外籍律师至少在 19 世纪 60 年代前期就已经在租界里活动了。《北华捷报》（The North-China Herald）在 1862 年 2 月就有外国律师在租界出庭辩护

---

① 参见《中国监狱史》编写组编：《中国监狱史》，第六章第二节"清末监狱的半殖民地化"，北京，群众出版社，1986。
② 参见［日］今井嘉幸著，冯大树译：《中国国际法论》，153 页，东京，神田印刷所，1915。转引自费成康：《中国租界史》，129 页，上海，上海社会科学院出版社，1991。
③ 对罪犯有管辖权的国家的执法人员，需要会同租界警方才能逮捕界内人犯。这一制度于 1867 年左右形成于上海，是上海法租界与公共租界在司法管辖上反复博弈的结果。其形成过程参见［法］梅朋、傅立德著，倪静兰译：《上海法租界史》，416~419 页，上海，上海译文出版社，1983。
④ 参见梁敬錞著：《在华领事裁判权论》，66 页，上海，商务印书馆，1930。

的记载，该报更早的记载甚至出现在 1859 年。① 上海公共租界《工部局董事会会议录》记载：1863 年 6 月，工部局一年聘用律师的费用为 100 两银子。这既反映租界行政机构已有律师服务，也反映当时工部局的法律事务尚不很多的情况。以后，工部局律师的聘银迅速增加，1899 年工部局法律顾问的年薪增至 2 500 两，另有出庭酬金。② 19 世纪中期先后开始发行的《北华捷报》和《字林西报》（North China Daily News）报道了许多外籍律师出庭辩护的案例。

最初，外籍律师只是为外国人提供法律服务，承办的案件主要是外国人之间或者华洋之间的民事纠纷和刑事案件。会审公廨产生后，外国律师常常参与其中的法律事务，尤其是涉外法律事务，使中国司法机构开始出现了现代律师。

根据现有研究，1866 年就有外籍律师在洋泾浜北首理事衙门出庭的记录。③ 19 世纪 70 年代，公共租界会审公廨在审判华洋案件时，明确允许原、被告双方延请律师出庭。辛亥革命后，华人间的民事案件也可聘请外籍律师，律师数量上升，并开始出现华人律师。④

外籍律师在中国开业，大多数是 2 人或数人共设一个事务所。

在租界律师中，英美籍律师数量最多，作用也最突出。因为，英租界和英美主导的公共租界的社会经济发达，人口众多，法律事务繁杂；而且英美法院和受其影响的上海公共租界会审公廨采用英美式的对抗制诉讼制度，更有利于发挥律师的作用；再则英美律师往往与本国领事（常常是英美在华法庭或会审公堂的法官）关系密切，在有关问题的认识上更容易形成一致意见；此外，会审公廨涉外诉讼中，中国诉讼参与人（包括法官和被告）在语言（英语）和现代法律知识上处于被动⑤，无力聘请律师的中国被告往往处于不利的地位。这样，英美律师在租界法律事务中的作用非常突出，在华人中的影响很大。

---

① C. W. Gribble of Shanghai v. D. Sassoon, Sons & Co. of Shanghai,（H. M. Consular Court）Feb. 10th, Mr. Lawrence appeared for Plaintiff, Mr. Sassoon for Defendant。参见《北华捷报》（The North-China Herald），1862 - 02 - 15。在 1859 年 10 月审理的 Slater v. Platt & Co 案中，原、被告双方都有辩护人（事务律师 attorney）。参见《北华捷报》，1859 - 10 - 09；陈同：《略论近代上海外籍律师的法律活动及影响》，载《史林》，2005（3）。

② 参见《工部局董事会记录》，第 1 册，681 页；第 14 册，465 页，上海，上海古籍出版社，2001。

③ 参见王立民：《上海法制史》，320 页，上海，上海人民出版社，1998。

④ 1912 年 1 月，上海华籍律师成立中国第一个律师团体——上海律师公会。经过努力，中国律师被允许在会审公廨中出庭，打破了外籍律师的垄断。不过，1930 年前华籍律师比例不大，而且很少承担租界的法律辩护。因为在会审公廨出庭的律师需要在会审公廨注册，必须精通至少两国语言，而中国律师多数对西方法律和语言不熟悉，诉讼时很难同外籍律师抗衡，诉讼当事人延请中国律师很少。外籍律师即使不熟悉中国语言，出庭时只要配备 1 名汉语翻译也能应付，所以在会审公廨占有明显优势。南京国民政府尤其是 1930 年以后，随着我国律师制度的发展及会审公廨和租界的收回，外籍律师在中国活动限制越来越严，并逐渐被纳入中国律师制度框架内。

⑤ 会审公廨本是中国司法机关，应适用中国法律、使用汉语。但因为置身租界和中外会审，公廨的运行受到外籍会审员的影响，最后完全被外人控制。会审官不仅以西方法制思想和原则排斥中国法律在公廨中的适用，而且逐步使公廨的工作语言变成英语。

第二节
多种模式的租界司法机构与外国
法律文化影响的多样化

鸦片战争后，英、法、美、日、德、俄、意、比、奥 9 个国家在 10 个城市设有租界，18 个国家根据取得的在华领事裁判权设有领事法庭。[①] 各国由于社会经济状况、历史文化传统和政治法律制度不同，其在华法制机构的设置与运行情况彼此有别；租界中设置的各国领事法庭（在华法院）、领事公堂与会审公廨，在法院性质、案件管辖、法律适用、对中国社会影响等方面，也具有各自不同的特点。这样，近代中国的多国租界和多种法制机构，使中国传统法律文化受到多种外域法律文化的影响。

大体说来，中国近代所受到的多样化外域法律文化的影响，包括三个层次。

其一，不同国家法律文化的不同影响。在中国享有特权、开埠通商尤其是设立租界的国家中，既有重视在华租界圈占及开发建设的老牌殖民帝国英国和法国，有不主张各国在华分立山头、各占租界（租借地）而强调"门户开放"、"利益均沾"的美国，也有政治经济后发而对华利益贪婪的德国和日本，在中国西北和东北获取大量利益后进一步觊觎内地的俄国，甚至包括比利时、意大利、奥匈等自身力量不强的欧洲国家。它们囊括近代社会具有较大影响的主要国家，其法律制度是近代英美法系和大陆法系的典型代表。各国因为政治经济状况与对华殖民政策不同，对在华租界（租借地等）采用了不同的经营管理策略，如前述英国领事主导下的"市民自治"、法国在自治形式下的领事独断、美国"利益均沾"原则下的轻租界而重实利、日本对租界的殖民化经营与管理等，使不同国家、不同体系的法律文化（思想、制度、观念），通过相关租界而带到中国，使近代中国受到多种外来强势力量包括法律文化的影响。

其二，列强在华不同性质侵占地域的不同影响。1840 年以来，列强依据与中国签订的不平等条约取得的特权，在中国开通商埠、设立租界、租借军港（租借地）、割占土地，并根据本国殖民政策和当地的地理位置、经济基础等条件，对这些地域实行不同的经营和管理策略。如英国对上海、天津、汉口等租界，实行当地侨民自治，由侨民组成的租界当局负责界内各项管理事务，政府及派驻的领事予以帮助和监督而不进行实际控制；对割占的香港和相邻的九龙租借地，则实行完全的殖民统治，由政府派驻的总督按照本国的政治法律原则结合当地情况，进行实际管理；而对于条约中要求中国开放的其他商埠，英人所主张的权力（利）主要限于条约中，尽管在宁波等商埠的外侨聚居区存在侨民自治性的组织，但仍需受中国地方政府的辖制。列强在不同性质侵占地域实行的不同经营策略和管理制度，

[①] 取得领事裁判权的 19 国中，秘鲁没有实际设立在华领事机构（包括领事法庭）。

也给传统中国带来了相关法律文化的不同层次的影响。①

其三，租界不同法制机构的不同影响。从对中国社会的影响看，租界一则因为广泛布局在中国较开放发达的口岸城市（从南到北，从沿海到内地），社会经济地位突出；二则因为存续时间较长，城市建设、经济发展与社会制度较文明先进；三则因为租界实行华洋一体（广州等少数租界除外）的管理，其各种制度的运作直接触及所在地区的广大中国民众，对中国社会具有强烈的辐射效应。租界外人采用的科学技术、法制规范乃至生活方式、言行举止等，直接影响租界华人社会，渗透至租界所在的口岸城市，进而影响到口岸周边地区。就法制文化而言，租界三权分立的民主政治体制，文明、规范的城市管理制度，严明、公正的执法等，对中国传统社会的冲击尤其明显。尽管不同租界因为其本身性质（专管租界或公共租界）、经济发展状况（是否发达）、开辟国的态度（是否重视租界开发与建设）不同，法制机构的设立与运行呈现不同色彩，但各租界设立的、以领事裁判权为基础的各国领事法庭（在华法院）、公共租界的领事公堂以及中外会审的混合法庭——会审公廨，在破坏中国司法主权的同时，也将全新的西方法律文化直接呈现在中国人的面前，并直接或间接地影响相关民众的现实生活，形塑其不同于传统法律文化的现代法律思想与意识。而民众的现代法律意识，是中国法律现代化的社会基础。

一、领事裁判权与租界外国司法机构的建立

1. 领事裁判权的含义

领事裁判权（Consular Jurisdiction）指一国国民不受所在国法律管辖，而由本国官员按本国法律裁判的权力，是近代以来国际法上属地管辖原则的例外。由于行使这种权力的官员一般为本国派驻该所在国的领事，因而习称为领事裁判权。这种在他国领土上由本国领事按本国法律处理本国人的纠纷的属人管辖权，在中世纪就已存在。例如，土耳其君王允许法国人自 1536 年起，在土耳其由法国领事根据法国法审理法国人在土耳其的民事、刑事案件，并可要求土耳其官员协助执行。此后，几乎所有欧洲国家都在土耳其得到这一权力。直到 20 世纪，在中国、埃及、土耳其和摩洛哥等地这种特权依然存在。随着东方国家法律制度的进步和独立意识的出现，这种特权归于消失。

领事裁判权在中国的出现始于《南京条约》后的《江南善后章程》。② 由于翻译及认识上的原因，人们常常将领事裁判权与治外法权（英语作 Exterritoriality，指国际法上通常由外国元首及外交人员、军舰等所享有的外交豁免权）相混淆。其实，两者尽管都指在一国居住的他国人不受所在国法律裁判，但它们是两个本质上不同的制度：领事裁判权产生于一种商业贸易惯例，是对所在国独立司法主权的限制，在国家主权意识确立后受到否定；治外法权是基于国家之间所建立的外交关系，而对特定人群实行的司法豁免权，因国际法而产生，是世界各国普遍承认的合法权利。

---

① 租借地有的因存续时间较短而在全局上影响较小（如德、俄），有的因为与相邻的割占领土一同管理而在性质上为类同被割占领土（如英国对九龙租借地）；而列强割占的领土（香港、澳门、台湾地区）是对国家主权造成巨大破坏的区域。因为本书有专门的章节论述，因此本章对租借地和割占土地的法制状况不予专门讨论。

② 参见郭卫东：《〈江南善后章程〉及相关问题》，载《历史研究》，1995（1）。

20世纪初，随着国际法的传入、国家主权观念的增强及民族意识的觉醒，我国形成研究领事裁判权及相关问题的热潮，越来越多的人从法理及历史上分析"领事裁判权"与"治外法权"的实质区别，反对外人"指鹿为马"，要求以合法的"治外法权"之名代替"领事裁判权"这一侵犯中国主权的非法之举，废除列强在华领事裁判权。①

2. 领事裁判权在我国的产生与发展

列强在华领事裁判权的产生始于鸦片战争后的不平等条约。1843年签订的中英《五口通商章程：海关税则》第13条规定："凡英商禀告华民者，必先赴管事官处投禀，候管事官先行查察谁是谁非，勉力劝息，使不成讼。间有华民赴英官处控告英人者，管事官均应听诉，一例劝息，免致小事酿成大案。其英商欲行投禀大宪，均应由管事官投递，禀内倘有不合之语，管事官即驳斥另换，不为代递。倘遇有交涉词讼，管事官不能劝息，又不能将就，即移请华官公同查明其事，既得实情，即为秉公定断，免滋讼端。其英人如何科罪，由英国议定章程、法律发给管事官照办。华民如何科罪，应治以中国之法，均应照前在江南原定善后条款办理。"②

根据这一规定，英国人在中国的争讼由"英官"按其本国法律处置，从而确立了英人在华领事裁判权。1844年中美、中法条约也援例确立了美、法在华领事裁判权。

此后，列强通过不平等条约使领事裁判权内容不断扩展，如《中英天津条约》第15、16、17条，《中法天津条约》第35、38条以及《中美天津条约》第28条规定，领事裁判权适用于华洋民事纠纷；1876年《中英烟台条约》正式明确了观审权③；1880年的《中美北京条约》对观审权规定得更加明确而具体："倘遇有中国人与美国人因事相争，两国官员应行审定，中国与美国允，此等案件被告系何国之人，即归其本国官员审定。该原告之官员于审定时，可以前往观审，承审官应以观审之礼相待。该原告之官员，如欲添传证见，或查讯、驳讯案中作证之人，可以再行传讯。倘观审之员以为办理不公，亦可逐细辩论，并详报上宪。所有案件，各审定之员均系各按本国律法办理。"④

按条约规定，观审是相互的，但后来中国官员大多因各种原因主动放弃了观审权，观审成为外国人干预中国司法的重要手段。继英、美、法国之后，其他欧美各国相继与中国订立条约，纷纷援引"最惠国待遇"，取得领事裁判权。先后在中国取得领事裁判权的国家共有19国，涉及31个条约。⑤

---

① 典型的有：《领事裁判权》（东方杂志社，1923）、《领事裁判权与中国》（上海，商务印书馆，1926）、吴颂皋的《治外法权》（上海，商务印书馆，1929）、梁敬錞的《在华领事裁判权论》（上海，商务印书馆，1930）、孙晓楼的《领事裁判权问题》（上海，商务印馆，1937）等著作，陈启天的《治外法权与领事裁判权辨》（载《东方杂志》，第12卷第7号，5～7页）等论文。一般认为，梁敬錞的《在华领事裁判权论》和吴颂皋的《治外法权》代表了当时关于领事裁判权问题研究的最高学术水平。

② 王铁崖：《中外旧约章汇编》，第1册，42页，北京，三联书店，1957。

③ 条约第2款之三规定："凡遇内地各省地方或通商口岸，有关系英人命盗案件，议由英国大臣派员前往该处观审。"（王铁崖：《中外旧约章汇编》，第1册，348页，北京，三联书店，1957。）

④ 王铁崖：《中外旧约章汇编》，第1册，380～381页，北京，三联书店，1957。

⑤ 具体国别与条约名参见全小野：《撤销领事裁判权之过去与未来》，载《国防论坛》，第3卷第7期，1935；载何勤华、李秀清主编：《民国法学论文精萃》，第6卷·国际法律篇，247～248页，北京，中国政法大学出版社，2004。

列强在华领事裁判权，破坏了中国依据通行的国际法属地管辖原则而享有的司法主权，使之成为外国冒险家、作奸犯科者的庇护伞。即使这些国家的代表人物在反思这一制度时也自感耻辱。例如，美国首任驻华公使威廉即认为："向中国勒逼，领事裁判权，乃是无耻之尤的事，其恶劣程度不下于苦力贸易或鸦片贸易"，"我真觉得将我的名字放在一个以'领事裁判权'特权引为自豪的条约上是一个耻辱"[①]。

各国为行使领事裁判权，纷纷设立了在华司法机构，以受理本国在华各色人等的相关案件。除了英美两国设立了专门的在华法院外，其他国家均设立领事法庭（Consular Court）。此外，上海等租界还成立了由多国领事共同组成的审理以公共租界行政机构为被告的国际性的行政法庭——领事公堂（Court of Foreign Consuls），上海、厦门等租界设立了以华人、无约国人及无国籍人为被告，外国领事基于领事裁判权而参与会审的混合法庭——会审公廨（mixed court）。

二、领事法庭

1. 领事法庭

领事法庭作为各国行使在华领事裁判权的主要司法机构，一般附设于领事馆内，由领事馆的官员（一般为领事或副领事）担任庭长或审判官，并设有由其政府任命或当地侨民选举的审判员。租界的市政、经济与文化较为发达，侨民集中，民、刑事案件及相关事务较多，各国在开辟租界的同时往往即设立领事馆，成立以领事官员为首的领事法庭。在商埠口岸没有租界的国家，则将领事馆（包括领事法庭）设在其他国家的租界内，由其管理本国商民在该商埠及周边地区的民刑案件。

在华享有领事裁判权的 19 个国家中，根据与中国缔结条约的顺序，其在华领事法庭以英国最早（1843 年），以后依次是法、美（1844 年），挪威、瑞典（1847 年），俄罗斯（1860 年）、德国（1861 年），荷兰、丹麦（1863 年），西班牙（1864 年）、比利时（1865年）、意大利（1866 年）、奥地利（1869 年）、巴西（1881 年）、葡萄牙（1882 年）、日本（1896 年）、墨西哥（1899 年）、瑞士（1918 年）。秘鲁于 1874 年与中国签订享有领事裁判权的条约，但并未实际建立其领事法庭。各国在华领事法庭少的只设一个（瑞典、挪威、丹麦），日本多达 35 个，意大利为 5 个，美国为 8 个，法国为 17 个，比利时、巴西等国则只在需要时设临时性的领事法庭。[②]

领事法庭管辖案件的范围，通常分为五类：一是同国籍的外人之间案件，不论民刑均由领事法庭审理，中国官员不加干涉；二是不同国籍的外人之间的案件，按照"被告主义"原则，原告赴被告国领事法庭提起诉讼，若另有条约规定，则依条约；三是华人为原告的华洋混合案件，不论民刑案件，适用"被告主义"，中国人须赴被告所在国的领事法庭提起诉讼；四是在中国政府服务的外人案件；五是被保护人（指某国侨民永久或暂时因故受享有领事裁判权国保护的人）案件。[③]

---

① 参见［美］J. 戴维斯：《美国外交公文，美国和中国》，第 2 辑，第 18 卷，37～38 页。转引自吴孟雪：《美国在华领事裁判权百年史》，2 页，北京，社会科学文献出版社，1992。

② 参见吴颂皋：《治外法权》，250～255 页，上海，商务印书馆，1929。

③ 参见蒯世勋编著：《上海公共租界史稿》，387～388 页，上海，上海人民出版社，1980。

值得注意的是，发生在租界内的民刑案件，并非都能够在案发的租界由领事法庭审判、结案。首先，除德租界①外，租界开辟国领事法庭无权审判其他有约国商民在该国专管租界内成为被告的案件。只有当租界内也有该国的领事法庭，且该案在该法庭裁判权限内时，该案才能在当地审理。其次，根据各国对领事法庭管辖权限的规定，领事法庭一般无权管辖本国商民成为被告的一切案件。例如，法、日领事法庭不能审判涉及重罪的刑事案件，英国的领事法庭（即后来的地方法院）不能审判主刑在徒刑 1 年以上或罚金 100 镑以上的刑事案件），美国的领事法庭及设在上海的以司法委员为法官的司法委员法院只能管辖罚金不满 100 美元、监禁不超过 60 天的刑事案件，或者价值不超过 500 美元的民事案件。② 这样，除了在中国（上海租界）设立了上诉法院的英、美两国的商民外，其他有约国人在中国各租界犯下重大刑事案件，大多不能就地结案。

在以上设立的领事法庭中，除了意大利、日本的领事法庭是由特设的审判官担任外，其他各国领事法庭的审判官一般都由领事或副领事担任。③ 这些领事法庭"行使法律的那些人完全缺乏法定的必要条件"④，他们基于专门法律知识的缺乏和对本国商民的庇护，对于刑事罪犯判处的惩罚往往比他们在各自国家应受的惩罚轻，甚至无罪释放。⑤ 这样，领事法庭在侵犯中国国家主权的同时，使中国成为外国犯罪分子的乐土，有约国人在中国即使犯罪，既不会受到中国法律的惩处，也不会按本国法律受到应有的惩处。一些领事法庭（尤其是意大利和葡萄牙领事法庭）可以说声名狼藉，因为它们明显地袒护其本国人，甚至纵容鸦片走私和贩卖军火的华人加入其国籍以享有领事裁判权，从而逃避应有的法律制裁。⑥

2. 英国在华法院

作为列强行使在华领事裁判权的司法机构，除了领事法庭外，在上海公共租界还有两个国家设立了专门的法院，即：英国在华高等法院（H. B. M's Supreme Court for China，俗称英国按察使署）与上诉法院（Appeal Court）、美国在华法院（the United States Court for China）及上海美国司法委员法院（the United States Commissioner's Court at Shanghai）。

英、美在华法院虽然也是基于在华领事裁判权而设立的司法机构，但其与领事法庭具

① 德国在天津、汉口的租界中，对租用界内土地的外侨民实行属地管辖。根据德租界的有关规定，拟在德租界永租土地的其他外国侨民，租地时需签约，宣誓遵守德国法律，服从德国司法管辖，并经本国领事签字背书，使德租界的有约国人如同进入德国，不再享有领事裁判权。参见［日］今井嘉幸著，冯大树译：《中国国际法论》，171 页，东京，神田印刷所，1915。转引自费成康：《中国租界史》，130 页，上海，上海社会科学院出版社，1991。
② 参见梁敬錞：《在华领事裁判权论》，79、81—83、86 页，上海，商务印书馆，1930。
③ 参见徐公肃、丘瑾璋：《上海公共租界制度》，25 页，上海书店根据中国科学公司 1933 年版影印，1992。
④ ［美］W. R. 费适：《在华领事裁判权之终结》，13 页，加利福尼亚，1952。转引自潘家德：《近代外国在华法庭述论》，载《四川师范学院学报》（哲学社会科学版），2001（2）。
⑤ 如 1869 年美国瑞林洋行一个美国职员，将海城县 4 位华人推到水里，一人被淹死。中国政府照会美国领事，要求会审此案，惩罚凶手。但美方拒绝会审，并声称：此案发生在夜间，案情难判，"按本国例，误杀人命，无抵议之条"，最后使罪犯未受任何处罚。参见张贵永：《中美关系史料》。转引自潘家德：《近代外国在华法庭述论》，载《四川师范学院学报》（哲学社会科学版），2001（2）。
⑥ See Nicholas R. Clifford, *Spoilt Children of Empire*: *Westerners in Shanghai and the Chinese Revolution of the* 1920s, p. 29, Middlebury College Press, 1991.

有显著的不同。一是这些法院由专业法官组成，而不由领事官担任（除意大利、日本外）法官；二是该法院尽管设在租界，但可以受理全中国范围内的相关案件，甚至可以受理其他国家发生的基于领事裁判权的案件；三是尽管它们可以作为领事法庭的上诉审判机构，但对其判决不服的，还可上诉到其国内法院。

英国在华法院包括在上海公共租界设立的英国在华高等法院与上诉法院。

英国自 1854 年 7 月在上海设立领事法庭，行使在华领事裁判权，审理英国侨民在华纠纷，而重罪案件则移送香港刑司衙门。1865 年，英王饬令在上海公共租界英国领事官署旁设立英国高等法院，兼管日本境内基于领事裁判权的民刑案件（因此原称英王在中日高等法院，即 the Supreme Court for China and Japan），后因日本废止领事裁判权，改名"在华高等法院"（Supreme Court for China），也称大英按察使署。① 该法院有权管辖中国境内的一切英国侨民的民刑案件，包括地方法院管辖的一般民刑案件和专门由其管辖的离婚、谋杀等特定案件。法院由英王任命的审判官（推事）1 人、副审判官（副推事）若干人组成，他们必须具备在英格兰、苏格兰、爱尔兰律师公会中 7 年以上会员资格。法院常年在沪开庭，但其管辖权遍及中国的其他地区。② 根据英国 1904 年 10 月 24 日颁布的一项新法令，正、副审判官可以随时巡回各地开庭审判，即采用巡回审判制度。开庭日期由审判官预先指定，根据具体情形，或单独开庭，或会同会审员、陪审官一起开庭。英国在华法院的裁判不是终局裁判，不服其判决者可以上诉。

英国另一在华法院为上诉法院。它以审判官 3 人组成，遇到紧急案件也可由审判员 1 至 2 人组成开庭。它行使英国上诉法院与刑事上诉法院的权限，管辖范围同样及于中国全境。凡是经各地方领事法庭或上海高等法院判决的案件，刑事案件无论罪刑轻重，皆可向该法院上诉；民事案件则限于标的数额在 25 镑以上的案件，在 25 镑以下的，则需相关地方领事法庭或上诉法院的许可。对该法院的判决不服的，如果民事诉讼标的在 500 镑以上，可在法定期限内上诉于英国本土的枢密院；刑事案件经枢密院许可后，可以向枢密院上诉。③

英国高等法院及上诉法院，主要以判例和习惯为判决依据，以成文法为补充。法院的诉讼程序等规范，由法官自行决定，呈请英国外交部核准施行，内容与国内地方法院相似。

3. 美国在华法院

美国在上海公共租界设立的专门法院为美国在华法院（the United States Court for China）及上海美国司法委员法院（the United States Commissioner's Court at Shanghai）。④

---

① 参见史梅定主编：《上海租界志》，295 页，上海，上海社会科学院出版社，2001；汤志钧，《近代上海大事记》，213 页，上海，上海辞书出版社，1989。

② 参见对于上海以外地区的英国地方法院（即 British Provincial Courts，地位相当于其他国家的领事法庭）受理的所有民刑案件，此法院也有权审理，而离婚及谋杀等特定案件则属于其专管范围。参见蒯世勋编著：《上海公共租界史稿》，389 页，上海，上海人民出版社，1980。

③ 参见蒯世勋编著：《上海公共租界史稿》，389 页，上海，上海人民出版社，1980；史梅定主编：《上海租界志》，296 页，上海，上海社会科学院出版社，2001。

④ 参见潘家德：《近代外国在华法庭述论》，载《四川师范学院学报》（哲学社会科学版），2001（2）；史梅定主编：《上海租界志》，298～299 页，上海，上海社会科学院出版社，2001。

美国在华法院成立于 1906 年，其地位相当于美国国内的联邦地方法院。它是在美国在华侨民增多、案件频发的情况下，根据国会 1906 年通过的《关于设立美国在华法院及其审判权限的决议》成立的。法院设在美国驻沪领事馆内，俗称"美国按察使衙门"，由法官 1 人、检察官 1 人、执达吏 1 人、书记官 1 人及委员 1 人组成。法官由美国总统任命，任期 10 年。[①] 该法院虽常驻上海，但管辖范围及于中国全境，每年至少需在广州、汉口、天津开庭一次，若需要，还可以随时随地开庭。该法院第一审受理不属于上海美国司法委员法院或各地领事法庭管辖的民、刑事案件，即诉讼额在 500 美元以上的民事案件，及主刑在 100 美元罚金以上或监禁在 60 日以上或罚金和徒刑并科的刑事案件；但凡是可以向领事法庭等起诉的案件，也可以向该法院起诉；第二审受理经上海美国司法委员法院及各地领事法庭判决的上诉案件。凡不服美国在华法院判决的，可上诉到美国旧金山第九联邦上诉法院，再不服，可上诉至美国联邦最高法院。[②]

美国司法委员会法院是 1920 年在上海改领事法院而设立的地方法院，其地位相当于美国在华其他地方的领事法庭。不过，美国各在华领事法庭是由各地领事或总领事或主持领事馆工作的副领事为当然法官，而上海司法委员会法院则以专门的司法委员为法官。其管辖范围是比较轻微、不及美国在华法院管辖的民刑案件，即民事案件标的在 500 美元以下，或刑事案件主刑在 100 美元以下或拘役 2 月以下，或罚金与徒刑单处者。超过该范围的案件，应解送美国在华法院审理。

经上海美国司法委员法院或美国在华法院判决的囚犯，轻犯在上海美国在华监狱执行。上海美国在华监狱主要指附设于在华法庭（院）的简易监狱。1853 年设立的美国领事法庭和 1906 年设立的美国在华法院都设有简易押所，关押判处轻刑的美国侨民罪犯。由于设在领事馆的监狱简陋且多次搬迁，英国在华法院的监狱有时也代为关押短刑期的美国犯罪侨民。1916 年经美领事与公共租界工部局联系，自 7 月 1 日起，美国在华法院所判短期刑的罪犯由租界华德路（提篮桥）监狱代为关押，美领馆监狱撤销。[③] 如徒刑在 3 个月以上，早期送往菲律宾马尼拉监狱执行，后来改为送美国执行。[④]

[①] 美国在华法院设立后，从 1906 年起，先后有 5 名著名的法官任职。美国在华法院首任法官威尔夫利因规定只有美国人才能参加美国在华法院的律师资格考试、惩治妓女等激进措施，引起上海律师界及外侨的反对，仅走完 1/5 的 10 年任期即辞职离沪。继任法官西雅（Rufus H. Thayer）尽管博得上海租界美、英侨民好感，但因身体原因也很快去职。1914 年上任的罗炳吉（Charles Sumner Lobingier）教授，是第一位任满任期的美国在华法院法官，他详细记录每件处理过的案件，编成《"大美国按察使衙门"案例集》，为后人留下了重要的参考资料，放宽律师在美国在华法院执业的规定，在 1915 年成立的东吴法学院义务教授罗马法，并著有《平民法》《美国在华法院》《罗马法的发展》等书，很大程度上促进了 20 世纪早期上海租界的法制发展。1925 年接任的普迪（Milton D. Purdy）和 10 年后接替他的赫尔米克（Milton J. Helmick）法官也在上海获得了较普遍的认可。参见张新：《旧上海的美国法院、法官与律师》，载《档案与史学》，2001（3）。

[②] 根据美国联邦司法制度可知，美国在华法院的地位，类同驻于中国、隶属于加利福尼亚美国联邦第九巡回法院的联邦地方法院。

[③] 参见麦林华主编：《上海监狱志》，97～104 页，上海，上海社会科学院出版社，2003。

[④] 参见蒯世勋编著：《上海公共租界史稿》，390 页，上海，上海人民出版社，1980；杨湘钧：《帝国之鞭与寡头之链——上海会审公廨权力关系变迁研究》，51 页，北京，北京大学出版社，2006。

三、领事公堂

领事公堂是近代租界出现的具有行政法庭性质的司法机构，主要出现于上海、鼓浪屿公共租界和汉口租界中，专门管辖以工部局为被告的案件。

领事公堂的设立主要是基于列强在华领事裁判权及公共租界的公共性质。外人在中国开辟租界后，将近代西方国家实行的行政诉讼制度输入租界。在专管租界，侨民不服租界工部局行政决定的，可以将工部局法人代表总董、总办或秘书，诉至本国领事法庭，因为他们同属本国领事法庭的管辖范围。但在公共租界，工部局董事会由多国侨民组成，任何一个领事法庭都无权管辖以公共租界行政部门为被告的案件，因此，在公共租界产生了由各国领事组成的、审理以公共租界工部局为被告案件的混合法庭——领事公堂。

这种特殊的行政法庭首先出现在上海。1866 年 3 月的上海租地人会议上，英国领事提出："由于工部局有权在每一个领事法庭上作为原告起诉，个人在必要时应该也有权控告工部局，因此制订某些约束工部局的条文是十分重要的。"这一认识得到其他人赞同，经过全体租地人的讨论，决定赋予工部局以法人地位，规定它可以作为被告出庭，并由全体领事选举产生领事法庭。[①] 1869 年通过的上海《土地章程》修正案[②]第 27 条规定："公局可以做原告控人，亦可以被人控告，均由公局之总经理人出名具呈，或用'上海西人公局'出名具呈。寻常之人与人结讼所有经官讯断、究追等事应享之权利，公局亦一体享受，毫无区别；公局若系被告，所受被告责任，亦与寻常之人不殊，惟将应受之责任专归于公局之产业，不与经手之各董事及经理人等相干。凡控告公局及其经理人等者，即在西国领事公堂投呈控告（系于西历每年年首有约各国领事会同公议，推出几位，名曰领事公堂，以便专审此等控案）。"[③]

工部局可以以"总经理人"或"上海西人公局"的名义，作为案件的原告或被告参加诉讼，在诉讼程序与权利义务上，与"寻常之人""毫无区别"，而法律责任则由工部局而不是具体执行人员承担。这一规定，意味着在中国土地上首次出现了行政诉讼制度，尽管领事法庭并非中国设立，中方对其组成和运作也毫无影响力，但领事法庭在租界这一中国领土上的存在及运行，对中国法律制度的影响是不宜忽视的。

根据前述第 27 条的规定，1871 年 1 月 31 日各国驻沪领事在英国领事馆举行会议，投票选举领事公堂法官人选，组成首届领事公堂。不过，由于工部局早期的总董、董事都是英国人，因不服工部局的决定而需要控告工部局时，在英国高等法院控告总董或董事即可，所以，直到 1882 年领事公堂才正式运行。

---

① 参见孙慧：《试论上海公共租界领事公堂》，载马长林主编：《租界里的上海》，217 页，上海，上海社会科学院出版社，2003。孙慧在此文中就领事公堂的产生、运作和消亡过程进行了历史考察，认为领事公堂的设立，是西方行政诉讼制度在公共租界推行的试点，对于后来中国行政法和行政院的产生不乏借鉴之处。本书此处论述对此多有参考。

② 《中外旧约章汇编》中为《上海洋泾浜北首租界章程》。

③ 王铁崖：《中外旧约章汇编》，第 1 册，299 页，北京，三联书店，1957。

1882 年 7 月 10 日，领事团核准《上海领事公堂诉讼条例》共 16 条①，具体规定领事公堂的工作形式与程序，公堂工作人员的执掌与要求，费用收取及分配等。此后，每年由领事团选出 3 位领事组成领事公堂，后来增加当年的领袖领事为领事公堂法官。② 最初英国人没有在审判官之列，1911 年董事会总董认为，租界内外国侨民中，英籍居民占 3/8，在领事公堂诉讼必须使用英语，而且领事公堂与纳税人之间万一发生意见冲突，公堂当局必须取得英国政府的支持，因此要求增加英国法官。③

除了上海公共租界领事公堂，1902 年鼓浪屿公共租界开辟之际，以上海公共租界领事公堂为蓝本，也建立了一个类似的领事公堂。同时，因汉口 5 国租界的地域都不宽广，界内水、电、医院乃至墓地等公共设施，多由英、俄、法、德等租界的工部局联合举办，所以驻汉口领事团也以上海领事公堂模式，设立了汉口领事裁判所。

领事公堂因为其涉案被告与法官组成的国际性，在审判案件时适用的法律既非中国法律，也非英、美、德、法等任何一国的法律，而只沿用《土地章程》附则、一般法律原则乃至条约精神等。例如，1911 年上海公共租界工部局借口租界自来水厂享有相关专利，阻止闸北水电公司在北四川路底下铺设水管。闸北水电公司向领事公堂提起诉讼。最后领事公堂以工部局的专利有违条约精神，宣判工部局败诉。④

领事公堂尽管受理的案件不多，也无明确适用的法律，但它作为一个审理以行政机构工部局为被告的案件的法庭，不仅在一定程度上维护了租界内包括华人在内的居民的利益，而且它还具有限制行政权力对私人利益的侵害的司法意义。

---

① 即：(1) 所有投呈本公堂之诉状、答辩书及本堂发出之通知文件，均须加以"领事公堂"字样。(2) 本公堂任用书记官一人。其姓名、住址，另行公布。任职期限，由本堂自定。其职责系掌理一切文件，并在公堂指导之下，发出及传达或令传达各种通知及文件，并办理来往公文。(3) 诉讼事宜，须亲自或请代理人办理。原告延用律师与否，听其自便。 (4) 本公堂概用英语。 (5) 控诉人须先缮呈文，缮写 4 份，呈明案件关系事实。(6) 公堂将诉讼副本交发被告，并通知于 10 日内具答辩书；该答辩书须缮写 4 份。并由公堂将答辩书副本一份发交原告。(7) 诉讼状之补正及相宜之书状，在公堂指定期间内，得补入之。如公堂认为必要时，得于审讯之前颁发临时命令。(8) 审讯案件由公堂预定日期，并将审讯之时间与地点通知当事人。(9) 审讯须行公开，其经过由书记笔录之。(10) 找求证人，责在当事人；但公堂须设法使证人到场。其证明取宣誓或其他方式，听证人自便。而证人之审讯，则依公堂之指示行之。(11) 一造经传达而不到案者，他造得请求公堂为缺席裁判，公堂得照行之。(12) 判决后，在 60 日内，如有不服，经陈请重审者，公堂如认为合宜时，得重审之。(13) 特别案件，其事实经认定者，得依书状判决，不必当事人到场。(14) 命令录由本公堂之领事或多数领事拟就及署名。所有命令，须以"本公堂发"标明之，并由书记官署名。(15) 判决书由公堂裁判官拟发，于指定时日在公堂宣读，用书面传达当事人知照。(16) 开庭费规定 10 元。每一通告之发出与传达费 3 元。记录费由公堂酌定。又，讼费之保证金，得由公堂酌定；讼费包括律师费，由公堂酌定，令缴纳之。参见蒯世勋编著：《上海公共租界史稿》，392 页，上海，上海人民出版社，1980。

② 1931 年 1 月法官人数增至 5 名。参见史梅定主编：《上海租界志》，298～299 页，上海，上海社会科学院出版社，2001。

③ 参见《工部局董事会会议录》，第 18 册，526 页，上海，上海古籍出版社，2001。不过，《上海租界志》所列"1882—1939 年领事公堂法官一览表"中，每年均有 1 名英国法官。参见史梅定主编：《上海租界志》，298～299 页，上海，上海社会科学院出版社，2001。所以这一说法存疑。

④ 参见费成康：《中国租界史》，131 页，上海，上海社会科学院出版社，1991。

四、会审公廨

会审公廨是近代中国租界出现的一种特有事物，即根据中外双方协议而在租界内设立的，由中外审判官员会同审理某些特定范围内的案件的司法机构。在中国近代成立最早，也最有影响的会审公廨，是在 1864 年洋泾浜北首理事衙门基础上于 1869 年正式成立的上海公共租界会审公廨，以及 1869 年成立的上海法租界会审公廨。此后清政府为便于租界的管理，一度努力在各租界推广会审制度，直到 19 世纪末认识到它对于中国主权的危害性后才予以限制。这样，各国在汉口仿行上海也设有会审公廨。[①] 在厦门鼓浪屿公共租界，根据 1901 年中外订立的《厦门鼓浪屿公共租界章程》的规定[②]，设立了厦门鼓浪屿会审公堂。日本根据 1896 年《公立文凭》及《杭州日本租界续议章程》等续约规定[③]，取得在杭州等地租界设立会审机构的权力，但因为种种原因，日本租界内没有实行会审制度。[④]

根据《洋泾浜设官会审章程》，会审公廨本是设在租界内的中国司法机构，由中国官员担任审判官，审理租界内以华人为被告的民刑案件，只有在案件关涉洋人利益（洋原华被）时，才允许外国领事陪审或会审。这是领事裁判权的延伸和拓展，是中国对司法主权的进一步退让。然而，由于租界工部局（公董局）的干预以及陪审官的跋扈，加之中国社会时局动荡、地方政府不力给外人以可乘之机，中国政府对会审公廨的权力被租界外人不断侵夺，最终沦落为外人控制的司法机构，形成"外人不受中国之刑章，而华人反就外国之裁判"[⑤] 的怪现象。这种严重侵犯中国司法主权的情形，在某种程度上成为激发清末民初法律改革、收回国家司法主权的动因。

在各会审公廨中，上海公共租界会审公廨在其 63 年（1864[⑥]—1927 年）的历史中，因为成立时间早，相关的制度完善，而且实际审理的案件繁多，在维护租界秩序、调处租界纠纷方面的作用明显，在租界华人社会中影响很大。会审公廨在其实际运行中，因所处租界这一特定环境和外国官员参与会审的运行方式，它不像中国传统衙门一样滥用刑讯，残酷的肉刑被代以西方国家通行的罚金、拘押等处罚形式，西方律师制度被引进来，租界的中国官民从而接触到西方较为进步的法律制度与思想。不过，外国会审官通过公廨对有关华人案件的非法干涉，曾酿起"大闹会审公廨案"、"苏报案"等多起重大事件，中外矛盾突出，使会审公廨成为国人认识列强侵犯中国主权的标本。加之上海公共租界保留完整的

---

① 参见李济琛、陈加林：《国耻录——旧中国与列强不平等条约编释》，481 页，成都，四川人民出版社，1997。

② 该章程规定，"界内应由厦门道专设会审公所，派委专员，参照上海办法"（李济琛、陈加林：《国耻录——旧中国与列强不平等条约编释》，755 页，成都，四川人民出版社，1997）。

③ 如《杭州日本租界续议章程》第 5 条规定：中国地方官与日本领事官商议，于界内设立会审公堂，悉照上海章程办理。参见王铁崖：《中外旧约章汇编》，704 页，北京，三联书店，1957。

④ 参见费成康：《中国租界史》，141~153 页，上海，上海社会科学院出版社，1991。

⑤ （清）赵尔巽：《清史稿·刑法志》（三），4216 页，北京，中华书局，1977。

⑥ 尽管依据中外协议正式成立会审公廨是 1869 年，但 1864 年成立的洋泾浜北首理事衙门，作为会审公廨的前身，无论是机构性质还是基本运作机制，都与会审公廨是一致的。从这一意义上说，会审公廨可以从 1864 年起算。

工部局董事会会议录①，使会审公廨的有关档案得以完整保留下来。这样，上海会审公廨受到相关研究人员更多的重视，成为近代中国会审公廨的典型。②

上海法租界会审公廨则是专管租界会审公廨的代表。与公共租界会审公廨不同，上海法租界会审公廨主要受控于法国驻沪领事。1868 年，中外议订《洋泾浜设官会审章程》时，法国公使赖尔门以该章程第 1、5、10 款与中法已订条约抵触为由，拒绝承认该章程在法租界的效力，由法国驻沪总领事与上海道另订《法租界会审协议》，组成上海法租界会审公廨。它以会审为名，其权力完全受法国领事控制。这表现在：（1）华人的民、刑、违警案件一概在此审理；（2）刑事案归巡捕房办理，民事案归领事办理；（3）公廨行政人员全归领事任用，中国政府无权插手；（4）拘捕全归巡捕房，钤印使用会捕局的印；（5）适用的法律以法国法律为主；（6）律师一概由法国人出任。

随着法租界的发展，租界审判事务增多，法租界会审公廨的权力也不断扩大。辛亥革命后，法租界当局攫取了对华人审判员的任命权，要求租界内纯粹华人间的民、刑案件，也听从法国审判员的裁定。③

1925 年五卅运动中，上海人民强烈要求收回会审公廨。此后，上海公共租界和法租界会审公廨被逐步收回。1927 年 1 月 1 日，公共租界会审公廨正式改组为上海公共租界临时法院，走完了它六十余年的历程；1930 年 1 月撤销临时法院，按中国法院四级审判组织成立上海特区地方法院及江苏高等法院第二分院，完全收回公共租界会审公廨。与此同时，法国宣布改组法租界会审公廨，经过中、法协商，1931 年 7 月，上海法租界会审公廨被代以上海第二特区地方法院及其上诉法院（江苏高等法院第三分院）。④

第三节
上海公共租界会审公廨与外国法律文化的影响

上海公共租界会审公廨是近代租界会审公廨的典型代表，其不仅集中反映了会审公廨这一奇特的司法机构的性质和特点，而且也比较鲜明地反映了中外两种法律文化的冲突与调和。

---

① 《工部局董事会会议录》（上海市档案馆编，上海古籍出版社 2001 年出版）共 28 册，中英文对照，记录上海公共租界工部局董事会从 1854 年 7 月成立至 1943 年租界结束近九十年间，董事会历次会议记录。从这些珍贵史料中，可以看到历届董事会对上海公共租界内有关政治、经济、市政、文化等事务讨论和决策的全过程。中国近现代史上的许多重大事件，会议里均有大量反映，而至于租界史，会议录本身就是极有价值的原始宝藏。

② 本书下面还将以此为代表，分析会审公廨及其司法活动对中国法律文化的影响。

③ 参见［法］梅朋、傅立德著，倪静兰译：《上海法租界史》，441 页，上海，上海译文出版社，1983；张铨：《上海法租界会审公廨》，载《史林》，1994（2）。

④ 其他租界会审公廨的影响都比较小，它们的收回没有经过特别的程序。鼓浪屿公共租界会审公廨在太平洋战争后，因租界被日本攻占而名存实亡，抗日战争后被正式收回；汉口租界会审公廨整体上伴随租界被中国政府收回而消亡。参见费成康：《中国租界史》，151～159 页，上海，上海社会科学院出版社，1991；潘家德、杨隆高：《试论近代"会审制度"》，载《四川师范学院学报》（哲学社会科学版），2002（1）。

一、上海公共租界会审公廨的形成与运作

（一）会审公廨的产生与发展

上海租界成立早期，根据《土地章程》，华界（集中在上海县城）与租界实行"华洋分居"。1853 年上海小刀会起义后，英、美、法三国领事自行通过新《土地章程》，在接受租界华洋混居现实、将关于租界的各项制度一并移置于华人的同时，赋予外人会商租界事务及设立警察、工部局等租界自治权。与此伴随的，是租界的一切机构设置和制度运作都服务于租界利益的思想。[①] 可以说，新的《土地章程》为租界外人参与乃至控制会审公廨埋下了伏笔。

1. 洋泾浜北首理事衙门——租界最早的中外会审机关

上海公共租界会审公廨是根据中外双方签订的《洋泾浜设官会审章程》于 1869 年开始正式运行的，而 1864 年设立的洋泾浜北首理事衙门，则是上海租界最早的中外会审机关，被视为会审公廨的前身。租界内中外会审，则可以追溯到 1843 年中英《五口通商章程》，其第 13 条规定，中英纠纷由中国地方官与英国领事会同查明其事，既得实情，即为秉公定断。[②]

上海租地设立早期，尽管中国政府保留对界内华人的管辖权，但并没有设置专门的管理机构。1853 年小刀会起义后，大量华人涌入租地内，界内违警犯罪者迅速增多。由于动乱的时局下清地方政府无力顾及租界治安，所以在租界违法的华人，都被送往英国领事官署，由领事设法庭预审，轻者判处拘役、苦工等处罚，重的则移送清政府地方官。据英国外交公报记载，1855 年由英国领事官署审处的华人案件就有五百多起。[③] 小刀会事件后，上海官府恢复了对租界华人的管辖权。1856 年驻沪领事团因此规定，租界中被捕、在英美领事法庭或法国违警裁判所查实的犯罪华人，都必须送上海地方官府审判。[④] 也就是说，在 19 世纪 50 年代，尽管租界寡头趁地方局势动荡攫取了租界华人案件的预审权、轻微案犯的裁决与惩处权，但这只是乱世中的短暂行为。不过，由于语言不通，上海官府对租界移送的案件，往往只知案由而不明案情，往往听信嫌犯一面之词，使一些犯人逃脱处罚，有的再次到租界犯罪。租界外人于是希望在租界内审理和处置犯罪的华人。

---

① 该章程施行后，租界甚至有外人提出了建立独立于中国的"上海自由市"方案，虽然未获得通过，但上海租界的自治倾向一直非常突出。20 世纪早期美国人霍塞在其考察上海租界的《出卖上海滩》一书中，表达得更加露骨："上海租界从此成为一个自有主权的、自治的国际的政治体系。它简直就是一个独立的民治国。"（［美］霍塞著，越裔译：《出卖上海滩》，32 页，上海，上海书店出版社，2000）。

② 参见王铁崖：《中外旧约章汇编》，第 1 册，36～37 页，北京，三联书店，1957。

③ See Anatol M. Kotenev, *Shanghai: Its Mixed Court and Council*, p. 61, Shanghai, North China Daily News& Herald, 1925. 俄国人郭泰纳夫 1922 年进入公共租界工部局警务处任巡捕，后被派至会审公廨任俄语译员，后升至巡长。1925 年、1927 年出版《上海会审公廨与工部局》与《上海工部局与华人》。1930 年调入总办处，协助英国从南非派来中国考察租界的费唐法官工作。1931 年负责管理工部局档案，成为工部局第一专职档案管理员。参见史梅定主编：《上海租界志》，附录"人物"，623～624 页，上海，上海社会科学院出版社，2001。

郭泰纳夫因为亲自参与会审公廨的审判并检录了许多公廨裁判资料，使该书具有相当的价值。不过他过度强调了会审公廨的成绩，认为外籍陪审员已成功地将西方法治观念引入。中外不少学者都认为，书中观点不够客观。

④ 参见史梅定主编：《上海租界志》，278 页，上海，上海社会科学院出版社，2001。

为了建立符合租界管理需要的司法机制，上海道台吴煦与英、美领事经过协商，采纳英国领事巴夏礼的提议，在租界建立由中国官员主持、专门处理租界内的华人违法案件的司法机构，如果案件涉及外国人利益，则由外国领事参加审理。① 1864 年 5 月 1 日，上海道台应宝时派出一名理事②到英国领事馆，与英国领事组成中外混合的法庭——洋泾浜北首理事衙门，专门审理租界内发生的以英美等国侨民为原告、华人为被告的民刑案件。清政府委派的首任理事为陈宝渠，首任外国陪审官为英国副领事阿尔巴斯特。③ 1868 年 8 月曾国藩派陈福勋驻扎该衙门，专门办理华洋交涉事件，使理事由委派变为驻扎。1868 年 12 月，洋泾浜北首理事衙门由英国领事馆迁到南京路新址，即依据《洋泾浜设官会审章程》所建立的会审公廨官署，会审公廨正式运行。

根据洋泾浜北首理事衙门的草案④及有关资料，该衙门设置违警庭、刑庭和民庭。其管辖的案件范围是：违警庭审理租界内的违警案；刑庭审理"洋原华被"的刑事案及无约国人为被告的刑事案件；民庭审理"洋原华被"的民事案及无约国人为被告的民事案，同时受理民刑上诉案件。纯粹的华人违警案由工部局巡捕房拘押，中方理事单独审理。涉及有约国人的案件由外籍陪审员会审。⑤ 衙门每天早晨在英国领事馆开庭审理涉外案件，英国陪审员每周出庭 4 次，美国陪审员每周出庭 2 次。诉讼程序原则上适用英美国家的诉讼法律程序，但因陪审员国籍的不同而有所区别。⑥ 不服该衙门判决的上诉案件，移送上海道台审理，如果与外人利益相关，则由上海道台与有关外国领事会同审理。中外审判官员意见相左而不能决定的案件也照此办理。该衙门的判决书以法庭名义作出，用中文书写，陪审员负责翻译成英文。理事衙门对于刑事罪犯案件，可以判处 100 天以内的监禁、14 天以下的苦役或枷锁、100 以下的笞杖或者代以 100 元以下的罚金。人犯关押在巡捕房监牢，由工部局看管，有时被雇佣从事公共工程的建设。衙门的中方理事，既承担司法裁判的工作，也具有一定的行政职责。⑦

洋泾浜北首理事衙门成立后，中外双方就租界华人的司法管辖进行了多番博弈。一方面，租界外人通过工部局、巡捕房等，在受案范围、犯人的拘押、处罚的执行、验尸的职责等多方面，不断扩大对租界华人的司法管辖权；另一方面，中国地方官员则力图保持对租界华人的管辖权，如上海道丁日昌 1864 年 11 月密令在租界生擒与工部局有联系的土豪

① 参见史梅定主编：《上海租界志》，279 页，上海，上海社会科学院出版社，2001。
② 洋泾浜北首理事衙门中中国官员的称谓有多种，有"理事"（见于《上海租界志》）、"同知"（见于中外协定）、委宪（县）、委员（见于《工部局董事会会议录》）。
③ 参见史梅定主编：《上海租界志》，279 页，上海，上海社会科学院出版社，2001。
④ 该草案尽管形式上未经中外双方正式签署，但实际上得到双方的遵从。参见杨湘均：《帝国之鞭与寡头之链——上海会审公廨权力关系变迁研究》，69 页，北京，北京大学出版社，2006。
⑤ 参见史梅定主编：《上海租界志》，279 页，上海，上海社会科学院出版社，2001。
⑥ See Anatol M. Kotenev, *Shanghai: Its Mixed Court and Council*, p. 61, Shanghai, North China Daily News& Herald, 1925.
⑦ 参见 Anatol M. Kotenev, *Shanghai: Its Mixed Court and Council*, p. 66, Shanghai, North China Daily News& Herald, 1925；《工部局董事会会议录》，第 2 册，1864 年 10 月 5 日、10 月 27 日、1865 年 11 月 10 日等的会议记录。

陆胜祥，并在提讯后立即正法，以防外国人插手。① 不过，当时租界日益复杂的形势，使中国地方政府单凭自己的力量，难以维持租界的治安，需要与租界外人妥协。该衙门运行的现实情况是，以工部局及外籍陪审员为代表的租界寡头步步进逼，肆意侵夺本该由中国政府享有的司法权，而中方在租界寡头面前则被动地不断退让、妥协。不过，伴随这一过程，中国产生了最早的现代意义上的司法机关，也为会审公廨这一融合中西法律的审判机构的诞生打下了基础。

2. 会审公廨的产生与发展概况

随着太平天国后上海租界的迅速扩展，租界各种案件日趋复杂而繁多，需要有程序规范、组织严密的正式司法机构，代替各方面不够正规的洋泾浜北首理事衙门。

1867 年，英国领事与上海道台商量会审法庭的组织问题。以上海道应宝时所提《会审公廨章程草案》10 款为基础，双方分别交两江总督曾国藩转总理衙门与各国驻京公使团核准。经过商议，最后形成《洋泾浜设官会审章程》（以下简称会审章程），中方总理衙门于1868 年 11 月核定生效，英国领事麦特赫斯脱代表英、美、德等于 1869 年 4 月 20 日宣布其生效。② 原洋泾浜北首理事衙门改为上海公共租界会审公廨。

会审章程当时确定为有效期 1 年，但实际上维持到 1927 年会审公廨被改组代以上海临时法院。期间，除了 1902 年、1906 年略有修改外，近六十年里变化不大，有如会审公廨的组织法、审判程序法和法官责权规范，是会审公廨的基本法律依据。

会审章程通过后，上海道应宝时即依据其规定，在南京路购地依中国传统衙署形式建造会审公廨，任命熟习西文的陈福勋为首任谳员。③ 1869 年 4 月 20 日，会审公廨落成，正式开庭。1899 年，这个衙门迁到浙江北路新址。④

形式上，会审公廨的运作依据是会审章程，但实际运行中完全逾越了该章程的界限。工部局及英、美等国领事组成的外籍陪审员以维护租界秩序与居民利益为由，不断以"案例法"形式造成既成事实，强行扩大会审范围和权限。例如，根据会审章程，外国领事只对"洋原华被"案件有会审权，至于纯粹的华人案件，均由中国官员自行审理，外国领事不得干涉。但在事实上，租界巡捕房往往超越权限，参与拘捕纯粹华人案件中的华人案犯，英、美领事则以界内秩序与居民利益为由，将这类案件说成"牵涉洋人"而插手审理。⑤ 1902 年 5 月 23 日，公共租界工部局与纳税人会开会，议决"凡租界内捕人一律先审后罚"，使外人获得所有案件的预审权，排挤中国官府的审判管辖权。⑥

辛亥革命爆发后，外国领事团乘机完全接管了会审公廨，中国谳员由领事团委派。从此

① 参见汤志钧编：《近代上海大事记》，208 页，上海，上海辞书出版社，1989。
② 参见倪正茂：《上海近代法制史料管窥》，载《法律史研究》编委会编：《法律史研究》，第 1 辑，478 页，西安，陕西人民出版社，1990。另外，法国以该草案与中法条约和法租界司法习惯不一致而拒绝参加，于是在上海法国领事官署内另设"法租界会审公廨"。
③ 和洋泾浜北首理事衙门一样，会审公廨的中方官员也有诸多不同称谓，如委员、谳员、廨员等，本文根据相关资料，使用谳员一词。
④ 参见史梅定主编：《上海租界志》，280 页，上海，上海社会科学院出版社，2001。
⑤ 参见夏晋麟：《上海租界问题》，42 页，上海书店根据中国太平洋国际学会 1932 年版影印，1992。
⑥ 参见汤志钧编：《近代上海大事记》，561 页，上海，上海辞书出版社，1989；杨湘均：《帝国之鞭与寡头之链——上海会审公廨权力关系变迁研究》，95～96 页，北京，北京大学出版社，2006。

以后，租界内不仅是洋原华被的涉外案件，即使是纯粹的华人案件，亦须外国领事会审。①

从会审公廨的形成与发展历程考察，它虽然是中国政府在租界设置的一个地方衙门，但随着租界外人自治权的发展，它已发展为租界管理系统中一个重要的司法机关。② 这一机关的成立没有国与国之间的条约为依据，其活动也不听命或隶属于某一国家；它不仅与中国传统的行政与司法合一的衙门大相径庭，也不同于上海租界各国依据领事裁判权设立的领事法庭或在华法院。曾经担任会审公廨检察员（书记官）的俄国人郭纳泰夫在其 1925 年著述的《上海会审公廨与工部局》序言中就认为，会审公廨是租界"由于负责租界内居民的利益，避免中国内部动荡局势的影响，而不断努力创建的一个独立法庭"③。它的存在，无论对于上海公共租界的发展和稳定，还是对于中国近代对外域法律文化的接触、吸收和借鉴，都具有不容低估的作用。

（二）会审公廨的组织、权限与运行程序

中外双方通过的会审章程尽管规定的适用时间为 1 年，但事实上，它一直适用到 1927 年会审公廨被收回为止。会审章程的有关规定，构成会审公廨人员组织、管辖权限与运行程序的基本依据。同时，会审公廨在近六十年的发展过程中，其组织与运行等也发生了一些明显的变化。

1. 人事组织

（1）中方官员。根据会审章程的规定④，公廨的中方官员包括：政府派驻的谳员——同知（通常官居五品），以及谳员自行招募的通事、书差和帮助处理语言等涉外事务的外籍雇员。谳员是中国官府派驻租界的主要官员。根据会审章程第 1 条——"遴委同知一员，专驻洋泾浜，管理各国租地界内钱债、斗殴、窃盗、词讼各等案件"，及第 8 条——"委员应用通事、翻译、书差人等，由该委员自行招募，并雇洋人一、二名，看管一切"，谳员负责租界的各等案件，并可以自行招募雇员甚至洋人，权力较大。不过，会审章程第 4 条就其管辖权限规定："华人犯案重大，或至死罪，或至军流徒罪以上，中国例由地方正印官详请臬司审转，由督抚酌定奏咨，应仍由上海县审断详办。倘有命案，亦归上海县相验，委员不得擅专。"据此，公廨谳员对于租界华人所犯重大案件，仍须如清朝其他地方一样，由知县负责初审并逐层上转，公廨谳员地位甚至不及知县（通常为七品的县正印官）。⑤ 不过，

---

① 辛亥革命后，会审公廨成为受外人掌控的纯粹司法机关，性质与辛亥革命前发生了质的变化。参见胡震：《清末民初上海公共租界会审公廨法权之变迁（1911—1912）》，载《史学月刊》，2006（4）。基于本文主要论述租界法律文化对中国法制影响的要求，本文对辛亥革命后会审公廨的发展论述从略。

② 一般认为，从中国派驻地位近乎州县副官的同知主导会审公廨及会审章程中规定的公廨的职权，可以推知中国政府最初是将其作为传统的基层官署看待的，但英文"mixed court"则可以看出其主要职能是审判，这也是人们提及会审公廨时首先想到的功能。

③ Anatol M. Kotenev, *Shanghai: Its Mixed Court and Council*, "perface", x, Shanghai, North China Daily News & Herald, 1925.

④ 参见王铁崖：《中外旧约章汇编》，269～270 页，北京，三联书店，1957。

⑤ 会审公廨的设置，根据中国政府的最初考虑，是在租界新设一个县，不过由于形势的发展，未能实行。但公廨的中方官员地位不及知县，更不及部分诉讼的当事人，使公廨的运行受到很大影响。参见王健：《西法东渐》，290 页，北京，中国政法大学出版社，2001。

由于租界工部局及外国会审官员的操纵，会审公廨的审判权限并未按会审章程的规定执行，谳员的裁判权即会审公廨的裁判权并未受到中国政府的约束，重大案件移交上海县的规定基本上只停留在纸面上。

谳员的能力和操守是影响会审公廨运行与效力的重要因素，但决定和影响谳员行为的，除了其个人的个性能力和思想认识，首先是他实际依托的租界体制和租界寡头们的强势影响，其次才是他制度上所依托的中国传统制度和各级上级衙门。由于谳员在公廨中的核心作用，谳员的能力与办事风格对会审公廨的影响非常突出。根据统计，会审公廨在 1868 年到 1927 年里，中方派驻谳员 20 位[①]，许多谳员以自己的行为影响了会审公廨的历史。例如，首任谳员陈福勋在公廨任职 16 年，直接决定了会审公廨早期的进程和格局；1903 年 3 月离职的谳员张柄枢得到美国领事和上海绅商的认可和敬重，但被中国方面指控渎职枉法、办事不力而调离上海[②]；对公廨影响最大的谳员当属三入公廨并在辛亥革命后任职于公廨的关炯之，直接影响和主导着公廨后期的运行。

谳员之外，会审公廨和中国传统州县衙门在人员组织方面大致相同，设有文案、书办、收发、差役等办事人员，由谳员任用和领导。这种人事制度体现了中国传统官府的特色：谳员（主要官员）独断，没有司法行政机构，内部工作程序没有法制化。这既给谳员、差役擅权弄法（如民事案件是否立案）提供了空间，也与租界其他公权机构规范化、制度化运作格格不入，给租界外人质疑中方执法的正当性、合理性，进而操纵公廨提供了借口。

（2）外籍会审员及相关人员。会审章程就外籍会审员的权限、程序等进行了规定。其第 2 条规定："凡遇案件牵涉洋人必应到案者，必须领事官会同委（谳）员审问，或派洋官会审。"第 3 条规定："凡为外国服役及为洋人延请之华民，如经涉讼，先由该委员将该人所犯案情移知领事官，立将应讯之人交案，不得庇匿至讯案时。或由该领事官，或由其所派之员，准其来堂听讼。"[③] 与中方谳员同居公廨会审的外籍会审员，既可以是有关的领事官，也可以是领事委派的副领事甚至翻译等属员。形式上，外方陪审员应尊中方谳员为主，但因为中国传统法制多被洋人否定，中方谳员大多只得迁就外籍陪审员的意见。

译员是解决会审语言障碍必要的人员配置。根据有关记载，1897 年[④] 前，公廨的翻译工作主要由外籍陪审员承担，陪审员既做法官，又做一方当事人的代言人。此后才予以改变。因为语言障碍，一些案件"即会审华官亦在不求甚解之列，但由会审领事心领神会，

---

① 参见杨湘均：《帝国之鞭与寡头之链——上海会审公廨权力关系变迁研究》，97～98 页，北京，北京大学出版社，2006。彭晓亮则将杨说中两位任职时间不明者不计，为 18 位。参见彭晓亮：《关炯之与上海会审公廨》，载《史林》，2006（4）。

② 参见夏东元主编：《二十世纪上海大博览》，42 页，上海，文汇出版社，1995。

③ 此两条所指洋人，主要指享有领事裁判权的外国人。这是会审公廨事务中少数涉及领事裁判权的内容。

④ 这一年，会审公廨英国陪审员告知工部局，今后工部局在巡捕房应自备翻译，因为他作为陪审员不能再为巡捕房翻译了。这得到巡捕房督察长麦肯奇的肯定，因此后者建议：向会审公廨起诉时应自带翻译。参见《工部局董事会会议录》，第 13 册，1897 年 3 月 2 日的会议记录。

便已定谳矣"①。因此,公廨在官员配置和实际运作上,已突破中国官方设置该衙门的本意,成为具有浓厚"国际法庭"色彩的机构。

2. 管辖范围

根据会审章程第 1、2、6、7 等条的规定,会审公廨根据原告就被告的原则,有权裁判租界以华人和无约国人为被告的民刑案件。具体包括:以华人为被告、洋人为原告的民刑案件②,纯粹华人间的民刑案件,无约国人为被告的民刑案件。

关于会审公廨的管辖范围,章程第 1 条规定为"管理各国租界内钱债、斗殴、窃盗、词讼各等案件。"但这一规定很快被打破。会审公廨成立后,外人以中国内地衙门对涉外案件不许会审(只能观审)③为由,对于洋原华被的案件,无论该华人被告是否在租界居住,都要求归会审公廨管辖。国际上通行的原告就被告的诉讼管辖原则,被租界寡头基于维护自身利益需要而恣意破坏,仅适用于纯粹华人案件而已。

实践中,进入租界生活的广大华人不熟悉租界各项管理制度,违反租界管理规范的违警案件繁多,因此会审公廨管辖的主要案件,属于违警、租税及违抗行政命令等涉及租界自身事务的案件。对于轻微的违警案,一般当庭判处;对于租税案,由工部局呈请会审公廨传讯未按规定交纳捐税的人,公廨则裁决应缴的税款;对于违反租界行政规范的案件,会审公廨一般根据案情裁决当事人遵守租界命令,并无固定的处罚方式。

会审公廨的处罚范围,根据章程规定,主要是枷杖以下的罪名。清末废除传统刑律后,1905 年《续订上海洋泾浜设官会审章程》规定,公廨处罚范围为徒刑 5 年以下的案件。④对于情节轻微的犯罪,无论是刑事、行政案还是违警案,都可判处一定额度的罚金。辛亥革命前,会审公廨判处的 5 元以下的罚款归巡捕房,5 元以上的罚款由公廨与巡捕房对分。⑤不过,租界巡捕房根据惯例,对于违警、违反行政命令的案件也拥有处罚权,当事人支付罚款后就不必送会审公廨裁决,使会审公廨的罚款处罚的权力受到瓜分。⑥

3. 侦查、起诉的权力与程序

(1)侦查、搜查及拘捕人犯的权力。根据会审章程,公廨谳员具有中国传统衙门的主动侦查、控告犯罪的职责,而不限于审判。但实际上,由于谳员下属的衙役数量及素质所限,加之租界工部局等的干涉,公廨主动侦查案件的情况很少。上海道、上海县侦查租界

---

① 姚公鹤:《上海闲话》,95 页,上海,上海古籍出版社,1989。

② 法国退出该章程后,有关法国人的案件,归法租界会审公廨管辖。

③ "观审"和"会审"虽然都是外国人与中国官员同堂参审,但两者具有质的不同。"会审"是会同审理,外国会审官与中国官员同为审判的主角,对案件的判决有决定权。"观审"则是旁听,对于涉及华、洋的民刑诉讼,被告所属国的领事或官吏,可在法庭一旁观审,如果认为审理中有不当之处,可以辩论并传讯证人,但不能与承审员并列。

④ 不过,笞杖刑尽管是屡被外人诟病的五刑中的内容,但上海公共租界根据规定首先试行新律而废除这一处罚方式后,却遭到了租界寡头乃至中方谳员的反对,认为租界刑罚减轻后罪犯增多,增加了租界治安的难度。参见杨湘钧:《帝国之鞭与寡头之链——上海会审公廨权力关系变迁研究》,104 页,北京,北京大学出版社,2006。

⑤ 参见《关谳员收回公堂权利》,载《民立报》,1911-11-20。罚款可用于租界各种事务中,如提供囚犯衣食、盖监狱等。参见《工部局董事会会议录》第 11 册,1894 年 2 月 20 日、3 月 6 日的会议记录。

⑥ 参见《工部局董事会会议录》,第 12 册,1896 年 8 月 11 日会议记录记载的亨特为华籍马夫抗辩案。

内华人犯罪的权力，也因租界巡捕房的阻挠也难以施行。不仅中国官府对租界内华人案件的侦查权被租界外人（巡捕房及其所属的工部局董事会）侵吞殆尽，与侦查权相连的搜索和拘捕人犯的权力，也受制于租界领事团和外籍陪审员。这样，租界司法权中基础性的侦查权及相关权力，基本由租界外人控制。

（2）命案现场勘验的权力。会审章程第 4 条规定，"倘有命案，亦归上海县相验，委员不得擅专"。租界华人命案勘验权在公廨早期基本属于上海县①，但后来由于中国官员的不作为和租界外人的不断进逼，本该由中国拥有的勘验权力不断缩小。租界巡捕房和工部局卫生官等外人，以租界管理及依据现代医学、保护勘验人员健康的名义，形成整套勘验工作程序和完整的勘验制度，积极参与租界尸体勘验工作②，以至于后来对监狱死亡的华人尸体，巡捕房不再知会中方收验。公廨谳员甚至为此呈请上海道台知会外国领事，租界华人尸体由中方官员验尸后才能收殓。③

（3）拘传程序。根据会审章程第 1、3 条的规定，对于一般涉案华人，由谳员派差役直接拘传，不受上海县或租界当局的控制；如需拘捕为外人服务的华人，则须知会领事将应讯之人交案；如果缉拿直接服务于领事的华人，则需经领事许可后再行拘捕。但实践中，拘传租界华人的程序与权力，一直是租界华洋争执的问题。工部局 1878 年对谳员陈福勋奉命拘捕人犯送上海县提出抗议，认为"提拘租界人犯，应由领事签字，且须经工部局巡捕执行"，公然干涉谳员行使职权。④ 此后，形成惯例，"上海县署在租界内拘提人犯，拘票亦应由领袖领事副署，并由巡捕房协助执行"。租界人犯拘传遵循"会审公廨发出拘票——领袖领事盖印——巡捕房执行"的路径。⑤

（4）受案来源。会审公廨作为司法官署，其受案来源包括：1）刑事被害人或民事被告向公廨"投禀"的案件；2）巡捕房通过律师或法律助理向公廨提起的违警或刑事起诉案件；3）工部局的其他机构通过法律顾问提起的违反行政法规的案件。公廨像中国传统衙门一样自行侦查处理的案件很少。

4. 审判程序

根据会审章程，涉及外国人的民刑案件，由会审公廨谳员和外籍陪审员会同办理。谳员在名义上居于主导地位，但由于语言沟通的障碍和外籍会审员的强势影响，谳员大多迁就陪审员的意见，在涉及外国人或者当事人聘请律师的情况下尤其明显。

---

① 例如，1869 年租界发生的"印度人卓尔哲杀死木工王阿然案"，即由上海知县朱凤梯亲临验尸，并否定英国领事麦华陀押解该犯回国惩治的提议，将罪犯依法处以绞刑。参见汤志钧编：《近代上海大事记》，258 页，上海，上海辞书出版社，1989。

② 1870 年 11 月 9 工部局董事会会议录记载，租界外人希望取得可能涉及外人的华人尸体的勘验权（《工部局董事会会议录》，第 4 册，1870 年 11 月 9）；1895 年 12 月 3 日工部局董事会会议录记载，英领事要求工部局保护验尸官不会传染疾病，因此工部局指示陈尸所准备碳酸及其他消毒药品，并进行其他相应安排。参见《工部局董事会会议录》，第 7 册，1895 年 12 月 3 日。

③ 参见杨湘钧：《帝国之鞭与寡头之链——上海会审公廨权力关系变迁研究》，108 页，北京，北京大学出版社，2006。

④ 参见倪正茂：《上海近代法制史料管窥》，载《法律史研究》编委会编：《法律史研究》，第 1 辑，479 页，西安，陕西人民出版社，1990。

⑤ 参见张铨：《上海公共租界会审公廨论要》，载《史林》，1989（4）。

会审的案件，除星期日外，每天上午开庭，称为早堂。陪审员早期基本来自英、美两国，后期由英、美、德三国轮流。纯粹的华人民事案件，每天下午 6 点到 8、9 点开庭，由谳员单独审判，称为晚堂。

依据会审章程，对于重大案件，公廨应立即移送上海县。但实际上，从 1883 年 7 月曹锡荣案①开始，会审公廨设置了预审程序，重大案件在移交上海县之前，一般须经公廨预审。

经过公廨审理的案件，不服判决的，依据会审章程第 6 条，可以向上海道及领事官上诉。上诉程序是：上海道台接受上诉人的诉状后，确定审期并知照相应领事会审，会审场所设在租界中的洋务局内。② 但事实上，一般涉外华人被控犯罪的案件都是一审定案，因受外籍陪审员、工部局、驻沪领事团、北京公使团乃至外国政府的层层控制，很难翻案或再审。③

5. 人犯的关押与移送

根据会审章程，会审公廨作为中国的司法机关，有权像一般司法机关一样，负责嫌犯的收押、罪犯刑期的执行等职责。巡捕房逮捕华人嫌犯后，即送会审公廨审断，公廨判处徒刑的人犯应送上海县监狱服刑。1885 年后，因县监狱不够使用，上海地方官府又无力兴建新的监狱，于是借用租界的监狱。此后，会审公廨判处徒刑的人犯入囚租界监狱成为定例，租界当局不再让公廨判决有罪的租界华人送到上海县服刑。④ 这样，会审公廨收押、判处的人犯中，由公廨监房负责收管女犯，以及民案被裁定管押收容的被告；公廨已决刑事男犯，轻者送巡捕房执行。各巡捕房设有牢房，功能类似于现代警察局收容所、法院的看守所和监狱。经公廨判决 3 个月以上徒刑者，则关押在福州路总巡捕房监狱即"西牢"。因监房不够，租界当局 1903 年 5 月启用新建的华德路提蓝桥监狱，有监房 500 间，专充收容华人之用。⑤

6. 律师的使用

在中国引进西方律师辩护制度，是列强设置在华司法机构的必然结果。根据现有资

---

① 1883 年 7 月上海公共租界巡捕曹锡荣涉嫌报复，殴打王阿安致死。公廨谳员要求依据会审章程交上海县判决，工部局则以为外国人服务的华人犯案应照会领事再行拘捕的规定，要求先在会审公廨会讯后再定。于是在将人犯交上海县前，由公廨谳员陈福勋、美国副领事哲沙尔进行预审，并议定堂谕交上海县审断。参见汤志钧：《近代上海大事记》，413～416 页，上海，上海辞书出版社，1989；杨湘钧：《帝国之鞭与寡头之链——上海会审公廨权力关系变迁研究》，133～134 页，北京，北京大学出版社，2006。

② 洋务局是清政府上海道设在租界内、审理华洋上诉及中外国际交往的办公机关，它和会审公廨（中国设在租界的司法机关）及天后宫（清政府出使大臣的行辕及办公机构）一起，是上海公共租界内，不受租界工部局巡捕房管辖，不向租界交纳各项捐税的华人处所。参见姚公鹤：《上海闲话》，7 页，上海，上海古籍出版社，1989。

③ 参见《工部局董事会会议录》，第 15 册，1902 年 1 月 2 日会议记录。至于纯粹华人诉讼，则依中国传统法执行，由上海道派人或自行审理。

④ 参见费成康：《中国租界史》，138～139 页，上海，上海社会科学院出版社，1991。

⑤ 享有领事裁判权的外国罪犯，一般关押在领事馆附设的监狱内或送国内执行。因为领事馆监房不敷使用，并为了配合国内司法制度，公共租界在厦门路建造专门收押外国犯人的"西牢"，与主要关押华人的提蓝桥监狱不同。

料，19 世纪 60 年代早期，租界已有律师活动的记载。[①] 不过当时人数很少，他们主要服务于租界外人。会审公廨成立后，律师制度传入华人世界。至迟到 19 世纪 70 年代会审公廨的华洋诉讼中，当事人已开始聘请律师在法庭上相互攻防。不过，会审公廨主要在"早堂"即洋原华被的民事案件及华人刑事案件才允许律师出庭，"晚堂"的审理程序、适用法律和内地衙门一样，很少见律师的身影。[②] 不过，1869 年《洋泾浜设官会审章程》中没有关于律师的条文，外国律师在会审公廨的辩护活动是在无章可循的情况下进行的，因此律师辩护的随意性很大，存在诸多缺陷。尽管如此，律师凭借法律知识在公廨中为当事人辩护，使谳员和陪审员受到一定的制约，也为现代律师制度在中国的发展提供了现实的模本。

7. 法律的适用

会审公廨是中国政府设于租界的司法机关，审理以中国人（以及无约国人和无国籍人）为被告的案件，本应适用中国法律。但由于外籍会审员的实际操纵，加之案件往往涉及租界管理规范，以及中国传统法律对租界环境适用的滞后性，公廨适用的法律呈现多种情况。

纯粹华人之间的案件，主要适用中国法律。因为政权更迭，20 世纪早期以前主要适用《大清律例》以及中外官府颁布的告示。[③] 民国后，公廨谳员关炯之坚持以民国法律为华人案件判决依据，并在有关文件上注明所依法律的条款。[④]

华洋间的涉外诉讼，由于以英美为主的外国陪审员参与会审，参与辩护的律师多为英美律师[⑤]，所以公廨以英语为工作语言，中方谳员因为语言障碍无力主导案件的审理，外国陪审员成为实际的主审法官，审理过程成为外籍陪审员引导下的英美式对抗制诉讼。这样，公廨中适用的法律相当混乱，既不是中国法律，也不是西方某一国的法律。公廨的法庭审理和案件判决中主要运用的是西方现代法律原则，租界管理规范也是公廨处理有关纠纷的重要依据。[⑥]

（三）会审公廨的行政与立法职能

尽管会审公廨在实践中主要是司法机构，但作为清政府派出的基层衙门，和中国传统

---

① 根据《北华捷报》记载，1862 年 2 月就有外国律师在租界出庭辩护。工部局 1863 年就专门开列律师服务支出。参见陈同：《略论近代上海外籍律师的法律活动及影响》，载《史林》，2005（3）。

② 1908 年由公共租界纳税人会议通过的《续增上海洋泾浜设官会审章程》规定"凡词讼、刑名各案如有外国会审官在座，两造均可聘用律师"，并规定华人间民事诉讼中的原、被告双方也能聘用律师，突破了此前华人间民事案件不准请律师的做法。参见陈同：《略论近代上海外籍律师的法律活动及影响》，载《史林》，2005（3）。

③ 不过，会审公廨判决中很少见到律例条文依据，其原因在于：公廨无权审理徒流死罪大案，所审理的笞、杖以下轻微案件由其自决而不需依律。

④ 参见关炯之：《会廨补阙记》，上海市档案馆藏，卷宗号 Q179-4-6。

⑤ 根据统计，辛亥革命前，租界活动的主要是英美律师。参见陈同：《略论近代上海外籍律师的法律活动及影响》，载《史林》，2005（3）。

⑥ 例如，在 1877 年三个外国人就租界两家戏院噪音提起的诉讼中，会审公廨审理后判决：戏院必须在晚上 12 点前关门，否则将拘押戏院负责人并关闭戏院。其依据一是工部局章程第 40 条的规定，二是英国普通法的噪音标准，三是会审公廨关于游乐场所 12 点关门的先例。参见《混合法庭》，载《北华捷报》（North China Herald），1877-07-28。

478 | 中国传统法律文化研究　第九卷

官府一样，是包办当地各项事务的治民机构，同时具有现代意义的司法、行政和立法功能。1884 年 4 月会审公廨谳员蔡汇沧奉上海知县命令所发布的六言告示，就清楚地反映了公廨的这一特点："照得小车捐项，中外官已会商，数日即可出示，尔等不必着忙。生意准尔暂作，巡捕不来阻挡。倘敢聚众滋事，立即严拿到堂。而等应知王法，切勿以身试尝。"①

蔡谳员的这一亦庄亦谐的告示，简易明了地反映了会审公廨作为中国官府具有的安抚民众心理、告知公共事项、劝导循规受法、警示严惩违法的传统功能。

1. 会审公廨的行政功能

会审公廨作为清朝的地方官厅，在上海租界这一特殊环境下，其行政职能主要包括：

（1）在必要时奉命代表中国政府与外国有关政府机构沟通。如 1872 年公廨谳员陈福勋奉命代表中国赴日本横滨，与日方商量处理被玛也西号外轮拐卖华工的事项。②

（2）配合租界工部局处理租界行政事务。作为租界内的中国官厅，与租界管理当局配合处理有关行政事务，是会审公廨行政工作的重要部分，如管理饮食卫生、督促妓女进行医学检查等。这些工作一般由租界当局运用现代专业知识安排施行，会审公廨则予以背书与肯定。这从另一方面表明会审公廨对于租界华民并未完全丧失"治权"，租界外人当局涉及华人的行政事项，需要得到中国官厅的支持才能实施。③

（3）处理与租界民众有关的行政事务。作为中国政府设置的衙门，会审公廨具有平抚民心、照顾弱小、定纷止争的"治民"职责。如 1879 年陈福勋筹款建"沪北栖流公所"，收养失业、贫病流民。④ 1882 年陈福勋对于上海会德丰洋行水手与工头、船主的劳资纠纷，在查清实情后，成功地进行了调解。⑤

2. 会审公廨的立法功能

会审公廨作为清政府设置在租界的"治民"机构，具有根据当地实际需要制定规范性文件的立法职能。具体包括：

（1）根据租界需要自行发布命令。如 1893 年 11 月，谳员蔡汇沧对于租界外人提出的华人长期停棺习俗可能传染疾病的问题，向工部局建议，由后者捐赠三四百元，中方在租界以外选地建立停棺所，并"发布一项通告，严格禁止将任何棺材放在租界内"⑥。这表明，会审公廨谳员可以根据需要，自行发布命令，要求华人遵行。

（2）奉上海知县或道台的命令发布告示。前述蔡汇沧发布的六言告示即是如此，这是会审公廨谳员发布告示或命令的通常缘由。

（3）应租界寡头的要求颁布法令。尽管管理租界的实际权力把持在英、美、德等国政

---

① 汤志钧编：《近代上海大事记》，464 页，上海，上海辞书出版社，1989。

② 参见上书，290～291 页。

③ 例如，租界工部局 1887 年开始要求界内妓女到性病医院检查，直到 1889 年公廨谳员积极配合，"或将送她们回乡，或是将她们送往新闻收容所，其他妓院也已被监视，并将被起诉"，才使这一措施取得显著效果。参见《工部局董事会会议录》，第 9 册，1887 年 1 月 20 日记录，1889 年 6 月 18 日和 21 日记录。

④ 参见汤志钧编：《近代上海大事记》，363 页，上海，上海辞书出版社，1989。

⑤ 参见上书，392 页。

⑥ 《工部局董事会会议录》，第 11 册，1893 年 12 月 12 日会议记录。公共租界外人与中方合作处理华人停棺习俗，也是公共租界没在这一问题上与华人酿成激烈冲突的原因。

治经济寡头手上，中国在租界的治权被不断侵蚀，但在法律上和形式上，占租界居民绝大多数的华人仍由中国官府管理。所以，租界寡头为有效实施各项管理制度，需要得到界内中国官员的支持。会审公廨根据租界工部局等的要求，发布关于治安、卫生等的告示，是公廨主要的立法原因。如：1901 年根据租界领袖领事和上海道台停止彩票的谕令，公告示令禁止各项彩票，违者"严惩不贷"[1]；1897 年会审公廨根据工部局的要求，发布告示，严禁向租界运输受瘟疫感染的奶牛[2]；1894 年针对香港发生传染病，工部局除发布告示要求租界居民注意外，还请会审公廨谳员发布告示，要求租界华民遵守工部局的指示。[3]

　　会审公廨作为中国设在租界的官署，与中国传统衙门一样，不仅具有司法职能，还具有行政与立法功能。公廨谳员在租界审断案件、办理有关行政事务、颁布各项法令规范，既是本身职责使然，也是租界正常运转的需要。根据《工部局董事会会议录》的记载，公廨谳员发布的告示一般都得到了实际执行，成为公廨裁决案件的法源。谳员在与租界外国人配合履行其管理租界华民的职能时，尽管或多或少表现出对外国人侵夺中国主权的退让，但也使中国官员直接参与了西方现代法律制度的运行程序，为中国法制现代化提供了现实的经验。

二、"苏报案"与中西法律文化的冲突

　　会审公廨作为中国政府在租界设置的、由中国官员与外籍陪审员会同审理租界华人案件、处理华人事务的衙门，在运行过程中，既有与租界外人沟通合作之处，也常常表现出中西两种制度文化的冲突。20 世纪初期发生在上海公共租界的"苏报案"，就典型地反映了在租界这一特殊环境下呈现的中西法律文化的冲突。该案在中国法制史上的特殊性，既表现在该案发生过程中外国势力对中国管辖权的限制与侵夺，也反映在该案审理与判决过程中适用的程序与法律。

（一）"苏报案"的经过[4]

　　《苏报》是 1896 年胡璋创办的一家小报，1898 年由陈范接办，馆址设在上海公共租界汉口路 20 号。陈范政治上维护维新变法、倾向革命，《苏报》在他的经营下成为宣扬进步思想的园地。1903 年，聘章士钊为《苏报》主编，由章太炎、蔡元培、吴稚晖负责言论，刊发大批形式新颖、言论激烈的文章，成为宣传革命思想的阵地。[5] 该报从 5 月 27 日起，连续三次

---

①　夏东元主编：《二十世纪上海大博览》，17 页，上海，文汇出版社，1995。
②　参见《工部局董事会会议录》，第 13 册，1897 年 1 月 5 日会议记录。
③　参见《工部局董事会会议录》，第 11 册，1894 年 5 月 22 日会议记录。
④　参见余衍玉：《苏报案百年祭》，载《文史精华》，2003（6）；杨湘钧：《帝国之鞭与寡头之链——上海会审公廨权力关系变迁研究》，137～138 页，北京，北京大学出版社，2006；石培华：《从上海"英租界工部局档案"中有关"苏报案"的资料看"苏报案"的真实情况》，载《华南理工大学学报》（社会科学版），1996（4）；王敏：《苏报案的审讯与判决》，载《史林》，2005（6）；上海通社编：《上海研究资料续集》，72～73 页，广州中华书局，1939，等等。
⑤　章士钊在 5 月 27 日任《苏报》主编到 6 月 29 日"苏报案"发的 33 天内，刊登了《康有为》、《论中国当道者皆革命党》、《论仇满生》等十多篇"反清"文章。参见余衍玉：《苏报案百年祭》，载《文史精华》，2003（6）。

推荐邹容的《革命军》，该报刊登的章太炎《驳康有为论革命书》一文，以公开信的形式全面批驳立宪保皇，大肆鼓吹以革命推翻清政府。《苏报》的这种公然鼓吹推翻现行政权的行为，自然不能为清政府所容。1903 年 4 月，江苏巡抚提出"将为首之人密拿严办"，并得到驻沪各国领事的许可，但因公共租界工部局反对，中国政府未能如愿。接着，清两江总督在南洋法律顾问、外籍律师担文①的建议下，以政府名义，向会审公廨控告《苏报》及相关人员，并与当时的领袖领事美国人古纳订立协议，答应在租界审理该案。6 月 29 日驻沪领事团同意签票由租界巡捕抓人。6 月 30 日，章太言被捕；7 月 1 日，邹容向巡捕房投案自首；7 月 6 日，原告代理人古柏律师（担文的助手）申请，经领袖领事同意，会审公廨谳员孙士麟签发封条，英国陪审员副署后，经英国领事签字交租界工部局，巡捕房于次日查封了《苏报》，没收了报馆财产。中国近代历史上广为关注的"苏报案"因此而产生。

该案发生后，邹容与章太炎等人被关押在巡捕房。清政府希望将该案从租界引渡到华界，由中国官员按中国律例审判，一则处罚章、邹等大逆不道之人，二则收回租界被外人侵夺的对华人的审判权。② 上海道向租界交涉引渡人犯时，驻沪领事与工部局对此意见不一。上海道取得美国驻沪领事古纳的支持，美领事致函上海道，表明驻沪领事团的意见：租界并非中国有罪者避难之地，"苏报案"诸人，一律交由华官治罪。③ 但租界工部局却不同意放人。在 1903 年 8 月 12 日工部局董事会会议上，董事会希望领事团与中国政府交涉早日审讯几名被告，但领事团认为董事会无权干预司法问题，要求暂时不要采取行动。但董事会认为，这不仅是司法问题，而是关乎"租界全体居民"利益，是董事会应该而且直接关注的行政管理问题。④ 稍后甚至决议，若一定时期内得不到中国政府的满意答复，没有指定审讯日期，则将释放羁押的犯人。⑤

工部局对"苏报案"的干预得到英国政府的支持。8 月 5 日，英国首相巴尔富在下议院宣布，他已致电驻华公使"不得将'苏报案'犯交华官"审办。次日，又致电上海工部局令其"阻止华官办理"⑥。

在工部局的直接干涉下，驻沪领事与上海道订立在租界审理"苏报案"的协议，由会审公廨组织一个"特别法庭"进行审理。清政府派出会审谳员邓鸣谦（新任）和上海县县令汪瑶庭，外方会审员为英国副领事迪比南。古柏作为原告律师出庭，代表清政府向法庭提出指控，被告章太炎与邹容由律师伯易及琼司二人辩护。

1903 年 12 月 3 日至 7 日，"苏报案"的审讯持续 4 天。期间，外侨李德立（Edward S. Little）和西蒙（W. N. Symond）作为辩方和控方证人先后出庭作证，钱允生等与案件相

---

① 担文 19 世纪 70 年代早期来上海执业，于 1875 年起担任上海公共租界工部局的法律顾问，卸任后，常常代表当事人的利益与工部局进行法律交涉，每每为中国当事人据理力争，颇获中国官方好感。同时也因为其"过多"为中国人服务而使英国人认为他的行为伤害了本国利益，因而受到英国官方的排挤。参见陈同：《略论近代上海外籍律师的法律活动及影响》，载《史林》，2005（3）。

② 参见《辛亥革命·苏报鼓吹革命清方档案》。转引自李贵连：《近代中国法制与法学》，40 页，北京，北京大学出版社，2002。

③ 参见李启成：《晚清各级审判厅研究》，42～43 页，北京，北京大学出版社，2004。

④ 参见《工部局董事会会议录》，第 15 册，619 页，上海，上海古籍出版社，2001。

⑤ 参见上书，628 页。

⑥ 汤志钧编：《近代上海大事记》，576 页，上海，上海辞书出版社，1989。

关的多人及执行逮捕令的巡捕出庭接受法庭调查，程吉甫、钱允生因法庭认为不构成犯罪而被当场释放。

审理结束后①，庭审中一直少有作为的中方官员汪瑶庭抢先宣判，判决章、邹两人永远监禁，其余 4 人开释。英国陪审员以事先未经商议且判刑过重为由，不承认判决的效力；清政府认为过于轻纵，也不满意；中外舆论却认为此判过重，领事团也对此表示异议。适逢记者沈荩因言论被"杖毙"一事②，中国的法制受到西方国家的广泛批评，人们因此对同样因为新闻舆论而涉讼的"苏报案"给予了更多的关注。"苏报案"的审理因此搁置。

此后，中外就该案的判决进行了半年多的交涉，清政府为避免完全无功而返，被迫屈从英国驻华公使的意见，对章、邹两人再审，"从宽办结"。1904 年 5 月会审公廨改判章太炎监禁 3 年、邹容 2 年，期满后驱逐出租界。③ 闹得沸沸扬扬的"苏报案"至此结束。

（二）"苏报案"的审讯与判决

"苏报案"是发生在上海租界这一中国领土上的，中国人对中国政府进行批判而引起的案件。无论根据有关国际法规范，基于《土地章程》衍生的租界管理规则，还是 1869 年会审章程关于公廨的管辖规范，该案都属于中国司法管辖的范围。但在上海公共租界这一特殊环境下，中国政府对本属于中国内务的"苏报案"的处理，无论是案犯的拘捕、审判的地点、法庭的组织，还是审判的进程、适用的法律、判决的作出与执行，乃至案犯刑满后的安排④，都受到了租界工部局、驻沪外国领事、北京外国公使（团）、英国等外国政府，以及参与案件审判的外国律师的多种外力的干涉，最后作出了与中国传统法制体系完全不一样的处理结果。"苏报案"的产生与发展，既是 20 世纪初期中国尤其是上海租界特殊社会环境的产物，也反映了中西法制在基本理念、具体制度上的巨大差异，以及西方法制对我国近代租界地区并因此而对中国近代法制的强势影响。

1.　"苏报案"的审理法庭与法官

"苏报案"发生后，清政府对案犯予以引渡或单独审判等方案均未成功，经过交涉，只得同意由会审公廨组织一个审理该案的特别法庭，法官由南洋大臣特派代表上海知县汪瑶庭、会审公廨谳员邓鸣谦、英国副领事迪比南组成。

按照 1869 年会审章程和会审公廨三十多年的运行实践，对于不涉及外国人的纯粹华人

---

①　学者王敏依据当时上海最有影响的外文报纸《字林西报》关于"苏报案"的报道，认为汪瑶庭的宣判时间是 12 月 9 日。参见王敏：《苏报案的审讯与判决》，载《史林》，2005（6）。

②　记者沈荩因慈禧密旨被"杖毙"一事，是清末一起重要的新闻事件。沈荩因为报道了中俄密约丑闻而惹怒清政府，被捕后未经审讯而被"斩立决"。因逢慈禧寿辰，不宜公开杀人，遂判"立毙杖下"。被打两百余杖后，沈荩"血肉飞裂，犹未致死"，最后用绳"勒之而死"。参见方汉奇主编：《中国新闻事业通史》，第 1 卷，191 页，北京，中国人民大学出版社，1992。

③　不过，邹容尚未刑满，即于 1905 年 4 月 3 日瘐死于狱中。章太炎被判监禁 3 年，于 1906 年 6 月 29 日刑满出狱，后东渡日本。

④　1905 年 3 月 1 日《工部局董事会会议记录》记载，董事会获悉罪犯（即邹容与章太炎）于 7 月 2 日刑满，并已选择刑满后去日本，因此董事会要求采取必要步骤以保证他们安全而秘密地离开。参见《工部局董事会会议录》，第 15 册，564 页，上海，上海古籍出版社，2001，尽管邹容在一个月后死于狱中未能成行，但章太炎出狱后则去了日本，让人推断二者之间的联系。

案件，由中国谳员单独审理，外国陪审员不参加会审。因此，"苏报案"本不属于外籍陪审员参与审理的范围。但中外（尤其是中英）反复交涉后组成的审理该案的临时性特别法庭中，尽管中方派出两名法官，英国只有一名副领事，但该法庭的成立即意味着中方对该案审理主导权的丧失。实际审理过程中，两名中国审判人员因为对法庭上使用的英语和英国式的对抗制诉讼程序以及依据的法律原则很不熟悉，所起的作用很小：知县依据中国法律提出的几次抗议，因与法庭审判规则和依据不相适应而不被支持，谳员仅仅只是陪审而已。法庭在外籍陪审员的组织下，由控辩双方律师你来我往，完全是一个由英国法官主持的英美式法庭的翻版。该案的外籍陪审员完全掌握审判主导权①，是法庭的实际主持者，中国两名官员只是名义上的法官。

2. 律师在诉讼中的活动及作用

按照会审公廨三十多年的审判实践，对于洋原华被的涉外案件，可以聘请律师帮助诉讼，但如果原、被告都是华人，则不能聘请律师。到 19 世纪末叶，聘请律师处理涉外法律事务，在中国官民之间已得到认可。② 在本案中，尽管诉讼双方都是中国主体，涉诉案件完全不涉及洋人的利益，但由于事在租界且有外籍陪审员会审，双方都聘请了律师。

清政府聘请上海最有影响的英国律师担文，担文请合伙人古柏出庭；清政府后来又聘请哈华托律师事务所的哈华托律师。被告律师是工部局基于为因贫困等原因请不起律师的人提供法律援助的法制理念而主动出面所聘③：章太炎、邹容等被捕时由博易律师应聘到庭，初审时出庭的是雷满律师，正式审讯时的出庭律师为琼司和爱立司。

原告律师精心准备指控，古柏因不懂中文而看不懂章太炎和邹容的文章，但他娴熟地运用西方法理来分析被指控的言论，将章、邹的言论描述得极具煽动性和危险性，并强调在当时中国社会充满不稳定因素的条件下，那些言论导致社会动荡的可能性要远远超过英国等社会比较稳定的国家。④ 因为仅凭章、邹文章的署名，不能证明他们与文章的印刷出版有关，依据现代西方法制不能证明他们有罪，为此，古柏力图将举证责任转移给被告。

对于原告律师的指控，机敏善辩的被告律师坚持原告举证的西方法制原则，同时实行巧妙的辩护策略，用充满感情色彩的表达，将章、邹描述为值得同情的无辜者：邹容是一个思想多变的 19 岁青年，章太炎是一个关心国家命运的伟大爱国者，无端地被中国政府拖

---

① 根据学者王敏依据《字林西报》对案件审理过程报道的研究，英国会审官迪比南的权力远远大于通常会审公廨的会审员。在第一天的审理中，原告律师古柏请求知县、谳员和迪比南就有关法律问题作出裁决。迪比南当即明确表示，如果没有他的同意，没有哪个判决能形成。参见王敏：《苏报案的审讯与判决》，载《史林》，2005 (6)。

② 例如，1896 年两江总督张之洞为向上海英国高级法院起诉路易斯·司培泽尔公司出售的武器质量低劣，就聘请汉生律师提供帮助。参见陈同：《略论近代上海外籍律师的法律活动及影响》，载《史林》，2005 (3)。

③ 当时，清政府派来上海协助此案的金鼎在给梁鼎芬的信中说："诸逆律师系工部局代请，该局自谓泰西律法，从不冤人，凡有穷迫不能雇律师者，国家代雇等语。" [参见《金鼎致梁鼎芬书》，载《近代史资料》，1956 (3)]。同时，湖广总督端方致内阁大学士张之洞的函电中也有类似记载，"闻各犯律师系工部局代请，不知何心" [《辛亥革命》(1)，466 页，上海，上海人民出版社，1957]。

④ 参见《苏报案的审判》，载《字林西报》(North China Daily News)，1903 - 12 - 07。《字林西报》是上海最有影响的外文报纸。"苏报案"审理期间，《字林西报》自 1903 年 12 月 4 日至 17 日，连续公布英文的法庭审讯记录和报道，是研究"苏报案"审判情况的重要资料。该案审讯时主要使用英文，记录也为英文。

到法庭上来应诉，要求法庭根据已有的证据予以判决。①

在该案的审理及相关事务中，控辩双方所聘律师都忠实地履行了自己的职责，展示了法律服务人为当事人提供专业法律服务的技巧和能力。通过案件的审理以及媒体的宣传，使中国民众看到了现代律师在诉讼中的积极作用。他们在法庭上援引现代诉讼法的概念，主张程序正义，引进现代言论自由等理论，公开挑战传统社会至高无上的皇室和皇权，对中国民众的冲击，远远超出该案本身。

3. 诉讼中适用的法律

"苏报案"产生背景、法庭组织和诉讼参与人的特殊性，使该案审理时适用的法律也具有自身的特点。

按照会审章程确定的管辖范围和此前的惯例，该案理应适用中国法律。控方律师古柏在开庭时，即申明审理需要依据中国法律这一原则："对几位被关押者的指控已经提交给特别法庭，由于一些指控被证实要受到严惩，而超过会审公廨的权限，因此由中国政府特别指派并得到公使团的同意，知县会同会审公廨谳员和英国迪比南组成特别法庭审理；如果指控被证实，被关押者确实有罪，您有义务适用中国的法律和惯例。因为犯罪者是中国公民，犯罪行为发生在中国的领土上，触犯的是中国政府，他们应受中国法律的制裁，这在以往的条约中也写得很清楚。"②

但案件的实际审理过程并非如此。该案是关于新闻传媒涉诉的案件，但当时中国没有新闻、印刷和出版方面的法规，只能依据《大清律例》中的相关规定提出指控。其中《刑律·盗贼类》有"造妖书妖言"的内容："凡造谶纬妖书妖言，及传用惑众者，皆斩。（监候，被惑人不坐。不及众者，流三千里，合依量情分坐。）若（他人造传）私有妖书，隐藏不送官者，杖一百，徒三年。"

依据这一法律，章太炎、邹容的反清言论属于"谶纬妖书妖言"，他们所犯的罪名即妖言惑众，属于当"斩"的重罪。

不过，法庭上代表清政府指控章、邹等罪犯的，不是熟悉《大清律例》的官员，而是只熟悉英国法律和有关的近代法律原则的英国代理律师古柏。古柏基于他的法律知识，很难依据中国刑律中的"妖言惑众"这一笼统而模糊的罪名，为被代理人指控被告。因此，他在以英文提出的指控中，将罪名拟成"煽动性的诽谤罪"，即"恶意撰写、印刷、出版被认为是有煽动性的文章，或导致其作品被印刷、出版"。这个含义较为清晰、明确的罪名，实际上是古柏依据他所熟悉的西方法律提出的，与《大清律例》中的"妖言惑众"等罪名存在显著的区别。其实，自清政府聘请外国律师古柏为其在法庭上代言起，就决定了清政府对章、邹等的指控，不可避免地适用、援引西方法律原则和制度，用近代西方的法言法语来分析、评价案件，案件审理之初古柏提出并被法庭确认的依据中国法律审理之说，只能落空。

事实上，古柏在法庭上对被告的指控，就是直接援引英国法律来展开的。例如，他在1903年12月4日指控被告所犯罪行时提出："章炳麟和邹容被指控罪名在英国被称为煽动

---

①　参见《苏报案的审判》，载《字林西报》，1903 - 12 - 13。

②　《苏报案的审判》，载《字林西报》，1903 - 12 - 05。

性的诽谤罪……所有的国家都认为这些是严重的罪行,以出版物的形式煽动叛乱自然也是最严重的反政府罪。传播煽动性的言论就如同将火种丢进燃料堆。作者可能无法预见其后果,但是作为众所周知的英国法律原则,他必须考虑到可能的后果。"①

被告辩护律师琼司与爱立司则根本不援引中国法律,而是完全依据西方法庭的程序和西方法律的一般原则为被告进行辩护。

一方面,他们依据英美法系国家判例法的无罪推定原则,坚持原告举证,"应完全由控方证明被指控的罪名"②。对被告的无罪推定意味着由原告证明被告有罪,举证的责任在原告,被告没有义务证明自己是无罪的。对于被告律师的这一立场,原告律师也予以认可,英国陪审员迪比南则以原告举证为原则主持案件的审理。本该适用中国法律的该特别法庭,在基本法律原则上即抛弃了中国传统的有罪推定做法,而实行现代西方法制的无罪推定原则。

另一方面,被告律师坚持现代国家的思想自由原则。清政府以撰写逆书、鼓惑民心、意图谋反的罪名,逮捕章太炎、邹容等人,章、邹被捕时,也承认《驳康有为论革命书》和《革命军》是他们所写。如果按中国官员的"文字狱"思路,仅此一点就足以判其死刑。③ 但原告律师依据英国的法律,以"恶意写作、印刷、出版煽动性的诽谤言论"指控被告的诽谤罪,比依据中国法律涉及的"妖言惑众"等罪名要轻得多。同时,原告指控的罪名包括写作、印刷、出版等条件,而章、邹否认书籍的印刷和出版与他们有关,原告无法提供被告有出版意图的证据,只能就写作进行指控。被告律师以文明国家的思想、言论自由原则进行辩护,外国陪审官也持支持态度。这使原告的指控很无力,其主张难以获得法庭支持。

这样,虽然代表清政府的原告律师宣称适用中国法律审理该案,但由于双方所聘律师及外籍法官对案情和司法原则的西方式解读,使案件的法律适用远远地离开了中国法制的内涵。

4. 案件的判决

在"苏报案"的判决阶段,英国副领事仍具有主导作用。

为避免英国副领事在判决时再插手,在审讯中毫无作为的上海知县汪瑶庭,在审讯结束后,未经协商,即根据开庭前上海道拟定的处理办法,于12月9日上午在会审公廨对"苏报案"抢先进行宣判,以图造成既成事实。判决如下:"本县奉南洋大臣委派,会同公廨委员暨英副领事审讯苏报馆一案,今审得钱宝仁、陈[程]吉甫,由为报馆伙友,一为司账,即非馆主,又非主笔,已管押四月,应乃开释。陈仲彝系馆主陈范之子,姑准交保寻父到案。龙积之于苏报案内虽无证据,惟前奉鄂督饬拿之人,仍押候鄂督示谕,再行办理。至章炳麟作《訄书》并《革命军》序,又有驳康有为一书,诬蔑朝廷,形同悖逆。邹容作《革命军》一书,谋为不轨,更为大逆不道。彼二人者同恶相济,厥罪惟均。实为本国法律所不能容,亦为各国公法所不能恕。查例载不利于国,谋危社稷为反,不利于君,谋危宗庙为大逆,共谋者不分首从皆凌迟处死。又例载谋背本国,潜从他国为叛,共谋者

①② 《苏报案的审判》,载《字林西报》,1903-12-05。

③ 参见中国史学会编:《辛亥革命》,第1册,438页,上海,上海人民出版社,1957。

不分首从皆斩。又例载妄布邪言，书写张贴煽惑人心，为首者斩立决，为从者绞监候。邹容、章炳麟照例科罪，皆当处决。今时逢万寿开科，广布皇仁，照拟减定为永远监禁，以杜乱萌而靖人心。俾租界不肖之徒知所警惕，而不敢为匪。中外幸甚。"①

英国副领事当庭表示，中方未就此判决与他商议，因此他不同意，要求将章太炎、邹容的刑期减为 3 年。汪瑶庭不顾外籍陪审员抗议，将判决书抄发原、被告律师及英国副领事，希望强行结案。英国副领事表示不同意判决结果，提出判决作废，退回判决书。

中方官员"遵照约章，华人案犯由华官审判、洋员观审之例"而自行判决，如果案犯由中方控制，判决由中方执行，即使外籍陪审员反对判决，也没有实际意义。但是，章太炎和邹容被关押在工部局巡捕房，本案判决的执行权在租界，英国副领事对判决的反对意味着判决毫无意义。因此，该案的实际判决权，也控制在英国陪审员（即英国驻沪领事）手中。

由于英国陪审员对中方官员自行所作判决表示反对，"苏报案"在判决阶段陷入僵局。此后半年，清政府的外务部、南洋大臣、湖广总督、上海道台等官员与英国等国驻华公使、上海领事团进行了反复交涉。清政府判决的"永远监禁"和外籍陪审员提出的"三年以下监禁"差别巨大，外人不主张长期监禁，英国领事坚持不超过 3 年（甚至一人监禁两年，一人释放），清政府对此难以接受。

判决久拖不决，对中方十分不利。因为按照领事团决定的司法程序，案件超期不判，应释放被关押者。领袖领事将期限定为 5 月 21 日。经过几个月的交涉，清政府放弃了重判章太炎与邹容的努力，同意了上海领事团的意见，由汪瑶庭和英国副领事迪比南宣布判决结果："本县奉南洋大臣委派，会同英副领事审讯苏报馆一案。今审得钱宝仁、陈吉甫一为馆友，一为司帐，已管押四月，应行开释。陈仲彝系馆主范之子，姑准交保，寻父到案。龙积之系鄂督访拿之人，惟案无证据，且与苏报馆事无干，亦应省释。至邹容作《革命军》一书，章炳麟作《訄书》，并作《革命军》序，又有驳康有为一书，言语纰缪，形同悖逆。彼二人者同恶相继，罪不容恕，议定邹容监禁二年，章炳麟监禁三年，罚作苦工，以示炯戒。限满释放，驱逐出境。此判。"

与半年前汪瑶庭作出的前一个判决相比，该判决书相当简略，语气也不及前一次严厉，基本反映了外籍陪审员的意见。

（三）"苏报案"与中西法律文化的冲突

"苏报案"是清末发生的一起臣民以文词攻击政府、政制而受到政府查处的案件。在中国传统法制下，这属于"十恶"之列，自当重处。清政府从一开始即十分重视此案，不惜重金聘请上海最好的律师上堂诉讼，朝廷重臣内阁大学士张之洞、湖广总督端方、南洋大臣魏光焘等都亲自过问或者负责此案，以期重判章、邹，以儆效尤。然而，事发外人控制的上海公共租界，中国政府对"苏报案"的处理，包括人犯的拘捕、案件的审讯、判决的作出及判决的执行，不得不假手租界外人。由于中西法律文化的巨大差异以及外人对中国法制的诟病，中国官员在不得不与租界工部局、外国领事等强势进逼的外人共同处理"苏

---

① 中国史学会主编：《辛亥革命》，第 1 册，437～438 页，上海，上海人民出版社，1957。

报案"时，也不得不迁就外人主张的西方法律原则、制度与程序，中国审判官员因不熟悉法庭上所使用的外国语言、西方司法程序及西方的法律原则与制度，不得不将案件主导者的身份拱手相让，成为事实上的配角。

经过租界外人和英国等外国政府的干涉，"苏报案"主角章太言、邹容等没有依中国律例由中国官员惩处，而是在外籍陪审官和律师的参与下，按照西方的无罪推定、言论自由等近代法律原则，被处以较轻的刑罚。这一方面反映了在清末租界环境下，中国政府即使处置本国国民犯罪的案件也受到列强干涉，中国司法主权受到西方列强的肆意侵犯，腐败、落后的清政权在与租界外人和他们依托的外国政府争夺属于自己的权力时，步步退缩以致全线失败，让人扼腕叹息。另一方面，这一牵涉面广、影响范围大、持续时间长、中外冲突激烈的案例，尤其是通过《字林西报》、《申报》等媒体对该案的宣传，堪称西方法律文化在上海的一次生动展览，使通过各种途径涉及、接触、关注这一案件的广大民众，接触到一种与中国传统法制完全不同的西方法律制度和理念，对于西方法律文化在中国的传播无疑具有独特的作用。

可以说，涉讼双方与外人全然无关、本当由清廷依中国法律独立审讯的"苏报案"，却受到外国律师、陪审官、租界工部局、外国驻沪领事、北京公使团乃至外国政府等多方面外来力量的影响。案件的处理过程，反映了中国官员及中国法制在租界事务中的退缩过程，以及来华外人及其主张的西方政治、法律思想在租界的实现过程。它是清末中国传统法律文化即将解体和租界西方法律文化已生存半个多世纪的情况下，西方现代法律制度和思想与中国传统法制理念激烈冲突，以及中国传统法律文化在西方现代法律文化的强势影响下不断退缩的现实标本。

三、"大闹会审公廨"案与中西法律文化的冲突

"大闹会审公廨"案是 1905 年上海公共租界会审公廨发生的又一起影响广泛的案件。该案虽与"苏报案"一样，涉及租界外人强行管辖华人案件、侵犯中国对租界华人的司法权，进而与中方发生冲突，但与"苏报案"主要在租界外侨和中外政府层面反响强烈不同，该案还在上海租界以及更大范围内引起了中国民众的激烈反应，并最终促使租界管理者不得不对其不断强化租界管理权的做法有所收敛。同时，该案处理过程中，还反映了中西法制、社会、文化上的冲突，成为会审公廨涉及中外法制冲突的又一起经典案件。

（一）"大闹会审公廨"案的缘起与经过①

1905 年 12 月 8 日，广东籍四川官眷黎黄（王）氏护送其丈夫灵柩乘船回原籍，携带 15 名婢女、4 名随伴、百余件行李。途经上海时，公共租界工部局巡捕房根据镇江来电，认为她是拐卖人口的罪犯，便将她拘捕至会审公廨，控告其"拐骗人口"。会审公廨谳员关炯之、金绍成会同英国副领事德西门审理此案。黎黄氏在法庭上供称，她所携的女孩是亲戚托买，都有身价凭据。公廨谳员关炯之认为，工部局巡捕房指控黎黄氏诱拐罪证据不足，拟判押至会审公廨女牢再审。但陪审官德西门却认为，此案虽然应查核再审，但须由巡捕

---

① 有关"大闹会审公廨案"的详细过程，参见薛理勇：《旧上海租界史话》，61～62 页，上海，上海社会科学院出版社，2002，等等。

押回捕房。关炯之认为这既违反 1869 年会审章程关于人犯关押的规定①，又未经上海道台批准，于是命令廨役将黎黄氏带入会审公廨牢房。德西门则粗暴地命令巡捕与廨役争夺人犯，打伤两名廨役。副谳员金绍成前往劝阻，险遭棍击。从口角争执到互相对打，最后巡捕强行打开廨门，将黎黄氏一行带往工部局新建成的监牢，酿成"大闹会审公廨"案。

外国陪审员和巡捕的行径，激起了上海各界人士的义愤。12 月 10 日，上海的广东人同乡会——广肇公所联合各省驻沪商绅联名，分别致信外务部、商务部及两江总督、江苏巡抚，要求向公共租界提出抗议，取消德西门的陪审官资格，开除与事件相关的巡捕，并将黎黄氏一行由西牢改押公廨。沪道袁树勋也多次根据事实和有关约章，向英总领事及领袖领事提出抗议。但英国领事馆坚决不同意撤去德西门陪审官的资格，提出黎黄氏结案前，须由担保人交付 500 两方可释放。

由于中国外务部的抗议，驻京公使团电令上海领事团，将女犯监禁于会审公廨押所。工部局捕房却根据上海领事团的通知，将黎黄氏及送济良所的 15 名女孩，径送广肇公所释放。这更激起上海民众的愤怒。12 月 18 日，公共租界的部分商店举行罢市，数以千计的群众在广肇公所的带动下冲击老闸捕房。公共租界竟然出动万国商团弹压群众，开枪打死 11 人、打伤三十多人。

19 日上海道台与工部局、领事团等商谈，达成协议：重开会审公廨，之后女犯关押在会审公廨监所，但谳员须保证改善监所条件，并定期由工部局的卫生官员检查。12 月 23 日，会审公廨重新开庭受理案件。外方尽管在女犯的监禁问题上有所让步，但对于中方提出的免职德为门及撤走在会审公廨逞凶的巡官的要求则没有答应。12 月 24 日会审公廨开庭后，英国领事再次派出德为门陪审，被关炯之拒绝，英国只得换人，后将德为门派往他处。

事后，英国公使向清政府提出 8 万元赔偿的无理要求。中方官员认为，"按照公堂原订章程，华民案件与西人无涉者，领事不应过问，德为门违章擅押，实为祸首"。对于外人的赔偿要求，"证以众论，核之事实，中国万万不能赔偿"②。后来，由华官捐私产 5 万两为赔款，不足部分由清政府承担。

（二）"大闹会审公廨"案与中西法律文化的冲突

对于"大闹会审公廨"案，当时的报刊和此后的著述中，或从相关官员在有关交涉时对外妥协而予以抨击，或积极肯定关炯之在此事上积极维护国家主权的做法，或评价列强在这类问题上对中国主权的轻视等，多有论述。③ 除此之外，本案还比较鲜明地反映了日渐自治的租界所实行的现代西方法制与中国传统法制的冲突问题。

1. 华人女犯监禁权之争，是本案的直接原因

"大闹会审公廨"案的发生，并不是偶然事件，而是中国派驻租界的会审公廨及所属的

①　根据该章程规定，经会审公廨作出判决的人犯，送入捕房监狱服刑。未经会审公廨判决的人犯则由会审公廨的押所看押。

②　中国第一历史档案馆藏：《南洋大臣周馥光绪三十二年二月二十八致外交部函》。转引自马长林：《晚清涉外法权的一个怪物——上海公共租界会审公廨剖析》，载《档案与历史》，1988（4）。

③　如马长林：《晚清涉外法权的一个怪物——上海公共租界会审公廨剖析》，载《档案与历史》，1988（4）；杨湘钧：《帝国之鞭与寡头之链——上海公审公廨权力关系变迁研究》，142～144 页，北京，北京大学出版社，2006。

上海道与租界工部局等管理机构之间，因在关押女犯等管辖权上长期蓄积的争执而最终引发的暴力事件，其背后是中外双方就租界华人事务管辖权之争。

会审公廨审判后的犯人，一般有四种监禁方式：一是关押在各巡捕房，二是监禁在工部局监所，三是关押在会审公廨自己的监所，四是移送县衙监狱执行。工部局因为租界犯人不断增加，各监所无法容纳，1903 年 8 月决定新建监狱，女犯监房处于筹备之中。不过，女犯的关押问题是会审章程中未及规定的事项，巡捕房在实践中擅自对租界的华人女犯进行关押，已于该案事发前引起过摩擦。1904 年 12 月双方就会审公廨的女犯监所发生纠纷，会审公廨谳员通知工部局，根据道台指示，并与英国陪审官协商，凡在会审公廨的女犯仍留在该处，不必转移到工部局监狱去。① 但公廨的这一要求遭到工部局的反对，双方因此发生争执。谳员为此拒绝审理一件可能判处徒刑的案件，理由是等待道台解决女牢的问题。领事团为此致函上海道，在会审公廨按照文明监狱的要求改革之前，所有女犯应送工部局监狱监禁。② 经过一番交涉，该案最后以会审公廨重新开审，女犯归会审公廨关押，但监所须定期由工部局卫生官检查而结束。显然，会审公廨与租界当局之间对人犯的处置早已存在争议，"大闹会审公廨"案只是双方冲突表面化的导火索而已。

中方希望对会审章程约定不明的租界华人女犯行使监禁的权力，租界当局则以会审公廨监牢不符合现代监狱要求而非法夺取华人女犯的关押权，长期的争执未能解决，导致了本案的发生。"大闹会审公廨"案的结果是，女犯仍归会审公廨关押，但工部局可以派人进出公廨，形式上各自退让，实际上租界外人进一步取得了会审公廨的管理权。

2. 反对外人依托租界侵夺中国主权，是本案发展的深层次原因

"大闹会审公廨"案就案件本身来说，是一件正常的案件，但因女犯关押地点问题、巡捕与廨役的争斗以及外国陪审官的蛮横，使案件引起上海民众的愤怒，从而引发全社会的关注，并促成上海地方官员、驻沪领事团、中国外务部、驻京公使团等各方进行了一系列的交涉。至此，案件本身的是非曲直即黎黄氏是否犯罪已无足轻重，重要的是会审公廨中方谳员与外国陪审官的各自权力范围，以及中国政府对租界华人事务的管辖权。西方列强为保护以租界为据点的外人利益，以中国传统法治落后为托词，不断侵夺中国的司法、行政等权力，扩大其管辖的势力范围。列强的此等做法，早已引起中国官民的愤慨，"大闹会审公廨"案发生后，立即引起轰动，导致民众围堵租界管理机构，并促使人们关注会审公廨的职权分配，继而反思租界管理权的正当性、外国在华治外法权的合理性等问题。可以说，"大闹会审公廨"案作为一个司法（管辖）问题，之所以影响深远而广泛，是因为它已由一个司法问题转变成政治问题，代表了当时整个中国的政治与法律之痛。

3. 中外双方法制观念上的冲突，是本案发生的法律文化上的原因

黎黄氏一个女性，带着 15 个年轻女子，既非子女，又非亲属，在租界巡捕们看来，有"拐骗"嫌疑，应予以查实治罪。而且"拐卖"、"拐骗"是当时租界当局非常敏感的影响租界秩序的问题，工部局和巡捕房对此非常重视。但在当时的中国，一个官员的遗孀带着 15

① 参见《工部局董事会会议录》，第 15 册，692 页，上海，上海古籍出版社，2001。
② 参见《工部局董事会会议录》，第 16 册，584 页，上海，上海古籍出版社，2001。

个丫头，完全是家庭私事，不容干预。① 这里涉及中国与西方国家对"个人"、"人权"、妇女地位、家族关系等概念的不同认识。中西法制、社会观念上的冲突，是本案产生的文化上的原因。

四、会审公廨与外域法律文化的影响

会审公廨作为租界的执法机构，其建立和运行实践，集中反映了租界作为中国领土上外人控制区所具有的不同法律文化共存的特点。而会审公廨在相当长时间内的生存和充分运行，说明它在解决租界中外不同法律文化的矛盾方面是相当成功的。确实，会审公廨作为大清帝国设立在租界这一异质环境下的政府机构，体现出它对中国传统法律文化与现代西方法律文化调处方面的高超水平。

(一) 传统职能的背离

1. 集权政治的异化

众所周知，中国传统政治是集权政治。在集权专制体制下，皇权至高无上，地方各级官吏作为皇权在地方的代表，通管一地各项事务，基本没有分立的立法、行政与司法的概念。在司法审判上，民事纠纷的调处与违法犯罪的惩处糅合，刑事案件的侦查与审判合一。州县长官既是当地的行政负责人，还兼领侦查、勘验、起诉、审判等事务，集现代检察权、警察权、司法审判权及勘验检查权于一身。此外，为履行自身职责、处理当地事务，州县长官还具有相当的立法权。国家律例在一地的实行，都是以地方长官结合具体情况所实施的具体规范来完成的。

会审公廨作为派驻租界的中国地方政府机构，根据会审章程及会审公廨早期的实际活动，它和中国传统衙门一样，是无所不包，即兼有现代立法、行政、司法权力的综合治民机构，具有权力集中与集合的特点。

不过，租界所在环境的特点，使会审公廨在运行过程中逐渐背离了它作为中国传统衙门的功能。不仅因为租界行政机构工部局的强势地位，会审公廨对于租界的行政权和行政立法权无法染指，即使是司法权，也被不断侵蚀，到辛亥革命后，会审公廨的谳员变成仅负责案件审判的司法官。其中，会审公廨的基于公廨章程的侦查权，一开始即由租界巡捕房瓜分，以后逐渐被巡捕房代替；会审公廨作为中国传统衙门享有的通过刑讯获取证据的取证方式，基于与西方法制理念的冲突而被租界取消；关押、管理罪犯的权力，也被工部局掌控。

2. "人治" 社会的影响

从一般意义上说，中国传统社会属于人治社会，治理、管理社会的官员的素质，对于社会的治乱兴衰具有重要作用。因此，中国很早即有系统的官吏选拔、考核、奖惩制度。以人求治，法律、法治居于次要地位。人治的弊端众所周知，如官吏主要向上级负责而不讲究工作的实际效果，官员权力过分集中容易滥权弄法等。会审公廨作为中国政府设置在租界的衙门，人治的弊端也多有存在，如公廨谳员贪赃枉法、办事不力，衙役欺上瞒下、

---

① 参见施宣圆主编：《上海 700 年》(修订本)，244~245 页，上海，上海人民出版社，2000。

舞权弄法，因官员自身专业知识及工作态度而影响条约、法令的执行及案件审理。诸如此类的问题在会审公廨的历史上屡见不鲜。加之"天高皇帝远"，官吏的很多事情难以被上级节制，上级政府的规范命令在公廨谳员处往往变了样。这既是会审公廨法权被外人不断侵蚀的重要原因，也使租界华人的利益得不到应有的保障。但是，人治社会的特点，也为公廨谳员结合租界需要，参用西方法律原则和制度进行审判提供了空间。

（二）外域文化的接纳

从1854年《土地章程》允许租界外人介入华人的管理，到租界中外会审的"洋泾浜北首理事衙门"的产生，再到会审公廨的正式成立与运行，及至辛亥革命后完全由外人掌握公廨权力，租界华人从租界（尤其是在自治机构产生后）产生之日起，就受到租界外人及其文化的影响，在不断接触的过程中，逐渐适应并接纳了完全不同于传统中国法律文化的西方法律制度与理念。应当说，会审公廨作为设置在租界的父母官式的中国衙门，在接纳外来法律文化方面具有独特的作用。

1. 开放且富有效率的租界管理体制

与中国传统衙门相比，在上海城外发展起来的上海公共租界的管理机构，忽略其对中国主权的侵犯和对华人利益的轻视，租界管理体制在构成与运作上的开放和高效，则是非常突出而显著的。如租界政府对西方最新城市发展与管理技术的及时引进，对现代民主制度、法律观念的积极响应；租界各项管理规范的明确化和相应的执法措施保障机制等。其中，以华人为管理对象的会审公廨，在促使占租界大多数的华人居民遵守租界法律制度、保障租界管理机器正常运转方面，具有关键性的作用。因此，相对开放而富有效率的租界管理体制对积极审判的要求，也促使会审公廨以相应的姿态和行动来应对，使其也变得较为开放和讲究效率。在这一过程中，公廨谳员等中方官员与广大华人民众一样，接触并开始接受租界里不同于传统中国的硬的设施与软的文化。

2. 法治原则的运行及局限

至少从1854年《土地章程》的修改时起，租界外人即引入西方三权分立的法治学说，在领事控制下实行居民自治原则下的行政权、立法权与司法权分离。在由租地人会议组成权力机构，由权力机构选举并监督行政机构（工部局）的同时，积极促使会审公廨审判职能的单纯化，极力淡化、削弱公廨的立法与行政职能，到辛亥革命后终于使其成为纯粹的审判机构。

法律至上是法治社会的最高原则，"即使公正的裁判致使天堂坠落也在所不惜"。但是，租界的法治是以维护租界治安、维持租界外人的财产利益与人身安全为指针的。会审公廨的建立与运行，以及各项租界制度的实施，都服从于租界治安这一目标。租界外人需要的会审公廨，是惩处妨碍租界治安的华人、帮助维护租界外人利益的审判机构。所以，在外人主导下，会审公廨出现毫无法律依据的苦役、陪审员肆意裁判、加重租界华人重刑、巡捕房擅自传拘人犯等与法治原则背离的现象。可以说，租界的法治是以保护租界外人利益为最高目标的有条件的"法治"。前述"苏报案"和"大闹会审公廨"案，都在一定程度上反映了租界法治的作用及其局限。

3. 权力的重置与细分

租界基于西方法治理论建立的管理体制，使会审公廨由中国传统的集中一地所有事权的包办式衙门，变成一个专门负责司法审判的机构。这包括权力的重置和细分。就权力的重置而言，会审公廨在其几十年的历程中，不仅行政权、立法权被弱化直至剥离，即使是司法权中的前端权力——侦查权、勘验权，和后端权力——监禁权，也被转移到租界外人手中。在司法审判上，由于公廨在英美等外人影响下实施英美法系的当事人主义，并引进现代律师辩护制度，法官不仅要面对案件当事人，还要考虑参与会审的外籍陪审员的意见，以及当事人代理律师的观点，传统父母官在案件审判上的权力被多方面的力量瓜分。

就公廨审判权的细化而言，它不再是包理一切诉讼的综合法庭。一方面，租税、民事、刑事、行政诉讼日渐分家，刑事案件的侦查、勘验、审判、惩罚分工；另一方面，引进西方警察制度和值勤方式，侦查、搜捕等讲究程序正义，监狱管理日益文明、人道而规范。这些既是会审公廨作为传统衙门功能的异化，也使中国官民直接而现实地接受这一外来法律文化，并以此规范和约束自己的行为。

综上所述，上海租界以外人主导的租界政体，在维护租界治安、保护租界外人财产利益和人身安全的原则指导下，直接移植现代西方法律制度和思想文化，并通过会审公廨的司法活动，促使广大租界华人遵循租界采用的西方法律制度。会审公廨的存在和发展，为外人在租界内侵夺我国政府对租界华人的各项管理权，提供了更为隐秘而有效的工具。通过控制并肢解中国在租界所设衙门的司法及其他治民权，从而攫取对租界华人的管理权，是租界在几十年的发展中得以迅速发展的重要原因。同时，会审公廨的活动维持了租界的秩序与稳定，一定程度上保护了租界华人的利益，促进了租界城市的发展。而且，会审公廨在其审判实践中采用的西方近现代法律原则和制度，尽管通常是被动而不得已的，但客观上影响了租界华人的法制观念和法律价值取向，并对中国近代法制的发展产生着深远的影响。正如王立民先生所说，上海租界通过会审公廨的保障机制所移植的现代法制，"在租界植根以后，便向其周围的华界扩展其影响，形成一种由孤岛向周边地区延伸的模式，即点到面的模式。上海租界的法制是现代法制中国化的一个缩影，代表了中国法制发展方向，是一种历史的演进，顺应了历史的潮流，具有其进步的一面"[①]。

第四节
近代租界法律文化对中国传统法律文化的影响

一、近代租界法律文化对中国社会的双重影响

列强在中国开辟的诸多租界和租借地、商埠等一样，作为其推行殖民统治、掠夺在华利益的据点，无疑严重地侵犯了中国的主权，给中国社会造成极大的危害。同时，列强在中国开埠通商、租地造屋、修路设厂，按照西方城市建设与管理模式经营租界（租借地），

---

① 王立民：《上海租界与上海法制现代化》，载《法学》，2006（4）。

也在客观上给中国传统农耕社会带来了体现西方现代工业文明的科学技术、法律制度与思想形态。中西文化不断碰撞、渗透和融合，使古老的中国开始走向近代化。

1. 列强侵华的基地

租界是列强推行其殖民扩张政策，对我国进行政治渗透、经济掠夺、文化扩张的基地。在租界里，一般由外人通过公董局、工部局、巡捕房、法院等掌握立法、行政、司法大权，排斥中国政府的管辖，侵犯中国的各项管理权，包括对华人的管理权，使其如同独立于中国的自治国家。租界（租借地）里常驻外国的军队（如上海公共租界的万国商团），港口停泊外国的舰船，列强以此向中国政府炫耀武力、干涉中国内政，甚至进一步发动侵略战争以攫取更多的在华特权。租界以外人商业利益为目的，博彩馆舍、青楼妓院、鸦片烟室林立、藏污纳垢，毒害中国社会。各国依托在华租界、（和租借地等），向中国倾销其商品，掠夺中国的矿藏和其他资源，恶化了中国民族工业的生存环境。更有甚者，日本等国依托在华租界搜集相关政治、军事情报，为其全面侵华战争服务，使租界成为其侵略中国的基地。所以，租界（和租借地等）的存在和发展，加速了中国的半殖民地化，提供了列强不断掠夺在华利益的据点，也恶化了中国社会环境，是中国人心中一块抹不掉的历史伤疤。

2. 西方现代文明的窗口

但是，"西方资本扩张的复杂历史内涵赋予租界天然的两重性：它一方面侵犯中国主权，昭示了列强贪婪的侵略性，另一方面又以引人注目的现代市政文明在封建主义的中国激起层层波澜"①。在租界（和租借地等）地域内，各国一般都根据其自身利益的需要，将体现近代工业文明的、以城市为主体的生产生活模式移植过来，成为中国人触手可及的西方现代文明的标本。从异样的欧式建筑，有下水道、人行道、行道树的硬面街道，电灯、电话、电报、自来水、公厕、公园等公共设施，到近代化的市政管理制度和文化福利设施，以及西方人的生活方式、礼仪习俗、思想观念、法律制度，在中国人面前树立起鲜活而生动的现代西方文明的样板。

经济贸易上，租界作为列强向中国推销商品和攫取原料的基地，诸多外国洋行等的在华经营活动，客观上将古老的中国强行推向国际市场，从而使中国民众直接接触国际经济贸易的运作规则，以及先进的生产技术与管理制度，间接地促进了中国民族资本主义的产生与发展。

公共建设上，租界外人引进西方城市规划、基础设施建设以及公共卫生管理等先进的技术和管理经验，使租界呈现出不同于中国传统城市结构模式与管理方式的现代城市样板。②

---

① 周积明：《租界与中国早期现代化》，载《江汉论坛》，1997（6）。

② 关于上海、天津、汉口、厦门、青岛、湛江、威海、旅顺、大连等在租界、租借地时期的城市建设和发展情况，除了《上海租界志》、《天津通志（租界）》、《汉口租界志》等大型志书相关的记载外，国内近年出现大量的专题研究著述，如李百浩等：《天津近代城市规划历史研究（1860—1949年）》，载《城市规划学刊》，2005（5）；李万荣：《试论德租时期青岛的对外贸易与城市的近代化》，载《长春师范学院学报》，2002（2）；何益忠：《近代中国早期的城市交通与社会冲突：以上海为例》，载《史林》，2005（4）；陈文彬：《城市节奏的演进与近代上海公共交通的结构变迁》，载《学术月刊》，2005（7）；邱红梅：《试述近代西方市政理念的东渐》，载《黄冈师范学院学报》，2002（2），等等。

政治制度上，以上海公共租界为模板建立的权力分立观念下的租界市政机构和司法机关，及其侨民自决的政权体制与西方法治理论下的法律制度，尽管存在种种缺陷，而且依托对中国主权的侵犯和对华人利益的侵夺，但也具有比晚清政府的官僚衙门更为廉洁、高效和文明、公正的特点，从而向中国民众提供了一种全新的现代制度文明，也给中国政府的执政活动提供了新的思考和选择。

总之，租界外人通过引进西方近现代物质文明与制度文明，首先使租界所在地区迅速发展为现代工商业城市，并且其实行的华洋一体化管理，使界内华人在接触、接受外人的生产技术、生活条件等物质文明的同时，也在法制观念、行为意识上接受并融入西方式的现代文化氛围中。同时，通过租界城市的辐射作用，促使租界周边地区，最后到内地边远城市，从传统走向现代。

到了 20 世纪前后，租界（和租借地）外人的生产、生活方式与社会管理制度已广泛影响到与此比邻的各华界地区。例如，汉口在清末民初之际即以租界为榜样进行城市建设，用“地皮大王”刘歆生命名的歆生路（今江汉路）便被称为租界建筑和街面格局的翻版。民国初年，汉口华商总会以“与租界媲美”为目标发起建造模范区，参照租界建筑风格和道路等设施，形成一批西式街道和中西合璧的里弄。近代上海、天津的发展，更是与租界的发展联系紧密。①

3. 民族觉醒的刺激剂

在列强侵入中国、攫取领事裁判权等特权、建立租界（租借地）等以前，在中华传统文化浸润下的中国人，基本没有起源于西方的现代民族国家、国家主权等法权意识。即使在鸦片战争后的一段时间内，中国对于列强通商、传教、割地、赔款的要求，也并未从国家主权丧失的角度来认识。但列强侵略的不断加深和对外联系的不断增强，使越来越多的中国人接触到近现代工业文明的同时，也接触并掌握了现代通行的国际法律规则，从而促进了中国民族资本主义的发展和国家主权意识的形成。特别是 19 世纪末以来，列强掀起新一轮瓜分中国的狂潮，导致中华民族面临更深重的危机，也促进了中华民族的进一步觉醒。越来越多的中国人开始根据通行的国际法原则来认识列强对中国的利益要求，认识到列强在华租界、租借地对中国民族利益、司法主权的侵占和破坏，主张变法图强，实行法律改革。

正是在这一背景下，20 世纪初期中国的民族经济得到了迅速发展，全面的变法修律也启动了中国法律的近代化进程。可以说，列强大肆在华开辟租界、强占租借地，使中华民族的生存危机日益突出，惊醒了枕于天朝大国的中国人，促进了中华民族的觉醒，刺激中国政府变法图强，并积极收回被列强非法占有的特权。

二、近代租界法律文化与中国传统法制现代化

租界法制对中国法律文化的影响，既体现在法制环境、法律意识上，也体现在具体法律制度的影响上。

---

① 参见吴士英：《论租界对近代中国社会的复杂影响》，载《文史哲》，1998（5）；周积明：《租界与中国早期现代化》，载《江汉论坛》，1997（6）；以及诸多学者的相关论述。

租界开辟后，外人为了对租界进行有效的开发和管理，营造适于他们生活和经营的环境，在引进西方生产、服务设施的同时，引入了西方政治、法律制度，并通过控制、改造会审公廨类华人管理机构使其服务于租界需要，从而使外人倡导的西方法制成为租界华洋居民的现实法律规范。在租界外人主导的西方法律文化逐渐被华人民众接受并成为人们的行为规范后，租界较繁荣的经济文化的影响，以及西方法制本身较为文明、进步且更适应现代工业文明的特点，进一步由租界内向租界外辐射。清末民初上海、天津、汉口等城市的自治运动，即反映了租界法律文化对华人地区的影响。①

中国传统法律文化的现代化，在制度层面上，始于清末的变法修律，它是清政府为应对当时面临的巨大压力，包括收回领事裁判权的要求，欧洲、日本等地近代法典编纂的冲击，传统社会经济结构的转型以及清王朝救亡图存的危机意识②，主动进行的自上而下的法律变革。尽管清末的变法修律启动了中国法律近代化的历程，但它不是基于现实社会关系的需求，更多地体现在文本上。我国以建立并实践现代法规体系、法规结构及法律语言，实行现代的审判制度、警察制度、律师制度、监狱制度等为内容的法律现代化，在实践层面上首先出现在租界，尤其是发展比较充分的上海租界。③ 在租界地区，近代化的法制通过租界政体移植西方近现代法律思想、原则和制度而首先在中国得到实现，并通过租界的示范作用辐射到周边地区。可以说，租界法制的西方化、现代化实践，为清末以来中国法制全面"模范列强"、实行变法修律，提供了现实的标本和局部的经验。

（一）近代租界法律文化与中国传统法规体系变革

中国传统法规体系与现代法规体系具有明显的区别，中国现代法规体系的建立始于清末变法修律。而租界，尤其是以上海公共租界为代表的比较发达的租界，则早在清末修律前，即以现代立法理念为指导，建立并实施了现代的法规体系。例如，租界除了《土地章程》等具有类似基本法的文件外，还制定了组织、治安、邮政、路政、建筑等方面的行政法律规范，每个规范都有代表性的主干法规，并辅以一些细则性的文件，从而使立法呈现专门化的特点。这与中国传统法规的诸法合体的特点不同。

租界工部局等行政部门颁布了许多法规，每个法规一般都有明确的调整对象，其内容围绕该调整对象展开。如上海公共租界的《工部书信馆章程》，涉及的内容包括：邮资、邮票、存款账户、邮件尺寸、包裹、书信馆的责任，姓名、地址的书写，投递时间、客户意见、挂号邮件、个别的业务合同、变更地址、私人住宅和使馆等处应设置信箱等方面。根据需要，租界当局还围绕调整对象逐渐制定一些相关法规，使其形成一个与时俱进的规范体系。④ 清末修律仿效西方法制而奉行的民刑分立与立法的规范化、部门化，在租界已有相当多的实践。

---

① 参见何益忠：《晚清自治中的城市民众———以上海城市卫生为中心的考察》，载《华东政法学院学报》，2005（3）；周松青：《公共区域与上海地方自治的起源》，载《档案与史学》，1998（1）。

② 参见黄源盛：《晚清法制近代化的动因及其开展》，载《中国传统法制与思想》，275～290 页，台北，五南图书出版有限公司，1998。

③ 参见王立民：《上海租界与上海法制现代化》，载《法学》，2006（4）。

④ 租界法制基于其维护租界治安和秩序的目标，所制定的法规主要是服务于租界管理需要的行政规范。

(二) 近代租界法律文化与中国传统法规结构和法律语言变革

租界当局所制定的各项法规，一般都采用现代法规结构和法律语言：在法规结构和称谓上，一般根据法规的性质和效力而采用"章程"、"办法"等称谓；按照内容的多少采用款、条的排列方式，对内容较多的法规用"款"下设"条"方式排列，如《公共租界工部局治安章程》共有25款，每款之下设有不同数量的条。凡设有"款"的章程中，都设款标（标题），一款一标，明示其中的内容，使读者一目了然。

租界法规采用的现代法规的结构和现代的立法技术，与中国传统法典的结构相比，无疑具有其优势，为此后中国法律现代化变革所采用。

在法规所用的法律语言上，上海等地租界颁行的法规（中文版），从英语、法语翻译过来后，全部使用较为通俗的白话文，而不用当时中国普遍使用的古汉语，而且大量使用现代法制语言，而不是中国传统的法律语言。其中的体现现代法制的用词、句子，有的至今还在使用。例如，《公共租界工部局巡捕房章程》中的"原告"、"被告"、"审问"、"拘送惩罚"、"一经查出照例惩罚"、"禁止虐待牲畜"、"不准燃放爆竹"、"不准将垃圾倾倒路上"等，它们从一个侧面说明租界法制的现代化发展情形。

另外，租界法规中与法律语言相关的时间、重量、长度和价格等用语，也都采用了现代表述方式。例如，时间的表达用公历纪年，用年、月、小时、星期等，重量用盎司、磅、吨等，长度用英寸、英尺等，价格则用元、角、分等。如《工部书信馆章程》多次使用"上午"、"下午"、"8时"、"6时"、"二小时"、"17点钟"、"星期一"、"星期六"、"1盎司"、"1磅"、"1分"、"25分"等等。①

这些不同于中国传统法律的法规结构和法律语言等，都得到了此后变革的中国法律的肯定，从一个方面反映租界法制对中国法制现代化的影响。

(三) 近代租界法律文化与中国传统审判制度变革

租界外人基于条约享有的领事裁判权，在租界移植了现代审判制度，其内容涉及：法官和陪审员、原告人与被告人、公诉人、代理人与辩护人、翻译人员的设置及各自权责的确定、庭审程序制度的建立，等等。除了各国的领事法庭（在华法院），还建立了体现现代行政法原则的领事公堂，用公开、公平、公正的现代审判原则进行案件审理，并将这一制度渗入租界会审机关——会审公廨。例如，现存上海档案馆的关于上海公共租界会审公廨审判的一个关于窃电案②的记录，就反映了会审公廨对现代审判制度的采用。

租界适用的现代审判制度，代表了中国审判制度现代化的发展方向。

(四) 近代租界法律文化与中国律师制度建立

租界在移植现代审判制度的同时，也带进了西方律师制度。

随着租界的发展，外侨间各种民、刑事案件增多，英美等国领事（或领事指派的官员）依据领事裁判权按照本国法律调处案件、办理各种法律事务时，引入了在其母国广泛适用的律师制度。此后，列强在华势力进一步扩大，外国法律在华的适用范围不断扩展，外籍

---

① 参见王立民：《上海租界与上海法制现代化》，载《法学》，2006（4）。

② 参见上海市档案馆，卷字号 U1-2-704。

律师活动的区域也不断扩大。他们在当时的上海、天津、北京、广州、汉口等对外开放的租界（商埠）等地域开展律师业务，除了服务于在华外国人，也为中国个人、机构乃至政府的涉外事务提供法律服务。如英国律师埃姆斯（I. B. EAMES）在19世纪六七十年代在上海租界从事着律师业务①；美国驻上海总领事佑尼干辞去领事之职后专门在上海租界从事律师业务；奥地利的西格蒙德在天津开展律师业务；而美国的科士达则被清政府聘为李鸿章赴日议和的法律顾问，参与签订了《马关条约》。②

诸外籍律师来到中国后，将他们自己国家的法律和律师制度带到了中国。例如在各租界活动的英国律师即采用英国的事务律师与出庭律师分工的制度，事务律师主要从事答复法律咨询、处理法律文书等工作，而出席英国在华高级法庭的庭审、在法庭上为当事人辩护的工作主要由出庭律师承担；高等法院和地方法院的法官一般从出庭律师中选任③，而事务律师却很少有这种机会。因为各租界设立的领事法庭（在华法院）属于不同的国家，各自实行本国的法律制度，所以在各租界并没有统一的律师制度。在诸多租界中，上海租界因为社会经济较发达，人口众多，各种法律纠纷繁杂，律师人数最多、影响最大。在上海的外籍律师中，19世纪后期到20世纪初期以英国律师为主，20世纪早期由于美国在华影响力的增加而涌现了大批与英国同属普通法系的美国律师，所以上海租界律师主要是按照英美普通法的法律惯例和租界社会现实处理法律事务的英美国家的律师。④

外籍律师在华法律事务随着租界的扩大和租界社会经济的发展而不断丰富，并因为租界尤其是公共租界的国际性，租界律师的法律事务呈现出明显的国际色彩，对律师的语言和专业要求很高。尽管当时外籍律师在中国的活动本身即构成对中国主权的侵犯，他们也很难客观、公正地履行职责，尤其是有效保护中国当事方的利益，但是律师在法庭上根据法律（理）和有关证据为当事人服务，成为中国司法机构中律师职业的萌芽。同时，租界律师的活动，使租界的中国民众在中国建立律师制度前，就直接接触并进而接受了现代律师制度，并对中国律师制度的发展产生了不可忽视的影响。

20世纪初，大批攻读法律的留学生学成回国，一些人在外籍律师的事务所内充当代办或书记员，后来成为第一代华人律师，伍廷芳就是其中的代表。辛亥革命期间，华人律师纷纷挂牌执业，1912年1月，中国近代第一个华人律师组织——上海律师公会由在沪留日法科毕业生经上海都督批准和司法部立案而发起成立。

（五）近代租界法律文化与中国传统监狱制度变革

租界特别是比较发达的上海租界，都设立了租界外人管理的监狱。其中，英国于1865年设置一所小型监狱，美国曾将判决的罪犯寄押于英租界的监狱，而后在自己领馆的二楼辟建自己的监狱；法租界则在1849年开辟租界后，在领馆内设立了监狱。1903年，上海公

---

① 参见陈同：《略论近代上海外籍律师的法律活动及影响》，载《史林》，2005（3）。

② 参见阎志明：《中外律师制度》，24页，北京，中国人民公安大学出版社，1998。

③ 譬如，于1879年任英国驻日本高级法院法官的连厘（R. T. Rennie）、1881年任英国在华高等法院首席法官的哈南（N. J. Hannen），以及在20世纪20年代出任英国驻威海卫租借地地方法官的维金生（H. P. Wilkinson），都曾是出庭律师。

④ 法国尽管在上海很早就有独立的租界，以后在广州、汉口、天津等地也开辟了专管租界，但其对律师的控制较严，因此其租界律师的人数并不多，在中国司法制度上的影响也较小。

共租界提篮桥监狱开始启用。[①]

　　在各租界设立监狱的同时，现代监狱制度也开始通过租界进入中国。租界当局基于现代法治理论和租界实际，颁行了系列关于监狱方面的法规。如上海公共租界 1866 年的《苦役犯人惩处规则》、1906 年的《上海英国监狱章程》、《上海工部局监狱人员规则》、1909 年的《上海公共租界会审公廨新设男女押所管理规则》等，利用现代监管理论对监狱进行管理，例如，不得殴打、虐待犯人，给犯人以足够有益食物，允许犯人与亲友通信。这些与中国传统监狱制度偏重惩罚、忽视人权形成巨大反差。清末以来法律变革、建立模范监狱，即基本体现了这些现代监狱思想。

　　租界实行的各项法律制度及据此进行的各项立法、司法和相关的法制实践，是列强依据通过中外条约攫取的领事裁判等特权并利用时局不断拓展的结果。西方法律制度在租界的施行，首先是对中国司法主权的侵犯，其次因其服务于租界治安和外国人利益的基本原则，使其实际运行中难以根据现代法制的公正原则进行，华人的利益屡屡被租界当局侵犯。但是，租界在华洋一体管理体制下实行的西方式的法律制度，尤其是通过中外会审公廨将这种制度在华人社会中予以施行，使其成为租界华人的行为规范。这样，租界客观上成为中国引入西方近现代法律制度、法律原则与法律观念、法律术语等外来法律文化的窗口，为中国法制的现代化发展提供了局部的经验，为中国传统法制的现代化变革提供了一定的环境和条件。

---

　　① 参见麦林华：《上海监狱志》，97、103 页，上海，上海社会科学院出版社，2003。

第九章

英国法律文化对香港的影响

第一节
英国殖民主义法律输出与中英法律文化冲突

肇始于 18 世纪的英国工业革命，不仅改变了英国，也改变了整个世界。它使英国由一个偏安于北海之隅的小小岛国，一跃而成为世界上最强大的工业帝国，与之相伴随的，是英国的全面海外拓殖，亚洲、非洲的大量国家和地区沦为英国殖民地，接受英国的政治统治和经济盘剥，而此时的中国，还完全是一个封闭保守、自给自足的农业国家。中国的庞大市场为英国殖民者所觊觎，而中国的封闭型农业经济和政治制度则成为殖民者的巨大障碍，于是，一场殖民主义扩张与捍卫国家主权、资本主义发展与维护封建制度的错综复杂的较量在两国之间展开，较量的结果是英国在香港建立殖民统治，英国的政治制度与法律制度也随着殖民统治的确立而在香港得到全面确立和发展。

一、英国殖民主义法律输出

如果说 1415 年葡萄牙攻占北非摩洛哥的休达要塞并建立起世界上第一个海外殖民地的最初动机是出于宗教的冲突①，那么殖民主义者的"后起之秀"英国的目的则已经完全与宗教无关，英国在继葡萄牙、西班牙、荷兰等殖民主义先驱之后积极抢占海外殖民地的根本目的，是开拓海外市场以谋求经济利益。自 15 世纪起，受重商主义思想的启发，同时受国王和政府的积极鼓励，无数英国商人、殖民者和探险家纷纷跨出国门，到海外寻找他们梦

---

① 711 年，北非信仰伊斯兰教的摩尔人占领伊比利亚半岛，由此拉开了与当地基督教世界长达几个世纪的宗教冲突，并导致了基督教世界连续大规模的"十字军东征"。虽然后来穆斯林势力基本上被赶出了欧洲，但是却遗留了宗教敌视的祸根，使位于伊比利亚半岛的葡萄牙人与异教徒摩尔人之间世代为仇，同时还积蓄了伊比利亚半岛基督徒对外伸张基督教的信念。葡萄牙人扮演了这种对外伸张的先驱者。不幸的是，虽然这些殖民者每到达一个地方时，首先插上一个十字架以表示基督教世界的占领，但是随后便把神圣的宗教理念淹没在攫取黄金和贩运奴隶的欲海之中了。参见本书编写组：《一百五十年大变化》，576～578 页，北京，人民出版社，2002。

寐以求的财富。与西班牙和葡萄牙相比，英国更加注重通过大量的制造品出口贸易来谋求财富的增加，这一方面缘于英国重商主义的指导思想，另外一方面还有一个很重要的客观原因，就是英国没有盛产金银等贵重金属的殖民地，因此，英国不可能像西班牙和葡萄牙那样，直接依靠纯粹的商品贸易和对殖民地人民的抢劫、诈骗来积累货币，而只能通过把工业成品输出海外，限制殖民地生产，使殖民地沦为原料和产品市场，为英国的工业灌输生产所必需的血液。另外，英国的贵族只有政治特权而没有经济特权，他们必须自己想方设法增加财富，因此，他们没有像西班牙和葡萄牙的贵族那样大肆挥霍金银财富，而是把以海盗方式掠夺来的金银大批转化成了工业生产的资本。① 总之，强调以生产为基础的商业扩张是英国建立海外殖民地的一个重要指导思想。基于这种经济利益的现实需求，英国人不仅注重国内自身生产和社会秩序的发展，同时也十分注重对于殖民地社会秩序和法律秩序的管理，规定凡因殖民扩张而获得的新领土，都适用英国法律。这一点与葡萄牙等国对殖民地法制的放任和漠不关心形成了鲜明对比。

　　至 18 世纪，随着英国资本主义生产关系的日趋成熟，重商主义理论逐步被"自由放任"学说取代②，英国人提出"贸易先于统治的口号"，逐步取消重商主义思想指导下对海外殖民地的贸易垄断，转而致力于建立殖民地自由贸易体系。在建立殖民地自由贸易体系的过程中，英国调整了原来的殖民主义政策：一方面，不再以扩大海外殖民地的领土面积为追求目标；另一方面，对于那些具有战略意义和位于通商、航海要道的殖民地，尽管其面积很小也视为珍宝，寸土不让；与此同时，对已有殖民地进行政策调整，更加注重法制建设，使其在意识形态领域与英国靠拢，为自由贸易的顺利开展扫清制度上的障碍。而当时大部分殖民地国家和地区的生产关系都还处于比较落后的封建制阶段，有的甚至还停留在奴隶制或原始社会阶段，其法律根本不可能有效地调整英国人所需要的这种新型的经济关系和政治关系，英国为了顺利地实现对殖民地的经济掠夺和政治统治，必须完成双重使命："一个是破坏性的使命，即消灭旧的亚洲式的社会，另一个是建设性的使命，即在亚洲为西方式的社会奠定物质基础。"③

　　在长期的殖民统治历程中，英国人建立了一套具有英国文化特色的殖民地法律政策，概括起来有三个特点：

（一）针对殖民地不同的法律文化背景分别采取不同的法律移植策略

　　因地制宜是英国法律输出的一个重要特点。英国人在向殖民地输出法律的过程中，充

---

① 参见齐世荣主编：《英国：从称霸世界到回归欧洲》，28 页，西安，三秦出版社，2005。

② 1776 年，亚当·斯密在其《国富论》一书中首次提出了"看不见的手"的理论，认为国家对于私人经济生活的干预会妨碍市场的进一步发展，政府的职能应当是努力创造一个自由、公平的环境以保证个人的经济活动，而不是直接干预经济。在"自由放任"学说的指导下，工业革命时代的英国形成了一种全新的社会价值观：欲望的合理性、合理牟利精神、工业主义思想、私有财产神圣不可侵犯、自由主义经济政策等。这种以自由为核心的经济价值观念也包括对殖民地的管理问题。亚当·斯密认为母国对于殖民地的贸易垄断，不仅对殖民地的发展不利，对母国自身也不利。他主张开放殖民地的对外贸易，进而最终实现贸易自由。亚当·斯密的思想最初并没有受到重视，是 1783 年北美殖民地的独立真正触动了英国统治阶级，迫使它们开始接受亚当·斯密的主张，调整对海外殖民地的基本政策。

③ ［德］马克思：《不列颠在印度统治的未来结果》，载《马克思恩格斯全集》，第 9 卷，247 页，北京，人民出版社，1961。

分考虑了各殖民地不同的法律文化背景和对英国法的接受能力，有针对性地分别采取不同的法律移植策略。学界一般将其归纳为五种情况①：

第一种情况是殖民地社会尚未进入文明时代，在殖民者到来之前，那里没有国家和法律。澳大利亚、新西兰和北美属于此种类型。在这类地区，英国所采取的策略是直接适用英国法律。如 1826 年英国颁布《澳大利亚司法条例》，规定凡 1828 年 7 月 25 日在英格兰生效的法律，在澳大利亚也有效。此外，英国议会有权制定适用于澳大利亚的特别法，殖民地立法机关所制定的法律不得与英国的法律相抵触。就司法体制而言，英国枢密院司法委员会是各殖民地的最高上诉法院。

第二种情况是殖民地原有社会发展水平相对落后，但是有自己的法律制度。属于此类的主要是一些非洲国家。在英国殖民非洲之初，有的地区仍处于原始社会，有的刚刚进入奴隶社会，有的已经跨入封建社会。鉴于此，英国对非洲殖民地采取"间接治理"的方法，以保护国的形式，使当地居民在其监督下自治自理。19 世纪末开始，根据英国枢密院的命令或殖民地政府的决定，英国法律被相继输入到这些地区，加纳、塞拉利昂、冈比亚、肯尼亚、乌干达等国相继采用同时期的英国法律，但是当地的习惯法和伊斯兰法以及适用习惯法的传统法院仍被保留下来。

第三种情况是殖民地原有的文化水平较低，但是在英国占领之前，已经接受了欧洲其他国家的法律，如加拿大和南非。1763 年英国占领加拿大时，法国的法律在那里已经实施了一百五十余年。对此英国采取了部分保留的方法，保留了法国的民商法，引进了英国的刑法。1791 年英国议会又通过《1791 年宪法法案》，规定加拿大分为两个部分：上加拿大为英语区，适用英国法；下加拿大为法语区，适用法国法。1867 年，英国议会又制定《英属北美法》，规定加拿大为英国的自治领，将上、下加拿大合并，其后，又通过英国议会和自治领议会立法，以及通过英国式法院的建立，在加拿大除魁北克省以外的其他全部地区，建立了英国式的法制体系。在南非，英国占领以前南非已经被荷兰统治了一百多年，法律制度为罗马法与荷兰习惯法的结合。英国占领以后，对此予以保留，但是英国法的影响不断渗透。1910 年南非独立以后，形成了一种混合型的法律制度，在宪法、刑法、证据法、法院组织法、商法等领域受英国法影响较大，而在民事、婚姻、家庭方面则受罗马—荷兰法影响较大。

第四种情况是殖民地固有文化和法律较为发达，并且此前没有受到过外来文化影响。属于这类情况的主要是印度。在向印度输入法律的过程中，英国人遇到了重重困难，这不仅因为印度自身已经具有比较发达的宗教、法律和文化，而且因为英国判例法的繁文缛节很难为古老东方世界的印度人所理解。鉴于此，英国政府决定将英国法律编撰成法典输入印度，自 1859 年至 1882 年，相继颁布了《民事诉讼法典》、《印度刑法典》、《刑事诉讼法典》、《印度继承法》、《证据法》、《契约法》、《信托法》和《财产转让法》等。这些法律在形式上采用大陆法系的法典形式，在内容上则完全出自英国的判例法。它们是专门为印度编撰的，为印度法律的现代化奠定了重要基础。此外，英国还按照英国模式在印度建立法

---

① 参见［德］K. 茨威格特、H. 克茨著，潘汉典等译：《比较法总论》，325～347 页，北京，法律出版社，2003。

院系统，英国枢密院为印度的终审法院。1947年印度独立以后，废除了英国对印度的立法权和枢密院的上诉管辖权，但在宪法中保留已有的英式法律制度。

第五种情况是殖民地固有文化和法律较为发达，并且在英国法对其发生影响以前，还接受了其他外来法律，如以色列。以色列在接受英国的委任统治以前，既有自己本民族的犹太教法，也有在奥斯曼帝国统治下接受的伊斯兰法和以法国为主的欧洲大陆法。英国统治期间，通过立法或法院的活动，许多英国法律制度被移入以色列。独立后，以色列显示了向大陆法系靠近的趋势，但是在程序法、侵权行为法方面却已经彻底英国化了：法院组织、法官和律师的思维方式、讨论技巧、推理形式以及对先例的态度等方面都体现出英国法的特色，形成了犹太教法、伊斯兰法、大陆法和英国法同时并存的局面。

（二）兼顾殖民地的法制传统，对于其原有的法律和习惯，只要不与英国法律原则和精神相抵触，一般予以保留

英国法律移植中最耐人寻味之处是英国殖民者在法律移植过程中的务实精神。法律移植是一个复杂的过程，既要选择好所移植的法律，使其能够发挥预期效果，又要考虑受体因素，确保受体能够接受移植过来的法律，以防止出现排异反应。这种复杂性在英国法律移植过程中尤为突出，因此，英国人对于其法律的输出和移植也显得格外谨慎："一方面，英国殖民者并没有无条件地将其法律全盘输入，而是输入了那些可以在殖民地适用的英国法。另一方面，在英国殖民过程中，与追求殖民地与宗主国法律一体化的欧洲大陆国家不同，英国当局采取所谓'间接治理'政策，即只要当地的法律不与英国法原则和精神相抵触就可以继续适用。"[①]

造成这种结果的深层次原因有两个。其一，英国法自身程序烦琐，判例法的内容庞杂，难于系统地把握，对于殖民地国家或地区，特别是那些非英语国家和地区来说，由于语言的障碍以及历史传统和文化背景上的差异，要理解和接受它的确需要费一番周折。因此，为了达到维持殖民地稳定的目的，英国人在强迫殖民地人民接受英国法时，一般都不是无条件地将其法律全盘输入，而是选择那些可以在殖民地得到理解和接受的英国法，并且采取不同的方式，分期分批地输入。例如，英国在向印度输入自己的法律时，就没有进行普通法与衡平法的划分，也没有根据这种划分设置两套法院系统。正如丹宁大法官在1955年"尼亚里有限公司诉检察总长（Nyali Ltd. v. Attorney-General）"一案中所指出的：不能企望"移入非洲大陆的橡树完全保留它在英格兰的特性"。"普通法也是如此，不能不加限制地适用到外国。"[②] 其二，英国法律移植基本上是被动式移植，最初都或多或少地遭到了殖民地人民的抵触，因此，维持一个稳定的社会环境，使殖民统治能够维持下去，成为各个殖民当局的首要目标。为此，殖民者大都采取了尊重和保留殖民地原有风俗、习惯的做法。而对于刚刚经历过战争征服的殖民地人民来说，在其惊魂未定之时宣布占领国将尊重殖民地原有生活习惯和社会秩序，无疑是一剂最好的安抚药。试想一下；有哪个战败者会在得到

---

① 高鸿钧：《英国法的域外移植——兼论普通法系形成和发展的特点》载《比较法研究》，1990（3），32页。

② A. Ondo, *The Role of the Judiciary in the New Commonwealth Countries*, Proceedings and Papers of the Sixth Commonwealth Law Conference, Lagos, Nigeria, 1980. 转引自钱弘道：《英美法讲座》，108页，北京，清华大学出版社，2004。

了这样的许诺之后而不心存感激呢？于是，战争之后的骚乱顿时平息，殖民者的统治也就此得以立足。英国殖民者正是以这种四两拨千斤的手段轻而易举地化解了殖民战争之后的危机。这种做法是英国人最擅长的妥协技巧的再一次体现——以退为进，在妥协中求发展，最终达到自己的目的。

应当指出的是，英国对于殖民地传统法律和风俗习惯的保留是有限度的，主要是在婚姻、家庭关系、遗嘱、继承等民事领域，而对于国家的统治方式、管理权力等重大原则性问题，英国人则很少会作出让步，即使作出让步，也是一种暂时的迂回策略。例如，英国人在最初占领印度时，曾经宣告印度人之间的所有诉讼一律适用本地法，但是到了18世纪末，英国殖民者就宣布，印度和伊斯兰教徒主要是在婚姻、嫁妆、收养、监护、家庭关系、遗嘱、赠与、析产以及各种契约方面继续适用各自的宗教法规。至20世纪30年代，英国殖民者进一步颁布许多涉及婚姻、继承权方面的印度教和伊斯兰教的属人主义规定，使印度本地法的适用范围日益缩小。英国殖民者正是运用这种缓慢的、迂回曲折的方法，逐步达到了限制和转换印度旧法制的目的。①

（三）从制度移植到法理移植，注重在殖民地开展法律教育

英国法以法院为中心，法官的作用十分重要。如果殖民地不具备英国那样的法院组织和法官制度，即使将英国法移植进去，也难以运行。因此，英国在向殖民地输入法律的时候，非常重视改造殖民地的法院组织，大量选派英国的法官去殖民地国家和地区帮助适用英国法律。

然而，"法律变革的推动力量最终来源于自身"②，移植的法律要获得成活，归根结底还取决于受体是否能够主动接受。英国殖民者最初似乎并没有意识到这一点，因此，其法律殖民化的过程并非一帆风顺，而是经历了一个比较缓慢的历史发展过程。以印度为例，1855年位于加尔各答的印度学院正式开设法律专业，研究英国法和印度法。马德拉斯学院和孟加拉艾尔芬斯顿学院也竞相效仿，19世纪80年代印度攻读法学专业的学生人数迅速增加，法律职业成为最好的谋生之道。20世纪初，印度法律专业的学生人数远远超过其他专业的学生。据统计在1916—1917年间，各大学攻读法律专业的学生人数为5 426名，而医科、工科、师资专业的学生总数不过4 595名。英国殖民者不仅在印度培养了大批法律人才，而且鼓励相当一部分学生到英国攻读法律。甘地、尼赫鲁等印度知名人士都曾经在英国受过法律专业训练。他们学成回国后，或从事律师工作，或升任法官，或步入政界。③ 这批人以他们的印度血统和英式教育相结合的背景，比较容易地使英国的法治观念深入到印度社会之中，英国殖民者在印度开展的法学教育活动最终结出了果实。独立后，"当印度法典草案在一次提交印度议会时，一场反对草案世俗化、反对改革印度宗教法的斗争立即在全国出现……在改革派快要淹没在正统派的声讨声中时，尼赫鲁总理以自己对于宗教的深刻理解，毫不留情地批评了正统派的顽固守旧，给改革派以极大的安慰"④。正是靠着这样

---

① 参见蒋迅：《法律文化的冲突与融合——印度法现代化的实践》，载《比较法研究》，1987（2）。
② 张德美：《探索与抉择》，13页，北京，清华大学出版社，2003。
③ 参见蒋迅：《法律文化的冲突与融合——印度法现代化的实践》，载《比较法研究》，1987（2）。
④ 王云霞：《印度社会的法律改革》，载《比较法研究》，2000（2）。

一大批受过正统英国教育的印度杰出人物，印度法制在脱离英国殖民统治之后继续保持了英国法的基本精神和法制传统。

印度的案例在英国法律移植成功的案例中是比较具有代表性的，它充分说明，法律移植的成功最终取决于受体的积极接受，因此必须注意调动受体的自身能动性，向民众灌输新型法律观念以及培养本土法律人才是其中非常重要的一个环节。正如约翰·H·威格摩尔在《世界法系概览》一书结尾处所作的精辟总结："任何一个超越特定国家或种族界限的永恒的法律体系，唯一能使它保持生命力的方法，就是不断发展壮大一个受过良好培训的法律职业者阶层。"① 值得肯定的是，英国人在充分认识到了这一点之后，还是本着务实的精神，作了一些积极、有益的推动性工作，如在殖民地兴办学校，开展法学教育，培养本地法律人才等。殖民地中这些接受过正规英式教育的法律人才，最终成为普通法得以在殖民地生根发芽的沃土。

二、中英两国早期的历史交往与法律文化冲突

在 16 世纪之前，欧洲大陆相对于东方文明古国来说还处于西方人自己认为的"山野村夫"地位，因为在此之前的东西方关系中，东方对西方的影响始终占据着优势。英国人探求与中国的交往开始于 14 世纪。14 世纪中叶起，随着英国重商主义的兴起，大批商人分赴海外，开拓国际市场，中国成为他们的首选目标之一。然而，由于道路阻隔，以及葡萄牙和西班牙的海上霸权，英国商船直到 17 世纪才第一次到达中国，并且，第一次即以兵戎相见。据美国历史学家马士和宓亨利的《远东国际关系史》一书记载，1637 年 6 月 23 日，英国船长威㘙（John Weddell，又译为威德尔）率领船队抵达澳门海面，受到葡萄牙澳门当局的多方阻挠。威㘙派小船自行探寻进入广州的航道，继而率船径驶虎门。遭到虎门炮台的轰击后，他发炮还击，平息了中方的炮火后就放船直达广州，售出了自己的货物，并且装上了糖和生姜。事后，中国方面鉴于此事是由于葡萄牙人安进谗言而造成，宽恕了英国的敌对态度。② 《明史·荷兰传》对此事亦有记载："十年，驾四舶，由虎跳门薄广州，声言求市。其酋招摇市上，奸民视之若金穴，盖大姓有为之主者。当道鉴壕镜事，议驱斥，或从中挠之。会总督张镜心初至，力持不可，乃遁去。"③ 对于这次冲突，无论后来英国人如何争辩，有一点是不争的事实，即英国人未经许可擅自闯入中国内河。这对于历来号称维护国家平等与尊重别国主权的大英帝国来说，是一页无法抹杀的不光彩历史。

1637 年威㘙率英船离华以后不久，英国国内发生了资产阶级革命，中国则由清王朝取代了明王朝。由于双方政局变化，中英通商关系进展迟缓。清政府为了收复台湾的战争需要，宣布采取"禁海政策"，加之葡萄牙人从中阻挠，因此英国人在这一时期主要是和中国台湾地区郑氏集团通商，并于 1676 年在厦门建立商馆。随着清军收复台湾，英商和郑氏集团的通商关系也宣告结束，在厦门的商馆于 1681 年停闭。1685 年清政府收回台湾之后，正

---

① ［美］约翰·H·威格摩尔著，何勤华等译：《世界法系概览》（下），946 页，上海，上海人民出版社，2004。

② 参见［美］马士、宓亨利：《远东国际关系史》，45 页，北京，商务印书馆，1975；《东印度公司之起源及对华贸易之回顾》，载朱杰勤主编：《中外关系史论文集》，573 页，郑州，河南人民出版社，1984。

③ 张廷玉：《明史》，卷三百二十五，5652 页，北京，中华书局，2000。

式解除海禁，确定广东黄埔、福建厦门、浙江宁波和江南云台山（今江苏镇江）4 个城市为对外贸易之地，设置江、浙、闽、粤四海关，负责监督、管制进出口贸易，征收关税。此时英国资产阶级的统治地位也巩固起来，中英通商关系进入了比较正常的状态。由于广东地区葡萄牙人的势力较大，英国商人把主要贸易活动都集中在厦门，1685 年，英国人在厦门重建商馆。但是，一系列新的矛盾也随之而来，中英之间在经济体制和意识形态领域的种种冲突由此才真正拉开了序幕。

（一）自由贸易与垄断贸易：两种经济体制的冲突

中英之间的冲突最初起源于双方贸易体制的冲突。经过资产阶级革命的英国，自由贸易思想已经深入人心，英国人不仅在国内普遍推行自由贸易政策，而且大力追求海外市场的自由贸易。但是，国与国之间的自由贸易只有建立在双方生产力水平基本持平的基础上，才能达到利益均衡。如果一方的生产能力明显高于另一方，而又没有任何贸易保护措施，那么弱势一方的民族工业势必受到严重打击，甚至是致命性摧残。英国人打着自由贸易的旗号，不顾别国的现实状况，强行将一些生产力水平还很落后的国家拉入其自由贸易体系之内，这种做法看似冠冕堂皇，骨子里面却十分自私。早期中英贸易交往中就存在着这样的问题。

清朝恢复对外贸易以后，一度采取的还是比较开明的对外贸易政策。根据广州的制度，当时的关税分为船钞和货钞两种，每一种都有十分具体的规定，总体上看，这些规定兼顾中外双方的利益，还是比较合理可行的。如果这些规定都能得到严格执行，应当说中西方之间的贸易原本可以比较顺利地进行下去，同时也不会给西方人以口实来攻击中国的对外贸易政策。问题是中国的地方官员贪污腐败，实际执行中出入很大。据德国传教士郭士立的记述，1685 年英国东印度公司来华商船，"官方丈量员开始是从船头量到船尾，但一经受贿，就允许从后桅之前量到前桅之后。事实上，后一种丈量方法是丈量任何船只的唯一合法和照例的成规，不论它是本国船只或外国船只。在征收货税时也同样存在很大的随意性，有关税则的规定对他们的约束力是极有限的。一般而言，他们实征的税额远远高于应征税额"①。

西方人在中国对外贸易管制政策上反应比较激烈的问题还有行商制度。行商（又称为洋行）制度最早兴起于广州，是清政府为了便于对外贸易管制所建立的一种贸易垄断制度。1757 年，乾隆皇帝鉴于西方商人在东南沿海与海盗之间的走私活动频繁，为加强管理，下令关闭厦门、宁波和云台山三处对外贸易口岸，将对外贸易活动全部集中到广州一地。广州的行商也就因此兴盛起来。按照当时广州行商制度的规定，所有外国船只的入口货物和出口货物的货物报单都要通过洋行向海关申报，一切外洋货物进口后均由洋行承销，国内货物出口也由洋行代办。此外，洋行还具有半官半商的性质，不仅代办外国对中国进出口货物的全部贸易活动，还充当外国人与中国政府之间的中介，外国人在广州的居留活动，要有洋商负责照管监督；遇有中外交涉，也要通过洋商代为传递信息。1720 年，广州洋商为避免内部竞争所造成的"内耗"，联合起来成立公行，规定凡外商进口货物，由公行统一

---

①　转引自于建胜、刘春蕊：《落日的挽歌——19 世纪晚清对外关系简论》，5 页，北京，商务印书馆，2003。

承销；内地出口货物，由公行统一划定价格，平均支配，不许竞争。公行制度一经实施，就遭到外商的强烈反对，他们甚至以拒绝开仓贸易提出抗议。但是由于得到清政府的支持，公行制度一直延续到 1842 年《南京条约》签订时才被彻底废止。

清朝除了关于对外贸易管理的关税和行商制度之外，还有专门针对外国商人的《防范外夷规范》等章程，内容主要是对外国人在华行动和居留的各项管理规定。18 世纪开始，随着中外贸易交往的增多，外商来华人数越来越多，由此产生了对于外商的人员管理问题。为加强对外国人的人员管理，1760 年，清廷制定了《防范外夷规范》，主要内容有 5 项，故又称《防夷五事》。1831 年，清政府为重申《防夷五事》，制定《防范夷人章程八条》，1835 年又出台《防夷新规八条》，这三者在内容上有重复之处，其中比较重要的有以下 9 项：（1）兵船必须停泊省河口外，不得进入虎门。（2）洋妇不许带进商馆，枪炮和其他武器也不得携入。（3）行商不得向外国人拖欠。（4）外商不得雇用华籍仆役。（5）外国人不得坐轿。（6）外国人不得在省河内划船游乐。（7）外国人不得呈递禀帖，如有陈述，必须交由行商转呈。（8）至夷商寓歇行商馆内，向系责成行商管束。其购买货物，必令行商经手，原以防范奸民引诱教唆。嗣后夷商居住行商馆内，不准夷商擅自出入，致与奸民交易营私。（9）外国人不得在广州逗留过冬，一俟货物销出，船舶装妥之后，应即回国或前往澳门。①

对于这些规定形成的原因和实际效果，肖致治和杨卫东先生给予了较为全面的评价："这些规定是由于西方殖民者多年来在中国犯下了一系列罪行，干了不少非法勾当，为了防止他们今后继续胡作非为而制定的防范措施。这些规定的实施，客观上起到了限制和阻止殖民者从事非法活动的积极作用。但另一方面，由于实行这些规定，除了几个行商之外，中国人均不能和外商接触，这又大大妨碍了中国和西方的正常交往，使清朝自己被隔绝于广大世界之外，对地球上发生的日新月异的巨大变化茫无所知，不闻不问，从而不能及时学习西方的先进科学与经验，致使自己与西方的差距越来越大，其消极后果远远超过了它的积极作用，影响是十分巨大的。"②至于这些规定中所采取的具体手段和方法，则是着实令人难以恭维，正如苏亦工先生所指出："这类规定的出台，除了进一步证明中国官府在行政上的蛮横和管理上的低能外，无可称道处。"③

（二）主权国家与朝贡体制：两种国家观念的冲突

中国封建社会处理对外关系的传统模式是朝贡体制，这种制度产生于周朝，所谓"朝"，是指臣下觐见君主，"贡"是指下人献纳物品给主人。中国自西周时形成了以周天子为中心的朝贡体制，成为天子与诸侯之间隶属关系的一种模式。出于"普天之下，莫非王土，率图之滨，莫非王臣"的传统观念，中国历代封建王朝的统治者对于外国使节的来华，也一概视作"朝贡"，从而使得朝贡制度又成为中国古代与外国交往的基本模式。明清时代，朝贡制度比以往更加烦琐和严格，不但对万国朝贡的时间、人员、路线等方面作了极为详尽的硬性规定，而且规定了包括上朝时的服饰、动作、站立的位置、进退路线等在内的一整套烦琐的礼仪程序。作为对于朝贡国远道而来的回报，以宗主国自居的中国采取的

---

① 参见［美］马士、宓亨利：《远东国际关系史》，60～61 页，北京，商务印书馆，1975。
② 萧致治、杨卫东：《西风拂夕阳——鸦片战争前中西关系》，223 页，武汉，湖北人民出版社，2005。
③ 苏亦工：《中法西用——中国传统法律及习惯在香港》，53 页，北京，社会科学文献出版社，2002。

是"来者不拒，去者不追"的宽仁态度。外国使团不仅可以在中国获得中国政府的优厚招待，还可以得到中国皇帝的大量赏赐，有时甚至还可以获得特别的经济利益。

站在中国封建统治者的角度看，朝贡制度一方面使中国统治者感受到天朝至尊的优越，另一方面也是一种对外友好交往的渠道，统治者往往都希望通过怀柔政策消除外部敌对势力，使江山社稷稳固。直至明清时期，封建统治者仍然把来到中国的西方殖民国家的商人看作是西方国家派来的朝贡使节，把葡萄牙、荷兰、英国都看作是朝贡国。这种思想观念和传统习惯，从被誉为"睁眼看世界第一人"的清末著名知识分子梁廷枏所著《海国四说》中的一段话可以得到充分反映："我朝威德覃敷，远无弗届。朝鲜一国率先效顺，厥后琉球、越南、日本相继叩关，咸称属国……惟暹罗、荷兰、西洋所属意大里亚、博尔都葛尔雅，以逮英吉利诸国。每届使舟至境，大吏以闻，辄奉谕旨，燕劳有典，伴送有官，厚往薄来，恩施优渥。"①

然而，自15世纪以后，西方世界已经开始形成以国家主权平等为基础的外交制度，主张国家之间相互平等。它们来到中国并非为了朝贡，而是希望开辟中国市场，实现贸易自由往来。西方人的外交政策显然与中国统治者的思想观念大相径庭，中、西方之间发生冲突已经在所难免。正如基顿在他的书中强调："这个时期，中国并不打算接待来自自称是与中国平等的独立国家的各大强国的使节。欧洲人受到了与中国的亚洲藩属国的同等对待。"②《鸦片战争史料选译》中也有类似记载："正像中国人所说的那样，中国政府认为大不列颠王国是个朝贡国家，对天朝法律是恭敬地遵守的，他曾屡次地派遣使者向天子朝贡，直至今天中华帝国还没有和这个可笑的自称为大英帝国的国家有什么官方交往。显然这个中华政府认为所有外国人都是夷狄，都是处在教化之外的——大清皇帝满洲鞑靼的宏恩仁厚，对四海内外一视同仁地加以抚育。向外人开放广州港是由于圣朝的恩泽，不忍对远方来者过于严厉而乐于用道理来说服他们。天朝皇帝显系赫赫炎炎，其威力胜于雷霆，光天化日之下，不管外人或本土人谁都不敢不服。"③

西方人的这种抱怨并非无缘而起。从1793英国使臣马戛尔尼访华时乾隆皇帝给英国女王的"敕谕"中，可以明显地看出当时中英双方对国家关系问题的认识和冲突，乾隆皇帝为回答英国女王要求在中国派驻使节一事时说："至尔国王表内恳请派一尔国之人住居天朝，照管尔国买卖一节，此则与天朝体制不合，断不可行。向来西洋各国有愿来天朝当差之人，原准其来京，但既来之后，则尊用天朝服色，安置堂内，永远不准复回本国。此系天朝定制，想尔国王亦所知悉。今尔国王欲求派一尔国之人居住京城，既不能若来京当差之西洋人在京居住不归本国，又不可听其往来长通信息，实为无益之事。"④ 此后，虽然中、西方之间贸易往来不断，但是中国固守其天朝大国的观念并没有因为"对外开放"而有丝毫改变，以至于1816年英国使臣阿美士德再次来访时，竟因为拒绝行三拜九叩大礼而被逐出北京。

---

① 梁廷枏：《海国四说·粤道贡国说》，164页，北京，中华书局，1993。

② G. W. Keeton, *The Development Of Extraterritoriality in China*, Volume I, p. 26, Longmans, Green and Co., 1928.

③ 广东省文献研究馆：《鸦片战争史料选译》，22页，北京，中华书局，1983。

④ 故宫博物院掌故部编：《掌故丛编》，645～646页，北京，中华书局，1990。

中英双方在国家关系上的观念差异导致 1834 年的一次比较大的冲突事件。1834 年，律劳卑受英国政府派遣，担任英国驻华贸易首席监督。当时中英两国为贸易问题矛盾日深，但英国还尚未完成发动对华战争的准备，故英外相巴麦尊在律劳卑即将来华前叮嘱他要避免与中国政府发生冲突。律劳卑一行到达澳门当天，两广总督卢坤即委派行商伍敦元、卢文蔚前往英夷馆转告律劳卑，与中国官员来往必须遵守大清律例，通过行商进行沟通。但是律劳卑坚持自己是英国驻华贸易首席监督的身份，与过去的大班地位不同，要直接与总督对等来往。7 月 26 日律劳卑直接派书记官阿士铁尔带文书到广州城门向守城官员投递，中国官员拒绝接纳。7 月 27 日，十三行行商为避免事态扩大，集体要求律劳卑改变态度，而且文书封面要用"禀请"字样，遭律劳卑拒绝。7 月 30 日，两广总督卢坤通知行商：律劳卑必须立即离开广州，若行商不奉命行事，有损国威，唯行商罪。9 月 5 日律劳卑密传在虎门外洋的两艘军舰闯入虎门水道，与中国发生炮战，遭到中国守军的强硬抵抗，律劳卑不得不退让。对于这次事件，后来道光皇帝下旨："外夷不谙例禁之处，不值与之深较，朕亦不为已甚，玩则惩之，服则舍之。"律劳卑后为此事寄信给英国外相巴麦尊："两广总督凌辱英国国威，必须加以惩罚，此际强压中国使其承认本官职，即所以尊重英皇使命，亦使中国开放各港口之前提。"[1] 10 月 11 日，律劳卑因患病死于澳门。陈恭禄先生在其《中国近代史》一书中针对这一事件指出："综观律劳卑来粤之始末，其争执要皆由于中外政教之悬殊，夷夏之别太严，而并起于误会也。"[2] 律劳卑出身英国望族，兼任上议院议员，地位显赫，他与中国官方所发生的冲突以及其最后客死他乡的惨境，在一定程度上刺激了英国人的反华情绪，而冲突的缘起，在很大程度上是由于中英双方对国与国之间外交关系的理解不同。

中国方面固守所谓祖宗成例，虽然有维护国家尊严、抵御外来侵犯的积极成分，但是却忽视了世界发展的现实状况，是一种不顾历史潮流的盲目之举。最初来到中国的葡萄牙、荷兰等国，由于它们的势力不足以同中国相抗衡，因此都只能暂时屈就于"朝贡者"的地位。直至 18 世纪后，通过工业革命迅速壮大发展的英国，不但要在中国争取平等的外交地位，而且还处心积虑地谋求扩大它们在中国的市场。但是直到此时，清朝的统治者还处于盲目自大的混沌之中，对于外部世界所发生的变化浑然不觉，仍然固执地以传统的封建等级观念来对待国与国之间的外交关系，以拒绝交往的被动方式作为防范外国侵入的手段，从而使自己在与西方国家的交往中处于孤立和不被理解的境地。

（三）治外法权与领土法权：两种法律管辖权的冲突

治外法权（extra territoriality）是指某国人在别国领土上享有的免受所在国法律管辖的特权。根据现代国际法准则，享有这种特权的只有在外国访问或途经的国家元首以及一国驻其他国家的外交人员。[3] 领土法权（territorial sovereignty）则是指一个国家有在其领土范围内的完全的法律管辖权，即属地管辖权。现代国际法普遍以属地原则行使法律管辖权，

---

① 广东十三行档案文献资料中心，档案大观：《清政府驱逐英国驻华贸易总监律劳卑》，载 http://www.Lwa.com.cn/other/13h/dangandag/daguan-08.htm。

② 陈恭禄：《中国近代史》，45 页，上海，商务印书馆，1935。

③ See Su Mick Woodley, *Osborn's Concise Law Dictionary*, tenth edition, p.173, Sweet & Maxwell, 2005.

即使另外一个国家同时有行使管辖权的根据，如果它行使管辖权的权力与具有属地管辖权的国家的权力相冲突，该另一国家行使管辖权的权力就受到了限制。[1]

对于外国人的管辖权问题，中国自唐朝起就有明确的法律规定。《唐律·名例律》规定："诸化外人，同类相犯，各依本俗法；异类相犯者，以法律论断。"至明朝，关于化外人有犯的规定有所变化："凡化外人有犯者，并依律拟断。"清律完全沿袭明律规定，只是在雍正三年（1724 年）修律时增加了"隶理藩院者，仍照原定蒙古例。""清朝中叶前后，大批欧洲人陆续来到中国东南沿海开展贸易，华洋纠纷和犯罪案件时有发生，清政府在处理涉及外国人的案件时，将以往处理少数民族问题的惯用方法扩展适用于欧洲人。一般来说，当涉案的外国人系属同一国家时，中国政府通常听任该国人的头目自行处理，不予干涉。当涉案外国人来自不同国度，或当其中一方是中国人时，按照律文的规定应该适用中国的法律。但实际上，清政府对这两种情况的处理也有区别。在前一种情况下，清政府不无行使管辖权的事例，但更多的时候则是不愿介入。在后一种情况下，中国政府也不是一般地主张管辖权，只有当中国人被外人杀害时，中国政府才行使管辖权。"[2] 由此可见，在对待外国人的司法管辖权问题上，清政府作出了很大的妥协。不过，这种妥协并非毫无原则，它大致符合中国上千年来处理外族（包括外国）人犯罪的一贯做法。

然而，令人费解的是，作为国际法发源地的欧洲各国，在 16 世纪来到中国以后，几乎无一例外地无视如此清晰的国际法准则和所在国法律，普遍抵制中国政府的司法管辖，所不同的是它们抵制的方式有所区别。最初以软磨为主，典型者如葡萄牙。葡据澳门之初，香山县当局在理论上一直保持着对人命大案的管辖权，然而每当发生这类案件，葡人总是千方百计逃避中国的司法管辖，或者贿买尸亲，使其不向县衙起诉；或者贿赂官员，使凶犯免于被移送。至后期特别是英国人到来以后，抵制中国司法管辖权的方式开始由软磨转为频频硬抗，及至最后发展为国与国之间的冲突。笔者认为造成这种现象的原因有以下两个方面：

其一是西方殖民主义的经济需求使然。西方国家开拓海外殖民地的根本目的是掠夺殖民地财富。既然是掠夺，当然就不能受殖民地法律的约束，明目张胆地直接抢夺金银矿产和贩卖奴隶自不待言。为了达到这些野蛮的目的，不仅不能受殖民地法律的约束，还要带上军舰和大炮，随时准备动用武力来保护其强盗行径。但是有人或许会问：英国人对中国的殖民不是以抢夺为目的，然而英国人却是反对中国法律的最坚决者，此当作何解释？诚然，英国人来到中国不是以抢劫为目的，甚至不以领土占领为目的，英国人来华的最显然的动机就要开展自由贸易。问题是：英国人的这种自由贸易是什么样的自由贸易？首先，它并不是建立在双方自愿基础上的自由贸易，而是由英国人事先设计好的以适应英国自由资本主义经济发展为特点的自由贸易。对于尚处在封建社会，以自给自足为经济特征的中国来说，无论从思想认识上还是从经济制度上、法律制度上，都不具备接受这种自由贸易的可能性。然而，一个国家的法律又是经济发展所必不可少的制度保障，没有良好的法律环境，经济生活势必受到威胁。对于这个基本的道理，具有悠久法制传统的英国人当然深

---

① 参见［英］詹宁斯、瓦茨修订，王铁崖等译：《奥本海国际法》，第 1 卷第 1 分册，328～329 页，北京，中国大百科全书出版社，1995。

② 苏亦工：《中法西用——中国传统法律及习惯在香港》，21 页，北京，社会科学文献出版社，2002。

知无疑。为了维护他们的殖民贸易，首先要做的事情当然就是建立一套与之相适应的法律制度；其次，我们不要忘了，英国强加给中国的自由贸易中还包括其臭名昭著的鸦片贸易。自 1796 年清朝政府正式下令禁止鸦片进口之后，中英之间就展开了异常激烈、复杂的禁烟和反禁烟斗争。英国殖民者为了达到他们长期向中国输出鸦片的目的，抓住中国对外贸易管制制度中的缺陷，将其上升到国际关系的高度，大造舆论，为战争寻找借口。在这里，赚钱的欲望压倒了一切，因此，英国人甘愿违背由他们自己倡导的国际法准则也就不足为奇了。事实上，英国人在后来的所作所为完全证实了笔者的这种分析。1833 年，英国通过了一项《规范有关于中国与印度贸易的法案》，其中提到，"为了保护和刺激贸易的目的，要求在中华帝国境内建立英国的权威，任命 3 名中国贸易监督，并建立一个刑事和海事法庭，审理中国境内以及那里的港口、锚地和中国海岸线 100 公里以内的公海上的英国臣民的过犯，上述 3 名监督中的一名为主持该法庭的官员。根据该法案，同年 12 月 9 日，英国议会通过了英王发布的一道命令，指令在广州建立法庭"①。从这些文献记载中可以看出，保护和刺激贸易是英国在中国追求治外法权的核心目的。

其二是中国法律确实存在落后、野蛮的一面。基顿先生在其《治外法权在中国的发展》一书中认为，"有五个方面的障碍促使英国人无法认可中国的法律：一是中国政府对英国商人所采取的管制措施，二是中国法律对于谋杀与斗杀不加区别地处罚，三是中国的连坐制度，四是中国的监狱制度，五是中国的刑讯逼供制度"②。其中第一点，即中国政府对英国商人的管制问题，本章在前面已经有所论述，以下就后面四个问题作简要介绍：

1. 关于谋杀与斗杀

英国法律认为，犯罪的要害在于犯罪者的不良动机，中国法将同态复仇规则适用于在英国法中定性为过失杀人的案件，不承认正当防卫的抗辩和意外事故的抗辩。1784 年发生的休斯女士号（Lady Hughes）事件中，该船的一名炮手鸣放礼炮时误伤两个中国人（后死亡），后来这个炮手被处以绞刑。此案是中英之间关于故意杀人、过失杀人和意外事故等法律争执的典型案例，也是中英管辖权之争的重要转折点。此案以后，英国再没有将任何刑事案件交由中国管辖。

2. 关于连坐制度

中国传统法律中的连坐制度是西方人认为最无法接受的："中华帝国的每一个臣民对于不论关系多么间接的事都要负责。儿子犯罪，父亲要负责……结果是在理论上有罪就必须有罚；倘使罪犯不能缉拿归案，领罪和受刑，那么负责方面就一定要承担后果——所谓负责方面就是父亲、家属、店东、乡邻、知县或总督……现在让我们将这个原则应用到广州海面所发生的那类案件上。倘若一个外国水手在岸上因殴斗而毙命，犯罪的中国人一定会被缉拿到案，判处绞刑。受刑的人未见得就是行凶者本人，然而这样做却履行了不成文责任法上的义务。反之，倘使一个中国人从表面上看，在外国水手手里送命，那么中国当局

---

① Norton Kyshe, *The History of the Laws and Courts of Hong Kong*, Volume I, pp. 1 - 3, London, T. Fisher Unwin, 1898.

② G. W. Keeton, *The Development Of Extraterritoriality in China*, Volume I, p. vii, Longmans, Green and Co., 1928.

自然也会应用同一项责任原则。"① 1819 年 11 月，英国伦敦号船上的一支枪走火打死了一个华人，责任人随即潜逃，恰好此时另一艘船上的屠夫刎颈自杀，东印度公司感到可以利用这个机会逃脱中方的调查，于是通知当地政府说有一名男子自杀。中方派员检验了尸体，即认定死者是畏罪自杀，案件于是了结。② 此案虽然是英国人利用了中国官吏对刑事案件的疏忽和怠慢，但是却也从一个侧面反映出当时中国司法制度的黑暗。

3. 关于监狱制度

基顿认为中国监狱的状况是阻碍英国人接受中国法律的一个重要方面："很显然，19世纪初期中国监狱的数量是不足的，监狱的构造也不合理，肮脏污秽到了极点，根本不知公共卫生为何物。里面羁押的人员大大超过监狱的实际承受能力，而其中很多人只是因为一点轻罪或者根本就不能确定的指控而被羁押。有些人则可能会无限期地受到羁押而得不到审判。狱卒的欺压不受任何制约，他们甚至对犯人动用刑具。犯人花钱可以改变一些环境条件，但是对于没有钱的人来说，受到虐待就在所难免了：女犯人由女看守带着出来卖淫。疾病不断袭扰着囚徒们，很多人病死在监狱里，有的甚至干脆是被谋杀了。尽管欧洲监狱的条件也很糟糕，但是相比之下，中国的监狱还是坏到了极点，令每一个看到它的人胆战心惊。"③

4. 关于刑讯逼供

在西方近代法律理论中，一个人在被判决有罪之前，应当被假定无罪。刑事诉讼的程序必须充分保证被告人证明自己无罪的权利，刑讯逼供则是为法律所绝对禁止的。但是在中国传统法律中，刑讯逼供为法律所公开承认，任何人只要受到指控，就被视为有罪，其后的所有法律程序无非是对这一既定的结论提供支持而已。如果找不到足够的证据，最简单的办法就是刑讯逼供。中国的刑讯逼供引起西方人连篇累牍的攻击，基顿在他的书中对此作总结说："中国法典中规定的刑讯不仅适用于当事人，还适用于证人，有时甚至为了敲诈的目的用于与案件根本无关的人。用刑的程度很深，以至于死人的事情经常发生……对于西方各国来说，要承认这样一个滥施刑罚的司法管辖权，显然是不可能的。"④

三、鸦片战争与割让香港

鸦片大量输入中国肇始于英国殖民者。直至鸦片战争以前，英国在正常对华贸易中始终处于逆差。中国的茶叶、生丝和土布在英国有巨大的产品市场，尤其是茶叶，自输入英国之后迅速流行成为全国性饮料，以至于国会的法令限定东印度公司必须经常保持一年供应量的存货。英国需要大量的中国商品，却拿不出像样的东西进行交换。一方面，中国生产力发展水平决定了不需要英国的机械制造产品；另一方面，中国固有的自给自足的经济体系决定了其本身对外国产品的需求量极小。起初英国人靠向中国输入白银和在广州向其

---

　　①　[美] 马士、宓亨利：《远东国际关系史》，75～76 页，北京，商务印书馆，1975。

　　②　See G. W. Keeton, *The Development of Extraterritoriality in China*, Volume I, p. 56, Longmans, Green and Co., 1928。

　　③　Ibid., p. 130。

　　④　Ibid., p. 136。

他外商出卖汇票来弥补贸易逆差，但是很快，他们便不甘心白银和汇票的大量外流，为了填补贸易逆差，英国人开始大量向中国贩运鸦片，到18世纪70、80年代，中国每年进口鸦片已经超过1 000箱。①

鸦片的大量输入导致中国国内的烟毒越来越严重，不仅残害百姓身心健康，成为社会不安定的巨大隐患，而且造成大量白银外流，威胁国家的财政安全，鸦片已经到了非禁不可的地步。嘉庆元年（1796年），嘉庆皇帝下令停止征收鸦片税，禁止鸦片进口。此后，嘉庆皇帝为禁烟事多次发布谕旨，其中1813年颁发的一道谕旨中还拟定了"吸食鸦片罪"罪名。1838年12月31日林则徐临危受命，以钦差大臣的身份前往广东，展开了一场轰轰烈烈的禁烟运动，1839年6月3日将收缴的两万多箱鸦片在虎门全部销毁。"虎门销烟第一次向世界表示了中国人纯洁的道德心和反抗侵略的坚决性，一洗百余年来被贪污卑劣的官吏所给予中国的耻辱。"② 然而，虎门销烟的炮声还未散尽，中国人民就面临了一个更加复杂的斗争环境。在虎门烧毁的鸦片共计两万多箱，相当于当时鸦片贩子全年进口量的两倍多，这种损失是英国人无论如何也不能甘心接受的，一场酝酿已久的战争终于爆发。

鸦片战争以中国的失败告终，中国失败的直接原因在于双方军事装备力量过于悬殊，而更深层次的原因则在于中国没落腐朽的封建制度："占人类人口差不多三分之一、不管时势如何变迁却仍停滞不前、因强行拒绝对外的一般往来而与世隔离、并由此竭力以天朝尽善尽美的妄想而自欺——这样的一个巨大帝国在一次生死斗争的时候，竟终于为命运所打垮了。"③ 鸦片战争失败给中国带来的直接后果是，中国和列强在两年多时间内签订了4项不平等条约：1842年8月29日同英国签订的《南京条约》和1843年10月8日签订的《虎门条约》；1844年7月3日同美国签订的《望厦条约》；1844年10月24日同法国签订的《黄埔条约》。根据1842年《南京条约》，中国割让香港给英国。此后，中国又于1860年第二次鸦片战争失败后与英国签订《北京条约》，割让九龙尖沙嘴给英国。1898年中英又签订《中英展拓香港界址专条》，英国强行租借了深圳河以南、界限街以北的九龙半岛地区及附近的两百多个岛屿，包括大鹏湾和深圳湾海域（后称新界），租期为99年，到1997年6月30日期满。

第二节
英国法律文化在香港的全面移植*

英国占领中国香港地区之前，香港属于广东省广州府新安县，中国清朝政府一直对香

---

① 参见萧致治、杨卫东：《西风拂夕阳——鸦片战争前中西关系》，264页，武汉，湖北人民出版社，2005。
② 范文澜：《中国近代史》，上册，20页，北京，人民出版社，1955。
③ 马克思、恩格斯：《马克思恩格斯论殖民主义·鸦片贸易》，237~238页，北京，人民出版社，1962。
* 本节所讨论的香港各项法律制度均止于1997年香港回归中国之前，所提香港均指1997年回归之前的香港。

港地区实行有效的行政和司法管辖，清朝的《大清律例》是香港地区唯一适用的法律，对当地居民具有普遍约束力。随着殖民政权在香港的建立，英国的法律制度也全面移植到香港，使香港的法制从形式到内容，从制度到精神，无不渗透了英国法的因素。与此同时，为了化解殖民战争之后的危机，缓和香港人民的反抗，英国人在香港全面移植英国法的同时，又很策略地保留了一些香港旧有的中国传统法律，由此形成了香港中西合璧的法律制度。但是，英国人对中国传统法律的保留是很有限度的，主要都集中在婚姻、家庭、遗嘱和继承等民事领域，对于国家的统治方式、管理权力等原则性问题，英国人则很少作出让步。

一、移植过程概述

与葡萄牙法律移植于澳门的缓慢历史进程相比较，英国法制在香港的移植显得较为急进，从 1843 年到 1845 年短短两年时间内，英国就在香港建立了包括立法、司法和行政等一套完全英式风格的法律制度。但是，如果从法律移植的角度来看，仅仅将外来法律制度引入本国（或本地区）并不能表明法律移植成功，法律移植成功的标志应当是外来法律制度能够在受体中长期存活、运行良好并获得进一步发展。从这个意义上看，我们可以将英国法制在香港的移植大致划分为以下三个历史阶段：

（一）19 世纪 40 年代初期，英国法制初步移植到香港

1841 年，英国侵略者以武力占领香港之后，并没有立即开始对香港移植英国法律，而是按照英国殖民主义的惯常手法，首先宣布在香港保留适用中国清朝的法律制度。1841 年 2 月 1 日，英国驻华商务总监义律与英国驻远东舰队支队司令伯麦联名向香港当地居民发布告示，宣称"官厅执政治民，概依中国法律风俗习惯办理，但废除各种拷刑，并准各乡耆老秉承英国官吏意旨管辖乡民，仍候国主裁夺。"① 此即香港历史上著名的《义律公告》。关于《义律公告》的历史意义及其对香港法制的影响，本节后面还有详细叙述，这里只想说明一个问题，即英国法律移植到香港的起始时间不是在 1841 年英国占领香港之时。

英国正式开始向香港移植法律的时间应当是在 1843 年《英皇制诰》和《皇室训令》颁布之后，这两份文件成为英国在香港建立殖民统治的宪法性文件。在这两份文件中，英国首先宣布香港成为英国属土，从此受英王管辖，并且宣布在香港设立立法局和行政局，分别作为总督的立法咨询机构和行政咨询机构。1844 年香港立法局制定的《香港最高法院条例》规定，"香港成立本地之立法机构后，现行之英国法律将在香港实施，但对本地情况本地居民不适宜者以及由上述立法机构另行立法取代者除外。"这一规定明确了自英国占领香港之后，英国的法律将延伸适用于香港。此后，英国议会立法、英国普通法和衡平法便源源不断涌入香港，成为香港重要的法律渊源。根据上述条例的规定，如果立法局认为某一项英国法律不适宜在香港适用，可以另行立法加以取代，但是香港立法局的立法权力要受英国国王、议会和政府的控制，后者对香港地区立法有废除和删改的权力，并且，香港立法机关的立法程序和立法技术完全沿袭英国传统，因而保证了香港立法的英国特色。

---

① 《香港与中国：历史文献资料汇编》，166 页，香港，广角镜出版社，1981。

在香港建立英国式的司法机关是英国对香港实行法律移植的另外一个重要步骤。1843年，英国将设在广州的刑事法院和海事法院迁至香港，成为香港最初的司法机关；与此同时，第一任港督璞鼎查依照英制在香港任命了一批"太平绅士"（即英国的治安法官），并在此基础上建立了中央警署，形成了香港的英式警察制度；1844年10月1日，香港高等法院正式成立，管辖刑、民案件，审判程序完全适用英国式的对抗制和辩护制；1845年香港立法局制定并颁布了香港历史上第一个《陪审团条例》，从而奠定了香港陪审制度的基础。至此，英国人以雷厉风行的手法，在香港初步建成了包括法律体系、立法、司法和行政在内的一整套英国法律制度。

（二）19世纪60年代之后，英国法制在香港得到进一步发展

19世纪60年代之后是英国法制在香港得到进一步发展的年代。1856年，英国借口"亚罗号事件"与法国联合起来对中国发动第二次鸦片战争。1860年10月24日，英国迫使清政府与其签订中英《北京条约》，中国将九龙半岛南端约11.1平方公里的地区（也就是我们现在所说的九龙）割让给英国。1861年2月4日，英国政府颁布《九龙敕令》，宣布在九龙实行殖民统治。1894年，中日甲午战争之后，西方列强竞相在华划分势力范围，英国借机迫使清政府与其签订《展拓香港界址专条》，强行租借九龙界限街以北、深圳河以南的大片土地以及附近235个岛屿，总面积975.1平方公里，即现在所说的新界，租期99年，至1997年6月30日满。1898年10月20日英国政府颁布《新界敕令》，宣布英国在新界地区实施殖民统治。至此，香港立法局制定的法律开始正式适用于九龙和新界两个地区，英国殖民统治的范围进一步扩大。

与此同时，香港的司法制度也得到较大发展：1862年成立简易裁判法院，1912年在高等法院设立上诉法庭，1953年成立地方法院，使香港的法院系统日趋完备。随着法院系统规模的不断扩大，香港的律师业也得到了较大发展：1851年，英国律师第一次被批准成为香港律师并到香港开业。1856年，立法局制定并公布《律师业条例》，为香港律师业的正规发展奠定了基础。1907年，香港成立律师公会，紧接着在其后几年中又成立了大律师公会、实习律师公会和女律师公会，香港的律师制度得到长足发展。1964年，立法局对《律师业条例》进行进一步修改和完善，标志着香港律师走上了更加成熟、稳定的发展道路。1976年，香港又成立了司法委员会，其成员包括首席按察司、律政司、公务员叙用委员会主席，以及大律师公会主席和会长等香港司法界的重要人士。司法委员会的职能是向港督提出有关司法任命和法律服务条件的意见，在司法委员会成立之前，只有首席按察司才能向港督提出填补司法空缺的建议。

与司法机关的发展壮大相适应，香港的行政机关也在这个阶段获得了较大发展。布政司署是香港的行政中枢，长期以来，布政司署一直充当着总督副手的角色，从成立到19世纪60年代，规模较小，下属部门和办事机构也为数很少。随着社会的发展，政府日常事务开始变得复杂，行政工作量也日益增加，1961年入境事务署从警察机关中独立出来，成为一个专门的政府工作部门；1968年运输署又从工务局中独立出来。此后，布政司署的规模继续扩大，截至1994年，布政司署已经设有15个科和六十多个部门与机构。

（三）20世纪70年代至香港回归祖国，英国法制在香港获得最终认可与完善

20世纪70年代香港核数署和廉政公署的成立，是香港法制发展成熟的重要标志。香港自开埠之初，贪污即已存在，长期以来，贪污、贿赂成为香港社会的严重问题，香港政府曾经采取各种措施试图阻止官员贪污腐化之风，但是收效都不十分显著。在廉政公署成立之前，贪污案件的侦查工作由警方负责，但事实上，香港警察是当时政府部门中贪污、贿赂最严重的部门之一。1973 年香港总警司葛柏潜逃的事件，使香港社会受到强烈震动，促使港英当局决心设立一个新的机构，专司打击贪污犯罪的工作。1974 年，根据《总督特派廉政专员公署条例》的规定，香港廉政公署正式成立。廉政公署隶属于总督直接领导，专门负责肃贪倡廉，其首脑由总督直接委派，其他工作人员全部自行招聘，由政府财政负责支出活动经费并实行独立经费预算。廉政公署在成立之后取得了显著成绩，贪官污吏闻风丧胆，香港社会的贪污腐化之风得到充分遏制。此后，为了防止廉政公署因为权力过大而出现滥用职权的问题，1977 年香港在行政和立法两局非官守议员办事处内设立了"廉政公署事宜投诉委员会"，负责处理投诉廉政公署的事项。廉政公署的成立，一方面彻底整饬了香港的吏制，使社会风气得到净化，也使政权更加稳固；另一方面，廉政公署的有效运作也使香港的行政和司法体制得到一次检验，在一定程度上表明香港法治的成熟和再生能力。

核数署是根据 1971 年《核数署条例》所设立的独立监督机关，负责监督政府财政收支情况，核数署署长直接向总督和立法局负责。核数署的职责是审查政府各部门账目及开支是否符合拨款法案规定的限度与范围，审查政府一切支出是否正当，以发现和揭露政府内部的任何浪费及奢侈现象。20 世纪 70 年代末，香港受英国公共事务法人机构的影响，也不断通过设立或委任一些法定机构和公共团体来从事某方面的公共事务管理，因此，核数署的职权也随之扩大到审核公务法人的账目。核数署署长由英国政府直接委派，不受总督委任，而且不受革职或提前退休的处理，任职期间，不得担任香港政府的任何有薪职务。实践证明，核数署在维护香港吏治清廉、维持政府高效运转方面发挥了重要作用，是香港法制得以稳固发展的一个重要因素。

廉政公署和核数署对于香港法制的完善起到了重要作用，但是，真正使香港的英式法制得到最终确定和认可的还是《香港特别行政区基本法》。1997 年 7 月 1 日，随着香港回到祖国的怀抱，《香港特别行政区基本法》开始正式在这片土地上生效，一个多世纪悬而未决的香港问题终于得到了圆满解决。如何对待已经在香港运行了一百多年的英式法制，是香港人民、全中国人民乃至全世界人民所共同关注的问题。对此，《香港特别行政区基本法》给出了一个令世人瞩目的答案，即保留香港原有的法律（包括普通法、衡平法、条例、附属立法和习惯法）基本不变，保留香港原有的司法体制基本不变。至此，一百多年来英国法律移植香港的历程终于画上了一个完美的句号，英国法终于在异域香港获得最终的认可与接受。

二、英国法律文化在香港宪政制度中的体现

与世界上大多数国家不同，英国的宪法是非成文法典型宪法，有关国家基本政治制度和法律制度的宪法性规定不是包含于一部完整的法典之中，而是体现在一系列不同年代的、分散的宪法性法律文件、宪法习惯和判例之中。此外，英国宪法还以"柔性宪法"著称，没有制定和修改宪法的专门机构和特别程序。英国宪法的这两个基本特征在香港殖民统治建立之初已经充分体现出来，致使香港的宪政制度从一开始就深深打上了英国的烙印。

（一）香港的成文宪法

1843 年 4 月 5 日，英国维多利亚女皇会同英国枢密院共同发布《英皇制诰》和《皇室训令》，这两个文件成为英国在香港建立殖民统治的宪法性文件。

《英皇制诰》又称《香港宪章》（Hong Kong Charter），它首先宣布英国将设置香港殖民地："我们认为应当并决定设置我们的香港岛及其属地为一殖民地。香港位于东经 114°6′至 114°18′、北纬 22°9′至 22°21′之间。"①《英皇制诰》全文两千余字，规定了香港的基本政治框架，包括在香港建立立法局、行政局以及赋予香港总督各项权力等，其主要内容的中文摘要如下："朕以香港领土及其附属岛屿划归藩治。授命香港总督率领大小官吏执掌一切政务。组织立法委员会（通称定例局）制定法律维护地方治安。一切政权得由总督全权执行。立法委员会职责与英廷枢密院同，负咨询制法责任。唯是国主及其嗣君得保留权益以删改此项法例全章或其中之一节，并得咨询枢密院或英国议会制定香港法例谕令香港公布施行之。香港政府另须组织行政委员会（通称议政局）辅助总督执掌政务，并得由总督委任该会委员。此外该总督得负全权处分治下土地，或给予地方团体人民以为私人管业。得委任按察司及治安委员以执掌司法及一切依法宣誓事务。得豁免不逾五十镑之罚金，如逾此额仍得请命英廷核办。得赦免罪犯刑罚或减刑。得任免下属官吏。如遇总督离任或出缺，则由副总督代理或由辅政司署理代策代行。兹谕知尔香港官吏及军民人等，应切实服从上官命令，效忠守法，负责尽职，以不负英廷期望。所有未尽事宜将随时谕令奉行。特谕。英国 1843 年 4 月 5 日女皇维多利亚在位第六年"②《英皇制诰》颁布实施以后，个别字句在 1888 年稍有改动，但主要内容并无变化。1917 年，英王乔治五世宣布废除 1888 年修订本，并以他的名义重新加以颁布。1917 年《英皇制诰》除了在第 2 条规定港督应遵守香港制定的法律之外，绝大多数条款均照抄旧本。此后英国政府还对《英皇制诰》作过多次修订，但都是无关紧要的小改动。直到香港回归祖国之前，《英皇制诰》作为英国在香港实行殖民统治的根本法，一直保持其 19 世纪时的原貌。

《皇室训令》又称《致璞鼎查训令》（Instructions to Sir Pottinger），是英国枢密院发给首任香港总督璞鼎查和港英政府的命令，1843 年 4 月 6 日颁发，与《英皇制诰》一起构成英国建立香港殖民统治的成文宪法，是《英皇制诰》的实施细则，两者具有同等法律效力。《皇室训令》自颁布实施起的一百多年中，历经多次修改，修改的重点是两局的规模及官守与非官守议席的比例等问题，至于两局的咨询性质和港督对两局的控制权，从来没有改变。根据 1917 年修改本，《皇室训令》共 37 条，其基本内容如下：

1. 香港公职人员应当按照《英皇制诰》宣誓效忠英国。

2. 行政局由当然官守议员、委任官守议员和非官守议员组成，非官守议员任期 5 年；只有总督有权召开并主持行政局会议，向行政局提出议案；开会法定人数为 4 人，任何议

① G. B. Endacott, *An Eastern Entrepot: a Collection of Documents Illustrating the History of Hong Kong*, London, Her Majesty's Stationery Office, 1964, p. 252.

② G. B. Endacott, *An Eastern Entrepot: A Collection of Documents Illustrating the History of Hong Kong*, London, Her Majesty's Stationery Office, 1964, p. 252. 译文参见《香港商报》，2005-04-05，"旧闻新编·咨讯"，载http://www.cnwnc.com/20050405。

案只要有 1 票反对就不能通过。

3. 立法局会议由总督主持，立法局辩论议案，以多数票决定，总督投普通 1 票；若票数相等，总督再投决定性 1 票。

4. 立法局制定的所有法律统称"条例"，"条例"不得与英国法律相违背。并且，总督无权就下列各方面事项批准"条例"：（1）领圣洗结婚人士离婚之法案；（2）赠与他自己土地、金钱、捐献或奖金之法案；（3）影响香港货币或关系到发行货币之法案；（4）设立银行公会、修订银行工会章程、权利或特权之法案；（5）征收差额税之法案；（6）包含与皇室承担之条约义务相违之条款之法案；（7）干扰英国陆海空三军纪律及控制之法案；（8）损害皇室特权、损害居住在香港以外的英国臣民之权利及财产，以及损害联合王国及其属土贸易及航运之性质之法案；（9）对非欧洲出生或非欧洲血统人士实施禁令或限制而欧洲出生或欧洲血统人士则不受禁令或限制之法案；（10）包含皇室曾拒绝批准之条款之法案。

5. 总督得征求行政局同意后对罪犯施行赦免或缓刑。若总督与行政局多数议员之间相矛盾，总督应将其决定之理由详细记录在行政局记事册里。

6. 未经英皇御笔签署并盖上玉玺或通过皇室一名重要国务大臣之许可，总督不得以任何借口离开香港。

（二）香港的抽象宪法

英国宪法的一个重要特点在于宪法的许多基本原则是不成文的，这些不成文宪法原则大多来源于传统习惯，对于英国法来说，"作为法的渊源的习惯在宪法性法律领域之内比任何其他的法律部门都更加重要。宪法中的习惯称为'传统习俗'，这些习俗可以说没有法律效力，因为它是不会有法院来加以执行的，但是由于已被坚决公认为重要的实践问题，如果有人违背，势必会遭到公众的强烈抗议"[①]。英国宪法的这一特点在香港的政治、法律制度中同样得到了明确体现。

在香港基本政治、法律制度中，应当确认和遵守的英国宪法性习惯和惯例主要有两大类：第一类是在英国宪政发展过程中逐渐形成的一些产生并适用于英国本土的传统习惯，在英国获得了对香港的殖民统治权之后，这些传统宪法习惯也同样适用于香港。其中最重要的有 4 项：

（1）权力平衡原则。英国国王是政府的首脑，集立法、行政和司法权于一身，但是事实上自资产阶级革命开始，国王的权力已经逐渐流于形式，奉行"统而不治"的原则，国王的立法权仅限于批准由国会通过并经首相签署的文件，行政权也完全转归内阁掌握；司法方面，则实行法官独立原则。但是，与美国式的严格的三权分立原则不同，英国宪法比较强调权力平衡，其立法、行政与司法之间并非严格地相互牵制。例如司法权虽然由法院掌握，但是在理论上，上议院为最高司法机关，而大法官同时又是内阁大臣。英国的权力平衡原则适用于香港政治制度时，又增加了殖民主义特征。港英政府在形式上具备了行政、立法和司法的三种权力体系，即总督负责执行法律、治理香港，立法局负责通过法案和审

---

① ［新西］瓦莱里·安·彭林顿：《香港的法律》，31 页，上海，上海翻译出版公司，1985。

查政府财政预算，各级法院负责审判工作。但是事实上，香港总督不仅是香港的行政首脑，还同时兼任行政局和立法局主席，集行政权与立法权于一身。行政局的许多成员同时在立法局中占有席位。此外，还有许多行政裁判所和委员会的职责涉及司法和准司法行为。

（2）议会主权原则。英国是最早确立资产阶级议会制的国家，议会的两院制及其职权的划分都是沿袭历史传统所形成的，而不是由宪法性法律明确规定的。资产阶级革命以后，议会的权力明显加强：议会可以制定或废除任何法律，而再无任何机关、团体或个人可以宣布议会所制定的法律是非法的，法院只能解释和适用议会的法令，不具有像美国法院那样的司法审查权。英国议会只受两点限制：其一，不得束缚未来议会的行动；其二，要受公众舆论的监督。在英国，民众对于某一项法规的普遍不满有可能导致议员在大选中失败。在香港，虽然立法机关不是代议制的，不需要通过全体居民选举，但是社会舆论的压力对于立法过程仍然具有很重要的现实影响。

（3）责任内阁制原则。责任内阁制为英国首创，是指作为行政机关的内阁对议会集体负责的一种制度。在英国，内阁和政府是两个不同的概念：政府是指全体大臣、副大臣、各部政务次官以及王室官员等的总称；而内阁则是政府的领导核心，主要由首相、枢密院大臣和外交、国防、财政、内务、大法官等重要部门的大臣组成，一般20人左右。英国政府中的官员可分为政务官和文官两大类，政务官包括各部大臣及财务次官等，他们和首相一起决定政府的政策，与内阁共进退；文官主要包括各部的常务官员及其以下的各级政府官员，他们不与内阁共进退。香港虽然没有实行责任内阁制，但是却完全采用英国的文官制度，建立了一整套公务员管理制度。

（4）司法独立原则。英国是资本主义国家中最早实行司法独立的国家，法院审判只服从法律，法官不受行政或个人的干涉。为保证司法独立原则的实现，英国实行法官终身制。司法独立原则在香港政治、法律制度中体现得比较充分，香港最高法院首席法官（首席按察司）由英国女王任命，对法律负责，而不对政府负责，总督一般不干预法院的司法活动。司法人员执行审判职务的行为受法律上免于被起诉的保护。政府行使管制权力时，必须遵守法律，政府如果越权或滥用职权，任何人都可以向法庭起诉，按照普通民事案件处理。

第二类是因殖民统治关系而产生和形成的习惯和惯例，例如，英国议会有权通过对香港具有约束力的法律，但是根据惯例，只有当英联邦成员国及其属土都需要统一的法律时，才行使此项权力；英国国务大臣可以建议女王否决香港立法局通过的任何法例，但这项权力自1913年以来没有行使过，遇到有不同意见时，都是按照惯例通过英国政府与香港当局谈判的方式达成某种妥协方案，一般不公开运用英王的特权，以免引起香港人的疑虑。又如，非官守议员占多数的财政委员会对政府支出提出的建议，从来没有被官守议员占多数的立法局否决过，而且立法局官守议员的多数也从来没有否决过其非官守议员的一致意见；在文职人员任命方面，港督总是听从铨叙委员会的建议，而港督向国务大臣提出的关于最高级官员的推荐也总是被接受[①]；再如，《英皇制诰》第18条规定所有官员都要服从港督，但是实际上，律政司可以独立地行使起诉权，港督一般不会加以干预；关于九龙城寨内行

---

① 参见〔新西〕瓦莱里·安·彭林顿：《香港的法律》，32页，上海，上海翻译出版公司，1985。

使法权的问题也是依照惯例行事的，英国当局最初的敕令是规定中国官员可以继续在九龙城寨内行使法治权力，但是后来英国又发出另一个敕令取消了这一条，中国政府为此提出抗议。由于这是政治敏感问题，英国便没有派官员进入城寨实行管理，并且也没有将城寨土地作为官地批租。然而，遇有恶性治安案件时，香港警察进入捉拿罪犯，由香港法庭审判，久而久之，又形成了一个惯例。

（三）香港的宪政体制及其基本特点

《英皇制诰》、《皇室训令》以及其他一系列英式宪法文件和宪法习惯奠定了香港独具特色的政治体制，概括起来有以下三个方面的特点：

1. 直辖于英国政府的殖民性质

英国通过《英皇制诰》和《皇室训令》表明香港作为英国直辖殖民地[①]的基本性质。首先，英皇是香港的最高统治者，香港总督全权代表英皇管理香港，集香港的立法权和行政权于一身，并有赦免和起诉罪犯的权力，同时，港督还兼任名义上的驻港英军总司令；其次，香港不是一个国家，而是一个由宗主国管辖下的地方政府，即直辖殖民地，因此香港不具有国防、外交等作为一个国家才具有的主权；再次，香港是英国治下的一个行政实体，它的统治权来源于宗主国的授予，《英皇制诰》和《皇室训令》决定了香港的基本政治制度，包括政府组织形式、总督的职权范围等。从这些规定来看，香港只是英国的海外属地，英国对香港在政治上掌握着绝对权力，包括外交、对外防务、司法终审权和港英政府重要官员的任免等重大事项；最后，香港实行"委任议局"的管理模式，自英国统治香港以来，香港立法局和行政局成员一直由英国政府委任，直到1976年英国在确认《联合国公民权利和政治权利国际公约》时，对于该公约第25条（b）款关于实施平等选举权和被选举权的规定，还特别声明保留香港不适用该条款的权利。直到1982年香港前途问题逐渐明朗化以后，港英政府才匆忙推出了所谓地区行政计划，在区议会和市政局中实行部分议席由地区性普选产生，此中的动机和目的将会在本章第三节中详加分析。

2. 港督高度集权，以行政为主导

香港总督是香港殖民政体中的最高官职，由英国殖民地事务部（1968年以后则由英国外交与联邦事务部）以英皇名义任命，代表英皇统治香港。港督之下设有辅助其执政的5个系统：立法局和行政局，为港督决策和立法的咨询性机构；布政司署，为港督的行政辅助机构；首席按察司，为审判机构；总督特派廉政专员公署，为行政监察系统；驻港英军，为香港对外防务机构。所谓行政主导是指上述五大机构以港督为首的行政机关为主导。港督同时兼任行政和立法两局的当然主席，独揽立法和行政大权。他是香港最高行政事务负责人，日常政务交由布政司署具体负责，港督通过布政司署向各部门负责人传达政令。所有在香港实行的政策，都必须经过港督或通过行政局以港督名义批准。立法局通过的任何条例，也须经港督最后批准才能成为法律。港督可以任命局、委员会和各部门的人选。虽

---

① 即 Crown Colony，专指被征服的殖民地，以区别于移民殖民地（Planted Colony）。直辖殖民地在英皇直接控制之下，没有自己的代议制政府，由英皇委任的总督负责管理。See *Oxford English Dictionary*，second edition，VolumeⅢ，Clarendon Press，Oxford，1989，p. 495.

然高级官吏如布政司司长、财政司司长、律政司司长须经伦敦国务大臣批准，但港督的意见有决定性作用。港督拥有下令所属官员（除最高法院和地方法院法官外）停职、免职和给予纪律处分的权力，还有赦免罪犯，或者减轻刑期、罚金等权力。此外，香港总督还是香港的三军总司令。他虽然不直接指挥正规部队，但是有权取得武官的"服从、援助和帮助"。1859 年以前，香港总督还兼有英国驻华全权公使和商务监督的职务。

值得一提的是，虽然香港总督的权力很大，但是并非没有节制，事实上，总督受到来自英国王室的多方制约：从立法上看，英国王室可以否决总督制定的法律和发布的行政命令；从人事任免上看，英国政府掌握着驻港英军司令、布政司司长、律政司司长、财政司司长、民政司司长以及其他行政局官守议员、非官守议员的任命权力，港督不能撤换他们，只能领导他们；从军事上看，港督虽然是驻港英军总司令，但是驻港英军平时受英国国防部指挥，港督不能直接与下级军官联系，只能在香港出现紧急状态时，请求军队援助；并且，港督由国王任命，而不是由选举产生，因此，英国政府可以以国王的名义随时撤换港督。

3. 司法独立于行政之外

香港奉行司法独立原则并通过一系列具体制度确保这一原则的贯彻实施。首先，法律在关于法官的选拔、任用和罢免等程序方面作了严格规定，以保证法官职务的稳定性和连续性。法律详细规定法官的任职资历，必须达到相当执业年限的律师才有资格被任命为法官。法官的任命一般要尊重"司法人员叙用委员会"的意见，该委员会共有 9 名成员，任何决议必须有最少 7 位成员同意才可以通过。在法官免职和退休方面，法律也作出了严格规定，早在 1843 年《英皇制诰》中就明确规定，首席按察司及按察司退休年龄为 65 岁，地方法院法官为 60 岁，因其他原因免除法官职务，必须委任审裁委员会进行调查，并请示枢密院批准。根据这一规定，除非法官已达退休年龄，否则港督只能基于两个理由罢免法官：第一个理由是法官因疾病或其他原因无力履行职责，第二个理由是法官行为不检。罢免法官必须经过严格的程序，要有一个由 3 名英联邦国家最高法院法官组成的审议厅进行研讯，之后再由枢密院审议通过方才可以。

其次，香港法律规定独立的司法机关只对法律负责，而不向政府负责。司法人员在执行司法工作时，必须独立、公正、客观地解释、应用和执行法律，行政官员必须自我约束，不能对法官的判决或对法院就某一类问题的处理作指示。根据《皇室训令》，港督有权对经过法庭审判的人实行赦免或减刑，也可以通过律政司对判刑过轻的人提起上诉，但是习惯中，港督一般不干预法院的审判权和律政司的起诉权。

三、英国法律文化在香港法律渊源中的体现

香港的法律渊源主要包括三个方面：适用于香港的英国制定法以及普通法与衡平法，香港立法机关制定的条例和附属立法以及香港自身形成的判例法，中国清朝的法律和习惯。从整体上看，英国法的因素在香港法律渊源中可以说无处不有、无所不在。来自于英国方面的法律自不必说，产生于香港自身的法律和判例通过立法程序和审判程序也已经完全渗透了英国法的精神和理念。至于中国传统法律和习惯，从其得以保留的法律依据来看，也与英国法具有一定程度的内在联系。

(一) 英国制定法在香港法律渊源中的体现

英国对于香港所采取的是直辖殖民地政策，即英国对于香港拥有完整的主权，其中包括法律制定权。1843 年《英皇制诰》第 9 条规定，英国政府保留权力制定一切必要的法律，以便建立一个安宁、秩序良好和政府健全的殖民地。但是，从香港稳定和发展的实际需要起见，《英皇制诰》同时又规定，香港总督可以参照立法局的意见并经过立法局同意之后制定法律。由此就产生出一个问题，即：英国国会立法和香港地方立法的权限划分问题，在什么情况下应当由英国国会立法，在什么情况下由香港自行立法？对这个问题作出明确规定的法律是 1844 年香港立法局通过的《最高法院条例》，根据该条例，由英国国会为香港立法的情况主要有三种：(1) 问题超出地方立法的权限，例如涉及须在其领域以外生效的问题；(2) 涉及一个以上的国家而希望达成一致或互惠的问题，例如有关逃犯引渡的问题；(3) 不应留给地方立法机关处理的问题，如条约、防务和空运规则等。

英国制定法在香港法律渊源中的地位不仅体现在英国保留对香港的立法权，而且还体现在英国现有制定法在香港的适用。1844 年《最高法院条例》规定：1843 年 4 月 5 日香港成立本地立法机构以后，既有之英国法律将在香港执行，但不包括不适合本地情况或本地居民的英国法律，也不包括上述立法机构另立新法取而代之的英国法律。根据这个规定，1843 年以前的英国制定法只有 43 个适用于香港。1843 年以后适用于香港的制定法应当通过下列三种方式实施：(1) 英皇会同枢密院命令在香港生效；(2) 该国会法明令在香港生效；(3) 香港立法局通过条例使得该项法令在香港生效。适用于香港的英国制定法全部收录在《香港法律附录 2》之中，到 1984 年中英联合声明签署时，共有三百多项。从内容上看，这些法律中有英国专为海外殖民地的普遍适用而制定的，如《殖民地法律效力法》，也有扩大英国现行法律适用范围的，如《教育法》、《版权法》，还有因其他因素适用于香港的，如《联邦移民法》。[①]

1865 年英国《殖民地法律效力法》规定，适用于香港地区的英国制定法，是香港的最高法律形式，一切地方条例与其抵触，均属无效。由此表明，英国制定法在香港具有至高无上的法律地位，其效力既高于香港地方制定法，也高于英国判例法。

(二) 普通法与衡平法在香港法律渊源中的体现

英国法是由普通法与衡平法有机结合所构成的法律，1843 年香港《最高法院条例》规定"既有之英国法律在香港实行"，其中当然包括英国的普通法与衡平法。该条例同时还规定英国法律的适用以适合香港本地情况和本地居民为前提。这两个规定奠定了此后英国判例法在香港适用的基础。实践中，香港适用英国判例法的情况是：一般而言，只有英国枢密院的判决对于香港法院具有判例的约束效力，而其他英国上级法院的判决，则只具有说服性效力。此外，枢密院审理英联邦其他管辖区的上诉案件所作的判决在香港不具有绝对约束力，香港法院可以以之为参照性依据。形成这种制度的原因有两个：其一，按照英国普通法遵循先例的原则，上级法院的判决对下级法院的判决具有当然约束力，但是同级法院之间的判决不具有绝对约束力。英国枢密院的判决之所以对香港法院发生拘束力，是因

---

① 参见徐静琳：《演进中的香港法》，18~19 页，上海，上海大学出版社，2002。

为它是香港的终审法院，而其他英国上级法院并不是香港法院系统的组成部分，因此，其判决对于香港法院只具有参考性效力。其二，根据 1844 年《最高法院条例》的规定，英国法律在香港适用时不包括那些不适合本地情况或本地居民的部分，而英国枢密院对于其他殖民地所作的判决都是考虑当地的具体情况而定，与香港本地情况和本地居民相差甚远，因此一般不要求香港法院必须遵循这些判例。

香港对于普通法和衡平法的继受，除了遵循英国枢密院的判例之外，还有很重要的一个部分，就是普通法与衡平法的那些不成文的法律准则。这一点在后来的立法中得到了确认。1966 年《英国法适用条例》规定，普通法和衡平法的准则应当在香港有效，只要它们可以适用于香港或其居民的情况；并且允许根据这种情况的需要加以必要的修改。"普通法所包括的准则，是从人们记忆所及之时起，直至如今，仍为普通法法庭所执行的那些准则。普通法的约束力，来自长期的沿用与普遍的接受。"[①] 香港对于英国普通法与衡平法准则的继受可以说是全面的和完整的，其中包括了诸如遵循先例原则、注重程序原则、无罪推定原则、法无明文规定即自由的原则以及陪审制度、辩护制度等等，在这些准则的基础上，香港通过本地法院的审判活动，最终形成了自己的判例法。从法律移植的角度看，香港判例法无疑来源于英国普通法和衡平法，是英国法律移植的结果。

（三）香港本地立法中的英国法因素

《英皇制诰》在规定英国保留对香港的立法权的同时，也赋予了香港地方当局相应的立法权限。客观地说，在不违背英国法律原则和法律制度的前提下，香港地方当局拥有比较广泛的和独立的立法权，在香港法制中，地方性立法和本地判例所占的比重远远超过英国国会立法。但是，我们同时也应当看到，英国政府在放手香港地方立法的同时，又从立法程序上和立法原则上为香港本地立法规定了基本框架，使这些出自香港本地的法律不可避免地带有浓厚的英国法律文化特征。

香港地方性立法包括"条例（Ordinances）"和"附属立法（Subordinate Legislation）"两种。条例是香港立法局制定的法律，由于制定条例的权力是经过国王特许状所授予的，所以一般认为条例是从属性的次要法律。根据 1865 年《殖民地法律效力法》的规定，条例不能与英国制定法相冲突，否则无效。英皇有权对港督发布训令，否决香港本地任何形式的立法。此外，条例的范围也受到一定限制：根据《最高法院条例》，英国政府保留涉及外交、国防等国家主权问题的立法权。应当指出的是，尽管条例在法律上低于英国制定法，但是从香港的实际状况来看，条例所占的比重远远超出英国国会立法，在香港的社会生活中发挥着越来越重要的作用。条例的制定程序由《议事规则》（Standing Orders）规定，通常先由布政司署与有关政府部门磋商后，向行政局提出并说明立法的目的和有关政策；如果行政局同意，布政司署便会起草一份制定有关法律的指示，由布政司署的法律草拟科与有关政府部门合作，制定出法律草案；如果行政局同意，就会把草案提交立法局，进入立法局的议事日程。立法局对法律的讨论和制定程序基本上仿效英国国会的立法模式，通常都要经过"三读"："一读"宣读法案的名称；"二读"宣布法案的目的和内容，征求公众意

---

① ［英］彭林顿：《香港法制·宪政·司法》，32 页，香港，商务印书馆（香港）有限公司，1992。

见，并通过协商、修改等方式，使法案达到市民满意的程度；"三读"通过法案。法案通过以后，还要经过港督批准，在《宪报》上公布之后，才能成为正式生效的法律。

附属立法不是由立法局制定的，而是由立法局授权其他个人或机构制定的。除非立法局以条例形式直接授权，任何机关和个人都无权制定和颁布附属立法。附属立法制定的程序比条例简单，一般是由立法局通过一些专门性法律，授权有关的个人或机构，如港督会同行政局或其他政府部门的首长就有关条例制定出附属立法。附属立法在内容上不得超越有关条例的范围，立法局对附属立法有批准、修改和撤销的权力。同时，附属立法受司法制约，法院可以以"越权"、"抵触现行法律"、"适用不合理"以及"立法程序错误"等理由宣布附属立法无效。实践表明，附属立法的存在解决了法律制定程序烦琐和修改困难等现实问题，能够更加有效地适应现代社会行政管理的需要，因而获得了比较快速的发展。

（四）香港法制中对于中国传统法律及习惯的保留

香港法制中包含源于中国清朝的法律制度和传统习惯，这是不可否认的。在这里笔者想要讨论的是这些中国传统法律和习惯得以保留的依据、保留的方式，以及它们在香港法制中所处的地位。

1841 年 1 月 26 日，英国驻远东舰队支队司令伯麦率官兵登陆香港，举行升旗仪式，宣布英国占领香港。2 月 1 日，英国驻华商务总监义律与伯麦联名向当地居民发布告示，史称《义律公告》，全文如下：

> 大英国驻华全权钦使兼商务总监查尔士·义律、驻远东舰队支队司令伯麦为出示晓谕事：
>
> 照得本使大臣奉命为英国善定事宜，经与大清国钦差大臣爵阁部堂琦善，成立协定，将香港全岛地方让给英国统治，业有文据在案，凡尔香港居民，归顺英国为女皇之赤子，自应恭顺守法，勉为良民。而尔等居民亦得以英女皇名义享受英国官吏之保护，一切礼教仪式风俗习惯及私有合法财产权益，概准仍旧自由享用。官厅执政治民，概依中国法律风俗习惯办理；但废除各种拷刑，并准各乡耆老秉承英国官吏意旨管辖乡民，仍候国主裁夺，凡尔居民，苟有受英人或其他外国人所凌虐及不法待遇者，得赴就近官署秘密禀告，定即查办，代尔伸雪。凡属华商与中国船舶来港贸易，一律特许免纳任何费用赋税，嗣后如有关于尔等华人各事宜，将随时晓示恪遵，各乡耆老应切实负责约束乡民，服从官宪命令，切切勿违，特示。
>
> 大英国一八四一年二月一日
大清道光二十一年辛丑正月初十日①

次日，义律又单独发布了一个告示，进一步强调在香港岛实行华洋分治政策。全文如下：

> 大英国驻华全权钦使兼商务总监海军大佐查尔士·义律为报告事：

---

① 《香港与中国：历史文献资料汇编》，164～165 页，香港，广角镜出版社，1981。

照得本使奉令与大清国钦差大臣琦善成立协定，将香港全岛割给英国。现须先行设立统治机关，所有香港海陆地方一切人民财产，统归英国统理，暂由商务总监执掌政权，仍候英庭裁夺。岛上华侨居民，应照中国法律习惯统治之，但废除各种拷刑。至于英国人或其他人民，则适用英国现行刑事或海事法规，以为管辖。香港政府颁行法规，应由当任驻华商务总监随时制立颁布之。凡属英国及外国侨民，务须遵守英国法律，自可受英国法律官吏之切实保护也。此布

英国一八四一年二月二日①

《义律公告》是香港历史上关于保留中国传统法律和习惯的最早文件，然而，由于该公告并非由英国皇室或政府所发布，对其法律效力的认定存在较大争议。苏亦工先生在《中法西用——中国传统法律及习惯在香港》一书中，对于《义律公告》作了全面、详尽的考察。根据他的综合归纳，关于《义律公告》的效力大致有三种学说：一是"权宜之计说"，抓住《义律公告》中的"仍候英庭裁夺"等字句，认为二元法制的提出在当时不过是权宜之计，未来如何将取决于香港建立起来的更为长久的法律制度；二是"自始无效说"，对义律发布该公告时的身份提出质疑，认为义律越权行事，因而公告的内容是无效的；三是"二元法制说"，认为两道公告的内容反映了英国处理殖民地政务的一贯态度，即凡在别国领土上插入一个英国人的社会，则该社会系依据英国法或殖民地当局的立法统治，但同时，那里的土著居民仍主要按其自身的方式管理。从历史背景看，这两道公告的发布似乎更像是要建立一个二元化的法制，而非只是一种权宜之计。②

探讨《义律公告》的法律效力，其意义不在于这个公告本身，"表面上看，争议是围绕着中国固有法律及习惯在香港存在的基础——义律公告展开的，而说穿了，实际上是如何保留，抑或是应否保留中国固有法律及习惯的问题"③。对这个问题，英国人其实也是抱着投石问路的心态开始的。应该说，《义律公告》的出台绝不是义律个人的创意，它完全符合英国处理殖民地问题的一贯政策，客观上也有利于当时香港社会的稳定。但是随着英国在香港逐步站稳脚跟之后，它们开始不甘心于《义律公告》所奠定的二元化法制结构，于是，"随着英国在华势力的日渐强大和稳定，中国法律及习惯的存在空间却在一步步萎缩，二元化法制逐渐向一元化法制靠拢"④。

从英国政府后来对香港所采取的法律政策来看，是尽可能地引进英国法律，包括制定法、普通法、衡平法和习惯等等，对于《义律公告》中"概依中国法律风俗习惯办理"等承诺，英国政府从未以任何方式公开作出认可或否定，而是采取了在实践中予以修正的方式。一方面，英国政府后来对香港所制定的法律以及引入香港的英国制定法都是普遍适用于香港全社会的，其中没有，也不可能规定只适用于香港的英国人。这一点决定了香港的法制主体必然是英国法。另一方面，英国普通法尊重习惯的特点又给中国传统习惯留下了继续生存的空间，"普通法是从人们普遍的习惯中发展起来的。虽然绝大部分'一般'的习

---

① 《香港与中国：历史文献资料汇编》，167 页，香港，广角镜出版社，1981。
② 参见苏亦工：《中法西用——中国传统法律及习惯在香港》，71～75 页，北京，社会科学文献出版社，2002。
③ 同上书，69 页。
④ 同上书，105 页。

惯，至今均已被法庭承认和执行，并已成为普通法的一部分，可是'地方'的习惯，仍有可能被视作法律加以接受和承认"①。至于《义律公告》，则在后来的普通法实践中被理解为香港习惯法的一部分并且为一些法官在保留适用中国传统习惯法时所引用。"那时义律曾用两个宣言宣布'原来在香港定居的人，将按照中国法律、风俗习惯及常例治理'……许多年来，这些宣言一直被接受为香港的习惯法而正式使用，甚至在 1844 年《最高法院条例》之后，也一直有如上的参考。"② 从这种意义上看，《义律公告》成为香港历史上对于中国传统法制予以保留的重要习惯法。

香港法院适用中国旧律与习惯是以英国普通法原则为标准确定的。概括起来，香港沿用华人习惯法大致要符合以下原则：首先，对于现行法律中没有规定的，或者英国法律"不适合于香港情况或居民"时，香港法院在处理涉及该行为的案件时，可适用中国的旧律或习惯，但该习惯不能与现行法的基本原则相抵触，且不得与当地居民的风俗情理相背；其次，适用的本地习惯必须是由来已久的……一般上溯到 1843 年，理由是香港直到 1843年 4 月才建立起立法机关，但也有个别习惯被推算至更久远的；最后，适用的习惯必须是"真实无虚"的，即为香港当地人普遍承认和接受并对当地人有约束力的。③

最后需要指出的是，随着时间的推移，中国传统法律与习惯已经逐渐为香港成文法和判例法所取代。例如 1971 年立法局通过《婚姻制度改革条例》，禁止在 1971 年以后根据中国传统习惯法纳妾；1995 年又通过《新界土地豁免条例》，废除了在没有遗嘱另作规定的情况下土地财产的继承只传男丁的旧制。从目前来看，虽然中国传统法律与习惯在香港法制中仍有残存，但是其地位更加微弱，已经不足以影响香港法制的总体特征。

四、英国法律文化在香港法治思想中的体现

英国法制在香港移植的最为成功之处在于它不仅仅是制度的移植，而且是法律思想和法律精神的移植。香港人在接受其有形之法制的同时，也接受了其无形之精神。

（一）法治是普通法最基本的精神和理念

西方法学界关于法治的经典定义是英国著名法学家戴雪的"三重含义说"，根据戴雪的定义，法治包括以下三个方面的内容：其一，凡一国人民不得无故受法律之处分，除非普通法院依普通法之程序查明此人实已违法，英国受法律统治，而且只受法律统治；其二，任何人不论贵贱贫富，不仅不得在法律之上，而且均须服从国内所有普通法律和普通法院的管辖权；其三，宪法的通常原理形成于普通法院的判决。④ 戴雪的定义表明法治的三个基本要素：第一，法治是区别于武断的专制权力的法律的统治。与专断势力相比较，法律应当具有至高无上的绝对优势，从而可以排斥专横霸道、特权以及政府滥用权力。第二，法治是法律面前人人平等。第三，法院的判决是宪法和法律的源泉，宪法的规定并不是个人权利的渊源，而只是个人权利在法院的明确阐述和保护之下的结果。

---

① ［英］彭林顿：《香港法制·宪政·司法》，37 页，香港，商务印书馆（香港）有限公司，1992。
② 同上书，39 页。
③ 参见徐静琳：《演进中的香港法》，28 页，上海，上海大学出版社，2002。
④ 参见［英］戴雪著，雷宾南译：《英宪精义》，231～245 页，北京，中国法制出版社，2001。

法治（Rule of Law）并非英国法所独有的贡献，但是，英国是世界上法治最早形成的国家。历史上，法治一词最早出现于亚里士多德的《政治学》一书，其中明确指出法治应当优于一人之治，亚利士多德所说的法治包含两重意思："已成立的法律获得普遍的服从，而大家所服从的法律又应该本身是制定的良好的法律。"① 英国人从古希腊哲学家那里接受了法治一词，又根据自己的民族特性和社会发展的实际需要发展了它的含义。在英国人看来，法治应当是所有行政官员的自由裁量权都受到法律的严格限制，为了保证对自由裁量权的限制，在英国最早实现了对王权的限制和国家权力之间的制约与平衡。英国人以其独特的历史经验向世人提供了"对于法治的最富解释力的观察视角"②。用英国著名法学家哈耶克的话来说：法治是一种绝不同于立法者所制定之法律那种意义上的法，它也不是一种关注法律是什么的规则。法治只关注政府的强制性活动，它由一系列综合性的原则构成，这些重要的原则包括"法无明文规定不为罪不惩罚的原则"，"法不溯及既往的原则"，"法律面前人人平等的原则"，"法律至上的原则"以及"司法独立的原则"等。③ 几百年来，这些基本原则贯穿于英国法的立法、执法和司法各个环节之中，深刻影响着整个制度的设计，而这些制度又反过来维护和促进着法治的信念。

（二）法治的要求

法治的要求体现在对法律本身的要求以及立法和司法三个方面。

就法律本身而言，法治要求法律本身应当具有这样一些特质：（1）整个法律制度必须是理性的和庄严的，法律秩序应当相对独立于政治秩序，实施法律的理性过程、运用法律的人、管理法律的机构以及法律本身，都与政治有别，甚至在某种意义上说，是独立于政治并且与被用来制约现行政治的。（2）法律是与专断权力相对立的，政府官员和法官本人都必须遵从法律，一旦滥用权力，势必会受到法律的追究。（3）法律是对个人有利的。法律保障秩序和个人安全，尊重人的尊严和人身自由，并且为真正的公正提供保障。只有给予充分理由和重大的利益，以及经过明确的程序后，个人自由才可以受到削减。在集体利益与个人利益之间，普通法明显倾向于保障个人权利。（4）法律应当广泛适用于整个社会，而不是维护少数特权阶层的特殊利益工具，当然，这并不排除法律对社会弱势群体，如未成年人、弱智人等的特殊保护。（5）在法律面前人人平等，法律的适用与人们的社会地位、级别高低、阶级成分、政治观点、力量强弱、贫穷富裕、宗教信仰、种族民族、国籍、性别等无关，任何人触犯法律都要受到制裁。

就制定法律的程序而言，法治要求：（1）任何法律的制定和修改，必须要有一个合理的目的，法律应当以一种客观的态度加以确定，而不是凭一人主观之设想。为了保证法律的理性和公平，必须从制定法律的程序入手。一方面，制定法律要具有充分和适当的理由，这个理由以及所制定出来的法律必须要经过公开的辩论，立法者应当考虑和接受不同意见；另一方面，制定法律的人的资格应当是公众所认可的，法律至少在形式上必须出自于民意。（2）法律必须公之于世。这样才能保证公民知晓法律的内容并执行之。如果法律是秘密的，

① ［古希腊］亚里士多德著，吴寿彭译：《政治学》，199 页，北京，商务印书馆，1998。
② 尹伊君：《社会变迁的法律解释》，376 页，北京，商务印书馆，2003。
③ 参见［英］哈耶克著，邓正来译：《自由秩序原理》，203～259 页，北京，三联书店，1997。

守法便无从谈起。从这种意义上看，未经公开的法律不能作为要求人们采取行动的依据，更不能作为制裁的依据。法律的公开要求必须是在报纸、广播等公众媒体上广为传播，要保证使绝大多数人都能知晓法律的内容。（3）法律必须具有稳定性和一贯性。一方面，法律必须稳定，不能朝令夕改，因此立法之前必须经过深思熟虑。另一方面，法律必须前后一贯，不能因为法官不同而在适用法律时就可以有所不同。这一点在普通法中尤其必须强调，遵循先例制度可以比较妥善地解决这个问题。保持法律的稳定性和一贯性，使公众可以预见各种行为的法律后果，从而进一步达到守法的目的。

就法律的执行来看，法治要求：（1）法律的执行必须是公正无私的。法官依据法律的授权对一切行为的合法性进行检查，不应当受到来自任何方面的政治性的或个人的干扰，其中包括现行政府的干扰。司法独立应当受到宪法和法律制度的保护，对于违反法律的行为是否起诉、是否追究法律责任，其权力全在检察机关和法官，检察机关和法官只对法律负责，而不对任何其他部门或个人负责。（2）法官判案必须基于证据，而这些证据必须由诉讼双方在法院内提出，任何法院以外的东西，如新闻报道、道听途说等，均不能列入考虑之列。（3）在审判过程中，法官必须保持中立，耐心聆听所有证据及陈词。普通法不但要求法官主观上保持中立，还要求法官必须使公众客观地信服他的中立。基于这一理由，若法官与诉讼任何一方有任何利益关系，除非诉讼双方同意，否则他就不能审理该案。在案件审结之前，法官不能和诉讼任何一方以及他们的代理律师或证人单独接触。（4）法官作出任何判决，都必须在判词中说明判决的理由，包括对案中双方所提出的证据作出分析与评估，以及就双方所提出的法律观点作出回应。普通法规定法官的判词可以构成普通法判例，在客观上促使法官必须认真办案，以便所经手的案件经得起时间的检验。（5）审判必须公开进行，任何人都有权自由进出法院，考察和监督司法的实际运作。但是，法院为保护当事人隐私或未成年人权益，有权决定不公开审理。

此外，普通法特别强调保护个人权利，专门针对这个问题设计了一系列具体原则和制度，其中包括：（1）对个人权利实行"剩余原则"，凡是法律没有禁止的事情均属于合法。与之形成鲜明对照的是，对于政府权力，采取法无授权既无权的原则。（2）法不溯及既往原则。对于任何人的行为，判断其是否违反法律，都应当以行为当时的法律为标准，不能事后修改法律，将原来合法的行为变为违法。同时，普通法还假定任何法例均不会减损在其生效前已经享有的权益，尤其是涉及财产方面的权益。（3）偏向于个人权利的法律解释原则。普通法对于法律解释的原则是：如果一项法条是保障个人权利的，法院在解释它的条文时，将会采取较为宽松的态度，进行广义解释；相反，如果一项条文是限制个人权利的，法院将会采取较为挑剔和严格的态度，进行狭义解释；若条文内容含糊不清，法院一般采纳对被告人最有利的解释。（4）刑事诉讼中控方承担举证责任的原则。任何人在未经法院判决之前，普通法均假定其无罪，而证明其有罪的举证责任在于控方。被告人由于没有责任证明自己是有罪还是无罪，因而在侦查和审讯的过程中，他可以保持沉默，法院以及陪审团均不能因为他行使沉默权而作出对他不利的判决。同时，对于控方所提出的证据，普通法要求必须达到"没有任何合理的疑点"才可以将被告判罪。（5）公正待遇原则。刑事案件审判过程中当事人有权拥有自己的律师，法院必须给予他提出证据、传召证人、盘问证人、陈述和抗辩的机会。审判应当尽快结束，不得故意拖延。当事人有上诉和要求复核的权利。

(三) 香港对于英国法治思想的继受

相对于法律制度的移植而言，法律思想的移植难度更大。英国政府可以凭借武力和不平等条约在一夜之间占领香港，也可以通过《英皇制诰》和《皇室训令》在短时间内建立起英国式的香港政治体制，但是却无法用武力或命令来强迫中国人接受它们的法治思想。然而，如果把法律移植作为一个整体工程来看待的话，思想的移植其实更为重要。"对于外来法，仅仅移植静态的'法制'（法律、制度和法律秩序）尚不足以使外来法存活及推动异地法制发展，在立法成果之外，如何移植动态的'法治'，包括法的价值、执法经验和法的法律环境等因素，才是影响和发展本地法制的实质性条件。"[①]

香港对于现代西方法治思想接纳的过程，不同于正常的法律移植过程。在正常的法律移植过程中，首先应该展开的是法理移植。所谓法理移植，即一个国家受外国法律观念的影响而对于外国法律思想、法律学说的吸收与借鉴。通常只有在外国法律观念得到一定传播，法律思想和理论得到较为广泛输入的基础上，一种新的、仿效外国法律的法典才有可能编纂完成。这其中所经历的实际上是一个对于外国法律的学习、研究和选择的过程，人们只有通过学习和研究外国的法律和法学理论，领悟和感受其中的先进性与合理性，才有可能产生进一步的认同感，并将其引进到本国加以实际尝试。因此，以学习外国法律、思想、判例为主要内容的法理移植是通常法律移植的初始阶段。香港的法律移植与这种通常意义上的正常的法律移植不同，香港的法律移植是建立在殖民统治基础上的移植，是被动的移植，因而在移植的程序上与正常法律移植有很大差别，是反其道行之的移植，其间经历了一个由被动而主动的转化过程，并且，不可否认的是，伴随着文化征服的还有殖民者的种族歧视。因此，我们在赞同英国法制的先进性的同时，还是不得不对这样一种移植方式表示遗憾。

英国法治思想融入香港社会并不是一蹴而就的事情，其中华人自身的奋斗和崛起起了决定性作用。从整体过程看，香港人对于西方现代法治思想的继受曾经经历了一个从隔绝到了解到接受的缓慢过程。

1. 隔绝阶段。英国人在香港建立殖民统治显然不是为了改造中国的旧式法制，当年的英国人并不隐讳他们在香港建立的是一个为英国本土利益服务的海外殖民统治系统，军事和贸易是其两个主要目标。因此，英国政府最初在香港完成的两件大事之一是建立香港殖民政府，包括设立港督、立法局、行政局、法院等，之二是建立海军基地，英国海军在占领香港后立即在岛的西北选定一处港湾作军港（今中环恒生银行附近）。这一时期，香港社会严格实行华洋分隔政策，华人与西人分区而居，对华人实行种种限制和歧视性政策。自 1843 年 10 月 4 日到 1897 年 6 月 5 日长达五十多年中对华人实行宵禁政策，1879 年 10 月 18 日颁布的《大会堂博物馆参观规则》明确规定中国男子、中国女子和外国人，各有不同的参观时间等，都是当年分割华洋的最好例证。种族隔离、划区而居的政策使香港泾渭分明地划分出了华人社会和洋人社会，二者在环境和生活状况等方面有天壤之别：英国人在香港不仅生活舒适、

---

① 徐静琳：《演进中的香港法》，415 页，上海，上海大学出版社，2002。

悠闲，而且牢牢把持着香港的主权和治权；华人除了终日劳碌、疲于生计，根本不可能也没有能力参与政事，也谈不上理解和接受英国人所带来的所谓"良法美政"。

2. 认识阶段。香港人对于西方法治思想的了解和认识是随着香港中西文化的初步融合而实现的，而香港中西文化的融合，又是在香港华人的力量强大起来以后才逐步开始的。19 世纪 50 年代，太平天国运动爆发，内地大批富商因避乱而南迁香港，他们带来的大量资金和管理经验，使香港经济面貌发生很大改观，同时他们自己也获得了新的发展空间。经过 30 年的努力，到 19 世纪 80 年代，华商已经成为香港地区最大的企业群体，当时华商手中掌握着汇丰银行发行的绝大部分港币，而港英政府超过 90% 的税收来自于华商。① 华人在经济上的崛起促使殖民统治者不得不开始考虑华人的势力，首先发生的变化是英人与华人上层人物开始接触，1881 年，伍廷芳成为开埠以来香港立法局首位华人议员。这一事件促使香港华人社会开始热心关注香港的政制和法制，对于中国人了解和认识现代西方法治思想起到了客观上的推动作用。

3. 接受与融合阶段。西方法治思想在香港真正得到普遍接受和认可最终还是要归功于教育。随着香港现代学校的创办和出洋留学的增加，特别是 1911 年香港大学的成立，使香港开始拥有了西式教育培养出来的本地人才，这对于西方文化（包括法治思想）在华人社会中最终被接受和认可起了至关重要的作用。一方面，这些受过西式教育的青年人掌握先进的知识和技能，可以获得比较好的工作和收入，逐渐在香港形成了一个华人中产阶级，他们已经完全适应了西方的生活方式和文化方式，主动接受资本主义自由、法治等现代理念，成为香港社会西方化的阶级基础。另一方面，这些人中有相当一部分人专门学习法律，成为了西方法治思想在香港传播的媒体和中介。这种状况在历史上其他国家和地区法律移植的过程中也曾多次出现过，如德国在 15 世纪时对于罗马法的继受，日本在 19、20 世纪时对于大陆法系和英美法系的继受，都是靠着大批学子负笈海外，亲身接受先进法律文化和法律制度的熏陶，并将其带回到本国国内。这些人不仅为本国引进了先进的法律思想和法律制度，同时还成为法律移植后防止排异反应的最有效因素。到 20 世纪，香港的法律职业已经开始对华人开放，担任香港法官和律师的华人几乎都受过正规普通法教育，毕业于英美国家或香港本地大学的法学院。他们以西方现代法学教育的学历背景和华人的特殊身份，向香港人诠释现代法治思想的理念和精神，使英国法制不仅从制度上而且从理念上为香港人所接受和认可，并使法治的精神最终得以深深扎根于香港法制之中。

五、英国法律文化在香港法律体系中的体现

（一）体系庞杂的英国法

英国法以遵循先例和注重程序闻名，在事实上，这两个特点已经远远超越了先例和程序本身，渗透到英国法的各个角落，包括部门法的分类之中。与大陆法系法的分类不同，英国法的分类完全是历史自然形成的产物，并且基本上是以司法实践为基础，根据诉讼程序的要求划分的。例如英国财产法分为动产与不动产，这种划分源于诉讼形式中的对物诉

---

① 参见阿忆：《香港百年》，44 页，广州，广东人民出版社，1997。

讼和对人诉讼，前者要求收回实物，后者要求特定人归还原物或赔偿损失。在 19 世纪中叶诉讼制度改革之前，不动产涉及的权利由对物诉讼加以保护，而动产涉及的权利则由对人诉讼保护，两种诉讼形式由不同的令状加以区别。虽然 19 世纪的司法改革废除了令状制度和烦琐的诉讼形式，但是关于财产法的这种分类却被保留下来。英国其他法律部门的产生也都基本上源于这种方式，例如契约法最早源于违约损害赔偿令状，而侵权行为法则是由非法侵害令状发展而来的。

由于缺乏大陆法系那种学理上的高度概括和系统分类，英国法律体系乍看起来给人的感觉是庞大而凌乱。首先是实体法与程序法不分，一个法律部门中既包含实体法又包含程序法。普通法是从诉讼形式发展起来的法律，传统的普通法诉讼必须是在完成程序之后才作出判决，尽管有时作为判决基础的实体原则本身可能还不明确。在普通法中，规定个人权利、义务的实体规则不是法律的基础，而是否合乎程序却往往影响到案件的处理结果。其次是制定法与判例法并存，每一个法律部门中都既包含制定法又包含判例法。形式上制定法的效力高于判例法，但实践中，法律的解释又以判例为准，如果仅有制定法而没有判例法加以解释，这些制定法就会形同废纸。就判例法来看，其身又是一个庞杂的体系，时间上从古代一直延续至今，数量上则如汗牛充栋，令人望而生畏。最后是法律部门的划分完全出于实践需要，缺乏理论概括。英国法中的法律门类与大陆法系中的法律部门大相径庭，在英国法中没有公法与私法的划分，也没有独立的民法部门和体系，只有按照诉讼程序的不同而划分的财产法、契约法、侵权行为法、信托法等。行政法在英国法中不被认为是一个独立的法律部门，有关行政诉讼案件适用普通民事诉讼程序；甚至连宪法也没有独立的地位，而只能与侵权行为法等一起包括在普通法的范畴之内。

与法律部门相关的一个问题是法律概念和术语。在普通法中，有一些法律术语是由法官们在司法实践中独创的，如侵害（Trespass）、寄托（Bailment）、信托（Trust）、令状（Writ）、禁止反言（Estoppel）等等，这些词为普通法所独有，只有对其进行历史的和全面的研究，才能理解和把握它们的含义。

英国法律体系的上述特点对于香港法律体系影响甚大，香港法不仅承袭了英国法中传统的部门法分类，而且继受了普通法中独有的各种法律概念和术语。与英国法如出一辙，在香港法律体系中，同样找不到一部统一的刑法典以及独立的民事法律部门或者行政法律部门。但是，为了适应我们头脑中固有的大陆法系的思维模式，下面还是人为地将其归类为刑事、民事两部分，分别加以简要介绍。

（二）香港的刑事法律

香港的刑事法律由三个部分组成：英国的普通法和制定法，香港立法机关制定的条例、附属立法和香港法院的判例，以及中国固有的法律和习惯。和英国一样，香港至今没有统一的刑法典，大量的关于犯罪与刑罚的规定都规定在单行刑事法律中。从 1843 年起，香港立法局陆续制定了许多有关刑事方面的法例，其中比较重要的有：《侵犯人身罪之条例》（1865 年 6 月 14 日）、《毁谤罪条例》（1887 年 2 月 22 日）、《简易程序治罪条例》（1933 年 1 月 1 日）、《少年犯条例》（1933 年 11 月 20 日）、《体罚条例》（1954 年 10 月 22 日）、《妨害公共秩序罪条例》（1967 年 11 月 17 日）、《盗窃罪条例》（1970 年 9 月 1 日）、《防止贿赂罪条例》（1971 年 5 月 14 日）、《刑事罪条例》（1971 年 11 月 19 日）。

这些条例在重要的原则和制度上基本都沿袭英国的同类法律，对其中不适合香港地方情况的部分则根据香港的实际和中国居民的习惯作了适当修改。可以预计，随着新的社会关系和新型犯罪行为不断出现，香港刑事法律中制定法的数量还会不断增加，但是这并不能改变其判例法的基本特点，因为这些条例所根据的理论基础仍然是普通法的准则，而且在审判实践中，法官和律师们仍然要遵循先前的判例。

1. 犯罪的概念和分类

香港《法律诠释条例》第 3 条规定，犯罪是指触犯或违反法律而有刑罚之规定的行为。该条例第 33 条又规定，在任何法规末端或其一部分列有刑罚者，此项法则，应视为凡违反各该法规或其一部之规定者，即以犯罪论，应科以不超过所列罚责之处分。由于香港的成文法对于刑罚的适用范围规定得很广泛，因此，许多违反社会公德的行为或轻微违反社会秩序的行为，都属于犯罪的范畴。在香港，违法与犯罪之间并没有严格的界限，行为人只要实施了违反含有刑罚规范的法例的行为，就可以被指控为犯罪。

香港法律中对于犯罪有几种不同的分类方法，有助于我们理解其犯罪的概念。（1）根据法律渊源的不同，犯罪可以分为普通法罪行（Common Law Crime）和成文法罪行（Statutory Law Crime）两种。普通法罪行也称法官创立的罪，成文法罪行则称为立法者创立的罪，现在很多普通法罪行已经由法律规定为成文法罪行。（2）根据审判程序的不同，犯罪又可以分为简易程序审判罪、公诉程序审判罪和以简易程序审判的公诉罪行（混合罪）。简易程序审判罪是较轻微的犯罪，在成文法里有明确规定，只能在裁判署审判，法定刑罚较轻。公诉程序审判罪是应当在高等法院审判的罪行。以简易程序审判的公诉罪行，可以在高等法院、地方法院和裁判署审判，前提是法律列出了经由公诉程序之定罪和经由简易程序之定罪的两种刑罚。（3）以刑罚的轻重为根据，分为叛逆罪、重罪和轻罪。1967 年英国《刑事法令》正式废除了重罪和轻罪的划分，香港也随之仿效，取消了这种分类方法。

2. 刑罚

香港的刑罚种类不是集中规定在一部法典之中，而是分别规定在若干个刑事法例当中。一百多年来，香港的刑罚制度发生了比较大的改变。最初的刑罚主要有死刑、监禁、苦役、笞刑和罚金等，逐步发展为大量适用不剥夺自由的刑罚方式，并注重对犯罪行为的矫正。英国政府对于死刑的态度一直深刻影响着香港：1965 年英国废除死刑，第二年的 11 月以后，香港就再没有实际执行过死刑。遇有判处死刑的案件，通常都以赦免的方式处理。根据《英皇制诰》，港督有权力赦免死刑，但是根据当时的程序，要经过比较长时间的等待之后才有可能获得赦免。1987 年香港政府推出了一项新措施，凡被判死刑者，如在 28 天内没有提起上诉，或上诉遭到驳回后，在 6 个月内仍然没有向枢密院提起上诉，港督将会自动考虑赦免死刑，从而缩短了以往等待赦免的时间。1993 年香港通过法律最终废除了死刑。到 1997 年香港回归祖国之前，法律中仍然保留适用的刑罚种类有：

（1）终身监禁。适用于兵变罪、放火罪、种族灭绝罪、企图谋杀罪、故意致人重伤罪、拐卖儿童罪、渎职罪、夜盗罪、伪造货币罪、抢劫罪、恐吓勒索罪等。

（2）监禁。最高刑期为 25 年，最低刑期为 1 个月，特别轻微的犯罪可以只判入狱 14 天。绝大多数犯罪均可以适用监禁刑，实践中，通常是由法官判处一个监禁的刑期幅度，由惩教署根据犯人在狱中的表现决定实际服刑期。

（3）罚金。既可以作为独立刑适用，也可以作为附加刑与监禁等其他刑种并处。绝大多数犯罪均可以适用罚金刑，但是判处的数额应符合罪犯的实际支付能力。

（4）辅助性刑罚。主要适用于青少年犯罪和情节比较轻微的犯罪，包括：1）"劳役中心惩戒"，适用于年龄在 14 岁至 25 岁之间的身心健全的男性青少年初犯者，是一种高度纪律化和艰苦营房生活的惩戒措施，罪犯在获释后仍须接受惩教署不超过 12 个月的善后监管；2）"教导所改造"，适用于年龄在 14 岁至 21 岁之间的男性罪犯和所有女性青少年罪犯，是一种教导和感化相结合的惩戒措施，执行期限通常在 6 个月到 3 年之间，由惩教署署长决定，执行完毕后还要接受不超过 3 年的强制善后监管，违反监管令者要送回教导所继续执行；3）"感化"，是指在社区内协助罪犯改过自新的非监禁性刑罚康复措施，适用于青少年罪犯，在感化期内如有违反感化令及有关规定的，法庭除对他所犯的原判以应得惩罚之外，并加控违反感化令，二罪一并判刑；4）"戒毒"，针对犯有刑事罪而又染有毒癖者的治疗兼康复措施，期限为 2 个月至 1 年，获释后仍须接受 1 年强制监管，但是在戒毒所戒毒的历史可以不作为犯罪记录加以记载。

3. 几种重要的刑事犯罪

（1）叛逆罪。指各种不忠于王国的行为，包括明显攻击女王本人以及皇家直系亲属、发动内战、协助女王的敌人和杀害执行任务中的各种公职人员等。最初，叛逆罪的主体必须是大英帝国女王的臣民，随着各种海外殖民地和国内移民数量的增加，现在，叛逆罪的主体也包括长期居住在英国王国政府保护之下的非英国国籍的人。

（2）贩毒罪。根据《危险药物条例》的规定，从种植大麻和可提制鸦片的罂粟到开办烟馆、保存为开办烟馆所需的烟枪和吸毒的设备，以及任何房产主或住户将他占有的房子用作与贩毒和吸毒有关的活动，都构成犯罪，并准许以最高刑罚处罚，包括判处罚款 500 万元和无期徒刑。但是，吸毒成瘾的不算犯罪，因此，只要坦白吸毒成瘾，就不能对他进行起诉。

（3）贿赂罪。根据 1971 年《防止贿赂罪条例》的规定，凡公务人员索取或接受某种好处，或群众中有人向公务人员提供某种好处，作为其做某些事情或不做某些事情的酬谢和诱饵，或者是为了加速或拖延其正常履行职责，都属于犯罪行为。贿赂罪的主体范围相当广泛，包括《防止贿赂罪条例》第 3 条规定的"任何政府官员"、第 4 条规定的"公共机构的雇员"，以及第 9 条规定的"一般公民"。《防止贿赂罪条例》还规定了两种比较特殊的犯罪行为：一是该条例第 3 条规定，政府公务人员未经总督允许，接受任何钱财和礼物都属违法行为，判处罚金 10 万元和徒刑 1 年；二是该条例第 10 条规定，一个现任或曾任政府公职的人，享受的生活水平或拥有的钱财与其薪金收入很不相称而又提不出令人满意的解释，就无须证明其有任何具体的贪污行为，对于超额的资产，当然推定为贪污所得，判处罚金 50 万元和徒刑 10 年，并责成向政府退还无法解释的那部分资产。

（4）赌博罪。1977 年《赌博条例》规定，除该条例予以免除者外，所有赌博都是非法的。根据该条例，可以免除的行为包括：在私人家里进行社交性赌博，在有营业执照的饭馆里或者在不收入场费的社会团体的房屋内进行社交性赌博，在英皇御准的赛马会以及警务处长批准的有奖彩票等行为。根据《赌博条例》的规定，对于下列行为要从严惩处：在赌博中行骗或诈欺可科以 10 年徒刑或罚金 100 万元；开赌场、以赌为业或私办彩票，得科以 7 年徒刑和罚金 50 万元，出售非法彩票或经办马路赌场或参加马路赌博，得科以 2 年徒刑和罚金 5 万元；在赌场里进行赌博和持有非法彩票，可分别科处徒刑 3 个月和罚金 1 万元。

（5）谋杀罪。香港的成文法中没有谋杀罪的定义，对于谋杀罪的认定至今沿用 17 世纪时英国普通法的定义。17 世纪英国大法官爱德华·柯克提出认定谋杀罪的要素是："一个该负法律责任的人在王国领域内的任何一个郡内，出于恶意的预谋，非法杀害一个有理智的生灵，死亡发生在一年零一天之内。"① 可见，谋杀罪的认定应当注意以下几点：一是主体条件，即杀人犯必须具备法定的刑事责任能力；二是被害者必须属于活着的人类，堕胎行为不属于杀人的范畴；三是必须要有杀人的意图，或者有意致人重伤，或者作出某种行为，其自然和可能的后果会导致他人死亡或重伤。如果受害者在受伤以后仍然存活一年零一天以上，则该凶手不能被指控为谋杀。谋杀罪的处罚原来是死刑，但是随着英国对于死刑的废除，香港开始采取死刑判决的减刑措施，直至后来也从法律上废除死刑，改为终身监禁。香港《侵犯人身罪条例》中还规定了谋杀未遂罪，即凡具有谋杀的意图而投毒、致人重伤、炸毁建筑物、烧毁船舶或试图毒死、杀死、溺死、窒息或绞杀他人而未遂者，或以任何其他方式谋杀未遂者，均应在起诉定罪后判处终身监禁。

（6）误杀罪。香港刑法遵循普通法的惯例，将误杀分为两类——"自愿的误杀"和"非自愿的误杀"。"自愿的误杀"是指具备谋杀罪的所有犯罪要件，但由于有"激愤杀人"或"减轻责任"（如他人挑拨之类）的辩护理由而降为误杀罪；"非自愿的误杀"是指不具备犯罪意图的杀人，一般指过失杀人。误杀的最重刑罚也是终身监禁并处罚金，但是《侵害人身罪条例》规定，凡因紧急避险，或因出于自卫或无犯罪故意致人于死的人，不受刑罚或被没收财产的惩罚。

（7）盗窃罪。《盗窃罪条例》规定，以不诚实的手段据有他人所有的财产，并意图永远剥夺他人的所有权的行为为盗窃罪。根据这一规定，构成盗窃罪的行为手段十分广泛，并不局限于秘密手段；盗窃的对象是他人财产，对于无主物的据有不构成盗窃。盗窃的最高刑罚是 10 年有期徒刑。但是，如果盗窃时使用暴力，或者以暴力相威胁，就构成抢劫罪，最高刑为终身监禁。入室行窃（包括进入车、船内）具有非法侵入的性质，最终的刑罚为14 年徒刑。如果盗窃时携带有火器、进攻性武器或非爆炸物，可以加重处罚，判处无期徒刑。

（8）游荡罪。《刑事罪行条例》第 160 条规定，游荡罪是指在公众地方和楼宇的公共部分漫无目的地游荡，没有合理的解释，或故意阻碍别人使用该公众地方，或因游荡的存在，使别人担心自己的安全或安宁的行为。认定游荡罪的一个重要标准是行为人未能圆满地说明个人情况及作出令人满意的解释，或是别人有理由为自己的安全利益担心，因此仅有游荡行为不能指控为犯罪。游荡罪是香港最著名的防范性罪行，设立此罪名是为了便于警察在犯罪未发生之前，可以运用控告某人游荡的权力，防止罪案的发生。对于游荡罪的设立，香港社会历来褒贬不一，为防止其被警方滥用而损害公众权益，实践中对于游荡的地点、时间、理由、令他人受到惊吓的原因等均有一定限制。游荡罪法定最高刑为监禁两年。

（9）殴打罪。殴打罪的一般规定见于普通法准则，包括两种：一种是使用武力或暴力

---

① ［新西］瓦莱里·安·彭林顿：《香港的法律》，356 页，上海，上海翻译出版公司，1985。

威胁要伤害他人。在这种情况下，不论是否有接触到他人身体或造成实际伤害的事实，均构成犯罪。另一种是使用武力或暴力实际侵害到他人的身体。在这种情况下，不论受伤轻重均构成犯罪。由此可见，香港法律中关于殴打罪的界定十分注重行为的客观表现，而不是片面看重后果。《侵犯人身罪条例》将殴打罪分为四类：殴打教士及其他神职人员，殴打警务人员，殴打他人而有意犯重罪，普通殴打。对于殴打罪的处罚，一般以简易程序判1年至3年监禁。

（三）香港的民事法律

根据香港律政司官方网站关于香港法律制度的说明，香港的民事法律主要包括合约法、侵权法、财产法、行政法、家事法及税法。合约法主要调整关于个人（包括公司）之间就日常业务订立的各种协议的法律关系；侵权法调整关于某人在对另一人所负的谨慎责任上失职所引起的申诉的法律关系；财产法调整关于对财产（包括土地及建筑物）和知识产权（例如商标、专利及版权）的所有权及其他权利的保护的法律关系；行政法是为了保障个人，以防政府或公共机构滥用权力的法律；家事法涉及离婚、子女管养权、配偶及子女赡养费及财产分配等法律关系；税法是关于评税和追税事宜的法律。①

1. 合约法

合约法是英国古老的法律部门，但是英国法中没有关于合约制度的统一法典，有关合约的概念、成立要件以及履行和解除等法律规定均散见于普通法和衡平法的准则以及判例当中。香港合约法完全继承了英国特色，其重要内容包括：

（1）合约的含义。普通法认为合约并不等同于协议。这种观点来源于中世纪，在中世纪，法庭只对于"正式"的诺言才签发"规约执行令"（writ of covenant），对于一般的协议，法庭不认为其具有强制约束力，如一方对于约定看电影的协议爽约。认定一个协议是否属于合同的关键在于意愿，即各方欲于一旦发生纠纷时，最终由法庭加以解决。对于合同中没有以文字形式明确表达出当事人的这种意愿的，实践中只能由法官根据双方的行动作出判断。一般认为，缔结商业和营业协议的人都有意承担法律上的强制责任，除非当事人之间有相反的明确意思表示。

（2）合约的形式。普通法规定合约可以通过口头、书面或行为等方式订立，但是下列合约必须以书面形式达成，否则普通法不予受理：1）汇票、支票和期票；2）海上保险合约；3）注册公司股票的转让；4）动产的抵押；5）分期付款的租买协议、租约、抵押契据、保险单、出卖土地的产权转让证书以及出售任何地产及关于土地权益的书面协议等。合约除具备必要的形式之外，还应当含有以下基本要素：1）要约和承诺；2）对价；3）明确的条款；4）缔约人的行为能力；5）真正的协商一致；6）合法性。

（3）合约的对价原则。对价是英国普通法中最具特色的准则，其基本理论是任何人不得无故得益，履行义务的当事人应得到某种回报。在香港法律中，除了正式合约之外，对价是所有简单合约成立的基本要件。对价的基本法则是：1）对价必须是待完成的或已完成的，过去完成的或有法定义务的行为不构成对价。2）对价必须是真实的，但无须是足够

---

① 参见《香港的法律制度》，载香港律政司网站：http://www.doj.gov.hk。

的，法庭不保证双方达成的意向在事实上是否公平。但是，在指控有诈骗行为或不适当影响时，法庭需要对是否有足够的对价予以考量。3）对价必须是合法的。4）对价必须来自承诺人。在上述普通法对价原则的基础上，衡平法又进一步规定了"禁止出尔反尔原则"，又称"禁止毁约原则"，即如果一个人对另外一个人说明某些事实，希望对方能按照这些情况去行动，而对方确实这样做了，并因此而蒙受了损害，那么说明事实者不得在以后否定原来所说的事实。

（4）违反合约的救济。普通法和衡平法对于违反合同提供下列救济措施：1）一方违反合同时，另一方可以选择拒绝继续履行合同义务，有过失的一方不能收回在解除合同之前已经依照合同转让的财产。2）受害方可以向法院起诉要求就对方违反合同而获得损害赔偿。3）当损害赔偿不足以提供适当救济时，可以根据衡平法提起"要求依约履行的诉讼"，即强制违约方履行合同。

2. 侵权法

侵权法在英国法律制度中具有悠久的历史传统，它由习惯法发展而来，近代以来又有若干制定法加以补充，形成完整的侵权法体系。

（1）侵权行为的性质和认定。侵权行为是一种民事过错，它给个人利益造成损害，因而受害者有权向法庭起诉。侵权行为所侵犯的权利，是法律所承认的普遍适用于一切个人的权利，因此，合同关系中的违约和信托关系中的背信不属于侵权行为的范畴。普通法对于侵权行为的认定有三个要素：1）是行为人实施的违反法律规定的行为。2）侵权行为使他人的合法利益和权益遭受了侵害。3）侵权行为是可以通过民事赔偿得到补救的行为。动机与目的一般不构成侵权行为的要素，不能以良好的动机为侵权行为作辩解，也不能以恶意或不良动机将本来是合法的行为判定为侵权。

下列四种情况不构成侵权行为：1）符合香港法律或英国国会通过的法律。2）属于司法职能。3）受损害人自愿接受侵权行为。4）为了国家利益并且经过政府授权或事后认可。除此之外，侵权行为还可以以下理由免责：1）事属必须。2）不可避免的意外事故。

（2）非法侵犯。非法侵犯是英国法律史上最古老的，同时也是最重要的一种侵权行为。普通法中以侵犯事实而不是以实际损害作为认定非法侵犯的要素，即只要私人权利受到侵犯而又没有法律上可以免责的事由，就构成侵权行为。非法侵犯包括对人身的非法侵犯和对财产的非法侵犯。

对人身的非法侵犯包括三种：1）威胁人身的非法侵犯（Assault），指非法试图对他人使用暴力或威胁使用暴力，而被威胁者有理由相信其有现实能力实现其目的，即有意让别人担心即将受到他的伤害或人身攻击。如用拐杖吓唬别人或用带有打人目的的姿态向人袭来等。2）人身侵犯（Battery），指以敌视态度或违反本人意志触碰他人身体，而不问其用力的轻重。触碰可能是直接的，也可能是间接的，例如向别人身上泼水、向别人脸上吐痰等。人身侵犯以具有敌视态度为判断要素，否则应当以造成实际伤害为要素。3）非法监禁，即在一段时间内非法施加全部控制，以剥夺他人的自由。该项控制可能是实际的，也可能只是权力的显示，有些可能甚至在实施时，受害者并不知道有这回事，例如当某人睡着时把门锁上。

下列情况不构成对人身的非法侵犯：1）出于对财产或人身的防护。2）行使父母的或特殊的权利。3）根据司法授权而进行的逮捕或监禁。4）由于怀疑犯有某种罪行，或者为了维护社会秩序而进行逮捕。5）为了执行法律程序，如持有搜查的命令。6）必要限度内的自卫或对动产以及不动产的防护。

对财产的非法侵犯包括两种：1）对土地的非法侵犯。进入或留在他人土地上，或向他人土地投掷和堆放东西等，均构成对土地的非法侵犯。但是下列情况不构成非法侵犯土地：具有法定权利或执行公务；为了拿回自己的东西；经许可而进入；为了消除妨害或保全财产；有权占有者以和平方式进入；公路不能通行；无法控制的进入，如马脱缰之后自行跑入他人土地；对该不动产有归还权的人进入并察看又无损坏的情况；享有地役权的人为了进行必要的修理而进入服役地。2）对动产的非法侵犯。凡是故意或疏忽地直接使用力量侵犯他人的财产占有权，即构成对动产的侵犯。转化和非法占有是对动产的特种侵权行为：转化（Conversion）是指把他人的动产处理掉、以之交付他人或加以毁灭等；非法占有（Detinue）是指当合法的物主要求归还财物时，予以拒绝。

（3）非故意干扰。非故意干扰不同于上述非法侵犯，在非法侵犯中，侵犯是直接而积极的，在非故意干扰中，侵犯是间接的和非故意的。由于两种侵权行为所表现出来的特征不同，司法中认定的标准也有很大区别。非法侵犯的认定以行为是否实施为标准，一般不考虑实际损害程度；而非故意干扰的认定则要求具有实际损害后果。普通法实践中又将非故意干扰分为妨害和疏忽两种。

妨害（Nuisance）是指对土地占有者使用和享有土地的妨害，包括对公妨害和对私妨害。前者是对于公众的安全与舒适的干扰，如水和空气的污染或在马路上挖沟设障等；后者指对于私人使用土地的妨害，如噪音、灰尘、振动等。在香港，对公妨害只能通过律政司提起公益诉讼的方式进行救济，私人不能就对公妨害进行控告；对私妨害可以通过私人诉讼的方式解决。

疏忽（Negligence）原本是其他诉讼形式的一个组成部分，自 19 世纪起，逐渐演变成为一种独立的诉讼原因。普通法中，起诉疏忽行为的基本条件包括：1）注意的责任（Duty of Care），即被告具有法律承认的不得使别人陷于不合理的危险的责任，如公路上行驶的车辆有责任慎重行车等。2）失责（Breach of Duty），即低于一般被接受的标准的行为或违背上述责任的行为。3）损害的后果（Resulting Damage），即低于标准的行为导致实质性损害。4）行为与损害之间具有合理的紧密联系，无"损害之疏远"的问题（Remoteness of Damage）。5）损害的发生与原告行为无关。

（4）特殊责任的侵权行为。除了上述一般侵权行为之外，香港的法律中还有一系列规定各种特殊责任的侵权行为的专门法则，例如：

1）住户的责任。根据《住户责任条例》的规定，一切房屋的住户都应对所有来访者负"通常注意的责任"。所谓"通常注意的责任"是指住户应当采取合理的注意，使来访者在逗留期间是安全的。所谓来访者是指得到住户的明许或默许而进入其处所的任何人，如客人、安装工人等。

2）雇主的责任。包括《工业雇用（假日与疾病津贴）规则》规定的受雇人享受节日照付工资与疾病津贴补助的权利，《工厂兼工业经营条例》规定的裁判司具有作出关于危险情况及危险操作的命令的权力，以及《受雇人补偿条例》规定的工人因隐患特种职业病而具有要求损害赔偿的权利等。

3）发表人的责任。根据普通法的规定，以语言、文字、动作或其他方式毁损他人名誉的行为构成毁谤，应当承担侵权责任。毁谤传统上分为两种：口头毁谤（Slander）和文字毁谤（Libel）。毁谤的构成，在客观上以发表为要素。所谓发表是指行为人的陈述或表现为第三者所知晓，主观上的故意或疏忽不影响毁谤的构成。

3. 财产法

香港财产法完全承袭了英国财产法中有关财产方面的基本概念、分类和原则，与大陆法系国家民法中的物权制度有很大区别。

（1）财产及财产所有权的含义

普通法中的财产分为"土地财产"（real property）和"非土地财产"（personal property）。这种分类产生于普通法形成时期，两者的区别表现在诉讼形式上：前者又称"物的财产"，即由对物诉讼所保护的权利；后者称"人的财产"，即由对人诉讼所保护的权利。虽然随着普通法的发展，对人诉讼和对物诉讼的形式已经不存在了，但是这种关于财产的分类却保留了下来。普通法中的财产所有权（Ownership）包括对财产的占有权、使用权、处分权和毁灭权。所有权可以通过三种方式取得：原始取得，转移取得和继承取得。

英国法中将财产权益分为法定利益（legal interest）和衡平利益（equitable interest）。法定利益是依照普通法存在和承认的财产权益，衡平利益是指衡平法上所设定的财产权益，包括由抵押、转让和信托所发生的权益。通常，在动产方面，普通法只承认绝对所有权和占有权，衡平法允许设立信托关系；在地产方面，普通法只承认地产所有人的地产所有权，信托关系中受益人的地产利益由衡平法确认。因此，普通法上的地产权利是一种对物权，而衡平法上的地产权利是一种对人权。

（2）香港的地产法律制度

在英国，自 1066 年诺曼征服以来，英王一直是唯一的绝对的土地所有人，英王把土地授予其他人，这些人就成了土地持有人或租借人，他们持有土地的权利受法律保护，甚至国王也不能加以侵犯。但是，国王所授予的土地均附加有一定条件，如服军役、缴纳农产品等，称为土地保有条件。根据土地保有条件所保有的土地权利的总和，称为产业权（estate）。根据英国的法律，有 4 种土地产业权："无条件继承的土地产业权"（fee simple）、"限定继承的土地产业权"（fee tail）、"终身保有的土地产业权"（Life estate）和"限期保有的土地产业权"（leasehold estate）。英国在香港一直实行"限期保有的土地产业权"，即租借人在一段固定的或可确定的期间内对土地享有排他占有权。这是因为，根据普通法的原则，"对于任何人来说，授予他人比他自己所拥有的更大的土地权益在法律上是不可能的"[①]。根据中英之间的三个不平等条约，英国所取得的香港土地所有权是有限制的，因此，英王不能就这一地区的土地授予"无条件继承的土地产业权"，而只能采取有条件出租土地的方式。在香港，这是实际上持有土地的唯一方法。

香港出售土地使用权的方式是土地批租制度，即用租约的方式将土地使用权按照不同的使用期限和使用方式批售给承租者，承租者在规定的期限内按照批租条件拥有使用权。

---

① ［新西］瓦莱里·安·彭林顿：《香港的法律》，258 页，上海，上海翻译出版公司，1985。

批租的土地使用权可以继承、抵押和转让。土地批租的形式有三种：公开拍卖、招标和协议。鉴于对香港、九龙和新界三个地方土地权利的取得方式不同，港英政府对租界土地的年限也有不同规定：香港和九龙半岛南部的租期是一种象征性的年限，有 150 年、99 年等相当长的租期，而新界属于英国政府向清政府租借得来的，协议的租期是 99 年，因此自 1898 年以后，香港批租土地的年限一般为 75 年。土地收回的一般原因是租期届满或承租人毁约，但是政府也可以依据《收回官地条例》的规定，将土地收回用作公共用途。政府征收土地需付赔偿。

（3）香港的信托制度

信托制度是衡平法的一项重要创举。中世纪时，英国法律对土地的出让与课税作了极为严苛的规定，例如当继承人为未成年人时，其继承土地要交纳重税；封建君侯可以没收无继承人的土地等。人们为了逃避重税或土地被没收，常常将土地转让给他人，由他人代为经营，并将土地的收益交予指定的第三人。通过这种土地转让，解决了因土地无人继承而被没收以及未成年人继承土地必须缴纳重税等矛盾。这种制度最初靠受托人的自觉、诚实以及良心来实现，以令状为基础的普通法无法提供对于信托关系的法律保护，为了弥补普通法的不足，衡平法院从 15 世纪开始承认并保护让与人和第三人的正当利益。1535 年英国通过《受益权法例》，禁止那些试图逃避封建义务的收益行为，同时承认那些对土地经营管理的积极受益制度，信托制度由此基本形成。

香港信托法与英国信托法具有直接的渊源关系：一方面，英国衡平法中的判例直接适用于香港，成为香港信托制度的重要法律渊源；另一方面，香港根据自身的情况，通过判例和制定法对古老信托制度予以发展。香港有关信托的制定法主要有：《受托人条例》、《信托资金管理规则》、《司法委托人规则》等。现代信托制度是指委托人将信托财产交给受托人，由受托人按照信托意旨管理和运用信托财产，同时使第三人受益于信托财产的法律制度。随着社会的发展，信托制度被越来越多地应用到社会公益事业中，出现了以公益事业为受益对象的信托关系。根据香港《注册受托人法人团条例》，公益信托中的"公益目的"包括 7 个方面：救济贫困；促进科教文艺研究的发展；用以帮助，包括治疗、预防和照顾疾病、伤残及孕妇等；促进宗教发展；任何教会的目的；促进社会公德和市民身心健康；其他对社会有益的目的。在香港，对私益信托的监督由受益人执行，受益人有权对违反信托的行为以及由此造成的损失要求赔偿；公益信托由律政司负责监督执行，如果对信托财产管理不善或滥用信托财产，律政司有权向法院提起诉讼。另外，税务局每年还要审核信托管理的账目等。

4. 行政法

香港沿袭英国传统，在法律部门的划分中，没有专门的行政法这一法律部门，相关的行政法律规定、行政救济制度和司法审查制度，均以分散的单行法或法律原则的形式出现，因为形式上的差别太大，其中很多方面难以与中国内地法域的行政法进行一一比照。例如，香港法律中没有"行政违法"这一概念，对于违反行政管理法规的行为，一般都视为犯罪行为，由裁判法院按照简易程序处以刑罚，因此，香港也没有"行政处罚"的概念；再如，对于行政机关违法行政而造成公民、法人等相对人损害的，不是通过行政诉讼而是通过民事诉讼的形式进行救济。由于诸如此类的重大差别，我们在理解香港行政法时难免会遇到很多困难，同时也不可能按照我们惯常所习惯的学科体系去认识和理解香港行政法。以下仅选择几个具有代表性的侧面作一简要介绍，从中可以体会出一些香港行政法制的基本特点。

（1）学术研究中的香港行政法

虽然香港法律中没有专门的行政法部门，但是对有关问题的专门性学术研究活动却是存在的，以下以大卫·克拉克等人合著的《香港行政法》一书为范本，简单介绍学术研究中香港行政法的基本内容和范围。"《香港行政法》一书共分为 15 章，分别为：概述、作出行政决定者的特征、程序、公正听审的内容、自由裁量权、政府的承诺、实质性审议、事实记录中的法律错误、允许作出的结论、司法审查的范围、司法审查、救济程序、当事人资格、给予救济的司法裁量权、救济、侵权、信息自由与法律。"① 由此不难看出，学者研究视野中的香港行政法主要是有关行政行为的各种程序性原则和制度，以及对行政行为进行司法审查的原则和制度，而有关相对人权利与义务的法律规范，即行政机关进行行政管理活动所依据的各项实体法律，均不包括在行政法的研究范围之中。

（2）行政处罚

香港行政法不具有内地法域行政法中的"行政违法"和"行政处罚"等概念，并且，两地之间的这种差别不仅仅存在于概念的层面上，还具体体现在实际操作的层面上。在香港，绝大多数违反行政管理法律规范的行为都被认为是犯罪，由裁判法院按照简易程序处以刑罚。裁判法院对行政违法行为的处罚一般较轻，但有时也可以高达监禁 3 年和罚款 100 万元港币；另外，香港有关法律在规定对行政违法行为的处罚时，一般都不规定自由裁量的余地，而是对于罚款数量、监禁时间等均作出确定性的规定，显得比较刚性化。需要说明的是，在香港也存在一小部分行政违法行为由行政机关自行处罚的法律规定，例如《电视条例》规定行政主管部门可以对相对人处以罚款。但是，香港行政机关作出的罚款决定没有强制执行力，如果当事人拒付，行政机关只能通过民事诉讼的方式向相对人追讨。

（3）行政救济

香港行政救济制度的法律依据主要是《调查委员会条例》、《行政上诉委员会条例》和《申诉专员条例》，从这三部法律所规定的具体内容来看，香港的行政救济制度具有以下三个特点：其一，是一种独立于行政系统之外的外部救济制度，即行政救济的主体来自于行政机关之外，或者是相对独立于行政机关的机构，如行政上诉委员会和申诉专员等。其二，从适用的对象来看，香港行政救济制度适用的对象比较广泛，不仅包括行政机关，也包括具有一定独立性并单独存在的从事某种特定公共事务的机构，如香港地铁公司、香港电台、广九铁路公司等。行政救济的调查范围也不局限于公职人员的具体行政行为，而是囊括所有与公众利益相关的事项，例如公共设施的修建、公众福利的落实等等。其三，从裁定的标准来看，极其重视程序性规定，《调查委员会条例》、《行政上诉委员会条例》和《申诉专员条例》实际上都是一些程序性规定。受英国普通法重视程序传统的影响，香港行政救济法的一个重要指导思想就是保障程序，它们认为只要程序得到遵守、与程序相关的权利得

---

① 蓝天主编：《"一国两制"法律问题研究（香港卷）》，538 页，北京，法律出版社，1997。

到保障，就可以有效保障行政救济法律的贯彻实施。

（4）司法审查

在香港没有"行政诉讼"的概念，与行政管理活动相关的诉讼统称为"司法审查"。香港司法审查制度的特点是只审查作出行政决定的过程是否合法，而不审查决定本身是否正确。普通法中的"越权原则"是香港司法审查的基本法律依据，在实际操作中，"越权原则"不仅决定了司法审查的受案范围，而且是司法审查的法律标准。

首先，行政主体是否越权是决定法院受理与否的标准，由于没有其他具体的法律规定，司法审查的受案范围相当宽泛。从行政立法的角度看，香港法院对行政机关的附属立法有审查权，如果法院认为行政机关制定的法律违反条例，可以宣布其无效。这一点与内地法域行政诉讼制度有很大差别，根据内地法域行政诉讼法的规定，法院对于它认为违反上位阶法律的行政规章，只能不予适用，而无权宣布其无效；从具体行政行为的角度看，除了国防、外交等国家行为之外，几乎没有什么限制，只要公民认为某一行政行为越权，而该公民本人对于该越权行为具有足够的利益，法院就应当予以受理。

其次，行政主体是否越权是司法审查的判决标准。在普通法中，越权是一个很大的概念范畴，没有一部成文法对什么是越权作出完整的规定。根据英国法院的判例，越权主要表现为以下三种情况：第一种情况是违反自然公正原则，如果法院或行政主体所作出的对于当事人有重要影响的决定违反了自然公正原则，就会被判定无效或予以撤销。所谓自然公正原则，即法院或行政主体在行使职权对当事人作出一个不利的结果时，必须遵循公正的程序。具体来说，自然公正原则包括两个要求：一是任何人或团体在行使权力可能使别人受到不利影响时，必须听取对方意见，每一个人都有为自己辩护和防卫的权利；二是任何人或团体不能作为自己案件的法官。第二种情况是程序越权，即法院或行政机关违反实体法所规定的程序。第三种情况是实质越权，即法院或行政机关超越法律规定的权力范围所为的行为，其中包括超越管辖权、不履行法定义务、滥用权力以及适用法律错误等。

5. 家事法

家事法是香港法中保留中国传统法律和习惯最多的一个法律部门。香港早期在家事法律的适用方面具有强烈的属人主义特征，在香港的英国人依照英国的法律和惯例，而中国居民则适用清朝的法律和广东沿海的风俗习惯。直至 1948 年 10 月，港督任命了一个法律委员会，研究自 1843 年起在香港所实施的中国法律和惯例的可行程度以及可否以立法或其他方式将其纳入香港法制之中。该委员会于 1953 年提交了一份报告，史称"斯特兰报告"（Strickland Report），该报告指出，中国居民在婚姻家庭方面长期处于封建旧法和礼俗的重压之下，妇女在家庭中的地位与男子绝对不平等，男子可以任意纳妾，并有"七出"之权等，这些都是与现代社会不相适应的畸形状况。"斯特兰报告"提出了提高妇女地位的改革方案，但是由于种种原因，这个方案直到 1970 年才开始付诸实施。

1970 年 3 月和 10 月，香港先后通过了《遗嘱条例》和《无遗嘱者遗产条例》，废除了兼祧继承和子嗣继承等陋习，实行男女平等的继承制度；1971 年通过了《婚姻改革条例》，正式废除了旧式婚姻中的纳妾、休妻、兼祧等习俗，建立了统一的新婚姻家庭制度。

（1）婚姻

1971 年 10 月 7 日以前，在香港结婚者，其婚姻只要符合以下三种形式之一，就可以获得法律的承认：第一种形式是允许男方纳妾及一夫多妻的中国传统婚姻，第二种形式是自由恋爱而结合的文明婚姻，第三种形式是按照《婚姻条例》规定的注册婚姻。自 1971 年 10 月 7 日起，废除中国传统婚姻，任何人不得纳妾，同时也不承认所谓文明婚姻，统一适用注册婚姻，实行一夫一妻制。

下列婚姻属于无效婚姻：1）婚姻双方为禁婚亲属。2）结婚年龄未满 16 岁。3）结婚手续不符合法律规定。4）结婚时任何一方已受合法婚姻约束。5）结婚双方非一男一女。无效婚姻自然解除，双方无须办理任何解除婚姻的手续。但是，双方之间仍有供养责任，同时也有供养子女的责任。

下列婚姻属于可推翻婚姻。1）婚姻任何一方不能进行正常性行为。2）婚姻一方拒绝正常的性行为。3）婚姻一方因受压迫、误解、精神不健全或其他类似情况影响而结婚。4）婚姻一方是精神病人。5）婚姻一方在结婚时患有传染性性病。6）女方在结婚时已经怀有另一男子的骨肉。可推翻婚姻自法院最后颁令之日起失效，该日以前所产生的一切婚姻后果，应视为有效。

离婚的唯一理由是婚姻破裂至无可挽回。法院认定婚姻破裂至无可挽回的具体法律情形包括：1）与讼人通奸，诉愿人在知道对方与人通奸后 6 个月内提出无法再忍受和与讼人共同生活。2）与讼人行为表现致令诉愿人不能在合理情况下与其继续共同生活。3）与讼人连续遗弃诉愿人至少两年。4）婚姻双方连续分居至少两年，而与讼人同意离婚。5）婚姻双方连续分居最少 5 年。6）一方被宣告死亡。

（2）父母子女关系

依照香港判例，法定自主年龄是 21 岁，但未满 21 岁的人结婚之后，法律一般视其为已经独立。如果是女性，一旦成婚，父母的供养责任转移到丈夫身上；如果是男性，则仍然可以依赖父母供养，甚至包括他的妻子和子女，但法庭不会判令父母负担其生活，除非其为残疾人。

子女分"婚生子女"、"私生子女"、"家庭子女"和"收养子女"。婚生子女为合法夫妻所生子女，对于婚生子女，父母有当然的管教和抚养责任；凡非婚生子女均为私生子女，根据惯例，私生子女的母亲有当然的管教和抚养责任，并可请求法院颁令私生子女的父亲负赡养责任；家庭子女包括婚生子女、私生子女、夫妇共同子女、夫妇一方前配偶所生子女、收养的子女等。根据香港法例，不论子女是何人骨肉，不问其何来，只需合法夫妻将该子女视为家庭成员一分子，如后夫妻有婚姻争诉，双方对该子女均有父母的责任；收养子女一律以合法子女看待，当收养手续完成之后，生父母或原监护人的权利与义务即撤销。

（3）继承

基于对私有财产的承认，香港法律中规定了继承制度，但是同时又对遗产科以重税，使遗产可以部分收归政府用作公用事业，以利于社会稳定和经济繁荣。

遗产继承首先遵循遗嘱。遗嘱应当符合下列条件：1）立遗嘱人必须已经成年。2）立遗嘱人必须头脑健全，清楚自己的财产及负债，记忆力和理解力无重大缺陷。3）立遗嘱人必须明了遗嘱内容并同意遗嘱所载。4）立遗嘱人没有受到威迫压力或欺骗。5）遗嘱必须按法律格式签署。6）见证人或其配偶不能继承遗嘱中写明给他的赠与，而债权人不因见证遗嘱而丧失其在遗嘱书内应得之债务抵押品。7）遗嘱在下列情况下失效：立遗嘱书人日后结婚；立遗嘱书人日后另立遗嘱；立遗嘱书人书面取消遗嘱；立遗嘱书人自己或请人代撕毁该嘱书。

在死者没有遗嘱的情况下，其动产按永久居留地的法律分配，而不动产则按物业所在地的法律继承。按照香港《无遗嘱遗产条例》的规定，继承人的范围包括：1) 有效婚姻中的丈夫或妻子的配偶。2) 子女，含婚生子女、非婚生子女、养子女、继子女。其中婚生子女与非婚生子女的继承权利有所区别，非婚生子女只有在其生母没有婚生子女的情况下有权继承遗产，但无权继承其生父的财产。继子女的继承权也有所区别，如男性再婚，他与前妻所生子女有权继承其父及继母的财产；而女性再婚，她与前夫所生子女无权继承继父的财产。3) 父母，包括生父母（不含非婚生子女的生父）和养父母。4) 兄弟姐妹和其他亲属。

办理遗产手续大致可以分为四个阶段：清点和登记遗产；缴纳遗产税；申请法院验证有关文件；遗产分割。

（4）其他家事法

在香港的家事法律中，除婚姻、家庭和继承等基本法律之外，还有许多其他方面的规定，如出生注册、更改姓名、补办婚姻注册、公共援助、家事授权等，可谓事无巨细，面面俱到。由此亦可见其法制健全的一面。

6. 税法

香港税法与香港其他部门法在法律渊源上有比较大的差别，其他部门法均采用比较典型的判例法形式，直接适用英国普通法和衡平法。然而在税收立法中，香港更多的是以本地制定法为法律渊源。目前香港所适用的最重要的税务法例是 1947 年颁布的《香港税务条例》，这是一部关于香港所得税的法律，其体系和内容基本上参照英国"成套税法"的模式。该条例的颁布，标志着香港税收立法基本趋于完善，形成了单一税种和综合性税种相结合，以直接税为主、间接税为辅的税收体系。在香港现行税法体系中，直接税包括薪俸税、利得税、物业税、利息税和遗产税，间接税包括货物税、娱乐税、差饷税、商业登记税、机场旅客离境税、海底隧道税、专利和特许权税、印花税、博彩税、汽车首次登记税等。

（1）所得税

在香港，所得税只是一个法理上的概念，包括利得税、物业税、利息税和薪俸税。利得税是对在香港从事任何行业、专业或商业的人，包括公司、合伙商号、信托人或团体，其行业、专业或商业赚取或获得的利润征收的税，征收利得税的一个基本标准是该利润来源于或推定来源于香港。物业税是对坐落在香港的土地所有者或楼宇的业主征收的税，如果该物业属于业主自住，则此项税收可以免交；商业楼宇由于已经扣缴了利得税，故不再扣缴物业税。薪俸税是对受雇于香港或是在香港提供服务所获得的入息征收的税。所谓"入息"，包括薪金、工资、酬金、花红、退休金或终止服务的奖赏或报酬、假期薪酬、其他津贴及长俸等。利息税是对在香港产生或获得的利息征收的税，1984 年香港修订税法，规定所有行业的利息收入均须缴纳利息税。免于缴纳利息税的款项包括：政府付的利息、经注册的银行付的利息、公用事业依《政府宪报》制定的税率所付的利息以及任何已付或应付的储税券的利息等。

（2）其他税种

在香港，除了所得税之外，其他税种均由单行税例规定，主要有：遗产税，是以财产所有人死后遗留的财产为课税对象，向财产继承人课征的一种财产税；差饷税，是一种向拥有土地及楼宇等不动产者课征的间接税，最初用以支付警察、街灯及消防等开支，现用于维持社会治安及市政服务的费用；印花税，是对因商事、产权等行为所书立或使用的凭证征收的税；货物税，是对部分香港进口的货物和本地生产的产品征收的税，征税对象主要包括酒类、烟草、某些碳氢油及饮料水等；娱乐税，是对电影、赛马场等娱乐场所所发售的入场券的收入征收的税；博彩税，是对合法彩池的投注和彩票收入所征收的税；酒店房租税，是对酒店、宾馆及招待所按住客所付房租征收的税；汽车首次登记税，是对行驶在香港的车辆、电单车、三轮车、客货两用车在第一次登记时按照其价值的一定比例所征收的税；商业登记税，是对凡在香港经营的商业按年征收的登记税；机场离境税，是旅客乘飞机离开香港时所交的税。

六、英国法律文化在香港司法制度中的体现

英国的司法制度是一套建立在历史自然演变基础之上的、以法院为中心的体系和规则。概括起来，英国的司法制度具有以下几个特征：

其一，强调司法独立，法官的作用突出。英国法院审理案件，一般都采用独任法官审判制，法官具有较大的自由裁量权，普通法和衡平法的形成与发展主要是通过法官的司法实践实现的。为了保证司法独立，英国实行法官终身任职制和高薪制等制度，因而使法官具有很高的社会地位。

其二，司法体系中法院的地位特别重要。英国不具有像大陆法系国家那样一套由法院、检察院和司法部共同构成的比较完整的司法系统。在英国没有司法部，虽然有检察机关，但其法律地位和法律职责均不能与大陆法系国家的检察机关相提并论。英国直到 1985 年才建立起独立的检察机构，统一负责刑事案件的起诉，在此之前，检察机构的权限很窄，刑事案件的起诉主要由警察和当事人承担。

其三，律师制度发达。与大陆法系的纠问式审判方式不同，英国实行对抗制审判方式，庭审活动要求法官、律师，原、被告双方当事人，证人和陪审团共同在法庭上集中进行。这种审判方式更多地依赖双方当事人尤其是他们的律师在法庭上的表现，对于律师的要求比较高，因而促成了英国司法制度中的律师制度非常发达。

其四，实行陪审制。陪审团参加审判是普通法制度的一个重要特征。这项制度最早起源于土地纠纷案件和人口普查案件中的"知情人宣誓制度"。经过长期发展演变，现代陪审团制度已经成为民主与法治的象征，它代表独立、公正和社会民意。陪审团从社会各阶层中随机挑选，确保其能够真正代表民众的意见，反映社会的价值观念和道德准则。陪审团在评议过程中不受外界（包括法官）的干扰和介入，其裁决完全是陪审员通过自己的思考和相互之间的讨论作出的，他们没有义务对其裁决作出解释，没有人可以对其裁决的理由提出质疑，由此保证了陪审团可以在毫无外界压力的情况下作出公正、正确的裁决。

上述四个特征基本反映出英国司法制度的风貌，同时也成为香港司法制度建设的准则。香港的司法制度，从法院建设和法官制度，到审判制度、检控制度以及律师制度，无一不

受到英国法的深刻影响。

（一）法院及其管辖的案件

香港在法院建制方面沿袭英国传统，没有一部统一的关于法院组织、职权的法律，而是分别就每一种法院制定一部法律，如《最高法院条例》、《地方法院条例》、《裁判司条例》、《土地审裁处条例》等。法院的称谓也不统一，有的称为法院（courts），有的称为审裁处（tribunals），最高法院有时又称为按察司署，裁判法院又称为裁判司署。概括起来，香港的法院可以分为 5 级，按照其权力由大至小的顺序为：最高法院上诉法庭，最高法院原诉法庭，地方法院，裁判司署，审裁处（包括劳资审裁处、土地审裁处、小额钱债审裁处、人民入境审裁处等等）。香港法院的终审权在英国枢密院司法委员会。

1. 终审法院

1997 年香港回归中国之前，其司法终审权一直在英国枢密院司法委员会，该委员会是英国负责审理来自海外英联邦国家及英国属土的上诉案件的机构。作为终审法院，英国枢密院的判决对于香港的所有法院都具有拘束力。根据 1909 年《规定对香港最高法院上诉的枢密院令》，凡是认为香港法院适用法律不当或诉讼标的在 30 万元以上的争议案件，均可以向枢密院司法委员会提起上诉，但是在实践中，案件在提交枢密院之前，需要经过批准。对于民事案件的上诉，可以经香港上诉法院批准或由枢密院自行批准；对于刑事案件的上诉，只能由枢密院司法委员会批准。一般地说，枢密院不会轻易批准上诉，除非认为该案存在实质性的误判，而且通常只是限于判处死刑的案件。[①]

2. 最高法院

香港最高法院是根据 1844 年 10 月《最高法院条例》建立起来的，内设上诉法庭和原诉法庭。

上诉法庭是香港最高审判机关，由首席按察司（Chief Justice）和 9 名上诉按察司（Justice Appeal）组成。根据《最高法院条例》，上诉庭审理上诉案件，应当有不少于 3 人之单数法官出席审判活动，多数票之判决为上诉庭之判决。上诉庭的管辖范围包括：来自原诉法庭和地方法院的所有民事和刑事上诉案件，以及来自土地审裁处的上诉案件；对其他级别较低的法院提交的法律问题作出裁定；对律政司申请的有关法院作出的法律援用、司法越权和量刑不当的案件进行复审。上诉案件的程序和期限因原诉法院不同而异，上诉人如果不服上诉庭的判决，可以继续向英国枢密院司法委员会上诉。

原诉法庭内设有民事法庭和刑事法庭，由 25 名法官组成，刑事审判需要有陪审团出席，陪审团成员通常为 7 人，经大法官颁令可以组成 9 人的陪审团。原诉法庭的管辖权包括：民事案件方面，涉案金额在 12 万港元以上的索赔案件，有关破产、公司清盘、领养、遗嘱认证、离婚、海事、精神错乱等案件，来自于劳资审裁处以及小额钱债审裁处、淫秽物品审裁处的上诉案件；刑事案件方面，受理任何公诉案件以及裁判司署上诉的刑事案件。

3. 地方法院

香港地方法院是根据 1953 年《地方法院条例》建立起来的，按照香港的三个行政区划

---

① 参见［新西］瓦莱里·安·彭林顿：《香港的法律》，69 页，上海，上海翻译出版公司，1985。

分别设立三个地方法院，目的是减轻最高法院的工作负担。地方法院审理案件实行一名法官独任审判制，不设陪审团。地方法院管辖的案件包括：民事方面，涉案金额在12万港元以下的索赔案件及年租或应科差饷租值在10万港元以下的土地诉讼，有关离婚、领养等家事事项的案件，有关遗产管理、信托、抵押等民事案件，有关印花税的上诉案件；刑事方面，地方法院可以审理较为严重的刑事案件，但不包括谋杀、误杀和强奸等极为严重的罪行，地方法院可以判处的最高刑罚为监禁7年。

4. 裁判司署

香港的裁判司署是按照英国治安法院的模式建立的基层审判机构，相当于初级刑事法院。香港共有8所裁判司署，每年负责审理全港大约95％的刑事案件。[①] 裁判官是受薪的公务员，由港督从文职人员、私人开业者或英联邦其他管辖区中选拔任命，一般应当具有律师执业经历。裁判司署审理案件由一名裁判官独任审判，不设陪审团。对新任职的裁判官可以设审裁顾问陪同听审，审裁顾问的职责是协助裁判官了解当地社会传统和民情，他们无权直接参与案件的裁决。

裁判司署审理的案件主要包括两类：按照简易程序处理的轻微刑事案件和初审可检控的较严重和严重的刑事案件。按照简易程序处理的轻微刑事案件是指可判监禁刑期不超过两年（数罪并罚不超过3年）、罚金不超过10万元的案件；初审可检控的较严重和严重的刑事案件是指按照香港的法律规定，所有可控罪行最初均应向裁判司署提出，由裁判司初审后，根据案件的具体情况分别移送至地方法院或最高法院原诉法庭，或者径行判决。

在香港，港督还可以任命特委裁判官。特委裁判官由具备律师资格或丰富法律工作经验的人士出任，专门处理小贩摆摊或轻微的交通违章案件等，特委裁判官的处罚权力以监禁6个月和罚金1000元为限。

香港还设有类似于英国验尸法庭的死因裁判司，负责调查在香港境内发生的非自然死亡案件，包括无医生证实纯属于自然死亡的死亡、值得怀疑的意外死亡、服刑犯和在押嫌疑人的死亡等。死因裁判官由港督委任具有律师或大律师资历的裁判官担任，对于在正式看管期间发生的死亡，规定要有3人陪审团一起进行调查，其他案件可以由死因裁判官单独开庭，也可以与3人陪审团共同开庭。死因裁判官应当将调查结果向律政司报告，由律政司决定证据是否足以支持刑事起诉。死因裁判官认为无须调查的案件，也应当向律政司提供书面报告，律政司有权要求其继续调查。

有关14岁以下儿童和14岁至16岁青少年犯罪的案件，由少年法庭负责审理。香港的少年法庭与英国治安法院内设的少年法院相似，专门负责审理16岁以下青少年所犯的除凶杀案以外的犯罪案件。根据《少年犯条例》，少年法庭不实行公开审理，不允许公众旁听，严格禁止公布少年犯的姓名或者各种有可能得以识别其人的事项。16岁以下的少年被捕后，如果不能立即提交审判，必须予以具结释放（被指控有杀人罪或其他严重罪行者不在此限），需要拘留的少年犯应当与成年犯分开关押。少年法庭在作出判决之前，必须听取其学校或工作单位的汇报。

---

① 参见［英］彭林顿：《香港法制·宪政·司法》，79页，香港，商务印书馆（香港）有限公司，1992。

5. 审裁处

香港的审裁处是一种准司法性质的裁判机构，负责审理轻微民事案件以及不服行政决定而提起上诉的案件。现有的审裁处大多成立于 20 世纪七八十年代，目的是减轻法院负担。审裁处的基本建制以英国的行政裁判庭为模式，审理案件程序简易，无须律师参加，诉讼费用低廉，有些案件则干脆不收费。在结案方式上，一般是尽量促成双方和解。对于审裁处的裁决不服，可以上诉至有关法院。

（1）土地审裁处。成立于 1974 年，主要有以下 4 项司法职能：其一，当政府或其他机构强制收地时，或某些土地因公务或私人发展导致价值减损时，裁定政府或有关机构、个人给予受损害人一定的赔偿额；其二，裁定有关大厦管理的争议；其三，裁定不服差饷物业估价署署长的决定而提起的上诉，以及不服房屋署署长就物业的现行市价所作评估而提起的上诉；其四，裁定所有涉及《业主与租客条例》的案件。

（2）劳资审裁处。成立于 1973 年，主要负责解决雇员与雇主之间的纠纷，包括因一方违反雇佣合同而提出的申诉案件，以及追讨欠薪、法定假日薪酬、年假薪酬、疾病薪酬、产假薪酬、花红、双薪、遣散费、长期服务金等。

（3）小额钱债审裁处。成立于 1976 年，主要审理涉案金额不超过 5 万元的小额钱债索赔。诉讼双方一般应当亲自出庭，不得委托律师代表出庭。

（4）淫秽物品审裁处。成立于 1987 年，负责裁定由法庭或裁判官转交的物品是否属于淫秽或不雅物品，以及裁定公开展示的物品是否不雅。此外，该处还负责香港本地和进口的杂志、漫画以及音像制品的评定，将评定物品分为三类：第一类为既非淫秽亦非不雅，第二类为不雅，第三类为淫秽。

（5）行政上诉委员会。成立于 1994 年，负责处理针对某些行政决定而提起的上诉案件，委员会成员包括具有法律专业知识和对各方面行政工作具有丰富经验的人士，委员会可以确认、更改或推翻决策者原来的决定，或作出委员会认为合适的其他决定或命令。行政上诉委员会的聆讯是公开进行的，同时准许律师代理出庭。委员会的裁决必须以书面形式作出并说明理由。

（二）检控制度

香港没有专门负责检控的机关，刑事案件的检控工作由律政司兼理。香港律政司是布政司下属的一个重要的行政部门，其主要职责是充当港督和各个政府部门的法律顾问。除了负责草拟法案、法律改革、法律咨询等项事宜之外，律政司还承担香港刑事案件的检控工作，以及所有由政府提出或由他人控告政府的民事案件。律政司下设刑事检控科、民事检控科、法律草拟科、法律政策科、国际法律科和行政科 6 个部门。其中刑事检控科负责全港的刑事案件起诉工作，刑事案件是否提起诉讼以及向哪一级法院起诉，都由刑事检控科决定。贪污案由廉政公署负责起诉，但是律政司需要向其提供法律方面的意见。依法应当由裁判司审理、最高刑罚不超过监禁 3 年的案件，可以由律政司授权警署警官担任主控，但是该名警官要在律政司接受相应的培训。

（三）律师制度

司法审判中实行对抗制诉讼模式，客观上促使香港律师业十分发达。与司法制度中的其他成分一样，香港的律师制度也是以英国律师制度为模式发展起来的。

英国 1837 年改革之后，职业律师行业正式确立了事务律师（solicitor）和辩护律师（barrister）制度，辩护律师的工作是法庭辩护，事务律师只在简单的案件中出庭辩护，而把复杂案件的辩护工作交给辩护律师去做。二者在实践中的关系是，当事人是事务律师的客户，事务律师是辩护律师的客户，辩护律师一般不会越过事务律师直接与当事人接触，他们是事务律师请来帮助完成整个诉讼中法庭辩护这一环节的。辩护律师的主要工作场所是在法院，他们不能像事务律师一样同时处理多个案件，因此，辩护律师的收费要比事务律师昂贵。需要指出的是，这种差别完全是由于历史传统所造成的职业分工不同，并不意味着水平和能力的高低。

（四）法律援助制度

法律援助制度是香港一项富有地方特色的司法制度。要发展香港的法治，建立一个名副其实的法治社会，必须确保法律面前人人平等，包括确保每一个人都平等地获得法律的帮助。为此，香港政府多年来一直致力于推行全面的法律援助制度，尽可能多地为那些需要维护自身合法权益，而又无力负担昂贵费用的人们提供各种法律援助。这项工作取得了令人瞩目的成就。香港的法律援助主要来自三个方面：一是由法律援助署提供的法律援助，二是由律师公会和大律师公会通过"当值律师计划"提供的法律援助，三是民间提供的法律援助。法律援助署和"当值律师计划"的费用由政府支付，民间法律援助的费用则由民间筹措。

1. 法律援助署

法律援助署的服务由政府拨款提供，为符合条件的人士提供代理律师，进行民事和刑事诉讼，以确保他们不会因为没有经济能力而无法提起诉讼或进行抗辩。受助人可以全部免交或部分免交律师费，法院所需的诉讼费可以由法律援助署长代支，事后根据成功追讨的赔偿款额决定是否需要偿付。法律援助的申请由法律援助署律师负责审查并决定是否给予援助，如果决定给予援助，就由署长指派署内律师或私人执业律师以及相关大律师负责具体承办。

民事诉讼法律援助的范围包括：大部分在地区法院、最高法院原诉法庭和上诉法庭以及终审法院——伦敦枢密院的民事案件，某些在土地审裁处审理的租务案件，在死因裁判法庭研讯的案件以及认定精神健康的案件。当事人获得民事法律援助必要经过"经济审查"和"案情审查"两个环节。"经济审查"中，当事人要能够证明自己符合提供法律援助的经济条件，如收入在法定数额之下等，在 1998 年，这个法定数额是申请人的财物资源不超过 169 700 元。有关《人权法案》的诉讼和有关认定精神健康的诉讼，免除申请人的财物资源资格上限。在"案情审查"中，当事人要证明所提起的民事诉讼具有合理的依据以及合理的胜诉机会，或至少证明自己能够从所提供的援助中获得一些具体利益。对于援助署拒绝提供援助的决定，当事人如果不服，可以向最高法院提起上诉。

刑事诉讼法律援助的范围包括各类在地区法院、最高法院原诉法庭和上诉法庭以及终审法院——伦敦枢密院审理的刑事案件，以及不服裁判官判决而上诉的案件。获得刑事诉讼法律援助的当事人也要通过与民事诉讼一样的"经济审查"，审查标准基本相同。同样，经济审查不是绝对的，有些案件即使申请人不符合法定的收入条件，也可以以维护公益的名义为其提供援助。在案情方面，初审一般不要求当事人具有充足的证据和胜诉机会，凡是案件涉及谋杀、叛逆或使用暴力的海盗行为的指控，一律可以得到援助。但是上诉时要求有充分证据才可以获得法律援助。与民事案件不同的是，刑事诉讼的法律援助请求被拒绝时，法律上没有规定可以提起上诉，但是拒绝在终审法院的上诉中提供法律援助的情况除外。

自 1984 年起，香港政府又推出了一项法律援助扶助计划，该项计划实施的对象是那些需要采取法律行动，但自身经济条件超出法律援助限额标准，同时又对私人执业律师的收费感到难以负担的"夹心阶层"人士。法律援助扶助计划的适用范围包括人身伤亡案件和医疗、牙科以及法律专业疏忽而提出的索赔案件，对申请人经济收入的限制略低于一般法律援助。这是一项自负盈亏的基金项目，基金来自于受助人从其财物资源和所收回的赔偿金中拨付的分担费用。按照这项计划，受助人如果获得胜诉，就要将所讨回的赔款扣除一部分交付给该基金使用，扣除的数目为所需要支付的诉讼费和由基金代支的各种款项的全部，另加所获得赔偿的 12%，如果案件在大律师出庭之前获得了和解，则为所获得赔偿的 6%。

2. 当值律师服务

当值律师服务成立于 1978 年 11 月，当时称为律师会法律辅导计划，1993 年 8 月，香港政府专门就这项服务成立了一个担保有限公司，并将服务的名称改为当值律师服务，由政府出资资助，本港法律专业人士独立管理，香港大律师公会和律师会各指派 4 名会员，另外还有 3 名业外人士共同组成当值律师服务执委会。该服务包括三项计划：当值律师计划、免费法律咨询和电话法律咨询。

当值律师计划适用于所有裁判法院、少年法庭和死囚裁判庭的全部刑事案件，该计划在每所法院都设有法庭联络处，符合条件的被告由法庭联络主任安排当值律师提供服务。被告人获得此项服务同样要经过经济审查和案情审查，获得援助的被告人只需交纳 300 元手续费，若确有困难，也可以免交。此外，面临引渡的被告人、被进行单向式指认的嫌疑人以及向市政府服务上诉委员会提起上诉的小贩也在该项服务范围之列。当值律师计划的援助试行全部免费，在任何情况下，受助人都不必向代理出庭的律师或大律师给付酬金。

免费法律咨询计划是当值律师服务的一部分，根据这项计划，市民可以在民政事务总署下辖的民政事务处法律咨询中心获得义务律师免费提供的法律意见。法律咨询服务分别在设于沙田、中西区、荃湾等地方的九个晚间咨询中心进行，一般每个中心每周开放一晚，市民要获得免费咨询之前，需要通过民政事务处等中介机构预约。

电话法律咨询计划是利用电话录音为市民提供法律资料。该计划的系统已经于 1991 年全部电脑化，可以提供 24 小时自动查询服务。电话录音有粤语、英语和普通话，录音资料包括婚姻、楼宇租务、刑事、金融、雇佣、环境法和行政法等方面的法律问题。有关内容均定期更新，如果市民所需要的内容在该系统中查寻不到，还可以请求加制录音带和提供有关资料。

（五）陪审团制度

陪审团制度是普通法的一个创举，近现代以来被包括大陆法系在内的世界许多国家所吸收和采纳，成为民主法治的一项标志。香港自 1843 年移植英国的陪审团制度以来，经过一个半世纪的司法实践，在陪审员资格、陪审团人数以及陪审团裁决的作出等方面均有所发展。现在，陪审团制度在香港已经深入人心，颇得民众信任，成为司法体系中一个不可或缺的重要组成部分。

1. 陪审员资格

根据香港《陪审团条例》的规定，陪审员的基本条件有两个：一是年龄条件，陪审员必须是年龄在 21 岁至 65 岁之间的公民；二是语言条件，即担任陪审员的人必须通晓英文，陪审员所具有的英语知识必须达到足以明白证人的证供、律师的陈词及法官的总结。陪审员的英语水平需要以一定的英语考试合格证书为证明。有必要讨论的是，各国司法实践中一般都要求陪审员应当是本国公民或在本国居住满一定期限的人。从理论上说，要求陪审员为本国公民具有十分重要的意义，因为陪审制度必须要求公民在参与本国司法制度的运作时充分体现出认真负责的精神。但是在香港的陪审员资格中却没有国籍方面的要求，也没有居住时间长短的要求。这种规定除了不利于保持陪审团的责任心之外，还有一个实际困难，就是外籍人士在香港工作，多数为短期停留，没有相对的稳定性，因而难以维持陪审员名单的准确性。

陪审员名单由香港"人民入境事务处"负责提供，该机构内设有"陪审团办公室"，负责从申请领取身份证或旅游证件的个人中选出符合陪审员资格的人，并将这些信息发送给最高法院司法常务官，由司法常务官通知相关人士。收到通知的人如果认为自己不符合陪审员的要求和条件或者具有免除陪审员义务的法定条件，需在 14 天内提出异议。如果在规定的时间内没有提出异议，他们的名字就被编入陪审员名单。司法常务官每隔一年的 10 月 1 日之前都要在报刊上公布陪审员名单，并给予相关人员 14 天时间对该名单提出异议。该份名单必须在次年 2 月 1 日之前最后确定下来。

根据《陪审团条例》的规定，任何符合上述条件的香港居民都有担任陪审员的义务，如果没有适当理由而拒绝参加陪审工作，将会被以"蔑视法庭罪"判处罚金。但是，下列人员因其所居职位或职业特点，可以免除陪审义务，其中包括行政局和立法局议员、高级公务人员如大法官等，以及律师、牙医、各大报刊的编辑及职员，还有大专院校或其他教育机构的全日制学生。免除他们的陪审义务的主要目的在于避免对他们的工作和学习造成不利影响，从而影响到公众利益。

2. 陪审团组成人数

1845 年的《陪审员及陪审团管理条例》第 1 条规定，最高法院的审判程序中对民事或刑事案件的事实认定都应由 6 人组成的陪审团作出。此后该条例经过多次修订，1864 年陪审团的人数由 6 人提高到 7 人，这个规定一直延续到 1986 年。1986 年以后的《陪审团条例》规定在所有民事及刑事审讯中，陪审团由 7 人组成，如有需要，法庭可以要求陪审团由 9 人组成。另外，香港的陪审制度中没有采纳候补陪审员的做法，但是某一陪审员在审判当中因逝世或被解职而造成陪审团成员减少时，法律仍然承认该陪审团是合法、有效的陪审团，但是陪审团成员不得减至 5 人以下。

3. 当事人对陪审团组成人员的异议

根据香港法律，起诉方和被告方都有权利反对任何一个候选陪审员成为陪审团成员，此外，从 1971 年开始，被告被赋予了绝对要求回避的权利，即他无须提供任何理由就可以排除某一候选陪审员成为陪审团成员。根据《陪审团条例》第 29 条，被告可以最多行使 5 次绝对要求回避的权利，即他可以反对 5 名候选陪审员入座而无须提供任何理由。起诉方则没有这方面的权利。

4. 陪审团裁决

与英国法律中陪审团必须达成完全一致的裁决的要求不同，香港的法院采用多数裁决规则。民事审判的裁决采纳多数裁决的规则，即使陪审团人数减少了，仍按照多数裁决的规则进行。刑事审判中，除了死刑案件要求一致裁决以外，其他案件也实行多数裁决规则，但是刑事案件所要求的多数与民事案件有所不同：如果是 7 人陪审团，则要求至少 5 人作出多数裁决；如果是 9 人陪审团，则要求至少是 7 人作出的多数裁决。如果 7 人陪审团因故减至 6 人，则 5 人作出的多数裁决方可成为陪审团裁决。如果 9 人陪审团因故减至 8 人，则不少于 7 人作出的多数裁决为陪审团裁决，如果人数减至 6 人或 7 人，则不少于 5 人作出的裁决为陪审团裁决。当 7 人陪审团和 9 人陪审团的人数都减至 5 人时，法律要求陪审团的裁决必须是全体一致作出的。需要指出的是，英国本土的陪审制度自 1967 年起也开始适用多数裁决规则。

第三节
英国法律对香港的持续影响

香港在"一国两制"的原则下回归祖国，是人类历史上的一个伟大创举，"一国两制"下的香港法制则是世界法制史上的前所未有。一方面，香港法制的存在与发展，为我们提供了一个西方现代法制文明与中国传统文化共存互融的典范，证明中西法律文化之间可以实现求同存异下的有机结合，不同社会制度下的法律也可以实现相互借鉴下的取长补短；另一方面，香港现行法制的成功运行，还为我们提供了大量可资借鉴的现实的制度与规则，正确认识和借鉴香港的法律制度，将会有助于推动中国内地法域法制的改革与发展。

一、香港法律本土化的历程与特点

当前中国学者们主张的"法律本土化"术语在其应用层面上有两种截然不同的含义：第一种是将理论研究的目光投射到市场经济和民间社会的实践中间，主张到中华民族的实际生活中去寻找社会和法律的关联性，侧重于研究制度的历史传承，强调对法律规范作用的实用化理解和对本土法律资源的重视，反对简单地照搬西方法治的经验。这种观点又称为"学者的法律本土化"。第二种是站在维护国家主权的基础上，主张由本国政府及其制定法体现出的法律的国家化，其实质乃是以国家或国家成文法为中心，由政府推进的法制建设模式，因此也可称为"国家主义的法律本土化"①。本文所探讨的香港法律本土化问题是就第二个层面而言的，但是香港在中英两国之间所处的特殊地位，使得香港的法律本土化问题又不完全等同于国家主义的法律本土化。具体来说，香港的法律本土化是指由香港人（包括在香港居住、生活的香港华人和英人）自主制定和执行香港的法律。

香港法律本土化历程是一个由众多历史事件所组成的纷纭复杂的渐进过程，从整体来看，可以以中国政府宣布收回香港主权为界限划分为两个阶段：中国政府宣布收回香港主权之前，虽然英国人也采取了一些有益于香港法律本土化的措施，但其基本态度是保守的、被动的，所采取的措施也不具有实质性意义；中国政府宣布收回香港主权之后，英国人立即一反以往的保守做法，对香港政制和法治进行了大刀阔斧的改革，使香港法律本土化进程迅速向前推进，但是英国人此举的用意并不在于香港法律本土化本身，而是为了尽快培育亲英势力，促使香港自治化，以便在1997年回归之后削弱中国政府对香港的管理，继续保持英国对香港的影响力。以下就上述两个阶段分别加以介绍和分析：

（一）自1841年英国占领香港至1979年中国政府明确表示将收回香港主权的一百多年间，香港法律本土化是一个缓慢、被动的进程

1841年英国占领香港之后，在香港建立了总督高度集权的殖民统治。根据《英皇制诰》和《皇室训令》的规定，香港只是英国的海外属地，是英国主权下的地方行政区域，因此，英国对香港在政治上掌握着绝对权力，港督由英皇任命，是香港的最高统治者，掌管香港的军政大权，负责管理香港的立法、行政、司法、军事等一切重要事项。港督下设议政局（后改称行政局）和定例局（后改称立法局），负责讨论和制定香港本地立法，并协助总督工作。从最初的政权建构来看，议政局与定例局实际上是一个班子、两块招牌，两局议员定额只有3人，由总督提名，英皇任命；港督是两局会议的主席，两局会议的召开以及讨论事项，均由港督决定，港督还有权否决全体议员的意见。从法律的制定来看，虽然两局在名义上有权制定与香港有关的法律，但是两局立法不得违背《英皇制诰》和《皇室训令》所设定的基本原则，两局制定法律不能违反英国殖民地部的训令和要求，英皇对两局制定的法律有否决权；此外，英国国会以及英皇会同枢密院可以为香港立法。从最初香港所适用的法律看，事关香港的基本政治制度、政权管理以及外交、移民等重大事项的法律，大多数都出自于英国国会以及英皇。

这种高度集权的政治体制，不仅完全剥夺了占香港人口95％以上的华人的参政权利，也引起了在香港经商和居住的英籍人士的不满，因此，自英国在香港建立殖民统治之初，香港就开始了本地居民要求参与政权管理和法律自主的斗争。随着香港英国商人实力的日益增长，以及香港华人势力的崛起，英国殖民者不得不逐渐作出一些政治上的让步。香港法律本土化进程就是在这样一种斗争与妥协的反复较量中缓慢展开的，其中比较重要的历史事件如下：

1.1845英国商人上书英国殖民地部，要求成立自治市政府和设立非官守议员，打破了英皇直接从英国本土委任香港官员的政治局面。

---

① 冯玉军：《法律全球化与本土化之争及其超越》，载《云南大学学报》（法学版），2003（1）。

1844 年 5 月，戴维斯（中文名德庇时）接替璞鼎查成为第二任香港总督，为解决香港地方财政收入问题，戴维思开征土地税、牌照税、专利税，实行人口登记收费，以及鸦片专卖制度等。他的这些措施引起香港英国商人的不满，他们联名上书英国殖民地大臣进行抗议，并要求成立自治市政府，同时对于立法局没有设立非官守议员（即无政府公职的社会各界代表人物担任的议员）表示极为不满，戴维斯被迫辞职。继任港督文翰为改善与英商的关系，向英国政府建议，任命两名香港本地居民参加立法局和行政局。英国政府部分采纳了文翰的建议，在立法局增设了两名商界代表，香港怡和公司的大卫·渣甸和极加公司的约瑟夫·F·埃德格被委任为立法局的非官守议员。① 自此，立法局打破了由官守议员垄断的局面。

1894 年，3 位立法局非官守议员怀德海、遮打、何琦联名上书请愿，要求立法局议员席位中应当以非官守议员占多数、在行政局设立非官守议员，同时还要求设立民选议员。当时在请愿书上签名响应的共有 363 人，大都是交纳差饷最多的英国商人。他们认为两局为官守议员所控制，在财政支出及纳税政策等方面不能反映出纳税人的意见，因此提出上述要求。请愿书的大部分内容都被英国政府驳回，作为妥协方案，英国政府同意在行政局设立两名非官守议员，由港督从资深的立法局非官守议员中委任。1896 年，怡和洋行总经理贝尔·埃文和房地产商遮打成为行政局非官守议员。自此，行政局也打破了由官守议员垄断的局面。②

2. 1880 年，华人伍廷芳被委任为立法局首位华人议员，改变了立法局长期被英国人垄断的局面，成为香港法律本土化进程中一个里程碑性的历史事件。

1877 年，轩尼诗就任香港总督。当时的香港已经经过了三十多年资本主义自由贸易的发展历程，占香港人口 95% 以上的华人，以其自身特有的勤劳、智慧，在商界获得较大发展，华人的经济实力开始强大起来，成为香港税收的一个重要来源。新任港督轩尼诗审时度势，在正视华人所取得的经济地位的同时，采取了比较明智的种族政策，开始向华人开放一些政府官职，其中最大的一项举措就是任命华人律师伍廷芳出任立法局非官守议员。1880 年立法局议员吉布请假回英国养病，轩尼诗利用这个机会，在征得英国国务大臣同意之后，宣布伍廷芳暂行代理吉布为立法局议员，后来由于吉布不再返回香港，伍廷芳被正式任命担任立法局议员，任期 3 年。伍廷芳成为香港历史上第一位华人议员，这一事件是香港华人参政的一个重要历史开端。③ 虽然后来伍廷芳因不满立法局中英国议员的专横跋扈而愤然辞职，但是，此事在华人社会中所激发出来的参政意识已经成为一个令英国人必须面对的现实问题。为避免得罪占香港人口绝大多数的华人，轩尼诗的继任者宝云在伍廷芳去职之后，坚持要在立法局中保持一个华人议员的席位。1884 年 2 月 28 日，黄胜成为新一届立法局中的华人代表，从此，华人在立法局中拥有了一个永久席位。④

3. 香港警察的建立，为香港华人进入政府部门工作提供了重要机会。

现代警察制度是英国人的一项创举。随着社会的发展和进步，警察在社会中的地位与

① See G. B. Endacott, *Government and People in Hong Kong*，1841—1962：*a Constitutional History Hong Kong*，Hong Kong University Press，1964，pp. 39 - 60.
② 参见林友兰：《香港史话》，3 版增订本，108～109 页，香港，上海印书局，1983。
③ 参见刘蜀永：《香港历史杂谈》，164～165 页，郑州，河南人民出版社，1987。
④ 参见巴图：《别了，港督》，97～98 页，北京，时事出版社，1996。

职能越来越凸显，成为现代社会国家行政管理和司法活动中不可或缺的重要组成部分。英国人在占领香港之初，即组建了香港警队。与英国本土的现代警察制度有所不同的是，香港警队在建立之初即实行高度军事化的训练和指挥方式，在警察装备方面，香港警队也实行高度军事化，警察执勤不仅佩带警棍、军刀、手枪、步枪，甚至还装备有机枪和火炮。①显然，这些特点与维护海外殖民统治的利益有重要关系，因此，香港警察从其建立之初，就不可避免地带有殖民主义的烙印。

就英国人最初的设想来看，他们并不打算让华人进入警察这样一种事关统治安危的重要政府部门，因此，1842 年警队初建时的 35 名警员均为欧籍和印度籍人士。但是，英国人很快发现他们最初的设想是行不通的。由于当时的警察大多数是从英印士兵和离职水手中招募来的，这些人不懂中文，也不懂广东话，在维护社会治安方面根本起不到多大的作用。更令人担忧的是，其中不少欧籍警员，原本就是浪迹海上的劣迹昭彰之徒，这些人穿上警服后，仍然本性难移，不仅无助于维护社会治安，反而给当地居民增添了很多麻烦。由于这批人的存在，整个警察部门贪污肆虐、贿赂公行。鉴于此，第二任港督戴维斯一上任，便开始重新组建警察队伍，招募了更多的印度人和中国人来充实香港原有警力，并成立了一支水上警队，负责在港区进行巡逻。经过整顿，香港的警察增至一百九十余人，其中有 70 人是欧洲人，其余皆是中国人和印度人。②香港警察的建立，客观上为华人进入政府行政管理领域提供了有利条件。如果说伍廷芳进入香港立法局仅仅是个别华人精英获得了参政的权利，那么香港警察的建立，则为更多华人提供了进入政府部门工作的机会。虽然华人警察在警队中晋升的机会很少，但他们已经进入了这个领域的事实本身是不可忽略的。至 1936 年，香港警队出现了第一批华籍副督察共 10 人③，到 1982 年，香港警队中担任督察职位的华人已达 1 291 人，占全部督察级职位的 66%。但是更高级别的职位，包括警务处长、副处长、高级助理处长、助理处长、高级警司以及警司等，仍然主要由英国人把持，华人在这部分职位中的比例仅占 21%。④

4. 公务员大规模本地化，为香港法律本土化培育了人力资源。

如果说招募华人警察是英国殖民者不得已而为之的选择，那么香港公务员大规模本地化则是英国殖民者在世界各地"非殖民化浪潮"的压力下，审时度势所作出的一个明智之举。二战之后，世界各地民族主义运动高涨，殖民地人民纷纷宣布独立，迫使宗主国交出殖民地主权，由殖民地人民自己管理自己国家的事务。面对着这一历史发展的大趋势，英国政府为笼络人心，提出了香港公务员本地化的政策，并采取了一些配套措施，如承认在香港本地获得的学历与海外学历具有同等价值，为本地公务员提供海外培训的机会，尽可能优先录用本地申请者，海外人员只有在特殊情况下方可担任常额职位和占有长俸编制等。⑤在上述政策和措施的影响下，香港公务员本地化初见成效，据 1952—1981 年期间的

① 参见赵炜、马亚雄主编：《现代香港警察》，3 页，北京，群众出版社，1997。
② 参见巴图：《别了，港督》，25 页，北京，时事出版社，1996。
③ 参见赵炜、马亚雄主编：《现代香港警察》，3 页，北京，群众出版社，1997。
④ 参见广角镜出版社编：《香港未来与繁荣问题》，122 页，香港，广角镜出版社，1983。
⑤ 参见〔英〕伊恩·斯科特、约翰·P·伯恩斯主编，陆仁译：《香港公务员——人事政策与实践》，62 页，上海，上海翻译出版公司，1990。

统计，公务员当中的外籍人士比例，从 4.44％下降到 2.15％，本地公务员由 95.56％上升到 97.85％。①

5. 香港法学教育的开展，为香港法律本土化培养了专业人才。

虽然在香港警察和公务员队伍中，华人的比例已经占到了压倒性多数，但是在真正从事司法审判的人员中，华人的比例仍然不占多数。"至 1987 年，香港司法人员的 80％以上、律政司署人员的 60％以上均为海外雇员（主要来自英国、澳大利亚和新西兰）。在香港大学，1986—1987 年度四十名法学教师中，只有两名是出生在香港。"② 这种状况表明，长期以来，在香港从事研究法律、教授法律、管理法律和维持法律的人，大多数对香港并没有长期的义务。显然，这种现象与英国殖民者长期以来的种族歧视和法律垄断有直接关系。

香港的法律职业教育起步于 20 世纪 60 年代末期。1969 年 6 月，由香港高等法院和香港大学组成的一个联合工作小组开始正式研究在香港开展法律教育，并提出了开设法学学士学位课程的建议。同年香港大学社会科学院正式设立法律系，开设专业法律课程，这便是香港大学法律学院的前身。当时香港法律界和政府达成的共识是，基本上根据英国法学教育的模式构建香港的法学教育。1972 年香港大学的第一批法律专业学生毕业。按照英国模式，学生取得法学学士学位后，如果要获取律师执业资格，还必须进修 1 年的法学专业证书课程。学生完成法学学士和法学专业证书课程后，还要经过实习才能取得执业的资格。经过三十多年的努力，目前香港的执业律师中有相当比例是香港大学法律学院的毕业生；另外在公务员、立法会和法学教育界中，也不乏香港大学法律学院的校友。香港法学教育的发展，为其法律本土化创造了人才条件。

综上所述，在中国政府宣布收回香港领土主权之前，虽然英国殖民者也为香港法律的本土化做过一些有益的事情，但大部分都是出于不得已而为之，或者说，英国人主观上并没有追求香港法律本土化的愿望，他们真正的愿望仍然是一个受英国政府高度控制的完全西方化的香港，这一点从 1849 年香港英商设立市议会的要求遭到拒绝、1855 年立法局设立民选议员的请求不被批准③、1894 年香港地方自治的请愿被驳回④等历史事件中均可见一斑，直到二战之后的杨慕琦市议会计划流产⑤，英国政府对于香港政治改革始终持保守态度，尽一切可能拖延香港地方自治与政治民主的进程，其目的归根结底还是不愿意放弃英

---

① 参见各年度《公职和铨叙报告》及布政司署铨叙科资料。转引自刘曼容：《港英政府政治制度论》，337 页，北京，社会科学文献出版社，2001。

② 彼得·威斯莱·史密斯著，马清文译：《香港法律制度》，120 页，香港，三联书店（香港）有限公司，1990。

③ 1855 年，港督宝宁提出立法局设立 2 名由民选产生的议员，被英国殖民地部否决。See G. B. Endacott, *Government and People in Hong Kong*，1841—1962，Hong Kong，Hong Kong University Press，1964，p. 249.

④ 1894 年香港英商再次因为征税问题与港英政府发生矛盾而上书英国殖民地部，请求实行香港地方自治，被驳回。See G. B. Endacott, *Government and People in Hong Kong*，1841—1962，Hong Kong，Hong Kong University Press，1964，p. 249.

⑤ 二战之后，英国恢复对香港的殖民统治，时任香港总督的杨慕琦为使香港居民在管理自身事务方面分担更多的责任，提出了一个改革方案，史称"杨慕琦计划"。该计划的核心内容就是建立香港市议会，取代原来的市政局；在市议会中华人和非华人议员各占一半，其中三分之二以上的议员由直接选举产生。对于"杨慕琦计划"，英国政府在几经周折之后，最终以香港"目前不宜有较深远的政治改革"为由拒绝批准。参见李宏：《香港大事记》，102 页，北京，人民日报出版社，1988。

国对香港的绝对控制权，因为香港与其他殖民地的地位不同："香港的建立，是为英国提供在远东的军事基地、外交及贸易站……为了保证香港能为英帝国在这三方面所需，英国政府必须拥有对香港的绝对统治权。"①

（二）中国政府收回香港主权的客观现实，促使香港法律本土化运动全面展开，并取得了实质性进展

香港法律本土化的大规模展开肇始于中国政府宣布收回香港领土主权。1979 年港督麦理浩访问北京，确知中国政府将于 1997 年恢复对香港行使主权之后，英国政府便一改对于香港政治改革的保守态度，开始大刀阔斧地在香港推行政治民主化。用当时英国首相撒切尔夫人的话来说："我们必须要发展香港的民主架构，使它能够在短期内完成独立或自治。"② 英国人的用意是不言而喻的，那就是希望在回归之前，将香港变成一个独立或半独立的政治实体，给中国造成一种既成事实，最终达到撤退时"还政于港"而非"还政于中"的目的，以对抗中国政府对香港行使主权。在推动香港政治民主的名义下，英国为提升香港的地方自治能力主要采取了以下四个方面的措施：

1. 选举地方区议会。1980 年 6 月 6 日，港府公布了《地方行政绿皮书》，将港九和新界划分为若干个区，每区设立一个地区管理委员会和一个区议会。区议会的议员由政府委任和市民选举两部分组成。凡在香港居住 7 年以上、年满 21 岁的市民均有选举权。经过征求意见之后，1981 年 1 月公布《香港地方行政白皮书》，随后公布《区议会条例》。第一届区议会选举在 1982 年举行。

2. 加快推行代议制。1984 年 7 月 18 日，港英当局发表《代议政制在香港的进一步发展》绿皮书，指出要在香港"逐步建立一个政制，使其权力稳固地立根于香港，有充分权威代表香港人的意见，同时更能直接向港人负责"③。为达到上述目的，绿皮书提出立法局 1985 年通过间接选举产生 12 名民选议员，1988 年增加为 24 名，1991 年可以考虑进一步增加。1984 年 11 月 21 日，港英政府正式发表《代议制白皮书》，确认了绿皮书所提出的政治改革目标和具体措施，并决定将原绿皮书中建议的 1988 年通过间接选举产生 24 名议员提前到 1985 年实行。1985 年 9 月 26 日，香港立法局首次通过间接选举产生出 24 名议员，占议员总数（56 名）的 42%。

3. 大幅度修改法律，扩大香港立法局的权力。1985 年 4 月，英国国会通过《英皇制诰（1985 年修正案）》和《皇室训令（1985 年附加训令）》，授权港英当局制定有关立法局选举的法例及监察选举的权力，同时授予港督随时解散立法局及撤销立法局官守议员和委任议员职务的权力。1985 年 5 月，又通过了《立法局（权力及特权）条例》，赋予立法局特权，包括：立法局议员在会议上享有言论自由和辩论自由，在立法局外不受质询，并免受刑事、民事起诉；立法局拥有传讯权力，可传召任何人出席回答问题并要求他提供文件、资料

---

① 吴伦霓霞：《第二次世界大战前的香港政治》，载郑宇硕编：《香港政制及政治》，4 页，香港，天地图书有限公司，1987。

② ［英］玛格丽特·撒切尔：《撒切尔夫人回忆录》，333 页，呼和浩特，远方出版社，1997。

③ 国务院港澳事务办公室香港社会文化司编著：《香港问题读本》，174 页，北京，中共中央党校出版社，1997。

（防务、军事机密除外）；立法局按照该条例规定合法地行使的各项职权，不受任何法院的管辖；立法局有权制定其他补充《英皇制诰》和《皇室训令》的法律。除了基本法律之外，港、英政府还同时对香港的一般性法律进行了大面积修改。据统计，从 1985 年至 1996 年，港英政府单方面新制定的条例有 184 项，对原有法律的修正案 845 项，新制定的附属立法 298 项，修改的附属立法一千多项。这些法律中有相当一部分是对政制和法治的改革，其用意均在于提升香港的自治能力，扶植亲英势力，使英国在 1997 年香港回归之后能够继续保持对香港的影响力。

4. 提升中文的地位，推行法律语言双语化。虽然香港在 1974 年《法定语文条例》中就明确规定英文和中文都是香港的法定语文，但这个规定一直只适用于政府与市民的一般接触和沟通，而没有适用于立法和司法程序，长期以来，香港的成文法只有英文版本才具有法律效力，司法中也几乎没有以中文审理案件的实例。这种状况一直持续到《中英联合声明》签订。1987 年，香港政府修改 1974 年《法定语文条例》，规定 1989 年以后制定的新法律必须以双语制定；与此同时，律政署着手对 1989 年以前通过的法律进行翻译，这些翻译文本在经过"双语法例咨询委员会"审议并由港督会同行政局颁令在《宪报》刊登之后，即具有与英文文本同等的法律效力。

相对于立法而言，司法领域中推行双语的难度较大，一方面，香港司法界的组成人员大部分为外籍人士，使用中文审案需要庞大的翻译服务，而实际上真正能够胜任的双语人才并不十分充足；另一方面，香港隶属于英国普通法系，判例在司法审判中具有极其重要的地位，在香港法院引用的判例中，除了源自香港法院自身的以外，还有来自英国以及其他普通法系国家的，这些判例均以英文写成，要将其全部翻译成中文，难度可想而知。因此，有学者指出："没有足够的双语法律人才和足够资源的配合，双语法律制度便无从谈起。"[1]

由上述可见，在 1979 年至 1997 年的短短十几年时间里，港英政府就相继完成了下起地方区议会建立、上至立法局民选议员选举的整个政治体制改革，并同时完成了上千部法律的制定与修改工作。"这种急进性、主动性和实质性政制改革的表现，与在此之前一个多世纪漫长岁月中那种渐进性、被动性和回应性的政制改革态度，实有天壤之别，但是殊途同归，目的只有一个，就是在变化了的形势下继续维持英国对香港的殖民统治，以及在撤退后延续英国殖民统治的影响。"[2] 对于港英当局这些醉翁之意不在酒的做法，中国政府采取了冷静而坚决的态度，采纳了其中一些在事实上有益于祖国统一和香港回归的变化（如法律语言的变化），而对其中与《中英联合声明》基本原则相违背的做法，则断然拒绝接受，并通过制定《香港特别行政区基本法》否认了这些所谓"改革"的合法性。

二、回归后英国法律文化对香港持续影响的具体体现

香港回归祖国之后，仍然保留原有的英国普通法法制传统。自 1997 年 7 月 1 日至今十几年的法律实践表明，香港法制在保留其固有法律特征的基础上实现了良好的运作。香港

---

① 陈弘毅：《香港法概论》，32 页，香港，三联书店（香港）有限公司，2000。
② 刘曼容：《港英政府政治制度论》，368 页，北京，社会科学文献出版社，2001。

法制之所以能够在回归之后仍然保持旺盛的生命力，其根本原因在于《香港特别行政区基本法》对原有香港法制传统的认可和保障。

1984 年 12 月 19 日，中英两国政府在北京签署了《中英联合声明》。《中英联合声明》在规定中国政府于 1997 年 7 月 1 日恢复对香港行使主权的同时，还规定了中国对香港的基本方针、政策，即设立香港特别行政区，直辖于中央人民政府，除外交和国防事务由中央人民政府管辖之外，香港享有高度的自治权，包括行政管理权、立法权、独立的司法权和终审权；香港现行的法律基本不变；香港特别行政区由当地人组成，行政长官在当地通过选举或协商产生，由中央人民政府任命；香港的现行社会、经济制度不变，生活方式不变，依法保障香港居民的人身、言论、出版、集会、结社、旅行、迁徙、通信、罢工、选择职业和学术研究以及宗教信仰等各项权利和自由；私人财产、企业所有权、合法继承权以及外来投资均受法律保护；香港特别行政区将保持自由港和独立关税地区、国际金融中心和财政独立的地位；中央人民政府不向香港特别行政区征税；英国和其他国家在香港的经济利益将得到照顾。对于上述内容，《中英联合声明》规定，中华人民共和国全国人民代表大会将以《中华人民共和国香港特别行政区基本法》的形式予以规定，并保持 50 年不变。

有必要指出的是，《中英联合声明》中制定基本法的意见是中国政府在中英谈判期间主动提出的。当时考虑到有些香港市民对前途不放心，担心中央政府对香港的政策发生改变，决定制定一部法律，把中央对香港的各项方针政策以法律的形式固定下来。中国 1982 年宪法第 31 条规定："国家在必要时得设立特别行政区。在特别行政区内实行的制度按照具体情况由全国人民代表大会以法律规定。"这部规定特别行政区政治制度的法律应当具有宪法地位，但是由于香港不是一个国家，不能叫作宪法，参考世界上其他一些国家的做法，最后确定叫基本法。事实证明，《香港特别行政区基本法》的制定不仅为筹建香港特别行政区提供了法律依据，保证了政权交接的平稳运行，而且为香港回归后的长期稳定与繁荣提供了有力的法律保障。

1989 年 2 月 21 日，中华人民共和国第七届全国人民代表大会常务委员会第六次会议通过并公布了《中华人民共和国香港特别行政区基本法（草案）》，在香港和全国其他地区广泛征求意见，之后由基本法委员会作进一步修改，于 1990 年 4 月 4 日提请第七届全国人民代表大会第三次会议审议并通过，决定于 1997 年 7 月 1 日起正式实施。《香港特别行政区基本法》以中国《宪法》为基本依据，全面实践了中国政府在《中英联合声明》中对于香港未来政治、经济、社会制度的各项承诺，确立了"香港高度自治"、"港人治港"、"保持原有的资本主义制度和生活方式"、"保留原有法律制度"等各项基本原则。就香港原有法律制度来看，在《香港特别行政区基本法》起草过程中，中国政府充分肯定了香港原有法律制度在香港历史上所起过的积极作用以及香港市民对原有法律制度的适应性，认为在香港特别行政区保留原有法律制度基本不变有利于香港的稳定和持续发展，因此，《香港特别行政区基本法》第 81 条第 2 款规定："原在香港实行的司法体制，除因设立香港特别行政区终审法院而产生的变化以外，予以保留。"也就是说，香港回归以后，不仅保留原来司法制度的基本内容，而且将自主行使司法终审权。概括而言，《香港特别行政区基本法》对于香港原有法律制度的保留主要体现在以下几个方面：

（一）法院和法官

《香港特别行政区基本法》第 80 条规定："香港特别行政区各级法院是香港特别行政区的司法机关，行使香港特别行政区的审判权。"第 81 条第 1 款规定，"香港特别行政区设立终审法院、高等法院、区域法院、裁判署法庭和其他专门法庭。高等法院设上诉法庭和原诉法庭"。从基本法所规定的法院机构设置与原来香港地区旧有法院机构设置的关系来看，除设立终审法院之外，基本保留了香港原有的司法体制，仅对某些称谓作了改动。对于各级法院的组织和职责，《香港特别行政区基本法》未作详细规定，仅规定各级法院的组织和职责由香港特别行政区自行制定法律予以规定。对于香港特别行政区的法官以及司法人员的任用条件和任免程序，《香港特别行政区基本法》规定香港特别行政区成立以前在香港任职的法官和司法人员均可以留用，其年资予以保留；香港特别行政区的法官也可以从其他普通法适用地区聘用。参照过去的做法，《香港特别行政区基本法》规定法官的任命程序为：香港特别行政区法院的法官，根据当地法官和法律界及其他方面知名人士组成的独立委员会推荐，由行政长官任命。为了保障法官地位的稳固性，《香港特别行政区基本法》对于法官的免职规定了严格的实质性限制，即只有在法官无力履行职责或行为不检的情况下，才可将之免职。对于终审法院和高等法院的首席法官，《香港特别行政区基本法》规定应当由在外国无居留权的香港特别行政区永久性居民中的中国公民担任。对法官以外的其他司法人员，保留适用原有的任免制度。

（二）法院适用的法律

《香港特别行政区基本法》第 84 条规定："香港特别行政区法院依照本法第十八条所规定的适用于香港特别行政区的法律审判案件，其他普通法适用地区的司法判例可作参考。"结合《香港特别行政区基本法》第 18 条的规定，香港特别行政区法院在审判中应当依照的法律包括：

1. 《香港特别行政区基本法》。《香港特别行政区基本法》是香港特别行政区一切法律的基础，各级法院审判案件时首先要以基本法为依据。

2. 根据《香港特别行政区基本法》予以保留的原有法律。《香港特别行政区基本法》第 160 条规定："香港特别行政区成立时，香港原有法律除由全国人民代表大会常务委员会宣布为同本法抵触外，采用为香港特别行政区法律，如以后发现有的法律同本法抵触，可依照本法规定的程序修改或停止生效。"根据这一规定，1997 年 2 月 23 日，第八届全国人大常委会第二十四次会议通过了《关于根据〈中华人民共和国香港特别行政区基本法〉第一百六十条规定处理香港原有法律的决定》。从该决定的内容来看，在香港原有的六百多项条例和一千多项附属立法中，决定不采用的整部条例和附属立法只有 14 项，不采用部分条款的条例和附属立法只有 10 项，两类合计共 24 项，占原有条例及附属立法总数的 1.3%。从内容上看，不予采用的条例和附属立法主要有 4 类：第一类是体现英国对香港殖民统治的法律，第二类是体现港英当局三级架构选举的法律，第三类是体现殖民统治的某些表述或词句如"皇家"、"总督"等，第四类是有关《人权法案》的某些条款与基本法相抵触的。①

---

① 参见徐静琳：《演进中的香港法》，222～224 页，上海，上海大学出版社，2002。

3. 香港特别行政区立法机关制定的法律。《香港特别行政区基本法》第 66 条规定："香港特别行政区立法会是香港特别行政区的立法机关。"需要指出的是，香港特别行政区立法会不同于原来的香港立法局。根据《英皇制诰》的规定，原香港立法局是协助港督制定法律的咨询机关，立法局通过的立法议案，必须得到港督批准后才能成为法律，港督有权否决立法局通过的议案并解散立法局。而对香港特别行政区立法会通过的法律，行政长官没有绝对的否决权，如果行政长官对立法会通过的法案不予签署，立法会对行政长官发回重审的法案再次以全体议员的 2/3 多数票通过之后，行政长官必须签署。行政长官如按法律规定的条件不予签署并解散立法会，而新选举产生的立法会又以全体议员 2/3 多数通过原议案，行政长官仍然拒绝签署，就必须辞职。根据《香港特别行政区基本法》第 73 条的规定，香港特别行政区立法会负责制定、废止和修改法律，凡属于香港特别行政区自治范围内的事务，立法会都可以立法；对于涉及外交、国防等属于中央政府负责事项的法律，特别行政区立法会无权制定，而必须适用全国性的法律。立法会制定的法律，必须报全国人大常委会备案，但备案不影响法律的生效。

4. 香港特别行政区适用的全国性法律。在香港实施的全国性法律主要是涉及体现国家主权的法律，如《中华人民共和国国旗法》、《中华人民共和国领事特权与豁免权条例》、《中华人民共和国领海及毗连区法》等，以及专门规定香港特别行政区驻军事项的法律，如《中华人民共和国香港特别行政区驻军法》等。根据 1990 年《香港特别行政区基本法》附件三的列举，当时适用于香港的全国性法律一共有 6 项，随着社会政治、经济情况的发展变化，此后还可能有新的全国性法律适用于香港，但是从整体数量上看，这部分法律的数量是很有限的，不会改变"一国两制"和"高度自治"的基本特点。

5. 其他地区的普通法判例。香港特别行政区法院要继续依照保留的普通法和衡平法审判案件，因此，英国普通法和衡平法中的判例及其他普通法适用地区所形成的判例，对于香港法院审判案件仍然具有一定的参考价值。对此，《香港特别行政区基本法》规定，其他普通法适用地区的司法判例可以作为香港审判案件的参考，但是"参考"不同于"依照"，因此这些司法判例和上述法律有本质区别。首先，这些判例的内容不能与《香港特别行政区基本法》相违背；其次，在不违背《香港特别行政区基本法》的前提下，法官对于这些判例有选择适用权，也就是说，法官可以根据案件情况以及个人的判断，自由选择是否适用该判例。这是一个需要引起注意的现象，因为它与普通法严格遵循先例的原则发生了出入，是将其理解为对普通法的发展，还是将其理解为普通法在其他地区适用的一个特例？另外，在"参考"的过程中出现了哪些问题？笔者认为这些都值得予以深入关注和进一步研究。

（三）司法程序

为保证香港特别行政区司法独立以及司法程序的公正、有效，《香港特别行政区基本法》第 85 条对特别行政区法院的审判工作作出规定："香港特别行政区法院独立进行审判，不受任何干涉，司法人员履行审判职责的行为不受法律追究。"同时，《香港特别行政区基本法》还规定，原来香港所实行的陪审制度保持不变。这些规定，不仅为司法审判的公正性提供了有力保障，同时也是对于香港原有普通法法律制度的一种重要认可。从广义上说，司法制度不仅指审判制度，还包括检察制度、律师制度、当事人权利与义务等，对此，《香港特别行政区基本法》都作出了十分明确的规定。

1. 关于检察制度。香港原来不设专门的检察机构，检控职能由律政司、警务处和廉政公署三家分别行使。《香港特别行政区基本法》基本保留了香港这种旧有的检控机制，规定香港特别行政区设律政司，其组织机构和职能与港英时期的律政司署基本相同；原来的警察总署更名为警务处，职能不变，负责日常警务活动以及刑事犯罪案件的调查工作，同时还接受律政司的委托承担部分案件的起诉工作；原来的廉政公署保持不变，仍然是一个独立的反贪机构，并享有对贪污贿赂案件的检控权。

2. 关于律师制度。香港的律师制度完全承袭英国传统（详见本章第二节），对此《香港特别行政区基本法》从原则上予以全面保留。从保留的形式上看，《香港特别行政区基本法》没有对律师制度作出具体规定，而是在第94条中规定："香港特别行政区政府可以参照原在香港实行的办法，作出有关当地和外来的律师在香港特别行政区工作和执业的规定。"

3. 关于当事人权利和义务。普通法特别强调当事人在诉讼中应当享有的各项权利，实行无罪推定原则。《香港特别行政区基本法》保留了普通法的这些原则和制度，于第87条规定："香港特别行政区的刑事诉讼和民事诉讼中保留原在香港适用的原则和当事人享有的权利。""任何人在被合法拘留后，享有尽早接受司法机关公正审判的权利，未经司法机关判罪之前均假定无罪。"

（四）香港特别行政区与内地的司法协助和与外国的司法互助

《香港特别行政区基本法》保留香港原有的普通法传统不变，实际上就意味着承认香港是中华人民共和国主权之下的一个特殊法域，承认内地与香港两个法域的相对独立性。两个不同法域之间互相无隶属关系，在司法行政事务以及管辖方面都是相对独立的，因此在处理相互之间的合作关系时也不能采用内地省与省之间的方式。为解决这个问题，《香港特别行政区基本法》第95条规定："香港特别行政区可以与全国其他地区的司法机关通过协商依法进行司法方面的联系和相互提供协助。"至于香港特别行政区与外国之间的司法协助问题，《香港特别行政区基本法》第96条规定："在中央人民政府协助或授权下，香港特别行政区政府可与外国就司法互助关系作出适当安排。"

三、香港与内地的区际法律冲突

香港长期以来接受英国殖民统治，实行与内地完全不同的英国普通法。根据《中英联合声明》和《香港特别行政区基本法》的规定，1997年中国收回香港主权之后，在香港地区仍然保留适用原来的普通法法制。这就意味着1997年7月1日之后的内地与香港仍然是两个各自独立的法域，彼此之间不可避免地会存在法律冲突问题。随着香港回归祖国，内地与香港之间的交往将会更加频繁，其间必然会结成大量的法律关系并产生很多法律纠纷。因此，如何正确处理这些法律关系，如何解决其中的法律纠纷，就成为一个十分重要的法律问题，不仅具有理论价值，而且具有实际应用价值。

（一）香港与内地区际法律冲突的现实表现

总体上看，香港与内地的法律冲突可以划分为程序法律冲突和实体法律冲突两大类，程序法律冲突主要指管辖权上的冲突，而实体法律冲突则重点体现在民事、婚姻、家庭和继承等司法领域。

1. 管辖权的冲突

无论刑事案件还是民事案件，首先要解决的第一个问题就是管辖权问题，只有确定了管辖权，才能进一步确定法律的适用以及相应的诉讼程序等一系列问题。从另一个方面来看，一个法院如果对于某一案件没有管辖权，即使它作出了实体上正确的判决或裁定，也很难得到当事人以及其他法院的承认和执行，因此，管辖权问题在区际法律冲突中的地位可以说是举足轻重，如果管辖权问题处理得不好，将会给地区之间的法律交往带来难以穷尽的麻烦。以下分别介绍香港与内地在刑事案件和民事案件管辖权方面的冲突。

香港与内地在刑事管辖权方面的冲突，主要有两种表现形式：一是对同一个刑事案件两地司法机关都有管辖权，并且竞相行使管辖权，结果造成了管辖权上的争议。此为管辖权上的积极冲突。二是对于同一个案件，两地司法机关都有管辖权，但是都拒绝行使管辖权，互相推诿。此为管辖权上的消极冲突。从目前情况看，香港与内地刑事案件管辖权冲突的主要原因是内地刑法所适用的管辖权原则比较宽泛。香港普通法对于刑事案件采取严格的属地管辖原则，即香港刑法的效力只及于发生在香港的犯罪行为，一般不及于域外。但是，内地刑法所确立的管辖权原则却比较宽泛，以属地主义为基础，兼采属人主义和保护主义，这样就会造成某些发生在香港的刑事案件最终由内地司法机关管辖的现象，如众所周知的"张子强案"和"李育辉案"。如果双方能够通过协商达成一致，当然没有问题；但是如果协商不成，就会引起司法摩擦，甚至使当事人的利益受损。

香港与内地在民事司法管辖权方面的冲突比刑事司法管辖权更加普遍，也更加复杂。中国民事诉讼法对于涉港、澳、台的案件在司法实践中均参照涉外案件的诉讼程序办理，根据中国民事诉讼法的有关规定，对于涉外案件一般适用"原告就被告"原则，即被告在中华人民共和国领域内有住所的，由被告住所地人民法院管辖，但是，对于居住在香港、澳门和台湾地区的人提起诉讼，对不在中国领域内的人提起诉讼，对下落不明的人提起诉讼，可以由原告住所地的法院管辖。另外，根据《中华人民共和国民事诉讼法》第 244 条的规定，如果是合同案件，尽管被告不在中国境内，但合同签订地或履行地在中国，那么中国法院有管辖权；如果争议的标的物或被告有可供抵押的财产在中国，尽管双方当事人都不在中国，中国法院仍可管辖；如果被告一方在中国境内有代表机构，尽管无住所在中国，中国法院仍可管辖。

香港的法律中没有关于涉外民事管辖的成文法规定，法院在确定管辖权时以"实际控制"为原则，也就是说法院只有在对某一案件具有实际支配力的前提下才能行使涉外民事案件的管辖权。在此基础上，香港法律将案件分为对人诉讼和对物诉讼两大类，分别适用不同的管辖标准。所谓对人诉讼，即原告要求被告作为或不作为以及解决当事人之间权利问题的诉讼，对人诉讼的判决只拘束当事人本身。根据实际控制原则，香港法院在下列情况下对对人诉讼案件行使管辖权：（1）被告身在香港，而法院的起诉文件在香港送达被告；（2）被告自愿接受香港法院的管辖；（3）被告在香港以外的地方，但根据《最高法院规则》之规定，批准将起诉文件于外地送达被告。所谓对物诉讼，即原告请求法院维护其财产权益或利益的诉讼形式。在对物诉讼中，法院的判决不仅约束当事人，而且可以针对有关的第三人。对物诉讼包括三类：（1）决定物质所有权或其他权利的诉讼；（2）海商诉讼；（3）有关身份行为的诉讼。就前两种案件，根据实际控制原则，只要争议的财产、船舶或货物在香港，香港法院就有管辖权；就身份行为诉讼，一般需要当事人的住所地或经常居住地在香港，香港法院才行使管辖权。

从以上关于内地和香港有关民事案件管辖权的规定可以看出，两地之间对于民事案件管辖权的规定，从基本原则到具体要求都十分不同，因此，双方发生民事案件管辖权争议也就在所难免。

　　2. 实体法的冲突

我国国际私法学界有一种观点认为区际法律冲突应该是区际民商法律冲突，其原因在于，在刑法、行政法等公法领域中，世界各国历来都从严格的属地主义原则出发，基本上不承认外国法（或外域法）在本国（或本地区）的域外效力。因此，虽然也有法律冲突问题，但是这种冲突不涉及外国法或外域法的适用，是一种隐性的冲突。而在民商法领域，各国（或各法域）承认外国（或外法域）法律的域外效力，从而导致内外法律适用的法律冲突问题。[①] 尽管对于这种观点本身学界有不同认识，但是大家共同承认的一个事实是，在我国目前香港与内地的区际法律冲突中，大量存在的问题发生在民商法领域之中，主要包括婚姻、收养、继承三个方面。

婚姻制度方面，香港的婚姻制度以 1971 年为分界点，1971 年以前的婚姻法保留很多中国旧式婚姻传统，如允许男子纳妾等，1971 年废除旧婚姻法之后，虽然在男女自愿、一夫一妻等基本原则上与内地一致，但是两地在结婚条件、离婚条件等实质性规定方面仍然有重大差异，如《香港婚姻条例》规定结婚年龄为男女均满 16 岁，而《中华人民共和国婚姻法》则规定结婚年龄男不得早于 22 周岁、女不得早于 20 周岁。

收养制度方面，两地关于收养的一些基本原则是相同的，如收养人必须有稳定的经济收入等，但两地在收养的实质要件和程序要件方面均有重大差异，如香港规定被收养人年龄不得超过 18 周岁，而内地规定为 14 周岁；香港规定收养人年龄在 25 周岁以上，而内地规定收养人年龄在 35 周岁以上。

继承制度方面，两地继承法都规定了法定继承和遗嘱继承两种合法的继承形式，但是在遗嘱的有效要件以及法定继承人的顺序等方面均有差异。对于遗嘱的有效要件，香港法律重点强调形式要件，如遗嘱人必须已经成年、遗嘱人必须在遗嘱末端或尾部签字等；而内地的法律则侧重于遗嘱的实质要件，如遗嘱人须有遗嘱能力、遗嘱需不违反社会公共利益和社会公德等；对于法定继承人，香港将甥、侄、伯、叔、姑、舅、姨等均列入法定继承的范围，并且不规定继承顺序。

（二）解决香港与内地区际法律冲突的基本原则

香港与内地区际法律冲突的解决，是关系到香港回归祖国之后，两地之间能否顺利交往的一个重要问题，从更高层的角度看，还是一个关系到两地之间能否和谐共处并有可能

① 参见韩德培主编：《国际私法新论》，306 页，武汉，武汉大学出版社，2003。

影响到整个国家的和平统一事业的问题，因此，必须予以认真对待。随着社会的发展和立法的不断增多，两地之间的法律冲突也会不断发生新的变化，但是无论具体情况如何变化，以下三个原则都应当是长期适用的：

1. "一国两制"

"一国两制"是以邓小平为首的中国共产党人为和平解决香港问题所作出的伟大创举。"一国两制"的实现，不仅成功解决了香港和澳门的历史遗留问题，顺利实现了香港、澳门回归祖国，而且为世界各国和平解决国家、民族事务提供了一个典范。遵守"一国两制"是中国政府对于香港人民和全世界人民所作出的郑重承诺，是《香港特别行政区基本法》确立香港政治与法制的一项最基本的原则，也是在解决香港与内地区际法律冲突问题时首先必须遵守的一个基本前提。

遵守"一国两制"基本原则，一方面是要在一个中国的前提下解决问题，以促进和维护祖国统一作为解决香港和内地法律冲突的基本目标。首先，要明确内地和香港都是中国领土不可分割的组成部分，虽然内地和香港都有自己独特的法律制度，但是其法律制度中不得存在违反国家统一的规定。其次，要将香港和内地的区际法律冲突问题与国际法律冲突问题区别开来。国际法律冲突是指不同国家之间的法律冲突，区际法律冲突是指一个国家内部具有独特法律制度的不同地区之间的法律冲突。香港与内地的法律冲突在性质上属于区际法律冲突，相应地，解决香港和内地法律冲突的制度和规则应当有别于解决国际法律冲突的制度和规则。再次，解决香港和内地法律冲突的方式、步骤和途径应当有助于国家的统一与内部和谐，应当尽可能加强两地之间的合作与协助。

遵守"一国两制"基本原则，另外一个方面就是要在一个中国的前提下，坚持香港与内地实行两种不同的社会制度与法律制度。在法律领域中，"一国两制"意味着今后香港的法制与内地的法制根本不同，而且这种局面将会长期延续下去，至少50年不会改变。基于这样的现实，在解决香港和内地的法律冲突时，不宜草率、简单地采取统一两地实体法的做法，这种做法将会抹杀两地政治、经济制度的区别，进而使"一国两制"受到危及。较稳妥的做法是利用冲突法来解决问题，即在不消灭法律差别的前提下，在两地之间作出法律适用方面的选择来解决两地法律冲突。此外，"一国两制"还意味着香港和内地的法律冲突是资本主义法律和社会主义法律之间的冲突，在解决两地的法律冲突时，有必要借助公共秩序保留原则，使两地得以维护自己的特殊的合法利益。

2. 平等互利

香港与内地的法律冲突是处于平等地位的地方法律和中央法律之间的冲突。一般而言，在一国内部发生中央法律和地方法律之间的冲突时，中央法律在效力上优于地方法律，但是就香港和内地而言，中央政府制定的法律在效力上并不优先于香港地方政府制定的法律，二者居于平等地位。这种平等性表现在立法和司法两个方面：从立法的角度看，香港特别行政区享有高度独立的立法权，事实上，香港特别行政区的立法以《香港特别行政区基本法》为依据，而我国《宪法》除了关于维护国家主权统一和领土完整等部分条文之外，在香港特别行政区并没有直接适用的法律效力，这就为香港特别行政区的立法留下了极大的自由空间，因而也扩大了香港与内地区际法律冲突的空间；从司法的角度看，香港和内地分别有各自的终审法院，在它们之上没有一个共同的最高司法机关，这种状况一方面加剧了法律冲突的可能性，另一方面也使得中央政府无法通过最高审判机关调整区际法律冲突。

坚持平等互利原则要求两地法律对本地区和对方的当事人应赋予平等的法律地位和权利／义务，并对他们的合法权益予以同等的法律保护。具体来说，首先，两地法院要互不歧视对方的法律，互相承认对方法律的合法有效性，保持两地法律平等共存，互为所用；其次，两地当事人要平等地进行经济、民事交往，两地自然人和法人在法律地位上互相平等、彼此获利，坚持法律的"互利性"。

3. 促进和保障两地正常的民事交往

随着中国恢复对香港行使主权，香港与内地的交往将会更加频繁，更加普遍，交往的领域也将会更加广泛、深入。无疑，这种交往不应当处于混乱无序的状态，而应该处于在法律控制下的正常状态，即两地官方与民间的合法、有序的交往状态。两地交往的合法、有序，不仅有利于双方当事人自身的利益，还将有利于两个地区的公共利益，以及中华民族的整体利益。因此，在解决两地法律冲突时，应当以促进和保障正常交往为目的，不能为了减少冲突而限制交往。

（三）解决香港与内地区际法律冲突的具体途径

一般而言，解决区际法律冲突无外乎制定统一实体法和区际冲突法两种途径。但是就目前我国的实际关系来看，无论采取其中哪一种方式都会存在一定障碍，因此，解决香港与内地的法律冲突问题，应该是一个循序渐进的长期过程。

就制定统一实体法而言，如果制定全国统一的实体法，可以比较彻底地避免和消除区际法律冲突问题，但是这样做违背"一国两制"的基本原则，并且，内地和香港分属于社会主义和资本主义两种不同性质的社会制度，要在这样截然不同的社会制度的基础上建立统一的实体法律制度也是不现实的，故而制定全国统一的实体法来解决两地法律冲突问题，在目前来看不可行；如果仅就部分法律部门制定统一实体法，虽然可以局部地解决一些法律冲突，但是又会产生由于法律在某些问题上的统一而形成的新的法域，从而增加问题的复杂性。况且，两地的司法机关彼此独立，没有一个共同的最高司法机关，因而也不能够通过最高司法机关在审判实践中加以协调和推动。综上，制定统一实体法来解决香港与内地的法律冲突问题，在目前来看是不可行的。

就制定区际冲突法而言，如果由香港和内地分别制定自己的区际冲突法，会产生两地区际冲突法自身之间的冲突，从而增加区际法律冲突的复杂性，显然是不可取的。如果能够制定一部统一的区际冲突法，可以避免两地冲突法本身的冲突，在其他国家也有先例可循，而且，区际冲突法的统一并不涉及各法域之间存在根本分歧的实体法领域，因而比实体法的统一可行。但就香港和内地的实际关系来看，制定统一区际冲突法也不是完全没有障碍。根据《香港特别行政区基本法》的规定，中央立法机关无权制定可以直接适用于香港的区际冲突法，因此，由谁来负责制定这部法律就成为以统一区际冲突法来解决香港与内地法律冲突的关键问题。对此，有学者提出可以由全国人大常委会会同香港特别行政区立法机关，在充分协商和协调的基础上制定出一部两地共同适用的冲突法规范，然后由两地立法机关分别在各自的法律区域内颁布实行；或者由学术研究团体拟定出统一区际冲突法的"示范法",由两地立法机关分别采用。①

在两地之间既没有统一实体法也没有统一冲突法之前,解决法律冲突问题只能采取权宜之计,即分别适用自己的区际冲突法或类推适用国际私法。目前,香港适用普通法中的冲突规范解决国际法律冲突问题,而内地所适用的《民法通则》中也有关于涉外民事关系的法律适用规定,一些单行法律中有关于涉外问题的法律规定,这些规定基本上都适用于与内地与香港、澳门等地的法律关系,可以认为是某种意义上的区际法律冲突规范。但是,这只是一种阶段性的措施,从国家的长远发展看,制定一部统一的冲突法仍然是不可减省的必要工作。并且,鉴于内地与香港、澳门、台湾"一国两制三法系四法域"的特殊情况,在未来制定统一冲突法时,所需要考虑的问题还应当包括澳门和台湾在内,也就是说,未来的统一冲突法不应该仅仅是香港与内地的统一,而应该是香港、澳门、台湾与内地整个中华民族的统一。

四、香港现行法制的总体特征及其评价

香港回归祖国已经十几年,香港的法制也在"一国两制"原则下走过了十几年历程。回顾这十几年的历史,虽然香港法制中还存在许多问题,有待于我们不断研究和探索,例如香港与内地的区际法律冲突问题、香港法制和内地法制的比较和借鉴问题等,但是从整体上看,香港法制在"一国两制"原则下的运行是成功的,它对于保持香港的持续繁荣与稳定起了重要作用。作为祖国重要而又特殊的一个区域,当代香港法制是中华民族法律文化与外来法律文化共存互融的一个例证,是传统中国法制接受西方现代法律的一个典型,也是我们在构建当代中国和谐社会的法制中一个值得进一步关注和探究的重要学术问题。以下首先对香港现行法制的特点作一整体概述。

(一) 香港现行法制是中华人民共和国主权之下的特殊法律制度

香港自古以来就是中国领土的一部分。1841 年英国通过战争手段强行占领了香港,使香港受英国的殖民统治长达一百五十多年之久。在英国的殖民统治下,香港的法制发生了根本性变化,从传统的中国封建法律制度演变成为现代西方资本主义法律制度,并且成为英国普通法通行的地区。经过不懈的努力,1997 年香港终于回到祖国的怀抱。我国政府为了保持香港的稳定,从香港的历史与现实出发,在《中英联合声明》中承诺香港回归后保持原有的社会制度、法律制度 50 年不变,并且以《香港特别行政区基本法》的形式确认回归后香港将继续实行普通法法制。因此,研究现行香港法律制度,必须要在肯定它是中华人民共和国主权之下的法律制度的前提下,承认它的特殊性,充分认识到这是我们祖国法律文化苑内英美法风格的一片园区,同时要正视被英国人统治了一个半世纪之久的香港在实行资本主义制度的背景下法制的特殊要求,正视普通法传统对它长久而深刻的影响,承认香港法制是一种完全不同于内地法制的特殊法律制度。概括而言,香港法制与内地法制的差异主要体现在以下两个方面:

首先,香港法制的社会基础与内地法制完全不同。"一国两制"是以邓小平同志为代表

① 参见张学仁主编:《香港法概论》,640 页,武汉,武汉大学出版社,2005。

的第二代中国共产党领导人为实现祖国统一大业，根据中国国情所提出的伟大构想，其核心是和平统一、求同存异；其基本内容为：在一个中国的前提下，国家的主体坚持社会主义制度，香港、澳门和台湾作为中华人民共和国不可分割的部分和特别行政区，保持原有的资本主义制度长期不变。值得指出的是，综观当今世界，目前尚只有中国存在"一国两制"的情况，虽然其他国家也有多法域现象，但都是相同社会制度之下的多法域，如英国的英格兰与苏格兰之间、加拿大的魁北克省与其他地区之间，都是以资本主义作为共同的社会制度基础。与之完全不同，香港的法律制度是以资本主义为社会基础，而内地的法制则是以社会主义为社会基础，因此，香港法制与内地法制的区别，首先是两种完全不同的社会制度的区别，包括基本政治制度的区别和社会经济制度的区别。从基本政治制度来看，内地实行全国人民代表大会制，香港特别行政区不实行人民代表大会制，也不采用三权分立制，而是保留特别行政区成立以前的传统，实行以行政为主导的政治体制，三权相互配合多于相互制衡。从社会经济制度来看，内地实行社会主义市场经济制度，其经济制度的基础是生产资料的社会主义公有制，全民所有制经济是国民经济中的主导力量；香港特别行政区则根据《香港特别行政区基本法》第5条的规定，不实行社会主义制度和政策，保持原有的资本主义制度和生活方式，继续自行制定经济政策、财政预算，发行可自由兑换的港币，保持低税制，保持自由经济制度，政府对经济实行"积极不干预政策"。据2000年美国传统基金会的一项调查研究，香港被评为全球经济最自由的地区，也是银行业营业环境最自由的地区之一。至2000年年底，香港有154家挂牌银行、48家有限制牌照银行和61家接受存款公司。此外，有118家来自四十多个国家的外资银行在香港设有代表办事处，这些银行中，约有八十家属于全球最大的100家银行。①

其次，香港法制的法系属性与内地法制完全不同。根据《香港特别行政区基本法》第8条的规定，香港原有法律，即普通法、衡平法、条例、附属立法和习惯法，除同基本法相抵触或经香港特别行政区的立法机关作出修改者外，予以保留。这就是说，回归后的香港原有法律只要符合基本法的精神，或经香港特别行政区立法机关作出修改使其符合基本法的规定，就可以成为香港特别行政区法律的组成部分，也即成为中国法律的组成部分。这也说明，香港原有法律传统已经得到中国政府的承认，其虽然在国统属性上与英国不再相连，但在法系属性上，香港仍然隶属于英美法系，判例法的风格与传统仍然在香港的立法与司法中得以维持和运转，判例法依然是香港法的主要表现形式。而内地的法制无论从历史中巡视，还是驻足现实来评判，均与英美法系的传统特征相去甚远，在法系属性上完全不同。从历史角度来看，我国是世界文明古国，拥有悠久的法律文化传统，中华法系历经两千多年的发展，形成了礼法结合等带有诸多独有特征的法律体系，并对日本、朝鲜、越南等东亚国家产生了重要影响，其风格特点显然与大陆法系和英美法系均不相同。鸦片战争后，我国逐步沦为半殖民地半封建社会，伴随着西学东渐与清末变法修律，传统的中华法系开始解体，我国法制进入了学习西方法的近代时期，但从清末到北洋政府以及南京国民政府相继建立的法律制度来看，应当说，近代中国法律体系的建设基本上借鉴了大陆法

①　参见黎熙元：《"五十年不变"与香港的未来》，载全景财经新闻频道：http：//www.psw.net 2007 - 02 - 12。

系的法典化模式，而英美国家的判例法模式在当时近代中国的影响并不突出。如究其原因，将是学术上一个很有难度的问题。在中华人民共和国成立以后，对于中国法律的法系属性问题，曾有过不同见解，大多数学者认为中国法律属于社会主义法系，也有学者认为属于中华法系。对于这两种观点，沈宗灵先生在其《比较法研究》一书中进行了评析，并提出了将当代中国社会主义法律制度与民法法系、普通法法系以及苏维埃社会主义法律制度相并列的观点。① 总之，无论采取哪一种观点，香港与内地的法律制度都被公认属于不同的法系，由此导致二者的法律在表现形式、立法技术、法律适用等各方面均存在有重大差异。

（二）香港现行法制是与内地法制处于平等地位的法律制度

"一国两制"的前提条件决定了香港法制与内地法制的平等地位。这种平等性首先体现在立法领域，中央制定的法律在效力上并不优先于香港地方政府制定的法律，二者居于平等地位，并且，中央制定的法律不具有直接适用于香港特别行政区的法律效力，《中华人民共和国宪法》除了关于维护国家主权统一和领土完整等部分条文之外，在香港特别行政区也没有直接适用的法律效力。根据 1990 年《香港基本法》附件三的列举，当时适用于香港的全国性法律一共有 6 项，随着社会政治、经济情况的发展变化，此后还可能有新的全国性法律适用于香港，但是从整体数量上看，这部分法律的数量是很有限的，不会改变"一国两制"和"高度自治"的基本特点。与此同时，香港特别行政区以《香港特别行政区基本法》为依据，享有高度独立的立法权，除涉及国防、外交等基本法规定的属于中央政府负责的事项以外，其他一切属于香港特别行政区自治范围以内的事务，都由香港特别行政区立法委员会负责立法，香港立法会制定的法律，需要报全国人大常委会备案，但是备案不影响法律的生效，这就为香港特别行政区的立法留下了极大的自由空间。

除了立法领域之外，香港法制与内地法制的平等性还体现在司法领域中。首先，香港和内地分别拥有自己独立的司法机关和终审法院，在它们之上没有一个共同的最高司法机关；其次，对于法官以及司法人员的任用条件和任免程序，中央政府也赋予香港特别行政区极大的自由度，《香港特别行政区基本法》规定香港特别行政区成立以前在香港任职的法官和司法人员均可以留用，其年资予以保留；香港特别行政区的法官也可以从其他普通法适用地区聘用。参照过去的做法，《香港特别行政区基本法》规定法官的任命程序为，根据当地法官和法律界及其他方面知名人士组成的独立委员会推荐，由行政长官任命，无须报中央政府批准。为了保障法官地位的稳固性，《香港特别行政区基本法》对于法官的免职规定了严格的实质性限制，规定只有在法官无力履行职责或行为不检的情况下，才可将其免职。

此外，香港法律制度与内地的平等性还表现在香港特别行政区可以以"中国香港"的名义单独同世界各国、各地区有关国际组织签订和履行国际条约，中华人民共和国缔结的国际条约，中央人民政府可以根据情况和香港的需要，在征询香港特别行政区政府的意见后，决定是否适用于香港。这也是"一国两制"所产生的一个特殊现象，因为在一般情况下，地方政府无权自行与外国缔结条约，而中央政府所缔结的国际条约，则应该当然地适

---

① 参见沈宗灵：《比较法研究》，45～53 页，北京，北京大学出版社，1998。

用于其全部领土。另外，对于香港法院与内地法院之间的司法协助问题，基本法采取了和内地省与省之间完全不同的处理模式，《香港特别行政区基本法》第 95 条规定："香港特别行政区可以与全国其他地区的司法机关通过协商依法进行司法方面的联系和相互提供协助。"

（三）香港现行法制是特殊历史条件下通过移植外来法律而形成的法律制度

自 1841 年占领香港开始，英国人在香港实行了大规模的"种植式"法律移植，将包括普通法、衡平法和制定法在内的英国法律及其司法运作方式源源不断在香港加以适用。根据 1844 年香港《最高法院条例》的规定，除不适合当地情况和当地居民或已被香港立法机构更改的法律，既有的英国法律将在香港执行。这标志着英国法在香港的全面生效与实行。此后，伴随着英国殖民主义者对香港政治、经济、文化等各方面统治的日益深入，历经 150 年的发展和变迁，香港的法制和法律文化传统不可避免地发生了实质性的改变，完全融入了普通法系的行列，成为带有东方特色的普通法通行的区域。香港的法律从制度到观念原则，从司法机关的组织结构到运作的语言和形式，无不体现出英国法的深刻影响。从制度本身来看，英国法成了香港法律的主干和最重要的法律渊源，包括英国的普通法、衡平法、制定法以及专门为香港制定的《英皇制诰》和《皇室训令》等宪法性文件，即使是香港本地立法机关制定的法律，也在立法程序、法律精神等各方面渗透了英国法的因素；从观念原则来看，香港法律的基本精神来源于英国，经过长期殖民统治的不断灌输，普通法的基本理念已经成为香港法律根深蒂固的精神实质，例如"遵循先例"、"程序先于权利"、"无罪推定"、"法官地位中立"、"司法独立"以及强调个人权利与自由的法律精神等等，在香港人的心目中都已经与法律制度本身融为一体；从司法机关的构成来看，香港司法机关的组织结构几乎完全是英国的翻版，更重要的是，英国枢密院还长期充当着香港的终审法院，其判例对于香港法院具有严格的约束力；从司法活动中使用的语言来看，香港司法审判的法定语言是英语，所有法官审判案件均必须以英语进行，成文法律以及法院判决书等法律文件均以英语形式出现。总之，在经过英国法的全面移植之后，香港的法制已经从内容到形式都具有典型的普通法特色。

1997 年 7 月 1 日中国政府恢复对香港行使主权之后，虽然结束了英国在香港的殖民统治，但是却保留了香港的英式法律制度；此外，香港特别行政区的立法机关、行政机关和司法机关，虽然有了新的称谓，但是原有的工作人员和工作程序也都基本保留。因此，香港在英国统治之下所建立起来的法律秩序事实上并未发生重大改变。

（四）香港现行法制是蕴涵中国传统法律文化以及风俗习惯的法律制度

在我们承认香港曾被英国殖民统治、被全面移植英国法律这一历史事实的同时，还必须予以充分注意的一个问题是香港法制中对中国传统法律文化和风俗习惯的保留，也就是说，香港法制中蕴涵中国传统法律文化的因素。香港毕竟是一块华人人口占 98％的炎黄土地，传统中国文化和中国古老的法律制度随着父辈子孙之间世代口传身授，不可避免地会在这里发生影响。正是考虑到这种社会必然性，同时也是出于安定人心、尽快稳定局势的政治需要，英国人在 1841 年占领香港之初，就发布《义律公告》，宣布对于岛上的中国居民，按照中国清朝的法律和风俗习惯治理。1844 年以后，香港立法机构虽然颁布条例，不断强化英国法在香港的施行，但始终都规定那些不适合当地情况和居民的法律除外，以至于直到今天，一些在中国内地已经绝迹的古老法律规范，仍然是香港现行法律中的有效组成部分。因此，"长期以来，香港的律师除了备有英国法典、香港法例等书籍，还备有大清律例、中华六法等书籍以供参考"①。

香港法律对于中国传统法律制度和风俗习惯的保留主要集中在婚姻、家庭、继承等领域，以及部分诉讼程式当中，例如婚姻领域中长期保留的一夫多妻制以及离婚问题中的"两和制度"（即协议离婚）、继承领域中的"兼祧制度"等。需要说明的是，经过了长达一百五十多年的历史演变，香港法律中所保留的中国传统法律和习惯，已经很难真正原封不动地保留下来，而是不可避免地受到了社会发展的影响，同时也受到英国法律的熏陶和变异，从而或多或少地带有了一些现代风味：首先，中国传统法律和习惯中的某些规范，经过西方法理学的阐释，由原本松散的惯性，演变成为具有内在规定性和可操作性的确定规范。如纳妾问题，按照中国传统习惯，妾的地位很低，一般不会成为继承的主体，妾的问题在中国传统社会中只是家庭内部问题，不会为此对簿公堂。但是在香港法庭中，妾在遗产继承中也具有法定的份额，由此产生了妾的身份认定等一系列香港法律中的特殊问题。其次，香港法律借用了一些中国传统风俗习惯的形式，赋予其西方法制的内涵，使西方的法律制度和精神更容易为中国普通老百姓所接受和认可。如普通法审判中"誓愿程式"在香港的变异，就是一个很有趣的例子。按照普通法的习惯，证人作证之前必须先向法庭宣誓，如有弄虚作假，以伪证罪论处。但是，在中国的司法审判制度中并没有宣誓作证的制度，因此，香港法院早年受理中国居民的诉讼案件时，就采用了中国民间习俗中"斩鸡头"的做法，意味着若作伪证则身首异处如此鸡。类似的做法还有掷杯为誓以及烧黄纸等。②

尽管香港法制中保留了一些中国传统法制和风俗习惯，但这并不能够改变香港法制的普通法属性。从整体上看，香港法制是以英国普通法为主体和基本特色的法制，其中所夹杂的一些中国传统法制和风俗习惯仅仅是居于次要地位的辅助性法律，并不影响香港法制的根本属性。并且，"在英国法的不断蚕食和扩张的压迫下，中国固有法律及习惯明显呈现出日渐萎缩的趋势"③。

五、结语："一国两制"下香港法制的启示

如前所述，"一国两制"下的香港法制是中国法制的一个创举，在世界法制史上也前所未有。随着香港回归祖国的怀抱，别具一格的香港法制已经成为中国法制的重要组成部分。那么，从香港这一特殊的法律现象中我们可以得到什么样的启示和借鉴，或者说香港的法律制度将会给中国社会带来什么样的影响？这是我们研究香港法制时应当作出回答的问题，同时也是我们研究香港法制的真正意义之所在。以下仅谈两点笔者在研究香港法制的过程中所受到的启示，权且作为本章的结尾。

---

① 刘蜀永：《香港历史杂谈》，68页，郑州，河南人民出版社，1987。

② 即用黄纸长8寸、宽6寸，上写"上天鉴查"等字样，并写上发誓人的姓名、年龄、住址、籍贯等，当庭焚化，然后作证，意为如果作伪证，将会获罪于天。参见刘蜀永：《香港历史杂谈》，68～69页，郑州，河南人民出版社，1987。

③ 苏亦工：《中法西用——中国传统法律及习惯在香港》，6页，北京，社会科学文献出版社，2002。

1. 香港法制的启示之一：法制变革是推进社会发展的动力之一

如果说，明治维新后的日本通过法制变革使国家获得了强盛，成为人们理解法制变革是社会发展动力之一的一个域外的有力证明，那么香港法制的变迁与社会的发展进步，则为我们提供了一个更为直接的域内证明。

诚然，香港的法制变革是英国人依仗霸权对香港实行殖民统治，并在香港大力推行普通法的结果，其法律输出的动机应当予以痛斥和批判，但在当时的历史条件下，这种法制的变革又确实在客观上推动了香港社会的发展。香港从一个偏远的小渔村一步步发展成为今天的国际化大都市，其中固然有很多政治的、经济的因素，但是法制在其中所起的作用功不可没，令人不得不叹服：法制对于一个社会的改变竟然如此之大。再联想到人类历史上的诸多次社会变迁，我们会发现，在人类历史上曾经发生过无数次征服战争，然而，战争的征服始终是短暂的，世界上没有哪一个国家可以单纯通过战争而完全达到征服另外一个国家的目的，"军事侵略所燃起的战火，甚至不能触及社会的表层"①。但是，法律却实现了战争所无法实现的目的。正如耶林在其名著《罗马法精神》一书所指出："罗马帝国曾三次征服世界，第一次以武力，第二次以宗教（指基督教），第三次以法律。武力因罗马帝国的灭亡而消失，宗教随着人民思想觉悟的提高、科学的发展而缩小影响，唯有法律征服是最为持久的征服。"② 拿破仑在评价自己传奇的一生时也曾经作过类似的总结："我的光荣不在于打了四十几个战役，滑铁卢会摧毁那全部的胜利。但不会被任何东西摧毁的，会永远存在的，是我的民法典。"③ 香港法制的成功经验再次向世人证明了法律制度在社会变革中的巨大作用。相对于军事征服而言，法律征服是心灵的征服，是信仰的征服，它为人们朝夕相处的日常生活制定行为规范和评判准则，通过法律所特有的定纷止争功能使人们在潜移默化之中接受并认可了法律的精神和理念。在香港回归之前，有学者曾就香港人对于英国普通法的态度进行了一次民意调查，其结论是："各种研究已经表明，法律可以改变人们的价值观念……香港人对于普通法的依赖塑造了他们对于这一法律的信仰。尽管在大多数香港人心目中，港英政府的合法性是颇具争议的，但是却没有人怀疑香港法律体系的合法性。"④ 也正是基于这种现实，为保持香港地区的稳定与繁荣起见，中国政府在香港回归祖国时，以基本法的形式确认香港保留适用英国的普通法与衡平法。由此可见法律移植对于一个社会的改变之重大和影响之深远。

2. 香港法制的启示之二：不同社会制度下的法律可以相互借鉴、兼容并蓄，"一国两制"将有助于推动内地的法制变革

人类历史的发展表明，不同文化之间的交流与融合，是人类文明不断发展进步的一个动力和源泉。纵观人类文明的兴衰史，欧洲文化之于古希腊、古罗马，日本文化之于中国，近代中国之于欧美现代文明，都是不同文化之间相互交流、相互促进的例证。一个民族，一种文化，只有在保持其文化的主体性的同时，以开放的胸襟吸收其他文明的优秀成果，

---

① 尹伊君：《社会变迁的法律解释》，346 页，北京，商务出版社，2003。
② 转引自《罗马法》，载"法律史学术网——法史图库"：http://www.legal-history.net。
③ 罗结珍译：《法国民法典》，扉页，北京，法律出版社，2005。
④ Berry Hsu, *The Common Law in Chinese Context*，Hong Kong，Hong Kong University Press，1992，p. 3.

不断吐故纳新，方能保持其旺盛的生命力，保持住永远发展的势头，并创造出更加辉煌的文明成果。本着这样一种指导思想来研究"一国两制"下的香港法制，我们就不应当仅仅满足于一个国家之下的两种制度之间彼此相安无事，更不应当把中国政府保留香港原有社会制度和法律制度的伟大创举看作是一种和平解决祖国统一问题的权宜之计，而应当从不同文化之间相互借鉴与交融的高度看待香港的现行法制，抓住"一国两制"所带来的挑战和机遇，使内地法制和香港法制在相互比较与借鉴的过程中都能够获得长足的发展与进步。

就香港法制之于内地法制的借鉴意义来看，首先，香港法制是一个西方法律适用于古老中国并生根、发芽、结果的成功案例，是西方现代法治文明与中国传统法律和风俗习惯共存互融的典范。尽管香港法律移植的过程历尽坎坷，但是香港社会发展的成就还是为后世的法律移植提供了一个有力的佐证，即中西方法律可以实现求同存异下的有机结合，不同社会制度下的法律也可以实现相互借鉴下的取长补短。其次，香港现行法制的成功运行，不仅向我们证明了上述法律移植的基本原理，还为我们提供了大量可资借鉴的现实的制度与规则。香港在中国与西方社会之间的特殊地位，使得香港的现行法律制度既吸收了西方先进的法治精髓和理念，又比较适合中国民众的思维方式，很容易为中国社会所理解和接受。具体而言，香港的以行政为主导的政治模式、完全独立的司法体制，体现民主与法治精神的陪审制度、精干高效的文官制度、遍及各行各业的行政咨询制度，以及在消除腐败、净化社会风气方面成效卓著的廉政公署制度，都是香港现行法制中极具借鉴价值甚至可以直接为我所用的制度，如果能够善加利用，无疑会有助于减少和避免内地法制改革中的失误，大大缩短内地法制改革的时间进程。从长远发展来看，香港以世界自由港的特殊地位，客观上已经成为中华民族看世界的一个有利窗口，因此，在不违背"一国两制"与《香港特别行政区基本法》的前提下，通过"高度自治"下的香港法制适应时代要求的发展变化，可以不断为内地提供世界法制发展最前沿的信息与成果，从而推动内地法制建设的发展步伐。

第十章

葡萄牙法律文化对澳门的影响

由于历史的原因，我国的澳门地区与远在欧洲的葡萄牙，自 16 世纪中叶以来，便有着千丝万缕的联系。澳门的法律制度，也从这一时期起，陆续受到葡萄牙法律的影响，以至于到 19 世纪中叶，原本与祖国一体的澳门法律制度，完全由中华法系属性转变为葡萄牙大陆法系属性。因此，我们探讨澳门法律制度的变迁，必须首先对葡萄牙国家法律传统发展的脉络，有一个清晰的了解。

第一节
葡萄牙法律传统及殖民政策

一、葡萄牙法律传统的形成与演变

关于葡萄牙法律传统的脉络，主要包括其形成和发展脉络，可将其分为两大部分：12 世纪中叶以前的伊比利亚半岛法律历史，葡萄牙独立国家法律历史。如不考虑建国之前的伊比利亚半岛法律历史，葡萄牙法律历史就像一幢没有基础的高楼大厦。而 16 世纪中叶以来四百多年的葡萄牙法律发展，对我国澳门地区的法律发展产生深远影响，并最终使澳门法律从传统的中华法系属性演变为典型的大陆法系属性。

(一) 12 世纪中叶以前的伊比利亚半岛法律

葡萄牙位于伊比利亚半岛的西南端，是欧洲最古老的国家之一，其主要政治疆界最终形成于 15 世纪。在葡萄牙正式建国以前，伊比利亚半岛曾几易其主，其法律状态也分属不同体系。

在罗马人到达之前，半岛上的居民结构分为土著居民和外来殖民两部分。土著居民中的卢济塔尼亚人（Lusitanos）居住在现今葡萄牙所在的地区，并被认为是葡萄牙人的祖先。而先后成为半岛殖民者的是腓尼基人、希腊人和迦太基人。这一时期，整个伊比利亚半岛只是一些彼此独立的政治群体，各自为政，因此没有统一生效的法律，而存在多个法律秩序，不过大致上可划分为土著民族的法律体系和殖民法律体系两类。土著民族的原始法律均表现为习惯法，法律与宗教、伦理无明确区分，风俗成为唯一的或占主导地位的法律渊源。而殖民法律体系在殖民辐射中心——地中海中部占主要地位，法律渊源除了风俗以外，制定法也占一定比例，其中还包括地方立法。

　　公元前 219 年，第一批罗马人踏上了半岛。此后的几个世纪中，罗马逐步蚕食掉了半岛的大部分，并将其作为帝国的一个行省，命名为西班牙。在凯撒大帝时期，又在半岛设立卢济塔尼亚行省。随着土著民族为罗马文化及文明所同化，半岛的法律也开启了罗马化历程。尤其是 73 年或 74 年，罗马皇帝韦斯帕西安奴（Vespasiano）将拉丁权授予半岛居民后，罗马法在半岛的适用日益普及。212 年，卡拉卡拉皇帝将公民资格赋予罗马帝国的所有居民，罗马法，包括法官的公告和命令、罗马元老院的法令及帝国的宪法等，已成为伊比利亚半岛法律体系中的主要渊源。但是，正如古代罗马其他行省一样，伊比利亚半岛的罗马法并非纯正的罗马法，而是深受土著元素影响的"通俗罗马法"或"粗俗罗马法"。实际上，正是通俗罗马法，真实反映了半岛的社会、经济、文化背景，尽管相对比较落后，却是切合时代需要的。"通俗化"现象使罗马法与新情况的妥协成为可能。这样有助于其与日耳曼法交汇以及罗马法元素在继后的世代里存在，包括通过西哥特的立法得以保存。①

　　5 世纪末，西哥特人成为了半岛的实际统治者并建立起自己的国家。至 7 世纪中叶，整个伊比利亚半岛无论在土地上、宗教上还是法律上，都实现了空前的统一，中世纪封建社会的雏形也在这时形成了。此时的半岛法律文化结构呈现二元化，即罗马文化和日耳曼文化的融合发展，很多罗马的文化制度在不丧失其原有的基本特征的情况下被侵略者同化而具有独特的面貌。② 在西哥特人统治时期，半岛的主要成文法渊源有三种：475 年或 476 年的《尤里科法典》（Código Euriciano）、506 年的《西哥特罗马法》（Lex Romana Visigothorum）以及 654 年的《西哥特法典》及其修订本。其中《西哥特法典》被法律史学者认为是当时西欧大陆法典的上乘之作。

　　711 年，西哥特王国灭亡，半岛首先成为服从于大马士革的一个穆斯林行省——"阿尔—安达鲁斯"。在阿拉伯人统治的近八百年中，伊斯兰法被推行至伊比利亚半岛。对基督教信徒而言，除了无可奈何转变为穆斯林的以外，保留基督教信仰的人继续分布于其"领地"，保留自己的法官，在私法关系上，继续与西哥特法律混合或趋同，从而形成一个共同的基础，即风俗习惯法基础。正是在这一基础上，半岛各国及各地区的法律体系得以独立，这便是光复时期法律的一般特征。在这种风俗习惯法中，通俗罗马法元素和日耳曼法元素占据主要部分，教会法的内容尤其是婚姻家庭方面的内容，在其中也占有相当比例。此外，由于穆斯林和当地居民杂居，所以习惯法也受到了伊斯兰法的若干影响。

---

　　① 参见 ［葡］Mário Júlio de Almeida Costa 著，唐晓晴译：《葡萄牙法律史》，85 页，澳门，澳门大学法学院，2004。

　　② 参见上书，106 页。

（二）葡萄牙国家法律传统

1140 年，葡萄牙人建立了单一民族国家，葡萄牙作为一个独立国家的法律传统，便从此开始形成。有学者将葡萄牙自建国到现代的法律传统演进过程，分为三个阶段：葡萄牙法的独立时期，从唐·阿丰索·恩里克斯担任国王，至阿丰索三世管制之初，即 1140 年到 1248 年；葡萄牙法受罗马—教会法启发的时期，从 13 世纪中叶到 18 世纪下半叶；现代葡萄牙法形成期，从 18 世纪下半叶至今。[①] 各时期葡萄牙法律呈现不同特色。

1. 葡萄牙法的独立时期

政治上的独立并没有带来法律制度层面上的即时独立，原宗主国里昂王国的法律继续在葡萄牙保存，只是慢慢地产生葡萄牙本身的法律渊源。这一时期，主要的法律渊源有：

（1）原里昂王国法律渊源。包括《西哥特法典》、建国前在库利亚[②] 或主教会议上产生的法律、私法上的风俗、独立前由里昂王国制定的葡萄牙土地法令等。

（2）葡萄牙独立王国的法律。葡萄牙建国之初的法律体系是一个刚刚萌芽的法律体系，其特征是法律的重合性与混合型。这其中有通俗罗马法规则、教会的影响、日耳曼习惯、伊斯兰法的影响。因此，这一时期的葡萄牙法以凌乱和继受性为其主要特征。但也不可否认，仍有一部分原创性法律的存在，如制定法就是当时社会政治、经济条件的反映。

2. 中世纪罗马—教会法对葡萄牙法的影响时期

有学者将中世纪葡萄牙法律的发展分为两个阶段，即继受复兴的罗马法及改革后的教会法（共同法）时期与律令时代。[③]

（1）继受复兴的罗马法及改革后的教会法（共同法）时期

中世纪席卷欧洲大陆的罗马法复兴给欧洲大陆，同样给葡萄牙法律传统带来了极大的影响。葡萄牙的神职人员在意大利和法国的各大学学习罗马法，其中最受欢迎的是意大利的波伦亚大学，它们成为新的法律传播的主要力量。罗马法在葡萄牙的传播，一方面是由于《民法大全》文本及大量的相关注释被流传、被援引，另一方面是因为葡萄牙国内也开始兴起大学教育，教授罗马法和教会法。那些被授予教会法和民法学士学位的人，无须重新参加考试即可在整个基督教世界教学。法学教育的兴起和罗马法的传播，深刻影响了葡萄牙此时的国内立法和法律实务。国王阿丰索十世时期更致力于王国的法律统一，此时更新颁布了在葡萄牙法制史上有重要地位的《王室法令》（Fuero Real）和《七章法》（Siete Partidas）。前者是一部以《西哥特法典》和卡斯蒂亚地区风俗为基础的法令，其内容涵盖私法和刑法，在其中可以看出罗马法与教会法的因素。后者同样受到罗马法、教会法的影响，作为百科全书式的法律作品，还包含了各种哲学、神学、宗教、道德原则。

12 世纪开始，欧洲教会法领域出现重大改革。这一时期所汇编的教会法呈现出教廷的

---

① 参见［葡］Mário Júlio de Almeida Costa 著，唐晓晴译：《葡萄牙法律史》，141 页，澳门，澳门大学法学院，2004。关于葡萄牙法律传统的期限划分及内容，本文主要采信及依据 Mário Júlio de Almeida Costa 先生的观点。

② 西哥特宫廷的分支机构，是国王的一种辅助机关，具有明显的政治性质。

③ 参见［葡］Mário Júlio de Almeida Costa 著，唐晓晴译：《葡萄牙法律史》，141~142 页，澳门，澳门大学法学院，2004。

立法活动大大超越同时代的君主立法的趋势，由此产生了两个相互对立的共同法秩序，即基础的共同法秩序和具有普遍倾向性的共同法秩序，前者以《教会法大全》为基础，后者以罗马法的规则为基础。① 两个法律体系中谁为主，曾经伴随着王室与王廷的矛盾、妥协或结盟，成为这一时期罗马法学者与教会法学者长时间争论的主要议题。而在这一过程中，两种法律体系相互借鉴和吸收，尤其是对罗马法文本所使用的注释和评注方法被移植到教会法汇编的解释上，对于完成教会法律规范的更新发挥了重要作用。

由于罗马法的复兴以及教会法的改革对葡萄牙法律产生了深远影响，与欧洲大陆其他国家的情形相似，以罗马法为基础，包含教会法、日耳曼法以及封建地方法的因素在内的"共同法"体系，成为葡萄牙法律传统中的重要组成部分。在 12 世纪到 13 世纪，"共同法"至少在理论层面上优先于其他法律渊源。从 13 世纪中叶到 15 世纪中叶，葡萄牙的主要法律渊源不同程度地受到了复兴后的罗马法及改革后的教会法所带来的影响，这些法律主要有：代表君主意志的一般立法；王家决议；风俗；法令；市政规章；教规或宗教协议；以罗马法为基础、涵盖教会法等内容的共同法等。显然，数个司法权和不同法源的并存，反映出葡萄牙政治实体多元化及多元法律制度相伴发展的局面。

（2）律令时代

15 世纪中叶开始，鉴于当时葡萄牙国内法律众多，其适用效力在各地法院并不一致，于是统一法律并将现行法律体系化以及更新其内容，被提到了葡萄牙政府的议事日程之上。以律令的颁布为标志，这一时期的法律发展特点表现为"国家法"（或"个别法"）开始取得独立地位，而"共同法"则衰落为纯粹因君主的意志才获得正当性的补充渊源。这一时期由国家颁布的主要律令有以下几个：

颁布于 1446 年或 1447 年的《阿丰索律令》②，共分为 5 编，每编均有前言，编之下有若干标题。主要涉及行政法、政治和宪法性质的规定、民事诉讼程序、民事实体法、刑事诉讼法等内容。该律令在葡萄牙法律史上占有突出地位，它反映了自阿丰索三世起葡萄牙本国法律体系独立的整个历程，同时构成葡萄牙法律后续发展的支柱。虽然从立法技术上讲，它不具有现代法典的科学体系结构和概念规则，但与同一时期欧陆其他国家的法律汇编相比，在某种程度上具有先进性。

大约在 1512 年至 1514 年之间，对《阿丰索律令》进行修改的《曼努埃律令》草案的印刷版开始出现，经过多次修改，至 1521 年，该律令的确定版本得以完成。《曼努埃律令》在体系结构上保留了《阿丰索律令》的五编制结构，各编所占比例大致保持原状，但内容上有所改进，如压缩了适用于犹太人及摩尔人的规则以及有关国库的独立规范，同时增加了上诉法院判例解释的约束效力，在补充法范畴也有重要修改。

为保障法律的稳定与安全，需要制定一部系统的补充律令的汇编，法学家杜瓦特·努内斯·度·利昂受命完成单行法律的汇编工作。1569 年《杜瓦特·努内斯·度·利昂的单行法律集录》获得批准。该汇编分为六大部分，之下还有数个标题，包括公职及王室职位、

---

① 参见［葡］Mário Júlio de Almeida Costa 著，唐晓晴译：《葡萄牙法律史》，192 页，澳门，澳门大学法学院，2004。

② 参见上书，208 页。

管辖及特权、案件、犯罪人、王室财政、亲项事宜等内容。

由于《杜瓦特·努内斯·度·利昂的单行法律集录》只是一部单纯的过渡性汇编，菲利普一世在位期间开始新的法律编纂工作。菲利普二世继位后，该律令于 1603 年 1 月生效。制定《菲利普律令》的主要目的是对《曼努埃律令》的修订，将《曼努埃律令》及此后颁布的各项规则整合在同一部法律当中，所以它仍然保持传统的包含标题及段落的五编体系，只是 5 编的顺序略有改变；在内容上的重要修订是该律令首次将国籍法的规定纳入进来，国籍标准采用血统和出生地相结合的原则。

除了上述律令，在葡萄牙国内同时存在的还有多种被称为法律的形式，包括单行法例、法律诏令、准照、命令、王家诏令、决议、规定、训令及通知等等。可见，当时葡萄牙实际立法机构的多元化程度。此外，最高法院、海外高等法院①的判例，起着解释法律的作用。宫廷的礼仪和风俗，也成为法律的重要渊源。

3. 现代葡萄牙法律的发展

现代葡萄牙法律时期分为三个阶段：16 世纪至 18 世纪的自然法理性主义时期、19 世纪的个人主义时期及 20 世纪的社会法时期。

（1）16 世纪至 18 世纪的自然法理性主义时期

自然法理性主义时期，葡萄牙法律传统变化的主要标志是彭巴尔政府的法律改革，其内容主要涉及立法改革、法学教育改革。而一系列改革的理论基础，是荷兰的自然法理性主义思潮、德国的"学说汇纂现代运用"、意大利式的启蒙主义思潮以及人道主义思潮。

为了遏制判例及补充法适用中的不规范现象，同时为了对"风俗"的效力作出明确规定，1769 年 8 月，葡萄牙政府颁布了《良好理由的法律》。②该部法律主要对当时各种法律渊源的效力和适用进行了规范，实际上就是对法律渊源体系的改革。依照理性主义的标准，该部法律重申了皇室成文法的至上地位以及仅次于罗马法的价值。同时，普通法学说不再适用，教会法也不再是民事案件的法源。"风俗"作为法源，其适用受到严格限制。

1772 年《大学规章》又对《良好理由的法律》作了进一步的解释：第一，法院的判决应首先依据"本国法律"和"宫廷礼仪"，但后者必须经上诉法院先前判例认可后才具有效力。第二，为避免判例的相互矛盾给法律适用的稳定性带来不利影响，对法院判例的效力也作了明确规定。中级法院的判例必须经其上级法院确认后才具有规范价值。第三，"风俗"作为法源必须符合一系列条件，包括与良好的理由相符、不违反法律、存在超过一百年等。第四，在无本国法直接渊源情况下，可适用补充法，但罗马法只有在符合"良好理由"③ 即自然法的"正确理由"时才可适用。第五，有关政治、经济、商业和海事案件转由"受启蒙的及礼貌的基督教国家"的法律来管辖。第六，教会法对世俗事务的管辖权，甚至在宗教法庭的适用也受到排除。第七，阿库修的注释及巴托鲁的意见最终也被禁止在法庭

---

① 如 1544 年建立的果阿高等法院、1609 年建立的巴伊业高等法院、1751 年建立的里约热内卢高等法院等。

② 不过该法律的名称到 19 世纪才最终确立。

③ 良好理由是"存在于原始原则之中，蕴藏着由罗马法的伦理所建立、神职法及自然法所定型，作为基督教的道德及民事法则的重要、固有及不变的真理者。换言之，该良好理由的基础是万民法领导机关自所有文明国家所制定的、经一致同意的其他规则"（［葡］Mário Júlio de Almeida Costa 著，唐晓晴译：《葡萄牙法律史》，276 页，澳门，澳门大学法学院，2004）。

上援引及适用。

（2）19世纪的个人主义时期

19世纪葡萄牙法学思想观念，经历了法国注释学派的法律实证主义、德国历史学派主要是潘德克顿学派的概念法学等思潮的影响，同时伴随经济上的自由主义曲线，开始走向个人主义的道路，从而也直接导致葡萄牙法律体系的变化，而这种变化，又与葡萄牙国内法典化运动紧密相连。

1820年葡萄牙自由革命后，宪政运动接踵而至。自由君主制时期的葡萄牙宪法（1820—1910年）以个人主义、民权神圣化、国家主权、代议制度、分权等为标志。这一时期葡萄牙宪法经历了两种模式的相互交换与斗争：激进派的民主模式与温和派的保守模式。前者主张国家主权至上，扩大选举权的范围，议会至上和一院制（统一代表民意）。后者以保守主义、君权原则、限制选举权、因国王和国家代表之间的分权而削弱议会权力和两院制为特点。两种模式分别以1822年第一自由宪法（1822—1823年、1836—1838年）和1826年《大宪章》（1826—1828年、1834—1836年、1842—1910年）为代表。1910年，共和革命推翻了帝制，新宪法获得通过，该宪法遵照民主模式，规定了民主共和制政体。不过，它保留了一些前宪法传统的内容：国家主权、三权分立、两院制。1926年，萨拉扎独裁政府随着军事运动而上台。1933年由全民公决通过他精心准备的独裁的宪法提案。该宪法反对先前的议会制政权，主张国家从表面上说至少应实行强有力的总统制。该部宪法先后修改了3次，在1945年对1933年宪法的修改中，一个殖民地法案被归并到了宪法中，从而成为葡萄牙殖民统治的宪政框架。

葡萄牙的法典化运动从商法开始。葡萄牙首部商法典于1833年颁布，法典分为陆上商业活动和海上商业活动两部分，其内容不仅包括实体法，而且还有程序、司法组织等规范。这部法典代表葡萄牙商事法律的重大进步。但是，随着商业活动的迅速发展，商法典显然已无法调整所有商事行为，葡萄牙政府于是又颁布了数量可观的单行商事规范，在充分汲取了《法国商法典》精髓的基础上于1888年6月颁布了新的商法典①，这部法典也是葡萄牙现行商法典。

1836年，葡萄牙颁布第一部行政法典，先后于1842年、1870年、1878年、1886年、1896年、1900年、1936年颁布新的行政法典，但并未全部付诸实施。这些法典的内容大多具有中央集权的性质。

葡萄牙第一部刑法典制定于1852年。该法典在一定程度上受到法国、巴西、西班牙刑法典的影响，对葡萄牙的法律传统仅有少量的反映。此后，一系列单行法规对刑法典的内容进行多次修改。为从立法上将修改的内容进行整理并将其固定化，葡萄牙政府于1886年颁布新的刑法典，该法典是对1852年刑法典及此后修订内容的再次规范，其内容上更具有本国特色，符合本国现实。诸如在量刑上更注重犯罪事实，封建色彩渐稀，资本主义成分更重。该部法典生效时间长达百余年，直到1982年颁布新的刑法典。

至19世纪70年代开始，葡萄牙国内就开始私法方面的法典化改革运动。1867年，葡萄牙颁布首部民法典，这是一部具有强烈个人主义色彩的民法典，第一次把葡萄牙以往的

---

① 但经过无数单行法修订后，此部法典内容则更多地反映了《德国商法典》的影响。

民法渊源加以系统化和统一，并且充分反映了当时那个时代欧洲的法律科学成果和法学成果；它明显追随了罗马法律传统，从当时大陆法国家不同的法律秩序中获取了大量的借鉴，从而决定了葡萄牙法制选择向大陆法系方向发展的命运。1867 年民法典在葡萄牙生效整整一百年。这期间，随着时代的发展，法律的社会化要求日趋增多，各种反映时代特征的民事单行法规甚至开始修正民法典的基本思想。1944 年，葡国成立了由安德拉德（Manuel de Anderade）等人组成的民法典改革委员会产生，负责重新制定民法典的工作。1966 年 11 月 25 日，新民法典正式公布，并于 1967 年 6 月 1 日正式生效。新的民法典借鉴了其他国家民法编纂成果，其中尤以借鉴和汲取德国、意大利的民法典为甚。1966 年葡萄牙民法典对于葡萄牙民法乃至整个法律发展有着划时代的意义，它将在葡萄牙民族国家的社会空间中存在的全部法律渊源，包括由此而产生的一切成果，第一次较完整地加以概括和总结，确立了一个科学与文化层面上的法律体系并阐发了相应的法律思想。葡萄牙的法学理论或科学在此获得了一个质的突变。

19 世纪以来，为了改革《菲利普律令》中陈旧的程序法体系，葡萄牙先后颁布了 1832 年的司法改革、1837 年的新司法改革和 1841 年的最新司法改革，改革内容均涉及民事诉讼制度和刑事诉讼制度。1876 年，葡萄牙颁布第一部民事诉讼法典，随后颁布的商事诉讼法典和破产法典于 1905 年结合成为商业诉讼法典。上述法典所界定的诉讼体系的最大特点是采取了不同于调查原则的当事人处分原则，程序被视为服务于个人的工具，公民个人可按其自身需要而运用程序；法官仅处于被动地位，法官参与诉讼只是作出最后裁判。1926 年和 1932 年，以葡萄牙著名法学家 JOSÉALBERTO DOS REIS 教授的学说为基础，葡萄牙对 1876 年民事诉讼法典进行了改革，引入了口述或即时方式原则和法官较大参与性原则，这两大原则是现代民事诉讼之主要原则。

（3）20 世纪的社会法时期

20 世纪以来，由于经济的民主化及国家立法的干涉，私法自治及契约自由受到限制，法律的社会化以及公法化的发展趋势日趋明显。在各个不同领域，除了传统的制度和法律部门外，均有新的法律形成。如所有权制度、民事责任的变化，如消费者权益保护法、反不正当竞争法、环境法等等新的部门法的产生与确立。在社会化背景之下，对葡萄牙法律精神影响最深的是基督教的社会理论，该理论认为个人的幸福是通过团体整体利益的协调而实现的，而国家则寻求增加其力量，限制、中和自由主义的作用。

在法律体系和制度上的显著变化主要有：

宪法所反映的国家概念有所不同。1976 年宪法（即现行宪法）的面貌与宪法诞生之初时有很大不同，对公民的基本权利、合宪性监督等制度的条款大大增加。

行政法范畴的核心议题均与政治议题相连。1936 年的行政法典经 1940 年的重新修订，有了很大的改动。在 20 世纪 70 年代中期以后，地方自治机关及行政争议方面的制度大部分已被替换。

劳动法方面，对劳动合同以及集体规章或集体缔约的规定，表现出明显的社会化趋势。关于组织工会自由、罢工的权利、工作的稳定性以及工会组织对企业的参与等，在宪法中得到明确贯彻。

经济法方面，特别加强了对消费者及环境保护问题的立法，并重建了信用体系以及银行架构。

传统的民事法律，也经历了较大的变动，如 1930 年的赛亚布拉法典改革、1940 年的婚姻法改革、1966 年新的民法典。其中，家庭和继承领域的改革最为显著。对民法典最大规模的修订是在 1976 年新宪法公布以后。当时，为使民法典与新宪法的原则精神达成一致，调整、修订民法典已势在必行。1977 年 11 月 25 日，第 496/77 号法令公布了对民法典的重要修改。主要涉及公民法定住所权、自由和保障权等基本人权。此外，在知识产权领域，著作权的变化引人注目，1966 年的著作权法典对民法典的相关规定进行了重大改革，法律对著作权的保护扩展到对邻接权的保护。

商法领域的主要变化是公司法方面的规定，此外，1940 年颁布的工业产权法典取代了 1896 年的工业产权法典。

为了统一私法程序法规范，1939 年颁布了新的民事诉讼法典，使诉讼法有了更高的地位。该部法典的主要特点是：合并民事诉讼与商事诉讼；侧重于内容而非形式，实质真实性多于形式真实性，偏重于公诉公正概念，偏重于口述方式，扩大了法官对诉讼的参与性，以达到快捷诉讼目的。1961 年 12 月 28 日，葡萄牙颁布法令，再次修订民事诉讼法典，该法典现在葡国仍然生效。1961 年民事诉讼法典共 1 528 条，分为诉讼、管辖及公平的保障、程序和仲裁法庭四个部分。本次修订的目的是改正口述原则及与其有关联的合议庭制度。现行民事诉讼法典在 1967 年、1977 年、1985 年、1995—1996 年进行了修订。

刑法及刑事诉讼法领域，在 20 世纪也历经多次变化。1929 年葡萄牙颁布刑事诉讼法典，法典以调查原则为基础，取代了以往形式程序以检控原则为基础的结构。从 1892 年到 1981 年，葡国主权机关对 1886 年刑法典先后作了许多次修改，涉及的条文超过 150 条。譬如，葡国 1893 年 6 月 6 日法律设立了假释和缓刑制度，1927 年第 13822 号命令和 1931 年第 20353 号命令将刑法典中某些刑罚改为罚金，1953 年海外组织法律废除了流放刑。葡国在 1954 年进行了刑法改革，对刑法典关于刑罚的适用和执行的七十多个条款作了系统修改。后来又在 1957 年、1961 年、1969 年和 1981 年对刑法典多处条文作了修改。

二、葡萄牙海外扩张政策

(一) 海外扩张的原因及条件

1. 早期商品经济的发展、资本实力的崛起

近代西欧各国民族国家在形成时期，主要表现为国王和大贵族的冲突。葡萄牙独立后不久，即在 13 世纪初就发生了内战，主要是国王为加强中央政府权力而引发与大贵族和高级教士的冲突。此后，葡萄牙不仅多次发生与卡斯提的战争和新的内战，还爆发两次国内"革命"即所谓的 1245—1247 年的革命、1383—1385 年的革命。葡萄牙史学家认为，这些革命都带有国王与"人民"（城市市民和农民）合作打击闹分裂的权贵的性质，结果使中下层阶级获得了更多的活动空间，这一局势对商人特别有利。1383—1385 年的革命是与卡斯提的战争同时进行的。在这场战争加革命中，世袭大贵族站在卡斯提一方，市民和一些精

通罗马法的知识分子站在政府一边，卡斯提的干涉军失败了。于是，有钱的"资产阶级"①和法学家在新建立的王朝中占据了重要地位。"资产阶级"关心和平和扩大贸易，法学家则关心加强国王权威。一个集权的中央政府至此终于建立起来了，没有这样一个政府，没有这些商人和法学家的努力，小小的葡萄牙此后要发展成一个帝国是不可能的。1385 年的革命把资产阶级推到了前排，动摇了土地贵族的地位。这就使 14 世纪末的葡萄牙成为一个趋向于"现代型"的国家。由于与发达国家保持长时间经济联系，葡萄牙国内货币经济相当活跃，城乡雇佣制广泛展开，正是在这种特殊的历史条件下，葡萄牙的商品经济迅速发展起来。

商品经济的发展，需要更多的资源及市场空间。但是，葡萄牙国土是一块狭长的沿海土地，几乎没有"内陆腹地"可言。东部强大的卡斯蒂莱封堵了它在陆地上的任何扩张，自然环境的压力迫使葡萄牙人走向大海。加之社会长期处于战乱动荡之中，人们很难得到休养生息的机会，结果形成了就业困难、经济衰退、百业凋零的景象。为了获取更多的财富，向外扩张，成为葡萄牙的自然选择。

2. 国内资产阶级的冒险精神及对外贸易的诱惑

长久以来，与中国和印度的贸易，一直是通过阿拉伯人作为中介进行的。而在整个欧洲，与阿拉伯人的贸易又几乎都掌握在意大利的威尼斯和热那亚商人手中。在西欧，英国、法国、西班牙和葡萄牙等各国君主，还有商人们，都急切地希望能够打破意大利人和阿拉伯人的垄断，自己前往印度、中国和香料群岛等地，直接与当地人进行香料、丝绸等商品交易。另外，当时欧洲的商品对于中国人、印度人而言毫无吸引力，欧洲人只得用大量的金银来换取香料和丝绸。长期的入不敷出，导致欧洲人对于获取金、银、宝石或者直接获取香料等资源十分感兴趣。至此，出产这些珍贵资源的地区，便成了欧洲人猎取与互相争夺的目标。

资产阶级势力在增长，被称为旗帜的手工业工匠行会，在 14 世纪中期已在各个城市出现，并在政治上日益显示其力量。例如，里斯本的行会组织在阿维斯的若奥即位时曾是主要的支持力量。若奥一世时期的葡萄牙激发了强烈的骑士理想型浪漫主义热情，就在这个骑士传奇小说灿烂开花的世纪，若奥的第三个儿子唐·恩里克（D. Henrique）出现了。他被人称为航海家亨利王子，是近代地理发现的鼻祖。其实，唐·费尔南多王朝内明显存在着资产阶级力量，里斯本和波儿图这些航海城市就是资产阶级的贸易活动舞台，而货币的贬值造成了封建贵族的危机，亨利王子正是贵族基督教骑士团的首领。1415 年征服休达，成为他的地理大发现事业的第一步。那个世纪，欧洲的黄金不断地通过苏伊士海峡向东流往印度和印度以东的地方，因为从十字军时代起欧洲为从东方输入香料和奢侈品而付出了大量黄金。寻找传说中的非洲"金河"和东方的"基督教王约翰"的世纪美梦，仍然在召唤葡萄牙人的冒险精神。亨利在他定居的萨格雷斯半岛创建了一所宇宙学和航海学的学院，目标坚定地开创伟大的航海事业。"第一次地理再发现"（1418 年）是发现了马德拉群岛，亨利按照封建制度把这个岛封给那两个发现者。1445 年，迪尼斯·迪亚士发现了佛德角。

---

① 这里所说的"资产阶级"，是习惯上的一种比较简单方便的称呼，一般是指当时的大商人。一般说来，这时还不存在严格意义上的资产阶级，最多也是一些倾向于资本主义发展的商人。

于是，真正的奴隶贩卖开始了，一船船的奴隶按期运回葡萄牙。据史载："当时的趋向是在他们（黑人）改信基督教以后，教他们学会有用的行业，并给予实际的自由，甚至允许他们和葡萄牙人结婚，如果他们愿意的话。"① 葡萄牙人在绕过好望角之后，很快认出印度洋的环形航线，在顺风顺水的推动下，一往无前地去发现新天地。"从一开始，阿拉伯和印度的航行便被切断，胡椒和香料源源不断地运达里斯本，这本身就是场革命。"②

3. 教会的支持及十字军东征

基督教政权经历数个世纪之后，在伊比利亚半岛彻底击败伊斯兰势力，使得西班牙、葡萄牙的统治者相信，上帝是站在他们这一边的，由此他们产生了强烈的宗教使命感，这种使命感正是西班牙、葡萄牙在美洲、亚洲、非洲开拓殖民地的动力之一，哥伦布就是在伊莎贝拉一世与斐迪南二世资助下远航美洲的。

伊比利亚半岛在历史上曾多次被伊斯兰国家军队进攻过，伊斯兰教对伊比利亚半岛的政治、宗教、文化形成的威胁是显而易见的。很久以来，积极传教便是基督教会的特点之一，十字军东征带来的长年战争、中世纪的宗教裁判所等因素，导致欧洲人对于基督教产生了一种狂热的感觉。而且，为了使那些异教徒或不信教的人皈依基督教，人们总是会毫不犹豫地使用武力。尤其是那些刚刚赶走了摩尔人的西班牙传教士们，特别渴望将战场上的胜利转化成宗教上的胜利，将基督教带出伊比利亚半岛，带出欧洲，传向这个世界的每个角落。因此，葡萄牙与西班牙的探索活动，在追求财富的同时，多少还带有将基督教传播到世界并将异教徒转化为基督教徒的狂热想法。而这种政治、经济上的扩张主义加上文化理念上的扩张要求，令伊比利亚半岛的航海家们坚信，自己的活动是上帝的使命。这为远航奠定了一个良好的心理基础。

4. 地理条件及航海技术的发展

葡萄牙人在漫长的岁月里积累了丰富的航海知识。首先，葡萄牙人对大西洋的风向和水流了如指掌。葡萄牙的萨拉曼大学早在 14 世纪就教授一些中世纪未有过的科学知识。1147 年在下德意志和佛来米十字军的帮助下，占领里斯本。1179 年独立的葡萄牙得到教皇亚历山大三世的庇护，但要交纳年贡。到了"智者"阿丰索十世（1252—1284），在立法和官方文件中使用本族语言，不再用教会的拉丁语。他下令出版民族语的《圣经》和第一部复合性的法典（Siete Partidas）。在阿丰索四世执政时期，葡萄牙人发现了加那利群岛和许多新国度。1345 年，葡萄牙人租用热那亚人的船只，聘请他们的海军将领，向他们学习了航海技术。1385 年，葡萄牙国王若奥一世继位，他为葡萄牙成为海上强国奠定了基础。

葡萄牙远洋航行所需的技术不断发展。对于航海家而言，他们能够在海上活动，除了宗教信仰之外，他们更多的是依靠来自各地的科技：由占星术发展的方向辨识、指南针，从穆斯林的独杆三角帆船发展的大三角帆技术，还有本国发达的造船业。而在这些科技流传至欧洲之前，没有人会打算到世界"边缘"去冒险，地圆说的出现打消了航海家从地球摔向地狱的担忧。从 12 世纪开始，欧洲人便开始制造用于航海的大型船只。1200 年至

---

① 利玛窦 1605 年 5 月 12 日寄自北京的信。转引自《葡萄牙耶稣会天文学家在中国》（1583—1850），88～89 页，澳门，澳门文化司署，1990。

② （明）张燮：《东西洋考》，卷七《饷税考》，北京，中华书局，2000。

1500 年间，欧洲普通船舶的吨位普遍增加了 1 倍到 2 倍。在短短的几个世纪之内，他们或是从阿拉伯人那里学会了使用，或是自己动手发明改造了诸如罗盘、六分仪、海图、三角帆、艉舵、三桅帆船等工具或技术，使得欧洲人拥有了在各种复杂气候条件下进行远航的能力。

在 15 世纪初，所有欧洲大国都陷于严重的国内问题无暇他顾，唯独葡萄牙已经准备好向地理发现和缔造帝国之梦前进。

（二）海外属地的管理模式

就其组织架构而言，葡萄牙帝国因地制宜，采取了不同的军事、宗教及行政组织和管理形式，主要有如下几种[①]：

1. 市政府

葡萄牙海外属地的主要行政构架实际上是其本土机构的移植。市政府这一机构在海外设置的历史可以追溯至对马德拉开发的初期，但无确切文献资料可考。一般认为其创立日期在 1440 年至 1450 年之间。市政府的出现是对要塞司令及被分封者权力的一种制约。澳门的情况是，市政府的组织形式就是议事会。纵观葡萄牙人定居澳门后的历史，由国王通过葡印总督任命的"巡航首领"及 1623 年以后的"兵头"与代表当地葡人利益的议事会的冲突贯穿始终。

2. 要塞制度

要塞制度是一种高度集中的权力制度。在中世纪，要塞司令是纯粹的军职，自占领休达起，其主要职能是军事指挥，但同时已兼有其他职能。葡萄牙人在非洲、亚洲沿海控制的一系列堡垒是所谓的"滩头堡"，它以军事为后盾，保障洲际贸易，无意深入内地。1415 年葡萄牙人占领休达后，将当地的政治、行政及军事权力集于要塞司令一身之上。从此，要塞制度成为 15 世纪末至 16 世纪初，葡萄牙人在管理非洲沿海夺取或自建的堡垒时普遍采用的管理模式。葡萄牙人在早期对华接触中也采用了此种模式，例如，葡王唐·曼努埃尔一世曾于 1521 年 3 月 7 日在里斯本颁布敕令，任命末儿丁·甫思·多·减儿为将在华建立的要塞司令。"唐·曼努埃尔敕令：传喻所有船长，末儿丁·甫思·多·减儿为我王室贵族。受我之命，将在中国设立一要塞并准运中国货物……"[②]

3. 分封要塞制度

分封要塞制度也是一种政治一军事机制，是一种十分独特的法律形式，1440 年至 1770 年间，在马德拉、亚速尔、巴西及非洲沿岸施行。就其管辖权而言，它与北非的要塞制度有某些相似处，但葡萄牙王室首创此种分封要塞制度的目的十分明确：实际占领和殖民一切发现地。1433 年 9 月 26 日，葡王唐·杜瓦尔特（D. Duarte）首次向其兄弟唐·恩里克（D. Henrique）王子颁发分封书，将马德拉群岛分封给他。据此，被分封者享有一切税收及收入，拥有民政管理及司法权，但死刑及断肢刑仍归国王审理。被分封者可对封地进行一切形式的改造并有权将封地以临时或永久的形式出租或赠与他人。此种分封而且是世袭的，

---

① 参见叶士朋：《澳门法制史概论》，11～29 页，澳门，澳门基金会，1996。
② 里斯本国家档案馆：《唐·曼努埃尔一世文档》，第 35 簿，92 页反面。

主要权限是颁发特许状、市镇管理、颁布税收、商业管理等，其经济基础为农牧业。

4. 总督制度

因距离遥远，在葡萄牙东方帝国的统治形成中，葡萄牙本土的权力结构也出现了变化：国王坐镇里斯本，葡印总督实际掌控东方帝国，其权力巨大，无怪葡萄牙语中称总督为 vice‐rei，意即"稗王"。澳门从 1844 年起，才脱离葡印总督的管辖。

5. 仁慈堂

葡萄牙本土最早的此类机构里斯本仁慈堂创立于 1498 年 8 月。通过王室给予的一系列特权，仁慈堂迅速积累了庞大的资金，积极开展慈善事业。由于仁慈堂的性质，海外葡人使团更需要它，因此，随着海外扩张的发展，它迅速传播至所有葡萄牙人聚居的地方，成为葡萄牙帝国的支柱之一。仁慈堂在其同类慈善机构中脱颖而出的原因是它具有庞大的财产，社会救济能力强大，其成员多为当地社会的政治和经济精英。澳门仁慈堂创立于 1569 年。

6. 天主教教会

在 16 世纪欧洲海外殖民、文化交流和侵扰掠夺相辅相成的地理大发现过程中，欧洲传教士扮演着重要的角色。天主教教会是葡萄牙海外帝国的主要支柱之一，它不仅具有传教的任务，还具有协助国王对其散居世界各地的臣民进行宗教道德教育的功能。从澳门的具体情况来分析，教会的成立早于行政权的设立，早期澳门教会除了宗教职能外，也为澳门政治、经济、文化制度的设立奠定了基础。

(三) 海外东方帝国及澳门的政治行政结构

葡萄牙帝国疆域广阔，领土分散在世界各地，各地情况千差万别，难以用统一的行政架构模式实行管理，因此，葡萄牙帝国采取实用主义态度，以帝国各组成部分的自治以及节约对各地进行直接和正式统治开支为基础，以海上统治为主要方式，通过随机应变和非集权的形式，以不失去任何一条重要航海线路的控制权为目的，不追求单一的行政模式，而是采取各种行政管理体制共存的混合式管理模式。特别是距离葡萄牙本土最为遥远的海外东方帝国，其统治形式和体制结构都为十分脆弱的政治行政架构。从形式上看，统治形式分成几个层次，从最传统、最正式的市政和军事领地，到未完全体制化的军事要塞、商站、保护国和臣属国等权力组织形式，再到通过商人或教会影响力而形成的非官方的权力形式，甚至还有简单的只由被放逐者和探险者管理的统治模式。

葡萄牙人定居澳门后的最初阶段，对澳门采取商站模式进行管理。作为殖民统治的一种形式，商站或称商业要塞，其职能主要作为商业性的，其目的是保障王室的利益，创造必要的条件来鼓励贸易。因此，它集商业、军事和外交职能于一身，需要注意尊重要塞周围的居民与权贵的利益，维护与他们的友好关系。随着葡人在澳门实力的增长，到 16 世纪末，葡人在澳门站稳脚跟以后，在扎根澳门的葡国商人阶层的自治愿望驱使下，澳门逐渐由商站过渡到了市政。由于只有一个王室钦差（远航中国、日本的航海兵头）落脚澳门，澳门市政组织（议事会）不仅是澳门城市寡头统治集团团结、自治的支柱，而且是在政治上纳入葡萄牙王室在远东的政治体系的保证。寄居澳门的葡萄牙人，组成了一个"商人共和国"，其行政统治大权长期由议事会把持。

一个商站通常就是一个军事要塞，作为军事要冲，澳门军事由航海兵头担任。在 1623 年之前，这一职务断断续续由航行中国和日本的航海总兵头担任。航行中国、日本的航海兵头，在他们停泊澳门期间，对澳门的兵站及居住在日本的葡国国民享有定期的军事指挥权。1623 年，葡王任命了第一位澳门驻守兵头并颁布章程，称为总兵头或总督。其职能只限于军事方面，不能干涉行政（议事会）和司法（1587 年起属于王室大法官的权力）的权力。事实上，澳门议事会由民事官员，特别是大法官组成，他们不受兵头的监管。只是到后期，澳门总督的权限逐渐扩大，不仅拥有一定的行政权，还拥有了一定的立法权。

第二节
葡萄牙法律文化对澳门的初步影响（1553—1849 年）

一、葡人定居前明朝政府对澳门的行政与法律管辖

（一）职责设置与分工

明代两广总督负责统领两广军政事务，海道副使分管巡视海道，提调负责澳门行政、司法及外事诸权，海防同知负责澳门水、陆两路的稽查工作，市舶提举掌管外贸征税及贸易管制事宜，香山知县行使商事案件裁判权，夷目则负责协助中国政府治理澳门葡人。

1. 都指挥使司与两广总督

都指挥使司为明代地区军事总机构，长官有都指挥使 1 人（正二品）、都指挥同知 2 人（从二品）、都指挥佥事 4 人（正三品）。《明史·职官志五》曰："都司掌一方之军政，各率其卫所以隶于五府，而听于兵部。"都督府的都督名称后来变为空头的官阶，而统兵之官则须别加总兵、副总兵、参将、游击将军、守备、把总等名目。《明史·职官志五》曰："总镇一方者为镇守，独镇一路者为分守，各守一城一堡者为守备，与主将同守一城者为协守。又有提督、提调、巡视、备御、领班、备倭等名。"

总督一职始设于明朝初年，原为战争中由中枢部院派人总督军务，事毕即罢。明代宗景泰三年（1452 年）设置了两广总督，宪宗成化五年（1469 年）开始专设"两广总督"。两广总督署为封疆大吏，统领两广军政大权，一般并不直接干预澳门地方管理事务，只有在发生较大事件时，才直接过问澳门地区的政务。

2. 海道副使

海道副使，实际上就是提刑按察副使，由于分管巡视海道，所以被称为海道副使，正四品，是提调与海防同知的共同上司，其职责是"领番夷市舶"，是专门管理澳门的重要官员。明初，广东海道副使主管广东的海上治安，管理进入广东的"番舶"，后"议革"。至嘉靖十五年（1536 年）以后，由于罢废市舶太监，市舶司的权力落入地方官手中，因而重新设置广东海道副使，兼管市舶抽分工作，驻扎在广州。由于地方府县管理市舶的时间极

短，海道副使很快又掌管市舶大权，直至明末。① 万历三年（1575 年），海道副使驻地从广州移至东莞南头城。

3. 提调

据考证，"提调"全名应为提调澳官，又称为守澳官、管澳官，亦可简称为"澳官"，为明代文献中最先见载的澳门职官。② 据《澳门记略》上卷"形势篇"记载："前明故有提调、备倭、巡缉行署三。"提调是明代镇守地方的下级武官，澳门提调则驻于澳门。提调负责查验海商船舶进出、代为向海道副使申报、向广东巡抚备案和征收关税、究问查办违法偷运逃饷等事宜，所谓"船之去来呈报则有澳官，饷之多寡抽征则有市舶司"③。有学者认为，"明代的守澳官其职责与清代所设'香山县丞'相似，明代香山县丞为不专责澳门事务，而澳门行政、司法及外事诸权均集于守澳官一身，而守澳官处理不了的事务才由香山县令出面"④。

4. 海防同知

万历元年（1573 年），明朝政府开始设置广州府海防同知。⑤ 设立海防同知的目的，主要是加强对澳门的管理，"以便就近弹压"⑥。海防同知的职责是"会同钦总官训练军兵"，对从水、陆两路出入澳门的"番舶"船只"严加稽查"。除负责澳门水、陆两路的稽查工作外，还要协助管理澳门的税务工作。抽分之事，隆庆前由海道副使管理，隆庆以后则由海防同知、市舶提举及香山县令三方面共同负责。⑦

5. 香山知县

唐代以前，五桂山所在的海岛（包括凤凰山、黄杨山等）都称为香山岛。至宋代，北方人口大量南移，岛上居民逐渐增加。北宋元丰五年（1082 年），朝廷曾一度出现将香山镇改设县之议。南宋绍兴二十二年（1152 年），香山寨陈天觉（今中山市石岐人）考中进士，旋即向东莞知县姚孝资建议，改镇为县，经姚孝资请州上奏朝廷，很快准奏，划出东莞、番禺、南海、新会 4 县部分岛屿归香山，县名沿用"香山"，属广州府管辖。

明代香山县知县是主管澳门民政和司法的长官。广东地方官员赴澳门办公的处所叫议事亭，广东地方官员到澳门处理政务时，在亭内进行："凡海上事，官绅集议亭中，名议事亭。"⑧ 议事亭在今澳门市政厅附近。明代凡有事者，"香山县寨差官及提调备倭各官，唤令通事、夷目、揽头至议事亭宣谕"⑨。而清代更是把重要的法令用中葡两种文字刻在 4 块石

① 参见汤开建：《澳门开埠初期史研究》，182～184 页，北京，中华书局，1999。

② 参见上书，175 页。

③ （清）张嗣衍：《广州府志》。转引自中国第一历史档案馆、澳门基金会、暨南大学古籍研究所合编：《明清时期澳门问题档案文献汇编》（五），192 页，北京，人民出版社，1999。

④ 汤开建：《澳门开埠初期史研究》，179 页，北京，中华书局，1999。

⑤ 参见（明）田生金：《按粤疏稿》卷三，《条陈海防疏》。转引自万明：《中葡早期关系史》，132 页，北京，社会科学文献出版社，2001。

⑥ （清）印光任、张汝霖：《澳门记略》，上卷，《形势篇》。

⑦ 参见汤开建：《澳门开埠初期史研究》，186 页，北京，中华书局，1999。

⑧ 吴历：《三巴集》。转引自黄启臣：《澳门通史》，74 页，广州，广东教育出版社，1999。

⑨ 《明清史料》乙编，第八本《兵部题〈失名会同两广总督张镜心题〉残稿》。转引自万明：《中葡早期关系史》，123 页，北京，社会科学文献出版社，2001。

碑上，竖立在议事亭内入门处，作为官员办事时的依据。当时涉及华人的案件，一律按中国法律处理，夷人间重大案件亦由中国法律管辖。如万历三十六年（1608年），香山知县蔡善继即依其《制澳十条》赴澳惩戒犯法葡人。① 但是，澳门事务的管理主要还是由守澳官承担，只有守澳官处理不了的事务，才由香山县令出面解决；遇有重大民事案件发生，香山县要上报广州府，并逐级上报。

6. 夷目

夷目是经明朝政府认可，就澳门葡人管理事宜与广东地方官员直接交涉的葡人首领，我国古代文献中常称之为"嗹嘛哆"。万历十一年（1583年），明朝授予澳门葡人头目中国第二级官员职衔，称为"夷目"，后称为"督理濠镜澳事务西洋理事官"，授予他管理租居澳门的葡人内部事务的权力。夷目负责管理澳门葡人内部的行政、税收、司法等事务。夷目虽然是葡人，但却领有中国官员职衔，因而也可以将其视为广东驻于澳门的官员。夷目在商贸方面的主要职责是管理贸易、征收商税、安排支出。所谓"理事官一曰库官，掌本澳番舶税课、兵饷、财货出入之数，修理城台街道，每年通澳检举诚朴殷富一人为之……凡郡邑下牒于理事官，理事官用呈禀上之郡邑，字遵汉文。"② 夷目薪俸由官府支付，"夷目、通事、兼伴诸人，日给务从优厚，俱于先年钦颁皇赏支剩银内支给"③。夷目直接对明朝广东地方政府负责，广东地方官员到澳门巡视时，夷目以臣属的身份接待和服从官府的指令，遇事要向广东地方官员请示报告，并随时听从广东地方官府的召见："文武官下澳，率坐议事亭，夷目列坐，进茶毕，有欲言则通事翻译传语。"④ 中国官员在议事亭向夷目宣读政府命令，与夷目商谈政务及贸易等重大问题。

（二）主要法律渊源

1.《大明律》

《大明律》是明朝综合性的法典。明初，朱元璋命左丞相李善长、御史中丞刘基等议定律令，编成《律令》430条，其中律285条、令145条。同时又颁布《律令直解》，以训释《律令》文意。洪武六年（1373年）十一月，明太祖朱元璋命刑部尚书刘惟谦等以《律令》为基础，详定大明律。次年二月修成，颁行天下。其篇目仿《唐律》分为《卫禁》、《斗讼》、《诈伪》、《杂律》、《捕亡》、《断狱》、《名例》等12篇，共30卷、606条。洪武二十二年（1389年）又对此作较大的修改，将《名例律》冠于篇首，按六部职掌分为吏、户、礼、兵、刑、工六律，共30卷、460条。除七律以外，又有丧服图和五刑图。中国传统的法律体例结构至此面目为之大变。洪武三十年（1397年）五月重新颁布，同时规定废除其他榜文和禁例，决狱以此为准。由于朱元璋严禁嗣君"变乱成法"，这次重颁《大明律》后，终明之世，明朝再也没有对《大明律》进行修订；有变通之处，则发布诏令或制定条例，辅律而行。弘治十三年（1500年）制定《问刑条例》279条；嘉靖二十九年（1550年）重修，

① 参见申良翰：《康熙香山县志》，卷五《蔡善继传》。
② （清）印光任、张汝霖：《澳门记略》，上卷，《官守篇》。
③ 《明实录——熹宗实录》卷三三。转引自中国第一历史档案馆、澳门基金会、暨南大学古籍研究所合编：《明清时期澳门问题档案文献汇编》（五），39页，北京，人民出版社，1999。
④ 康熙《香山县志》，卷十《外志·澳彝》。

增内 376 条；万历十三年（1585 年）又重修，增内 382 条。从此以后，律、例并行。

《大明律》是中国封建社会后期的典型法典，具有鲜明的时代特色。它虽然以《唐律》为蓝本，但在形式和内容上都有发展。在形式上，结构更为合理，文字更为简明；在内容上，经济、军事、行政、诉讼方面的立法更为充实；在定罪判刑上，体现了"世轻世重"、"轻其轻罪，重其重罪"的原则，"事关典礼及风俗教化等事，定罪较轻；贼盗及有关帑项钱粮等事，定罪较重"。其律文结构和量刑原则对《大清律》有较大影响。

2. 广东、香山地方法令

葡人定居澳门以前，澳门属于广东香山县地方政府管辖。原则上，广东地方官员发布的各种命令、文告等，都是澳门必须遵守的行为规范。广东官府通过不断完善相关法令、条例加强对澳门的管理。从现有史料来看，广东地方政府发布的主要法令有：万历三十六年（1608 年）香山知县蔡善继制定的《制澳十则》、万历四十一年（1613 年）两广总督张鸣冈和海道副使俞安性制定的《海道禁约》。这些地方法规与《大明律》相辅相成，共同构成中国政府对澳门行使司法权时适用的法律。

二、葡人定居后澳门法律二元制结构

（一）二元法制初露端倪

1. 葡人定居澳门

阿尔布克尔克于明正德八年（1513 年）派遣阿尔瓦雷斯（Jorge Alvares）率先遣队前往广州。阿尔瓦雷斯于 1514 年抵珠江口，"发现"了屯门岛，在岛上竖起了一根刻有葡王国纹章的纪念石柱。[1] 有关阿尔瓦雷斯此行的真实情形，在一位意大利人科萨利（Andrea Corsali）于 1515 年 1 月 6 日致梅迪奇公爵（Duke Giuliano de Medici）的信中提道："去年，我们葡萄牙人中有些人乘船往中国。中国人不许他们登陆，因为中国人说，让外国人进入寓所是违背常规的。不过，这些葡萄牙人卖掉了自己的货物，获得厚利。他们说，将香料运到中国去，所获得利润与运往葡萄牙所获的利润同样多，因为中国是一个处于寒带的国家，人们大量使用香料。从马六甲前往中国的航程是向北航行五百里格。"[2]

阿尔瓦雷斯的航行及对中国的"发现"，引起了葡萄牙开拓中国贸易关系的强烈愿望。与此同时，还有一位被阿尔布克尔克任命为驻马六甲代理商的贝尔托拉姆，有一位兄弟叫佩雷斯特雷洛（RaFael Prestrello）的，曾于 1515 年稍后带了几名葡人乘坐马六甲本地商人普拉特（Pulate）的帆船前往中国，于 1516 年 8 月～9 月间"平安无事"地回到马六甲，扬言赚到 20 倍的利润；还有好消息说："中国人希望与葡萄牙人和平友好，他们是一个非常善良的民族。"[3]

1517 年 6 月 17 日，费尔南·佩雷斯·德·安德拉德（Fernao Peres d'Andrade）率领 8 艘帆船由马六甲出发前往中国海域，1517 年 8 月 15 日抵达屯门岛，9 月底抵达广州。费尔

---

① 参见《东莞县志》卷三一，引陈文辅《汪公遗祠祀》，有"正德改元"之条，佛郎机人在屯门"立石"的记载。

② 张天泽：《中葡早期通商史》，38 页，香港，中华书局香港分局，1988。

③ 同上书，41 页。

南·佩雷斯将此行定位在"和平友好"的基调上，尽量低调，以便与中国展开贸易。其目的确实也基本达到了，没有给广东地方官员造成什么坏的印象。广东地方官员不仅同意其在广州开展贸易活动，而且还允许费尔南·佩雷斯的下属皮雷斯及其随员留下，等待上京进见中国皇帝。

费尔南·佩雷斯首创的"葡中友好"局面很快就被他的亲兄弟西蒙（Simao d'Audrade）的胡作非为毁了。西蒙也号称是葡王陛下批准他前往中国的，于 1519 年 8 月到达屯门。此人天性浮夸，胆大妄为，"益掠卖良民，筑室立寨，为久居计"。还居然架起火炮，绞杀水手，掳掠儿童，自然引起了中国人的仇恨。因此而殃及皮雷斯"使团"。1520 年 1 月 23 日皮雷斯"使团"由广州北上"进贡"，1521 年 1 月 11 日抵达北京等候召见。因西蒙的暴行在朝廷引起强烈反弹，皮雷斯"使团"无法见到皇帝。正赶上武宗病逝，皮雷斯"使团"成员卷入朝廷争斗，结果导致皮雷斯"使团"于 1521 年 5 月 22 日被辞退。1521 年七八月份，广东海道副使汪宏进驻与屯门仅一海之隔的东莞南头镇，并以 50 艘战船对屯门形成半圆形包围圈，向葡军发动了进攻。汪宏指挥果断，战术灵活，葡军虽然有远征队到来加入作战，仍伤亡惨重。葡萄牙殖民者只得抛弃部分船只，仅乘 3 艘大船趁黑夜大雨潜逃。9月 22 日，皮雷斯"使团"一回到广州，便做了阶下囚，皮雷斯更因此病死在广州监狱。中葡之间第一次外交接触随着屯门之战而以失败告终。

1522 年 4 月（嘉靖元年）葡萄牙远征舰队司令科乌蒂诺（Martin Affonso de Mello Coutinho）从科钦出发，再次前往中国。由于正赶上中葡关系恶化之时，科乌蒂诺企图强行进入中国，结果导致西草湾大战的爆发。《明实录》嘉靖二年三月壬戌条载："佛郎机国人别都卢寇广东，守臣擒之。初，别都卢恃其巨铳利兵，劫掠满刺甲诸国，横行海外。至率其属疎世利等千余人驾舟五艘，破巴西国，遂寇新会西草湾。备倭指挥柯荣、百户王应恩等率师截海御之。转战至稍州，有向化人潘丁苟先登，众兵奔进，生擒别都卢、疎世利等四十二人，斩首三十五级，俘被掠男女十人，攫其二舟。余贼末尔丁·甫思·多灭克等，复率三舟接战，先焚所获舟，百户王应恩死之，余贼亦遁。巡抚都御史张岭，巡按御史涂敬以闻。都察院及奏，上命就彼诛戮枭示。"

西草湾大战以后很长一段时间，虽然葡人曾经企图到福建、浙江等地进行走私贸易，甚至与海盗一起骚扰、劫掠中国沿海，但毫无例外地都遭到了明朝政府军队的沉重打击。

面对无论是国土、人口、资源规模，还是经济、政治及军事实力，都大大超过葡萄牙的强大明王朝，与之和平共处，开展贸易，成为葡国人的不二选择。嘉靖初年，当南海商人取得在澳门进行合法贸易的权益时，葡人以澳门"香舶易达"，故"百计求澳而居之"①。但始终没有达到目的。葡人只好混迹其中，如明人张从简所言："虽禁通佛郎机往来，其党类更附诸番舶杂至为交易。"② 香山学人黄佐也说："（佛郎机党类）更番经来私舶杂诸夷中为交易。"③ 到主张厉行海禁的朱纨因被弹劾而自杀以后，"中外摇手不敢言海禁"，葡人"遂纵横海上无所忌"，伺机进驻澳门。

---

① 郭尚宾：《郭给谏疏稿》，卷一。

② 严从简：《殊域周咨录》，卷九《佛郎机》。

③ 黄佐：《广东通志》，卷六六《外志》。

明嘉靖三十二年至三十三年之间（1553 年至 1554 年），葡人以更改名称、许诺缴纳关税、行贿等手段，得到海道副使汪柏的允许，开始到广州等地进行贸易。1555 年，葡人开始在澳门一带活动。1557 年，葡人以缴纳税饷，"求于近处泊船"，经守澳官王绰代为申请，获得海道副使汪柏的首肯，开始入居澳门。对葡人入住澳门的具体时间，万历《广东通志》是这样记载的："嘉靖三十二年（1553 年），舶夷越蠔镜者，托言舟触风涛缝裂，水湿贡物，愿借地晾晒，海道副使汪柏行徇贿许之。时仅篷累数十间，后工商牟奸利者，始渐运砖瓦木石为屋，若聚落然。自是诸澳俱废，濠镜独为舶薮矣。"① 从有关史料来看，汪柏当时仅仅允许葡人在浪白澳进行交易；大约在 1556 年至 1564 年之间，葡人遂得寸进尺，逐步蚕食，向蠔镜澳转移。葡方的记载一致认为，他们于 1557 年开始在澳门半岛建立居留地。②

1557 年以后，葡人加快了在澳门定居的步伐，不仅在澳门停泊商船，而且开始建屋筑城。到嘉靖四十三年（1564 年），他们建立的住所已"殆千区以上"，居澳葡人迅速增加："（葡人）日与华人相接济，岁规厚利，所获不赀，故举国而来，负老携幼，更相接踵。"③"教区牧师"贡萨雷斯（Gregorio Gosalves）在 1570 年写给西班牙驻葡大使的一份文件中说："在十二年内，葡人在大陆的一个尖端，叫作澳门的地方，盖了一所很大的住宅和三座教堂、一家供穷人用的医院，还有一间圣·米歇利科基亚（Santa Misericordia，即仁慈堂）的房屋，现在它形成一个五千多基督徒的胜地。"④ 至此，葡人在澳门比较稳定地定居下来。

2. 葡人定居后与明朝政府的关系

（1）明朝对澳门的政策

明朝对澳政策的形成，经历了嘉靖、隆庆、万历三朝，期间无论朝野都一直争议不断，政策多有反复。

葡萄牙人初始入居澳门时，"初仅芨舍"，很快便发展至"高栋飞甍，栉比相望"⑤，人口也迅速增至万余人。澳门迅速兴起为中外贸易中心，吸引了大量中国商民和工匠"趋者如市"。这种情况自然引起了明廷关注。

随着自身势力的膨胀，葡人慢慢变得骄悍恣横，不服地方政府管辖，乃至作奸犯科，犯下累累罪恶，主要表现在走私逃税、蓄养倭奴、掠卖人口等方面。居澳葡人的种种恶行，不仅引起广东官绅的关注与不安，更引起了明朝朝野反对。如何管治"澳夷"成为朝野共同关心的问题。

以抗倭名将俞大猷对居澳葡人的态度最为强硬，他极力主张以武力解决。俞大猷曾上书两广总督吴桂芳，建议水、陆夹攻："若以水兵数千攻之于水，陆兵数千攻之于陆，水陆并进，彼何能得逞？今与之大做一场，以造广人之福。"⑥ 但其意见没有被吴桂芳采纳。吴桂芳只是修筑广州外城，并奏请在东莞设立海防参将，"内可以固省城之樊屏，外可以为诸

---

① 郭棐：《广东通志》，卷六九《澳门》。
② See C. R. Boxer, *Seventeenth Century Macau*, Hong Kong, 1984, pp. 4, 14.
③ （明）陈子龙，《明经世文编》，卷三五七，北京，中华书局，1962。
④ ［葡］C. R. 博克舍编注：《十六世纪中国南部行纪》，14 页，北京，中华书局，1990。
⑤ （清）《明史·佛郎机传》。
⑥ （明）俞大猷：《正气堂集》，清道光二十一年味古书室重刻本。

郡之声援；近可以杜里海小艇劫夺之奸，远可以防澳中番夷跳梁之渐"①。自此，明朝专设海防参将一员，驻扎在南头寨，领兵三千，负责"弹压香山濠境等处夷船，并巡缉接济私通船只之责"。

大约在嘉靖四十三年（1564 年），江西道监察御史庞尚鹏上疏专论此事。② 从庞的上疏可知，当时明廷对如何治澳尚无明策，意见大致有以下几种：一是"于澳门狭处，用石填塞，杜番舶潜行，以固香山门户"；二是"纵火焚其居室，散其徒党"；三是"将濠镜澳以上、雍陌以下山径险要处设一关城，添设府佐臣一员驻扎其间，以重权，时加讥察，使华人不得擅入，夷人不得擅出，惟抽盘后验报官票者听其交易而取平焉"。庞在分析上述建议利弊的基础上，提出将海道副使移驻香山，就近弹压，并且恩威并施，从而达到让葡放弃上岸定居、随船往来贸易的目的。庞的建议虽好，但脱离实际，难以实施。

隆庆初年（1567 年），明朝大幅度调整海外政策，在福建漳州开放海禁，允许商民出海贸易，对澳政策基本定型。隆庆三年（1569 年），时任工部给事中的陈吾德向朝廷建议："满剌加等国番商素号犷悍，往因饵其微利，遂开濠镜澳以处之，致趋者如市，民夷杂居，祸起不测。今即不能尽绝，莫若禁民毋私通，而又严饬保甲之法以稽之。遇抽税时，第令交于澳上，毋令得至省城，违者坐于法。"③ 从此以后，"禁私通，严保甲"成为明朝基本的治澳政策，澳门由此开始成为广州外港。

万历元年（1573 年），广东地方政府在香山县咽喉之地莲花茎设关建闸，驻官防守，标志着明朝治澳政策基本定型。关闸的设置，将居澳葡人控制在特定区域内，既便于管理，又限制了葡人的扩张意愿，还妥善解决了通番问题。

然而，树欲静而风不止，明朝对澳门政策的争议时有发生，争议持续，直至明亡。万历三十三年（1605 年），居澳葡人未经中国官府的准许，擅自在圣保禄教堂以北地区修筑城墙，以及在青洲修筑小教堂。广东官府在大加诘责的同时，派官兵去直接拆毁教堂，制止了葡萄牙人的不法行径。次年（1606 年）澳门发生诡传西方传教士郭居静谋反事件，致使两广总督戴耀集结全省军队，断绝澳门葡萄牙人的粮食供应，中止贸易。经查实属子虚乌有，才恢复原状。

总之，广东地方政府对澳门政策在隆庆至万历初年确定以后，基本上没有大的变化，而广东地方官员的倾向直接影响明代中央政府对澳门问题的决策。

（2）地租银的规范

据《澳门记略》记载："其澳地岁租银五百两，则自香山县征之。考《明史》载濠镜岁课二万，其输租五百，不知所缘起，国朝载入《赋役全书》。《全书》故以万历刊书为准，然则澳有地租，大约不离乎万历中者近是。"④ 换言之，在向葡萄牙国王效忠前，约在万历

---

① 吴桂芳：《请设海防参将疏》，载《苍梧总督军门志》卷二十四，《奏议》二。
② 参见（清）印光任、张汝霖：《澳门记略》，澳门，澳门文化司署，1992。此疏原本见庞尚鹏所著《百可亭摘稿》，原稿较长。又此奏疏《百可亭摘稿》原注为庞氏在浙江巡抚任上时所奏上。据郭棐所作《庞氏行状》，庞氏以嘉靖四十三年（1564 年）冬起复赴京，补江西道监察御史，差巡浙江。四十四年五月左右到任，四十五年五月调职。此奏当为此时所上。
③ 《明穆宗实录》卷三八，隆庆三年十月辛酉，台北中研院史语所校勘，1962 年影印本。
④ （清）印光任、张汝霖：《澳门记略》，43～44 页，澳门，澳门文化司署，1992。

元年（1573年）间，居澳葡人本来用以贿赂广东地方官员的钱便已变为地租，正式缴交明朝官府，向中国朝廷表示臣服，换取居澳权利。

葡萄牙商人绞尽脑汁，贿赂明朝守澳的官员，使得明朝的官员对其不法行为不予干涉，从而使葡商能够造成暂居澳门的既定事实。1560年，由于葡萄牙人在澳门居住的时间逐渐延长，澳门一带的商业贸易日旺，葡人开始横行霸道，广东地方官吏不得不开始对不法分子进行惩处。但是，一方面，此时国内时局相当混乱，无暇将葡萄牙人逐出澳门；另一方面，葡萄牙人继续贿赂明朝广东海道副使，每年行贿白银500两，以巩固其在濠镜的地位。1563年，居澳葡人达九百多人，并有葡人从非洲、东南亚等地掠买来的奴隶数千人，而在澳门居住的中国人达四千多人。1564年，葡萄牙人出兵帮助明朝政府镇压因缺粮而哗变的潮汕拓林水兵，因而得到了"免抽分一半税"的优厚待遇。1565年，葡萄牙人又通过出兵帮助明朝政府镇压兵变，进一步使其在濠镜的居留得到了广东地方官吏的默许。

1572年，由于一件偶发事件，葡萄牙人开始向明朝交纳地租。当时，葡萄牙人像从前一样到广州贸易，向海道副使送上每年私授的贿银500两时，因有其他中国官员在场，葡萄牙翻译裴德罗·冈沙维治只得说是葡萄牙人给他带来了每年交付的500两"地租银"，而海道副使也只得宣称，他将把这笔"地租银"送交国库。从此，贿赂变成了地租，每年由居澳葡萄牙人向中国政府交纳"地租银"500两，不久又另加"火耗银"15两，合计515两，每年于11月冬至前后，照会洋官，由香山县派人前往澳门征收。清初1651年曾一度免租3年，至1653年恢复收租，直到1849年止。

（3）关闸门的设置

关闸是内地华人与澳门居民进行日常贸易的场所。万历二年（1574年），明政府在澳门半岛狭窄处莲花茎设立关闸，一为防止夷人擅自进入内地，二为阻止内地亡命之徒与澳门夷人相勾结进行违法活动。《香山县志》卷八《濠镜澳》云："明万历二年（1574年）设关闸，委官守之。每逢一、六日开关，岁收米石，每月六为闭。"裴化行在《天主教十六世纪在华传教志》写道："在1574年中国当局靠土腰最窄处——莲花茎，筑起一道高墙，中间留有一处大门，门上置有岗警。大门每隔五日开放一次，专为彼此交易，以后改为十五日开放一次，除规定的时间外，门上贴有六道封条，上面所写的中国字大意是'畏威怀德'。"[①]龙思泰的《早期澳门史》也写道："在这道屏障中间，有一道用来保持联络交通的门，叫作关闸，由一些中国士兵和一位官员在此守卫，外国人不得通过这道分界线。在开始的时候，据闵明我说，每月只开放两次，然后是五天开放一次，以便向这一偏僻之地出卖日用品。现在则是每天白昼时间开放。"[②]

（4）两广总督对葡人居澳事实的正式确认

葡人居澳虽然得到了广东地方官府事实上的默许，但仍未得到中央政府的正式承认。万历十年（1582年），时任两广总督陈瑞与居澳葡人达成妥协，答应葡人只要服从中国官吏的管辖，就允许葡人居澳。这一事件可以看作是明朝政府对葡人居澳事实的正式确认的

---

① 裴化行：《天主教十六世纪在华传教志》。转引自戴裔煊、钟国豪：《澳门历史纲要》，74页，北京，知识出版社，1999。

② ［瑞典］龙思泰：《早期澳门史》，18～19页，北京，东方出版社，1997。

标志。

(5) 居澳葡人的态度及措施

自正德末至嘉靖中期，葡萄牙人在广东、福建、浙江沿海先后受挫后，认识到中国政府并非像他们在非洲、亚洲其他地区遇到的政权那样软弱，并逐渐了解到中国对外贸易的需要以及明朝政府官员的弱点——贪婪、腐败、对中央政策的阳奉阴违，故而有意识地调整对华贸易策略，改变在印度洋所扮演的征服者角色。他们在中国沿海地区的海盗活动有所收敛，从最早的亦商亦盗、推行以武力占领地盘为主到从事商业贸易活动为主，抛弃了武力手段而采取了谦卑和恭顺的态度，主要动用贿赂的手段，不但贿赂中国地方官员、朝中大臣，而且贿赂中国政府，并表现出不强求占据中国地盘的姿态以迷惑地方官和中国政府，力图改变中国百姓心目中的海盗形象。这一系列新手法的逐步实施，使得广东地方官员对其非法贸易睁一只眼闭一只眼，为葡萄牙人在澳门的存在铺平了道路。他们私自修筑城楼，设置炮台，建筑围墙，把澳门作为中国的"国中之国"。例如，1582 年两广总督召唤澳门主教、民政长官及治安判事等，诘责葡人自由行使法权之不法，大有违皇上予以澳门之初意云云。澳门葡人为顾全澳门安全计，乃派王纳拉（Matthias Penella）及意大利教士罗明坚（Miguel Ruggiero）携带天鹅绒、镜子等珍贵制造品至肇庆，厚贿总督，并郑重申明愿服从中国官宪命令。收到葡人的巨额贿赂后，总督便不了了之，准许葡人继续居住澳门。

居澳葡人的头领更是对中国皇帝俯首称臣，承认其为中国臣民，感谢皇帝赦免内迁的命令，表示要奉公守法，按章纳税。康熙二十二年（1683 年），钦差大臣石柱奉命巡视澳门等地，次年七月石柱觐见康熙，康熙详问澳门情况，石柱回答道："臣曾至其处，香山澳居民以臣为奉旨开展海界之官，皆放炮远接，甚为恭敬，其本地头目至臣前跪云我辈海岛细民……蒙皇上隆恩，令我辈不离故土，老幼得仍守旧业谋生，今又遣大臣安插沿海居民，我辈庶获互相贸易，此地可以富饶，我等诚欢欣无尽矣。皇上浩荡洪仁，我辈何能酬答，惟有竭力奉公以纳贡赋，效犬马之力已耳。"[①]

3. 明政府对澳门的司法主权及对居澳葡人的法律适用原则

澳门乃中国固有领土，居澳葡人触犯明朝刑律，理应受到明朝法律的制裁，由广东地方官府负责组织实施司法管辖权。明代主管澳门司法诉讼的官员，是明朝香山县知县。发生重大民事案件，香山县要逐级上报。在具体司法实践中，凡是居澳葡人内部发生的较轻案件，由议事会预审法官审理；较重的案件，由王室大法官审理；重大案件则要向果阿葡印总督请示执行或送交审判。凡是重大案件，都必须报告明朝广东地方官府并由明朝地方官员审理。例如，万历三十五年（1607 年），澳门葡奴驾艇到山上打柴，与明朝巡海船发生冲突，被官府捕获 8 人，全部被以强盗罪听候枭首问斩。巡按御史田生金会审该案时，觉得有疑点，就传唤夷目，当面质询，确认是樵采葡奴，于是，田生金为当时尚存的 3 人平了反。

中国第一历史档案馆新发现的明代档案表明，澳门葡人如若擅出牧马、游猎、乘船出洋及有偷窃、劫掠之事，均由香山参将究办。万历三十六年（1608 年），香山知县蔡善继上

---

① 汤开建：《杜臻〈粤闽巡视纪略〉中的澳门史料》，载《暨南学报》（哲社版），1996 (3)。

任后，调查澳门居澳葡人的种种不法行为，并制定了《制澳十则》，以加强对居澳葡人的管治。通过该案例可知，明代广东地方官府确实对澳门进行了司法管理。

需要强调的一点是，根据明代诉讼法律制度，除大逆不道及杀人重案取诉追主义，不准私和外，其他普通刑事案件、民事案件多采取不诉不理主义。葡人内部争讼如果不投诉中国官府，则中国官府自然也就无所谓裁判。

4. 居澳葡人的内部事务自治权及法律观

（1）遵守中国法律

葡萄牙人之所以自发来到中国，主要是由高额海上贸易利润所驱使。他们来到澳门初期，为了一夜暴富，采取了一些海盗行为。在遭受强大的明帝国军队迎头痛击后，再加之澳门与葡萄牙本土相距遥远，为获得在中国进行合法贸易的机会，1783 年《王室制诰》颁布前，葡萄牙对澳门并未采取任何有效的管治措施。直至鸦片战争期间，里斯本对澳门当局的指示还含混不清，令后者无所适从。基于其自身利益考量，在想方设法贿赂中国广东地方官员的同时，不得不理性地选择遵守中国本地法律、接受中国本地司法管辖的政策。因为，这在当时来说，是"保留葡萄牙在此一地区利益的唯一现实的方法"[1]。"所有基于理性和正义的理由都是空谈，因为葡人处于一个可怕的两难困局：或让步或饿死。"[2]

葡萄牙学者也承认："议员一般没有多少文化，毫无政治经验，以礼物、贿赂和屈从来面对华人的压力，试图保持在澳门取得的脆弱的利益平衡。1747 年年底发生的一个奇怪事件，可以很好地说明议事会的这种政策：中国官员在其北湾（Praia Pequena）海关行台前面开始筑建一道围栅，总督文东尼下令将之摧毁了。面对（中国）地方官的反应和威胁，议事会出资修建了一道比原来更大更坚固的围栅！"[3]

鉴于葡萄牙通过垄断对华贸易获得的巨大利益，为维持这一垄断地位，居澳葡人不得不采取遵守本地法律的态度，而且，葡萄牙政府也对此一政策予以支持。

（2）不离弃葡国法律

中国自唐宋以来就有蕃坊制度。所谓"蕃坊"，是历史上中国封建王朝对外国侨民所划定的集中居留地。"蕃"是中国古代对于化外民族的通称，《周礼》中就曾说："九州之外，谓之蕃国。"中国历史上最早出现的外国人的居留地，当数西汉时期长安的"蛮夷邸"。北魏时期，随着与西域交通的发展，当时京师洛阳也有大片的外国侨民居留区。到唐代，由于中外关系的高度发展，在长安西市周围、东都洛阳南市之地，以及广州、扬州等城市中，都有集中的外国侨民居留地。至宋代，已出现专门的"蕃坊"之称。

澳门开埠后，两广总督对澳门管治的基本思路是沿袭唐宋蕃坊旧例并有所发展，在澳门外商居住区实行不同于内地的经济和行政管理制度，允许驻澳葡人享有适当的自治权。

正因为中国政府对澳门实行"蕃坊"式管理，允许澳门葡人享有适当的自治权，居澳葡人才得以对葡国法律不离不弃，保留了葡国法律传统。大量史料表明，澳门葡人之间的

[1]　Jorge Noronha e Silveira, Subsídios para a História do Direito Constitucional de Macau（1820—1974），Macau, Publicações O Direito, 1991, p. 15.

[2]　Montalto de Jesus , *Historic Macao* , Hong Kong, Kelly & Walsh, 1902, p. 59.

[3]　Jorge Noronha e Silveira, Subsídios para a História do Direito Constitucional de Macau（1820—1974），Macau, Publicações O Direito, 1991, p. 14.

纠纷，基本上是由葡人自己依据葡萄牙法律进行处理的。正如澳门议事会于 1837 年 1 月 5 日向印度总督上书中所云："本居留地（指澳门）并非葡萄牙征服所得，只是中国人不断授予葡商居住，没有国王与国王或政府与政府之间的协议或契约。澳门居留地在中国以及葡萄牙法律管辖的情况如下：中国的土地给葡商使用，葡商为葡萄牙臣民，一直服从葡萄牙的法律和风俗习惯。"

（二）二元法制正式形成

1. 法律渊源二元化

（1）明朝中后期澳门法律渊源的二元化

第一，《制澳十则》。

本着"以汉法约束之"的原则，明朝广东、香山等治理澳门的地方官员颁布、推行了一些地方法令，对澳门实施管理。最早见诸文献可考的，是万历十七年（1589 年）、二十一年（1593 年），萧彦、陈蕖相继出任两广总督时，为更有效地管理居澳华夷，堵绝私济，严拿倭奴，在澳门推行了保甲法："近者督抚萧、陈相继至，始将诸夷议立保甲，听海防同知、市舶提举约束。陈督抚又奏，将其聚庐中有大街，中贯四维，各树高栅，榜以'畏威怀德'四字，分左右定其门籍，以《旅獒》'明王慎德，四夷咸宾，无有远迩，毕献方物，服食器用'，二十字分东西为号。"[1]

万历三十六年（1608 年），蔡善继就任香山知县，在调查居澳葡人的种种不法行为后，他制定了《制澳十则》，严厉整治居澳葡人，成为首份管理澳门的法规文书："（蔡善继）甫履任，侦知澳夷情形，条议'制澳十则'……未几，澳弁以法绳彝目，彝叫嚣，将为变。善继单车驰澳，数言解散，缚悖彝至县堂下笞之。故事彝人无受笞者，善继素以廉介为彝人所慑，临事控制有法，彝遂俯首帖耳受笞而去。"[2]

《制澳十则》警告葡人不得擅自在澳门置物业、盖房屋，主张对澳门葡萄牙人严加管制。蔡善继廉洁奉公，执法严明，使葡人无机可乘，在澳门葡人中享有很高的威信，其制澳事件在香山县人民中广为流传。[3]

第二，《海道禁约》。

由于日本人在澳门充当葡人的帮凶，明万历四十一年（1613 年），奉两广总督张鸣冈之命海道副使俞安性入澳查拿日人，并遣送回国。万历四十二年（1614 年），奉两广总督张鸣冈之命，海道俞安性和香山县知县但启元巡视澳门，针对葡萄牙人私畜"倭奴"的情形，俞安性提出在澳门以立碑石的方式加以禁止；又针对居澳葡人的多种违法行为，建议立规管治。俞氏的建议得到张鸣冈的重视，遂命俞安性在"禁止澳门畜倭"的基础上，制定了《海道禁约》。后经两广总督张鸣冈和巡按御史周应期等人修订，刻成石碑，放在澳门议事亭中，以备葡萄牙人遵照实行。当时明政府曾规定："海道每巡历濠境一次，宣示恩威，申

---

① 郭裴：《广东通志》，卷六九《外志番夷》。

② 暴煜：《香山县志·蔡善继传》。

③ 《澳门记略》对此亦有记载。《澳门记略》载："香山知县蔡善继甫履任，即条陈制澳十则上言。未几，澳弁以法绳夷目，夷讳，将为变。善继单车驰往，片言解。缚悍夷至堂皇下，痛笞之。故事，夷人无受笞者，独善继廉介，夷人慴之，故帖息。"

明禁约。"即要求以后巡历澳门的海道，每次都申明喻安性的禁约。

《海道禁约》共 5 款，其内容分别为禁畜养倭奴、禁买人口、禁兵船编饷、禁接买私货、禁擅自兴作等，内容涉及对澳门实施土地、军事、行政、司法及海关等诸多方面的管理。《海道禁约》的制定和实施，表明明朝官员承认葡人租住澳门的事实，葡人未曾有澳门的主权，必须接受明朝官员的管理。

（2）清朝澳门法律渊源二元化

第一，《管理澳夷章程》。

乾隆九年（1744 年），首任澳门海防军民同知印光任曾多次深入澳门了解"夷情"，意识到要管理好澳门，应首先控制和管理好进入澳门的中国人，遂迅即制定了管理澳门的 7 项措施，并上报朝廷批准执行。这 7 条《管理澳夷章程》既有防范澳夷的内容，也有针对出入澳门和居住澳城之内的中国人加强管制的措施，内容较明万历时俞安性的《海道禁约》更加具体，而且并非仅针对居澳葡人，反映出这一时期澳门的形势与明万历年间相比已发生了很大的变化。

第二，《澳夷善后事宜条议》。

乾隆十三年（1748 年），居澳葡萄牙巡逻士兵拘捕了两名中国人，并毒打致死。香山县丞得知后要求澳葡当局交出凶犯。在海防同知张汝霖多次要求仍然无效的情况下，广东官府下令关闭闸门，断绝食品供应，居澳葡人不得不屈服，让中国官员审讯罪犯。但是，此案最终因澳门总督将罪犯"流放"到帝汶而了结。对于这样一种不得已而为之的结果，乾隆帝下旨切责地方政府处理不力，有损清政府的威严，不仅广东政府受到朝廷批评，张汝霖也因此被撤职。次年，为以儆效尤，张汝霖和香山县令暴煜拟订了《澳夷善后事宜条议》12 条，即驱逐匪类、稽察船艇、赊物收货、犯夜解究、夷犯分别解讯、禁私擅凌虐、禁擅兴土木、禁贩卖子女、禁黑奴犯行窃等。其中有些内容是过去没有或没有明确的，这一次正式以律令的形式确定下来，最为重要的是正式将澳门葡人、黑奴及华人犯罪的审判权进行了严格的界定。此后，广东官府通过不断完善相关法令、条例加强对澳门的管理，如乾隆十五年（1750 年）香山知县张甄陶的《制澳三策》、二十四年（1759 年）两广总督李侍尧的《防范外夷章程五条》，嘉庆十四年（1809 年）两广总督百龄、监督常显的《华夷交易章程》，道光十一年（1831 年）两广总督李鸿宾、监督中祥的《章程八条》及十五年（1835 年）两广总督卢坤、监督中祥的《增易规条》等。这些地方法规与《大明律》和《大清律例》相辅相成，共同构成中国政府对澳门行使司法权时适用的法律。

清乾隆十四年（1749 年），经广东地方政府批准，曾将澳门海防军民同知张汝霖、香山知县暴煜共同议订的《澳夷善后事宜条议》12 条用中、葡两种文字刻于石碑，其中葡文石碑立于澳门议事亭内，中文石碑立于香山县衙署，以示永远信守。但在翻译过程中，葡萄牙人私自删节，故葡文石碑上文字简短，还去掉了第 12 条关于禁止华人入教的条款。遗憾的是，这块十分珍贵的碑刻实物法律资料后被葡人损毁。庆幸的是，石碑上的律令条文已被收载于史籍档案中。

2. 司法组织二元化

（1）明、清政府司法组织的设置

明朝政府虽然在澳门设有提调、备倭、巡缉等官员，这些官员统称"守澳官"，但澳门的主要行政、司法等职能，由香山县知县主管。他对居澳中外居民具有广泛的管辖权，诸如编查中外居民的保甲户口、核准澳中房舍的修建拆毁、征收澳内村民田赋及葡人地租、审理中外居民之间的民事及刑事案件、发布各项行政命令、缉解内地逃犯、查验出入港口船只等等。雍正八年（1730年），两广总督郝玉麟等因澳门中外居民日众，距县遥远，知县县务殷繁，不能兼顾，奏请设香山县丞一员，作为分管澳门县丞。乾隆九年（1744年），清政府将肇庆府同知改设为广州府海防军民同知，通称澳门同知，移驻前山寨。至此，以澳门同知为最高实际负责官员，与香山知县及县丞互相协调，共同管理澳门事务，构成鸦片战争前清政府管治澳门的体制。

在关税征收方面，康熙年间，清政府在澳门设立粤海关监督行台，作为粤海关监督巡视澳门驻扎之所。其后澳门作为海关属下的7处总口之一，下辖关闸、大码头、南湾和娘妈阁四小口，居于与省城大关总口同等重要的地位。

（2）澳门葡人司法组织的设置

第一，议事会。

在葡萄牙海外扩张过程中，由于国力有限，注重控制海上航路并保障其安全，占据地的建制差异很大。最初定居澳门的二十多年里，葡人的行政模式并不确定，大致与葡萄牙在印度洋和南洋的商站（feitoria）比较相近。商站的目的是创造必要的条件和机会来促进贸易，以保障王室的利益。同时，商站又具有一定的军事职能，由一年一度赴日本途中在澳门停留的舰队司令或曰巡航首领代表。总体上，商站注意尊重当地的风俗习惯，与当地人维持睦邻友好关系，与其他商站在共同运作、相互补充。①

无论是从维护澳门内部商业秩序、保证商贸活动正常运作方面，还是在保护澳门商业利益不受外敌侵害方面，都需要在澳门建立一个切合实际、行之有效的管理机构。于是，在东西文化最早的交汇之地澳门，出现了被称为城市"商人共和国"的澳门议事会。澳门议事会成立的大致过程如下：

早在1560年，居澳葡人已选出驻地首领法官和4位较具威望的商人，形成管理组织，处理社区内部事务。这是议事会的雏形。② 它并没有受到葡属印度的任何组织控制和指示，对外服从中国法律，接受明朝政府的管辖并交纳租税。军事上，则由一年一度赴日本贸易途中在澳门停留的舰队司令或巡航首领统一指挥。③

1576年1月23日，罗马教皇格雷哥利十三世（Gregrio XIII）颁令在澳门设立教区，开始任命澳门主教。④ 1583年，在萨主教的倡议和主持下，居澳葡人首次举行选举，选出判事官2人、长老（市议员）3人、检事（理事官、司库）1人，组成议事会，得到葡属印度总督马士加路的认可。

1586年4月10日，印度总督孟尼斯在澳门居民的要求下，沿袭中世纪葡萄牙的市政组织模式⑤，扩大了议事会的行政、政治和司法管理权，军事权仍由巡航首领专掌。孟尼斯授

① 参见叶士朋：《澳门法制史概论》，11～15页，澳门，澳门基金会，1996。
② 参见吴志良：《生存之道：论澳门政治制度与政治发展》，49页，澳门，澳门成人教育学会，1998。
③ 参见上书，50页。
④ 参见施白蒂：《澳门编年史》，18页，澳门，澳门基金会，1995。
⑤ 参见吴志良：《澳门政制》，11页，澳门，澳门基金会，1995。

予澳门与印度科钦等相等的自治特权，每 3 年选举官员、普通法官一次。1596 年 4 月 18 日，西班牙国王颁令，正式设立澳门市议事局，澳门从此获得"法令特许状"①。至此，形成了由三部分组成的早期澳葡政府，它们分别是：代表居澳葡人的自治机构议事会，代表葡萄牙王室的兵头、王室法官及代表罗马教廷的澳门主教。在这三者中，以议事会为主体。最初，议事会由居澳葡人自愿捐款维持；后来，通过向经澳门港进口和向日本出口货物的葡萄牙船只收税维持其运作。当税收有盈余时，就拨入储备；当出现赤字时，就从储备中拨款支付；如果还是不够用，有时向富商临时借贷，有时则举行公开募捐。② 总之，澳门议事会财政基本上可以自给自足。

由于议事会在澳门政事生活中处于重要地位，承担重要职能，因此，早期机构相当庞大，以 1777 年为例，职位达 24 个之多。③

第二，王室法官。

王室法官是代表葡萄牙国王行使司法权力的象征，在澳门葡人内部纷争中扮演重要角色。葡萄牙航海大发现过程中，每当向征服地派出总督的同时，一般都委派一位王室法官协助司法。王室法官协助总督行使司法管辖权，并依总督授权单独审判轻微罪案，查办民事案件。

首位王室法官在议事会正式成立前便已抵澳。1580 年，果阿委派的王室法官抵达澳门④，负责治安事务，将葡萄牙法律延伸实施到居澳葡人。从 1587 年 2 月 16 日起，澳门有一个特别的章程，对王室法官的职责和权力作出了比较详细的规定。该章程第 23 条规定，巡航首领对王室法官没有任何管辖权和优越地位，不得对王室法官的职权进行任何干预。所以，司法权基本上独立于巡航首领。另外，该章程第 22 条还特别规定，除非印度总督或高等法院下达命令，王室法官任职期间不得被逮捕。但王室法官在军事管理方面，要服从巡航首领的命令。当澳门巡航首领不在本地时，王室法官和驻地首领或最年长的市议员共同负责管治葡人事务。从 1606 年开始，葡萄牙国王只委任有文凭的人担任王室法官，更强化了王室法官的实际权力。根据该章程，王室法官负责对民事和刑事案件进行初审，向果阿高等法院提起上诉，委任司法文员，出具担保书等。值得注意的是，该章程第 32 条明确规定，王室法官不得干涉中国官员对澳门华人的司法管辖权，中国居民的互讼案件完全由中国官员执法。为防止总督侵犯王室法官的权力，1728 年 9 月 13 日，葡萄牙国王谕示葡属亚洲各地总督，如果侵犯王室法官的权力，将撤职查办。即使是因为国家或公共治安的理由，总督也只能以书面形式向王室法官发出指令，但王室法官如果不同意执行，有权提起上诉。

3. 司法管辖权二元化

(1) 民事案件

对澳门华人之间或华人与葡人之间民事案件的处理方法，一般是县官在葡方提供的案

---

① 吴志良：《生存之道：论澳门政治制度与政治发展》，53 页，澳门，澳门成人教育学会，1998。

② See C. R. Boxer, *Portuguese Society in the Tropics-the Municipal Councils of Goa, Macao, Bahia, and Luanda*, the University of Wesconsin Press, 1965, pp. 5 - 7, 54 - 57.

③ 参见澳门历史档案馆藏 AHU, Macau, cx. 11doc, 36 页。

④ 参见施白蒂：《澳门编年史》，19 页，澳门，澳门基金会，1995。

件情节、见证人和处理意见的基础上进行核实，有时知县或县丞亲自赴澳传讯有关人员，然后依法作出裁定。不论"华欠"或"夷欠"，县官均判令欠款方限期清偿。对于"华欠"，中国县官往往也秉公执法，而且档案中确有押候积欠的华人缴还给葡人货款的判决。《葡萄牙东波塔档案馆藏清代澳门中文档案汇编》第七章"民蕃交涉"中涉及屋铺租赁纠纷的档案有 46 份，钱债纠纷为 31 份，有广东地方官府和澳葡理事官关于华人与葡人在土地房屋租赁典押、账款借贷、伪造契约等问题的往来谕禀。这些资料无疑是中国官员行使民事管辖权的实物例证。

对于居澳葡人侵犯华人利益的行为，作为"父母官"的广东地方当局，当然会设法保护。如乾隆末嘉庆初之际，因土地升值，出现了多宗葡人房主逼迁华人租户的案件。据嘉庆十二年（1807 年）七月初三的一份档案记载："澳门民人住居铺屋，有与夷人承赁空地烂屋，自捐银两修造，递年纳夷地租者；有与民人用银顶手，每年另纳夷人地租者，历久无异。自乾隆五十二年，夷人忽欲尽逐民人，取回铺屋，又索加租。奉宪定案，嗣后民人居住夷人铺屋，不欠租银，不许夷人取回，亦不许加租。"该档案还记载，澳门铺民文亚雄等于乾隆五十八年（1793 年）用价银 180 元租铺屋一间，经营裁缝、杂货，每年向吗哋咁交租金 18 元，历经十余年。后该夷忽欲取夺铺屋，并强行让铺民搬迁，铺民"理拒不从，该夷声言率奴拆毁逐出"。香山县丞吴兆晋收到铺民投诉后认真处理此案："查文亚雄顶租夷人吗哋咁铺屋，开张生理，已历十五年之久，既不少欠租银，该夷何得恃蛮遽令搬迁，殊非情理，合谕禁止。谕到该夷目，立即遵照，转饬该夷吗哋咁，遵照成例，将铺照旧收纳租银，毋得擅率黑奴到铺，勒令迁移，致滋事端，大干未便。嗣后如再有似此恃蛮滋事者，该夷目尤当谆谆诰诫，毋令仍蹈前辙。均毋有违。特谕。"

凡居澳葡人内部发生的较轻民事案件，由预审法官审理；较重的案件，由果阿葡印总督派到澳门的王室大法官审理；重大案件要向果阿葡印总督请示执行或送交审判。但凡重大案件，都要向明朝广东地方官府报告，由广东地方官员审理判决。在澳门主管民事诉讼的地方官员，即香山县知县，遇有重大民事案件发生，要上报广州府，并逐级上报。

（2）刑事案件

《大明律》明文规定："凡化外人犯罪者，并依律拟断。"对此，《大明律例》有如下注解："化外人，即外夷来降之人及收捕夷人散居各地方者皆是，言此等人原虽非我族类，归附即是王民，如犯轻重罪，各译问明白，并依常律拟断，示王者无外也。"一般说来，居澳外国人的刑事案件，由香山县丞、知县、澳门同知等地方行政长官负责，本着"化外人有犯，并依律问断"的原则，葡人在中国犯罪，尤其是中外人之间的人命重案，由中国官员按中国法律审办。至于外国人罪犯的解讯程序，则与内地人犯略有区别。《澳夷善后事宜条议》"夷犯分别解讯"款规定："嗣后澳夷除犯命盗罪应斩绞者，照乾隆九年定例，于相验时讯供确切，将夷犯就近饬交县丞，协同夷目，于该地严密处所加谨看守，取县丞铃记，收管备案，免其交禁解勘。一面申详大宪，详加复核，情罪允当，即饬地方官督同夷目，依法办理。其该军流徒罪人犯，止将夷犯解交承审衙门，在澳就近讯供，交夷目分别羁禁收保，听候律议，详奉批回，督同夷目发落。如止杖笞人犯，檄行该夷目讯供，呈复该管衙门，复明罪名，饬令夷目照拟发落。"① 其中有些内容是过去没有或没有明确的，这一次正式以律令的形式确定下来，最为重要的是正式将澳门葡人、黑奴及华人犯罪的审判权进行了严格的界定。

此后，广东官府通过不断完善相关法令、条例加强对澳门的管理。这些地方法规与《大明律》和《大清律例》相辅相成，共同构成中国政府对澳门行使司法权时适用的法律。《葡萄牙东坡塔档案馆藏清代澳门中文档案汇编》第七章民蕃交涉中涉及的失窃案件 32 份、伤殴案件 22 份、命案 31 份；在其他章中，还有涉及蕃官擅审华民的档案 8 份、事关差役勒索的档案 11 份、海盗劫掠的 35 份、官府缉解内地人犯的 8 份等。这些刑事案例，说明明、清政府对澳门拥有相对完整的刑事司法管辖权。但是，由于我国固有刑事诉讼传统的影响，作为"化外之人"，居澳葡人内部沿袭的葡国法律传统，也得到了中国政府官员尊重。

4. 关税管理二元化

(1) 明朝的市舶司

就征收舶税而言，明朝在澳门妈阁庙附近本就设有河舶所。当澳门葡萄牙人越来越多之后，中国官府又在澳门（今关街附近）设立海关，专负责夷舶抽税事宜。设关初期，抽税仍按武宗正德十二年（1521 年）所定则例，将船上货物抽税 2/10，存贮布政司库；8/10 的货物则任由外国商人与中国商人自行交易。至穆宗隆庆五年（1571 年），明朝按船大小分 9 等抽税。明朝官员对葡萄牙人的一项比较特殊的优待措施是，允许澳门葡萄牙人在澳门设立自己的税关向葡萄牙船只另行抽税，作为维持澳葡自治机构运作的经费。

市舶提举是明代直接管理外商入华贸易的官员。"先是，暹罗、东西洋、佛郎机驻国入贡者附省会而进，与土著贸迁，设市舶提举司税其货。"② 据《澳门记略》记载，"明初，许诸番互市，立市舶提举司一人，秩从五品；副提举二人，从六品；其属吏目一人，从九品。掌海外诸番朝贡市易之事，办其使人表文、勘合之真伪，禁通藩，征私货，平交易，闲其出入，而慎馆穀之制"③。但明初市舶司官员并无实权，更有甚者，明于嘉靖初年全面罢废市舶司。"嘉靖中，革去市舶内臣，舶至澳，遣知县有廉干者往舶抽盘，提举司官吏亦无所预。"④ 当时广东市舶司虽得以幸存，但实际上仍是名存实亡。

到隆庆年间，市舶提举参与到了澳门的管理工作，不仅管理澳门抽分，还要负责"约束"澳夷。"前明著令，（关闸）每月中六启闭，设海防同知、市舶提举各一员，盘诘稽查。"⑤《澳门历史新说》一书对此作出了较为详细的考证："在 1578 年前，广东政府在澳门

---

① （清）印光任、张汝霖：《澳门记略》，上卷，《官守篇》。

② 《明实录——熹宗实录》卷一一。转引自中国第一历史档案馆、澳门基金会、暨南大学古籍研究所合编：《明清时期澳门问题档案文献汇编》（五），36 页，北京，人民出版社，1999。

③ （清）印光任、张汝霖：《澳门记略》，上卷，《官守篇》。

④ 顾炎武：《天下郡国利病书》，第 33 册，"交趾西南夷"。转引自中国第一历史档案馆、澳门基金会、暨南大学古籍研究所合编：《明清时期澳门问题档案文献汇编》（五），124 页，北京，人民出版社，1999。又见黄佐：《广东通志》，卷六六《外志》三《番夷》。

⑤ （清）王植：《崇德堂稿》，卷二《香山险要说》。转引自汤开建：《澳门开埠初期史研究》，192 页，北京，中华书局，1999。

设立的市舶司，主要任务是征收进出口商税和泊税。每当商船抵达港口，船长将船货清单直接交到市舶司，然后市舶司官员在检查官、船长等陪同下上船丈量并对船货估价纳税。经市舶司验证盖章后方可运往广州销售或将货物运往海外。商船正式离港之时，需再次报告市舶司。市舶税收全部直接上缴广州地方府库。1578年后，鉴于葡商直接进入广州购货，出口税就直接在广州交纳，自此后澳门市舶司只管征进口税与泊税，为此广州还设立一个税司专门征收出口税，但没配备专门官员，仅由地方官履行这一职责。"[①]

广东市舶司于万历十九年（1591年）在香山境内设立抽盘厂，代表市舶司及香山县对澳门番舶征收税银及复查。张天泽称，明代"在澳门设有一个中国税馆，征收进出口货税和泊费"[②]。这里所谓的"税馆"，即市舶司设于澳门负责管理税收的分司机构。

缴纳税饷对澳门葡萄牙人而言，是使他们自私商变成饷商，取得合法贸易资格的一件大事。自此之后，葡萄牙大帆船不必在中国沿海一看见中国兵船便马上扬帆逃入大海躲避，以往常因此造成船毁货没人亡的惨剧。中国政府自改征收舶税以来，历明清两朝约三百年的时间，葡萄牙人一直都照章缴税。

（2）清朝的海关——限定澳葡船额

明朝灭亡后，清朝大致上继承了明朝对澳门的措施。不过，清朝为对付郑成功抗清，于顺治十三年（1656年）至康熙二十三年（1684年），实施长达28年的海禁，甚至下令迁海（顺治十八年，1661年）。此时期中外交通、贸易几乎断绝。澳门葡萄牙人幸赖顺治皇帝宠信的耶稣会士汤若望游说，才免遭逼迁之苦，但也难免市面萧条。

康熙二十三年（1684年），台湾郑氏政权投降清政府之后，宣布开放海禁，并于康熙二十四年（1685年），在广东的广州、福建的漳州、浙江的宁波、江苏的云台山设立海关，主持对外贸易及征收关税事宜。同年，清政府在澳门设立"关部行台"，将澳门的中国海关编入广州的粤海关管理，称"澳门总口"，其职权为稽查澳门的外国商船贸易及进入广州事宜。澳门总口设旗人防御一名，下辖大码头口、南湾口、关闸口及娘妈阁口。由于地位微妙，澳门总口的重要性仅次于设于广州的省城大关虎门口，驻有"家人"（亦即粤海关监督的亲信人员）2名，以为耳目。

雍正、乾隆以后，清廷对夷人防备转严，前来广州的外国商船，均必须先停泊在澳门，向澳门同知申报进口，并办理申请红牌、引水员、通事买办，才能驶进虎门卸炮，接受海关监督、检查、丈量，才准驶进黄埔下碇；除外国妇女不得带入夷馆外，通商期间一过，外商也不得在广州过冬，必须返回澳门居住。

这种以"防夷"为基本心态的海关制度，虽然为外商带来许多不便，甚至还成为后来中英鸦片战争的基本起因，但对澳门葡萄牙人是相当有利的。因为葡萄牙妇女随船来华者极少，葡萄牙男子又嫌南洋马六甲及印度女皮肤太黑，多乐于娶华妇为妻，繁衍出一批精通中葡语言文字、文书作业及官场文化的通事买办，几乎垄断了这种行业达300年之久。而且由于外商必须有半年返回澳门居住，澳门地租、房租日昂，他们贱买贵卖甚至只租不卖，又赚取了大笔收益。再加上澳门葡船获得清政府优惠，比照东洋船丈抽，比西洋船少

① 邓开颂等：《澳门历史新说》，107～108 页，石家庄，花山文艺出版社，2000。

② 张天泽：《中葡通商研究》，88 页，北京，华文出版社，1999。

抽税 20％。因此，这段期间澳门葡萄牙人的经营虽然时有起伏，但大致上仍是比较安定的。

（3）葡澳海关的设立及葡人的内部征税

为维护葡人澳门自治机构的运转和向葡萄牙政府交纳王库收入，葡萄牙人也在澳门设关收税。龙思泰明确记载，澳门"海关税收的第五项属于国王，其余属于市政资金"①。

据史载，澳门总督年收入为 2 000 两，判事官同时代理海关税务官，年收入为 2 000 两，他还要从海关衙署拿到津贴 1 000 两；掌管葡萄牙法规的世俗人和律师，前者每人 100 两，后者每人 200 两（总共有多少人，不得而知）；议事会成员每年得到不超过 600 两的酬金；还有每年军费 5 000 两。这样大的开支，没有大量的关税收入，肯定不行。据说，在 1784 年以前，澳门的葡萄牙财政专家曾不停地探索税收方面错综复杂的深奥之处。岁末年初，议事会成员和市民领袖要召开会议来决定各类进口货物的税率。② 有人研究，征收税额一般为从价税，税率为 3％至 10％。这笔收入，1700 年左右为 2 万两，19 世纪 30 年代加上鸦片税收将近十万两。③

（三）法律二元制的衰落

1. 议事会自治权的萎缩及总督权力的强化

（1）议事会自治权的萎缩

成立之初，澳门议事会的权力很大，除管理市政卫生、市容、拨款支持医院和仁慈堂（Casa da Misericórdia）等一般事务外，还须负责葡人的治安和司法。后来，甚至修筑炮台也由议事会负责。保安队一般由居民担任，需要时还雇佣奴隶。葡人若有犯罪，较轻的案件由普通法官进行简易判决；较重的案件由王室法官判处；超过 12 万雷耳动产和 8 万雷耳不动产的民事案件都须送往果阿中级法院审判。只有罪犯为士兵时，王室法官才可以判处死刑，但此权力只限于葡人。④

在近两个世纪里，居澳葡人以一种相对较为独立的自治形式管理自身的利益。葡萄牙政府的注意力通常集中于印度及其众多军事和商业问题，很少顾及到面积细小、距离遥远且联络极其不便的澳门。因此，澳门葡人大致上以商人共和国的模式在澳门进行自我管理，创造出了独一无二的历史经验。犹如希腊城邦的历史，"使后世看到人类在多数独立自主的小社会中所能从事的文明的试验，和所能成就的文明的缔造……这些于文化有卓越创造独立自主的小社会，如何仍能在现实世界中维持其存在，可能是历史留给后人的最值得思考的问题之一"⑤。

1783 年 4 月 4 日的《王室制诰》，授予总督主导澳门政治生活必要的权力，议事会自然对此亦愤愤不平："1784 年 7 月 28 日，在原印度总督萨勒马·萨尔达尼亚的唆使下，殖民大臣马蒂纽·德·梅罗·卡斯特罗对澳门总督的权利进行改革。兵头，或称总督，有权参预与殖民地福祉有关的各项事务，并且，对议事会任何动议有一票否决权。当时，一个由

---

① ［瑞典］龙思泰：《早期澳门史》，75 页，北京，东方出版社，1997。
② 参见上书，72～73 页。
③ 参见王昭明：《鸦片战争前后澳门地位的变化》，载《近代史研究》，1986 (3)。
④ 参见叶士朋《澳门法制史概论》，62 页，澳门，澳门基金会，1996。
⑤ 王德昭：《西洋通史》，71～72 页，香港，商务印书馆，1990。

一百名火枪手和五十名炮手组成的印度兵团代替了市卫队……'高于一切'的议事会对于延续了二百年的条例被废除、其本身又被视为'愚昧无知'感到忿忿不平。1847 年 2 月 5 日《议事会备忘录》表达了议事会的愤怒。"①

由于澳门议事会与总督之间关系紧张，1835 年，澳督晏德拉解散了议事会，澳督从此成了行政总督，被授予了最高权力，议事会只能负责市政事务，结束了澳门的议事会政体。

1844 年，葡萄牙在澳门设立省政府，议事会沦为一个纯市政机关。1846 年 4 月亚马留 (J. M. Ferreirado Amaral) 总督上任后建立殖民统治，议事会已名存实亡。

（2）王室制诰

1783 年 4 月 4 日，海事暨海外部部长卡斯特罗以葡萄牙国王的名义向印度总督发布圣谕（后人俗称《王室制诰》），授予总督主导澳门地区政治生活的权力。《王室制诰》要求议事会将账目提交给总督和王室法官，并且要求议事会在做任何有关中国或王库事宜的决定前先咨询总督的意见。根据《王室制诰》，"议事会：这个机构的选举和组成与以前一样，由两名法官、三名高级市政官和一名理事官组成……总督：总督应掌管一切经济、政治、民政或军事事务……判事官：……议事会请求玛丽一世任命一位精通法律之士，作为澳门民政部门的首领……在总督缺席的时候，判事官作为副主席主持议事会。他们同时也是海关税务官。判事官的权力甚大……国王金库（RoyChest）"②。正如学者所言："自 1783 年《王室制诰》加强总督权力，澳门政治开始染上殖民色彩。"③ 从此，总督有权干预澳门葡人内部管理的大小事务，对议事会决策有否决权。也因如此，有学者将《王室制诰》作为澳葡殖民政府开始成立的标志。

（3）总督权力的强化

17 世纪初荷兰人多次进攻威胁澳门后，议事会考虑到澳门的长治久安，不仅贿赂中国地方官员默许他们修筑城墙，还决议请求印度总督派遣一位军官长驻澳门，负责防务。议事会多次要求均未获答复后，曾于 1615 年自设战督（Governador de Guerra）。1623 年，由印度总督委派的首任总督马士加路于 6 月 17 日就职履新。

17 世纪和 18 世纪大部分时间里，澳门总督虽然地位显赫，但其权力只限于"统管炮台和军事监狱"，不得过问议事会的施政，并无多少实际管治权。首任总督甚至连官邸都没有。对于这种状况，往往是行伍出身、个性专横的总督们难免心生怨怼，与议事会矛盾不断。首任澳督马士加路就是因为与议事会和教会矛盾激烈，发生公开冲突，最后被迫离开澳门。其后历任总督都曾尝试插手议事会内政。1710 年月 5 月 16 日，澳督戴冰玉强迫市民另选议事会，受到强烈抵制，令局势紧张，直至发生武力冲突，事件拖至 7 月 28 日新总督贾士度上任后才得以平息。1 年后，贾士度也因行为专横、干预议事会权力而下台。

1640 年葡萄牙复国后，开始加强中央集权，中世纪以来授予地方自治组织的优惠和豁免也逐渐被取消。加强中央集权的标志就是总督权力的逐渐强化。1652 年 7 月 14 日，国王颁令设立海外委员会，以协助管治殖民地，成为后来海外部和殖民地部的雏形。18 世纪中

①　施白蒂：《澳门编年史》，182～183 页，澳门，澳门基金会，1995。
②　［瑞典］龙思泰：《早期澳门史》，77～80 页，北京，东方出版社，1997。
③　吴志良：《生存之道：论澳门政治制度与政治发展》，135 页，澳门，澳门成人教育学会，1998。

叶庞巴尔侯爵推行的一系列政治、行政、军事和经济改革，增加了对海外属地的干预，改革的浪潮伸延至澳门。1783 年 4 月 4 日的《王室制诰》，大大强化了总督的权力，成为总督主导澳门地区政治生活的标志。总督逐步变得名副其实，澳门政治组织的殖民色彩日趋浓厚。

2. 王室法官的废立

葡萄牙中央政府为加强对澳门的统治，一方面在削弱议事会权力的同时，另一方面也对王室法官的权力进行限制。议事会认为澳门地方小，普通法官就可以胜任办案，需要时再向果阿法院提起上诉，因而要求将其职权合并于议事会，甚至提出取消王室法官职位。1782 年 4 月 20 日，葡萄牙国王顺应民情，撤销了王室法官，有关职责交由地区法官行使。

撤销王室法官后，议事会势力日益强大。为限制议事会的权力膨胀，1783 年，印度总督建议恢复王室法官，并于 1787 年正式派人来澳。1803 年，王室法官职位正式恢复，除原有职权外，还另外拥有重审普通法官的判决，并任冤情大使、海关司法官和国家财政的保护者等权力。与此同时，由总督、王室法官、驻军司令、普通法官、两位任期最长的市议员和检察长，组成了一个司法委员会，负责审裁对王室法官判决的上诉。

1836 年 12 月 7 日，葡萄牙改革果阿高等法院辖区，正式取消了王室法官："即日的司法改革也给澳门带来了影响，葡萄牙为澳门任命了一名初级法院法官，平民及士兵的刑事犯罪由司法委员会审理。"[①] 王室法官自此寿终正寝。

3. 检察长的存亡

自 1583 年议事会成立时，检察长一职便已存在。中文古籍中称之为"理事官"，也称"夷目"。检察长担负中、葡管理澳门的联络要职，也是中国明、清政府在澳门行使主权的重要媒介。据《澳门记略》记载，检察长与中国官府之间书信往来皆用中文，且身份低于澳门海防军民同知和香山县令："理事官一曰'库官'，掌本澳蕃舶税课、兵饷、财货出入之数，修理城台街道，每年通澳金举诚朴殷富人为之。蕃书二名，皆唐人。凡郡邑下牒于理事官，理事官用呈禀上之郡邑，宇遵汉字，有蕃字小印，融火漆烙于日宇下，缄口亦如之印。"[②]

初时，除负责税务、财政、海关和执行行政措施外，检察长不仅是议事会最重要的行政官员，也兼有对外联络和部分司法职能，代表议事会与中国政府沟通。中国地方政府对澳政策和措施，通过检察长传达到澳门。无论是葡人与华人之间的纠纷，还是华人居民犯罪，到 18 世纪末之后，甚至葡人发生重大罪案，中国官府都会通知检察长，令其捉拿犯人，送交官府处置。除 1738 年后不再兼任库官外，检察长的职能，这样大致维持了两百多年。

1847 年 8 月 20 日，有关华人事务部分被纳入政治秘书处，检察长实际上转为隶属总督，仅在若干市政事务方面对议事会负责。1849 年亚马留赶走中国驻澳办事机构后，检察长成为事实上专责澳门华人事务的机构。直至殖民管制时期，设置华务检察官署，颁布《华务检察官署章程》，检察长一职脱离议事会而成为国家公务员。

---

① 施白蒂：《澳门编年史》，64 页，澳门，澳门基金会，1995。
② （清）印光任、张汝霖：《澳门记略》，65 页，澳门，澳门文化司署，1992。

4. 清政府对澳门司法管辖权的逐步旁落

(1) 1701 年行刑地的变化

随着葡萄牙人入居澳门时间的延长及势力的稳固，便不时表现出对澳门的司法、行政管辖权的觊觎之心。早在 1689 年，葡属印度总督卡斯塔就下令禁止在澳门的葡萄牙人听从中国地方官的传唤。1712 年，葡王若奥五世再次发布类似的命令。当时，居澳中国人"已习惯于向能够为他们主持正义的判事官申诉与葡萄牙冲突的因由"。但是，其时中国人寻求的更大程度上是一个说理的地方，澳门判事官并不能为当事人提供强制性的法律保护。①

在葡人定居澳门的早期，澳门司法管辖权无疑是由中国地方官员行使，"当杀害或谋杀案件发生后，可以秘密地给死者的父母一笔钱——但进行调解是经常遭到蔑视的，他们宁愿要求公开的报复，将案件向中国地方官员报告。同时，嫌疑犯会被逮捕并投入监牢，由葡人官方进行审理，听取证词。前来验尸的中国地方官员到来时，理事官便将罪犯移交给他，他会对罪犯进行审讯，要其供认如何犯下这一恶毒的罪行。以前验尸官的报告是送到广州高级地方官员的衙门，现在则直接递交给两广总督，他的判决将决定犯人的命运。假如判处了死刑，犯人就会被带到广州斩首"②。

1701 年，由于中国地方官徇私枉法，始开在澳门行刑的先例。"这一惯例于 1701 年被改变，当时的香山县令在得到 120 两银的贿赂后，进行活动，要将犯人留在澳门，由中国的刽子手来执行死刑，而且由中国地方官员、死者的双亲、理事官等到现场观看。"③

乾隆八年（1743 年），为争夺澳门的司法管辖权，澳门议事会首次拒绝将犯人移交给中国地方官员。当时，发生晏些卢扎伤商人陈辉千致死一案，影响巨大，惊动了乾隆皇帝。乾隆九年正月十五日（1744 年 2 月 27 日）《广州将军策楞等奏报办理晏些卢扎伤商人陈辉千致死案缘由折》，比较详细记载了该案的发生及处理过程：乾隆八年（1743 年）十月十八日，在澳商人陈辉千酒醉之后，与夷人晏些卢发生口角并打架，陈辉千被晏些卢刺死。香山县验伤后向上密报说夷人犯罪，以往都在澳门审理，所以凶犯在讯供之后，由夷目自行收管，夷目抗令不交凶犯。策楞恐该地方官失之宽纵，当即严批照例审拟招解。后经该县多次催促，夷目认为一百多年来，在澳番人犯法，都在澳门本地处治，若将晏些卢交给中方收监，会违反本国禁令，所以不肯交人。策楞认为：自明中叶开始，澳门夷人内部事务都由夷目管理，像这种番人侵犯华人致死案件还没有先例。如果中方径直到澳门收押人犯，可能会引起葡人反感，制造别的事端；如果放任不管，任凭夷目处置，又怕夷目从此藐视国法，不服中方管辖。所以，此类案件应该由中方与葡方共同酌情、快速处理。后来在中方的强大压力下，中方与夷目将晏些卢在澳门绞死。为此，策楞请求朝廷同意，今后夷人在澳门杀人罪当斩、绞的，由当地官员查明并上报督抚禀明情况后，经督抚同意，由地方官同夷目将犯人依法办理，同时将处理结果上报备查。④

从该案可以看出，除了要求将案件据实上报备案以外，清朝中央政府对葡人在澳门行

---

① 参见 [瑞典] 龙思泰：《早期澳门史》，79～80 页，北京，东方出版社，1997。

② 同上书，98 页。

③ 同上书，98～99 页。

④ 参见中国第一历史档案馆、澳门基金会、暨南大学古籍研究所合编：《明清时期澳门问题档案文献汇编》（一），档案卷 144《广州将军策楞等奏报办理晏些卢扎伤商人陈辉千致死案缘由折》，北京，人民出版社，1999。

刑基本上予以认可。

（2）1791—1801 年澳葡九条请求

乾隆五十六年（1791 年），居澳葡人以帮助武装对付海盗为由，提出了一系列扩展土地和权限的要求①，其中主要内容是：葡人统治地扩充至拱北、银坑、湾仔、蠔埕和马骝洲，葡人拥有对居澳中国人的行政和司法管辖权，中国人在澳门犯罪时，葡人有权在澳门施加刑罚乃至处死，葡人有权自由往返广州进行贸易，葡人有权对有过失的中国官员向两广总督申诉等。

乾隆五十七年（1792 年），香山知县许敦元在《复夷目禀备夷船随天朝兵船捕盗立功条陈九款事宜》中②，对葡人的非法要求一一给予批驳，并据理力争，义正词严，为维护澳门司法主权完整性努力不懈。这种努力不仅反映在涉及澳门的刑事司法管辖等大是大非问题上，也体现在公文往来等"细枝末节"上。据《香山县丞朱鸣和为来禀请改朱标笔扛有违定制事下理事官谕》（乾隆五十七年六月初八日）载："本月廿五日，接阅来禀，以文尾打圈，唛嚟哆'准此'字样，大拖红柱于上为言。查我国家加惠西洋，恩泽优渥。乾隆九年，前两广部堂策，以澳门夷目遇有恩恳上宪之事，每自缮禀，浼熟识商民赴辕投递，殊为亵越。饬该夷目嗣后凡有呈禀，应由本分县衙门申报军民府，据词通禀，以昭体制，相沿已久。查天朝制度，凡有宪行牌文，皆用朱标笔扛，并非独用于外夷，亦非示威于海国，乃是天朝之定例。如此，该夷目何得以相守数十年之成法，禀请更改？若云可改，是改大皇帝之成法也。"另据《香山县丞朱鸣和为呈禀有违定例事下理事官谕》（乾隆五十八年六月十七日）载："案照向来定例，该夷目遇有呈禀上宪事件，必先禀本分县，以凭转禀。定例如此，相沿已久。乃本月初三日，夷船出洋捕盗一事，该夷目只禀军民府宪暨本县，而本分衙署并无只字禀闻，殊违定例。现奉府宪将本分县大加申饬，该夷目即将因何不行具禀本分县之处，据实明白禀复。此后该夷目倘有呈禀上宪事件，务遵定例，先行禀知本分县，以凭据情转禀，慎毋再蹈前辙。匿不具禀，致本分县茫然不知，上干宪檄严饬，代人受过也。特谕。"

嘉庆六年（1801 年），葡人再次借帮助中国官府剿灭海盗之名，向当时的香山县令许乃来提出 9 点请求，主要内容是：除人命大案外，居澳中国人犯罪，由葡人处罚；中国人杀死葡人，在澳门受刑；葡人可以自由来往广州贸易；仆人在澳门修理房屋，不需中国政府准许；葡人有冤，可直接向两广总督申诉等等。许乃来"以其非制"，坚决予以拒绝。③

（3）1803 年葡王下令对外国人按葡律审判并在澳行刑

嘉庆八年（1803 年），葡王下令不许将在澳门犯有杀人罪的外国人送交中国官员审判，要求由葡萄牙人依据葡国法律在澳门行刑。嘉庆十年（1805 年），澳葡当局开始执行葡王命令，拒绝将杀死中国翻译的外国水手交给中国官府审判。香山知县彭昭麟为此在同年 7 月

---

① 参见［瑞典］龙思泰：《早期澳门史》，131～133 页，北京，东方出版社，1997。龙思泰只记录了 7 款，当时葡萄牙人共提出 9 款。

② 参见刘芳：《汉文文书：葡萄牙国立东坡塔档案馆庋藏澳门及东方档案文献》，362 页，编号 1363，澳门，澳门文化司署，1997。

③ 参见道光《香山县志》，卷四《海防·附澳门》。

到 10 月，先后 11 次传谕澳门理事官交出凶犯。[①] 但葡澳当局拒不服从，擅自将该水手在澳门审判后处决。当时的澳门总督佩雷拉（Vactano dc Sousa Pereira）还调动军队，动用炮台大炮，对准刑场，并储备了两年的粮食，以对抗清政府。从此，葡萄牙人开了拒不将罪犯送交中国官府审判的恶例。[②] "从 1805 年始，基督教徒罪犯就由基督教徒刽子手在澳门执行死刑。"[③]

行刑地的变化，是清政府对澳司法管辖权逐步旁落的一个重要标志。

第三节
葡萄牙法律文化对澳门的深入影响（1849—1987 年）

一、殖民管治时期澳门葡萄牙法律体系的初步确立（1849—1976 年）

（一）澳门的准殖民化地位

葡萄牙对澳门垂涎已久，长期以来，企图将澳门置于其完全控制之下。无奈澳门是中华帝国的固有领土，以小小的葡萄牙想要鲸吞澳门，没有中国的虚弱与内乱，几乎不可能。鸦片战争的爆发，为葡萄牙实现其梦想提供了机会与动力。鸦片战争让葡国看到了垂死的清王朝的虚弱，大大刺激了葡国人独霸澳门的野心；而 1842 年中英《南京条约》的签订，完全动摇了数百年来葡国人倚靠澳门垄断中西海外贸易的特权，给澳门带来了现实的危机，又成为葡国独霸澳门的强劲动力，促使葡国加快对澳门实行殖民统治的决心。于是，澳门总督边度、法官巴士度和议事会经过数次会议讨论，于 1843 年 7 月 29 日草拟了一份文件，呈送给钦差大臣耆英，提出了 9 个要求。10 月 3 日彼亚度继任总督后，决定派前总督边度作为代表，前往广州谈判。从此开始了中葡就澳门主权问题进行交涉的过程。

在与清朝政府进行谈判的同时，葡国采取切实措施，逐步加强了对澳门的准殖民化统治。首先，1844 年 9 月 20 日，葡王唐娜·玛丽娅二世颁令澳门脱离对印度总督的从属关系，让澳门与帝汶和索洛尔共同组成一个独立的省，省会设在澳门，由一位总督常驻澳门管治；另外，在帝汶和索洛尔各设一位副督，协助总督管理，从而形成了葡萄牙中央政府通过直接委任的总督加强对澳门政治行政干预的格局。

1845 年 11 月 13 日，葡国海事暨海外部长法尔考在向国务会议提出报告时，要求葡国宣布澳门为自由港，获得国务会议的一致通过。于是，葡王唐娜·玛丽娅二世在未经中国允许的情况下，单方面于 1845 年 11 月 20 日宣布澳门为自由港。并指示澳门总督，要在澳

---

① 参见刘芳：《汉文文书：葡萄牙国立东坡塔档案馆庋藏澳门及东方档案文献》，138～140 页，澳门，澳门文化司署，1997。

② 参见费成康：《澳门四百年》，209～210 页，上海，上海人民出版社，1988。

③ ［瑞典］龙思泰：《早期澳门史》，100 页，北京，东方出版社，1997。

门实行开放港口、取消海关、增加收入、减少开支的政策。

1846 年 4 月,具有"坚强性格"和"爱国热情"的亚马留总督抵达澳门。上任伊始,其第一项措施就是向关闸内所有居民征税。此策当然会引起澳门华人的强烈抵制。① 澳门议事会为防止引发澳门华人骚乱,于 1847 年 2 月 27 日致函葡国海事暨海外部,对此提出异议。② 但是,亚马留坚持己见,并采取了恐吓政策,以图造成人人自危的局面。1847 年 2 月 27 日,亚马留强行决定,修筑通往关闸一带的马路,并命令华人迁坟,以造成既成事实,往北扩大地界。1848 年 4 月 1 日,他又下达命令:"迄今为止,在澳门享有耕田的一切华人在本布告公布之日起 15 日内,必须亲自或通过委托人到华政衙门领取确认其所有权的契据。凡不在上述期限内办理手续者,即当放弃他所霸占的土地。此地当视作荒地,转属政府库房。"③ 在澳门前山同知采取针锋相对措施,要求华人立即补办地契和补缴地租时,亚马留不甘示弱,立即派兵到城外控制要害地点,同时,于 1848 年 4 月 27 日再次颁布命令,规定从此以后,华人如果在澳门修建房屋,必须要事先向其提出申请。1849 年 2 月,亚马留又进一步停止了向清朝政府交纳地租:"香山知县每年来函催索地租,亚马留总督原封未动地将它退了回去……"④ 而亚马留更是对自己如此作为的目的表露无遗:"因为我们纳租、他们收租,我正是通过这一事实来说服中国当局,让他们明白他们无权在澳门行使管辖权。"⑤

中国驻澳海关行台不仅是税务机关,还是中国驻澳门的行政机关,是亚马留独霸澳门的最大绊脚石。1849 年 2 月 16 日,他趁英国人向广州发难之际,下令驱逐并拆除了南湾税馆。紧接着,在 3 月 5 日,公开宣布关闭关部行台,并派兵封闭整个中国海关行台。13 日,他又强行驱逐留守澳门的中国海关关员,迫使中国政府无法直接行使对澳门的主权和治权,从而正式结束了澳门近三百年华洋共处分治的局面。

在分阶段占据整个澳门半岛以后,葡萄牙当局分别于 1851 年和 1864 年侵占了氹仔和路环两道。葡王唐娜·玛丽娅二世梦寐以求的侵占澳门梦想得以成为现实,"只差中华帝国本身的承认了"⑥。

(二) 葡萄牙五大法典在澳门的延伸适用

澳门法律与葡萄牙法律的渊源关系是随着葡萄牙人来到澳门并逐步实现其准殖民统治而渐渐加深的,即葡萄牙法律作为澳门法律在澳门施行,是随着葡萄牙在澳门的定居、占领、实行殖民统治而逐步实现。澳门五大法典,即民法典、商法典、刑法典、民事诉讼法典和刑事诉讼法典,就是从葡国延续适用并构成了澳门法律的基本架构。

---

① 参见《政府宪报》,1846 - 10 - 22。

② 参见《政府宪报》,1848 - 01 - 11。

③ 《政府宪报》,1848 - 05 - 15。

④ 萨安东:《葡萄牙在华外交政策》,114 页,澳门,澳门基金会,1997。

⑤ 总督于 1848 年 3 月 27 日致海事暨海外部公函,海外历史档案馆,二部,澳门,1948 年函盒。转引自萨安东:《葡萄牙在华外交政策》,113 页,澳门,澳门基金会,1997。

⑥ Jorge Noronha e Silveira, Subsídios para a História do Direito Constitucional de Macau (1820—1974), Macau, Publicações O Direito, 1991, p. 29.

1. 民法典

澳门民法就其整体而言，基本上是葡萄牙民法在澳门的延伸，因此，理论上可以认为澳门民法就是葡萄牙民法。

19 世纪中叶以后，葡萄牙正式开始在澳门实行殖民统治，使得他的民法和其他法律逐渐扩展适用到澳门的葡人群体以外。1867 年，葡萄牙的第一部民法典在葡萄牙生效实施，这是葡萄牙法律史上的一个重要里程碑。

1867 年民法典在葡萄牙颁布实施后十多年，葡萄牙便通过 1879 年 11 月 18 日法令将其延伸到葡萄牙海外生效，但考虑到历史和文化背景，葡萄牙对不适合中国民俗习惯的规范部分作了保留。直到 30 年后，通过 1909 年 9 月 2 日法令，才在家庭与继承法领域根据中国人的习俗制定了新的规范，以补充民法典。

1867 年民法典存在固有缺陷，不能适应葡萄牙社会的发展，因此，1944 年，葡国开始重新制定民法典的工作。1966 年 11 月 25 日颁布第 47344 号法令，新民法典正式公布实施，并于 1967 年 6 月 1 日正式生效。这部民法典通过 1967 年 9 月 4 日的第 22869 号训令正式延伸到澳门。这是欧洲大陆法国家中最后颁布的民法典之一，因而它借鉴了其他国家民法编纂成果，其中尤以借鉴和汲取德国、意大利民法典为多。1966 年葡萄牙民法典对于葡萄牙民法乃至整个法律发展有着划时代的意义，它将在葡萄牙民族国家的社会空间中存在的全部法律渊源，包括由此而产生的一切成果，第一次较完整地加以概括和总结，确立了一个科学与文化层面上的法律体系并阐发了相应的法律思想。最大规模的修订是在 1976 年新宪法公布以后。当时，为使民法典与新宪法的原则精神达成一致，调整修订民法典已势在必行。1977 年 11 月 25 日，第 496/77 号法令公布了对民法典的重要修改，主要涉及公民法定住所权、自由和保障权等基本人权。是项法令亦于次年延伸到澳门适用。

澳门一般民法，实际上就是 1966 年葡萄牙民法典。这部民法典在体例结构上接受了《德国民法典》的模式，即采取了五编制体例：总则、债法、物法、家庭法和继承法。葡萄牙民法典的基本内容，亦从这五个方面得以体现。

澳门民法以葡萄牙民法为一般法法源，在制度与法律理论上也完全追随葡萄牙民法，而其基本原则当然也是葡萄牙民法的基本原则。葡萄牙民法的基本原则大致可以概括为以下几点：（1）所有人生来具有法律上的人格，主要表现为法律上人人平等；（2）私有产权（主要表现为私有财产）不可侵犯；（3）意思自治，主要表现为财产处分自由和契约（合同）自由；（4）民事责任，主要表现为当事人对自己的行为负责和过失责任原则。上述所列各项原则中，所有人生来具有法律上的人格、法律面前人人平等这一原则，实际上是所有法律的最一般原则。

综上所述，澳门民法典移植于葡萄牙民法典，是葡萄牙民法典延伸适用于澳门的结果，无论是体例、内容、特征等各方面，都与葡萄牙民法典没有二致。殖民统治时期，随着葡萄牙民法典在澳门的延伸适用，葡式民法体系得以在澳门初步确立。

2. 刑法典

从 1553 年葡人登陆澳门，到鸦片战争爆发的近三百年间，葡人势力虽然在澳门逐渐增大，但是，澳门主权一直由中国明、清政府主导，在此期间澳门实行的刑法，是明、清政府颁行的封建刑法。1840 年鸦片战争以后，葡萄牙利用清朝政府的腐败无能，强行霸占了澳门，对澳门实行了殖民统治。直到 1976 年，葡萄牙政府在澳门强行废止了包括刑法在内的所有中国法律，全面实施葡萄牙本国法律。这一时期，澳门本地没有立法权，在澳门适用的是葡国的刑事法律法规。

早在 1852 年，葡萄牙就制定了第一部刑法典。限于历史条件，该部刑法典还保留了浓厚的封建特色，是一部带有浓厚封建特色的法律。该法典最早被葡人适用于澳门，是澳门刑法的最早渊源之一。

葡澳政府在澳门长期适用的是 1886 年葡萄牙刑法典，该法典是澳门刑事法律的主要形式。该刑法典分总则和分则两部分，共 486 条。在内容方面比 1852 年葡萄牙刑法典要进步得多，诸如在量刑上更注重犯罪事实，封建色彩渐稀，资本主义成分更重。该法典在 1886 年颁布以后，很长一段时间内，都在澳门延伸适用。事实上在葡萄牙本国，这部刑法典已于 1982 年被新的刑法典替代，但葡萄牙国会在制定新的刑法典时，考虑到澳门地区已享有刑事立法权，且需自行制定一部澳门刑法典，故没有将 1982 年的葡萄牙刑法典延伸至澳门地区生效，致使澳门地区长期继续适用 1886 年的葡萄牙刑法典。

从 1892 年到 1981 年，葡国主权机关对 1886 年刑法典先后作了许多次修改，涉及的条文超过 150 条。如，葡国 1893 年 6 月 6 日法律设立了假释和缓刑制度；1927 年第 13822 号命令和 1931 年第 20353 号命令将刑法典中某些刑罚改为罚金；1953 年海外组织法律废除了流放刑。葡国在 1954 年进行了刑法改革，对 1886 年刑法典关于刑罚的适用和执行的七十多个条款作了系统修改。后来又在 1957 年、1961 年、1969 年和 1981 年对 1886 年刑法典多处条文作了修改。

此外，葡国主权机关制定的刑事法规通过政府训令或在澳门政府公报上公布的方式可以延伸适用于澳门，从而构成澳门刑法的一部分。这方面法律有：1935 年 1 月 10 日关于禁止引入和出售外国彩票的葡国第 24902 号法令，1957 年 7 月 24 日关于妨害公共卫生和国家经济违法行为的葡国第 41204 号法令以及后来在 1971 年和 1973 年分别对该项法令作出的修改，1963 年 3 月 28 日关于向行政当局、消防队员和医院谎报情况引致恐慌的葡国第 44940 号法令，1963 年 3 月 27 日关于盗窃汽车罪的葡国第 44939 号法令等。

1974 年，葡萄牙发生"四·二五"革命，废君主立共和，对外宣布废除殖民政策，澳门的立法自治地位得以加强。1976 年，葡萄牙国会颁布《澳门组织章程》，确认澳门地区享有立法自治权，开创了澳门本地刑事立法的先河。此后的近二十年中，澳门出现葡萄牙刑法与澳门本地刑法并存适用的局面：在澳门适用的葡萄牙刑法主要是 1886 年的葡萄牙刑法典和少量修改该刑法典的单行刑事法律；在澳门适用的本地刑法则是特别刑事法律，包括相当数量的单行刑事法律和非刑事法律中的刑事规范。

综上所述，随着殖民管治时期葡萄牙刑法典在澳门的延伸适用，葡萄牙刑法体系在澳门也得以初步确立。

3. 商法典

葡萄牙议会于 1888 年 6 月 28 日通过了葡萄牙商法典，并于同年 8 月 23 日由葡国政府正式公布，并规定从 1889 年 1 月 1 日起在葡萄牙本土和离岛生效。1894 年 6 月 20 日，该法延伸适用到澳门。因此，从 19 世纪末起，葡萄牙商法典实际上已延伸适用于澳门，成为澳门商事法律的主要渊源。

　　从内容上看，1888 年葡萄牙商法典不但汲取了法国商法典的精髓，而且更多地受到德国商法典的影响。法典全文共 4 编：第一编为商事总论，内容主要是商法的基本概念，包括商事能力和商人、商业名称、商业账簿、登记、经纪人和商业场所。第二编则是商法典的重点，内容是各种商业合同的规定，包括公司法、票据法、银行、贷款、担保、抵押、保险、商业证券的转让。在公司的种类方面不仅包含两合公司、无限公司、股份有限公司和合作社公司，而且对一般公司的性质、特点、公司合同的形式、股东的权利和义务、公司的解散、公司的合并、公司存续期的延长、公司的清盘与分割以及股票等都一一作了规定。保险方面也已分为人寿险和非人寿险，后者又分为火险、农作物险及运输险。第三编和第四编分别是海商法和破产法。1888 年商法典的不少内容，特别是其总论部分，确立了现代商业社会中商人和商行为的一般规范和基本制度，体现了商品经济活动的基本原则，成为关于公司、票据、保险、海商等具体规范的基础。这些一般规范和基本制度一直在澳门实施。

　　此后，葡国对商法典的几次修改及单行商事法规均延伸适用到澳门。例如，1901 年 4 月 13 日，葡国在政府公报正式公布的有限公司法，于 1906 年延伸适用至澳门。此外，1959 年的商业登记法、1976 年的公共企业法等也都延伸至澳门适用。但是，葡萄牙商法颁布以后一个多世纪内，澳门社会、经济情况发生了重大的变化，商法典的许多内容显得陈旧、过时。而在葡萄牙本土，20 世纪 70 年代以来，颁布了大量的法律和法令对商法典作了大幅度的修订和补充，例如，第 4/73 号关于企业集团的法令，第 454/80 号法令合作社法典，第 132/93 号关于企业重整和破产的法令，第 403/86 号法令商业登记法典，关于合作经营和隐名合伙的第 231/81 号法令，以及关于代办商合同和商业代理的第 176/86 号法令，关于一般合同条款的第 446/85 号法令等等。这些法律、法令大部分都只在葡国适用，而未延伸至澳门。

　　综上所述，殖民统治时期，随着葡萄牙商法典在澳门的延伸适用，葡式商法体系在澳门也得以初步确立。

　　4. 民事诉讼法典

　　在殖民统治之前，居葡澳人之间的诉讼纠纷受葡萄牙《律例汇篇》第三部分规范。在 19 世纪西方自由主义年代，葡萄牙公布了大量单行法规，如 1837 年的司法制度修改法和 1841 年之司法制度最新修改法。继公布 1867 年葡萄牙民法典后，葡萄牙政府又于 1876 正式年公布了民事诉讼法典。这是葡萄牙首部民事诉讼法典，后延伸适用至澳门。

　　1876 年民事诉讼法典的最大特点是过分强调形式主义，也就是侧重于形式而忽视内容问题，偏重于诉讼中私诉公正概念，对公诉公正方面的内容相对较少。该部法典强调私法自治原则，认为民事诉讼应取决于当事人及诉讼人的意思自治，法官仅仅充当一名被动仲裁员的角色，法官参与诉讼只是作出最后裁判；只有诉讼当事人才是诉讼的"主人"，当事人可以按照自己的理解引导诉讼程序，也可以按照自己的理解而拖延诉讼时间。该法典偏重于书面形式，因而在一定程度上造成具体案件诉讼进程的过分拖延局面。

　　1926 年和 1932 年，葡萄牙对 1876 年民事诉讼法典进行了改革，引入了口述或即时方式原则和法官较大参与性原则，这两大原则是现代民事诉讼之主要原则。

　　值得注意的是，葡萄牙商事诉讼与一般民事诉讼是分别立法的，葡萄牙延伸适用于澳门的商事程序法律是分别于 1895 年、1896 年及 1905 年公布的商事诉讼法典。

受 1926 年及 1932 年民事诉讼法改革的启发，1939 年 5 月 28 日，葡萄牙又对民事诉讼法典进行了重新修订。1939 年民事诉讼法典的主要特点是：（1）合并民事与商事诉讼；（2）侧重于内容而非形式，注重实质真实性，偏重于公诉公正概念；（3）偏重于口述方式；（4）扩大了法官对诉讼的参与性，以达到快捷诉讼的目的。

1961 年 12 月 28 日，葡萄牙颁布第 44129 号法令，再次修订民事诉讼法典。该法典现在葡国仍然生效，并通过 1962 年 10 月第 19305 号训令延伸适用至澳门。1961 年民事诉讼法典共 1 528 条，分为诉讼、管辖及公平的保障、程序和仲裁法庭 4 个部分。该次修订的目的是改正口述原则及与其有关联的合议庭制度。后来，为配合 1967 年正式生效的民法典和 1974 年"四·二五"革命后产生之新法律体系及 1976 年《葡萄牙共和国宪法》，葡萄牙对民事诉讼法典先后进行了几次修订，都延伸适用到了澳门。

从葡萄牙民事诉讼法典的演变及长期延伸适用于澳门可以看出，澳门的民事诉讼法典移植于葡萄牙，随着葡萄牙民事诉讼法典在澳门的延伸适用，葡萄牙民事诉讼法律体系在澳门得以确立。

5. 刑事诉讼法典

殖民统治时期以前，澳门的华人之间及华人与外国人之间的刑事案件由中国明、清政府管辖，适用《大明律》或《大清律例》的诉讼规定，属典型的中华法系刑事诉讼制度；居澳葡人内部的刑事诉讼，则由葡人按照葡国法律进行诉讼。殖民统治时期，随着中国清朝政府在澳门的司法主权逐渐丧失和葡萄牙殖民统治的逐渐加深，澳门的刑事诉讼制度也逐渐演变成了葡式刑事诉讼法律体系。

澳门的刑事诉讼，早期适用葡国《律例汇篇》。1929 年，葡国颁布刑事诉讼法典，并于 1931 年 1 月 24 日通过第 19271 法令，延伸适用于澳门。这部法典长期在澳门适用。葡国"四·二五"革命后，1976 年的《葡萄牙共和国宪法》对有关刑事诉讼制度作了原则性的规定，这些刑事诉讼法律制度的基本原则，也构成了现在澳门刑事诉讼法律制度的一个重要组成部分。

1929 年刑事诉讼法典分上、下两卷，共 12 编、31 章、700 条，对刑事诉讼作了详细的规定。

1987 年 2 月 27 日，葡萄牙共和国议会通过并颁布了新的刑事诉讼法典，废除了 1929 年的刑事诉讼法典。但是新的法典并未能延伸适用于澳门，旧的刑事诉讼法典在澳门继续生效。因此，直到 1997 年 4 月 1 日，澳门新刑事诉讼法典实施时，1929 年刑事诉讼法典才在澳门正式失效。

作为葡萄牙五大法典之一，葡萄牙 1929 年刑事诉讼法典长期在澳门的延伸适用，无疑将葡萄牙刑事诉讼法律体系移植到了澳门，为在澳门确立葡式刑事诉讼体系，奠定了基础。

（三）对居澳华人的法律管辖问题

1. 华务检察官署的设置与职能

检察长一职在澳门议事会成立初期只是议事会的一员，负责税务、财政、海关，执行行政措施，代表议事会与中国政府沟通，协调澳门华人与葡人之间的关系。1847 年华务检察官署直属政府秘书处后,检察长的主要职能转为处理华人之间及华人为被告的案件。1849年以后,中国官府虽然被迫撤离了澳门,无法行使对澳门的司法管辖权,但是,澳门华人一直受特别司法权的管辖,只是该权力改由澳门检察官行使。1852年颁布了第一个华务检察长规则,规定除检察长外,只有总督可以过问澳门华人事务。1862年12月17日,葡国颁布《华务检察官署章程》,用以规范华务检察官署的职责及运作。检察长主要负责法院不受理及调解无效的案件。为了鼓励华人接受葡澳政府的司法管辖,在民事、商事方面,华务检察官署的章程有所规定,但并不甚明确,几乎由调解人和检察长自由仲裁决定。该章程规定,华人之间或者被告为华人的民事纠纷,可以由双方当事人指定仲裁人进行裁决,然后经过检察官认可,并可以向政务委员会上诉。[①] 1865年7月,又颁令在华人之间的商事纠纷方面,适用同样的仲裁制度。需要指出的是,《华务检察官署章程》只规定了专门调处华人之间纠纷的仲裁程序,对审理诉讼纠纷所适用的实体法,没有作出任何规定。因此,纠纷的最终裁决结果,一切都取决于仲裁人、检察官及受理上诉的政务委员会的自由裁决。

华务检察官署分为两部分:华务科和司法行政科。华务科又称翻译房,主要负责翻译,1885年11月2日从华务检察官署独立出来,协助其他公共部门处理与华人的关系,后来演变成为华务司。司法行政科则成为一个初级法院,在尊重华人风俗习惯的前提下判案。根据其章程第78条,检察官署有一个由12位华人组成的委员会,向检察长解释华人风俗习惯。这时候,华人风俗习惯尚未编成法典。[②] 此外,司法行政科还负责管理华人居民委员会。1868年,华务检察官署设立人员编制,因为要求拥有法律专科文凭并具备行政经验,检察长也开始从葡萄牙检察院和一级法院的司法官员中挑选出任。王权进一步渗透入澳门,只有里斯本政府可以将检察长免职;但总督若有充分理由且在政务委员会或议政局的同意下,可以将检察长停职。

继1852年颁布第一个章程后,总督陆续于1877年7月11日、12月20日和1881年12月22日立法,以改善和规范华务检察官署的运作,确定其职责、权限。根据新法例,华务检察官署可以初审轻微刑事罪案,短期徒刑罪可以由总督(12月20日的章程转由法院)二审,而长期徒刑须由司法委员会二审和终审。民事、商事方面只有超过100两的案件才送司法委员会二审。1881年12月22日后,无论是刑事、民事还是商业案件,均向司法委员会上诉裁决,无须再向果阿高等法院上诉。

华务检察官署于1894年2月20日被撤销。

2.《华人风俗习惯法典》

《华人风俗习惯法典》是葡澳当局用于规范澳门华人在婚姻、继承方面的风俗习惯的法典。该法于1909年6月17日由葡萄牙海军暨海外事务部颁布。该法典以两广(广东、广西)地区传统法律规范为依据,对澳门华人的婚姻、继承和收养等问题作出较为详尽的规定。该法典规定,华人依照中国宗教或传统仪式缔结的婚姻,与葡萄牙法律所承认的天主教婚姻和民事婚姻具有完全同等的效力;丈夫可以纳妾,妻子犯有通奸罪时,丈夫只能通过司法程序要求解除婚姻。此外,丈夫可以以妻子婚后不育、严重虐待和中伤、麻风病、

---

① 1862年12月17日第67号法令,载《政府宪报》,1962,14页。
② 参见吴志良:《澳门政制》,41~49页,澳门,澳门基金会,1995。

搬弄是非、小偷小摸或醋性十足中的任何一个理由向法院提出离异或分产。离婚时，儿女归男方，财产分配亦对男方有利。在继承方面，该法典规定继承权归儿子，未婚女儿不能分遗产，但有权收取相当于其他儿子遗产份额 1/4 的嫁妆。在收养方面，该法典规定华人如无男嗣时，应立一养子；有一养子时，不能再立另一个，养子过继后即离开亲生父母世家，并在继父母家中享有亲生儿子的所有权利，等等。

由以上规定可见，女方权利虽获法律保障，但男女地位仍极其不平等。尤其是该法典第 8 条，将《大戴礼记·本命篇》（不顺父母、无子、淫、妒、有恶疾、多言、窃盗）以及《列女传·宋鲍氏女宗》（妒、淫辞、窃盗、长舌、骄侮、无子、恶病）等中国传统的"妇有七去"之道正式法律化。

1940 年，葡萄牙政府与罗马教廷签订一项政教协定（Concordata），承认依天主教仪式举行的婚姻。鉴于殖民地土著居民与欧洲人及其同化者民事身份的显著不同（1946 年 1 月 22 日第 35461 号法令引言），新的婚姻制度难以在殖民地实施，故需要对殖民地婚姻制度作出修订，以删除与葡萄牙公法和宗教道德原则相违的条文。虽在葡萄牙法制中澳门不存在"土著"，但是辛亥革命之后，中国本身的家庭法以及华人的思想观念产生急剧转变，提倡争取男女平等。因此，1933 年澳门政府便已委任一个小组研究修订《华人风俗习惯法典》，结果导致该法典于 1948 年 7 月 24 日被葡国政府第 36987 号法令废止。

但是，该法典被撤销，并不意味着澳门华人婚姻、继承特殊制度的结束。相反，葡萄牙第 36987 号法令明确承认澳门法律效力的多元化，依国际私法一般原则首次将中国法律效力延伸到澳门（第 2 条）。此法令，并未因为葡萄牙 1967 年修改生效的新民法典而失效。澳门也未跟随中华人民共和国 1949 年的成立以及中葡两国 1979 年建立外交关系而采用新政权的法律，直至 1987 年颁布澳门民事登记法典此法令才被撤销。

3.《华人属人法法令》

《华人属人法法令》是 1948 年葡萄牙政府为澳门华人颁布的民事法律。中国辛亥革命后，澳门华人风俗、习惯产生了根本的变化，尤其是日渐提倡男女平等之风气。1909 年 6 月 17 日颁布的具有明显的男女不平等特征的《华人风俗习惯法典》已对澳门的华人造成了严重损害。有鉴于此，葡国政府于 1948 年 7 月 24 日颁布《华人属人法法令》，该法令撤销了《华人风俗习惯法典》，规定拥有葡萄牙国籍在澳门出生的人士，须遵守葡国民事法律；在澳门出生的非葡籍华人以及其他华籍人士，在家庭和继承法方面仍遵守中国民事法律。该法令同时继续承认华人依其本身习惯缔结的婚姻的法律效力。该法令后被《澳门民事登记法典》明令撤销。

4. 华人专有法庭

由于华务检察官署 1894 年已被撤销，1909 年华人风俗习惯编成法典后，便产生设立一个专门处理华人社会纠纷的法庭的需要。8 年后，即 1917 年 11 月 29 日，葡萄牙政府颁布第 3637 号法令，通过澳门华人专有法庭的章程，规定该法庭的组织形式、职权范围和上诉级别，以处理华人社会的民事、商事（破产除外）和轻微刑事案件。法庭有一位来自殖民地编制的法官，由中央政府委任（第 3 条），检察官公署向法庭派驻代表。同时，设立一个上诉合议庭，由法院法官、物业登记局长和一位从 40 位纳税最多的市民中每年选举出来的人士组成（第 12 条）。审理超过 200 澳门元的案件。但多于 1 万元的案件，则不属华人专有法庭的职权范围（第15条），而就刑事案件也只能判处6个月以下感化监禁。

该法庭民事、商事程序有4级：口头程序、简易程序、普通程序和特别程序。不超过200元的案件，采用口头程序；2 000元以内的，采用简易程序；2 000元以上采用普通程序；民事诉讼法典特别规定的和财产清点则采用特别程序（第16、17条）。根据该章程，专有法庭还有一个由6位华人组成的委员会协助工作，在需要时向法官解释有关的华人风俗习惯。解释前，还须依华人发誓仪式宣誓。解释之后，再在有关记录上签字（第32条）。而案中原告和被告，更可自费以杀鸡淋血向神灵发誓的形式宣誓（第41条）。

委员会成员在40位纳税最多的华人中由法官于每年12月15日前抽签选出，任期1年（第31条）。每次作证，人数不得少于4人，原来解释过的事项不能再作答，且作证前不得知道案情（第33、34条）。

澳门华人专有法庭章程曾于1920年9月27日修订（训令第311号），该法庭虽然只维持了不到10年，于1927年10月20日被取缔，且华人诉诸法庭的案件也不多，但在很大程度上反映了澳门文化、社会多元化的现实情况。华人可以依自己的风俗习惯缔结婚姻，继承财产，从事商业活动，既是澳门法律二元化的结果，又反过来促进澳门社会、经济的发展。

二、管治时期澳门葡萄牙法律传统的进一步确立（1976—1987年）

（一）《澳门组织章程》

1.《澳门组织章程》制定及修改过程

1974年4月25日，葡萄牙发生军事政变，推翻萨拉查独裁统治，建立民主政制。新政权开始在非洲推行非殖民化政策，承认海外属地民族自决和独立的权利（7月27日宪制法律第7号），但将澳门视为特殊地区。区际领土协调部即前海外部部长圣托斯同年6月27日对意大利（快报）说："众所周知，澳门是特别例子中最特别的。世人都不甚了了，但葡萄牙和中华人民共和国却明白清楚。这就足够了。"当时的外交部部长苏亚雷斯在9月13日一个新闻发布会上也指出："准确地说，不应将澳门看成葡萄牙的殖民地，那只不过是葡萄牙当局驻守并行使主权的一个城市。因此，澳门问题自然地要与中国进行双边磋商，以确立其新地位……我们持开放态度与中国发展关系……由于澳门问题的存在，与人民中国外交关系的正常化也显得极为重要。"1975年1月6日，葡萄牙外交部发表新闻公报，表达与中华人民共和国建立正常关系的愿望，并承认中华人民共和国是中国人民的唯一合法代表，台湾是中华人民共和国的组成部分。而葡萄牙民主革命后，政局也十分混乱，直至1975年4月25日才选举制宪大会（Assembleia Constituinte），准备起草新的宪法。澳门的政治、法律地位何去何从，一度引起澳门居民焦虑不安。

1974年11月李安道（Garcia leandro）出任澳门总督。他将参加"四·二五"革命的自由、民主理想，也带到澳门来。他发现1972年颁布的《澳门省政治行政章程》与现实严重脱节，权力完全集中于里斯本的情况大大影响了澳门社会、经济的发展。虽然葡萄牙革命后采取了一些非集权措施，但更大的改革尚需待新宪法颁布后才能进行，而新宪法的起草由于政局混乱而迟迟不见动静。为了更好地满足澳门局势发展的需要，他决定先草拟一部新的澳门政治章程，争取获得以宪制法律形式通过，待制宪大会完成宪法起草工作后，再要求核准。1974年12月27日，李安道总督颁布批示，制定、起草新澳门政治章程。次年1月6日，成立由各方面代表组成的起草工作小组，负责起草工作。7月中，完成章程初稿，然后分别以中葡文本送交公众讨论。收集意见加以修改后，章程草案于11月提交区际领土协调部。经该部略作修订，再呈送执掌宪法权力的革命委员会审议通过。这样，第1/76号法律——《澳门组织章程》在1976年1月6日获审议通过，并于2月17日颁布生效。

1976年4月25日，《葡萄牙共和国宪法》颁布生效，《澳门组织章程》的宪法性法律效力获得确认和维持。新宪法首次承认澳门为葡萄牙管理下的中国领土，由一个适合其特殊情况的章程所管理，而"载于2月17日第1/76号法律的澳门地区章程，继续有效"（第306条第1款）。1979年9月14日，第53/79号法律对《澳门组织章程》第24、44条作出修改，立法会议员和咨询会委员的任期从3年延长到4年。

立法会早在1977年就开始重新审视《澳门组织章程》，而李安道总督在1979年也指出，首届立法会结束前，其重要任务之一是检讨《澳门组织章程》。但由于总督与立法会就权力分配问题争执不下，甚至有人提出仿效葡萄牙自治区马德拉（Madeira）和亚速尔（AÇores）群岛的章程，实行政治自治，从而引起中国方面的极大关注，最后不了了之。1980年10月新一届立法会产生后，也与总督矛盾重重，难以调和，最后导致其于1984年2月28日在总督高斯达提议下被总统下令解散。而《澳门组织章程》的修改，也只在1987年中葡谈判圆满解决澳门前途问题、签订《中葡联合声明》后才被提上议事日程。

2.《澳门组织章程》的主要内容

《澳门组织章程》是管治时期澳门法律体系中最基本和最高的法律，是澳门政治、行政、财政、立法组织运作的根本依归。章程共75条，分成"总则"、"本身管理机关"、"司法行政"、"财政"、"当地行政"和"补充及过渡规定"6章。

根据章程，澳门地区包括澳门半岛、氹仔和路环两岛（第1条），是一个内部公权法人，在不抵触葡萄牙宪法与本章程的原则以及尊重两者所定的权利、自由和保障的情况下，享有行政、经济、财政及立法自治权（第2条）。

章程规定，葡萄牙除法院外的所有主权机关，在澳门由总督代表，但与外国发生关系及缔结国际协定或公约时，仍由总统代表澳门，不过总统可将涉及专属澳门地区利益事实的代表权授予总督（第3条）。

依章程第三章，澳门本身管理机关为总督和立法会，会同总督运作的还有咨询会（第4条）。立法职能由立法会和总督行使（第5条），执行职能则由总督行使，并由政务司（Secretário-Adjunto）协助（第6条）。章程对总督的任免、立法会和咨询会的组织及运作、职责与权限，也有总体的规定。总督有权提请宪法法院审议立法会的规定，向国会提出修改或取代本章程的建议，并对国会修改其建议发表意见（第11条第1款f项），以及具有专属权限、充实葡萄牙主权机关的纲要法，核准行政机关架构和运作的法则（第13条第3款），是新章程创新之处，令总督的权力进一步加强。

在司法方面，澳门地区开始拥有自治且适应澳门特征的本身司法组织（第51条），澳门法院独立运作，只受法律约束，检察院也获得自治，依法规定有本身的通则（第53条第1、5款）。在"补充及过渡规定"一章中，还明确指出澳门法院将在适当时候，"被授予完全及专属的审判权"（第25条），脱离葡萄牙司法系统。

财政方面，章程规定"澳门地区有本身的资产和负债"，总督有权处置有关的财产和收入（第54条）。澳门地区可以为经济发展的特殊投资等举债，有自己的发钞银行（第61条第1、4款），澳门自行编制预算（第56条）、账目、报告由本地行政法院审核（第64条）。葡萄牙负担设在澳门所属机关的开支、对澳门保安部队经费的补助、对东方传教会的捐助以及教会机构和神职人员的津贴（第60条第1款）。澳门地区则负责本身机关的经费、发展计划开支、债务还款及其利息以及对公益机构的津贴等等（第60条第2款）。

此外，章程还对公共机关及公职人员作出规定。葡萄牙主权机关或地方自治团体的编制人员，经有关机构和澳门总督的批准同意，可以来澳门服务，年资照计；也可以申请转入本地编制（第69条）。反之，澳门编制人员亦可申请去葡萄牙作定期的服务，或申请转入葡萄牙编制（第70条）。这种互换公务员制度，为双方后来磋商澳门公务员纳入葡萄牙编制提供了基本论据和参考。

3.《澳门组织章程》对澳门政制带来的主要变化

通过《澳门组织章程》，澳门的政权结构发生了以下几点主要变化：

（1）设置立法会。立法会由17名议员组成，其中6名直接选举产生、6名间接选举产生、5名由澳督指定，任期4年。立法会有权制定、解释、停止和撤销澳门地区的法律，对《澳门组织章程》提出修改建议，有权授予澳督以立法许可，督察澳督或政府的行动。立法会通过的法律、条例，须经澳督签署颁布方能生效。若澳督不同意，则退回立法会重议。如果再表决时仍有2/3议员坚持原案，则澳督不能拒绝颁行。

澳门第一届立法成立于1976年8月6日，登记参加选举的选民总数只有3 647人。第二届立法会成立于1980年10月23日，登记参加选举的选民增加至4 195人。第三届立法会成立于1984年10月25日，登记参加选举的选民有51 454人，只占当时全澳17万名选民的34％。参加间接选举的社团，1980年第二届登记的社团有92个；1984年第三届登记的社团有143个，比上一届增加57％，其中道德团体3个，文化团体74个、慈善团体28个、经济团体36个、行政团体2个。

立法会对总督的权力有所制约，但总督亦可向葡萄牙总统建议解散立法会，另行组建。

（2）设置咨询会。咨询会由总督和10名委员组成，总督为委员会主席。其中官守委员3名，由检察长、财政厅长和掌管民政厅的政务司担任。选任委员5名，由地方行政团体代表2人、经济社团代表2人、道德文化和福利机构代表1人担任。委任委员2名，由总督在澳门市民中委任。除3名官守委员外，其余7名委员均有同等数额的候补委员。

咨询会委员任期4年，享受权利与立法委员相同。咨询会议由总督主持召开，出席委员超过半数方能举行。委员因故缺席时，可由候补委员代表出席。咨询会开会时，政务司和保安司令可以列席。此外，总督还可根据议题内容指定有关人员列席。列席委员可以陈述意见，但无表决权。

咨询会作为总督立法和行政的助手，有权就以下事项进行讨论，提出意见：1）澳门当局提交立法会的法例、建议书；2）澳门总督颁布的法令草案；3）执行澳门地区现行法例的实施条例；4）澳门地区经济繁荣的一般性计划；5）澳门地区经济、社会及财政发展的路线。

（3）设置保安司和保安最高指导委员会。1975 年年底，葡萄牙解散澳门陆军司令部和海防司令部，撤走驻澳军队。1976 年 1 月宣布成立保安司。保安司令限由葡萄牙高级军官（校官）出任，由澳督提名，经葡萄牙政府批准后任命，相当于葡萄牙政府副部长级。保安司下辖机构有保安司令部、治安警察厅、水警稽查队、消防局、市政警察、警员训练联合中心、司法警察司等。

1976 年保安司成立时保安部队总人数约三千人。其中治安警察约两千人，水警稽查队约五百人，消防队二百五十人，司法警察百余多人。警员均从澳门本地人中招募，在澳门入籍并居住 4 年以上的人即可应召入伍。一般来说，警官全由葡人担任，警察则多为华人。

总督通过保安最高指导委员会，制定和协调澳门地区治安指导方针。这个委员会由 11 名委员组成，总督担任主席，成员有总督、5 个政务司（即经济财政暨旅游政务司、社会设备政务司、教育暨文化政务司、行政政务司、社会事务暨卫生政务司）、保安司令、参谋长，以及从立法会互选产生的 3 名委员等。

上述 3 个机构的建立，使澳门总督在立法、行政、治安等方面的决策都受到一定的制约，初步改变了以前总督独断专行的局面。值得指出的是，这 3 个机构中均有少数华人参加。当然这只是作为点缀，没有根本改变澳葡当局殖民统治的性质。

4. 《澳门组织章程》确立澳门独特的三权分立体制

任何一个国家或地区，都会有一个政权存在，对社会实行管理。政权通常主要由三种权力组成：行政权、立法权和司法权。三权分立，相互制衡，是大多数西方国家所推崇的一种理想的政治体制。《澳门组织章程》颁布以后，这种三权分立的政治体制亦大致上在澳门建立起来。但这种三权分立和西方国家的三权分立存在着许多不同，这也正是澳门政治结构特征之所在。

基于历史的原因，澳门的三权分立体制有其自身的特点，主要表现在：

（1）强势的总督

澳门总督由葡萄牙共和国总统任免、授予职权并从政治上向总统负责。按规定，总统在任命总督前，必须通过澳门立法会和澳门利益的主要代表组织，咨询当地居民意见。《澳门组织章程》赋予总督的权限十分广泛，主要有代表权、执行权、政治权、牵制权、宪制权、立法权等。总督有 11 项职权，他不仅是澳门的行政首脑，还拥有部分立法权。这种政制的设置，与传统西方三权分立体制有着显著区别，突出表现在，管治时期的澳门，是一个由总督主导、带有浓厚行政主导色彩的政治体制。

（2）立法权部分缺失的立法会

从立法机构看，澳门法律来自葡国主权机关、澳门立法会和总督。长期以来，由于政治、历史和语言等方面的原因，澳门法律体系完全葡国化。当然，在某些方面也照顾澳门是以华人为主的社会，尊重华人的一些风俗习惯。但主要法律大都由葡国立法机关根据葡国的社会和葡国人的道德观念制定，澳门以葡文为唯一的立法语文，澳门的司法体系隶属于葡萄牙。1976 年《澳门组织章程》颁布之前，澳门作为葡国的海外省，立法权基本来自葡国。澳督及其领导的政务委员会共同行使立法权，但只能制定较低层次的法令、规章。《澳门组织章程》颁布以后，澳门便产生了组织上完全独立的立法机关——立法会，尽管它仅拥有不完全的立法权。根据《澳门组织章程》，澳门立法会也拥有授权总督立法等 11 项职权。在立法权方面，除部分立法权专属立法会享有之外，其他立法权由立法会与澳督共同享有。属于立法会的立法权，立法会可以赋予澳督立法的许可，授权一经作出，该事项的立法权即属澳督所有。此外，无论是否属于立法会的专有立法范围，澳督都可以向立法会提交法律提案，由立法会决定是否通过。

澳督行使立法权时也受到立法会的某些制约。立法会有权修改并追认澳督公布的法令，也有权拒绝追认。另外，对于立法会通过的法律，澳督有权拒绝颁布，但如果立法会以 2/3 的多数再次通过该法律，澳督必须颁布。立法会对澳督的制衡还有，提请有关法院审议澳督发出的规定是否抵触法律，审议澳督的行为，对澳督施政方针的弹劾动议进行表决。

由于澳督权力并非来自立法，所以澳督在政治上完全不必向立法会负责，立法会无权在免去总督职务的程序上行使任何权力。相反，澳督则有权向葡国总统提出解散立法会的建议，葡国总统可接纳其建议，下令解散立法会。在原立法会解散到新立法会产生之前，澳督享有全部的立法权。

学者们普遍认为，管治时期澳门的立法体制具有双层双轨的特点。所谓双层是指葡国主权机构同澳门立法机关都可以制定澳门法律，双轨则是指澳门本地的立法机关总督和立法会都享有立法权，而且这种立法权是并行的，互相没有隶属关系。

（3）受葡人操纵的司法机关

在管制时期及以前，澳门法官和检察官为葡国有关机构委任的葡萄牙人，澳门的司法和法律领域由葡萄牙人和土生葡人所操纵。由于居澳葡人占澳门人口的比例很少，占澳门人口主体的华人则游离于澳门司法机关之外，结果导致葡式澳门法制在澳门实施效果有限。

（4）相对独立行使各自行政职权的市政自治和市政议会

澳门地区的两个市政机构各自有独立的管理机关和财产，并享有财政和行政自主权。总督对市政机关进行行政监管：1）通过分析市政机关会议记录，督促市政机构遵守法律；2）可以对市政机关及其部门的活动进行调查，并要求市政机关对已作出的任何决议进行解释；3）总督负责批准市政议会关于市政厅活动计划以及有关修订市政预算、账目、借款的决议；4）假若市政机关严重违法或拒绝遵守司法决定，总督可下令解散市政机关。市政厅、市政议会、市政执行委员会三者之间的关系为：澳门地区有两个市政厅，每个市政厅由市政议会和市政执行委员会组成，前者为决议机关，后者为执行机关。市政厅的主要职责有：市政发展，城市规划建设，公共卫生，文化娱乐体育活动，环境及居民生活质量的保障。

（二）葡萄牙法律文化在澳门的主要体现

1. 法律渊源

（1）法律

澳门法律由两大部分组成：源于葡萄牙的法律和澳门本地法律。在澳门适用的葡萄牙法律主要有以下几类：第一类是葡萄牙本土实施且延伸到澳门适用的法律。包括《葡萄牙共和国宪法》、《葡萄牙国籍法》，以及俗称"五大法典"的葡萄牙民法典、葡萄牙民事诉讼法典、葡萄牙刑法典、葡萄牙刑事诉讼法典和葡萄牙商法典等。第二类是葡萄牙专门为澳门制定的法律。包括《澳门省政治行政章程》、《澳门保安部队组织法》、《澳门组织章程》、

《澳门司法组织纲要法》和《中文官方地位法令》等。第三类是葡萄牙为其包括澳门在内的海外殖民地制定的法律。如《税务法》和《海外都市性不动产租赁特别制度》等。第四类是葡萄牙参加并延伸至澳门适用的国际公约和条约，如《公民权利和政治权利国际公约》和《经济、社会及文化权利国际公约》等。

澳门本地法律主要是指澳门立法会制定的法律，如《立法会组织法》、《家庭政策纲要法》等。由于澳门立法会成立时间不长，立法效率不高，故这类法律数量不多。自 1976 年成立至 1996 年，五届立法会，包括立法许可（又称授权立法）在内，总共才制定了 311 部法律。①

源自葡萄牙的法律，构成了澳门法律的主体，其中法典式的法律大多由葡萄牙延伸适用而来。澳门本地立法处于较为次要的地位。

（2）法令

澳门政治体制长期以来以行政主导为特色，澳门总督制定的法令和规范性的批示，是澳门法律的重要渊源。由葡萄牙总统任命的澳门总督是澳门的最高行政长官，《澳门组织章程》第 5 条明文规定立法职能由总督和立法会共同行使。法令是澳督在行使立法职能时所制定的具有普遍性、抽象性的规范性文件的名称。由澳督与立法会共同行使立法职能这一特色承袭自葡国的宪政传统，只有对葡国宪政传统进行深入分析才能了解共同行使立法职能的实况。《葡萄牙共和国宪法》第 114 条确立了主权机关分立及互相依赖原则，第 115 条（规范性行为）确立了渊源等级原则、法律类型法定原则、行政合法性原则等内容。而第 115 条是整部宪法的关键规定，体现了民主法治国家所固有的若干基本原则。该条订定了各种立法行为类型或立法行为与立规行为之间的层级关系，作为对立法者在草拟法律时的一种宪法性约束。除了层级传统原则外，亦强调了权限原则作为第二个规范结构的指导性原则。该条将规范性行为分为两类，即立法行为和立规行为。立法行为包括三种形式：共和国议会法律、政府法令、自治区议会立法命令；而立规行为其中一类为规章命令。该条第 2 款规定："法律及法令具有同等效力，但不影响组织法有较强之效力，且不影响使用立法许可而公布之法令以及充实法律制度大纲之法令对其相应法律之从属性。"该款规定了共和国议会与政府的立法行为的对等规范性地位，一般原则是法律与法令在形式、效力上平等或对等，法律与法令原则上可各自或相互进行解释、中止或废止，因此，政府法规不是次级法律且不从属于法律，反之亦然。

以葡萄牙宪法为依托，法令成为与澳门法律一样重要、数量一样繁多的法律类型，成为澳门法律的重要渊源，如 1992 年的《澳门司法组织新规则》和《澳门审计法院之组织、管辖、运作及程序》等。这类法律数量较大，仅 1988 年至 1992 年间，总督制定的法令和规范性批示就达 432 部，约占澳门本地立法总数的 85%。②

（3）间接渊源

澳门法律的间接渊源包括习惯、判例、司法见解、学说与衡平等。

---

① 参见《澳门立法会成立二十周年（1976~1996）（附录）》。转引自汤开建：《澳门开埠初期史研究》，192 页，北京，中华书局，1999。

② 参见《濠江论坛周报》，1993 - 09 - 25。

习惯是创制法律规范的法律渊源之一，习惯所形成的规范也因此称为习惯法。习惯须具备两个要件：一是实质性要件，即此等习惯具有特定的普遍性；二是心理要件，即人们承认、信服其效束力。从法律角度看，习惯可以是确认性的，也可以是解释性的，这两种习惯统称为"合法习惯"。此等习惯起着弥补法律空缺、更好地理解法律规定之作用，因此又称为"法外习惯"，例如民法典中多次提到的"善良风俗"。

部分有"普遍约束力"的判例也是澳门法律的间接渊源之一。根据大陆法系之传统，法院的判例或判决不是法律渊源，没有法律上的约束力。具体而言，上级法院的判决对下级法院无约束力，最高法院的判例对各级法院无约束力，同一法院内部作出的先前判决对以后的案件无约束力。葡澳法律属大陆法系，原则上也遵循上述传统。但是，由于复杂的社会、历史原因，法律发展的结果导致一种特征"判例"的产生，而这个判例产生"普遍约束力"。按照葡萄牙民法典第 2 条，"在法律规定的情形中，法院可以通过判例来确定具一般约束力的学说"。宪法第 122 条第 2 款 g 项也作了规定。在葡萄牙，最高法院及最高行政法院可以作出"有约束力的判例"。在澳门，新的司法组织纲要法规定，高等法院以全会运作时，有权"依据诉讼法律之规定，统一高等法院之司法见解"（第 14 条第 1 款 d 项）。此外，审计法院以合议庭运作时，有权"通过判例确定司法见解"（第 10 条第 5 款 5 项）。

部分司法见解是澳门法律的间接渊源之一。司法见解是执法机关在将法律规范适用到具体案件时对法律规范所作的指引，以揭示其含义。在澳门，高等法院全会之裁判中所抽象出来的要点也是一种司法见解。虽然从理论上说各类法院都可以形成自己的司法见解，但鉴于高等法院在审级上的重要性，它所作的司法见解理当最有权威性。当然，并非所有的司法见解都有约束力。按照葡澳法律，司法见解作为法律渊源似乎应具备以下三个条件：一是在法律有规定的情形中，如司法组织纲要法第 14 条、第 16 条；二是由法院作出，而非学者个人或其他机构作出；三是以判例（assento）的专门形式表现出来，而不是以其他形式表现出来。因此，澳门审计法院有权"通过判例确定司法见解"，这种司法见解具有"普遍约束力"；至于澳门高等法院，第 112/91 号法律只规定它可按照程序法"统一司法见解"，因此，澳门高等法院也有权确定具有普遍约束力之判例；但是，高等法院所作的合议庭裁判及其概要，显然不能作为法律渊源起作用。

在某种情况下，"学说"也会成为澳门法律的间接渊源之一。著名学者、教授对法律问题发表的见解与观点称为"学说"。这些"学说"对于揭示法律规范的含义有重要意义。但是学说本身并不具有约束力，只有当某种观点、见解或意见被法院以判例形式确定下来时，被确定下来的部分才具有法律渊源的效力与价值。

衡平价值是葡萄牙民法典规定的间接法律渊源之一。在以下特定情况下，法官可以根据"公平"、"正义"等理念来判案断狱：法律规范允许，当事人同意且属于可由当事人处置的法律关系，或当事人在有关协议中事先同意诉诸"衡平"（见葡萄牙民法典第 4 条）。

2. 法律体系

（1）民商法

从 1976 年起，澳门立法会和总督颁布了许多关于商业方面的法律法令，作为葡国商法典等商业法律的补充，其中主要有：1978 年第 28/78/M 号法令，即旅行社及旅行社章程；1982 年 8 月 3 日的第 35/82/M 号法令，即新银行法；1982 年第 6/82 号法律，即幸运博彩法；1983 年第 15/83/M 号法令，即财务公司活动管制法；1985 年 4 月 13 日第 31/85/M 号法令，即关于分层楼宇的法令；1987 年第 40/87/M 号法令，即关于修改工业产权法典的法令；1988 年第 64/88/M 号法令，即在澳门设立国际船舶注册中心的法令；1989 年 2 月 20 日第 6/89/M 号法令，即保险活动管制法；1991 年 7 月 29 日修订的土地法；1998 年 12 月 30 日第 50/80/M 号法令，即新对外贸易法等。这些法律、法令在规范澳门的商业活动方面起了重要的作用。

（2）刑法

长期以来，葡澳政府在澳门实施的是葡萄牙 1886 年的刑法典。早在 1982 年之前，葡萄牙立法机关曾就 1886 年刑法典作出过一些修改，这些修改刑法典的法律，由于种种原因大部分不在澳门地区生效，仅有小部分延伸至澳门地区适用。1982 年之后，因葡萄牙国内已颁布了新的刑法典，其立法机关就再也没有对在澳门地区生效的 1886 年刑法典作过任何修改。在此期间，澳门立法会和澳门总督尽管已对本地区的刑事制度享有了立法权，但考虑到澳门地区准备以本地区的名义制定一部新的刑法典，也从未对 1886 年刑法典作过任何修改。在澳门的刑事立法领域，始终无中文译本的 1886 年刑法典，就像一个被"遗忘的角落"，1886 年刑法典陈旧、过时的规定，既不为绝大多数澳门居民所知，也无法适应澳门社会在政治、经济、文化等方面的演变与发展。

（3）行政法

澳门行政法体系移植于葡萄牙。与其他欧洲大陆国家的行政法概念一样，葡萄牙行政法概念外延比较宽泛：既强调行政法是"控权法"（包括行政法院对政府行为的审查），又强调行政法是"管理法"（调整行政机关内部和外部的行政行为）；既包括行政实体法，又包括行政程序法；既包括外部行政法（政府对社会的管理），又包括内部行政法（行政机关组织法、国家公务员法等）。

受葡萄牙法律传统的影响，澳门行政法有以下几个特点[1]：

第一，澳门行政法来源于葡萄牙行政法，是葡萄牙行政法在澳门的延伸实施，内容丰富。澳门地区行政法源远流长，经历史变革，适应社会需要，在澳门形成了内容丰富、门类齐全的行政法，在金融、贸易、交通、建筑、税收、文化、教育、娱乐各领域，都形成了相应的行政管理规章。

第二，形成了内容完整的博彩业行政法。作为澳门旅游业的重要组成部分，博彩业成为澳门经济的主要支柱之一。与此相适应，经过长期发展，澳门形成了完善的博彩业行政法。博彩业在澳门已有较长的发展历史，从 20 世纪 60 年代开始，葡萄牙海外部颁布法令，承认博彩业是澳门合法存在的特殊的娱乐。为促进博彩业发展，澳门政府制定了《承投赌博娱乐》等规章，规范博彩业的发展。考虑到澳门的这一历史特点，《澳门特别行政区基本法》规定 1999 年后澳门博彩业允许继续存在。

第三，注重行政程序立法，特别行政程序法典的制定具有先行性。澳门行政立法方面比较重视行政程序法的立法，比内地、台湾、香港更早推出了统一的行政程序法典。

第四，注意民主与效率的协调和社会公共利益与公民个人权益的平衡。澳门行政法以

---

① 参见杨海坤：《香港和澳门行政法的比较研究》，载《法学家》，1997（1）。

追求民主与效率相协调为目标，逐步改革和完善。例如，澳门公务员队伍历年来膨胀过快，素质与效率相对较低，引起市民的不满和批评。因此，澳门通过制定《澳门公共行政工作人员章程》、《领导及指导人员章程》、《职程制度》、《贿赂处分制度》、《反贪污法例》、《外聘人员章程》等制度，加强了公务员制度立法，用行政法来解决公务员队伍的专业性、稳定性、透明度和延续性等问题。这些法案表明澳门行政法追求民主与效率相协调、社会公共利益与公民个人利益相平衡，取得了较大立法成果。

第四节
葡萄牙法律文化对澳门的持续影响（1988 年后）

一、澳门法律本地化历程

澳门法律本地化是指将原来葡萄牙统治时期的澳门法律转变为澳门本地区法律的过程。澳门法律本地化概念有广义和狭义之分。狭义的澳门法律本地化就是指法律条文本地化，是指顺应澳门回归中国的要求，在确保与《澳门特别行政区基本法》相衔接的前提下，根据澳门本地的实际情况和追随法律的现代发展趋势，将澳门现行法律，主要是葡萄牙延伸适用于澳门的法律，进行系统的清理、调整、修订、编纂和中葡文双语化（目前主要是译成中文），然后由澳门本身的立法机关完成必要的立法程序，使之转变为澳门本地法律的过程。广义的澳门法律本地化是指澳门法律体系的本地化，包括立法机关及立法人员的本地化、司法组织及司法人员的本地化、法律条文的本地化和法律语言的本地化。

（一）法律本地化的起因

澳门法律本地化问题产生的根源是葡国为澳门所确立的法律体制存在固有缺陷，无法适应澳门主权过渡时期的需要，必须根据澳门政治、经济和社会发展需要进行必要调整。究其历史原因，具体来讲，有以下几点：

1. 澳门主权过渡的基本需要。1999 年中国政府对澳门恢复行使主权，澳门法律和司法的不合理状况必须予以改变。根据"一国两制"的方针和《澳门特别行政区基本法》，澳门原有法律除与基本法有抵触者外基本不变。但基本不变不是没有任何改动的直接过渡，而是要经过翻译、清理、审查、修改等程序，再过渡到未来特别行政区继续适用，并对与基本法有抵触和反映葡萄牙对澳门殖民统治的法律制度予以废止。

2. 葡式法律体系没有得到澳门社会普遍认同。长期以来，澳门的法官、检察官、律师、政府法律顾问等几乎全部为葡萄牙人垄断，作为澳门人口绝大多数的本地华人，完全被排斥在司法领域之外。葡语是澳门唯一官方语言，澳门法律没有中文译本，澳门绝大部分居民看不懂。华人之间发生纠纷，往往自行调解或通过社团解决，而不愿到当地法院进行诉讼。由于没有得到澳门社会和民众认的普遍认同，很难适应"一国两制，澳人治澳"的澳门法制发展需要。

3. 部分法律陈旧，难以适应澳门社会发展需要。葡萄牙在法制现代化方面本身就是西欧起步最迟缓的国家之一，澳葡政府长期以来，在立法中盲目地照搬照抄葡国法律，未将法律的现代化作为明确的理念贯穿于立法活动之中。[①] 而且，在澳门实行的部分葡萄牙法律，并不是葡萄牙已更新的法律、法规。例如，过渡时期澳门公司法规主要为1888年葡萄牙商法典的有关规定和1901年葡萄牙有限公司法，非常陈旧。而上述两者实际上在葡萄牙早已被新的法律取代，不再有效。这导致了构成澳门法律制度几大支柱的几部大法典，显得老态龙钟，因而澳门法制被葡国国会议员形象比喻为一个"车辆博物馆"[②]。不仅如此，葡国法律专家不顾澳门地区实际情况，闭门造车，原封不动地将葡国法律搬到澳门，使用的法律语言晦涩难懂，又不为澳门民众所认同。就法律内容而言，"大部分居民对它们均感陌生和难以接近，而且对中国的传统思维而言，不少规定都是怪异的"[③]。并且澳门的一些葡国法律人士把法律看作是法学家的法律，认为如果市民都懂了法，律师和法学家就没有存在的必要。这种错误观念加剧了澳门法律与民众的脱节，使澳门社群难以与现行法律结为一体。

4. 葡文单语立法不合时宜。澳门法律本地化之前，葡文是唯一的官方法律语言，澳门所有的法律都是以葡文形式颁布。中文虽然为澳门96%的华人所通用，但是没有取得应有的法律地位。过渡时期开始以后，尽管中文已是澳门的官方语文之一，但澳门所适用的葡文单语立法方式带来了大量的法律中文翻译工作。如果没有澳门法律的中文化，则没有澳门法律本地化。法律本地化之前，除立法会的一些议员所提的部分法案是以中文形式出现的外，澳门绝大多数的立法工作是以葡文单语立法方式进行的，尽管制定出来的法律后来进行了中文翻译，在公布时是以中葡文双语形式出现的，在中文官方地位已经确立的后过渡时期，澳门法律本地化仍以葡文单语立法的方式来进行是不合时宜的。为此，澳门政府成立了专门机构来专司这项工作。

5. 澳门法律人才的本地化严重滞后。长期以来，澳门的立法、执法机构被葡人把持，澳门的法制基本上被葡人操弄，占澳门人口主体的华人几乎无缘进入澳门立法和司法机构工作，几乎完全被排斥在澳门法制进程之外。特别是法官、检察官和高层次行政领导职位，直到过渡时期后期，才陆续由华人担任；而且，到澳门主权移交之前，其中大部分还是副职，正职极少。这种情况，造成了澳门高级管理人才资历较浅，实践和领导经验不足的客观状况。特别是澳门回归后，葡萄牙人与本地华人高层领导人员最后完成领导职位的交接时，后者所面临的压力和困难必然很大。而这种客观现实无疑又会对澳门特别行政区的司法和行政效率产生消极影响。

（二）法律本地化原则

澳门法律本地化工作基本上遵循了以下几个原则：

第一，与《澳门特别行政区基本法》相衔接。《澳门特别行政区基本法》第145条规

---

①　参见曹日新：《澳门法制的矛盾和统一》，载《澳门政策研究》，1998（3）。

②　引自 Jose Magalhaes：《论澳门立法自治的形式及其范畴》，载《行政》，1991（12）。

③　引自 Eduardo Cabrita：《法律翻译——保障澳门法律——政治自治之核心工具及遵守联合声明之必要条件》，载《行政》，1992（16）。

定："澳门特别行政区成立时，澳门原有法律除由全国人民代表大会常务委员会宣布为同本法抵触者外，采用为澳门特别行政区法律，如以后发现有的法律与本法抵触，可依照本法规定和法定程序修改或停止生效。"主权回归后的澳门以《澳门特别行政区基本法》作为最高准则，与《澳门特别行政区基本法》相衔接成为过渡时期澳门法律本地化的指导性原则。

第二，保持澳门法律秩序基本不变。根据"一国两制"的基本方针，完成本地化程序后，澳门原有法律的效力跨越 1999 年。为确保澳门法律秩序基本不变，在实施法律本地化的过程中，以葡萄牙法律为模式的澳门多元法律文化将延续下去。

第三，符合澳门实际。澳门社会的主体是华人，有着完全不同于葡萄牙的历史、文化背景与社会习俗和价值观念，澳门法律本地化须立足于澳门的社会大背景，符合澳门的实际情况，适应澳门民众的现实生活，使澳门原有法律所体现的葡萄牙特色的价值观转化为蕴涵中国文化的社会价值观，从而防止法律与社会实际相脱节，真正获得澳门民众的认同。

第四，促进澳门法律系统化。由于澳门原有法律具有渊源多样、结构多元的特点，应将澳门法律的系统化作为法律本地化的一个重要环节，要求对澳门原有法律进行系统化的整理、修订、编纂，促进不同等级效力的法律之间的纵向协调和同等效力的法律之间的横向协调，协调、统一整个澳门法律体系。

（三）法律本地化的内容

法律本地化既是一项艰巨的工作，又是一项复杂的系统工程。从广义上来讲，澳门法律本地化包括立法机构及立法人员的本地化、司法组织及司法人员的本地化、法律条文的本地化、法律语言本地化。

1. 立法机构的本地化

1976 年之前，澳门作为葡国的海外省，立法权基本来自葡国。澳督及其领导的政务委员会共同行使立法权，但只能制定较低层次的法令、规章。1976 年 8 月，根据《澳门组织章程》，拥有独立地位的立法会成立。

立法会的成立，改变了以前澳门没有本地独立立法机构的传统，立法会已不再从属总督，成为澳门地区至为重要的自身管治机关。到 1990 年 4 月，《澳门组织章程》修改，将议员名额增至 23 个，其中 7 名由总督委任，8 名由直选产生，8 名由间选产生（《澳门组织章程》第 21 条）。澳门立法会是个混合性的利益代表机关，具有部分民意基础。立法会的成立，是澳门立法机构本地化的重要里程碑。

2. 司法组织的本地化

澳门司法组织本地化就是以《澳门特别行政区基本法》为依据，依托澳门本地法律建立起澳门特别行政区的司法组织。

通过《澳门组织章程》，澳门地区获得行政、财政和立法的自治权。但是，葡国政府坚持认为，司法自治权是主权范围内的事项，不能下放给澳门行使，终审权更是绝对不可以下放。所以，长期以来，澳门没有自己独立的司法体系。1991 年以前，无论是法律渊源、机构设置，还是人员任免、运作程序，澳门司法制度基本上是葡国司法制度的延伸与翻版。作为葡国的一个法区，澳门司法组织由初级法院、审计法院、军事法院、刑事起诉法院和检察院等初级机构组成，上诉与抗诉机构都在葡萄牙。20 世纪 80 年代后，澳门城市化发展迅速，社会生活日趋复杂，市民法律需求日益增加，原有司法组织系统不能适应社会发展需要，具体体现就是澳门本地法院积案数量大增，从 1979 年的三千多宗，到 1987 年就快速增加到两万多宗。司法组织运作的弊端已暴露无遗。

1987 年签署的《中葡联合声明》，让葡国政府倍感压力，促使它们不得不对澳门司法组织进行改革，以适应于 1999 年后澳门行使独立终审权的司法制度。如何按照葡国政府和司法界所认同的方法，改革澳门司法组织体系，对葡国政府具有特别重要的政治意义。为此，葡国国会于 1990 年通过第 13/90 号法律，修改《澳门组织章程》，第 51 条修改为"澳门地区拥有本身的司法组织，享有自治权并适应澳门的特点"，从而正式确立了澳门司法自治的原则。为贯彻实施该原则，1991 年 8 月 29 日，葡国议会通过了《澳门司法组织纲要法》，对澳门原有司法机关进行了重大改革。1992 年 3 月 2 日，澳门政府正式公布了《澳门新司法组织总规章》和《澳门审计法院规章》，规范了澳门新的司法组织的架构、管辖、运作及程序等。通过一系列的司法改革，在澳门建立起了由普通初级法院、刑事起诉法院、行政法院、审计法院、高等法院及澳门检察院组成的新的司法体系。在司法组织制度方面，设立了一套与《澳门特别行政区基本法》相衔接，可以在 1999 年后行使司法自治权和终审权的司法组织系统。

3. 法律条文本地化

法律条文本地化是法律本地化中的一项主要内容，其本质就是将澳门原有法律通过法定程序，最终过渡为特区的法律，建立澳门自身的法律体系。

长期以来，无论是葡国政府还是澳门政府，都没有对澳门法律作过系统清理和统计，导致澳门法律长期处于混乱无序状态。在法律本地化问题提出后，相当长的一段时间内，没有一位法律专家或政府官员能够说清楚澳门法律数量、效力等基本情况。原有法律有的年代久远，与现时社会脱节，不适合澳门社会实际需要；有的则带有浓厚的殖民主义色彩，因而，造成澳门主权回归前法律条文的本地化工作任务异常艰巨。

根据《中葡联合声明》，澳门法律条文的本地化工作必须在 1999 年 12 月 20 日澳门主权移交之前完成，这是一项中、葡双方都必须完成的政治任务。迫于政治压力，澳门政府于 1988 年设立了法律改革办公室，在政府和立法会的领导下，开始着手澳门法律条文的本地化工作。1991 年，法律改革办公室改组为立法事务办公室，负责对法律条文本地化进行研究、策划及草拟法案。

根据中、葡达成的共识，澳门法律条文的本地化工作，分为五个阶段实施：第一为清理阶段。立法事务办公室按年代顺序搜集全部法律规范，统计出自 1910 年 至 1994 年期间，在《澳门政府公报》公布的外来法律、法规 1 624 项。[①] 第二是分类阶段，即将需要本地化的法律挑选出来，经过筛选，最后初步认定需要本地化，的法律大约有三百项。第三是翻译阶段，将外来葡文法律翻译成中文。第四是修订阶段，对外来法律加以删除、修改和补充。第五是过户阶段，即通过立法程序，使之改变身份，成为澳门本地立法机关自行制定和适用的法律。

---

① 参见《澳门日报》，1994－11－23 。

过渡时期，外来法律条文本地化的工作进展不太如人意，仅就"五大法典"而言，到 1998 年年底，仅有刑法和刑事诉讼法完成了本地化。

4. 法律语言本地化

法律语言本地化问题包括，过渡期以前的法律翻译问题和过渡期及以后的双语立法问题两个方面。由于中文长期在澳门不具备官方语文的地位，澳门法律都是以葡文颁行，占澳门人口 96％以上的华人很难了解澳门法律的内容，导致澳门法律长期脱离社会实际。过渡时期，法律语言本地化受到了重视。

1989 年年初，法律翻译办公室正式成立，由中葡法律专家、翻译员、文案等人员组成，开始进行法律翻译工作。同年 10 月，该机构正式运作，并确定了法律翻译的方法。

过渡期内法律翻译工作取得了很大进展，1988 年颁布的法律、法令和训令具备中文本的，分别仅占 41％、3％和 1％，而到 1993 年已相应地提高到 100％、100％和 17％。[1] 主权回归前，几乎所有的立法都有中文本了。

（四）法律本地化的成果

1996 年 1 月和 1997 年 4 月，澳门刑法典和澳门刑事诉讼法典相继生效。1998 年年底，澳门民法典、澳门民事诉讼法典和澳门商法典的草稿和中译工作也已完成。从 1993 年起，澳门高等法院、审计法院、司法高等委员会、司法官培训中心等司法机构相继成立。1996 年再次修改《澳门组织章程》，确定澳门应拥有"享有自治权的适应澳门地区特点的自身司法组织"，奠定了澳门司法自治的法律基础。1999 年 6 月 1 日起，葡萄牙将部分终审权下放给澳门高等法院。澳门司法官培训中心也为澳门司法机关培养了数批懂中葡双语的年轻华裔法官和检察官，在司法官员本地化方面取得了突破。

此外，到 1998 年 5 月，通过中葡联合小组属下的国际组织问题工作会议，中、葡双方就近八十个公约延伸适用或继续适用于澳门达成了共识。

1998 年 5 月，澳门特别行政区筹备委员会正式成立。筹委会法律小组负责审查澳门原有法律，先后审查了澳门政府和立法会制定的法律、法令、训令、指示等八百多项。[2] 法律小组的历次会议逐年审查了 1979 年至 1997 年间制定的澳门法律。1999 年 8 月，国务院根据首任澳门特别行政区行政长官的提名，任命了第一届特别行政区政府的 7 名主要官员和特别行政区检察院首任华人检察长。1999 年 8 月 29 日，筹委会第十次会议闭幕，宣告澳门特别行政区筹委会的任务基本完成。本次会议的重要成果之一是向全国人大常委会提交了关于澳门原有法律的处理意见，这标志着澳门法律本地化已进入了尾声。据葡方向中方提交的法律清单统计，截至 1999 年 12 月 19 日，澳门立法会和澳门总督制定的且继续有效的法律和法令共有近九百个，其中制定于"过渡法制阶段"即 1988 年至 1999 年的法律和法令则共有近七百五十个。"过渡法制阶段"澳门本地法律立法进程的加快，一方面反映了澳门社会的实际需要，另一方面也是中葡双方共同推动法律本地化进程的必然结果。[3]

经过 11 年的努力，澳门法律本地化在数量上已达到一定的规模，为政权移交奠定了必

---

① 参见吴国昌：《澳门过渡后期的法律本地化》，载《行政》，1995（28）。
② 参见《澳门日报》，1998-05-29。
③ 参见刘高龙、赵国强：《澳门法律新论》（上册），8 页，澳门，澳门基金会，1995。

要的法律条件。

二、回归后葡萄牙法律文化对澳门的持续影响

(一) 回归之际澳门法制的现状与问题

澳门回归之际，澳门法制所面临的最大、最迫切的问题便是如何在"一国两制"的原则下解决澳门法制中所存在的问题，从而确实建立起一个有澳门特色的澳门特别行政区法律制度。澳门法律制度完全是以葡萄牙法制为模式建立的法律制度，无论是法律渊源，还是法律实现即司法操作等，均有明显的葡萄牙色彩。但是，作为澳门特别行政区的法律制度，它不应该，也不可能是完全照搬葡萄牙法律的法制。一百多年来澳门法制基本以葡萄牙法律为法源，以葡萄牙法官为法律实际主要操作者的局面，只是葡萄牙在澳门实行准殖民统治的不正常表现。回归之际，澳门法制的现状与问题主要表现在以下几个方面：

1. 就法律渊源而言。构成澳门现行法律框架的民法、民事诉讼、商法、刑法和刑事诉讼五大法典应当是未来澳门特别行政区法律的基础，这也是中葡双方早就达成的共识。然而，经过十多年的法律本地化进程之后，在澳门主权回归前，完成本地化程序的只有刑法典和刑事诉讼法典。葡萄牙人以刑法典作为开展"五大法典"的本地化程序实际上主要是出于政治上的考虑，即认为"刑法典本身代表着对公民之第一项基本保障，亦为体现某一社会值价之参考依据"（法令第 58/95 号立法说明）。从葡萄牙方面来讲，它们本此出发点决定法律本地化步骤的动机似乎无可厚非。但问题是，在优先进行刑法典和刑事诉讼法典本地化的同时，其他几个法典的本地化也不应缓滞。在长达十多年过渡期中，澳门政府投入了相当的力量和资源实施"五大法典"本地化，但到澳门回归前夕，五大法典中有三个法典尚未完成本地化。况且，大陆法系常常称民法典为小宪法，民法典直接涉及最广泛的社会生活和生产关系，规定着整个社会的最普遍、最一般关系，对澳门的长治久安至关重要。然而，出于单纯的政治考虑，葡澳政府在首先完成澳门刑法典本地化 3 年后，仍然没有完成澳门民法典的本地化工作，这可以说是一个严重失策。更为重要的是，任何一个法律，必须要得到社会民众的认可和了解，才可能在社会生活和生产活动中为民众所遵行，才能使民众自觉地用以规范生活关系与生产关系。澳门以往的历史事实证明，葡萄牙法律长期以来根本没有实际生存于澳门社会。澳门的大多数华人直到非常晚近的时候，仍然对葡萄牙法律毫无所知。在此情况下，保留葡萄牙特色的法律制度实际很成问题。而在过渡期内相当长的时间里，葡萄牙人仍然未能利用时间和机会改变这一状况，无疑会给澳门特别行政区法律建设遗留下一个严峻的问题。而如何解决这个问题，显然是回归后澳门特别行政区政府的首要任务之一。

2. 就法律人才而言。在澳门回归前夕，经过十多年的法律本地化进程之后，澳门已培养出了一批本地法律专业人才，他们当中的许多人已经在澳门立法、司法、保安、行政和法律教育等部门的重要岗位上，充当着顶梁柱的角色。这些人才在回归后澳门特别行政区的自治管理和建设发展中同样发挥着积极而重要的作用。但与此同时，由于澳门法律本地化起步晚、时间短，而公务员的构成在《中葡联合声明》发表前几乎是清一色的葡萄牙人和土生葡人，而且此后华人进入公务员阶层的速度和人数始终都很缓慢，特别是法官、检察官和高层次行政领导职位直到回归前几年才陆续由华人担任，其中大部分还是副职，正

职极少。这种姗姗来迟且有限的本地化成果，必然造成了澳门高级管理人才资历较浅，实践和领导经验不充分的客观状况。这无疑会导致澳门回归后，葡萄牙人与本地华人高层领导人员最后完成领导职位的交接时，后者所面临的压力和困难必然很大。而这种客观现实无疑又会对澳门特别行政区的司法和行政效率产生消极影响。以澳门法院院长和检察长为例，如果按照澳门回归前夕的有关规定，则该职位在相当长的时间内必然只能由葡萄牙人担任。因为，澳门华人法律工作者出现很晚，多年内也没有具备法定资历的华人法官、检察官能够担当此职。如果不解决这个问题，而是按照回归前的《澳门司法组织纲要法》第20条行事，那么在澳门的某些领域，至少在回归后的短期内，在司法领域，仍然会存在葡人治澳的现象，不可能实现澳人治澳。这显然与《中葡联合声明》和《澳门特别行政区基本法》的基本原则和精神相违背。因此，对回归后新成立的澳门特别行政区政府来讲，这显然是一个棘手但又必须解决的问题。

3. 就法律教育而言。澳门法律课程开设以来，主要课程均以葡文讲授，接受法律教育的前提是必须有相当的葡文水平，结果导致在澳门能够接受正规法律教育的本地华人少之又少，极大地限制了澳门法律教育的发展，以致在澳门法律课程开设之初，甚至出现了葡人和土生葡人学生占绝对多数、华人学生寥寥无几的奇怪现象。在澳门回归前夕，经过法律本地化政策的实施，这种情况虽然颇有改观，但以葡文为主要教学语言的事实，仍然是澳门法律教育发展缓慢的主要原因之一。另外，澳门法律教育开设以来，似乎过多地强调了葡国法律，而忽略了更广阔法律文化教育的意义，即仅注重了保持澳门葡式法律的特色，而没有注意到一个法律制度的生长环境，把澳门法律制度孤立地置于澳门这个小城，而忘记了它将不可避免地要与香港和内地及国际社会上的其他法律发生联系及相互影响。不仅如此，这种认识上的局限还会造成澳门的法律工作者在未来的职业竞争方面处于劣势。所有这些问题，无疑会成为回归后的澳门特区法制健康发展的巨大障碍。

4. 就官方语言来讲。澳门现今的官方语言是葡文和中文（中文的官方语言地位只是1992年开始）。然而澳门的情况是，政府长期有意无意地忽略了葡文在澳门的普及。长期以来，葡语没有被作为一种社会的语言，而只是作为官场的或特权的语言来使用，范围一般只限于澳门政府公务员内部、葡人和土生葡人群体内部，而澳门的绝大多数民众与葡语无缘。所以，葡语除了其作为法定官方语言的意义外，更可以贴切地说它是"公务语言"。而在公共管理范围以外，在澳门大多数民众的社会生活中，可以说根本不使用葡语。于是便发生了一个深刻的矛盾，即一方面，作为澳门统治阶层母语的葡语，其使用遍及所有公共管理领域，包括立法、行政、司法以及教育诸多领域；但另一方面，葡语对绝大多数居民又是完全隔膜、陌生的语言。认真考察一下就会发现，澳门过渡期中的许多问题实际都是因这种矛盾而发生，法律本地化和公务员本地化的一些难点和症结实际就是语言。究其原因，就是因为立法语言是葡文，而要使之为澳门民众认识，又必须翻译成中文。此外，公务员本地化的选择余地之所以甚小，是因为可纳入本地化范围的人员首先只能是懂葡语的人。因此，实际上有不少优秀的人才被排斥在本地化范围之外，从而给公务员本地化带来消极影响。显而易见，语言的问题，给澳门公共管理活动带来了许多困难，而且的确带来了许多不必要的浪费。澳门特别行政区应如何这种改变状况，却是一个不能不认真思考并予以解决的问题。怎样能够既保证"一国两制"不受质疑，又使"保留葡国文化特色"得以合理体现，也是澳门特别行政区政府须认真、谨慎地把握和平衡的一个问题。

5. 就法律的文化背景而言。澳门法制是以葡萄牙法制为模式建立的，但又存在于与葡国文化完全不同、以华人为主体的社会中。而根据《澳门特别行政区基本法》，它还要以"原有法律"的形式在澳门回归后继续存在。于是，这里便产生了一个法律文化上的冲突问题。由人的本性所决定的人类社会生活共性，葡萄牙法律的绝大部分实际都与中国人的行为规范相一致。1999 年之后葡萄牙法律之所以能够存续于澳门，其根本原因就在于此。但是，基于各自本身文化传统的内容却必然呈现出冲突状态，这主要见于家庭法和继承法，因为任何国家法律中的这些部分，都深深植根于本民族的文化传统，都最直接地反映着本民族的生活价值观。

以上所述种种问题如何解决、解决的效果如何，成为澳门特别行政区政府成立时迫切需要解决的难题，对建立澳门特别行政区"一国两制"法律制度构成了挑战。

（二）基本法对葡萄牙法律传统的保留

澳门回归以后，澳门法制的发展进入了一个全新的时期。澳门特别行政区的法律制度必须：一是要以澳门社会为立法背景，二是要代表澳门大多数民众的民意，三是要依据澳门中国人的文化传统。法律是人类社会的行为规范，不同民族国家和不同时代的法律都有一些最基本的共同之处，而澳门特别行政区法律能够从葡萄牙法律中接受的，也正是这些同样可以适用于澳门的内容。基于这种思想，《中葡联合声明》和《澳门特别行政区基本法》均阐明和规定了澳门"原有法律"保持不变。

根据《中葡联合声明》第 2 条第 4 款，我国政府郑重承诺："澳门现行的社会、经济制度不变；生活方式不变；法律基本不变。"另外《中葡联合声明》附件一《中华人民共和国政府对澳门的基本政策的具体说明》第 3 条规定："澳门特别行政区的立法权属澳门特别行政区立法机关。澳门特别行政区立法机关由当地人组成，多数成员通过选举产生。澳门特别行政区成立后，澳门原有的法律、法令、行政法规和其他规范性文件，除与《基本法》相抵触或澳门特别行政区立法机关作出修改者外，予以保留。澳门特别行政区立法机关可根据《基本法》的规定并依照法定程序制定法律，报中华人民共和国全国人民代表大会常务委员会备案。澳门特别行政区立法机关制定的法律凡符合《基本法》和法定程序者，均属有效。澳门特别行政区的法律体系由《基本法》，以及上述澳门原有法律和澳门特别行政区制定的法律构成。"《澳门特别行政区基本法》第 8 条规定："澳门原有的法律、法令、行政法规和其他规范性文件，除同本法相抵触或经澳门特别行政区的立法机关或其他有关机关依照法定程序作出修改者外，予以保留。"

由此可见，在中国法律现代化的整体态势下，经过中葡两国政府的共同努力，葡萄牙法律传统在澳门最终得以保留，作为中西法律文化碰撞、融合产生而形成的澳门特色法律文化终于开花结果。

（三）澳门特别行政区法制的新发展

澳门特区政府成立以后，澳门法制发展进入了一个全新的历史阶段。自 1999 年 12 月 20 日澳门特别行政区成立之日起，澳门特别行政区立法会就紧锣密鼓地开始了澳门立法的历程。经过多年发展，澳门法制发展呈现为以下几个特点：

1. 取得了完整的立法自主权

澳门的回归虽然以保持原有的资本主义制度和生活方式 50 年不变作为一项基本原则，但毕竟是两种不同性质的政权的交替，其在政治制度方面引起相应的变化在所难免。这一点在立法体制上得到了充分的体现。根据《中葡联合声明》附件一，澳门特别行政区的立法权属澳门特别行政区立法机关，而澳门特别行政区立法机关由当地人组成，多数成员通过选举产生。与此相应，《澳门特别行政区基本法》第 67、68 条明确规定，澳门特别行政区立法会是澳门特别行政区的立法机关，澳门特别行政区立法会多数议员由选举产生，澳门特别行政区立法会的产生办法由《澳门基本法》附件二规定。正是根据《中葡联合声明》和《澳门特别行政区基本法》的规定，澳门特别行政区立法会成为澳门唯一的立法机关，立法权只能由澳门特别行政区立法会行使。也就是说，澳门历史上第一次取得了完整的地方立法权。

澳门立法体制因此具有与以前截然不同的两大变化：一是澳门特别行政区具有比葡澳政府统治时期更为独立、范围更为广泛的立法权。在葡澳统治时期，虽然澳门享有一定的立法权，但是其独立立法的权限和范围受到葡国法律的限制，澳门并没有独立的立法权。二是澳门特别行政区实行的是"单轨立法制"，而非澳门回归之前的"双轨立法制"。葡澳统治时期的"双轨立法制"，其显著特点是，代表葡萄牙中央政府、对葡萄牙政府负责的澳门总督不仅拥有行政权力，还拥有部分立法权。根据《澳门特别行政区基本法》，澳门特别行政区行政长官享有制定行政法规的权力，这种权力是行政长官作为政府最高首脑行使行政管理权的产物，而非一般意义上的立法权。行政长官所制定的行政法规，在效力层次上要低于立法机关所制定的法律。

2. 构建了完整独特的法律体系

随着澳门的回归，澳门原有的法律体系组成也发生了相应的变化。从《澳门特别行政区基本法》的规定及现行澳门法律体系的组成来看，澳门现行法律可包括以下 4 个层次：

（1）宪法性法律。在澳门现行法律体系中，宪法性的法律应当包括两个法律：《中华人民共和国宪法》和《澳门特别行政区基本法》。虽然《中华人民共和国宪法》属于社会主义性质的宪法，澳门特别行政区实行资本主义制度，但《中华人民共和国宪法》作为国家的最高"母法"，在整体上依然适用于澳门特别行政区。实行"一国两制"，仅表明《中华人民共和国宪法》中关于社会主义制度和政策的规定不适用于澳门特别行政区，并由《澳门特别行政区基本法》取代，但涉及国家主权的条款仍然适用于澳门特别行政区。

《澳门特别行政区基本法》的性质具有双重性。就全国范围而言，它是一个由全国人大制定的全国性法律，是国家的基本法律，在全国各省、自治区和直辖市有效。但就澳门而言，因基本法是体现"一国两制"方针政策的法律，具体规定澳门特别行政区实行的政治、经济、文化制度，所以对澳门特别行政区来说，《澳门特别行政区基本法》无疑是一个宪法性的法律。这一点，在《澳门特别行政区基本法》第 11 条得到了明确的体现，该条明确规定："根据中华人民共和国宪法第三十一条，澳门特别行政区的制度和政策，包括社会、经济制度，有关保障居民的基本权利和自由的制度，行政管理、立法和司法方面的制度，以及有关政策，均以本法的规定为依据。澳门特别行政区的任何法律、法令、行政法规和其他规范性文件均不得同本法相抵触。"

（2）在澳门适用的全国性法律。根据《澳门特别行政区基本法》第 18 条，在正常情况下，全国性法律除列于《澳门特别行政区基本法》附件三者外，均不在澳门特别行政区适用；而列于《澳门特别行政区基本法》附件三的全国性法律，则必须限于有关国防、外交和其他依照基本法规定不属于澳门特别行政区自治范围的法律。凡列入《澳门特别行政区基本法》附件三的全国性法律，均由澳门特别行政区在当地公布或立法实施。显然，能够在澳门特别行政区适用的全国性法律，其内容都是涉及国家主权的法律，并通过一定的立法程序，方能在澳门特别行政区生效，因而属于效力层次较高的法律，澳门特别行政区的本地法律也不能同其相抵触。目前，列于《澳门特别行政区基本法》附件三的全国性法律共有 10 个。

（3）澳门本地区立法机关制定的法律。澳门本地区立法机关制定的法律可分为两大类：一类是被保留下来的澳门原有的法律和法令，另一类是澳门特别行政区立法会制定的新的法律。无论是从数量还是从内容来看，被保留下来的澳门原有法律和法令，仍然是澳门现行法律中最重要的组成部分。澳门回归时，在法律领域，为了确保澳门回归后保持正常的法律运作，全国人大常委会根据《中葡联合声明》确立的"澳门原有法律基本不变"的原则以及《澳门特别行政区基本法》第 8 条，通过对 1976 年至 1999 年澳门立法会制定的法律和澳门总督制定的法令的全面审查，作出了《关于处理澳门原有法律的决定》。根据这个决定，在近九百个原有法律和法令中，废除了 25 个法律和法令，这就意味着有近八百七十五个法律和法令，被自动采纳为澳门特别行政区的法律而继续生效。这些被保留下来的原有法律和法令涉及社会的方方面面，包括民法典、刑法典、民事诉讼法典、刑事诉讼法典和商法典，也包括涉及税务、金融、交通、文化、知识产权等各项领域的重要法律。因此，从某种程度上说，澳门今天的法律基本上仍是昨天的法律。

从澳门特别行政区立法会成立到 2009 年年底，澳门共历经 3 届立法会，总共通过并颁布实施的法律达到 144 部。① 这些法律与法规和行政命令初步构建起了适应澳门社会、经济发展需要的法律体系。从内容来看，这些新的法律主要涉及五个方面：一是适应澳门回归的需要，通过"午夜立法"的形式，在澳门回归当日即 1999 年 12 月 20 日，颁布相关法律，以体现国家主权，确保新的政权顺利运作，如《回归法》、《政府组织纲要法》、《法规的公布与格式》、《就职宣誓法》、《国旗、国徽及国歌的使用及保护》、《区旗、区徽的使用及保护》、《澳门特别行政区居民办理国籍申请的具体规定》、《澳门特别行政区永久性居民及居留权法律》、《司法组织纲要法》、《司法官通则》等法律。二是制定新的组织法，以适应新成立的部门或机构的运作，如澳门特别行政区立法会、审计署、廉政公署、民政总署、海关、警察总局等组织法。三是关于选举、居民身份方面的法律，如规范自然人和法人的选民登记程序的法律，规范澳门特别行政区立法会及行政长官选举的法律，规范澳门特别行政区居民身份制度的基本原则以及入境、逗留与居留许可制度的一般原则的法律，规范难民地位制度的法律。四是对明显不合时宜的原有法律作出相应修改的法律，如对《商法典》、《商业登记法典》、《公证法典》、《印花税规章》、《刑法典》、《消费税规章》、《妨害公

_____

① 该数据源于作者本人对澳门特别行政区立法会网站（http：//www.al.gov.mo/）公布的相关资料的统计结果。

共卫生及经济之违法行为之法律制度》、《职业税规章》、《对外贸易法》、《非法移民法》、《民事诉讼法典》等法律作出若干修改的法律。五是根据社会发展的实际需要，制定一些新的法律，如关于娱乐场幸运博彩经营的法律制度、关于娱乐场博彩或投注信贷的法律制度、关于电信法律制度、关于遵守若干国际法文书的法律制度、关于劳动诉讼的法律制度、关于保护军事设施的法律制度、关于传染病防治的法律制度等法律。应当指出，澳门特别行政区立法会制定的法律虽数量不多，这些新的法律完全是从澳门的实际情况出发，对于澳门的社会稳定和经济发展所起的作用是极其重要的。无论是保留下来的澳门原有的法律和法令，还是澳门特别行政区立法会新制定的法律，它们都属于立法机关行使立法权所制定的法律文件，因而在法律效力层次上处于平等的地位。尤其是对于保留下来的法律和法令如需进行修改，都是依照相应的立法程序进行，以确保澳门法律体系的完整性和科学性。

（4）行政法规、行政命令、行政批示及其他规范性文件。从澳门特别行政区政府成立到 2009 年年底，总共通过并颁布实施的行政法规达到 338 部。另外，为贯彻实施有关法律、法规，澳门特首在此期间先后发布行政命令 867 个。[1] 在澳门回归之前，由于澳门总督颁布的训令及批示实在太多，相当部分尚无中文译本，并未纳入全国人大常委会审查的范围，从《澳门特别行政区基本法》规定来看，这些法律文件自然被采用为澳门特别行政区广义上的法律。但事实上，许多训令和批示因失去了适用的特定条件，基本上已无实际意义。澳门回归后，训令这一行政法规的表现形式已被"行政法规"的名称取代。除此之外，还包括大量的行政长官发布的批示以及政府各司司长发布的批示。这些行政法规、命令和批示，对于强化澳门特别行政区政府的行政管理效能，维护澳门社会的稳定，推动澳门社会的发展，发挥了积极的作用。

3. 构建了完整的司法体系

1999 年 12 月 20 日，中国政府对澳门恢复行使主权，澳门特别行政区成立。根据《澳门特别行政区基本法》，澳门特别行政区实行高度自治，享有独立的司法权和终审权。这是对澳门特别行政区司法制度的原则性规定。

（1）澳门特别行政区的法院组织体系

澳门特别行政区的法院行使独立审判权。澳门地域狭小，没有必要按地域设不同的地区法院，因此澳门特别行政区设三级法院，即初级法院、中级法院、终审法院。同时，澳门特别行政区按职能设立的专门法院较少，只设行政法院。澳门特别行政区的初级法院为初审法院，可根据需要设若干专门法庭，如刑事、民事、经济审判庭等。中级法院行使回归前高等法院的部分职权。行政法院是澳门特别行政区受理行政诉讼、税务诉讼和海关诉讼的专门法院，在审级上属初级法院，不服其判决，可上诉到中级法院。终审法院行使特别行政区的终审权。

（2）澳门特别行政区的检察机构

澳门特别行政区设立检察院。检察院主要行使以下 9 项职权：一是代表澳门地区、澳门货币暨汇兑监理处、市政府、无行为能力人参与诉讼；二是提起刑事诉讼，在澳门法院

---

[1]　该数据源于作者本人对澳门特别行政区立法会网站（http://www.al.gov.mo/）公布的相关资料的统计结果。

审理刑事案件时出庭支持公诉；三是维护司法独立，保证法院判决的执行；四是依法为劳工及其家属担任诉讼代理；五是领导刑事侦查工作，对警察机关的工作予以监督；六是预防犯罪活动，参与破产及所有涉及公共利益的诉讼；七是为特首（即行政长官）提供法律咨询；八是对法院的不当判决提起抗诉；九是行使法律赋予的其他职权。

澳门特别行政区检察院是一个独立的机关，其地位与中华人民共和国最高人民检察院有些相似，但两者有一个重大不同：澳门特别行政区检察院的检察长要由行政长官提名、报中央人民政府任命，检察官则由行政长官任命，他们的免职也由行政长官提出建议或进行免职，因此检察院不能不受行政长官的指挥和监督。

结语
葡萄牙法律文化对澳门法影响的总体评价和启示

一、葡萄牙法律文化对澳门法影响的总体评价①

澳门的法制经历了独特的发展之路，即经历了传统中华法系与西方大陆法系的冲突、交融，最终转型的复杂过程。该过程的发展变化显著区别于内地，也区别于香港法制发展之路。以大陆法系为传统的葡萄牙法律，为何在长达数百年时间内能够在澳门地区与中华传统法律共处？又是在什么背景下，通过何种方式从形式上到实质上融入澳门地区，并最终成为澳门现行法制的基础？过去由于文献档案资料方面的原因，学界对澳门法制研究相对于香港法制而言是较为滞后的。近年来一批明清时期澳门问题档案、文献、资料相继出版，一些学者从研究中葡关系史的角度翻译不少葡萄牙档案，借助这些材料，我们有条件系统梳理澳门法制发展脉络，并在此基础上对上述问题作出进一步的理性分析与研究。

从葡萄牙法律对澳门法律的影响层面考虑，笔者认为可将澳门法制演变划为三个阶段：

1. 葡萄牙法律初至澳门时期（1553—1849 年）。该时期从 1553—1557 年葡萄牙商人入居澳门②，到 1849 年澳门总督亚马留强行封闭中国海关并拒绝向中国清政府交纳税赋，驱逐中国官员为止。这一阶段由于葡人内部自治机构议事会的存在及作用，澳门法制呈现二元化结构，即议事会管理葡人内部事务，适用葡国法律。在澳中国人的民、刑事案件由香山县丞管辖，适用《大明律》、《大清律例》等中国法律。至于华洋相犯案件，以及葡人违反中国法律的行为，由中国官员依中国法律审理。从总体上说，这一时期澳门的法制属中国传统法制范畴，明清政府掌握着澳门行政与司法主权，葡萄牙法的影响和效力仅限于居澳葡人内部。这一时期澳门法制的主要特点是，中国传统封建法律仍从形式到内容占据主

---

① 以下内容参见刘海鸥：《论葡萄牙对澳门地区的影响历程》，载《当代法学》，2006（6）。

② 关于葡萄牙人正式定居澳门的时间，史学界尚有争议。参见吴志良：《澳门政治发展史》，32 页，上海，上海社会科学院出版社，1999；万明：《中葡早期关系史》，85 页，北京，社会科学文献出版社，2001。

导地位，葡萄牙法的影响是初步的、受限制的，甚至是依中国政府的态度而定的。中西法律文化在此虽有碰撞，但态势还是平和的、非暴力的。这显然与明清政府积极对澳行使主权的政策和法律有关，也与澳门议事会实际上奉行双重效忠、接受中葡二元化领导的务实态度有关，还与葡萄牙政府此时期在澳门无大作为的治理态势有关。

2. 葡萄牙法律体系在澳门的正式确立时期（1849—1987 年）。这一时期又以 1976 年为界，分为两个阶段。（1）1976 年以前，即准殖民地时期，是葡萄牙法律体系在澳门的初步确立阶段。葡萄牙"五大法典"相继在澳门延伸适用。（2）1976 年以后，即管治时期，是葡萄牙法律体系在澳门的深入发展阶段。虽然 1887 年《中葡和好通商条约》强迫清政府将澳门永久交由葡管理，但 1976 年葡萄牙新宪法确认澳门为葡萄牙管理的中国领土，中国历代政府也从未承认澳门的殖民地位，况且 1972 年联合国大会也将澳门排除在殖民化名单之外，因此，葡萄牙对澳门的殖民统治应是准殖民地性质。此间，中国封建法律体系在澳门的主导地位，由于澳门主权、治权的分离而荡然无存。随着葡萄牙"五大法典"及其他法律的输入，葡式法律体系在澳门得以初步确立，澳门大陆法系法律体系框架基本确立。但由于葡萄牙本土与澳门的社会、政治、经济条件相差甚远，而多数法典又不加选择地一律适用于澳门社会，因与澳门当地条件不符，其实际效果可想而知。90％以上的澳门居民因语言障碍不知，也无从知晓法律的内容，调整澳门社会关系更主要地还是依赖当地的风俗习惯，澳门市民社会对法律的认知程度显然跟不上立法的发展速度。此阶段葡萄牙法的影响仍然只能是表面的、形式上的。

3. 1976 年 4 月，随着葡萄牙新宪法首次承认澳门为葡萄牙管理下的中国领土，并确认了此前通过的《澳门组织章程》的效力，澳门进入了管治时期。《澳门组织章程》确立了澳门地区的立法自治权。立法会和总督有权行使澳门的立法职能。澳门开始大量制定符合本地实际情况的法律、法令、行政法规。此阶段澳门的主要法律渊源有葡萄牙法律、葡萄牙政府专门为澳门制定的法律以及澳门本地区立法会和总督制定的法律法令、法规和规章。在此时期，澳门司法仍从属于葡萄牙司法系统，立法自治权要大于司法自治权。

尽管拥有了宽泛的立法自治权，但在管治时期（1976—1987 年），葡萄牙法对澳门的影响不能说是逐步弱化的。因为，即使是澳门地方立法会和总督的法律法令，仍然是以葡萄牙法律传统为依据的，只不过此时的立法将葡萄牙法律传统与澳门的实际情况结合在一起，更便于在澳门推行和适用。就葡萄牙法律对澳门的影响而言，殖民时期和管治时期是一个完整的阶段。葡萄牙法在此阶段逐步地深入澳门社会，这一阶段是葡萄牙法律对澳门深入影响的阶段。不过，这一阶段仍然还称不上"全面影响"阶段。由于澳葡政府在法律宣传和教育方面的无所作为，众多的葡式法律仍不能为大多数居民所了解，对澳门民众而言，法律是陌生的，大多数人也极力避免涉讼，即使有纠纷也多适用风俗习惯私下解决。从实际层面来说，葡萄牙法律仍然未在澳门民众中扎根。

过渡时期葡萄牙法律的全面影响及回归后的持续影响时期（1988 年至今）。1987 年，澳门进入过渡时期后，法律本地化成为急需解决的三大问题之一。政府通过各项措施，清理繁多杂乱的法律，进行分门别类，系统编纂，并逐步将葡文法律翻译成中文，以便所有澳门人都有可能了解本地法律。同时，由立法机关通过必要的立法程序，将适合澳门的葡国法律转化为澳门法律，强调澳门立法应结合本地政治、经济和社会发展特点。此外，推进澳门法律教育,尽快使法律人才实现本地化。法律本地化措施的运作,一方面,为回归后澳门法制发展提供必要的前提条件和基础;另一方面,它也是葡萄牙法律对澳门的影响从形式深化到内容、从少数人群深入到广大澳门市民社会的一个过程。通过法律本地化运动,移植自葡萄牙的澳门法律体制逐步内在化为澳门本地的法律,使原本迥异于中国传统法制、不被澳门华人主体社会认可的葡萄牙法律在澳门最终生根发芽、开花结果,成为规范澳门政治、经济和社会生活的基本行为规范,为澳门实现平稳过渡、顺利回归祖国打下了坚实的法律基础。可以说,这一阶段才是葡萄牙法律传统对澳门社会的全面影响阶段。

澳门回归以后,根据"澳门原有法律基本不变"的原则,现行的澳门法制,仍以葡式法律为基础,以大陆法系法典化模式为其特征,表现出葡萄牙法律对澳门的持续影响。当然,不同的民族传统文化和社会环境,会产生不同的法律观念,而葡萄牙法律观念随着葡萄牙法引入澳门法律中,必然会在一定程度上产生不同民族文化上的冲突。葡式法律在某些方面脱离澳门社会现实,而且,输入到澳门的葡萄牙几大法典中,有相当部分内容是19世纪的产物,法律观念陈旧,是不可忽视的问题。可以预见,随着澳门自身法制的不断健全,法律观念的不断更新,原有葡萄牙法的影响将会逐步减弱。经过对澳门相关法律的进一步修正,移植自葡萄牙的澳门民商法、刑法、行政法的法律体系逐步适应了澳门的社会实际情况,在澳门社会进一步扎下根来,逐步构筑起了澳门现代法律体系的基本框架。

澳门特别行政区政府成立以后,在中央人民政府的强力支持和广大市民的积极参与下,澳门法律现代化的步伐稳步迈进,葡式法律文化不仅在澳门得以完整保留,而且,必将成为中西法律文化从碰撞到融合,最终蜕变成为开放式的现代化法律文化的典范,而400年澳门法律文化的曲折历程也将成为东西法律文化交流中一个值得我们深思的经典案例。

二、葡萄牙法律文化对澳门法影响的启示

葡萄牙法对澳门的影响历程,可以给我们带来以下启示:

1. 东、西方法律文化及法律制度、观念等碰撞与交融完全可以通过非暴力、相对平和的方式来进行。葡萄牙传统法律在澳门的影响历程,客观地说,就是澳门法制独特发展历程。它向我们展示了中西文明、文化及法律制度、观念等碰撞与交融的另一种模式,正是在这一独特的非暴力、相对平和的影响历程中,澳门现有的法律体系得以孕育、成长。葡萄牙法在澳门的生根、发展,并最终得到中国政府的认可,说明不同文明和制度是可以和平共存、共同发展的。澳门地区法制发展之路,也为多元化法律发展之路提供了一类典范。

2. 外来法律文化的移植,既有积极的一面,也有消极的一面,如何对其作出实事求是的评价,保持积极面,克服消极面,对所在国家和地区法律的发展与完善具有重要的现实意义。法律观念作为一种社会价值观念,首先根植于相应的民族传统文化和社会环境之中。不同的民族传统文化和社会环境,会产生不同的法律观念,形成不同的法律制度。葡萄牙和澳门分属于两种不同的民族文化和社会环境,无论是在政治制度还是经济制度、文化制度方面,都存在着显著的差别。而在长达一百五十多年的历史中,葡萄牙人并没有充分考虑到两种民族文化和社会环境的差别,将葡萄牙法律观念毫无保留地引入澳门法律之中,其结果必然会在一定程度上造成两种不同民族文化的冲突,也必然会在某些方面脱离澳门的社会现实。而法律观念作为人类文化财产,凝聚着人类智慧的结晶。对人类生活必须共

同遵守的法则而言，或在社会经济的发展过程中，法律观念也具有超国界的共融性和借鉴性，因而具有优劣之分。淘汰落后的法律观念，引进先进的法律观念，是任何一个国家或地区法律发展的必由之路。在这一方面，贯穿于澳门现行法律之中的葡萄牙法律观念并不能置之身外，除了因法律观念的民族性而引起的冲突外，因法律观念的陈旧而引起的困惑同样存在于澳门现行法律之中。因此，法律文化的移植绝对需要采取宽容、务实的态度来对待。

3. 建立科学的法律体系需要内部的协调与和谐。一个科学的法律体系，不仅要有适合社会需要的内涵，而且也要有不同法律或同一法律之间和谐的协调关系，这种协调既包括法律内容、层次方面的协调，也包括立法技术方面的协调。综观澳门现行法律尤其是被保留下来的澳门原有法律，这种协调关系极有待于立法者统筹改进。澳门现行法律中的不协调，主要表现在新旧法律之间的不协调。在澳门后过渡期葡萄牙本土法律的本地化过程中，这一冲突更为明显。澳门法律体系以大陆法为蓝本，故各大部门法中均有一系统性法典，同时辅以相关的单行法律。在法律的本地化之前，在澳门生效的葡萄牙法典基本上都是一些陈旧的法典，如刑法典是 1886 年的版本，商法典是 1888 年的版本，刑事诉讼法典是 1929 年的版本，民事诉讼法典是 1961 年的版本，民法典是 1967 年的版本，这些法典相对于澳门本地法律中涉及相应部门法的单行法律来说，属于旧法。但在法律本地化之后，这些法典又成为新法。按理说，立法者在法律本地化时，应当充分考虑到与原有单行法律之间的协调关系，统筹兼顾，避免冲突。遗憾的是，由于法典起草者均为葡萄牙法律专家，加之种种主、客观条件之限制，如对澳门情况之不了解、时间紧迫、澳门单行法律混乱等等，这一问题在很大程度上被忽视了。比如，现行的澳门刑法典作为第一部被本地化的法典，其内容与原有的单行刑事法律和附属刑法就存在着诸多不协调之处。必须指出，澳门现行法律中大量存在的各种不协调现象，严重影响了澳门法律体系的完整性和科学性。作为立法者，应当重视这方面的问题，并采取必要的立法措施，逐步消除新法与旧法之间、普通法与特别法之间的各种不协调现象。

第十一章

日本法律文化对台湾的影响

第一节
台湾的殖民地化与日本近代法律文化的输入

值得指出，日本是一个民族意识很强的国家，但在法制建设问题上却有着不同寻常的见识与开明。打开日本法的历史大门，从古代浏览至今，我们几乎可以不假思索就得出这样的结论：日本并没有自己独立的民族法制史，它走的是一条"他山之石，可以攻玉"的明智之路。

的确，自古代以来，日本民族就已形成善于继受外来文化的传统，他们十分重视对外来发达法律制度的借鉴与吸收。正是基于这样一种民族传统与民族精神，日本法伴随时代的演进，从东方走向西方，将历史长河中优秀的法律文化成果尽收眼底，拈来己用。当然，日本借鉴外来法律文化有特定历史条件的驱使，但与其他国家，如近代中国相比，日本采取的是积极进取的态度，而不是消极抵制。历史已然证明，日本人的这种明智之举最终促成了日本社会的迅速发展与经济腾飞。

在世界范围内，日本法不仅最典型地体现了东西方法律文化的融合，其本身还兼有西方两大法系的显著特征。在近代以前，日本封建法制以中国隋唐法律为楷模，隶属中华法系；进入近代，则先后吸取法国与德国经验，属大陆法系。二战以后，又吸收了英美法许多成分，使其法制兼有两大法系的风貌，在当代社会的法律体系中别具一格。

一、日本近代法律文化概述

（一）日本近代法制变革的背景

日本由本州、九州、四国、北海道四大岛屿及数百个小岛组成。早在 1 世纪，日本岛上就已存在一百多个独立部落，大约处在氏族制度解体时期。3 世纪初期，日本九州北部地区出现最早的奴隶制国家——邪马台国。3 世纪中期以后，在本州中部地区又兴起一个较大的奴隶制国家大和国。大和国以其强盛的国势，先后征服其他部落，至 5 世纪统一日本。日本奴隶制国家适用固有的氏族法，主要表现为不成文的命令和习惯。

645年，大和国的新贵族夺取政权，拥立孝德天皇，模仿中国建年号为"大化"，并于646年颁布新诏书，仿照中国唐朝政治、经济制度，进行了自上而下的全面改革，史称"大化革新"。从此，废除了奴隶制，确立了以天皇为中心的中央集权统治，创建了以唐朝法律为模式的日本封建法律制度，完成了由奴隶制国家向封建制国家的转变。

从大化革新至1868年明治维新，日本封建社会持续了一千二百多年，其间，它的封建法律制度从建立时起就始终受到中国法律文化的深刻影响，基本上是按照中国封建法律的模式发展起来的。

7世纪前后，中国的儒家、道家、法家以及佛教思想先后传播到日本并被充分吸收到其法律制度中。日本第一部成文法——《圣德太子十七条宪法》就集中体现了中国古代的传统法律思想，此后的《大宝律令》、《养老律令》也全面继受了隋唐的律令格式。12世纪，武家把持的幕府政权开始登上日本的历史舞台，在此期间由中国继受而来的律令制度逐渐解体，日本古代固有法复活和发展，形成了以武士统治习惯为主要内容的"武家法"。但就实质而言，"武家法"是作为律令法的补充而发展起来的习惯法体系，也继承了律令制度中的中国古代传统法律思想，尤其是其仁政思想，深受儒教伦理的影响。

据日本学者川岛武宜的总结，近代以前的日本传统法律文化的特征集中体现在三个方面：一是以"义理人情"为最基本的规范观念，二是以家族原理为社会生活的基本原理，三是以"以和为本"作为基本的行为准则。[①] 这与中国传统法律文化以儒家思想为基础、礼法结合、家族本位的伦理法特点一脉相承，因此，明治维新以前的日本法归属于中华法系。

（二）明治维新与日本近代法制西方化

1. 明治维新与日本近代变革

19世纪中期，日本资本主义经济有了一定发展，以德川幕府为代表的腐朽的封建统治日益遭到资产阶级和人民的激烈反对。1867年，明治天皇即位。同年10月，幕府末代将军德川庆喜为稳定政局、保持实力，佯称"返还大政"，请求辞职。不料，明治立即准奏，并在倒幕派的支持下于12月颁布"王政复古"诏书，宣布废除幕府制度，成立天皇政府。德川庆喜见事与愿违，拒绝交出政权和土地，并纠集军队诉诸武力，结果失败。1868年3月，幕府所在地——江户（今东京）被攻陷，统治日本达七百余年的幕府统治彻底结束，从而建立了以明治天皇为中心的地主和资产阶级联盟的中央集权制国家。

由于资产阶级的软弱，明治维新是一次不彻底的资产阶级革命，最终以与封建势力相妥协而告终，保留了许多封建残余。然而，它是日本从封建社会进入资本主义社会的转折点，也是日本法律制度逐渐向西方化转变的开端。从此，日本进入近代时期。

明治政府成立后，立即通过一系列改革纲领，着手进行国家政治、经济制度的改革。1868年3月，天皇发布"五条誓文"，表示新政府要"广兴会议，万事决于公论"，"求知识于世界"等，正式提出以西方为模式进行国家制度的改革。同年4月，又公布《维新政体

---

① 参见华夏、赵立新、[日]真田芳宪：《日本的法律继受与法律文化变迁》，240～245页，北京，中国政法大学出版社，2005。

书》，确立权力总归于天皇之下的太政官，"太政官之权力分为立法、行政、司法三权"，并规定立法官不得兼任行政官、司法官不得兼任立法官。以后，又陆续对中央国家机关改组，采取分权原则，规定太政大臣专管行政，立法权由贵族院行使，司法权由大审院行使。1869 年，明治政府宣布实施"版籍奉还"政策（版即版图，指领地；籍即户籍，指人民），把封建主占据的各藩地全部归还天皇统辖。天皇任命各藩主为"藩知事"，剥夺他们对土地和人民的领有权，使之成为隶属中央的地方官。1871 年 7 月 14 日又"废藩置县"，改革行政区划，将全国分为 3 府、72 县（后合并为 3 府、43 县），免除原藩知事的职务，命令他们到东京居住，其职务由天皇任命的知事代替。至此，以天皇为中心的统一的中央集权国家得以确立。随之，围绕经济和司法等方面的立法改革也广泛开展起来。

在经济方面，为适应资本主义的需要，颁布了一系列法令，宣布取消职业规章和行会制度，允许公民自由选择职业，自由迁徙；废除藩与藩之间的捐税关卡，统一全国的货币制度，实行贸易自由；宣布各等级在法律上一律平等，废除各等级间通婚的限制；改革土地制度，确认土地实际占有者的土地所有权；制定银行条例，统一全国汇兑业务；奖励贸易，积极创办银行、企业、铁路和造船工业；颁布征兵令，建立近代常备军，剥夺武士独占军人身份特权，等等。

在司法体制和刑法制度方面，也进行了初步改革。设立刑部省（后改为司法省），统一领导司法行政，下置各种法院专掌审判。修改刑律，废除笞、徒、杖、流四刑，改为惩役和死刑两种，并减轻刑罚，缩小死刑的适用范围。此外，为了沟通日本与西方在法学教育和研究方面的关系，聘请法、德等国的法学家来日讲学，创办法政研究所和法政学校，翻译、研究外国法律，培养法律人才等。

总之，上述改革的推行，为日本资本主义经济发展扫除了封建障碍，也为建立西方化的资产阶级法制奠定了基础。

2. 日本近代法律体系的确立与法制的西方化

从 19 世纪 70 年代中期开始，日本法开始走上全面西方化的道路，以欧美法律为模式相继编纂了一系列法典，使日本资本主义法律体系最终得以确立。

尽管实现日本法的西方化是明治政府一开始就确定的方针，但促使日本迅速走上欧美法制道路的直接动因，却是西方资本主义列强的压力。德川幕府统治时曾长期实行"闭关锁国"的政策，1854 年至 1860 年间，西方列强以武力迫使日本打开闭关自守的大门。

德川幕府先后同美、英、法、俄、荷等签订了不平等条约，承认领事裁判权，从而丧失关税自主权，使日本面临沦为半殖民地的危机局面。明治维新后，日本政府同各国交涉，要求修改这些不平等条约。西方列强却提出修改条约必须以在日本实行西方的立法为前提条件。在西方各国的压力下，明治政府从 19 世纪 70 年代中期开始，着手组织法律起草委员会，在西方法学家的指导下，短期内制定出一系列西方式的法典。

日本近代法律制度的确立，经历了长期的摸索过程。前期主要仿效法国法模式，在当时日本政府的顾问、法国法学家巴黎大学教授保阿索那特的直接指导下，以法国法为蓝本，先后制定了刑法、治罪法、民法、商法等主要法典。但由于这些法典过于法国化，有些甚至是法国法原封不动的照搬，而日、法两国在经济、政治、历史、文化传统及资产阶级革命过程方面存在很大差异，因而这些法典无论内容、形式均不完全符合日本国情，公布后便遭到朝野上下的强烈反对，不久就酝酿进行修改或宣布延期实施。

后期以 1889 年宪法颁布为转机，日本法的西方化又进入仿效德国法阶段。日本政府通过考察发现，日本与德国的社会条件更为接近：两者都是后起的资本主义国家，封建残余大量存在，相似因素较多，因而坚定了师从德国的决心。最典型的例子，是以普鲁士宪法为蓝本制定的 1889 年日本宪法。这部宪法大量抄袭普鲁士宪法的内容，集中反映了德国法的影响，标志着日本近代法开始走上效仿德国法的道路。继宪法颁布之后，日本政府又成立法典调查委员会，以德国法典为模式，对民法、商法、刑法、刑事诉讼法典进行修订，并对前一时期德国人起草的法院组织法和民事诉讼法重新审议。至 1907 年，由宪法、民法、刑法、诉讼法和法院组织法组成的日本六法全部编制完毕，日本近代法律制度得以最后确立。

二、深受中国传统文化熏陶的台湾社会

（一）历史上的台湾——多元文化的移民社会

台湾位于太平洋西岸，由台湾本岛及以澎湖群岛为主的附属岛屿所组成。据文字记载，台湾最早的居民，在种族上属波多-马来（Proto-Malay）族，语言上属南岛语系，他们的文化与住在菲律宾及其他东南亚的民族较为接近。台湾最早的居民大多从事原始的农作，辅以渔猎，实行部落自治。① 这些人后来被欧洲人称为"福尔摩沙人"，被汉人称为"番人"或"平埔族"、"高山族"，被日本人称为"高砂族"、"蕃族"。

据文献记载，古代中国的封建王朝曾多次经营管理过台湾。三国时吴国国王孙权就曾在黄龙二年（230 年）派大将军卫温、诸葛直率一万多名士兵到过台湾。隋朝时，台湾被称为"流求"。隋炀帝曾三次派人到"流求"。从台南等地考古发现的唐宋古钱和陶瓷等文物来看，从唐朝到北宋的 500 年间，大陆和台湾一直保持着经济、文化联系。南宋时，朝廷开始在澎湖列岛上建造军营，派兵驻守，把澎湖划归福建泉州的晋江县管辖。及至元代，元世祖在澎湖设立"巡检司"，管理台湾和澎湖的各项事务，隶属福建泉州同安县（今厦门）。从此，台湾和澎湖正式成为中国行政区的一部分。明朝初，为防倭寇，实行坚壁清野，一度撤销了澎湖巡检司，旋即又恢复该设置，万历二十五年（1597 年）还增设澎湖游兵。在此期间，海峡两岸的民间联系和经济来往日益增多，不少汉族人不断从大陆移居台湾，逐渐和当地居民同化融合。

16 世纪的大航海时代，西方人开始到远东进行殖民和贸易活动。台湾由于位于东亚陆域和海域的交点，同时也是东南亚海域和东北亚海域交汇之处，于是就成为当时在东亚海域活动的东、西方各势力的交集点。17 世纪前期荷兰人入侵安平（今台南），建立据点，开始在台湾进行传教、贸易和各项殖民活动，并招募大陆沿海地区的汉人来台垦殖，以促进农产品贸易的增长。与此同时，西班牙也于 1626 年、1628 年分别在今天的基隆、淡水筑城，建立殖民地政权，后由于其贸易、传教等事业进行并不顺利，渐渐萌生弃意。1642 年，荷兰统治当局乘机将西班牙人逐出岛外，从而将其在台湾岛上的势力范围，从原有的西南

---

① 参见周婉窈：《台湾历史图说》，12~20 页，台北，"中央研究院"台湾史研究所筹备处，1997。

部扩及北部甚至远东海岸。1662 年，荷兰人被郑成功驱逐出台湾，结束了在台湾殖民统治的历史。

郑成功收复台湾后，废除荷兰殖民者的制度，引进传统中国式体制，进行各种改革，发展贸易，兴办学校，同时号召大陆人民移居台湾开荒种地，使台湾的经济、文化得到了快速发展。1683 年清朝政府进军台湾，郑成功之孙郑克爽向清朝政府投降，台湾重新开始由中央政府管理，实现了政治的统一。清朝统治的两百多年间，随着汉人移民的逐渐增加，台湾渐渐形成汉人社会。

19 世纪，东亚海权争霸战再起，列强纷纷来犯，清政府日益认识到台湾的重要战略地位，开始采行积极经营、拓展势力的治台政策。1887 年台湾与福建分治，成为独立的一省，并派刘铭传为专任巡抚，有意将台湾建设为中国东南各省的海防基地，然而台湾建省不到十年，由于日本与中国开战，日军在朝鲜和辽东半岛重挫清军，直逼北京。为保全京师，清政府被迫签订了《马关条约》，将台湾割让给了日本。

由此可见，日据之前的台湾在其发展过程中受到了包括台湾最早的居民、大陆移民（以闽南、客家为主）、荷兰人、西班牙人等多种族的多种文化因素的影响，可以说形成了多元文化的移民社会。台湾最早的居民在他们的地域里依然保留着原始部落的自治状态；荷兰人则给台湾人留下了基督教文明的印记，不仅许多台湾最早的居民信奉基督教，而且他们中不少人直到清代还能使用由罗马字母组成的拼音文字与汉人签订契约。在土地法律关系方面，荷兰人引进王田制，规定耕地由公司①所有，农民则是依附于土地而必须缴租的佃农。这一制度一直延续到郑成功时代。荷兰人计算台湾土地面积的单位 Kah（甲），甚至一直沿用到当代。当然，在所有的文化中，占主导地位的是来自中国大陆的传统文化。自郑成功收复台湾以来，中国大陆的一系列制度模式被移植到了台湾，其仿明朝中央的体制设吏、户、礼、兵、刑、工六官，在地方则实行郡县制。在清治时期，台湾作为清廷统辖的一个行政区域，完全按照传统中国的模式由清吏进行治理，同时伴随着 18 世纪大陆赴台的移民潮，台湾人口剧增，1892 年已达 250 万。② 大陆移民也带来了原乡的生活方式和法律观念，对台湾社会产生了深远的影响，使得台湾逐渐成为一个带有浓厚中国传统文化色彩的社会。

（二）清代台湾——深受中国传统法律文化影响的社会

自秦以来中国传统法律文化的总特征就是礼法结合，即将中国传统的伦理道德规范与法律规范完全融为一体，法律的评判标准与道德的评判标准完全一致。这一点在亲属关系中表现得最为突出，亲属相容隐、存留养亲制度等等都是其体现。此外，从立法和法典结构上看，是诸法合体、民刑不分；从司法体制上观察，则是行政兼理司法。《大清律例》作为清王朝法律制度的集中体现，也集中体现了上述特征。

清朝政府治理台湾的法律措施就是将原适用于大陆的以《大清律例》为主的官府法典，施行于台湾。在此之前的郑成功时期，实施的是明朝的法律制度，而清又承明制，所以，清律在台湾实施时已经有了一定的基础。清代台湾的法律规范主要有以下几类③：（1）清例

---

① 此处指 1602 年荷兰成立的东印度公司。
② 参见陈绍馨：《台湾的人口变迁与社会变迁》，379～381 页，台北，联经出版事业公司，1979。
③ 参见陈志雄：《日治时期的台湾法曹》，台湾大学法律研究所 1996 年硕士论文，77 页。

及其附例，大多是关于犯罪与刑法的规定；（2）清会典及其事例，主要是关于官方组织和权限的规定；（3）六部则例及福建省例，是较为具体的规定；（4）皇帝对特定事件的谕、旨等，即各机关奏请并经皇帝批准的题准、奏准、复准、议定及议准以及各官署发布的示谕。①

除了与大陆相同的一般性规定外，台湾的官方法规尚有下述 4 种：（1）禁止和严格管制汉人移居台湾的规定；（2）禁止汉人进入"番地"、与"番人"通婚的规定；（3）禁止台湾人拥有枪械的规定；（4）严密监视在台官兵的相关规定。②

上述规定直到 1875 年，才因清廷治台政策的改变而被废除。

清代的台湾社会，可以说是官府和民间团体分而治之，所谓"官有正条，民有私约"。以案件区分，官府多半只处理一些重大刑事案件以及如征税等行政事务。至于与征税或公益无关的民事事项，例如户婚、田土等案件，官署大多委托乡村总理、保长、公亲或族房等自治团体的纷争处理机关来调处和理息。调处者所依据的裁判规范不外乎民间惯行的规范，这些民间习惯的内容又多出自闽粤原乡，并兼顾台湾的特殊情况，例如某些关于高利率的商事习惯，即反映在横渡台湾海峡时需面临的高风险。那些轻微的刑事案件，官署也大都委之于民间自治③，不过，当无法由民间自治团体来处理时，百姓最后仍会要求官府介入。

清代台湾不特设司法机构，一律由行政首长兼理司法。在地方，裁判机关方面，省及其下级机关分为 4 级：第一级是县厅及直隶厅的知县、同知及通判，第二级是府及直隶州的知府及巡道，第三级为省的总督或巡抚的部属按察司（刑案）或布政司（民案），第四级是总督或巡抚。在中央，第五级为刑部（刑案）或户部（民案）。④ 所以，以审级而论，清代的诉讼程序可以说较现代的三审制司法对民众更为有利。⑤

在诉讼程序上，除谋反、大逆、谋反及强盗罪以外，不论民、刑案件，都以当事人控告而引发诉讼程序，由官员访查而主动追究的情况很少，而且清代也没有检察制度，所以民、刑事诉讼都以当事人诉讼为本位（即"不告不理"）。一旦告官，官府不得拒绝受理，否则将依案件轻重予以惩罚。审判过程一律不公开，在裁判上，民事及轻微刑事案件除与处罚有关的以外，一般以习惯法为依据；较重的刑事案件则须以被告的口供，按照律例（成文法）法条处理，且法律依案件轻重定有详细的量刑法则，不准裁判官任意裁量。为防止裁判滞延，定有审结期限，违反诉讼程序时裁判官将受惩罚。⑥

整体而言，这套制度虽然表现出对裁判官的不信任，赋予裁判官很小的裁量权，但这种以行政层级统属的方式对待裁判者的态度，倘若真能落实，则仍有对民众有利的一面。不过，详尽的法典背后，却隐藏着无法落实的问题，或许这就是为何在程序上对裁判官要

① 参见张世贤：《清代治台政策的发展》，载皇富三、曹永和编：《台湾史论丛》，第 1 辑，223、231～235 页，台北，众文图书股份有限公司，1980。

② 参见王泰升：《台湾日治时期的法律改革》，32～35 页，台北，联经出版事业公司，1999。

③ 参见戴炎辉等：《台湾省通志》，卷三·政事志司法篇，15～16 页，南投，台湾省文献委员会，1972。

④ 参见上书，17 页。

⑤ 清代因裁判缺乏既判力的缘故，事实上并没有最终审，因此无法将此种制度称为"五级制"或"六级制"，争议案件可能受审理的次数的确比现代三审制司法来得多，理论上越多审级越能发现事实真相。

⑥ 参见戴炎辉等：《台湾省通志》，卷三·政事志司法篇，18、27、36、45、53、54 页，南投，台湾省文献委员会，1972。

定出众多罚则的原因。一般的民刑案件，属老百姓之间的纠纷，站在统治阶级立场而言，这仅是对老百姓提供的服务而已，处理这些案件对其毫无利益。由于行政官与裁判官合一，故主政者事实上是以征税、防止民变等行政目的的达成为优先考量，至于一般民、刑案件，乃至盗匪、"藩患"、分类械斗等，则漠不关心。在关于"淡新档案"的研究中发现，告官后纵使一催再催，仍无下文。官员们只是发发传票给差役，敷衍了事。虽然定有审判期限，命上司巡查，还设循环簿等加以监督，但形同虚设。[1] 控告者不仅不能期待官府尽力抓犯人，甚至还要自行去追捕犯人。告官后，不但旷日费时，而且连控告人也可能被施以刑法。而且，判决结案后，若换了一个新的首长，仍可对旧案要求重新审理，根本毫无判决确定力可言。[2]

这种现象背后的原因是多方面的，首先是行政资源的问题。一位研究中国法的美国学者便认为，传统中国有一种自觉组织诉讼的政策：假如人们不害怕法院，假如他们抱有信心，觉得在那里总是能得到快捷、圆满的审判，那么诉讼势必会增加到一个可怕的数量。由于人在涉及自身利益时容易自欺，纷争于是就会漫无止境，国家的一半人会无力解决另一半人的诉讼。[3] 这样一种对待他们的态度，使得他们厌恶法律，尽可能地躲避诉讼的发生。

其次，吸取郑成功以台湾为据点从事"反清复明"活动的教训，清政府对台湾一直有一种警惕、防备的心理，驻台官吏任期都很短，三年期满立即调任，且不许携带家眷，以防他们就地造反。这也使得官吏们无心理政，更无心作长远筹划。

台湾汉人社会与大陆之间的最大差别，主要还在于经济生活方面。由荷治时期，台湾即有对外贸易，到清朝，仍保持与大陆间的贸易往来，台湾农民往往根据经济上的比较利益来决定作物种植以出口，使得台湾人民比较精于算计。台湾的社会还存在着移民者特质，例如吃苦耐劳、创新冒险等，同时也保留了自清代以来的"顽疾"："罗汉脚"和分类械斗。所谓"罗汉脚"是一群不士、不农、不工、不贾的流浪汉，他们无固定居所，游食四方，酗酒打斗，结党树旗，作恶多端，无所不为，一直为历朝历代所无奈。而分类械斗则是移民们聚族而居，导致不同宗姓、不同房派间为了自身利益，大姓欺小姓，强房欺弱房，彼此间往往为了一点小事，大打出手。所谓"三年一小反，五年一大反"，正是台湾社会秩序的真实写照。加上历史上曾历经荷、西、郑氏等的统治等，使得台湾社会具有不同于大陆社会的复杂特质。

三、日本对台湾的殖民过程与近代日本法律文化的输入

（一）日本对台湾的殖民过程

1. 乙未割台

日本窥伺台湾，早于西欧列强，倭寇经常在台湾、澎湖一带侵扰滋事。到 16、17 世

---

[1] 参见戴炎辉等：《台湾省通志》，卷三·政事志司法篇，52 页，南投，台湾省文献委员会，1972。
[2] 参见陈志雄：《日治时期的台湾法曹》，台湾大学法律研究所 1996 年硕士论文，77 页。
[3] See Jerome A. "Cohen, Chinese Mediation on the Eve of Modernization", *California Law Review* 54, 1996, 1201, 1215. 转引自 P. Nonet and P. Selznick 著，张志铭译：《转变中的法律与社会》，46～47 页，北京，中国政法大学出版社，1994。

纪，日本的丰臣秀吉曾出兵窥台，中国军民奋起反抗，将倭寇赶出了台湾。

1868 年日本实行明治维新，国力加强，随即制定了对外扩张的政策，意图吞并台湾，将其作为侵略中国和向南扩张的跳板。日本认为经营台湾就能将华南收归掌握，进而控制南洋各地。如此，日本势力就能从日本海延伸到中国海及其沿岸，即能够夺取西太平洋的霸权，与列强竞逐。此外，台湾近代发展的商品经济形态，诸如茶、糖、樟脑等农林物产与煤矿、金矿等矿产，对于缺乏天然资源却急于"殖产兴业"的日本来说非常重要。

19 世纪中叶以后，中国积弱，欧美列强逼迫清政府签订了一个又一个不平等条约。日本也在此时加快了侵台步伐。1874 年日本以漂流难民被杀为借口，出兵征讨南台湾"牡丹社"，开始觊觎台湾。清政府在有利的情况下，却与日本签订了《北京条约》，默认琉球为日本藩属，还向日本赔偿白银 50 万两。事实上，琉球自明初到清末五百多年间一直是中国的属邦，其对外定约也一直用中国的年号。清政府放弃琉球，承认其为日本领土，是日本外交上的一大胜利，不仅助长了日本对外扩张的野心，为其积累了海战经验，也使日本了解了清朝官僚的无能和台湾的内情，为乙未割台埋下了恶果。①

1894 年，日本以朝鲜东学党之乱为借口，出兵朝鲜，导致近代中日两国第一次直接的战争。1895 年 4 月，日军在朝鲜和辽东半岛重挫清军，直逼北京。在保全京师这个相对更为重要的考量下，清廷被迫与日本签订《中日攘和条约》，通称《马关条约》。该条约第 2 款规定：清政府将台湾及所有附属岛屿、澎湖列岛，永远割让与日本。第 5 条则规定：两年之内，让与地人民得迁居让与地之外，但限满之后尚未迁徙者，均视为日本臣民；且台湾应在两个月内交接。

清廷虽然答应割台，但朝野上下一片反对。在李鸿章赴日议和前后，廷臣疆吏曾力谏阻止割让台湾，并试图争取西方列强的援助，做了一系列的尝试和努力。但清廷最终还是派员与日本第一任台湾总督桦山资纪在基隆外海办理了割让台湾的手续。台湾官民得知无法借清廷之力保台后，5 月 25 日以唐景松为首的台湾有志之士宣布成立"台湾民主国"，奋起抗日。"台湾民主国"的抗日斗争历经五个多月，最终失败。尽管如此，台湾民众仍"义不臣倭"，前赴后继，群起反抗，持续武装抗日达 20 年之久，直至 1915 年才告结束。

台湾的攫取，对日本具有重要意义。日本借此初步达成其富国强兵以"脱亚入欧"的目标，成为近代殖民资本主义国家之一，实现了其自明治维新以来处心积虑图谋对外侵略扩展的第一步；台湾作为其南进的跳板，为日本帝国主义此后的南进计划与行动增加了经验与信心，而且，台湾丰富的资源和物产对日本帝国主义的经济也有重大意义。

台湾的割让，使台湾人民从此陷入遭受日本统治者的奴役和剥削的深渊中，整个中国更进一步陷入了半殖民地半封建的深渊，开始了长期屈辱与苦难的历程。诚如梁启超所说："吾国四千余年大梦之唤醒，实自甲午战败割台湾，偿二百兆以后始也。"②

2. 日本对台湾殖民统治的展开

根据《马关条约》，日本占据了台湾，但是，日本人并非和平地展开其统治，而是经

---

① 参见台湾省文献委员会：《台湾近代史》（政治篇），112 页，南投，台湾省文献委员会，1995。

② 中国史学会主编：《戊戌变法》（一），249 页，上海，神州国光社，1953。

过了长达一年、历经大小百余仗的军事征服活动才获得事实上的统治权。日本一接手台湾就面临汉人武装抗日，"蕃害"、鸦片与疾病丛生问题，对于没有殖民地统治经验的日本来说，唯有通过强大的国家权力才能扫除各种阻碍，掠夺经济资源，进而引导日本资本完全独占。因此，日本在台湾实施高压的殖民统治，强制经济关系重新建构，并依靠合法武力建立统治体制与推动施政。在日本以武力为后盾的殖民统治下，台湾成为日本资本主义发展的原料供应地与产品销售市场，为日本的"富国强兵"累积丰富的实力，并且提供日本南进的人力资源，使得日本得以不断地扩展势力范围，进而发动全面性的侵略战争。

在统治初期，日本殖民者面临着台胞（汉、"蕃"）的武装抗拒，采取以武力镇压为主的政策；一战后，改行同化并以经济取代军事的政策；第二次中日战争爆发后，又进而施行皇民化、工业化、与南进基地化的政策，但其一贯的原则方针，都在于加强台湾的殖民化，获取台湾的人力、物力，以支持其军国主义的扩张。同时，日本为了使台湾能够顺服与安定，在法律的制定、行政组织的调整、警政户政的建立、司法制度的实行以及环境卫生的改进等方面，又有所建设。

日本政府在推行统治政策过程中对于分布于各山地地区的台湾最早的居民（所谓的"蕃"）和以平地为主要居所的汉人采取"分而治之"的策略。在"理蕃"方面，其政策有许多取自清代的"抚蕃"措施，但清代的"抚蕃"主要是为了平地的汉人的安全与生业的保障，以及安定岛内秩序的考虑，而日本殖民者的"理蕃"却是以其强大的国力为后盾，致力于对土地与经济资源的掠夺。清朝间的"抚蕃"虽然未能在"蕃地"开发上有所建树，却使汉、"蕃"之间的关系渐趋融合；而日本人的"理蕃"则实现了其充分榨取山地台湾最早的居民的物流、人力资源，以协助军国主义扩张的目的。在这一过程中，更对台湾最早的居民施以文化歧视——视台湾最早的居民为未开化的野蛮人，将"蕃地"视为不必依法律治理的地区，实行汉、"蕃"分离，使其不仅恣意对台湾最早的居民的物力、人力加以压榨和役使，更对台湾最早的居民的文化进行严重的破坏。①

日本人对一般汉人的统治，当然也是采取高压政策，但因汉人不仅人数多，更有悠久与强固的文化传统，所以他们不能不刚柔相济，给予汉人较多的生存与发展空间。一方面，实行严刑峻法；另一方面，对一些有影响力的士绅加以笼络，作为协助其统治和安定社会的力量。至于一般台胞的态度，大多是拒斥的，除了大规模的武装抵抗之外，主要表现为内渡大陆，脱离日本的管辖，或者退隐，不为日本人做事，以明其志节。②

（二）日本近代法律文化的输入

殖民地法制作为日本殖民者统治台湾、扩张帝国主义的基本工具，在其统治台湾期间备受重视。日据台湾的法制，主要经历了三个阶段：

一是军令立法时期。当时的法规主要以军队中"日令"（每日发布的命令）的形式制定。在"治安靖定"的统治目标下，总督府颁布的《台湾人民军事犯处分令》、《台湾住民刑法令》均采严刑重罚，来威压台民；《台湾住民治罪令》则规定了军警对司法和检察审判

---

① 参见台湾省文献委员会：《台湾近代史》（政治篇），引言，3页，南投，自刊，1995。

② 参见上书，引言。

制度的参与。军令立法虽然只持续 9 个月的时间，但这一时期，台湾总督却拥有因统治需要而订立一切法规的权力，为后来的律令立法奠定了基础。

二是律令立法时期。随着"全台平定"目标的实现，台湾开始实施民政。依照法律第六十三号（简称"六三法"），台湾总督享有委任立法权，台湾的立法以律令为原则，而以敕令指定日本本国法律的全部或一部分为例外。律令立法延续了 26 年之久，共发布律令 203 件，而以敕令制定全部或部分施行于台湾的法律仅 84 件。因此，这一时期的立法大多具有殖民色彩，因而，通常认为此阶段台湾法属"殖民地特殊法域"。

三是敕令立法时期。1919 年，日本对台湾的殖民统治政策改为"内地延长主义"，即同化主义。政治上采文官总督制，法律上也随着法律第三号的颁布发生了变革，即以敕令为主、律令为辅。此间以敕令实施于台湾的法律有 195 件，而律令则只有 67 件。同化政策并未改善台湾人民的基本人权，台湾特殊的刑事法律依然保留，日本对台湾的经济榨取也进一步扩大。这一时期，随着大量日本法以敕令立法的方式施行于台湾，日本法对台湾社会的影响进一步加深。

日据期间，施行于台湾的主要民事法律有：民法、商法、民事诉讼法、民事诉讼费用法、民事诉讼用纸法、人事诉讼手续法、非讼事件手续法、不动产登记法、商法施行法、破产法、和议法、手形法、小切手法、关于身份保证的法律、关于外国人的署名捺印及无资力证明的法律、关于外国人抵押权的法律、关于外国人养子入夫的法律、国籍法、工场抵押法、信托法、有限会社法等。

施行于台湾的主要刑事法律主要有：刑事诉讼法、刑事诉讼费用法、治安维持法、关于暴力行为等处罚的法律、国防保安法、陆军军人军属等犯罪即决法等。依台湾刑事令，日本的刑法、昭和五年（1930）法律第九条（关于盗犯防止之件）及刑法施行法也适用于台湾。

由于台湾情形较为特殊，风俗人情与日本也有一定的差异，所以日据台湾时还有不少因地制宜的特例。在民事领域，亲属、继承关系不依日本民法而依台湾习惯，祭祀公业作为台湾特有的习俗也依台湾习惯。此外，在民事争讼调停、小切手法、破产法、有限会社法等领域也都规定了台湾的特例；在刑事领域，刑事诉讼法、刑事补偿法、台湾刑事令、匪徒刑罚令、台湾鸦片令、犯罪即决例等在台湾的适用中，也都有其特殊之处。

在司法方面，台湾总督府于 1896 年首次在台湾设立专职司法裁判事务的西方式普通法院，采三级三审制（后改为二级二审），并由法务部负责司法行政监督。各法院还附设检察局，也直属于台湾总督。为保障法官的独立裁判权，对台湾法官实施有限的身份保障制度，初步建立起了台湾的司法体系。

日本凭借其近代化的经验，从前期的"依旧惯"到后期的"内地延长"，逐步引进了西方近代法律制度和司法体制，日本式近代法对台湾社会的影响也随之加深，在台湾盛行二百多年的传统中国社会的法律制度和观念因此发生了巨大的转折，旧有的传统的法律文化因此受到了强烈的冲击。在日本殖民统治的强制下，台湾社会逐渐转入了近代化的轨道，由此建立了一套深受日本影响而又具有殖民特色的法律休系。

第二节
日据时期日本法对台湾立法思想及法律渊源的影响

一、日据时期台湾立法思想的阶段性变化

中日《马关条约》签订后，由于台湾岛内的抗日武装运动十分迅猛，日本与清朝只得在台湾基隆外海匆忙交接有关割让台湾相关事宜，所以日本在取得台湾时仍欠缺有关这块土地的人文、地理等各方面的详细资料，也没有清楚地确立新领土的统治策略。而且台湾是日本的第一个殖民地，日本对此也缺乏殖民地的统治经验。

日本首先遇到的一个问题就是：台湾究竟是作为中央政府下的一个府县、各项事务皆依中央的体制，听命于中央；还是应当另设一个有一定自主权的殖民政府。考虑到当时世界上最强，也最有经验的两个殖民主义国家是英国和法国，日本政府就委托了两位来自英、法的法律顾问对该问题进行了研究。法国籍顾问的建议是：治台初期，可参考英国的经验，赋予总督以较大的自主权以便于治理，最终应效仿法国统治阿尔及利亚的成例，逐步地使台湾与日本内地无差别地实行县制。英国籍的顾问则认为应完全采纳英国的殖民地统治经验，直接以天皇大权统治台湾，再由天皇将其立法权委托给总督、高层官员以及当地人所组成的殖民立法机关来行使。实际上，据有关资料记载，1895 年 6 月日军进入台北城后成立的"台湾事务局"在讨论上述两个方案时，大多数成员支持法国"同化主义"的殖民模式，他们认为：鉴于日本与台湾在血缘、文化上有近似性，日本现有各项制度可以逐步地施行于台湾，即便台湾有特殊情况而需要采行不同于日本本土的制度，还可以通过颁布敕令的方式予以规定。

但是，遍及全岛的台湾人民激烈的武装抗日行动，使统治者原先设计的蓝图根本无法实现，而台湾总督府也认为在此情况下，台湾的官员应当有相当的自主权，因地制宜地制定适于当地的法律，才有可能有效统治近三百万、与本土国民习俗不同、对日本帝国忠诚度可疑的台湾人。日本中央政府不得不面对这一现实，于是在各方的妥协下，最终决定暂予台湾总督以较大自主权，因此，体现在立法思想上就是承认台湾为"特别法域"，总督以律令形式制定了诸多针对台湾的特有法律制度；1923 年以后，随着条件的变化，立法思想逐渐转向"内地延长主义"，日本法开始大量地以敕令形式在台湾施行。

（一）日据台湾前期"特别法域"的立法思想（1895—1922 年）

1896 年 3 月，帝国议会通过了法律第 63 号——《有关应施行于台湾之法令之件》，简称"六三法"，台湾由此进入了律令立法的时代。

"六三法"的实质是"委任立法"，即日本帝国议会将其对台湾的立法权力委托给台湾总督。这使得总督享有了其一再争取的对台湾的强大的立法权。据"六三法"，台湾总督在其所管辖的台湾地域内有权制定具有与帝国议会之法律同等效力的命令，即"律令"。但程

序上要求需先经过总督评议会的议决及主管大臣奏请天皇（事实上为内阁）勅裁。依"六三法"，中央行政机关也参与决定台湾的殖民法律。该法第 5 条规定：日本现行或未来由帝国议会所制定之法律，其全部或一部分有施行于台湾之必要的，以勅令定之。而所谓勅令是指天皇发布的命令，由辅弼天皇的中央大臣研拟及副署，所以从某种程度上来说，勅令的内容是由中央行政机关决定的。此外，台湾总督还拥有行政权甚至在台驻军指挥权。也就是说台湾总督府在中央政府的监督下，可在台湾自行制定法律并予以施行，不受日本帝国议会等机关的牵制。这使得台湾成为日本帝国领域内的一个特别法域。

"六三法"的这一制度安排在日本宪法学界引起了热烈的讨论，讨论的焦点集中在两个问题上：明治宪法是否适用于台湾？若适用，则此种广泛的委任立法权是否违宪？

"六三法"虽然只规定了 3 年有效期，但由于一再延期，一直存在了 10 年之久。1906 年，帝国议会通过了法律第 31 号，修改"六三法"，世称"三一法"。该法对总督所拥有的律令制定权并未改变，只就律令的效力作补充性的规定，即律令不得违背根据"施行勅令"而施行于台湾的日本法律及勅令，由此确立了"日本法律、勅令优位"的原则。但事实上，由于日本的法律或勅令施行于台湾的一直不多，"三一法"的这一规定所带来的变化不大，从相当程度上来说，"三一法"仍是"六三法"的延续，它虽附有 5 年的期限，但也是一再延长直至 1921 年。所以，可以说，"六三法"所确立的殖民地特别法域（律令立法）的体制在台湾一直延续了 25 年之久。

（二）日据台湾后期"内地延长主义"的立法思想（1923—1945 年）

"三一法"公布后不久，极力倡导台湾特别统治制度的儿玉源太郎去世，后藤新平也离台任南满铁路的总裁，加之到了 20 世纪 10 年代后期，全球性的民族自决运动风起云涌，日本政府也开始意识到加强对殖民地人民的同化的紧迫性，原敬等人的内地延长主义受到了重视，并成为政界主流。1921 年台湾法令法以法律第三号发布，世称"法三号"。与此前的"六三法"和"三一法"不同，"法三号"强调以法律的施行勅令与特别勅令为主干，而以律令为补充。为此，特将有关施行勅令的规定从第 5 条（"六三法"）或第 4 条（"三一法"），移至第 1 条第 1 项，而且在第 1 条第 2 项创设了"特例勅令"的制度，即当日本帝国议会原本为日本内地社会所制定的法律，因施行勅令的规定而将其施行地域扩至台湾时，须由中央行政机关发布勅令作出特别的规定，以指明其中若干不符合台湾情势的法律条文如何适用的问题。例如大审院对台湾的案件并无管辖权，因此，当某法律施行于台湾时，凡法律中有关"大审院"的字眼，都相应转化为"台湾总督府高等法院上告部"。特例勅令的存在，不仅使得日本内地的法律方便地延长施行于台湾，也可以技术性地解决两地因官署职权、法律上期间等差异所滋生的问题，还可以借此针对不同社会文化的差异而变更法规的内容，如规定日本民法中亲属继承编不适用于仅涉及台湾人的亲属继承事项等。

同时，"法三号"也增设了对总督律令制定权的限制性规定，总督只有在同时符合下述两个要件的情况下，才可以发布律令：一是，在台湾应以法律规定的事项，并没有帝国议会所制定的相关法律可加以援用，或虽有相关法律，但难以依照施行勅令并配合特例勅令的方式施行于台湾；二是，据台湾的特殊情况确有必要出台特别规定予以规范。

然而，在"法三号"所构建的框架下，台湾仍然是日本帝国内的一个特别法域；委任立法的问题也仍未解决，只不过委任的直接对象由地方（台湾总督）转换成了中央（内阁）。

二、日据台湾法的主要渊源①

(一) 法律

1. 以敕令施行于台湾的法律

"六三法"第 5 条规定：现行法律或将来发布之法律，如其全部或一部有施行于台湾之必要者，以敕令定之。此后的"三一法"也在第 4 条作了相似的规定，在整个殖民统治前期（1896—1921 年），以敕令施行于台湾的日本法律，计有 84 件。② 由于这一时期特别统治主义的统治策略以及"六三法"和"三一法"的规定，原本针对日本内地的法律无法以特例敕令的方式制定适应台湾特殊情况的特别法，所以以敕令施行于台湾的日本法律较少，且大多为涉及国防、财税、通信、外交等主权领域的法律，例如戒严令、国籍法、特许法、电信法、货币法、关税法、著作权法、军事工业动员法、陆军刑法及其施行法、海军刑法及其施行法等。通常施行敕令的内容为"将某年某号法律施行于台湾"，若是仅一部分施行，则载明不施行的除外部分。一旦某项法律因施行敕令的制定而在台湾施行，就此规范事项台湾和日本内地就属同一法域。

到了"法三号"施行后的殖民统治后期（1922—1945 年），以敕令施行于台湾的日本法律大增，计有 195 件之多。这些被指定施行于台湾的法律，依指定施行的形式，可大致分为两类：

一类是大多数的情形，包括：（1）有关民事之法律施行于台湾之件（1922 年敕令 406 号及其后多个修正敕令），例如民法、商法、民事诉讼法、民法施行法、竞卖法、不动产登记法、破产法、合议法等；（2）行政诸法台湾施行令（1922 年敕令第 521 号及其后多个修正敕令），如治安警察法、铁道营业法、保险业法、行政执行法、渔业法、水产法、家畜传染病预防法等；（3）海事诸法台湾施行令（1931 年敕令第 273 号及其后多个修正敕令），如船舶法、船员法、船舶安全法、造船事业法之一部分。

另一类是依其他个别敕令的指定而施行于台湾的法律，数量也较多，如刑事诉讼法、治安维持法、银行法、国家总动员法、战时刑事特别法、裁判所构成战时特例、战时民事特例法、战时行政特例法。不难发现，并非凡属民事、行政、海事的法律都通过前三项主要敕令的指定而施行。

在台湾的特别法是如何制定的呢？方法之一即"法三号"所创设的"特例敕令"的制度。依"法三号"，得以敕令设特例的事项有：（1）官厅或公署的职权，如规定某日本法律中所称各省大臣职务在台湾由台湾总督行使之。（2）法律上的期间。如发票的提示期间，规定日本内地和台湾的不同期间。（3）其他根据台湾特殊情况有规定特例必要的。如台湾的检察官拥有日本刑事诉讼法上预审判事才享有的强制处分权，台湾不实行日本的行政诉讼制度等。

这些由行政机关颁行的敕令所规定的特例，在台湾的效力竟能优先于帝国议会所制定

---

① 参见王泰升：《台湾法律史的建立》，116～130 页，台北，三民书局，1997。

② 参见 [日] 矢内原中雄著，周宪文译：《日本帝国主义下之台湾》，70～73 页，台北，海峡学术出版社，1999。

的法律，主要的原因在于它们已经得到了帝国议会在"法三号"中的概括同意。①

方法之二，是不经由"法三号"的特例敕令而直接以日本法律本身的规定。例如，依日本 1921 年国有财产法第 33 条，"本法施行于朝鲜、台湾或桦太②而有必要时，得以敕令为特别规定"，所以最终的"国有财产法施行于台湾之件"的敕令设有不少特例的规定。类似在条文中授权由敕令作出特别规定的情形计有 8 种。

2. 不经敕令即施行于台湾的法律

还有一些法律，无须经由敕令而施行于台湾：

《内外地适用法》，即法律有关于适用地域的规定且涉及台湾的，该法律当然施行于台湾。如 1941 年的国防保安法附则规定：本法施行于内地、朝鲜、台湾及桦太。因此该法无须施行敕令即施行于台湾。

《外地适用法》，即特别以施行于外地为目的而制定的法律。如 1897 年的台湾银行法、1936 年的台湾拓殖株式会社法，由于与已经施行于台湾的民法、商法的规定有诸多违背之处，所以不宜以律令规定，而由帝国议会以特别法形式制定，所以，当然地施行于台湾。

《内外关系法》，即规定内外地相互关系的法律。日本与其各殖民地间法律体系并不相同，为处理因内外地的法律不同所产生的冲突和矛盾而制定的法律，当然地适用于受其殖民统治的台湾。

具有属人性质的法律，由于其在性质上不受地域的限制而必然地施行于受其殖民统治的台湾。

（二）敕令

敕令是命令的一种。一战前日本的国家法规范，依制定的形式可分为法律与命令两种。法律是指经帝国议会协赞、以天皇的裁可所制定的规范；命令则指由天皇的亲裁或由受天皇委任的行政机关所制定的法规范。敕令是命令的一种，指依天皇大权或法律的委任、经敕裁所发布的命令。③

敕令原则上适用于日本内地及其殖民地，其效力及于国家统治权所涵盖的所有地域。这与效力原则上仅及于日本本土的法律正好相反。

敕令的效力大多及于台湾。主要包括以下几种内容：（1）官制令，即与台湾的官厅组织及权限相关的敕令，多达 180 件，例如台湾总督府条例。（2）官吏令，即关于官员的任用、官等、俸给、旅费、地位、惩戒等规则的敕令，尤其是关于殖民地勤务官吏的加俸、外地官吏的特别任用制等。（3）军令制，即关于陆海军编制等的敕令。（4）荣典令，即关于位阶、勋章、记章、褒章等规定的敕令。（5）恩赦令，即根据宪法上的恩赦大权所发布的敕令。（6）公式令，即关于法令等的公布程序、形式等的敕令。但不适用于那些已经在台湾施行了的法律和敕令。因为台湾特有的律令、府令、厅令的公布方式与日本内地并不相同。（7）祭祀令，即关于神宫、神社的祭祀的敕令。（8）学制令，如小学校令、中学校令、大学校令，其施行效力只限于日本本土，但有特别为台湾所发布的这类敕令，如台湾

---

① 参见王泰升：《台湾法律史的建立》，120 页，台北，三民书局，1997。
② 指库页岛南半部。
③ 参见［日］长尾景德、大田修吉：《台湾行政法大意》，11 页，台北，杉田重藏书店，1934。

教育令、关于台北帝国大学之件等则当然地适用于台湾。

施行敕令和特例敕令，应属基于法律的委任而发布的敕令，其效力一般应及于台湾。

（三）律令

律令立法是台湾立法制度的特色，据 1896 年的"六三法"，台湾总督在其所管辖的台湾地域内有权制定具有与帝国议会之法律同等效力的命令，也就是"律令"。实际上是帝国议会将其对台湾的立法权力委托给台湾总督的结果。

在台湾殖民统治前期（1896—1921 年）的立法事项中，以律令形式出台的规范较多，共有 203 件，相当于同期施行于台湾的日本法律的两倍半，范围涉及民事、刑事、司法、警察、土地、租税、卫生、产业等事项。律令的内容可分为两类：一是台湾特有的规定，如，制茶税则、台湾鸦片令、保甲条例、匪徒刑罚令、台湾盐田令等。二是仿效日本内地法律的内容，例如相当于日本裁判所构成法的台湾总督府法院条例，相当于日本监狱法的台湾监狱则，相当于日本新闻纸法的台湾新闻纸条例等。其中尤以明文准据某日本法律但附加若干特别规定的律令，与日本法律的内容最为密切，例如 1896 年律令第四号规定："于台湾之犯罪，依用帝国刑法处断；但其条项中难以适用于台湾住民者，依特别之规定。"因为这项依用，日本刑法典之规定成为该律令的组成部分，但被依用的法律本身并未施行于台湾，台湾仍属个别法域。被依用法律之修改或废止并不直接在台湾生效。

"法三号"施行后，律令出台的数量明显减少。1922 年至 1945 年所制定之律令仅 67 件，仅相当于同时期施行于台湾的日本法律的 1/3。主要的原因就在于"法三号"第 2 条对律令制定情形的限制：在台湾需以法律规定之事项，如并无应适用之法律或依前条之规定（即依敕令、特例敕令规定）处理有困难的，以因台湾特殊情形有必要时为限，得以台湾总督府律令规定之。例如，制糖业在台湾为特许事业，为求其发展有加强监督的必要，但日本内地却没有应适用的法律，而台湾的特殊情况又确需规范，于是总督府发布了 1939 年律令第六号《台湾糖业令》；又如，台湾的地方制度与日本内地的府县志、市制、町村制有显著差异，依特例敕令规定处理较困难，最终通过律令的方式制定了台湾的州、厅、市、庄制。[①]

"法三号"施行后，原已发布的律令仍然有效，但旧有律令的内容需要修改时仍然以律令的形式修正，而且，随着日本法律越来越多地施行于台湾，与其相抵触的律令，仍然要以律令的形式废止。如以敕令将日本民商法施行于台湾时，又以 1922 年律令第六号废止了原有的台湾民事令（律令）。

"三一法"和"法三号"都明文规定，律令的规定不得违反已施行于台湾的日本法律或敕令，但当这种情形发生时，可依"法三号"的规定，在立法技术上通过特例敕令排除相抵触的部分法律在台湾的施行。例如，1941 年律令第八号《台湾住宅营团令》若干规定与台湾已施行的民法、非讼事件手续法相抵触，所以在制定该律令的同时，以敕令公布"有关台湾住宅营团民法及非讼事件手续法之特例"，以此排除与律令内容相抵触的日本法律规定。

---

① 参见王泰升：《台湾法律史的建立》，126 页，台北，三民书局，1997。

（四）阁令及省令

阁令及省令这两个概念源自日本。阁令是指内阁总理大臣在法律及敕令的范围内，基于其职权或特别委任，为施行法律及敕令或维持安宁秩序，就其所主管的事务所发布的命令，省令则是各省大臣依其职权或特别委任，就主管的事务所发布的命令。[①] 由于日本内阁总理大臣及各省大臣作为行政长官的权限原则上不及于外地，所以其所发布的阁令和省令原则上也不及于包括台湾在内的外地。

但是也有例外：依照法规本身的效力，内阁总理大臣及各省大臣的权限直接延伸至日本外地时，阁令和省令即在日本外地生效。如，施行于日本内、外地的要塞地带法本身已明确规定陆军大臣为主管官员，其根据该法以陆军省令所发布的《要塞地带法》施行规则，当然于台湾生效。此外，根据有属人性质的法律所发布的阁令或省令，也施行于日本外地，如基于台湾特别会计法的大藏省令。

（五）府令

府令是指台湾总督以其职权或特别委任所发布的命令。府令在台湾地域内的效力相当于阁令或省令在日本内地的效力，且府令也可附加罚则"一年以下的惩役、禁锢或拘留或二百元以下罚金或科料"，但较阁令和省令为重。此外，日本法律中常有委任行政机关发布敕令的情况，当该法律施行于台湾后，常以府令取代条文中的敕令。如，依《行政诸法台湾施行令》，在台湾施行的日本法律，原委任于敕令进行规范的，一律改为台湾总督府令规范。一般而言，如律令规定："关于……由总督定之"，就表示由府令予以规定。

（六）州令及厅令

州令或厅令是知州知事或厅长就州厅行政事务，依其职权或特别委任，对管辖区域内一般或其中一部分事务所发布的命令，相当于日本内地的府县令，但州令所附的罚则比日本内地府县令要高，厅令则要低于日本内地府县令。

（七）训令

训令是总督对于下级官署为指挥其行使权限而发布的职务上的命令，或称通谍、通达。有关人事或其他属于机密的事项也有称为"内训"的。

（八）日令

日令作为法源仅存在于日据的军政时期（1895 年 8 月 6 日—1896 年 3 月 31 日），即指军事命令，在军政时期由总督发布，如《台湾人民军事犯处分令》、《台湾总督府法院职制》、《台湾住民刑罚令》、《台湾住民民事诉讼令》、《台湾监狱令》等。

（九）习惯、法理与判例

从日据时期台湾法制的具体情况来看，习惯、法律仅能称为那个时期的间接法源。尽管当时的日令、律令、特例敕令中分别规定了"依地方惯例及法理"（《台湾住民民事诉讼令》第 2 条）、"依旧惯"（《台湾民事令》第 3 条）、"依习惯"（《有关施行于台湾之法律的

---

① 参见［日］长尾景德、大田修吉：《台湾行政法大意》，28、30 页，台北，杉田重藏书店，1934。

特例》第 5 条），但实际适用于个案的是日令、律令、特例敕令，而非习惯或法理。但这些法律规则是以习惯为标准的，所以说习惯是间接法源。至于习惯规范的具体内容，则有赖于法律适用者对个案的认定，如法院的判例。同理，法理至多只能跟习惯同视为间接法源，其具体内容也有待于司法者在个案中予以认定。

综观以上法源，其中不少都是从日本内地的立法体系中直接移用过来的形式，如敕令、阁令和省令，但也有不少是台湾所独有的，如律令、训令、日令等，而府令、州令、厅令从形式上看在日本并无对应名称，但实际上相当于日本的阁令、省令及府县令。台湾的立法体制从某种意义上讲并非完全独立，仅仅是相对独立而已，在很大程度上要受日本立法体系的影响。至少在论及"法律"这一概念时，在台、日两地其内涵和外延是相同的。

"三一法"颁布之前，在"六三法"实施期间，没有明确法律和律令之间的关系。台湾的法源呈现出鲜明的当地特色，即以律令为主，律令的制定较少地受到限制。自"三一法"明确规定律令不得抵触日本内地施行于台湾的法律之后（日本法律、敕令优先原则），总督的律令制定权开始受到一定限制，到"法三号"出台，以施行敕令与特别敕令形式进入台湾的日本法律大量增加，台湾总督的立法自治权大大削弱。尽管可在立法技术上借助特例敕令，但特例敕令所排除的毕竟是若干条文所涉及的若干事项和若干名称而已，在很大程度上改变不了该项法律的主旨和精神。所以日据后期台湾法以法律的施行敕令与特别敕令为主，而以律令为辅的特征正体现了日本统治阶层的主流思想——内地延长主义。

总之，日据时期台湾法源有自身特色，但仍摆脱不了日本内地法律的重重影响，而这当中，敕令则起着重要的承接作用。

第三节
日据时期日本法对台湾主要法律部门的影响

日据时期台湾法制是日本统治台湾、扩张帝国主义的基本工具，通过特殊的殖民法制，日本才能在台湾树立统治体制，掠夺经济资源，建设南进基地。殖民法制的内容与性质的发展反映了不同时期、不同领域日本殖民政策的转变，日本法在多大程度上影响或可资借鉴于台湾殖民法制，取决于日本殖民统治政策的需要。

一、日本近代法律文化对台湾殖民刑事法律的影响

（一）日据台湾近代刑事法律的发展

日据时期台湾刑事法制作为殖民者统治台湾最强有力的工具，从一开始就备受重视，历经军令立法、律令立法和敕令立法三个阶段。

1. 日据前期（1895 年 8 月—1921 年 3 月）

这一阶段又具体包括军令立法和律令立法时期。

（1）军令立法时期（1895 年 8 月—1896 年 3 月）

1895 年 5 月底，日本根据中日《马关条约》前来接收台湾。集军事、行政、司法大权于一身的桦山总督针对台民的武装抗日行动，在 7 月 6 日发布《台湾人民军事犯处分令》，以唯一死刑维持其统治权。[①] 桦山在台北执政以后，"台湾民主国"刘永福军队与义民军在中南部的武装抗日行动，使日本统治权无法全面确立，日本政府于是决定在台湾实施军政（8 月 6 日）。同年 11 月 17 日以日令第 21 号发布《台湾住民刑罚令》、《台湾住民治罪令》、《台湾住民民事诉讼令》。《台湾住民治罪令》与《台湾住民刑罚令》的主要特色是：1）重罚：除了将军事犯处分令的死刑罪纳入刑事法之外，对违反统治利益与一般犯罪也科以重刑，并且将死刑方式改为斩首。2）轻刑罪（有期徒刑 2 个月以下，罚金 30 元以下）由当地宪警首长审判。3）军警负责检察官职权。虽然死刑罪的维持以须"经总督核准才宣告"为原则，并且赋予总督视犯人悔意可驳回再审的权力，但是，实际上总督无法完全掌握罪情，所以日本统治者仍以斩首示众等严刑峻罚来强迫台民屈服。[②]

（2）律令立法时期（1896 年 3 月～1921 年 3 月）

1896 年 4 月，台湾开始实施民政。日本政府在同年 3 月 31 日以"六三法"确立殖民统治的委任立法制度，台湾总督在管辖区域内可制定具法律效力的命令，即律令。日本法律如果在台湾施行，则需要经过天皇敕裁。1906 年 3 月 17 日，以"三一法"取代"六三法"。"三一法"缩减台湾总督的委任立法范围，并将其立法地位置于日本国会及天皇敕令之下，但台湾总督的律令立法权并未受影响。因此，从 1896 年 4 月"六三法"实施，到 1920 年年底"三一法"废止的 25 年间，都视为律令立法时期。

这一时期，虽然有依照律令与敕令发布的两种法律，但律令所立的法律是其他相关法规的基本依据，其在有关台湾的特殊事项上发挥重要作用，如匪徒刑罚令等；在律令无法涵盖的领域，以敕令引入日本法律体系。

1）刑事一般法（根据属地原则适用于在台湾的所有人的刑事法）

一是 1896 年律令第四号《在台湾犯罪依帝国刑法处断之律令》。据此，台湾一切刑事犯罪，除了触犯《台湾鸦片令》外，都依照日本刑法判刑。

二是 1898 年颁布律令第八号《有关民事、商事与刑事之律令》，原《在台湾犯罪依帝国刑法处断之律令》废止。这是关于民商、刑事的共同法源。该令规定日本人与外国人（"清国人"以外的）适用日本刑事法制，台湾人与"清国人"虽适用日本的民事诉讼法，却依照台湾的刑事特别法判刑。

三是 1908 年 8 月律令第九号《台湾刑事令》。该令规定台湾（包括本岛人和"清国人"）的刑事案件普遍适用日本刑事法制，但是原先订定的特别法即《台湾鸦片令》、《匪徒刑罚令》、《罚金与笞刑处分例》、1897 年律令第四号《犯罪即决例》等针对台湾人与"清国人"的特别法继续有效。上述的严刑峻罚除了笞刑在 1921 年被废除之外，一直适用到日本殖民统治结束。

至于以敕令施行于台湾的法律，则只有伪造外币、陆军刑法与海军刑法等少数法规。

---

① 参见台湾省文献委员会：《台湾近代史》（政治篇），233 页，南投，自刊，1995。
② 参见上书，269 页。

2）刑事特别法（专门针对台湾人及"清国人"等特殊对象的刑法）

主要有1897年律令第四号《犯罪即决例》、1898年律令第二号《台湾鸦片令》、同年律令第二十四号《匪徒刑罚令》以及1904年律令第一号《罚金与笞刑处分令》。

2. 日据后期（敕令立法时期）（1921年3月—1945年8月）

1919年日本统治政策改为"内地延长主义"，即"同化主义"，法律上也有所变革。1921年3月14日制定的"法三号"大幅缩减了总督律令立法的数量，宣布台湾法律基础以敕令为主、律令为辅。这在除亲属继承编外的民事领域里较为明显，但在刑事领域却不尽然。[①]

1908年律令第九号《台湾刑事令》仍维持其一般法源的地位，继续有效，只是在1923年与1930年曾有所修正：规定刑事事项依日本刑法、刑法施行法与盗犯防止处分法；而继续适用的律令刑事特别法中，虽然删除《罚金及笞刑处分条例》、《刑事诉讼费用规则》与《刑事特别诉讼手续》，但是《匪徒刑罚令》、《犯罪即决例》、《台湾鸦片令》与《台湾刑事令》仍继续有效。

这一时期，以敕令施行台湾的日本刑法，包括：1922年敕令第524号《刑事诉讼费用法》、1923年敕令第526号《刑事诉讼法》、1925年敕令第175号《治安维持法》与同时施行于台湾的《治安警察法》、1926年敕令第299号《有关暴力行为等处罚法》、1942年敕令第21号《言论、出版、集会、结社等临时取缔法》。

敕令立法时期的刑事法制，除了保持对台湾籍与清国籍"匪徒"的严刑重罚外，也着重于思想文化方面的政治治安。这是因为日本面临1921年开始的"台湾议会设置运动"、"台湾文化协会"与共产主义思想的传播，必须加强控制台民，以免动摇其统治基础。[②]

（二）日据时期台湾刑事法律的主要特点

1. 刑罚的严酷性

日本殖民者为了治安靖定，强迫台民服从殖民统治，出台了一系列严刑峻罚来镇压武装抗日：军令时期颁布了极为严厉的《台湾人民军事犯处分令》、《台湾住民刑罚令》，对于从事武装抗日者都处以死刑；律令立法时期的特别刑法——《台湾鸦片令》、《匪徒刑罚令》和《罚金及笞刑处分例》也都延续了这一特点。敕令立法时期日本法律施行台湾，虽然在同化主义下产生部分转变，但是对于人民基本权利却没有法律保障，不但保持台湾特殊的刑事法律，还增强了对台民政治犯罪的严密防范与监视。《匪徒刑罚令》、《犯罪即决例》、《台湾鸦片令》与《台湾刑事令》一直沿用至1945年，体现了日本殖民者一贯的威权、高压的统治政策。

（1）《匪徒刑罚令》

1898年2月，儿玉源太郎就任台湾总督，同年11月颁布《匪徒刑罚令》，该令实际上是军政时期惩治武装反抗者的《台湾人民军事犯处分令》及同年《台湾住民刑罚令》的延续。但该令进一步扩大了惩治范围，概括地将"不问何等目的，凡以暴行或胁迫为达成其

---

① 参见台湾省文献委员会：《台湾近代史》（政治篇），239页，南投，自刊，1995。

② 参见上书，240页。

目的而聚众者"都视为"匪徒",其法定刑大多为死刑,且完全背离近代西方法制原则,规定溯及既往的效力。[1]

(2)《罚金及笞刑处分例》

1904年1月,为减少在监犯人,总督府以律令公布《罚金及笞刑处分例》,规定凡"其主刑应处以三个月以下之重禁锢之本岛人与'清国人'之犯罪,视其情状得处罚金或笞刑"。笞刑是一种身体刑,早已被近代文明国家抛弃,在日本也自立宪后废除,但日本殖民者却将其施行于台湾本岛人及"清国人",无疑是对台湾人民的蔑视和侮辱。

为了进一步减少刑事法院的案件负担,总督府在采用笞刑的同一年,颁布《犯罪即决例》,将1896年即已引进台湾的犯罪即决制度中可即决犯罪的范围予以扩大,以配合《罚金及笞刑处分例》,使得警察机关得在《犯罪即决例》所允许的范围内,自行定罪,即可迅速执行完毕。即决官署所审决的案件,绝大多数系涉及轻罪,尤以违警罪占多数,对这类犯罪行施以笞刑,显然过于严厉。

至大正十年(1921年)笞刑遭废止,原应科处笞刑者,大多改科以罚金或"科料"(较小额的罚金)。

2. 适用上的不平等性

整个日据时期的台湾刑事法制在适用上都根据对象的不同而有所区分,日本殖民者将日本人与外国人视为文明、开化的优越人等,其刑事事项适用日本刑法;而将台湾本岛人和"清国人"视为落后蛮族,除适用施行于台湾的日本刑事法外,还要适用台湾特别法。

依军政时期的《台湾人民军事法处分令》及《台湾住民刑罚令》,台湾本岛人及"清国人"将鸦片或其吸食器具交与军人、军属或其他来台之帝国臣民者处死刑,以此严加保护日本人防止其染毒;1898年颁布的《台湾鸦片令》规定,在日本刑法上吸食鸦片构成吸食鸦片罪,但台湾本岛人和"清国人"则经许可领取证照后可以吸食。

律令立法时期日本人与中国人以外的外国人均适用日本刑事法制,台湾本岛人与"清国人"一般犯罪适用日本刑事诉讼法,但是特别犯罪不仅依照一系列严厉的台湾特别刑法判罪,其刑事诉讼程序必须依照《犯罪即决例》、《刑事特别诉讼手续法》等,由检察官与警察迅速处分与执行。

及至敕令立法时期,虽然以敕令将日本的部分刑事实体法的特别法适用于台湾,但此前既有的《台湾刑事令》、《台湾鸦片令》、《匪徒刑罚令》、《罚金及笞刑处分例》、《犯罪即决例》等律令刑法,除《罚金及笞刑处分例》在1923年废止外,其余继续生效。因此日本人与台湾本岛人、"清国人"之间的刑事法制上的差别待遇一直延续到台湾光复,其目的还是在于强压台湾人民,迫使其服从日本统治。[2]

与民事领域相比,日本刑事法对台湾法的影响,不论形式还是实质方面,都是十分有限的。就形式而言,日本刑事立法虽在中后期陆续适用于台湾,其刑法中的罪刑法定、处罚平等等理念被引入台湾,开始为台湾社会所知悉,但事实上由于殖民律令立法始终居重

---

① 参见黄静嘉:《春帆楼下晚涛急——日本对台湾的殖民统治及其影响》,178页,北京,商务印书馆,2003。

② 参见台湾省文献委员会:《台湾近代史》(政治篇),237页,南投,自刊,1995。

要地位，其制定的一系列特殊刑法的持续生效在很大程度上排除了近代刑事理念的适用，如 1898 年《匪徒刑罚令》规定，行为发生在该令实施前者，仍按该令处断；又如在重新恢复的封建保甲制度时，规定某人发生犯罪行为后其邻里间相互承担连带责任，都是违反近代刑事理念的。最关键的是，台湾人民在日本统治下，始终没有日本宪法上的人权保障，这使得一系列特别刑法得以长期、合法地实施，并使台湾民众长期遭受日本殖民地法的高压统治和民族歧视。

二、日本近代法律文化对台湾民商事法律的影响①

近代日本于 1890 年就公布了民法和商法典，但因争议，除了会社（公司）法和破产法外，都未在日本国内施行。另行起草的民法典于 1896 年公布总则、物权、债权 3 编，1898 年公布亲属、继承两编，一并于 1898 年 7 月 16 日施行，同时废止 1890 年旧民法。重新拟定的商法，也于 1899 年公布施行，同时废止除破产编以外的 1890 年旧商法。因此，于 1895 年日本据台时，日本民商法典还处于争议、变动当中，从客观上讲，并不具备施行于台湾的可能。

早在 1899 年，日本的西方式民事程序法已经被适用于台湾人间的民事案件，但日本的绝大多数民事实体法却直到 1923 年才被援用于台湾人间的民事法律关系。因此，台湾近代民商事法律制度的确立和发展，可分为前期和后期两个阶段：前期（即律令立法时期），是以台湾旧惯为主、日式近代民商法律为辅；后期（敕令立法时期），是以日式近代民商法为主、旧惯为辅。

（一）民事法律制度的近代化

1. 日据前期——以台湾旧惯为主、日式近代民商法律为辅

日本殖民统治前期的台湾民事立法，以承认和适用旧惯为基本原则，这一点在军政时期就已被确认。之所以如此，统治者是有其主、客观方面的考虑的，尤其是当时台湾人民的抗日情绪高涨，如果实行日本内地的法制，一则激化矛盾，二则因为缺乏安定的实施环境，也难以实施。从安抚的角度考虑，暂按旧惯较为稳妥；但对旧惯的承认，并不是无条件的全面承认，而是基于殖民地统治政策上的利益和要求，有选择性地承认。

1895 年年底，军政时期的台湾总督府发布的《台湾住民民事诉讼令》第 2 条规定"审判官依地方惯例及法理审判诉讼"。这一规定后来为 1898 年发布的《有关民事商事及刑事之律令》所延续，该律令规定，凡涉及日本人（或中国人以外的外国人）的民事事项，需按日本民商法，但涉及台湾人（及中国人）的，则依照旧惯和法理，除非对台湾地域或台湾人另有规定；而关于土地的权利，一律依照旧惯。1908 年的《台湾民事令》再次确认此项规则。具体来说，台湾人的民事事项只有在涉及日本人（或中国人以外的外国人），而且不属于有关土地的物权事项时，才能适用日本民商法。由于日本人仅占台湾人口的少数，因此，民商事旧惯的适用，就成为日本殖民统治前期台湾社会法律领域的主要特征。

---

① 参见王泰升：《日治时期的法律改革》，第五部分"民事法的西方法化"，台北，联经出版事业公司，1999；王泰升：《台湾法律史概论》，305～315 页，台北，元照出版社，2004。

　　所谓的台湾"旧惯"，是指台湾在清治时期被有效施行且一直延续至日据初期的行为规范。它既包括官府制定法及大清律例中的规范，也包括民间习惯规范。[①] 由于封建时代的法律是诸法合体的，在现代民法意义上的民事事项主要体现在当时的"户婚、田土、钱债"规定当中，这些规范往往通过刑罚解决纠纷或规定责任的承担方式。在民间习惯规范的施行中，道德性的因素往往成为考量的侧重点，义务的履行也往往依赖当事人的自觉行为。这和现代西方民事领域以权利和权利人为主导的价值取向显然有所不同。

　　具有一定西方法律观念基础的日本殖民统治者们为适用这些台湾旧惯，在1901年设立了由法学博士岗松参太郎主持的"临时台湾旧惯调查会"（以简称调查会）对台湾原有的规范体系进行调查，以此作为规划殖民统治政策的参考。调查会首先确认哪些习惯和规范是被台湾人普遍遵守的。即使是大清律例的规定，如并未被普遍遵守，也被排除在外。而那些虽违反大清律例的规定，但却在台湾被普遍遵行的习惯，也被列入旧惯之列。[②] 接着，日本学者运用近代大陆法系中的民法概念来说明这些台湾旧惯的法律规范的内涵[③]，调查会将台湾旧惯分别分为"不动产"、"人事"、"动产"、"商事及债权"4编，并就各个特定的法律关系，列出相关的权利义务的内容以及其得丧、变更的要件、效果等。经过这些整理和阐释，沿袭中国传统的台湾旧惯中加入了现代西方法律的概念和内涵，有学者称之为"台湾固有法的罗马化"[④]。尽管在此过程中难免有牵强套用之嫌，但调查会发现并收集了当时台湾社会中的普遍共识和通行的各类民事规则，并以"以欧洲大陆法系之眼光、整理研究中国法系之习惯"之风气，在学术上有很大贡献。[⑤]

　　在调查会看来，不论哪一种规则，只要尚普遍施行遵守的，都属旧惯。而在近代西方式的国家体制里，民间的习惯规范必须经由特定的机关依一定的程序予以承认，才具有正当性并获法律效力。在日据时期的台湾，这一认可程序是由总督府法院及相关行政官署来进行的。总督府法院在处理案件时，首先须解释说明审理的案件涉及台湾旧惯中的何种法律关系、关系人间权利义务如何，并据此作出裁决。众多台湾原有的旧惯，正是因为法院及行政机关的"认可适用"和"执行"而被确认为习惯法。

　　日据前期的所谓"依旧惯"，并不是完全原封不动地依旧惯行事，而是经改造和选择添加了许多西方化的内容。就同一民事事项而言，法院所认定的旧惯之内容可能和调查会所报告的内容不一致。因为调查会的目的在于发现旧惯，其报告只作为法院的参考，对法院没有约束力，至于能否被认定为法律上的旧惯，很大程度上由法院决定。如要考虑到被援引的旧惯是否违反公序良俗，虽然对公序良俗的判断标准应该以台湾地域为标准，但日本法官和官员不可避免地会受日本标准的影响，使得日据时期的习惯法在一定程度上有别于清治时期的习惯规范。甚至，日本法院的判官更经常地以日本民商法上相类似的法律关系来解释台湾旧惯的内容。经由这种解释，有些旧惯的实质内容也发生了改变。还有一些日

<hr />

　　① 参见王泰升：《日治时期的法律改革》，306页，台北，联经出版事业公司，1999。

　　② 参见上书，309页。

　　③ 参见［日］岗松参太郎：《大租权之法律上之性质》，载《台湾惯习记事》，第1卷第1号，1901，7、8页。

　　④ 王泰升：《日治时期的法律改革》，309页，台北，联经出版事业公司，1999。

　　⑤ 参见［日］井出季和太著，郭辉编译：《日据下之台政》，391页，台北，海峡学术出版社，2003。

本官员以"依法理为由",在个案中直接引用日本民商法中的规定。

此外,总督府法院也会通过作出一些法律解释,来改变既有的旧惯,如为解决有关台湾人刑事事项中亲属范围的规定,复审法院曾作出了"于刑罚适用上台湾人间亲属范围"的解释,这项解释中有些部分是与台湾旧惯背道而驰的:依照旧惯,招夫与前夫之子不发生继父子关系,但该解释却认定继父母与继子发生和亲生子间同一的亲属关系。这一解释既非依旧惯又非依日本民法典的规定,事实上已经超越了司法角色而接近"立法"活动。

2. 日据后期——以日式近代民商法律为主、台湾旧惯为辅

依旧惯适用法律是日本殖民统治者的权宜之计,而且总是依赖判例来明确旧惯的具体内容,显然不符合大陆法系的风格,因此,尽快制定法典就成为必然。为此,有两种意见:一种认为应以台湾的旧惯为基础制定一部特属于台湾的民商法典,因为为少数的日本内地人而破坏三百万台湾人的习惯是不适当的。[①] 而另一种则认为适用日本既有的民商法典即可。主持旧惯调查的岗松参太郎主张前一种方式,并从 1909 年至 1914 年完成了数种律令案:台湾民事令、台湾亲族相续令(含施行令)、台湾不动产登记令、台湾竞卖令、台湾非讼事件手续令、台湾人事诉讼手续令、台湾祭祀公业令、台湾合股令等。这些法案的内容,基本上是依照日本民商法典的编排体例,将原主要以判例形式存在的台湾民事习惯法予以法典化,同时也对旧惯的内容作了一定的修改,使其更加接近日本的西方式民法典。[②] 在讨论法案内容时,学者们大多支持沿用台湾旧惯,而司法部门的官僚们则主张引入日本的西方化法典。这是台湾历史上首次依据台湾本身的法社会事实,糅合近代西方法律概念及法学理论而制定出来的台湾民事法典草案。

然而,当 1914 年台湾方面将上述民事法典以律令方式送请日本政府批准时,却一直没有结果。1919 年,原有的殖民统治政策遭到批判,日本政府决定改行积极的同化政策,体现台湾本地特色的台湾民事法典于是搁置起来。

1922 年,敕令第 406 号规定日本的民法、商法、民事诉讼法、商法试行条例、家资分散法、民法施行法、人事诉讼手续法、非讼事件手续法、竞卖法、不动产登记法、商法施行法及若干民商事法律,自 1923 年 1 月 1 日起施行于台湾。此后的 1922 年第 407 号敕令,又针对上述施行于台湾的法律,设定了许多不适于台湾情形的特别规定:涉及台湾人的亲属继承事项,不适用日本民法亲属、继承两编的规定,而是依照旧惯。也就是说,只有涉及台湾人的财产法事项才依照日本民商法典,但身份法事项,仍依照类似判例法的台湾习惯法。

(二)土地法律关系的近代化

日据时期台湾近代民商事立法的进行过程中,土地法律关系的演变具有典型意义。因为当时的台湾仍是以传统农业为主,土地关系不仅直接影响着普通大众的生活,还关系到日本殖民者日后的税收和财政问题,所以日本殖民者在进行旧惯调查时,首先着手的也是这一领域。

---

①② 参见 [日] 岗松参太郎:《台湾之立法》,载《台法月报》,第 2 卷第 2 号,1908 - 02 - 03。

1. 旧惯上的土地关系及其权利化

(1) 从"业"到所有权

清末台湾有一种特殊的土地旧惯，即土地上的大小租户：原本占有大笔土地的垦户，将土地出租于佃户耕种，后来垦户由于养尊处优、疏于管理，逐渐丧失了对土地的实际控制能力，而佃户坐大后，再将土地转佃他人，形成一地二主的现象，称为大小租户。[①] 在实际运作中，小租户已经被认定为"业主"（地主），但小租户仍向大租户缴纳租役。为厘清这种混乱的土地关系，总督府采取了一系列步骤。

首先，日本人根据西方大陆法系上的所有权的概念，认定小租户对土地享有的利益为业主权，大租户享有大租权；并逐笔确定权利人，尤其是业主权的归属。据 1898 年发布的律令《台湾土地调查规则》，业主或典主必须检附证据书类向政府申报其持有之土地及附随的法律关系如大租或典，经地方调查委员查定后，将各该土地的业主权人登载于土地台账上，对查定不服者可申请高等土地调查委员会裁决。如果没有在规定的期限申报土地，则依土地调查规则，土地的业主权归国库。如果为了逃税而不申报，则有可能丧失土地。随着土地调查工作的完成，土地的业主权归属也明晰了。

其次，逐步改造大租权。随着一系列业主权的确立，日本在台殖民政府又开始了确定大租权的工作，1903 年，台湾总督以律令第 9 号公布了《关于大租权确定之件》。其第 1 条规定，这一律令先拟确定各笔土地上是否存在大租权人，如有则登记其姓名住所和租额，并规定：本规定实行后，不得设定大租权或增加其租额。台湾百余年来借民间习惯而发展起来的大租关系，至此已经宣告冻结。

1904 年，总督府又以律令第 6 号公布《关于大租权整理之件》，将已确定的大租权自同年 6 月 1 日起加以废止，并由政府发放大租补偿金给予被消灭的大租权的享有者。[②] 至此，原本附有大租义务的业主权人（小租户）就免除了义务，与未附有大租义务的业主权人一样，享有大陆法上所有权人的绝对排他性权利。原有的大小租关系是"一田两业主"、"一业主权人、一大租权人"，大租权被取消后就成了"一田一业主"，这就基本趋同于大陆法上"一地一所有权人"的原则。原有台湾旧惯的内涵也因此被改变。

再次，建立新型土地登记规则。日本治台当局于 1905 年，建立了一套关于土地（不含建筑物）私法上权利的登记法制（台湾人有关建物的私权登记法制，直到 1923 年 1 月 1 日适用日本民商法后才施行）。根据 1905 年的《台湾土地登记规则》（律令），关于已登录于土地台账上的土地的业主权、典权、胎权、赎耕权（指以耕作、畜牧与其他农业为目的的土地借贷，相当于佃权与永佃权）4 种权利，须登记于以记载土地法律关系为目的的土地登记簿上，上述 4 种之外的地基权或地的役权等则不必登记，不在该规则规范之内。最重要的是，于土地台账已登录的土地的这 4 种权利的设定、移转、变更、处分的限制或消灭除因继承或遗嘱而发生者外，非依本规则登记不发生效力；但是因继承或遗嘱而发生的，非经登记仍不得对抗第三人。此外，在该规则施行前已发生的佃权、胎权与赎耕权，须在

---

① 参见黄静嘉：《春帆楼下晚涛急——日本对台湾的殖民统治及其影响》，29 页，北京，商务印书馆，2003。

② 参见魏家弘：《台湾土地所有权概念的形成与经过——从业到所有权》，台湾大学法律研究所 1996 年硕士论文，155~159 页。

该规则施行日起一年内进行登记，否则不得对抗第三人。但该规则施行前已发生的业主权，不因未登记而致法律效力受到影响。但在施行后要进行处分时，仍需先进行登记。事实上，此前的总督府法院，原先依旧惯认为上述权利的得丧变更，以当事人之间的意思表示一致即为生效，无须任何手续即可对抗第三人。而该规则对土地台账已登录的业主权、佃权、胎权、赎耕权采"登记生效主义"，创设了旧惯所无的新内容。

据当时日本本土的不动产登记法的规定，不动产物权因法律行为变动时，仅需当事人意思表示即发生法律效力，无须以登记为生效要件。但办理登记后可对抗第三人，所以称为"登记对抗主义"，可见台湾的相关规定，较之日本本土，更强调私权登记的效力。因为依照台湾的登记生效主义，不但不得对抗第三人，而且无效。尤其是赎耕权中的佃权，性质上本不属于物权，却仍被要求登记。① 台湾当局为有效地在土地登记簿上显示出土地的法律关系，保障交易的迅速、安全进行，舍弃了法国式登记对抗主义，采纳了德国式登记生效主义。

总之，在1904年废除大租权后，业主权已被视同日本民法上的所有权。

（2）从赎佃关系到地上权、永佃权与租赁权

土地的业主（包括小租户）将其通常已垦成农田的土地及田寮等附属物交由佃人耕种，佃人则需交纳租役或租银给业主，从而形成赎佃关系。赎佃关系中的佃产生佃权，永佃则产生永佃权或赎耕权，赎地基关系产生地基权、赎耕权或永佃权，赎地关系产生赎耕权，各种权利的确切含义都由法院认定。

台湾旧惯上的土地权利原本并无存续期间，但日本统治当局却以律令予以限制，1900年律令第2号规定，"土地借贷的期间，赁贷不得超过20年，其他不得超过100年；如所定期间长于前项期间的，缩短为前项期间。"据此，原本没有期间限制的前述地基权、永佃权、赎耕权等权利都不得超过100年，而佃权的存续期间也不得超过20年，超过部分无效；这一期间自该律令施行后开始起算。② 原有旧惯的内容，经过改造后，进一步向大陆法系民事法规范靠拢。

（3）从典胎到质权、典权与抵押权

"典"制度渊源于中国，依照清治时期的台湾习惯，需要用钱的人，可将其土地本身或对土地可享有的某种利益（例如可收取大租），出典给另一位愿意支付一定金钱（即典价）以占有、使用、收益、该土地或利益之人（即典主或银主），而出典人则可以无息地使用该笔金钱，双方成立典关系。约定的典期届满，出佃人应以原典价赎回原交付于典主的土地或利益，但也可不赎回。如果出典人不赎回，典主通常无法变卖该出典的土地或利益，以收回原典价，只能继续维持原有关系。

而胎借则是依清治时期台湾习惯，借款人常向银主提出有价值之物作为如期还款的信用凭证。可作为胎借关系中的有价值之物的，大多是记载着出胎人取得土地、房屋或其上利益的契字，只有少数是土地或房屋本身。以契字为胎的客体时，承胎人对于契字上所载土地、房屋或相关利益，并不能向承典人那样直接占有、使用、收益，但要向承典人收取

---

① 参见临时台湾旧惯调查会编：《台湾私法》，卷一上，580页，台北，自刊，1910~1912。

② 参见［日］谷野格：《台湾新民事法》，15页，台北，台湾时报发行所，1923。

利息。若该借款届期不清偿，承胎人也不能变卖该契字所在的土地、房屋、利益来抵偿，只能继续占有契字，并以此迫使出胎人为了能取回契字以处分土地等（因契字是交易时的必要条件）而尽快返还借款本金及利息。

日据后，台湾总督府首先将习惯法中的典和胎认可为典权和胎权，1905 年的《台湾土地登记规则》以制定法的形式，改变了这两种权利的实质内涵。其第 2 条规定："具有经登记之典权或胎权者，就该提供债务担保的土地，得限于其他债权人受自己债权的清偿。竞卖法中关于质权的规定，准用于典权；关于抵当权的规定，准用于胎权。"这已实质地改造了台湾原有的典、胎习惯的内涵。依台湾旧惯，典主在出典期限届满后出典人不回赎的情况下，不能变卖出典的土地或利益以收回典价；而承胎权人，在接期届满未获清偿时，仅能继续持有土地的契字而不能变卖土地。所以，1905 年该规则生效后，典权和胎权的实质内容已接近近代大陆法系民法上的不动产质权、抵当权（抵押权），具备了一定的担保功能。

（4）从地役关系到地役权

台湾有约定某土地需提供给另一特定土地为一定的使用或给某一特定人为一定使用的习惯。在台湾习惯上，土地的业主或佃主可能通过约定，表示愿意将其土地提供给他人土地排水、引水、汲水或通行之便，甚至允诺在其土地上不至于栽种足以遮盖他人土地上坟墓的树木。日本人在确认这一权利时参考了日本民法中与其相近的地役权制度，称之为地的役权。该习惯法同样受 1900 年律令第 2 号关于期间不得超过 100 年的限制。

2. 近代民法上一系列不动产物权的确立

日本财产法自 1923 年以后适用于台湾人之间，因此，台湾人既有的关于不动产方面的权利都要转换成日本式大陆法系民法上的权利。依 1922 年敕令第 407 号《有关施行于台湾之法律的特例》第 6 条，在"依旧惯"时期所发生的权利，需自 1923 年 1 月 1 日起依下列各款规定适用有关日本民法之规定：（1）业主权，适用所有权的规定。（2）地基权与为拥有工作物或竹木之存续期间 20 年以上的赎耕权及其他永佃权。（例如存在于土地台账未登录地的永佃权），适用地上权的规定。（3）为耕作或畜牧之用且存续期间 20 年以上的赎耕权及其他永佃权，适用永小作权的规定。（4）典权及起耕胎权（起耕，表示约定该承胎人与承典人同样可占有使用、收益标的的土地），适用质权的规定。（5）胎权（除起耕胎权），适用抵当权的规定。（6）不该当于上述（2）、（3）两款（例如期限为 15 年）的赎耕权或其他永佃权及佃权利，适用赁借权的规定。

同时，关于不动产物权的变动，已由原来《台湾土地登记规则》中的登记生效主义，转变为日本民法上的登记对抗主义。此外，法律上另设有过渡性的办理物权登记的一年犹豫期间。也就是说原本未登记而仍生对抗第三人效力的地基权、土地台账登录地的非农业目的的佃权或永佃权（不属于土地登记规则所称的赎耕权），以及土地台账未登录地的业主权等各项旧惯上权利，自《有关施行于台湾之法律的特例》施行日起 1 年内，依规定登记为日本民法上各项物权；超过期限未登记的，丧失对抗第三人的效力。

再者，存续期间 20 年以上的赎耕权，如果没有按规定在一年期限里办理登记的，适用日本民法债篇有关赁借权的规定，需待办理登记后才能成为地上权或永小作权等物权。

从依用旧惯到适用日本民法上的法制转换，不是一蹴而就的，而是从日据初期就开始酝酿（尤其是关于土地台账已登记地），到此时则已彻底转化：

（1）业主权早在 1904 年就改造为近代大陆法上的所有权。（2）地基权虽至 1923 年才转化为日本民法上的地上权，但未限制存续期间的地基权，于 1900 年即被限制为不得超过 100 年。（3）佃权与永佃权（或合称为赎耕权），按照它们的存续期间是否在 20 年以上，划分为物权和债权两种。属于债权的，在 1900 年即有期间不超过 20 年的限制；属于物权的，再依权利创设的目的区分为地上权或永小作权；属于地上权者，在 1900 年已有存续期间不得超过 100 年的限制；属于永小作权的，其存续期间在 1900 年以后有不超过 100 年的限制，在 1923 年以后则有不超过 50 年的限制。（4）典权系在 1905 年被实质上改造为质权，且在 1923 年直接适用日本民法之后，被转化为质权之原本的典权及起耕胎权，即有日本民法上有关质权存续期间不得超过 10 年的限制。（5）胎权也在 1905 年被实质上改造为抵当权。（6）被日本人命名为地的役权的台湾旧惯上的法律关系，自 1923 年以后则可以适用日本民法上有关地役权的规定，办妥地役权登记后，即可取得旧惯时代所没有的对抗第三人的效力。（参见下表）

日据时期土地权利转化过程（1895—1945 年）①

台湾旧惯上权利	1900 年的转变	1905 年的转变	1923 年的转变
大租权	无	1904 年废止	无
小租权	无	业主权≈所有权，R	所有权，R
地基权	≤100 年	无	地上权，R
佃权	≤20 年	赎耕权，R	赁借权（≤20 年）
永佃权	≤100 年	赎耕权，R	地上权，R 或永小作权（≤50 年），R 或赁借权（≤20 年）
典权	无	典权≈质权，R	质权（≤10 年），R
胎权	无	胎权≈抵当权，R	抵当权，R
地的役权	≤100 年	无	地役权，R

说明：表中所谓"1905 年的转变"，仅指关于土地台账已登录地之旧惯上权利，且就佃权与永佃权，亦仅指以农业目的而设立并成为《台湾土地登记规则》上赎耕权者。"R"表示该项权利须经登记始发生法律上效力（1905—1922 年）或始可对抗第三人（1922—1945 年）。

日本治台当局用了差不多 25 年的时间（1898—1922 年），逐步地将台湾的土地法律关系从传统中国式的，过渡到近代大陆式的；接着，又用了 22 年的时间（1923—1945 年），在台湾推行这些大陆法系的民事法律制度。因为日据当时绝大多数台湾人都是佃农或地主，所以都不可避免地受到这一变革的影响，其意义不可谓不深远。

（三）合同法律关系的近代化

清治时期台湾的民间习惯存在着许多有关交易活动的规范。清朝官方的律例对于交易活动所产生的债主与欠债人之间的法律关系，很少加以规范。由于台湾历史上的经贸往来向来发达，民间频繁的交易活动中发展出许多习惯规范。不论是债的发生、担保、让渡、

---

① 参见王泰升：《日治时期的法律改革》，335 页，台北，联经出版事业公司，1999。

消灭，或是利息的计算、支付，乃至于各种交易类型，例如赠送、买卖、交换、借、来往交关（交互计算的意思）、税、寄、倩（即雇佣）、包（有时称"定作"，即承揽）、倩运送、调处、交代（即委任）、仲、行（即行纪）、会（即合会）等法律关系，依台湾民间规则，都有一定的规则。① 但当时民事习惯规范的执行并没有强有力的保障，债主所能采取的救济方法也十分有限。②

经日据时期对台湾旧惯的改造，台湾人已逐渐习惯于大陆法上有关一般交易活动的法律规范。日本统治当局于律令民法时代，已将上述有关交易的台湾旧惯的内容加以权利化之后，适用于台湾人的民商事项，而债权人为了能够获取法院的强制力，也接受并吸收了西方法内涵的"台湾旧惯法"。而且由于日本人主宰了台湾岛的经济活动，台湾商人在岛内接触日本人时，也难免会受到日本民商法的影响。在 20 世纪 20 年代初，台湾总督府向日本中央政府表示：台湾人就民事事项虽是依旧惯，但是基于旧惯原因而发生的债权，如赠与、买卖、消费借贷等，大致上已准照日本民法对这类关系所作的规定。③ 这在很大程度上是因为，债法涉及的对等利益关系较为单纯，较少涉及种族固有的伦理价值观，是较容易改变的领域。而台湾人固有的关于交易活动的习惯规范，就实质内容而言，原本就跟大陆法系民法上的相关规范相差不大。

（四）商事法的近代化

日本在继受近代西方法之初，曾在 19 世纪 90 年代初期搁置大陆法系民商法典的实施，但是有关公司、票据、破产的法律规定，却例外地先行实施以应急需。④ 显然，这些法对于发展台湾资本主义经济是至关重要的。同理，日本殖民者在完整的民商法典实施之前，先在台湾颁布了公司律（1903 年）及破产律（1906 年）。⑤

1. 近代公司法的确立

台湾人旧惯里的企业组织形式有一特色形式即合股，合股是指数人出资以经营特定事业为目的的一种契约。通常要制作"合股字"（契约书）以记载目的事业、店号、各股东姓名、资本总额、经各股东署名捺印，并由当事（或称家长）运用股东出资所组成的合股财产，于一定处所对外营业。⑥ 台湾被日本统治之后，某些台湾人的合股企业尤其是制造业或土地开垦领域的企业，在组织及运作上已受到日本近代公司法的影响，例如以会社称呼合股企业或合股内设有"株主总会"的机制。这些新式合股，早已超越传统上有关合股的习惯内涵，订有许多仿效自会社的条款，又不是依日本商法设立的，因而区别于公司。⑦

日本商法中的"会社"，属于法人组织，但台湾旧惯中的合股企业，却没有法人资格。合股财产属于合股成员（股东）分别共有，"当事"代表所有的各股股东而非代表某一个合

---

① 参见临时台湾旧惯调查会编：《台湾私法》，卷三上，281～517 页，台北，自刊，1909～1911。
② 参见上书，323、324 页。
③ 参见王泰升：《日治时期的法律改革》，339 页，台北，联经出版事业公司，1999。
④ See Ryosuke Ishii, ed., *Japanese Legislation in the Meiji Era*, trans. by William J. ChamblissJ, Tokyo, 1958，p. 596.
⑤ 参见杨鸿烈：《中国法律发达史》（下册），899～900 页，上海，上海书店，1990。
⑥ 参见总督府复审法院编：《复审法院判例全集》，292～293 页，台北，自刊，1920。
⑦ 参见临时台湾旧惯调查会编：《台湾私法》，卷三上，255～256 页，台北，自刊，1909～1911。

股企业，所以合股企业在诉讼时必须以全体股东为诉讼当事人。不过，合股组织仍具有浓厚的人合性质，股东个人对于整个合股企业的发展的影响较大。依合股习惯法，股东要转让和股股份时，必须得到全体股东的同意①，而且合股债务需由股东负连带责任。

台湾总督府法院经常依据日本民商法上的合伙概念来解释合股中的法律关系，实际上二者并不相同：合股的股东必须对合股债务负连带责任，合伙人并不一定要对合伙债务负连带责任；合股股东死亡时，由其继承人承受合股的股东资格，但合伙人死亡时，则要退伙，合伙关系消灭。

日据前期，依照律令，只要民商事事项涉及一个日本人，就必须适用日本民商法而非台湾习惯法，所以，台湾人往往引进一位日本人到企业组织内，准据日本商法成立西式公司。为此法院的判官总会决议会也表示：台湾人与日本人以日本商法设立合名会社，如以后日本人全部退社，则法人资格也随之消失。②而纯由台湾人组成的习惯法上合股企业，则远非日本法上的公司，所以，不准在其名称中使用"会社"字样。③

1923年以后，即便是清一色由台湾人组成的企业，也可以选择采用西方式的公司或类似合股的合伙，但合股习惯法已经不再为殖民当局所承认，而在法律上被认定为日本民法上的合伙组织，按合伙组织的相关规定处理。

由于公司在法律上有法人资格，企业经营者可直接代表公司对外为商业交易行为，其股东也享有有限责任，因而大大刺激了台湾人设立公司的积极性。但台湾人并没有完全舍弃合股的习惯，在合伙或公司的组织形态和运作过程中，仍不免要出现合股的一些影子，也即以公司或合伙之名行合股之实。④至今，台湾公司中在运作中仍不免拿合股的某些规范为指导，可见习惯势力的强大。

1940年，日本颁布的专为中小企业制定的《有限会社法》施行于台湾，台湾统治当局以特例敕令规定台湾人组设的有限会社，若因继承而造成社员人数增加时，可超过原本法定的50人的限制，但如超过100名且于一年内未自动减至100名以内，除有特别事由经法院批准外，必须解散。⑤这项特例规定表明日本当局不但预见到台湾人可能组设这类公司，而且顾虑到台湾人与日本不同的诸子继承制度，规定了相应的法律措施。

2. 近代破产法的确立

台湾民间有所谓"倒号"的机制。在清治时期，当商人发生资金周转失灵时，通常由该商人自己或其债主召开债主会议，会中该商人必须向债主们说明周转失灵的原因，并可请求延长付款期限或仅偿还一部分债务。若债主们不同意其请求，或虽同意但之后该商人未依约履行，债主们可能就会决议倒号，由债主们共同管理、处分该商号的财产，以便将这些倒号财产变卖后，依债额比例清偿给债主。但倒号商人仍未偿还的那部分债务，将随

---

① 参见［日］茝齿松平：《祭祀公业与台湾特殊法律之研究》，339～341页，台北，众文图书股份有限公司，1991。

② 参见王泰升：《日治时期的法律改革》，343页，台北，联经出版事业公司，1999。

③ 参见明治45年（1912年）府令第16号。限制台湾人组设公司的法律依据，是律令民法而不是该府令。

④ 参见王泰升：《台湾企业组织法之初探与省思——以合股之变迁为中心》，载《商法专论》，91页，台北，月旦出版社，1995。

⑤ 参见黄静嘉：《日据时期之台湾殖民地法制与殖民统治》，108～109页，台北，自刊，1960。

着倒号的结束而消灭。①

日本西方式的《破产法》自 1923 年起适用于台湾人。与传统的倒号相比，西式的破产程序由法院主导，法院在进行破产程序所支出的必要费用，也从破产财产中扣除，其数额越多，破产债权人实际上可分得的金额就越少。由于破产财产变价后的总值直接关系到债权人的受偿程度，所以债权人宁可相信自己的管理和处分能力，而不喜欢依法院的程序进行查封和拍卖。对债务人而言，并无优越之处，因此，在日据时期，台湾人很少利用法院破产程序，而较多适用原有的倒号程序。

（五）日本近代民法对台湾身份法的影响

日据 50 年间，台湾在亲属、继承事项上一直规定依旧惯或习惯处理，所以，一般认为日本法对台湾这一领域的影响不大。由于日本当时的身份法中封建传统和近代理念同时并存，因而其对台湾身份法的影响可以说是积极与消极因素并存。

1. 家制

（1）日本法上户主概念的借用

依照台湾的旧惯，一家中的领导者包括家长及尊长。家长是为适应共同生活的需要而设立的，对内处理家务、对外代表家与官员或其他人家往来的人。尊长则是基于伦理观念而生，是年龄较大和辈分较高者，尊长有监督、保护家族中卑幼者的义务。通常，家长由家中最尊长的男性担任。但也并不完全如此。②

1906 年的《台湾户口规则》，首次把日本法上特有的"户主"概念引入台湾社会。依日本民法，户主有权同意户内成员的进入或离去，或强制某成员离户，或同意户内成员的婚姻或收养，或允许户内成员创立新户，等等。③该项户口规则为行政法，并不能直接规范有关亲属、继承的民事事项，但台湾总督府法院却仍然将"户主"概念导入有关身份事项的民事习惯法当中。

依照台湾人的旧有习惯，父母基于其尊长权，可将其子逐出家门，断决亲子关系。法院在判决理由中认为这是户主行使"户主权"④。接着在 1920 年的另一判决中写道，"本岛户主系一位称为家长或家主且主宰一家的人"，而且是"一家中之最尊族亲且最年长者（称为尊长），不问是否为先祖的嫡子或庶子，以之做为户主即家长"⑤。可见，台湾旧惯上的家长权与尊长权已被归于同一人，即户主。

1923 年之后，台湾虽然没有延长适用日本的亲属、继承篇，但由于户口规则的长期实施，户主的概念已经深入人心。一位专门研究台湾身份法的日籍判官曾在 1938 年表示，"于今除少数例外，本岛人关于家的习惯，大体上不妨准据（日本）亲属法所定的法则及依

---

① 参见临时台湾旧惯调查会编：《台湾私法》，卷三下，431～450 页，台北，自刊，1909—1911。
② 参见临时台湾旧惯调查会编：《台湾私法》，卷二下，179～182、211～227 页，台北，自刊，1909～1911。
③ 参见万年宜重编：《民法对照台湾人事公业惯习研究》，104 页，台北，台湾月报发行所，1931；参照 1898 年日本民法第 735～736、741、743 条。
④ 总督府复审法院编：《复审法院判例全集》，422 页，控 202 号，台北，自刊，1920。
⑤ 总督府高等法院编：《高等法院判例全集》，116～118 页，上民 92 号判决，台北，自刊，1921～1941。

从日本户籍法的精神而为断定"①。

但事实上，台湾民事习惯法中的户主权，与日本民法中的户主权仍有所不同，最主要的差异在于财产继承方面：台湾人因户主死亡而发生的户主继承，并不能像日本人户主那样单独继承原户主的财产，而须与其兄弟共同继承。② 而且，台湾民事习惯法中的户主究竟享有什么样内容的权利，不像日本民法上户主权有明文规定。从内容看，日据时期台湾人户主依法所拥有的户主权，深受传统中国文化中家长权的影响，实际是两者的掺和适用而已。

（2）分家

在台湾人的概念里，家是一个共同生活的经济性团体，它也是一个以家产作为家的成立和维持的生产和消费的单位。在一个由父母、未婚子女、已婚儿子与儿媳及其子女等所组成的家里，所有的成员的劳动所得原则上归入家产中，由家长管理和支配。日后，除一部分提供女儿的嫁妆外，将分配给由儿子所组成的各房即他们各自建立的新家，新家的建立也就是分家。家是否分立，主要是看属于各方的家属，是否完全从原来的共同生活团体分离出来而形成独立的生活团体。即如果分割了家产且已分居，则分家成立。但是，依据清治时期的官府律典和民间习惯，当父母仍在世时，不准分割家产和分居，除非已得到父母的同意。在清治台湾社会，一直未分家而由家长统率数代同堂同财共居的情形，并不多见。③

在日据前期，台湾总督府法院基本维持了父母在世时不得分家的原则。④ 1909 年的一项判决认为，如果在事实上已经分割家庭共有财产，就认定为已经分家且分居了⑤，并不因未办理户口本上分户的行政法上的手续而影响其效力。⑥ 到了 20 世纪 20 年代，有判决认定，如果儿子在父亲仍在世时已经依协议别籍异财，创设新家的，该子不得继承原来的家产及父亲的其他权利、义务。日据晚期，在民事法上，台湾人的家是否分立，主要取决于户主的同意，而不再是分割家产和分居的事实。这与清治时期分家需得到父母的同意没有大的差别。

总体而言，近代西方式身份法并未影响日治时期台湾人的家制。尊长卑幼间的服从关系、男尊女卑等观念，原已普遍存在于台湾人有关家制的旧惯内，其实质内容与日本以户主权为核心的家制十分相似；台湾总督府法院所作的，只不过是借用日本亲属法上的概念形式，维持台湾人传统的家制实质而已。

2. 婚姻与收养制度

日据时期的法官，一方面，继续维持台湾人的旧有习惯；另一方面，在有些方面也会改变旧惯的内容。

---

① 王泰升：《日治时期的法律改革》，352 页，台北，联经出版事业公司，1999。
② 参见上书，353 页。
③ 参见临时台湾旧惯调查会编：《台湾私法》，卷二下，201～205 页，台北，自刊，1909—1911。
④ 参见总督府复审法院编：《复审法院判例全集》，276～277 页，明治 38 年（1905 年）控 294 号判决、明治 41 年（1908 年）控 544 号判决，台北，自刊，1920。
⑤ 参见上书，323 页，明治 42 年（1909 年）控 371 号判决。
⑥ 参见上书，242 页，大正 4 年（1915 年）控 577 号判决。

（1）婚姻成立的要件

依台湾旧惯，婚姻乃媒妁之言、父母之命，某项婚姻是否缔结，取决于双方父母的意愿。1908 年台湾总督府法院判称："依据旧惯，婚姻或离婚非仅依当事人之意思即可成立，尚须遵从尊亲属之意思。"① 但到了 1919 年，法院认为：婚姻之预约与一般契约同样需本于当事人意思之合致，故向来传统中国法所承认的尊亲属为无意思能力的卑亲属幼者或不理会有意思能力之卑亲属的意思所为的婚约，由于与该项法律观念背道而驰而不生效。② 显然，这里是将两个人作为婚姻当事人而不是台湾旧惯上的两个家庭作为当事人。

在台湾人的习惯里，聘礼的交付也是婚姻能否缔结的一项重要因素。某男子在娶妻时，要交付一笔聘金给女方，使得婚姻有一定的买卖性质。台湾总督府法院对此采取有限度的承认的立场。他们认为，台湾人习惯于在缔结婚姻或纳妾时收受聘金，这虽然不应鼓励，但可视为婚姻或纳妾时的礼仪，如果把这当作人身买卖的价金是不合适（妥当）的。③ 曾有当事人约定：将聘金的一部分保留到婚姻后支付，如不支付就予以离婚。这样的条款被当时的法院认为"违反公共秩序和善良风俗"，最终被宣告无效。④ 那些将妇女当作金钱交易的客体的"买断出嫁"、"女子的典胎"、"妻的赠与或买卖"等习惯，也被法院以人身买卖有违公序良俗而认定无效。

（2）婚姻的种类

台湾旧惯中有三种特殊的婚姻形式：招入婚、童养媳及妾。

招入婚是指为养老或生计，或为获得男性子嗣以继嗣，或为了将疼爱的家女留在身边，女方家庭可能会以婚姻的方式将男子招入家中。招入初婚女子家庭的，称为招婿；招入寡妇家庭的，称为招夫。不论哪种情况，男子都无须改姓，也不得继承女家的财产（但招夫或招婿所生之子可以继承招家财产）。从形式上看，台湾人的招夫或招婿，与日本的"婿养子"和"入夫婚姻"十分相似，但实质却大不相同。婿养子不仅是女婿还是养子，所以有继承妻家财产的权利；而入夫婚姻里，入夫成为妻家的户主，享有优越的户主权。⑤

依台湾人的旧惯，为了节省大笔的聘金，一些人家收养年幼的女子到家中，待到适婚年龄，与自己的儿子结婚。总督府法院承认这种童养媳关系，而且认为，如果未来的丈夫还没有结婚就死亡的，童养媳不得以此为由要求离户，但夫家却可以将其转由其他人家收养。⑥ 法院曾在 1931 年认可，原定要和童养媳结婚的男子如果拒绝这一婚姻而与其他女子

① 总督府复审法院编：《复审法院判例全集》，243 页，明治 40 年（1907 年）控 228 号、明治 41 年（1908年），台北，自刊，1920。

② 参见大正 8 年（1919 年）控民 332 号判决。转引自［日］谷野格：《台湾新民事法》，80 页，台北，台湾时报发行所，1923。

③ 参见大正 13 年（1924 年）控民 356 号判决。转引自［日］万年宜重：《民法对照台湾人事公业惯习研究》，39 页，台北，台湾月报发行所，1931。

④ 参见大正 5 年（1916 年）控民 473 号判决、明治 43 年（1910 年）控民 50 号判决、明治 42 年（1909 年）控 567 号判决。转引自［日］谷野格：《台湾新民事法》，105 页，台北，台湾时报发行所，1923。

⑤ 参见临时台湾旧惯调查会编：《台湾私法》，卷二下，387～395 页，台北，自刊，1909～1911。

⑥ 参见总督府复审法院编：《复审法院判例全集》，259 页，大正年（1913 年）控 765 号、大正 4 年（1915年）控 354 号判决，台北，自刊，1920。

结婚，则原有的童养媳关系可以解除。①

关于妾，1906 年法院在判例中认为："妾在本岛系一般公认的身份关系，不得谓其违背善良风俗。"② 但是自 1922 年起，对妾这一习惯作了一定的修改：习惯上丈夫休妾非常容易，几乎没有任何限制，反之，妾却没有任何权利离开丈夫。基于这一习惯无视妾的人格和自由，违反公序良俗，所以从法理上讲应当认定妾享有与夫同等的离开对方的权利。③

（3）离婚

在清治时期的习惯中，妻子几乎没有单方面提出离婚的权利。形式上虽然有离婚协议的存在，但实际上都要经过双方尊长的同意。离婚时，女方还要将原收取的聘金全部或部分返还。④

日据时期的台湾总督府法院基本按照台湾旧惯的规定认可有关离婚方面的习惯，如 1908 年的判决认为，协议离婚不仅要基于夫妻双方意思，还要遵从双方尊亲属的意思⑤，但也否定了许多不利于女方的旧惯：1917 年在有关离婚后返还聘金的判决中，法院否定了男方要求返还聘金的请求权，认为依照旧惯男方可以任意与妻妾离婚，不仅如此还要求女方返还聘金，这无异于将婚姻当成买卖而聘金则成为身价金，所以不得因为离婚而要求返还定金。⑥ 其实，早在 1916 年，法院就曾判称"单纯地以是否支付金钱作为条件的离婚约定，违反公共秩序善良风俗"，表达了对旧惯上买卖婚性质的否定态度。

需要关注的是，日据时期台湾的妇女，可以基于特定事由，依照其自主的意愿，向法院请求裁判解除因丈夫不忠或有过错情况下的婚姻关系。而这种裁判（诉讼）离婚请求权，是旧惯所没有的。日据时期的台湾法官认为，妻子是具有人格的权利、义务主体，所以驱逐、卖妻、以亲属协议革逐寡妻等旧惯上的习俗都应予以否定。法院认为如果丈夫存在不名誉之罪、拒绝与妻同居或有正妻仍与他人结婚同居等事由，可依法判决解除婚姻关系。⑦ 这样一来，法院裁判离婚的事由就与日本近代民法上的规定大体相同了。

台湾旧惯中也有婚姻无效的规则，法院所承认的事由通常有：当事人间没有婚姻的合意。此时任何利害关系人都可申请婚姻无效的确认之诉。但台湾旧惯中没有撤销的概念，日据日期的法院于是将日本民法上的婚姻撤销制度视为法理引入台湾。⑧

---

① 参见总督府高等法院编：《高等法院判例全集》，354 页，昭和 5 年（930 年）上民 254 号、昭和 6 年（1913 年）3 月 11 日判决，1921～1941。

② 总督府复审法院编：《复审法院判例全集》，250 页，明治 39 年（1906 年）控 294 号判决，台北，自刊，1920。

③ 参见大正年 11 年（1922 年）控民 774 号判决。转引自［日］万年宜重：《民法对照台湾人事公业惯习研究》，64 页，台北，台湾月报发行所。1931。

④ 参见临时台湾旧惯调查会编：《台湾私法》，卷二下，370～384 页，台北，自刊，1909～1911。

⑤ 参见总督府高等法院编：《高等法院判例全集》，354 页，昭和 5 年（1930 年）上民 254 号、昭和 6 年（1913 年）3 月 11 日判决，1921～1941。

⑥ 参见总督府复审法院编：《复审法院判例全集》，249 页，大正 6 年（1917 年）控 90 号判决，台北，自刊，1920。

⑦ 转引自［日］万年宜重：《民法对照台湾人事公业惯习研究》，50～51 页，台北，台湾月报发行所。1931。

⑧ 参见"法务部"：《台湾民事习惯调查报告》，81 页，台北，法务通讯杂志社，1992。

（4）收养

台湾人依旧惯经常为了继嗣、增加劳动力等原因而收养男子，被收养的男子不一定要与收养人家同姓同宗，一般分为仍未与亲生父母家断绝关系的"过房子"和已跟亲生父母家断绝关系的"螟蛉子"。实际中属于异姓养子的"螟蛉子"较多，而且养家通常要向养子生父母家交付"身价银"，以弥补对方的损失。此外，也有收养养女的情况。

台湾总督府法院对于当时台湾社会现存的收养关系，并非完全不加干预。1920 年法院明确表示：于本岛非因买断出家而与生家断绝亲族关系之习惯，为人身买卖之遗风，违反善良风俗，难认其有效。① 在 1929 年的某案中，法院承认台湾人间收养关系的成立，只需要生父与养父之间的合意即可；同时认为：随着时代的发展和进步，旧惯应当有所改变；收养应当是养父母与养子之间的契约，若养子年龄未满 15 岁，则由其本生父母代养子为收养的承诺。② 可见法院对台湾人收养习惯法的改变。

3. 继承制度

台湾人旧惯中财产继承的基本原则，一直为日本殖民当局所认可和维持。不同于日本由户主单独继承家产的习惯，台湾人是由诸子共同继承家产。总督府法院虽然把日本的户主继承观念导入了台湾人的民事法当中，但始终未改变台湾人的家产由诸子继承的民事习惯法原则。

依照台湾旧惯，一般情况下，女子无权继承其父亲的遗产，这在一定意义上考虑到女子在出嫁时要获得的嫁妆，这就相当于从家中取走了应得的一部分家产。总督府法院判认女子仅在别无男子且其他亲属无异议的情况下，才能继承父亲的遗产。③ 台湾的继承旧惯虽然仍具有封建时代男女不平等的特点，但至少各个男子间能平等继承家父遗产，较之日本的户主单独继承有一定的进步性。

台湾人继承领域里的民事习惯法，也在一定程度上受到了近代法的一些影响。总督府法院在处理这类案件时，仍可能以法理为名，将日本民法内仿效西方的继承规定纳入台湾人的民事法当中。例如日本民法规定对继承可作出"限定承认"——继承人只在所继承财产的限度内承认被继承人的债务，也可作出"继承的抛弃"——继承人表示既不继承财产也不继承债务。显然这种近代大陆法系的民法制度与"父债子还"的台湾旧惯是不同的。1936 年总督府法院以判官联合总会议决议形式，认定该两项制度应作为法理适用于台湾人的案件。④

实际上，法院依近代民法内涵所作的身份法的判决，对于社会现实的影响较为有限。因为要想在短期内改变这些习惯，十分困难。如早在 1917 年，法院即判认旧惯上所谓"媒"（即女婢）的约定，违反公序良俗应无效。⑤ 但这一习惯，并未因法院的判决而从社会

① 参见总督府高等法院编：《高等法院判例全集》，241～242 页，大正 9 年（1920 年）控民 473 号判决，1921～1941。

② 参见上书，322 页，昭和 4 年（1929 年）上民 81 号判决。

③ 参见上书，103 页，大正 11 年（1922 年）上民 71 号判决。

④ 参见［日］苫劳松平：《祭祀公业与台湾特殊法律之研究》，424 页，台北，众文图片股份有限公司，1991。

⑤ 参见总督府复审法院编：《复审法院判例全集》，大正 6 年（1917 年）控 557 号判决，台北，自刊，1920。

中立即消失。此外，民事法律纷争实行不告不理的原则，使得为数众多的纠纷并未交由法院审理，也限制了司法活动对人们的行为和生活方式的影响。

日据时期，虽然官方法律允许人们通过法院裁判离婚，但1930年的数字显示，当事人合意离婚的有4 237例，经裁判离婚的有53例；1940年，合意离婚案有3 186例，裁判离婚案只有61例。因此，法律上承认女子有裁判离婚请求权的实际社会效果，并不明显。毕竟当时台湾人身份法的西方化程度十分有限，整个社会对近代西方法的认可程度更低。如1922年以后虽承认且赋予了妾任意离去丈夫的权利，但统计数字却表明台湾在1930年以后，妾的数量没有减少反而增多。据统计，妾的比率在20世纪前30年都是1%，但到了20世纪40年代，则升到1.7%，1943年更升到2.1%。[①]

日据台湾民商事法制的近代化过程经历了两个主要阶段：日据前期主要依台湾旧惯，日据后期日本近代民商法开始大量实施于台湾。台湾有关土地法律关系的演变，非常典型地说明了民事财产法西方化的历程。前期施行旧惯的过程中，日本法对台湾旧惯并不是毫无作为，相反，日本当局包括学者和法律职业者们在内，通过各种方式，进行了积极的努力，使得旧惯在实质上已经不同于台湾清治时期存在的民间习惯，而更加接近近代西方的法制。旧惯经由他们的重新诠释，被赋予了西方的权利内涵，而后经过总督府颁布律令的改造和总督府法院法官的审判实务的修改，最终到1922年时，已经基本具备了实施近代西方民商法制的基础。因此，1923年以后，原为日本社会设计的近代日本民事法典，除亲属、继承编外，开始施行于台湾。至此，在官方法的层面上，台湾人的民事事项已大多依照来自西方的大陆法系的民法规定。

在商事领域，虽然在19世纪末割台时台湾的商业已经有了初步的发展，而且商事规则本身也较易移植，但直到1922年日本商法才施行于台湾。在此之前，依旧惯，只有日本人及中国人以外的外国人，才适用日本商法。这样的策略，当然有抑制台湾民族资本的发展的考量。日据50年，近代西式的票据法和会社法（公司）都在台湾得到了广泛的实施，但近代的破产程序却很少实施。

与财产法相比，台湾人关于亲属、继承的身份法受到西方法的影响非常有限。基于公共秩序、善良风俗的要求，台湾总督府法院将一些有关台湾人的身份法事项的固有习惯判定为无效；同时，法院也会以法理为由，将日本民法中西式身份法的规定适用于台湾民众的案件。但总的来说，台湾当时的身份法有着较为保守的封建性，体现了日本人在这一领域里的审慎策略。

总之，日据时期台湾民商事法制的近代化是在日本殖民者主导下进行的，受到了日本近代民商法的强烈影响。相关旧惯的阐释者及律令的发布者、运用者、改造者都是接受了近代日本法律文化的日本人，他们所参酌的依据、秉持的理念也是近代日本式的，最终，他们在台湾全面实施的也仍然是日本本土的民商法律制度。同时，考虑到台湾社会的自身传统和特点以及维持统治秩序的需要，日本殖民者在身份法等领域里较大程度地维持了旧有习惯。

---

① 参见台湾省行政长官公署：《台湾省五十一年来统计提要》，199、216页，台北，自刊，1946。

三、日本近代法律文化对台湾诉讼法的影响

（一）日式近代民事诉讼制度的确立

1. 台湾近代民事诉讼制度的发展

（1）日本据台初期

日本据台伊始，原本准备实行民政，暂由地方行政官兼管一般司法事务。1895 年 6 月 18 日制定《台湾总督府暂行条例》以及同年 6 月 28 日颁布《地方官暂行官制》都体现了这一设想，但事实上，由于台湾民众激烈的武装抗日，《地方官暂行官制》仅在台北县、澎湖岛厅设立后就被废止。[①] 所以上述计划未能真正推行。当时也尚未制定民刑事实体法和程序法。因此，在军政实施之前，"一般司法事务由何机构、以何种程序、以何种法律予以处理，实属不明。故均以一时权宜，临时应变而为裁判而已"[②]。

（2）军政时期

日本自 1895 年 8 月 6 日起在台湾实施军政，至次年 3 月底止，历时 8 个月。据同年 11 月 20 日颁布的《台湾总督府法院职制》及《台湾住民民事诉讼令》，台湾总督府法院及其分院，负责审理台湾岛、澎湖列岛及附属岛屿住民的民事诉讼。台湾本岛人（及"清国人"）民事案件适用现行之例，由主任审判官依地方习惯及法理独任审判，且实行一审终审。原、被告应亲自诉讼，但经审判官的许可，可由亲属或受雇人作为其代理人或辅佐人。审判官有权传证人、参考人、鉴定人，实施勘验，扣押物件，发停止令。依债权人的申请，判决送交宪兵军士、上等兵、警部或巡警予以执行。[③]

（3）民政时期

民政之初，民事案件仍由军政时期的法院，依《台湾总督府法院职制》及《台湾住民民事诉讼令》处理，到 1896 年 7 月 15 日，才依照同年律令《台湾总督府法院条例》，改由新法院掌管，但其诉讼程序大致仍依照台湾当时的旧惯。由于现行之例因地而异，台湾各地法院没有统一的案件处理程序，于是总督府于 1898 年以律令第 8 号《关于民事商事及刑事之律令》规定，民商事案件，依照日本民法、商法、民事诉讼法及其附属法律（民法施行法、商法施行条例、人事诉讼手续法、非讼事件手续法及竞卖法）处理。但对仅以台湾本岛人及"清国人"为关系人的民事诉讼，又特设例外。这种区别对待实际上仍然很不方便。所以到明治三十二年（1899 年）则以律令第 8 号，原则上废止其例外，"依用"日本民事诉讼法（1890 年旧民事诉讼法）及其附属法律。[④]

1905 年，为加强法官在程序上的职权，促进诉讼程序的简易、迅速，台湾总督府以律令第 9 号颁布《民事诉讼特别程序》，作为对日本旧民事诉讼法（1890 年）的特别规定。其内容较为进步，后来为日本新民事诉讼法所采纳。

---

① 参见台湾省文献委员会：《台湾近代史》（政治篇），267 页，南投，自刊，1995。
② 黄纯青、林熊祥主修：《台湾省通志稿》，卷三·政事志司法篇，第 2 册，3 页，台北，成文出版有限公司影印，1960。
③ 参见上书，4 页。
④ 参见上书，9 页。

1908 年为区别民商事与刑事法制,台湾总督府分别公布《台湾刑事令》与《台湾民事令》,同时废止《关于民事商事及刑事之律令》、《关于民事商事及刑事之律令施行规则》及明治三十二年(1899 年)律令第 8 号关于例外的废止规定。

民政后期,基于日本内地延长政策的要求,自 1923 年 1 月 1 日起,日本民事程序法中的民事诉讼法、民事诉讼费用法、民事诉讼用印纸税法、商事非讼事件印纸税法、人事诉讼手续法、非讼事件手续法、竞卖法、破产法、破产和解法等法律开始直接施行于台湾。自 1923 年 1 月 1 日起至日本新民事诉讼法施行为止,台湾的民事诉讼原则上依据日本旧民事诉讼法的规定,在此期间,其诉讼程序上之技术则稍见退步。① 1926 年,日本新民事诉讼法颁布,1929 年 10 月 1 日,台湾与日本内地同步实施该法,上述民事诉讼法律一直实施至 1945 年。

2. 独特的民事诉讼调停制度

虽然日本民事诉讼制度在 1923 年以后延长施行于台湾,使得"台湾享有与日本同等的近代性",但台湾作为日本的殖民区域,有着政治、军事上的特殊意义。配合其统治策略,其诉讼制度也体现出独有特性,民事诉讼调停制度就是这一时期台湾特有的民事纠纷解决制度。

日据时期除台北有一座高等法院以外,尚有 6 所地方法院、两所分院(原称支部),司法资源非常有限。为节省统治成本,在实践中逐渐发展起了民事诉讼调停制度,即由地方行政长官办理民事纠纷调解及执行事务,其实质与现行民事诉讼程序中的和解十分相似。事实上,总督府早在 1897 年开始就沿袭清治时期的旧制,承认地方官可对民事纠纷进行调解。到 1904 年,考虑到边远地区交通不便,难以直接向法院提起诉讼,同时也为了减少法院负担,更加简便、经济地解决纠纷,总督府发布了《厅长处理民事争诉调停之件》的律令,规定任何民事纠纷,不受金额的限制,都可调解,各州厅设调停课,由专任调停课长负责民事纠纷的调解,一旦调停成功,就不得再向法院起诉;各州厅地方官同时也负责调停案件的执行,可以直接进行民事强制执行。1912 年,这一制度进一步扩展到全台湾。这一制度由于较之法院民事诉讼程序简易、迅速而且费用低廉,为当事人所普遍接受。据统计,自民国二十六年(1937 年)起至民国三十年(1941 年)止,5 年间计受理民事调停案件数每年平均 7 114 件,几乎接近于同时期法院民事诉讼第一审受理件数年均 8 332 件②,所以日据时期,法院虽少,仍能绰绰有余地处理民刑事案件。

民事争讼调停制度是台湾本土发展起来的一项民事纠纷解决制度,日本于 1910 年吞并朝鲜后,也推行相似的制度,但仅限于金额较少及某些特定的案件。至于日本,虽有这一制度,但却是裁判所内法官主持下的调停,其实质属于诉讼调解,非行政机关主导下的调停。民事诉讼调停制度虽然在当时的台湾为民众所信赖并广泛运用,但也有不少有识之士,基于以下理由,并非完全予以赞同及支持。

(1)虽然各地方行政机关内专设调停课,置专任课长,但调停事务毕竟是由缺乏法律

---

① 参见黄纯青、林熊祥主修:《台湾省通志稿》,卷三·政事志司法篇,第 2 册,10 页,台北,成文出版有限公司影印,1960。

② 参见上书,205~206 页。

专业知识的普通行政人员办理，因而难以从法律上明辨是非曲直，往往是调解人员从自身的感情和情理出发进行调解，具有很强的随意性，同时也不乏威压、强迫的情形。尽管规定了调停无效可予撤销的情形，但法律上并未规定任何救济办法。

（2）民事诉讼调停制度赋予地方行政机关的不仅仅是调停权，还有调停成功后的执行权，在执行过程当中，行政机关与法院往往在执行权问题上发生矛盾和纠葛，关于如何处理二者的关系，并无相关明文规定。

（3）台湾民事诉讼调停制度规定，一旦调停成功，即发生法律效力，不得再向法院提起诉讼。这显然剥夺了参加调停者的诉权，也难保公正。①

总之，民事诉讼调停制度是基于日本殖民政策需要而设置的一项措施，是以强权配合法制的结果，体现了其对台湾人民权利的漠视。

3. 日本法对台湾民事诉讼制度的影响

日据时期台湾的民事诉讼制度最初由行政机关兼理司法审判事务，尚没有明确统一的诉讼程序，到军政时期虽颁布了《台湾住民民事诉讼令》并规定依"现行之例"审理，但由于"现行之例"因地而异，仍未有统一程序。民政前期颁布的《关于民事商事及刑事之律令》规定，民商事案件，依照日本民事诉讼法及其附属法律处理。但对仅以台湾本岛人及"清国人"为关系人的民事诉讼，又特设例外。1899 年原则上废止其例外，统一适用日本民事诉讼法（1891 年旧民事诉讼法）及其附属法律。② 但直到民政后期，也即 1923 年 1 月 1 日起，日本民事诉讼法为代表的一系列民事诉讼法律才直接适用于台湾，并一直延续到 1945 年。台湾近代诉讼立法经历了由无到有的过程，从一开始沿用封建传统的诉讼程序，到有差别地实施近代民事诉讼，到与日本内地统一实施民事诉讼法，恰恰与日本对台湾的政策由初期的统治异民族的观念，逐渐改为同化主义相符。相对于刑事诉讼法，日本民事诉讼法更大程度地实施于台湾，从而使得台湾的民事诉讼法具有较浓厚的"近代性"。当然，台湾的民事诉讼制度也有其独特性，突出体现在从本土发展起来的民事诉讼调停制度。

随着日本近代民事诉讼制度取代传统封建诉讼模式在台湾实施，台湾民众的诉讼模式逐渐改变，从告官转向到法院起诉。据日据时期第一审法院受理民事诉讼案件的统计，台湾在日据之初的 1898 年，平均每 10 万人只有 81 件，到 1910 年为 120 件，1920 年为 189 件，1930 年为 230 件。1931—1935 年达到最高峰，其后开始下滑，但 1935 年仍有 76 件，1940 年有 133 件。总体来看，民事诉讼案件数量呈逐年递增的趋势，到 20 世纪 30 年代以后，才因战争等因素而减少。③ 近代民事诉讼的理念在这一过程中也或多或少地开始在台湾社会传播，并为台湾人民所知悉。

---

① 参见黄纯青、林熊祥主修：《台湾省通志稿》，卷三·政事志司法篇，第 2 册，212 页，台北，成文出版有限公司影印，1960。

② 参见上书，9 页。

③ 参见王泰升：《台湾法的世纪变革》，67 页，台北，元照出版社，2005。

(二) 日式刑事诉讼制度的确立

1. 台湾近代刑事诉讼制度的发展变化

(1) 初期

如前所述,日据初期,原本实施民政,暂由行政机关兼理司法事务,不料台湾民众武装抗日日趋激烈,导致预想计划未能实施,诉讼事务依何程序、由何机构予以处理都不甚明了,故均以一时权宜,临时应变而已。[①] 在刑事诉讼领域,1895 年 7 月 6 日,总督府发布施行《台湾人民军事犯处分令》,规定:台湾人民有抵抗日本陆海空军,毁损军事设施、设备,隐匿或帮助寇贼间谍俘虏,造谣投毒,将鸦片及器具交与日本军人或提供吸食处所等等犯罪行为的,由军法会议或台湾总督府民政局处死刑,其教唆犯、从犯、未遂犯得因情节酌量减刑。[②] 除此令之外,当时尚未制定民刑事实体法和程序法。

(2) 军政时期

1895 年 11 月 17 日,总督府颁布日令《台湾住民治罪令》,据此,台湾岛、澎湖列岛及附属诸岛原住民犯罪的刑事诉讼,原则上由台湾总督府法院或其分院审判,但是,如犯罪该当日本刑法所规定的违警罪,或属台湾各种法令所规定的本刑为有期徒刑 2 个月以下、罚金 30 元以下的犯罪的,由人犯所在地或犯罪地的宪兵队长、警察署长、警察分署长予以审判。陆军宪兵将校、军士、守备队长、兵站司令官、地方行政厅长官、警部长及警部,都可作为检察官,履行侦查犯罪、归集证据并向法院或其分院提起公诉的职能。罪犯被逮捕时,没有审判官的命令,不得将其羁押 5 日以上。死刑案件,须经总督的认许。[③]

《台湾住民治罪令》初步引进了近代大陆法系的刑事追诉程序,由检察官、审判官分别担任起诉、审判之责。但具体规定十分简略,且并未规定适用日本 1890 年刑事诉讼法。

(3) 民政时期

1896 年 4 月 1 日,日本在台湾施行民政。起初,刑事案件除暂缓处理重大犯罪外,仍由军政时期的法院,依《台湾总督府法院职制》和《台湾住民治罪令》处理。同年 7 月 15 日《台湾总督府法院条例》颁布,刑事诉讼改由新法院掌管,但其诉讼程序大致仍依从前旧例。1898 年总督府以律令规定:刑事事件除台湾本岛人及"清国人"外,依日本刑法及刑事诉讼法 (1890 年) 处理。这种排除台湾本岛人及"清国人"的适用的规定,于法无据,而且给实际审判也带来诸多不便。为达成刑事诉讼程序的统一,第二年即 1899 年 4 月以律令第 8 号原则上废止例外,规定台湾本岛人及"清国人"的刑事事项"依用"日本 1890 年刑事诉讼法。自此,近代西方式刑事诉讼法开始在台湾实施。

为迅速、简便地审理刑事案件,从 1901 年到 1905 年在台湾实施的刑事诉讼法受到了不少特别法的修改。1901 年,总督府以律令第 4 号《关于刑事诉讼程序之件》,变更和扩张日本旧刑事诉讼法所规定的判官、检察官及司法警察官的权限。该律令因其内容后被并入

---

① 参见黄纯青、林熊祥主修:《台湾省通志稿》,卷三·政事志司法篇,第 2 册,3 页,台北,成文出版有限公司影印,1960。

② 参见上书,2 页。

③ 参见上书,5 页。

1905 年以律令公布的《刑事诉讼特别程序》中而被废止。《刑事诉讼特别程序》规定了多项判官、检察官及司法警察的处分权，如判官在法院外发拘押票时，可不经检察官的参与；检察官可享有原属预审判官的直接提起公诉的权力以及对人、对物的强制处分权等。该特别程序实施至 1923 年才被废止。①

1924 年 1 月 1 日，在"内地延长主义"风潮的影响下，日本政府改以敕令方式，将 1922 年参酌德国法所制定的日本新刑事诉讼法直接施行于台湾，该法在内容上提升了被告的防御权②，但同时将某些专门针对台湾的特别法以特例敕令的方式予以保留，且检察官依旧拥有相当于审判官的强制处分权。

当然，日本刑事诉讼的相关法律并未全盘施行于台湾。未施行于台湾的日本刑事诉讼法相关法律为恩赦令（1911 年敕令第 23 号）、少年法（1922 年法律第 42 号）、矫正院法（1922 年法律第 43 号）、陪审法（1923 年法律第 50 号）、儿童虐待防止法（1933 年法律第 40 号）。③

2. 犯罪即决制度

台湾刑事诉讼领域里的特别规定或特别法，大多在制度设计上追求对刑事案件简便、迅速的处理，为此不仅扩大判官、检察官及司法警察在刑事案件处理中的处分权，而且赋予地方行政长官对犯罪的处分权，而较少考虑对台湾人民权利的保障问题。日本殖民者在台湾长期实施的《犯罪即决例》就是这些特别法中的典型。

早在 1896 年 10 月，台湾总督府就以律令第 7 号规定：刑罚该当拘役或罚锾的犯罪，由犯罪地有管辖的警察署长、宪兵队长及其代理官即时裁决。1904 年公布的《犯罪即决例》（律令）继承上述规定，后又经 1909 年、1920 年、1928 年多次修改，施行至 1945 年。④

《犯罪即决例》的主要规定是，厅长（即地方行政长官）对管区内之规定范围内的犯罪，有当即处分权。其范围包括：（1）应受拘役或罚锾处罚的犯罪。（2）应受主刑 3 个月以下重禁锢的赌博罪。（3）应处 3 个月以下重禁锢或科 100 元以下罚金的违反行政法规的行为。该即决处分权，也可由支厅长及厅警部（巡官）行使。实际上，在日本本国行政机关有权即决处分的只限于违警案件，即日本自 1885 年以来施行多年的《违警罪即决例》，由警察署长及分署长或其代理官吏，对于犯违警罪者可以拘留或罚锾。而在台湾则扩大适用范围至犯罪领域，实际上是授予地方行政官以司法审判权。对统治者而言，这不失是一种简便且易行的统治策略，但该制度的实行，不仅赋予行政首长过大权力，而且破坏了司法体制的独立性。尤其是犯罪即决后可请求正式裁判的时间仅为 3 天或 5 天，对于该当拘

---

① 参见黄纯青、林熊祥主修：《台湾省通志稿》，卷三·政事志司法篇，第 2 册，247 页，台北，成文出版有限公司影印，1960。

② 参见王泰升、郭威廷：《台湾法律事件百选·实施近代刑事诉讼法》，载《月旦法学》，第 100 期，239 页。

③ 参见黄静嘉：《春帆楼下晚涛急——日本对台湾的殖民统治及其影响》，195 页，北京，商务印书馆，2003。

④ 参见黄纯青、林熊祥主修：《台湾省通志稿》，卷三·政事志司法篇，第 2 册，246 页，台北，成文出版有限公司影印，1960。

留或科处罚锾的犯罪还可省略其笔录或始末书①，台湾民众的权利在此过程中毫无保障，可见日本殖民统治者对台湾人民的蔑视。

3. 日本法对台湾刑事诉讼制度的影响

综上，军政时期颁布的《台湾住民刑令》是台湾近代刑事诉讼立法的开始，它的内容虽然简略，但初步引进了近代大陆法系的刑事追诉程序，并首次根据"审检分立"的原则规定了由检察官、审判官分别担任起诉、审判之责；民政初期，虽然规定日本旧刑事诉讼法适用于台湾，但一度排除了对台湾人及"清国人"的适用，直到1899年才以律令排除例外，全面地在台湾实施近代西方式刑事诉讼法。从1924年起，日本刑事诉讼法以敕令形式直接实施于台湾。

与民事诉讼领域相比，台湾日据时期刑事诉讼领域受日本法的影响相对有限。可以说整个日据时期刑事诉讼领域一直存在着专属于台湾的特别法，即便是在"内地延长"时期也不例外。军政时期，日本刑事诉讼制度尚未引进，总督府以律令颁布了程序极其简单的《台湾住民刑罚令》；民政前期，虽然开始适用日本旧刑事诉讼法，但先是在1901—1905年间，以律令形式对某些程序进行了修改，而到1905—1923年间则以律令发布《刑事诉讼特别程序》，排除适用日本刑事诉讼法中的某些规定；民政后期的1924年，当日本刑事诉讼法以敕令形式直接实施于台湾时，又以特例敕令的方式对台湾的某些特别法予以保留。如此，一直到1945年。最典型的就是《犯罪既决例》，它赋予地方行政长官对犯罪行为的处分权远远大于日本国内，不仅破坏了司法的独立性，而且随意践踏台湾民众的人权，是日本殖民者从维护台湾统治秩序的需要出发，对台湾民众推行威压政策的结果。刑事诉讼由于比之于民事诉讼具有更强的政治工具性价值，因而格外受日本殖民者的重视并为其所利用。这使得台湾人民在刑事诉讼领域不能享有日本内地同等的"近代性"。

第四节
日据时期日本法对台湾司法制度的影响

一、近代日本式司法体系的建立

近代司法制度的特点之一是专门的司法机关的建立和独立的司法官员的出现。而日据以前的清代台湾，司法与行政不分，司法事务通常由行政官员兼理。日据台湾的近代司法制度萌发于军政时期，此后经历了律令时期和敕令时期，逐步趋于完备。

（一）军政时期

日据初期实施军政，最初的司法制度被设计和依附于行政体制内，具有行政与军事结

---

① 参见黄静嘉：《春帆楼下晚涛急——日本对台湾的殖民统治及其影响》，186页，北京，商务印书馆，2003。

合的性质，实际上偏重于军事审判的性质。

日本于1895年5月公布《台湾总督府暂行官制》，规定由总督总揽全台军事、行政、司法等事务。同年6月28日公布的《地方官暂行官制》规定，台北、台中、台南三县知事与澎湖岛司兼管司法事务，其他未设县地区的司法事务则归陆军局法官部的军法会议掌管。各县设有内务部与警察部，民事裁判由内务部掌管，刑事裁判与监狱事务由警察部负责。

1895年8月6日总督公布《台湾总督府条例》，实施军政，上述制度仅在台北县、澎湖岛厅设立并很快就被废止。此后，司法事务全由陆军局法官部掌管，进行军事审判。总督府民政局设置民刑课之后，陆军局法官长须与民政局商议有关民刑事法令与裁判等事务。在军权审判制度下，由民刑课长与课员一人兼任审判官。于是9月22日，总督府设法令调查委员会，开始编制法院组织与民刑事相关法令。

日据时期台湾司法制度的正式建立，是在1895年11月20日实施《台湾总督府法院职制》、《台湾住民刑罚令》、《台湾住民治罪令》与《台湾住民民事诉讼令》等一系列律令之后。根据同年10月7日公布的《台湾总督府法院职制》，总督府设有法院，此外还设有宜兰、新竹、苗栗、彰化、云林、浦里社、嘉义、台南、凤山、恒春、澎湖岛共11个法院支部。

军权下建立起来的法院制度有以下特点：一是对民刑事案件都实行一审终结制，且由承办审判官独任裁决；二是地方法院具有较为独立的审判权，如果没有总督特别命令，总督府法院无权管辖支部辖区的案件；三是司法人员的行政性，法院院长与审判官由总督从总督府高等官中遴选，书记则从委任官中遴选；四是刑罚执行须经总督核准。此外，总督府法院院长，担任司法行政首长；总理院务、监督院内与支部的审判官及书记，还兼任审判官行使民刑事审判权。法院及支部并设有通译官及庭丁，以供审判官指挥。从日据时期最早的裁判制度来看，司法仍然是行政的附庸，殖民统治的独断、专制也充分显现。①

当时，法院裁判的法律依据只有刑事方面的《台湾住民治罪令》与《台湾住民刑罚令》，民事案件则依据清朝旧惯与条理裁判，诉讼程序则有《台湾住民民事诉讼令》，民刑事裁判则全由宪警执行。同时，为了配合刑罚的执行，总督府在1895年11月公布了《台湾监狱令》。

（二）律令时期

1896年4月，台湾开始实施民政。为此，"六三法"正式予以颁布，赋予台湾总督以委任立法权，其可颁布具备法律效力的命令。于是，台湾进入"律令"时期。这一时期，司法制度依据律令建立，一方面要确立常态体制，一方面要加强威压台民，所以具有表里不同的特质。②

1. 三级三审制度

1896年7月，在各地监狱开始设置之后，民政时期的司法制度正式实施。根据5月律令第1号公布的《台湾总督府法院条例》，法院体制仍然直辖民刑事案件与负责裁判民刑事

---

① 参见台湾省文献委员会编印：《台湾近代史》（政治篇），267页。

② 参见上书，269页。

案件，但是裁判制度不再是"一审终结"，而是"三级三审"。所谓"三级三审"，是指法院分为地方法院、复审法院和高等法院三级。其中：（1）地方法院，设于县、岛厅、支厅所在地，负责裁判辖区内民刑事第一审与刑事预审，判官一人即可独任裁定；（2）复审法院，设于总督府所在地，负责审判不服地方法院判决而上诉的民刑事案件，裁判时需有判官三人组成合议庭；（3）高等法院，设于总督府所在地，负责审理不服复审法院的违法裁判而上诉的民刑事案件，即所谓法律审，裁判时须判官5人组成合议庭。

"三级三审"制度不仅构成法院体制与审判层级，还具有以下特点：第一，二审以上法院都采合议制，但是，这一级法院设在总督府所在地，所以往往因交通不便而可能影响上诉；第二，判官资格虽然依照日本《裁判所构成法》的规定取得，但是，总督仍可任意决定判官的去留；第三，检察官的任用资格尚无严格限制，由总督派任，而且警察仍可代理地方法院检察官职务；第四，该当拘役或罚锾的刑罚，仍由有管辖权的警察署长、宪兵队长与代理官即时裁决。

"三级三审"制度虽然有民政外壳，实际上仍属于殖民法制，即使判官也缺乏与日本本土相同的保障，所以在1896年11月发生了高等法院院长高野孟矩被乃木总督免职的事件。在这一制度下，民事裁判仍依照旧惯，刑事裁判则依据1896年8月公布的《在台湾犯罪依帝国刑法处分之律令》，同时适用日本刑法与台湾特殊的刑事律令，如《匪徒刑罚令》等。再加上地方法院的独任审判制，"三级三审"制度实质上仍具有严惩不法的"治安"目的。①

2. 临时法院

为了专门审判民政实施后继续武装抗日的台湾民众，台湾总督府在1896年7月公布《台湾总督府临时法院条例》，设置临时法院。临时法院专门审判意图颠覆日本政府、窃据领土、违宪、以暴动反抗施政、危害重要公务员与勾结外患的罪犯。基于其特殊司法作用，临时法院可以随时随地开庭，不受普通法院系统限制，审理完毕即废止。审判制度最初采一审终结制，1899年以后可请求上诉与非常上诉。合议庭由判官5人组成，判官与检察官均由高等法院、复审法院的判官、检察官兼任。从1896年到1915年，临时法院共设立6届，相当于台湾总督府统治的"治安靖定"时期。1919年，司法制度大幅改革时，临时法院制度才宣告废止，其审理权移归当时的高等法院上告部。

临时法院设置与废止的时地事表

	届时间	地点	事件
1	1896.7.12	彰化	云林事件、台中事件、鹿港事件
2	1898.1.	斗六、嘉义、阿公店	匪徒事件
3	1907.12.13	北埔	北埔事件
4	1912.4.7	林杞埔	林杞埔事件
5	1913.11.25	苗栗	苗栗事件
6	1915.5	台南	西来庵事件

3. 二级二审制度

1898年7月儿玉总督基于"政治简明"、"财政独立"的原则进行司法改革，废除原来

① 参见台湾省文献委员会编印：《台湾近代史》（政治篇），270页，南投，自刊，1995。

负责法律审的高等法院，实施"二级二审"制度。

"二级二审"制度将法院分为两级：地方法院和复审法院。其中，地方法院仍是负责民刑事第一审与刑事预审，采独任裁判制；复审法院则负责重新审判地方法院的裁判，审理有关裁判管辖的申请。由于业务繁多，复审法院设一至二部，各设部长一人与判官两人组成合议庭，由部长担任审判长。

"二级二审"制度的第一个特色是强化了司法功能。首先是出张所的设立，地方法院在管辖区域内设置 1 至 2 个出张所，但是为避免官员冗置，总督有权决定地方法院与出张所的设立、废止，即总督可视地方需要调整地方司法组织。其次则是检察系统的建立。各级法院附设直属总督的检察局，检察官由总督任命，听从上级检察官的指挥、监督，其任用资格自 1899 年始明确规定必须具有判官资格。再次，则是判官身份的保障与限制。儿玉认为台湾判官虽然应受保障，但是仍不得享有与日本国内判官同等的待遇。总督虽然不能未经司法判决就将判官免职或调任，却可以在必要时命令判官休职。如果判官因为身体或精神耗弱无法执行职务，总督必须经过复审法院总会的议决，才能命令判官退职。但是判官在职时，不得公然干涉政治、加入政党、就任具金钱利益的公职与经营商业。①

"二级二审"制度的第二个特色是差别待遇。总督府 1898 年 7 月 16 日公布《民事商事与刑事律令》，规定台湾人、"清国人"相互间的民商刑事案件不得依照日本民法、商法、民事诉讼法、刑法等办理，其他人则适用日本法。1899 年，为统一台湾与日本的法制，废除了对台湾人、"清国人"的民商事法与刑事诉讼法的限制，于是台湾人与"清国人"的民商事案件依照日本民商法系统处理，刑事案件依照日本刑事诉讼法处理，根据台湾特殊刑事律令处分。这种异于日本的刑事制度也反映在 1904 年 1 月公布的《罚金与笞刑处分例》及于 4 月实施的《犯罪即决例》。1908 年为了区别民商刑法制度，总督公布《台湾刑事令》与《台湾民事令》。日本国民适用日本民刑法，中国人民事案件仍然按清朝旧惯处理。刑事案件除了适用日本刑法外，《匪徒刑罚令》、《台湾鸦片令》、《罚金与笞刑处分例》、《犯罪即决例》等仍有效，从此确定了台湾人民在殖民法制中的差别待遇。

"二级二审"制度的第三个特色是其他司法制度的建立。为了适应民事制度的发展与减轻法院的负担，提存制度（1899 年）、公证制度（1903 年）、民事争讼调停制度（1904 年）陆续建立。其中，民事调停制度利用地方行政长官调停辖区内的民事纠纷，调停成功则具有法律效力，所以必须受总督府法务首长的监督。此外，1897 年《犯罪即决例》赋予地方行政长官对特定罪行的即决权，也是台湾特有的司法制度。

（三）敕令时期

日本殖民统治在 20 世纪 10 年代末期逐渐转采"内地延长主义"的同化政策。1921 年日本政府颁布法律第 23 号，以敕令颁行的日本法律为台湾的主要法律依据，如有台湾特殊情形或不适用日本法律时，才由总督颁布律令规定。台湾自此进入敕令立法时期。

20 世纪 10 年代末期，台湾民众对日本在台湾实施二审制，而在朝鲜施行三审制十分不满。于是明石总督在 1919 年 8 月进行司法制度改革，确立了此后司法体制的基本形态。明

① 参见台湾省文献委员会编印：《台湾近代史》（政治篇），272 页，南投，自刊，1995。

石总督将司法制度改为二级三审制，废除复审法院而设高等法院，其下分为复审部与上告部，均采合议制。同时废止临时法院制度，将审理权移交高等法院上告部。总督对判官的休职命令权也予以削除。但总体上仍不如日本本土，台湾的判官仍缺乏日本判官在调任、停职、减俸等方面的保障。"二级三审"的司法制度一直实施到 20 世纪 40 年代，才因战时需要而改变。

在"二级三审"的司法基本架构下，法院体制也有所变革。首先是台湾法院在敕令立法初期就成为日本领事裁判的司法机关。1921 年日本政府规定台湾法院为福建、广东、云南日本领事裁判的上级审判机关，所以，台北地方法院对于日本驻南中国领事的预审案件有公判权。高等法院复审部是这类案件的第二审法院，上告部则审理第三审上诉。其次，基于"司法第二审裁判集中于高等法院复审部，对偏远地区居民构成不便"的理由，上山总督在 1927 年 7 月以律令规定地方法院分为单独部与合议部，前者相当于日本的区裁判所，后者相当于日本的地方法院。同时，地方法院经过总督决定后可在辖区内设支部，办理部分的法院业务；其下设出张所，负责登记事务。地方法院进一步扩伸展组织的主要原因，是中国大陆在 1927 年发生宁汉分裂，日本为避免台湾受到影响，以司法组织配合基层行政与警察，更容易监视与掌握台湾民间动态，整个司法体系也因此发展完备。[①]

该时期司法体系的组织与职权大致如下：

1. 地方法院

(1) 单独部负责一般民刑事案件的第一审与非讼事件。

(2) 合议部同时为第二审法院与第一审法院。对于不服单独部判决而上诉的案件与不服单独部决定或命令而抗告的案件而言，合议部是第二审法院。对于以下案件，合议部则是第一审法院：1) 诉讼标的价额无法估计或超过 2 000 元；2) 人事诉讼；3) 罪刑为死刑、无期徒刑、1 年以上有期徒刑、禁锢刑的；4) 经预审的未满 1 年有期徒刑、禁锢刑与罚金刑。

2. 高等法院

(1) 复审部负责审理不服地方法院合议部第一审的判决、决定与命令而上诉或抗告的案件。

(2) 上告部除了处理申请裁判的案件外，对于下述案件为终审法院：1) 第三审上诉案件；2) 不服地方法院合议部第二审与高等法院复审部的决定、命令而抗告的案件；3) 不服地方法院单独部、合议部驳回上诉而抗告的案件；4) 对于意图反抗施政而暴动、为害政要、外患、匪徒刑罚令所列外交等罪上告部为第一审且终审法院的案件。[②]

这种分层负责体制的特色在于，首先，除了原先归临时法院审判的"治安"重罪只能一审终结之外，民刑事案件无论罪行轻重，均可上诉到第三审。其次，合议审判的适用范围扩大，较重的刑事犯罪不再由判官单独负责第一审，独任裁判制只限于地方法院单独部。再次，法院负责审判日本领事的裁决，对于台湾人与日本人在中国大陆的活动也能有所了解。最后，审判层级增加促使民间其他司法制度的发展，如：1923 年开始的司法代书人制度、1927 年取代公证规则的公证人制度、1935 年的辩护士制度等。

---

①② 参见台湾省文献委员会编印：《台湾近代史》（政治篇），274 页，南投，自刊，1995。

20 世纪 30 年代末，日本发动了大东亚战争，日本本土与各殖民地都被卷入其中，其法律也显现出战时的特点。1943 年起日本开始显露败相，同年 2 月在台湾实施《日本裁判所构成法战时条例》，对特种案件实施两审制。民刑事特种案件不许向第二审法院控诉，受到不利判决的当事人则可直接向高等法院上告部提起上诉。同年 11 月战局不利，为了迅速结案，所有案一律采取二审制。换言之，民刑事案件一律不准上诉，地方法院与其支部单独部的第一审判决，可直接上诉到高等法院复审部。然而，这一制度实施不久，日本就于 1945 年 8 月宣告投降，于是"三级二审"制就成为日据时期司法制度的终止符。[①]

综上，台湾殖民司法制度最初是在军权下建立起来的，实行独任制和一审制，判官从行政官员中选任，司法依然依附于行政，在名称上也以"法院"对应日本的"裁判所"；此外，镇压抗日民众的临时法院也长期存在。律令时期先后实行三级三审、二级二审制，司法机关的司法功能明显加强，并开始按照日本《裁判所构成法》的要求选任判官和检察官，但判官的保障仍与日本内地有差距。敕令时期，实行二级三审制，审判层级增加，合议裁判范围扩大，判官的职业保障有所加强，司法独立性有所增强，其他司法制度也有所发展，近代司法体系基本得以建立。总的来说，台湾殖民司法制度虽然是在日本司法制度的影响下建立起来的，但始终相对独立于日本司法体制，有一定的特殊性。

二、特殊的警察和保甲制度

警察与保甲是日本殖民统治机制的基石。日本在台湾实施"警察政治"，警察权力侵入了包括司法在内的社会生活的各个方面，并与严密的保甲制度结合，使得日本殖民者顺利实现了对台湾社会的控制。正是鉴于这两个制度在当时的台湾的特殊作用以及与私法的关联，特在此予以交代。

（一）警察制度

日本统治台湾最成功的制度是警察制度，一切施政都靠具有合法武力的警察来推行。治安、税收、调查、专卖、卫生、司法、"理蕃"、殖产等措施，无不通过警察组织才能完成，从而形成名副其实的"警察政治"社会，成为日本殖民统治的有力支柱。这种警察权力与行政管理相重叠的现象，最初只是殖民统治确立期应付台湾种种复杂政经局势的非常举措，但运用中发现"万能警察"在台湾统治中确实可发挥很大功效，日本殖民者便将其制度化、日常化了。[②]

1. 殖民统治前期

日据初期，为镇压台湾民众的抗日运动，总督府在台湾实施军政，岛内各项权力由军队掌握。军队拥有相当大的权力，地方各项事务则由宪兵队负责。1895 年 5 月依《台湾总督府暂行条例》在民政局内部设警察课，6 月依警保课长千岩英一的建议，着手创建警察，9、10 月间从日本国内招募七百余人，安置在台北和澎湖地区。同年 11 月"全岛平定"后台湾各地开始配置警察。

---

①　参见台湾省文献委员会：《台湾近代史》（政治篇），275 页，南投，自刊，1995。

②　参见陈小冲：《日本殖民统治台湾五十年史》，9 页，北京，社会科学文献出版社，2005。

1896 年 4 月起实施民政，总督府陆续公布《台湾总督府地方官官制》、《警察规程》和《地方县厅分课规程准则》，明确警察的组织与权限：于县设警察部，厅设警察科，在要塞之地设警察署及分署。此时地方警察职权包括行政、司法、警察、监狱、出版、报纸杂志、船只检疫、鸦片与药品贩卖、卫生、地方医疗人员管理等，逐渐开始分夺军宪权限。由于"匪乱"不断发生，而警力仍不足以推动民政，所以军宪（军队宪兵）仍拥有较大的治安权力。

随着权限的扩大，警察与宪兵的冲突不断增多。为此，乃木西典总督在 1897 年 3 月开始实施"三段警备制"，即将台湾全岛分为三种地域，由军队和警察分而治之：山地与"匪徒"出入地区，由军宪负责；平地等治安较好的地区，由警察负责；至于两种地域的交界处，则由军警合作，共同管辖。总督府还规定宪兵专门扫荡"匪徒"，不干预警察行政；警察则除了防守之外，不直接讨伐，专门执行行政、司法警察职务。这一制度的指导思想仍是以军队为主、警察为辅来维持社会治安。

1898 年 2 月儿玉总督上任后，基于治安与殖业的需要，积极强化警察功能。地方警察权限持续扩张之后，县知事与警察部长、办务署长与警察署长之间就产生了矛盾。同时，儿玉认为"三段警备"混淆宪警职权，使军队在辖区负责警察事务，而警察则无法贯彻行政，所以在 1898 年 6 月宣布废止仅实施一年多的"三段警备"，将治安完全交予警察管理；并且修正地方官制，将警察署、抚督署并入办务署。

1901 年，台湾统治体制进行大幅度改革。总督府增设推动殖产的财政、通信、土木等局，与统理全台警察的警察本署。地方则废除县厅制度与办务署制度，实施厅制，将全岛分为 20 厅，其下设支厅。"其厅长以普通文官任之，厅分总务、警务、税务三课，但总务、税务二事，亦多借警察之力助之。除支厅以警部为其长外，以下的官吏全为警察官，一切政事皆由警察官施行，警察力大为扩张，成为民政之羽翼。"在总督府这一级，警视总长有权指挥各厅厅长，地方的警力配置则由过去的集中改为分散，警察的人数也得到了大的扩张，形成了遍布全岛的警察网[1]，从而建立了从总督府至基层的完整、严密、指挥灵活的警察系统，政府所有的政务如土地调查、建设铁路、征收租税、强购土地、卫生、防疫、农作、糖业、水利、学校等无不通过警察推动，"警察政治"逐渐发展完备。竹越三郎描述道："其系统表面上是总督府——各厅、各课——人民，实际上是总督通过警察与人民接触……人民所耳闻、目见的官吏，只有警察而已。"由于警察的权力膨胀，派出所数量也大增，以至于超过了街庄役场（乡镇公所）的数量。[2]

1915 年 7 月"讨番"完毕后，经一系列改革，台湾无论平地或山地全都纳入"警察政治"的管辖之下。由于"警察政治"不断发展，需要大量警员，所以，1911 年官方修改《巡查看守规则》，原先只能当"巡查补"的台湾人开始担任巡查，与日本统治者的利益结合。

日本人对台湾警察的建设是不遗余力的：日据初期，在财政状况很不乐观的情况下，日殖民当局对警务费的支出却毫不吝啬，据统计，警察费在整个民政费中的比例，1898 年

---

① 参见陈小冲：《日本殖民统治台湾五十年史》，8 页，北京，社会科学文献出版社，2005。

② 参见［日］持地六三郎：《台湾殖民政策》，75 页，东京，富山房，1912。

为 41％，1899 年为 48％，1900～1902 年为 45％，1903 年为 42％，1904 年为 39％，1905年以后才减为 17％以下。[①]

2. 殖民统治后期

1920 年 8 月，台湾首任文官总督田键治郎改革地方制度，采五州二厅制，州下设郡、市，其下设街庄。这次改革的主要目标是"使普通行政事务划归普通文官处理，而使警察恢复其应有之职责"。为此，限制了总督府总务局长的权限，规定有关警察事务的执行，必须在总督及总务长官命令之下，才能指挥及监督厅长、警务部长以及警视以下的警察人员。新的警察制度在州设警务部，在厅设警务课，在市设警察署，其下设分署。但改革对警察权力膨胀的状况触动并不大，警察的力量未见削弱，行政部门特别是地方基层单位中警察的干预和支配力仍无所不在，警察的数量也越发膨胀。1921 年全台警务人员合计 11 497人，占当时台湾官吏人数的 35.96％，地方行政管理数的 65.27％。[②]

制度上郡、警仍为一体，警察已经在台湾社会形成了相当的地位和权威，加之警察对保甲的严密控制，使得殖民统治后期的警察在各个行政领域依然行使着广泛的职权。1928年为了防范共产主义与民族自决思想，在日本本土增设"特高警察"机关，台湾也于同年 7月在总督府和各州增设"台湾高等警察"，负责管理集会、结社与出版事务，取缔危险思想等，并在台日航线与中台航线轮船上设"侦查警察"。这些措施使得警察的地位和权威不但没有削弱反而越发加强。

1922 年在日本帝国的各个统治区域里，每名警察所管理的住民，在台湾为 547 人，在朝鲜为 919 人，在桦太为 572 人，在关东州为 797 人，在北海道为 1 743 人，而在日本内地为 1 228 人。就连被认为是"武断政治"（军人专政）的朝鲜，其警察的相对数量也没有台湾多，足见日本殖民者对台湾人民的高压和控制的森严。[③]

1937 年卢沟桥事变后，日本宣布进入战时体制。为了从民间获取大量物资，日本在1938 年公布《国家总动员法》，规定政府可以命令与统制民间经济活动。同年 10 月，台湾实施"经济警察"制度，在总督府警务局及州警务部增设经济警察课，市警察署与郡警察课增设经济警察股。经济警察专门取缔违反各种统制令的行为，而统制法令到 1944 年已经接近百件，所以无论城市或农村，所有物质的生产、配给与消费过程都在经济警察的管辖权内。这也就是说，战时警察制度的重心在经济警察，特别在日本战事不利之后，经济警察反而需要增员，以加强统制与搜刮民间的剩余物资。

此外，台湾战时警察制度还增设兵事课与防空课。兵事课的设置是因为 1942 年实施陆军特别志愿兵制度、1943 年实施海军特别志愿兵制度，需要专责单位负责召集兵员与军人慰问、吊慰等事务。1939 年起台湾实施防空法，总督府设立防空课负责防空训练与警报等事务，到 1941 年因为增加了兵事业务改称"兵事防空课"，其后因为战争需要分为兵事课与防空课。1945 年 8 月，日本宣布投降，日本在台湾的"警察政治"也随着战败而解体。

日本殖民者在台湾的统治是通过警察政治实现的，台湾的警察制度，实质是警察权膨

[①] 参见周宪文：《台湾经济史》，955 页，台北，开明书店，1980。
[②] 参见 ［日］向山宽夫：《日本统治下台湾民族运动史》，227 页，东京，中央经济研究院，1987。
[③] 参见黄昭堂：《台湾总督府》，230 页，台北，自由时代出版社，1989。

胀与行政权甚至司法权重合，从而侵入和控制社会各个方面。日据时期台湾的警察有相当的司法权。据台初期，日本殖民者就比照日本的《违警罪即决例》，并经扩充范围后颁布《该当拘留或科料之性质犯罪即决例》，赋予警察官对一些违法案件的即决权。1904 年《犯罪即决例》颁布，将即决的范围更进一步扩充到轻罪案件。虽然第 1 条规定有即决权的是作为地方行政长官的厅长，但第 13 条又规定"台湾总督认为有必要时，得命支厅长和庭经部代行"上述职务。1920 年，更将厅长改为郡守、支厅长或警察署长，可代理职权的即决官则改为州警视、州警部或厅警部。1927 年甚至规定作为中级警官的州警部补或厅警部补，也可代理即决该当拘留或科料之刑之罪。①

尽管从 1923 年 1 月 1 日起日本国内的《治安警察法》沿用于台湾，试图将普通行政事务划归普通文官负责，使警察恢复其应有的警政职责，但内部职权与体制的调整，并不改变警察政治的实质，因为庞大的警察体系已经树立起殖民统治的权威，警察所严密控制的保甲制度，依然继续承担着维持社会治安的作用。从这个角度来说日据日期台湾的警察制度，"不论体或用都与日本不同"②。在法制上，警察对人民的言论、出版、集会、结社，均可加以干涉，日据日期台湾人民不需要构成犯罪，只要被认为是浮浪者，就可能随时被剥夺自由，送到台东偏僻地方服役或送到火烧岛监禁。可以说警察政治是日殖民统治的专制和暴虐的集中体现。

（二）保甲制度

为了进一步维持和巩固日本在台湾的殖民统治，日本殖民者复活了中国古代的保甲制度，利用封建统治手段来与警察制度相结合，在台湾人民身上又套上了一具沉重的枷锁。

1. 日据前期（1898—1908 年）

日本统治台湾初期，总督府的财政状况十分拮据，为了强化台湾的社会治安，1898 年 3 月，儿玉总督府发布《台湾保甲条例》，运用连坐法，实施"以台制台"。8 月公布《施行规则》，全台除了台东、澎湖外一律施行。保甲制度是 10 户为一甲，10 甲为一保。甲设甲长，保设保正，最初设"保甲局"管理，1902 年后由户长选出，并须经地方行政长官认可后才能就任。保正与甲长的主要职务是服从地方官与警察的指挥监督，协助施政，并且负责训诫住民、取缔出入者、防止犯罪、检举犯罪者、处分违反保甲规约者。各保甲为了警备与防灾可设立壮丁团，而保甲与壮丁团的费用全由台民负担。保甲制度的连坐法，是以重罚的形式承担连带责任，对日人"镇压土匪"收效显著。1900 年游击队突袭朴仔脚支厅，保甲长连座，被罚怠慢金 1 400 元；1906 年北埔厅事件，保甲长 37 名被罚 2 420 元。而当时农夫做一天佣工的收入才 18 钱到 35 钱③，可见罚金之重。此外，保甲组织的费用也全由台民自己负担，减轻了总督府的财政支出。很显然，复活封建的保甲制度的目的，在于使台湾人民相互监视、自我消耗，它既不花费日本殖民者的钱财，又能充当警察的辅助力量，在治安和社会动员方面发挥重要作用。

---

① 参见王泰升：《台湾日治时期的法律改革》，215 页，台北，联经出版事业公司，1999。
② ［日］持地六三郎：《台湾殖民政策》，75 页，东京，富山房，1912。
③ 转引自黄静嘉：《春帆楼下晚涛急——日本对台湾的殖民统治及其影响》，226 页，北京，商务印书馆，2003。

保甲制度在警察制度确立后获得强化。1903 年 5 月，总督公布《保甲条例实行细则标准》，统一全台保甲组织，使之成为辅助警察的制度。1904 年 1 月，民政长官订定《实行保甲及壮丁团条例应注意事项》，通令各厅遵行。除了详细规定保甲组织、规约内容与保正、甲长的职务外，更将地方名流纳入保甲制度，以巩固统治基础。

2. 日据中后期（1909—1945 年）

在台湾初期抗日武装斗争被镇压之后，保甲的职能也发生了转变，即从作为警察辅助机构转变为以辅助民政为主。1909 年，《台湾保甲条例》第 3 条作了修改，保甲役员成为地方基层组织的辅助执行机构。保甲的主要任务包括调查户口、取缔出入者、警戒风水火灾、搜捕土匪、预防传染病、矫正鸦片、清扫修补道路桥梁、招募官役人夫、驱除害虫、预防兽疫、保护交通电信设施、改良风俗、协助预算决算、税收等，如同最小的警察组织。

在台湾总督改为文官统治后，保甲制度也有所改变。1922 年颁行《台湾保甲规约》，强迫全台保甲长与各家家长签名盖章，以示遵守此规约。其中，保正办公处须设有保甲规约、保甲存根簿、户口簿、除户簿、保甲及壮丁团经费收支簿、过怠处分案件簿、过怠金收支簿、来往他人通知簿等，可见保甲制度经由存档查照而大幅强化。然而，最值得注意的是该规约赋予保正、甲长主动调查户口的权力。保正每年须调查保内全部户口两次以上，将调查结果报告警察。甲长则须每月普查一次，将结果报告保正。二者调查户口必须亲自前往各户，并且视察该户生计状况与品行。可见，虽然警察职权限于警政，但是由于掌握保甲制度，所以街庄长的普通行政业务，还是在警察的掌握下。

实际上，保正甲长积极调查户口，主要是为日本国势调查而准备。1920 年台湾实施第一次户口普查，按照 1905 年第一次与 1915 年第二次临时户口调查的结果与方法进行。但是此次普查却补充警察机关户口调查副簿中未记载的婚姻、职业、出生地、语言等项目，较前两次精确且详细。此后，台湾每 5 年进行户口普查一次，称为简易国势调查；每 10 年则大规模普查一次，其结果印制成《国势调查显末书》。透过周期式的户口调查，统治者更能掌握人口动态，对于行政与治安都大有助益。

正如矢内原忠雄所说："日本占据台湾以后，台湾的旧制度都在变革之中，只有保甲制度经过再组织之后，被最有效地活用在统治上。"[1] 虽然是"沿用旧制"，但从旧惯资料中所见的若干庄规看，当时所谓的庄制，只是一种相互扶助、具有自卫功能的村落自治体，既没有自上而下的查察奸尻盗匪之责，也没有连坐的规定。刘铭传的保甲制度虽然具有一定的官方治安的色彩，但仅在台北实施了一段时间。而日本人在台湾实行的保甲制度，不仅具有治安警察的色彩，还有连坐的规定，更重要的是，它被纳入警察制度之下，成了名副其实的警察的辅助组织。因此，与其说其因应旧惯，不如说在现代殖民政策要求与统治技术的配合下，被重新组成并被注入了新的内容（吸收了旧有的形式而注入了现代警察技术）。[2] 日本在国内实施地方自治，而在台湾则实施保甲这种封建社会的旧有制度，这不仅仅是民族歧视的问题，而是殖民统治的需要决定的。日本殖民者口头上宣称"内地延长"，

① ［日］矢内原忠雄：《日本帝国主义下之台湾》，194 页，台北，海峡学术出版社，1999。
② 参见黄静嘉：《春帆楼下晚涛急——日本对台湾的殖民统治及其影响》，224 页，北京，商务印书馆，2003。

而实际上延长适用的领域是有选择的，保甲制度就只适用于台湾，而且对在台日本人也不适用。①《保甲条例》规定人民互相监视，一户出事，各户连带。这既违反近代刑事诉讼法精神，也是与日本宪法相抵触的。

总之，台湾的基层行政组织，实际上与警察政治合一，由警察透过保甲制度控制、监视人民。"警察既然掌握了保甲，警察力就渗透进了行政的底层，因此，反而增加了警察的力量，提高了警察的地位。讲到台湾统治，不能忽视警察，讲到台湾警察，不能忽视保甲。"② 保甲与警察的结合，使得日本殖民者顺利实现了对台湾社会的控制。

第五节
日据时期日本对台湾法学教育和法律职业的影响

一、日本对台湾法学教育的影响

日据时期台湾的法学教育，完全是按照日本模式建立起来的，其体系、教材、师资、教学内容等都与日本相似，学制也是互通的，尽管起步较晚，仍构成日本法学教育的一个组成部分。因此，要了解日据时期台湾的法学教育，首先要了解日本近代法学教育的概况。

（一）日本近代法学教育的发展特点

日本继受外国法的过程，绝不仅仅是白纸继受。使继受的法通过整合成为社会的活法，才是日本法制现代化的关键。要使继受法在一个法律传统不同的社会发挥作用，最为关键的是要增加对新法律的社会理解，形成社会共鸣。从日本法制现代化的实践来看，日本通过发展法学教育和培养法律人才对传统法文化、法意识进行了较为彻底的改造。教育和法学教育在法律整合中起到了最关键的作用。③

回顾日本近代尤其是二战以前法学教育的产生和发展，可以发现两大特点：

1. 办学模式的对立与统一——官僚办与私立

在日本近代法学教育的产生和发展过程中，先产生了政府主办的官僚法学教育，而后产生了民间力量主办的私立法学教育。初期明治政府采取扶持官僚法学、压制私立法学的政策，随着法制近代化的深入进行和对法律专门人才需求的增加，政府转而对私立法学进行监督、管理，最后将其纳入国家秩序中予以统合。

（1）官僚法学教育机构的产生和发展

明治维新建立的新政府为了实现对内富国强兵、对外收回不平等条约的近代化目标，

---

① 保甲制对"藩人"也不适用。因其另有组织，并直接在警察控制之下，所以不参加保甲。
② ［日］盐见俊二：《日据时代台湾之警察与经济》，载《台湾经济史》，第1集，146～147页，台北，台银经研室，1957。
③ 参见丁相顺：《日本司法考试与法律职业制度比较研究》，2～3页，北京，中国方正出版社，2003。

着手进行法典编纂和整顿司法，推进法制的近代化。1871 年，《司法职务定制》公布，明确"在中央将司法事务从其他行政机关中分离出来，统一于司法省，在地方设置府县裁判所"，从而实现了司法权的统一，初步确立了近代法律职业制度。随着 1876 年《代言人规则》发布，律师制度也开始发展起来。近代法律职业制度的建立，急需大批接受法律专门教育的专门人才，近代法学教育在日本应运而生。

1871 年，司法省设置不久，日本近代第一所培养法务人才的专门机构明法寮正式设立，标志着日本近代法学教育的开始。1875 年明法寮废止，改为司法省法学校，设正则科和速成科。1884 年，司法省法学校从司法省独立，并改名为东京法学校，隶属于文部省。1885 年东京法学校被并入东京大学法学部。自此，官僚法学教育完全从司法行政体系中分离出来，形成了东京大学法学部一元化的局面。

东京大学法学部的前身是明治初期建立的东京开成学校，1877 年东京开成学校与东京医学校合并建立了东京大学，设置法学部、理学部、医学部、文学部。法学部被置于各个学部之首的地位，只有法学部的部长兼任东京大学的校长，东京大学法学部成为当时法学研究和教育的中心，社会精英的培养中心。1886 年 3 月，东京大学改为东京帝国大学，法政学部改为法科大学。称为"东京帝国大学法科大学"，成为培养行政、司法高级官僚的最高学府。自此，培养官僚的基地从明法寮转到了东京大学法学部。

（2）私立法学教育的产生和发展

日本私立法律学校产生于明治维新初期，当时的新政权针对自由民权运动采取了武力镇压的方式，一部分代言人（律师）试图通过举办法律学校，培养、宣传自由和人权来达到斗争的目的，私立法律学舍纷纷出现。正因为私立法律学舍的产生这一特殊的政治背景，明治政府初期对其采取了限制和戒备措施，从而使得官僚法学教育在社会中处于垄断地位。但随着法制近代化的深入，法典的陆续颁布，国家对基层司法人才以及法律专业知识的启蒙传播的需求大大增加，明治政府逐步改变了对私立法律学校的态度，颁布法令将其纳入国家法学教育秩序之内，一方面，给予私立法律学校一系列的特权，如在学生任官、兵役上的特殊待遇；另一方面，也加强了入学资格、学科课程、修业年限等的监督和管理。一批法律学舍由此改为正式的法律学校。1880 年，日本第一所正式私立法律经济学校——专修学校在东京开学，此后，明治法律学校、东京专门学校、东京法学校、英吉利法学校等纷纷成立，形成了官办法学教育和私立法学教育并存的局面。[①] 此时的私立法律学校被定位于法学教育的底层，其任务是发挥"培养官僚的辅助作用"，受官办的东京帝国大学的监督和管理。

进入 20 世纪以后，随着日本资本主义的发展，社会对高等教育的要求日渐扩大，各个私立大学在规模和质量上都有了巨大的发展，同时，私立法律学校毕业生也逐渐成为现存秩序中的官僚和统治者，私立与官僚法学教育的界限也日渐模糊，当时的"九大法律学校"中，除东京帝国大学法科大学外，其余 8 所都出自私立[②]，官僚法学与私立法学开始统和。1918 年，日本内阁发布大学令，对高等教育制度实行大幅改革，实行国立、私立大学一律

---

①　参见丁相顺：《日本司法考试与法律职业制度比较研究》，171、172 页，北京，中国方正出版社，2003。

②　参见上书，186 页。

平等，官学、私学并举的政策。私学被纳入国家统治秩序之内后，自身得到了扩大和发展，逐步发展为综合性大学，同时，也逐渐丧失了作为民间私学的独立性，官学和私学也就不再有区别了。

2. 教育的内容的变化——从外国法到本国法

在法典编纂和法学教育领域，日本采取了从洋化到本国化的方式。明治初期的 20 年间，先后聘请了 37 位国外的政法专家担任法学教师和政府顾问。在借鉴、吸收西方的近代教育制度的同时，逐步着手建立日本的近代教育制度。

明治初期，日本的近代法典尚未公布，法学教育的内容不得不以外国法为主。但是在法学教育的继受对象选择过程中，呈现出多元化的格局。即便在法国法教育盛行的时候，诞生了日本第一所，是以教授英国法为主的私立法律学校——专修学校。以目贺田种太郎为首的该校创始人大多具有留学美国的经历，因而其法学教育带有明显的英美法法学教育的色彩。英吉利法律学校也是在这一时期设立的。当时研究英美法的法学教育机构除了东京大学法学部以外，只有专修学校和东京专门学校。在明治维新后不长的时间里，当时的社会要求并非是深奥的法理，而是适合于国民法律应用的东西，因此，当时法律研究的少壮派们认为应该充分研究尊重经验、重视实际的英国法，英吉利法律学校就是由此设立的。值得注意的是，当时深受英国法教育影响的法学者并非反对法典编纂本身，而是站在英国法历史法学的立场上，强调法的民族固有性。因此，英国法学教育在明治早期，在继受法学教育中也具有重要地位。

德国法对日本法学教育的影响是在 19 世纪 80 年代后期。在明治法典编纂后期，日本制定和颁布了受德国宪法影响的明治宪法，随后发生的法典争论使日本法典编纂的继受方针由继受法国法转为继受德国法。在外国法的教学中也由过去主要借鉴法国法、英国法转为借鉴德国法，各个法律学校的外国法教学开始大量增加德国法的内容。

日本法学教育在接受外国法影响的不同时期表现出不同的特征。19 世纪 70 年代日本法学还是官学统一的局面，由于近代法典处于整备阶段，法学教育实际上是以教授外国法特别是法国法为主，虽然东京大学的法学教育以英国法为主，但从总体来看，法国法和法国法学占据主导地位。进入 19 世纪 80 年代，私立法律学校大行其道，由于日本旧刑法、治罪法典先后颁布，法学教育明显地增加了本国法的内容，但外国法课程仍然在法学教育中占有相当大的比重。围绕旧民法是否实行产生的激烈争论，可以说是日本法学教育中英国式法学教育和法国式法学教育对立的结果。

有学者指出，民法典的争论并非单纯的英国法学派和法国法学派在学理上的争论，英国法学派并非主张不要法典和法典继受，而是主张法律的民族固有性，反对旧民法模仿和直译法国法，实质是主张民族固有性的英国法学派和站在自然法立场上的法国法学派的论争。

虽然德国法和德国继受法学在 19 世纪末 20 世纪初占据了日本法制和法学教育的主导地位，但是却没有形成任何一所以教授德国法为主的法律学校，相反，却形成了以教授日本法学为主的日本法律学校，创设人大多都是东京大学或司法省学校的毕业生，大多有留学主要是留学德国的经历，他们设立法律学校的目的并非是教授欧美法律，而是研究、讲解包括日本法史在内的日本法学。创始人金子坚太郎在日本法律学校开学典礼上说："洋学固然重要，但学问的根本是作为日本人的自觉，故而必须将洋才和汉才结合应用，这样才能产生真正的、完全的日本法律。"这说明日本法学已经走上了建立在德国继受法学基础上的本国化道路，主要表现在以德国绝对主义为理论依据，服务于天皇绝对制和富国强兵的近代化路线。以日本实体法体系为内容，以解释学为方法，以普及法律知识和造就行政官僚和司法官僚为目标的法学教育开始兴起。到 19 世纪末，日本已经完成了开始于明治维新的近代化转变，近代法律体系基本确立和形成。此时的国立和私立法学教育已相当正规。

日本法学教育本国化的结果是产生了以解释法学和教授实体法为主的法学研究和法学教育，自此，法学教育的继受色彩日渐淡薄。

（二）日据时期台湾法学教育的产生发展

1. 日据前期

日据初期，日本殖民统治者就引进了西式的法院制度和民、刑事法律规范，但是始终没有着手培养台湾的法律人才。所以在前期，没有建立一所教授法律的学校。日据前期台湾的法律人才都仰赖日本的输入，在台湾的行政和司法官员也都是清一色的日本人。究其原因，是担心台湾人学习法律后，将可能诱发自由、民权意识，对抗殖民当局。[①] 直到 1920 年前后，才有少数台湾学生开始远赴日本学习法律。

2. 日据后期

1920 年以后，日本整个殖民统治政策调整为所谓的"内地延长"。1922 年，《台湾教育令》颁布，确立台湾学生与日本学生的地位平等，并决定在台湾设立高等学校。为了解决在台湾的日本人的高等教育问题，以及受到朝鲜"三·一运动"与京城帝国大学设立的影响，台湾总督府在日本文部省指示下，在医学、师范与其他工商职业教育之外，开始在台湾设置日式高等教育体系下的台北高校与台北帝国大学。1928 年 3 月 17 日，台北帝国大学依敕令第 30 号《帝国大学令》成立。自此，台北帝国大学文政学部政学科，成为日本政府在台湾统治期间提供法学教育的唯一机构，也是台湾当地第一个将日本明治维新以来继受自近代西方的法学知识引入并传承的教育机构。[②]

该校设立之初，是为了容纳、吸收高校毕业生，培养经营台湾的人才，同时也是为了抑制日渐兴盛的留学日本的风潮。但事实上，由于日本学生占据该校学生的大多数，所以台湾学生受教育的机会仍然非常有限，赴日留学的学生数量并未减少。

新成立的台北帝国大学由大学院（相当于现在台湾大学中的研究所，大陆称为研究生院）和学部组成。最初设两个学部，"文政学部"是传授人文社会科学的部门，设置文学科、史学科、哲学科及政学科，其中以政学科的规模最大。当时总督伊泽喜多男心中所谓的"法科"，非为养成"律师"的"法科"[③]，而系为养成"有儒学道义政治根基的人物"的"政学"，因而除加重一般法律科目外，更加入"东洋道德学"与其他文科科目作为兼修。

---

① 参见王泰升：《日治台湾的法律改革》，167～168 页，台北，台湾联经出版事业公司，1999。

② 参见刘恒文：《从知识继受及学科定位论台湾百年来的法学教育之变迁》，台湾大学法律学研究所 2005 年博士论文，22～23 页。

③ 陈昭如：《初探台北帝大政学科的法学教育与法学研究》，载台北帝国大学研究通讯小组编：《Academia——台北帝国大学研究通讯》，第 2 号，1997，13～68 页。

为刻意与过去一般"法科"作出区隔，台北帝国大学成立的是"文政"学部而非"文法"学部，设置的是"政学科"而非一般的"法学科"，法学专业归为"政学科"而不是"法学科"。这也体现了当时日本法学教育的目标，即偏重于培养行政官僚，而不仅仅是培养法律人才，而当时的社会现实是，行政或司法官员的社会地位要高于执业律师，所以政学科毕业生的第一选择往往是从政，其次才是执业律师。

依《台北帝大沿革史》的记载，台北帝国大学虽规划为"文科外加法科，理科外加农科"的综合性大学，设置"文政学部"与"理农学部"两部，但探究政学科存续18年来之学术研究成果，10个讲座中有7个属于"法学"的讲座，师生亦进行相当比例之日本法、欧陆法与台湾旧惯、台湾法制等之研究工作①，仍然是以法学专业知识为中心的知识规划。

台北帝国大学采取日本讲座之为核心的学制。讲座具有教学和科研的双重功能，若干讲座集合成为某个学科，若干学科又形成了某个学部。政学科是一个以法律学为主的教学研究团队，其开设的10个讲座中属于法律学领域的有7个，分别是宪法、行政法、法律哲学、民法民事诉讼法（一）、民法民事诉讼法（二）、刑法刑事诉讼法、商法，另外有政治学政治史、经济学（一）、经济学（二）共3个非法学领域的讲座，所有的讲座教授都来自日本。

日据末期台湾进入战时体制，战争打乱了正常的教学秩序，学校各项工作陷入停滞阶段。1941年日、美两国开战后，校内的日本学生须被征召服兵役，学校为此缩短了学习年限，以使学生提前毕业；校内还配有军训教官，参与学校管理中的相关问题；1944年，应台湾军方的要求，学生和教职员工也被征召服役，部分校舍还被辟为兵舍，台北帝国大学的校园也因此遭受了美空军的空袭。

（三）日据台湾法学教育的特点

1. 附属于日本法学教育

台北帝国大学政学科是近代法律在台湾施行三十多年后才出现的第一个传授近代法学知识的法学教育机构，它不但依附在二战前的日本法学教育中，且被置于殖民统治的架构下运作。可以说从体系到内容都是日式的，是当时日本法学教育的一部分。

台北帝国大学的师资与其他日本本土的帝国大学类同，绝大多数为来自日本的学者。他们大多在日本受过教育，取得学士以上学位，不少毕业自东京帝国大学法学部。还有4位具有法学博士学位的教师，均是时任或曾任东京帝国大学或京都帝国大学的教授，还有不少由日本派任至总督府法院的日本判官兼任。直到日据后期，才开始有少数台北帝国大学的优秀毕业生被留用任教。

在课程与教材方面，政学科所开设的课程科目与使用的教科书、讲义等学习材料，绝大部分与当时的日本帝国大学法科教育相似。在教学内容的设置上以传授日本法为主，而缺少对台湾本土议题的关注。法院判例的阐释则以大审院的为主。而实际上，由于当时台湾的民刑事案件不能上诉至日本的大审院，所以与台湾现实关系较为密切的民刑事判例都来自台湾总督府高等法院，而非大审院的判例集。

---

① 参见陈昭如：《初探台北帝大政学科的法学教育与法学研究》，载台北帝国大学研究通讯小组编，《Academia——台北帝国大学研究通讯》，创刊号，1996，10～71页。

就教授方法而言，台北帝国大学政学科和日本学界二战前的教学模式相同，以教师讲课、学生听课的授课方式为主，教师有体系地讲述各学科的基本概念和重要内容，学生只需抄笔记、背诵即可获取这些知识。基本上是强调法律学的训练，教师都以对现行法条的诠释、对法院见解的阐明作为教学的重点，比较欠缺对现行法律实务的批判性见解，较少鼓励学生的独立思考。①

台北帝国大学政学科毕业生如欲进入法律专业团体，其所需的知识或资格要求，与日本的法科毕业生的相关标准完全一样，并无二致，他们参加日本中央举行的统一高等文官考试，加入的是日本的法律专业团体。②

综上所述，在二战前，想要学习法律之人，无论是在日本本土或是台湾求学，都是从日本的角度来学习法律。以台北帝国大学政学科为代表的台湾法学教育从体系到内容都是日式的：聘任日本的学者任教，使用来自日本的法学教科书、按照日本学界的教学模式，学习日本的法学知识，毕业后参加日本统一的高等文官考试，进入日本法律专业团体从事法律执业。日本统治下台湾的法学发展，实为日本法学之一环，并未因其设置于台湾而有特殊化。③ 可以说，台北帝国大学是一所为日本而非为台湾存在的大学。

2. 落后于其他教育领域

日据时期，台湾的殖民统治者非常重视教育的作用，积极推进初等教育，但对高等教育尤其是人文社科领域里的高等教育一直采取审慎和压制的态度。法学教育作为高等教育的重要组成部分，直到日据后期才开始在台北帝国大学起步和发展，其主要目的是解决在台日本人的教育问题，毕业生主要充实进入行政官僚队伍而不是法律职业集团。因此，法学教育的产生和发展都较为滞后，其原因是这一策略始终服从于维护统治秩序的需要。

日据初期台湾即开办了国语讲习所、国语学校进行日语教育，1898 年设立公学校招收台湾儿童，设立小学校专收日本儿童，1944 年，统一改称国民学校。适龄儿童入学率逐年增长。日本殖民者积极推进初等教育，不是为了提高台湾人民的整体文化素质，而是要借此普及日语和以日本文化为主要内容的同化教育。因为，"凡得国须得民，而得民须得人心。若预得人心，首先，非得借沟通彼此思想的语言工具之力不可"④。总督府民政长官后藤新平也称："台湾教育始终不渝之目的为国语（指日语——引者注）普及。设立公学校的目的，乃为普及国语。"⑤ 在此方针下，台湾的初等教育得到了较快的普及。

日据时期中等教育在教学内容上侧重于台湾地方的需要，安排了许多实用的科目，其目的不在于鼓励升学，而是力图将台湾学生引到服务于社会的方向，以满足殖民建设对中低级人力资源的要求。日本人认为："将来台湾土人教育之至当措置为，以产业上技能教育

---

① 参见王泰升：《台湾法的世纪变革》，268 页，台北，元照出版社，2005。
②③ 参见刘恒文：《从知识继受及学科定位论台湾百年来的法学教育之变迁》，台湾大学法律学研究所 2005 年博士论文，24 页。
④ 吴文星：《日据时期台湾总督府推广日语运动初探（上）》，载《台湾风物》，第 37 卷第 1 期，1987。
⑤ ［日］井出季和太：《南进台湾史考》，122 页，东京，诚美书阁，1943。

为主，低度之普通教育为从，尽可能不施高度之普通教育。"① 可见，日本人的策略是侧重于培养一批既可资利用但又不至于妨碍殖民统治安定的中下层人才。

日据时期的台湾高等教育机构包括总督府医学校、农林学校、商业学校、工业学校等专科学校及台北帝国大学，其中总督府医学校早在1899年就已成立，农林学校和商业学校也在1920年前成立，而台北帝国大学却到1928年才得以成立。关于其设立的议题在岛内外曾有一番争论，赞成者认为台湾地理上接近华南、南洋，利于对该地区进行研究以配合日本南进的需要；反对者则是担心台湾人接受大学教育后会刺激其政治觉醒，对统治带来威胁，正如总督儿玉源太郎所说："教育不可一日忽视，然而徒为灌注文明，养成偏向主张权利、义务之风，将使新附之民，陷于不测之弊害。"②

然而，日本殖民者又考虑到台湾人转赴日本或大陆求学反而更不易控制，加之面临解决在台日本人高等教育的问题，最终同意开设大学。当时的《台湾民报》曾揭露说："台湾人近来的向学心日渐增加，而对高等教育的要求也愈迫切，然而台湾的学校教育不能满足学者的要求，所以多数的台湾学生不得不跋涉重洋到内地中国或外国去留学。对此现象当局者以为于统治上不便当，为欲阻止台湾青年到岛外留学，于是着意于台湾大学之建设。"③ 于是才有了岛内第一所综合性大学的建立。

综上，日本殖民者普及初等教育、设立中等教育是为了全面实施殖民同化、培养中下级技术人才，以利于殖民机关的运作和榨取台湾资源；而迟迟不设立高等教育尤其是法学教育，是担心刺激台湾人民的政治觉醒，威胁其殖民统治，最终开设，也是衡量了当时社会政治状况才采取的不得已之举。所以说，台湾法学教育的滞后发展是日本统治者以本国利益为中心，为了维护统治秩序，防范和打压政治、思想、社会、文艺方面的启蒙的结果。④

3. 不平等性

1922年以后，日本殖民者在台湾推行"内地延长"政策，在教育领域则实行"内（日本）台如一的教育制度"［即所谓的"内（日）台共学"］，在"日台共学"的同化政策下，台湾的升学体系与日本是贯通的，属于日本教育体系的一环。但在实际运作中，台湾教育体系内仍有许多不成文的种族歧视政策。日本人自中学校入学考试起即有非公开进行的特权，人口比例较低的日本人，占据了绝大多数的录取名额。⑤

台湾整个教育体系中的歧视政策也毫无例外地体现在法学教育当中，台北帝国大学是以提供在台日人高等教育为主要目标的研究型大学，招收的学生数量相当少，其中又以日本人居多，只有极少数台湾人得以进入台北帝国大学政学科。当时的生源有两大途径：首先是台北高等学校的毕业生以及直升的台北帝国大学的预科生；其次是在有余额的情况下，

---

① 吴密察：《从日本殖民地教育制度发展看台北帝国大学的设立》，载《台湾近代史研究》，160页，台北，稻乡出版社，1990。

② ［日］宿利重一：《儿玉源太郎》，335页，东京，国际日本协会，1943。

③ 《浪费的台湾大学》，载《台湾民报》，1929-03-17。

④ 参见《排斥愚民教育要求人格教育》，载《台湾民报》，1925-11-22。

⑤ 参见 ［日］派翠西亚·鹤见（E. Patricia Tsurumi）著，林正芳译：《日治时期台湾教育史》，102、103、136页，宜兰，仰山文教基金会，1999。

通过考试方式招收的专门学校（如台北经济、台中农林、台南工业等）的毕业生。台北帝国大学最初是为容纳台北高等学校毕业生而设，但实际的情况是，这些毕业生的首选往往是去日本的帝国大学就读，其次才是台北帝国大学。据统计，在台北高校准备攻读法科的毕业生中，2/3 进入日本的大学就读，仅 1/3 进入台北帝国大学。[①] 在当时有限的教育资源下，能读到台北高校、台北帝国大学预科或专门学校的学生已经属于极少数的精英，对台湾学生而言更是如此，所以能最后进入台北帝国大学的台湾学生就真是凤毛麟角了。

据当时的学籍资料显示，1928—1945 年间，台北帝国大为政学科的"正科生"（不包括选科生和旁听生）共计 394 名，台湾人仅 41 名，仅占 1/10，在入学率最高的 1934 年，14 名新生中也只有 6 名台湾人；到了 20 世纪 30 年代末 40 年代初，招生人数大增，被录取的台湾人却减少到了仅一两位甚至零。1944 年，整个文政部的学生中日本人有 166 名，而台湾人仅 3 名。[②]

这种教育体系里的歧视政策，带来的直接的后果就是迫使台湾学生通过其他途径寻求更多的深造机会。在学制流通、交通便利又免签证、护照等情形下，台湾的富有阶层逐渐发现，如果通过入学考试，就可在日本自由选择学校就读，从而避开在台升学不易的结构性障碍，追求更好更高的教育资源，于是台湾上层阶层赴日本求学的情形日益普遍。依官方统计，台籍学生留日人数由早期（1907 年）的 33 人迅速激增，至 1926 年，已激增为 860 人。[③] 而依《台湾年鉴》1943 年的统计，1937—1942 年台湾人留日学生人数，则由 2 822 人增至 7 091 人。[④] 无论推估人数究竟为 5 万或 6 万，在日本内地高等教育体系内毕业之台湾学生人数，实远远超过台湾高等教育培养出的一万多人之毕业人数。[⑤]

从台湾人接受日本法学教育的角度而言，在 1928 年台北帝国大学成立之前，即有不少台湾人赴日本攻读法政科系，也有取得法学硕士甚至法学博士者。台北帝国大学成立之后，赴日留学之风并未减缓。事实上，单是二战前在东京帝国大学攻读法政毕业的台湾人，即与台湾本岛所培育出的法政人才人数，约略相当。据有关人士推估，在日本各地接受法政学科高等教育的台湾学生，数量可能高达上万。其中，根据截止到 2005 年之尚不完整之统计，至少有近百人通过日本高等文官考试，进入日本官僚体系或是法律专业体系。此外，也有不少台湾人赴外地求学之记录。[⑥]

总而言之，从制度上看，日本在台北帝国大学文政学部政学科所实施之法学教育，是作为二战前日本法学教育的一个组成部分而产生和发展的。日本在台设置台北帝国大学时，并非为一般台湾人民的需求设计，人民也无从置喙[⑦]，而是完全从日本国的整体利益的考量

---

① 参见郑丽玲：《帝国大学在殖民地的建立与发展》，台北，台湾师范大学 2001 年博士论文，67 页。

② 参见台湾省行政长官公署：《台湾 51 年来统计提要》，1215 页，表 469，台北，自刊，1946。

③ 参见〔日〕吉野秀公：《台湾教育史》，247～248 页，台北，台湾日日新报社，1927。

④ 参见〔日〕向山宽夫著，杨鸿儒等译：《日本统治下的台湾民族运动史 上下》，1415～1416 页，台北，福禄寿兴业股份有限公司，1999。

⑤ 参见吴文星：《日据时期台湾社会领导阶层之研究》，124 页，台北，正中书局，1992。

⑥ 参见刘恒文：《从知识继受及学科定位论台湾百年来的法学教育之变迁》，台湾大学法律学研究所 2005 年博士论文，27 页。

⑦ 参见吴密察：《从日本殖民地教育学制发展看台北帝国大学的设立》，载《台湾近代史研究》，170、172 页，台北，稻香出版社，1990。

来设立的。在教育领域里不成文的歧视政策下，只有极少的台湾学生才能获得法学教育的机会，大量台湾学生被迫远赴日本的法科大学求学。所以，台湾社会法律专业人才的养成，实际上大部分仰赖日本的法学教育，而不是台湾当地的帝国大学政学科的培养。

虽然二战后的台湾实施去日本化的政策以及遣返日人的措施，法学教育按照中华民国学制实施转型，从师资到教学内容都去除了日本的影响，但是，日本法学教育依然不可避免地通过日据时期受过日本法学教育的台湾法律人，继续影响着二战后的台湾。日据时期，帝国大学政学科法律教师尽管在法学知识之教学上，以日本法学为中心，然而，在进行学术研究之研究主题选定上，仍会特别关注台湾本地的法律议题，进行本地研究。而在政学科兼任教职的总督府法院法官，基于其审判职务上之需求，对于当时台湾司法实务中所遭遇的法律问题，更是关心，亦有不少有关台湾特殊法制之重要论著产出。有些研究成果，例如关于台湾人亲属、继承旧惯之身份法研究或祭祀公业等部分，一直影响着二战后台湾的法律和社会。[①]

二、日本对台湾法律职业的影响

马克斯·韦伯认为法制现代化是"通过现代国家为实现它的权力要求同法学家结成同盟来达到的"。据其理论，法继受和法律变革，最后结局无非是实施法律的司法人员的变化，专制国家最后还是求助于法学家。[②] 可以说，裁判制度形成了制度的框架，而法律职业则是制度的具体运作者。探究日据时期台湾法律职业产生和发展的规律，同样也要以日本明治维新直到二战这一时期的法律职业的产生发展为背景和参照，否则就难以认清和理解在两地基本相同的制度和体系下，为什么台湾的法律职业另有其特点。

(一) 日本近代法律职业的发展及特点

法律职业，在英语中一般被称为"lawyer"，在德语中被称为"Jurist"，一般是指具有主宰法庭运行或者在法庭上发表辩护意见专门资格的人。与此相对应，在日本，具有这种专门资格的法律职业被称为"法曹"，主要是指受过专门的法学教育，具有专业法律知识，通过国家司法考试取得裁判官、检察官、辩护士资格的人。

1872 年，日本司法省制定了近代第一部统一规定裁判所制度的《司法职务定制》，首次规定设置裁判所（法院）、检事局（检察机关），并建立了代替当事人在法庭陈述的代言人制度，从而形成了近代日本裁判官（法官）、检察官、辩护士（律师）法律制度的雏形。

1. 司法官制度的建立

1786 年，日本公布了《裁判所官制》，规定了裁判官、检察官的任用资格和录用方法，并且明确规定了"裁判官除非受到刑事裁判或惩戒裁判，不得违背其意愿让其退官或受到惩戒"。这是日本第一次规定裁判官的身份保障制度。

1890 年，《裁判所构成法》公布施行，该法规定了判事、检事的养成和选任制度，他们必须经过两次考试才能够任官。第一次考试合格者，可以作为司法官试补，在裁判所、检

---

① 参见王泰升：《台湾法的世纪变革》，245～249 页，台北，元照出版社，2005。
② 参见公丕祥：《传统中国社会与法律：韦伯的理论分析》，载《法制现代化研究》，第 2 卷，288 页，南京，南京师范大学出版社，1996。

事局进行为期 3 年的实地研修（后来缩短为 1 年半）后，再进行第二次考试，考试及格的，方可具备司法官的任职资格；在职业保障方面，该法第 73 条规定，判事不接受刑法上的宣告，并不接受惩戒的处分，也不接受降职、转任、停职、免职的处分。此外，没有担任过一定年限的判事、检事、律师，不得补任控诉院判事、大审院判事。这就杜绝了行政官充任司法系统的上级官员，从而干预司法的途径。该法还进一步规定司法大臣的司法行政监督权不得干预执行裁判职务判事的裁判权，以保障司法官在业务上的独立性。1891 年 5 月，有关司法官录用的《判事、检事登用考试规则》也制定出台。[①]

2. 辩护士制度的形成

日本古代没有辩护士制度，但有类似于中国古代"讼师"的"公事师"。1872 年 4 月，日本公布了《司法职务定制》，规定了证书人、代书人、代言人等法律服务业制度。证书人从事对法律行为的认证业务，代书人从事诉讼文书的制作事务，代言人为被告人的权利辩护。当时的代言人无须特殊的资格，也无法律上的特权，还未形成一种专门的职业，社会地位很低下。

1876 年司法省公布了《代言人规则》，明确了对代言人实行许可管理的制度，开启了近代辩护士制度的序幕。据此，代言人应该具备以下条件：通晓布告/布达的沿革、通晓刑事概略、通晓现今裁判程序、本人品性和履历清白。合乎条件的颁发许可证书，并登记造册。代言人登记制度的实施，提高了代言人的地位，同时也要求其承担相应的责任。但当时代言人的诉讼活动仅限于民事领域。

1880 年，《代言人规则》修订，由过去的通过地方官检查授予代言人资格改为考试制度，并且规定了检事对代言人的监视权。代言人必须参加每个裁判所辖区的代言人组织，禁止私自结社。同年 7 月 17 日，日本第一部刑事诉讼法——《治罪法》公布，自此，代言人可以担任刑事被告人的辩护人，其执业范围开始从民事领域拓展到刑事领域。

1882 年 5 月，重新制定的《代言人规则》强化了代言人的选拔和管理，规定地方检事有权监督代言人，代言人资格考试由司法省出题，由检事负责考试和选拔，禁止私自结社和自行营业。

1890 年，日本公布的《裁判所构成法》、《民事诉讼法》、《刑事诉讼法》中开始正式以"辩护士"取代代言人的称呼。1893 年通过的《辩护士法》，标志着现代意义律师制度的正式建立。该法废除了对辩护士执业的地域性和审级的限制，以登录制取代了许可制；规定其必须到各个地方的裁判所名单上登记，在每个设立地方裁判所的地方设立辩护士会，该组织接受所属地方裁判所检事长官——检事正的监督。因此，当时的辩护士还缺乏后来《辩护士法》所反映的在野性。

1933 年 5 月 1 日，为了提高辩护士的地位和改进辩护士的事务管理，《辩护士法》再次修改，对辩护士会的监督由检事正变为司法大臣，但仍不承认辩护士会的自治权。

3. 二战前日本法律职业的主要特点

(1) 较强的官僚法曹色彩

日本 1786 年颁布的《裁判所官制》和 1890 年颁布的《裁判所构成法》虽然原则上确

① 参见丁相顺：《日本司法考试与法律职业制度比较研究》，21～22 页，北京，中国方正出版社，2003。

立了司法权的独立，司法官具有一定身份保障，其行使裁判权不受行政权的干预，但当时的日本司法权与行政权间仍然有着千丝万缕的联系：首先，司法官的人事任免权由司法大臣（司法行政长官）掌握，并受其监督。全国的裁判所系统都建立了司法大臣——各裁判所所长——一般裁判官的司法行政监督体系，使得原本应该独立平等的司法官却因为这种监督体系而形成了相应的身份等级制，司法官也被纳入整个国家的官僚体制当中。其次，在法律职业内部，根据 1890 年《判事检事等俸给令》的规定，大审院院长、控诉院院长、地方裁判所所长等司法管理职位在裁判所内部地位最高、薪俸最多，并且对一般的司法官具有命令权，从而也形成了裁判所内的身份等级制度。再次，官僚教育垄断了法律职业的来源。事实上，从 19 世纪 70 年代后，日本的裁判官、检察官大多是从明治政府开设的司法省法学校正则科、速成科，以及东京大学法学部、帝国大学法科大学等国家官僚培养机关的毕业生中任用的。可以说从培养教育环节就确立了一套官僚封闭体系。①

二战前日本司法官强烈的行政官僚色彩是由当时特定的政治、历史条件以及日本行政权与司法权相互依存、司法权从属于行政权的历史传统决定的。1889 年的《大日本帝国宪法》（明治宪法）规定："司法权以天皇的名义，依据法律规定，由裁判所行使。"三权分立的原则受到天皇名义的限制，国家的权力结构体现了宪政绝对主义的特征。1890 年的《裁判所构成法》虽然规定了近代化的司法体系结构，但是，该法是为适应天皇绝对主义前提下行使国家裁判权的需要而制定的，因此，绝对的司法独立是不可能的——"裁判官的人事管理以及其他的司法行政权，法院无权行使，而是由司法大臣负责管理，而且检事局也属于裁判所的一部分，裁判官与检事都属于司法官"。据此，司法大臣有权任命地方裁判所的预审判事，制定关于判事、检事考试资格的相关规则。绝对主义国家正是通过对司法权的事务管理和司法权的监督来加强对司法权的控制，以保证司法权服从于天皇的主权，反映了以天皇为核心的绝对主义权威与司法权独立的相对性以及行政权对司法权的优位。因此，二战前的日本虽然原则上确立了司法权独立，但是在国家内部权力关系上，司法权依然处于行政权的下位，受到行政权的指挥。

（2）在朝法曹和在野法曹的二元化结构

日本近代化过程中，保留了许多封建残余，在法律执业制度方面主要表现为在朝和在野分立的法制官僚制度。如前所述，日本法曹中存在着掌握国家公权力的裁判官、检察官即在朝法曹，同时还存在着不掌握国家公权力、代表当事人利益的辩护士——在野法曹。在朝法曹作为国家政策的实施者，从属于国家公职人员的序列，享有比较充分的保障，具有较强的官僚意识，形成了巨大的司法垄断和法律职业专断；在野法曹既没有来自国家的优厚待遇和保障，还受监督和业务范围上的限制，处于法律职业的下层。法律职业内部的"官尊民卑"可谓泾渭分明，从而形成了裁判官、检察官与辩护士的对峙局面。

在朝法曹和在野法曹分别代表了不同的利益团体，享有不同的待遇。除此之外，两类法曹在选拔和任用上也存在着不同的标准，适用不同的制度。在野法曹（辩护士）的选拔和任用是通过代言人资格考试（后改为辩护士考试）制度，而在朝法曹则通过专门的司法官考试。最初举办的是针对判事的录用考试，自 1886 年开始，司法官（裁判官与检察官）

---

① 参见丁相顺：《日本司法考试与法律职业制度比较研究》，22 页，北京，中国方正出版社，2003。

作为文官的一种，统一参加高等文官考试，合格后被任命为"司法官试补"，在实务部门实习 3 年后即可任官。1890 年，《裁判所构成法》开始实施后，司法官资格考试按照该法 58 条的规定，从文官考试中分离，即为判事、检事录用考试。这一考试从 1891 年持续到 1922 年。其间 1914 年，日本修改了《裁判所构成法》和《辩护士法》，辩护士考试与司法官考试归于统一，帝国大学毕业生在判事、检事以及辩护士考试和任用中的特殊待遇也被予以废除。随着国家统一考试的兴起，1918 年日本制定了《高等考试令》，"高等考试司法科考试"取代了《裁判所构成法》第 58 条规定的考试并于 1923 年正式实施。从此，高等考试司法科考试就成为法律职业共同的考试选拔标准。但在正式任官方面，仍然存在着在朝和在野的区别。要想成为判事、检事，除了在司法科考试中合格以外，还必须经过实务研修，并在研修后的第二次考试中合格方可任命为正式的检事和判事。而对于成为辩护士的合格者则没有研修和参加第二次考试的要求。1936 年以后修改后的《辩护士法》要求成为辩护士也要以"辩护士试补"身份进行一年半以上的实习，并考试合格。但在研修时，要成为在朝法曹者享受国家政府的补贴，而要从事辩护士职业者则没有这种待遇。

从上面法曹资格考试制度的发展过程可以看出，在判事、检事、辩护士三种法律职业制度中，出现了分立的考试和不同的选拔标准，司法考试的这种特点取决于判事、检事与辩护士在国家权力构造中的在朝、在野地位。1946 年以后随着司法考试和研修制度的统一，法律职业共同的选拔和任用标准逐步确立，法律职业共同体的意识得到强化，为二战后实行法曹一元化的奠定了基础。

（二）日据时期台湾法律职业的形成与发展

1895 年日本占据台湾之时，日本国内的法制近代化已经推行了近三十年，近代法学教育已经初具规模，培养了一大批法律职业人员，1890 年的《裁判所构成法》、1893 年的《辩护士法》等重要的法律已经在日本实施多年。而当时的台湾是一个典型的传统社会，没有近代意义的司法制度，也没有近代法律职业人员。因此，日本殖民者在台湾推行近代化的法律的同时开始引进日本的相关制度，输入日本的法律职业者。台湾的法律职业制度成为日本国内的一个部分。

1. 司法官

按照 1896 年的《台湾总督府法院条例》，在日据台湾，以"法院"、"判官"、"检察官"等称谓取代日本法上的"裁判所"、"判事"和"检事"。日据初期，由于尚不具备条件，所以暂未要求地方法院判官须具备判事资格，当时的判官大多由地方行政官出任。

但判官自 1896 年、检察官自 1899 年起，均需具备日本《裁判所构成法》所定判事或检事资格（在 1898 年《台湾总督府法院条例》修改之前，对地方院的判官暂不作此要求）。也就是说，担任判官、检察官的，必须通过日本司法官国家考试，再作为试补司法官受训一段时间才取得任职资格。因此，总督府法院判官、检察官的任用资格，大致与当时日本裁判所的判事、检事相当（只是没有《裁判所构成法》中规定的需要各具备 5 年或 10 年经历才可以任职于控诉院或大审院的限制）。在 1923 年以前，跟日本国内一样，台北帝国大学政学科毕业生不经考试即可进入试补（实习）阶段。①

尽管两地判官、检察官任用资格相似，但所享有的特别身份保障却不相同。日本的判事，除非受刑罚的宣告或惩戒的处分，或因身体或精神衰弱不能执行职务，经控诉院或大审院总会作出退职决议，不得任意使其转官、转所、停职、免职或减俸。而在台湾的判官，自1898年才仅有两种特别保障，即不得任意免官、转官，甚至在1919年之前，总督仍对其有休职权（休职期间仅付1/4薪水）。至于日本的检事，也有不得任意免职的保障；但在台湾的检察官则仅有一般文官的身份保障。

日据台湾的司法官，以日本人为主。二战前日本司法官大多由东京帝国大学毕业生担任，日据台湾也不例外，尤其是日据前期台湾的司法官大多出自东京帝国大学。虽台湾的司法官获得的身份保障较少，但加薪5成连带住宿、恩给等福利，足以吸引优秀者来台任职。不过，在台司法官也有相当部分是日本私立大学法科毕业生。由于在当时的日本私学出身的法律人，既使通过司法官考试，也很难被任命为社会尊崇的司法官，所以大多以辩护士为业，而当时的台湾给他们提供了一个担任司法官的绝佳机会。因此，在台湾的法官中，不少是原先台湾或日本的辩护士。②

2. 辩护士

日据之初，已将西方的律师制度引入台湾。自1898年即依府令《诉讼代人规则》，核准、许可不一定具备日本辩护士资格者担任诉讼代人，受当事人委托，在法院担任民事诉讼代理人或刑事诉讼中的辩护人。而1900年律令《台湾辩护士规则》，则规定依用日本《辩护士法》，要求台湾的辩护士须具备一定的资格，也即需要经过辩护士考试，或后来的高等文官司法科考试及格（同时具备司法官任用资格）。但原诉讼代人可以申请登录为辩护士。

1935年律令《台湾辩护士令》公布，明确依用1933年日本《辩护士法》，且与该法同时自1936年起施行。新法提高了对辩护士资格的要求：前项考试及格后，须到事务所实习一年半才能取得辩护士资格。③ 总之，除日据初期外，台湾的辩护士制度与日本内地实质上几乎相同。

相较于司法官，台湾人担任辩护士的相当多。最初在台担任辩护士的全是日本人，且大多出身私学。随着赴日研习法律的台湾人的增多，到1921年，终于有第一位台湾人——叶清耀，开始在台湾从事辩护士业务。日本关于辩护士资格的考试在20世纪二三十年代前半期曾放宽录取标准，导致全日本辩护士人数在此间约增加一倍半，而相应地，台湾的辩护士人数，也从1921年的59人，增至1934年的177人。其中，属于台湾人者，则从1位增至32位。这些台湾人辩护士，多数属于较难被任命为司法官的私学出身者，但也不乏帝国大学毕业生。到20世纪30年代后半期，日本的辩护士人数顿减，在台湾的日本人辩护士也如此，1945年仅剩109位。但台湾人辩护士却不减反增，1945年在台辩护士中有46位台湾人，台湾人辩护士的竞争能力相当强。

① 参见陈志雄：《日治时期的台湾法曹》，台湾大学法律学研究所1996年硕士论文，91页。
② 参见陈志雄：《日治时期的台湾法曹》，台湾大学法律学研究所1996年硕士论文，64、65、201页。
③ 参见陈志雄：《日治时期的台湾法曹》，台湾大学法律学研究所1996年硕士论文，116～121、157、263～265页。

此外，还有许多在台湾的判官或检察官（以日本人居多），任职一段时间后转任为辩护士，且深受一般当事人信赖。辩护士也是以在野法律专家身份，监督政府的作为。日据初期诉讼代人曾为了争取该职业团体及在台日本人的利益，批评总督府的施政，例如主张将日本《裁判所构成法》施行于台湾，借以谋求自身执业上的利益。总督府也曾以惩戒甚至驱逐出境的方式对付辩护士。

到 20 世纪 20 年代，由于包括台湾人在内的新生代辩护士的加入，在台辩护士的结构已产生变化。随着台湾人辩护士的发言权增加，台湾人的人权保障问题得到辩护士会较多的关注。例如台北辩护士会从 1928 年之后，即持续要求司法当局改善蹂躏人权情事。1931年，由全台各地过半数辩护士组成的台湾辩护士协会也强调：拥护本岛住民之权益，以期强化法治立国的基础。并在 1934 年"新营郡事件"中，成功地迫使警方释放了被不法逮捕的农民，树立了台湾辩护士"人权拥护者"的职业形象。①

3. 其他法律职业人员

（1）代书

代书一词，于清治时期原有两种意义：一种是得到清朝官府戳记，代人书写呈控于衙门的状纸以收取费用者；另一种则与代笔同义，只需识字即可，不必经官府核备，为他人书写土地或婚事等契字。日据时期因日本也有司法代书人制度，所以台湾延续清治时习惯，通常请司法代书人撰写诉讼书状、拟定契约条款。日本《司法代书人法》（1935 年更名为《司法书士法》），自 1923 年 4 月 1 日起才实施于台湾。依该法司法代书人（嗣后改称为"司法书士"）系受他人之嘱托，以撰写提出于法院及检察机关之书状为业之人。其须经过国家考试通过，以证明具有相当的法律知识，并经所隶属法院院长认可，方得执业。虽可以核定金额收取报酬，但不得逾越其业务范围干预他人间之诉讼或其他事件。其主要职责是为一般人拟定契约书，特别是因为日据时期的不动产登记须向法院为之。②

日据时期的司法书士，台湾人与日本人均有，但人数上台湾人占优势，且司法书士的数目远超过在台辩护士总数。1907 年全台有 791 名司法书士，而当时全台辩护士尚不及百人；于 20 世纪 30 年代，司法士大约维持五百人，辩护士却一直仅百余人。③

（2）公证人

日本自近代欧陆引进的公证制度，是为求确保私权而设立，所以也是法院办理司法事务的一环节。日据时期，1898 年规定，日本民商事法律中属于公证人的职务，暂由办务署（地方行政官员）执行之。自 1904 年起，依律令《公证规则》，公证事务由地方法院判官办理，但判官可请法院书记官代行之。日本《公证人法》从 1927 年施行于台湾。依该法，公证人可自设事务所执行公证业务，并向当事人收费。只在少数地方（台东、华莲港、马公），才由法院内书记官执行公证人的职务。当时全台公证人仅六七人，且似乎都是日本人。④

---

① 参见陈志雄：《日治时期的台湾法曹》，台湾大学法律学研究所 1996 年硕士论文，153～168、227～235、269～274 页。

② 参见陈志雄：《日治时期的台湾法曹》，台湾大学法律学研究所 1996 年硕士论文，183 页。

③ 参见王泰升：《台湾法律史概论》，2 版，245~~246 页，台北，元照出版有限公司，2004。

④ 参见上书，247 页。

（三）日据时期台湾法律职业的特点

日据台湾法律职业的产生和发展都深受日本的影响，尤其是在资格任用等方面，他们统一参加日本国内的考试，并按基本相同的方式和标准选任。但台湾的法律职业也有其突出的特点。

1. 服务于日本殖民统治的需要

日据时期台湾法律职业的发展呈现出若干不同于日本国内的特点，如在规模、数量、人员的任用、司法官身份的保障以及独立性等方面都不及日本国内。这是由占据台湾的日本殖民者的统治需要决定的。

（1）司法资源的有限性

在日据前期，台湾总督府在一定程度上基于经费的考虑，不太愿意任用足够的法律专业人员；直到1919年之后，司法官的人数才逐步增加。在1898年的司法改革中，总督府法院内的判官及检察官，约有半数去职。在1902年日本当局大举肃清台湾人"匪徒"之后，法官及检察官在殖民统治上的利用价值已经降低，其总人数在1904年已经有所降低，且可能为了既在一定程度上控制司法权又节省开支，从1904年至1911年，总督府派遣若干未经合格法律专业训练的书记或警部，代行地方法院检察官的职务，待1919年改为三审制时，法院内判官及检察官的人数才大幅增加。[①]

以法官人数与总人口的比例而言，日本政府对台湾的司法投资显然不足。在台湾平均约每十万人可分配到一位判官，但在日本平均约五万人即能分配到一位判事，显然台湾的司法不如日本国内受重视。其实日本国内判事与总人口之比，较之当时的欧美重要国家已经是比较地落后了，而台湾尚且落后日本一倍，可见台湾判官人数之少。[②]

（2）行政权对司法官独立行使职权的干预

日本殖民者将台湾的司法系统视为其殖民统治的工具，一直通过各种途径加强对司法权的控制，除了在人事方面大量任用日本人外，加强对司法人员行使权力中的行政监督和干预，甚至允许行政人员代行检察官的职务。

二战前，日本的司法裁判权经常受到代表行政机关的司法大臣的所谓司法行政监督权的干预。日据时期的台湾，是由总督府内法务部（课）主管司法行政监督事务，对司法权独立具有同等的威胁性。1891年日本发生的大津事件[③]中，大审院院长儿岛惟谦成功地抗拒了内阁的干预，从而确立了审判独立的传统；与此相反，1897年台湾高等法院院长高野孟矩，为审理总督府高官涉嫌贪污案，竟被日本内阁停职甚至免官。此后，虽然总督府给予判官两项特别的身份保障，但仍然会以"内训"提示判官如何行使司法权，强调司法官与行政官的"相倚相扶"。直到1919年司法改革，总督的休职权被废止，受日本国内审判独立影响的年轻法官渐多，才朝向审判独立发展。日据时期台湾检察官行使职权一直也受到上级检察机关甚至行政机关（总督）的指挥和监督。1896年《法院条例》第7条明确规

---

① 参见王泰升：《台湾日治时期的法律改革》，163页，台北，联经出版事业公司，1999。
② 参见上书，166页。
③ 1891年5月11日，访问日本的俄国皇太子在大津市被杀，大审院院长儿岛惟谦坚决抵制明治政府对该案的干预，最终以谋杀（未遂）罪而不是内阁所希望的大逆罪量刑，判处被告无期徒刑。

定，警部长或警部暂代地方法院检察官职务。1904 年至 1911 年间，一直由法院书记官或警部代行地方法院检察官职务。到 1927 年司法改革，还保留警视或警部就属于地方法院单独部的案件可以代行检察官职务的法律规定，一直到日据晚期。①

2. 对台湾人的歧视待遇倾向

任用司法官机会上的不平等，是整个日据时期日本人对台湾人的诸多不公的表现之一。由于政府内高层官员几乎都被日本人垄断，台湾人官员在升迁时时常受到歧视②，法律职业领域也不例外。

如前所述，日据时期台湾的司法官中，日本人占了绝大多数。以 1943 年为例，台湾总督府法院的 66 位判官中，只有六七位是台湾人（约占十分之一）。而检察官 33 人中，竟没有一位是台湾人。③ 这些来台的判官，大多原在日本内地任职判事，尽管台湾对判官的身份保障不如日本国内，但好在有加薪 5 成连带住宿、恩给等福利的优厚待遇。还有一部分原是日本的辩护士，选择来台湾是因为有更多成为判官的机会。至于台湾的检察官，大多是原在日本任职的检察官，有些则是由在台湾的判官或辩护士转任的。④

台湾人在清末还没有研习西方式法学，也不懂日文，所以一直到 1910 年以后，才有第一位担任台人判官的台湾人——黄炎生。由于教育体制上的歧视，台湾人极少能进入台北帝国大学政学科，使得其未来任职司法官的机会更为渺茫。但情况到了 1920 年以后有所改变，不少台湾学生赴日本攻读法科并通过了国家考试，从 1923 年司法科考试开办至 1930 年，通过的台湾学生已经有 26 人之多。⑤ 在 20 世纪三四十年代，台湾人法科生渐增，尽管日据后期台湾并不缺乏司法科考试及格的法律人，但却很少被日本政府任用为试补司法官而最终成为判官或检察官。

台湾人从未在台任职检察官，根本原因是日本统治者对台湾人不信任。日本在台湾统治当局不放心台湾人在台湾从事检察官的工作，因为台湾的检察官在维护公共秩序方面，通常与警察系统密切合作。检察官对警察有广泛的指挥权，几乎相当于高阶的警官（依照法院条例的规定，警部可以代行地方法院检察官的职务）。既然没有任何台湾人，可以在警察系统里被提升到高层次的警视或警部，似乎也不容许台湾人担任与警视或警部相当的地方法院检察官。尤其是检察官负责具有高度政治色彩的思想控制和维护统治秩序的工作，使得台湾人更无缘担任检察官。⑥ 类似的情形也出现在当时日本统治下的朝鲜。尽管 1910 年的日韩合并条约规定日本政府在情况许可时任用合格的朝鲜人为帝国官吏，但直到 1945 年，朝鲜人检事的数目仍与合并前的 1909 年几乎相同，只占到很小的比例。而同时期，在朝鲜的日本检事的数目，已是 1909 年的两倍。⑦

---

① 参见［日］鹫巢敦哉：《台湾警察四十年史话》，285 页，台北，自刊，1938。
② 参见王泰升：《台湾日治时期的法律改革》，176 页，台北，联经出版事业公司，1999。
③ 参见陈志雄：《日治时期的台湾法曹》，台湾大学法律学研究所 1996 年硕士论文，139～140 页。
④ 参见王泰升：《台湾日治时期的法律改革》，177～178 页，台北，联经出版事业公司，1999。
⑤ 参见吴文星：《日据时期台湾社会领导阶层之研究》，台湾师范大学历史学研究所 1986 年博士论文，190 页。
⑥ 参见王泰升：《台湾日治时期的法律改革》，177 页，台北，联经出版事业公司，1999。
⑦ 参见上书，177～178 页。

台湾人在与日本人的竞争中的不利地位，使得大多通过国家考试的台湾的法科毕业生转而投向相对较少地受官方的影响，也不必受官僚体系内差别待遇歧视的辩护士职业。而且，台湾人辩护士还可以借助自身的语言优势（大多台湾人都会讲福佬话或客家话）与委托人沟通，更可借助当地的社会关系网络拓展案源，以此与日本人辩护士竞争。1920 年后，台湾人辩护士数量激增，1935 年，已增至 32 人，日本人辩护士为 145 人，有一部分日本人辩护士已经感到其业务受到台湾人的严重威胁；到日据时期结束的 1945 年，台湾人辩护士已达 46 位，而日本人辩护士则缩减到 63 位。[①]

第六节
日本法对 1945 年后的台湾法律发展的持续影响及其评价

一、日据时期法律制度在 1945 年后对台湾的持续影响

1945 年，台湾作为战败国日本的殖民地域，依《开罗宣言》归还中国。同年 10 月 25 日，台湾省"行政长官公署"宣称，中华民国法令自是日起，均适用于台湾，至于原有的日据时期法令，则"除与我国（指中华民国——引者注）法令及'三民主义'抵触以及压榨钳制台民者外，其余法令，如系保护社会一般安宁秩序，确保民众权益，及纯属事务性质者，业经布告周知，暂仍有效"[②]。

到一年后的 1946 年 10 月 25 日，日本施行于台湾的两千六百余种法令已遭废止，仅剩暂行保留的 236 种法令；此后台湾所有的法律事务均须依中华民国法，除非某事项为中华民国法所未规定，才准于原日据时期法令许可之范围内，暂依管理办理。[③] 1949 年年底国民党迁移至台湾，中华民国法施行于台湾并延续至今。

1945 年后的台湾百废待兴，国民党当局试图去除日本殖民统治给台湾社会带来一系列影响，掀起了去日本化和中华传统文化复兴的运动，然而日本 50 年的殖民统治的影响在一定时间、一定程度上依然存在，在法律领域，虽然从表面上看，施行于台湾地区的法律，自 1945 年起已改行中华民国法，但由于历史的巧合和偶然，中华民国法与近代日本法之间十分地相近，因而，实际上原有的日本法律规范仍在相当程度上发挥着影响和作用。

（一）民国法律与近代日本法之间的渊源关系

日本明治维新成功地实现了法律的近代化，并借此实现了废除领事裁判权的目标，引

---

①　参见王泰升：《台湾日治时期的法律改革》，179 页，台北，联经出版事业公司，1999。

②　台湾省行政长官公署布告，署法字第 36 号，载《台湾省行政长官公署公报》，第 1 卷第 6 期，1 页，1945。

③　参见台湾省行政长官公署：《台湾省行政长官公署施政报告——台湾省参议会第一届第二次大会》，台北，285 页，1946。

起了同样遭受领事裁判权之苦的中国的关注。于是清廷不仅派遣许多留学生到日本学习日式的近代西方法，还聘请了许多日本学者来中国讲授近代西式法律、编纂近代法典，3 位日本法学者——冈田朝太郎、松冈义正和志田钾太郎，分别负责起草清末的刑法典、民法典和商法典，所以清末的近代西方式法典的编纂，深受日本的法学者及法律资料所影响。这些继受自西方法的民刑事法典草案，大多是效仿日本相关的大陆法系法典而来，只作部分修改以适应某些中国的传统与较新的大陆法系理论。但这些草案直到 1912 年清朝灭亡之时，也没有来得及颁布实施。此后新成立的中华民国，又陆续进行了一些立法活动。在这一时期的刑事法律规范中，可以找到许多日本明治时期的刑事特别法规范。1914 年（民国三年）北洋政府制定的《治安警察法》，即以日本 1900 年（明治 33 年）制定、并于 1923 年开始延长施行于台湾的《治安警察法》为蓝本，主要用于限制政治结社与集会。

1928 年，国民政府取代北洋政府之后，参酌和仿效最新的西式法典（尤其是 1900 年的德国新民法典），对原先的近代法典草案作了若干修改后予以公布施行，于是大多数近代法典开始陆续施行，而日本法典在形成过程中也是以效仿德国法为主；自清末编纂法典草案开始，中国就大量采用和沿袭日本法上一系列法律名词（例如"法人"、"法律行为"等，事实上这些名词大多来自日本对德国法典中相关概念的翻译）及法学理论。由于共同的渊源和影响，南京国民政府所公布施行的中华民国六法体系从概念到制度甚至理论，都具有浓厚的日本法色彩，如日本 1938 年制定了《国家总动员法》，而当时的南京国民政府也于1942 年制定了《国家总动员法》，其立法目的及其他内容都与前者相似。

因此整体而言，二战前的民国法典深受日本近代法的影响，并与二战前日本法典非常相似。所以，1945 年以后，施行于台湾的民国时期的法律制度，因与日本法密切的渊源关系，使得二战后的台湾在法律领域的相当一部分制度和内容并没有实质性的改变，尤其是民商法领域。换言之，日本法对台湾的影响，经由民国法律制度继续在台湾地区延续着。

（二）日据时期法律制度对 1945 年以后的台湾社会的持续影响

日据时期台湾法对 1945 年以后的台湾的影响是广泛的，其在民商事、刑事法律以及司法领域都有一定的表现。

1. 民商事领域

可以说，日据时期台湾的民商事领域的法律制度，为 1945 年以后台湾民商法的施行奠定了基础。民国民事法典中有关不动产及商事组织与交易的法律，与日本法的相关规定十分近似，且在台湾已被人们广泛适用了二十多年，所以后来这些制度的实施顺利，没有遇到任何障碍。特别是日本人所遗留的完整的全台湾不动产权利登记，对于中华民国民法物权编的顺利实施，提供了保障。① 依台湾地区民法及土地法的规定，不动产物权的得丧变更，原则上必须经过向官方办理登记始发生法律效力和具有公信力。据此任何人与登记簿上的权利人进行交易时，都将受到法律的保护。因此日据时期遗留的这套制度及相关资料，对 1945 年以后的台湾社会经济关系尤其是土地关系的稳定奠定了基础。

---

① 参见温丰文：《日据时期台湾的土地法制》，载《台湾法制·百年论文集》，502～506 页，台北，台湾法学会，1996。

2. 刑事领域

日据时期某些关于犯罪控制的日本式制度，1945 年以后仍留存于台湾。如时据时期台湾犯罪控制体系中的重要制度——警察官署犯罪即决制，虽然没有为国民政府所直接继受，但中华民国法制内仿效自日本的《违警罚法》（即对于轻微的违法行为——"违警行为"，不经司法程序，即由警察官署依即决程序予以处分，科以拘留、罚锾、罚役、申诫等处罚）却早已存在，并一直施行。1980 年"中华民国大法官会议"解释第 166 号，认定"违警罚法"关于得由警察官署为拘留、罚役的裁决的规定，已违反"宪法"第 8 条所规定的人民身体的自由权，非由法院依法定程序不得审问处罚，这一制度才告废止。另一个由日本在台统治当局发展出的特殊的犯罪控制手段——《浮浪者取缔》制度，也在更名为《检肃流氓办法》后继续援用。

3. 司法及法律职业领域

如前所述，由于日据时期台湾的法律职业者都具备日本近代法的知识背景，且大多出自日本内地的法科大学，通过日本的法律资格考试，因而深受日本近代法及其观念的熏陶，虽然在日据时期难以在法律执业队伍中占据主流，但 1945 年以后，随着大量日本籍法律职业者撤离，遗留的台湾当地的法律职业者，却在日后的执业中不可避免地延续了日本法的影响；来自大陆的司法官也不例外，正如受国民政府邀请担任司法行政部顾问的美国法学家庞德，在 1947 年曾指出的：大部分的国民政府法官受日本影响，间接受德国影响。因此，后来赴台的大陆法官也在不自觉中延续着日本法对台湾的影响。直到今天，台湾法院的判决书的写作模式，也依然是日本式的。[①]

二、对日本主导下的台湾法制的总体评价

要对日据台湾 50 年的法律制度作一个全面的评价，应当从形式和实质两个方面进行。一方面，日本殖民者在相当程度上引进了西方近代的法律概念和法律制度，引发了台湾社会传统法律文化的转型；但另一方面，日据时期的台湾法又具有服务于殖民统治和经济掠夺的目的，因而充斥了殖民歧视和不平等的内容，从而只具有有限的近代性。

（一）日据时期是台湾法制近代化的开端

日据 50 年，日本殖民者在民商事、刑事、诉讼、司法和法学教育等领域逐步推行日本式近代大陆法系的一系列制度，使得台湾逐渐脱离传统中国的法律文化，并早于大陆开始了法制近代化的历程。

在刑事法制方面，日据前的台湾沿袭传统中国的法制，将刑罚分为五刑，即死、流、徒、杖、笞。在定罪量刑时，往往依照行为人或受害者的身份，进行差别性的处置。在日据前期，施行于台湾的近代法的内容主要以日本刑事法律和诉讼法律制度为主。如，1896 年律令第 4 号规定："在台湾之犯罪依帝国刑法处断之，但其条项中对于台湾住民难以适用者，依据特别之规定。"1898 年《有关民事商事及刑事之律令》、1908 年《台湾刑事令》也

---

① 参见［美］庞德著，张企泰译：《司法行政部顾问庞德法律教育第一次报告书》，载《中华法学杂志》，第 5 卷第 8 期，1947，74 页。

相继规定了依日本帝国刑法处断的原则。可见，当时日本的近代刑法制度已因律令的规定而大部分地实施于台湾，近代大陆法系的自由刑及财产刑，也在这一过程中被引入台湾，而且在 20 世纪 20 年代之后，大致上已不再因身份差距而有所区别。

此外，1899 年律令第 8 号也规定，台湾人的民、刑事诉讼案件，依日本当时的民、刑事诉讼法。此外，《刑事诉讼费用法》、《治安维持法》、《有关暴力行为等处罚法》、《刑事补偿法》等也先后在台湾施行。

在民商法制领域，传统台湾社会大多数民事事项由各地习惯加以规范，官府颁布的大清律例中有关户婚田土的规定仅在一定范围内发挥作用。日本殖民者在日据初期依用旧惯过程中，就开始用近代大陆法系的理念对旧惯进行诠释、改造，最终在 1923 年顺利地将日本明治民法除身份法外的部分实施于台湾。商法也随之施行，除公司法和破产法之外，还有特许法（专利法）、著作权法、商标法等。近代大陆法系的财产法和商事法也逐步取代台湾旧惯，成为台湾社会中有效实施的实定法。

在司法领域，传统中国法的特点是，司法裁判事务由行政官员兼理，小案由下级官员裁决，大案由上级官员或皇帝裁决，司法权与行政权不分且依附于行政权。而近代西方法，则基于权力分立的理念，设立专门的机关，由专门的职业者独立地进行司法裁判，并设置多重审级以保障人权。

台湾总督府于 1896 年 5 月首次在台湾建立了独立于行政机关的近代普通法院，采三级三审制，并在一定程度上赋予法官优于一般公务人员的身份保障。1928 年设立的台北帝国大学文政学部，开启了台湾近代的法学教育，培养了一批近代法律专业人员。

总之，随着一系列日本近代具有大陆法系法特点的法律制度在台湾的施行，台湾社会沿用两百多年的民刑不分、以刑为主，行政、司法合一的中国传统法律制度逐渐退出历史舞台，代之以日本式的近代六法体系、专门的司法体系以及专门的法学教育体系，标志着台湾法律近代化的开始。

（二）日据时期的台湾法体现了有限的近代性

日据期间，台湾虽然在相当程度上引进了日本的近代法律制度，但这并不意味着台湾法律全面的近代化。

日据台湾的法律变迁与日本明治维新以来的法律近代化有着根本的不同。众所周知，日本法律近代化最初是为了摆脱列强的领事裁判权而掀起的一场自上而下的变革，其目的是争取国家主权的完整和国力的提高；而日据台湾是日本的殖民地域，日本殖民者与台湾人民之间是一种完全对立的利益关系，作为主宰的日本殖民者在一切事务中占据主导地位，如何尽快驯服台湾人民、维护殖民统治利益是其制定政策的最根本的出发点。广大的台湾人民作为被殖民、被奴役的对象，对台湾的制度设计根本无从置喙。日本殖民者为了维护统治秩序，在推行专制、独裁政治的同时，充分利用法律这一统治工具为其服务，因此，日据时期的法律制度的实质内容都是根据日本在不同时期的殖民统治需要而产生的，这就决定了日据时期台湾法律制度有限的近代性特征，这些特征突出体现在一系列的特别法和特别条款中。

1. 建立在专制、独裁基础上的殖民法

明治维新以来，日本国内从中央到地方早已实行议会政治、责任政治、法制主义、权力分立等宪法原则，但这些都未适用于台湾，即使在后期推行"内地延长"政策的背景下，台湾的经济、教育已与日本国内同化，而政治领域仍然没有实施"内地延长"。因为经济及教育领域里的同化政策符合日本殖民者的利益，而政治领域的不同化则是维护上述利益的武器。① 台湾总督一人独掌行政、立法、司法大权，肆意制定剥夺台湾居民生命、财产，限制台湾人民自由的各种殖民法令。而台湾虽在日治时期引进西方法制，但至 1919 年为止，审判独立的程度仍十分有限。就重大刑案来看，司法检察体系在一定程度上仍须听命于行政机关。台湾人民也没有表达其意见和意志的自由，因为台湾没有一家台湾人发行的日报，而全是日本人控制的日文报纸。没有新闻出版权，据 1900 年的《台湾新闻出版规则》，在日本国内已出版的出版物在台湾出版也受限制；又据同年的《台湾新闻纸条例》，台湾新闻的发行业与日本国内的申请主义不同，必须经过总督的许可。②

2. 蔑视人权的严刑峻法

日本殖民者在刑事领域采取严刑峻罚、威吓报复的政策。日据前期整个施政中心都放在铲除抗日武装力量方面，为了镇压抗日分子，日本在台湾设立了其国内早已取消的临时法院制度，总督府可以随时根据需要开设临时法院，审判政治犯，且实行一审终审制。该法院曾创下一次判处近千人死刑的记录，讨伐过程中的杀戮还未算在内。③

日本殖民者还恢复了传统中国的保甲制度，保甲直接受警察指挥，采连坐责任；制定漠视西方罪刑法定主义的《匪徒刑罚令》，削弱对匪徒罪嫌疑人在刑事程序上的保障，并在相当长的时间内维持了笞刑的体罚方式；1906 年台湾总督府颁布了《台湾浮浪者取缔规则》，对无一定居所、无固定职业，而有妨害公安、扰乱风俗之虞者，予以诫告，仍不改正的，强制就业。据此，警察官署认定某人为浮浪者后，纵使其尚未犯罪，而仅有犯罪的可能，也可遣送到固定场所强制劳动，实质上是对未犯罪的人进行限制人身自由的处分，而且实际处分期间比大多数经法院判决的犯罪者科处的刑期更长。整个过程毫无司法救济可言，严重地侵害台湾民众的人权。

日据时期的大多数案件都是由警察官署依《犯罪即决例》处断，只有少数重罪案件，才有机会经过法院的正当程序审判。1896 年，日本殖民者据台后第二年，就发布了《犯罪即决例》，将原属司法机关的犯罪惩治权限授予警察机关，由其就轻罪案件不经司法程序径行裁决。实质上是沿袭封建社会行政、司法不分的裁决制度，剥夺了犯罪嫌疑人司法救济权，严重违反近代法中的正当程序要求。1904 年恢复传统的笞刑以后，同年又扩大犯罪即决的范围，使得高阶警官在《犯罪即决例》允许的范围内，可自行定罪、自己执行（笞刑及罚金）。

据日本刑事诉讼法，日本国内的检事（检察官），对于逮捕或接受的现行犯或嫌疑犯，应于 24 小时内讯问。但该法施行于台湾时却规定了长达 10 日的期限。另外，日本的司法警察官在逮捕、接受现行犯或被拘提的嫌疑犯后，应在 48 小时内送交检事，而在台湾则定为 7 日以内。④ 面对同一法律与同一情形，台、日两地的适用期限却是天壤之别，足见日本

① 参见［日］矢内原忠雄著，周宪文译：《日本帝国主义下之台湾》，201 页，台北，海峡学术出版社，1999。
② 参见上书，196 页。
③ 参见黄静嘉：《春帆楼下晚涛急——日本对台湾的殖民统治及其影响》，328 页，北京，商务印书馆，2003。
④ 参见戴炎辉等：《台湾省通志稿》，卷三·政事志制度篇，第 2 册，45～46 页，台北，成文出版有限公司，1955。

人对台湾民众人权的蔑视程度。

3. 充斥着歧视和差别待遇的殖民法

日据时期台湾法律制度中对台湾人民的歧视和差别待遇，集中体现在殖民特别立法当中，以刑事领域为最。如《台湾鸦片令》、《匪徒刑罚令》、《罚金及笞刑处分令》等都是针对台湾人的法律制度，保甲制度也以本岛籍民为（台湾人）对象，对于在台的日本人则不适用。以《台湾鸦片令》为例，日本国内禁食鸦片，而台湾的日本殖民者为了攫取鸦片专卖的利益，却以该法允许台湾人经特许后吸食鸦片，而在台的日本人则不在此列。不仅如此，还采取严厉措施保护日本人，防止其染毒。①

尽管民事领域为"内地延长"的典范，自 1923 年 1 月 1 日起，大部分的日本民法（亲属、继承编除外）、商法及附属法都已施行于台湾，但法制上的种族歧视依然存在，婚姻制度上一直存在歧视和差别。1933 年后虽然认可了"内台共婚制"，但又限定台湾女子只能嫁给"不在军籍，或限于无服兵役义务者"的日本人。②

在司法领域，日本内地的《裁判所法构成法》一直没有施行于台湾。1896 年的《台湾总督府法院条例》也未就法官的身份保障作任何规定。1898 年该条例改正后，虽然规定了"免官"和"转官"两项保障，但同时规定总督府享有对判官的"休职权"，法官的审判独立毫无保障。高等法院院长高野孟矩依法独立行使审判权，最终被总督府免职就是最好的例证。1919 年后，总督的"休职权"虽被取消，但日台两地法官的身份保障差距仍然很大，在日本内地法官具有的 5 项保障中，台湾的法官仍缺少"转任"和"减俸"的两项保障。此外，有关法官惩戒的规定在两地也有相当的差别。

在法学教育、法律执业人员的选任等方面，台湾人也受到严重歧视。日据时期岛内最重要的法学教育基地——台北帝国大学文政学部，绝大多数招生名额被在台日本人所垄断。据统计，在推行"内地延长"多年之后的 1944 年，岛内的台湾人数量是日本人的 15 倍，而台北帝国大学共 357 名在校生中仅 85 名台湾学生，文政学部台湾籍学生仅 2 名。③ 在司法官的选任上，直到 1931 年才出现了第一位台湾籍法官，到日据末期的 1943 年，总督府法院仅有 1/10 的台湾籍法官，而检察官中则没有一位台湾人。④

尤其值得一提的是，日据时期推行"汉藩分治"的政策，在汉人居住区尚有法可依，而台湾最早的居民居住的"藩地"，则被视为不必依法律治理的地区，由"理藩"警察主宰一切，施行"氏族的家长制"，无异于"中世纪的独裁王国"⑤。台湾最早的居民的民刑事案件，实际上由警察或官厅酌情处断，为日本人恣意压榨和役使台湾最早的居民的物力、人

---

① 参见黄静嘉：《春帆楼下晚涛急——日本对台湾的殖民统治及其影响》，177 页，北京，商务印书社，2003。

② 许介鳞：《殖民地法制的不平等本质》，载《海峡评论》，第 177 期，2005；中日网：http://www.sjhistory.net。

③ 参见黄静嘉：《春帆楼下晚涛急——日本对台湾的殖民统治及其影响》，330 页，北京，商务印书馆，2003。

④ 参见王泰升：《台湾法律史概论》，236 页，台北，元照出版有限公司，2004。

⑤ ［日］盐见俊二：《日据时代台湾之警察与经济》，载《台湾经济史》，第 1 集，133 页，台北，台银经研室，1957。

力提供了方便。

综上，不难看出，日据时期的台湾法律制度，尽管具有近代西方法律制度的形式，但其实质内容中有相当一部分与近代西方方法所主张的自由、平等、人权等一系列原则背道而驰。尤其是，它是在殖民者专制政治下，全然由日本统治当局基于殖民者利益制定的，体现的是占台湾社会少数的日本殖民者的利益，因而是殖民者强加给台湾人民，镇压、掠夺、同化台湾人民的"恶法"。即便是在"内地延长"后实施的一系列日本式的民商事法律制度，也是出于加速日本对台湾资源的掠夺和配合帝国主义的扩张，让国内三菱、三井等垄断资本进入台湾寻找投资市场的需要。而且事实上，还有不少具有进步意义、已在日本国内实施的法律制度，如普通选举制度、行政诉讼制度、陪审制度、恩赦令、少年法、儿童虐待防治法等等，一直未实施于台湾。到日据后期，尤其是 1931 年"九·一八事变"到 1937 年"七七事变"前后，台湾逐渐被纳入日本帝国的战时总动员体制中，重新恢复武官总督制，其法制也随之走向法西斯主义，台湾人民也从此被带入战争的深渊之中。因此，从根本上来说，日本殖民者在台湾推行法律制度，仅仅是一种有限的近代化。

结　论

客观而言，日本 50 年的殖民统治，对台湾的社会、经济、文化等各方面，产生了一定的影响。日本在台湾推行的近代法律制度，使深受中国传统熏染的台湾社会的法律制度开始向近代西方大陆法系的法律制度转型，在一定程度上推动了台湾资本主义经济的发展，为国民党政府去台后实施其大陆法系的整套近代法制奠定了基础。

但我们不能只看到结果而忽视了成因，日本殖民者在台湾推行近代法律制度是有其特定的社会背景和主观动机的，最终目的是最大限度地对台湾人民进行经济剥削、资源掠夺和殖民同化，最终使台湾成为日本资本主义发展的原料供应地与产品销售市场，为日本的"富国强兵"积累实力。台湾经济发展受益最大的是日本，饱受剥削的是台湾人民。台湾人民在这一过程中遭受着强权统治的屈辱并付出了血与泪的代价。

业已西化的日本从一开始就视台湾为"未开之国土"、文化落后地区，并试图对台湾人民"广被文明之德泽"[①]。他们积极推进的法律制度的近代化，是其同化的重要内容和步骤，其最终目的是要抹去台湾作为中国传统文化一部分的历史文化特征，将台湾人民同化为日本的"忠良臣民"，以"奉献"其人力、物力、资源，供日本扩张帝国势力。

尤其是，牵涉台湾大多数人利害关系的法律制度，是在日本殖民者主导下强制推行的结果而没有台湾民众的主动参与。[②] 日本殖民者是从自身利益出发，单方面地将改造法律制度的意愿强加到台湾人民头上，而没有，也不可能站在台湾人民的立场上考量。在传统向

---

① ［日］竹越与三郎：《台湾统治志》（序文），博文馆，1905。转引自黄静嘉：《春帆楼下晚涛急——日本对台湾的殖民统治及其影响》，35 页，北京，商务印书馆，2003。

② 参见许介鳞：《战后台湾史记》，3 版，5 页，台北，文英堂出版社，1998。

现代的嬗变中，台湾人民对于是否借鉴和引进西方近代先进的法律文化，以及应以何种方式、如何取舍等，都无法自主抉择而只能在日本军刀的武力威逼下别无选择地屈从。这无疑是一段痛苦而屈辱的历史。日本殖民者引入了近代西方的民事法律制度，但却没有用近代西方的政治民主来保障台湾人民的政治参与，更未征得台湾人民对这些制度的认可，而是以一种强权推行所谓的"法律文明"。这正是日本帝国主义在台湾推行"法律霸权主义"的充分体现。正如已故的前日本立教大学史学系主任戴国辉曾予以批判的："任何殖民政权对被殖民者，都不可能出于善意。殖民时期台湾之'建设'，均系出之于殖民地人民之血汗。且其设施之方针，为在殖民地生产原料，以供母国，动机初非真善。"日本留给台湾的近代化遗产，"是战败国不得已的放弃，而不是善意的赠与"①。

---

① 黄静嘉：《春帆楼下晚涛急——日本对台湾的殖民统治及其影响》，438 页，北京，商务印书馆，2003。

本卷后记

　　参加本卷编写人员分工如下：

　　主编：叶秋华、王云霞、夏新华。

　　各章节撰稿人（以撰写章节先后为序）：王云霞（中国人民大学教授）：引言、第二章第二节；叶秋华（中国人民大学教授）：第一章第一、二、四节；张彩凤（中国人民公安大学教授）：第一章第三节、第二章第四节；张志京（上海广播电视大学副教授）：第二章第一节；黄树卿（山东师范大学讲师）：第二章第三节；汪鸿兴（中国人民大学博士）：第二章第五节；夏新华（湘潭大学教授）：第三章；赖早兴（湘潭大学教授）：第四章；刘友华（湘潭大学副教授）：第五章；谭桂珍（北京师范大学珠海分校副教授）：第五章；何志辉（西南政法大学讲师、澳门科技大学助理教授）：第六章；肖伟志（湘潭大学副教授）：第七章；杨利华（中国政法大学副教授）：第八章；李温（北京警察学院副教授）：第九章；刘海鸥（湘潭大学教授）：第十章；陆静（青岛市委党校副教授）：第十一章。

　　全书由叶秋华、王云霞、夏新华负责统稿，叶秋华负责个论的统稿，王云霞负责总论的统稿，夏新华负责分论的统稿。

图书在版编目（CIP）数据

借鉴与移植：外国法律文化对中国的影响/叶秋华，王云霞，夏新华主编．—北京：中国人民大学出版社，2011.12

（中国传统法律文化研究）

ISBN 978-7-300-15013-0

Ⅰ.①借⋯　Ⅱ.①叶⋯②王⋯③夏⋯　Ⅲ.①法律-文化-国际交流-研究-中国　Ⅳ.①D92

中国版本图书馆 CIP 数据核字（2011）第 274254 号

"十一五"国家重点图书出版规划

教育部哲学社会科学研究重大课题攻关项目资助

中国传统法律文化研究

总主编　曾宪义

借鉴与移植：外国法律文化对中国的影响

主　编　叶秋华　王云霞　夏新华

Jiejian yu Yizhi：Waiguo Falü Wenhua dui Zhongguo de Yingxiang

出版发行	中国人民大学出版社
社　　址	北京中关村大街 31 号　　　　　　　　邮政编码　100080
电　　话	010 - 62511242（总编室）　　　　　010 - 62511398（质管部）
	010 - 82501766（邮购部）　　　　　010 - 62514148（门市部）
	010 - 62515195（发行公司）　　　　010 - 62515275（盗版举报）
网　　址	http://www.crup.com.cn
	http://www.ttrnet.com（人大教研网）
经　　销	新华书店
印　　刷	涿州星河印刷有限公司
规　　格	185 mm×240 mm　16 开本　　　　版　次　2012 年 1 月第 1 版
印　　张	45 插页 1　　　　　　　　　　　　印　次　2012 年 1 月第 1 次印刷
字　　数	910 000　　　　　　　　　　　　　定　价　128.00 元